川藏铁路平纵断面示意图

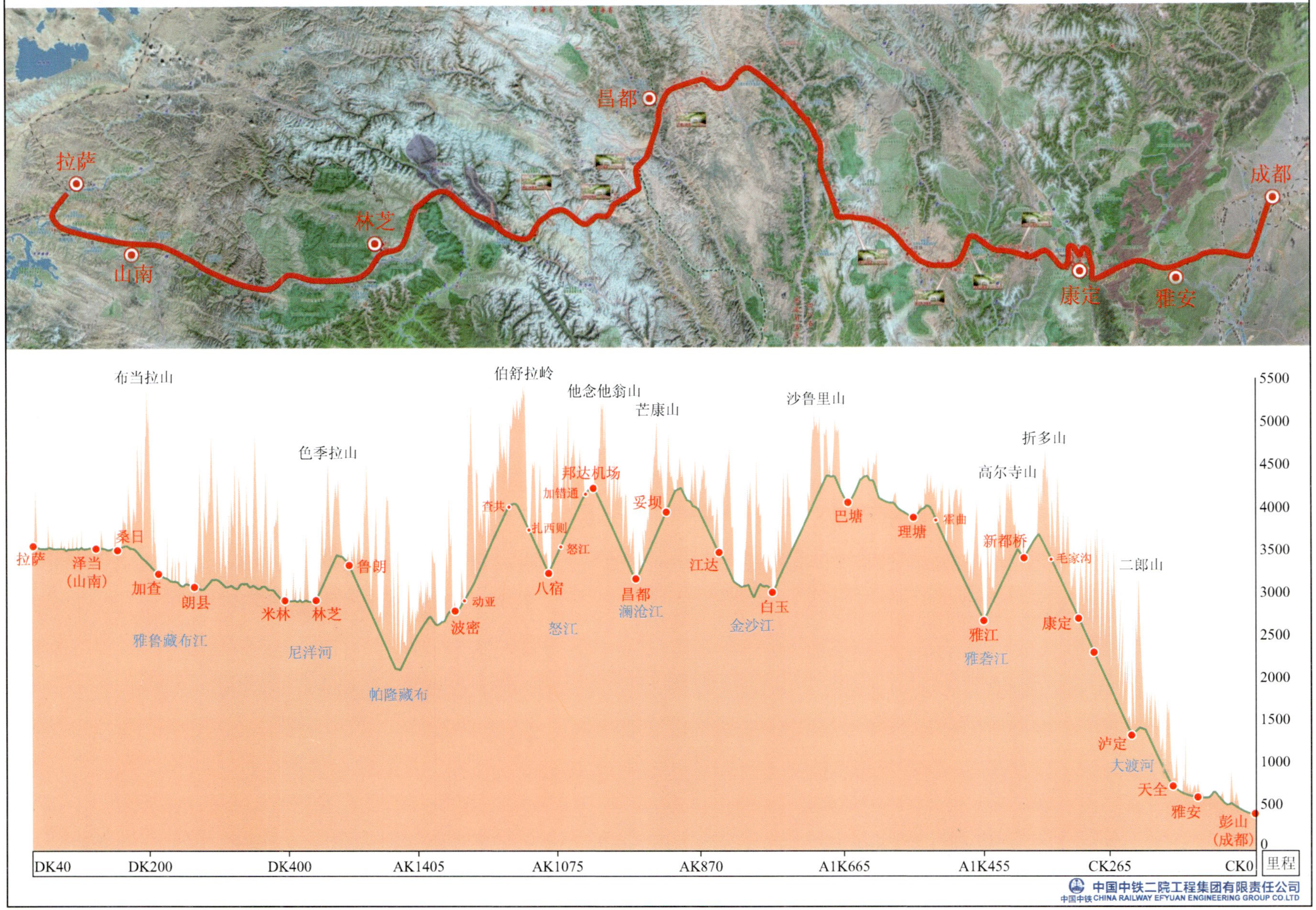

川藏铁路建设的挑战与对策

2016学术交流会论文集

THE SICHUAN TIBET RAILWAY CONSTRUCTION
CHALLENGES AND COUNTERMEASURES
SYMPOSIUM

朱　颖　主编

人民交通出版社股份有限公司
China Communications Press Co.,Ltd.

内 容 提 要

本书为中国铁道学会、中国铁道学会工程分会、中国中铁股份有限公司、中铁二院工程集团有限责任公司联合举办的川藏铁路建设的挑战与对策学术交流会论文集，收录了76篇论文，是川藏铁路的第一份学术成果资料，汇集了川藏铁路相关最新的研究成果、最新的学术思想、最新的资讯信息。针对川藏铁路建设面临的显著的地形高差、强烈的板块活动、频发的山地灾害、敏感的生态环境四大挑战，研究了川藏铁路板块碰撞缝合带、巨型滑坡、冰川泥石流、沟谷灾害链、冻融、强风等工程地质条件与气候环境特征及其对铁路建设的影响规律，并提出了相应的应对措施；展示了卫星导航定位、无人机遥感、高光谱图像、3S集成等新技术的开发，以及在现代铁路勘测与选线设计中的应用成果；总结了复杂艰险山区选线与总体设计、高墩大跨桥梁、长大隧道群、高大支挡建造技术、无缝线路以及基础设施基服役能力保持技术等方面的最新研究进展。论文集内容丰富，特色鲜明，具有极高的学术价值。

本书可作为从事铁路工程建设的工程技术人员的参考用书。

图书在版编目(CIP)数据

川藏铁路建设的挑战与对策——2016学术交流会论文集／朱颖主编. — 北京 : 人民交通出版社股份有限公司, 2017.1

ISBN 978-7-114-13551-4

Ⅰ. ①川… Ⅱ. ①朱… Ⅲ. ①青藏高原—铁路工程—建设—学术会议—文集 Ⅳ. ①U21-53

中国版本图书馆CIP数据核字(2016)第314601号

书　　名：川藏铁路建设的挑战与对策——2016学术交流会论文集
著 作 者：朱　颖
责任编辑：王　霞　王景景
出版发行：人民交通出版社股份有限公司
地　　址：（100011）北京市朝阳区安定门外外馆斜街3号
网　　址：http://www.ccpress.com.cn
销售电话：（010）59757973
总 经 销：人民交通出版社股份有限公司发行部
经　　销：各地新华书店
印　　刷：北京鑫正大印刷有限公司
开　　本：880×1230　1/16
印　　张：40.25
字　　数：1150千
版　　次：2017年2月　第1版
印　　次：2017年2月　第1次印刷
书　　号：ISBN 978-7-114-13551-4
定　　价：180.00元
（有印刷、装订质量问题的图书由本公司负责调换）

川藏铁路建设的挑战与对策
——2016学术交流会论文集

THE SICHUAN TIBET RAILWAY CONSTRUCTION
CHALLENGES AND COUNTERMEASURES SYMPOSIUM

会议组织机构

主办单位： 中国铁道学会
中国铁道学会工程分会
中国中铁股份有限公司
中铁二院工程集团有限责任公司

承办单位： 中铁二院工程集团有限责任公司
西南交通大学
青藏铁路公司
中国科学院水利部成都山地灾害与环境研究所

协办单位： 陆地交通地质灾害防治技术国家工程实验室
地质灾害防治与地质环境保护国家重点实验室
中铁科学研究院有限公司

川藏铁路建设的挑战与对策
——2016学术交流会论文集
THE SICHUAN TIBET RAILWAY CONSTRUCTION
CHALLENGES AND COUNTERMEASURES SYMPOSIUM

组织委员会

主　席：孙永福（中国铁道学会理事长、中国工程院院士）

主　任：马福海（中国铁道学会副理事长兼秘书长）

　　　　刘　辉（中国中铁股份有限公司副总裁、总工程师）

副主任：朱　颖（中铁二院工程集团有限责任公司总经理）

　　　　赵千钧（中国科学院科技促进发展局局长）

　　　　于兴义（中国中铁股份有限公司科技设计部部长）

　　　　张文桂（西南交通大学副校长）

　　　　张建忠（青藏铁路公司总工程师）

　　　　邓　伟（中国科学院水利部成都山地灾害与环境研究所所长）

委　员：许佑顶　李楠森　何　宁　李海明　秦小林

　　　　魏永幸　梁春祥　冯文凯　王运生　何　川

　　　　苏　谦　周　桔　陈晓清　葛永刚　伍晓军

　　　　徐辰丁　刘建华

川藏铁路建设的挑战与对策
——2016学术交流会论文集
THE SICHUAN TIBET RAILWAY CONSTRUCTION
CHALLENGES AND COUNTERMEASURES SYMPOSIUM

学术委员会

川藏铁路建设的挑战与对策
——2016学术交流会论文集

THE SICHUAN TIBET RAILWAY CONSTRUCTION
CHALLENGES AND COUNTERMEASURES SYMPOSIUM

编 委 会

序一

川藏铁路是我国铁路网规划中的一条重要铁路干线。鉴于川藏两省区经济联系甚多，人员往来密切，因此川藏铁路对西藏自治区和四川西部的经济社会发展具有特别重要的意义。

半个多世纪以来，中铁二院三代工程技术人员为川藏铁路建设作了大量前期工作。原铁道部也曾多次积极推动项目进展：1978 年初组织专家组实地考察川藏铁路全线；1996 年后开展川藏铁路等大面积选线；进入 21 世纪，加快了川藏铁路勘测设计工作。2004 年，我带领原铁道部有关部门负责人对林芝至拉萨段线路走向方案进行现场调研，重点对翻越米拉山（越岭高程 4582m）的尼洋河方案与雅鲁藏布江方案（线路高程为 2950 ～ 3610m）进行比选，经研究推荐线路纵坡起伏不大的雅鲁藏布江方案，西藏自治区也表示赞同。近两年，川藏铁路成都至雅安段和林芝至拉萨段先后开工建设，拉开了川藏铁路全面建设的序幕。

川藏铁路工程的特殊性、艰巨性、复杂性，在铁路建设史上是罕见的。川藏铁路从成都西行，翻越川西地区和藏东南地区崇山峻岭，经过藏南谷地达到拉萨，全长约 1800 公里，桥隧工程约占全线长度 80％以上。沿线地形跌宕起伏，地质构造复杂，气候多变，生态脆弱。为了绕避重大不良地质地段和生态环境敏感地段，需要不断优化勘测设计，强化工程措施。特别是，铁路穿越新构造运动十分强烈地区，穿越横断山区等，要努力攻克一系列关键技术，如：结构抗震减震技术，工程防灾减灾技术，高地温、高地应力隧道施工技术，生态恢复与环境保护技术等。这是高标准高质量建设川藏铁路的重要保障，是必须积极应对的巨大挑战。

这次在成都举办的“川藏铁路建设的挑战与对策”学术交流会，是川藏铁路首次大型学术活动。10 多位院士、专家作了学术报告，论文集收编 76 篇论文进行学术交流，反映了川藏铁路工程的最新学术成果。会议还形成了院士专家对川藏铁路建设重大问题的建议，已报送有关部门研究。会议时间虽然短，但收获颇丰，影响广泛。

我们要认真学习党中央提出的“创新、协调、绿色、开放、共享”五大发展理念，在川藏铁路工程建设中贯彻“以人为本、环境协调、持续创新、系统优化、服务运输”的指导思想，精心勘测设计，抓紧科研攻关，科学组织建设。在应对川藏铁路新挑战中，努力实现“建设世界一流高海拔艰险山区铁路”的宏伟目标，创造世界铁路史上的新辉煌。

中国铁道学会理事长
中国工程院院士 孫永福

序二

2016年10月14日，由中国铁道学会、中国铁道学会工程分会、中国中铁股份有限公司、中铁二院工程集团有限责任公司联合主办的“川藏铁路建设的挑战与对策”学术交流会在成都举行。来自中国工程院、中国科学院、中国铁路总公司、中国铁道学会、中国中铁、中国铁建，有关铁路局、地方铁道学会，高校、科研院所的专家学者和工程技术人员共200多人参加了会议。围绕会议主题，开展了主题报告、专题咨询、论文交流等多种形式交流研讨。来自中国工程院、中国科学院的院士及有关单位专家、学者做了14场主题报告，内容十分精彩；会议组织院士、专家召开了“川藏铁路建设的挑战与对策”专题咨询研讨会，形成了院士专家意见。**本次会议是川藏铁路的第一次大型学术会议**，时值川藏铁路即将全面启动之际，可谓十分及时，会议内容丰富，富有成效。

会议遴选出76篇优秀论文，汇编成集。**会议论文集是川藏铁路的第一份学术成果资料**，汇集了川藏铁路相关最新的研究成果、最新的学术思想、最新的资讯信息。入选论文，紧扣会议主题，围绕川藏铁路环境特征、建设面临的挑战、勘察设计、工程建设、运营维护对策，研究了川藏铁路板块碰撞缝合带、巨型滑坡、冰川泥石流、沟谷灾害链、冻融、强风等工程地质条件与气候环境特征及其对铁路建设的影响规律，并提出了相应的应对措施；展示了卫星导航定位、无人机遥感、高光谱图像、3S集成等新技术的开发，以及在现代铁路勘测与选线设计中的应用成果；总结了复杂艰险山区选线与总体设计、高墩大跨桥梁、长大隧道群、高大支挡建造技术、无缝线路以及基础设施基服役能力保持技术等方面的最新研究进展。论文集内容丰富，特色鲜明，十分珍贵。

川藏铁路，起于四川成都，经雅安、康定、昌都、林芝、山南至西藏首府拉萨，正线长度约1800km。其中，东段成都至雅安、西段拉萨至林芝已开工建设，雅安至林芝段目前正在开展勘察设计与研究工作。川藏铁路雅安至林芝段，从四川盆地攀上“世界屋脊”青藏高原，穿越三江并流横断山区，所经区域地处欧亚板块与印度板块碰撞抬升形成的青藏高原东南部，是我国地形从第一阶梯向第二阶梯的过渡带，沿线地势跌宕起伏，岭谷相间、山高谷深，地形八起八伏；地层岩性复杂多变，新构造运动剧烈，深大活动断裂广布，强震频繁；冰川、冰湖与山地灾害群（链）发育，河谷斜坡稳定性差；海拔高，气候特殊，生态脆弱。**总体上看，川藏铁路**

具有"显著的地形高差""强烈的板块活动""频发的山地灾害"和"敏感的生态环境"四大环境特征，这也是川藏铁路建设必须克服的四大挑战。如此复杂艰险高海拔山区，铁路工程建设难度前所未有！其选线及重大工程选址与建设的制约因素多，难度大；埋深大于1000m、长度大于20km的超深埋超长隧道，跨径大于500m的超大跨桥梁众多，是青、甘、川、滇四个进藏铁路方案中最复杂，也是世界上建设难度最大的铁路工程。

川藏铁路建设，需要国家和社会的重视与支持，需要调动和发挥我国政府部门、研究机构、高等院校、勘察设计、工程施工及建设和运营管理单位的作用，超前谋划，"政、产、学、研、用"联合攻关，协同创新，依靠科技，支撑铁路建设。要深入研究规模特别巨大的滑坡、崩坍、泥石流，以及雪崩、冰湖溃决、冰川泥石流、流沙坡、缝合带破碎岩土体等特殊山地灾害对铁路的影响，基于铁路全生命周期理念，做好铁路减灾选线和工程总体设计；要深入研究大规模隧道群与超长隧道穿越高海拔区冰川泥石流堆积区、高海拔冻融冻胀区、板块缝合带破碎岩（土）区等复杂环境的风险预警、结构形式和工程措施；要深入研究强震频发区地震活动特征、峡谷风特性及其对超大跨度、超高桥墩铁路桥梁的影响，深化桥梁减隔震及抗风技术与工程措施；要结合"互联网+"与现代监测、识别技术，深入研究重大地质灾害和极端气候条件耦合作用下铁路环境变化与铁路基础设施服役状态劣化的早期识别、实时监测与预警预报等确保铁路运输畅通的技术与措施。我相信，通过广大科技工作者努力，川藏铁路建设四大挑战必将被克服，世界一流复杂艰险高海拔山区铁路必将顺利建成。**相信不久，一幅动车弛骋青藏高原的壮丽画卷将展现在世人面前！**

作为铁路人，我对川藏铁路建设充满期待、充满信心。《"川藏铁路建设的挑战与对策"学术交流会论文集》是川藏铁路的第一份学术成果资料，论文集的出版，给世人贡献了一份珍贵的资料，对川藏铁路的研究、设计、建设等具有重要参考价值，故此，我乐为之序。

中国铁路总公司总工程师

中国工程院院士

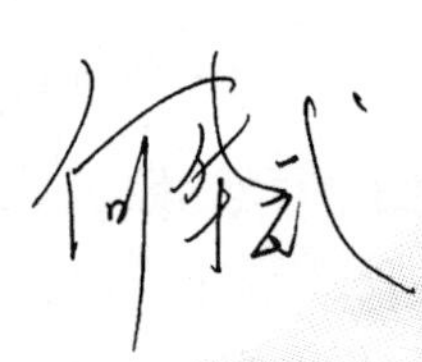

前言

2016年10月14日，“川藏铁路建设的挑战与对策”学术交流会在成都举行。会议由中国铁道学会、中国铁道学会工程分会、中国中铁股份有限公司、中铁二院工程集团有限责任公司主办，中铁二院工程集团有限责任公司、西南交通大学、青藏铁路公司、中国科学院水利部成都山地灾害与环境研究所承办，陆地交通地质灾害防治技术国家工程实验室、地质灾害防治与地质环境保护国家重点实验室、中铁科学研究院有限公司协办。来自中国科学院、中国工程院的孙永福、何华武、王梦恕、郑皆连、赖远明、杜彦良、崔鹏、周福霖八位院士，以及轨道交通建设、设计、施工、管理、相关高校和研究单位的200多位专家学者参加了会议。

川藏铁路起于四川成都，经雅安、康定、昌都、林芝、山南至西藏首府拉萨，全线长度约1800km。成都至雅安段已于2014年底开工建设；拉萨至林芝段已于2015年6月开工建设；雅安至林芝段，目前正在开展勘察设计及研究工作。川藏铁路从四川盆地引出，攀上“世界屋脊”青藏高原，穿越著名的三江并流横断山区，所经区域岭谷相间、山高谷深，地质复杂、气候特殊，具有“显著的地形高差”“强烈的板块活动”“频发的山地灾害”和“脆弱的生态环境”四大环境特征，这也是川藏铁路建设面临的四大挑战。本次学术研讨会议是川藏铁路的第一次大型学术会议，时值川藏铁路建设即将全面启动之际，具有特殊、重要的意义。

修建川藏铁路，是川藏人民的百年期盼，是铁路人的百年期盼，更是承载了中铁二院几代人的梦想。自1951年开始，在上级部门的安排和指导下，中铁二院从勘察、设计、科研等方面对川藏铁路开展了持续研究工作，编制完成了川藏铁路不同区段、不同时期、不同阶段的勘察设计文件和报告。为项目的推进做好了充分的技术储备。近年来，中铁二院自筹经费上亿元，围绕川藏铁路的勘察设计工作，启动科研项目50余项，并承担了“川藏铁路灾害类型及其特征调查研究”“高寒山区铁路沟谷灾害链危险性评估与风险调控研究”“川藏铁路三江并流区高山峡谷地质灾害特征及地质综合选线研究”“川藏铁路修建关键技术研究”“高海拔大高差复杂艰险山区铁路综合勘察与总体设计理论及工程应用研究”等多项中国铁路总公司重大科研项目。研究成果有效支撑了川藏铁路勘察设计工作的开展，并成功应用于工程建设之中。

本次会议，围绕“川藏铁路建设的挑战与对策”这一主题，何华武、王梦恕、郑皆连、赖远明、杜彦良、崔鹏六位院士以及来自中铁二院、西南交通大学、成都理工大学、中国科学院武汉岩土力学研究所等专家学者，做了“川藏铁路助推区域发展”“重大工程项目的理念与方法”“川藏铁路适应性桥梁研究”“寒区道路和隧道热力学特性分析方法”“重大工程服役状态与安全监测”“川藏铁路地质灾害防范”“复杂艰险山区铁路减灾选线”等14场精彩纷呈的主题学术报告。会议还邀请院士专家对川藏铁路建设的挑战与对策进行了研讨，形成了院士专家意见。会议富有成效。

本次会议收到各界科技工作者的学术论文近100篇，经专家评审，录用会议论文76篇，并汇编成集出版。会议论文集，汇集了川藏铁路及类似复杂艰险山区铁路建设、研究的最新成果。其内容涵盖板块碰撞缝合带、巨型滑坡、冰川泥石流、沟谷灾害链、冻融、强风等工程特性及对铁路建设的影响；卫星导航定位、无人机遥感、高光谱图像、3S集成等新现代铁路勘测测绘技术及其应用；复杂艰险山区高墩大跨桥梁、长大隧道群的建造技术、无缝线路与路基服役能力保持技术等内容，针对性强，学术价值高，是川藏铁路的第一份学术成果资料，对川藏川藏铁路建设以及相关研究，均具有重要参考价值。

围绕复杂艰险山区铁路建设，国内研究机构、高等院校、勘察设计、工程建造、运营维护等单位持续开展了相关研究及工程实践，无论是勘察设计，还是施工建造以及运营维护，都为建设川藏铁路做好了充分的准备。中铁二院有信心、有能力，与各界同仁一起共同努力，把川藏铁路设计成一条高标准、大能力、安全可靠的世界一流的复杂艰险高海拔山区铁路。

中铁二院工程集团有限责任公司总经理 朱颖

目录

第一章 区域环境特征及其对铁路的影响

川藏铁路板块碰撞结合带地质建造特征的工程地质研究 …… 蒋良文,李渝生,易树健,等 2
高寒山区铁路沟谷灾害链危险性评估与风险调控 …… 魏永幸,姚令侃,邱燕玲 14
川藏铁路拉萨—加查段泥石流发育特征及防治对策 …… 游 勇,蒋良文,张广泽,等 28
高速远程滑坡岩屑流桩林防控机理分析 …… 程谦恭,王玉峰,宋 章,等 35
巨型滑坡及其演化机理与防治对策研究 …… 魏永幸,李天斌 48
鲜水河断裂带炉霍断裂发育特征与晚第四纪活动性分析 …… 杜宇本,郭长宝,张永双,等 54
川藏铁路八宿地区不同岩性岩石的冻融损伤特性研究 …… 赵 平,任 勇,冯 涛,等 66
川藏铁路帕隆藏布段冰川沉积物分布及破坏模式 …… 冯 涛,蒋良文,孙春卫,等 75
川藏铁路帕隆藏布段干流纵剖面形态的工程地质涵义 …… 冯 涛,任 勇,赵 平,等 84
川藏铁路巨型冰水泥石流灾害对选线的影响及防灾对策:以古乡沟为例 …… 毛邦燕,柳金峰,蒋良文,等 93
川藏铁路然乌—通麦段冰湖溃决危险性模糊综合评价及应用 …… 范建容,李 炫,游 勇,等 104
川藏铁路然乌—通麦段冰水泥石流危险性评价 …… 张广泽,蒋良文,陈兴长,等 114
川藏铁路拉萨段主要岩性光谱特征研究 …… 冯 涛,蒋良文,刘汉湖,等 124
川藏铁路交通廊道板块碰撞结合带地壳应力—形变特征及工程效应研究 …… 毛邦燕,李渝生,黄 超,等 131
川藏线新都桥地区季节性粗颗粒冻土边坡调查及监测分析 …… 王 栋,朱 磊,王子江,等 145
新都桥地区季节性粗颗粒冻土抗剪强度特性研究 …… 朱 磊,谢 强,王子江,等 152
川藏铁路高陡边坡深厚卸荷带特征分析 …… 宋 章,张广泽,蒋良文,等 159
拉林铁路桥梁建设对雅鲁藏布江的影响分析 …… 陈建峰,戴胜勇,罗伟元 167
雅鲁藏布江桑日段河床演变研究 …… 戴胜勇,陈建峰,罗伟元 172

川藏铁路板块结合带测氡研究 …… 李渝生,刘　凯,蒋良文,等 180
川藏铁路廊道辉绿岩及花岗岩冰劈作用机理试验研究 …… 王运生,乔国文,余相贵,等 190
多重致灾因素耦合作用下堆积体斜坡失稳概率研究 …… 陈　语,李天斌,曾　鹏 195
川藏铁路泸定至康定段日地沟泥石流危害性分析及防治对策 …… 柳金峰,游　勇,蒋良文,等 202
川藏铁路康定至昌都段滑坡崩塌类型、特征及其对铁路的危害和影响 …… 李秀珍,张小刚,崔　云,等 213
西藏终碛堤冰湖溃决预警模型的初步研究 …… 余　斌,刘　秧,刘晶晶 223
磨西断裂热水水文地球化学特征及其短周期信息分析 …… 安成蛟,漆继红,许　模,等 229
西藏天摩沟泥石流灾害链过程及致灾机理 …… 曾庆利,薛鑫宇,王开洋,等 239
川藏铁路廊道风特性及其对轨道交通的影响 …… 李永乐,张明金,向活跃 247
拉林铁路崩滑地质灾害危险性评价 …… 巨能攀,赵建军 255
川藏线缓坡设置研究 …… 杨成和,于汝滨 264

第二章
现代勘察设计技术与工程应用

复杂艰险山区铁路减灾选线技术框架 …… 朱　颖 272
川藏铁路三江并流区不良地质分区特征研究 …… 蒋钰峰,吴　光,赵志明 277
川藏铁路帕隆藏布峡谷地质灾害特征及地质选线 …… 宋　章,张广泽,蒋良文,等 287
高寒山区30‰长大坡道列车下坡限速研究 …… 任　冲,范晓佳 296
蠕滑断裂带隧道抗震技术 …… 郑宗溪,孙其清,喻　渝 305
地面三维激光扫描技术在川藏铁路危岩落石勘察中的应用 …… 武　鹏,黄华平,缪志修 312
高光谱技术在铁路沿线第四系填图中的应用——以川藏线拉萨东为例 …… 冯　涛,蒋良文,刘汉湖,等 319
川藏铁路岩屑堆积体特性及整治措施 …… 徐　骏,杨　泉,李安洪,等 327
GPS高程测量在川藏线拉林段铁路勘测中的应用研究 …… 麦　春,赖鸿斌 334
川藏线测绘及线路数据用于现场踏勘调查的应用研究 …… 谢　伟 341
川藏线工程独立坐标系统选择探讨 …… 谢　伟 345
铁路重力式桥墩抗震设计研究 …… 艾宗良,夏修身 349
川藏铁路托盘式路肩挡土墙设计 …… 李井元,丁兆锋,杨祥容 359
川藏铁路430m中承式钢管混凝土拱桥抗震设计 …… 刘忠平,陈克坚,戴胜勇,等 363
浅析高地温隧道通风及综合降温技术 …… 孙其清,郑宗溪,喻　渝 370
川藏线“重大桥梁工程”选址原则及实践 …… 戴胜勇,陈克坚,陈建峰,等 376
高地应力隧洞岩爆机理及预测初探 …… 匡　亮,马天辉,唐春安,等 381
无人机遥感技术在山区铁路弃渣场建设与使用状况调查中的应用 …… 林家元,王枚梅,王志良 391
探地雷达在山区铁路隧道衬砌质量工程检测应用 …… 金维浚,赵永贵,余文龙 399
基于“3S”技术的川藏铁路重点线路工程数字信息系统研发 …… 魏永梁,杨印海,李　勇,等 406
川藏铁路冻土区地基冻融变化的可视化分析研究 …… 陈　恒,屈耀辉,刘贺业,等 412
川藏铁路山地灾害综合数据库与信息平台研究 …… 邹　强,葛永刚,张广泽,等 418

第三章 现代铁路建造与能力保持

大跨径桥梁钝体构件风致振动的研究现状与展望 …………………………………… 陈克坚,周 帅 426
基于概率地震需求的铁路隔震桥梁易损性对比 ………………………… 杨国静,游励晖,曾永平 444
大宽高比桥梁断面风致涡激振动机理研究 ……………………………… 周 帅,陈克坚,曾永平 453
川藏铁路高寒大温差及高地温关键致灾问题与对策 ………………… 魏永幸,陈国庆,蒋良文,等 463
川藏铁路货运列车牵引质量研究 ……………………………………………………………… 鲁婷婷 469
近断层地震作用下铁路桥梁减震卡榫原理及试验研究 ……………… 曾永平,陈克坚,樊启武,等 478
非线性线路阻力对桥上无缝线路受力变形的影响分析 ………………… 林红松,刘 浩,颜 华 485
川藏铁路跨区间无缝线路适应性分析 …………………………………… 林红松,颜 华,刘 浩 493
近断层地震动竖向分量对连续刚构桥受力影响分析 ……………… 刘 鹏,陈克坚,曾永平,等 499
高墩大跨铁路连续梁桥桥墩地震易损性分析 …………………………………………… 杨国静 506
复杂艰险山区铁路小半径曲线钢轨非正常磨耗的治理措施研究 ………… 和振兴,胡新明,王小韬 515
铁路简支梁桥减隔震支座应用研究 ……………………………………… 艾宗良,薛 鹏,金怡新 522
复杂环境提升混凝土耐久性的施工技术探讨 ……………………………………… 徐振山,魏 军 530
川藏铁路建设的挑战与铁路建设的创新 ……………………………………………………… 罗 辉 538
阶梯式泥石流排导槽水力特性及其关键参数确定 ……………………… 陈华勇,柳金峰,赵万玉 545
Cauchy边界模拟隧道排水的关键参数率定及应用 ………………… 贺小勇,夏 强,张 强,等 555
浅谈川藏铁路建设面临的挑战与对策分析 ………………………………………………… 罗远煜 564
强震高原季节性冻土区隧道洞口浅埋段施工探讨 ………………………………………… 刘 泽 572
陡峭山区桥梁纵向便道的选线与修筑技术 ………………………………………………… 肖乾珍 583
高原铁路线路机械化养护技术 ………………………………………………………………… 李 林 588
山区铁路桥梁空心薄壁高墩封顶施工技术探讨 …………………………………………… 黄 果 594
青藏铁路路基防护技术研究现状与展望 ………………………………… 赵永虎,米维军,韩龙武 601
高山峡谷区桥梁基础岸坡稳定性分析评价方法研究 …………………… 郑 光,许 强,常兴旺 611
多年冻土隧道浅埋段热棒群防护效果试验研究 ………………………… 刘 锟,赵相卿,李 奋,等 621

附件1 "川藏铁路建设的挑战与对策"专题咨询研讨会院士、专家意见 …………… 627
附件2 "川藏铁路建设的挑战与对策"专题咨询研讨会院士、专家名单 …………… 631

第一章
区域环境特征及其对铁路的影响

川藏铁路板块碰撞结合带地质建造特征的工程地质研究

蒋良文[1] 李渝生[2] 易树健[2] 毛邦燕[1] 黄 超[2] 刘 凯[2]

（1. 中铁二院工程集团有限责任公司劳模（专家）地质创新工作室，成都 610031；
2. 成都理工大学地质灾害防治与地质环境保护国家重点实验室，成都 610059）

摘　要：本文通过对结合带地质建造、构造动力学特征及地壳岩体应力形变的深入分析，论证了结合带对川藏铁路区域工程地质环境的控制作用，分析由此产生的若干工程效应问题。①金沙江结合带由不同时代、性质的岩块和基质混杂而成，其岩体NE向压缩变形、西侧岩浆岩体的高地应力及东侧三叠系的软岩大变形，是制约铁道工程的主要工程地质问题；②澜沧江结合带对区域沉积建造、火山活动、构造变质变形等具有明显的控制作用，结合带表现为强烈的挤压逆冲及压缩变形，西侧地块表现出较为活跃的构造动力学特点，东侧则处于相对的稳定状态，对铁道工程的影响主要是岩体压缩变形及西侧岩浆岩体的高地应力问题；③怒江结合带控制着区域工程地质条件的形成与发展，南西侧表现为沉积建造和陆缘火山岛弧建造，北东侧则为陆相碎屑岩沉积建造，结合带岩体的工程问题主要为兼具右旋剪切的强压缩变形、南西侧高地应力以及北东侧软岩隧道的大变形问题；④雅鲁藏布结合带现已基本"焊接愈合"，地壳岩体发生南北向压缩变形，地应力积累和断裂活动主要发生在结合带的南边界断裂，结合带关键工程地质问题是高地应力效应、北侧花岗岩体的地热异常问题、南侧边坡岩体稳定及地下工程塑性围岩的大变形问题。

关键词：板块结合带；地质建造；川藏铁路；工程地质

Engineering Geological Research in Formations-structural Features of the Sichuan-Tibet Railway Plate Collision Junction

Jiang Liangwen[1] Li Yusheng[2] Yi Shujian[2] Mao Bangyan[1] Huang Chao[2] Liu Kai[2]

(1. China Railway Eryuan Engineering Group Co. Ltd, Chengdu 610031, China; 2.State Key Laboratory of Geohazard Prevention and Geoenvironment Protection, Chengdu University of Technology, Chengdu 610059, China)

Abstract: Through in-depth analysis of the structure combined with the dynamic characteristics of rock mass stress and crustal deformation effect, demonstrating in conjunction with geological formations-tectonic control of the Sichuan-Tibet Railway regional engineering geological environment, the article analyzed a number of engineering problems which junction zone caused. ①The Jinshajiang combination zone mixed together by different times, different nature of the rock matrix. The junction

---

作者简介：蒋良文(1965—)，男，教授级高级工程师。

基金项目：中国铁路总公司科技研究开发计划课题(2014G004-A)。

NE compression deformation, the west side of magma rock mass high stress and the soft rock on the eastern side of the Triassic rocks area large deformation are the main engineering geological problems restricting tunnel project. ②Lancangjiang junction zone obviously controlled regional sedimentary formations, volcanic activity, tectonic metamorphism and deformation.Belt rock mass is mainly for strong thrust and compression deformation. The west side of plots show that the active tectonic dynamics characteristics, the east of continental blocks, on the other hand, in a relatively stable state. Influence on railway engineering is mainly compressive deformation of rock mass, the west side of magmatic rock and high ground stress problem. ③Nujiang junction zone controlled the formation and development of regional engineering geological conditions. In the southwest side, the land is composed of sedimentary formation and continental margin volcanic arc construction. Northeast South land mass is mainly continental clastic sedimentary formation. The main problems of junction zone rock engineering are for the strong effect of both dextral shear and compression, high stress of the southwest side and north east side soft rock tunnel big deformation. ④The Yarlung Zangbo combination zone has been basically "weld healing".The crust rock performance for the north-south compression, and the accumulation of stress and faulting occurred in conjunction with the southern boundary fault. The key engineering geological problems of tectonic melange are high stress and rock mechanical effects, geothermal unusual problem of the north granite and large deformation of rock slope stability and underground engineering plastic rock in the south.

Keywords: plate junction; geological formation; Sichuan-Tibet railway

川藏铁路是我国西南一条极为重要的战略性运输通道。工程区将穿越青藏高原东部金沙江结合带、澜沧江结合带、怒江结合带以及雅鲁藏布结合带等大规模板块结合带。印度和欧亚板块碰撞是最为壮观的地质事件之一，这导致区域地质环境及地壳结构都发生了深刻变化，也必然会对铁道工程建设产生重大影响。多数学者认为，金沙江结合带是一条切割深度达上地幔的超岩石圈断裂，具有右旋走滑兼逆冲性质[1]；对于澜沧江断裂带的属性，目前分歧较大，存在两种不同看法[2,3]；怒江结合带规模巨大，地质建造较复杂，各段构造变形表现出显著不同的特点，总体以挤压变形为主兼具右行剪切位移[4]；以蛇绿岩带为主要标志的雅鲁藏布结合带代表印度板块与欧亚板块之间的新生代碰撞缝合带，带内存在较完整的古洋壳[5]。本文以各结合带的地质建造、构造岩石学及构造变形为研究核心，探讨由此产生的工程效应问题，为川藏铁路的规划和设计提供科学依据。

1 金沙江结合带

1.1 地质建造与构造特征

金沙江结合带处于昌都—思茅陆块和川滇地块的碰撞结合部位，总体走向近 SN，其西为昌都—思茅陆块东缘江达构造岩浆岩带，东侧为川滇地块西缘甘孜变质褶皱系（图 1）。

结合带（JSJS）构造混杂岩建造主要为岗托岩组（PT_1g）构造岩片。地壳岩体构造变形极为强烈。构造变形以逆冲断裂及紧闭型褶皱为主：

结合带西界祝尼玛－波罗断裂（F_2）分隔了构造混杂岩带与江达构造岩浆岩带，构造破碎带规模较大，具有明显的碳化现象（图 2），带内构造岩强烈揉皱、次级断面发育，断裂面倾向北东、倾角 50°～63°；

结合带东界汪布堆－麦拉断裂（F_3）北东侧为构成甘孜变质褶皱系的晚三叠世变质岩地层。断裂带整体由紧密片状构造岩组成、石英岩脉被压扁拉伸，并具有强烈的“烘烤”高碳化特征（图 2）。断面倾向北东，倾角 45°～55°。

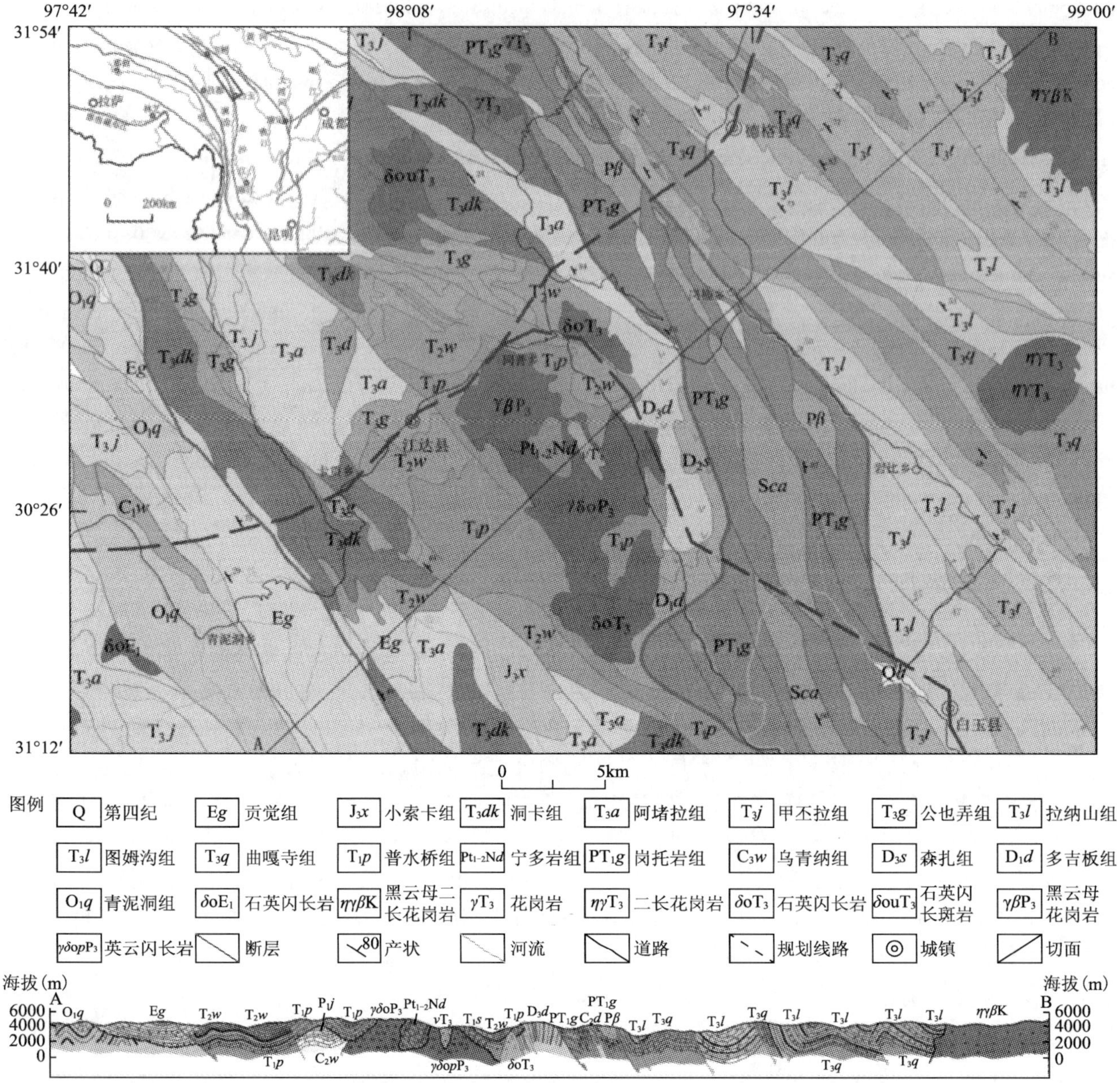

图例 Q 第四纪 Eg 贡觉组 J_3x 小索卡组 T_3dk 洞卡组 T_3a 阿堵拉组 T_3j 甲丕拉组 T_3g 公也弄组 T_3l 拉纳山组 T_3t 图姆沟组 T_3q 曲嘎寺组 T_1p 普水桥组 $Pt_{1-2}Nd$ 宁多岩组 PT_1g 岗托岩组 C_3w 乌青纳组 D_3s 森扎组 D_1d 多吉板组 O_1q 青泥洞组 δoE_1 石英闪长岩 $\eta\gamma\beta K$ 黑云母二长花岗岩 γT_3 花岗岩 $\eta\gamma T_3$ 二长花岗岩 δoT_3 石英闪长岩 δouT_3 石英闪长斑岩 $\gamma\beta P_3$ 黑云母花岗岩 $\gamma\delta opP_3$ 英云闪长岩 断层 产状 河流 道路 规划线路 城镇 切面

图 1 金沙江结合带德格 - 白玉段地质图（据江达幅 H47C001002 修改）

I_1- 昌都—兰坪地块；I_2- 江达构造岩浆岩带；JSJS- 金沙江结合带；II_1- 甘孜地块；F_1- 贡觉涌—热拥断裂；F_2- 结合带西边界（祝尼玛—波罗断裂）；F_3- 结合带东边界（汪布堆—麦拉断裂）

图 2 金沙江结合带西（左）、东（右）边界断裂

1.2 活动性与地震

金沙江断裂经历过不同时期、不同性质的构造运动：印支期前主要表现为挤压缝合特征，印支期后向走滑拉分转变，喜山期遭受强烈压扭变形。工程所在的断裂带中段（德格—白玉—巴塘）控制着老第三系，从始新世开始活动，晚新生代以来则表现为以近 EW 向的缩短变形，吸收藏东向东运动势速率为 2 ～ 3mm/a，仅在断裂走向转折时，才表现为左旋及右旋水平滑动，历史平均速率分别为 2.6 ～ 4.4mm/a 及 1.3 ～ 2.7mm/a[6]。目前，断裂带活动形式主要表现出具强烈挤压性质的右旋走滑，扰动地表全新统（Q_4）。但断裂北段处于拉张状态，这可能与川滇地块沿红河断裂向南东方向发生右旋走滑，使得该断裂后延的北段形成大范围的拉张应力区有关。

金沙江结合带地震活动主要集中在北段与巴塘断裂、中段德钦—中甸—大具断裂以及南段北汉场断裂交错部位三个区段。研究区所在的北段地震活动相对较弱。有地震史料记载以来，发生不小于 6 级地震共 7 次。最大震级是 1870 年 7.5 级巴塘地震。

1.3 工程效应

在特定的地壳岩体力学环境下，金沙江结合带对铁道工程的影响主要为：

（1）西侧昌都—左贡陆块在 NNE 向强力推挤下向东侧川滇地块俯冲，导致 SW 侧构造岩浆岩带，在推挤力源作用下发生较高的应力积累，岩浆岩区段隧道工程将面临突出的高地应力问题。

（2）结合带岩体处于强烈挤压状态，地壳岩体的应力和位移易出现沿断裂带和地壳软硬界面的集中效应。F_3 断层作为结合带的东界断裂，分隔川滇地块与结合带，表现出极强的“高碳化”。

（3）东侧变质岩地段软岩大变形是制约隧道工程的主要工程地质问题。

2 澜沧江结合带

2.1 地质建造与构造特征

（1）蛇绿混杂岩与构造混杂岩带

过去由于未发现较完整的蛇绿岩剖面和典型的基性岩群，从而否定了澜沧江结合带的存在。近年在羌塘中部发现了二叠纪蛇绿岩和洋岛型玄武岩以及大量含放射虫的硅质岩，证实了二叠纪之前存在一定规模的古特提斯洋盆。

澜沧江结合带自双湖至昌都吉塘附近主要为高温变质构造混杂岩；沿结合带北界则分布着以晚三叠世沉积岩为基质沉积构造混杂岩。结合带夹持于毕扎弄断裂与据拉断裂之间（图 3），总体走向 NW 向，构造混杂岩带由日阿泽弄岩组（C_1r）和卡贡岩组（C_1k）构成（图 4）。带内大尺度褶皱和断裂不发育，在强烈挤压推覆作用下形成一系列同斜倒转褶皱、逆冲推覆断裂。

（2）结合带对区域地质环境的控制作用

结合带明显控制着区域构造变质作用，越靠近断裂带，地层变质程度越深，褶皱也更加强烈。结合带西侧左贡—保山陆块构造杂岩带有不同程度变质现象，岩浆活动十分强烈，其构造变形具有多层次、多机制的特点，吉塘岩群（$Pt_{1-2}J$）、酉西群（Pt_3Y）及岩浆岩中发育早期深部变形相；东侧昌都—芒康盆地主要由中生界三叠系、侏罗系陆相碎屑岩沉积地层组成，地层一般未变质，构造形式则表现为复向斜和背斜相间排列，断裂构造不甚发育。

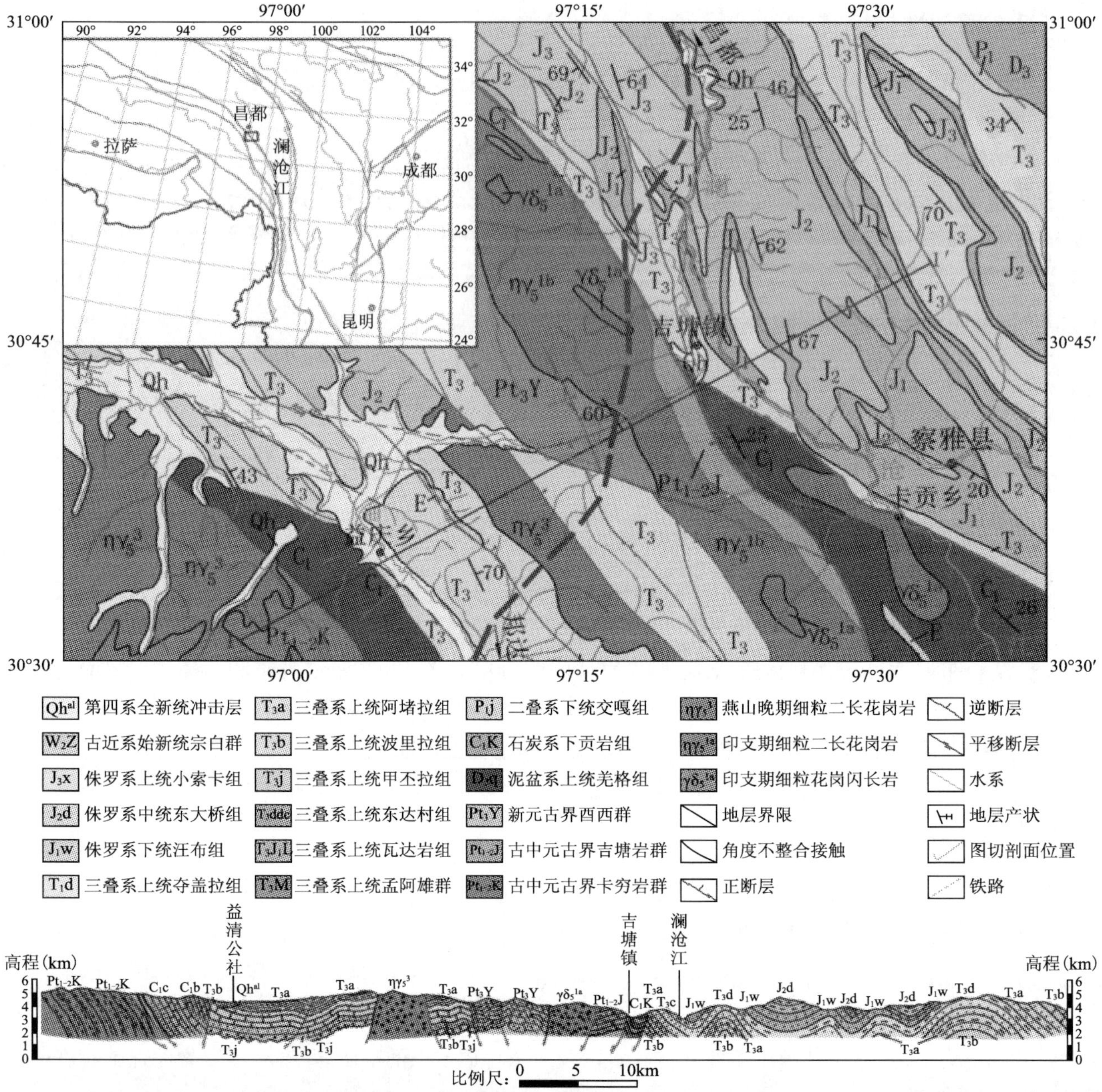

97°00′
97°15′
97°30′
31°00′
30°45′
30°30′
90°
92°
94°
96°
98°
100°
102°
104°
34°
32°
30°
28°
26°
24°
拉萨
昌都
澜沧江
成都
昆明
吉塘镇
察雅县
卡贡乡
益庆乡
Qh^{al} 第四系全新统冲击层
W_2Z 古近系始新统宗白群
J_3x 侏罗系上统小索卡组
J_2d 侏罗系中统东大桥组
J_1w 侏罗系下统汪布组
T_1d 三叠系上统夺盖拉组
T_3a 三叠系上统阿堵拉组
T_3b 三叠系上统波里拉组
T_3j 三叠系上统甲丕拉组
T_3ddc 三叠系上统东达村组
T_3J_1l 三叠系上统瓦达岩组
T_3M 三叠系上统孟阿雄群
P_1j 二叠系下统交嘎组
C_1K 石炭系下贡岩组
D_3q 泥盆系上统羌格组
Pt_3Y 新元古界酉西群
$Pt_{1-2}J$ 古中元古界吉塘岩群
$Pt_{1-2}K$ 古中元古界卡穷岩群
$\eta\gamma_5^3$ 燕山晚期细粒二长花岗岩
$\eta\gamma_5^{1a}$ 印支期细粒二长花岗岩
$\gamma\delta_5^{1a}$ 印支期细粒花岗闪长岩
地层界限
角度不整合接触
正断层
逆断层
平移断层
水系
地层产状
图切剖面位置
铁路
益清公社
吉塘镇
澜沧江
高程(km)
比例尺: 0 5 10km
图3 澜沧江结合带区域地质图(据1:20万与1:25万昌都幅改)

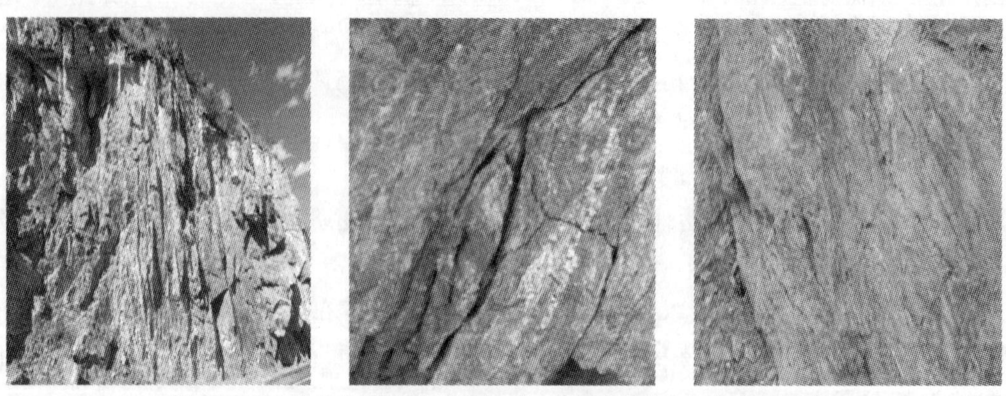

图4 构造混杂岩片(片理化石英杂砂岩、片理化基性火山岩、绢云板岩)

2.2 活动性与地震

工程区所在的断裂带北段，普遍具有早期左旋走滑 - 逆冲，晚期右旋走滑—逆冲的活动特征。测年数据显示，断裂北段至少在燕山晚期已开始左旋走滑运动，大致为燕山晚期至渐新世末的早—中喜马拉雅期；随后才开始右行走滑，主要发生在晚喜马拉雅期的新近纪。根据近期 GPS 数据反演获得的澜沧江断裂北段左旋剪切走滑速率为（5.1±2.1） mm/a，南段平均右旋剪切走滑速率为（2.4±1.2） mm/a，无量山一带则为（4.3±1.1） mm/a[7]。

根据历史和现代地震记录，澜沧江断裂带地震活动并不太强，断裂带北段未记录到 7.0 级以上地震，历史上仅南段临沧附近发生过两次（1941 年耿马 7.0 级与 1988 年澜沧—耿马 7.3 级），但是沿断裂带却频繁发生 Ms ≥ 3.0 级的低强度地震。地震活动最频繁地段在云南临沧—普洱附近。藏东察雅—芒康地区也是地震频发区域，但强度及频度均显著低于上述区段。

2.3 工程效应

澜沧江结合带作为地质体的非连续性界面，在该特定的地壳构造动力学环境下，对于川藏铁路建设而言，工程效应的基本问题在于：

（1）结合带不同区段的变形强度虽有所差异，但总体显压性，构造变形主要为逆冲推覆，由此导致的工程效应主要是岩体的 NE 向压缩变形。

（2）结合带及其西侧的岩浆岩区段地应力积累相对较高，这极有可能对该地段内隧道工程的围岩稳定造成一定的影响。

（3）西侧左贡—保山地块处于地壳运动的力源部位，地震活动也相对频繁，属于相对的构造活动区。东侧昌都—思茅地块，地壳岩体的应力 - 应变积累处于相对较低的状态，表现出稳定地块的工程地质特征。

3 怒江结合带

3.1 地质建造与构造特征

怒江结合带两侧地质建造 - 构造特征差异显著。南西侧冈底斯—念青唐古拉陆块为大陆边缘沉积建造和陆缘火山岛弧建造，消减型花岗岩及碰撞型花岗岩十分发育。北东侧南羌塘—左贡陆块出露晚三叠世地层，为碎屑岩—碳酸盐岩—海陆交互相碎屑岩建造，大中型构造形迹以北西向宽缓褶皱及脆性断裂为主（图 5、图 6）。

工程区处于结合带中段，构造线总体方向为 NW。混杂岩带中卷入了马里组（J_2m）山间磨拉石建造，反映结合带最终闭合于中侏罗世。带内主要断裂具有强烈的逆冲挤压性质，断面倾向 NE，在强烈的挤压背景下，南西盘向北东俯冲（图 6）。

结合带南西边界洛隆—八宿断裂由一系列小型逆冲推覆断裂（F_1-F_3）组成，构造岩结构致密、具明显压性。其下盘为宗白群（E_2z）紫红色砾岩、砂岩及泥岩，上盘为瓦达岩组（T_3J_1w）含轻微蛇绿岩化的基性岩（图 7）。

北东边界卡玛多—碧土断裂总体具逆断层性质，发育较宽的构造破碎带（图 8），岩石强烈挤压，揉皱发育（图 9）。根据破碎带片理产状、断层及交切关系分析，东边界断裂具有右旋扭错性质。

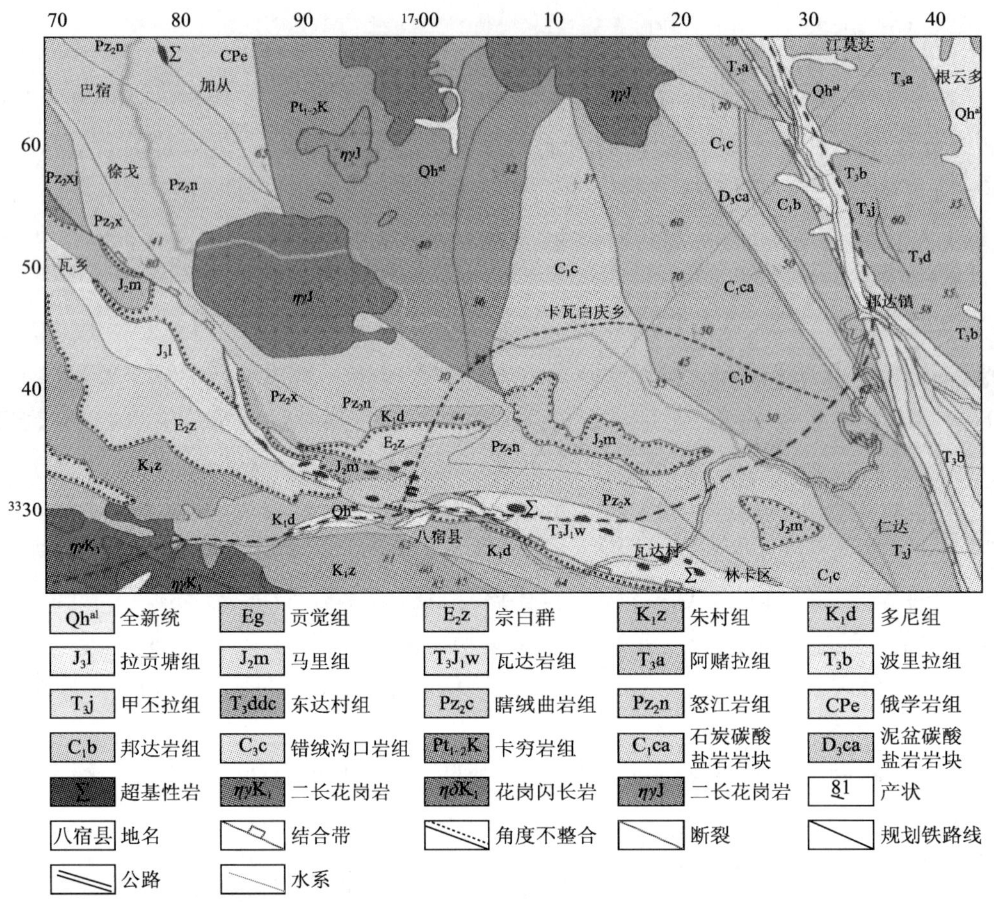

图5 怒江结合带区域地质图(据八宿县幅1∶25万区域地质图,有修改)

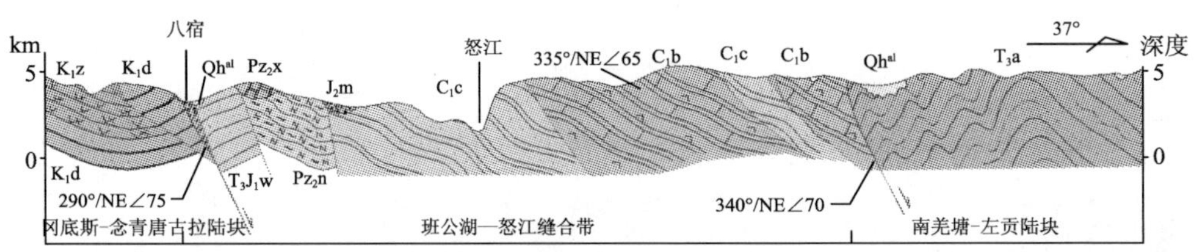

图6 班公湖—怒江结合带地质剖面图

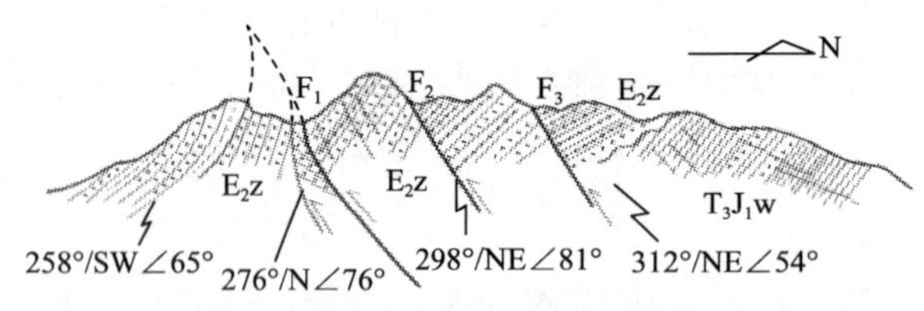

图7 洛隆—八宿断裂瓦达剖面

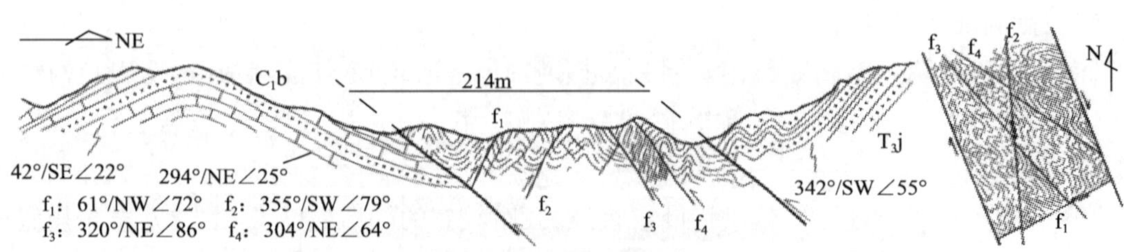

图8 卡玛多—碧土断裂剖面(左)及带内次级断层交切关系平面示意图(右)

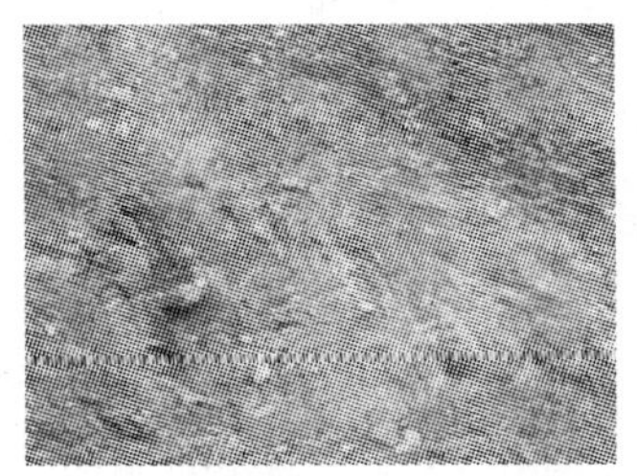
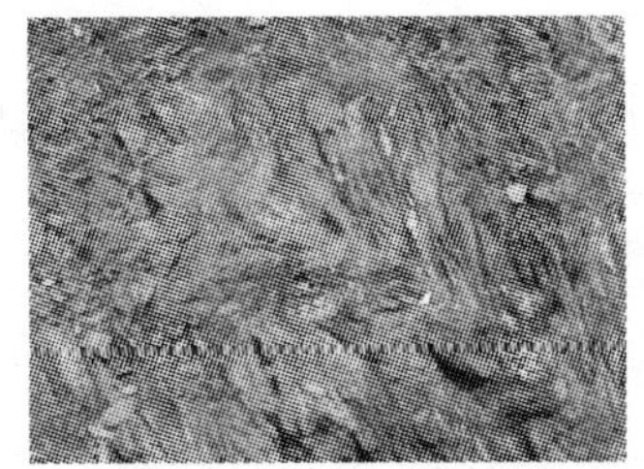
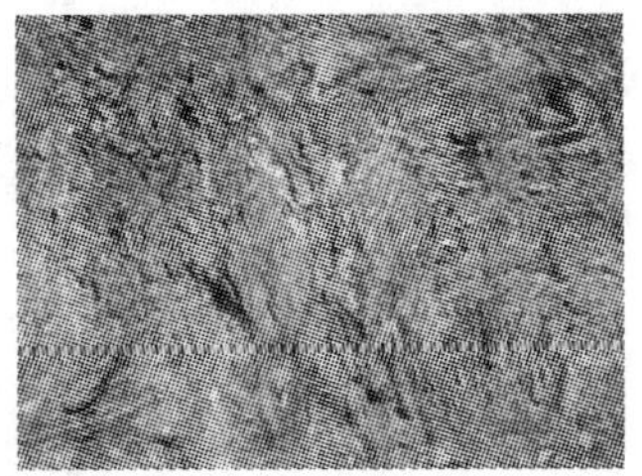

图 9　卡玛多—碧土断裂内部次级断裂及揉皱

3.2　活动性与地震

近期 GPS 监测显示，怒江结合带西段主要为挤压运动，挤压速率 1.2 ～ 2.0mm/a，兼具右旋走滑性质；中段表现为右旋走滑运动，走滑速率 2.1mm/a；南段右旋走滑增强，速率约 3.2mm/a[8]。总体上结合带自西向东由 EW 转至 SN 向，右旋滑移速率逐渐增大，动力学性质由挤压逐渐转为右旋挤压。

据地震记录，断裂带历史地震 7 ～ 7.9 级地震 4 次，6 ～ 6.9 级地震 23 次，5 ～ 5.9 级地震 99 次，最大震级 7.4 级，以 SN 向的龙陵地震区地震活动最为强烈。大于 5 级地震震源深度一般集中在 15 ～ 35km，小于 5 级地震震源深度为 10 ～ 35km；仅有极少的 5 ～ 6 级强震地震震源深度大于 50km。工程区地震活动相对较弱，仅发生过 5 ～ 5.9 级地震 6 次，震源深度 15 ～ 30km。

3.3　工程效应

怒江结合带对铁道工程地质条件有显著的控制作用：

（1）在 NE 向构造动力作用下，结合带南西盘向北东俯冲推移，地壳岩体总体处于压缩状态。结合带内软硬岩差异较大，主要工程效应为岩体的强压缩变形。

（2）结合带南西边界断裂活动性较弱，南西侧冈底斯—念青唐古拉陆块处于力源部位，地壳岩体完整性好，地壳岩体应力水平相对较高、地热异常明显，主要的工程效应是岩浆岩段隧道的高地应力和高地热问题。

（3）结合带北东边界挤压变形强烈兼具右旋剪切性质。北东侧南羌塘—左贡陆块总体为碎屑岩建造，地壳岩体应力水平相对较低，工程效应主要是软弱隧道围岩的大变形问题。

4　雅鲁藏布结合带

4.1　地质建造与构造特征

雅鲁藏布结合带处于喜马拉雅造山带与冈底斯—念青唐古拉陆块碰撞接触区，大致呈 EW 向夹持于南、北两条巨大的边界断层之间。

（1）“双变质构造变形带”

结合带两侧发育与板块构造相关的沉积—变质建造、火山—岩浆带以及复杂的“双变质构造变形带”（图 10）。南侧为北喜马拉雅构造带北缘高压低温变质带，包括蓝片岩和绿片岩二个变质带；北侧为以冈底斯构造岩浆岩带为主的中低变质及含红柱石的高温低压变质岩带。

（2）构造混杂岩带

雅鲁藏布结合带的岩石建造包括由原地复理石系统和超基性—基性岩组分构成的米林混杂岩带（图 11）；由构造混杂成因的灰岩块体、原地复理石系统和部分超基性—基性岩组成的朗县混杂岩（图 12）；罗布莎蛇绿岩群（JKL）、泽当岩群（JKZ）及嘎学岩群（JKG）组成的泽当—罗布莎混杂岩（图 13）。

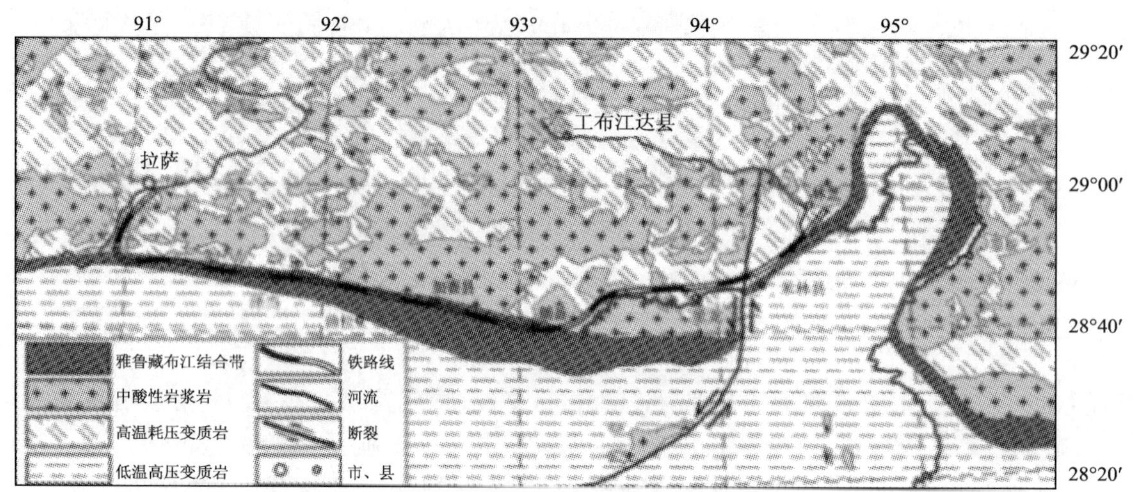

图 10 雅鲁藏布结合带及“双变质构造变形带”

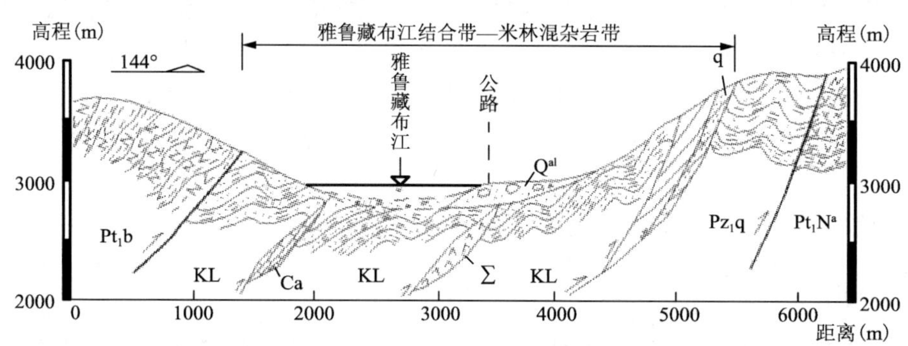

图 11 米林混杂岩带地质剖面图

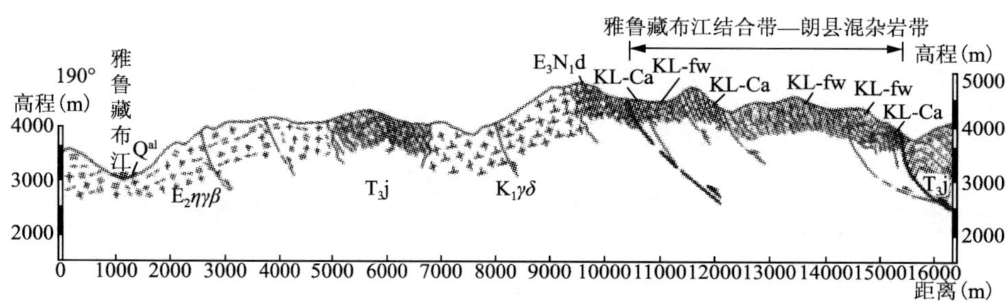

图 12 朗县混杂岩带地质剖面图

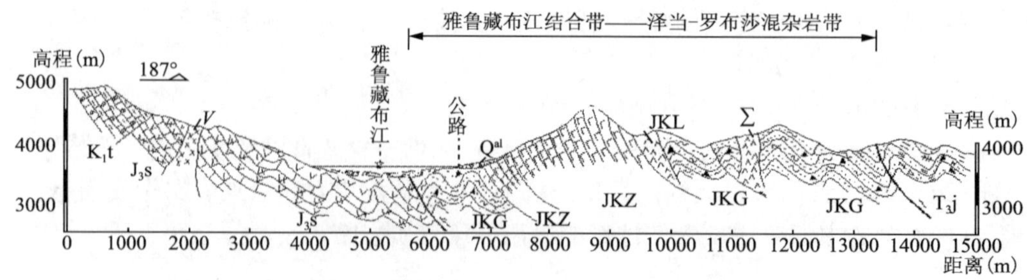

图 13 泽当 - 罗布莎蛇绿混杂岩带地质剖面图

(3)构造变形特征

结合带构造变形包括两类:一是脆韧性断片的挤压叠覆变形,表现为由一系列小型脆韧性断裂与其所夹持的岩片构成的强烈挤压逆冲叠覆构造(图 14);二是韧性剪切,蛇绿混杂岩片早期变形即具韧性剪切特征,构造岩片与白垩纪基质一起揉皱变形(图 15)。

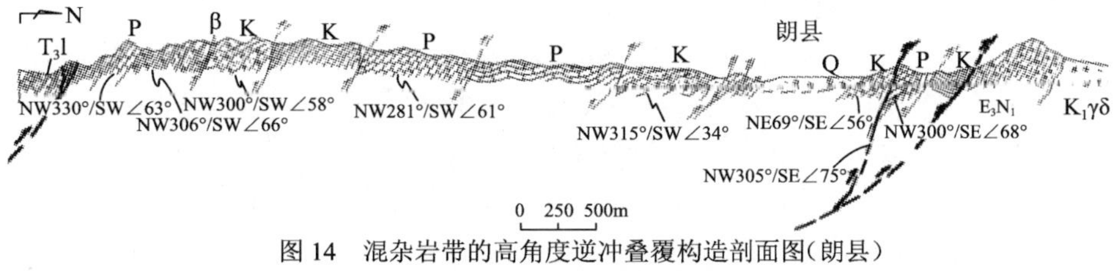

图 14 混杂岩带的高角度逆冲叠覆构造剖面图(朗县)

a)

b)

c)

图 15 构造混杂岩的塑性流变及揉皱

4.2 活动性与地震

近 EW 向展布的结合带处于 NNE 向强烈挤压状态,沿带 SN-NNE 向“纵张”破裂较发育,这显示结合带强烈的压密变形几乎接近极限。结合带内部的构造岩片因强力挤压而相互紧密嵌合,现已基本“焊接愈合”,总体上不具有明显的活动性。

新构造活动主要发生在南边界断裂以及两条切错构造岩带的 NE 向断裂。里龙断裂错动晚更新世(Q_3)冲洪积砾石— 湖积粉土层,清晰可见地震楔及震积岩(图 16)等近代地震活动遗迹,最新强烈活动年代为(1.8±0.2)万年(ESR 测年)。夺松—比丁断裂为 NNE-NE 向延展型韧性剪切断裂带,左旋切错雅鲁藏布结合带达 23km,正断错动洪积粉砂及卵砾石层(图 17)。

a)

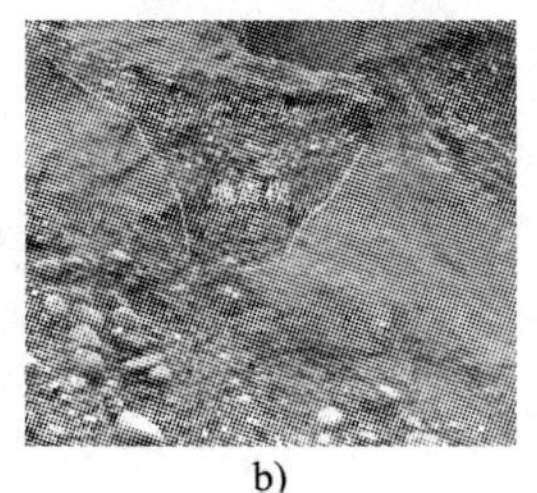

b)

图 16 里龙断裂错动冲洪积层及地震楔

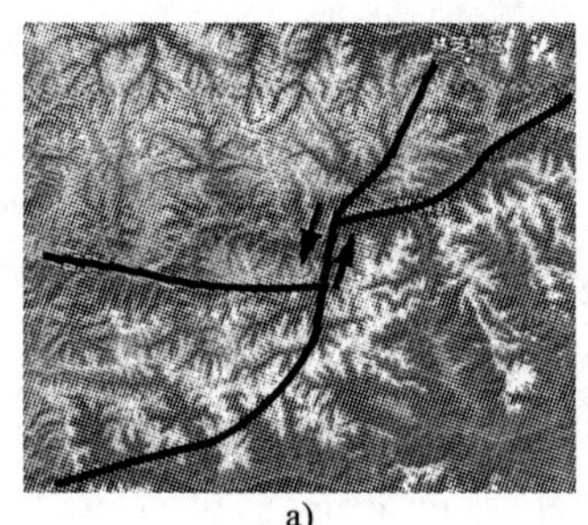

a)

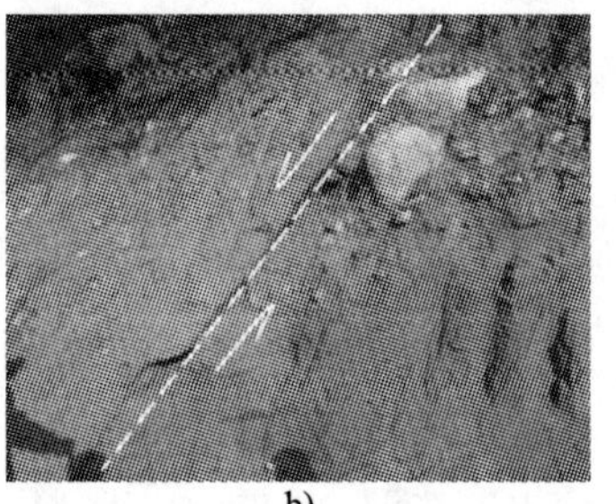

b)

图 17 夺松—比丁断裂(左 - 左旋切错雅鲁藏布结合带;右 - 正断扰动洪积层)

4.3 工程效应

雅鲁藏布结合带对铁道工程的影响主要有：

（1）北侧冈底斯地块由花岗岩、石英板岩等硬性块状岩构成，地壳岩体的完整性相对较好，工程地质条件相对较好。但因其处于高温低压变质状态，花岗岩体的地热异常及强风化问题较为突出。

（2）南侧北喜玛拉雅构造带处于高压低温变质状态，岩石建造以片麻岩、结晶—糜棱岩化—绿泥绿帘片岩等软质变质岩系为主，褶皱及断裂十分复杂，地壳岩体具有软—塑性特征，崩塌、滑坡及泥石流等地质灾害甚为发育。

（3）结合带内部总体上处于应力平稳分布状态，地应力集中主要发生在南边界断裂及其南侧喜马拉雅构造带地块内。结合带南侧构造变形明显强于结合带内部及北侧岩体，消减的变形则转为结合带内部岩体的压缩变形和南边界断裂的逆推位移。

5 结语

川藏铁路交通廊道涉及的板块碰撞结合带，对区域地质建造与构造特征有着较为显著的控制作用，这势必会对铁道工程的建设产生重大影响。研究成果表明：

（1）金沙江结合带是昌都—思茅陆块与川滇地块结合部位，由不同时代、不同性质的岩块和基质混杂而成。结合带因强烈挤压而产生NE向压缩变形，其西侧岩浆岩高地应力问题和东侧三叠系变质岩地段的软岩大变形及抗滑稳定，是制约铁道工程的主要工程地质问题。

（2）澜沧江结合带作为昌都—思茅陆块与左贡—保山陆块的分界构造，对区域沉积建造、岩浆活动及构造变质变形等具有明显的控制作用。结合带岩体主要表现为强烈的挤压逆冲及压缩变形，结合带两侧岩体的应力—形变强度有所差异。西侧地块表现出较活跃的构造动力学特点，东侧陆块则处于相对稳定状态。结合带对铁道工程的影响主要是岩体压缩变形、西侧岩浆岩体的高地应力问题。

（3）怒江结合带岩体总体处于相对稳定的压缩状态。南西边界断裂活动性较弱，北东边界挤压变形强烈兼具右旋剪切活动性质。结合带南西侧冈底斯陆块主要为沉积建造和陆缘火山岛弧建造，北东侧南羌塘—左贡陆块则为陆相碎屑岩沉积建造。与结合带有关的工程地质问题主要包括：兼有右旋剪切作用的强压缩变形，南西侧的高地应力岩体力学效应问题，北东侧的软岩隧道的大变形。

（4）雅鲁藏布结合带是一条由构造岩片相互紧密嵌合的构造混杂岩带，现已基本“焊接愈合”。结合带岩体总体上表现为近SN向压缩变形，地应力积累和断裂活动主要发生在结合带的南边界断裂。雅鲁藏布结合带的关键工程地质问题有：结合带构造混杂岩的高地应力及其岩体力学效应；北侧冈底斯地块的地热异常及花岗岩的风化问题；南侧北喜马拉雅构造带较严重的边坡岩体稳定及地下工程塑性围岩的大变形问题。

参考文献

[1] 刘宇平，唐文清，赵济湘．青藏高原东部及邻区现代地壳运动GPS监测[M]. 北京：地质出版社，2010：122-123.
Liu Yuping, Tang Wenqing, Zhao Jixiang. Modern crustal movement GPS monitoring of Eastern Qinghai-Tibet plateau and its adjacent areas [M]. Bei Jing: Geological Publishing House, 2010: 122-123.

[2] 王新忠，强巴扎西，彭兴阶．藏东滇西澜沧江断裂带地质属性讨论[J]. 云南地质，2008（03）：362-370.
Wang Xinzhong, Qiangba Zhaxi, Peng Xingjie. A Discussion about the Geological Nature of Lancangjiang Fault[J]. Yunnan Geology, 2008(03): 362-370.

[3] 李才，谢尧武，董永胜，等 . 北澜沧江带的性质——是冈瓦纳板块与扬子板块的界线吗 ?[J]. 地质通报，2009（12）：1711-1719.

Li Cai, Xie Yaowu, Dong Yongsheng, etc. The North Lancangjiang Suture: The Boundary between Gondwana and Yangtze?[J]. Geological Bulletin of China, 2009(12): 1711-1719.

[4] 王保弟，王立全，许继峰，等 . 班公湖—怒江结合带洞错地区舍拉玛高压麻粒岩的发现及其地质意义 [J]. 地质通报，2015，34（9）：1605-1616.

Wang B D, Wang L Q, Xu J F, etc. The discovery of high-pressure granulite at Shelama in Dongco area along the Bangong Co-Nujiang River suture zone and its tectonic significance. Gical Bulletin of China, 2015, 34(9): 1605-1616

[5] 肖序常，万子益，李光岑，等 . 雅鲁藏布江结合带及其邻区构造演化 [J]. 地质学报，1983（2）.

Xiao Xuchang, Wan Ziyi, Li Guangchen, etc.On the Tectonic Evolution of the YARLUNG ZANOBO Suture Zone and its Adjacent Areas[J].Acta Geologica Sinica, 1983(02).

[6] 周荣军，陈国星，李勇，等 . 四川西部理塘—巴塘地区的活动断裂与 1989 年巴塘 6.7 级震群发震构造研究 [J]. 地震地质，2005，27（1）：31-43.

Zhou Rongjun, Chen Guoxing, Li Yong, etc. Research on active faults in Litang-Batang region, western Sichuan province, and the seismogenic structures of the 1989 Batang M6.7 earthquake swarm[J].Seismology and geology, 2005, 27(1): 31-43.

[7] 王阎昭，王恩宁，沈正康，等 . 基于 GPS 资料约束反演川滇地区主要断裂现今活动速率 [J]. 中国科学（D 辑：地球科学），2008（05）：582-597.

Wang Yanzhao, Wang Enning, Shen Zhengkang, etc. GPS-constrained Inversion of Present-day Slip Rates along Major Faults of the Sichuan-Yunnan Region, China[J]. Science in China. Series D：Earth Sciences, 2008(05): 582-597.

[8] 唐方头，宋键，曹忠权，等 . 最新 GPS 数据揭示的东构造结周边主要断裂带的运动特征 . 地球物理学报，2010，33（9）；2119-2128.

Tang F T, Song J, Cao Z Q, et al. The movement characters of main faults around Eastern Himalayan Syntaxis revealed by the latest GPS data. Chinese J. Geophys, (in Chinese), 2010, 53(9): 2119-2128.

高寒山区铁路沟谷灾害链危险性评估与风险调控

魏永幸[1] 姚令侃[2] 邱燕玲[1]

（1. 中铁二院工程集团有限责任公司，成都 610031；2. 西南交通大学土木工程学院，成都 610031）

摘　要：冰湖溃决、冰川泥石流堵河是帕隆藏布流域高寒山区的沟谷灾害链，是川藏铁路不可回避的灾害风险。针对冰湖溃决、冰川泥石流堵河两类灾害，采用遥感解译和现场考察的方法，查明了两类灾害的分布；利用模糊综合评价法，选取冰湖面积等9个指标，综合评估冰湖溃决危险性；提出支沟溃决洪水入汇主河的流量、水深、流速的近似计算方法；建立了泥石流在主河中运移距离公式，综合其他影响因素，评价冰川泥石流堵河危险性；最后，根据冰湖溃决、冰川泥石流堵河影响范围，提出了线位高程约束条件。

关键词：冰湖溃决；溃决洪水；冰川泥石流；堵江；危险性评估

Risk Evaluation and Control of Valley Hazards Chain for Railway in Alpine Region

Wei Yongxing[1] Yao Lingkan[2] Qiu Yanling[1]

(1.China Railway Eryuan Engineering Group Co.LTD, Chengdu 610031, China; 2.School of Civil Engineering, Southwest Jiaotong University, Chengdu 610031, China)

Abstract: Glacial lake outburst and glacial debris flow blocking river are valley hazards chain in alpine region of Palongzangbu Basin.They are unavoidable hazards for Sichuan-Tibet railway.For the two types of hazards, remote sensing interpretation and field investigation are used to ascertainthe distribution.By using Fuzzy Comprehensive Evaluation method, 9 indicators such as lake area are selected to assess the risk of glacial lake outburst.Approximate calculation method of flow, water depth and flow rate are proposed for the outburst flood of tributary into mainstream.The formula of the migration distance of debris flow in the main river is established, and the other factors are combined to evaluate the risk of the glacial debris flow blocking river.Finally, according to the influence of glacial lake outburst and glacial debris flow blocking the river, line elevation constraints are put forward.

Keywords: glacial lake outburst; outburst flood; glacial debris flow; blocking river; risk evaluation

---

作者简介：魏永幸（1964—），男，教授级高级工程师。

基金项目：中国铁路总公司科技开发计划"高寒山区铁路沟谷灾害链危险性评估与风险调控研究"（2013G014-A）。

帕隆藏布江位于西藏东部林芝地区，是雅鲁藏布江下游左岸的Ⅰ级支流，流域面积 2.8631 万 km^2。从青藏高原东缘进藏的川藏铁路，必经帕隆藏布流域，流域内地形陡峻，绝对高度和相对高差都很大。帕隆藏布江，是流域内唯一的铁路交通廊道。

由于受印度洋孟加拉湾暖湿气流的影响，帕隆藏布流域气候温暖湿润，降水丰富，是我国最大的季风海洋性冰川分布区。海洋性冰川活动性强、冰川积累消融量都很大，冰湖发育。近年来，我国发生了多起支沟冰湖溃决引发的主河超常洪水灾害，造成了巨大的生命财产损失。例如 1981 年西藏波曲河东支支沟内次仁玛错两次发生冰湖溃决，洪水冲毁中尼公路 50km[1]；2013 年尼都藏布江的支沟中然则日阿错冰湖溃决，导致下游桥梁、道路等基础设施遭到严重破坏，直接经济损失高达 2.7 亿元[2]。

受多期冰川作用，帕隆藏布流域内发育有相当规模和厚度的冰碛物松散堆积体，如培龙沟中下游右岸古冰碛层厚达 310m[3]，为泥石流的发生提供了主要物质来源。丰富的冰雪消融洪水与松散冰碛堆积物，相互作用形成大规模的冰川泥石流。冰川泥石流规模大，历史上曾多次发生堵河事件，例如位于波密县古乡沟村西，川藏公路 K4035 ～ K4028 的古乡沟泥石流已爆发大型、特大型泥石流数百次，堵塞帕隆藏布江成湖扇体面积达 4.3km^2，目前川藏公路只能以便道方式在扇体上通行[4]。

综上所述，这类由冰湖溃决、冰川泥石流等方式形成的冰川长程威胁是我国铁路尚未遇到的新问题，属于高寒山区特有的灾害防治问题。随着全球性气候的趋于变暖，帕隆藏布流域海洋性气候趋于湿暖性变化，降水量随着气温的升高趋于增加，冰川积累量增加，活动量相应增大，导致冰湖溃决、冰川泥石流频率增加，可能造成大型灾害事件，成为铁路设计不可忽略的特大灾害风险。因此，查明帕隆藏布流域川藏交通廊道内冰湖溃决、冰川泥石流灾害的分布、活动特征，研究对铁路的危害范围、成灾模式，为川藏铁路确定线路方案和空间定线提供科学依据和减灾技术措施，具有重要意义。

1 冰湖溃决危险性分析

1.1 帕隆藏布流域冰湖概况

冰湖是冰川退缩或消失后形成的湖泊，帕隆藏布流域冰湖均分布在高海拔地区，道路交通难以到达。帕隆藏布流域冰湖概况主要依据遥感影像，参考地形图等其他相关资料获取。帕隆藏布流域的冰川属于典型海洋性冰川，冰川活动性强，冰川积累和消融年内变化比较剧烈，冰湖面积随着季节的不同而变化。帕隆藏布流域冰湖面积在夏季季风期一般比其他时期的面积大，因此，选取 9 月夏末秋初的 TM 影像进行冰湖的解译识别。为了获知帕隆藏布流域冰湖多年来的变化情况，收集了多时相遥感影像 TM，对比分析了 1990 年前后、2000 年前后、2005 年前后、2010 年前后的 Landsat TM、Landsat ETM 遥感影像数据。

通过遥感影像解译，初步判定流域内共有大小冰湖 131 个，其中面积大于 0.01km^2 的有 99 个，面积大于 0.1km^2 的有 23 个，面积最大的为莫如弄巴的错下，面积为 0.976km^2。从数量上看，冰碛湖（终碛湖、侧碛湖）的数量最多，其次为冰川堵塞湖，冰斗湖的数量最少。从冰湖的面积上来看，有 66.7% 的冰湖面积都小于 0.1km^2，超过半数的都小于 0.05km^2，明显小于西藏其他的冰湖分布区[5,6]。从不同类型冰湖的面积来看，冰碛湖较大，最大面积接近于 1km^2。

分析多年冰湖数据表明，流域内单个冰湖的面积有增有减。海拔 4500m 以下，冰湖面积以减小为主；海拔 4500m 以上，冰湖面积主要在增大。但总面积变化不大，如 1988 年总面积为 7.03km^2，2005 年为 7.21km^2，总面积增加幅度为 2.56%。此外，面积较小的冰湖较面积大的冰湖更倾向于萎缩，面积小于 0.05km^2 的冰湖中，处于萎缩状态的冰湖占 64.1%；而面积在 0.05 ～ 0.5km^2 的冰湖中，处于萎缩状态的仅占 38%。

以冰碛松散堆积体为主要成分的冰碛堰塞坝，坝体稳定性一般较差，较其他类型的冰湖更易溃决[7]。冰湖总面积的增加主要来自于大型冰湖，单个冰湖面积、水量的增加也加大了冰湖溃决的危害和风险。从帕隆臧布流域冰湖的分布及冰湖变化的研究结果来看，冰湖溃决危害主要集中于中坝以上大型冰湖分布较为密集的地区。

1.2 冰湖溃决危险性评价

影响冰湖溃决的因素有很多，致溃机理至今没有统一定论。总结文献资料[8-10]，历史上发生溃决和具有潜在溃决危险性的冰湖，一般具有以下特点：①冰碛物形成的终碛堤封闭性良好，成一湖盆地形，且规模较大；②冰湖距冰川较近甚至直接相连，冰川规模大、活动频繁；③气候湿热，冰川融水、降水充沛，冰湖补给水量大。

模糊综合评价法是对受多种因素影响的事物做出全面评价的一种十分有效的多因素评价方法，在处理不确定性的事物时具有较大的优势。考虑指标获取和量化的难易度，从影响冰湖溃决灾害的冰川特征、湖盆规模、气象参数、终碛坝参数、下游沟道特征5个方面选取了冰湖的面积 F_1（km^2）、下游沟道纵比降 F_2（‰）、冰川前端距冰湖距离 F_3（m）、冰川的面积 F_4（km^2）、冰川积雪区平均坡度 F_5（°）、2000—2014年间6～9月的平均地表温度 F_6（℃）、地表温度变化率 F_7（℃/a）、年降雨量 F_8（mm）以及终碛坝坝顶宽 F_9（m）共9个指标。采用层次分析法计算各影响因子权重，对选取的9个因子，两两比较建立判别矩阵（表1），通过随机一致性检验 C.R.=CI/RI=0.029673 ＜ 0.1，最终计算得到各因子的指标权重见表2。

判断矩阵 表1

评价指标	冰湖面积 F_1	下游沟道纵比降 F_2	冰川前端距冰湖距离 F_3	冰川的面积 F_4	冰川平均坡度 F_5	年间（6～9月）平均地表温度 F_6	地表温度变化率 F_7	年降雨量 F_8	终碛坝坝顶宽 F_9
冰湖面积 F_1	1	3	1/2	1	3	1	1/2	2	1/3
下游沟道纵比降 F_2	1/3	1	1/2	1/3	1	1/2	1/4	1/2	1/3
冰川前端距冰湖距离 F_3	2	2	1	2	2	1	1/2	2	1
冰川的面积 F_4	1	3	1/2	1	1	1	1/2	2	1/2
冰川平均坡度 F_5	1/3	1	1/2	1	1	1/2	1/3	1	1/3
年间（6～9月）平均地表温度 F_6	1	2	1	1	2	1	1/2	2	1/2
地表温度变化率 F_7	2	4	2	2	3	2	1	2	2
年降雨量 F_8	1/2	2	1/2	1/2	1	1/2	1/2	1	1/2
终碛坝坝顶宽 F_9	3	3	1	2	3	2	1/2	2	1

评价指标权重值 表 2

评价指标	冰湖面积 F_1	下游沟道纵比降 F_2	冰川前端距冰湖距离 F_3	冰川的面积 F_4	冰川平均坡度 F_5	年间（6～9月）平均地表温度 F_6	地表温度变化率 F_7	年降雨量 F_8	终碛坝坝顶宽 F_9
权重	0.1173	0.0565	0.1303	0.1009	0.0682	0.1103	0.1672	0.0893	0.1600

将冰湖危险性等级划分为极低危险、低度危险、中度危险、高度危险四个等级。对于极低危险冰湖的划分，主要依据学者们对冰湖溃决灾害的研究，取历史已溃决冰湖的最小面积（$10^5 m^2$）以及冰舌与冰湖距离（1000 m）作为下限阈值，其他冰湖则运用模糊综合评价法进行评价。在模糊综合评价计算时，除去极低危险性等级的冰湖，将其他冰湖划分为低度危险（Ⅰ）、中度危险（Ⅱ）、高度危险（Ⅲ）三个等级。用类似于升岭形隶属函数分布，计算各因素对评价等级的隶属度，并依据当 x 位于两界限值的中间时隶属度为 1 的原则，当 x 离开中间值增大或减少时，该变量对该等级的隶属度从 1 开始减少，当取边界值（a，b，c）时，隶属度为 1/2。划分的区间及对应隶属函数见表 3，根据隶属函数求得判断矩阵 R 值，在判断矩阵 R 和权重 W 的基础上，根据公式 $B=W\times R$ 得到隶属矩阵 B，最后按最大隶属度原则判断所评判对象的危险度等级。

各区间值对应的隶属函数 表 3

区　间	Ⅰ	Ⅱ	Ⅲ
$a \leqslant x \leqslant (a+b)/2$	$\frac{1}{2}-\frac{1}{2}\sin\frac{\pi}{b-a}(x-\frac{a+b}{2})$	$\frac{1}{2}+\frac{1}{2}\sin\frac{\pi}{b-a}(x-\frac{a+b}{2})$	0
$(a+b)/2 < x \leqslant b$	$\frac{1}{2}+\frac{1}{2}\sin\frac{\pi}{b-a}(\frac{a+b}{2}-x)$	$\frac{1}{2}-\frac{1}{2}\sin\frac{\pi}{b-a}(\frac{a+b}{2}-x)$	0
$b < x \leqslant (b+c)/2$	0	$\frac{1}{2}-\frac{1}{2}\sin\frac{\pi}{c-b}(x-\frac{c+b}{2})$	$\frac{1}{2}+\frac{1}{2}\sin\frac{\pi}{c-b}(x-\frac{c+b}{2})$
$(b+c)/2 < x \leqslant c$	0	$\frac{1}{2}-\frac{1}{2}\sin\frac{\pi}{c-b}(x-\frac{c+b}{2})$	$\frac{1}{2}+\frac{1}{2}\sin\frac{\pi}{c-b}(x-\frac{c+b}{2})$
$x>c$	0	$\frac{1}{2}\sin\frac{c\pi}{2x}$	$1-\frac{1}{2}\sin\frac{c\pi}{2x}$

图 1 为评估结语，区域内高度危险的冰湖有 10 个，分布在雪茹弄巴、拉普弄巴、多依弄巴、曲都弄巴、敦奶弄巴、米堆弄巴、扎拉弄巴、莫如弄巴 8 个小流域内，区域内曾经溃决的冰湖有郭奶弄巴流域的康窄错、莫如弄巴流域的错下湖、多依弄巴的多依错和米堆弄巴的光谢错。中度危险的冰湖有 8 个，低度危险的冰湖有 2 个。

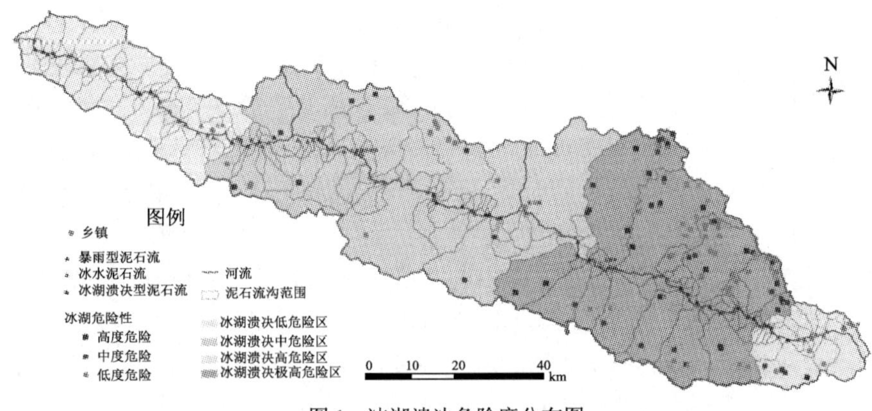

图 1　冰湖溃决危险度分布图

1.3 冰湖溃决入汇主河洪水分析

流域内绝大多数高度危险冰湖都位于帕隆藏布流域的支沟当中，一旦溃决会形成支沟溃决洪水下泄，在汇口处入汇主河，洪水演进与主河堰塞坝溃决不同。冰湖溃决入汇主河洪水分析包括两部分，一是支沟冰湖溃决过程，二是支沟溃决洪水向主河演进过程。对铁路线路而言，是避开冰湖溃决洪水的影响范围，关注重点在于溃决洪水演进的洪峰流量、洪峰水位以及流速。

冰湖溃决的水力计算，需要确定堰塞坝的溃决形式，从规模上分为全溃和局部溃，从时间上分为瞬时溃或逐渐溃。由冰碛物形成的堰塞坝体，稳定性一般较差，蓄水状态下多处于临界稳定状态，地震、高温冰雪融水、强降雨、冰川坠物形成的涌浪等外界作用，都可能改变坝堰塞坝体的临界稳定状态，出现坝顶溢流、基础管涌、渗漏等溃口。冰湖的实际溃决过程是逐渐型，但松散冰碛物的堆积坝体，从溃口始现到形成稳定断面，整个过程时间短暂，从安全角度考虑，计算所假定的溃决形式可近似为瞬时全溃。黄河水利委员会水利科学研究院[11]根据实际资料分析，求得了溃口宽度和溃口洪峰流量近似计算公式为：

$$q_{\mathrm{m}}=0.296\sqrt{g}\left(\frac{B}{b}\right)^{0.4}bH_0^{1.5}\qquad(1)$$
$$b=k(W^{1/2}B^{1/2}H)^{1/2}$$

式中：q_{m}——洪峰流量；

b——溃口平均宽度(m)；

W——溃决总库容(万 m^3)；

B——溃坝时溃前水面宽度或坝顶长度(m)；

H——溃坝时水头或溃坝时坝前水深(m)；

k——与坝体土质有关的系数。

溃坝溃口宽度主要是由引起溃坝的水流冲刷能力和坝体材料抗冲刷能力相互作用的结果。水头 H 反映了主要的冲刷作用，$W^{1/2}B^{1/2}H$ 反映了坝前水体的总能量，k 反映了坝体的抗冲刷能力。

对具有危险性的冰湖，在现场考察测出基本情况及参数后，可利用式(1)近似计算出溃决发生后溃口的宽度和洪峰流量，为接下来的洪水演进计算提供初始参数。

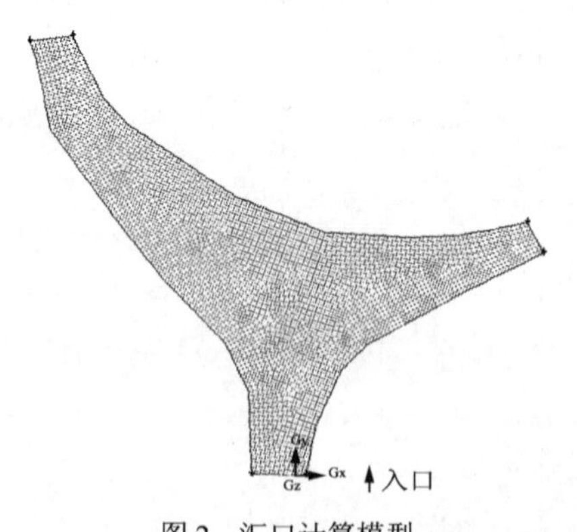

图2 汇口计算模型

由于铁路线沿主河道架设，主支沟汇口成为线路工程针对支沟溃决洪水减灾防灾的重要控制点。下面以米堆沟汇口模型为例，利用 fluent 二维模拟洪水入汇过程，研究汇口局部区域洪水流态。根据 google earth，提取米堆沟口地形数据，建立汇口计算模型（图 2），网格划分采用 Quad/Tri 网格类型，洪水入口设定为速度入口边界条件，上下游断面设定为压力出口边界条件，河道两岸设定为 WALL 固定边界条件。为便于观察支沟溃决洪水的流态情况，假设溃决发生在枯水期，主河水流忽略不计，模拟采用标准 K-E 湍流模型、VOF 多相流动模型。

溃决洪水在汇口处进入主河道的发展过程如图 3 所示。在经过 113s 迭代计算过后，流态趋于稳定，经过后处理，得出流态稳定后的洪水的速度云图（图 4）、压力云图（图 5）。可以看出，支沟洪水入汇时由于河道突然开阔，洪峰流量向上下游两边扩散，流速在短距离内降低，在靠近汇口的上游位置，出现局部环流。在支沟出口河对岸，受到的水流压力最大，冲刷剧烈，受灾最为严重。

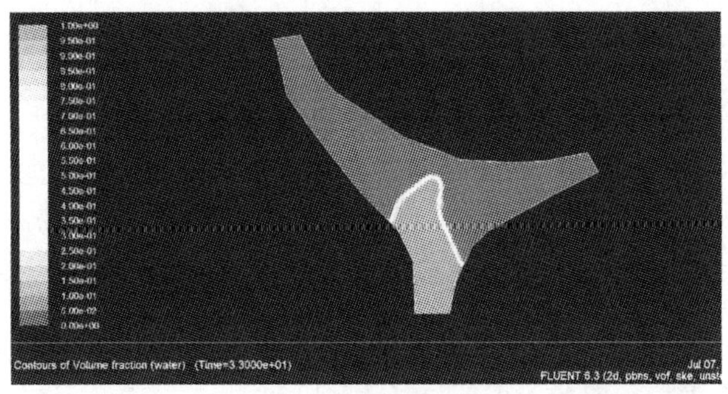

a）33s 时洪水形态

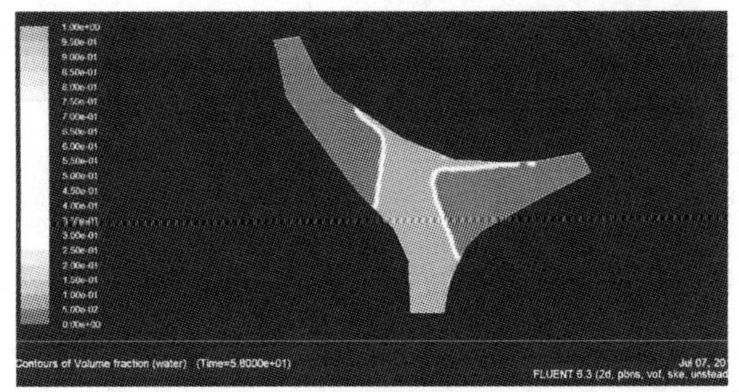

b）58s 时洪水形态

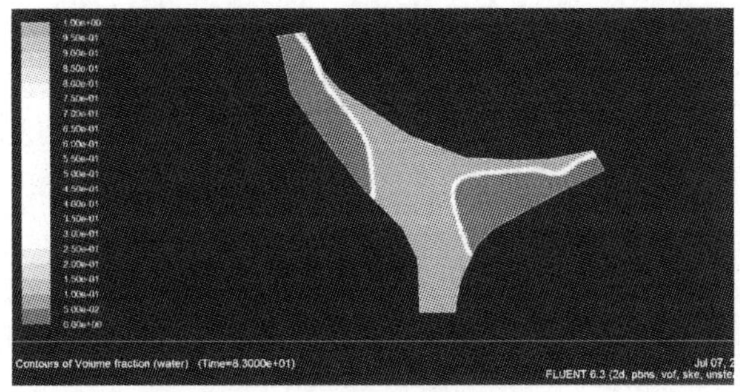

c）83s 时洪水形态

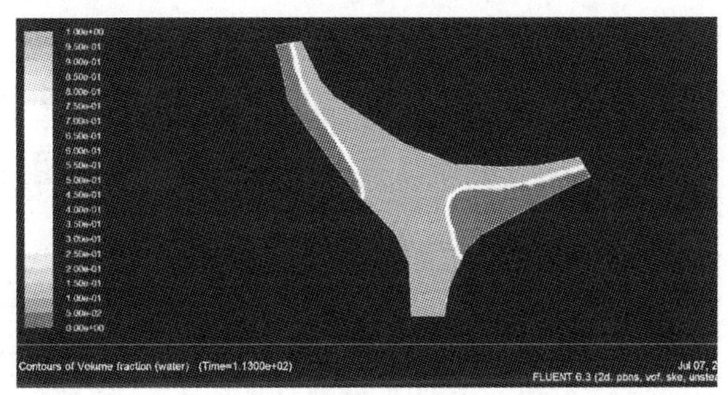

d）113s 时洪水形态

图 3　支沟溃决洪水入汇主河演进过程

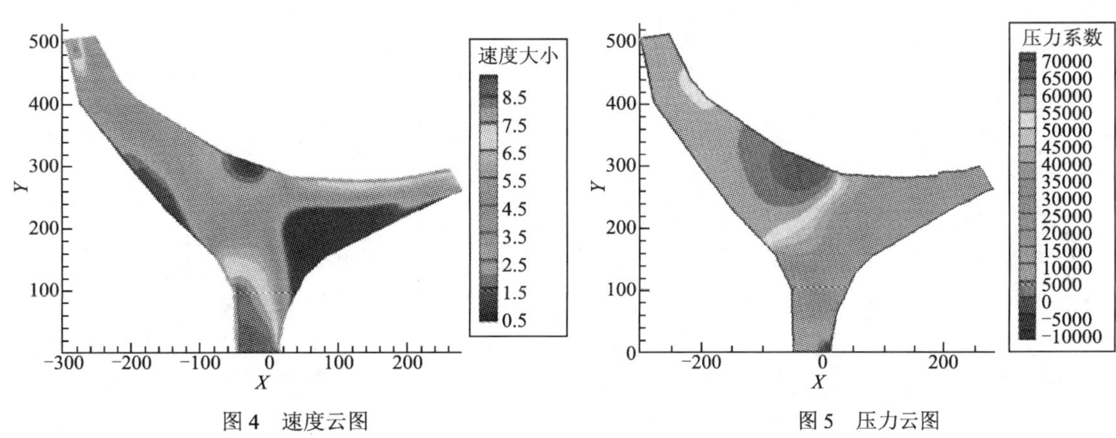

图 4　速度云图

图 5　压力云图

水槽实验也表明，同等溃决库容，支沟洪水在流量和洪峰水位上相比主河洪水都有一定衰减，衰减比在 0.8 和 0.9 左右。根据实验观测，支沟洪水冲入主河瞬间，汇口处局部水位骤增，冲向对岸后向上下游分流扩散，将洪峰一分为二，上游区域出现了短暂的壅水现象，向下分流的洪峰继续演进，这一扩散现象起到了削峰作用，致使下游演进洪峰流量和水深衰减 [12]。根据水槽实验数据，文献 [12] 在李斯特万公式和谢任之公式的基础上进行了修正，给出了适用于支沟堰塞湖溃决导致主河洪水、河道呈宽窄相间形态等复杂情况下的洪水计算方法：

$$Q_{\mathrm{LM}}=\begin{cases}\dfrac{W}{\dfrac{W}{Q_{\mathrm{m}}}+\dfrac{L}{vk}}\times f_j & (L_j<L<L_{\mathrm{s1}})\\[2ex] \dfrac{W}{\dfrac{W}{Q_{\mathrm{m}}}+\dfrac{L}{vk}}\times f_j\times(f_{\mathrm{s}})^i & (L_{\mathrm{s}i}<L<L_{\mathrm{s}(i+1)})\end{cases} \tag{2}$$

式中：Q_{LM}——当溃坝最大流量演进至据坝址 L 处时，在该处出现的最大流量；

W——溃决的总库容量；

Q_m——坝址处的溃坝最大流量；

L——据坝址的距离；

v——河道洪水期断面最大流速；

k——经验系数，山区 k=1.1 ～ 1.5，半山区 k=1.0，平原区 k=0.8 ～ 0.9；

L_j——汇口离溃口距离；

L_{si}——第 i 个宽阔河谷突缩区域距溃口距离（i=1、2、3…）；

f_j——汇口流量折减系数；

f_s——河道突缩流量折减系数。

$$H_{mx}=\begin{cases}\left\{h_0+(H_{m0}-h_0)\left[\dfrac{1}{1+\dfrac{4A^2(2m+1)(H_{m0}-h_0)^{2m+1}}{m(m+1)^2 i_0 w^2}x}\right]^{\frac{1}{2m+1}}\right\}\times h_j & (L_j<x<L_{s1})\\ \left\{h_0+(H_{m0}-h_0)\left[\dfrac{1}{1+\dfrac{4A^2(2m+1)(H_{m0}-h_0)^{2m+1}}{m(m+1)^2 i_0 w^2}x}\right]^{\frac{1}{2m+1}}\right\}\times h_j\times(h_s)^i & (L_{si}<x<L_{s(i+1)})\end{cases} \tag{3}$$

式中：A——河道断面宽度；

m——河床断面指数；

H_{m0}——坝址处的最大水深；

w——溃决的总库容量；

i_0——河道纵比降；

h_0——河道初始水深；

h_j——汇口水深折减系数；

h_s——宽阔河谷突缩水深折减系数。

溃决洪水演进的近似计算，流量采用李斯特万公式计算 [式（2）]，水深采用谢任之公式计算 [式（3）]，流速利用已算得的流量和水深推算。这可作为一种与铁路选线原则方案确定阶段精度要求相匹配的溃决洪水风险快速评估方法使用。

2 冰川泥石流堵河危险性分析

2.1 帕隆藏布流域泥石流概况

根据现场考察，帕隆藏布流域泥石流分布见图 6，然乌—鲁朗段是帕隆藏布流域泥石流灾害分布最密、频率最高、危害最严重的地区。帕隆藏布流域泥石流大体上可归并为两类，即降雨型泥石流和冰川型泥石流。

降雨型泥石流形成的水源主要依赖于大气降雨，泥石流沟是发育初期的沟谷，流域面积较小，基本上位于 10km^2 以下，流域形状发育较差，泥石流形成区、流通区、堆积区三个区段发育不完善，物质汇集速度相对较慢，造成洪峰流量小，泥石流爆发不易。对流域内降雨型泥石流沟的纵剖面形状进行分析，研究发现近乎呈直线型（图 7），沟道长度短，纵坡降较大，绝大部分位于 370‰ 以上，最利于排泄冰雪消融、暴雨和降雨水流，难以造成沟床的堵塞条件，难发生泥石流，即使发生，规模也是很小的。

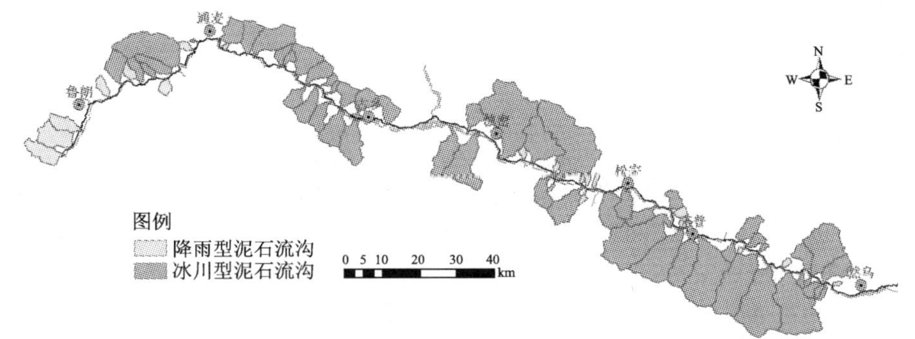

图 6　帕隆藏布流域泥石流沟类型分布图

冰川型泥石流的水源包括冰川融雪和大气降雨，泥石流沟大都处于壮年期发育阶段，流域面积相对较大，一般在 10km^2 以下，并且流域形状多呈漏斗形或者树叶形，这有利于雨水和松散固体物质的汇集。沟谷纵剖面大都呈凹形（图 8），凹形纵剖面沟床发育历史长，汇流面积大，沟岸边坡坡度一般都在 30° 以上，古冰川沉积物容易崩塌堵塞沟床，现代雪崩、冰崩和岩崩异常活跃，泥石流形成条件充分。

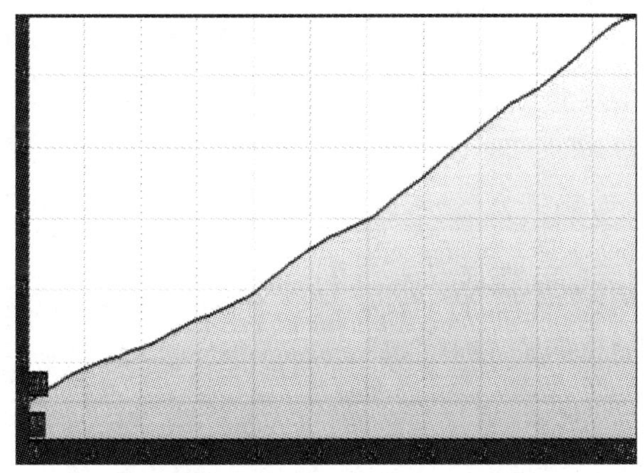
图 7　降雨型泥石流（加马其美沟）纵剖面

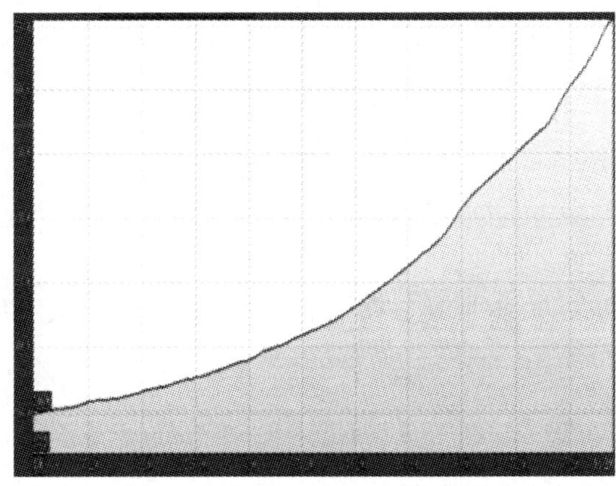
图 8　冰川型泥石流（天摩沟）纵剖面

从泥石流发生的频率角度，泥石流分为低频泥石流和高频泥石流，相对应的泥石流堵河也分为两种类型：一次泥石流完全堵塞大河，如天摩沟；泥石流多次堵河，泥石流很难一次性完全堵断大河形成堰塞湖造成淹没灾害，大都是多次发生大型泥石流从而累积阻塞主河，形成堰塞湖。帕隆藏布流域有多条沟具有多次阻河发展成完全堵河的可能性，如牛塔沟、九绒沟、古乡沟等。

2.2　泥石流堵河危险性评价

泥石流冲出支沟的距离，与泥石流的流速、支沟坡度、支沟泥深和泥石流堆积扇扇面坡度等因素有关。Takahashi[13] 利用动量守恒定理推导出在坡度变化沟道（图 9）中泥石流动力学方程：

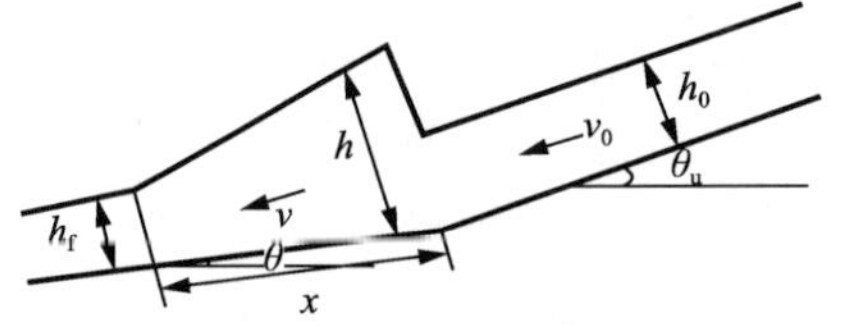

图 9　泥石流在沟道内运动示意图

$$\frac{\mathrm{d}}{\mathrm{d}t}\left[\frac{1}{2}\left(h+h_{\mathrm{f}}\right)x\frac{\gamma_0}{g}v\right]=\frac{1}{2}\left(h+h_{\mathrm{f}}\right)x\gamma_0\sin\theta+\frac{\gamma_0}{g}q_{\mathrm{T}}v_{\mathrm{u}}\cos\left(\theta_{\mathrm{u}}-\theta\right)+ \frac{1}{2}gh_{\mathrm{u}}^2\cos\theta_{\mathrm{u}}\cos\left(\theta_{\mathrm{u}}-\theta\right)\left[\left(\sigma-\rho\right)c_{\mathrm{du}}k_{\mathrm{a}}+\rho\right]-F \tag{4}$$

式中：t——时间（s）；

g——重力加速度；

γ_0——泥石流单位体积重量；

σ——沙砾密度；

ρ——水的密度；

k_a——主动土压系数；

F——底面摩擦力。

泥石流出沟口后与主河水流交汇，受到河床与大河水流两方面的阻力。由于动水与泥石流交汇时的相互机理比较复杂，因此，本文只考虑主河水的静水压力，在式（4）中，增加主河静水阻力项，得到泥石流在主河中运动的动力学方程：

$$\frac{\mathrm{d}}{\mathrm{d}t}\left[\frac{1}{2}\left(h+h_{\mathrm{f}}\right)x\frac{\gamma_0}{g}v\right]=\frac{1}{2}\left(h+h_{\mathrm{f}}\right)x\gamma_0\sin\theta+\frac{\gamma_0}{g}q_{\mathrm{T}}v_{\mathrm{u}}\cos\left(\theta_{\mathrm{u}}-\theta\right)+ \frac{1}{2}gh_{\mathrm{u}}^2\cos\theta_{\mathrm{u}}\cos\left(\theta_{\mathrm{u}}-\theta\right)\left[\left(\sigma-\rho\right)c_{\mathrm{du}}k_{\mathrm{a}}+\rho\right]-F-f \tag{5}$$

式中：F——河床底面摩擦力，$F=\frac{1}{2}(\sigma-\rho)gc_{\mathrm{du}}(h_{\mathrm{f}}+h)x\cos\theta\cdot n$；

f——河水对泥石流的阻力，$f=C_{\mathrm{D}}h_{\mathrm{u}}\frac{\rho v_{\mathrm{u}}^2}{8}\cos\theta+\frac{1}{2}gh_{\mathrm{u}}^2\rho\cos\theta$；

k_{a}——主动土压系数$\left[k_{\mathrm{a}}=\tan^2\left(45°-\frac{\varphi}{2}\right)\right]$；

φ——泥石流中土体的动摩擦角；

C_{D}——阻力系数，与物体的形状、粗糙度及R_{e}有关；

初值条件为$v(0)=V$。

据此，根据质量守恒，可得到泥石流入汇主河后的运移距离公式为：

$$L'=\frac{Q^2}{R} \tag{6}$$

其中，

$$R=\frac{(\gamma_{\mathrm{s}}-\gamma_{\mathrm{w}})gc_{\mathrm{du}}\cos\theta\cdot n}{(\gamma_{\mathrm{s}}-\gamma_{\mathrm{w}})c_{\mathrm{du}}+\gamma_{\mathrm{w}}}-g\sin\theta,$$

$$Q=v_{\mathrm{u}}\cos(\theta_{\mathrm{u}}-\theta)+\frac{\cos\theta_{\mathrm{u}}\cos(\theta_{\mathrm{u}}-\theta)[(\gamma_{\mathrm{s}}-\gamma_{\mathrm{w}})c_{\mathrm{du}}k_{\mathrm{a}}+\gamma_{\mathrm{w}}]gh_{\mathrm{u}}}{2[(\gamma_{\mathrm{s}}-\gamma_{\mathrm{w}})c_{\mathrm{du}}+\gamma_{\mathrm{w}}]v_{\mathrm{u}}}-\frac{\gamma_{\mathrm{w}}\cos\theta gh_{\mathrm{u}}}{2[(\gamma_{\mathrm{s}}-\gamma_{\mathrm{w}})c_{\mathrm{du}}+\gamma_{\mathrm{w}}]v_{\mathrm{u}}}-\frac{C_{\mathrm{D}}\gamma_{\mathrm{w}}v_{\mathrm{u}}\cos\theta}{8[(\gamma_{\mathrm{s}}-\gamma_{\mathrm{w}})c_{\mathrm{du}}+\gamma_{\mathrm{w}}]}$$

式中：γ_w——水的重度（$\mathrm{kN/m^3}$）。

设主河的宽度为L，则泥石流堵塞主河的堵塞系数为$r=L'/L$。

泥石流沟严重程度采用四值逻辑判别为严重、中等严重、轻度严重、没有问题，按判别因素评定其严重程度。选取表4中15个因素，根据专家经验和国内近千条泥石流沟分析结果制订评分四级区段。按因素的重要性进行权数分配，采用专家调查的平均权重值进行评分。

泥石流沟严重程度数量化评分表 表4

序号	影响因素	权重	量级划分							
			严重（A）	得分	中等（B）	得分	轻微（C）	得分	一般（D）	得分
1	崩塌、滑坡及人类不合理活动的严重程度	0.159	严	21	中	16	轻	12	无或一般	1
2	泥沙沿程补给长度比（%）	0.118	>80	16	60~30	12	30~10	8	<10	1
3	沟口泥石流堆积活跃程度	0.108	严	14	中	11	轻	7	一般	1

续上表

序号	影 响 因 素	权重	量 级 划 分							
			严重(A)	得分	中等(B)	得分	轻微(C)	得分	一般(D)	得分
4	河沟纵坡	0.090	>12°	12	12° ~6°	9	6° ~3°	6	<3°	1
5	区域构造影响程度	0.075	大	9	中	7	小	5	一般	1
6	流域植被覆盖率(%)	0.0675	<10	9	10~30	7	30~60	5	>60	1
7	河沟近期一次变形幅度(m)	0.0625	2	8	2~1	6	1~0.2	4	0.2	1
8	沿沟松散物储量(万 m^3/km^2)	0.054	>10	6	10~5	5	5~1	4	<1	1
9	岩性影响	0.054	软岩、黄土	6	软硬相间	5	风化和节理发育的硬岩	4	硬岩	1
10	沟岸山坡坡度	0.045	>32°	6	32°~25°	5	25°~15°	4	<15°	1
11	产沙区沟槽横断面	0.0376	V形谷、谷中谷下切U形谷	5	拓宽U形谷	4	复式断面	3	平坦型	1
12	产沙区松散物平均厚度(m)	0.036	>10	5	10~5	4	5~1	3	<1	1
13	流域面积(km^2)	0.036	0.2~5	5	5~10	4	10~100	3	>100	1
14	流域相对高差(m)	0.03	>500	4	500~300	3	300~100	2	<100	1
15	沟道堵塞程度	0.03	严	4	中	3	轻	2	无	1

利用表4对帕隆藏布流域的泥石流沟本身的严重性进行了评估，泥石流堵河的严重性还受泥石流距主河的距离、主河形态、主河受挤压程度、泥石流发生频率、主河所在区段等影响因素的影响。表5给出了帕隆藏布流域泥石流堵河的危险性评价。在泥石流堵河严重性的基础上对帕隆藏布流域进行危险性区划。利用层次分析法给出权重，见表6。

单沟泥石流堵河危险性数量化表 表5

序　　号	影 响 因 素	量 级 划 分		
		轻微	中等	严重
1	距主河距离(m)	>500	200~500	<200
2	主河形态	偏向异岸	顺直	偏向同岸
3	主河受挤压程度	无	轻微	严重
4	泥石流沟严重性	轻微	中等	严重
5	泥石流发生的频率	无	低频	高频
6	河谷形态	宽谷段		峡谷段

泥石流堵河危险性区划评分表 表6

影响因素	河 谷 形 态			泥石流沟堵河		
权重	0.9806			0.1961		
流域情况	峡谷段	宽窄相间	宽谷段	严重	中等	轻微
打分	10	6	1	5	3	1
权重	0.9435	0.3145	0.1048	0.9631	0.2408	0.1204

注：宽窄相间是指在铁路一个区间内(7～13km)出现宽谷与峡谷两种河谷形态。

对帕隆藏布流域然乌至鲁朗53条泥石流沟的堵河问题进行分析。然乌至松宗为峡谷段，泥石流沟16条，严重性10条；松宗到波密及波密到古乡为宽窄相间段，泥石流沟12条，严重性4条；古乡到东久河与鲁郎河的交界处为峡谷段，泥石流沟22条，严重性14条；最后一段到鲁朗已逐渐进入高原面，为相对宽谷段，泥石流沟3条，严重性1条。按照上述方法对帕隆藏布流域进行堵河危险性区划，如图10所示。

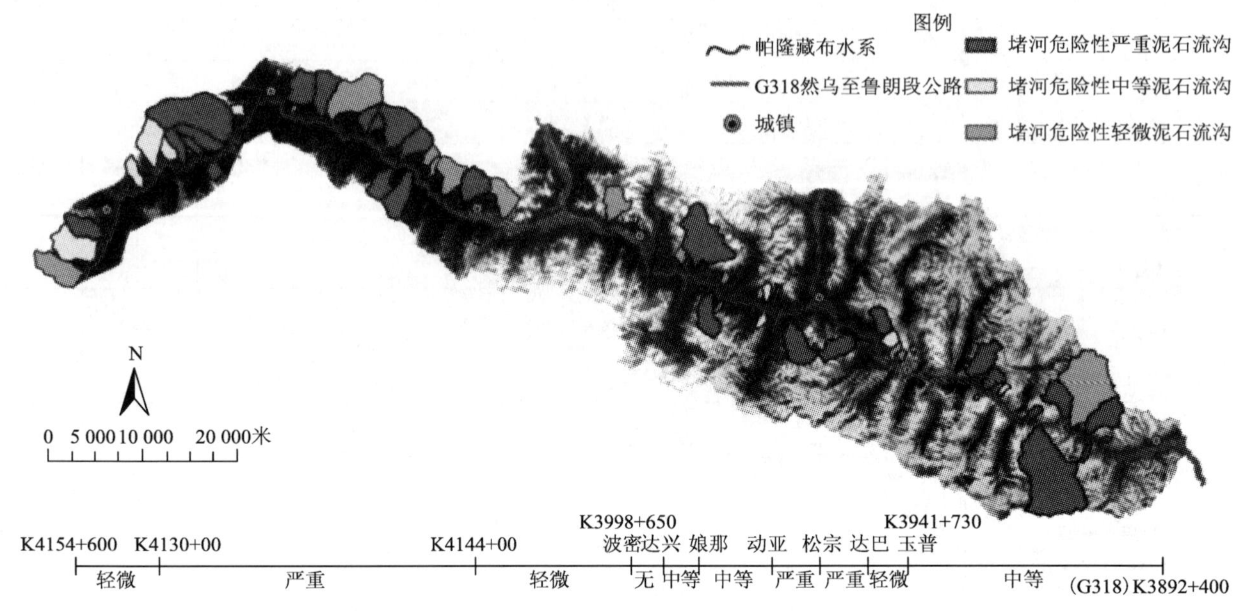

图10 帕隆藏布流域泥石流沟堵河危险性评估图

2.3 泥石流堵河上游壅水高度估计

泥石流堵河灾害类型主要有两种：一是泥石流堵河形成类堰塞湖效应，淹没上游；二是泥石流进入主河形成的堰塞坝溃决，造成下游的冲刷。泥石流堵河上游壅水的高度可等同于泥石流扇的高度，近年来，我国有泥石流扇坝高数据的堵河事件见表7[14-22]。根据国内近年来泥石流堵塞大河坝高的实际资料的分析，泥石流堵河壅水高度一般不超过25m。1981年7月，大渡河利子依达沟，坝高26m，是国内有记录以来泥石流堵塞大河坝高的最大值。

泥石流堵塞大河事件 表7

名 称	地 点	时 间	所堵江河	坝 高
利子依达沟	成昆路283km	1981.7	大渡河	26m
磨子沟	汶川映秀	2008.7	岷江	19m
磨子沟	汶川映秀	2009—2011	岷江	15m
银杏幸福沟	四川汶川	2010.8	岷江	15m
培龙沟	西藏林芝	1984.7	帕龙藏布江	14.3m
冬茹弄巴	西藏波密	1975.6	帕龙藏布江	13.4m
洪椿沟	汶川映秀	2010.8	岷江	13
关山沟	汶川银杏	2008.7～2008.8	岷江	11.5
米堆沟	西藏波密	1988.7	帕龙藏布江	10m
古乡沟	西藏波密	1953	帕隆藏布江	10m
牛眠沟	汶川映秀	2013.7.10	岷江	7m
三眼裕、罗家裕沟	甘肃舟曲	2010.8	白龙江	5m
牛眠沟	汶川映秀	2010.8	岷江	4m
海通沟	海通兵站	2012.6.23	海通沟	5～6m

在泥石流堵河危险性严重区段，可将线路高程高于河床25m，视为线位高程选择的约束条件。米堆沟冰湖溃决案例表明，支沟冰湖溃决，主河沿程洪水位小于13m。对于泥石流多场次堵河造成河床淤塞成湖的风险，建议在运营期通过工务人工排险处理，新线设计时暂不考虑。

3 结语

（1）通过遥感影像解译，帕隆藏布流域内共有大小冰湖131个。选取冰湖的面积、下游沟道纵比降、冰川前端距冰湖距离、冰川的面积、冰川积雪区平均坡度、2000—2014年间6～9月的平均地表温度、地表温度变化率、年降雨量以及终碛坝坝顶宽9个指标，利用模糊综合评价法确定各因子的权重，来综合评估研究区冰湖溃决的危险性。通过评估，研究区中高度危险的冰湖有10个，分布在雪茹弄巴、拉普弄巴、多依弄巴、曲都弄巴、敦奶弄巴、米堆弄巴、扎拉弄巴、莫如弄巴8个小流域内，中度危险的冰湖有8个，低度危险的冰湖有2个。

（2）帕隆藏布流域冰碛堰塞湖主要发育在支沟中，支沟冰湖溃决产生的超常洪水，自溃口先在支沟内向下演进，到达汇口后入汇主河，这类溃决洪水演进过程比主河溃决洪水复杂。数值模拟和水槽实验都说明，溃决洪水入汇主河时流态紊乱，冲向对岸扩散消峰，导致洪峰出现衰减现象。支沟溃决洪水入汇主河的流量、水深、流速的近似计算，采用修正的李斯特万公式、谢任之公式，可作为一种与铁路选线原则方案确定阶段精度要求相匹配的溃决洪水风险快速评估方法使用。

（3）建立了泥石流在主河中运移距离公式，结合主河宽度给出泥石流堵河的堵塞系数。在此基础上，综合分析主河形态、主河受挤压程度、泥石流发生频率、主河所在区段等影响因素，对帕隆藏布流域调查泥石流沟进行了危险性评价，给出了帕隆藏布流域泥石流沟堵河危险性评估图。根据国内近年来泥石流堵塞大河坝高的实际资料的分析，泥石流堵河壅水高度不超过25m。因此，在冰湖溃决、冰川泥石流堵江造成沿线水位大幅度提高的危险性严重区段，可将线路高程高于河床25m，视为线位高程选择的约束条件。

参考文献

[1] 吕儒仁．西藏泥石流与环境[M].成都：成都科技大学出版社，1999：85-111，220-221.

Lv Ruren. Debris flow and environment in Tibet[M].Chengdu: Chengdu University of Science and Technology press, 1999：85-111, 220-221.

[2] 孙美平，刘时银，姚晓军，等.2013年西藏嘉黎县“7.5”冰湖溃决洪水成因及潜在危害[J].冰川冻土，2014，36（1）：158-165.

Sun Meiping, Liu Shiyin, Yao Xiaojun, et al. The cause and potential hazard of glacial lake outburst flood occurred onJuly 5, 2013 in Jiali County, Tibet[J]. Journal of Glaciology and Geocryology, 2014, 36(01): 158-165.

[3] Chen N. Sh., Chen R.Glacial and Rainstorm Debris-flow in Peilong Gully and Possibility in Its Blocking Main River[J]. Journal of Mountain Science.2002 20(6): 738-742.

[4] 鲁安新，邓晓峰，赵尚学，等．2005年西藏波密古乡沟泥石流暴发成因分析[J].冰川冻土，2006，28（6），956-960.

Lu Anxin, Deng Xiaofeng, Zhao Shangxue, et al. Cause of Debris Flow in Guxiang Valley in Bomi, Tibet Autonomous Region, 2005[J]. Journal of Glaciology and Geocryology, 2006, 28(6), 956-960.

[5] 晋锐，车涛，李新，等．基于遥感和GIS的西藏朋曲流域冰川变化研究[J].冰川冻土，2004，26（3）：61-66.

Jin Rui, Che Tao, Li Xin, et al. Glacier Variation in the Pumqu Basin Derived from Remote SensingData and GIS Technique[J]. Journal of Glaciology and Geocryology, 2004, 26(3): 61-66.

[6] 陈晓清，崔鹏，杨忠，等．近15年喜玛拉雅山中段波曲流域冰川和冰湖变化[J]. 冰川冻土，2005，27（6）：793-800.
Chen Xiaoqing, Cui Peng, Yang Zhong, et al.Change in Glaciers and Glacier Lakes in Boiqu River Basin, Middle Himalayas during Last 15 Years[J]. Journal of Glaciology and Geocryology, 2005, 27(6): 793-800.

[7] 刘宁，程尊兰，崔鹏，等．堰塞湖及其风险控制[M]. 北京：科学出版社，2013：16-21.
Liu Ning, Cheng Zunlan, Cui Peng, et al. Dammed Lake and Risk Management[M].Beijing: Science Press, 2013: 16-21.

[8] 徐道明，冯清华．西藏喜马拉雅山区危险性冰湖及溃决特征[J]. 地理学报，1989，44（5）：343-352.
Xu Daoming, Feng Qnghua. Dangerous glacial lake and outburst featuresinxizanghimalayas[J]. ActaGeographicaSinica, 1989, 44(5): 343-352.

[9] 徐道明，冯清华．冰川泥石流与冰湖溃决灾害研究[J]. 冰川冻土，1988. 10（3）：284-289.
Xu Daoming, Feng Qnghua. Studies on Catastrophes of GlacialDebrisflow andGlacial Lake Outburst Flood in China[J]. Journal of Glaciology and Geocryology, 1988.10(3): 284-289.

[10] 刘晶晶，程尊兰，李泳等．西藏冰湖溃决主要特征[J]. 灾害学，2008. 23（1）：55-60.
Liu Jingjing, Cheng Zunlan, Li Yong, et al. Characteristics of Glacier-Lake Breaks in Tibet[J]. Journal of Catastrophology, 2008. 23(1): 55-60.

[11] 武汉水利电力学院水力学教研室．水力计算手册[M]. 北京：中国水利水电出版社，1980：479-480.
Department of hydraulics, Wuhan Institute of water conservancy and electric power. Hydraulic calculation manual[M]. Beijing: China Water & Power Press, 1980: 479-480.

[12] 张云成，姚令侃，李致勇．支沟堰塞湖溃决引发主河洪水计算方法研究[J]. 铁道标准设计，2016（02）：28-33.
Zhang Yuncheng, Yao Lingkan, Li Zhiyong. Research on the calculation method of the main river flood triggered by the tributary dammed lakes outburst[J]. Railway Standard Design, 2016(02): 28-33.

[13] Takahashi T. Estimation of potential debris flows and their hazardous zones; soft counter measures for a disaster[J]. Natural Disaster Science, 1981, 3: 57-89.

[14] 余斌，杨永红，苏永超等．甘肃省舟曲8.7特大泥石流调查研究[J]. 工程地质学报，2010，18（4）：437-444.
Yu Bin, Yang Yonghong, SuYongchao, et al. Research on the giant debris flow hazards in zhouqucounty, gansu province on august 7, 2010[J].Journal of Engineering Geology, 2010, 18(4): 437-444.

[15] 许强．四川省8.13特大泥石流灾害特点、成因与启示[J]. 工程地质学报，2010，18（5）：596-608.
XuQiang. The 13 August 2010 catastrophic debris flows in Sichuan province: characteristics, genetic mechanism and suggestions[J].Journal of Engineering Geology, 2010, 18(5): 596-608.

[16] 柳金峰，游勇，范建容，等．汶川地震触发潜在性泥石流研究——以岷江上游关山沟为例[J]. 四川大学学报（工程科学版）.2009，41（增）：70-75.
Liu Jinfeng, You Yong, Fan Jianrong, et al. The Study on the Potential Debris Flow Triggered by WenchuanEarthquake: A Case Study of the Guanshan Gully in the Upper Reaches of Minjiang River[J]. Journal of Sichuan University (Engineering Science Edition). 2009, 41(S1): 70-75.

[17] 柴贺军，刘汉超，张倬元．中国滑坡堵江事件目录[J]. 地质灾害与环境保护，1995，6（4）：1-9.
Chai Hejun, Liu Hanchao, Zhang Zhuoyuen.The catalog of Chinese landslide dam events[J]., Journal of geological hazards and environmentpreservation, 1995, 6(4): 1-9.

[18] 中国科学院成都山地灾害与环境研究所．泥石流研究与防治[M]. 成都：四川科学技术出版社，1989.
Institute of Mountain Hazards and Environment, CAS.Debris flow research and Prevention[M].Chengdu: Sichuan Science and Technology Press, 1989.

[19] 郭国和，吴国雄，程尊兰．川藏公路南线滑坡泥石流坝溃决影响因素分析[J]. 重庆交通大学学报（自然科学版），2010，29（2）：240-244.

Guo Guohe, Wu Guoxiong, Cheng Zunlan. Analysis of Main Factors Influencing Landslide and Debris-flow Dam's Break along South Section of Sichuan-Tibet Highway[J]. Journal of Chongqing Jiaotong University (Natural Science), 2010, 29(2): 240-244.

[20] 郭国和 . 川藏公路南线泥石流堵塞坝溃决机理与洪水特征研究 [D]. 重庆：重庆交通大学，2009.
Guo Guohe.Mechanism of Debris-flow Dam Break and Characteristics of Induced Flood along South Section of Sichuan-Tibet Highway[D].Chongqing：Chongqing Jiaotong University, 2009.

[21] 唐川，李为乐，丁军，等 . 汶川震区映秀镇"8.14"特大泥石流灾害调查 [J]. 地球科学(中国地质大学学报)，2011，36(1)：172-180.
Tang Chuan, Li Weile, Ding Jun, et al. Field Investigation and Research on Giant Debris Flow on August 14, 2010 in YingxiuTown, Epicenter of Wenchuan Earthquake[J].Earth Science (Journal of China University of Geosciences), 2011, 36(1): 172-180.

[22] 谢洪，钟敦伦，矫震，等 .2008 年汶川地震重灾区的泥石流 [J]. 山地学报，2009，27（4）:501-509.
Xie Hong, Zhong Dunlun, Jiao Zhen, et al. Debris Flow in Wenchuan Quake-hit Area in 2008[J]. Journal of Mountain Science, 2009, 27(4): 501-509.

川藏铁路拉萨—加查段泥石流发育特征及防治对策

游 勇[1] 蒋良文[2] 张广泽[2] 张 敏[2] 陈兴长[3] 柳金峰[1]

（1. 中国科学院山地灾害与地表过程重点实验室/中国科学院水利部成都山地灾害与环境研究所，成都 610041；
2. 中铁二院成都地勘岩土工程有限责任公司，成都 610031；3. 西南科技大学 环境与资源学院，绵阳 621010）

摘 要：川藏铁路拉萨—加查段泥石流普遍发育，对铁路选线和运营影响很大。本文通过遥感解译、现场调查和实地勘测，对研究区泥石流发育的环境背景条件、泥石流类型及其发育特征进行了系统研究。研究区共发育泥石流沟225条，坡面型泥石流122条，沟谷型泥石流沟103条；对拟建铁路有直接影响的泥石流沟83条。研究区独特的地理位置和气候条件，形成了如下的泥石流发育特征：①分布密度大，具有广泛性；②流域面积较小，汇流条件好；③堆积扇规模宏大，以混杂堆积为主；④流体性质单一，均为稀性泥石流；⑤沟谷型和坡面型泥石流均普遍发育。泥石流的防治，建议采取以防为主、防治结合的原则；积极开展泥石流灾害的预报，预防人为泥石流灾害，针对性地开展泥石流治理工作。

关键词：泥石流；发育特征；防治对策；川藏铁路；雅鲁藏布江

Development Characteristics and Control Measures of Debris Flows in Lhasa-Jiacha Section of Sichuan-Tibet Railway

You Yong[1] Jiang Liangwen[2] Zhang Guangze[2] Zhang Min[2] Chen Xingzhang[3] Liu Jinfeng[1]

(1. Key Laboratory of Mountain Hazards and Earth Surface Process/Institute of Mountain Hazards and Environment, Chinese Academy of Sciences, Chengdu 610041, China; 2. Chengdu Geotechnical Engineering Co. Ltd of China Railway Eryuan Engineering Group Co. Ltd, Chengdu 610031, China; 3. School of Environment and Resource, Southwest University of Science and Technology, Mianyang 621010, China)

Abstract: Debris flows are widespread in Lhasa -Jiacha section of the Sichuan-Tibet Railway, as has a great influence on selection and operation of the proposed railway. The research on environmental conditions, types and development characteristics of debris flows in the study area was conducted by the remote sensing interpretation and field investigation. Results show that there are 225 debris flows, 122 of which are slope debris flows and the others are gully debris flows. There are 83 debris flows have a direct impact on the proposed railway. Due to the unique geographical location and climatic conditions of the study area, the debris flows have the following development characteristics: ①widespread and distribution density; ②small catchment areas

作者简介：游勇（1964—），男，研究员，博士生导师，注册岩土工程师。

基金项目：中国科学院STS项目（KFJ-EW-STS-094）、中国铁路总公司科技研究开发计划课题（2014G004-A-5）和国家自然科学基金面上项目（41372301）。

and good confluence conditions; ③large-scale accumulation fan mainly with mixed accumulation; ④all being turbulent debris flows; ⑤valley and slope debris flows being common development. It is suggested that the control countermeasure should obey the principle of “prevention and treatment integrated, mainly in prevention”. So the following works should be strengthened: forecasting debris flow disaster, preventing man-made debris flow, and controlling debris flow.

Keywords: debris flow; development characteristics; control measures; the Sichuan-Tibet railway; Yarlung Zangbo River

新建川藏铁路在西藏境内长约 980km。其中，拉萨—加查段长约 212.8km，行政区划属我国西藏的拉萨市和山南地区，是西藏人口集中、经济和文化发达的区域。除桑加峡谷段为隧道外，其余部分主要以明线方式沿河谷运行，并多次跨越雅鲁藏布江主河。

川藏铁路拉萨—加查段在大地构造部位上，处于雅鲁藏布江结合带，是一条大陆碰撞和高原隆升造山运动综合作用而形成的非常复杂的构造带[1]；地质条件复杂，新构造运动活跃，构造变动强烈[2,3]。该区域气候独特，长冬无夏，寒冻风化强烈，河谷风沙大；除桑加峡谷外，其余地段均存在沙害，风沙地貌普遍发育且十分典型[4-6]。在特殊的地质地貌、水文气象，以及人类活动等因素的综合作用下，地表形成了丰富的松散固体物质储备，属藏南降雨泥石流区，泥石流灾害活跃[7]。

本文在遥感解译、野外调查和实地勘测的基础上，系统地研究了川藏铁路拉萨—加查段泥石流的发育环境背景条件、泥石流类型及其发育特征等，并结合规划线路提出了相应的泥石流防治对策，为该段铁路施工和运营期间的防灾减灾提供参考。

1 研究区概况

研究区位于我国西藏境内；自拉萨市沿拉萨河和雅鲁藏布江至山南地区加查县的河谷两岸。规划铁路线路自拉萨市沿拉萨河左岸南行约 28.3km 后，直接以桥隧（约 12.5km）方式取直，并跨越雅鲁藏布江至贡嘎；然后沿雅鲁藏布江右岸东行至乃东后，跨越雅鲁藏布江至桑日；桑日—加查段主要以长隧道沿雅鲁藏布江左岸穿行（图 1）。行政区划上除拉萨河谷段部分属拉萨市外，其余均位于山南地区，具体跨越贡嘎、扎囊、乃东、桑日和加查 5 个县。

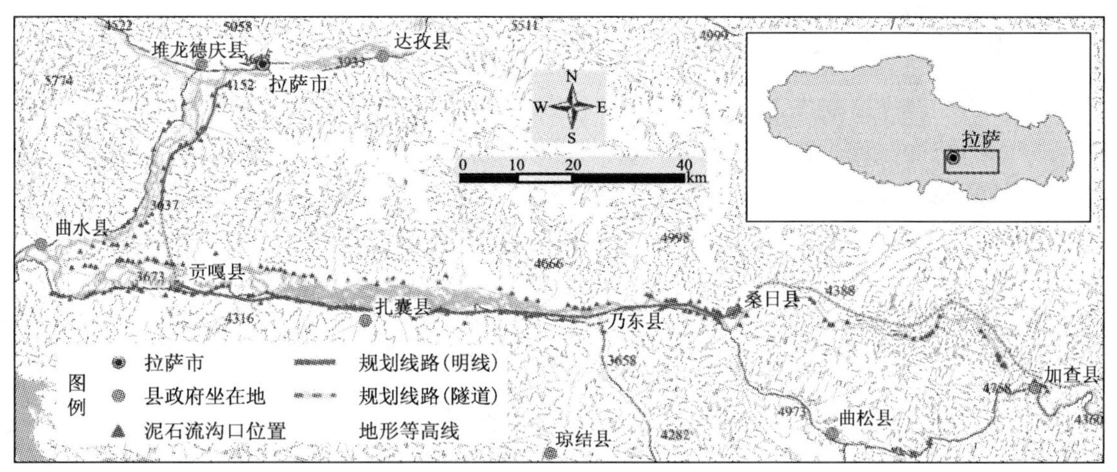

图 1　研究区位置及铁路走线图

研究区处于雅鲁藏布江结合带中段，发育上三叠统修康群复理石—混杂组合；发育有河流宽谷区和峡谷区两大地貌类型；水系均属雅鲁藏布江水系；具有独特的温带半干旱高原气候。研究区虽然是西藏地区人类活动相对频繁的区域，但人类活动相对较弱，主要以少量的农业活动为主。

2 泥石流发育的背景条件

研究区位于藏南谷地、雅鲁藏布江中游，地貌上可分为河流宽谷区和峡谷区两大类型（图2）。宽谷区主要位于拉萨—贡嘎—乃东一带的拉萨河谷和雅鲁藏布江河谷，长约149.4km，是主要的人口聚集区，也是地质灾害主要分布区。峡谷区位于桑日县—加查县（桑加峡谷），属典型的高山峡谷地貌，长63.4km。峡谷两岸岩石坚硬，形成典型的"V"字形谷，谷底宽一般在百米之内，水面宽40～50m。

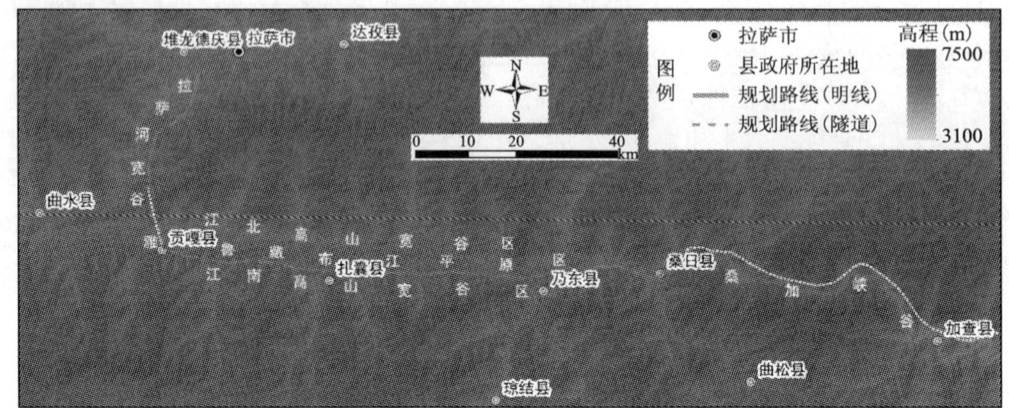

图2 研究区地形地貌图

地质构造上，研究区处于雅鲁藏布江结合带中段，经历强烈的垂向断块运动[1]。出露的地层主要为与板块俯冲—碰撞有关的蛇绿混杂岩建造和与碰撞—逆冲有关的泥砂质混杂岩建造。岩性主要为上三叠统修康群复理石—混杂组合，变质基性岩、火山岩发育；混杂组合中有大量的蛇绿岩卷入。岩体普遍强烈挤压破碎，形成碎裂岩、糜棱岩、构造透镜体和挤压劈理等。

研究区具有独特的温带半干旱高原气候特征[8]。冬春盛行河谷风，寒冻风化显著，河谷风沙大，常形成冰雹、风沙等自然灾害，为非典型的沙漠环境[9]。据贡嘎站气象资料统计[8]，80%的大风发生在枯水期，是风沙化土地发展蔓延的主要时期。

3 泥石流的类型及其分布

研究区独特的地理位置和成灾环境，孕育了多种类型的泥石流，主要有：根据泥石流发育的地貌条件划分的沟谷型泥石流和坡面型泥石流；根据流体性质划分的稀性泥石流；根据固相物质成分划分的泥石流、泥流和水石流；根据激发泥石流的水源条件划分的暴雨型泥石流和冰川型泥石流。

研究区坡面型泥石流主要集中在拉萨河和雅鲁藏布江开阔河谷区，共有122条；沟谷型泥石流则普遍分布，共有103条；两种类型的泥石流沟发育程度相当（表1）。根据流体性质，研究区分布的泥石流均为稀性泥石流，密度1.5~1.7t/m³；这主要与研究区寒冻风化强烈，化学风化作用较弱有关。在固体颗粒补给不充分或诱发水力条件十分充足的情况下，还往往发生水石流。

川藏铁路拉萨—加查段泥石流分布统计表　　表1

流域	拉萨河	雅鲁藏布江	研究区	规划线路*
沟谷型泥石流(条)	13	90	103	34
坡面型泥石流(条)	20	102	122	49
泥石流总数(条)	33	192	225	83
泥石流分布密度(条/km)	0.73	0.99	0.94	0.56

注：*桑加峡谷段规划线路以隧道方式穿行，泥石流对其影响不大；表中统计数据不包含桑加峡谷段。

研究区发育的泥流与传统意义上的泥流不同，其固相物质主要为砂土，分布于拉萨河和雅江开阔河谷区；物质来源主要与风成沙丘或沙窝地密切相关。研究区激发形成泥石流的水源条件主要为暴雨，但在雅江峡谷段则发育有一处冰水型泥石流。

根据规划，拟建铁路线主要沿河谷展布；宽谷段以明线从河谷平原区穿行，处于泥石流堆积影响范围内。峡谷区主要以隧道方式从雅江左岸穿行，通常情况下泥石流对其影响较小。研究区线路直接穿越83条泥石流沟，其中沟谷型泥石流沟34条，其余均为坡面型泥石流。

4 泥石流发育特征

研究区主要沿雅鲁藏布江结合带展布。地形地质条件复杂，山高坡陡、沟壑纵横；地层遭受强烈的构造变形和变质作用，岩体节理裂隙发育，完整性差；加上独特的水文气象条件，形成该区域独特的泥石流发育特征。

（1）泥石流分布密度大，具有广泛性。

从图3可以看出，拉萨河和雅江主河两岸大小泥石流沟广布。从表1中可以看出，拉萨河长约45km的河谷两岸共发育各类泥石流沟33条，分布线密度达0.73条/km；雅鲁藏布江长约194km的主河两岸共发育各类泥石流沟192条，分布线密度高达0.99条/km。河谷两岸密集分布的泥石流对铁路选线和防治都有较大的影响。

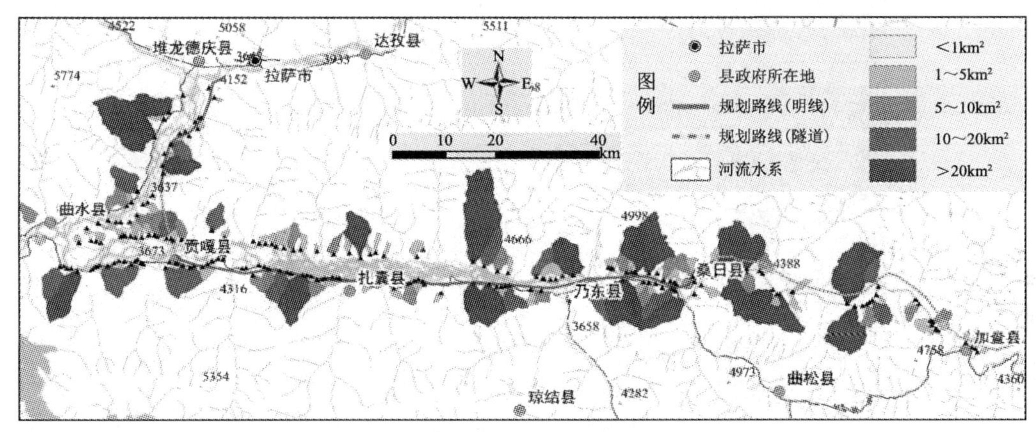

图3 川藏铁路拉萨—加查段泥石流分布图

（2）流域面积较小，汇流条件好。

研究区地处藏南谷地，第四纪以来抬升迅速，发育的泥石流沟流域面积普遍较小（图4）。根据统计，研究区37.8%的流域面积小于1.0km²，72.0%的流域面积小于5.0km²，82.2%的流域面积小于10.0km²；流域面积平均值为6.50km²，而其中位数仅为1.67km²。这充分说明泥石流流域面积普遍较小，而且50%以上的流域面积不足2.00km²。研究区山高坡陡，泥石流沟道短小而坡降大，溪短流急，汇流条件较好；其中汇流条件中等以上流域占84.1%。汇流条件好，加上不断形成的寒冻风化物源，泥石流活动频繁。

（3）宽谷区堆积扇规模宏大，以混杂堆积为主。

泥石流冲出山口进入河谷后，由于河谷宽阔，为泥石流堆积提供了充分的空间；河谷区坡度平缓，堆积扇上泥石流流路不稳，十分有利于形成“宽而泛”的沟口堆积扇。河谷风沙是泥石流的重要物源之一，加大了泥石流的规模；主河洪水既对堆积扇前缘进行改造，也可能加积洪积物，增大其规模。在以上因素共同作用下，形成研究区规模宏大的堆积扇。

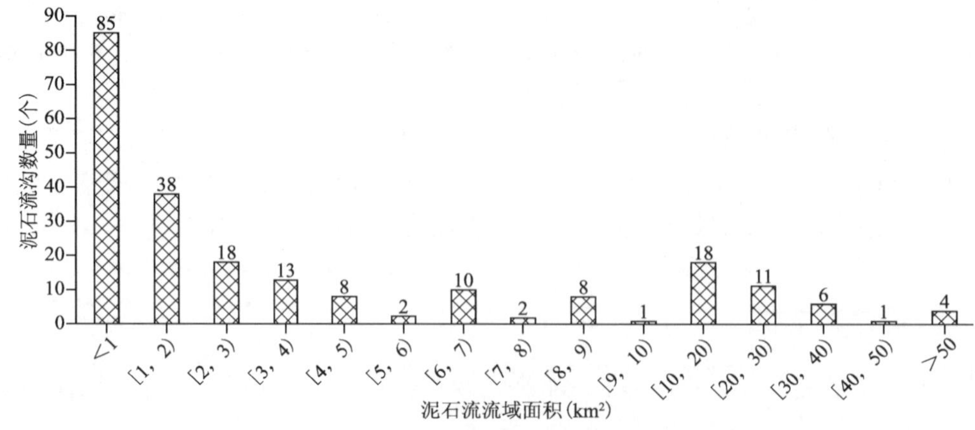

图4 泥石流流域面积分布统计柱状图

这类堆积扇的物质来源复杂，主要有：泥石流堆积物、主河冲洪积物和风沙堆积物，大部分属混杂堆积（图5）。根据研究区泥石流堆积物取样的放射性碳测年结果，最老的样品年龄为(22510±120) BP，表明这些泥石流堆积扇至少自晚更新世就已经开始形成。峡谷区泥石流堆积扇则普遍缺失。

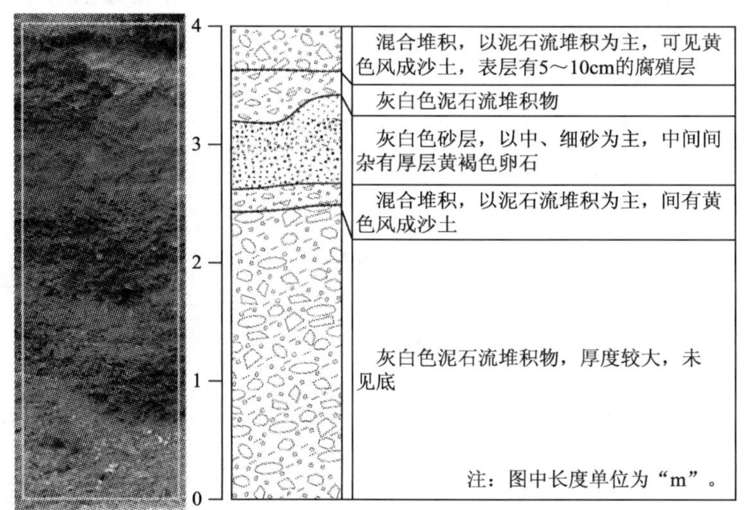

图5 典型的泥石流混杂堆积物剖面示意图

(4)流体性质单一，全部为稀性泥石流。

根据调查，研究区发育的泥石流全部为稀性泥石流。这主要与独特的气候条件和地形地貌条件密切相关。研究区属高寒高海拔地区，寒冻（物理）风化作用强烈，而化学风化作用微弱。风化作用形成的残坡积物主要以大小不等的块碎石为主，细颗粒物质和黏粒普遍缺失。另一方面，泥石流主沟道普遍较短，沟道和山坡均较陡，汇流条件好，泥石流爆发频繁；频繁爆发的泥石流，把沟道和山坡上的松散物质，尤其是细颗粒物质迅速带走，很难聚集而形成黏性泥石流。

(5)沟谷型和坡面型泥石流均普遍发育。

研究区属高寒高海拔地区，植被不发育，而寒冻风化普遍强烈；岩体遭受强烈挤压，解理裂隙丰富，进一步加剧风化作用；松散固体物源普遍分布。这些松散物源加上大量风沙堆积物，在暴雨作用下，很容易沿坡面起动形成泥石流。因此，研究区河谷两岸山坡普遍发育有坡面型泥石流。研究区地处藏南谷地，整体抬升明显，地形切割强烈，沟壑纵横，加上丰富的物源，还发育有大量的沟道型泥石流。

根据调查统计，研究区坡面型泥石流共122条，占54.2%；沟谷型泥石流103条，占45.8%；两者数量相当，均普遍分布。

5 泥石流防治对策

研究区泥石流沟道大都短小顺直，流域面积不大，汇流条件普遍较好，爆发频繁。由于物源量的限制，单次泥石流规模一般不会太大。尤其在宽谷区，堆积扇规模宏大，泥石流流路不稳，其危害方式主要以冲刷和淤埋作用为主。根据研究区泥石流的发育特点，结合拟建铁路工程走线，特提出以下防治对策建议。

（1）积极开展泥石流灾害预报

研究区主要以暴雨型泥石流为主，激发暴雨泥石流的动态信息是预报的关键。建议加强临界降雨指标研究。对于可能诱发形成泥石流的暴雨，提前采取针对性的预防措施。

（2）积极预防人为泥石流灾害

不合理的人类活动可能诱发形成泥石流，应采取措施积极规范；制止并杜绝工程区内各种不合理的人类经济活动，从而避免人为泥石流灾害。

（3）危害程度不同的泥石流应采取不同的防治对策

①危害严重的泥石流沟，建议以土木工程治理措施为主。沟道内设置潜坝或谷坊稳定沟床；沟口设置通透性较好的坝型拦截泥石流固体物质；下游修建排导槽，防止漫流。流域内可采用生物工程措施，包括封山育林、植被恢复等，以减小地表径流，削减泥石流的水动力条件。

②堆积扇上流路不稳的泥石流，应束流整治，归顺流路，防止漫流，造成危害。具体措施可设置单侧防护堤或排导槽。

③泥石流堆积较高地段，应修建防护工程，以防泥石流直接冲上路面。具体工程措施可采用防挡墙、丁坝或顺坝等。

（4）不同工程类型的泥石流防治对策

研究区除“两桥一洞”附近和桑加峡谷段为隧道外，其余主要以明线方式穿行。对于隧道段，须考虑泥石流的特性，保证隧洞口不被淤埋、洞顶有足够的抗冲刷能力等，防止泥石流严重下切洞顶的沟道。

明线主要从泥石流堆积区通过。研究区大部分泥石流活动频繁，单次规模小，流路不稳。根据以上活动特点，泥石流的防治除“束流整治，归顺流路”外，还应根据工程使用年限设定足够高的路基，以防止被淤埋。跨越泥石流流路部分，根据实际情况可分散设桥重点防护或集中设桥集中排导。

对于从扇顶或流通区跨沟通过的桥梁地段，跨沟时要留足净空且沟中不能设墩；作明洞时要加强结构的整体性和洞身、洞顶的排水性。

6 结语

川藏铁路拉萨—加查段位于藏南谷地、雅鲁藏布江中游。独特的高原气候和特殊的地质环境背景条件，孕育了丰富的松散固体物质，导致泥石流普遍发育。研究区共发育各类泥石流225处，其中坡面型泥石流有122条，沟谷型泥石流有103条；对拟建铁路有直接影响的泥石流沟83条；除桑加峡谷段发育有一条冰川泥石流外，其余全部为暴雨型泥石流。

研究区独特的自然环境背景条件和特殊的地形地貌条件，形成了如下的泥石流发育特征：①分布密度大，具有广泛性；②流域面积较小，汇流条件好；③堆积扇规模宏大，以混杂堆积为主；④流体性质单一，均为稀性泥石流；⑤沟谷型和坡面型泥石流均普遍发育。

根据泥石流的特点和规划线路，建议泥石流的防治应采取以防为主、防治结合的原则；积极开展泥石流灾害的预报，预防人为泥石流灾害，针对性地开展泥石流治理工作。

参考文献

[1] 刘志飞，王成善，李祥辉．西藏南部雅鲁藏布江缝合带的沉积—构造演化 [J]. 同济大学学报，2000，28（5）：537-541.

Liu Zhifei, WANG Chengshan, LI Xianghui. Sedimentary -tectonic Evolution of the Yarlung Zangbo Suture Zone, Southern Tibet [J]. Journal of Tongji University, 2000, 28(5): 537-541.

[2] 苏学军，段国玺，彭兴阶，等．西藏乃东—米林地区雅鲁藏布江结合带的地质特征及构造演化 [J]. 地质通报，2006，25（6）：700-707.

Su Xuejun, Duan Guoxi, PENG Xingjie, et al. Geological characteristics and tectonic evolution of the Yarlung Zangbo junction belt in the Nedong-Mainling area, Tibet, China [J]. Geological Bulletin of China, 2006, 25(6): 700-707.

[3] 彭小龙，王道永．雅鲁藏布江断裂带活动构造特征与活动性分析 [J]. 长江大学学报：自科科学版，2013，10（26）：41-44.

Peng Xiaolong, Wang Daoyong. Analysis on the structure characteristics and activities of the yarlung zangbo river fault zone [J]. Journal of Yangtze University (Nat SCi Edit), 2013, 10(26): 41-44.

[4] 李森，王跃，哈斯，等．雅鲁藏布江河谷风沙地貌分类与发育问题 [J]. 中国沙漠，1997，17（4）：342-350.

Li Sen, Wang Yue, Ha Si, et al.Classification and development of aeolian sand landform in the Yurling Zangbo valley [J]. Journal of Desert Research, 1997, 17(4): 342-350.

[5] 赵银兵，何政伟，倪忠云，等．雅鲁藏布江曲水－乃东段沙化空间特征研究 [J]. 干旱区资源与环境，2012，26（8）：135-140.

Zhao Yinbing, He Zhengwei, Ni Zhongyun, et al. Spatial feature of desertification in Qushui-Naidong area of Yarlung Zangbo River [J]. Journal of Arid Land Resources and Environment, 2012, 26(8): 135-140.

[6] 邹陈．新建拉林铁路主要工程地质问题探讨 [J]. 铁道工程学报，2016，（4）：26-30.

Zou Chen. Exploration on the Engineering Geological Problems of the New Lhasa-Linzhi railway [J]. Journal of Railway Engineering Society, , 2016,(4): 26-30.

[7] 崔鹏，陈晓清，程尊兰，等．西藏泥石流滑坡监测与防治 [J]. 自然杂志，2010，32（1）：19-25.

Cui Peng, Chen Xiaoqing, CHENG Zunlan, et al. Monitoring and prevention of debris-flows and landslides in Tibet [J]. Chinese Journal of Nature, , 2010, 32(1): 19-25.

[8] 袁磊，沈渭寿，李海东，等．雅鲁藏布江中游河谷区域风沙化土地演变趋势及驱动因素 [J]. 生态与农村环境学报，2010，26（4）：301-305.

Yuan Lei, Shen Weishou, LI Haidong, et al. Evolution and causes of aeolian desertification of the middle reaches of Yarlung Zangbo River, China [J]. Journal of Ecology and Rural Environment, 2010, 26(4): 301-305.

[9] 刘连友，刘志民，张甲珅，等．雅鲁藏布江江当宽谷地区沙源物质与现代沙漠化过程 [J]. 中国沙漠，1997，17（4）：377-382.

Liu Lianyou, Liu Zhimin, Zhang Jiashen, et al. Sand source of sand dune and modern desertification process in Jiandang wide valley area of Yarlung Zangbo river [J]. Journal of Desert Research, 1997, 17(4): 377-382.

高速远程滑坡岩屑流桩林防控机理分析

程谦恭[1] 王玉峰[1] 宋 章[2] 朱 圻[1] 李 炜[1] 侯文学[1]

（1. 西南交通大学地质工程系，成都 610031；2. 中铁二院工程集团有限责任公司，成都 610031）

摘 要：为了研究多排桩组合而成的桩林结构对于高速远程滑坡岩屑流的防控效能和作用机理，以汶川地震诱发的谢家店子滑坡三维真实地形形态为原型，采用基于 Voellmy 准则定义运动阻力的计算流体力学软件，分别进行岩屑流运动路径下游布设桩林与不布设桩林防护结构时，碎屑流运动全过程三维动力学行为反演，对比分析相同运动参数条件下的桩林防护结构对高速远程滑坡岩屑流运动与堆积特征所产生的影响。结果表明：在运动路径上布设的桩林防护结构，对碎屑流具有明显的阻滞、耗能、减速效应。有桩林情况下，整个滑坡运动全程持续时间为 74s，比无桩林情况下早 6s 停积；运动距离达到 1180m，比无桩林情况下减少 90m。桩林有效地减小了碎屑流堆积区的面积，与没有桩林的情况相比，堆积区面积减小了 2/3；碎屑流速度受到桩林的阻挡明显地减小，其自身动能也随之减小。桩林中发挥功效最高的是第一排桩，其次是第四排桩。

关键词：高速远程滑坡岩屑流；桩林结构；灾害防控

Prevention Effect of Piles on Rock Fragmentation Flow

Cheng Qiangong[1] Wang Yufeng[1] Song Zhang[2] Zhu Qi[1] Li Wei[1] Hou Wenxue[1]

(1.Department of Geological Engineering, Southwest Jiaotong University, Chengdu 610031, China; 2. China Railway Eryuan Engineering Group Co.Ltd, Chengdu 610031, China)

Abstract: To study of the disaster mitigation effect of piles on rock fragmentation flow, the propagations of the Xiejiadianzi rock fragmentation flow without and with rows of piles distributed along the travelling path are studied here, with the help of FLUENT by introducing the Voellmy rheological law. And a comprehensive comparison between the results of both conditions is carried out with the following conclusions reached. The arrangement of rows of piles along the travelling path can retard the motion of rock fragmentation flow greatly with obvious energy dissipation and velocity reduction effect appeared. For rock fragmentation flow with rows of piles distributed along its travelling path， the area of its accumulation zone is only two-thirds of that of the model without piles installed. When the debris reached the place where piles installed， its velocity is reduced rapidly.

Keywords: rock fragmentation flow; pile forest; disaster mitigation

在高速远程滑坡岩屑流的研究中，如何提出有效的岩屑流灾害防护结构体系是高速远程滑坡动力学

作者简介：程谦恭（1962—），男，教授，博士生导师。

基金项目：国家自然科学基金重点基金项目（41530639），面上基金项目（41172260， 41372292），青年科学基金项目（41502289）。

机理研究的重要目的之一。近年来，国内外滑坡学者已经开始关注岩屑流灾害防控技术的研究，也已从不同角度开展了相关研究工作。例如，基于简化的水动力学理论，Gray等（2003）模拟分析了三维等深流在遇到障碍物时的流动特性，并结合实验对该方法的适用性进行了对比验证[1]。基于SH理论，Chiou等（2005）对三角锥形和挡板式障碍物对碎屑流运动的影响进行了数值模拟分析[2]。Valentino等（2008）通过斜槽实验，研究了薄板式挡墙和立方柱这两种障碍物对碎屑流运动特性的影响[3]。Teufelsbauer等（2009）通过数值模拟探讨了碎屑流与单一障碍物间的相互作用特征，并借助物理模型实验，对数值分析结果进行了对比验证[4]。Li X P等(2010)运用PFC 2D软件，对不同工况下，碎屑流与挡土墙间的相互作用情况进行了模拟分析[5]。Fan Y Y和Wang S J等（2011）采用SH颗粒流动理论和近似Riemann解的Roe格式有限体积离散方法，对颗粒流经不同设置形式障碍物的流动和堆积过程进行了数值模拟计算，并讨论了障碍物的不同设置形式对颗粒流动的影响[6]。吴越等(2011a，2011b)开展斜槽实验，研究了滑体下滑及冲击受灾体过程中的能耗规律，采用土动压力传感器对滑体与受灾体间相互作用强度进行了实时记录，并应用离散元探讨了滑体与受灾体相互作用过程中的能量耗散问题[7,8]。王学良等（2011）以东河口滑坡为例，探讨了转折型沟谷所具备的地形特征对碎屑流的拦截功能[9]。Faug等（2011，2014）开展斜槽实验，研究了不同初始流速等情况下，碎屑流沿光滑和粗糙两种运动路径上的运动特征和耗能情况，以及碎屑流与运动路径上挡墙的相互作用特征[10,11]。Cui X和Gray（2013）通过斜槽实验，研究了碎屑流运动过程中受柱形障碍物阻挡情况下的运动特性[12]。Jiang Y J等（2013）进行了干颗粒流冲击刚性挡墙的行为特征的物理模型实验研究[13]。Mast（2014）运用物质点法（MPM）对滑坡碎屑流运动过程中受柱形障碍物阻挡下的运动特性进行了数值分析[14]。Prime等（2014）基于弹塑性模型和宾汉黏性准则，开展了碎屑颗粒与固体挡墙间相互作用的数值分析研究[15]。Caviedes-Voullième等（2014）[16]和Juez等（2014）[17]通过物理模型实验和数值模拟，分析探讨了运动路径上布设有不同障碍物情况下，碎屑流的运动特性。Ng C W W等（2014，2015）则通过斜槽实验观察了桩林式障碍物作用下，碎屑流的运动特性，定性探讨了桩林式障碍物对碎屑流运动的阻挡耗能效果[18,19]。Choi等（2014）通过自行设计的大型斜槽实验，对运动路径上设置有挡板式障碍物情况下的滑坡—碎屑流运动规律进行了研究，定量化揭示了挡板高度、挡板排列数和挡板间间距变化对碎屑流的耗能力度[20]。

高速远程滑坡岩屑流体积大、速度高、运动距离远，具有强大的破坏力，为减轻其灾害，非常有必要开展高速远程滑坡岩屑流灾害防控机理及防灾减灾技术的研究。然而，目前国内外对于高速远程滑坡岩屑流防控结构和技术的研究，才刚刚开始；对于滑坡碎屑流和防控结构相互作用的机理还处在探讨和分析阶段[7,8,18-20]；目前尚无成熟的设计计算方法以供实际工程使用。基于此，本文以汶川地震形成的谢家店子滑坡为例，建立基于真实地形地貌（DEM）特征的滑坡三维数值模型，通过FLUENT数值模拟方法，分别模拟和对比分析滑坡运动路径上无桩林防护结构和有桩林防护结构两种情况下：滑坡碎屑流堆积区范围大小、堆积的形态和厚度，以及滑坡碎屑流与运动路径上防护结构的相互作用特征，研究桩林结构对于高速远程滑坡岩屑流的防控作用机理，定量化揭示桩林防控结构体系对滑体的阻滞耗能效率，为提出合理有效的岩屑流灾害阻滞耗能防控结构体系提供科学依据。

1 谢家店子滑坡运动特征

谢家店子滑坡位于四川省彭州市龙门山镇九峰村白水河右岸，自滑坡源区至中前部流通区、前缘堆积区，该滑坡地形坡度由陡变缓，在源区下方可见一孤立山包的存在（图1）。滑坡源区岩性主要为花岗岩、辉长岩和花岗闪长岩。汶川地震过程中，源区岩体在强震作用下迅速失稳，顺沟谷倾泻而下，在运动1.7km后，呈扇形堆积于沟口，滑体垂直落差达700m，堆积碎屑方量达$1.1\times10^6m^3$[21-23]。碎屑流前缘堆积平均厚度7.0～10.0m。

滑坡堆积碎屑主要由新鲜的花岗岩、辉长岩和花岗闪长岩碎屑组成。滑坡堆积体表面主要由粒径在0.5m以上的大块石组成；滑坡内部的堆积体碎屑主要由块石、碎块石和砂、粉砂、黏土组成，粒径差异较大，其中，3～350mm粒径者为其主要组成物质；堆积碎屑颗粒表面棱角显著，磨圆度差[23]。

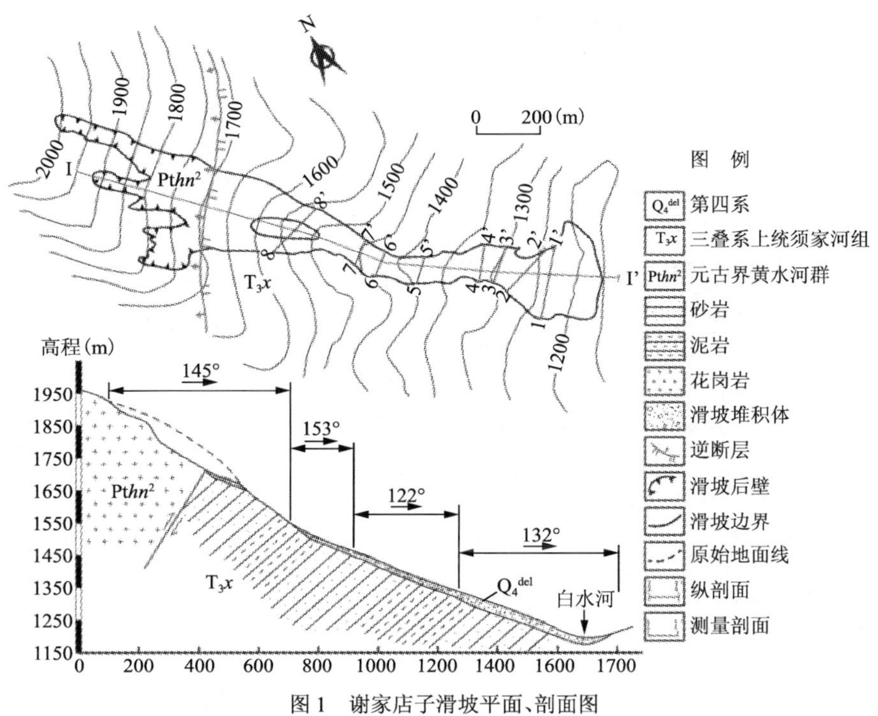

图1　谢家店子滑坡平面、剖面图

2　岩屑流及防控结构三维动力学模拟方法

2.1　模型建立

为了对比分析谢家店子岩屑流在运动路径上不设桩林防护结构和运动路径上设有桩林防护结构两种状态下，高速远程滑坡岩屑流的运动速度、堆积形态等特征，根据谢家店子滑坡发育区1：1000地形图，分别建立滑坡运动路径上无桩林防护结构和有桩林防护结构的三维地形模型，如图2和图3所示。

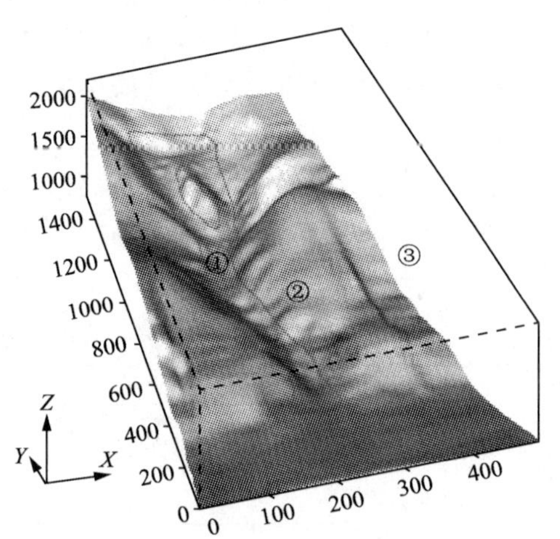
图2　谢家店子滑坡无桩林防护结构三维地形模型(单位：m)

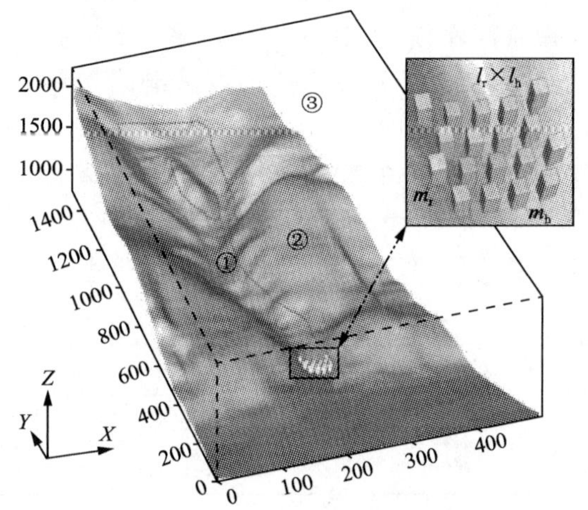
图3　谢家店子滑坡有桩林防护结构三维地形模型(单位：m)

图2与图3中，①为失稳后的滑体及其运动、堆积范围（碎屑流体），②为滑坡下垫面。为了避免边界效应对于计算结果的影响，在模型剖面的竖直方向（图2、图3中的Z方向）上，增加1km的高度范围，并连接起来形成一个闭合的立体空间③。

图3中，在滑坡运动路径流通区下游的特定区域，建立有4排等宽等长等间距、平面呈“梅花形”排列的群桩组成的桩林防护结构，桩结构（刚性体）的高度设置为谢家店子滑坡前缘碎屑流堆积体平均厚度的1.5倍，其具体尺寸借鉴和参考了Mast等[14]现场物理模型试验中的参数设置方法，具体数值详见表1所示。根据谢家店子滑坡的运动与堆积特征，桩林位置布设在高速远程滑坡岩屑流流通区下游的部位，这样考虑的目的基于两个方面：一是考虑到高速远程滑坡岩屑流在流通区下游时，已经经历了流通区下垫面上摩擦力的作用，开始进入减速阶段，速度相对较小，桩林结构能够有效地形成一定程度的阻挡作用；二是因为现实中谢家店子滑坡发生之前，在滑坡发生后的碎屑流堆积区范围内，当时为当地老百姓居住区，房屋、道路等建筑设施星罗棋布。将桩林防控结构建在流通区下游、人类居住区上游，从灾害防控的角度看，是最适宜的空间位置。

桩林防护结构布设参数 表1

物理量	符号	值
谢家店子滑坡前缘碎屑流平均厚度（m）	H_s	7.0～10.0
x方向桩宽（m）	l_h	6.0
y方向桩宽（m）	l_v	6.0
桩高（m）	h_s	15.0
x方向桩间距（m）	m_h	6.0
x方向桩间距（m）	m_v	6.0

数值模拟采用六面体划分模型的网格；在下垫面边界②附近，亦即在邻近滑体和滑床的一定范围，属于模拟的重点关注区域，通过加密网格，减小网格大小对于计算结果精细程度的影响；其他区域，按比例划分相对较稀疏的网格，减小网格数量，便于有效地缩短计算时间。将下垫面②以外的空间定义为空气，为一个标准大气压。根据能量守恒定律，将碎屑流运动的上方、后上方、前上方及两侧边界，定义为压力出口，下垫面边界②设置为壁面（Wall）边界。

2.2 流变关系及模型计算

计算模型采用适合碎屑流和空气相互作用的VOF（Volume of Fluid）二相流模型，几何模型为3D，近壁处理采用系统标准壁面方程，鉴于滑坡碎屑流作为流体在运动过程中并非是相邻层间流体有序的流动，而是更接近于湍流中流动不稳定且速度等流动特性都随机而变化，故模型采用系统中常见的标准k-epsilon湍流模型[24]。

计算收敛条件如表2所示。FLUENT软件中默认的收敛标准是当计算过程中的所有曲线（包括连续性曲线、X方向曲线、Y方向曲线、紊流脉动动能K曲线、紊流脉动动能耗散率epsilon曲线），在每一个时间步长中的值都等于或小于0.001时即达到收敛标准，计算所得到的解属于有效解。

计算收敛条件 表2

迭代次数	收敛标准				
	连续性	水平（X）向速度（m/s）	竖直（Y）向速度（m/s）	紊流脉动动能K（J）	紊流脉动动能耗散率epsilon（%）
9000	0.001	0.001	0.001	0.001	0.001

数值模型采用Voellmy准则[25]，经过多次的反复计算验证，谢家店子滑坡无桩林结构模拟中，

Voellmy 准则中两个参数的取值分别为摩擦系数 =0.18，湍流系数 =600m/s^2。

3 岩屑流及防控结构三维动力学模拟结果分析

3.1 滑坡堆积体分布范围

图 4 所示为谢家店子滑坡在无桩林结构的自然情况下，74s 和 80s 时，滑坡的运动形态和速度大小。由图可见，74s 时，滑坡碎屑流前部的最大速度为 10m/s。80s 时，碎屑流前缘已趋于停滞，而在碎屑流前部表面还有一定的速度，为 5.3m/s。整个滑坡运动全程持续时间为 80s，运动距离达到 1270m。

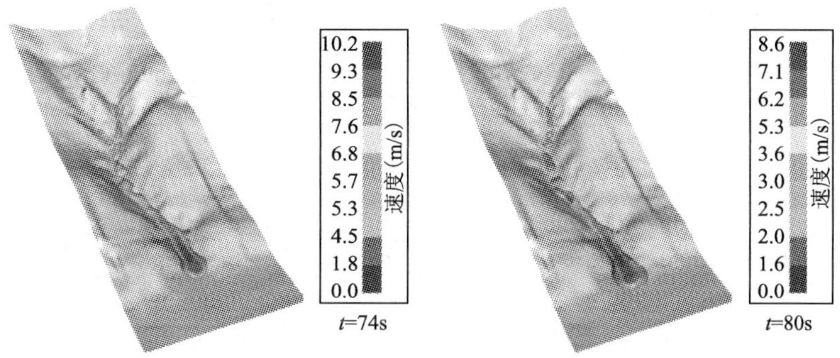

图 4　无桩林结构时碎屑流在不同时刻下的堆积形态和速度大小

图 5 所示为谢家店子滑坡在运动路径上建立的在桩林结构的防护状态下，71s 和 74s 时，滑坡的运动形态和速度大小。由图可见，71s 时，部分碎屑流前缘流过桩林中的最后一排桩，此时，其前缘速度减小至 5 m/s 左右。74s 时，滑坡碎屑流的前部基本处于停滞状态，前缘速度低于 1.9 m/s（在没有桩林结构的模拟结果中，此时碎屑流前缘的速度为 10m/s)，中后部未来得及与桩林接触处的碎屑流最大速度也仅为 8.0m/s。在设有桩林结构的防护状态下，整个滑坡运动全程持续时间为 74s，运动距离达到 1180m。

图 6 所示为有无桩林结构情况下，谢家店子滑坡实际测量范围与数值模拟堆积形态的对比。可以发现，在谢家店子滑坡运动路径流通区下游建立的桩林结构，对滑坡碎屑流在流通区和堆积区的堆积形态产生了明显的影响。具体表现在，有桩林防护情况下的碎屑流在流通区的堆积范围较无桩林情况下横向范围明显增大，而在堆积区中的碎屑流堆积范围较无桩林防护的明显减小，堆积范围减小了 2/3。由此看出，在流通区下游建立的桩林结构有效且明显地阻挡了一大部分碎屑流的运动，让其淤积在桩林结构附近的流通区下游。这说明在流通区下游建立的桩林防护结构达到了预期的效果，有效地减少了碎屑流在堆积区的堆积范围，从而减小了滑坡碎屑流对堆积区人类活动的影响。

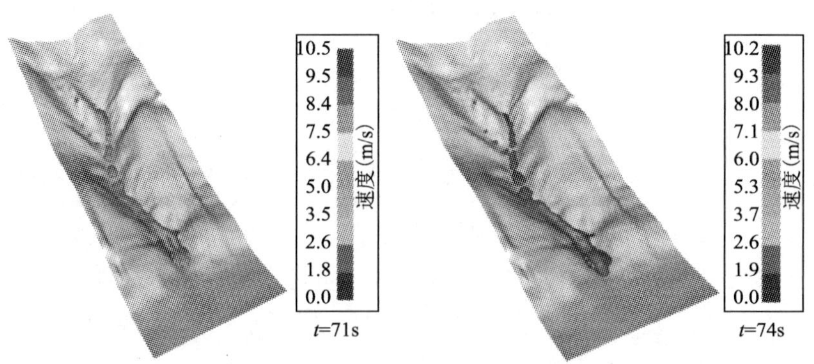

图 5　有桩林结构时碎屑流在不同时刻下的堆积形态和速度大小

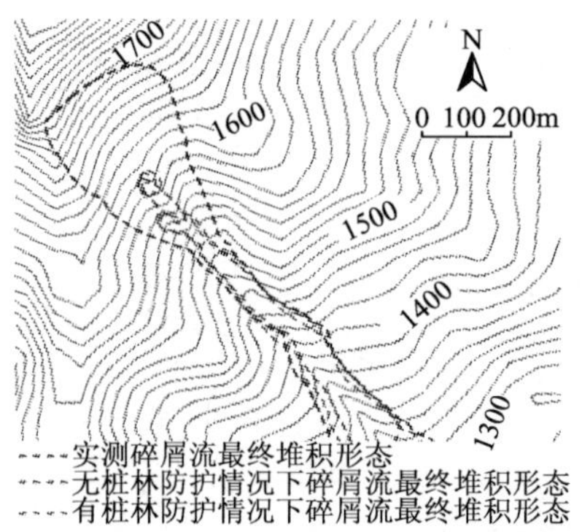

图 6　谢家店子滑坡实际与数值模拟堆积范围对比

3.2 滑坡堆积体厚度

图7所示为无桩林结构的自然状态下，74s和80s时，谢家店子滑坡运动过程中碎屑物质堆积厚度。由图可见，在74s时，其厚度最大处分布于碎屑流中部靠近前缘处，为10.6m。80s时，碎屑流进入停积状态，堆积区厚度最大处位于碎屑流中前部靠近前缘处，厚度在10m左右。

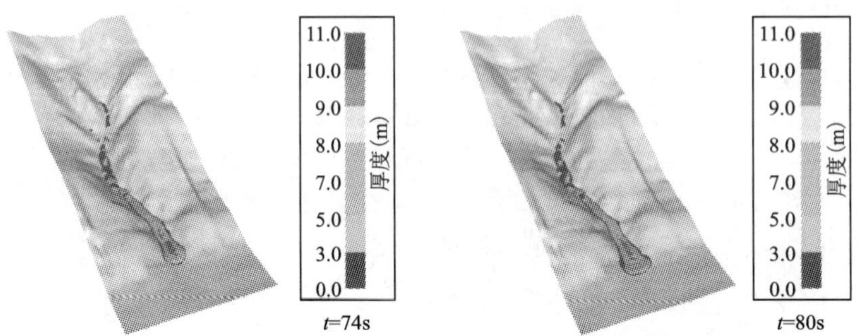

图7 无桩林结构时谢家店子滑坡碎屑流在不同时刻下的堆积厚度示意图

图8为有桩林防护结构情况下，71s和74s时，谢家店子滑坡运动过程中碎屑物质堆积厚度。由图可知，71s时，小部分碎屑流前缘冲过桩林结构，此时碎屑流厚度最大处依然位于桩林结构处，厚度达到20m左右。74s时，碎屑流前缘处的运动几乎近于停滞，厚度最大位于桩林淤积处，达18m左右。

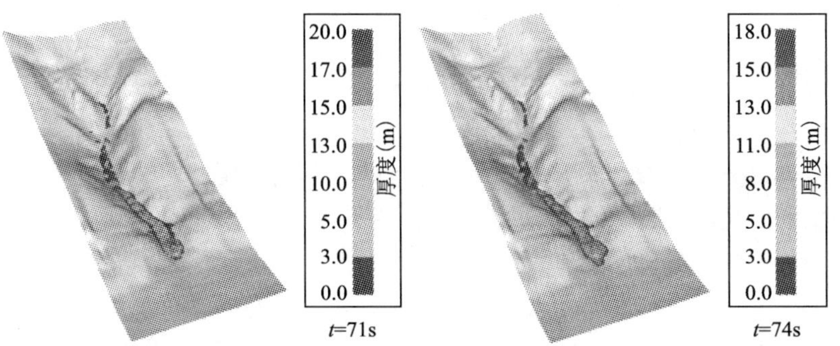

图8 有桩林结构时谢家店子滑坡碎屑流在不同时刻下的堆积厚度示意图

图9所示为谢家店子滑坡在有桩林结构和无桩林结构两种情况下，最终堆积体形态的纵剖面（上游沿左侧冲沟延伸）对比。可以看出，无桩林结构碎屑流的滑程为1260m，有桩林结构碎屑流的滑程为1170m，无桩林结构碎屑流运动距离比有桩林结构碎屑流运动距离远。有桩林结构碎屑流体在其上游淤积的最大厚度为20m，无桩林结构相应位置处碎屑流堆积体的厚度为10m。有桩林结构碎屑流最终堆积体掩埋了第一、二、三排桩，而无桩林结构碎屑流堆积体的前缘平均厚度小，分布范围大。

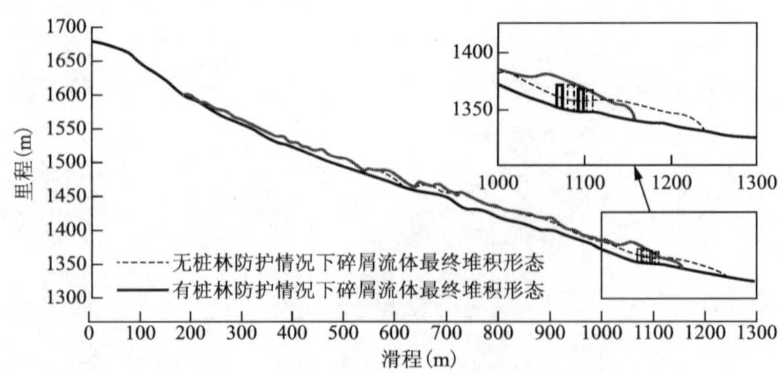

图9 谢家店子滑坡碎屑流纵向堆积形态对比

3.3 流通区下游布设桩林结构前后碎屑流堆积分布特征

为了进一步详细分析有、无桩林防护结构情况下，流通区下游桩林结构处碎屑流堆积分布特征的差异，在桩林结构的上游、中部、下游位置，选择了3条横穿碎屑流的剖面，其分布位置如图10所示，其中剖面1-1′、2-2′、3-3′位于有桩林结构的模型（图10a）中，剖面4-4′、5-5′、6-6′位于无桩林结构的模型（图10b）中。与此同时，沿着碎屑流的运动方向，在桩林结构的左侧、中间、右侧位置，还选择了编号为Ⅵ-Ⅵ、Ⅳ-Ⅳ、Ⅴ-Ⅴ的3条纵剖面，其分布位置如图10a）所示。

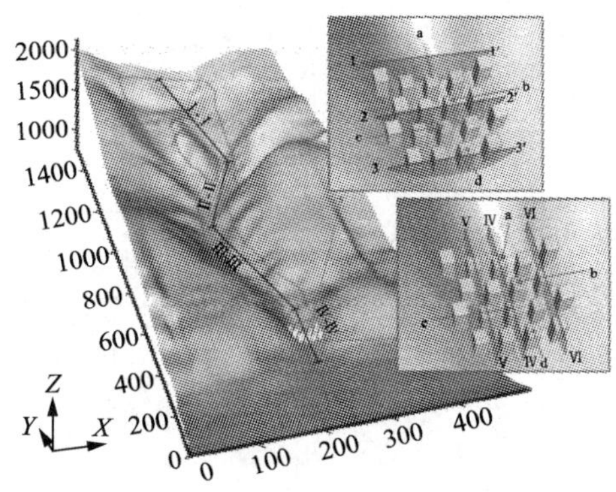

a）有桩林结构模型纵剖面与横剖面（单位：m）

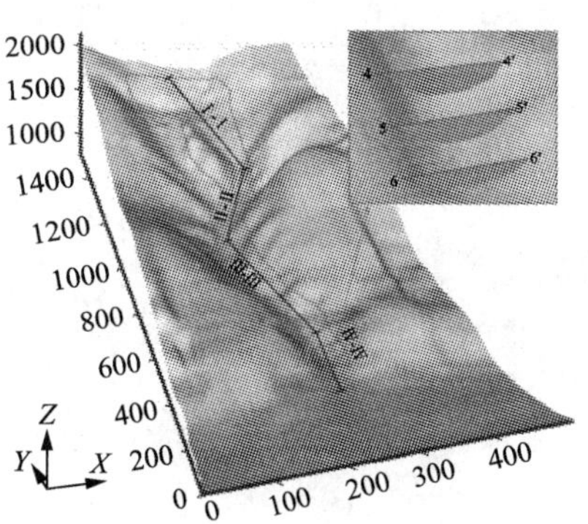

b）无桩林结构模型纵剖面与横剖面（单位：m）

图10 谢家店子滑坡剖面示意图

图11为三个不同位置的横剖面（图10a、b所示）碎屑流堆积体形态对比。由图可见，谢家店子滑坡碎屑流横剖面堆积体形态呈V字形，中部堆积体厚度大于两侧堆积体厚度。剖面1-1′与4-4′位于第一排桩林其上游相同的位置，其中剖面1-1′处堆积体宽度63m，最大厚度17m；剖面4-4′处堆积体宽度40m，最大厚度8m。由此可见，第一排桩林有效地阻挡了碎屑流并使其在桩后产生堆积，与无桩林情况相比，碎屑流堆积体的厚度和宽度均有明显的增加。剖面2-2′与5-5′位于第二、三排桩林之间相同的位置，其中剖面2-2′处堆积体宽度78m，最大厚度17m，剖面5-5′处堆积体宽度50m，最大厚度8m。可见，桩林之间碎屑流堆积体的厚度和宽度均有所增加，桩林的出现在阻滞碎屑流快速运动的同时，在更大程度上阻挡了大部分碎屑流在纵向的流动，使其在横向产生了较为明显的淤积。剖面3-3′与6-6′位于第四排桩林其下游相同的位置，其中剖面3-3′处堆积体宽度55m、最大厚度5m，剖面6-6′处堆积体宽度50m、最大厚度8m，有桩林情况下堆积体厚度和宽度均小于无桩林情况。由此可见，由四排群桩组成的桩林结构很明显地将大部分的碎屑流阻挡和淤积在了桩林的上游和桩林处，使得只有极少部分的碎屑流越过了桩林的阻挡，进入堆积区。

图12所示为谢家店子滑坡在有桩林和无桩林两种情况下Ⅳ-Ⅳ、Ⅴ-Ⅴ、Ⅵ-Ⅵ纵剖面（图10a）所示）堆积体形态。可见，有桩林情况下，滑坡碎屑流主要堆积在桩林上游方向与桩林之间，桩林下游方向的碎屑流堆积相对较少。Ⅳ-Ⅳ剖面位于沿流动方向沟谷中央位置，上游为第一排桩，下游为第三排桩，桩林间堆积体厚度最大约为19m；而相应无桩林情况下，滑坡碎屑流堆积则显得均匀，堆积范围较大，且无明显的淤积，最大堆积厚度约为8m。Ⅴ-Ⅴ剖面位于沿流动方向沟谷右侧位置，上游为第一排桩，下游为第三排桩，桩林间堆积体厚度最大约为16m；而相应无桩林情况下，滑坡碎屑流堆积范围亦较大，且无明显的淤积，最大堆积厚度约为7m。Ⅵ-Ⅵ剖面位于沿流动方向沟谷左侧位置，上游为第二排桩，下游为第四排桩，碎屑流堆积体主要集中在第二排桩之前和第二排与第四排桩之间，碎屑流堆积体厚度最大约为21m；而相应无桩林情况下，滑坡碎屑流堆积范围亦较大，且无明显淤积，最大堆积厚度约为6m。对比上述两种情况下的堆积体分布特征可见，有桩林防护结构的滑坡碎屑流，其最终运动距离比无桩林情况下要短很多，说明桩林的存在能够有效地缩短滑坡碎屑流的堆积范围，从而减小碎屑流对其下游造成的破坏。

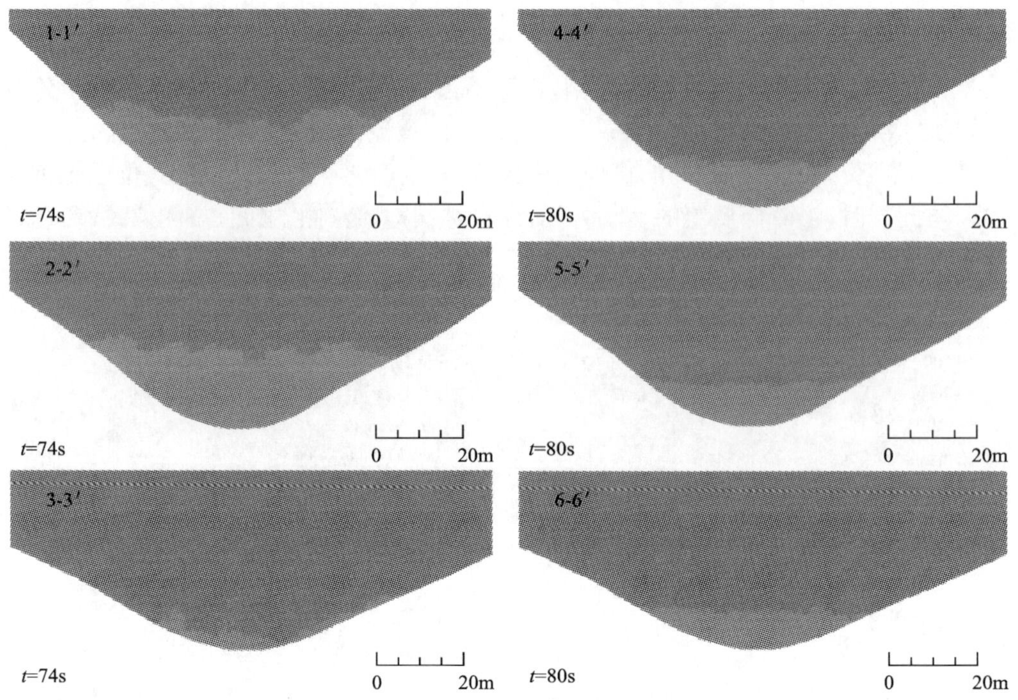

图 11 谢家店子滑坡堆积形态横剖面对比（左侧为有桩林结构，右侧为无桩林结构）

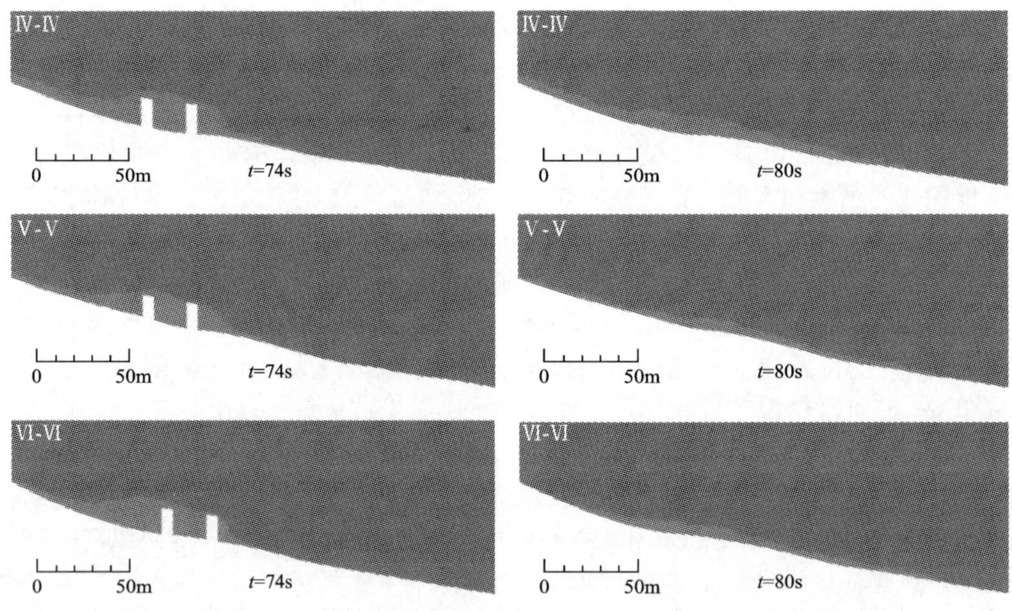

图 12 谢家店子滑坡堆积形态纵剖面对比（左侧为有桩林结构，右侧为无桩林结构）

4 岩屑流桩林防控作用机理分析

4.1 桩林耗能效应

图13所示为有桩林防护与无桩林防护情况下，碎屑流体动能变化曲线。碎屑流体的动能按公式(1)计算。

$$E_k(t)=\frac{1}{2}\sum_{p} m_p \bar{v}_p \cdot \bar{v}_p \tag{1}$$

式中：$E_k(t)$——t 时刻碎屑流体动能；

m_p——碎屑流体微分单元的质量；

$\vec{v}_p$——碎屑流体微分单元的速度矢量。

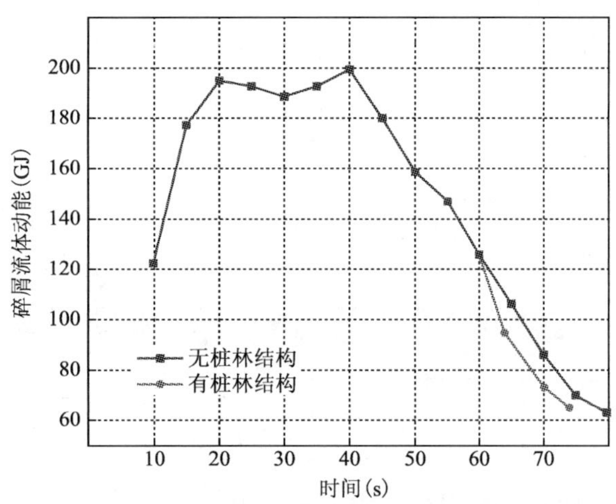

图 13　有、无桩林防护情况下碎屑流体动能变化曲线对比

由图 13 可知，无桩林防护情况下，0 ～ 20s 滑坡碎屑流体势能转化为动能，碎屑流体动能随时间迅速增加，最大值为 195GJ；20 ～ 30s 碎屑流体绕过山脊发生汇合，由于碰撞耗能，碎屑流体动能有所减小，最小值在 30s 时刻，为 188GJ；30 ～ 40s 碎屑流体势能继续转化为动能，在 40s 时动能达到峰值，为 199GJ；40 ～ 80s 时段内，地形逐渐放缓，摩擦耗能占据主导地位，碎屑流体的动能逐渐减小，直至 80s 时碎屑流体前缘停积，碎屑流中部与后缘仍有一定的动能，其值为 62GJ。

有桩林防护情况下，64s 时，碎屑流体与第一排桩发生碰撞，产生能量耗散，碎屑流体动能减小，为 95GJ；之后，碎屑流体与后三排桩相继发生碰撞，动能逐渐减小，直至 74s 时，碎屑流前缘停积，此刻动能为 65GJ，相比于无桩林防护情况下减小 5GJ。

碎屑流运动过程中的能量变化，可根据式（2）、式（3）所示的伯努利能量方程 [20] 计算。

$$\Delta E=E_u-E_d \tag{2}$$

$$\Delta E=\left(h_u+\frac{v_u^2}{2g}+z_u\right)-\left(h_d+\frac{v_d^2}{2g}+z_d\right) \tag{3}$$

式中：E_u——桩林上游碎屑流体能量；

E_d——流出桩林后碎屑流体的能量；

ΔE——碎屑流体流经桩林后的能量损失；

z_u——桩林上游监测点处滑面的高度（m）；

z_d——桩林下游游监测点处滑面的高度（m）；

h_u——桩林上游碎屑流堆积体厚度（m）；

h_d——桩林下游碎屑流堆积体厚度（m）；

v_u——桩林上游监测点处碎屑流速度（m/s）；

v_d——桩林上游监测点处碎屑流速度（m/s）。

图 14 为有桩林防护情况下碎屑流体能量损失时程曲线，由图可知，在 t=64.4s 时刻，碎屑流体前缘通过第一排桩，达到第二排桩，此时碎屑流体能量损失达到最大，约 78%；在 t=66.2s 时刻，碎屑流体前缘通过第二排桩，到达第三排桩，此时碎屑流体能量损失约为 62%；在 t=68.6s 时刻，碎屑流体前缘通过第三排桩，到达第四排桩，此时碎屑流体能量损失约为 65%；在 t=70.8s 时刻，碎屑流体前缘通过第四排桩，此

时碎屑流体能量损失约为71%。可见，桩林中第一排桩导致的碎屑流能量损失最大，第四排桩次之，换言之，桩林中发挥功效最高的是第一排桩，其次是第四排桩。

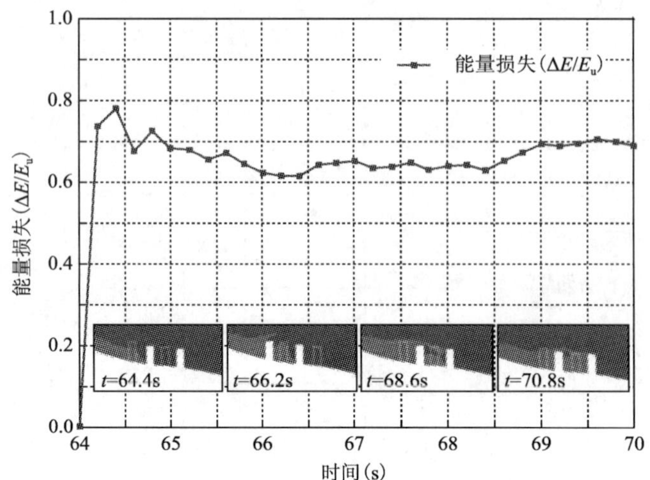

图14 有桩林防护情况下碎屑流体能量损失时程曲线

4.2 桩林阻滞效应

图15所示为碎屑流体在桩林防护结构不同位置处堆积体厚度时程曲线。如图10a）中所示，分别选取位于第一排桩编号a的桩后（上游方向）4m处、第二排桩编号为b的桩后4m处、第三排桩编号为c的桩后4m处、第四排桩编号为d的桩后4m处位置，堆积厚度的变化为研究对象。由图15可得，t=64.5s时，第一排桩后碎屑流的堆积厚度达到15m，与桩高度相同；此后，碎屑流从第一排桩顶部越过，第一排桩后碎屑流堆积体的厚度缓慢增加，直到停积时第一排桩后堆积厚度达到最大值20m；t=65.8s时，第二排桩后碎屑流的堆积厚度达到15m；此后，碎屑流从第二排桩顶部越过，第二排桩后碎屑流堆积体的厚度在t=72.5s时达到最大值21m；t=68.4s时，第三排桩后碎屑流的堆积厚度达到15.0m，之后堆积体厚度逐渐增加，在t=73.2s时刻达到最大值18.0m；t=69.0s时，第四排桩后碎屑流的堆积厚度达到15.0m，此时，碎屑流从第四排桩顶部飞出，之后碎屑流堆积体厚度为14.8m，略小于桩身桩身高度。桩林中第一、二两排桩后的碎屑流堆积厚度均有一个随时间陡增的过程，之后由于淤积作用，桩后碎屑流堆积体厚度最终均大于桩身高度，并在停积时达到了峰值；第三、四排桩后碎屑流堆积体厚度一开始也有一个陡增过程，由于淤积作用相对前两排桩较弱，堆积体厚度的变化在碎屑流停积阶段并不明显。

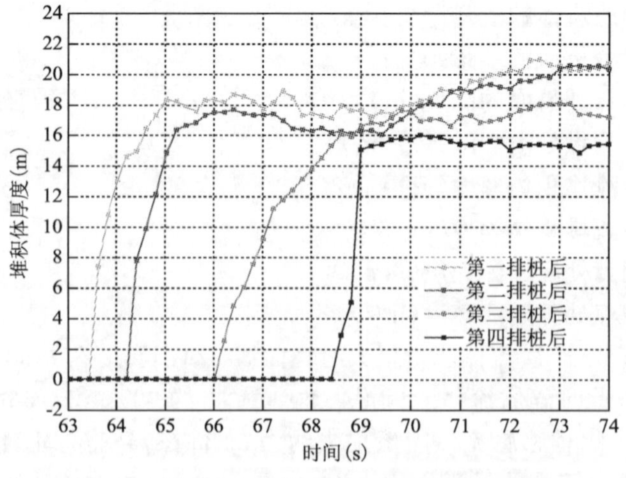

图15 碎屑流体在桩林不同位置处堆积厚度时程曲线

4.3 桩林减速效应

图16所示为桩林防护作用下碎屑流前缘速度时程曲线。由图可见，速度时程曲线可大致划分为三个阶段：速度陡降段、缓慢下降段和速度陡增之后下降段。在 t=63.2s 到 t=64.4s 时段内，碎屑流前缘受到第一排桩的阻挡速度急剧减小，1.2s 时段内速度由 9.6m/s 陡降到 3.3m/s；在 t=64.4s 到 t=69.2s 时段内，在第二排桩的阻挡作用下，碎屑流体前缘的速度缓慢减小，5.4s 时段内速度由 3.8m/s 缓降到 2.9m/s；在 t=69.2s 到 t=69.8s 时段内，由于淤积作用，碎屑流体前缘从第三排桩顶抛出，导致其速度由 2.9m/s 陡增到 5.8m/s；在 t=69.8s 到 t=74s 时段内，受到第四排桩的阻挡作用，碎屑流体前缘速度逐渐减小，由 5.8m/s 减小到 2.0m/s。

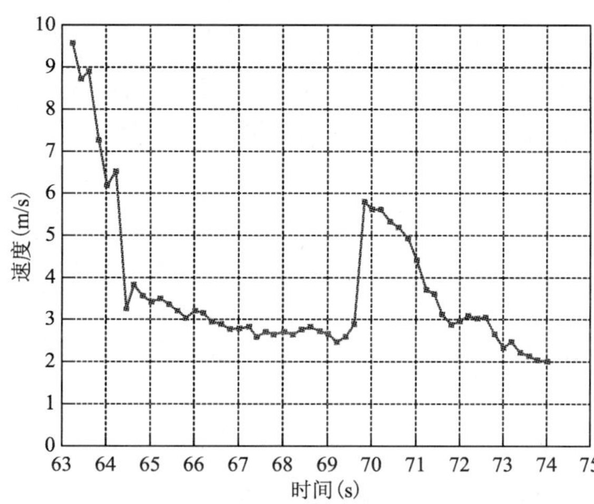

图16　桩林防护作用下碎屑流前缘速度时程曲线

5 讨论与结论

高速远程滑坡形成的岩屑流由于具有突发性，其体积巨大、运动速度快、运动距离远、冲击破坏力巨大，其灾害链具有远程效应，因此，其引起的灾害非常严重，往往防不胜防。一方面，对于这类灾害防灾减灾的关键举措在于，进行人类生活和经济社会发展规划时，尽量避开这类地质灾害发育和影响的地区；但是，另一方面，对于川藏铁路这样巨大的线性工程，即便是采取长大隧道这样的工程结构形式，可以避开高陡斜坡上发育的一部分重大地质灾害，但当线路跨越峡谷地区时，仍不可避免地要穿越这些地质灾害发育地区，不可能完全避开这些巨大滑坡高速远程灾害链的影响（例如，西藏易贡滑坡，就属于这种情形）。然而，面对高速远程滑坡形成岩屑流的巨大危害性，要完全实现对其灾害的绝对防控，是不现实的，也是不可能的。因此，本文作者提出，在高速滑坡碎屑流有可能远程运动与停积的沟谷下游区域，采用复合防控的技术和手段，通过消耗滑坡运动过程中的能量，减缓滑坡运动的速度，进而减小其破坏力，从而最大限度地减轻其灾害和影响范围。这是这类灾害防控具有可行性的防灾减灾技术，也是本文所要研究的灾害防控机理。

本文采用基于 Voellmy 准则定义运动阻力的计算流体力学软件，以谢家店子岩屑流为例，反演滑坡运动路径下游布设桩林与不布设桩林防护结构时，碎屑流运动全过程三维动力学行为，论述和分析了桩林结构阻挡对碎屑流速度大小、厚度分布、堆积形态特征的影响，得到了以下结语：

（1）谢家店子滑坡在无桩林结构的自然情况下，74s 时，滑坡碎屑流前部的最大速度为 10m/s。80s 时，碎屑流前缘已趋于停滞，而在碎屑流前部表面还有一定的速度为 5.3m/s。整个滑坡运动全程持续时间为 80s，运动距离达到 1270m。在有桩林结构的防护状态下，74s 时，滑坡碎屑流的前部基本处于停滞状态，前缘速度低于1.9m/s；整个滑坡运动全程持续时间为74s，比无桩林情况下早6s停积；运动距离达到1180m，比无桩林情况下减少90m。

（2）无桩林结构的自然状态下，80s时，碎屑流进入停积状态，堆积区厚度最大处位于碎屑流中前部靠近前缘处，厚度在10m左右；有桩林防护结构情况下，74s时，碎屑流前缘处的运动几乎近于停滞，厚度最大位于桩林淤积处，达18m左右。在有桩林情况下，碎屑流体在堆积区的范围显著减小，相比于无桩林防护情况，碎屑流堆积区的面积减小了2/3。

（3）桩林的存在消耗了碎屑流体的动能。无桩林防护情况下，直至80s碎屑流体前缘停积时，碎屑流中部与后缘仍有一定的动能，其值为62GJ；有桩林防护情况下，直至74s，碎屑流前缘停积，此刻动能为65GJ，相比于无桩林防护情况下减小了5GJ。

有桩林防护情况下，碎屑流体前缘通过第一排桩后，能量损失达到最大，约78%；碎屑流体前缘通过第二排桩后，能量损失约为62%；碎屑流体前缘通过第三排桩后，能量损失约为65%；碎屑流体前缘通过第四排桩后，能量损失约为71%。桩林中发挥功效最高的是第一排桩，其次是第四排桩。

参考文献

[1] Gray J M N T, Tai Y C, Noelle S. Shock waves, dead zones and particle-free regions in rapid granular free-surface flows[J]. Journal of Fluid Mechanics, 2003, 491: 161-182.

[2] Chiou M C, Wang Y, Hutter K. Influence of obstacles on rapid granular flows[J]. Acta Mechanica, 2005, 175, 105–122.

[3] Valentino R, Barla G, Montrasio L. Experimental analysis and micromechanical modelling of dry granular flow and impacts in laboratory flume tests[J]. Rock Mechanics and Rock Engineering, 2008, 41(1): 153-177.

[4] Teufelsbauer H, Wang Y, Chiou M C, et al. Flow-obstacle interaction in rapid granular avalanches：DEM simulation and comparison with experiment[J]. Granular Matter, 2009, 11(4): 209-220

[5] Li X P, He S M, Luo Y, et al. Simulation of the sliding process of Donghekou landslide triggered by the Wenchuan earthquake using a distinct element method[J]. Environmental Earth Sciences, 2012, 65(4): 1049-1054

[6] Fan Y Y, Wang S J, Wang E Z, et al. Influence of obstacle angle on granular flow[M]//Jiang et al.(eds), Geomechanics and Geotechnics：From Micro to Macro. London：Taylor & Francis Group, 2011: 285-291.

[7] 吴越，刘东升，李明军．滑体下滑及冲击受灾体过程中的能耗规律模型试验[J]. 岩石力学与工程学报，2011，30（4）：693-701.

Wu Y, Liu D S, Li M J. Landslide model experiment for energy dissipation in sliding and impact processes[J]. Chinese Journal of Rock Mechanics and Engineering, 30(4): 693-701.(in Chinese).

[8] 吴越，刘东升，李明军．2011b. 岩体滑坡冲击能计算及受灾体易损性定量评估[J]. 岩石力学与工程学报，2011，30（5）：901-909.

Wu Y, Liu D S, Li M J. 2011b. Impact energy calculation for rock slope and quantitative assessment of vulnerability for element at risk[J]. Chinese Journal of Rock Mechanics and Engineering, 2011, 30(5): 901-909.(in Chinese)

[9] 王学良，张路青，周剑．转折型沟谷对地震崩塌体块石拦截效果分析[J]. 工程地质学报，2011，19（3）：381-387.

Wang X L, Zhang L Q, Zhou J. Interception effect of stream valley bends to rock fall blocks in Wenchuan earthquake[J]. Journal of Engineering Geology, 19(3): 2011, 381-387.(in Chinese).

[10] Faug T, Caccamo P, Chanut B. Equation for the force experienced by a wall overflowed by a granular avalanche：Experimental verification[J]. Physical Review E, 2011, 84(5), DOI: 10.1103/PhysRevE.84.051301.

[11] Faug T, Einav I, Childs P, et al. Diffuse and steep jumps in steady-state granular flows[C]//Smith S T(eds), 23rd Australasian

Conference on the Mechanics of Structures and Materials(ACMSM23), Byron Bay, Australia, 2014: 1-6.

[12] Cui X, Gray J M N T. Gravity-driven granular free-surface flow around a circular cylinder[J]. Journal of Fluid Mechanics, 2013, 720: 314-337.

[13] Jiang Y J, Towhata I. Experimental study of dry granular flow and impact behavior against a rigid retaining wall[J]. Rock Mechanics and Rock Engineering, 2013, 46: 713-729.

[14] Mast C M, Arduino P, Miller G R, et al. Avalanche and landslide simulation using the material point method: flow dynamics and force interaction with structures[J]. Computational Geosciences, 2014, 18(5): 817-830.

[15] Prime N, Dufour F, Darve F. Solid-fluid transition modelling in geomaterials and application to a mudflow interacting with an obstacle[J]. International Journal for Numerical and Analytical Methods in Geomechanics, 2014, 38(13): 1341-1361.

[16] Caviedes-Voullième D, Juez C, Murillo J, et al. 2D dry granular free-surface flow over complex topography with obstacles, PartI: experimental study using a consumer-grade RGB-D sensor[J]. Computers and Geosciences, 2014, 73: 177-197.

[17] Juez C, Caviedes-Voullième D, Murillo J, et al. 2D dry granular free-surface transient flow over complex topography with obstacles, Part II: Numerical predictions of fluid structures and benchmarking[J]. Computers and Geosciences, 2014, 73: 142-163.

[18] Ng C W W, Choi C E, Kwan J S H, et al. Effects of baffle transverse blockage on landslide debris impedance[J]. Procedia Earth and Planetary Science, 2014, 9: 3-13

[19] Ng C W W, Choi C E, Song D, et al. Physical modeling of baffles influence on landslide debris mobility[J]. Landslides, 2015, 12: 1-18

[20] Choi C E, Ng C W W, Song D, et al. Flume investigation of landslide debris-resisting baffles[J]. Canadian Geotechnical Journal, 2014, 51(5): 540-553.

[21] 王玉峰，程谦恭，张柯宏，等．岩屑流裹气流态化模型试验研究 [J]. 岩土力学，2014，35（10）：2775-2785.
Wang Yufeng, Cheng Qiangong, Zhang Ke-hong, et al. Study of fluidized characteristics of rock fragmentation flows under effect of entrapped air[J]. Rock and Soil Mechanics, 2014, 35(10): 2775-2785.(in Chinese)

[22] 许强，裴向军，黄润秋，等．汶川地震大型滑坡研究 [M]. 北京：科学出版社，2009：1-473.
Xu Q, Pei X J, Huang R Q et al. Large-scale landslides induced by the Wenchuan earthquake[M]. Beijing: Science Press, 2009: 1-473.(in Chinese)

[23] 王玉峰，程谦恭，朱圻．汶川地震触发岩屑流－碎屑流堆积反粒序特征及机制分析 [J]. 岩石力学与工程学报，2012，31（6）：1089-1106.
Wang Yufeng, Cheng Qiangong, Zhu Qi. Inverse grading analysis of deposit from rock fragmentation flows triggered by Wenchuan earthquake[J]. Chinese Journal of Rock Mechanics and Engineering, 2012, 31(6): 1089-1106.(in Chinese)

[24] 王福军．计算流体动力学分析 -CFD 软件原理与应用 [M]. 北京：清华大学出版社，2004．
Wang Fujun. Analysis of computational fluid dynamics software principle and application[M]. Beijing: Tsinghua University Press, 2004: 113-253.(in Chinese)

[25] HUNGR O, MCDOUGALL S. Two numerical models for landslide dynamic analysis[J]. Computers & Geosciences, 2009, 35: 978-992.

巨型滑坡及其演化机理与防治对策研究

魏永幸[1] 李天斌[2]

（1. 中铁二院工程集团有限责任公司，成都 610031；2. 成都理工大学，成都 610020）

摘　要：滑坡是山区常见的自然灾害，滑坡形成的相对较缓的地形却是山区铁路、公路、城镇建设难以割舍的场址，而对于规模巨大的滑坡，因存在治理难度大、工程规模大、方案决策困难等问题，已成为山区建设急需研究解决的难题。中铁二院联合成都理工大学开展了"西南地区巨型滑坡形成演化机制及防治对策研究"，在已有研究成果的基础上，对巨（大）型滑坡分类、演化机理、风险识别与评估、防治对策与整合治理技术等进行了系统的研究，提出了基于滑坡形成机制及工程对策的巨型滑坡定义分类；总结了11种巨型滑坡地质—力学模式及其演化机理与特征；提出了巨型滑坡风险分析的双指标体系，建立了基于双指标体系的巨型滑坡风险分析与评估方法；总结提出了"机制分析为本""风险评估超前""分级分区治理""排水优先"的巨（大）型滑坡治理设计四大原则；提出了巨（大）型滑坡滑面（体）锚固与排水的综合治理技术方案。

关键词：巨型滑坡；演化机制；风险评估；综合治理

Study on Evolution Mechanism and Control Measures of Huge Landslide

Wei Yongxing[1]　Li Tianbin[2]

(1.China Railway Eryuan Engineering Group Co. Ltd, Chengdu 610031, China; 2.Chengdu University of Technology, Chengdu 610020, China)

Abstract: Landslide is a common natural disaster in the mountain area. The gentle slope topography is a good site for building the mountain railway, highway and towns. The huge landslide becomes a problem to be solved urgently in the construction of mountainous area because it makes the engineering large-scaled, difficult to control and make scheme decision. Teamed up with Chengdu University of Technology, CREEC studied on the formation evolution mechanism and the control measures of huge landslide in Southwest China. Based on the existing study results, a systemic study has been made on classification, evolution mechanism, risk identification and assessment, control measures and integrated treatment technology of the huge (large)landslide. In the study, the definition and classification of the huge landslide have been put forward according to the formation mechanism and control measures; the geomechanics models, evolution mechanisms and characteristics of 11 kinds of huge landslides have been summarized. In this paper, the dual-index system has been proposed for the risk analysis of

---

作者简介：魏永幸（1964—），男，教授级高级工程师。

基金项目：中铁二院科技发展计划项目"西南地区巨型滑坡形成演化机制及防治对策研究"（08109159）。

the huge landslide and a risk analysis and assessment method has been put forward for the huge landslide based on the dual-index system. Four principles of “mechanism analysis cost” “risk assessment advance” “drainage first” and “hierarchical treatment” for huge (large)landslide have been summarized; also a technical proposal for comprehensive treatment has been put forward for the anchor and drainage of huge (large)landslide surface (body).

Keywords: huge landslide; evolution mechanism; risk assessment; comprehensive treatment

滑坡是山区常见的自然灾害，滑坡形成的相对较缓的地形却是山区铁路、公路、城镇建设难以割舍的场址[1]。伴随着人类活动空间与范围的拓展、工程活动强度的增加，加之全球气候变化等，滑坡灾害，尤其是巨型、大型滑坡灾害时有发生并由增加的趋势[2]。而对于规模巨大的滑坡，还存在治理难度大、工程规模大、防治决策困难等问题，已成为山区建设难以回避的问题。中铁二院联合成都理工大学开展了“西南地区巨型滑坡形成演化机制及防治对策研究”。课题组全面收集了西南地区铁路、水电、公路、地矿等系统出现的巨型滑坡三百余例，基于对上述案例资料及已有成果，对巨型滑坡分类、演化机理、风险识别与评估、防治对策及整合治理技术等进行了系统的研究。本文基于研究资料，简要介绍了巨型滑坡分类、演化机理、风险识别与评估以及防治对策等主要成果，并探讨了巨型滑坡滑面（体）排水与滑面（体）锚固综合治理技术。

1 巨型滑坡分类

传统的滑坡分类，主要有滑坡体积大小、滑坡形成主因等。目前，一般以滑坡体积大小及滑坡规模上来定义巨型、大型滑坡，但不同行业划分巨型、大型滑坡标准还存在一定差异（体积相差 10~10000 万 m^3 不等）[3-9]。而且，按照滑坡规模定义巨型滑坡，没有反映滑坡滑动机理的复杂程度、滑坡治理的难易程度等性质，尚存在较大的局限性。

通过研究，课题组首次明确提出了基于滑动机理与工程治理的巨型滑坡的定义和详细分类体系。明确指出，巨型滑坡是指体积大于 100 万 m^3，存在单级或多级滑面，滑面深度大于 25m，成因机理复杂，工程治理难度大，需对滑坡成因机理有深刻认识以后才能根治的滑坡。并采用基于滑坡的滑体特征、活动特征及诱发因素三因子的“综合分类法”，建立了一套多层次的巨型滑坡分类体系，如图 1 所示。该分类体系，按滑体的分区与分级特征，将巨型滑坡分为分区滑动式滑坡、分级滑动式滑坡；按滑面形态，将巨型滑坡分为后陡前缓型滑坡、缓长型滑坡、顺层型滑坡、多剪出口型滑坡[10]。

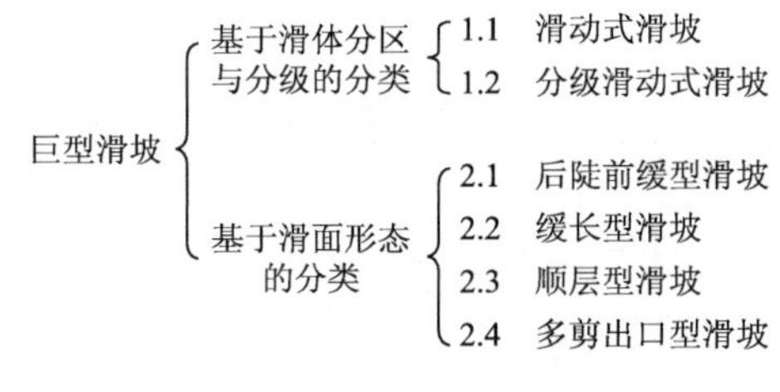

图 1 巨型滑坡分类

2 巨型滑坡演化机理

从已有案例看，大部分巨型滑坡都存在“分区”“分级”“分层”滑动等特征。巨型滑坡的不同区域，因地质条件、环境的不同，有的滑动、有的不滑动，或这部分先滑动、那部分后滑动，或者滑坡浅层滑动、下部未滑动，等等。

基于对案例资料的研究分析，课题组总结提出了西南地区巨型岩体滑坡的 6 种典型地质—力学模式和巨型土质滑坡的 5 种典型地质—力学模式。对应每一类地质—力学模式，归纳总结了其特定地质、地层结构，以及典型变形破坏演变过程等，详见表 1。

巨型滑坡地质—力学模式及演化机理与特征　　表1

序号	地质—力学模式		滑坡演化机理与特征
1	岩质滑坡	震动拉裂—剪切滑移	在强震水平惯性力作用下，斜坡后缘首先产生竖向深大拉裂，继而或同时出现剪切滑移
2		滑移—拉裂—平推	近水平或缓倾的软硬相间斜坡，出现滑移，产生竖向拉裂；在降雨条件下，产生进一步的滑移
3		滑移—拉裂—剪断	高陡斜坡体坡脚沿软弱层面产生滑移，并逐渐向坡内发展；后缘出现拉裂并逐渐向深部逐渐扩展；中部形成变形应力集中带，锁固段被逐一压碎、扩容、剪断，直至形成贯通性滑动面时，斜坡产生突然失稳
4		滑移—弯曲—剪断	斜坡下部未临空，使下滑受阻，造成坡脚附近顺层板梁承受纵向压应力，在一定条件下可使之发生弯曲变形，继而产生破坏
5		倾倒—拉裂—剪断	陡倾的反倾互层状斜坡，坡体在长时期的自重压力作用下产生较明显的压缩变形，使得中上段岩体发生类似于板梁弯折的变形，并由此产生顺层或切层张裂缝，以及产生突发性失稳破坏
6		滑移—锁固—剪断	边坡整体结构较为松弛，但在边坡中下部存在“锁固段”地质体，承担和“挑住”了因上部坡体变形而传递下来的巨大“推力”；因“锁固段”应力持续集中而产生突发性的脆性破坏，形成高速滑坡
7	土质滑坡	整体型蠕滑—拉裂—剪断	均质或类似均质土体斜坡，在重力作用下，堆积体向坡前临空方向发生剪切蠕变，其后缘发育自坡面向深部发展的拉裂，并逐渐形成潜在滑移面。地表水沿拉裂面渗入，促进蠕滑，最终导致滑坡。滑坡变形演化可以划分为三个阶段：由表及里的蠕滑阶段、后缘拉裂阶段和潜在滑动面贯通剪断阶段
8		分区型蠕滑—拉裂—剪断	一般发生在横向滑面形态变化大或多个滑坡组成的滑坡群以及诱发因素具有分区性的古（老）滑坡中。每个区域自身的演化与整体型蠕滑—拉裂—剪断模式类似，但各个区域之间相互有影响
9		分级型蠕滑—拉裂—剪断	一般发生在纵向滑面形态和纵向地形形态变化大或诱发因素具有分级性以及老滑坡本身就具有分级滑面的古（老）滑坡中，表现为滑坡的分级复活。一般每级自身的演化与整体型蠕滑—拉裂—剪断模式类似
10		蠕滑—锁固—溃滑	斜坡坡体内存在“卡门”效应或“支撑拱”的锁固效应，或坡体内设置有抗滑桩但抗滑桩的抗滑能力不够。因“支撑拱”或抗滑桩失稳，导致整个坡提失稳并伴有弹性能的释放，形成溃滑型滑坡。形成过程可以分为三个阶段：坡体整体蠕滑、累进性变形与锁固、锁固段剪断与高速溃滑
11		滑移—拉裂—剪断	一般出现在坡脚发育近水平或缓倾坡外黄土层的高陡土质斜坡中。斜坡在自重应力场作用下发生时效变形，沿软弱层带面向临空方向滑移，并逐渐往坡内发展；坡体后缘出现拉裂并逐渐向深部逐渐扩展；在其中部土体中形成变形应力集中带，其间锁固段被逐一剪断，直至最终形成贯通性滑动面，斜坡突然失稳下滑。变形演化过程一般可分为三个阶段：应力卸荷回弹与沿近坡脚部位层面的重力蠕滑；坡顶拉裂；中部锁固段最终被剪断导致滑动面贯通

从巨型滑坡滑动形式看，有单滑面滑动、深部滑移—浅部坍塌、次递延深多滑面滑动、多级阶状滑块滑动、多级单滑面滑动、扩离错落滑动等类型。

3 巨型滑坡风险识别与评估[11,12]

对于巨型滑坡，由于滑体体积大、下滑力巨大，成因机制复杂，彻底整治不但难度大，而且代价高昂。

对于巨型滑坡危险性以及治理工程的必要性和可行性，如何科学判断与决策，一直是工程界的研究难题。

课题在典型巨型滑坡实例研究的基础上，通过多种因素分析和方法集成，对巨型滑坡的危险性、易损性及风险评估进行了系统研究，提出了巨型滑坡危险性分析评价的两级指标体系以及基于两级指标体系的适用于西南地区巨型滑坡风险评估的方法。

巨型滑坡危险性分析评价两级指标体系，其中，一级指标为滑坡的总体特征、滑坡的形态特征、坡体结构特征、变形破坏特征、诱发因素和滑坡稳定系数；二级指标则包括：滑坡治理难易度、前后缘高差、平均坡角、滑面形态、滑面平均坡度、滑坡坡体结构、滑坡岩性特征、滑带特征、水文地质（考虑地下水位、水量、水流途径）、裂缝的贯通性与开裂程度、变形发展特征（定量：加速度；定性：发展阶段）、降雨强度、人类活动强度、水库蓄水、地震、滑坡稳定系数等。

基于上述两级指标体系，开展了应用层次分析和用可靠性理论进行巨型滑坡风险评估的方法研究，并进行了实证研究分析，表明方法可行。

4 巨型滑坡治理原则及整合治理技术

4.1 巨型滑坡治理原则

对于滑坡整治，当前工程界对于采用支挡加固较为重视，在滑坡治理工程方案选择上，从支挡效果、施工难易、工程造价等方面考虑较多，但对滑坡形成条件、产生原因、演化机理等却重视不够。对于巨型滑坡，由于滑体体积大、下滑力巨大，成因机制复杂，彻底整治不但难度大，而且代价高昂，也存在工程治理决策困难的问题。

课题组在系统研究已有巨（大）型滑坡治理方案的基础上，提出巨型滑坡治理必须重视滑坡演化机制分析、滑坡风险评估，要充分考虑滑坡分级与分区治理，应重视滑坡排水以改善滑坡环境，总结提出巨型滑坡治理设计四大原则。

（1）“机制分析为本”原则：在获得对巨型滑坡变形演化和发展破坏趋势正确认识的基础上，设置针对性的治理工程措施，是取得巨型滑坡成功治理的前提和关键。

（2）“风险评估超前”原则：在巨型滑坡治理设计前，应对滑坡开展风险评估，并根据风险水平采用相应的对策进行处治。

（3）“分级与分区治理”原则：巨型滑坡，一般都存在分级、分区滑动的问题。从工程的针对性、经济性出发，巨型滑坡治理，一般需要采取分级与分区治理的思路，针对不同区域的具体情况拟定不同的防治方案。

（4）“排水优先”原则：对于巨型滑坡，工程治理必须重视滑坡环境的改善，消除或减少不利于滑坡稳定的因素，增加或改善有利于滑坡稳定的因素。滑坡体内的地下水，对于滑坡稳定表现为多种途径的弱化和降低其稳定性效应，因此，对于巨型滑坡的治理，除实施地表排水系统外，在条件允许时，应优先考虑实施滑坡体体内的综合排水措施。

4.2 巨型滑坡整合治理技术

巨型滑坡治理工程设计，需要在分析滑坡演化机理，进行风险评估的基础上，结合治理目标以及滑坡现状等综合考虑。针对典型的巨（大）型滑坡，本文总结提出滑坡滑面（体）锚固与排水综合治理的两种技术方案。

方案1：滑面剪力隼锚固与排水综合治理。对于整体较好的巨型滑坡，可采用滑面剪力隼锚固与排水联合治理，如图2所示。

方案 2：滑体锚索桩锚固与滑体排水综合治理。对于整体性较差，可能存在多级多层滑动的巨型滑坡，可采取滑体锚索桩锚固与排水联合治理，如图 3 所示。

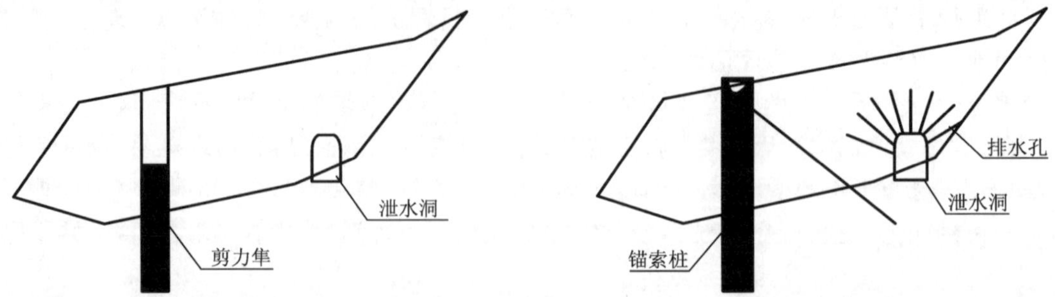

图 2　整体滑动巨型滑坡滑面剪力隼锚固与排水综合治理　图 3　多级多层滑动巨型滑坡滑体锚索桩锚固与滑体排水综合治理

5 结语

针对巨型滑坡，在案例资料及已有成果的基础，经系统分析研究，得到以下认识：

（1）提出了基于滑坡形成机制及工程对策的巨型滑坡定义，以及基于两大因素的 6 种分类。

（2）总结提出了 11 种巨型滑坡地质—力学模式，以及不同地质—力学模式巨型滑坡形成演化机理与特征。

（3）基于巨型滑坡的危险性、易损性及风险评估的系统研究，提出了巨型滑坡危险性分析评价的两级指标体系，以及基于两级指标体系的巨型滑坡风险评估方法。

（4）提出巨型滑坡治理“机制分析为本”“风险评估超前”“分级与分区治理”“排水优先”四大原则。

（5）总结提出了整体滑动巨型滑坡滑面剪力隼锚固与排水综合治理和多级多层滑动巨型滑坡滑体锚索桩锚固与滑体排水综合治理两种技术方案。

参考文献

[1] 陆玉珑 . 再论古滑坡的利用及其经济价值 [J]. 路基工程，1998（5）：10-14.
Lu Yulong. Discussion on utilization and economic value of ancient landslide [J]. Subgrade Engineering, 1998(5): 10-14.

[2] 黄润秋，许强 . 中国典型灾难性滑坡 [M]. 北京：科学出版社，2008.
Huang Qiuxiang, Xu Qiang. Typical catastrophic landslides in china [M].Beijing: Science Press, 2008.

[3] 晏同珍，杨顺安，方云 . 滑坡学 [M]. 北京：地质出版社，1998.
Yan Tongzhen, Yang Shunan, Fang Yun. Landslide science [M]. Beijing: Geological Publishing House, 1998.

[4] 徐峻岭，王恭先 . 滑坡学与滑坡防治技术 [M]. 北京：中国铁道出版社，2004.
Xu Junling, Wang Gongxian. Landslide science and landslide treatment technology[M]. Beijing: China Railway Publishing House, 2004.

[5] 徐邦栋 . 滑坡分析与防治 [M]. 北京：中国铁道出版社 .2001.
Xu Bangdong. Landslide analysis and treatment [M]. Beijing: China Railway Publishing House, 2001.

[6] 王恭先，王应先，马惠民 . 滑坡防治 100 例 [M]. 北京：人民交通出版社，2008.
Wang Gongxian, Wang Yingxian, Ma Huimin. Landslide control-100 cases. Beijing: China Communications Press, 2008.

[7] 郑颖人 . 边坡与滑坡工程治理 [M]. 北京：人民交通出版社，2007.
Zhang Yingren. Slope and landslide engineering treatment [M]. Beijing: China Communications Press, 2007.

[8] 黄润秋 . 20 世纪以来中国的大型滑坡及其发生机制 [J]. 岩石力学与工程学报 .2007.26（3）:433-454.

Huang Runqiu. Large-scale landslides and their sliding mechanisms in China since the 20th century [J]. Chinese Journal of Rock Mechanics and Engineering, 2007.26(3): 433-454.

[9] 许强，裴向军，黄润秋 . 汶川地震大型滑坡研究 [M]. 北京：科学出版社 2010.

Xu Qiang, Pei Xiangjun, Huang Runqiu. Study on large landslide in Wenchuan earthquake [M]. Beijing: Science Press, 2010.

[10] 中铁二院工程集团有限责任公司，成都理工大学 . 西南地区巨型滑坡形成演化机制及防治对策研究 [R]. 成都：中铁二院工程集团有限责任公司，2015.

China Railway Eryuan Engineering Group Co., Ltd., Chengdu University of Technology. Study on Evolution Mechanism and Control Measures of Huge Landslide in Southwest China [R]. Chengdu: China Railway Eryuan Engineering Group Co., Ltd., 2015.

[11] 吴树仁，石菊松，王涛，等 . 滑坡风险评估理论与技术 [M]. 北京：科学出版社，2012.

Wu Shuren, Shi Jusong, Wang Tao, et al. Landslide risk assessment theory and technology[M]. Beijing: Science Press, 2012.

[12] 魏永幸，罗一农，左德元 . 路基工程风险识别与防范 [M]. 北京：人民交通出版社，2012.

Wei Yongxing, Luo Yinong, Zuo Deyuan. Risk identification and prevention of subgrade engineering [M].Beijing: China Communications Press, 2012.

鲜水河断裂带炉霍断裂发育特征与晚第四纪活动性分析

杜宇本[1]　郭长宝[2,3]　张永双[2,3]　张广泽[1]　张　敏[1]

（1. 中铁二院工程集团有限责任公司，成都 610031；2. 中国地质科学院地质力学研究所，北京 100081；
3. 国土资源部新构造运动与地质灾害重点实验室，北京 100081）

摘　要：鲜水河断裂带是我国西部一条重要的活动断裂带，总体上由8条分支断裂组成，全新世以来以左旋走滑为主，地震活动频繁，炉霍断裂是该断裂带内的一条重要分支断裂。本文在资料收集分析、遥感解译、野外调查、槽探、物探和地质测年的基础上，补充厘定分析了炉霍断裂的空间产状和晚第四纪以来的活动性。认为该段断裂总体走向为NW320°~340°，断面以倾向SW为主，倾角一般为70°~80°，局部近直立，以左旋走滑为主。沿炉霍断裂，一系列水系、冲沟发生左旋位错，炉霍县城西北萨其卡沟晚更新世以来最大水平位错为2100m、陡日沟的最大错距为1800m，结合TL测年数据，得到该段断裂晚更新世以来的平均滑动速率为(10.58±1.16)~(11.09±1.22)mm/a；尤斯村段现今地表破裂清晰，槽探剖面揭示7次古地震事件，强震平均复发周期为230~330a，地震活动频繁，在将来一段时间内发生强震的危险性高。该研究对于铁路规划选线和地方防灾减灾工作具有重要的指导意义。

关键词：鲜水河断裂带；炉霍断裂；活动速率；古地震事件；高密度电法

Luhuo Fault Distribution Characteristics and Quaternary Activity along the Xianshuihe Fault, East Tibetan Plateau

Du Yuben[1]　Guo Changbao[2, 3]　Zhang Yongshuang[2, 3]　Zhang Guangze[1]　Zhang Min[1]

(1.China Railway Eryuan Engineering Group Co.Ltd, Chengdu 610031, China; 2.Institute of Geomechanics, Chinese Academy of Geological Sciences, Beijing 100081, China; 3.Key Laboratory of Neotectonic Movement and Geohazard, Ministry of Land and Resourses, Beijing 100081, China)

Abstract: The Xianshuihe fault zone is an important active fault in the west of China, which is composed of eight branch faults on the whole, characterized with sinistral strike-slip, high earthquake activity frequency since the Holocene, and the Luhuo fault is an important branch of the Xianshuihe fault zone. Based on the data collection and analysis, remote sensing, field investigation, trenching, geophysical test and geological dating, this paper made complementary analysis on the space occurrence and activity of Luhuo fault since late Quaternary. This paper argues that the general trend of the fracture is NW320°~ 340°, the cross section is given priority to the tendency of SW, main dip angle is 70°to 80°, commonly local nearly up-right, predominantly

作者简介：杜宇本（1972—），男，教授级高级工程师。

基金项目：中铁二院科研计划（二院科字 13164007）；中国地质调查局项目（12120113038000，1212010914025）；"十二·五"科技支撑计划课题（2011BAK12B09，2012BAK10B02）；科技基础性工作专项（2011FY110102）。

sinisterly strike-slip. Along the Luhuo fault, a series of drainages and gullies were dislocated with left-lateral characteristics, the maximum horizontal dislocation of Saqika gully in the northwest of Luhuo County is about 2100m, and the most dislocation of Douri gully is 1800m since late Pleistocene, with the TL dating data, we can conclude that the fault slid with an average rate of (10.58 ±1.16)mm/a~ (11.09±1.22)mm/a since late Pleistocene. The surface rupture in Yousi village is clear according to the geology survey, and the trench profile reveals 7 ancient seismic events, with the strong earthquakes average recurrence period of 230 ~ 330years, and earthquake activity is frequent, earthquake risk is high in the near future, since the last strong earthquake in 1923. The study has great important guiding significance for railway line selection and local disaster prevention and mitigation work.

Keywords: Xianshuihe Fault zone; Luhuo fault; active rate; ancient seismic events; high density resistivity method

1 工程概况

近年来，相继发生的昆仑山口西地震（2001 年 Ms8.1）、汶川地震（2008 年 Ms8.0）和玉树地震（2010 年 Ms7.1），进一步引起人们对鲜水河断裂带的关注。通常所说的鲜水河断裂带主要是指北起甘孜东谷附近，向南经过炉霍、道孚、康定一线，至石棉县安顺场一带逐渐减弱消失（图 1），全长约 350km，总体走向 320° ～ 330°，呈略向北东凸出的弧形 [1-4]。已有研究表明，鲜水河断裂带是古生代形成发展起来的，至第四纪经历了复杂的构造演化历史 [5,6]，是中国西南山区现今活动强烈的大型左旋走滑断裂带，具有规模大、活动性强、地震频度高等特点 [7]。自 1725 年有地震记载以来，沿鲜水河断裂带共发生 Ms ≥ 7 级的地震 8 次，6 ～ 6.9 级的地震 14 次，约占整个川西地区地震总数的一半 [7]，如 1967 年炉霍侏倭 Ms6.8 级地震、1973 年炉霍 Ms7.6 级地震等。

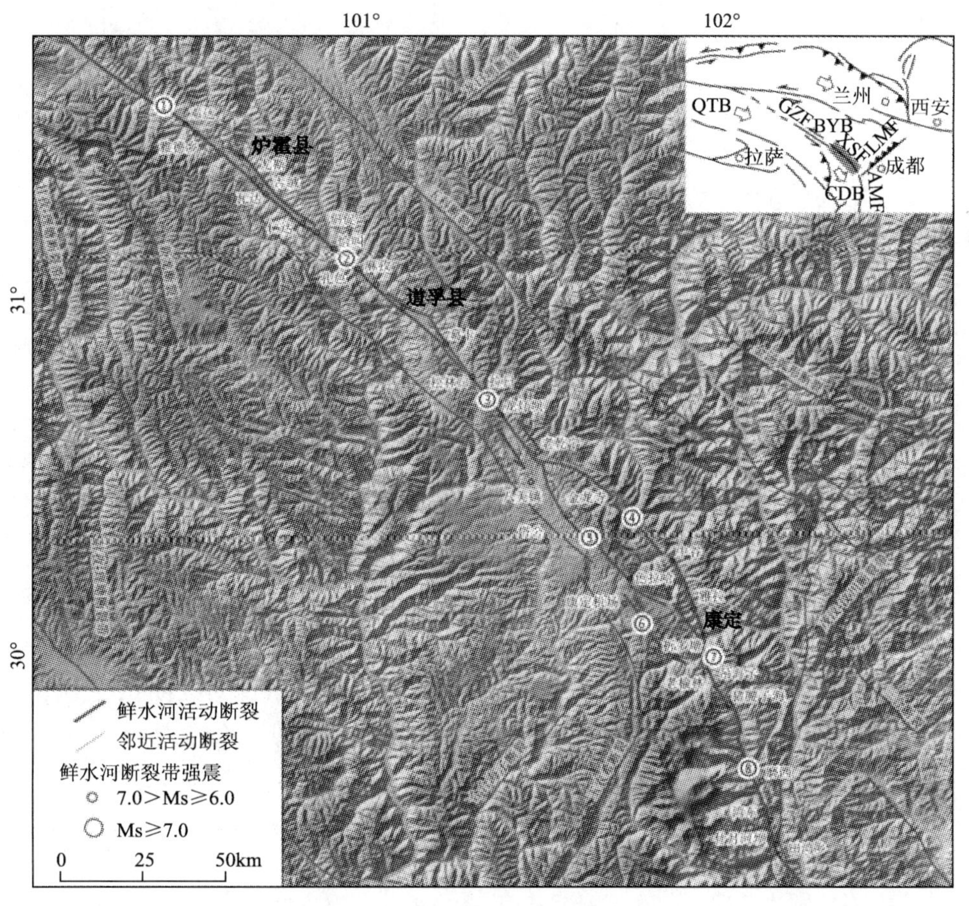

图 1　鲜水河断裂带空间展布特征

鲜水河断裂带的分段活动性明显，钱洪等 [1] 根据断裂活动形迹，将鲜水河断裂带划分为 5 段：北西段（东谷至惠远寺）、康定断裂、雅拉河断裂、折多塘断裂和磨西断裂；李天诏等（1997）通过地震地质调查及大比例尺活动断裂填图 [7]，进一步将北西段划分为 3 段，共将断裂划分为 8 段：北西段由炉霍断裂、道孚断裂和乾宁断裂组成，南东段由雅拉河断裂、中谷断裂、色拉哈－康定断裂、磨西断裂和折多塘断裂等组成，各个分段的活动速率差异较大，北西段活动速率高，为 10~20mm/a，南东段小于 10mm/a，一般为 5mm/a 左右 [8,9]，但由于调查资料和调查程度的限制，关于炉霍段断裂的具体空间位置、活动性等还存在较大差异，而该区正在进行川藏铁路线路比选等工作，亟需厘清活动断裂的具体空间位置和活动性。因此，本文在以往资料分析、现场调查、物探、槽探和地质测年分析的基础上，对鲜水河断裂带炉霍段的空间发育分布特征和活动性进行了分析研究，对于铁路规划选线和地方防灾减灾工作具有重要的指导意义。

2 炉霍断裂空间展布特征

炉霍断裂北起甘孜县北东侧的卡苏附近，经炉霍侏倭、旦都、虚虚、虾拉沱到仁达乡的占堆，全长大于 90 km（图 1、图 2），是鲜水河活动断裂带最北西的一条断裂，该段断裂水系和阶地位错、断层槽谷、陡坎、挤压鼓包、断塞塘等地震地表破裂特征非常显著。该断裂发育于三叠系砂板岩中，断裂总体走向 320°~340°，与地层走向呈斜切关系，其夹角小于 30°，愈靠近断面，夹角愈小，甚至地层走向与断裂走向近于平行，显示出受区域挤压的特征，次级断裂由十余米至百余米的小断层组成，也呈左旋右阶羽列和雁列组合 [8]。

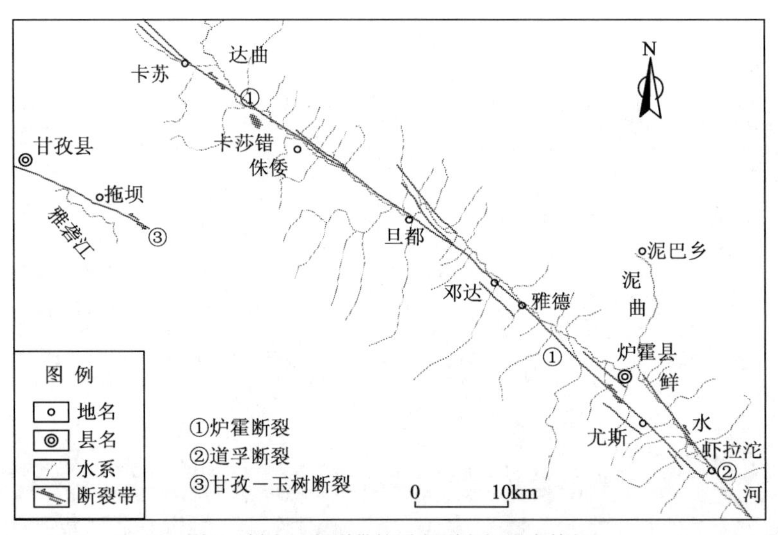

图 2 鲜水河断裂带炉霍断裂空间展布特征

2.1 地貌遥感影像特征

鲜水河断裂带不仅是大地构造单元的重要分界线，而且具有显著的构造地貌特征，遥感影像表现为清晰的线性特征。从甘孜州的东谷附近开始，向东南沿鲜水河谷地平直的线性延展至道孚县城，继续向东南，作为北侧大雪山和南侧塔公草原的地貌分界线在遥感影像上亦十分清晰，在八美至康定之间受折多山花岗岩体阻隔分为多支展布，在磨西附近合并为一支，最终消失在石棉附近。

（1）卡苏一带典型断裂特征

在卡苏、章曲，炉霍断裂呈 320°~340° 方向展布，在卡苏村北侧山体中部，水系、冲沟沿断裂发生同步左旋位错现象，位移分别为 212m、226m 和 210m[图 3a)、图 3b)]；在地貌上，虽然经过后期人工改造，历史地震形成的地表破裂清晰可见，在农田中仍可见沿 NW 向主干断裂发育的“锯齿状”断层陡坎和阶地位错现象［图 3c）］，达曲河两岸陡壁上出露断层带，宽 2 ～ 5m，直接断错河流阶地并延至地表。从卡苏往北，断裂延入山体中，表现为槽谷地貌，其尾端消失于加吉弄一带。

从卡苏往南，鲜水河断裂沿鲜水河左岸山前展布，先后在荣果附近左旋错断 T_2 阶地约 5m，在侏倭乡一带，造成水系左旋位错 237m，在侏倭乡南侧丁古村也出现水系同步左旋位错 122m，至旦都附近，断裂又延向鲜水河右岸。鲜水河断裂在该段主要表现为较连续的线性断层槽谷、陡坎和水系位错等现象。1973 年炉霍 Ms7.6 级地震造成的地表破裂沿鲜水河断裂发育，在剖面上产生宽 25cm、可见深度约 50cm 的裂缝[7]。

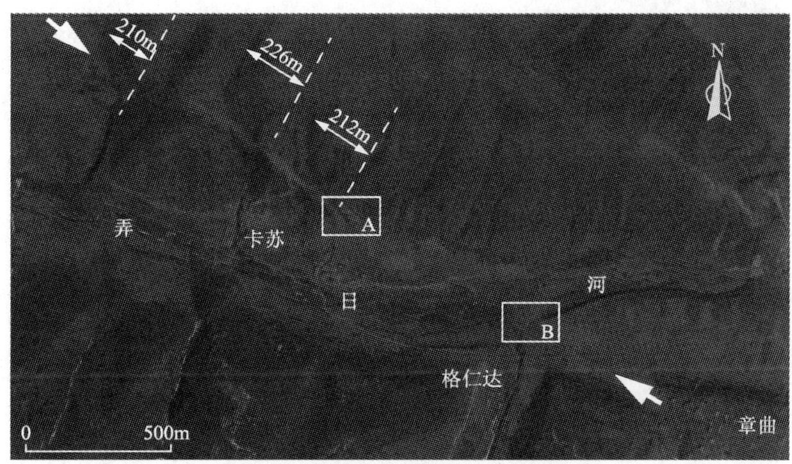

a）卡苏村一带活动断裂遥感影像特征

b）A点位置处断裂与水系左旋位错（镜向20°）

c）B点处断裂发育特征（镜向150°）

图 3　卡苏一带活动断裂分布特征图

（2）雅德乡—邓达间断裂特征

在炉霍县城以北的雅德乡—邓达之间，炉霍断裂主要展布于山前鲜水河谷地的 T_2、T_3 级阶地上。现代地震（尤其是 1967 年侏倭 Ms6.8 级地震、1973 年炉霍 Ms7.6 级地震）的地表破裂特征明显，在平缓的阶地上展布着多条连成一线的深绿线性影像图斑，为沿地表破裂陡坎生长的乔灌木，在遥感影像上形成深绿印记及阴影［图 4a）］。现场调查表明，断裂在雅德乡附近的阶地上形成走向 340°、高差 1 ～ 2m 的地震陡坎，该地震陡坎 SW 高、NE 低，延伸至雅德中心小学和敬老院一带（这两座建筑为 1973 年炉霍地震后新建）［图 4a）中 A、B，图 4b）］。邓达阶地陡坎连续分布约 2km，走向 340°，也是 SW 高、NE 低，陡坎可细分为 3 个小台阶，总高差可达 3m［图 4c）］，两侧均为农田，在遥感影像上断裂特征清晰。该段遥感影像特征反映了断裂活动形态比较单一、呈直线状和原地重复活动的特点。

（3）邓达一带断裂特征

在邓达一带的沟口阶地上发育非常清晰的断层陡坎（图 5）。在邓达原格家村附近，鲜水河断裂可分为多条分支断层，呈右阶斜列，在其断错作用下，形成地震鼓包和断塞塘（图 5），断塞塘长约 40m、宽 17m，地震鼓包高于断塞塘 5m 左右，断裂同时造成水系左旋位错 75m，洪积扇的砾石层发生一致性倾斜，产状为 220°∠ 20° ～ 25°。

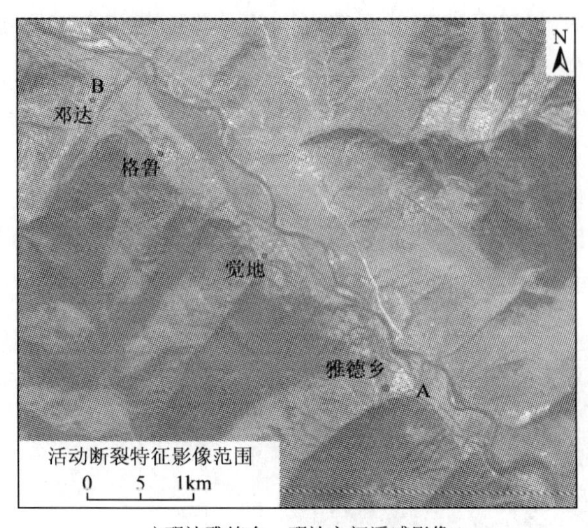

a) 邓达雅德乡—邓达之间遥感影像

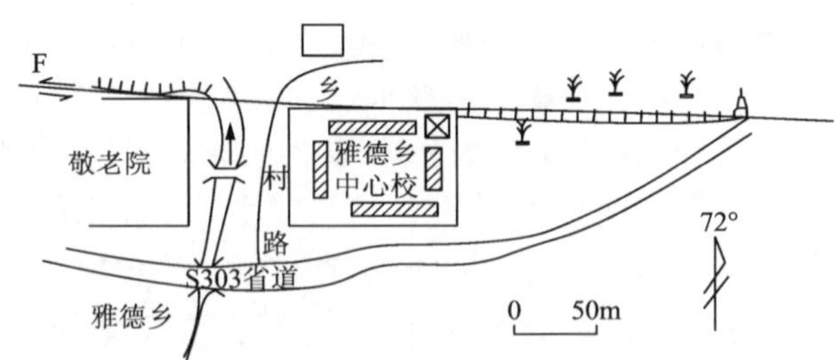

b) 雅德乡中心校附近1973年炉霍7.6级地震陡坎平面分布图

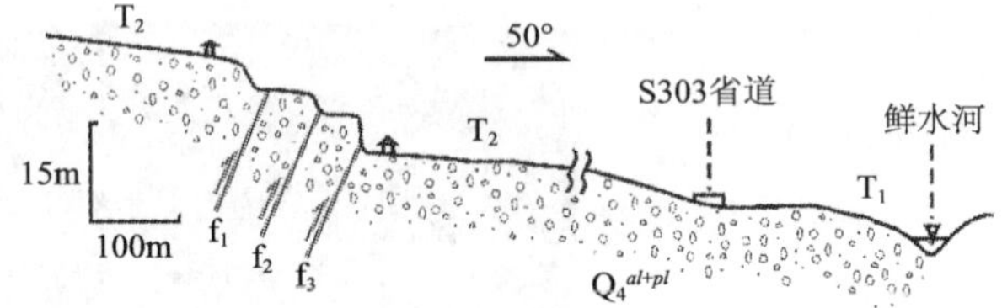

c) 邓达T2阶地地震陡坎剖面

图4　雅德乡—邓达之间断裂活动遥感影像特征（据文献[9]）

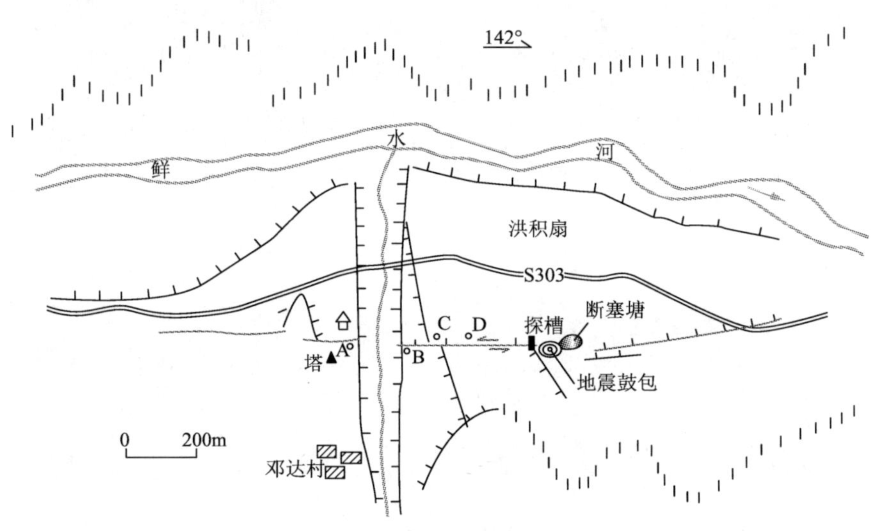

图5　邓达村一带断裂发育特征

（4）炉霍—尤斯村一带断裂特征

在炉霍县城附近，水系沿断裂出现同步左旋位错现象，萨其卡沟的最大左旋位移为2100m（图6），其次为陡日沟，左旋位移为1800m。在主干断裂东北侧，还发育一系列次级断裂，沿次级断裂同样出现水系左旋位错现象。在炉霍县城北西侧，断裂断错鲜水河阶地砾石层（图7），剖面上部因滑坡体掩盖，未见其最新断错现象。在尤斯村一带，水系同步左旋最大位错量为880m，断裂槽谷、地震地表破裂等现象清晰。

图6　炉霍县城一带断裂发育特征遥感解译图

在虾拉沱一带，道孚断裂与炉霍断裂呈左阶斜列，两者相接的阶区为虾拉沱拉分盆地，相距为1~2.5km，重叠量约为16km（图2）。道孚断裂北段控制了虾拉沱盆地西边界的吉荣至尤斯段地貌，断裂带逐渐由盆山结合部位延展至高阶地的槽谷中（图8），虾拉沱盆地也就此尖灭。野外调查表明，在尤斯附近断裂位于SW侧燕山期二长花岗岩与NE侧三叠系上统如年各组板岩之间（图 9），断裂带呈现灰黑色糜棱岩化现象。接触带形成一宽约 200m、深 30~50m、走向 315° 的槽谷，一直延伸至炉霍县城关公社。

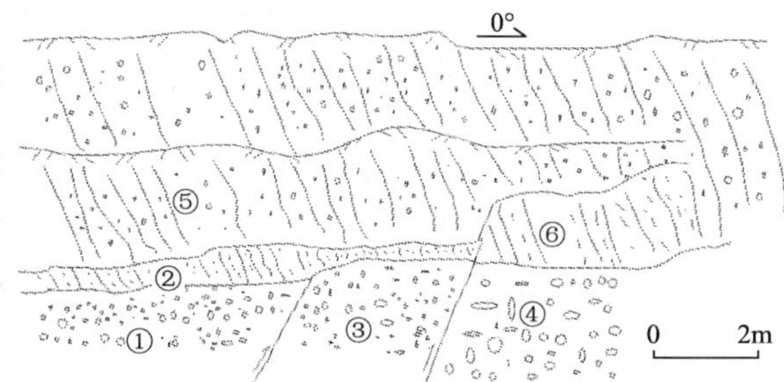

①河流相卵石层，层理清晰，定向排列；②河流相黏质粉土层；③河流相，卵砾石层，杂乱破碎；④冲洪积砾石层；⑤土黄色杂积物，以粉土为主，含碎石；⑥粉质黏土层，坚硬

图 7　炉霍县城北西侧断裂断错阶地砾石层

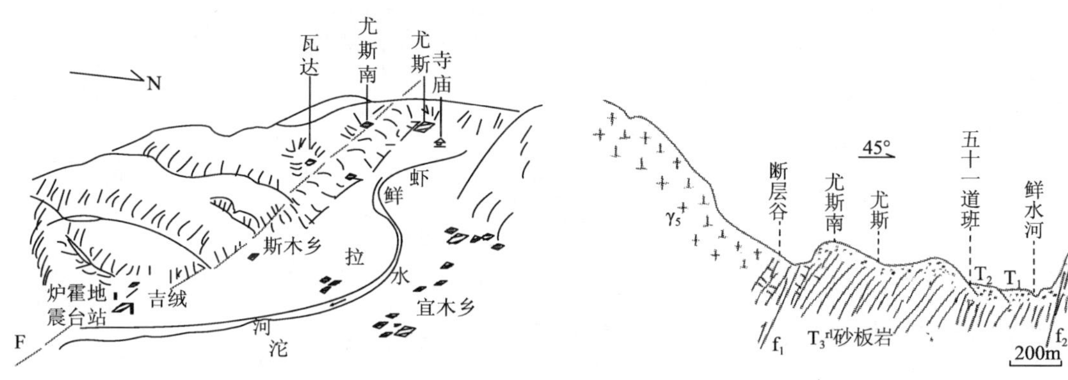

图 8　道孚断裂虾拉沱盆地附近断层地貌及断层谷

图 9　道孚断裂虾拉沱盆地断层剖面

2.2　地球物理特征

由于地表剥蚀、局部构造对断裂的影响，地表剖面往往不能代表活动断裂的深部真实产状，因此在邓达村、斯木乡尤斯村等断裂段布设了高密度电法探测剖面，这些剖面解译如下：

（1）邓达村测线高密度电法剖面

通过邓达村高密度电法解译结果发现，邓达村陡坎地表以下还发育有多条破裂面，但没有延伸到地表（图 10），断裂 f_3 为其地震断裂主断面的地电异常响应，其余 4 个异常点推测为与地震主断裂相关的次级断层（f_1、f_2、f_4、f_5）或为具有一定规模的破裂带，总体倾向 SW，倾角为 75° ～ 80°。

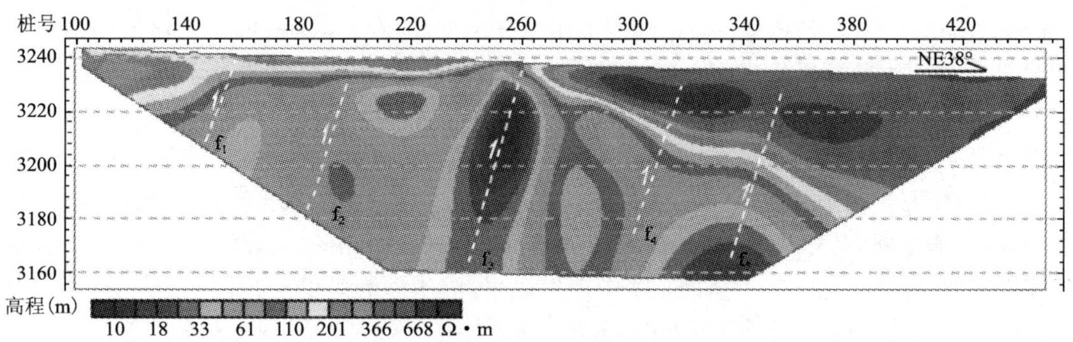

图 10　邓达村测线高密度电法探测剖面图

(2)斯木乡尤斯村高密度电法剖面

鲜水河断裂炉霍县斯木乡尤斯村物探剖面垂直于鲜水河断裂带布设（图 6），剖面长约 1.2km。炉霍断裂尤斯村段地球物理特征明显，从反演断面看，断裂带及周边岩体的物性差异大（图 11），共解译出 3 条次级小断层 f_1、f_2 和 f_3，断面电阻率普遍不高，一般在 200Ω·m 左右，局部为大于 400Ω·m 的高阻，在剖面 890m（桩号 350）附近断面上存在直上直下的低阻带，中心电阻率低于 100Ω·m，低阻等值线圈向下未封闭，低阻带贯穿断面，推断该低阻带由断层（f_1）引起，断层倾向 NW，视倾角约 86°，宽约 20m；在剖面 230m（桩号 1010）附近，地形为坡上凹地的负地形，断面等值线下凹，推断该位置为断层（f_3），倾向 NW，倾角约为 79°，破碎带宽约 12m，其中 f_2 和 f_3 断裂控制着尤斯村山顶小盆地的边界（图 11）。

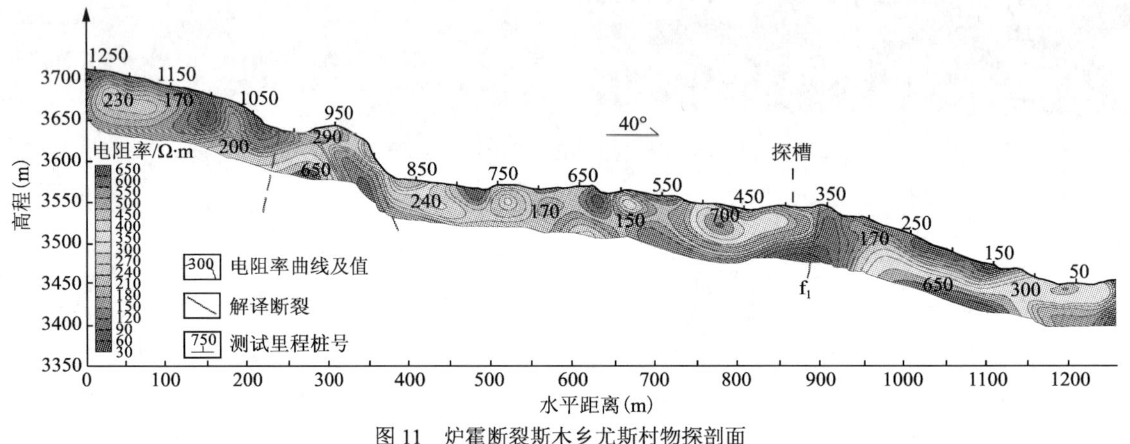

图 11　炉霍断裂斯木乡尤斯村物探剖面

3 炉霍断裂晚第四纪以来的活动速率的讨论

断裂的活动速率既是反映断裂活动强度的标志，也是分析地震平均复发周期的重要依据之一。多年来，不少研究者采用地质学方法（年代学及地貌学相结合）、地震矩张量反演法、跨断层形变监测及 GPS 监测方法等对鲜水河断裂带现今活动速率进行了研究，取得了较多的研究进展。

钱洪等（1988）利用地质学方法，推算出鲜水河断裂带乾宁（八美）以北滑动速率为（15±5）mm/a，乾宁以南为 5.5mm/a[10]。闻学泽等（1989）认为鲜水河断裂带北西段近代滑动速率为（15±5）mm/a；在南东段康定附近的色拉哈断裂为 5mm/a[11]；在惠远寺南东的雅拉河断裂约为 1mm/a。Allen 等（1991）推算整个鲜水河断裂带滑动速率为 10~20mm/a[12]，全新世滑动速率约 15mm/a，但由于其年龄样品的不足而具有较大的不确定性。李天诏等（1997）依据年代学及地貌学方法，推算出鲜水河断裂带各分支断裂平均滑动速率分别为[7]：炉霍断裂（13±5）mm/a，道孚断裂（10±2）mm/a，乾宁断裂（10±2）mm/a，色拉哈—康定断裂 6~7mm/a，折多塘断裂（5±1）mm/a，中谷断裂（3±1）mm/a，雅拉河断裂（3±1）mm/a，磨西断裂（12±2）mm/a。唐荣昌等（1993）推算鲜水河断裂带全新世滑动速率为（9±1）~（15±5）mm/a[13]。邓天岗等（1989）认为鲜水河断裂带炉霍段全新世以来滑动速率为 15~17mm/a[14]，道孚段晚更新世以来活动速率为 11~12.5mm/a，康定段全新世以来滑动速率大于 10mm/a。孙建中等（1994）利用地震矩张量反演，得出鲜水河断裂带以 10.9mm/a 速率发生左旋走滑运动[15]。周荣军等（2001）在断错地貌和年代学研究的基础上，推算鲜水河断裂带乾宁—康定段各分支断裂晚第四纪以来的平均水平滑动速率分别为：雅拉河断裂（2.0±0.2）mm/a，康定断裂（5.5±0.6）mm/a，折多塘断裂（3.6±0.3）mm/a，磨西断裂（9.9±0.6）mm/a。

根据许志琴等（1992，2007）的研究，晚中新世以来，鲜水河断裂的长期滑动速率平均为（8.4±1.7）mm/a[5]。在鲜水河断裂西段，徐锡伟等（2003，2005）和陈桂华等（2008）发现一系列河流阶地被断裂错断，获得的滑动速率为 14~17mm/a。近年来，Zhang 等人（2007）通过对河流阶地演化与断层位错关系的分析，得到鲜水河断裂全新世滑动速率为 8.4~10.5mm/a。在鲜水河断裂东段的磨西一带，闻学泽等（2003）发现在冲洪积台地面上有一条已废弃的冲沟被左旋错断（28±5）m，台地的年龄为（2965±100）a，相应的滑动速率为(9.4±1.7）mm/a，与 Zhang 等人分析得到(2007)的滑动速率一致。

此外，程万正等（2002）利用短水准观测资料，分析计算了鲜水河断裂带垂向变形的变化范围在 2mm/a 内。在 GPS 监测方面，乔学军等（2002）计算得出其活动速率为（10.4±0.2）mm/a。徐锡伟等（2003）得出活动速率为（9.6±1.7）mm/a；唐文清等（2005，2007）通过 GPS 位移监测反演，先后得出活运动速率为 7.9~8.8mm/a、（9.3±2.8）mm/a 和（8.67±2.65）mm/a，其中炉霍段的现今水平走滑速率为（8.8±3.5）mm/a；彭晋川等(2007)则认为鲜水河断裂的活动速率为(12.3±1.2）mm/a。

炉霍断裂主要沿鲜水河右岸低山区和高阶地展布，切割基岩的断面倾角较陡，一般都在 60°~70°，倾向 NE 或 SW。断层在剖面上属正断的性质，在走向上具有明显的脆性走滑特征。炉霍断裂活动早期以逆冲走滑为主，更新世以来以走滑运动为主，并有多期次活动，水平断错地貌现象十分清楚，尤以断错横跨断裂的大小水系和冲沟最为突出。通过最新的 ETM 影像和 Spot 影像进行遥感解译，结合地面地质调查，得到炉霍县城西北萨其卡沟最大水平位错为 2100m、陡日沟的最大错距为 1800m，这是鲜水河断裂带目前所知自中晚更新世以来的最大错距，通过调查研究，获得萨其卡沟南岸断裂错动砂卵石层的 TL 测年数据，其结果分别为（191.65±21.08）ka 和（172.20±18.94）ka，由此求得该段断裂晚更新世以来的平均滑动速率为（10.58±1.16）mm/a~（11.09±1.22）mm/a；在卡苏村一带，水系冲沟被断错 212m、226m 和 210m。鲜水河断裂炉霍段的典型断错位移统计如表 1 所示。将表 1 中各点所得的断裂平均滑动速率综合加以考虑，可得到炉霍断裂晚更新世以来的活动速率平均为 10~11.5mm/a。

炉霍断裂断错位移统计表 表 1

序号	地点	断错地貌	断错量(m)		相关层位年龄	滑动速率(mm/a)		资料来源
			水平(左旋)	垂直		水平(左旋)	垂直	
1	萨其卡沟	水系位错	2100		191.65±21.08 ka	10.58±1.16		本文
2	陡日沟	水系位错	1800		172.20±18.94 ka	11.09±1.22		本文
3	卡苏村东北	水系位错	212；226；210		21300±1150 a	9.98±0.54；10.64±0.57；9.89±0.53		本文
4	雅德乡	水沟位错	148		21300±1150 a	7.0		文献 [7]
5	丁古村	水沟位错	50.8		2830±160 a	18.0		文献 [7]
6	章古村	水沟位错	38		3560 a，4190 a	11.0，9.0		文献 [7]
7	老河口	水系位错	46		3560 a，4190 a	13.0，11.0		文献 [7]

4 炉霍县尤斯村探槽古地震事件分析

炉霍断裂地震活动性强，发生过 1816 年炉霍 Ms7.5 级和 1973 年炉霍 Ms7.6 级地震，晚第四纪以来，鲜水河断裂的新构造活动非常强烈，沿断裂带近代及现代强震频度高、强度大，地震地质灾害也极为频繁。

4.1 尤斯村地表破裂特征

在炉霍县城西南侧山坡上，1973 年炉霍地震地表破裂带仍清晰可见，其南端止于仁达南侧附近，地表破裂的痕迹在尤斯村北保存得较好，错断山脊并发育一系列断错沟槽等(图 12)。

a）断裂左旋断错山脊　b）沿山脊前展布的地震陡坎

c）地震地表破裂及地震沟槽　d）沿断裂形成的地震沟槽

图 12　1973 年炉霍 Ms7.6 级地震地表破裂特征

4.2　尤斯村古地震探槽

在鲜水河断裂带沿线，前人已开展过大量的古地震探槽研究，多集中于尤斯村、铜佛山村、旦都乡、葛卡乡冻坡村等位置，并识别出一系列古地震事件 [7]。通过在尤斯村新开挖了古地震探槽，研究者获得了一些有益的认识，较好地补充了前人的研究工作。

在尤斯村北侧，新开挖的探槽横跨炉霍断裂的地震沟槽及 1973 年地震地表破裂（图 13）。探槽呈 NE40° 方向，长 20m、宽 3m、深 2.5~3.0m（图 14）。对该探槽描述如下：

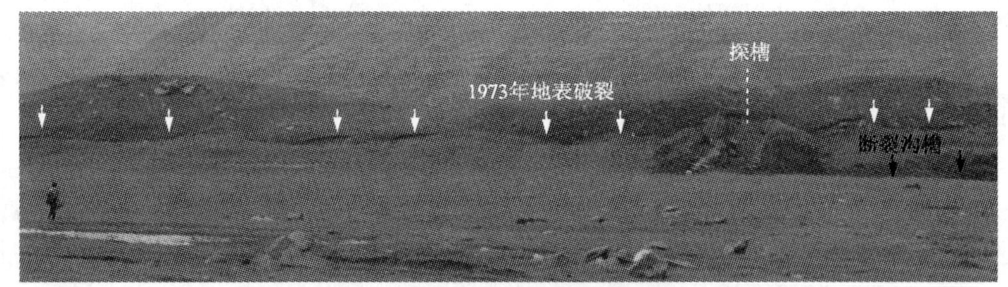

图 13　尤斯村探槽剖面位置示意图

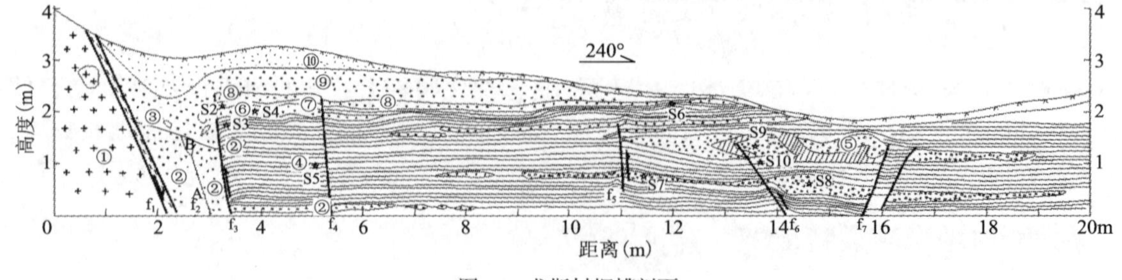

图 14　尤斯村探槽剖面

探槽揭露出最老的地质体为半风化的花岗岩，其余为全新世以来的沉积地层，沉积粒度总体较细，主要为灰黑色黏土，探槽还揭露出 4 个不同时期的地震楔体，现从老到新分述如下：

① -1 灰黄色花岗岩风化层，有未风化花岗岩团块；① -2 蓝灰色花岗岩半风化层，出露于探槽北东侧。

②灰黑色含碳质中粗砂层，厚 10~20cm，向西成透镜状，逐渐尖灭。

③灰黑色含细砾中粗砂层，砾石成分以石英、花岗岩为主，次棱角状，粒径一般较小，为 0.5~2cm，偶有粒径为 10~20cm，厚度变化较大，为 10~40cm。

④灰黑色沼泽相黏土，为断塞塘沉积，纹层发育，富含植物根屑，密度小，大片出露于探槽中下部，出露厚为 1~2m，北东侧被断层 f_3 控制。

⑤杂色含细砾粗砂层，层厚不均，砾石成分主要为花岗岩，磨圆较差，局部可见砂体向上灌入上部沼泽相黏土层中。

⑥灰色中粗砂层，层厚约 10cm。

⑦黑色碳质黏土，碳质含量高，有大量植物根屑，密度较小，为断塞塘沉积。

⑧黄褐色含黏土中粗砂层，厚 5~10cm，层松散无可塑性。

⑨灰褐色中粗砂夹黏土，以中粗砂为主，夹蓝灰色黏土，厚约 0.5m。

⑩土黄色现代腐殖土，厚 0.2~0.5m。

⑪断层剪切带，为②层与⑨层的混合物，剪切强烈，砾石等具定向性。

充填楔体 A：在断层 f_1 的上盘，形成一下宽约 1m，上宽约 1.8m 的楔体，由层②组成，黏土成分多，含砾石，粒径较大，约 1m，是断层 f_1 活动的产物。

构造楔体 B：发育在充填楔体 A 上，成分与楔体 A 相同，是断层 f_2 活动的产物。

充填楔体 C：位于楔体 A、B 之上，被断层 f_1 和 f_3 所控制，成分与层②类似，泥质较少，并含少量砾石，成分为花岗岩，粒径 10~50cm。

充填楔体 D：发育在楔体 C 之上，成分主要为现代腐殖土，充填了 1973 年地震后形成的沟槽。

4.3 炉霍断裂活动与古地震事件

尤斯村古地震探槽共揭露出 7 条断层，其中 f_1 是 1973 年地震的发震断层，发育于陡坎上，也是基岩（半风化花岗岩）与第四系之间的分界断层，控制了两套构造楔体的沉积，至少具有两期地震活动。断面产状 240°∠ 70°，形成大规模地表破裂，断层具有宽约 20cm 的剪切带，带内成分为蓝灰色花岗岩半风化层和灰黄色泥质粉砂，定向性明显。剖面上具有正断层性质，平面上具有明显的左旋走滑特征。

f_2 将充填楔体 A 错断，将楔体分为两部分，其产状为 240°∠ 75°，在顶部分叉形成一小型地堑，形成了构造楔 B。未切入上覆地层，说明 f_2 近代活动不明显。

f_3 与 f_1 一起控制了充填楔体 A 和 C 的分布，但 f_3 未切入上覆地层，说明其现代活动性不明显。f_3 断面较陡，产状为 240°∠ 80°，断面西侧地层均发生牵引现象，指示断层具有逆冲性质，南西盘向 NE 逆冲。

f_4 断面陡倾，近直立，规模较小，仅使地层发生轻微错动，未切入上部的灰黄色细砂层，与 f_3 影响的层位相同，应为同期地震活动的产物。

f_5 规模较小，仅造成剖面中间的部分地层发生变形，包括③层砂层发生一致性的挠曲，剖面底部的碳质黏土发生明显的不对称褶曲，其变形方式指示了断层具有自 SW 向 NE 的逆冲作用，断层导致的变形未影响到顶部的黑色碳质黏土，从而限定了其活动时间应早于 f_3 与 f_4。

f_6 导致的变形也仅限于剖面中间的部分地层，切过探槽底部的含砾粗砂层，两侧的砂层厚度发生突变，其下部的黑色碳质黏土也发生褶皱变形，形成不对称背斜褶皱，其运动方式指示断层具有逆冲性质，断层还控制了探槽中部含砾粗砂层的东侧边界。

f_7 的构造特征不清晰，探槽中的两层含砾粗砂层在同一位置均发生中断，故推测此处可能存在构造扰动，错断砂层，主要为走滑作用，垂向运动不明显。其影响的地层与 f_6 相同，空间上距离接近，因此可能是同一期地震活动的产物。

地震事件Ⅰ：断层 f_6 和 f_7 涉及的地层一致，相对较老，应为探槽范围内最早期地震活动的产物，样品S9可以限定地震的活动时间。

地震事件Ⅱ：主要由断层 f_5 导致的变形所显示，其影响的地层较地震事件Ⅰ要晚，样品S4限定了地震发生时间的上限。

地震事件Ⅲ：楔体A是断层 f_1 早期活动的产物，代表了一次地震事件的发生。

地震事件Ⅳ：楔体B是叠加在楔体A上的小型构造楔，是断层 f_2 活动的产物。

地震事件Ⅴ：断层 f_3 与 f_4 所涉及的最新地层相同，应为同一次地震活动的产物，样品S3限定了地震发生时间的下限[^{14}C年龄为（3090±30）aBP]，楔体C是叠加在楔体A、B之上的充填楔，是 f_3 活动的产物，样品S2代表了此次地震的时间。

地震事件Ⅵ：填充楔体D将 f_1 在1973年地震造成的断层沟槽填充，是最新一次地震的产物。

5 结语

本文在以往资料分析、遥感解译、野外调查、槽探、地球物理勘探和地质测年数据分析的基础上，对鲜水河断裂带炉霍段的空间发育分布特征和第四纪以来的活动性进行了研究，得到以下结语。

（1）炉霍断裂是鲜水河断裂带8条分支断裂的最北支，总体走向NW320°~340°，长约90km，断面以倾向SW为主，倾角陡，局部近直立，沿断裂断错水系现象明显，具左旋走滑特征，最大累计左旋走滑位移达2.1km，该断裂全新世以来活动明显，历史强震发育。

（2）炉霍县城西北萨其卡沟最大水平位错为2100m、陡日沟的最大错距为1800m，这是鲜水河断裂带目前所知自中晚更新世以来的最大错距；萨其卡沟南岸断裂错动砂卵石层的TL测年数据结果分别为（191.65±21.08）ka和（172.20±18.94）ka，由此求得该段断裂晚更新世以来的平均滑动速率为（10.58±1.16）mm/a~（11.09±1.22）mm/a；在卡苏村一带，水系冲沟被断错212m、226m和210m。对炉霍断裂带的典型断裂平均滑动速率综合加以考虑，得到炉霍断裂晚更新世以来的活动速率平均为10~11.5mm/a。

（3）炉霍断裂尤斯村段现今地表破裂清晰，该处古地震探槽剖面共揭露出7条断层，分析可能共发生过7次古地震事件，地震活动频繁，在将来一段时间发生强震的危险性高。

致谢

四川省地勘局九一五地质队甘华斌高级工程师、长安大学刘永华教授等参加完成了本文的部分物探测量工作；中国地质大学（北京）樊春副教授，中国地质科学院地质力学研究所姚鑫教授级高工、汪西海教授级高工、熊探宇博士等参加了部分野外地质调查工作，在此一并表示感谢。

参考文献

[1] 钱洪，C. R. 艾伦，罗灼礼，等. 全新世以来鲜水河断裂的活动特征[J]. 中国地震，1988，4（2）：9-18.

Qian Hong, Allen C.R., Luo Zhuoli, et al. The active characteristics of Xianshuihe Fault in Holocene[J]. Earthquake research in China, 1988, 4(2): 9-18.

[2] 许志琴，杨经绥，李海兵，等. 造山的高原——青藏高原的地体拼合、碰撞造山及隆升机制[M]. 北京：地质出版社，2007，276-294.

Yang Jingsui, Xu Zhiqin, Li Haibing, et al. The orogenic plateau: the terrain split, collision orogeny and uplift mechanism[M].

Beijing: Geology Publishing House, 2007, 276-294.

[3] 张岳桥，陈文，杨农．川西鲜水河断裂带晚新生代剪切变形 $^{40}Ar/^{39}Ar$ 测年及其构造意义 [J]. 中国科学 D 辑：地球科学，2004，34（7）：613-621.

Zhang Yueqiao, Chen Wen, Yang Nong. The $^{40}Ar/^{39}Ar$ dadting and tectonic significance of shear distortion of Xianshuihe Fault Zone in western Sichuan in the Cenozoic[J]. Science in China(Ser. D Earth Sciences), 2004, 34(7): 613-621.

[4] 熊探宇，姚鑫，张永双．鲜水河断裂带全新世活动性研究进展综述 [J]. 地质力学学报，2010. 16（2）：102-113.

Xiong Tanyu, Yao Xin, Zhang Yongshuang. A review on study of activity of Xianshuihe fault zone since the Holocene[J]. Journal of Geomechanics, 2010. 16(2): 102-113.

[5] 许志琴，李化启，侯立玮，等．青藏高原东缘龙门山—锦屏造山带的崛起—大型拆离断层和挤出机制 [J]. 地质通报，2007. 26（10）：1262-1276.

Xu Zhiqin, Li Huaqi, Hou Liwei, et al. Uplifting of the Longmen-Jinping orogenic belt along the eastern margin of the Qinghai-Tibet Plateau：Large-scale detachment faulting and extrusion mechanism[J]. Geological Bulletin of China, 2007. 26(10): 1262-1276.

[6] Roger F., Calassou S., Lancelot et al. Miocene emplacement and deformation of the Konga Shan granite (Xianshui He fault zone, west Sichuan, China): geodynamic implications[J]. Earth Planet Sci Lett, 1995, 130(1-4): 201-216.

[7] 李天诏，杜其方．鲜水河活动断裂带及强震危险性评估 [M]. 成都：成都地图出版社，1997.

Li Tiansao, Du Qifang. Activity Fault Zone of Xianshuihe and Risk Assessment of Strong Earthquakes[M]. Chengdu: Chengdu Map Publishing House. 1997.

[8] 李天诏，杜其方．鲜水河断裂带炉霍段的水平运动及地震的重复性研究 [J]. 地震地质，1989. 11（4）：31-42.

Li Tiansao and Du Qifang. Horizontal displacement and earthquake recurrence along luhuo segment of the Xianshuihe fault zone [J]. Seismology and Geology. 1989. 11(4): 31-42.

[9] 张永双，郭长宝，姚鑫，等．青藏高原东缘地震工程地质．北京：地质出版社，2014.

Zhang Yongshuang, Guo Changbao, Yao Xin, et al. Seismic Engineering of the east marginal region of Tibetan Plateau. Beijing: Geology Publishing House, 2014.

[10] 钱洪．鲜水河断裂带上潜在震源区的地质学判定 [J]. 四川地震，1988. 2：20-28.

Qian Hong. Potential Hypocentral Region Geological Judgements along the Xianshuihe Fault [J]. Earthquake Research in Sichuan. 1988. 2: 20-28.

[11] 闻学泽，C.R. 艾伦，罗灼礼，等．鲜水河全新世断裂带的分段性、几何特征及其地震构造意义 [J]. 地震学报，1989. 11（4）：362-371.

Wen Xueze, Allen C. R., Luo Zhuoli, et al. Segmentation, geometric features, and their seismotectonic implications for the Holocene Xianshuihe fault zone[J]. Acta Seismologica Sinica. 1989, 11(4): 362-371.

[12] Allen C.R., Luo Z.L, Qian H., et al. Field study of a highly active fault zone：The Xianshuihe fault of southwestern China[J]. Geol Soc Amer Bull, 1991, 1(103): 1178-1199.

[13] 唐荣昌，韩渭宾，黄祖智，等．四川活动断裂与地震 [M]. 北京：地震出版社．1993.

Tang Rongchang, Han Weibin, Huang Zuzhi, et al. Active Faults and Earthquakes in Sichuan [M]. Beijing: Earthquake Publishing House. 1993.

[14] 邓天岗．鲜水河活动断裂带 [M]. 成都：四川科学技术出版社，1989.

Deng Tiangang. The Xianshuihe active fault zone [M]. Chengdu：Sichuan Science and Technology Press of Sichuan, 1989.

[15] 孙建中，施顺英，周硕愚，等．利用地震矩张量反演鲜水河断裂带现今运动学特征 [J]. 地壳形变与测量，1994，14（4）：9-14.

Sun Jianzhong, Shi Shunying, Zhou Shuoyu, et al. Inversion of the present kinematic characteristics of Xianshuihe fault zone from seismic moment tensor[J]. Crustal deformation and earthquake, 1994, 14(4): 9-14.

川藏铁路八宿地区不同岩性岩石的冻融损伤特性研究

赵　平[1]　任　勇[2]　冯　涛[1]　巫锡勇[2]

（1. 中铁二院工程集团有限责任公司，成都 610031；2. 西南交通大学地球科学与环境工程学院，成都 610031）

摘　要：组成岩石的矿物类型、颗粒大小以及矿物结构，对于岩石在冻融循环下的损伤特性有着重要的影响。本文选取西藏地区川藏铁路沿线的白云母二长花岗岩、变质砂岩和板岩，进行了冻融循环实验，分析其在冻融循环作用下的质量、声波波速及单轴抗压强度的差异性变化，结合岩石薄片显微观察，探讨岩性对于岩石冻融损伤特性的影响。研究结果表明：①变质砂岩结构致密，矿物吸水性差，对于冻融循环作用的响应最不敏感；②白云母二长花岗岩矿物颗粒大，云母含量高，对于冻融循环作用的响应最为敏感；③板岩中的黏土矿物对于冻融损伤具有一定的缓冲和积累作用，在冻融循环后期，板岩力学性质下降明显。

关键词：岩性；冻融循环；岩石损伤

Study of the Degradation Characteristic of the Rock with Different Lithology along the Sichuan-Tibet Railway in Basu area

Zhao Ping[1]　Ren Yong[2]　Feng Tao[1]　Wu Xiyong[2]

(1. China Railway Eryuan Engineering Group Co.Ltd, Chengdu 610031, China; 2.School of Geosciences and Environmental Engineering, Southwest Jiaotong University, Chengdu 610031, China)

Abstract: The minerals and the texture of rocks have significant influence on the characteristic of the freeze-thaw damage to rock. In this paper, three types of rock (muscovite monzogranite, metasandstone and slate)in the Tibet Plateau along the Sichuan-Tibet Railway were tested under the condition of freeze-thaw cycles. The discrepant variation value of the quality, wave velocity and uniaxial compressive strength of the rock was analyzed, and combining with the microscopic observation of the rock slice, the influence of the lithology to the freeze-thaw damage characteristic was discussed. Result shows: ①metasandstone, which has a compact structure and is composed of poor hydroscopicity minerals, had the most insensitive response to the freeze-thaw cycling process; ②muscovite monzogranite, with coarse mineral particles and high muscovite content, made the most sensitive response to the freeze-thaw cycling process; ③the clay mineral in the slate has some buffer and cumulative action to the freeze-thaw damage, the mechanical property decreased distinctly at later stages.

Keywords: lithology; freeze-thaw cycles; rock damage

作者简介：赵平（1962—），男，教授级高级工程师。

1 工程概况

拟建川藏铁路八宿段位于青藏高原东南部八宿县城至安久拉山之间，该区域内的典型岩石类型为中-酸性火成岩、受到侵入作用影响的砂岩以及不同强度变质作用形成的板岩（图1）。由于高原气候分异明显，季节和昼夜性温变引起基岩岩体的反复冻胀，造成了岩体的损伤和力学性质的差异。岩石反复冻融，工程力学特性不明，不仅会造成高寒地区的工程施工困境，也会有工程建筑在多年的使用过程中岩体劣化超出预期造成的维护困难。近些年来，国内外的学者从宏观和微观的尺度，对冻融受荷岩体的性质变化进行了一系列的研究。

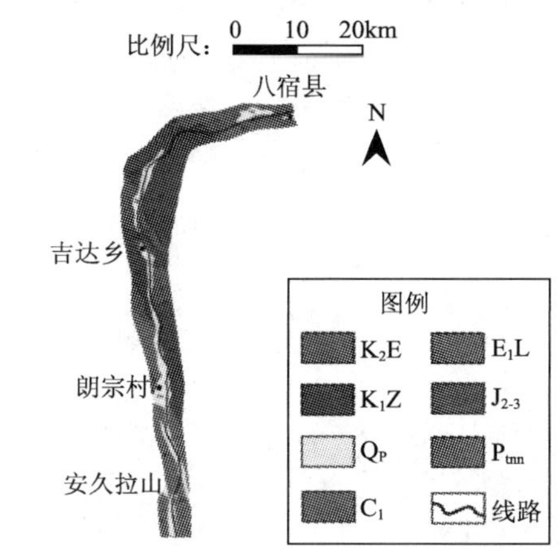

图1 川藏铁路八宿段地层分布图

K_2E-上白垩统～古新世中酸性火山岩；E_1L-白云母二长花岗岩；K_1Z-黑云母花岗闪长岩；J_{2-3}-中晚侏罗世变质砂岩；C_1-早石炭世变质砂岩；Q_p-第四系地层；P_{tnn}-混合岩

张继周、缪林昌等[1]采用3种岩石在两中水化学环境下进行冻融循环实验，证明了岩石冻融损伤劣化与岩石自身特性、冻融温度及循环次数、环境条件相关。徐光苗、刘泉声等[2]以江西红砂岩和湖北页岩为代表，讨论了不同冻结温度、含水率对于岩石力学性质的影响。吴刚、何国梁等[3]采用大理岩为实验对象，讨论了冻融前后岩样的质量、体积、超声波波速等主要物理学特性的变化。前人的很多研究都认为，岩性是岩石冻融损伤劣化的重要影响因素之一，对其进行了一定的探讨[4-6]。但是，这些研究的重点主要集中在同种岩性岩体不同物理力学性质的变化上，对于不同岩性岩体同种物理性质变化的差异性分析，大部分都是一笔带过，略显单薄。因此，本次研究，以岩性为切入点，重点探讨川藏铁路沿线八宿地区的三种典型岩石对于冻融循环作用响应的敏感性。

2 实验基本情况

2.1 实验设备

实验采用的低温冰箱为沈阳徽特应用技术开发有限公司生产的BWDR-2型外保温系统冻融性能实验机，冷冻温度为-20℃ ±2℃；恒温干燥箱温度范围为+10℃至+250℃。

电子天平秤最大称量质量为2000g，测量分度为0.01g。声波测试仪器为汕头牌CTS-25型非金属超声波检测仪，工作频率范围10～200kHz，声时读测范围0.4～9900.0μs，精度 ±0.1μs。

2.2 实验步骤

结合前人相关实验经验[7-10]，取板岩、弱变质白云母二长花岗岩（以下简称二长花岗岩）、变质砂岩岩样各6组，分别进行0、10、20、30、40、50个周期的冻融循环实验。

首先，将试样浸水饱和1h时，用湿抹布擦去试样表面积水，称重后放入恒温冰箱内的对应容器中，保持恒定低温（-20℃）6h；然后从恒温冰箱中取出岩样，放入恒温热箱的容器中，浸水没顶，保持20℃，放置6h；恒温热融6h后，将试样取出，用湿抹布擦去试样表面积水，如此便完成了6h冷冻6h热融的一个12h冻融循环周期。

每进行10周期循环后，所有组别的岩样会被取出，测量其质量、声波波速等数据。全部测量完成后，不属于冻融循环结束周期的试样会继续进行冻融循环的试验；对属于冻融循环结束周期的组别，进行单轴压缩强度实验。

2.3 质量测试结果

每次的质量测量都是在融解结束后，擦去了表面水，因此应为近饱和或饱和水质量。下面统计了冻融循环 50 次的岩样组的质量变化，由于样本之间的质量差要远大于质量的变化量，因此主要以变化量来展示。

二长花岗岩的质量呈现出先升后降的总趋势，质量最大增量为 0.49g，质量损失最大值为 -1.29g；质量变化率平均值（各岩样质量变化量 / 初始值）为 -0.212%~0.114%（图 2）。变质砂岩的质量变化值较为离散，但也呈现出了先升后降的整体趋势。质量最大增量为 0.16g，质量损失最大值为 -0.19g；质量变化率平均值为 -0.022%~0.034%（图 3）。区别于二长花岗岩和变质砂岩，板岩组的质量在前 40 个冻融循环周期中呈现出持续上升的趋势，仅在 50 周期冻融循环结束时，有一定的下降，但仍高于初始值。质量最大增量为 0.97g，质量损失最大值为 -0.04g；质量变化率平均值最大为 0.153%（图 4）。

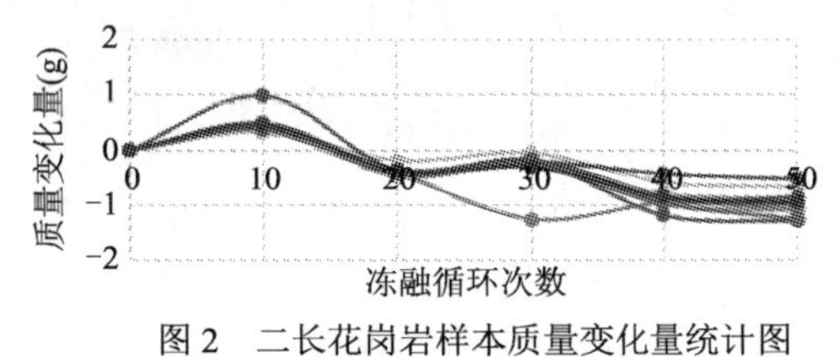

图 2 二长花岗岩样本质量变化量统计图

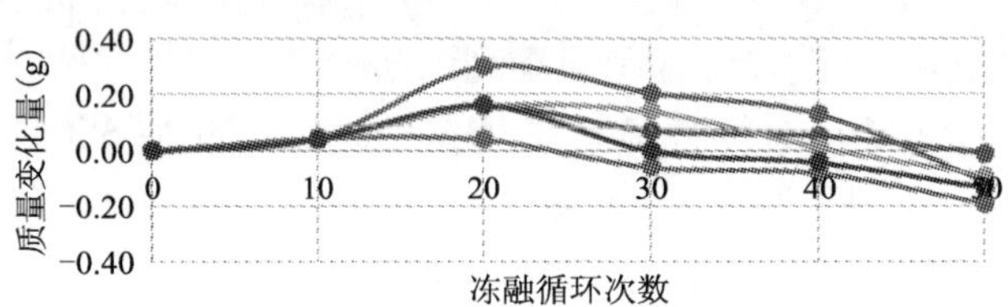

图 3 变质砂岩样本质量变化量统计图

2.4 岩石纵波波速测试结果

在进行声波波速试验之前，为了消除岩样表面不平均凸起所引起的误差，先在岩样两端表面涂抹薄薄一层润滑油进行耦合，润滑油选用通用半流体 3 号锂基脂润滑油，每次测验前都使用仪器提供标准样品，先对超声波测试系统进行调零标定，确保系统信号的稳定性。

变质砂岩的声波波速变化随冻融循环次数的增加呈现先升后降的趋势，其纵波波速最大增量为 287.91m/s，波速损失最大值为 -84.14m/s；波速变化率平均值为 -1.353%~6.034%（图 5）。二长花岗岩的声波波速同样出现了先升后降的趋势，波速最大增量为 739.68m/s，波速损失最大值为 -1194.02m/s；波速变化率平均值为 -27.807% ～ 12.868%（图 6）。板岩组的声波波速变化数据中增长最大的数据为 624.43m/s，损失最大值为 -629.09m/s，波速变化率平均值为 -10.013% ～ 8.368%（图 7）。

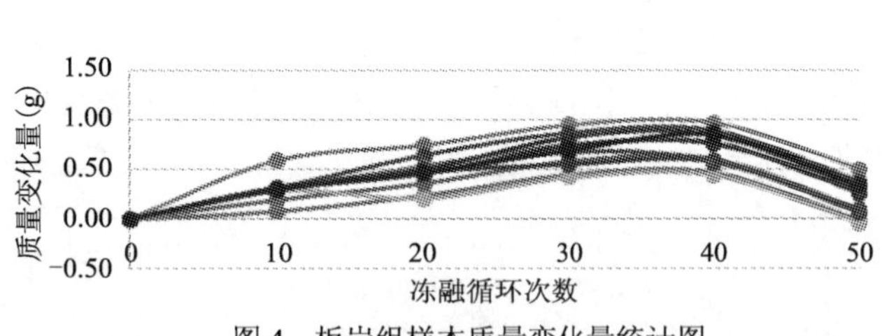

图 4 板岩组样本质量变化量统计图

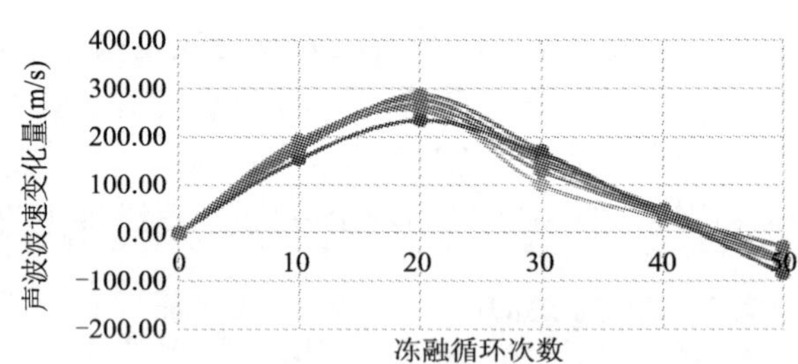

图 5 变质砂岩样本声波波速变化量统计图

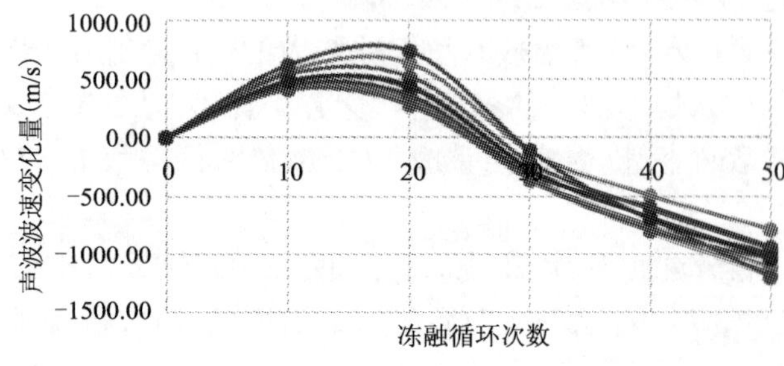

图 6 二长花岗岩声波波速变化量统计图

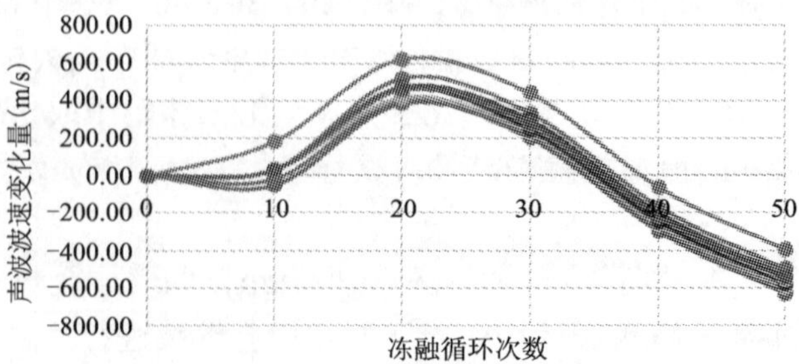

图 7 板岩组样本声波波速变化量统计图

2.5 单轴压缩试验

本次试验采用的是 SANS 电液伺服万能试验机，采用微机控制系统，设定为应变控制，应变速率为 0.2mm/min。

通过应力 - 应变曲线可以直观地反映冻融循环次数与岩石变形及强度变化规律的关系。冻融循环劣化作用最主要的表征就是微裂纹和微孔隙的滋生扩张，会直接反映在岩样单轴抗压试验应力 - 应变曲线的弹性段长度上。

由应力 - 应变曲线可以明显看出，二长花岗岩、变质砂岩和板岩都随着冻融循环次数的增加出现单轴抗压强度减小的趋势，如图 8 ～图 10 所示。其中板岩岩样的总强度衰减最为明显，从 0 次冻融循环时的 39.05GPa 衰减至 50 次冻融循环时的 20.43GPa，减少了 18.62GPa，衰减率达 47.69%；二长花岗岩的衰减率仅次于板岩，由初始的 65.37GPa 降低到 36.21GPa，减少了 29.16GPa，衰减率达 44.61%；变质砂岩衰减量和衰减率都最小，从初始的 68.34GPa 降至 52.20GPa，强度减小了 23.62%。

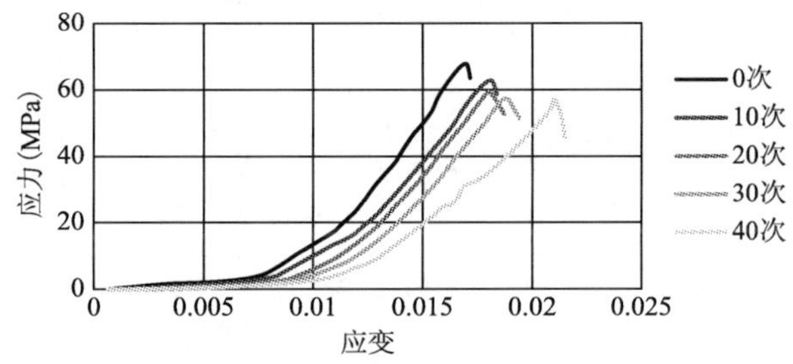

图 8 变质砂岩单轴抗压试验应力应变曲线

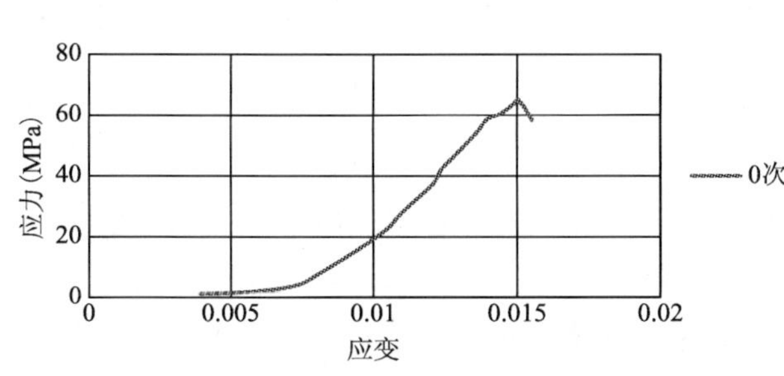

图 9 二长花岗岩单轴抗压试验应力应变曲线

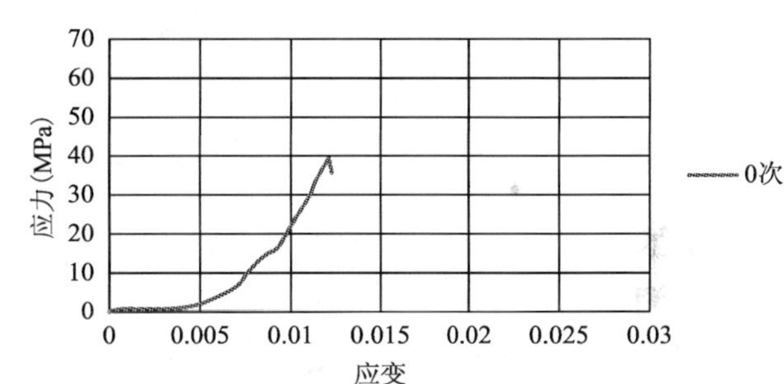

图 10 板岩单轴抗压试验应力应变曲线

3 实验结果分析

3.1 岩石质量与波速实验结果分析

在冻融循环作用下，三种岩性的岩样都有相同的先升后降的质量变化趋势，这主要是由于在反复冻融循环过程中，岩石中原有的微裂隙扩大或者在薄弱部位形成新的微裂隙，从而导致水分向内部迁移，岩样含水率增加的结果，但是岩样质量由增加转向衰减的冻融循环次数节点各不相同；而由于水替代了岩石中原有裂隙、空隙中的空气，各岩性岩样的超声波波速在初期也都有不同程度的上升，但是由于岩性的影响，其降幅和下降速率各有不同。

图 11、图 12 为不同岩性岩样的质量变化和声波波速变化率对比图，从图中可以看出：在三种岩性中，变质砂岩的质量和波速的变化幅度最小，显示出其受到冻融循环的影响较小；二长花岗岩岩样最早出现质量衰减，在 10 周期冻融循环前后，岩样的饱水质量和声波波速都达到最大值，其后两项指标都开始

下降，且下降幅度在三种岩性中最大；板岩的质量呈现出明显的增加态势，其波速变化介于变质砂岩和二长花岗岩之间。

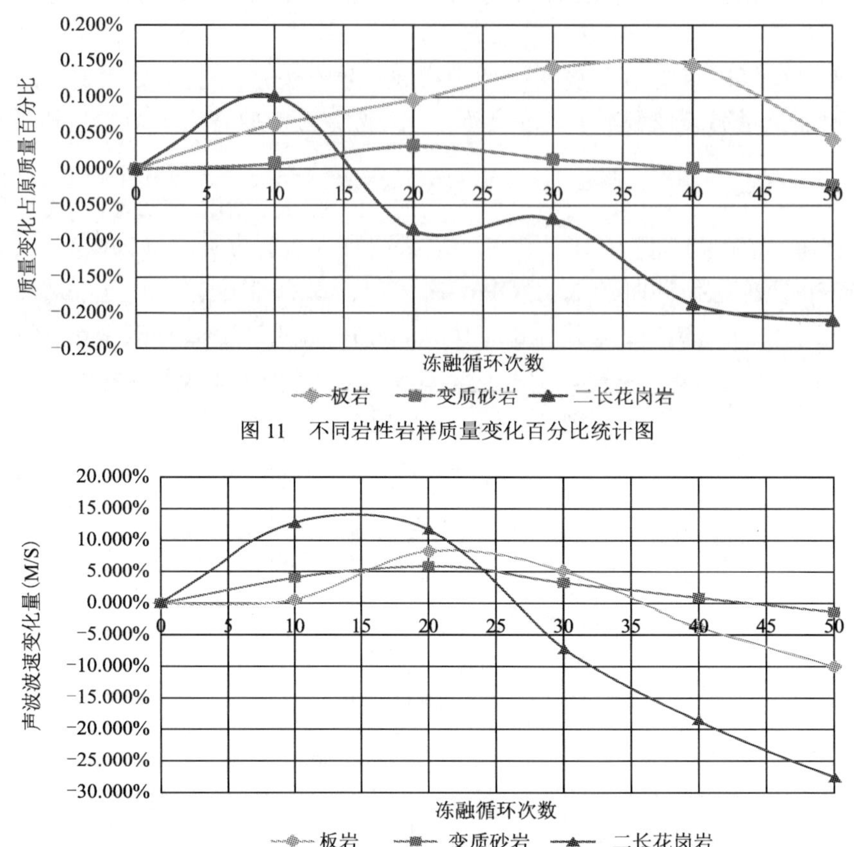

图11　不同岩性岩样质量变化百分比统计图

图12　不同岩性岩样声波波速变化百分比统计图

从岩石矿物成分和结构的角度来看，变质砂岩的原岩类型为陆源碎屑岩中的细砂岩，肉眼可看观测到细小砂粒结构，石英含量35%~50%，长石、云母等25%左右，其他15~25%，石英粒径0.15mm左右。显微镜下新生的变质矿物主要是由长石和充填胶结物经变质作用形成的绢云母（Ser）、铁质成分组成，其中长石多已被绢云母交代[图13b）]。

主要矿物石英的强度高、吸水性差，各矿物之间以细颗粒等粒结构均匀分布（图13a），除了岩石本身含有的微裂隙以外，不具备原生的软弱带。因此，水分不容易进入岩石内部，冻融循环对其质量和波速的影响都比较小。

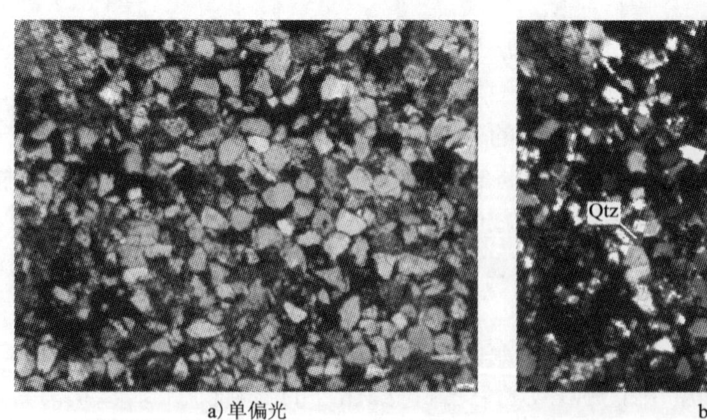

a）单偏光　　b）正交偏光

图13　变质砂岩偏光显微观察

而本次实验选取的微蚀变粗粒白云母二长花岗岩主要矿物由斜长石（Pl）、白云母（Ms）、微斜长石（Kfs）和石英（Qtz）组成，岩石内部白云母呈大块晶体产状。原岩侵入围岩后，与围岩接触发生了交代蚀变作用，主要表现为内部微斜长石（Kfs）和黑云母（Bt）被白云母（Ms）交代（图 14b）。由于白云母与其他矿物之间结合力不强，本身也具有一定的吸水性，水分易沿着白云母构成的通道进入岩石内部 [图 14a）]。

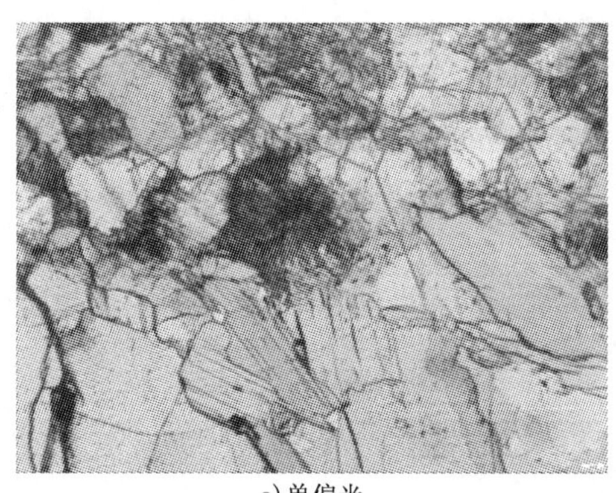
a）单偏光

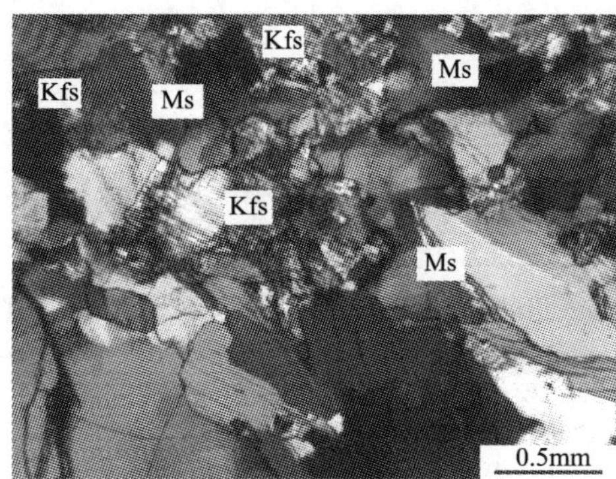

b）正交偏光

图 14　二长花岗岩偏光显微观察

这在冻融循环初期，会造成岩石本身含水率的增大，使岩样质量增加，同时，由于其矿物结晶程度高，颗粒粗大，孔隙率较高，初期质量增加在三种岩性的岩样中最大。但是，一些相对微小的矿物颗粒，如交代残余的微斜长石残骸及部分白云母，易沿着连通的裂隙流失，在后期微裂隙过大、岩石饱和度不足的情况下，质量降低迅速。受相同作用的影响，其声波波速速率在前期短暂上升后，也出现了大幅度快速的衰减。

本次实验选取的板岩，岩体中石英含量一般 <15%，显微镜下新生的变质矿物主要是由长石和充填胶结物经变质作用形成的绢云母（Ser）、石英（Qtz）、铁质和黑色炭质成分组成，其中长石几乎全部变质 [图 15b）]。杂基中的细小石英、长石经重结晶作用粒径变大，它们与绢云母等新生矿物一起定向排列，石英和泥质、黏土质矿物间隔呈条带状分布 [图 15a）]。

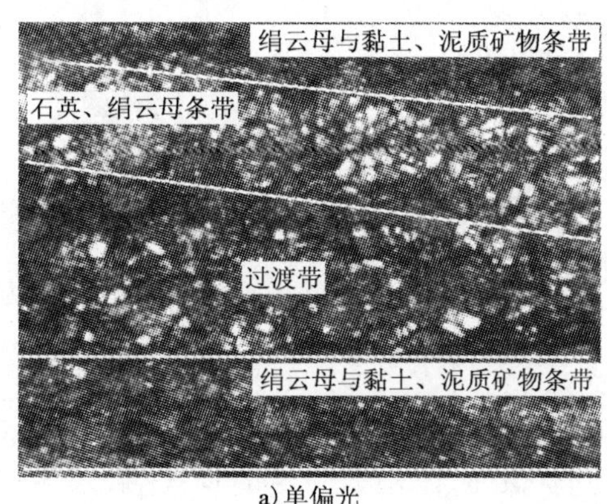

a）单偏光

b）正交偏光

图 15　板岩偏光显微观察

在冻融循环初期，水分容易沿着板理等构造裂隙进入岩样内部，这些水分容易被裂隙周围的绢云母 - 黏土矿物条带所吸收，填充部分空隙，增加岩样的含水率，造成岩样质量的持续上升和前期声波波速的提高。但是，由于构成这些岩块的矿物较细小，岩块孔隙度低，水分进入岩样内部的能力是有限的，这种质量的增大不能一直进行下去，在 40 次冻融循环前后，由于固体物质的流失，岩样质量开始出现下降，但整体仍大于初始值。

虽然板岩的声波波速峰值和变质砂岩出现的时间大致相同，都在 20 次冻融循环前后，但是应该指出，砂岩中矿物的吸水性和膨胀性都远小于板岩，板岩中黏土矿物的吸水膨胀，对裂隙有一定的填充作用，可以弥补冻融循环造成的裂隙增多所形成的波速损失。因此，可以判断，冻融循环对板岩中原有微裂隙的发展以及新的微裂隙的形成的影响程度要大于其对砂岩的影响，只是由于板岩中黏土矿物的吸水膨胀作用，中和了这种差异。

3.2 单轴压缩实验结果分析

从图 8~ 图 10 中可以看出，随着冻融循环次数的增加，岩样破坏时峰值应力和对应强度都呈减少的趋势，达到破坏状态时对应的轴向应变不断增大，曲线逐渐平缓下伏，压密段和弹性段愈发趋向变长，压缩性愈发增大。变质砂岩的压密段长度从 0.0074 增长到 0.0123，增长幅度达到 66.21%，二长花岗岩岩样的压密段长度从 0.0069 增至 0.0148，增长幅度达到 136.23%。而板岩岩样的压密段长度从 0.0048 增加到 0.0129，涨幅达到 168.75%。

这是由于岩样在冻融循环作用下，自身裂隙及孔隙中的水分低温冻结成冰，产生体积膨胀，对孔隙壁造成冻胀压力。常温融解时冰融化成水，水分迁移带走岩石颗粒。反复作用下孔隙不断增大，孔隙率不断提高，致使岩样的压密段不断增加。

三种不同岩性岩样对比之下，变质砂岩力学性能指标衰减较其他两种岩样缓，说明变质砂岩受冻融循环影响较弱；二长花岗岩和板岩力学性能指标下降较大，受冻融循环影响劣化较明显。

图 16 为三种不同岩性岩样每 10 次冻融循环强度损失百分比对比图，从图中可以看出，变质砂岩强度受冻融循环影响较小，从 10~40 次冻融循环的过程中，单轴抗压强度衰减率不断降低，这可能是由于在初始阶段，岩样中原有的微裂隙即开始响应冻融循环的破坏作用，但是由于变质砂岩矿物吸水性差，矿物颗粒为细粒等粒均匀分布，新的裂隙形成的条件较差，因此 40 次之前，都只是原有微裂隙的发展过程，在 40~50 次冻融循环中，累积的冻融循环作用，造成了新的微裂隙的产生，导致其强度又有了进一步的衰减。

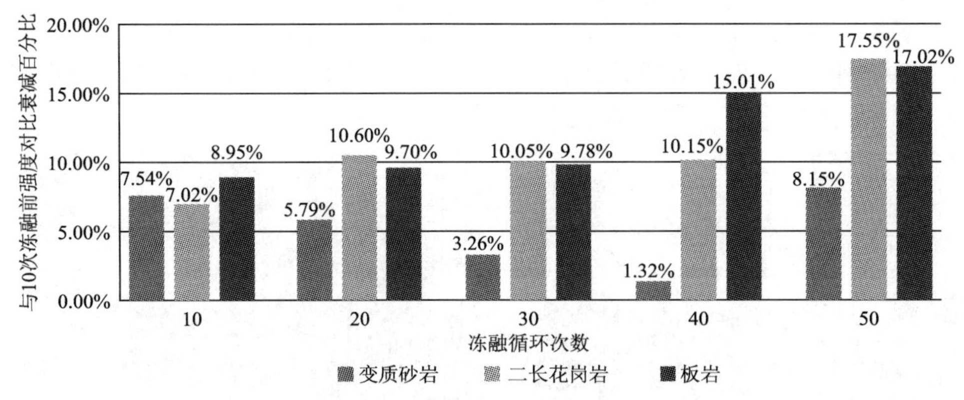

图 16　三种不同岩性岩样每 10 次冻融循环强度损失百分比

二长花岗岩的强度衰减，在 10~40 次冻融循环作用下，呈现出比较平稳的态势，显示出这种含有大量云母等软弱矿物的粗粒结构，对于冻融循环的响应比较平稳，而在积累一定的损伤后，在 50 次冻融循环作用时，其强度衰减率有了大幅提升。

板岩的强度衰减趋势与二长花岗岩类似，在 10~30 次冻融循环作用下，也呈现出比较平稳的态势，但是，在 30~50 次冻融循环作用下，板岩强度衰减率都大幅度提升。这是由于板岩的主要矿物组成为泥质、黏土质矿物，有一定的弹塑性可以在前期对冻胀力产生一定的缓冲作用，但是同样由于原生缺陷的存在，一旦冻胀作用超过极限，前期积累的损伤也会加速岩石的强度衰减。

4 结语

在冻融循环过程中，各类岩石的物理力学性质均会有一定程度的损伤，但是由于岩石本身矿物成分及结构的不同，不同岩性岩石对冻融循环作用的响应具有各自的特点：

（1）变质砂岩对于冻融循环作用的响应最不敏感。其岩石质量、声波波速虽然与二长花岗岩和板岩同样具有先升后降的趋势，但是整体变化幅度不大，单轴抗压强度的衰减也小于其他两种岩性的岩样。

（2）粗粒二长花岗岩对于冻融循环作用的响应最为敏感。在经历了 10 周期的冻融循环后，其岩石质量和声波波速都达到了最大值，显示出裂隙的快速发育，其单轴抗压强度的衰减率也要大于其他两种岩性的岩样。

（3）板岩波速变化与变质砂岩具有相同的趋势，均在 20 周期的冻融循环后达到最大值，随后缓慢下降；而其单轴抗压强度的衰减和二长花岗岩近似，但强烈损伤发生在 40 次冻融循环前后，略早于二长花岗岩。

整体来看，组成岩石的矿物的吸水性越强、颗粒越大，岩石对于冻融循环作用的响应越敏感。实际工程中，此类岩体的冻融损伤速率及程度更大，应引起足够的重视。

参考文献

[1] 张继周，缪林昌，杨振峰．冻融条件下岩石损伤劣化机制和力学特性研究 [J]. 岩石力学与工程学报，2008，27（8）：1688-1694.

Zhang, Jizhou, Mian Linchang, Yang Zhenfeng. Research on rock degradation and deterioration mechanisms and mechanical characteristics under cyclic freezing-thawing [J]. Chinese Journal of Rock Mechanics and Engineering, 2008, 27(8): 1688-1694.(in Chinese)

[2] 徐光苗，刘泉声．岩石冻融破坏机制分析及冻融力学试验研究 [J]. 岩石力学与工程学报，2005，24（17）：3076-3082.

Xu Guangmiao, Liu Quansheng. Analysis of mechanism of rock failure due to freezing-thawing cycling and mechanical testing study on frozen-thawed rocks [J]. Chinese Journal of Rock Mechanics and Engineering, 2005, 24(17): 3076-3082.(in Chinese)

[3] 吴刚，何国梁，张磊，等．大理岩循环冻融实验研究 [J]. 岩石力学与工程学报，2006，20（4）：2931-2938.

Wu Gang, He Guoliang, Zhang Lei, Qiu Yiping. Experimental Study on Cycles of Freeze-thaw of Marble [J]. Chinese Journal of Rock Mechanics and Engineering, 2006, 20(4): 2931-2938.(in Chinese)

[4] 张慧梅，杨更社．冻融与荷载耦合作用下岩石损伤模型的研究 [J]. 岩石力学与工程学报，2010，29（3）：471-476.

Zhang Huimei, Yang Gengshe. Research on Damage Model of Rock under Coupling Action of Freeze-thaw and Load [J]. Chinese Journal of Rock Mechanics and Engineering, 2010, 29(3): 471-476.(in Chinese)

[5] 张慧梅，杨更社．冻融岩石损伤劣化及力学特性试验研究 [J]. 煤炭学报，2013，38（10）：1756-1762.

Zhang Huimei, YANG Gengshe. Experimental Study of Damage Deterioration and Mechanical Properties for Freezing-thawing Rock [J]. Journal of China Coal Society, 2013, 38(10): 1756-1762.(in Chinese)

[6] 刘华，牛富俊，徐志英，等．循环冻融条件下安山岩和花岗岩的物理力学特性试验研究 [J]. 冰川冻土，2011，33（3）：557-563.

Liu Hua, Niu Fujun, Xu Zhiying, Lin Zhanju, Xu Jian. Acoustic Experimental Study of Two Types of Rock from the Tibetan Plateau under the Condition of Freeze-Thaw Cycles [J]. Journal of Glaciology and Geocryology, 2011, 33(3): 557-563.(in Chinese)

[7] 王章琼．武当群片岩冻融损伤特性试验研究 [D]. 北京：中国地质大学，2014.

Wang Zhangqiong. Experimental Study on Degradation Characteristics of Frozen-Thawed of Wudang Group Schist [D]. Beijing: China University of Geosciences, 2014.(in Chinese)

[8] 徐光苗，刘泉声，彭万巍，常小晓．低温作用下岩石基本力学性质试验研究 [J]. 岩石力学与工程学报，2006，25（12）：

2502-2508.

Xu Guangmiao, Liu Quansheng, Chang Wanwei, Chang Xiaoxiao. Experimental Study on Basic Mechanical Behaviors of Rocks under Low Temperatures [J]. Chinese Journal of Rock Mechanics and Engineering, 2006, 25(12): 2502-2508.(in Chinese)

[9] 何国梁，张磊，吴刚 . 冻融循环条件下岩石物理特性的实验研究 [J]. 岩土力学，2004，25（s2）: 52-56.

HE Guoliang, ZHANG Lei, WU Gang. Test Study on Physical Characteristics of Rock under Freezing-thawing Cycles [J]. Rock and soil Mechanics, 2004, 25(s2): 52-56.(in Chinese)

[10] 方云，乔梁，陈星，等 . 云冈石窟砂岩循环冻融实验研究 [J]. 岩土力学，2014，35（9）: 2433-2442.

Fang Yun, Qiao Liang, Chen Xing, Yan Shaojun, Zhai Guolin, LIANG Yawu. Experimental Study of Freezing-thawing Cycles on Sandstone in Yungang grottos [J]. Rock and soil Mechanics, 2014, 35(9): 2433-2442.(in Chinese)

川藏铁路帕隆藏布段冰川沉积物分布及破坏模式

冯 涛[1] 蒋良文[1] 孙春卫[2] 赵 平[1] 巫锡勇[2]

（1. 中铁二院工程集团有限责任公司，成都 610031；2. 西南交通大学地球科学与环境工程学院，成都 610031）

摘 要：川藏铁路帕隆藏布段发育有我国最大的现代海洋性冰川群，沿线冰川沉积物分布广泛，也是该段地质灾害发育的重要因素。帕隆藏布流域冰川分布及发育规律，决定了其冰川沉积物堆积体的分布和堆积特征。对帕隆藏布流域冰川特征数据的统计分析结果显示，北侧冰川发育规模要远大于南侧，由于两岸边坡朝向差异及水文气象条件的影响，主河谷北岸冰川发育规模小于南岸，且上游和下游河谷的冰川发育较少，而中部地区冰川发育规模较大。冰川发育规模及其赋存环境的差异性造成区域冰川沉积物的物质组成、堆积特征的不同。将该区域冰川沉积物堆积体划分为：原生冰碛体、冰水堆积体和混杂堆积体 3 种类型，分析得到 3 类冰川沉积物堆积体在该段线路上的分布情况及其破坏模式。

关键词：川藏铁路；帕隆藏布河谷；冰川沉积物；破坏模式

The Distribution and Failure Mechanism of Glacial Accumulation along the Palongzangbu Section of the Sichuan-Tibet Railway

Feng Tao[1] Jiang Liangwen[1] Sun Chunwei[2] Zhao Ping[1] Wu Xiyong[2]

(1. China Railway Eryuan Engineering Group Co.Ltd, Chengdu 610031, China; 2.School of Geosciences and Environmental Engineering, Southwest Jiaotong University, Chengdu 610031, China)

Abstract: The Sichuan-Tibet Railway Palongzangbu segment cuts across China's largest modern marine glaciers, where the glacial deposits are widely distributed. That is also an important factor in the development of geological disasters in this area. The mechanism of distribution and development of glacier determines the characteristics of distribution and accumulation of glacial deposits in Palongzangbu basin. Statistical analysis of the characteristics data of glacier in Palongzangbu basin shows that the scale of the glacier on the north part is far larger than that on the south, and due to the influence of the side slope toward the difference and the hydrological and meteorological conditions, the scale of north glacier in the main valley is smaller than that in south, and the glacier located upstream and downstream is relatively smaller than that on the central part. The difference of the scale of glacier and its occurrence environment develops the different material composition and accumulation characteristics of the regional glacial sediment. It classify the glacial sediments accumulation into three types: primary moraine accumulation, moraine outwash accumulation and farraginous accumulation, and analyse the distribution of three types of glacial sediment accumulation along the railway and its failure mechanism.

Keywords: Sichuan-Tibet railway; the Palongzangbu valley; glacial accumulation; failure mechanism

---

作者简介：冯涛（1978—），男，博士，高级工程师。

川藏铁路作为国家中长期建设规划，是连接内地和西藏地区的重要战略通道。它包括三大路段：成康铁路（成都—康定）、康林铁路（康定—林芝）、拉林铁路（拉萨—林芝）。其中拉林铁路和成康铁路已经开始建设，而尚未开建的康林铁路中的八宿至林芝段穿越我国罕见的海洋性冰川群，该区域第四纪冰川发育规模大，分布范围广，冰川运动对区域地形地貌的改造剧烈。在拟建川藏公路八宿至林芝段所处的帕隆藏布江河谷，广泛分布着第四纪冰川运动形成的各类型的冰川沉积物堆积体，不同冰期时期形成的不同类型的冰川沉积物堆积体的物质组成、结构构造及破坏模式也各不相同 [1-4]。

川藏铁路帕隆藏布段，由然乌至通麦，是世界上最深的峡谷地区，该区域特殊的地质与水文气象环境，造成线路沿岸山地灾害极为发育，不仅具有山地灾害类型齐全、分布密度大、爆发频率高的特点，而且活动规模大、危害程度高、影响范围广。川藏公路沿帕隆藏布北岸展布，公路沿线山地极为活跃，沿江线路长 271km，灾害点 399 处（其中，重大灾害滑坡 9 处、崩塌 42 处、泥石流 32 条、水毁 43 处），危害长度达 71.63km，占沿江路段的 26.43%[5]。其中，绝大部分地质灾害均与巨厚层冰川沉积物堆积体有关，如从 1953 年开始至今仍在间歇性爆发的古乡特大冰川泥石流 [6]，川藏公路大规模多次滑坡 102 滑坡群 [7,8] 等。这些地质灾害对拟建川藏铁路的危害极大。因此，本文从该区第四纪冰川运动发育规律、冰川沉积物堆积体分布特征出发，分析不同类型冰川沉积物堆积体工程特性及其变形破坏方式，可为拟建川藏铁路在冰川发育地区中遇到的冰川沉积物堆积体工程地质问题提供理论参考。

1 冰川分布及发育规律

研究区域位于青藏高原东南部，是我国第四纪冰川发育最为集中的地方，发育了我国最大的海洋性冰川群。雅鲁藏布江河谷、丹龙曲及察隅曲朝南开口的谷地成为印度洋季风向青藏高原输送水汽的主要通道。暖湿气流沿雅鲁藏布江进入研究区域，并沿途分流，在高山雪线以上形成降水，造成暖湿气流由帕隆藏布下游至上游逐渐衰弱，最终被伯舒拉岭阻隔，暖湿气流不均匀分布造成帕隆藏布流域的冰川分布的差异性，如图 1 所示。

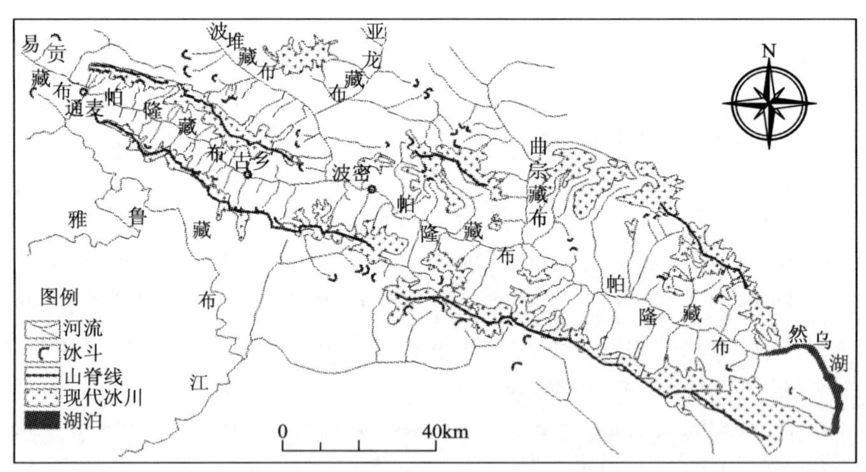

图 1　帕隆藏布流域水系及冰川分布图

根据中国冰川目录—印度河水系 XI、恒河水系 XII 的划分，帕隆藏布流域冰川属于雅鲁藏布江流域，且冰川资源最为丰富，共有 2968 条冰川，其储量约占全水系的 53.7%[9]。帕隆藏布江流域各区域面积与冰川分布面积呈正相关，帕隆藏布江呈东西向展布，北侧发育有包括波堆藏布、亚龙藏布和曲宗藏布等大型支流，流域及冰川面积要远远大于河谷南侧山谷，帕隆藏布河谷两侧流域冰川发育不对称。李吉均等 [1] 将帕隆藏布流域北侧山谷冰川划分到念青唐古拉山脉东段冰川，南侧则为喜马拉雅山脉东段的岗日嘎布山脉冰川，对该区域冰川的发育条件和分布进行了研究，并统计分析了各大型冰川特征参数。

对中国冰川目录中帕隆藏布流域冰川数据进行提取，选取帕隆藏布江河谷两岸513条冰川，统计冰川朝向、冰川面积、冰川储量、冰川长度、最高海拔、冰舌最低海拔等特征，分析其发育规律。利用SPSS统计软件分析各冰川面积、长度、最高海拔、冰舌最低海拔以及冰储量之间的相关关系（图2），可见冰川面积、冰川长度、冰川储量之间相关性明显，冰川最高海报和冰舌最低海拔与其他冰川特征数据之间相关性较差，进一步分析各冰川特征数据之间的相关性，如表1所示。

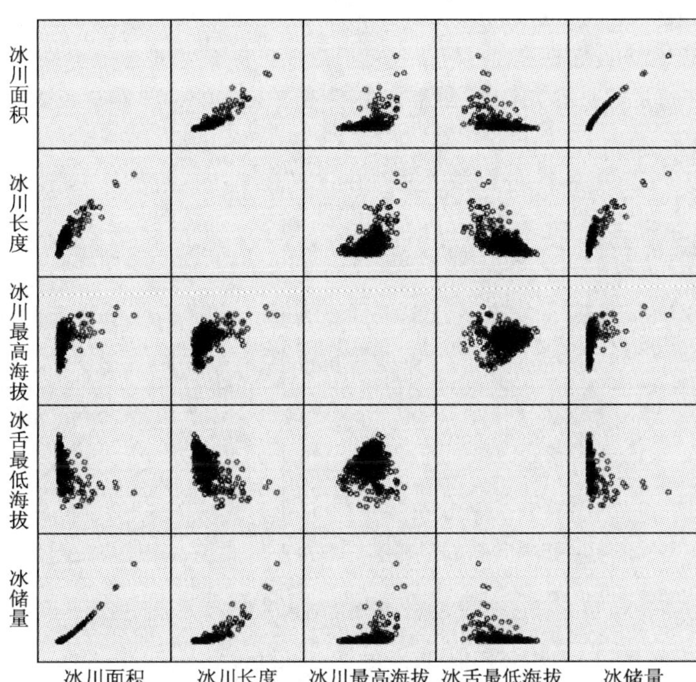

图2　帕隆藏布河谷冰川各特征数据散点矩阵图

帕隆藏布冰川各特征相关性　　表1

特征	数据关系	冰川面积	冰川长度	冰川最高海拔	冰舌最低海拔	冰储量
冰川面积	Pearson 相关性	1	0.906**	0.427**	−0.507**	0.981**
	显著性(双侧)		0.000	0.000	0.000	0.000
	N	513	513	513	513	513
冰川长度	Pearson 相关性	0.906**	1	0.499**	−0.613**	0.842**
	显著性(双侧)	0.000		0.000	0.000	0.000
	N	513	513	513	513	513
冰川最高海拔	Pearson 相关性	0.427**	0.499**	1	0.037	0.383**
	显著性(双侧)	0.000	0.000		0.405	0.000
	N	513	513	513	513	513
冰舌最低海拔	Pearson 相关性	−0.507**	−0.613**	0.037	1	−0.429**
	显著性(双侧)	0.000	0.000	0.405		0.000
	N	513	513	513	513	513
冰储量	Pearson 相关性	0.981**	0.842**	0.383**	−0.429**	1
	显著性(双侧)	0.000	0.000	0.000	0.000	−0.429
	N	513	513	513	513	513

注：** 表示在 .01 水平(双侧)上显著相关。

可以看出，冰川面积、长度、冰储量之间互为显著正相关；冰川最高海拔与冰川面积、长度、冰储量之间呈正相关，但相关性相对后三者之间较差；冰舌最低海拔与冰川面积、长度、冰储量之间呈负相关，同样相关性相对后三者之间较差；而冰川最高海拔与冰舌最低海拔之间呈弱相关性。因此，由冰川面积、长度、冰储量任意一个特征均可表征冰川发育规模，其中，该数据中冰川储量是由刘时银等[10]建立的储量—面积统计关系由冰川面积推导得出，而冰川长度大小受地形影响较大，本文中选取冰川面积来分析冰川发育规模特征较合理。

北半球高山南坡与北坡接收太阳辐射量大不相同，这种差异性对青藏高原冰川有一定影响。研究区域帕隆藏布河谷呈近东西走向，河谷两岸冰川朝南北发育。统计帕隆藏布主河谷冰川朝向与各个朝向冰川面积的关系，如图3所示。

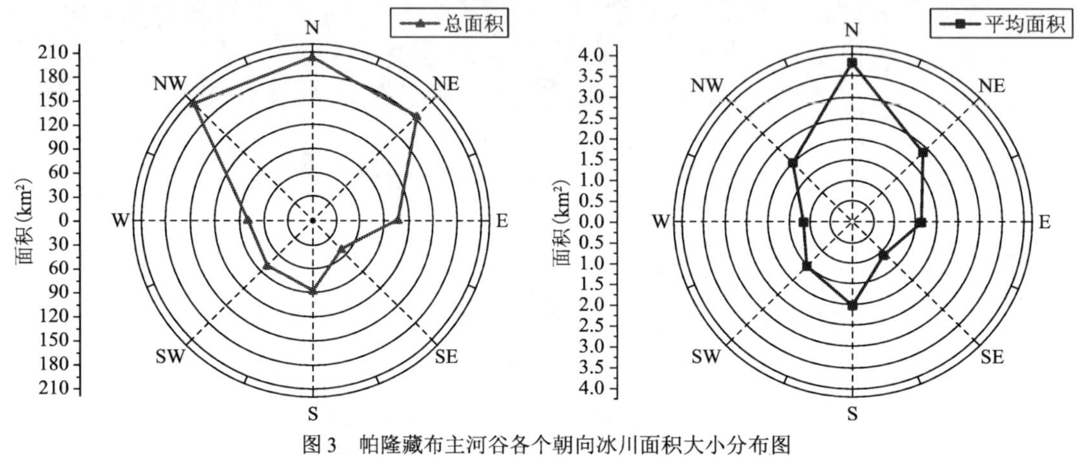

图3　帕隆藏布主河谷各个朝向冰川面积大小分布图

朝北或偏北方向冰川面积要远大于朝向偏南的冰川面积，各冰川平均面积也反映这一特征，显示出帕隆藏布主河谷冰川朝向对冰川发育有很大影响，在冰川整体或个体的发育规模上，河谷南岸朝北向冰川都要大于北岸朝南向冰川。这是由于朝北向冰川接收到的太阳辐射量小，冰川融化速率降低，有利于冰雪积累和成冰过程[11]。这也是本区许多小冰川仅在一定朝向的特殊谷地中存在，而其高度相近的毗邻地区没有冰川发育的主要原因。

选取帕隆藏布主谷南岸依次从然乌至通麦的47条冰川槽谷，研究各个冰川槽谷的冰川冰舌海拔、最高峰海拔和冰川槽谷谷口海拔关系，如图4所示。由于冰舌海拔与冰川面积表征的冰川规模呈负相关，且沿帕隆藏布江往下游，最高峰海拔越高，冰川发育规模也越大，其中，米美至古乡段帕隆藏布南岸冰川发育规模较大，跟地形地貌关系密切。下游区域由于最高峰海拔和谷口海拔整体较低，冰川降雪积累量少而消融量大；而上游区域在暖湿水汽通道末端，降水输送量少，降雪量少，因而帕隆藏布主河谷上游和下游河谷的冰川发育较少，而中部地区冰川发育规模较大。

帕隆藏布流域两侧极不对称，北侧大型冰川槽谷及纵深支流发育，例如波堆藏布、亚龙藏布和曲宗藏布等，最长可达到106km；南侧仅发育冰川槽谷，最长仅约23km。分析帕隆藏布流域冰川分布情况，将其划分为5个区域，P-1为帕隆藏布江河谷南岸，P-2为帕隆藏布江北岸，P-3为帕隆藏布主谷北岸山谷支流曲宗藏布流域，P-4为帕隆藏布北岸山谷二级支流亚龙藏布流域，P-5为帕隆藏布北岸山谷支流波堆藏布流域。

对帕隆藏布流域所划分的各个区域冰川面积的统计分析结果如图5所示，各个区域冰川的分布符合流域演化规律，帕隆藏布流域北侧山谷及支流冰川发育规模远大于南侧。帕隆藏布主河谷南岸区域P-1冰川比北岸区域P-2冰川发育，显示出冰川发育在冰川朝向上的差异性。曲宗藏布P-3区域、亚龙藏布P-4区域和波堆藏布P-5区域，三条顺帕隆藏布上游方向上支流流域的冰川发育情况，显示出印度洋暖湿气流逆帕隆藏布江而上的方向上逐渐减弱，造成冰川发育程度呈逐级减弱的趋势。

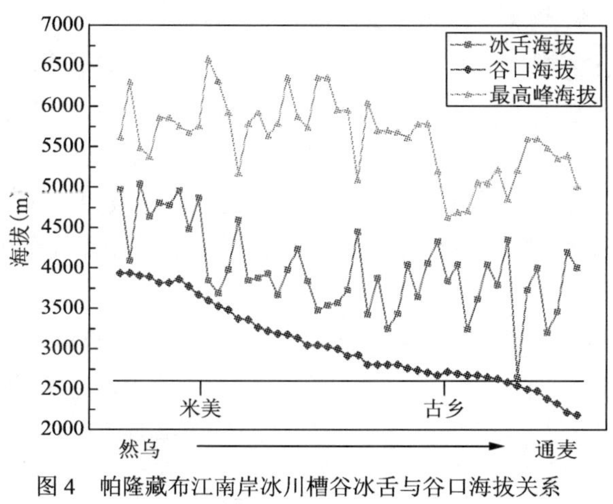

图 4　帕隆藏布江南岸冰川槽谷冰舌与谷口海拔关系

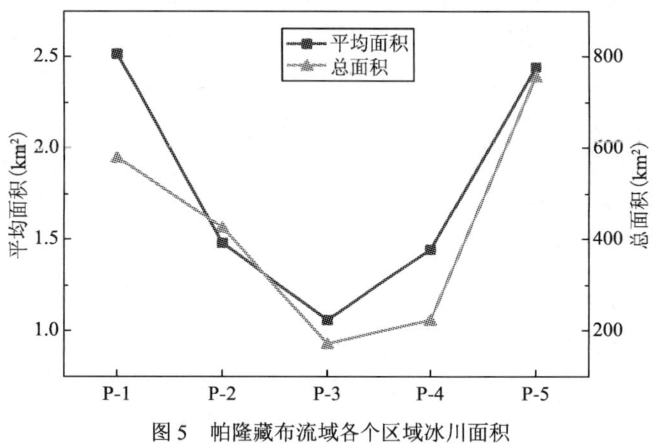

图 5　帕隆藏布流域各个区域冰川面积

2 冰川沉积物堆积体分布

西藏东南部海洋性冰川温度高，累积量大，消融强，运动速度快，侵蚀搬运能力强[12]。第四纪多期冰期的冰川运动及间冰期的冰川融水和降雨汇流，是帕隆藏布流域地形地貌演化的主要动力。冰川对地形地貌的改造产生了大量的岩土体碎屑，这些岩土碎屑在冰川动力、重力和水动力作用下搬运至低处，是河谷岩土堆积体的主要物质来源，形成了该地区特殊的冰川成因土石堆积体，统称为冰川沉积物堆积体。隆藏布流域保留了大量第四纪古冰川遗迹，尤其在主河谷及支流河谷中广泛分布着冰碛体及经河流搬运沉积的土石堆积体，在宽谷地段尤为明显。

冰川运动裹挟岩土碎屑在冰舌前端堆积形成冰碛物堆积体，而原生冰碛体在冰水、重力等作用下搬运并堆积在海拔相对较低的河谷中，处于不同阶段的冰川沉积物堆积体形态特征、工程特性均有较大差异。目前针对冰川沉积物堆积体尚缺乏详细的分类，通过对帕隆藏布江河谷处于不同演化阶段的冰川沉积物堆积体物质组成、搬运动力及结构特征等进行分析，提出冰川沉积物堆积体分类如表 2 所示。

冰川沉积物分类表　　表 2

类型	磨圆度	分选性	搬运主要动力	次序	例子	位置	注　释
原生冰碛体	极差	极差	冰川裹挟承托	正在搬运	表碛、内碛和底碛	冰川表面、内部和冰舌前缘	冰川运动过程中，削蚀基岩的碎屑被冰川裹挟，并随之运动的冰碛物
				首次搬运	终碛垄、侧碛垄和冰碛丘陵堆积地貌	冰川槽谷谷口两侧，部分分布在谷内两侧	在冰川运动过程中，裹挟刨蚀山体碎屑向冰舌方向搬运，在消融后，碎屑失去冰川承载，在重力作用下于冰川沉积区沉积形成的堆积体
冰水堆积体	较好	一般	水动力、重力作用	二次搬运	冰川槽谷冰水扇、泥石流堆积扇	冰川槽谷谷口外侧	冰川融化的同时，形成水流，搬运固体物质，在冰川槽谷谷口呈扇状堆积，第一次搬运冰碛提供物源
混杂堆积体	一般	较差	水动力作用	多次搬运	堆积台地，如 102 滑坡群	河流凸岸	冰雪融水、主谷河水提供水动力，前两次搬运堆积提供物源。通常在宽河谷或河流凸岸处堆积，形成河流阶地。部分堆积体成层性好

原生冰碛体包括古冰碛体和新冰碛体，帕隆藏布流域曾经历多期冰期和间冰期，规模最大的属倒二冰期（古乡冰期），但存留冰川遗迹少见。帕隆藏布江河谷中遍布着大量距今较近的末次冰期（白玉冰期）

时期冰川运动形成的高大的古冰碛堤，而松散新冰碛体在现代冰川冰舌前端堆积。一般情况下，发育规模较大的原生古冰碛体，其所在冰川槽谷长度较长，冰川发育规模大，冰舌海拔较低，因而，新冰碛体赋存海拔也相对低。冰水堆积体是原生冰碛体在冰川融水或降雨汇流的冲刷和搬运作用下，在坡降低的宽谷堆积形成的土石堆积体，该类型堆积体磨圆度和分选性较好，多见泥石流堆积扇或冲洪积河谷平原的赋存形态。在河谷地质演化时期内，保存下来的古冰碛体之上接收河流冲洪积及边坡山体的崩坡积沉积，形成了一类多层混杂堆积体，其底部是土石体胶结好、透水性差的较稳定的原生古冰碛层，上部为间冰期沉积下来的冲洪积层和松散的坡残积层。

研究区域冰川的发育规模的不均匀性，反映各类型冰川沉积物堆积体的分布范围的差异性。统计川藏铁路帕隆藏布段河谷中各个类型冰川沉积物堆积体如图6所示，原生冰碛体多分布于然乌至波密段的宽谷区域，该区域冰川槽谷很长，反映出冰川发育规模较大，冰川对地貌改造强度大，冰川槽谷平均坡降小，冰川融水的水动力强度弱，对原生冰碛体的改造较小，使得该段河谷大量古冰碛体得以保留。波密至通麦段年降雨量大，雪线海拔较高，冰川运动速率大，冰川融水径流量高[13]，造成冰川作用中的水动力作用对冰碛体的改造能力强劲，且新冰碛体堆积速率快，赋存海拔高，易于在水动力及重力作用下失稳，以冰川泥石流的形式堆积在冰川槽谷谷口形成冰水堆积体。古乡至通麦段河谷两岸高山海拔相对较低，冰川发育规模较小，由于该段处于帕隆藏布下游，河水径流量大，河谷受下切侵蚀作用强烈，部分古冰碛体由于河流流向及地形原因位于河流凸岸，受河流侧向侵蚀相对较少而保存下来。对于帕隆藏布段河谷整体来看，冰川沉积物堆积体在玉普至古乡段保留最多，是由于该段河谷有多条大型支流汇入，大量土石碎屑在该段沉积，使得河谷较宽，河流流速缓，为其提供了利于留存的堆积环境。而上游然乌至玉普及下游古乡至通麦段河谷较窄，河流对峡谷侵蚀作用强烈，冰川沉积物堆积环境较窄难以保存。

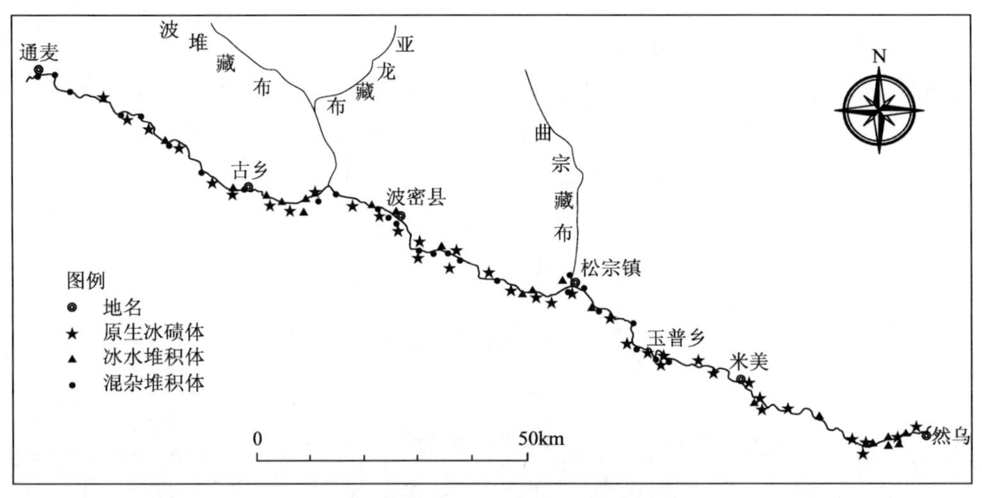

图6 帕隆藏布河谷冰川沉积物分布图

3 冰川沉积物堆积体变形破坏方式

三类冰川沉积物堆积体演化、堆积环境如图7所示。在图7a）中显示的是在冰川发育规模较大的冰川槽谷的谷口发育有规模较大的古冰碛体，冰舌海拔较低，冰川融水径流量小。在图中冰川运动段，降雪的持续补给使得冰川在重力作用下向冰舌方向运动，沿途剥蚀山体，裹挟岩土碎屑，并在冰舌前端堆积形成松散的新冰碛体。而由于该类冰川槽谷冰川发育，冰舌海拔较低，冰川运动堆积形成的松散新冰碛体赋存海拔也相对较低，在雪线海拔以下的新冰碛体接受冰川融水和降雨汇流较弱的冲刷、搬运动能，在新老冰碛体槽谷谷外方向上只形成薄层、小规模的冰水堆积体，如冰水平原。图7b）是冰川消融速率较大的高陡冰川槽谷以冰川泥石流的形式堆积冰水堆积体的示意图。该类型冰川槽谷顶部冰川冰舌海拔较高，现代松散新冰碛体赋存海拔高，坡降大，如古乡泥石流沟。研究区域在夏季、雨季时，冰川融水径流量大、降雨量大，山体岩崩、冰滑现象发育频繁，冰水汇流的冲刷及岩崩、冰体滑移对冰碛体的冲击，易于引发冰川泥石流，以冰碛体为物源在冰川槽谷谷口形成扇形堆积。冰川泥石流沟周期性、持续性的冰川融水与降水汇流，冲刷裹挟土石碎屑对扇形冰水堆积体进行冲刷堆积改造。图 7c）所示混杂堆积体是以古冰碛层为基底，上覆松散冲洪积层和坡残积层多期沉积作用形成的成层土石堆积体。其中在该冰碛层之上是一套间冰期形成的含砾砂土层的第四纪冲洪积物和坡残积物，坡体土石结构松散，透水性较好，是组成滑体的主要组分，基底古冰碛层土石结构密实，为半胶结的弱透水层，也是相对不透水层。冰川融水和降水较多的夏季，丰富的汇水从上覆的松散坡残积层下渗，增加了上覆土体的重量，以孔隙水的方式沿构造卸荷面继续下渗，补给至透水性差的冰碛层上部，地下水的长期积累和缓慢作用改变了相对不透水带土石体的物理力学性质，降低了土石胶结强度，降低了抗滑力，形成滑带的剪出口，深切峡谷中河流对坡体的侧蚀作用，也为该类型冰川沉积物堆积体提供了滑坡的发生的空间。

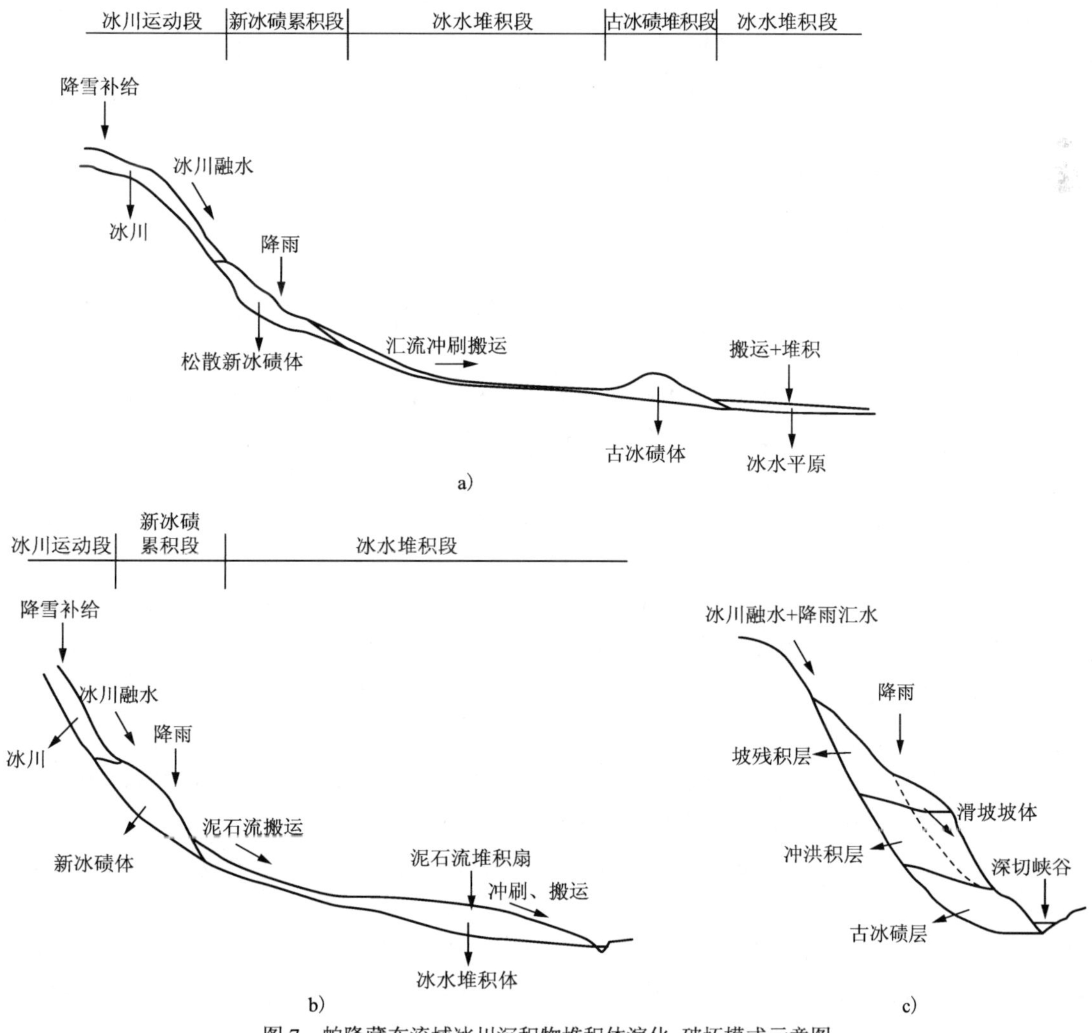

图 7　帕隆藏布流域冰川沉积物堆积体演化、破坏模式示意图

4 结语

帕隆藏布流域冰川分布极不均匀，北侧大型冰川槽谷及纵深支流发育，南部均为冰川槽谷，无大型支

流。对帕隆藏布主河谷而言，由于南进暖湿气流及冰川接收太阳辐射量受区域地形的影响，南岸冰川发育规模要远大于北岸冰川，而河流下游冰川和上游冰川发育规模均小于中游冰川。

包括水文气象、地形地貌等因素影响的不同发育规模的冰川中，冰川运动所形成的冰川沉积物堆积体的规模和类型也各不相同。其中，冰川沉积物多在河谷中段大型支流交汇处的宽谷段富集，在河谷上游和下游深切峡谷分布较少；根据土石堆积体赋存环境、物质组成和结构特征，可划分为原生冰碛体、冰水堆积体和混杂堆积体三种类型。帕隆藏布河谷中原生冰碛体分布范围较广，常在冰川发育规模大的冰舌前端及其深大冰川槽谷谷口堆积新冰碛和古冰碛体，此类新、老冰碛体赋存海拔均较低，受冰川融水和降雨汇流搬运距离短、改造强度小影响，仅在堆积位置附近形成薄层的冰水堆积；冰水堆积体多分布在河谷下游及北岸坡降大的冰川槽谷谷口，由于该区域温度高、年降水量大、冰川运动活跃，常以新冰碛体为物源，以冰川泥石流的搬运方式在低海拔谷口形成扇形堆积体，冰水汇流对堆积体冲刷、搬运和堆积的动态过程呈季节性和周期性；混杂堆积体在河谷下游窄谷有少数靠坡体成层堆积体，一般底部为古冰碛体，上部为松散的冲洪积和坡残积层，在长时间的水岩作用下，在相对不透水层的古冰碛体表面形成滑带剪出，产生滑坡破坏。

参考文献

[1] 李吉均，郑本兴，杨锡金，等．西藏冰川 [M]. 北京：科学出版社，1986.

Li Jijun, Zheng Benxing, Yang Xijin, Xie Yingqin, Zhang Linyuan, Ma Zhenghai, Xu Shuying.Glaciers of Xizang(Tibet)［M］. Beijing: Science Press, 1986.

[2] 陈仁容，周尚哲，邓应彬．末次冰期冰碛垄系列的形态特征及其形成探讨——以帕隆藏布江为例 [J]. 冰川冻土，2012，34（4）：836-847.

Chen Renrong, Zhou Shangzhe, Deng Yingbin. Morphological Characteristics of Glacial Deposits during the Last Glaciation—Taking the Palung Zangbo River Basins as an Example[J]. Journal of Glaciology and Geocryology. 2012, 34(4): 836-847.

[3] 周尚哲，许刘兵，Patrick M.Colgan，等．古乡冰期和白玉冰期的宇宙成因核素 10Be 定年 [J]. 科学通报，2007，52（8）：945-950.

Zhou Shangzhe, Xu Liubing, Patrick M C, David M M, Wang Xiaoli, Wang Jie, Zhong Wei.Cosmogenic nuclide 10Be dating ofGuxiang and Baiyu ice age[J].Chinese Science Bulletins, 52(8): 945-950.

[4] 袁广祥，曾庆利，尚彦军，等．川藏公路然乌—鲁朗段冰碛高边坡稳定性分析 [J]. 地质灾害与环境保护，2007，18（4）：47-51.

Yuan Guangxiang, Zeng Qingli, Shang Yanjun, Shi Yongyue. Stability Analysis of High Moraine Slopes in Ranwu to Lulang Section of Sichuan-Tibet Highway[J]. Journal of Geological Hazards and Environment Preservation, 2007, 18(4): 47-51.

[5] 袁广祥，丁仁伟，尚彦军，等．川藏公路帕隆藏布段沿线第四纪堆积体的成因及其分布规律 [J]. 地质与勘探，2012，48（1）：170-176.

Yuan Guangxiang, Ding Renwei, Shang Yanjun, Zeng Qingli. Genesis of the Quaternary accumulations along the Palongzangbu section of the Sichuan-Tibet highway and their distribution regularities[J]. Geology and Exploration, 2012, 48(1): 170-176.

[6] 杜榕桓，章书成．西藏高原东南部冰川泥石流的特征 [J]. 冰川冻土，1981，3（3）：10-18.

Du Ronghuan, Zhang Shucheng. Characteristics of Glacial Mud-flows in South-eastern Qinghai-Xizang Plateau[J]. Journal of Glaciology and Geocryology, 1981, 3(3): 10-18.

[7] 廖秋林，李晓，李守定，等．水岩作用对川藏公路 102 滑坡形成与演化的影响 [J]. 工程地质学报，2003，11（4）：390-395.

Liao Qiulin, Li Xiao, Li Shouding, Hou Zhesheng. The Effect of Water-rock Interaction on the Development and Evolvement of the Landslide 102 on the Chuanzang highway[J]. Journal of Engineering Geology, 2003, 11(4): 390-395.

[8] 祝建．巨厚层松散高陡边坡的形成机理及稳定性研究 [D]. 西安：长安大学，2005.

Zhu jian. Formation mechanism and stability of the thick layer of loose and high-steep slope[D]. Xi'an: Chang'an University, 2005.

[9] 米德生，谢自楚，冯清华，等．中国冰川编目XI，恒河水系 [M]. 西安：西安地图出版社，2002.

Mi Desheng, Xie Zichu, Feng Qinghua, et al. Glacier Inventory of China, XI, the Ganga Drainage Basin[M]. Xi'an: Xi'an Cartographic Publishing House, 2002.

[10] Liu Shiyin, Sun Wenxin, Shen Yongping, et al. Glacier changes since the Little Ice Age Maximum in the western Qilian Mountains, Northwest China[J]. Journal of Glaciology, 2003, 49(164): 117 -124.

[11] 蒋忠信．西藏帕隆藏布河谷崩塌滑坡、泥石流的分布规律 [J]. 地理研究，2002，21（4）：495-502.

Jiang Zhongxin. Differential Distribution Regularity of Collapse-landslides and Debris Flows along Palong Zangbu River Valley in Tibet[J].Geographical Research, 2002, 21(4): 495-502.

[12] 王杰．西藏东南部第四纪冰川演化序列与宇宙成因核素测年研究 [D]. 兰州：兰州大学，2007.

Wang Jie. Study on Quaternary Glacial Evolution in the Southeastern Tibet and Cosmogenic Nuclides Dating[D]. Lan Zhou: Lan Zhou University, 2007.

[13] 杨志法，尚彦军，张路青，等．川藏公路地质灾害及其防治对策研究——以八宿至林芝路段为例 [M]. 北京：科学出版社，2006.

Yang Zhifa, Shang Yanjun, Zhang Luqing, Xu Bin. Geologic hazards and its prevention in Sichuan to Tibet highway: A casestudy in Basu to Linzhi Section[M]. Beijing: Science Press, 2006.

川藏铁路帕隆藏布段干流纵剖面形态的工程地质涵义

冯　涛[1]　任　勇[2]　赵　平[1]　巫锡勇[2]

（1. 中铁二院工程集团有限责任公司，成都 610031；2. 西南交通大学地球科学与环境工程学院，成都 610031）

摘　要：本文从帕隆藏布干流纵剖面坡降、裂点和凹度出发，结合流域构造、气象水文、地层岩性以及沿线阶地发育特征，对帕隆藏布干流进行分段，探讨其纵剖面形态的工程地质意义。研究认为：自上游然乌湖至下游通麦位置，帕隆藏布主河谷可分为三个部分：①上游然乌—宗坝段，气候相对干燥，河流纵剖面陡峭，不具备形成阶地的条件；②中游宗坝—古乡段，气候较湿润，河流纵剖面平缓，发育有多个工程性质良好的堆积体阶地；③下游古乡—通麦段，气候湿润，河流水量明显增大，下切剧烈，河流纵剖面坡降大，发育的少量基座阶地工程性质较好，但临近通麦，主河谷两侧谷坡物质移动强烈，塌方、泥石流等不良地质作用显著。

关键词：帕隆藏布江；河流纵剖面；裂点；构造；气象水文；阶地

The Geological Engineering Analysis of the Longitudinal Profile of the Palongzangbu River along the Sichuan-Tibet Railway

Feng Tao[1]　Ren Yong[2]　Zhao Ping[1]　Wu Xiyong[2]

(1. China Railway Eryuan Engineering Group Co.Ltd, Chengdu 610031, China; 2.School of Geosciences and Environmental Engineering, Southwest Jiaotong University, Chengdu 610031, China)

Abstract: In this paper, the gradient, knick point and concavity of longitudinal profile was calculated and analyzed, and associating with the tectonics, meteorology, hydrology, lithology, and terrace distribution characteristic, the Palongzangbu River can be divided into 3 parts: ①in the upstream section(Ranwu-Zongba), the climate is relatively dry and the gradient of the river longitudinal profile is steep, and no terrace was found in this part; ②in the midstreem(Zongba-Guxiang), the climate is relatively humid and the gradient of the river is flatter, and several accumulation terraces have developed in this part with good engineering condition; ③in the downstream(Guxiang-Tongmai), the climate is more humid, the water flow increases distinctly and the incision of the river is intense. The gradient of the river becomes steeper than the midstream, a few pedestal terraces have developed in this section, but a lot of landslides have developed in this section too near Tongmai.

Keywords: the Palongzangbu River; river longitudinal profile; knick point; meteorology and hydrology; terrace; geological engineering condition

---

作者简介：冯涛（1978—），男，博士，高级工程师。

1 工程概况

河流纵剖面问题是河流地貌发育的理论问题[1]。在平原地区，河流纵剖面形态指数常用于探讨河流发育阶段、流速、过水断面、河床物质类型、河流淤积等因素间的相互作用[2,3]。在山区，河流纵剖面形态的各种指标，常用于分析流域的构造抬升、地貌演化，王乃瑞[4]等（2015）基于庐山9条主要河流的纵剖面形态特征，分析了庐山的构造抬升速率及特点；常直杨[5]等（2015）在对白龙河流域32条支流纵剖面的研究基础之上，揭示了白龙江流域河流对构造运动的响应特征；曹凯[6]等（2007）根据昆仑河纵剖面长度—坡度参数以及Hack剖面、阶地空间对比分析，探讨了第四纪强烈构造对东昆仑地区地貌水系发育格局的影响。

帕隆藏布流域位于藏东南地区，是雅鲁藏布江的一级支流，长约260km。拟建川藏铁路帕隆藏布段，位于然乌—通麦之间，基本沿帕隆藏布主河谷展布（图1）。明确干流纵剖面的形态特征及其工程地质涵义，阐明河流发育阶段及沿线阶地的发育规律，对于川藏铁路的建设有着重要的理论指导意义。与以往研究不同的是，构造骨架控制了基本水系展布，帕隆藏布干流走向与区域构造走向基本一致，构造因素对于河流纵剖面的影响相对均一（图1）。李宗盟[7]等（2012）对于贺兰山水系流域地貌特征值与构造关系的研究表明，在各项条件较为均一的条件下，各地貌参数间的相关关系并不明显。仅从流域地貌特征的角度来看，金德生[8]等（1997）从河道纵剖面分形的角度，探讨了分维数值与环境因素及水力条件的关系，用于预测河流纵剖面的发育趋势；蒋忠信[9-11]（2001，2002，2003）统计分析了帕隆藏布流域泥石流沟谷的纵剖面形态，讨论了冰雪融水沟谷的纵剖面形态及其演化模式，并分析了各沟谷及主河道的最小功模式。

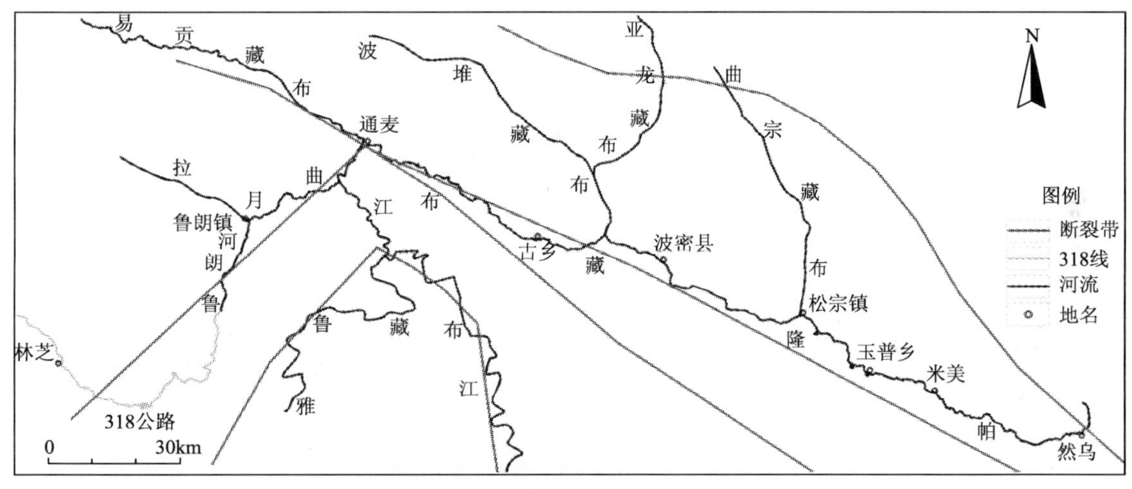

图1 区内主要构造线与水系分布简图

前人的研究很好地揭示了河流剖面参数、构造、地质灾害之间的相互关系，但是，在构造与主河谷分布一致、构造影响相对均一的情况下，河流纵剖面的变化及相关的影响因素等地学问题，目前还有待探讨。

2 流域的基本地质条件

2.1 构造

帕隆藏布发源于海拔4300m左右的阿扎贡拉北坡的冰舌末端，在雅鲁藏布江大拐弯的顶端岗郎附近汇入雅鲁藏布江，是一条典型的山区河流。

控制帕隆藏布发育的构造主要为嘉黎断裂，帕隆藏布主河谷走向与嘉黎断裂走向一致，基本沿断裂带发育，构造对于河流纵剖面发育的影响不具有太大的差异性(图1)。

2.2 地层岩性

帕隆藏布然乌—通麦段地层以酸性火成岩为主，主要为早侏罗世-早白垩世的花岗岩侵入体。通麦—古乡段出露晚燕山期冈底斯岩群片麻岩、片岩(A_nZ_gd)及黑云花岗闪长岩(A_nJ)；松宗—玉普—宗坝段分布有中泥盆世松宗组灰岩、白云岩(D_2)和早石炭世诺错组砂岩(C_1)，被早白垩世黑云母二长花岗岩(K_1L)侵入(表1、图2)。

帕隆藏布干流沿线地层分布表 表1

线路段	岩　性
然乌—宗坝	早白垩世黑云母二长花岗岩(K_1L)、花岗闪长岩(K_1K)
宗坝—松宗	中泥盆世灰岩、白云岩(D_2)；早石炭世砂岩(C_1)；早早白垩世黑云母二长花岗岩(K_1L)
松宗—古乡	早侏罗世黑云母二长花岗岩(J_1R)、黑云母花岗闪长岩(J_1Y)、黑云角闪石英闪长岩(J_1N_z)
古乡—通麦	晚燕山期冈底斯岩群片麻岩、片岩(A_nZ_gd)；黑云花岗闪长岩(A_nJ)

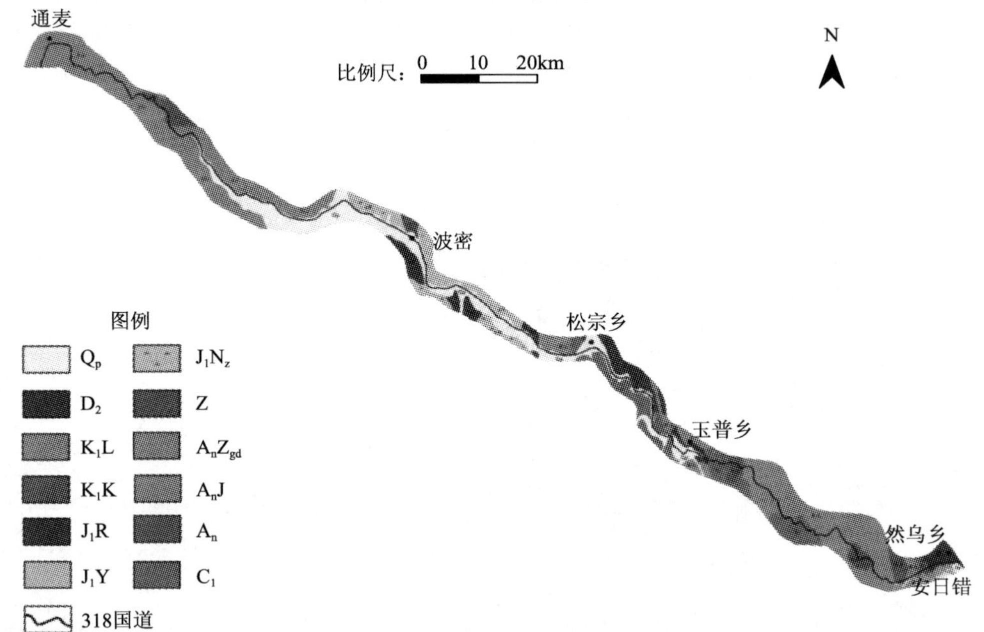

图2 帕隆藏布干流沿线地层分布图

Q_p-第四系地层；C_1-早石炭世变质砂岩；D_2-灰岩、白云岩；K_1L-黑云母二长花岗岩；K_1K-花岗闪长岩；J_1R-黑云母二长花岗岩；J_1Y-黑云母花岗闪长岩；J_1N_z-黑云角闪石英闪长岩；Z-变质基性—中基性火山岩；A_nZ_{gd}-冈底斯岩群片麻岩、片岩；A_nJ-黑云花岗闪长岩；A_n-黑云二长花岗岩

2.3 气象水文

其分水岭高度普遍大于5000m，地貌对气候影响极大，受气候影响，帕隆藏布各长度段的水文地质特征各异。

受岗日嘎布、念青唐古拉山及南迦巴瓦峰等一系列高山阻隔，来自印度洋的暖湿气流只能沿雅鲁藏布江北上，在通麦处分为几支，其中一支沿帕隆藏布主河谷逆流而上。受其影响，帕隆藏布流域降雨丰富，但至上游位置，气候相对干燥(图3)。

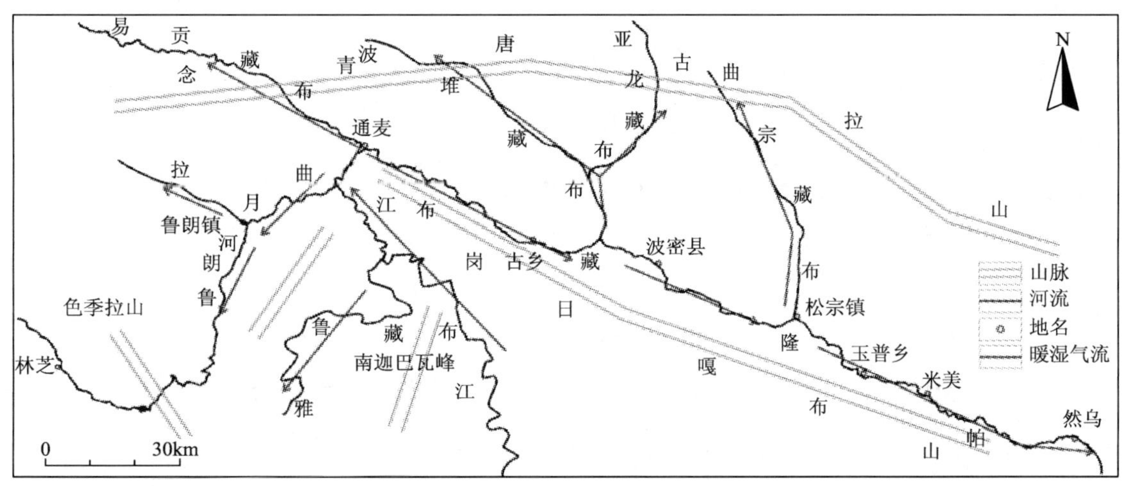

图3　研究区气象水文特征图

3 帕隆藏布干流纵剖面形态

3.1 河流坡降及裂点

河流的坡降是一个比较容易理解的概念，而河流纵剖面各段的坡降，通常会由于构造、水量、过水断面、河床物质类型等因素的变化，各段之间产生一些较为明显的变化，在河流纵剖面图上，以折点或者拐点的形式出现，称为裂点（Knick Point）。河流坡降及裂点的确定的常用方法为数据分析及现场调查。

根据数据统计及现场调查的结果，可以得出帕隆藏布主河谷然乌湖至通麦段河流纵剖面线及相应的坡降比（图4）。然乌—宗坝段，河流纵剖面坡降较大，平均坡降15.89‰；宗坝—古乡段，河流纵剖面坡降减小，平均坡降骤降至6.29‰；古乡—通麦段，河流纵剖面平均坡降增大至11.38‰。

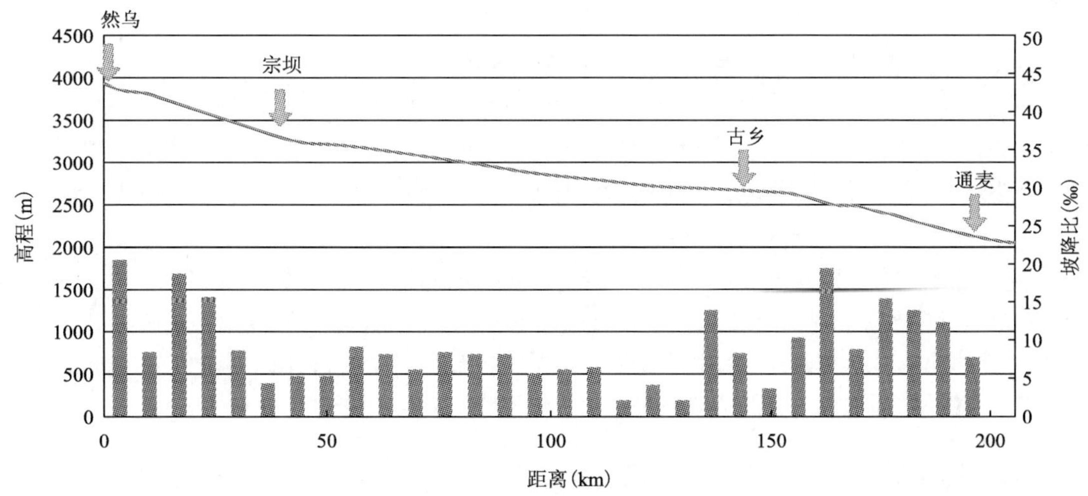

图4　帕龙藏布主河谷河流纵剖面形态及坡降变化图

自河源至通麦处，帕隆藏布主河谷依次展现了两个不明显的裂点和三个较为显著的裂点。其中，两个不明显的裂点K_1、K_2位于源头冰舌处及古冰川终碛堤处，为两个冰川湖；三个较为显著的裂点K_3、K_4、K_5分别位于然乌湖下游、米美村与宗坝村之间以及古乡湖下游故乡泥石流附近(图5)。

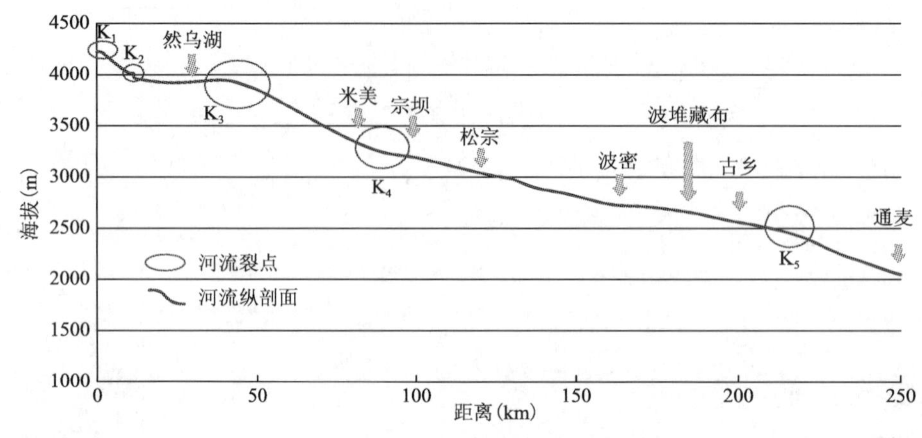

图5 帕龙藏布主河谷河流纵剖面形态及裂点分布位置

3.2 纵剖面凹度

对于凹度而言，由于河流纵剖面的制约因素繁多，河流纵剖面的几何形态各异，众多学者提出过不同的纵剖面图式方程及凹度计算方法。

在此，选用苏联学者伊凡诺夫确定凹度的方法，即把全河或某段河流的纵剖面线绘出以后，通过上下端点作矩形，而剖面线将矩形分成上下两个部分，用上下两部分面积的比值 N 作为河流或某河段的凹度：当 N<1 时，河流纵剖面为上凸型；当 N=1 时，纵剖面为直线型；当 N>1 时，纵剖面为下凹型。

根据前部分对于河流坡度的分析，自上游至下游（然乌—通麦），可将帕隆藏布主河谷分为三个部分，即然乌 — 宗坝段、宗坝 — 古乡段以及古乡 — 通麦段，据此分别计算各段河流的凹度以及主河谷的整体凹度。

结果表明，该段河谷的纵剖面的整体凹度为1.24，各分段凹度自上游向下分别为0.959、1.093和1.437，呈现出下游上凸、上游下凹的抛物线形式。

地貌形态上，主谷上下游均为深切V谷，中游为相对宽缓；结合区域新构造运动的特点，区内地壳呈现持续抬升态势，河谷纵剖面发展处于侵蚀回春阶段，河流地质作用强烈，对河谷影响深刻。

4 帕隆藏布干流纵剖面形态的地学意义

这些裂点具有重要的地质意义，常指示构造等因素的明显变动或作为不同类型地貌的分界点，裂点上下游的河流地貌特征具有较大差异，而裂点处或两特定的裂点之间，其地质灾害的易发性和类型也各不相同[12,13]。

发育于古乡冰期的冰川，其冰川舌均广泛分布于帕隆藏布主河谷位置。古冰川退化过程中，在支谷谷口位置，其侧碛、底碛融出，堆积于原冰川舌位置，经过后期河流、流水的改造，形成了以古冰川沉积物堆积体阶地以及基座阶地。这些古冰川沉积物之上形成的较为平坦的区域，可以作为路基的承重层或者场站的设置点，分析沿线阶地的工程地质条件，对工程建设，具有重要的指导意义。

4.1 河流坡降及裂点的地学意义

根据河流坡降变化，帕隆藏布主河谷共存在5个裂点，其中 K_1 和 K_2 指示源头处的两个冰川湖，由于湖泊的汇集，湖泊下游的水动力明显强于其他位置，形成了坡度较大的河道；K_3 位于然乌湖下游处，与 K_1、K_2 两处相同的是，由于湖泊的汇流作用，帕隆藏布上游然乌 — 米美段，河流纵剖面坡降较大，平均坡降为15.89‰，该段岩性以酸性火成岩为主。

K_4 裂点位于米美和宗坝之间，指示了然乌湖汇流作用对于河道影响的减弱，中游宗坝—古乡段，河流纵剖面线趋于平缓，纵剖面平均坡降为 6.29‰。中游段岩性大致可以分为上下两段，宗坝—松宗之间主要以灰岩、白云岩和砂岩为主，伴有少量的花岗岩侵入体，松宗—波密段为酸性~中酸性火成岩；同时，曲宗藏布在松宗乡处（岩性分界点）汇入帕隆藏布江，中游上下两段的水文条件也有较大的差异。但是，该位置并没有形成明显的裂点，通过分析认为：虽然中游上下两段岩性差别较大，但是由于嘉黎断裂构造的强烈作用，帕隆藏布主河谷沿线不同岩性的岩体破碎程度较高，对于河流侵蚀作用的响应趋于一致；支流交汇点下段河流水量增大，河流侵蚀能力增强，但是该段岩体为酸性~中酸性火成岩，较上段的沉积岩而言，抵抗河流侵蚀作用的能力也相应增强，这进一步使中游段河流剖面特征趋于一致。因此，中游上下两段河流纵剖面参数无明显的变化。

裂点 K_5 大致位于古乡泥石流处，在河流下游古乡—通麦段，由于受到暖湿气流影响最大，加之帕隆藏布最大支流波堆藏布的汇入，以及古乡泥石流堰塞湖的汇流聚能作用，河流水动力作用强烈，纵剖面平均坡降增至 11.38‰，该段岩性为变质岩和火成岩。

4.2 阶地发育特征

在裂点 K_3~K_4 之间的上游段，由于气候相对干燥，在地质历史时期，古冰川发育的规模较小，在帕隆藏布主河谷位置，并未形成大规模的冰川及冰碛沉积，同时，河流纵剖面陡峭，河流下切剧烈，主河谷为深切峡谷，不具备形成阶地的条件。因此，该段河谷未见阶地发育。

裂点 K_4~K_5 之间的中游段，两侧支沟大多在源头发育小规模冰川，谷地大多经历过古冰川作用，普遍可见古冰碛物延伸到沟口或主谷底部，古冰川舌、侧碛堤、终碛垄以及冰川堆积物经后期河流的改造，在宗坝、玉普、松如、达巴、松宗、波密等处，形成了多个规模不等的堆积体阶地。这些阶地，多在河流两侧对称分布，阶地与河流之间的落差相对较小。结合现场调查，其物质组成自上而下分别应为：古冰川底碛层——密实度、胶结程度最高；古冰川冰水堆积物层——冰川融水搬运，经过历史时期的沉积、压密、胶结，具有较好的密实度和胶结度；河流、流水冲洪积层——历史时期由于河流、流水的搬运沉积作用形成，压密、胶结程度一般；表层第四系物质（图 6）。

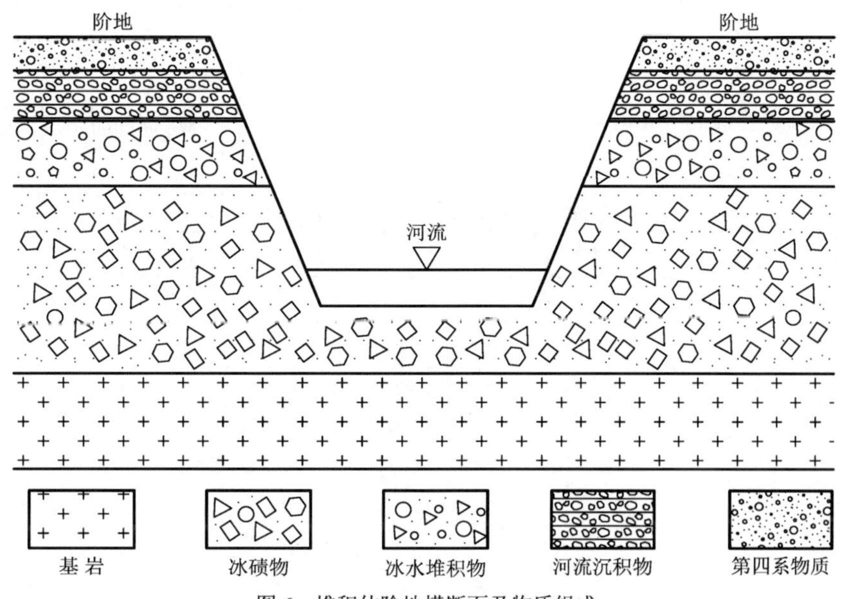

图 6　堆积体阶地横断面及物质组成

裂点 K_5 以下的下游段，由于受到汇流等作用影响，河流下切深度增加，在古乡—通麦之间的下游段，形成了下部为基岩、上部为古冰川沉积物为主的基座阶地（图 7）。其物质组成与堆积体阶地类似，但仅在河流一侧不对称分布，同时，阶地与河流落差较大，以雪瓦卡村处基座阶地为例，阶地表面与河流水位之间的落差约为 50m，在松绕村处更是达到了近百米。临近通麦，主河谷两侧谷坡物质移动强烈，塌方、泥石流等不良地质现象屡见不鲜，如著名的 102 滑坡群，就发生在通麦上游约 20km 处。

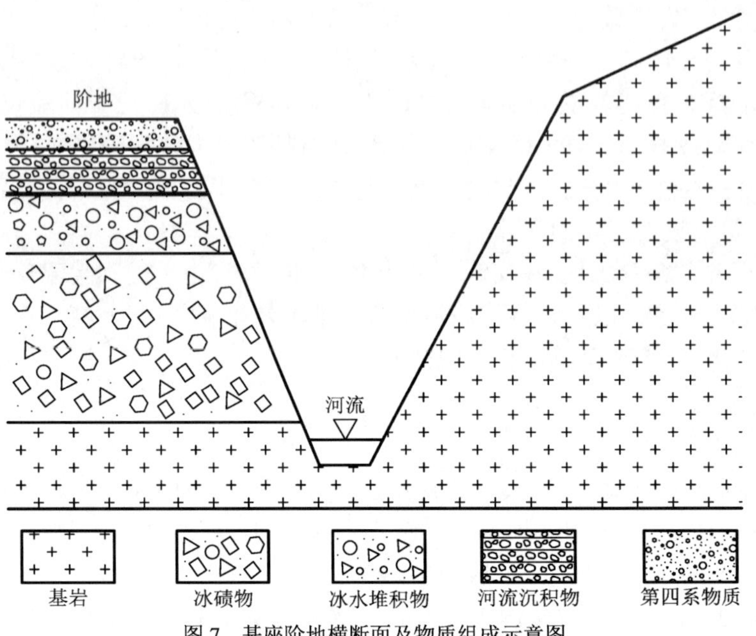

图 7　基座阶地横断面及物质组成示意图

整体上，阶地物质压密胶结较好，稳定性高，可作为路基的承重层或车站设置点。堆积体阶地的数量、总面积、平均面积均大于基座阶地，而其阶地面与河流面之间的平均高差小于基座阶地。根据相关数据，中游及下游段阶地发育特征见表 2。

河流阶地特征值统计表　　表 2

阶 地 类 型	数　量	总面积(km^2)	平均面积(km^2)	平均落差(m)
堆积体阶地	12	35.52	2.96	22
基座阶地	4	3.77	0.94	71

结合区内基本地质条件特征，可得到气象水文、地层岩性、阶地发育与河流裂点之间的关系，如表 3 所示。

河流纵剖面参数及其影响因素关系表　　表 3

裂点编号	分　段	平均坡降(‰)	地 层 岩 性	气 象 水 文	阶 地 发 育
K_3	然乌湖	—	—	—	—
	上游然乌 — 宗坝段	15.89	火成岩	相对干燥	无
K_4	中游宗坝 — 古乡段	6.29	沉积岩、少量火成岩侵入	较湿润	堆积体阶地
K_5			火成岩		
	下游古乡 — 通麦段	11.38	变质岩、火成岩	湿润	基座阶地

5　结语

帕隆藏布主河谷河流纵剖面的形态特征，是气象水文、地层岩性和构造条件共同作用的结果。由于干流基本沿区域构造分布，构造对于河流纵剖面的影响相对均一；但是，深大断裂构造的挤压作用，造成帕隆藏布主河谷岩体的强烈破碎，使不同岩性岩体对于河流剖面发育的影响也趋于一致；气象水文特征的特殊性及差异性，成为控制帕隆藏布主河谷河流纵剖面形态特征的主要因素。

干流裂点对于区域的气象水文、地层岩性、阶地发育具有很好的指示性，可以作为帕隆藏布主河谷区段划分的依据。自上游然乌湖至下游通麦位置，帕隆藏布主河谷可分为三个部分：

河流纵剖面裂点 K_3~K_4 间的上游段，气候相对干燥，河流纵剖面陡峭，不具备形成阶地的条件；K_4~K_5 之间的中游段，气候较湿润，由于构造、地层岩性以及气象水文条件的共同作用，河流纵剖面平缓，发育多个堆积体阶地，阶地规模相对较大，工程性质良好，可作为路基的承重层或车站设置点；K_5 以下的下游段，受气象水文条件的影响，纵剖面增大，河流下切剧烈，发育少量基座阶地，工程性质较好，也可以作为路基的承重层或车站设置点，但是由于河流的强烈下切，临近通麦的下游段，主河谷两侧谷坡物质移动强烈，塌方、泥石流等不良地质作用显著，工程地质条件较差。

参考文献

[1] 陆中臣，舒晓明，曹银真．华北平原河流纵剖面 [J]. 地理研究，1986，5（1）：12-20.
Lu Zhongchen, Shu Xiaoming, Cao Yinzhen. Longitudinal Profiles of the Streams on the North China Plain [J]. Geographical Research, 1986, 5(1): 12-20.(in Chinese)

[2] 许炯心．黄淮海平原河流的纵剖面凹度特征 [J]. 地理学报，1990，45（3）：331-340.
Xu Jiongxin. A Study of Longitudinal Profile Concavity of Rivers in the North China Plain [J]. Acta Geographica Sinica, 1990, 45(3): 331-340.(in Chinese)

[3] 陆中臣，周金星，陈浩．黄河下游河床纵剖面形态及其地文学意义 [J]. 地理研究，2003，22（1）：30-38.
Lu Zhongchen, Zhou Jinxing, Chen Hao. River Bed Longitudinal Profile Morphology of the Lower Yellow River and its Implication in Physiography [J]. Geographical Research, 2003, 22(1): 30-38.(in Chinese)

[4] 王乃瑞，韩志勇，李徐生，等．河流纵剖面陡峭指数对庐山构造抬升的指示 [J]. 地理学报，2015，70（9）：1516-1525.
Wang Nairui, Han Zhiyong, Li Xusheng, Chen Gang, Wang Xianyan, LU Huayu. Tectonic Uplift of Mt. Lushan Indicated by the Steepness Indices of the River Longitudinal Profiles [J]. Acta Geographica Sinica, 2015, 70(9): 1516-1525.(in Chinese)

[5] 常直杨，王建，白世彪，等．白龙江流域河流纵剖面与基岩侵蚀模型特征 [J]. 山地学报，2015，33（2）：183-190.
Chang Zhiyang, Wang Jian, Bai Shibiao, Zhang Zhigang. Morpho-tectonic Analysis of the Bailongjiang Drainage Basin [J]. Acta Geographica Sinica, 2015, 70(9): 1516-1525.(in Chinese)

[6] 曹凯，王国灿，王岸．东昆仑山昆仑河纵剖面形貌分析及构造涵义 [J]. 地球科学 - 中国地质大学学报，2007，32（5）：713-721.
Cao Kai, Wang Guocan, Wang An. The Analysis of the Tectonics and the Behavior of the Longitudinal Section of Kunlun River in East Kunlun [J]. Earth Science-Journal of China University of Geosciences, 2007, 32(5): 713-721.(in Chinese)

[7] 李宗盟，高红山，潘保田，等．贺兰山水系流域数值地貌特征及其构造指示意义 [J]. 干旱区地理，2012，35（3）：422-429.
Li Zongmeng, Gao Hongshan, Pan Baotian, Zhang Chen, LIU Fenliang, GUAN Dongshen. Geomorphic Indices of the River and Drainage in Helan Mountain and its Indication to Tectonics [J]. Arid Land Geography, 2012, 35(3): 422-429.(in Chinese)

[8] 金德生，陈浩，郭庆伍．河道纵剖面分形 - 非线性形态特征 [J]. 地理学报，1997，52（2）：154-162.
Jin Desheng, Chen Hao, Guo Qingwu. A Preliminary Study on Non-linear Properties of Channel Longitudinal Profiles [J]. Acta Geographica Sinica, 1997, 52(2): 154-162.(in Chinese)

[9] 蒋忠信．西藏帕隆藏布泥石流沟谷纵剖面形态统计分析 [J]. 中国地质灾害与防治学报，2001，12（4）：41-47.
Jiang Zhongxin. A Statistical Analysis on Longitudinal Profile Shape of Debris Flow Valley along Palongzangbu River in

Tibet [J]. The Chinese Journal of Geological Hazard and Control, 2001, 12(4): 41-47.(in Chinese)

[10] 蒋忠信 . 帕隆藏布河流纵剖面演化的最小功模式 [J]. 山地学报，2002，20（1）:26-31.
Jiang Zhongxin. Model of Minimum Energy Dissipation in Evolution of Longitudinal Profile of Polongzangbu River [J]. Journal of Mountain Science, 2002, 20(1): 26-31.(in Chinese)

[11] 蒋忠信 . 冰雪融水沟谷纵剖面的形态与演化模式 [J]. 中国地质灾害与防治学报，2003，14（4）:19-25.
Jiang Zhongxin. Models of Shape and Evolution on Longitudinal Profile of Ice-snow Melt-water Valley [J]. The Chinese Journal of Geological Hazard and Control, 2003, 14(4): 19-25.(in Chinese)

[12] V. Godard, J. Lavé, J. Carcaillet, R. Cattin, D. Bourlès, J. Zhu. Spatial Distribution of Denudation in Eastern Tibet and Regressive Erosion of Plateau Margins [J]. Tectonophysics, 2010, 491(1-4), 253-274.

[13] Oliver Korup, Alexander L. Strom, Johannes T. Weidinger. Fluvial Response to Large Rock-slope Failures: Examples from the Himalayas, the Tien Shan, and the Southern Alps in New Zealand [J]. Geomorphology, 2006, 78(1-2), 3-21.

川藏铁路巨型冰水泥石流灾害对选线的影响及防灾对策:以古乡沟为例

毛邦燕[1] 柳金峰[2] 蒋良文[1] 游 勇[2] 张广泽[1] 唐金波[2]

(1. 中铁二院地质创新工作室,成都 610031;
2. 中国科学院山地灾害与地表过程重点实验室/中国科学院水利部成都山地灾害与环境研究所,成都 610041)

摘 要: 川藏铁路然乌—通麦段经过帕隆藏布流域巨型冰水泥石流非常发育。古乡沟是此段典型的巨型冰水泥石流沟,规模和危害巨大,成为该段铁路选线的关键节点。本文以古乡沟为研究重点,分析了古乡沟泥石流形成的环境背景条件,计算了清水洪峰流量、泥石流峰值流量、流速、一次泥石流冲出量等关键运动特征参数。在此基础上,对两百年一遇、百年一遇泥石流在流域中下游的运动堆积情况及其危害性进行了数值模拟,结果显示,在 P=0.5% 和 P=1% 情况下,泥石流分别在沟口形成长约 1.91 km、宽约 4.71 km 和长约 1.75 km、宽约 3.68 km 的巨型堆积扇,沿主流路方向堆积厚度分别为 40~60 m 和 25~35 m。最后,结合铁路走线空间位置与泥石流危害范围的关系,提出了流域下游全隧道通过、隧洞+沟口桥梁通过、堆积扇中下部明线+桥梁通过和堆积扇中下部隧洞通过的 4 种线路,分别对各方案进行了比较,提出了相应的防治对策。

关键词: 川藏铁路;冰水泥石流;防灾对策;古乡沟

The Influence of Huge Glacier Debris Flow to Railway Alignment and Hazard Mitigation Measures for the Sichuan-Tibet Railway: A Case Study of Guxiang Gully

Mao Bangyan[1] Liu Jinfeng[2] Jiang Liangwen[1] You Yong[2] Zhang Guangze[1] Tang Jinbo[2]

(1. Geological Innovation Studio of CREEC, Chengdu 610031, China; 2. Key Laboratory of Mountain Hazards and Earth Surface Process/Institute of Mountain Hazards and Environment, Chinese Academy of Sciences, Chengdu 610041, China)

Abstract: The section of Ranwu-Tongmai of Sichuan-Tibet Railway passes through the Palongzangbu River basin. The huge glacier debris flows in this area are very developed. The Guxiang Gully is the typical huge glacier debris flow in this area. Due to its huge scale and damage, it becomes one of the key points for the railway alignment. By taking the Guxiang Gully as studying object, the formation environment conditions were analyzed firstly. Then, some dynamic parameters including the flood peak discharge, debris flow peak discharge, velocity, total volume of a single debris flow event were calculated. Based on these results, a numerical simulation of accumulation ranges under the condition of two hundred and one hundred debris flow return periods was carried out. The simulation results show that the accumulation length is 1.91 km and 1.75 km, and the accumulation width

作者简介:毛邦燕(1978—),男,高级工程师。

基金项目:中国铁路总公司科技研究开发计划课题(2014G004-A-5)和中国科学院 STS 项目(KFJ-EW-STS-094)。

is 4.71 km and 3.68 km for the case of P=0.5% and P=1% respectively. The accumulation depth along the main flow direction is 40~60m and 25~35m. Finally, four plans of railway alignment including passing through the down-stream by tunnel, passing through the gully outlet by tunnel and bridge, passing through the middle-lower part of the accumulation fan by railway bed and bridge, passing through the middle-lower part of the accumulation fan by tunnel were presented. The four plans were compared and related debris flow mitigation measures were provided.

Keywords: Sichuan-Tibet railway; glacier debris flow; mitigation measure; Guxiang Gully

川藏铁路八宿—林芝段特定的水文气候和地质地貌等自然地理环境，充分具备了多种泥石流灾害的孕灾和成灾条件，不仅发育了类似于我国西南地区的暴雨型泥石流，而且还孕育着丰富的以大量冰碛物与冰雪融水为水动力的巨型冰水泥石流，这类泥石流规模宏大，搬运力和破坏力极强，治理难度极大。位于帕隆藏布中游的古乡沟，于 1953 年 9 月爆发特大型泥石流，有约 2 亿 m^3 的泥石流物质从沟内搬运至沟口，在沟口形成长约 1.7 km、宽约 3 km 的扇状石海，并堵塞帕隆藏布形成堰塞湖。由于古乡沟泥石流规模和危害巨大，成为川藏铁路八宿—林芝段选线的关键节点。本文以古乡沟为研究重点，采用野外考察、室内运动特征参数计算及数值模拟等手段，分析了古乡沟泥石流形成的环境背景条件，计算了清水洪峰流量、泥石流峰值流量、流速、一次泥石流冲出量等关键运动特征参数，在此基础上，对两百年一遇、百年一遇泥石流在流域中下游的运动堆积情况及其危害性进行了数值模拟，并结合铁路走线空间位置与泥石流危害范围的关系，定量评估了泥石流对铁路的影响，最后，提出了针对铁路的泥石流防灾对策。

1 自然环境背景概况

1.1 流域概况

古乡沟（又名卡贡弄巴）为雅鲁藏布江一级支流帕隆藏布右岸的一级支沟（图 1），在行政区划上，该流域位于西藏林芝市波密县境内，沟口经纬度坐标为 E95° 26′44″，N29° 55′22″。该流域东距波密县城约 40km，西距林芝市约 190km，G318 从沟口堆积区下部通过，交通条件较为便利。古乡沟流域面积 24.98 km^2，流向由北向南，主沟道长 7.21km，主沟床平均比降为 395‰。该流域平面呈“Y”字形，其源头及上游由 6 条现代冰川组成，在沟的中游海拔约 3250m 处左右两支沟汇合形成主沟。流域最高海拔为 6336m，最低海拔为 2752m，相对高差为 3584m（图 1）。

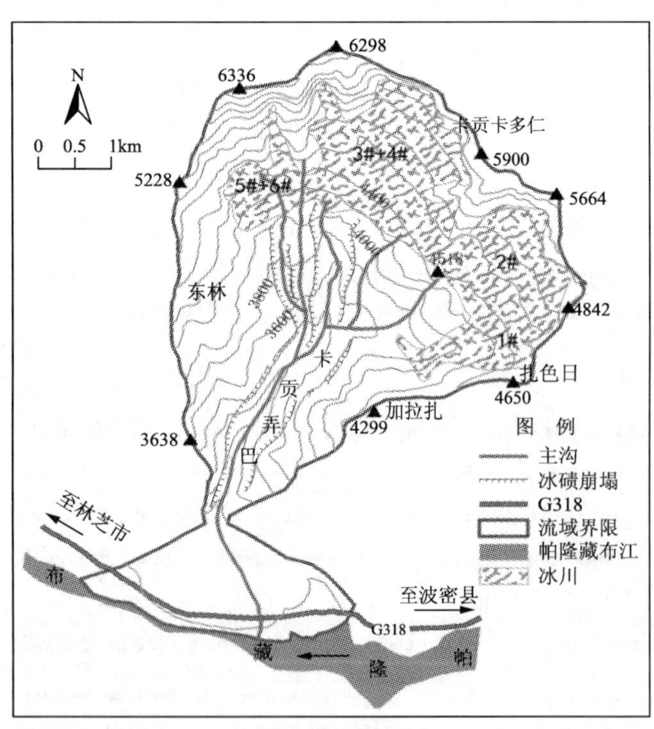

图 1 古乡沟流域图

1.2 地形地貌条件

古乡沟处于切割强烈的高山区，高山峡谷地貌特征十分显著。流域源头及上游三面环山，中间低洼，为高山环抱的冰蚀围谷盆地，周围山峰海拔大多在 5000m 以上，并具有明显的角峰形态。海拔 4000~5000m 为冰雪覆盖区，该区寒冻风化强烈，风化物质极为丰富；海拔

3800~4000m 为基岩裸露区；2760~3800m 为森林覆盖区；海拔 2760m 以下为泥石流堆积区。古乡沟泥石流的平面形态是最利于泥石流爆发的梨形形态，即为具有较大的呈圈椅状的冰蚀围谷、大比降的长条形狭窄通道、开阔的沉积范围所构成的流域形态。在平面上表现为"两头大，中间狭"的形态特征（图 1）。

古乡沟地势北高南低，土地主要集中分布在海拔 3500 ～ 6000m 范围内，占总面积的 97.76%，其中海拔 3500 ～ 4000m 的面积占总面积 32.23 %，海拔 4000 ～ 5000m 的面积占总面积 50.76 %，海拔 5000 ～ 6000m 的面积占总面积 14.77 %（表 1）。古乡沟地势陡峻，流域内 25° ～ 35° 的陡坡地及 ≥ 35° 的急陡坡地面积之和为 20.21 km^2，占流域总面积的 80.90%，各类坡度的山坡面积分级结果见表 1、图 2 ～图 3。

古乡沟流域海拔高程、山坡坡度分级统计表 表 1

项目	海拔高程（m）					山坡坡度（°）			
	＜ 3500	3500 ～ 4000	4000 ～ 5000	5000 ～ 6000	≥ 6000	＜ 15	15 ～ 25	25 ～ 35	≥ 35
地表面积（km^2）	0.44	8.05	12.68	3.69	0.12	1.38	3.39	7.16	13.05
所占比例（%）	1.76	32.23	50.76	14.77	0.48	5.53	13.57	28.66	52.24

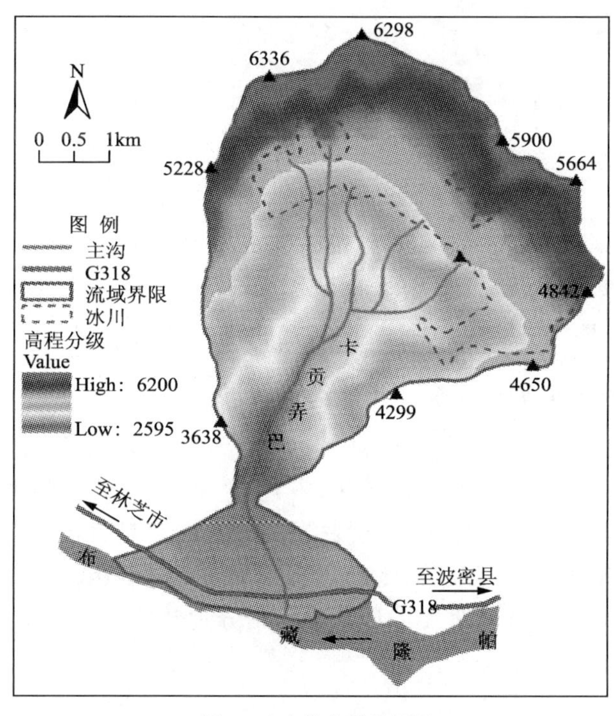

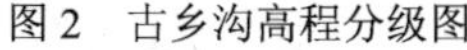

图 2 古乡沟高程分级图

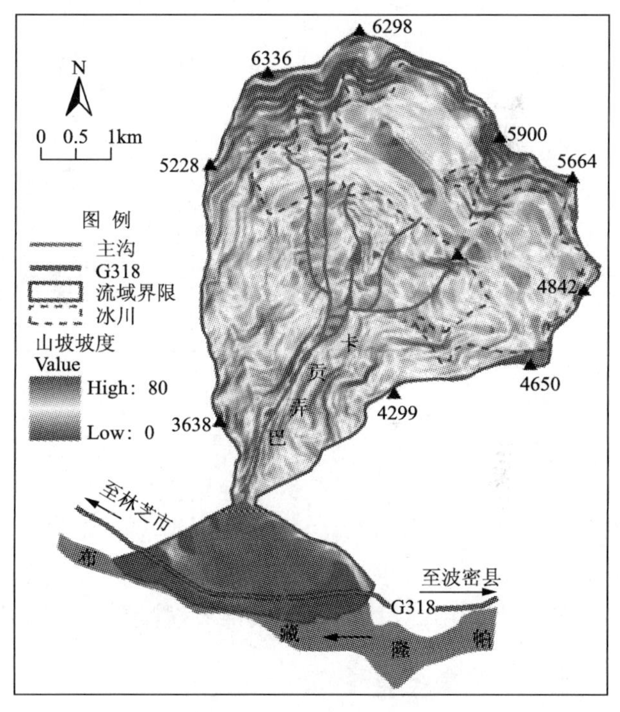

图 3 古乡沟坡度分级图

1.3 地质构造条件

古乡沟流域在地质构造上属印度地台与西南地台之间的一个长期隆起的结晶轴一隅，发育于察隅—波密—林芝近东西向深大断裂带的中段，经前寒武纪及古生代构造运动，产生一套中度变质岩系，燕山构造运动中形成大量断裂，活动频繁，导致大规模酸性岩浆岩沿断裂破碎带侵入。流域内展布的区域性断裂主要有近东西向的古乡—通麦断裂（F1）与围谷断裂（F2），它们属近东西向察隅—波密—林芝深大断裂带的一部分，是控制古乡沟流域地质构造展布的主体格架（图 4）。

古乡沟流域内出露的岩性主要为前寒武纪变质黑云母花岗片麻岩，以及燕山期侵入的花岗岩系（图 4）。变质花岗片麻岩夹大理岩主要分布于流域中、下游地区，分布面积约占总面积的 70%，由于其节理发育，且融冻风化作用强烈，基岩峡谷段陡峭斜坡十分不稳定。在 1950 年察隅 8.5 级大地震动荷载作用下，围谷下游的峡谷段危岩斜坡产生大型崩塌滑坡，大量的崩滑碎屑物质与冰雪汇集在围谷下游的基岩峡谷段，堵塞峡谷形成高达40m的松散堆石坝。花岗岩主要分布于流域的上游及源头地区，分布面积约占总面积的30%。由于高海拔的融冻风化，岩石中裂隙发育，边坡极易崩垮，雪崩与岩崩极为活跃，这是补给冰川体中岩屑的主要物质岩性。

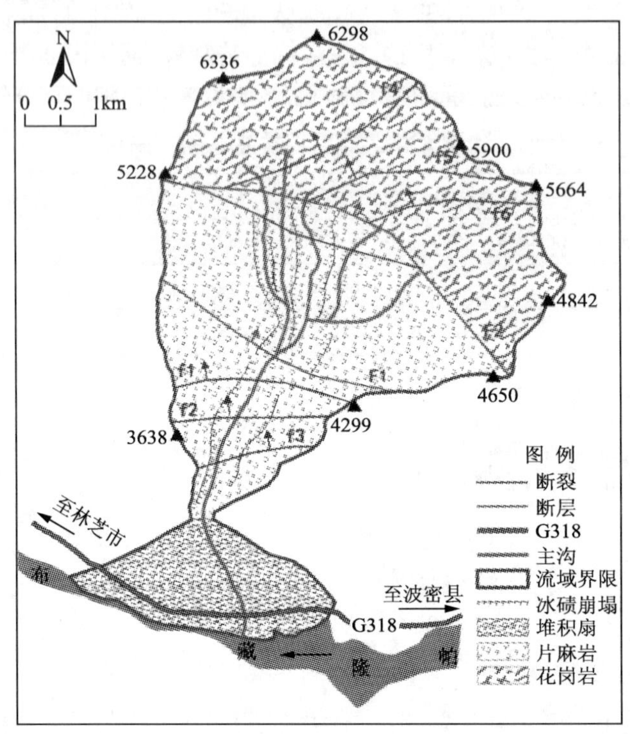

图4 古乡沟地质构造简图

古乡地区位于西藏两个强地震带之一的藏东南强地震带中部，察隅—波密—林芝深大断裂西段，20世纪中期，波密地区有2次大的地震强烈波及，造成区域性泥石流、滑坡活跃。一次为1897年印度阿莎姆8.7级特大地震，导致1902年7~8月易贡藏布下游的扎木弄巴发生特大规模泥石流，堵塞易贡藏布形成易贡湖。1950年8月15日西藏察隅地区发生了一次里氏8.5级强烈地震，导致1953年古乡沟巨型泥石流的爆发。由此可见，该区域特大规模泥石流活动的周期性，与强震的周期性是十分吻合的。

1.4 气象条件

古乡沟所处区域位于青藏高原东南缘海洋性气候区，距印度洋700km左右，受印度洋西南季风的影响，湿热气流带来充沛的降水。雨季达6个月左右（4月下旬到9月中旬），冬、春两季受西风环流控制又有丰富的固态降水。该地区地形复杂，山高谷深，海拔高差悬殊，由于地理因素和环流条件的不同，温度随高度的递减率有明显的地域性差异。在全球气候划分中，该地区属于青藏高原气候部分，具有气温低冷、空气稀薄、辐射强烈的气候特点。

根据波密气象站和古乡沟观测资料，该地区年平均气温8.6℃，最高气温30.4℃，最低气温 -14℃；年平均降雨量884.5 mm，一日最大降雨量75.2 mm，年内降雨分配极不均匀，雨季降水占年降水量的70%以上，最大月份与最小月份降雨悬殊达23倍（图5）。由于受中尺度大气扰动而产生的激烈对流的影响，该地区易产生短历时和小范围的暴雨，通常日雨量达到或超过年降水量的5% ～ 10%，就足以成灾。古乡地区又属藏东南暴雨区，高强度的局地暴雨常于夜晚发生，加之冰雪消融高峰一般都在下午，从而导致古乡沟泥石流多在下午或晚上爆发。

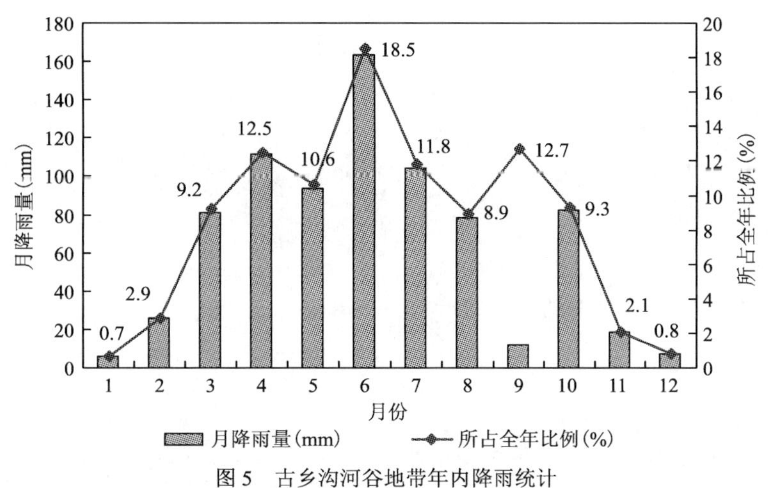

图5 古乡沟河谷地带年内降雨统计

古乡沟属于典型的“冰水型（冰川+降雨）”泥石流流域，其泥石流爆发的水源条件除降雨外，还需冰雪融水条件。古乡沟流域内冰雪覆盖面积较大，冰川储水量较高，并且冰川一般在每年4~9月进入快速消融季节。如果气温持续升高，则会导致融水量增加，并可能导致冰舌发生大面积滑塌，冰川谷地下游（即非冰雪覆盖区的谷地）便易爆发泥石流。例如在2005年7月中下旬连续高温（比往年同期温度高1~2℃）的天气过程作用下，古乡沟冰舌发生大面积滑塌，从而导致2005年7~8月的冰川泥石流爆发。所以，强降雨条件或者持续高温条件均会产生大量水源。从上述可以看出，每年6~8月，是该地区降雨量最大的月份，亦是温度最高的月份。在此期间，在冰雪融水和强降雨的情况下，古乡沟流域很容易在短时间内产生大量水源。

2 泥石流活动历史与危害

近期古乡沟泥石流始于1953年，1953年9月月底，在持续高温和丰富的降水作用下，加之距古乡沟约150 km的冷曲地河口发生了一次较大地震，古乡地区受此影响，导致40m高的堆石坝溃决，古乡沟爆发了洪峰流量达2.86×10^{4}m^3/s的特大泥石流。在1953年发生特大规模的泥石流后，沟谷堵塞两侧的残余物质在雪崩、冰崩以及径流掏蚀下仍继续活动，源源不断地提供固体物，加之古冰碛台的快速侵蚀导致该期泥石流一直活跃到1957年。

1960—1965年，泥石流又一次开始活动，进入第二个泥石流活跃期。这期间每年爆发泥石流十几次到几十次。1962年泥石流堵塞帕隆藏布，1963年爆发泥石流70多次，最大流量达1030m^3/s，龙头高达10m，最长一次泥石流时间长63h35min，冲出固体物质达3.0×10^{6}m^3。1964年共爆发泥石流85次，最大泥石流流量570m^3/s，总输出物质量达8.0×10^{6}m^3；1965年爆发泥石流11次以上，迫使追隆藏布江面缩窄约50 m。20世纪70年代偶有大规模泥石流发生，1975年一次泥石流冲出方量约1.4×10^5 m^3；1979年也爆发了大规模泥石流，冰碛台年平均侵蚀量在5.0×10^5 m^{3}左右，最大可达1.0×10^6 m^3。

1980年以后，古乡沟泥石流发展到了相对平静期。在经过1980—2004年的弱活跃期后，古乡沟于2005年7月30日上午10:00左右、7月30日晚和8月6日上午8:00分别爆发了不同规模的大型冰川泥石流。这次泥石流的流量为849. 65m^3/s，流速为5.7 km/h，泥石流冲出的物质总量为30×10^4～40×10^4 m^3，为典型的黏性泥石流。淤积在公路面上的泥石流堆积物厚度达2m左右，宽大于20m，土方量约2×10^4 m^3，多次中断交通运营，对川藏公路的畅通和当地人民的财产造成巨大的损失（图6）。2008年至今，偶有小规模的水石流和稀性泥石流发生。经过多起泥石流的作用，目前沟口泥石流堆积扇发展成为长约1.85km、宽约4.5km的大型扇体（图7）。

图6　古乡沟沟口(左图)及堆积扇表面情况(右图)(1990年)

图7　古乡沟泥石流堆积扇目前现状

3 泥石流运动特征值计算

古乡沟为典型的冰水型(冰川—降雨型)泥石流,下面对该沟的洪峰流量、泥石流流量及一次泥石流冲出总量进行计算。

青藏高原海洋性冰川活动性强,积水量大,消融率高,特别在雨季消融十分强烈,对径流的补给和洪峰的形成起了重要作用。冰川由于受辐射及降水的影响,以7、8两个月的消融量最大,雨季消融量占全年70%以上。按冰川面积占流域面积的10%~30%时,冰川融水对溪沟的径流形成与变化起主导作用。

3.1 设计洪峰流量计算

根据中国科学院青藏高原综合考察队泥石流组资料,冰川消融洪峰系数首先取决于流域内冰川的分布面积和流域面积之比。冰川分布面积越大,对冰川消融的径流发育越有利;其次为冰川发育的坡度,坡度越大,越有利于冰川消融。与此同时,由于大量冰川消融,冰川末端产生局部冰崩,大量冰块随消融径流而下,极易于狭窄的沟谷产生堵塞,增大其消融洪峰系数,故取冰川消融洪峰系数为:

$$d=1+\frac{7.6F_1}{F}+0.05\theta_0 \tag{1}$$

式中:d——冰川消融洪峰系数;

F_1——冰川面积(km^2);

F——流域面积(km^2);

θ_0——冰川坡度(°)。

由于单一的温度性冰川消融,其流量是很小的,一般激发泥石流较难,但当有一定的降雨条件配合时,就会激发冰川剧烈消融,产生一定规模的径流,从而导致泥石流的形成。所以,在西藏地区,冰川泥石流一般都在雨季爆发,故为冰川—降雨型泥石流。对于冰川—降雨型泥石流的水文计算,通过大量的观测资料分析计算，得到如下相关计算式。

有降雨时，冰川消融清水洪峰流量为：

$$Q_2=F_1(0.05H+2.1) \tag{2}$$

式中：Q_2——降雨型消融流量；H 为降雨量(mm)。

冰川—降雨型石流的流量计算公式综合为：

$$Q_c=(Q_2+Q_0)(1+\varphi_c)d \tag{3}$$

式中：Q_c——冰川—降雨型泥石流流量(m^3/s)；

Q_0——流域内非冰川区的洪峰流量(m^3/s)；

$(1+\varphi_c)$——泥石流洪峰流量修正系数。

计算参数选取及计算结果见表 2~ 表 4。

非冰川区设计洪水计算参数表　　表 2

沟名	H_{24} (mm)	n_1	n_2	C_{v24}	t（℃）		
					P=0.5%	P=1%	P=2%
古乡沟	50.7	0.50	0.60	0.43	31	30	29

非冰川区设计洪水计算结果表　　表 3

沟名	F (km^2)	F_1 (km^2)	d	Q_0 (m^3/s)		
				P=0.5%	P=1%	P=2%
古乡沟	24.98	8.10	5.31	187.1	164.0	141.3

冰川—降雨型设计洪水和泥石流洪峰流量计算结果表　　表 4

沟名	Q_2 (m^3/s)			Q_c (m^3/s)		
	P=0.5%	P=1%	P=2%	P=0.5%	P=1%	P=2%
古乡沟	72.0	66.9	61.8	29259	16044	9174

3.2　泥石流流速计算

黏性泥石流流速计算公式综合了西藏古乡沟、东川蒋家沟、武都火烧沟的通用公式：

$$V_c=\frac{1}{n_c}H_c^{\frac{2}{3}}I_c^{\frac{1}{2}} \tag{4}$$

式中：n_c——黏性泥石流的河床糙率，流速计算结果见表 5。

泥石流流速计算　　表 5

沟　　名	沟床比降 I	泥石流流速 (m/s)	备　　注	
			类型	性质
古乡沟	0.395	9.35	冰水型	黏性

3.3　一次泥石流过程总量计算

一次泥石流过程总量 Q_t 可以通过计算确定。根据泥石流历时 T（s）和最大流量 Q_c（m^3/s），按泥石流暴涨暴落的特点，按下式进行计算：

$$Q_t=0.26TQ_c \tag{5}$$

一次泥石流冲出的固体物质总量 Q_H（m^3）：

$$Q_{\mathrm{H}}=Q_{\mathrm{t}}\frac{(\gamma_{\mathrm{c}}-\gamma_{\mathrm{w}})}{(\gamma_{\mathrm{H}}-\gamma_{\mathrm{w}})} \tag{6}$$

式中：γ_c——泥石流重度（t/m^3）；

γ_w——清水的重度（t/m^3）；

γ_H——泥石流固体物质容重度（t/m^3）。

计算结果见表 6。

一次泥石流冲出的固体物质总量　　表 6

沟　名	Q_t（万 m^3）			Q_H（万 m^3）		
	P=0.5%	P=1%	P=2%	P=0.5%	P=1%	P=2%
古乡沟	19465.6	7624.1	3487.6	18549.6	7041.0	3077.3

4 泥石流堆积区危害范围数值模拟

根据上述泥石流运动特征参数的结算结果，采用中科院成都山地所开发的具有自主知识产权的泥石流数值模拟软件（MHDPS-2D）进行古乡沟沟口堆积区泥石流危害范围的模拟。模拟采用的地形底图为 1：50000 的数字化地形，建立数字高程模型（DEM），设定在 200 年和 100 年一遇洪水频率条件下，对古乡沟泥石流动力堆积过程进行了模拟。模拟结果如图 8、图 9 所示。

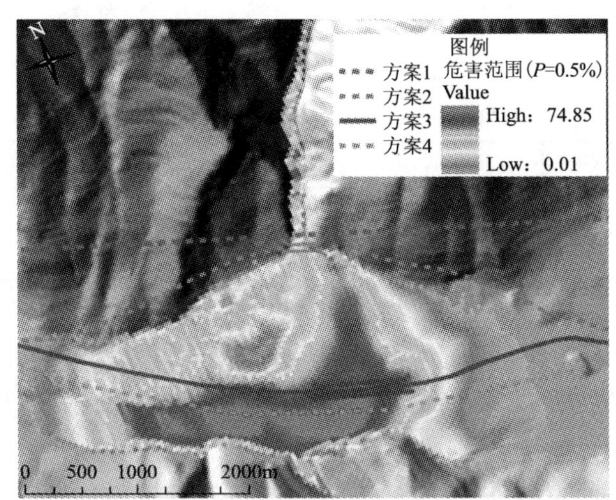

图 8　古乡沟泥石流堆积区危害范围模拟（P=0.5%）

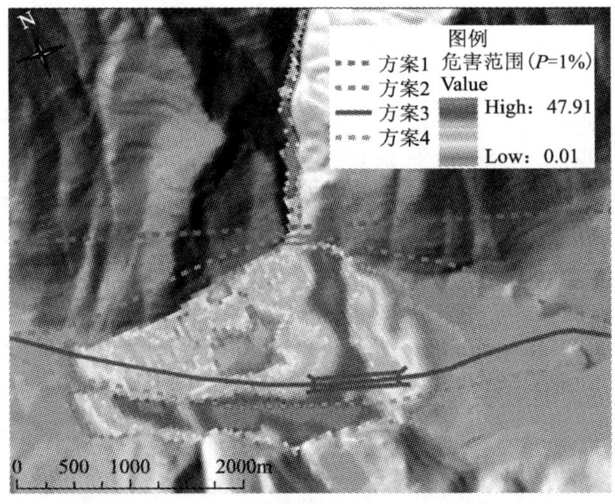

图 9　古乡沟泥石流堆积区危害范围模拟（P=1%）

通过模拟，在 200 年和 100 年一遇情况下，约 1.95 亿 m^3（P=0.5%）和 0.76 亿 m^3（P=1%）泥石流体冲出沟口（表 6），在沟口形成长约 1.91 km、宽约 4.71km（P=0.5%）和长约 1.75km、宽约 3.68km（P=1%）的巨型堆积扇，大量的泥石流体进入帕隆藏布，并堵塞帕隆藏布形成高约 74.85m（P=0.5%）和高约 47.91m（P=1%）的堰塞坝（图 8～图 9，模拟过程中没有考虑帕隆藏布主河有水流的情况）。在两种情况下，泥石流出山口后，泥石流主体流向都是位于堆积扇中部偏右位置（图 8～图 9），沿此流路方向堆积厚度为 40~60m（P=0.5%）、25~35m（P=1%）。由此可见，古乡沟泥石流规模巨大，所造成的危害范围广泛，在铁路选线时，需紧密结合泥石流的危险范围及危害性。

5 铁路走线方案比较及泥石流防灾对策

由于古乡沟泥石流规模大，一旦发生泥石流，泥石流首先会直接对布置在沟口堆积区的明线段的路基造成严重的冲刷和淤埋危害;同时,如果铁路桥下净空不能满足设计标准泥石流的过流要求,泥石流会对桥梁造成直接的冲击危害,此外,大桥的桥墩如果布置在沟口泥石流的危险范围内,会受到泥石流及其中的大石块严重的冲击威胁;另外,如果施工期间有相关的工程附属设施布置在该沟沟口,一旦爆发泥石流,会对其造成严重危害。

古乡沟为冰水型泥石流沟,流域内冰川分布面积大,在极端条件下(如极端气候条件或地震等),一旦爆发泥石流,其规模巨大,可能堵塞帕隆臧布形成堰塞湖,其堵塞回水和溃决洪水会对该流域上下游一定范围内的铁路工程(包括建设和运行期间进场道路及附属设施)造成严重危害。因此,综合考虑以上影响因素,提出以下四种铁路通过古乡沟的方案进行比较分析,并提出相应的防治对策(图 10、表 7)。

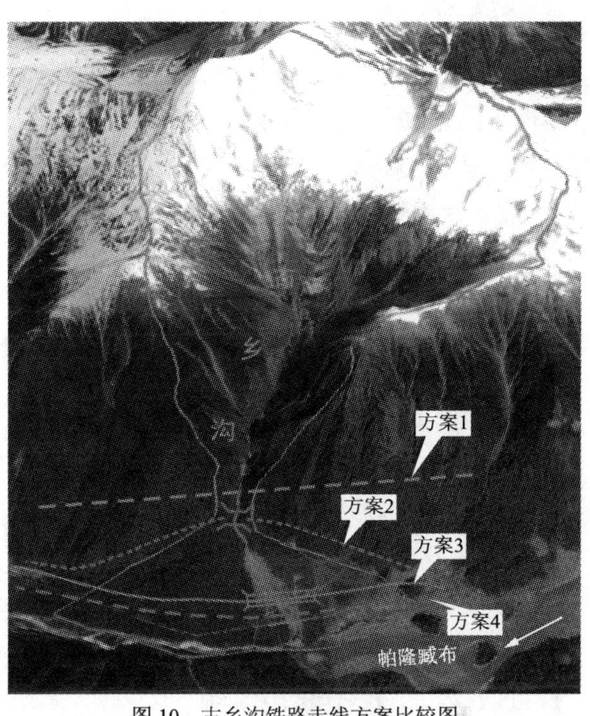

图 10 古乡沟铁路走线方案比较图

(1)流域下游全隧道通过方案(图 10,方案 1)

此方案全部采用隧洞的方式通过古乡沟下游流通区,全部绕避了泥石流的直接危害范围,因此,基本不受泥石流的影响。但是隧道的埋深要考虑泥石流的冲刷问题,要留有足够的隧道埋深(大于设计标准泥石流的最大冲刷深度),防止隧道与古乡沟交差的位置遭受泥石流的冲刷揭底作用,保证隧洞的安全。因此,针对泥石流防治,可在线位上下游一定距离内布置 2 ~ 3 座拦砂坝,通过其拦截回淤作用减小沟床纵坡,从而达到防止沟床冲刷的目的。此方案与其他方案相比,受泥石流的危害影响最小,但是投资是最高的。

古乡沟铁路走线方案比较 表 7

方案编号	具体方案	优 点	缺 点	防 治 对 策	工程防治措施意见
1	流域下游全隧道通过	完全不在泥石流的直接危害范围内,受危害影响最小	与其他方案相比,投资最高	要留有足够的隧道洞顶埋深,防止遭受泥石流的冲刷揭底作用	在线位上下游一定距离内设 2 ~ 3 座拦砂坝,通过其拦截回淤作用减小沟床纵坡,从而达到防止沟床冲刷下切的目的
2	隧洞 + 沟口桥梁通过	基本避开了泥石流的直接危害范围,保证桥下净空后,泥石流基本不危害铁路的安全	桥梁处高程被抬高约 150m(不包括桥梁高度),影响整体线路的顺畅连接	沟口桥梁需一桥跨过,且桥下净空满足排泄设计标准的泥石流	桥下设急流槽,顺畅排泄泥石流,以防止桥下泥石流淤积、堵塞沟床
3	堆积扇中下部明线 + 桥梁通过	与其他方案相比,投资最少	在泥石流的直接危害范围内,采取工程措施后,难以保障在爆发大型泥石流后铁路的安全	采取分散设桥、集中排导的措施	在流域下游设置 1 ~ 2 座骨干性格栅坝,对泥石流进行拦粗排细,并在目前流路两侧设导流墙归顺泥石流,铁路桥上下游设置适当长度的八字异墙,同时留足桥下净空
4	堆积扇中下部隧洞通过	不在泥石流的直接危害范围内,较方案 1、方案 2 投资少	隧洞从泥石流堆积体中穿越,其围岩软弱,对隧洞工程的危害极大	隧洞埋深需大于设计标准泥石流的最大冲刷深度,并做好隧洞进出口的防护	在泥石流的可能流路设双侧导流堤,归顺泥石流,并在泥石流流路与隧洞交差的位置设防冲肋槛(潜槛)

（2）隧洞+沟口桥梁通过方案（图10，方案2）

此方案是从沟口两侧山体以隧洞通过，在出山口基岩峡谷段以一桥跨过的方式通过，与方案3和方案4相比，桥梁处高程被抬高约150m（不包括桥梁的高度），在保证古乡沟上、下游整体线路连接顺畅的基础上，同时投资允许的情况下，此方案可以实施。在保证桥下净空的情况下（满足排泄设计标准的泥石流），泥石流对铁路的危害性较小。针对此方案的工程防治措施，可在桥下设急流槽，顺畅排泄泥石流，以防止桥下泥石流淤积、堵塞沟床。

（3）堆积扇中下部明线+桥梁通过方案（图10，方案3）

如果采取此种方案，要采取分散设桥、集中排导的措施，使线路达到防灾、保通的效果。具体来说，在目前古乡沟的流路上设桥（流路上不设置桥墩，桥上下游设置适当长度的八字异墙，同时留足桥下净空），同时为了控制山洪泥石流不在堆积扇上进行摆动，需在目前流路两侧采取导流排导的措施，对山洪泥石流进行归顺，使其不对明线段线路造成危害。此外，在整治工程投资可能的情况下，还可在出山口的基岩峡谷段建1~2座骨干型钢筋混凝土梁式格栅坝，一方面，可使古乡沟沟内的巨大砾石得到稳定，拓宽沟床后又使山坡的稳定性增强；另外一方面，因沟口基准面抬高、水头集中，让扇形地上的常流水沟槽快速下切，最后形成一个稳定的窄深排水通道，使中小规模的山洪泥石流能顺利地直接排入帕隆臧布江。由于减少了泥石流在扇体上的摆动和淤积量，因此使线路受危害的可能性减小，运营更加安全。此对策对于防治古乡沟中、小规模的泥石流较为有效，但是在强震或极端气候条件下，古乡沟仍有爆发特大型和巨型泥石流灾害的可能，此种情况下，现有方案难以保证铁路的运营安全。

（4）堆积扇中下部隧洞通过方案（图10，方案4）

该方案是在假设沟口今后地形变化不大、冲淤基本平衡的指导基础之上。即在堆积扇中下部以隧洞的方式穿越泥石流堆积体，让泥石流从隧道顶部通过。该方案与方案1和方案2相比，其投资要少些。但是，需要注意的是隧洞的埋深，要大于设计标准泥石流通过走线位置的冲刷深度，此外，由于隧洞从泥石流堆积体中穿越，其围岩软弱，对隧洞工程的危害较大。由于通过泥石流堆积区的铁路隧洞开挖断面大、埋深浅等特点，施工过程中极易发生坍塌冒顶及突泥突水现象，因此，如何保证开挖施工安全是需要重点对待的问题。针对此方案泥石流的防治，主要是注重隧洞顶部泥石流的冲刷及隧洞进出口泥石流的淤埋问题，具体工程措施是在泥石流的可能流路设双侧导流堤，归顺泥石流，并在泥石流流路与隧洞交差的位置设防冲肋槛（潜槛），以防止泥石流冲刷隧洞顶部，此外，尽量延长隧洞，将隧洞进出口延伸至泥石流淤埋范围之外，同时做好隧洞进出口的防护。此对策对于防治古乡沟中、小规模的泥石流较为有效，但是在强震或极端气候条件下，古乡沟仍有爆发特大型和巨型泥石流灾害的可能，此种情况下，特别是泥石流再次堵塞主河后，其堵塞回水和溃决洪水对隧洞本身及其进出口有巨大威胁，现有方案难以保证铁路的运营安全。

6 结语

川藏铁路然乌—通麦段通过帕隆藏布，其巨型冰水泥石流非常发育，本研究以古乡沟冰水泥石流为例，对其环境背景条件、运动特征值、堆积区危害范围进行了分析和模拟，在此基础上，提出了四种铁路走线方案，对方案进行了比较，并提出了相应的防治对策。由于帕隆藏布泥石流形成条件的复杂性，在未来强震和极端气候条件下，针对如古乡沟这样的巨型冰水泥石流沟，其泥石流可能爆发规模、危害形式等，及对铁路选线的影响与相应的防治对策，建议下一步开展深入研究，以满足铁路选线、建设及安全运营的需求。

参考文献

[1] 游勇．西藏古乡沟堆积扇泥石流输沙特征 [J]. 水土保持通报，2001，21（2）：28-30.

You Yong. Transporting Characteristics of Debris Flow at Guxiang Accumulation Fan in Tibet Autonomous Region[J], Bulletin of So ıl and Water Conservation, 2001, 21(2): 28-30.

[2] 中国科学院水利部成都山地灾害与环境研究所，西藏自治区交通科学研究所．川藏公路典型山地灾害研究 [M]. 成都：成都科技大学出版社，1999.

Institute of Mountain Hazards and Environment, CAS and the Traffic Department of the Tibet Autonomous Region.A study of typical mountain hazards along Sichuan-Tibet Highway[M]. Chengud：Chengdu Science and Technology University Publishing House, 1999.

[3] 曾庆利，杨志法，张西娟，等．帕隆藏布江特大型泥石流的成灾模式及防治对策——以扎木镇—古乡段为例 [J]. 中国地质灾害与防治学报，2007，18（2）：27-33.

Zeng Qingli, Yang Zhifa, Zhang Xijuan, et al. Hazard model and countermeasure to super-large debris flow in Parlung River Case study of the section from Zamu Town to Guxiang Gully[J], The Chinese Journal of Geological Hazard and Control, 2007, 18(2): 27-33.

[4] 刘建康，程尊兰．西藏古乡沟泥石流与气象条件的关系 [J]. 科学技术与工程，2015，15（9）：45-49，55.

Liu Jiankang, Cheng Zunlan. Meteorology Conditions for Frequent Debris Flows from Guxiang Valley in Tibet[J]. Science Technology and Engineering, 2015, 15(9): 45-49, 55.

[5] 朱平一，罗德富，寇玉贞．西藏古乡沟泥石流发展趋势 [J]. 山地研究，1997，15（4）：296-299.

Zhu Pingyi, Luo Defu, Kou Yuzhen. Debris Flow Development Trend Of Guxiang Ravine, Xizang[J], Journal of Mountain Research, 1997, 15(4): 296-299.

[6] 鲁安新，邓晓峰，赵尚学，等．2005 年西藏波密古乡沟泥石流暴发成因分析 [J]. 冰川冻土，2006. 28（6）：956-960.

Lu Anxin, Deng Xiaofeng, Zhao Shangxue, et al. Cause of Debris Flow in Guxiang Valley in Bomi, Tibet Autonomous Region, 2005[J], , Journal of Glaciology and Geocryology, , 2006. 28(6): 956-960.

[7] 周必凡，李德基，罗德富，等．泥石流防治指南 [M]. 北京：科学出版社，1991：92-93.

Zhou Bifan, Li Deji, Luo Defu, et al. Guide to prevention of debris flow [M]. Beijing: Science Press, 1991：92-93.

[8] 程尊兰，刘雷激，游勇．西藏古乡沟泥石流流速 [J]. 山地研究，1997，15（4）：293-295.

Cheng Zunlan, Lin Leiji, You Yong. Debris Flow Velocity Of Guxiang Ravine, Xizang[J], Journal of Mountain Research, 1997, 15(4): 293-295.

[9] 吴积善，田连权，康志成，等．泥石流及其综合治理 [M]. 北京：科学出版社，1993.

Wu Zhishan, Tian Lianquan, Kang Zhicheng, et al. Debris flow and its comprehensive control [M]. Beijing：Science Press, 1993.

[10] 刘高，杨重存，谌文武，等．深埋长大隧道涌（突）水条件及影响因素分析 [J]，天津城市建设学院学报，2002，8（3），160-164，168.

Liu Gao, Yang Zhongcun, Chen Wenwu, etc. Conditions and influencing factors of occurrence of groundwater inflow and invasion into deep-buried tunnel[J]. Journal of Tianjin Institute of Urban Construction, 2002, 8(3), 160-164, 168.

川藏铁路然乌—通麦段冰湖溃决危险性模糊综合评价及应用

范建容[1] 李 炫[2] 游 勇[1] 柳金峰[1] 张广泽[3] 毛邦燕[3]

(1. 中国科学院水利部成都山地灾害与环境研究所，成都 610041；2 国家测绘地理信息局第三地理信息制图院，成都 610100；3. 中铁二院工程集团有限责任公司，成都 610031)

摘 要：川藏铁路然乌—通麦段分布着大量的海洋性冰川，冰湖溃决是威胁该区段铁路安全和制约区域经济发展的主要地质灾害之一。本文针对川藏铁路然乌—通麦区段冰湖溃决灾害严峻的形势，利用MODIS地表温度数据和TRMM降雨数据弥补气象站点资料的匮乏，从影响冰湖溃决灾害的现代冰川特征、湖盆规模、气象参数、终碛坝参数、冰湖下游沟道特征5个方面选取了9个冰湖溃决危险性评估指标，应用模糊综合评价法对研究区冰湖溃决的危险性进行综合评价。结果表明，研究区内的130个冰湖中，高度危险的冰湖有10个，其中莫如弄巴的39号冰湖、拉普弄巴的83号冰湖、雪茹弄巴的50号冰湖、曲都弄巴的121号冰湖距离318国道和铁路线较近，一旦溃决可能会对道路形成一定的破坏；中度危险的冰湖有8个；低度危险的冰湖有2个；极低危险的冰湖有110个。评价的结果较好地反映了研究区内冰湖溃决的危险状况。在冰湖溃决危险性分析的基础上，提出川藏铁路然乌—通麦区段的铁路建设对策建议。

关键词：川藏铁路；冰湖溃决；危险性；综合评价

Fuzzy Comprehensive Assessment of Glacier-lake Outburst from Ranwu to Tongmai along Sichuan-Tibet Railway

Fan Jianrong[1] Li Xuan[2] You Yong[1] Liu Jinfeng[1] Zhang Guangze[3] Mao Bangyan[3]

(1.Institute of Mountain Hazards and Environment, Chinese Academy of Sciences, Chengdu 610041, China; 2. Third Geographic Information Cartographic Institute of the State Bureau of Surveying Mapping of Geoinformation, Chengdu 610100 China; 3.China Railway Eryuan Engineering Group Co.Ltd, Chengdu 610031, China)

Abstract: There are more than half of maritime glaciers in china concentration distributed in the Southeast Tibet. And at the same time, it is also a serious region suffered from hazards of glacier-lake outburst. So, the Southeast Tibet from Ranwu to Tongmai is selected as study area in this paper. Based on the MODIS land surface temperature product and TRMM precipitation data, 9 factors which are accessible and convenient for quantitative are selected for assessing the risk of glacier-lake outburst

---

作者简介：范建容(1969—)，女，研究员。

基金项目：中国铁路总公司科技研究开发计划课题(2014G004-A-5)和中国科学院STS项目(KFJ-EW-STS-094)。

from five characters concluding glacier, the scale of glacier-lakes, meteorological conditions, moraine dam parameters and downstream channel. Finally, fuzzy comprehensive evaluation method is used for assessing the glacier-lake outburst hazard in the study area. According to the result, there are 130 glacier-lakes in total, 10 of them are high hazardous, 8 glacier-lakes are medium hazardous, 2 glacier-lakes are low hazardous, and 110 glacier-lakes are extreme low hazardous. According to the analysis result, the evaluation results reflect the risk of glacier-lakes in Southeast Tibet, which can provide guidance and reference for disaster prevention in this area.

Keywords: Southeast Tibet; glacier-lake outburst; remote sensing; fuzzy comprehensive assessment

冰湖溃决灾害[1]是指冰湖溃决产生的洪水或由溃决洪水演变成的泥石流，危害人类生命财产安全，使自然环境和社会遭受严重破坏的自然灾害。近20年来，藏东南地区然乌至培龙段发生大规模冰湖溃决泥石流4次，冰湖溃决后又形成泥石流3次，造成巨大的人员伤亡和财产损失[2]。如1988年的光谢错冰湖溃决[3]激发了大型泥石流，使得水位升高大于10m，捣毁路基42km，中断交通200d，泥石流还冲毁了大小桥梁18座、民房51间，死难5人，直接经济损失达亿元。所以，做好藏东南地区的冰湖溃决危险性评价对预防冰湖溃决灾害、减少灾害带来的损失都具有非常重要的意义。

长期以来，随着国内外学者对冰湖溃决研究的不断深入，从冰湖的溃决机制到冰湖溃决的危险性评价都取得了一系列成果。徐道明等通过对溃决冰湖的考察，总结出冰湖溃决的特征、主要因素和爆发周期等[4]；吕儒仁提出了判别冰碛湖溃决可能性的7个指标，并分析出冰湖溃决与气候背景的关系等[3]；陈晓清等使用直接判别法和冰湖溃决危险性指数对喜马拉雅山中段波曲流域冰湖溃决的危险性进行了评价[5]；Huggle等将冰湖特征、冰坝特征、外在诱发因素及流域地形地貌特征等指标融为一体，提出了冰湖溃决评价的3个主要指标及18个次级指标[6]。

从冰湖溃决的影响因素出发，定量评价冰湖溃决危险性已成为冰湖研究的重点和发展趋势。国内外大量研究表明，温度的升降变化和降雨的多少都与冰湖溃决密切相关[3,6]。在国内许多冰湖溃决研究中[7-9]，大都是根据离冰湖最近的气象站观测数据，采用“水热组合”来反映区域温度和降雨的变化。而对于我国西部冰湖分布地区来说，气象站点非常少，气象资料匮乏，同时“水热组合”虽然能定性地反映地区的温度和降雨特征，但它无法用一个准确具体的数值来衡量，这对于定量评价冰湖溃决危险性会造成一定的困难，并影响冰湖溃决危险性的准确性。因此，本文在前人研究的基础之上，从影响冰湖溃决的补给冰湖的现代冰川特征、湖盆规模、气象参数、终碛坝参数、冰湖下游沟道特征5个方面进行分析，选取评价指标，利用MODIS地表温度数据和TRMM降雨数据弥补气象站点资料的匮乏，采用模糊综合评价方法定量实现藏东南地区冰湖溃决危险性评估，为冰湖溃决危险性评价提供一个新的思路。

1 研究区概况

藏东南地区集中分布着我国一半以上的海洋性冰川，冰湖星罗棋布，然乌到通麦段就有冰湖130个（图1）。其所处的帕隆藏布流域是印度洋板块和亚欧板块碰撞挤压作用的接触地区，地质构造复杂，同时该地区受印度洋孟加拉湾暖湿气流的直接影响很大，较高的气温导致冰川积累消融强，运动速度大，而整个流域内，从出口至源头，气候从暖温带逐渐过渡到寒温带，最后到常年0℃以下的高山冰雪区。同时，区内降水丰富，波密一带年降水超过900mm，然乌一带年降水超过700mm。有利的地质地貌条件和水文气象环境，为区域冰湖溃决泥石流的形成提供了水源、较大的沟道比降和沿途松散物质等条件。

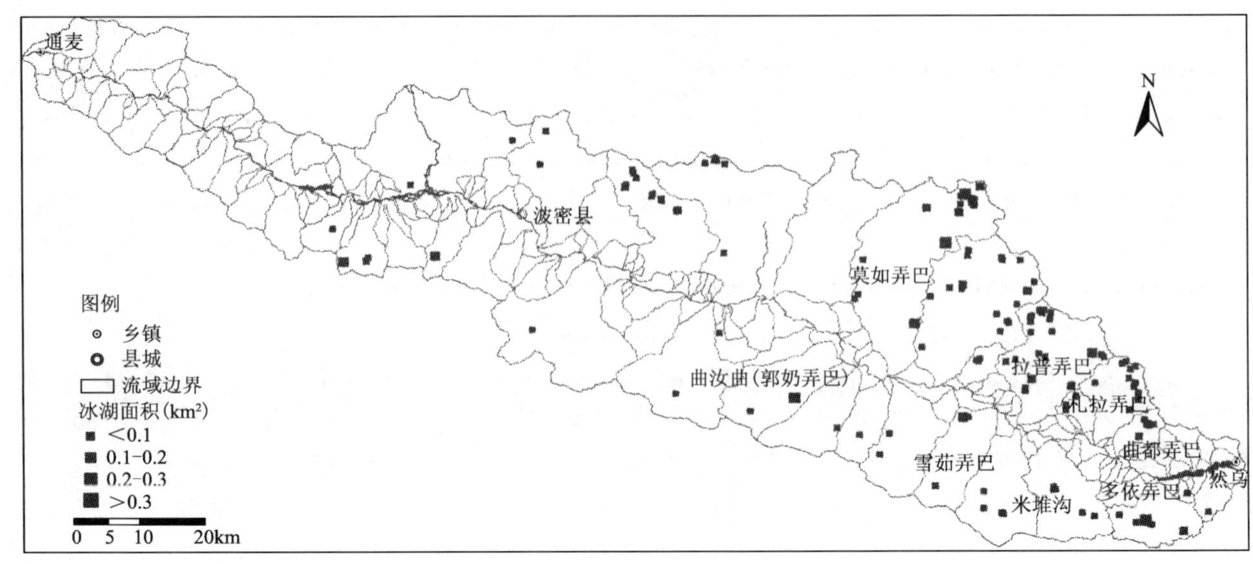

图1 研究区冰湖分布

2 评估指标选取

影响冰湖溃决的因素有很多，徐道明[3]认为历史上发生溃决的和具有潜在危险的主要是近100年来小冰期最后一次冰退所形成的具有封闭性良好的湖盆地形和陡峻终碛堤的终碛湖。崔鹏[7]等认为冰湖规模适中(面积10^5m^2量级)最易溃决，冰滑坡是重要的激发条件。程尊兰[1]提出终碛湖溃决应具备以下条件：①应当是现代冰川终碛阻塞湖。②终碛湖距冰川较近。一般具有危险性的终碛湖湖岸与现代冰川直接相连或相距相近。③冰川规模大、活动强烈、易发生快速前进跃动或崩坠于湖而形成涌浪，其波涌压力冲击终碛堤。④冰碛湖规模相对较大。⑤高温多雨。气温高、降水充沛使冰川消融径流量增加，导致大量融水汇入冰湖。气温升高、冰川融水增加、降水量增加、高温、强降雨等极端天气条件增多，必将造成冰湖溃决可能性增大。归结起来，潜在溃决危险性冰湖往往具有冰川地貌陡峭、冰川活动频繁、湖盆规模较大、冰碛坝稳定性差、气候湿热等几个特征。本文参考国内有关学者对冰湖溃决机制的研究，在指标容易获取和便于量化的原则上，从影响冰湖溃决的现代冰川特征、湖盆规模、气象参数、终碛坝参数、冰湖下游沟道特征5个方面选取冰湖溃决危险性评估指标。

2.1 补给冰湖的现代冰川特征

研究区冰湖多发育于高山冰川地貌地区，四周地势高陡，且地形起伏大，相对高差较大。发育的冰川属海洋性冰川，降水丰沛，气温较高，冰川的积累与消融量都很大，引起冰川的前进与后退的变化大。冰碛湖溃决一般都与冰湖后方的冰川活动直接相关，冰碛湖与母冰川的距离是两者关联程度最直接的度量[1]。冰川前缘的冰舌有的在后退中远离湖面(多数是补给范围较小的冰川)，另一部分冰舌则接近或伸入冰湖内，加上冰舌表面的坡度很大，容易形成冰川崩滑。冰川的快速前进、跃动或崩滑堕入冰湖，产生巨大涌波，容易致使终碛堤溃决，这是冰碛湖溃决及形成溃决型泥石流的重要诱发因素。因此，本文选取补给冰湖的现代冰川面积、冰川区平均坡度、冰川前端距冰湖距离3个指标来反映冰川对冰湖溃决的影响。同时，对于冰舌前端距冰湖距离，学者吕儒仁认为只要冰舌与冰湖距离$d \geqslant 0$都可以导致冰湖溃决的发生，距离越大，冰川与冰湖之间的关联程度就越小[3]。考虑到冰舌与冰湖关联作用的大小，本文在评价冰湖溃决危险性时，以1000m作为下限阈值，即认为冰舌与冰湖距离大于1000m，冰川对冰湖的影响很小，冰湖溃决危险性极低。

2.2 湖盆规模

冰湖的湖盆规模主要指冰湖的面积和深度。湖盆规模是决定灾害大小的重要因子,冰湖规模越大,溃决后的水量大,其形成的灾害的规模和影响范围相应增大,容易形成大的灾害[11]。许多研究也表明,一定规模以上的冰碛湖才可能造成危害。崔鹏等[7]根据我国已溃决冰碛湖的分析认为,10^5m^2量级是危险性冰碛湖的标识面积;而吕儒仁等学者[2]则认为,10^6m^3是危险冰碛湖水量的标识量级;车涛等监测朋曲危险性冰碛湖时则直接认为,面积大于$0.2km^2$才具有危险。应该说,随着人们对于冰湖认识和研究的不断深入,湖盆规模的标识是变化的。考虑到冰湖水深不便测量,并且根据文献中蓄水量和面积的经验公式(V=$0.104A^{1.42}$)可以得出,冰湖的蓄水量与冰湖面积呈正相关关系,所以,本文在考虑潜在危险冰湖时,取历史已造成溃决灾害的冰碛湖最小规模作为危险冰湖的下限阈值,即认为冰湖面积小于10^5m^2,冰湖溃决危险性极低。

2.3 气象参数

舒有峰认为,气候的波动和波动频率的大小是冰湖溃决灾害的重要诱发因素[7]。冰川的进退、积累和消融,都与温度和降水密切相关。一直以来,国内许多学者在研究中都采用湿热、湿冷、干热和干冷4种"水热组合"来反映气候变化对于冰湖溃决灾害的影响[8,9]。但对于冰湖危险性定量评价来讲,"水热组合"是一个不便量化的参数。1999年,吕儒仁等学者也提出了冰湖溃决热量指数(I_h)和冰湖溃决的危险性指数I_{dl}两个指数用于冰湖溃决危险性评价[2],前者是根据距冰川终碛湖最近的气象观测站的观测数据计算的,而对于藏东南地区来说,气象站点极少,气象资料比较匮乏,"水热组合"、热量指数I_h都难以计算。随着遥感技术的不断发展,运用卫星数据反演地表温度等数据可以有效地解决气象决观测资料不足的问题,被越来越多的学者应用于研究中。本文在前人研究的基础上,选用便于获取的MOD11A2地表温度数据和TRMM降雨数据替代气象站点数据。由于目前只能获取到1999年以后的MOD11A2地表温度数据,并且考虑到历史上的冰湖溃决灾害集中发生在6～9月[3],所以本文主要计算2000—2014年各冰湖的年降雨量、2000—2014年间6～9月的平均地表温度以及反映温度变化快慢的地表温度变化率3个参数作为冰湖危险性评价的气象指标。地表温度变化率就是将地表温度与年份之间进行线性回归,回归的斜率就是这些年份之间的地表温度变化率,其大小反映了区域内温度变化的趋势(图2)。计算公式为:

$$X_i=a+bt_i \tag{1}$$

$$b=\frac{\sum_{i=1}^{n}x_it_i-\frac{1}{n}\sum_{i=1}^{n}x_i\sum_{i=1}^{n}t_i}{\sum_{i=1}^{n}t_i^2-\frac{1}{n}\left(\sum_{i=1}^{n}t_i\right)^2} \tag{2}$$

式中:X_i——月均地表温度;

t_i——X_i所对应的时间。

公式(1)表示X与相应t的一元线性回归方程,其中a为常数,b为斜率。b采用最小二乘法计算,如公式(2)所示。$b>0$,说明随时间t的增加,温度X呈上升趋势;$b<0$,说明随时间t的增加,温度X呈下降趋势。由图2的结果可以看出,研究区79.11%区域在2000—2014年间6～9月的地表温度呈上升趋势,50.11%的区域呈明显上升趋势(温度变化率≥0.05),平均变化率为0.0535℃/a,气温的上升加剧了冰川的活动,冰川的逐步萎缩增大了冰湖溃决的可能,这与文献中的结语是一致的。

图2 2000—2014年间6～9月平均地表温度变化率

2.4 终碛坝参数和下游沟道特征

冰湖终碛坝坝顶宽反映了冰湖的稳定性,终碛坝坝顶宽度越大,冰湖越不易溃决,坝顶宽度越小,冰湖越容易溃决[8]。本文选取终碛坝坝顶宽反映终碛坝对冰湖溃决危险性的影响。冰湖溃决最直接的结果就是溃决洪水和泥石流,沟道纵比降是影响泥石流流速和输送能力大小的重要条件。冰湖溃决所导致的泥石流,具有突发性强、频率低、洪峰高、流量大、流量过程暴涨暴落和破坏力强及灾害波及范围广等特点。本文选取冰湖下游的沟道纵比降作为下游沟道特征参数,用以反映冰湖下游的沟道特征。

综上所述,本文从影响冰湖溃决灾害的补给冰川特征、湖盆规模、气象参数、终碛坝参数、下游沟道特征5个方面选取了冰湖的面积 F_1(km^2)、冰湖下游沟道纵比降 F_2(‰)、冰川前端距冰湖距离 F_3(m)、补给冰湖的现代冰川面积 F_4(km^2)、冰川区平均坡度 F_5(°)、2000—2014年间6～9月的平均地表温度 F_6(℃)、地表温度变化率 F_7(℃/a)、年降雨量 F_8(mm)以及冰湖终碛坝坝顶宽 F_9(m)9个指标来综合评估研究区冰湖溃决的危险性。

3 冰湖溃决危险性评估

3.1 模糊综合评价法

通过以上描述可以看出,影响冰碛湖溃决的因素是复杂多样的,而模糊综合评价法是对受多种因素影响的事物做出全面评价的一种十分有效的多因素评价方法,处理不确定性的事物具有较大的优势。其基本原理可以描述如下:

设有 n 件事物的某一特征等待评价,这 n 件事物构成对象集:$X=\{x_1, x_2, \cdots, x_n\}$,又知因素集:$U=\{u_1, u_2, \cdots, u_n\}$,评价集:$V=\{v_1, v_2, \cdots, v_n\}$。设各个因子的权重分配为 U 上的模糊子集 A,记为 $A=\{a_1, a_2, \cdots, a_n\}$,式中:$a_1$ 表示第 i 个因素 u_i 所对应的权重,且一般均规定 $\sum_{i=1}^{n} a_i = 1$。

对第 i 个因素的单因素模糊评判为 V 上的模糊子集 $R_i=\{r_{i1}, r_{i2}, \cdots, r_{im}\}$,进而得到模糊判断矩阵为:

$$R=\begin{bmatrix} r_{11} & r_{12} & \cdots & r_{1m} \\ r_{21} & r_{22} & \cdots & r_{2m} \\ r_{n1} & r_{n2} & \cdots & r_{nm} \end{bmatrix}$$

。则对该评判对象的模糊综合评判 B 是 V 上的模糊子集。

$$B=AOR$$

其中“O”为算子符，再根据最大隶属度原则便可确定被评判对象的评判等级。

3.2 权重计算

在模糊综合评价中需要计算各指标的权重大小，指标权重的精度是影响评价结果的重要因素。目前确定权重的方法比较多，层次分析法是因子权重确定中比较常用的方法，最早由美国运筹学家 T.L.Saaty 提出，其方法是按一定的规则对因子两两之间进行比较并赋值，构造判断矩阵，并采用随机一致性指标作数据一致性检验，若通过一致性检验，则可以得到可信度较高的计算结果。这种方法既考虑了主观不确定性因素，也结合逻辑思维定量进行分析，是主观与客观相结合的方法。本文采用层次分析法计算各影响因子权重。

对选取的 9 个因子，两两比较建立判别矩阵（表 1），并进行随机一致性检验，得到一致性比例：$C.R.=CI/RI=0.043323/1.46=0.029673$。一般认为当 $C.R. < 0.1$ 时，判断矩阵通过一致性检验。最终计算得到各因子的指标权重（表 2）。

判 断 矩 阵 表 1

评价指标	冰湖面积 F_1	下游沟道纵比降 F_2	冰川前端距冰湖距离 F_3	现代冰川的面积 F_4	冰川平均坡度 F_5	年间（6～9月）平均地表温度 F_6	地表温度变化率 F_7	年降雨量 F_8	终碛坝坝顶宽 F_9
冰湖面积 F_1	1	3	1/2	1	3	1	1/2	2	1/3
冰湖下游沟道纵比降 F_2	1/3	1	1/2	1/3	1	1/2	1/4	1/2	1/3
冰川前端距冰湖距离 F_3	2	2	1	2	2	1	1/2	2	1
补给冰川的面积 F_4	1	3	1/2	1	1	1	1/2	2	1/2
冰川平均坡度 F_5	1/3	1	1/2	1	1	1/2	1/3	1	1/3
年间（6～9月）平均地表温度 F_6	1	2	1	1	2	1	1/2	2	1/2
地表温度变化率 F_7	2	4	2	2	3	2	1	2	2
年降雨量 F_8	1/2	2	1/2	1/2	1	1/2	1/2	1	1/2
冰湖终碛坝坝顶宽 F_9	3	3	1	2	3	2	1/2	2	1

评价指标权重值 表 2

评价指标	冰湖面积 F_1	下游沟道纵比降 F_2	冰川前端距冰湖距离 F_3	补给冰川的面积 F_4	冰川平均坡度 F_5	年间（6～9月）平均地表温度 F_6	地表温度变化率 F_7	年降雨量 F_8	终碛坝坝顶宽 F_9
权重	0.1173	0.0565	0.1303	0.1009	0.0682	0.1103	0.1672	0.0893	0.1600

3.3 冰湖溃决危险性评价

本文将冰湖危险性等级划分为极低危险、低度危险、中度危险、高度危险四个等级。对于极低危险冰湖的划分，主要依据学者们对冰湖溃决灾害的研究[3,6]，取历史已溃决冰湖的最小面积（10^5m^2）以及冰舌与冰湖距离（1000m）作为下限阈值，相关参数小于这个阈值的冰湖则认为是极低危险等级的冰湖，其他冰湖则运用模糊综合评价法进行评价。在模糊综合评价计算时，除去极低危险性等级的冰湖，将其他冰湖划分为低度危险（Ⅰ）、中度危险（Ⅱ）、高度危险（Ⅲ）三个等级。用类似于升岭形隶属函数分布，计算各因素对评价等级的隶属度，并依据当 x 位于两界限值的中间时隶属度为 1 的原则，当 x 离开中间值增大或减少时，该变量对该等级的隶属度从 1 开始减少，当取边界值（a，b，c）时，隶属度为 1/2。划分的区间及对应隶属函数见表 3，根据隶属函数求得判断矩阵 R 值，在判断矩阵 R 和权重值 W 的基础上，再根据公式 $B=W\times R$ 得到隶属矩阵 B，最后按最大隶属度原则判断所评判对象的危险度等级。

各区间值对应的隶属函数　　表 3

区　间	Ⅰ	Ⅱ	Ⅲ
$a\leqslant x\leqslant(a+b)/2$	$\frac{1}{2}-\frac{1}{2}\sin\frac{\pi}{b-a}(x-\frac{a+b}{2})$	$\frac{1}{2}+\frac{1}{2}\sin\frac{\pi}{b-a}(x-\frac{a+b}{2})$	0
$(a+b)/2<x\leqslant b$	$\frac{1}{2}+\frac{1}{2}\sin\frac{\pi}{b-a}(\frac{a+b}{2}-x)$	$\frac{1}{2}-\frac{1}{2}\sin\frac{\pi}{b-a}(\frac{a+b}{2}-x)$	0
$b<x\leqslant(b+c)/2$	0	$\frac{1}{2}-\frac{1}{2}\sin\frac{\pi}{c-b}(x-\frac{c+b}{2})$	$\frac{1}{2}+\frac{1}{2}\sin\frac{\pi}{c-b}(x-\frac{c+b}{2})$
$(b+c)/2<x\leqslant c$	0	$\frac{1}{2}-\frac{1}{2}\sin\frac{\pi}{c-b}(x-\frac{c+b}{2})$	$\frac{1}{2}+\frac{1}{2}\sin\frac{\pi}{c-b}(x-\frac{c+b}{2})$
$x>c$	0	$\frac{1}{2}\sin\frac{c\pi}{2x}$	$1-\frac{1}{2}\sin\frac{c\pi}{2x}$

3.4　结果与讨论

（1）冰湖溃决危险性分析

本文是在计算各冰湖隶属度基础上，按照最大隶属度原则得出各冰湖的危险等级。研究区冰湖危险性评价结果见表 4。研究区共有冰湖 130 个，高度危险的冰湖有 10 个，占总数的 7.69%，分布在雪茹弄巴、拉普弄巴、多依弄巴、曲都弄巴、敦奶弄巴、米堆弄巴、扎拉弄巴、莫如弄巴 8 个小流域内，区域内曾经溃决的冰湖有郭奶弄巴流域的康窄错、莫如弄巴流域的错下湖、多依弄巴的多依错和米堆弄巴的光谢错。中度危险的冰湖有 8 个，低度危险的冰湖有 2 个，极低危险的冰湖有 110 个。根据表 4 的评价结果绘制出研究区冰湖溃决危险度分布图，如图 3 所示。结合各冰湖的隶属度可以看出，虽然同被定为高度危险的冰湖，但各冰湖在高度危险中的隶属度值差异比较明显，如雪茹弄巴的 50 号冰湖属高度危险的隶属度为 0.3770，仅略高于其属中度危险的隶属度，相比其他高度危险等级的冰湖，其危险性最低。进一步分析该冰湖的实际参数可以发现，其冰碛坝坝顶宽度约为 384m，补给冰川面积为 0.5383km²，地表温度变化率为 0.0429℃ /a，温度呈现不明显上升趋势，冰川活动性不强，溃决的危险性也相对较小；多依弄巴的 126 号冰湖其高度危险的隶属度为 0.5916，在所有高度危险等级冰湖中最大，而这一冰湖正是已溃冰湖多依弄巴的多依错，活动性比较强烈。所以，冰湖在高度危险性等级中的隶属度大小实际上反映了冰湖活动性的强烈程度。由此，除了高度危险的冰湖，部分确定为中度危险等级的冰湖也不容忽视，从隶属矩阵可以看出，像错卡弄巴的 2 号冰湖、达公弄巴的 79 号冰湖、莫如弄巴 41 和丹卡弄巴的 7 号冰湖，虽然评定的结果为中度危险，但其高度危险等级的隶属度值较大，甚至高于高度危险的曲都弄巴 121 号冰湖。

冰湖溃决危险性评价结果 表4

所属流域	冰湖编号	经度	纬度	Ⅰ	Ⅱ	Ⅲ	评价结果
日拢弄巴	62	96.4007	29.9045	0.4115	0.3798	0.2088	低度危险
尼足弄巴	12	95.9087	29.9048	0.3959	0.3808	0.2233	低度危险
尼足弄巴	21	95.9817	29.8704	0.2194	0.5179	0.2627	中度危险
日拢弄巴	46	96.3710	29.8675	0.1510	0.5353	0.3137	中度危险
莫如弄巴	44	96.3529	29.8229	0.1528	0.5047	0.3424	中度危险
日拢弄巴	57	96.3910	29.8832	0.1416	0.4991	0.3593	中度危险
雪茹弄巴	50	96.3760	29.5705	0.2621	0.3609	0.3770	高度危险
曲都弄巴	121	96.6185	29.5428	0.2849	0.3317	0.3834	高度危险
错卡弄巴	2	95.5117	29.7964	0.1473	0.4516	0.4011	中度危险
达公弄巴	79	96.4653	29.7528	0.1467	0.4522	0.4011	中度危险
莫如弄巴	41	96.3266	29.8740	0.1408	0.4549	0.4043	中度危险
扎拉弄巴	119	96.6171	29.5969	0.2529	0.3365	0.4106	高度危险
莫如弄巴	39	96.3092	29.7060	0.2055	0.3523	0.4421	高度危险
丹卡弄巴	7	95.6422	29.8052	0	0.5392	0.4508	中度危险
曲都弄巴	123	96.6301	29.5601	0.1986	0.3390	0.4623	高度危险
米堆弄巴	96	96.5011	29.4656	0.0799	0.4329	0.4872	高度危险
拉普弄巴	83	96.4707	29.6255	0.0668	0.4404	0.4928	高度危险
拉普弄巴	104	96.5540	29.6635	0.0656	0.4387	0.4957	高度危险
郭奶弄巴	31	96.1427	29.5985	0.0303	0.4363	0.5334	高度危险
多依弄巴	126	96.6271	29.4208	0.0565	0.3519	0.5916	高度危险

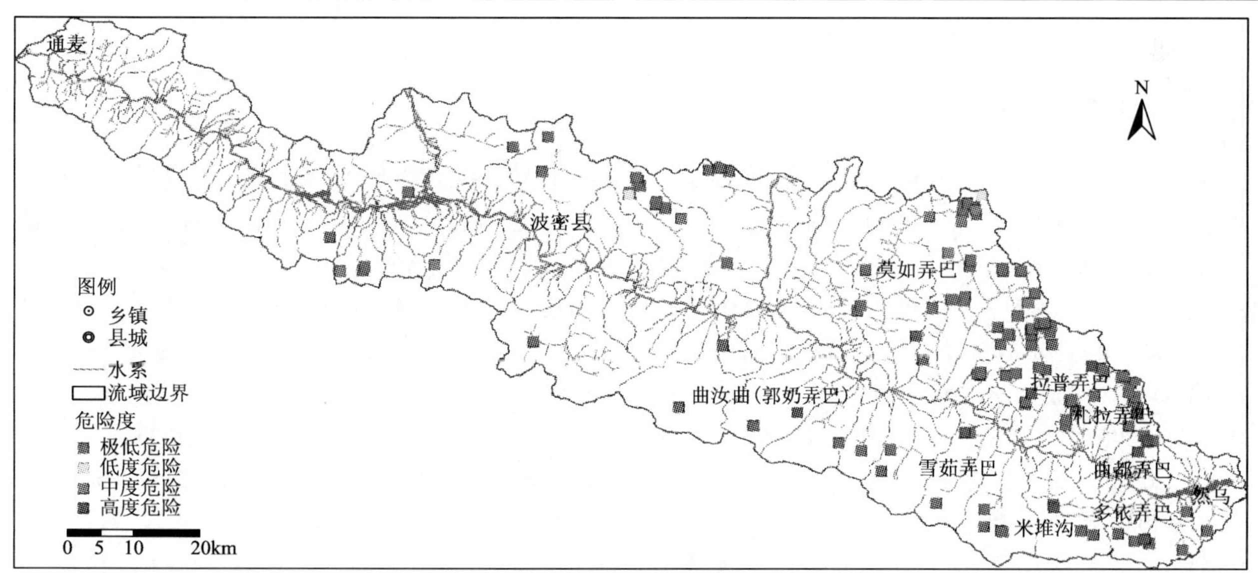

图3 冰湖溃决危险度分布图

(2)铁路建设对策建议

高度危险的冰湖集中分布于然乌至玉普间,冰湖溃决洪水的潜在性、突发性和危害性在公路水毁中表现尤为突出,铁路选线一般与现有公路基本一致,均依山沿河展布。在该区域进行铁路选线时,要特别注意冰湖溃决洪水的威胁，尤其是线路通过多依弄巴、郭奶弄巴、拉普弄巴、米堆弄巴、曲都弄巴、莫如弄巴等流域时，要考虑冰湖溃决洪水水深以及冲刷深度，同时，这些沟道内由于冻融风化形成大量松散堆积物，为泥石流提供了大量物源，冰湖溃决不仅形成洪水，往往形成泥石流。1988 年米堆弄巴的光谢错冰湖溃决形成泥石流汇入主河，形成堵塞坝高 10m，堵塞坝很快溃决，冲毁川藏公路大小桥梁 18 座，中断行车 200d。

自然灾害难以避免，但有其自身规律，只有正确认识它，用科学的方法对待它，对灾害的发生、发展、演化规律、灾害风险加强分析，开展科学有效的监测预警，便可以在有限的财力、物力范围内取得防灾效益。

4 结语

（1）本文从影响冰湖溃决灾害的补给冰川特征、湖盆规模、气象参数、终碛坝参数、下游沟道特征 5 个方面选取了 9 个冰湖溃决危险性评估指标，运用模糊综合评价方法实现了藏东南地区冰湖溃决危险性评价。结果表明，研究区共有冰湖 130 个，高度危险的冰湖有 10 个，中度危险的冰湖有 8 个，低度危险的冰湖有 2 个，极低危险的冰湖有 110 个。尤其是线路通过多依弄巴、郭奶弄巴、拉普弄巴、米堆弄巴、曲都弄巴、莫如弄巴等流域时，要充分考虑冰湖溃决的威胁。

（2）利用 MODIS 地表温度数据和 TRMM 降雨数据计算月均地表温度和年降雨量作为冰湖溃决危险性评价的气象指标，弥补了研究区气象站点较少、气象资料匮乏的不足。通过计算 2000 年到 2014 年间研究区 6 月到 9 月的月均温度变化率较好地反映了研究区在这段时间内温度的升高或降低的变化情况和发展趋势，为冰湖溃决危险性评价提供了一个比较实用的评价指标，具有重要的参考价值。

（3）冰湖溃决是一个复杂的过程，它受到多个因素的影响，涉及冰川特征、湖盆规模、气象条件、终碛坝参数等多个方面，具有较多的不确定性，而模糊综合评价法通过计算隶属度来确定冰湖溃决的危险性，评价结果提供了较为丰富的参考信息，对处理冰湖溃决这种不确定的事件具有较大的优势。

参考文献

[1] 郭国和，程尊兰，吴国雄，等 . 川藏公路南线典型冰湖及其溃决危险性评价 [J]. 水土保持研究，2009，（02）：50-55.
Guo Guohe, CHENG Zunlan, Wu Guoxiong, et al. Risk Assessment of Glacial-lake Outburst Along the South Section of Sichuan -Tibet Highway[J]. Research of Soil and Water Conservation, 2009, (02): 50-55.

[2] 吕儒仁，唐邦兴，朱平一 . 西藏泥石流与环境 [M]. 成都：成都科技大学出版社，1999，69-97.
Lv Ruren, Tang Bangxing, Zhu Pingyi. Debris Flow and Environment in Tibet[M]. Chengdu: Press of Chengdu University of Science and Technology, 1999, 69-97.

[3] 徐道明，冯清华 . 西藏喜马拉雅山区危险冰湖及其溃决特征 [J]. 地理学报，1989，（03）：343-351+385-352.
Xu Daoming, Feng Qinghua. Dangerous glacial lake and outburst features in Xizang Himalayas[J]. Acta Geographica Sinica, 1989, (03): 343-351+385-352.

[4] 陈晓清，崔鹏，杨忠，等 . 近 15a 喜玛拉雅山中段波曲流域冰川和冰湖变化 [J]. 冰川冻土，2005，（06）：793-800.
Chen Xiaoqing, Cui Peng, Yang Zhong, et al. Risk Assessment of Glacial Lake Outburst in the Boqu River Basin of Tibet Autonomous Region[J]. Journal of Glaciology and Geocryology, 2007, 29(4): 509-516.

[5] HAEBERLIW H C. An assessment procedure for glacier hazards in Swiss Alps[J]. Can Geotech, 2004, 41(6): 1068-1083.

[6] 舒有锋，王钢城，庄树裕，等 . 基于粗糙集的权重确定方法在我国喜马拉雅山地区典型冰碛湖溃决危险性评价中的应用

[J]. 水土保持通报，2010，（05）：109-114.

Shu Youfeng, Wang Gangcheng, Zhuang Shuyu, et al. A Weight Determination Method Based on Rough Set for Hazard Assessment of Typical Moraine-dammed Lake Outburst in Himalayan Region[J]. Bulletin of Soil and Water Co nservation, 2010, (05): 109-114.

[7] 崔鹏，马东涛，陈宁生，等．冰湖溃决泥石流的形成、演化与减灾对策 [J]. 第四纪研究，2003，（06）：621-628.

Cui Peng, Ma Dongtao, Chen Ningsheng, et al. The Initiation, Motion and Mitigation of Debris Flow Caused by Glacial Lake Outburst[J]. Quaternary Sciences, 2003, (06): 621-628.

[8] 车涛，晋锐，李新，等．近 20a 来西藏朋曲流域冰湖变化及潜在溃决冰湖分析 [J]. 冰川冻土，2004，26（4））：397-402.

CHE Tao, JIN Rui, LI Xin, et al. Glacial Lakes Variation and the Potentially Dangerous Glacial Lakes in the Pumqu Basin of Tibet During the Last Two Decades[J]. Journal of Glaciology and Geocryology, 2004, 26(4): 397-402.

[9] AL.CHAKWHE. Remote sensing based assessment of hazards from glacier lake outbursts：a case study in the Swiss Alps[J]. Can Geotech, 2002, (39): 316-330.

[10] 杨威，姚檀栋，徐柏青，等．近期藏东南帕隆藏布流域冰川的变化特征 [J]. 科学通报，2010，55（18）：1775-1780.

Yang Wei, Yao TanDong, Xu BaiQing, et al. Characteristics of Recent Temperat Glacier Fluctuations in the ParlangZangbo River Bbasin, Soutbeast Tibetan Plateau[J]. Chinese Sci Bull, 2010, 55(18): 1775-1780.

[11] SAATY T L. The Analytical Hierarchy Process[J]. New York, NY: M cGraw-Hill, 1980.

川藏铁路然乌—通麦段冰水泥石流危险性评价

张广泽[1] 蒋良文[1] 陈兴长[2] 游 勇[3] 柳金峰[3]

（1. 中铁二院工程集团有限责任公司，成都 610031；2. 西南科技大学环境与资源学院，绵阳 621010；
3. 中国科学院成都山地灾害与环境研究所，成都 610041）

摘 要：通过对川藏铁路然乌—通麦段泥石流形成环境背景与泥石流分布的关系分析，确定了冰水泥石流危险性评价的流域特征和冰川冰湖特征两大类指标。根据各类指标对泥石流作用方式不同，分别采用不同方法对其进行量化；采用熵权法确定各指标的权重，并基于"多因子叠加法"构建冰水泥石流危险性评价模型。评价结果显示，高度危险的冰水泥石流沟13条，中度危险的41条，低度危险的37条。其中，24‰走线方案穿越低度危险泥石流沟17条，中度危险22条，高度危险9条；30‰方案穿越低度危险泥石流沟20条，中度危险27条，高度危险5条。建议拟建铁路尽量绕避高度危险的冰水泥石流沟。

关键词：冰川；冰湖；泥石流；危险性评价；熵权法；帕隆藏布

Hazard Assessment of Gaciofluvial Debris Flows along Ranwu-Tongmai Segmentof Sichuan-Tibet Railway

Zhang Guangze[1] Jiang Liangwen[1] Chen Xingchang[2] You Yong[3] Liu Jinfeng[3]

(1. China Railway Eryuan Engineering Group CO. LTD, Chengdu 610031, China; 2. School of Environment and Resources, Southwest Univ. of Sci. and Technol, Mianyang 621010, China; 3. Inst. of Mountain Hazards and Environment, Chinese Academy of Sci, Chengdu 610041, China)

Abstract: Two kinds of assessment indexes of gaciofluvial debris flows, namely features of debris flow catchments and glacial lakes, were determined based on analysis of the relationship between formation backgrounds and distribution of debris flows. The two kinds of indexes were quantified using different methods, respectively, because they had different influences on the formation of gaciofluvial debris flows. Then the weight of each index was determined by the entropy weight method. And then the debris flow hazard assessment model was constructed based on multiple factors superposition method using the weights and the gaciofluvial debris flow hazards were assessed. Assessment results show that there are 13 high-risk debris flows, 41 medium-risk debris flows and 37 low-risk debris flows in the study area. The 24‰-line will go through 9 high-risk debris flows, 22 medium-risk debris flows and 17 low-risk debris flows. The 30‰-line will go through 5 high-risk debris flows, 27 medium-risk debris flows and 20 low-risk debris flows. It was suggested that the proposed railway should avoid high-risk gaciofluvial debris flows.

Keywords: glaciers; glacier lakes; debris flows; hazard assessment; the entropy weight method; Polongzangbu basin

---

作者简介：张广泽（1968—），男，教授级高级工程师。

基金项目：中国科学院STS项目（KFJ-EW-STS-094）和中国铁路总公司科技研究开发计划课题（2014G004-A-5）。

川藏铁路然乌—通麦段沿帕隆藏布主河展布，采用明线、桥梁或隧道的方式穿越河谷两岸不同地貌单元。该段共有两套设计方案：24‰ 和 30‰ 走线方案。24‰ 走线全长约 194.75km；30‰ 走线全长约 189.20km。

帕隆藏布流域特定的水文气候、地形地貌和地质条件，孕育了大量海洋性冰川和冰湖，以及数量众多的冰水泥石流。这类泥石流规模宏大，破坏力极强，治理难度较大。1953 年 9 月古乡沟爆发大规模泥石流，毁灭了山前大片的密林和耕地，堆积成宽约 3 km、长约 1.7 km 的扇状石海，堵塞帕隆藏布河谷，形成长约 0.5 km 的雍堵湖。随后多年持续爆发泥石流，给交通运输和生产建设造成重大损失 [1,2]。1983 年 7 月 29 日，培龙沟上游发生大规模冰崩，形成特大泥石流；随后的 1984 年和 1985 年均再次发生冰崩事件，连续两年堵断帕隆藏布主河，导致主河移位，河床严重抬高，G318 交通受到严重影响 [3]。1988 年 7 月米堆沟爆发冰湖溃决泥石流，卷走了沟内的米堆村，堵塞帕隆藏布，川藏公路断道达半年之久 [4]。这些大规模冰水泥石流一直是川藏公路上威胁最大的地质灾害，严重影响交通的安全。

拟建的川藏铁路然乌—通麦段同样受到这些冰水泥石的威胁；由于其破坏力极强，治理难度较大，有必要对其发生的危险性进行分析和评价，为拟建工程选线和防灾提供参考。

1 泥石流概况

研究区共发育各种类型的泥石流沟 118 条，其中，暴雨型泥石流 27 条，冰湖溃决型泥石流 7 条，冰水混合型泥石流 84 条（图 1）；稀性、过渡性和黏性泥石流均有分布，其中，稀性泥石流 43 条，过渡性 22 条，黏性泥石流 53 条。

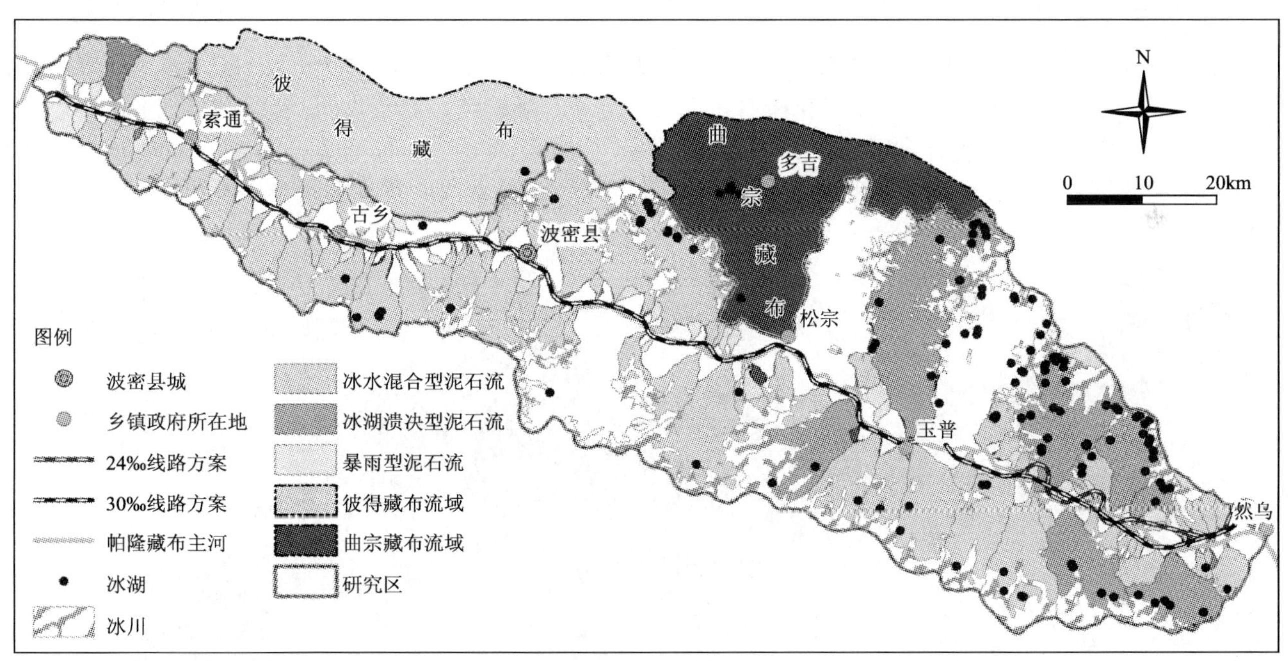

图 1　研究区的泥石流、冰湖和冰川分布及与拟建铁路关系图

无论冰湖溃决型还是冰水混合型，形成泥石流的水源均主要来自冰（川）雪融水，为便于叙述，本文把二者统一归为“冰水泥石流”。根据统计，研究区冰水泥石流流域面积三均值约 20.54 km^2，主沟纵比降约 294.67‰，相对高差 2590.75m（表 1）。三均值既利用了统计样本的信息，又有较强的稳健性，可以客观地反映冰水泥石流流域的统计特征。

冰水泥石流主要流域参数统计结果表　　表1

统计项目	算术平均值	中位数	上四分位数	下四分位数	三均值
流域面积（km^2）	36.04	21.11	6.45	33.47	20.54
平均纵比降（‰）	304.52	293.80	186.70	404.39	294.67
相对高差（m）	2559.53	2607.00	2124.00	3025.00	2590.75

拟建铁路在研究区沿帕隆藏布河谷展布。根据统计，24‰走线方案直接穿越泥石流沟59条，其中，暴雨型泥石流沟11条，冰水泥石流沟48条；30‰走线方案共穿越泥石流沟61条，其中，暴雨型泥石流沟9条，冰水型泥石流沟52条。拟建铁路走线方案主要从这些泥石流沟口堆积扇上，或者沟道下游通过（图1）。

2 泥石流发育的环境背景

2.1 地形地貌

研究区位于藏东南高山深谷区，地形高差大、切割强烈、山坡坡度陡；发育有山地地貌、河流地貌和冰川地貌等。山地相对高差在1500m以上，最大达2800m。帕隆藏布河谷宽窄相间，窄谷呈"V"字形，宽60～80m；两侧支沟短小，纵比降300‰~500‰，有利于汇流和冰雪运移。第四纪末次冰川退缩后，留下丰富的古冰川冰蚀地貌和各种类型的松散冰碛物。松散冰碛物和山谷谷坡处发育的残坡积物、崩滑堆积物等为泥石流活动提供了丰富的固体物源。

2.2 地质条件

研究区位于拉萨－波密褶皱带上；易贡藏布－帕隆藏布深断裂带和扎木－马尼翁走滑断层是区内主要大断裂。主干断层和连片分布的花岗岩走向都呈现NW-SE向。褶皱紧闭，岩层倾角较大或近于直立，次生构造叠加和组合使岩体切割强烈，扭曲变形。

地层主要有前震旦系和前寒武系的地层，以及泥盆系、石炭系和白垩系的地层（图2）。岩性以侵入

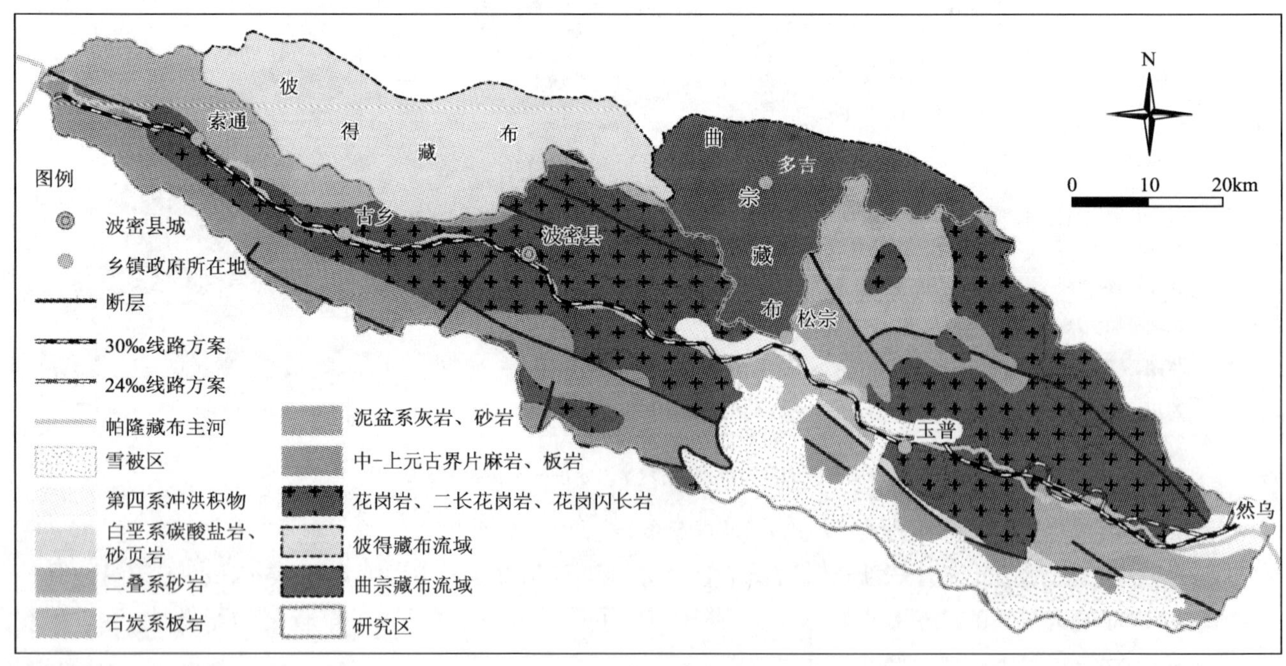

图2　研究区地层岩性和地质构造简图

岩为主，其次为变质岩和少量沉积岩。侵入岩主要为燕山期侵入花岗岩体，其次为元古界的侵入岩及其变质岩，包括钾长花岗岩、二长花岗岩、花岗闪长岩、石英闪长岩，以及片麻岩、混合岩等。在然乌至波密之间分布有泥盆系和石炭系的沉积岩和变质岩等，岩性主要为灰岩、白云岩、变质砂岩、板岩等。第四系堆积物主要有残积、坡积、冲积、洪积、冰川堆积等，是泥石流形成的主要物源。

研究区新构造运动强烈，差异性升降和水平挤压明显，伴有断裂和褶皱活动。受邻区大地震影响强烈，波密县城附近地震动峰值加速度为0.3g。

2.3 气候条件

研究区主要受来自于印度洋西南季风的影响。印度洋的暖湿气流沿雅鲁藏布江逆流而上，至通麦后一部分又沿帕隆藏布向东逆流而上。因此，研究区自西向东、自南到北逐渐由湿润、半湿润向半干旱过渡（图3），降水充沛，但地区差异大。

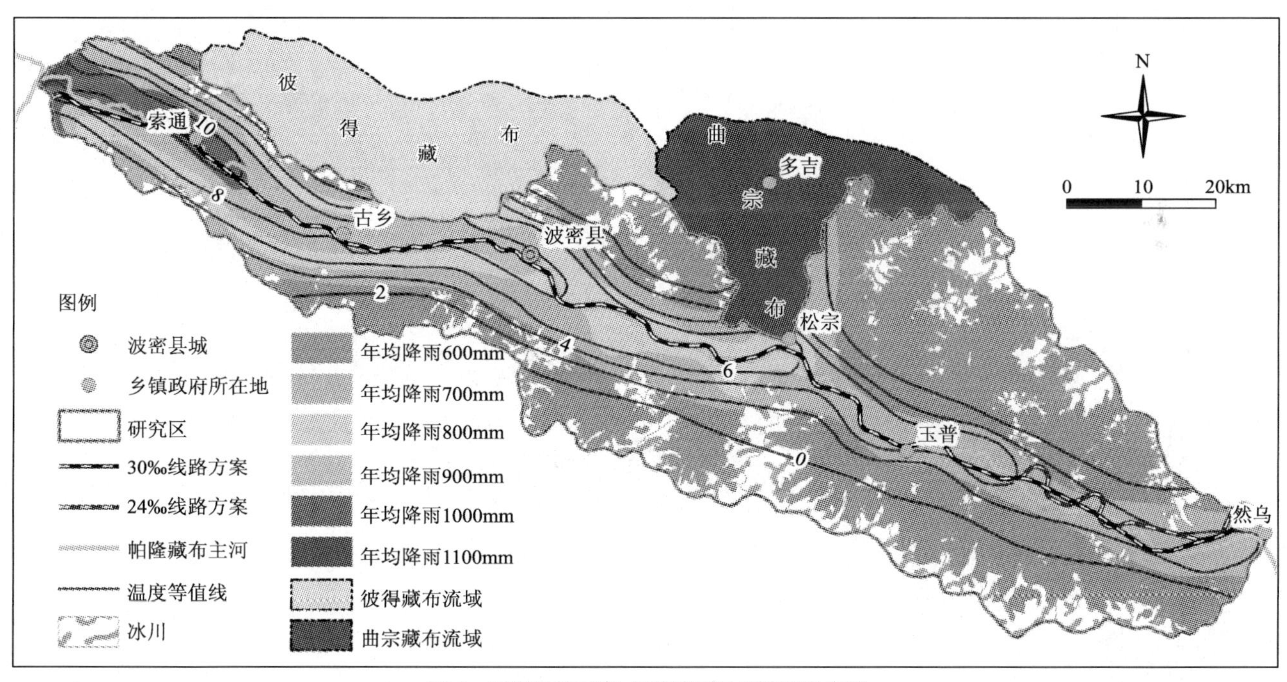

图3 研究区的温度、年均降雨量和冰川分布图

研究区内现代海洋性冰川和古冰川发育，冰川径流模数大多都在大于100L/（s·km^2），是大陆型冰川的3~5倍[5]。冰川的强烈消融致使大多数冰川底部发育冰下河。雪线高度低与冰温高是研究区内冰川的另一个显著特点。末次冰期冰川退缩时还形成了很多冰湖，以冰碛湖为主。总之，研究区冰川高水平的年内积累与消融，加之冰温高、冰下河发育，冰川底部多有滑动。另一方面，冰川舌前部冰裂隙和冰穹隆比较发育，冰舌稳定性很差，易引起冰崩和冰滑坡，从而诱发冰湖溃决泥石流。

3 危险性评价指标与评价方法

3.1 危险性评价指标

研究区泥石流广泛发育（图1），除几个主要支流外，主河两岸所有支沟均为泥石流沟。结合图2和图3可以发现，泥石流的分布基本不受地质、温度、降水等因素的限制。这表明研究区陡峻的地形、破碎的岩体和丰富的水源满足泥石流形成的要求。就研究区而言，这些因素均是泥石流形成的背景条件，泥石流的分布与这些背景条件的差异性无关。

冰(川)雪融水是冰水泥石流形成的重要水源。冰(川)雪融水量与冰川和冰湖的面积正相关;冰川的下限越低,冰温越高(图3),融化速度越快;冰湖溃决往往直接形成泥石流。综合以上分析,冰水泥石流危险性评价指标应涵盖泥石流流域特征和冰川冰湖特征等,具体包括流域面积(x_1)、主沟纵坡降(x_2)、相对高差(x_3)、冰川面积(x_4)、冰湖面积(x_5)、冰川高程下限(x_6)和冰湖危险性等。研究区所有沟道均具备形成泥石流的条件,如果流域内发生冰湖溃决,就会直接形成冰湖溃决型泥石流,即有高危冰湖的流域应是高度危险的泥石流沟。

由于以上指标的量纲和数量级别不同,必须先对原始数据进行同趋化处理和无量纲化处理。不同的指标处理方法不尽相同。泥石流流域特征指标应有趋同性,即同一区域流域特征越接近泥石流流域总体特征,越易形成泥石流。因此,流域面积、主沟纵坡降和相对高差采用与特征均值的距离进行量化。指标的平均值稳健性差,易受极大值和极小值的影响;中位数稳健性好,但不能反映总体特征;三均值既具有较好的稳健性,又能充分利用样本的信息,可以用来计算指标与其均值的距离(d):

$$d=|x-x'| \tag{1}$$

式中:d——指标值与其三均值的距离;

x——指标值;

x'——指标的三均值,计算方法如下:

$$x'=\frac{1}{4}x_{\mathrm{L}}+\frac{1}{2}x_{\mathrm{m}}+\frac{1}{4}x_{\mathrm{U}} \tag{2}$$

式中:x_{L}——下四分位数;

x_{m}——中位数;

x_{U}——上四分位数。

流域面积、主沟纵坡降和相对高差的三均值计算结果见表1。

指标与其均值的距离(d)需要进行标准化处理。离差标准化是对原始数据进行线性变换,具体变换方法有两种:

$$x_{\mathrm{N}}=\frac{x-x_{\min}}{x_{\max}-x_{\min}} \tag{3}$$

$$x_{\mathrm{N}}=\frac{x_{\max}-x}{x_{\max}-x_{\min}} \tag{4}$$

式中:x_{N}——指标的标准化值;

$x_{\min}$——指标的极小值;

$x_{\max}$——指标的极大值。

式(3)适用于正向指标;式(4)适用于逆指标。泥石流流域特征指标与其均值的距离(d)为逆指标,即距离越小,越接近于总体。

冰川和冰湖只是流域的一部分,其面积大小对不同流域泥石流的影响是不同的。为了能够有效地进行对比,采用指标面积比与流域面积比的比值(R_j)作为冰川或冰湖面积指标值:

$$R_j=\frac{\dfrac{AD_j}{AD}}{\dfrac{A_j}{A}} \tag{5}$$

式中:AD_j——某一泥石流流域内冰川或冰湖的总面积;

AD ——研究区内冰川或冰湖的总面积；

A_j ——该泥石流流域的面积；

A ——研究区内泥石流流域的总面积。

3.2 危险性评价方法

泥石流危险性评价的方法很多，常用的主要有如灰色关联度法、模糊层次综合评判法、分段函数赋值法、加权平均法、乘法和方根法、多因子叠加法等[6-9]。泥石流的形成是各影响因素综合作用的结果，不同的影响因素其贡献不同。因此，冰水泥石流发生危险性评价可采用多因子叠加法。评价模型如下：

$$Y_i=\sum_{j=1}^{m}(w_j\times x_{ij}) \tag{6}$$

式中：Y_i——某一流域危险性评价结果值；

w_j——指标权重值；

x_{ij}——某一流域标准化了的指标值；下标 i 为泥石流流域编号。

指标的权重采用熵权法确定。熵权法是根据指标变异性大小确定其权重；指标的信息熵越小，表明指标值的变异程度越大，其提供的信息量越多，权重也就越大。它既是一种客观确定指标权重的方法[10-12]，也可以用于选择评价指标。熵权法的计算方法如下：

假设有 m 个评价对象，n 个评价指标，可以构成如下的评价矩阵 X：

$$X=\begin{bmatrix} x_{11} & x_{12} & \cdots & x_{1n} \\ x_{21} & x_{22} & \cdots & \vdots \\ \vdots & \vdots & & \vdots \\ x_{m1} & x_{m2} & \cdots & x_{mn} \end{bmatrix}$$

每个指标的熵为：

$$E_j=-\frac{1}{\ln m}\sum_{i=1}^{m}\left[\frac{x_{ij}}{\sum_{i=1}^{m}x_{ij}}\cdot\ln\left(\frac{x_{ij}}{\sum_{i=1}^{m}x_{ij}}\right)\right] \tag{7}$$

每个指标的熵权为：

$$W_j=\frac{1-E_j}{\sum_{j=1}^{n}(1-E_j)} \tag{8}$$

■4 危险性评价模型和评价结果

根据研究区 91 条冰水泥石流的 6 个评价指标值，构建评价矩阵 X，利用式（7）计算各指标的熵值。计算结果显明，相对高差（x_3）指标的熵值达 0.98，表明该指标值的变异程度小，所能提供的信息量很少，作为评价指标的意义不大，应舍弃。根据各指标的熵值利用式(8)计算得到每个指标的熵权：

$$[W_1\quad W_2\quad W_3\quad W_4\quad W_5\quad W_6]=[0.170\quad 0.047\quad 0.000\quad 0.235\quad 0.487\quad 0.062]$$

根据式(6)，利用计算得到的指标熵权，可得此次冰水泥石流危险性评价模型：

$$Y_i=0.170\times x_{i1}+0.047\times x_{i2}+0.235\times x_{i4}+0.487\times x_{i5}+0.062\times x_{i6} \tag{9}$$

基于 ArcGIS 平台，利用式（9）对研究区 91 条冰水泥石流的危险性进行了定量计算；根据计算结果，采用自然断点法对泥石流的危险性进行了分类。自然断点法是一种地图分级算法，它利用数据本身的断点，将相似值进行分组，使各个类之间的差异最大化，即组间方差最大、组内方差最小。

根据分类结果把研究区91条冰水泥石流分成了高度危险、中度危险和低度危险三大类，详见图4。其中，高度危险的冰水泥石流沟有13条，中度危险的有41条，低度危险的有37条。不同危险程度泥石流沟占泥石流总面积和研究区总面积的比值见表2。高度危险冰水泥石流流域的基本特征列于表3。

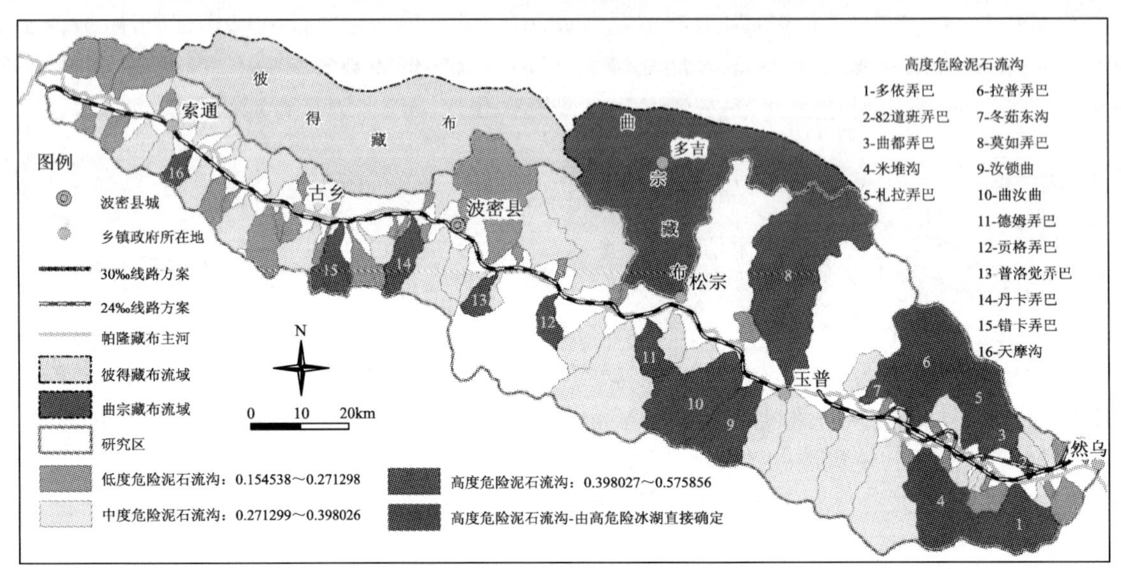

图4 冰水泥石流危险性评价结果图

研究区不同危险性的冰水泥石流特征统计结果表 表2

危险等级	泥石流沟数量	面积(km^2)	占泥石流总面积的百分比(%)	占研究区总面积的百分比(%)
高度危险	13	856.59	26.1	18.1
中度危险	41	1836.91	56.0	38.8
低度危险	37	585.69	17.9	12.4

高度危险冰水泥石流特征表 表3

序号	沟名	流域面积x_1(km^2)	沟道纵坡x_2	冰川面积x_4(km^2)	冰湖面积x_5(km^2)	冰川下限x_6(m)	泥石流类型	备注
1	多依弄巴	87.39	0.1476	16.19	0.50	4100	冰湖溃决型	HG
2	82道班西沟	9.44	0.2663	3.20	0.00	4500	冰水混合型	
3	曲都弄巴	28.65	0.2241	6.85	0.37	4950	冰湖溃决型	HG*
4	米堆沟	119.70	0.1177	38.52	0.22	3850	冰湖溃决型	HGE
5	札拉弄巴	83.09	0.1052	12.44	0.34	4800	冰湖溃决型	HGE
6	拉普弄巴	189.32	0.0835	52.57	0.94	4300	冰湖溃决型	HGE
7	冬茹东沟	10.53	0.3415	2.15	0.05	5100	冰水混合型	
8	莫如弄巴	317.69	0.5006	73.85	2.54	4200	冰湖溃决型	HG
9	汝锁曲	81.91	0.1176	35.78	0.02	3600	冰水混合型	
10	曲汝曲	137.06	0.0967	54.52	0.60	3900	冰湖溃决型	HG
11	德姆弄巴	33.81	0.2938	13.37	0.09	3400	冰水混合型	
12	贡格弄巴	24.12	0.2632	8.94	0.00	3500	冰水混合型	

续上表

序号	沟名	流域面积 x_1（km^2）	沟道纵坡 x_2	冰川面积 x_4（km^2）	冰湖面积 x_5（km^2）	冰川下限 x_6（m）	泥石流类型	备注
13	普洛觉弄巴	21.01	0.2502	7.85	0.00	3400	冰水混合型	
14	丹卡弄巴	40.31	0.1550	10.78	0.23	4100	冰水混合型	
15	错卡弄巴	46.89	0.1311	0.73	0.32	4300	冰水混合型	
16	天摩沟	17.79	0.3822	5.32	0.00	3100	冰水混合型	

*注：HG 表示流域内发育有高危冰湖；HGE 表示该流域的危险性直接由流域内高危冰湖确定。

评价模型中未考虑冰湖危险性等级对评价结果的影响。由于冰湖溃决可以直接诱发形成泥石流，因此本文根据冰湖危险性进一步对研究区冰水泥石流进行评价。柳金峰（2012）对研究区冰湖溃决的危险性进行了研究，发现研究区共有 7 个冰湖属于高度危险冰湖[13]。其中，有 4 个高危冰湖所在流域被评价为高度危险泥石流沟；其余 3 个高危冰湖分别位于米堆沟、札拉弄巴和拉普弄巴三个中度危险泥石流流域内。因此，本文直接把这三个流域的危险性由中度提升至高度危险。

从图 4 可以看出，然乌—松宗段泥石流流域面积普遍较大，以高～中度危险的泥石流沟为主，低度危险的泥石流沟主要是那些流域面积较小、位置相对较低、未发育冰川和冰湖，且主要以冰雪融水为主的冰水型泥石流沟。松宗—通麦段则以中～低度危险的泥石流沟为主；尤其是波密—通麦段流域面积普遍较小，中度危险的流域大多发育有面积较大的冰川；高度危险的泥石流沟大都有大面积冰川或冰湖，如天摩沟发育了研究区海拔最低的冰川，冰川下限仅 3100m，错卡弄巴流域内则发育了多处冰湖（图 1 和图 3）。

根据评价结果（图 4），结合拟建铁路走线方案，24‰ 走线方案直接穿越低危险度泥石流沟 17 条，中危险度泥石沟 22 条，高危险度泥石流 9 条；30‰ 走线方案直接穿越低危险度泥石流沟 20 条，中危险度泥石沟 27 条，高危险度泥石流 5 条。

5 讨论与结语

物源是泥石流发生的重要物质基础，当无法直接获取物源数据时，通常可以采用地质指标（地层岩性、地质构造）替代。但是，研究区地质条件对泥石流的分布无差异性，不宜用作评价指标。因此，此次评价考虑了水源条件，但缺乏物源指标，这在一定程度上影响了评价结果的可靠性。譬如研究区的“古乡沟泥石流”，虽然泥石流活动性总体在减弱[2,14]，但流域内仍然保存有大量的物源，具备形成大规模冰水泥石流的物源条件。由于忽略了这一指标，该流域的危险性等级评价结果仅为中度危险。

通过本文的研究，可得出以下结语：

（1）研究区位于我国藏东南高山深谷区，地质条件复杂，冰川冰湖发育，有利于形成泥石流；研究区共发育各类泥石流沟 118 条，其中，暴雨型泥石流 27 条，冰湖溃决型泥石流 7 条，冰水混合型泥石流 84 条。

（2）根据研究区泥石流的发育和分布状况，冰水泥石流危险性评价指标选择了流域特征和冰川冰湖特征两大类指标，具体包括流域面积、主沟纵坡降、冰川面积、冰湖面积、冰川高程下限和冰湖危险性等。冰湖溃决可直接诱发泥石流，高危冰湖所在流域直接确定为高度危险泥石流沟。

（3）采用不同的方法量化了不同类型的评价指标，采用熵权法确定了各指标的权重，在此基础上，构建了研究区冰水泥石流的“多因子叠加法”评价模型，并进行了冰水泥石流危险性评价。

（4）根据评价结果，研究区共有 13 条高度危险的冰水泥石流沟，41 条中度危险的冰水泥石流沟，37 条低度危险的冰水泥石流沟。其中，24‰ 走线方案穿越低度危险泥石流沟 17 条，中度危险 22 条，高度危险 9 条；30‰ 走线方案穿越低度危险泥石流沟 20 条，中度危险 27 条，高度危险 5 条。

建议对于高度危险的冰水泥石流沟，可采取绕避或从中下游隧道下穿方案通过；对于中度危险泥石流沟应加强监测预警，必要时进行治理或采用单孔桥跨方式通过；对于低度危险泥石流沟，也应做好监测预警工作。

参考文献

[1] 游勇，程尊兰，胡平华，等 . 西藏古乡沟泥石流模型试验研究 [J]. 自然灾害学报，1997，6（1）：52-58.

You Yong, Cheng Zunlan, Hu Pinghua, et al. A study on model testing of debris flow in Guxiang gully, Tibet [J]. Journal of Natural Disasters, 1997, 6(1): 52-58.

[2] 朱平一，罗德富，寇玉贞 . 西藏古乡沟泥石流发展趋势 [J]. 山地研究，1997，15（4）：296-299.

Zhu Pingyi, Lou Defu, Kou Yuzhen. Debris flow development trend of Guxiang ravine, Xizang [J]. Mountain Research, 1997, 15(4): 296-299.

[3] 吴积善，程尊兰，耿学勇 . 西藏东南部泥石流堵塞坝的形成机理 [J]. 山地学报，2005，23（4）：399-405.

Wu Jishan, Cheng Zunlan, Geng Xueyong. Formation of Dam from Debris Flow in the Southeast Tibet [J]. Journal of Mountain Science, 2005, 23(4): 399-405.

[4] 游勇，程尊兰 . 西藏波密米堆沟泥石流堵河模型试验 [J]. 山地学报，2005，23（3）：288-293.

You Yong, Cheng Zunlan. Modeling Experiment of Debris Flow in Midui Gully, Tibet [J]. Journal of Mountain Science, 2005, 23(3): 288-293.

[5] 杨针娘，胡鸣高 . 青藏高原东部河川径流特征 [J]. 冰川冻土，1990，12（3）：219-226.

Yang Zhenniang, Hu Mingko. Streamflow characteristics of the eastern Qinghai Plateau [J]. Journal of Glaciology and Geocryology, 1990, 12(3): 219-226.

[6] 陈兴长，游勇，柳金峰 . 震后北川县泥石流对恢复重建的影响及潜在泥石流发育度评价 [J]. 四川大学学报（工程科学版），2010，42（5）：76-82.

Chen Xingzhang, You Yong, Liu Jinfeng. Impacts on Reconstruction and Developing Degrees Evaluation of Debris Flows Following the Wenchuan Earthquake in Beichuan County, Sichuan, China [J]. Journal of Sichuan University(Engineering Science Edition), 2010, 42(5): 76-82.

[7] 莫时雄，程峰，王杰光，等 . 典型金属矿山泥石流潜势度的模糊层次综合评判 [J]. 中国地质灾害与防治学报，2009，20（2）：41-45.

Mo Shixiong, Cheng Feng, Wang Jieguang, et al. Fuzzy hierarchic evaluation for debris flow potential of typical metal mine [J]. The Chinese Journal of Geological Hazard and Control, 2009, 20(2): 41-45.

[8] 邹翔，崔鹏，韦方强，等 . 灰色关联度法在泥石流活动性评价中的应用 [J]. 山地学报，2003，21（3）：360-364.

Zou Xiang, Cui Peng, Wei Fangqiang, et al. Application of Grey-correlation method to activity evaluation of debris flow [J]. Journal of Mountain Science, 2003, 21(3): 360-364.

[9] 刘希林 . 区域泥石流危险度评价研究进展 [J]. 中国地质灾害与防治学报，2002，13（4）：1-9.

Liu Xilin. Advance in research on assessment for degree of regional debris flow hazard [J]. The Chinese Journal of Geological Hazard and Control, 2002, 13(4): 1-9.

[10] Dursun M, Karsak EE, Karadayi MA. Fuzzy group decision making for the assessment of health-care waste disposal alternatives in Istanbul[J]. World Academy of Science, Engineering and Technology, 2010, 4(6): 793-797.

[11] QI YG, WEN FS, WANG K, et al. A fuzzy comprehensive evaluation and entropy weight decision-making based method for power network structure assessment [J]. International Journal of Engineering, Science and Technology, 2010, 2(5): 92-99.

[12] LI Xiangxin, WANG Kongsen, LIU Liwen, et al.. Application of the Entropy Weight and TOPSIS method in safety

evaluation of coal mines [J]. Procedia Engineering, 2011, (26): 2085-2091.

[13] 柳金峰，程尊兰，陈晓清．帕隆藏布流域然乌—培龙段冰湖溃决危险性评估 [J]. 山地学报，2012，30（3）：369-377

Liu Jinfeng, Cheng Zunlan, Chen Xiaoqing. The Hazard Assessment of Glacier-lake Outburst in Palongzangbu River from Ranwu to Peilong [J]. Journal of Mountain Science, 2012, 30(3): 369-377.

[14] 陈晓清，崔鹏，赵万玉．汶川地震区泥石流灾害工程防治时机的研究 [J]. 四川大学学报（工程科学版），2009，41（3）：125-130.

Chen Xiaoqing, Cui Peng, ZHAO Wanyu. Optimal Timing for the Control of debris flow in Wenchuan Earthquake area [J]. Journal of Sichuan University(Engineering Science Edition), 2009, 41(3): 125-130.

川藏铁路拉萨段主要岩性光谱特征研究

冯　涛[1]　蒋良文[1]　刘汉湖[2]　张广泽[1]　王　栋[1]
（1. 中铁二院工程集团有限责任公司，成都 610031；
2. 成都理工大学地质灾害防治与地质环境保护国家重点实验室，成都 610059）

摘　要：川藏铁路沿线山高路险，很多区域人车难以到达，采用常规的勘察手段实施难度极大。高光谱遥感数据能有效大面积地对岩石进行分类，其理论依据是岩石的反射光谱曲线差异性。本文选择川藏铁路拉萨段，通过野外岩石标本采集，应用美国ASD光谱仪开展了室内光谱测试，并基于ENVI软件对采集光谱进行了预处理，最后分析了研究区不同岩石类型光谱差异性，为后期高光谱遥感数据岩石分类识别提供了理论依据。

关键词：川藏铁路；岩性；高光谱遥感；光谱特征

Lithology Spectrum Analysis about Main Rocks along Lasha Section of Sichuan-Tibet Railway

Feng Tao[1]　Jiang Liangwen[1]　Liu Hanhu[2]　Zhang Guangze[1]　Wang Dong[1]
(1. China Railway Eryuan Engineering Group Co.Ltd, Chengdu 610031, China; 2. State Key Laboratory of Geohazard Prevention and Geoenvironment Protection, Chengdu University of Technology, Chengdu 610059, China)

Abstract: The mountain is very high and road is very dangerous in Sichuan-Tibet along the railway, many areas difficult to reach, we are extremely hard using conventional means of surveying practice.Hyperspectral remote sensing data can effectively classify large area of rock, its theory is based on the spectral reflectance curve of the rock. This paper takes the Sichuan-Tibet railway Lhasa section as example, carried out the field rock sample collection, tested the field rock sample spectrum using ASD spectrometer indoor and preprocessed the collected spectra.Finally, this paper analyzes the spectral differences of different rock types in the study area, which provides a theoretical basis for the post-rock hyperspectral remote sensing data classification.

Keywords: Sichuan-Tibet railway; lithology; hyperspectral remote sensing; spectral characteristics

川藏铁路沿线山高路险，很多区域人车难以到达，采用常规的勘察手段实施难度极大。找到一种快速而又较为准确的勘察方法，具有非常重要的现实意义。高光谱遥感技术是近年来逐渐发展起来的新兴遥测技术。该技术能够通过地物光谱仪对不同岩石进行光谱采集以及通过专业处理软件对地物光谱进行分析，并利用高光谱遥感数据有效对岩石进行分类。同时，高光谱技术具有快速、宏观、真实以及独特

作者简介：冯涛（1978—），男，博士，高级工程师。

的光谱特征识别能力，不仅可以客观地反映地质体、地质构造等的表征信息，而且在一定程度上可以显示浅地表及深部信息，加上高寒山区独特的自然条件（岩石裸露、植被发育较少等），这使利用高光谱技术在西部高寒山区进行岩矿填图成为一种重要而又可行的技术手段。

近年来，高光谱遥感凭借其较高的光谱分辨率具备了定量获取岩石成分的研究潜力，并且已经在岩石矿物的实验室反演中取得了较好的效果。Clark 等（1990 年）对岩石矿物的光谱特征与处理技术进行了深入研究，开发了大量岩矿信息光谱识别技术[1]；王润生等（2007 年）研究了不同矿物的混合光谱特征，并进行了初步总结[2]；甘甫平等(2003 年)[3,4]对矿物特征光谱进行了分析和总结，建立了基于特征谱带的高光谱遥感矿物谱系识别方法。这些技术方法的基础是岩石矿物的反射光谱曲线差异性。近年来便携式光谱仪的投入使用，极大地促进了高光谱技术在地质领域的应用，推动了矿物识别与填图、岩性填图等方面的发展。

1 研究区概况

川藏铁路由成都出发至拉萨，线路由成都平原爬升至青藏高原，途经海拔 300 ～ 500m 的四川盆地，海拔 3700 ～ 4800m 峡谷纵列、雪山重叠的川西高山原河谷区，海拔 3000 ～ 6000m、高差 1500 ～ 3000m，我国最长最宽的南北走向山系，山脉走向主要为东西向，山势雄伟，群峰高耸，山岭海拔多在 5000m 以上的藏南谷地区。人迹罕至，无人区约 300km。研究区高寒山区自然环境恶劣，地理位置偏远，交通不便，地质调查研究十分困难。

本文选取拉萨南部地区、贡嘎机场东部山区、沿雅鲁藏布江两岸为研究区，如图 1 所示。

图 1　研究区位置图

2 数据采集与处理

地物在不同波段的反射率其特征不同，利用地物反射率的差异性特征，可以判断地物的属性。本研究制订了完善的野外岩石标本采集计划，并到研究区进行了野外岩石标本采集。通过 ASD 光谱仪，对采集到的我国西部高寒山区（拉萨周边雅鲁藏布江两岸）典型岩石进行光谱曲线获取，同时通过 ViewSpecPro 软件对获取的光谱数据进行处理。

图2 ASD FieldSpec Pro FR 光谱辐射仪

2.1 ASD FieldSpec Pro FR

ASD FieldSpec Pro FR（光谱辐射仪）是美国ASD（Analytical Spectral Devices.，Inc）公司的产品，适用于从遥感测量、农作物监测、森林研究到工业照明测量、海洋学研究和矿物勘察的各方面应用。该仪器是一种测量可见光到近红外波段（350～2500nm）地物光谱的便携式工具（图2）。它能快速扫描地物，光纤探头能在毫秒内得到地物单一光谱，主要测量反射率（Reflectance）和辐射亮度（Radiance）。主要参数见表1。

ASD FieldSpec Pro FR 光谱辐射仪主要参数 表1

光谱分辨率	可见光、近红外：3nm；短波红外：10nm	波长范围	350～2500nm
采样间隔	350～1050nm：1.4nm；100～2500nm：2nm	波长精度	±1nm
色散元件	一个固定的两个快速旋转的全息反射光栅	光谱平均	高达31800次
波长重复性	优于±0.3nm&±10℃温度变化	变化值	16bits
视场角	1°，3°，5°，8°，10°，25°可选	采样时间	短至10次/s

2.2 岩石标本采集

野外实地采集了拉萨东南部山区、雅鲁藏布江两岸岩石样品共计14类，分别为：安山岩、白岗岩、板岩、灰岩、石英砂岩、变质橄榄岩、次火山岩、彩色燧石、花岗岩、闪长岩、页岩、火山角砾岩、石英片岩、凝灰岩。岩石样品的采集按照统一标准：长、宽、高分别为3cm、6cm、9cm；同类岩石采集其新鲜面与风化面，对于风化程度高的岩石需要采集其风化土。最后对岩石样品与采样点、样品数量进行对应，如表2所示。

野外采样信息表 表2

样品名称	采样点数	样品数量	样品名称	采样点数	样品数量
安山岩	2	8	次火山岩	1	2
白岗岩	2	4	彩色燧石	1	3
板岩	8	18	花岗岩	3	7
灰岩	4	6	闪长岩	6	13
石英砂岩	3	4	页岩	1	1
变质橄榄岩	3	7	火山角砾岩	1	1
石英片岩	2	4	凝灰岩	2	2

2.3 光谱数据采集

在野外光谱测量中，被测地物的辐射能抵达传感器是一个复杂的过程，受多种因素的影响，测量时间、光照条件（太阳高度角、太阳方位角）、大气特性和稳定性（云、风）、仪器视场角以及扫描速度等因素都会直接影响所测结果的精度。而室内测量地物光谱受到的外界影响相对较少，因此本研究采用室内测量地物光谱。

本研究通过对野外岩石样品的整理归类，然后采用ASD光谱仪，通过室内模拟自然光源对岩石样品进行光谱信息采集，此做法的优势在于可以很好地去除野外的天气与环境因子的影响，从而获取更为真实的岩石光谱曲线，为后期的分析提供更高的精度基础。为了尽量避免外界光线自然光或人工光源散射后的影响，本次光谱采集从两个方面进行了考虑，一是将测试时间定为夜间进行，避免了自然光线干扰；二是在岩矿标本下部垫上1m^{2}左右的黑色绒布，尽可能减少周边地物光线干扰[5]。

2.4 光谱数据预处理

实测光谱数据包括噪声光谱数据和地物光谱数据，通过光谱数据的预处理及各种转换可以消除各种噪声的影响，并突出地物光谱的某些细微差别。光谱数据的预处理及转换都是基于遥感软件 Envi 完成。由于光谱仪波段间对能量相应上的差异，光谱曲线总存在一些噪声，为得到平稳与概略的变化，需平滑波形，以去除包含在信号内的少量噪声。实践表明：如果噪声的频率较高，其量值也不大，用平滑方法可在一定程度上降低噪声（夏涛，2007）[6]。常用的平滑方法有移动平均法、静态平均法、傅立叶级数近似等，其大部分方法是基于低通滤波，使用低通滤波保留低频部分的同时消除高频部分，以达到平滑和去噪的作用。

本研究获取的岩石样品平均光谱曲线与岩性对应关系如图 3 所示。

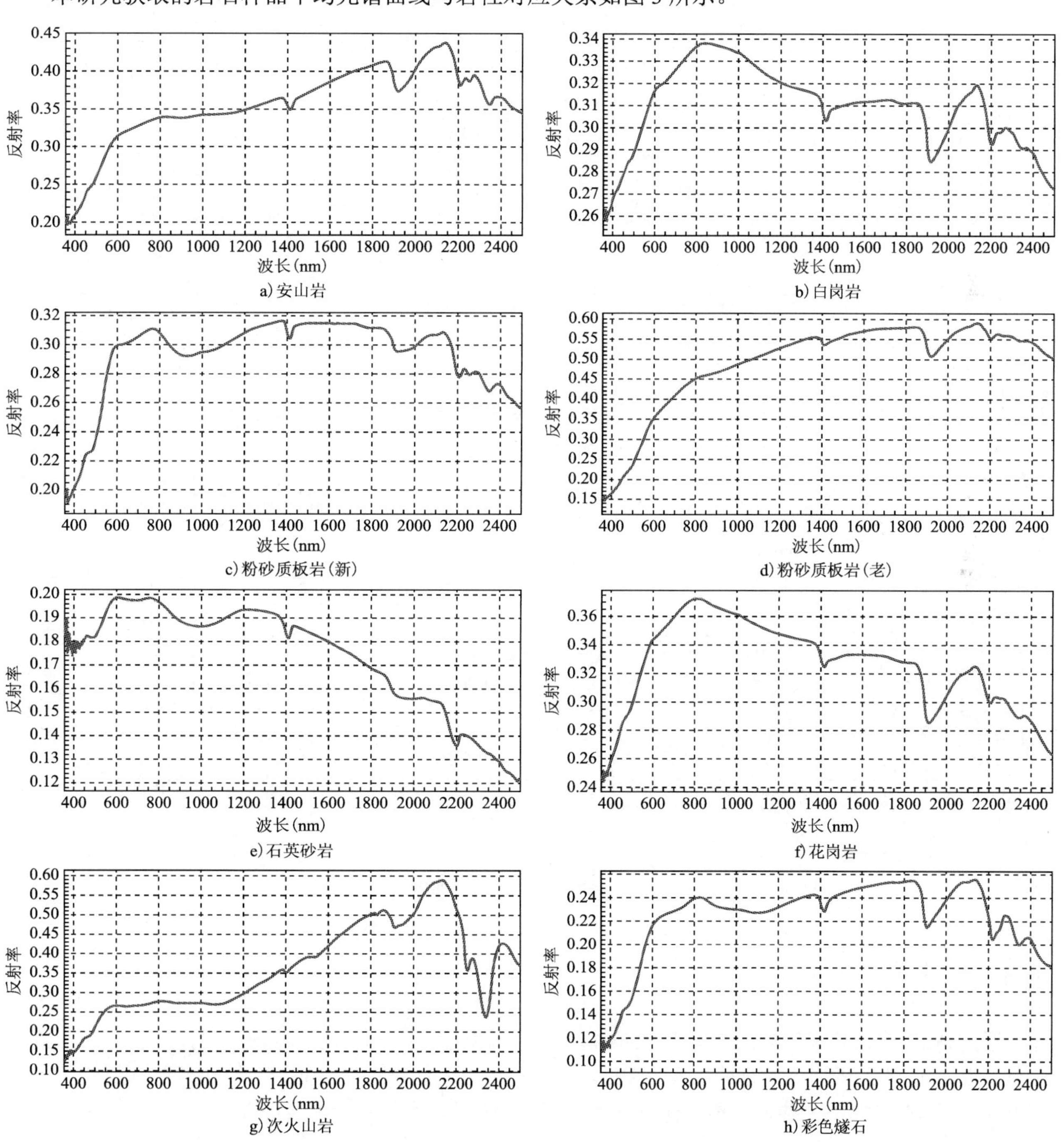

a) 安山岩　b) 白岗岩　c) 粉砂质板岩（新）　d) 粉砂质板岩（老）　e) 石英砂岩　f) 花岗岩　g) 次火山岩　h) 彩色燧石

图 3

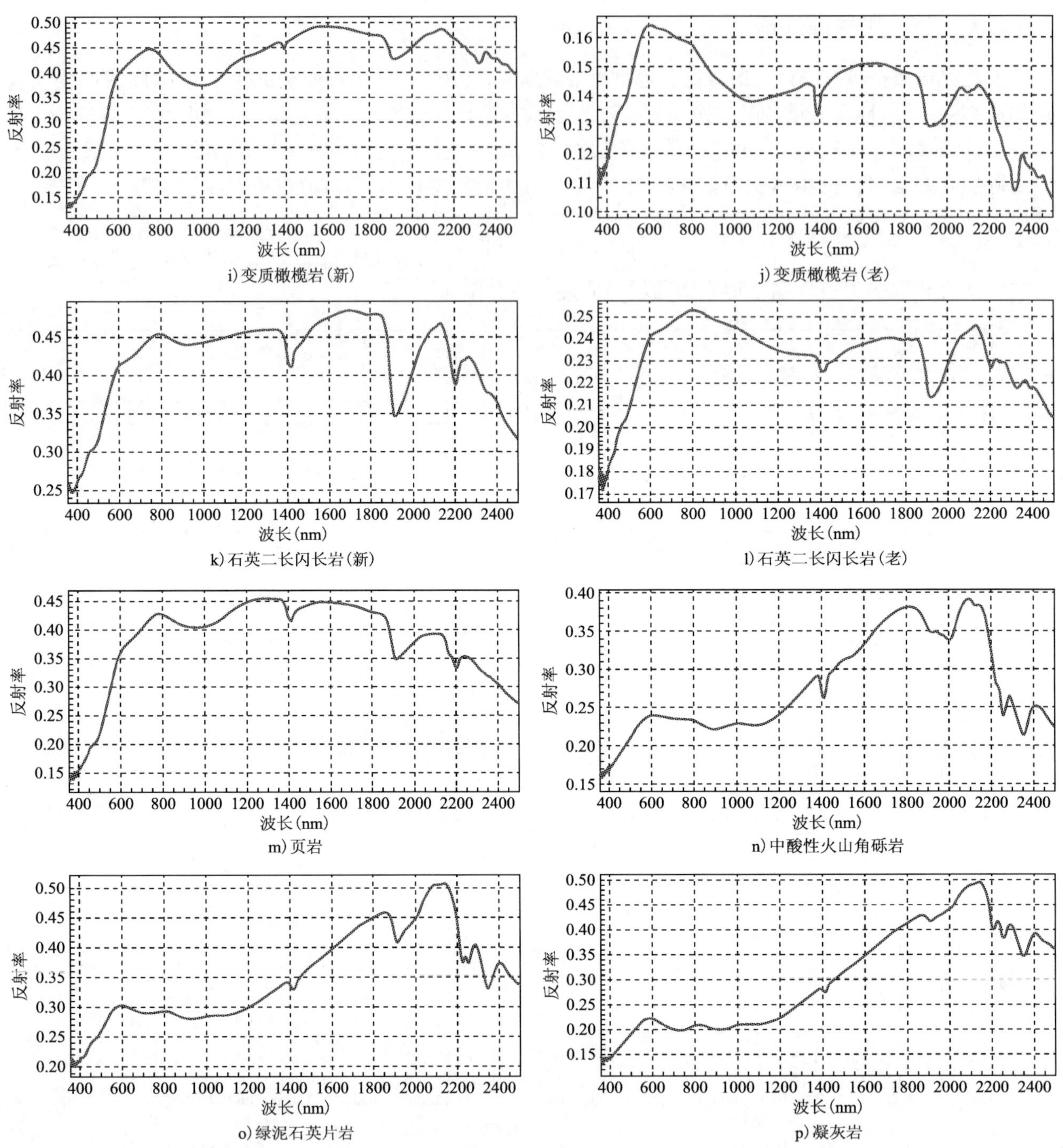

i)变质橄榄岩(新)　j)变质橄榄岩(老)

k)石英二长闪长岩(新)　l)石英二长闪长岩(老)

m)页岩　n)中酸性火山角砾岩

o)绿泥石英片岩　p)凝灰岩

图3　不同岩性平均光谱曲线

3 光谱分析

通过ASD光谱仪采集到的岩石光谱曲线，在不同的光谱范围内，呈现出其特定的特征。从上述光谱信息可以看出，不同的岩性光谱曲线各有特征。本次研究对不同岩石光谱曲线、同一岩石新鲜面与风化面（以安山岩、板岩为例）、同类岩性不同样品（以花岗岩、白岗岩为例）光谱曲线进行对比分析，如图4～图6所示。

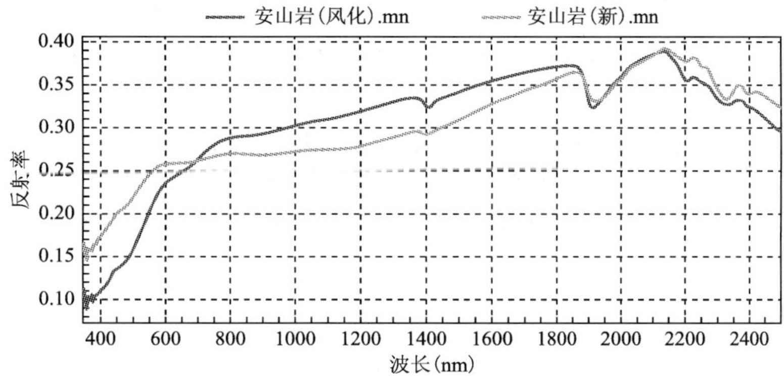

图4　安山岩新鲜面与风化面光谱曲线对比图

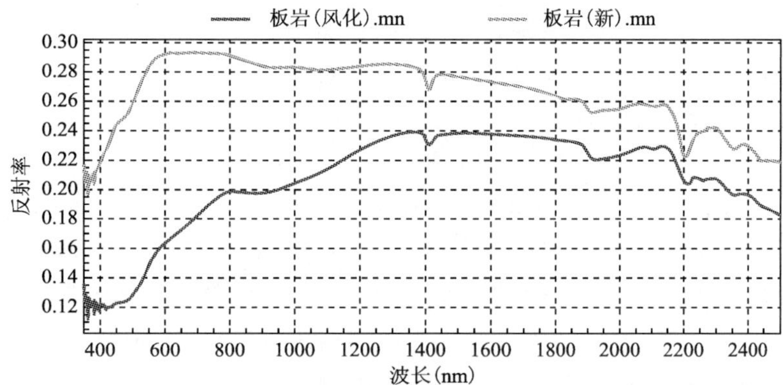

图5　板岩新鲜面与风化面光谱曲线对比图

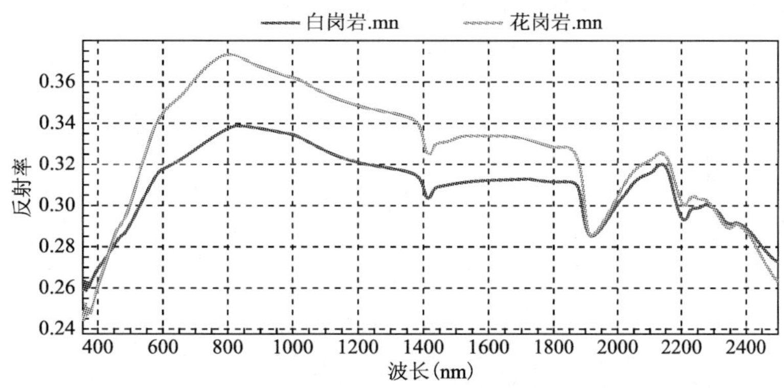

图6　白岗岩与花岗岩光谱曲线对比图

从图4～图6可以看出，安山岩、板岩的新鲜面与风化面光谱曲线特征基本一致，其中风化面的反射率较新鲜面低；对比分析白岗岩与花岗岩，从可见光至红外光谱曲线可以看出，二者的光谱曲线特征基本一致，400～1700nm范围内，花岗岩反射率较白岗岩高，具体波形一样，1700～2500nm范围内，波形与反射率基本一致。

4 讨论与结语

通过对不同岩石光谱曲线、同一岩石样品新鲜面与风化面、同类岩性不同样品光谱曲线进行对比分析：

（1）总体上，整个研究区岩性光谱特征显著，能够直观展示不同岩石的光谱特征。

（2）通过对各类样品进行光谱处理，同一岩石新鲜面与风化面光谱曲线特征基本一致，其中风化面反射率较新鲜面低。

（3）同一类岩石，其物质组分基本相同，在光谱曲线上呈现出来的特征基本一致。

对高寒山区岩石样品进行采集并整合各岩性的光谱特征曲线，有助于对各种岩性进行分类识别，能够为地质勘查工作提供便利，同时也有利于后期建立岩石光谱库，从而进行高光谱岩性填图等应用。

参考文献

[1] Clark, R. N., King, T. V., Klejwa, M., & Swayze, G. A.. High spectral resolution of reflectance spectroscopy of minerals[J]. Journal of Geophysical Research, 1990, 25: 653-680.

[2] 刘圣伟，甘甫平，闫柏琨，等．成像光谱技术在典型蚀变矿物识别和填图中的应用 [J]. 中国地质，2006（2）：178-186. Liu Shengwei, Gan Fuping, Yan Baikun, etc. Application of the imaging spectroscopic technique in mineral identification and mapping[J].Geology in China, 2006(2): 178-186.

[3] 甘甫平，王润生．基于完全谱形特征的成像光谱遥感岩矿识别技术及其应用 [J]. 地质科学，2000（3）：376-384. Gan Fuping, Wang Runsheng. Discrimination technioue for rocks or ore deposits based on the feature of full spectral shape using hyperspectral remote sensing and its application[J].Scientia Geologica Sinica, 2000(3): 376-384.

[4] 甘甫平，王润生，马蔼乃，等．遥感地质信息提取集成与矿物遥感地质分析模型 [J]. 遥感学报，2003（5），207-213. Gan Fuping, Wang Runsheng, Ma Ainai, etc.Integration for Extracting and Mineral Analysis Models for Geological Application Using Remote Sensing Data[J], Journal of Remote Sensing, 2003(5), 207-213.

[5] 刘汉湖，杨武年，杨荣浩．高光谱遥感岩矿端元提取与分析方法研究 [J]. 岩石矿物学杂志，2013（3）：213-220. Liu Hanhu, Yang Wunian, Yang Ronghao.The end-member extraction and analysis method for rocks and minerals using hyperspectral remote sensing image[J].Acta Petrologica Et Mineralogica, 2013(3): 213-220.

川藏铁路交通廊道板块碰撞结合带地壳应力—形变特征及工程效应研究

毛邦燕[1] 李渝生[2] 黄 超[2] 蒋良文[1] 刘 凯[2] 易树健[2]

（1. 中铁二院地质创新工作室，成都 610031；2. 成都理工大学地质灾害防治与地质环境保护国家重点实验室，成都 610059）

摘 要：川藏铁路工程区穿越金沙江结合带、澜沧江结合带、怒江结合带及雅鲁藏布江结合带 4 条规模巨大的板块碰撞结合带。结合带地壳岩体的应力—形变问题，对铁道工程的规划选线及优化设计有着较大的影响。本文基于对结合带地质建造—构造特征深入的现场调查，结合区域地球物理场及深部构造信息，建立了结合带地壳结构的地质—力学概念模型。采用数值模拟分析方法，对结合带地壳岩体应力—应变特征、构造动力学机理以及工程效应等诸方面问题，进行了深入的探讨。研究成果表明，各结合带的应力应变特征有所差异。金沙江结合带地壳深部的两层低速软弱层，以“传送带”的动力模式驱动上地壳岩体运移，结合带西侧岩浆岩对地壳岩体应力—形变作用起到显著的“屏蔽”作用。该结合带对铁道工程的影响主要为 NE 向压缩变形、西侧岩浆岩段隧道工程的高地应力问题以及东侧软岩的大变形问题。澜沧江结合带及其西侧的岩浆岩体对应力应变的传递有显著的消减作用，导致在结合带部位产生明显的应力集中。该结合带对铁道工程的影响主要表现在 NE 向压缩变形、结合带及其西侧岩浆岩体隧道工程的高地应力问题，其东侧为相对稳定的地块，工程建设条件相对较好。雅鲁藏布江结合带对南侧印度板块巨大推力产生的水平位移有显著的消减作用，主要表现为结合带内部岩体的压缩变形和南边界断裂的应力集中。该结合带对铁道工程的作用主要为结合带内部岩体强烈的压缩变形、南边界断裂的活动性及高地应力问题，结合带北侧具块状刚性特征的冈底斯地块是铁道工程建设较为理想的区域。

关键词：川藏铁路；板块碰撞结合带；地壳应力—形变；数值模拟

The Study on Crustal Stress-Deformation Features and Engineering Effects of Plate Collision Zone of Sichuan-Tibet Railway

Mao Bangyan[1] Li Yusheng[2] Huang Chao[2] Jiang Liangwen[1] Liu Kai[2] Yi Shujian[2]

(1.Geological Innovation Studio of CREEC, Chengdu 610031, China; 2. State Key Lab. of Geo-hazard Prevention and Geo-environment Protection, Chengdu University of Technology, Chengdu 610059, China)

Abstract: Sichuan-Tibet railway is going to across four huge scale plate collision zone including JinSha Jiang combination zone, LanCang Jiang cmbination zone, Nu Jiang combination zone and Yaluzangbu Jiang combination zone. The crustal rock stress-deformation of these collision belts have greatly influence and restriction to railway engineering construction. Based on field investigation of geological formations and structure, a geomechanics conceptual model of crustal structure of collision belts

作者简介：毛邦燕 (1978—)，男，高级工程师。

基金项目：中国铁路总公司科技研究开发计划课题（2014G004-A-1）。

was established combining geophysical data. The stress-deformation features and engineering effects were analyzed by using finite element numerical simulation method. The results indicate that the crustal rock stress-deformation of these collision belts are different. For JinSha Jiang combination zone, two high-conductivity weak layers in the crust flow to NE driving upper rock, forming a dynamic model like "conveyor belt", the magmatite on the west of JinSha Jiang combination zone plays a shielding role in the stress and movement of crust. Three aspects on railway engineering were caused by combination zone: compressive deformation along NE, high ground stress of tunnel in the magmatite region, large deformation of soft rock on the east of combination zone. LanCang Jiang combination zone and western magmatite have a remarkable subduction to stress-deformation of crustal rock, causing stress concentration on these sections of combination zone. Its impacts on railway engineering mainly include compressive deformation of rock mass and high geostress problem in tunnel engineering of the west side magmatic rock mass, its east is a relatively stable block, which is benefit to the construction of railway engineering. Yaluzangbu Jiang combination zone has a remarkable subduction to the displacement generated by India plate pushing, major performances were compression deformation of internal rock mass of combination zone, stress concentration of southern boundary fault. Its impacts on railway engineering mainly include strong compression deformation of internal rock mass of combination zone, activity of southern boundary fault and high ground stress. The north part of combination zone is Gandise massif, which is an ideal area for railway engineering.

Keywords: Sichuan-Tibet railway; plate collision zone; crustal stress-deformation; numerical simulation

川藏铁路是中国西南部一条极为重要的战略性高速运输通道。工程区穿越青藏高原东部数条规模巨大的板块碰撞结合带，包括金沙江结合带、澜沧江结合带、怒江结合带及雅鲁藏布江结合带。而结合带地壳岩体的应力—形变特征等构造动力学问题对铁路工程的规划及优化设计有着重大影响。有关学者分别对其进行了广泛深入的研究，大多数认为金沙江结合带作为板块缝合带，是一条切割深度达上地幔的超岩石圈断裂，并认为其是一条具有右旋走滑兼逆冲性质的活动性断裂带，走滑速率为 2 ～ 5 mm/a[1]。而澜沧江断裂带切穿地壳，规模宏大，应为结合带，但更多的研究结果发现，此断裂并未出露超基性岩等标志性岩石，因此该断裂带应属于地壳深大断裂[2,3]。雅鲁藏布结合带出露标志性的蛇绿岩带，代表印度板块与欧亚板块之间的新生代碰撞结合带[4,5]。迄今为止，已有的研究工作主要集中在结合带地质建造 - 构造的形成及演化、深部地球物理等方面，缺乏对板块碰撞结合带的地壳岩体应力 - 形变特征及其工程效应的深入研究。

本文以板块碰撞结合带（金沙江结合带、澜沧江结合带及雅鲁藏布江结合带）地壳岩体的应力—形变特征及其工程效应为研究核心，在深入掌握各板块碰撞缝合带地壳岩体的地质建造—构造特征的基础上，采用有限元数值分析的方法，分别探讨了各条缝合带地壳岩体的应力—形变场特征及其构造动力学机理，进而分析由此产生的工程效应问题，以期为铁路工程建设的规划与设计提供科学依据。

1 金沙江结合带

1.1 地质建造—构造发育特征

金沙江结合带处于三江褶断系与松潘—甘孜褶皱系交界地带，是川滇块体的西部边界断裂。断裂带走向总体近 SN，北段呈 NNW 向延伸，南段略向 NNE 方向延伸，在平面上呈一略向东凸出的弧形，弧顶在巴塘附近，是由 6 ～ 7 条主干断裂组成的一条 SN 向长 700km、EW 向宽约 80km 的复杂构造带[6]。研究区域主要为金沙江断裂带的北段江达—德格—白玉交界地带（图 1），区内结合带总体呈 NNW 向展布、蜿蜒延伸，走向有一定的变化。

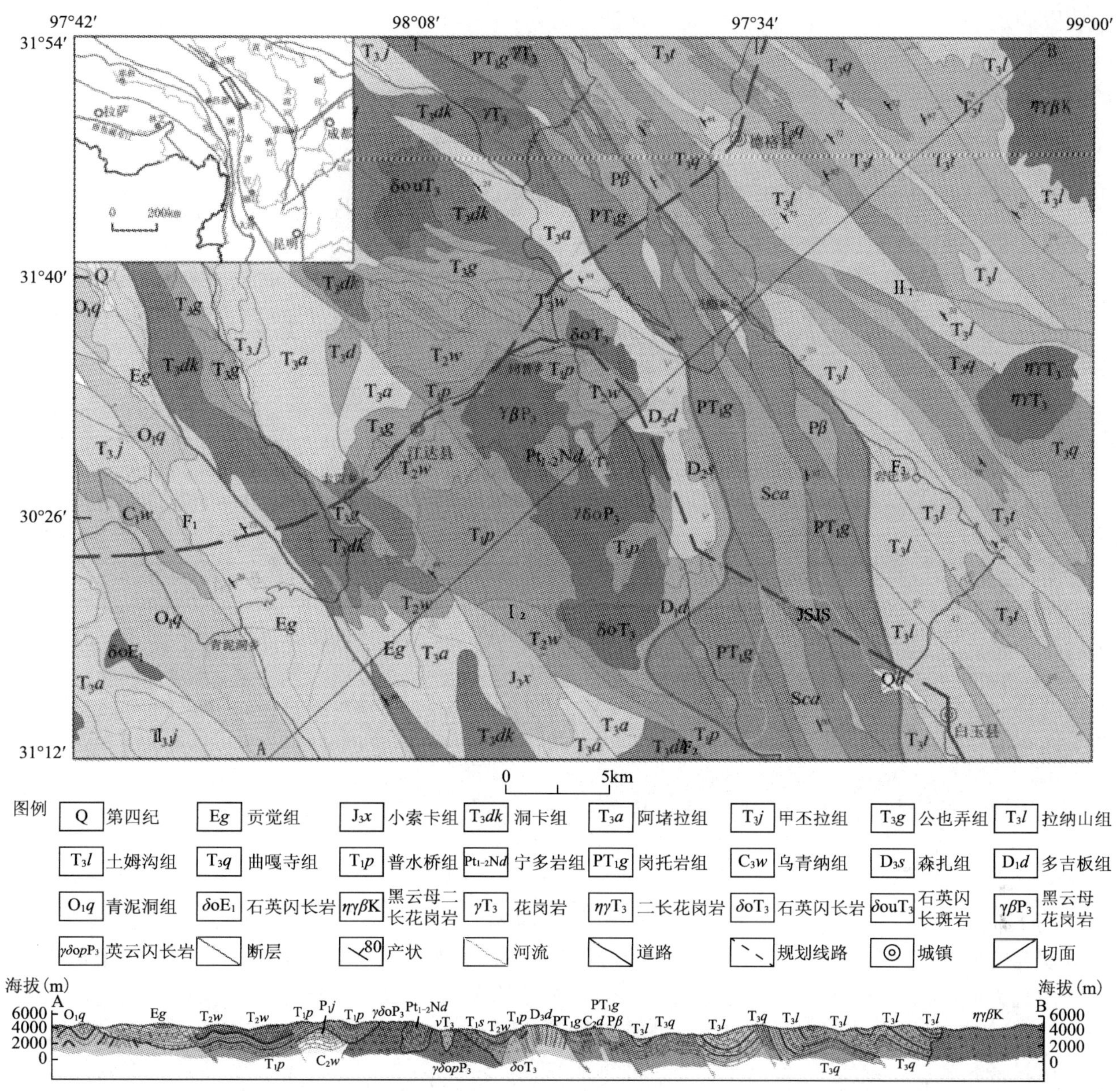

图 1　金沙江结合带研究区地质图(据江达幅 H47C001002 修改)

IV_1 昌都—兰坪断块;IV_2 江达构造岩浆岩带;JSJS 金沙江结合带;III_1 甘孜断块;F_1 贡觉涌—热拥断裂;F_2 金沙江结合带西边界(祝尼玛—波罗断裂);F_3 金沙江结合带东边界(江布堆　麦拉断裂)

金沙江结合带是北羌塘—昌都—思茅地块和川滇断块的结合部位,经历了长期的沉积—构造演变,形成了复杂而独特的地质构造格局。昌都—兰坪断块(IV_1)为稳定的盆地演化,发育早古生代加里东褶皱软基底层及中生代、新生代盖层。江达构造岩浆岩带(IV_2)广泛发育中生代活动大陆边缘岩浆弧及晚三叠世花岗岩建造。金沙江结合带(JSJS)呈北西向斜跨江达县中东部,是北羌塘—昌都—思茅地块和川滇断块汇聚的结合带,主要表现为构造混杂岩建造,由不同时代、不同性质的岩块和基质混杂而成,本区主要为岗托岩组(PT1g.)构造岩片。甘孜断块(III_1)为晚三叠世沉积盆地,出露地层为一套连续沉积的浅海—斜坡—海陆交互相陆源碎屑岩夹火山岩建造。

研究区内主要发育有 F_1、F_2 和 F_3 三条深大断裂(图 1)。其中,F_2 和 F_3 分别为金沙江结合带的东、西边界构造。F_3（汪布堆一麦拉断裂）是结合带之东界断裂，其北东盘为晚三叠世地层，南西盘为岗托岩组，断裂东侧为甘孜断块，是本区重要的构造分区断裂。野外调查发现，断裂带在勒格附近整体具有显著的高碳化特征，沿断面形成1cm厚的强烈高碳化带，总体表现为逆断层性质(图2)。

图2　金沙江结合带东边界断裂(汪布堆－麦拉断裂F3)

1.2　地壳深部结构特征

金沙江结合带是川滇块体和昌都思茅陆块的结合部位，Jiang等发现在金沙江断裂带附近的地壳厚度达65km，且金沙江断裂带倾角较陡，直接切穿地壳，直达地幔顶部[7]。可以推测地幔岩浆沿着这条深大断裂上涌形成江达构造岩浆岩带。Huang研究表明，中国西南地区地壳具有两条低速层[8]，其中一层深度为15～30km，另一层深度在45～60km，表明该地区地壳具有两条呈渠道状的软弱层。然而，在金沙江断裂带区域，位于地表以下15～30km的低速层（软弱层）明显被隔断，通过上文的地质分析，可知这是金沙江结合带及西边江达构造岩浆岩带阻隔所致，这样独特的地壳结构影响着金沙江结合带的应力—形变特征。

1.3　地壳岩体应力—形变特征数值模拟分析

1)模型、参数与边界条件

基于前文金沙江结合带的地质建造和深部地壳结构分析，以图1剖面切线为基准(切线方向SW-NE)，建立研究区地质—力学概念模型。采用有限元分析软件进一步建立研究区的数值计算模型（图3）[9]。模型纵向分为四层，从上至下依次为稍软的沉积盖层、较软的低速软弱层、坚硬的结晶基底、较软的低速软弱层，四层地壳体均被岩浆岩和金沙江结合带所截断，其中金沙江结合带在较为坚硬的区域倾角较陡，在软弱层区域倾角较缓，且岩浆岩被金沙江结合带西侧深大断裂所错切。为了较恰当地描述结合带的力学行为，本文将断层和软弱层的上界面视为面—面接触、无厚度的接触单元。材料相关参数见表1，接触单元的摩擦系数为0.2。模型东侧水平向固定约束，垂向自由，底侧水平方向自由，垂向固定，地表各向自由；西侧根据叶巴滩水电站的实测应力值[10]，经过多次试算与反演，取17MPa作为模型的西边界水平应力(图4)。

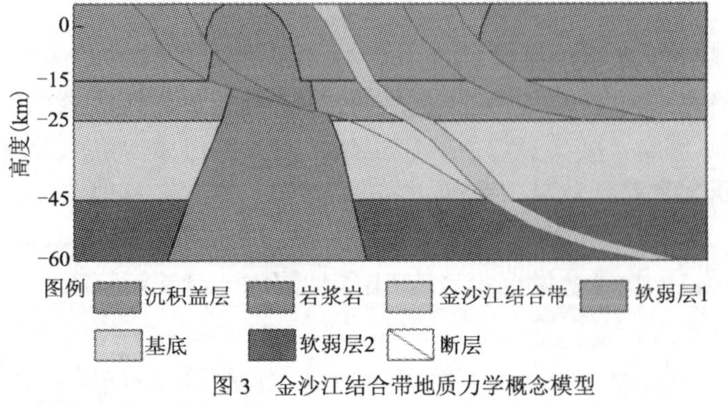

图3　金沙江结合带地质力学概念模型

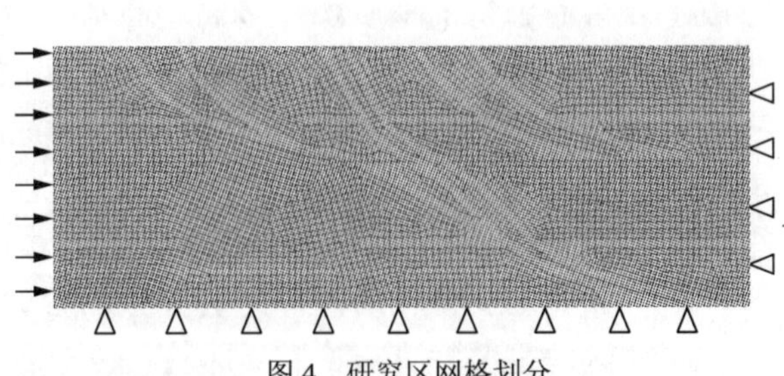

图4　研究区网格划分

金沙江结合带模型材料参数表　　表 1

区　　域	杨氏模量(10^{10})	泊　松　比	密度(kg/m^3)
沉积盖层	4	0.25	2500
软弱层 1	2.9	0.3	2500
基底	7	0.2	3000
软弱层 2	2.5	0.3	2500
岩浆岩	6	0.2	2800
金沙江结合带	4.5	0.25	2700

2)数值计算结果

(1)地壳应力场分布特征

根据上述假定和边界条件，数值计算结果(图 5、图 6)显示研究区地壳岩体应力场分布具有以下几个特点:①最大主应力分布出现明显的线性特征，在金沙江结合带区域产生应力集中;结合带 SW 侧应力主要集中在断裂带及岩浆岩的西缘部位，而 NE 侧在地壳的软—硬分界产生了明显的应力集中效应;其他区域应力值较低。②最大剪应力分布与主应力类似，在金沙江结合带产生剪应力集中，结合带两侧剪应力大小不连续且下盘最大剪应力明显大于上盘;结合带 SW 侧主要在祝尼玛—波罗断裂和岩浆岩体的西缘产生应力集中，NE 侧应力集中发生在小型断裂带区域;在 15 ～ 25km 深度的软弱层和金沙江结合带的交汇区域，剪应力集中现象最为显著，应力值较高。

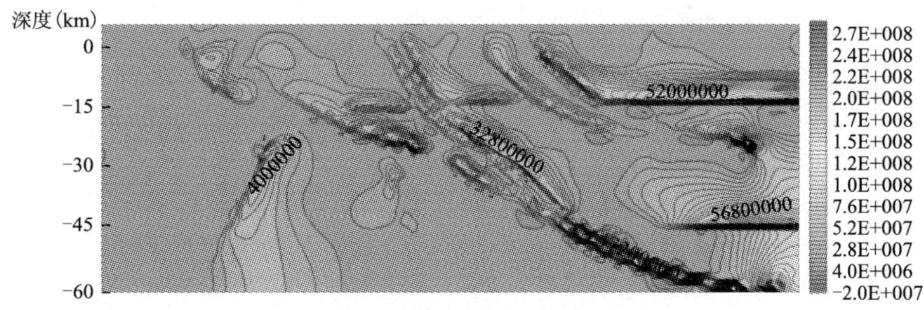

图 5　最大主应力分布图(Pa)

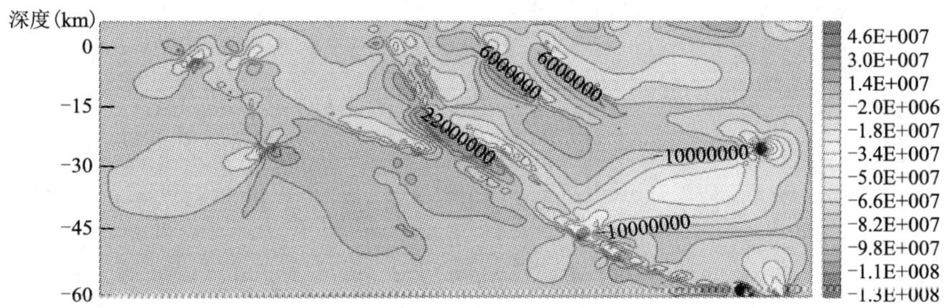

图 6　最大剪应力分布图(Pa)

(2)地壳形变场分布特征

数值计算结果(图 7、图 8)显示研究区地壳岩体形变场分布特征，主要表现在以下几个方面:①最大主应变量在金沙江结合带区域产生应变集中;结合带 SW 侧应变主要集中在断裂带附近和岩浆岩的西缘，NE 侧应变则集中于地壳的软—硬分界;其他区域应变值较低。②总位移量从 SW 至 NE 逐渐减小，位移分布明显受断裂带的控制，且金沙江结合带的位移较小。自地表至地壳深处，位移逐渐减小，在金沙江结合带西侧，15 ～ 25km 深度的软弱层以上区域，位移量很大，且位移等值线在岩浆岩上部较密，位移下降明显，在该软弱层以下部位，位移量及其变化均较小。

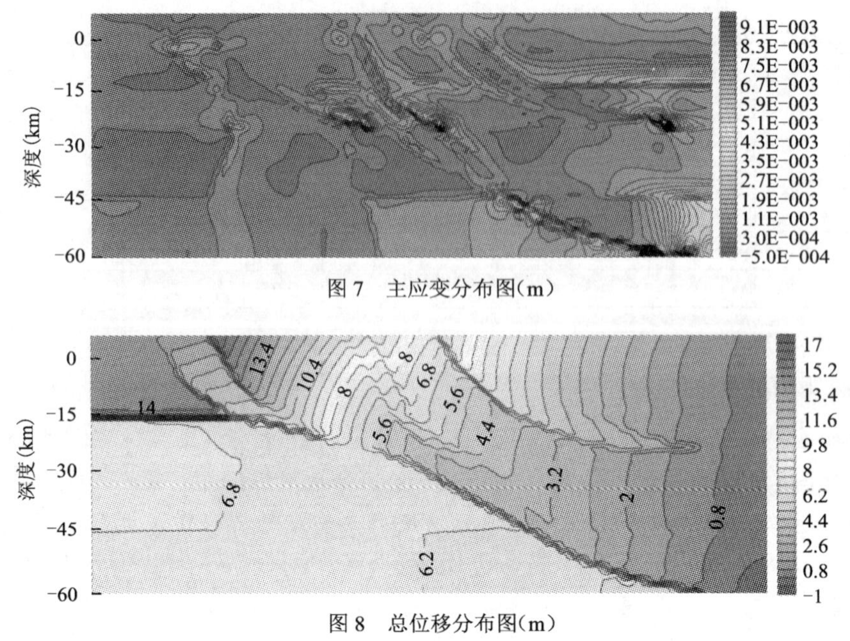

图 7　主应变分布图(m)

图 8　总位移分布图(m)

1.4　分析与讨论

(1)地壳构造应力集中与深部“低速层”的“动力传送”效应

上述数值分析成果(图 5 ～图 8)表明,由于地壳深部 15 ～ 25km 及 45 ～ 60km 处存在两层软弱“低速层”,金沙江结合带西侧的北羌塘—昌都—左贡陆块在印度板块的 NNE 向强力推挤的驱动下,以一种类似“传送带”的动力模式沿“低速层”向 NE 金沙江洋壳俯冲,进而导致该区域地壳岩体的应力应变沿断裂带产生集中效应,我们将这种现象称之为“动力传送”效应。

结合带 SW 侧地壳的俯冲作用,使得岩体与结合带下盘之间产生强力的摩擦作用,因此该部位岩体的剪应力显著增大。另一方面,“低速层”的“动力传送”效应随岩体运移距离的增加而逐渐减弱,处于被动受力部位的结合带 NE 侧岩体的位移明显低于 SW 侧传力岩体。这就导致构造主应力的集中主要发生在结合带 NE 侧地壳的软—硬分界区域。

(2)岩浆岩体的“屏蔽”效应

金沙江结合带南西侧存在一条规模较大的构造岩浆岩带,数值模拟结果(图 6 ～图 8)显示,由于该岩浆岩带贯穿地壳、具高强度低变形性状,在统一的 SW 部推挤力源的作用下产生较高的应力集中,而处于其 NE 侧的结合带发生显著的应力、应变积累。显然,该岩浆岩体对于结合带岩体具有明显的应力“屏蔽”效应。

然而,岩浆岩体上、下两部分的“屏蔽”效应有所差异。在 15 ～ 25km 深度的软弱层以上区域,岩浆岩体被断裂带切割成数个小型块体,对软弱层运移的阻碍作用显著降低,反而被下伏软弱层驱动发生位移,在图 9 中表现为位移等值线较密的梯度带。岩浆岩体下部作为很完整的块体,对软弱层运移的阻碍作用十分明显,因而对结合带岩体的应力 - 形变具有很强的屏蔽作用。因此地壳盖层以下,结合带西侧区域的位移量及波动变幅均较小。

正是这种独特的地壳结构,使得金沙江结合带应力、应变的较大值均出现在结合带与 15 ～ 25km 深度的软弱层的交汇区域,近地表部位结合带的位移较该断裂带其他部位高,这些部位断裂及地震活动性均较强。

1.5　工程效应

对于川藏铁路交通廊道,有上文分析可知,金沙江结合带的工程效应主要表现在三方面:工程区地壳岩体的应力形变特征主要是结合带强烈挤压作用产生的 NE 向压缩变形;结合带西侧岩浆岩区段的应力集中现象较为明显，隧道工程应考虑“岩爆”等高地应力问题；结合带东侧三叠系变质岩地段的软岩的大变形问题，是制约隧道工程的主要工程地质问题之一。

■2 澜沧江结合带

2.1 地质建造—构造发育特征

澜沧江断裂带处于由数条板块结合带、地壳断裂带以及介于其间的地块构成的复杂地质体中。研究区位于西藏昌都境内，断裂带东侧为北羌塘—昌都—思茅陆块，西侧为南羌塘—左贡—保山陆块。澜沧江断裂作为这两个陆块的分界，应属于切割深度达到下地壳的深大断裂。区域内岩浆活动和变质作用均较为强烈，地壳岩石建造和构造变形与断裂带协调一致（图 9）。断裂构造岩带夹于毕扎弄断裂（西边界断裂）与据拉断裂（东边界断裂）之间，两条断裂在吉塘镇交汇，总体呈北西向延伸。

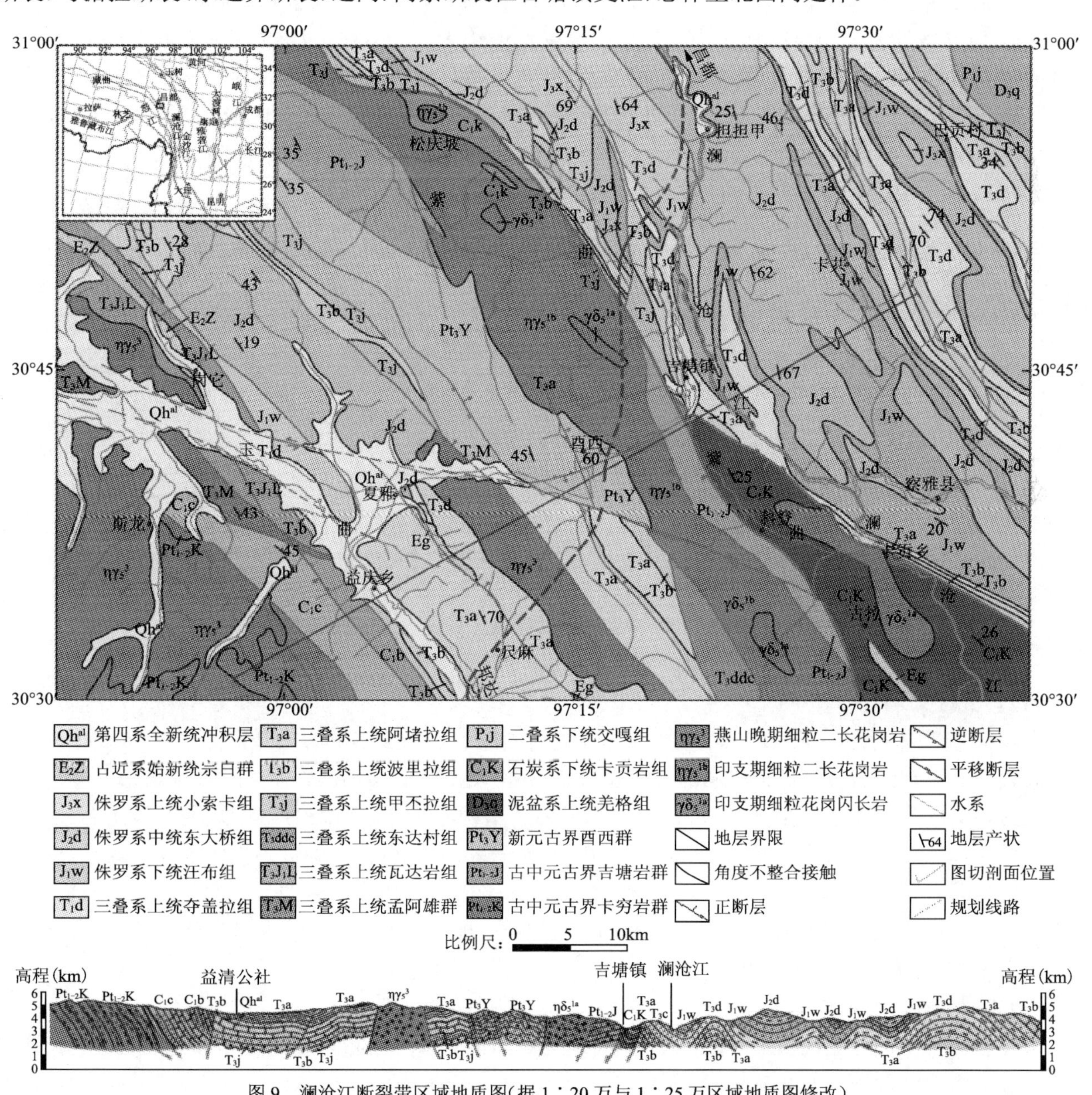

图 9 澜沧江断裂带区域地质图(据 1∶20 万与 1∶25 万区域地质图修改)

澜沧江断裂带东、西两侧的沉积建造、火山活动及变质变形特征均有显著的差别。断裂带西侧为构造杂岩带，被NWW向断层左旋切错，且岩浆活动十分强烈；原岩为岩浆岩的吉塘岩群（$Pt_{1-2}J$）、酉西群（Pt_3Y）及其他岩浆岩中，发育早期深部变形相构造变形序列。断裂带东侧是昌都—芒康盆地，主要由三叠系、侏罗系以陆相为主的红色碎屑沉积地层组成；构造形式表现为复向斜和复背斜相间叠合，断裂不甚发育，地层一般未经变质。带内碎裂岩、糜棱岩、千枚岩发育，地层褶皱更加强烈。

目前尚缺乏澜沧江结合带地壳深部结构特征的具体研究，因此本文中其地壳深部结构特征参考上文川滇地区地壳结构。

2.2 地壳岩体应力—形变特征数值模拟分析

1）模型、参数与边界条件

基于前文澜沧江结合带的地质建造和深部地壳结构分析，以图10剖面切线为基准（切线方向SW-NE），建立研究区地质—力学概念模型。模型中地壳厚度约为65km，澜沧江断裂并未切入地幔，其切割深度达到40km以上并进入下地壳软弱带，模型包括7个区域（图10），即下地壳深部软弱低速岩带、坚硬的结晶岩层、20km深度附近的上地壳软弱低速岩带、上地壳沉积岩层、断裂构造岩、岩浆岩及变质岩。有限元数值模拟方法同金沙江结合带，西侧边界根据如美水电站的地应力实测值[11]，经过反复试算与反演，选择施加17MPa水平应力，其他参数见表2。

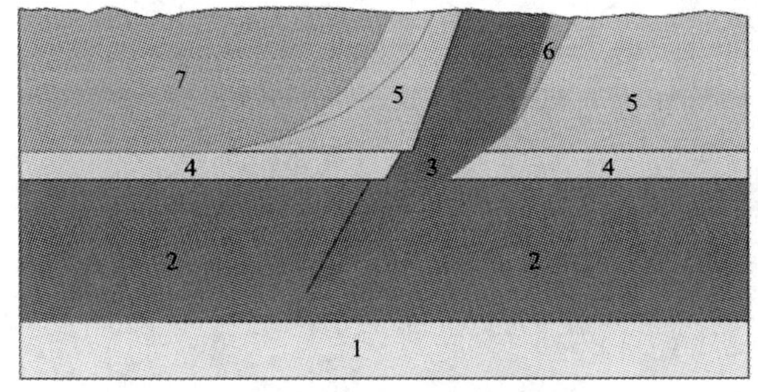

图10 地壳岩体力学概念模型

1-深部低速带；2-结晶岩层；3-岩浆岩；4-上部低速带；5-沉积岩层；6断裂构造岩带；7-变质岩

澜沧江断裂带材料参数表 表2

岩体编号	杨氏模量（10^{10}）	泊松比	密度（kg/m^3）
1	2.5	0.3	2500
2	7	0.20	3000
3	2.9	0.3	2500
4	4	0.25	2500
5	5.5	0.25	2700
6	8	0.18	2800
7	5.5	0.25	2700

2）数值计算结果

（1）地壳应力场分布特征

数值计算成果（图11、图12）显示，区域内各块体内部的应力基本呈均匀变化，应力分异现象主要发生在断裂带以及岩浆岩体等部位。澜沧江断裂带东、西两侧地块岩体的应力状态存在显著的差异。断裂带以西整体处于高水平挤压应力状态，东部区域应力水平明显降低。断裂带附近则是明显的高应力区，在断裂两侧边缘附近，无论是主应力还是剪应力都明显增高，并且以剪应力集中更为明显。此外，应力分布受深部软弱岩带影响也十分显著，尤其在上软弱带，水平应力等值线在软弱带界面附近分布较密集，且与界面平行。在岩浆岩带嵌入上地壳软弱带的部位，应力分布出现不连续现象，在岩浆岩区段有一定程度的应力集中，应力传递受到阻隔。

（2）地壳形变场分布特征

地壳岩体变形整体呈现压缩特性（图13）。地壳岩体的位移呈现自西往东逐渐减小的趋势。断裂带西侧块体沿断层滑动面向东推覆运动，断裂带东侧地壳位移方向近水平（图14）。而在断裂滑动面以及软弱带和硬岩的接触面，位移等值线分布密集，变形量急剧变化。不同物理力学性质的区段形变差异较大。总体上力学强度越低、越软弱的部位，应变越大，尤其是下地壳软弱低速带；较坚硬的结晶岩层和岩浆岩体应变相对较小。位移最大值则出现在下地壳软弱带中，其上覆坚硬结晶岩的位移相对于上、下地壳都要小很多。不过结晶岩层之上的软弱低速带较为特殊，其力学性质近似于下地壳软弱带，而应变却并不太大。

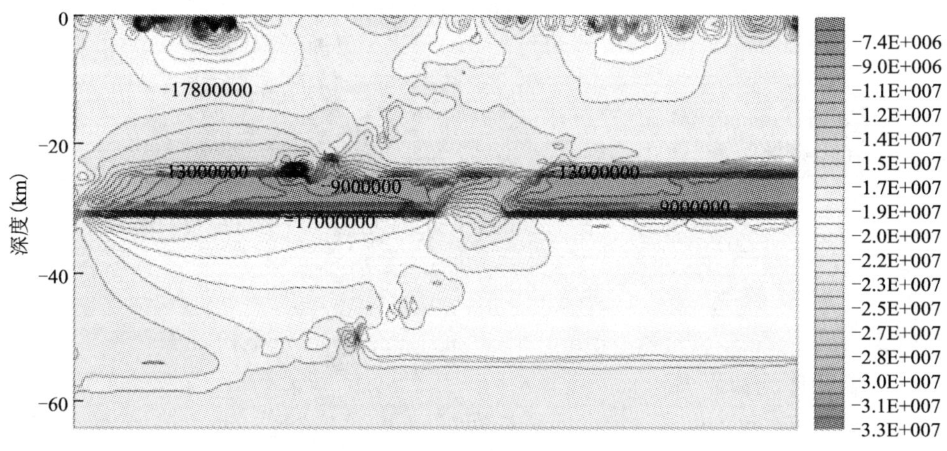

图 11　水平应力分布图(单位:Pa)

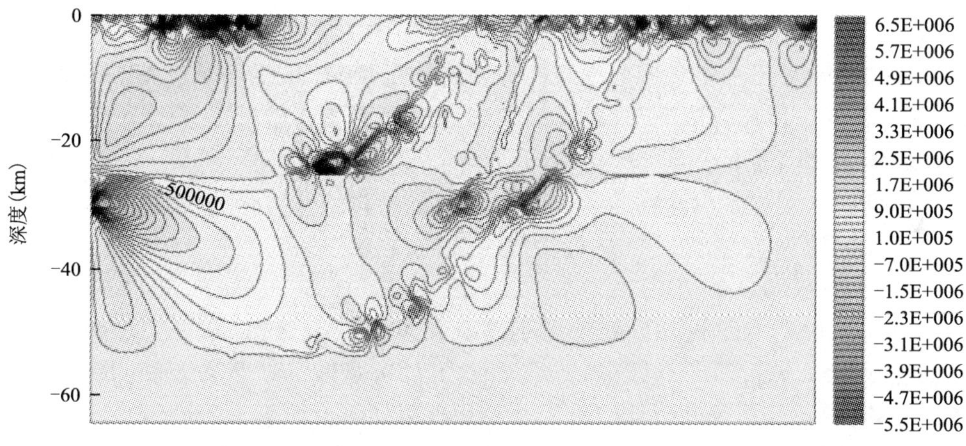

图 12　剪应力分布图(单位:Pa)

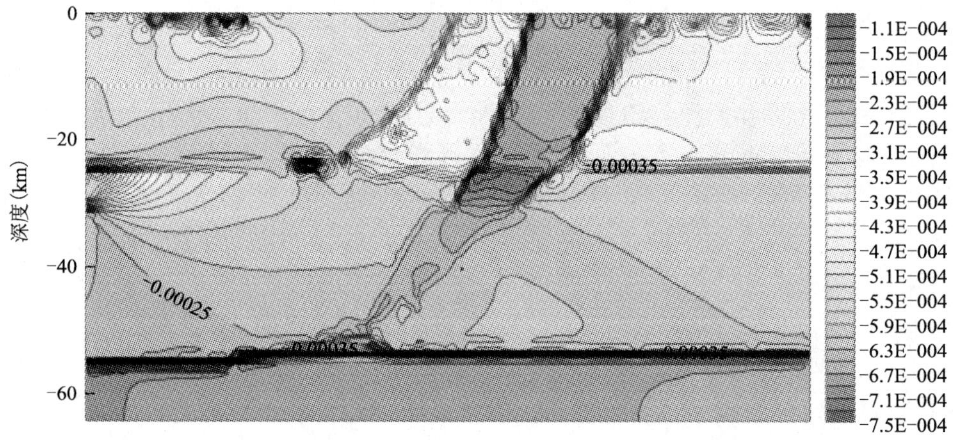

图 13　水平应变分布图(单位:m)

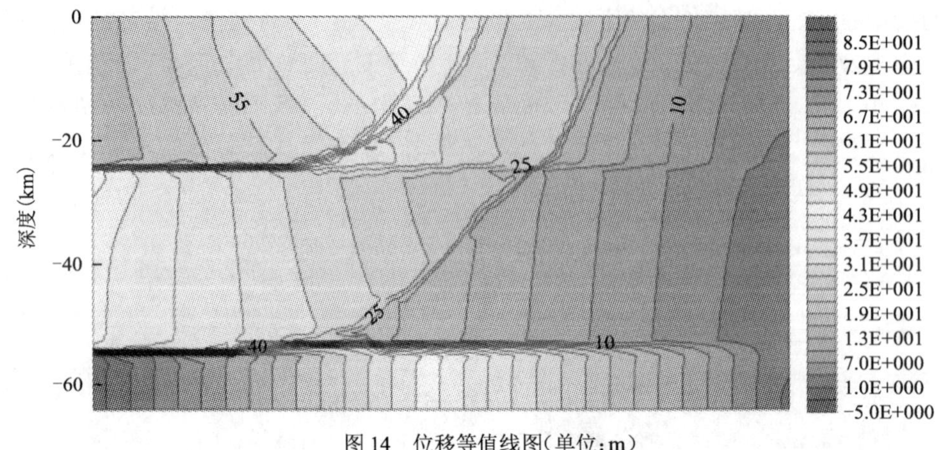

图14　位移等值线图(单位:m)

2.3　分析与讨论

地质调查及数值模拟计算成果表明,研究区地壳应力—形变场分布状况较为复杂,断裂带地壳岩体的构造动力学特征主要表现为以下几方面:

(1)澜沧江断裂作为地质体的非连续性界面,断裂对应力变的传递有明显的消减"屏蔽"作用。数值计算成果显示(图11、图12),断裂西侧地应力强度较高,这与该地区岩石变形变质作用明显、构造活动强烈以及岩浆活动活跃相吻合。断裂东侧区域地应力水平显著降低,该区域内构造活动较弱,几乎不发育变质岩与岩浆岩,而以稳定沉积的中生代地层为主,显示出稳定地块的特征。

(2)澜沧江断裂带整体处于NE向水平应力的强烈的挤压状态,断裂带附近出现明显的应力集中,地质体产生显著的压缩变形。位移等值线图(图14)清晰地反映了澜沧江断裂带作为一个逆冲推覆构造的特征,断裂的西侧岩体(上盘)发生逆向推覆运移。

(3)地壳深部的两个软弱岩带对岩体应力变形有较大影响。软弱岩带的位移变形远大于"漂"在其上部的硬性块体(图13、图14)。在统一的构造力作用下,软岩带表现出类似"传送带"的动力特性,驱动上部地壳岩体发生近水平运移。

(4)区域内各块体的物理力学性质是影响其应变大小的主要因素,总体上力学强度越低的部位,应变越大。但上地壳的软弱岩带并不符合这一特点(图13),原因是澜沧江断裂西侧的岩浆岩体阻碍了"软弱带"的应变传递作用,导致此部位的岩体应变与上覆岩体基本一致,因而没有出现类似下软弱层那样的较大形变。

2.4　工程效应

在该地壳构造动力学环境下,对于川藏铁路建设而言,澜沧江断裂带工程效应的基本问题在于:

(1)水平应力形变分布图显示了澜沧江断裂带地壳岩体的应力—形变作用主要表现为较强的挤压作用,不同区域的变形强度虽有所差异,但总体显压性。断裂带构造动力学的工程效应之一是工程区岩体的NE向压缩变形。

(2)断裂带西侧岩浆岩区段水平应力传递受到阻隔,产生明显的应力突变,地应力集中现象较为显著。岩体应力集中所产生的工程效应,极有可能表现为岩浆岩地段隧道工程发生以岩爆为主要形式的一系列高地应力问题。

(3)断裂西侧左贡—保山地块处于地壳运动的力源作用部位,地壳岩体的应力—应变积累相对较高,属于相对的构造活动区。断裂带东侧的昌都—思茅地块因其西侧断裂带及岩浆岩体应力"屏蔽"作用,地壳岩体的应力-应变积累处于相对较低的状态,表现出稳定的地块特征。

■3 雅鲁藏布江结合带

3.1 地质建造—构造发育特征

构成结合带的南特提斯洋壳残片—蛇绿岩带大致呈近东西向夹持于南、北两条巨大的边界冲断层之间，是目前我国最大的蛇绿岩带。结合带两侧邻近区域发育有与板块构造相关的沉积—变质建造、火山—岩浆带以及复杂的“双变质构造变形带”（图15）。南侧为北喜马拉雅构造带北缘高压低温变质带，构成属于蓝闪石片岩相绿片岩相（低绿片岩相）组合的高压低温变质相系。变质作用显示由南往北至蛇绿岩带南界，温度相对降低、压力相对增高。结合带以北普遍出现区域性高温低压变质作用，形成以冈底斯构造岩浆岩带为主体的中低变质级含十存石、红柱石的高温低压变质岩带。

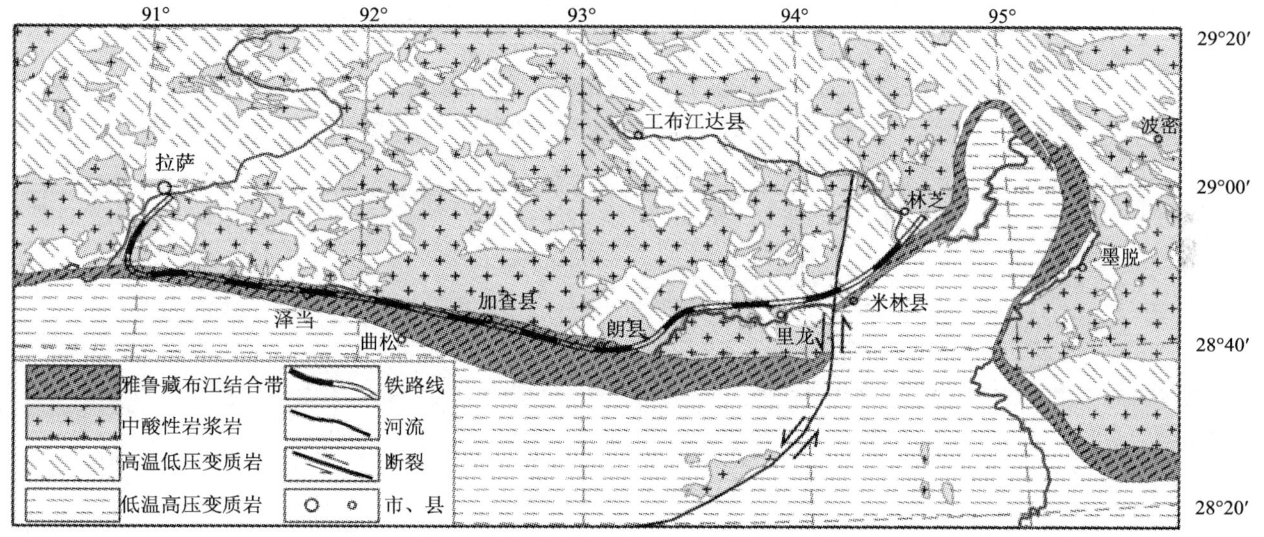

图15 雅鲁藏布结合带及“双变质构造变形带”

雅鲁藏布江结合带极具代表性的米林混杂岩带宽3～5km，由原地复理石系统和超基性—基性岩组分构成，包括二叠纪碳酸盐岩片（PCa）、白垩纪复理石岩片（Kfw）以及超镁铁岩岩片（Σ 超基性岩）、玄武岩（β）和镁铁岩（v 基性岩）岩片等（图16）。岩石普遍遭受变质、变形改造。取自混杂岩带的含黑云母石英靡棱岩、石榴石云母片岩、绿帘—阳起石英岩等，均具有定向靡棱构造及带状构造，矿物普遍压扁、拉长相互紧密结合。原岩主要由石英脉或石英岩、纹层状泥质硅质（或粉砂质）沉积岩及钙镁质的泥质硅质岩等，经动力变质靡棱岩化、区域变质及低级变质作用形成。

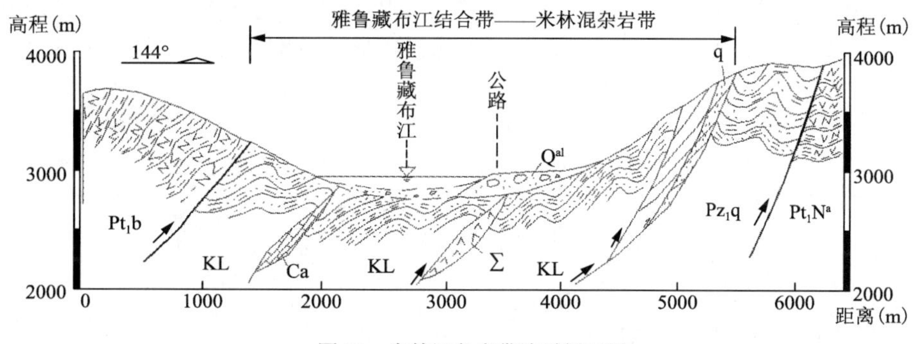

图16 米林混杂岩带地质剖面图

Pt_1b-林芝岩群八拉岩组；Pt_1N^a-南迦巴瓦岩群；Pz_1q-寒武系曲德贡岩组；KL-白垩纪复理石岩片；Ca-碳酸盐岩片；Σ-超镁铁岩岩片；q-念青唐古拉岩群岩片

3.2 地壳岩体应力形变特征数值模拟

(1)模型及参数

在现场地质调查、实测地质剖面、区域地应力及相关资料的基础上，根据典型的实测地质剖面（图16)建立地质力学概念模型，采用有限元数值计算方法，分析结合带岩体应力—形变的基本特征(图17)。模型采用三角形等参常应变单元，分析容差0.01。模型边界施加14.5MPa的水平应力。模型介质类型包括岩体(片麻岩、千枚岩、板岩、石英片岩、结晶灰岩、闪长岩、辉绿岩及凝灰岩)及断裂两大类，力学参数参照表3及表4确定。

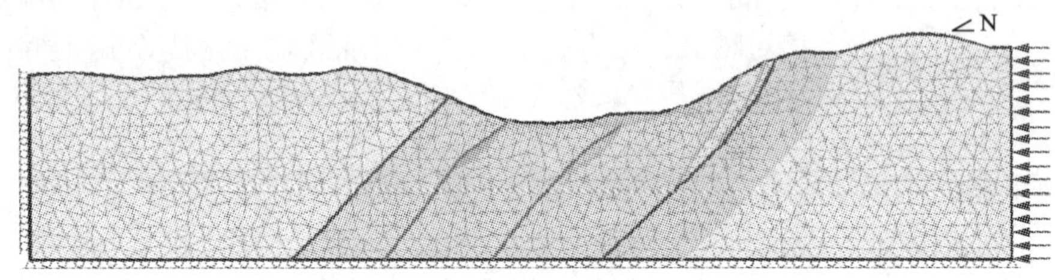

图17 雅鲁藏布江结合带数值模型

断裂带参数 表3

参数 \ 断裂	结合带边界断裂	内部断裂
剪切刚度(GPa)	450	600/800
法向刚度(GPa)	900	1000/1200

岩体参数 表4

参数地层	γ（kN/m）	E（MPa）	μ	c（MPa）	φ（°）
Pt_1b	26	20000	0.3	0.5	60
Pz_1q Pt_1N	29	100000	0.1	0.38	60
Ca	29	22000	0.27	0.6	50
KL	28	10000	0.1	0.4	50
q	26.5	10000	0.18	0.5	55
Σ	27	25000	0.2	0.5	55

(2)数值计算结果

数值计算成果（图18～图20）显示，在统一的构造应力场环境下，σ_1、τ_{max}应力集中仅发生在结合带东段，西段则处于相对平稳状态；结合带内部岩体的应力—形变场总体上处于平稳分布状态，未出现急剧变化的应力分异或应力集中现象；结合带南部边界断裂出现明显的应力—形变分异及集中，北部边界断裂的应力—形变状态较为平稳；结合带南侧岩体的水平位移U_x明显大于结合带内部及北侧岩体。

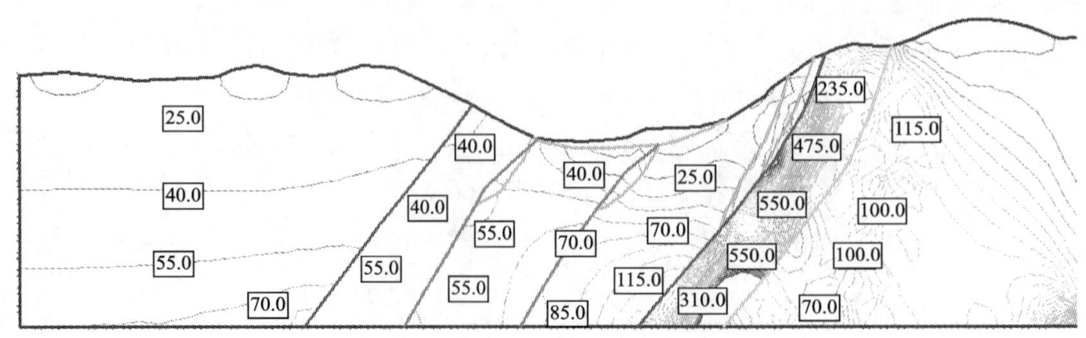

图18 最大主应力σ_1（MPa)等值线图

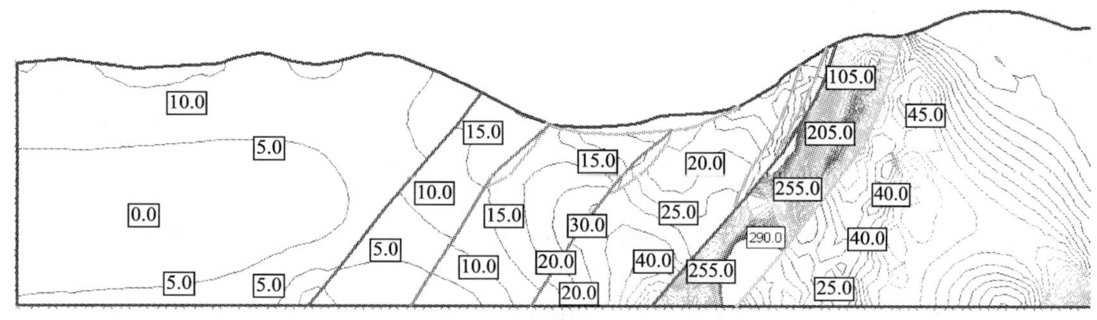

图 19 最大剪应力 τ_{max}（MPa)等值线图

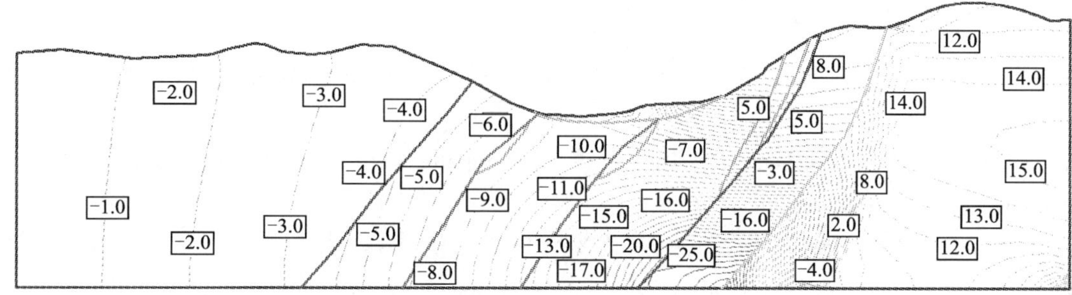

图 20 水平位移 U_x 等值线图

3.3 分析与讨论

雅鲁藏布江结合带对地壳应力的传递及地壳岩体水平位移变形起到了明显的消减作用，消减的位移变形主要转为结合带内部岩体的压缩变形和南边界断裂的逆推位移。从而导致结合带岩体内部并未出现较强的应力集中，总体上不具明显的新活动性，却在结合带南边界断裂及其南侧喜马拉雅构造带地块内产生极明显的应力集中，表现出较强的活动性。

3.4 工程效应

结合带的地质建造—构造变形控制着铁道工程地质条件的形成与发展，在该区域的铁道工程应注意结合带内部岩体强烈的压缩变形；结合带南侧应注意高地应力及断裂的活动性问题；结合带北侧具有块状刚性特征的岗底斯地块，工程岩体的稳定性较好。

4 结语

以上研究成果表明，各结合带的应力应变特征有所差异，分别表现在以下几个方面：

（1）金沙江结合带地壳深部的两层低速软弱层，以“传送带”的动力模式驱动上地壳岩体运移，结合带西侧岩浆岩对地壳岩体应力—形变作用起到显著的“屏蔽“作用，该结合带对铁道工程的影响主要为NE 向压缩变形、西侧岩浆岩段隧道工程的高地应力问题以及东侧软岩的大变形问题。

（2）澜沧江结合带及其西侧的岩浆岩体对应力应变的传递有显著的消减作用，导致在结合带部位产生明显的应力—应变集中，该结合带对铁道工程的影响主要表现在 NE 向压缩变形、结合带及其西侧岩浆岩体隧道工程的高地应力问题，其东侧为相对稳定的地块，工程建设条件相对较好。

（3）雅鲁藏布江结合带对南侧印度板块巨大推力产生的水平位移有显著的消减作用，主要表现为结合带内部岩体的压缩变形和南边界断裂的应力集中，该结合带对铁道工程的作用主要为结合带内部岩体强烈的压缩变形、南边界断裂的活动性及高地应力问题，结合带北侧具块状刚性特征的冈底斯地块应力形变显著降低，是铁道工程建设较为理想的区域。

参考文献

[1] 陈炳蔚，李永森，符振康．金沙江构造带及邻区的构造变形特征[J]. 青藏高原地质文集，1991，21（1）：223-233.
Chen Bingwei, Li Yongsen, Fu Zhenkang.Deformations of Jinshajiang tectonic belt and its adjacent areas[J].Contribution to The Geology of The Qinghai-Xizang(Tibet) Platean, 1991, 21(1): 223-233.

[2] 王新忠，强巴扎西，彭兴阶．藏东滇西澜沧江断裂带地质属性讨论[J]. 云南地质，2008（03）：362-370.
Wang Xinzhong, Qiangba Zhaxi, Peng Xingjie. A Discussion about the Geological Nature of Lancangjiang Fault[J]. Yunnan Geology, 2008(03): 362-370.

[3] 李才，谢尧武，董永胜，等．北澜沧江带的性质——是冈瓦纳板块与扬子板块的界线吗?[J]. 地质通报，2009（12）：1711-1719.
Li Cai, Xie Yaowu, Dong Yongsheng, etc. The North Lancangjiang Suture：The Boundary between Gondwana and Yangtze[J]. Geological Bulletin of China, 2009(12): 1711-1719.

[4] 肖序常，万子益，李光岑，等．雅鲁藏布江结合带及其邻区构造演化[J]. 地质学报，1983，（2）：205-212.
Xiao Xuchang, Wan Ziyi, Li Guangcen, et al.on the tectonic evolution of the Yarlung Zanobo（tsangpo）suture zone and its adjacent areas [J].Acta Geologica Sinica, 1983, (2): 205-212.

[5] 刘小汉，琚宜太，韦利杰，等．再论雅鲁藏布江结合带构造模型[J]. 中国科学(D辑：地球科学)，2009，39（4）：448-463.
Liu Xiaohan, Ju Yitai, Wei Lijei, et al. Research on Yarlung zangbo belt model [J]. Science China Earth Sciences, 2009, 39(4): 448-463.

[6] 许志琴，侯立玮，王综秀，等．中国松潘—甘孜造山带的造山过程[M]. 北京：地质出版社，1992：53-59.
Xu Zhiqin, Hou Liwei, Wang Zongxiu, et al.The orogenic process of Songpan-Garze orogenic belt in China [M].Bei Jing：Geological Publishing House, 1992: 53-59.

[7] Jiang W L, Zhang J F, Tian T, et al.Crustal structure of Chuan-Dian region derived from gravity data and its tectonic implications[J].Physics of the Earth and Planetary Interiors, 2012, 21(2): 76-87.

[8] Huang R Q, Wang Z, Pei S P, et al.Crustal ductile flow and its contribution to tectonic stress in Southwest China[J]. Tectonophysics, 2009, 47(3): 476-489.

[9] 吴萍萍，李振，李大虎，等．基于ANSYS接触单元模型的鲜水河断裂带库仑应力演化数值模拟[J]. 地球物理进展，2014，29（5）：2084-2091.
Wu Pingping, Li Zhen, Li Dahu, et al. Numerical simulation of stress evolution on Xianshuihe Fault based on contact element model[J].Progress in geophysics, 2014, 29(5): 2084-2091.

[10] 许峰．金沙江叶巴滩水电站左坝肩岩体质量评价[D]. 成都：成都理工大学，2014.
Xu Feng. Rock mass quality evaluation on the left dam shoulder of Yebatan hydropower station[D]. Cheng Du.ChengDu university of technology, 2014.

[11] 李建荣．如美水电站边坡碎裂岩体成因机理及边坡岩体质量分级研究[D]. 宜昌：三峡大学，2013.
Li Jianrong. Studies on formation mechanism of Slope cataclastic rock and slope rock mass quality classification in Rumei hydropower station[D]. Yi Chang：Three gorges university, 2014.

川藏线新都桥地区季节性粗颗粒冻土边坡调查及监测分析

王　栋[1]　朱　磊[2]　王子江[1]　谢　强[2]　赵　文[2]

（1. 中国中铁二院工程集团有限责任公司，成都 610031；2. 西南交通大学，成都 610031）

摘　要：本文通过对拟建川藏铁路新都桥地区 32 处季节性粗颗粒冻土边坡的野外调查和现场监测，研究了季节性粗颗粒冻土边坡的破坏模式，主要分为剥落、滑塌、冲刷和热熔滑塌 4 种破坏类型。通过对边坡稳定性影响因素的统计分析，确定了边坡稳定性的主要影响因素，并提出了相应的措施建议，建议边坡开挖高度不宜超过 4m，坡比不易大于 1∶1.75，对后期的铁路沿线边坡的勘查设计具有指导性的意义。

关键词：粗颗粒冻土边坡；调查分析；破坏模式；现场监测；防治措施

Investigation and Monitoring Analysis of Seasonal Coarse Grained Frozen Soil Slope along the Sichuan-Tibet Railway In Xinduqiao Area

Wang Dong[1]　Zhu Lei[2]　Wang Zijiang[1]　Xie Qiang[2]　Zhao Wen[2]

(1.China Railway Eryuan Engineering Group Co.Ltd, Chengdu 610031, China; 2.Southwest Jiaotong University, Chengdu 610031, China)

Abstract: In this paper, the field investigation and monitoring of 32 seasonal coarse grained frozen soil slopes along Sichuan-Tibet railway in Xinduqiao area were carried out. The failure modes of seasonal coarse grained frozen soil slope are studied, which are mainly divided into spalling, sliding, erosion and thermal melting collapse. Through the statistical analysis on factors which affect the stability of slope, the main factors are confirmed and corresponding prevention and control measures and suggestions are put forward. Proposed slope excavation height should not be more than 4m, the slope ratio should not be greater than 1∶1.75. These suggestions have guiding significance for the later slope exploration design along the railway slope.

Keywords: coarse grained frozen soil slopes; investigation and monitoring analysis; failure modes; field monitoring; prevention and control measures

随着铁路的大力发展，拟建川藏铁路作为西藏及沿线地区重要的东出通道，加强了西藏与中东部发达地区的联系，由于受川藏地区地理条件的限制，川藏铁路在修建时需要穿越大量的高海拔寒区富水坡麓、河床和沟槽季节性冻土地区，由这类坡洪积物组成的冻土边坡在季节冻融作用下会发生缓慢滑移或流动，这种变形特性对铁路路堑边坡的设计、施工以及安全运营都会产生不利影响[1-5]。为了了解边坡现状，确定

作者简介：王栋（1982—），男，工程师，在读博士研究生。

基金项目：中铁二院计划 14126009（14-15）。

边坡的破坏模式及边坡的影响因素，本文分别对32处粗颗粒季节性冻土边坡进行了统计分析，总结了边坡的破坏规律及破坏模式，并分析了边坡破坏的影响因素，为川藏线铁路勘查设计提供了指导性建议。

1 工程概况

1.1 气象特征

调查区位于新都桥镇管辖的瓦泽乡，属于高原气候，温差大，气候多变。根据搜集的气象资料显示，该地区的年平均气温为10.9℃，极端最高温35.8℃，极端最低温-14.9℃，年平均风速为2m/s，年平均相对湿度为54%，年平均降雨量为736mm，日最大降雨量为53.9mm，最大积雪厚度7cm。

1.2 地形地貌

调查区位于高山原"U"形河谷地貌，地形较开阔，起伏不大，自然坡度0～30°，海拔3470～3570m，相对高差100m。地表多为草地及少量低矮灌木丛，陡砍见基岩出露，周边民居广泛分布，318国道贯穿线位，交通较方便。

1.3 地层岩性

调查区内地表上覆第四系全新统冲洪积（Q_4^{al+pl}）角砾土、中更新统冲积（Q_p）角砾土、圆砾土、卵石土；下伏基岩为三叠系上统两河口组上段（T_3ln_3）板岩。

1.4 地质构造

调查内未见明显的构造痕迹。根据国家地震局2001年颁布的1/400万《中国地震动参数区划图》（GB 18306—2001），本地区地震动峰值加速度为0.2g，根据《铁路工程抗震设计规范》（GB 50111—2006），查得动反应谱特征周期值为0.40s。

1.5 水文地质条件

地表水主要为河水、沟水，水量受大气降水控制，随季节变化大。地下水主要为第四系覆盖层中孔隙水和基岩裂隙水，水量接受大气降水补给，向河沟排泄，水量较丰富。

2 边坡的破坏类型及统计分析

2.1 破坏类型

野外边坡破坏类型主要分为4种：剥落破坏、冲刷破坏、滑塌破坏和热熔滑塌破坏。

（1）剥落破坏一般发生在坡体表面，从坡体表面向坡内20~50cm厚度范围最易发生剥落破坏，剥落面较平整，相比原坡面，发生剥落位置处的剥落面较陡，接近直立，见图1。

（2）滑塌是现场坡体失稳的另一种主要表现形式，临近坡面约2m位置的土体是发生滑塌现象的主要组成部分，滑塌边界清晰可见，滑塌后壁较陡，滑塌堆积体前缘多呈扇形状，滑塌体两侧边界高程明显低于原始地面，滑塌后的坡度较平缓，见图2。

（3）冲刷破坏是降雨、积雪融水或者是地下水坡表溢出所形成的水流携带走坡体上较松散的颗粒，形成条带状冲沟的现象，见图3。

（4）热熔滑塌主要发生在坡度较平缓的坡体上，在冻融循环作用下，上覆草皮和土层失去支撑而塌落下来，冰层融水稀释了塌落的物质，并在重力作用下沿着斜坡缓缓下滑，见图4。

图1　边坡剥落破坏

图2　边坡滑塌破坏

图3　边坡冲刷破坏

图4　边坡热熔滑塌破坏

2.2　统计分析

根据野外边坡的物质组成、坡高、坡度、坡向、地下水埋深情况和边坡有无支挡措施，对边坡进行统计分析。统计结果见图5～图10。

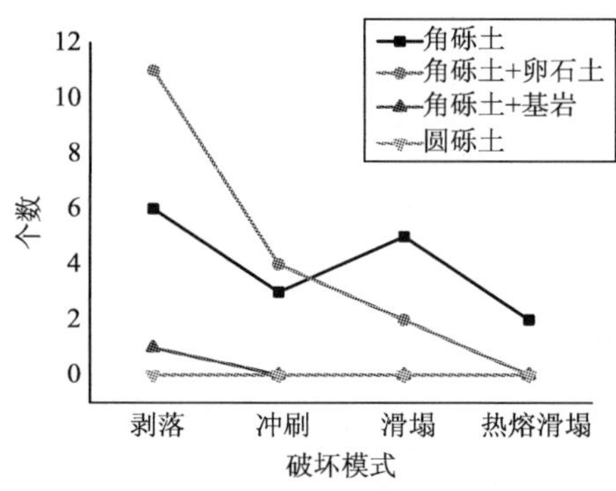

图5　不同物质组成—边坡破坏模式个数统计

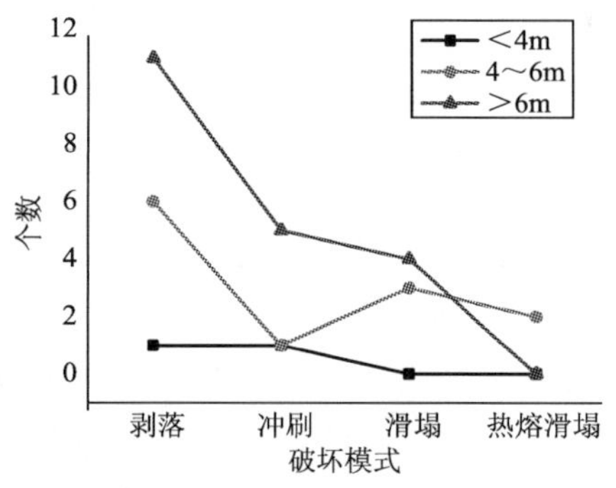

图6　不同坡高—边坡破坏模式个数统计

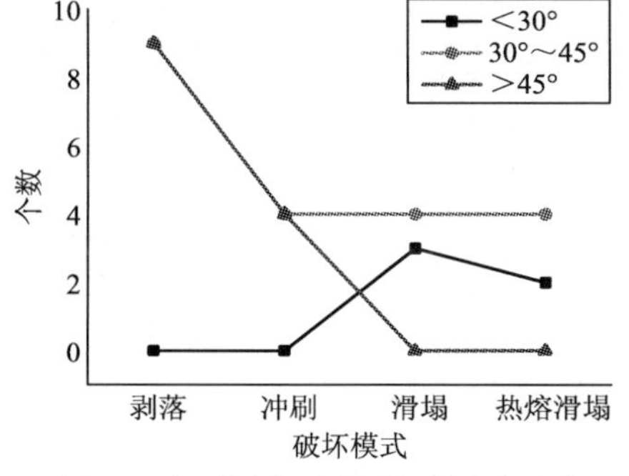

图7　不同坡度—边坡破坏模式个数统计

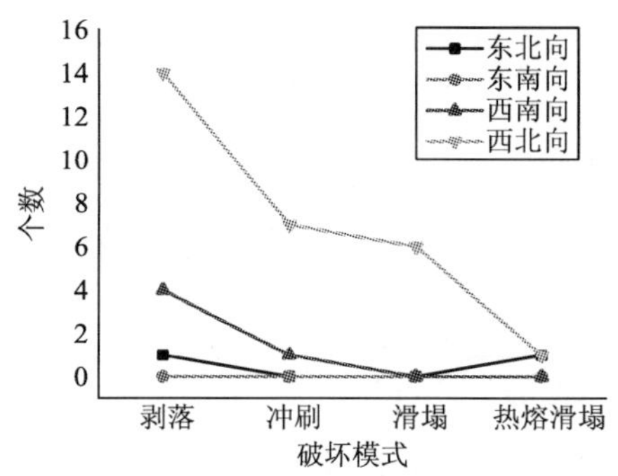

图8　不同坡向—边坡破坏模式个数统计

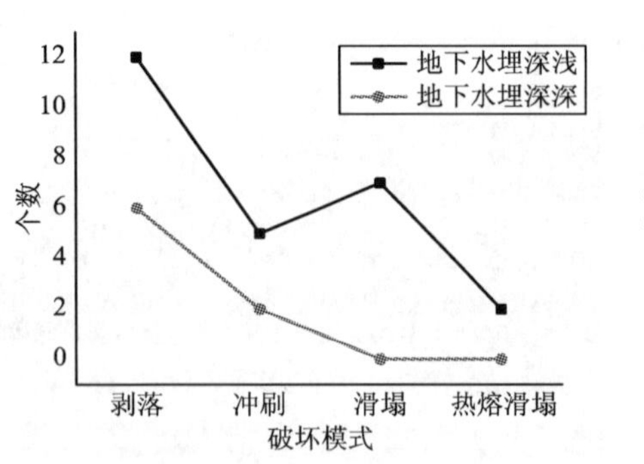

图9　不同地下水埋深—边坡破坏模式个数统计

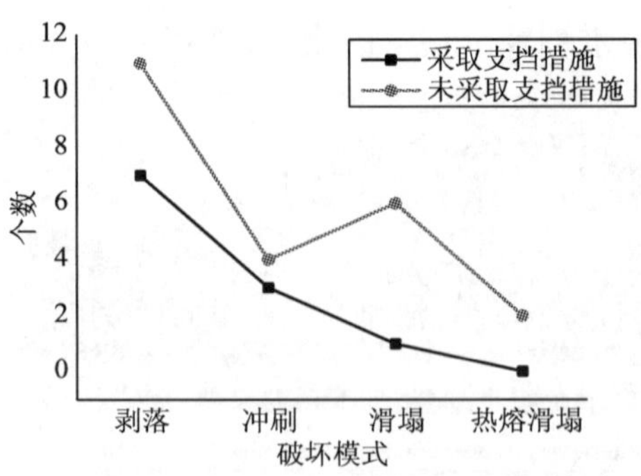

图10　治理措施—边坡破坏模式个数统计

通过上述图表统计分析可看出：

角砾土边坡易发生失稳破坏，当角砾土下方存在卵石层或基岩时，多以剥落破坏为主；当坡体物质都为角砾土时，发生滑塌的可能性增大。坡度越陡，坡体发生剥落破坏的可能性越大，当坡度在30°～45°时，最易发生滑塌破坏。地下水埋深越浅，坡体发生滑塌的可能性越大。采用挡墙对坡体进行治理时，能够有效地控制坡体发生滑塌破坏，但对剥落破坏控制效果不明显。坡高越低，发生滑塌的可能性越小。阴面坡发生剥落破坏现象较为普遍，剥落破坏对冻胀的敏感性较高。综合诸多坡体稳定性影响因素，温度、水和坡度为影响坡体稳定性的主要因素。

3 现场监测

3.1　试验工点概况

本文试验工点位于康定县新都桥镇麦巴村，318国道2905公里处，如图11所示。现场监测点剖面图，见图12、图13。

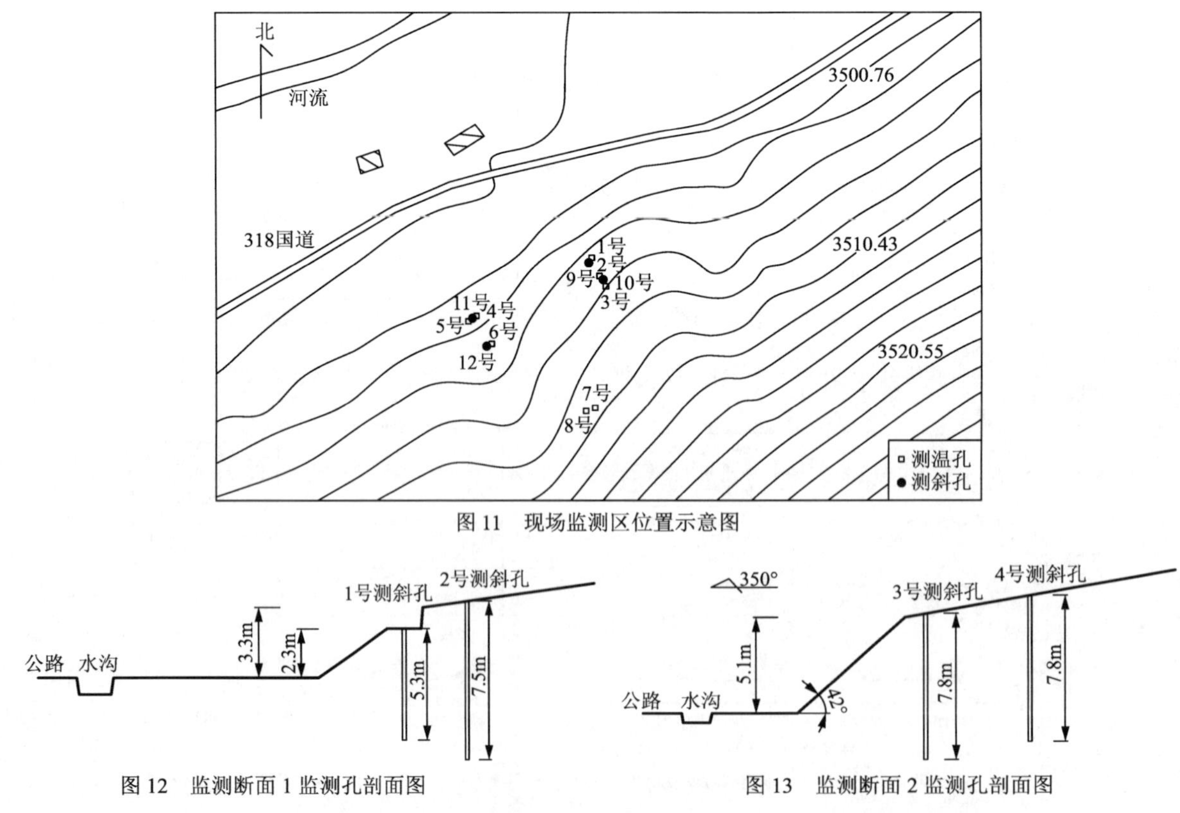

图11　现场监测区位置示意图

图12　监测断面1监测孔剖面图

图13　监测断面2监测孔剖面图

3.2 测试方案及设计

（1）测试内容

①温度监测；②位移监测；③水文监测。

（2）监测孔布设

根据监测内容，现场主要布设了三种类型的监测孔，分别为测温孔、位移测斜孔和水文孔。

3.3 监测结果及分析

（1）温度监测结果

2 号测温孔和 8 号测温孔监测结果见图 14 和图 15。

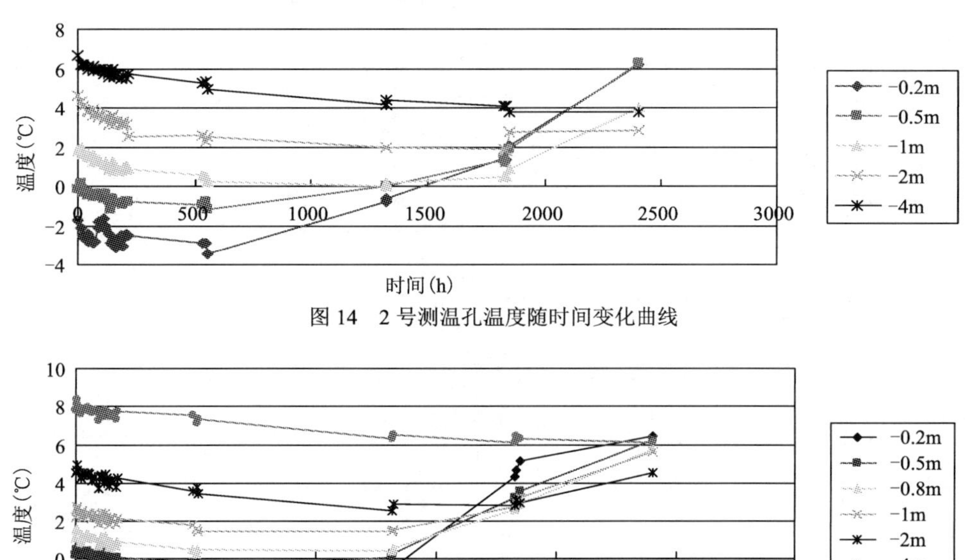

图 14 2 号测温孔温度随时间变化曲线

图 15 8 号测温孔温度随时间变化曲线

从测试数据可以看出：现场土体的冻结深度在 0.5 ～ 1m 之间，最大冻结深度约为 1m。

（2）位移监测结果

1 号测斜管和 4 号测斜管的位移监测结果，见图 16~ 图 19，可以看出，在融化期，1 号测斜管从地下 2m 开始，变形急剧增大，地表的最大位移达 100mm；4 号测斜管的变形较小，地表土体完全融化后，地表最大变形为 8mm 左右。

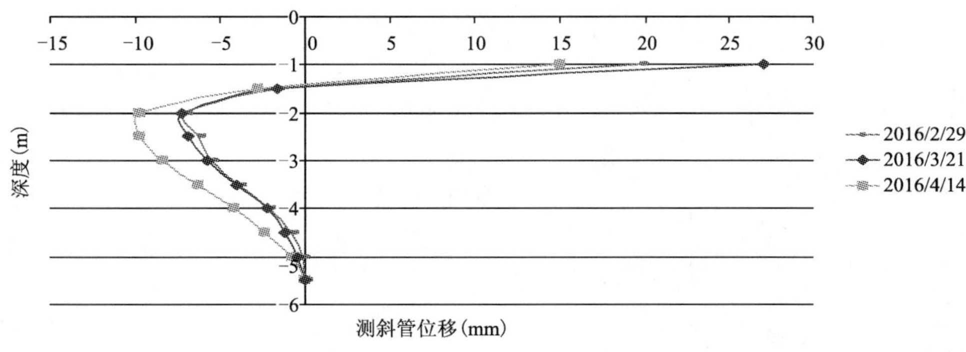

图 16 1 号测斜管垂直边坡方向相对位移

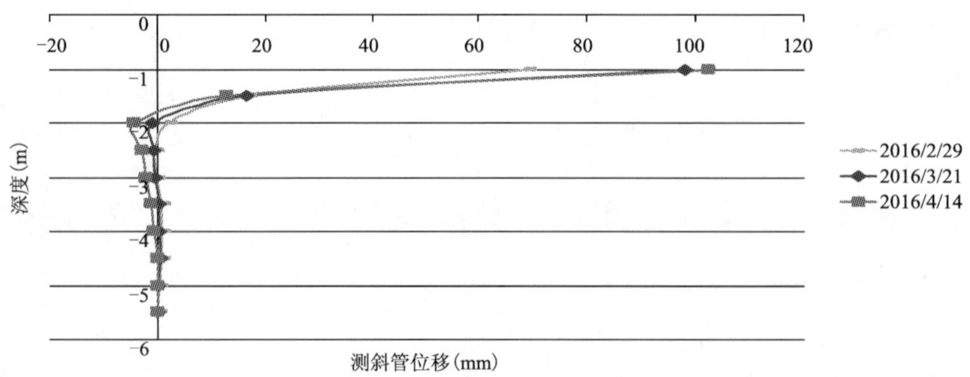

图 17　1 号测斜管平行边坡方向相对位移

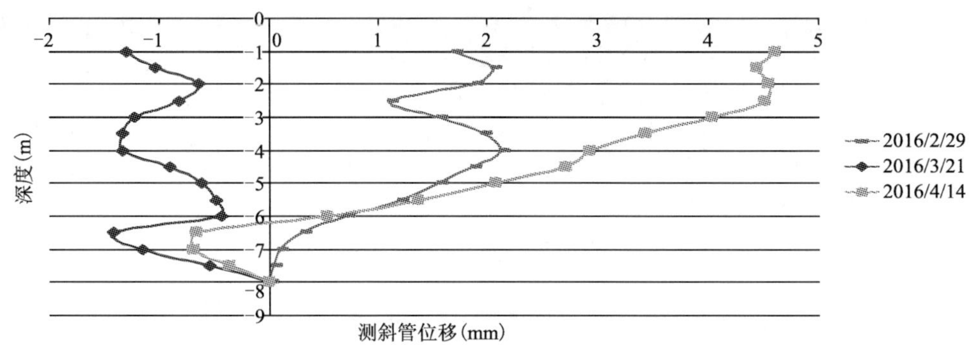

图 18　4 号测斜管垂直边坡方向相对位移

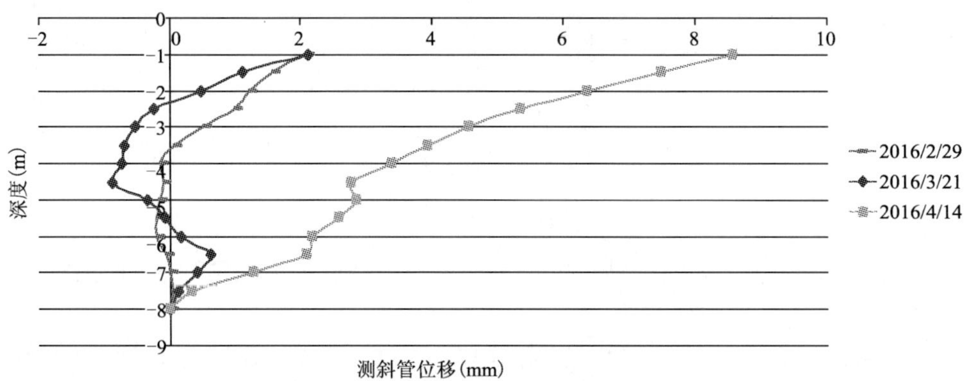

图 19　4 号测斜管平行边坡方向相对位移

图 20　现场边坡破坏

（3）水位监测结果

从地下水水位监测结果来看，在 4 号水文孔，地下水流出，地下水位埋藏较浅，地下水改变了坡脚处土体含水率，在冻融作用下，坡脚土体强度减小，对坡体稳定性产生较大的影响。

（4）监测结果分析

根据现场监测，边坡的破坏形式主要为剥落破坏和滑塌破坏的综合结果，距坡面 0.2 ～ 0.5m 范围主要以剥落破坏为主，距坡面 2m 范围内主要以滑塌破坏为主，现场破坏情况见图 20。

4 结语

（1）拟建川藏线季节性粗颗粒冻土边坡的破坏现象较为普遍，破坏范围多发生在坡体表面 0.2 ～ 2m 范围，主要的破坏模式有剥落、滑塌、冲刷和热熔滑塌四种类型。

（2）温度、水和坡度是影响边坡破坏的主要影响因素。

（3）根据现场调查经验，建议边坡开挖高度不易超过 4m，坡比不易大于 1 ∶ 1.75。

参考文献

[1] 韩世鹏，白义松．寒区公路土质路堑边坡冻融滑塌机理分析 [J]. 黑龙江交通科技，2010，10:35.

Han Shipeng, Bai yisong. Freezing thawing slumping mechanism analysis on soil cutting slope in highway of cold area [J]. Communications Science and Technology Heilongjiang, 2010, 10:35.

[2] 武鹤，刘春龙，葛琪．寒区土质边坡冻融滑塌影响因素的研究 [J]. 水利与建筑工程学报，2015，01:1-5.

Wu He, Liu Chunlong, Ge Qi. Research on influential factors of freezing thawing slumping in highway of cold area [J]. Journal of Water Resources and Architectural Engineering, 2015, 01:1-5.

[3] 杜兆成，孙瑛琳，蒋大恩．季节性冻土区路基土的冻胀特性分析[J]．长春工程学院学报，2006，7（2）:17-20.

Du Zhaocheng, Sun Yinglin, Jiang Da'en. The characteristic analysis on frost heaving of subgrade in the seasonal frozen ground region[J]. Journal of Changchun Institute Technology, 2006, 7(2): 17-20.

[4] 夏琼，杨有海，窦顺．兰新铁路路基冻胀特征及冻害整治措施研究[J]．冰川冻土，2011，33（1）:164-170.

Xia Qiong, Yang Youhai, Dou Shun. Frost heaving characteristics of Lanzhou-Xinjiang railway subgrade and the treatment of frost damage[J]. Journal of Glaciology and Geocryology, 2011, 33(1): 164-170.

[5] 霍凯成，黄继业，罗国荣．路基冻胀机制及冻害防范整治措施探讨 [J]. 岩石力学与工程学报，2002，21（7）:1099-1103.

Huo Kaicheng, Huang Jiye, Luo Guorong. On mechanism of freeze-heave and its treatment in roadbeds[J]. Chinese Journal of Rock Mechanics and Engineering, 2002, 21(7): 1099-1103.

新都桥地区季节性粗颗粒冻土抗剪强度特性研究

朱 磊[1] 谢 强[1] 王子江[2] 王 栋[2] 赵 文[1]

（1. 西南交通大学，成都 610031；2. 中铁二院工程集团有限责任公司，成都 610031）

摘 要：本文通过对拟建川藏铁路新都桥地区的季节性粗颗粒冻土进行了大量的室内直剪试验，重点研究了粗颗粒土在不同级配、不同含水率及不同冻融条件下的力学特性，在此基础上，分析总结了粗颗粒土抗剪强度指标在不同工况下的变化规律。试验结果表明：随着粗颗粒含量的增加，土体的抗剪强度参数增强；同一粒度下的土体，相比天然状态，饱和土体内摩擦角大约减小 15%，天然冻融土体内摩擦角减小 5% ~ 10%，饱和冻融工况下，土体内摩擦角大约减小 25%。试验结果对类似冻土区段的工程力学特性参数选取具有重要的指导意义。

关键词：冻融；粗颗粒冻土；抗剪强度

Study on Shear Strength Characteristics of Coarse Grained Seasonal Frozen Soil in Xinduqiao Area

Zhu Lei[1] Xie Qiang[1] Wang Zijiang[2] Wang Dong[2] Zhao Wen[1]

(1.Southwest Jiaotong University, Chengdu 610031, China; 2.China Railway Eryuan Engineering Group COo.Ltd, Chengdu 610031, China)

Abstract: A lot of laboratory direct shear tests were conducted on coarse grained seasonal frozen soil in this paper, the tests mainly researched on the mechanics characteristics of coarse grained soil under circumstances of different gradation, different water content and different freeze-thaw conditions. After summarizing the regularity of shear strength index of coarse grained soil under different working conditions on the basis of the test results, it shows that the shear strength parameters improve with the increase of coarse grain content; compared with the soil of some grain size under natural state, internal friction angle of saturated soil decreases by 15%~25%, internal friction angle of natural freezing and thawing soil decreases by 15%~25%, while under saturated freeze-thaw condition, the internal friction angle of soil has 35%~40% reduction. Test results have vital guiding significance in selecting engineering mechanical parameters for similar frozen soil region.

Keywords: freezing and thawing; coarse grained frozen soil; shear strength

随着铁路的大力发展，拟建川藏铁路作为西藏及沿线地区重要的东出通道，加强了西藏与中东部发达地区的联系，由于受川藏地区地理条件的限制，川藏铁路在修建时需要穿越大量的高海拔寒区富水坡麓、河床和沟槽季节性冻土地区，这类冻土地区与青藏铁路中所穿越的大量冻土地区有很大的区别。由于该地区降雨量丰富，冻土中含水率较高且一般不含盐，这与青藏铁路冻土地区气候总体干燥、降雨量

作者简介：朱磊（1984—），男，在读博士研究生。

小、冻土多含盐的特征完全不同。

目前，从现有的研究成果中可以看出，我国对高海拔地区的高原多年冻土的工程特性研究已经比较深入，从20世纪50年代开始，许多研究人员陆续系统地对冻土不同土质、不同负温、不同初始含水率、不同加载速率下的强度与变形特征进行了试验研究，并提出了相应的试验拟合模型。吴紫汪、马巍[5]等对不同围压下的冻土三轴抗剪强度特性进行了系统的试验研究，指出在一定范围内，抗剪强度随围压增大而增大，当围压超过这一范围时，随着围压的增大，抗剪强度反而减小。还有很多国内学者对粗粒土的力学性质做了大量的研究[2]。魏厚振等[1]研究了不同粗粒含量对抗剪强度的影响，薛亚东等[3]研究了含水率对土石混合体力学性能的影响，卜建清等[4]研究了冻融和细粒含量对粗粒土力学性质的影响。然而对于川藏线这类含水率丰富且不含盐的坡洪积物粗颗粒季节性冻土的抗剪强度特性研究还很少，可借鉴的资料也很匮乏。

本文通过对川藏线季节性粗颗粒的冻土进行大量的室内直剪试验，得到的研究成果将对其余类似冻土区段中的参数选取等具有重要的指导和借鉴意义。

1 试验研究

1.1 试验设备

本次试验采用自行研制的直剪仪进行试验，试验设备主要由拆卸式反力钢架、垂直加载系统、水平加载系统、剪切盒、滚排、传压板和开缝装置等组成。剪切盒的几何尺寸为内径300mm，高200mm。上剪切盒与反力钢架连接在一起，下剪切盒与滚排接触，可沿剪切方向自由滑动，上、下剪切盒直剪由开缝装置分开，最大开缝宽度为8mm。垂直加载系统和水平向加载系统最大可加载1.4MPa的力，垂直加载系统最大位移可达80mm，水平加载系统最大位移可达100mm。自行研制的直剪设备见图1。

1.2 试验材料

试验材料以川藏线新都桥地区坡洪积角砾土为研究对象，角砾成分主要以板岩为主，多呈扁平状，棱角突出，强度低，易破碎。现场土样粒径大于2mm的颗粒占总质量的62.5%，小于0.075mm的颗粒含量占总质量的2.5%，现场土样为粗角砾土，级配曲线见图2。

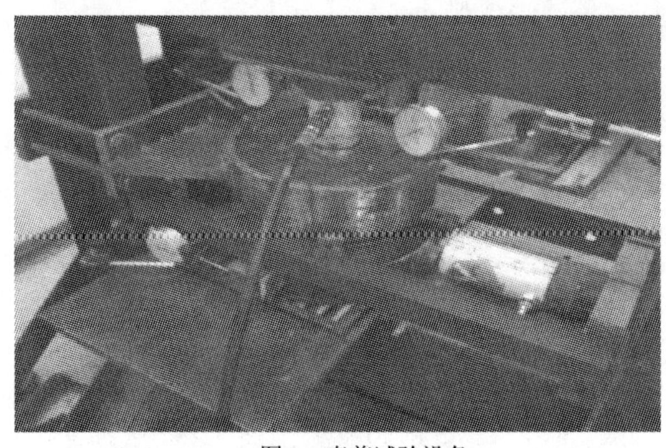

图1　直剪试验设备

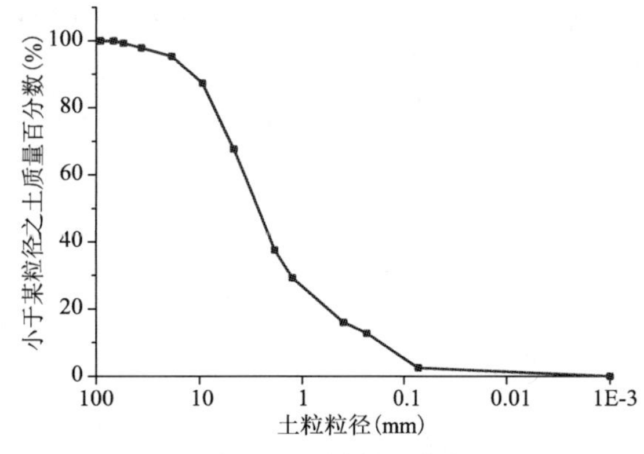

图2　现场土样级配曲线

1.3 试验方案设计

为了研究季节性粗颗粒冻土抗剪强度特性变化规律，对不同级配粗颗粒土在不同含水率工况下进行不同冻融循环次数的直剪试验。

为了消除尺寸效应，对土样超粒径采取剔除法进行处理，室内剪切试验的最大粒径取30mm、20mm、10mm和5mm共4种规格进行不同级配的土样制备，各粒径级配曲线见图3，试样直径D=300mm，高度H=180mm。根据现场密度试验，土样干密度取1.62g/ cm³，土样天然含水率为17%，不同含水率工况分天然和饱和两种，冻融过程在-15℃作用下冻结24h，在室温条件下融化24h，此为一个冻融循环，冻融工况分冻融和非冻融。具体试验内容见表1。

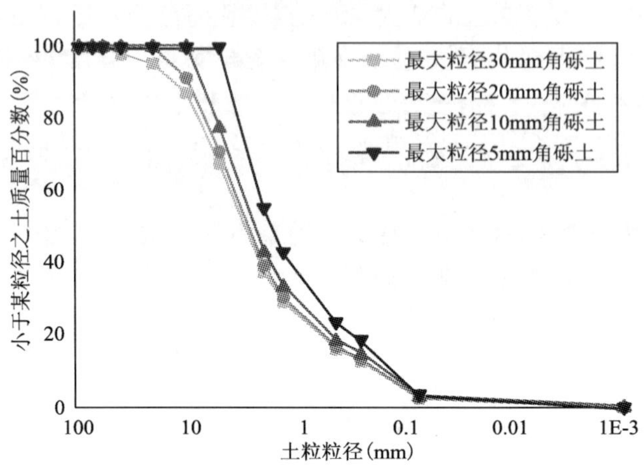

图3　不同最大粒径土的级配曲线

直剪试验内容　　表1

序　号	试样最大粒径(mm)	工　况	冻　融　(次)
1	5mm	天然	0
		天然冻融	1
		饱和	0
		饱和冻融	1
2	10mm	天然	0
		天然冻融	1
		饱和	0
		饱和冻融	1
3	20mm	天然	0
		天然冻融	1
		饱和	0
		饱和冻融	1
4	30mm	天然	0
		天然冻融	1
		饱和	0
		饱和冻融	1

1.4　试验方法

根据试验方案设计内容，对烘干土样进行含水率配制，将配制好的试样搅拌均匀，称重分层装入剪切盒内，采用法向加荷装置压至设计高度，层与层之间凿毛压实。对于需饱和的试样，采用水头饱和法进行饱和，从剪切盒底部进水，当水从试样面上溢出，可认为试样饱和。对于有冻融要求的土样，根据冻融次数的设计要求，进行冻结和融化。称取传压板、垂直千斤顶的质量，并依次放在试样面上，要求安装对中，并用水平尺校平传压板、上反力钢梁和下反力钢梁，安装垂直百分表。在加垂直压力作用下进行固结，法向压力分别取 50kPa、100kPa、150kPa 和 200kPa。当每小时垂直变形小于 0.03mm 时，则认为固结稳定，拔除上、下剪切盒的固定销，用开缝器开缝，安装水平千斤顶、百分表，施加水平荷载；每 30s 加一级；并测读水平百分表的读数，起始水平荷载按垂直荷载的 7% ～ 10% 施加。当某级水平荷载下的剪切位移超过前一级位移的 1.5 ～ 2 倍时，改为 5% 施加；当水平荷载不再增加或剪切变形急剧增长，则认为试样已剪切破坏，此时可终止试验，如果无这两种情况出现，则当剪切变形达到试样直径的 1/10 ～ 1/5 时，可停止试验[2]。

2 试验结果与分析

根据试验结果（表 2），分别绘制同一工况不同最大粒径抗剪强度曲线，见图 4 ～图 7；同一粒径不同工况抗剪强度曲线，见图 8 ～图 11；不同影响因素摩擦角的变化曲线，见图 12；不同影响因素黏聚力的变化曲线，见图 13。

直剪试验结果　　表 2

序　　号	试样最大粒径(mm)	工况	摩擦角(°)	黏聚力(kPa)
1	5mm	天然	17.6	33
		天然冻融	15.8	30
		饱和	15.2	26
		饱和冻融	13.2	23
2	10mm	天然	25.5	30
		天然冻融	22.0	25
		饱和	21.0	25
		饱和冻融	18.2	25
3	20mm	天然	28.1	26
		天然冻融	24.8	24
		饱和	24.1	24
		饱和冻融	20.4	23
4	30mm	天然	34.9	24
		天然冻融	33.0	24
		饱和	30.4	24
		饱和冻融	24.8	23

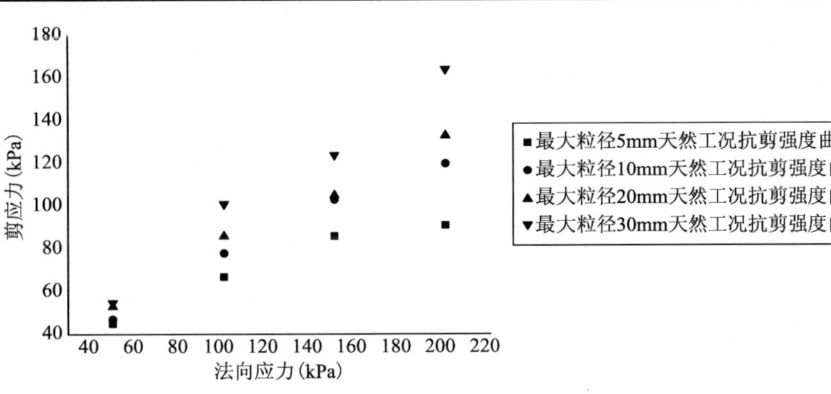

图 4　天然工况不同最大粒径土的抗剪强度曲线

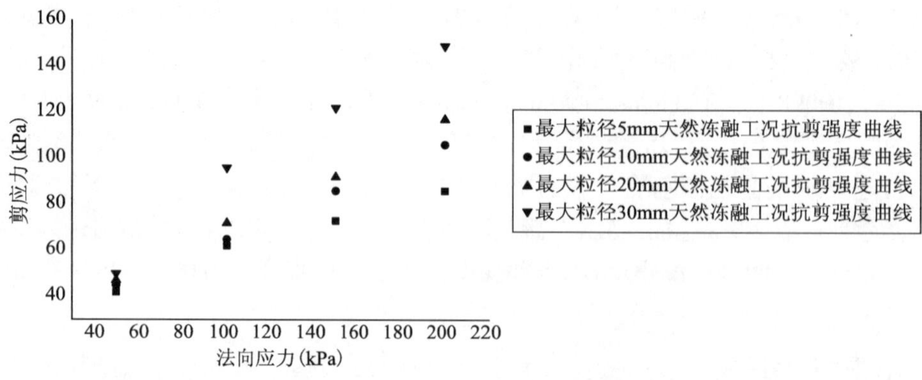

图 5　天然冻融工况不同最大粒径土的抗剪强度曲线

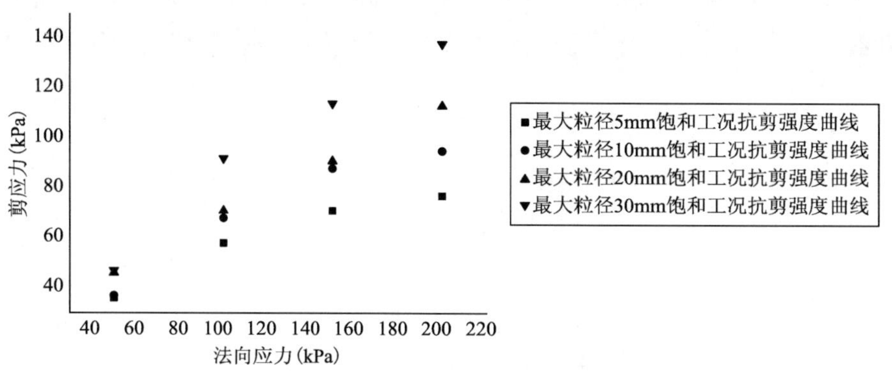

图 6　饱和工况不同最大粒径土的抗剪强度曲线

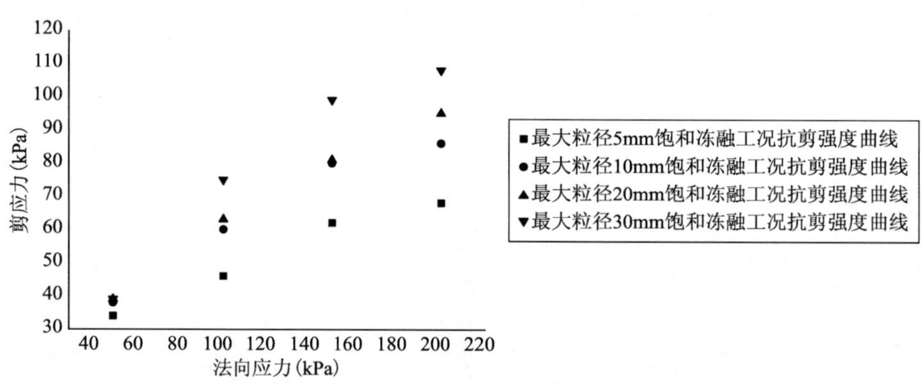

图 7　饱和冻融工况不同最大粒径土的抗剪强度曲线

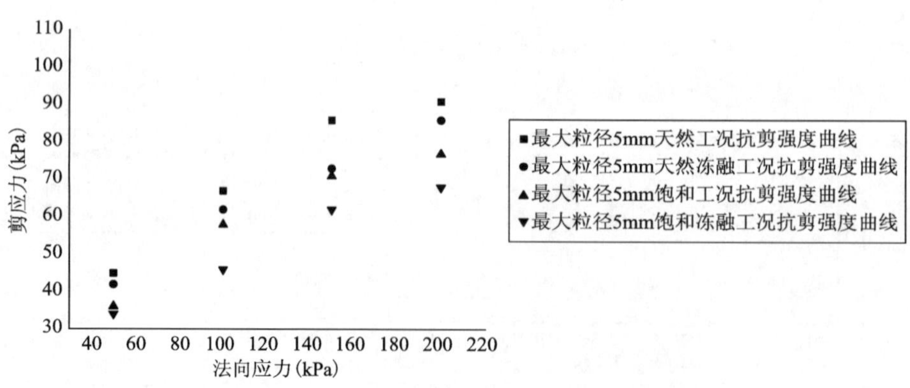

图 8　最大粒径 5mm 土试样不同工况的抗剪强度曲线

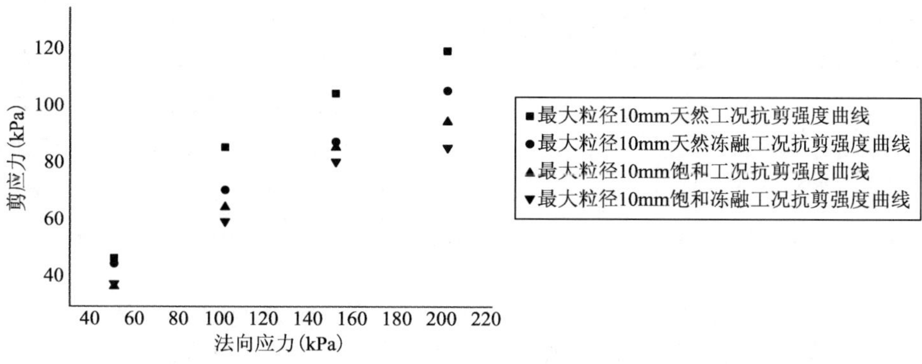

图 9 最大粒径 10mm 土试样不同工况的抗剪强度曲线

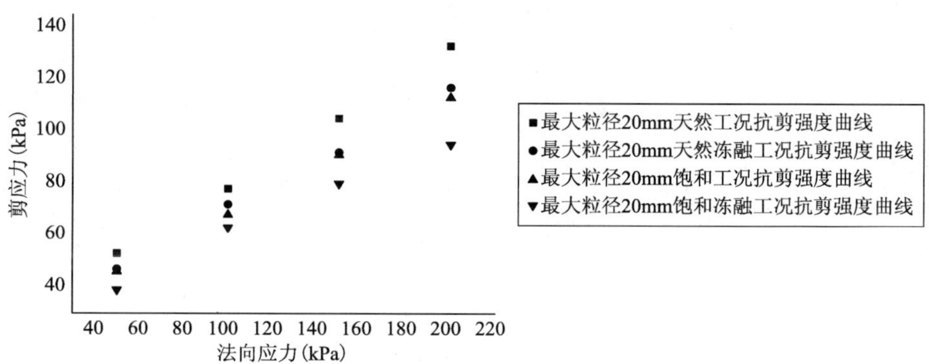

图 10 最大粒径 20mm 土试样不同工况的抗剪强度曲线

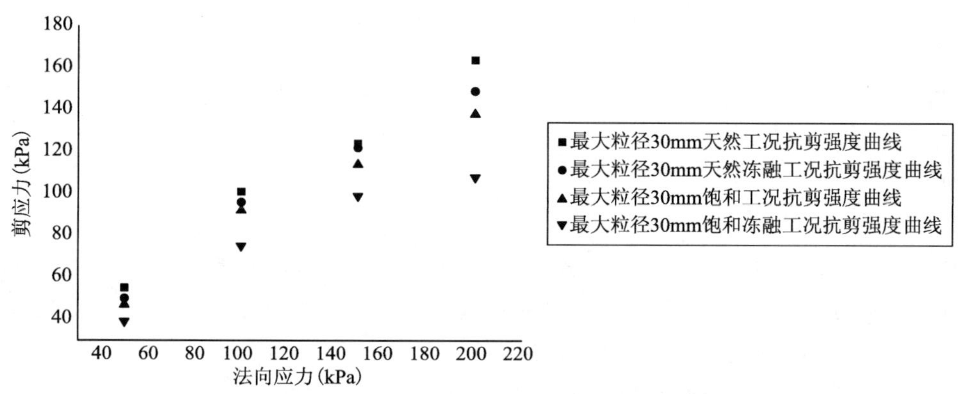

图 11 最大粒径 30mm 土试样不同工况的抗剪强度曲线

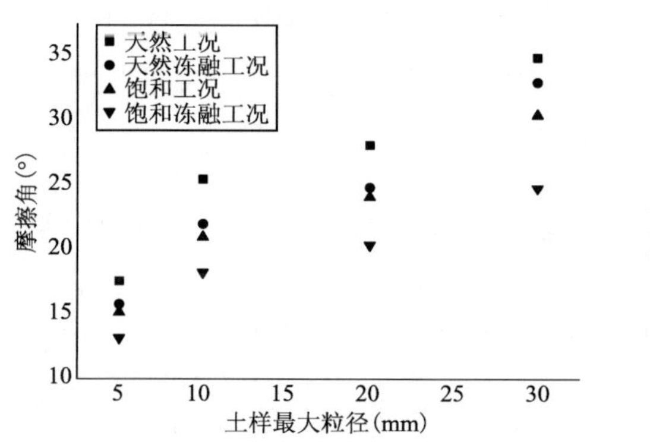

图 12 不同影响因素摩擦角的变化曲线

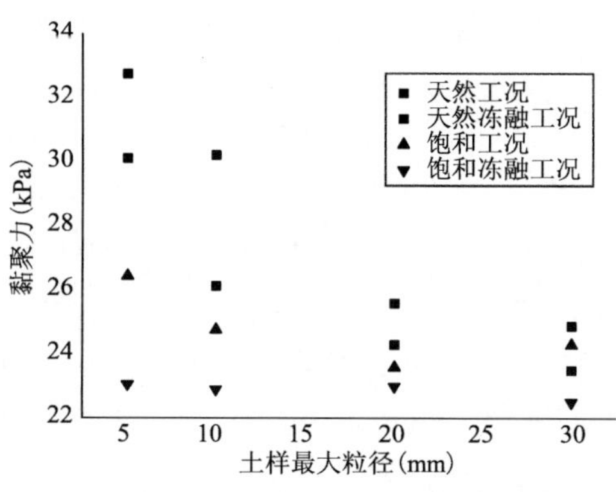

图 13 不同影响因素摩擦角的变化曲线

根据图4～图7可以看出，试样的抗剪强度随试样最大粒径的增大而增加，主要原因是随着颗粒粒径的增大，细颗粒充填在粗颗粒孔隙中，颗粒间的接触面积增大，颗粒间的摩阻力增大，试样抗剪强度增大。

根据图8～图11所示，同一粒径土的试样天然冻融后，冻融作用导致土体的结构发生变化，黏聚力降低，从而导致土体的抗剪强度降低。当试样饱和时，土体的抗剪强度较天然工况下的抗剪强度低，主要原因是土体中水对粗颗粒土起到了润滑的作用，随着水量的增加，水膜增厚，土颗粒间的黏聚力减小，土体的抗剪强度减小。饱和土试样在冻融作用下，抗剪强度最低，说明当水充满土体孔隙发生冻结、融化后，冰水相变作用对土体的抗剪强度影响最为严重。

由图12～图13可以看出，随着试样最大粒径的增大，摩擦角逐渐增大，黏聚力呈减小的趋势，说明随着颗粒粒径的增大，颗粒间的咬合力逐渐占主导地位，黏聚力的作用逐渐减弱。

对相同粒径的土试样来说，饱和冻融作用对摩擦角的影响最大，摩擦角的减幅大约为天然状态摩擦角的25%，其次为饱和作用，摩擦角的减幅大约为天然状态摩擦角的15%，天然冻融作用下摩擦角的减幅为大然状态摩擦角的5%～10%。

对土体的黏聚力而言，冻融作用导致土体结构发生变化，黏聚力降低，随着土颗粒粒径的增大，黏聚力在不同工况下的变化趋于平缓。

3 结语

（1）川藏线季节性粗颗粒冻土的抗剪强度随颗粒粒径的增大而增大。

（2）在不同的工况作用下，饱和冻融对土体抗剪强度的影响最大，其次为饱和和天然冻融作用。

（3）土体的内摩擦角随颗粒粒径的增大而增大，在各工况作用下，饱和冻融对摩擦角的影响最大，相比天然工况，摩擦角大约减小25%；饱和工况，摩擦角大约减小15%；天然冻融工况，摩擦角减小5%～10%。

（4）土体的黏聚力随粒径的增大而减小，饱和冻融工况对土体黏聚力的影响最大，其次为饱和作用。

参考文献

[1] 魏厚振，汪稔，胡明鉴，等.蒋家沟砾石土不同粗粒含量直剪强度特征[J].岩土力学，2008，29（1）：48-51.
Wei Houzhen, Wang Ren, Hu Jianming, et al. Shear strength characteristics of gravel soil with different coarse grain content in Jiangjia Groove [J]. Rock Mechanics, 2008, 29(1): 48-51.

[2] 李振，李鹏.粗粒土直接剪切试验抗剪强度指标变化规律[J].防渗技术，2002，8（1）：15-20.
Li Zhen, Lipeng. Regularity of direct shear strength index of coarse grained soil [J]. Seepage Control, 2002, 8(1): 15-20.

[3] 薛亚东，岳磊，李硕标.含水率对土石混合体力学特性影响的试验研究[J].工程地质学报，2015，1：005.
Xue Yadong, Yue Lei, Li Shuobiao. Research on the mechanics characteristics of stone-soil mixture under circumstances of different water content [J]. Journal of Engineering Geology, 2015, 1: 005.

[4] 卜建清，王天亮.冻融及细粒含量对粗粒土力学性质影响的试验研究[J].岩土工程学报，2015（4）.
Pu Zhanqing, Wang Tianliang. Research on the mechanics characteristics of coarse grain content and freezing and thawing condition [J]. Journal of Geotechnical Engineering, 2015(4).

[5] 吴紫汪，马巍.冻结砂土的强度特性[J].冰川冻土，1994，16（1）：15-20.
Wu Ziwang, Ma Wei. Intensive property of frozen sandy soil[J]. Journal of Glaciology and Geocryology, 1994, 16(1): 15-20.

川藏铁路高陡边坡深厚卸荷带特征分析

宋　章[1]　张广泽[1]　蒋良文[1]　程谦恭[2]
（1. 中铁二院工程集团有限责任公司，成都 610031；2. 西南交通大学，成都 610031）

摘　要：拟建川藏铁路行走于印度板块与欧亚板块碰撞而隆升的川西及藏东南高原地带，沿线山高谷深，因其强烈的内、外动力作用及气候影响，段内沟谷边坡岩体卸荷作用强烈。本文在多次现场勘测的基础上，结合工程实例，对拟建川藏铁路沿线高陡边坡岩体卸荷带特征进行了分析，以期为川藏铁路科学选线提供依据。①拟建川藏铁路沟谷边坡岩体卸荷带因其大高差高势能的地貌、复杂活跃的地质构造、强烈的新构造运动、频繁强烈的地震及昼夜大温差的气候、强烈的水岩作用等工程地质条件而具有复杂性和多变性特征；②沟谷高陡边坡岩体卸荷带的形成和发展是内外动力耦合作用的结果；③沟谷高陡边坡岩体卸荷带发育的深度和广度及其稳定性是一个动态平衡过程；④沟谷边坡岩体卸荷分带的深度具有坡度和高程的差异性特征；⑤本文的研究结语对此段内公路、铁路等工程建设具有指导意义。

关键词：川藏铁路；高陡边坡；卸荷带；内外动力；动态平衡

Analyzed the Characteristic of Deep Unloading Fracture Zone of High and Steep Slope of the Sichuan-Tibet Railway

Song Zhang[1]　Zhang Guangze[1]　Jiang Liangwen[1]　Cheng Qiangong[2]
(1. China Railway Eryuan Engineering Group Co.Ltd, Chengdu 610031, China; 2.Southwest Jiao Tong University, Chengdu 610031, China)

Abstract: The proposed Sichuan-Tibet railway goes through high mountains and deep valleys located in the uplift western Sichuan and southeast Tibet plateau zones for the results of collision between India plate and Eurasian plate; with the characteristics of intensive unloading fracture zone of slope rock mass because of suffering strongly by the inter and external power action and bad climate condition in this area. Based on the site survey and engineering projects, analyzed the properties of unloading fracture zone of slope rock mass of the proposed Sichuan-Tibet railway, and provided a basis for the scientific alignment of the proposed Sichuan-Tibet railway. ①The engineering geological conditions of unloading fracture zone of high steep slope of the proposed Sichuan-Tibet railway, that larger relative altitude and high potential energy landscape, complex and active geological formation, strong neotectonics, frequent and forceful earthquake and day and light larger difference in temperature climate, are complex and multivariate. ②The formation and development of unloading fracture zone of high and steep rock slope in valley are the coupling result of internal and external power. ③The development depth and scale of unloading

---

作者简介：宋章（1977—），男，高级工程师。

基金项目：中铁二院工程集团有限责任公司科研项目（院计划 14126005（14-17））；国家铁路局科技研究计划（KF2014-019）；中国铁路总公司科技研究开发计划项目（2013G014-B）。

fracture zone of high steep rock slope and its stability are the process of dynamic balance. ④The depth of unloading fracture zone of high rock slope in varied slopes and altitude present different characteristics. ⑤The research conclusions can be widely applied in expressway and railway engineering construction in this area.

Keywords: Sichuan-Tibet railway; high and steep slope; unloading fracture zone; internal and external power; dynamic balance

高陡边坡岩体卸荷是伴随边坡开挖或河谷下切过程中，由于应力释放，边坡岩体向临空面发生卸荷回弹变形，谷坡应力场产生新的调整，伴随这一过程在边坡浅部一定深度范围内所产生的边坡变形破坏[1,2]现象。岩体的卸荷作用是边坡岩体局部应力场发生变化而引起的一种外动力地质作用，普遍存在于各类高陡岩质边坡中，岩体的卸荷作用是由内外动力多种因素决定的，因而卸荷作用的机制也是多种多样的；地质条件不同，其形成机制亦不同，它们以各种方式影响着边坡岩体的工程地质特征[1-8]。

川藏铁路东起四川成都，西至西藏拉萨，行走于印度板块与欧亚板块碰撞而隆升的青藏高原地带；沿线山高谷深、地层岩性混杂多变、区域构造复杂、新构造运动活跃、地震频繁强烈、气候恶劣多变[9,10]；因其强烈的内、外动力地质作用及气候影响，沿线沟谷高陡边坡岩体卸荷作用强烈，直接影响着高陡边坡的稳定，这将是影响山区铁路工程建设尤其是桥梁工程常见的工程地质问题之一。2013—2015年笔者在多次现场勘测的基础上，结合工程实例，对拟建川藏铁路沿线高陡边坡岩体卸荷带特征进行分析，以期为川藏铁路科学选线提供依据。

1 工程地质条件的复杂性和多样性特征

1.1 大高差高势能的地貌特征

受欧亚板块和印度洋板块碰撞作用的影响，该区域形成了高山峡谷、河流深切、峡谷宽谷相间和水系沿构造线发育的独特地貌特征，区域内绝对和相对高差均较大，地面高程2500～5750m，相对高差最大达3000m以上。沟谷山坡坡度一般都在35°以上，最大可达85°。因此，大高差地貌特征为川藏铁路沿线沟谷高陡边坡岩体卸荷带的形成提供了巨大的势能条件。

1.2 复杂活跃的地质构造特征

拟建川藏铁路穿越了华南板块(Ⅲ)、滇藏板块(Ⅳ)及印度板块(Ⅴ)3个一级构造单元(图1)。从

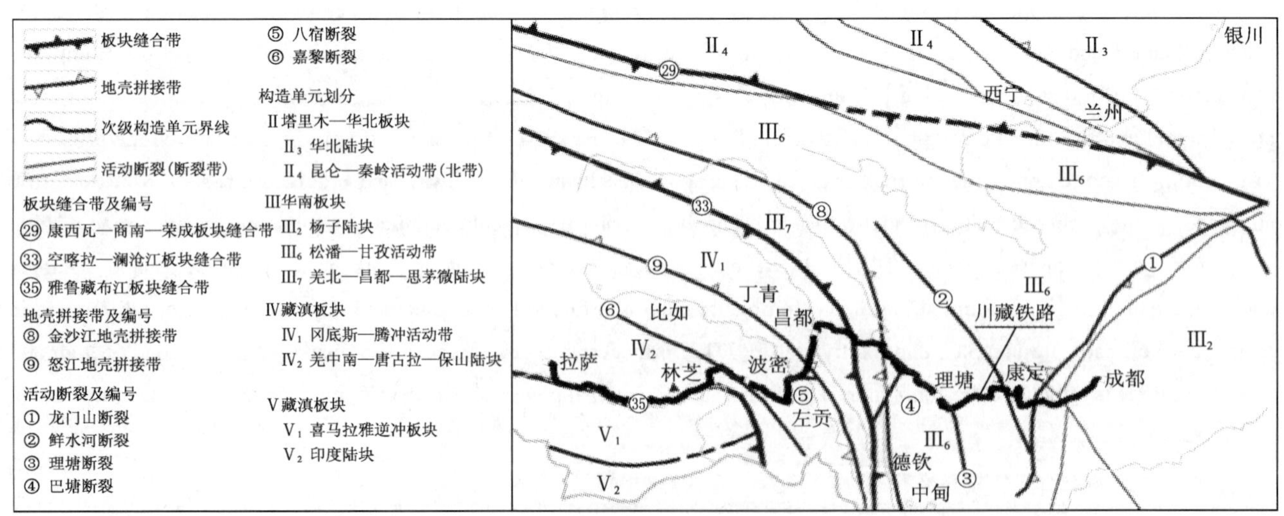

图1　拟建川藏铁路构造纲要图

东向西依次穿过华南板块（Ⅲ）之扬子板块（Ⅲ$_1$）、松潘—甘孜活动带（Ⅲ$_6$）、羌北—昌都—思茅微陆块（Ⅲ$_7$）及藏滇板块（Ⅳ）之羌中南—唐古拉—保山陆块（Ⅳ$_1$）、冈底斯—腾冲活动带（Ⅳ$_2$）及印度板块（Ⅴ）之喜马拉雅逆冲板片（Ⅴ$_1$）6个二级构造单元，其活动构造主要为老构造的活化和新构造的形成。由于拟建川藏铁路仍处于印度板块向北飘移的压扭应力场中，区域内构造活动带表现出多期特性，这些运动史明显地表现在一系列强烈活动的断裂构造带上，如测区板块缝合带断裂有澜沧江断裂、雅鲁藏布江断裂，地壳拼接带断裂有龙门山断裂、金沙江断裂、怒江断裂，此外还发育鲜水河断裂、甘孜—玉树断裂、理塘断裂、巴塘断裂、玉龙希断裂、八宿断裂、嘉黎断裂、米林—鲁朗断裂等其他活动断裂。因此，区内复杂活跃的地质构造特征为川藏铁路沿线沟谷高陡边坡岩体卸荷带的形成提供了强大的内动力地质条件。

1.3 强烈的新构造运动特征

拟建川藏铁路所经的川西及藏东南地区自晚第三系以来一直保持上升运动，西藏地区运动量越来越大，且自第四纪以来高程平均隆升3500～4000m，印度板块目前仍以4.8～6.4cm/a的速度向北漂移和俯冲，所形成的应力场为本区新构造运动的主控力[10]。川藏铁路所经的川西及藏东南地区，新构造运动十分强烈，构造性的谷地、断陷盆地均下降，并接受了巨厚沉积物，而山地也多呈断块或线带式的隆升，同时河流强烈下切，从而构成本区高原、高山峡谷地形；产生了隆升、沉陷的明显差异，且具明显的继存性。印度板块在渐新世～中新世完成在雅鲁藏布江缝合带的拼合和西亚利克A型俯冲带形成后，仍在向北运动，全区仍作整体抬升、斜掀和差异性的上升运动；主要表现为高原的隆升、活动构造、地热显示及地震活动。因此，强烈的新构造运动加剧了内动力地质作用对沿线沟谷高陡边坡岩体卸荷带形成的影响。

1.4 频繁强烈的地震特征

因其复杂活跃的新构造运动，伴随着中强地震频发。拟建川藏铁沿线主要包括龙门山、鲜水河、理塘—雅江、巴塘—盐井、澜沧江、八宿—怒江、然乌、波密—通麦区、主喜马拉雅、墨竹工卡—工布江达、康马—当雄及错那—沃卡等12个潜在震源区，据统计历史上震级6.0级以上地震达26次。频繁强烈的地震对山坡岩体具有震裂作用，且主要表现在两方面：一是地震作用下边坡岩体产生了新的裂隙；二是在地震作用下边坡岩体中原有裂隙发生了扩展、贯通或张开。震裂岩体导致边坡岩体完整性变差，进一步加剧了高陡边坡岩体卸荷带的形成及发育深度。

1.5 昼夜大温差的气候环境特征

拟建川藏铁路从四川盆地温暖湿润气候，经鹧鸪山—雅安—二郎山逐渐过渡到高原气候（川西高原、藏东高原及其峡谷区），气温和降雨量随海拔的升高而递减；高原气候区其气候垂直分带显著，冬季最低气温可降至-15～-20℃，夏季最高气温可达35～40℃；具有昼夜温差大（30～60℃）、寒冻风化作用强烈的特点。由于昼夜日温差大的特征，边坡岩体中裂隙、孔隙中的水分结冰产生巨大冻胀力，冰融后冻胀力又消失，如此反复作用，使得边坡岩体碎裂崩解，加剧了边坡岩体的风化和卸荷作用。

1.6 强烈的水岩作用特征

水岩作用是指不同形式的水和工程岩体进行的物理、化学及力学作用，并对岩土介质的特征和状态产生不利影响[11]。拟建川藏铁路沿线高原区降雨量为450～1127mm，且具有分配极不均匀的特征；而强烈的地质构造及新构造运动和第四纪冰川作用造就了该区高山峡谷的地形地貌，这使得该区具备了良好的水岩作用条件。据调查，该区水岩作用强烈且形式多样，主要存在冻融作用、河流冲刷作用、岩土软化、潜蚀和地下水的力学效应等水岩作用形式。各种形式的水岩作用于边坡岩体，进一步弱化了边坡岩体的物理力学性质，加剧了高陡边坡卸荷带的形成和发展。

■2 内外动力耦合作用特征

沟谷高陡边坡岩体卸荷带的形成和发展是内外动力耦合作用的结果。

拟建川藏铁路处于喜马拉雅运动影响最强的川西及藏东南地区。在印度板块向欧亚板块俯冲的作用下，该区复杂的地质构造和强烈的新构造运动等内动力作用十分活跃，主要为强烈的地壳抬升和地下深部的挤压变形，呈现为上升速度的不一致。当内动力作用在深部呈挤压作用时，一方面表现为地壳隆升使得地表山体边坡出现侧向拉应变，促进地壳初始高压应力的释放，造成边坡岩体结构松弛和初始裂隙的产生；另一方面在内动力作用过程中，山体产生了一些潜在的软弱面或软弱带，此外山体上升中势能增加，从而有利于高陡边坡岩体卸荷带的形成。而地震本身作为一种内动力地质灾害，在区内具有频繁强烈的特征，它不同程度地影响着高陡边坡岩体新裂隙的产生和原生结构面的破裂、贯通和张裂，进一步加剧了高陡边坡岩体卸荷带的形成和发展。

此外，区内的外动力作用亦十分强烈，大温差的冻融作用、强烈的水岩作用，如河流冲刷侵蚀下切、潜蚀和地下水的力学效应等，在高山峡谷巨大的势能条件下均有利于高陡边坡岩体卸荷带的发生。

由此可见，内动力作用直接影响着高陡边坡岩体卸荷带的形成和发展，而外动力作用加剧了高陡边坡岩体卸荷带的发生。正是因为这种内外动力耦合作用的结果导致了拟建川藏铁路沿线沟谷高陡边坡岩体卸荷带异常发育。

■3 边坡岩体卸荷带动态稳定特征

沟谷高陡边坡岩体卸荷带发育的深度和广度是一个动态平衡过程；主要取决于区域稳定性和水岩作用、寒冻风化三方面，前者是内因，后两者是外因。拟建川藏铁路处于印度板块与欧亚板块碰撞地带，青藏高原强烈隆升，且至今仍保持着强烈的上升隆起趋势，区域稳定性差。由于高原的迅速隆升，该区水系发育迅速加快，河流冲刷下切和高原侵蚀十分强烈，金沙江、澜沧江和怒江等这些上新世末还游荡在宽谷中的河流，由于大面积的隆升而引起的河床快速下切，在金沙江发育有多达7级河流阶地、澜沧江多达8级的阶地，并伴有大量的高山峡谷区出现(图2)。

图2　拟建川藏铁路跨三江处地貌图

由于区内新构造运动强烈，地壳处于长期的抬升环境中，水岩作用强烈，河流不断冲刷侵蚀下切，沟谷边坡临空面的高度不断扩大，势能增加，在地震、潜蚀、地下水的动力效应及寒冻风化等内外动力作用下，边坡岩体卸荷带，尤其是坡体外侧岩体强卸荷带达到极限平衡后就会失稳，甚至出现崩滑破坏；之后，高陡边坡岩体达到暂时稳定状态；随着地壳抬升持续，河流继续下切，则边坡临空面又继续扩大，当边坡岩体再次达到新的极限平衡时，原有的边坡岩体中、弱卸荷带逐渐发展成为强卸荷带，边坡岩体强卸荷带在内外动力作用下再次失稳破坏。如此发展下去，河谷越切越深，边坡越来越高陡，而边坡岩体卸荷带其深度和广度亦越来越大。

综上分析可知，区内沟谷高陡边坡岩体卸荷带的稳定特性是一个动态平衡过程。而拟建川藏铁路选线在深切河谷区不宜沿陡缓分界处选线，更不宜设计深路堑工程，应采取外移设路桥或内移设隧道的方式。

4 高陡边坡岩体卸荷分带工程实例分析

根据《水利水电工程地质勘察规范》（GB 50487—2008）对边坡岩体卸荷带的划分，卸荷类型可分为正常卸荷带（强、弱卸荷带）和异常卸荷带（深卸荷带）。目前，水电边坡工程中针对正常卸荷带和异常卸荷带均有所研究，且其岩体卸荷分带划分也均基于此[2-5,7,8]。在工程实践中，因边坡岩体的地层岩性特征、强度特征、结构面发育程度特征、风化特征等具有差异性，故边坡岩体卸荷分带的鉴定和划分极具个性，不可同一而论。

相对铁路这样的线状工程而言，关注的重点是边坡岩体的稳定性及其承载能力特性；而岩体卸荷变形往往导致边坡失稳破坏。在高陡岩质边坡中，卸荷将引起临空面附近岩体内应力重分布、造成局部应力集中现象，并在卸荷回弹变形过程中，因差异回弹而在岩体中形成一个被约束的残余应力体系，岩体在卸荷过程中的变形与破坏正是由这种应力变化而引起。如在坡顶或坡面缓—陡交界处因张引力集中带发展成拉裂面而产生的拉裂破坏；在平行于临空面的压应力集中带处发展成平行于临空面的压致拉裂面或剪切破裂面而产生剪切破坏；此外，卸荷回弹同样可以在岩体中形成残余剪应力，并导致剪切破裂现象。

在边坡岩体中，强卸荷带发育的深度和广度往往控制边坡的稳定。当铁路、公路工程以路基的形式通过边坡坡角时，往往采用削方减载的方式处理边坡强卸荷带，来确保工程的安全及运行（图 3）。

图 3　高陡边坡岩体强卸荷带削方减载照片

4.1　边坡岩体卸荷分带及工程设置实例分析

丽香铁路虎跳峡金沙江特大桥为双线钢桁梁悬索桥[12]，线间距 5m，桥式桥跨为（132+660+132）m，桥高约 243m，丽江岸主墩高约 136m，香格里拉岸主墩高约 120m，墩以上塔高约 85m。两岸隧道锚长为 80m，倾角为 35°。两岸地层岩性为三迭系（T_β）片理化玄武岩，受构造影响，节理裂隙发育，因两岸谷坡陡峻，岩体卸荷带发育。根据工程基础设置，在现场勘测的基础上，本工程采用沿基础断轮廓线、形心、隧道锚轴线及围岩布置 55 个勘探点及 2 个平洞的方式查清两岸岩体卸荷带发育深度（图 4），并结合岩体 RMR、BQ 值评价岩体分级，确定桥基础持力层。

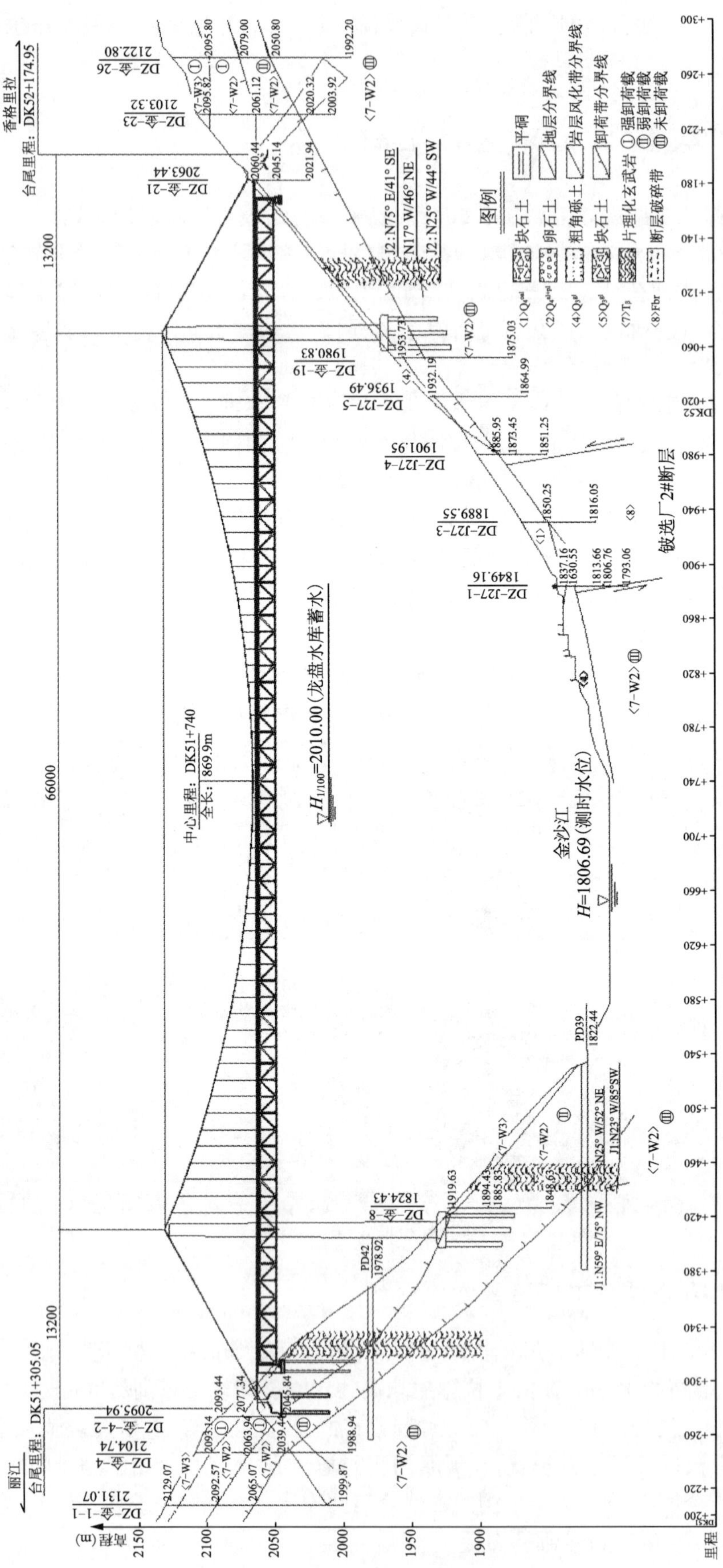

图4 金沙江特大桥边坡卸荷带分布图

岸坡岩体结构特征分析表明，金沙江虎跳峡河谷具有卸荷带与风化带同时存在的双层地质结构，桥址区为深切峡谷，岸坡高陡，风化带较薄。边坡岩体可划分为强卸荷带、弱卸荷带和未卸荷带（根据工程设置暂定命名，主要表现为岩体中节理裂隙少发育且密闭状，岩体完整性和稳定性较好）三个分带区。

由图 4 可得，丽江端处边坡岩体强卸荷带水平深度主塔处 5 ～ 30m，锚碇处 40 ～ 60m；香格里拉端锚碇处 35 ～ 70m；强卸荷带 RMR 值为 36，BQ 值为 336，为Ⅳ级差岩体，不能承受较大的拉应力、压应力及剪切应力，不宜作为建筑物基础及其附属工程的持力层。丽江端边坡岩体弱卸荷带水平深度主塔处 80 ～ 95m，锚碇处 80 ～ 95m；香格里拉端主塔处 20 ～ 60m，锚碇处 70 ～ 140m；弱卸荷带 RMR 值为 48，BQ 值为 442，为Ⅲ级一般岩体，岩体松弛不明显，强度较高，岸坡较稳定，能够承受较大的压应力，但存在节理密集带，岩体均匀性差，可以作为墩台基础、边坡、岸坡锚固工程的持力层，但不宜作为隧道锚的持力层。未卸荷带弱卸荷带 RMR 值为 75，BQ 值为 453，为Ⅱ级好岩体，岸坡稳定性好，可以作为隧道锚的持力层。

4.2 边坡岩体卸荷分带坡度及高程的差异特性

边坡岩体的风化、卸荷作用主要受岩性、构造、地形地貌和气候等多种因素影响。由图 4 及上述分析可知，同一地层岩性，边坡坡度不同，卸荷分带深度不同；同一坡度，高程不同，卸荷分带深度亦不同。这一差异特性，在金沙江上游的岗拖段亦表现得非常明显。据岗拖水电站坝子区 8 个平洞揭示[13]，测段地层岩性主要为变质砂岩、板岩类，因测区构造发育，植被稀少，且温差变化大，导致岩体的风化、卸荷作用强烈，而且岩性的差异也导致岩体风化卸荷深度和程度差异较大，在 3100m 高程边坡岩体强卸荷带水平深度 15 ～ 25m，弱卸荷、弱风化水平深度 40 ～ 60m；而 3200m 高程强卸荷带水平深度 40 ～ 60m，弱卸荷、弱风化水平深度 80 ～ 100m。由此可见，边坡岩体卸荷带具有坡度及高程的差异特性。

5 结语

本文基于拟建川藏铁路高山峡谷的地形地貌特征，从其工程地质背景、卸荷作用成因、卸荷带稳定特性及卸荷分带特性等方面对高陡边坡岩体卸荷带特征进行了分析，主要结语如下：

（1）拟建川藏铁路处于印度板块和欧亚板块碰撞隆升的川西及藏东南区，沟谷边坡岩体卸荷带的工程地质条件具有复杂性和多变性特征，即大高差高势能的地貌特征、复杂活跃的地质构造特征、强烈的新构造运动特征、频繁强烈的地震特征及昼夜大温差的气候特征、强烈的水岩作用特征。

（2）沟谷高陡边坡岩体卸荷带的形成和发展是内外动力耦合作用的结果。区内内动力主要表现为复杂的地质构造、强烈的新构造运动和地震等，外动力主要表现为大温差的冻融作用、强烈的水岩作用，如河流冲刷侵蚀下切、潜蚀和地下水的力学效应等。

（3）沟谷高陡边坡岩体卸荷带发育的深度和广度是一个动态平衡过程，主要取决于区域稳定性和水岩作用、寒冻风化三方面；故其稳定性亦是一个动态平衡过程。

（4）沟谷边坡岩体卸荷分带的深度具有坡度和高程的差异性特征。

参考文献

[1] Yoshika Naoto. The role of plastic deformation in normal loading and unloading cycles[J]. Journal of Geophysical research. B. Solid Earth and Planets, 1994, 99(8): 15561-15568.

[2] 黄润秋，林峰，陈德基，等 . 岩质高边坡卸荷带形成及其工程性状研究 [J]. 工程地质学报，2001，9（3）:227-232.

Huang Runqiu, Lin Feng, Chen De-ji, etc. Fromation mechanism of unloading fracture zone of high slopes and its engineering behaviors[J]. Journal of Engineering Geology, 2001, 9(3): 227-232.

[3] 王运生，罗永红，吴俊峰，等 . 中国西部深切河谷谷底卸荷松弛带成因机理研究 [J]. 地球科学进展，2008，23（5）：463-469.

Wang Yunsheng, Luo Yonghong, Wu Junfeng, etc. Study on the genetic mechanism of unloaded and relaxed zone in the deep river valley bottom, West of China[J]. Advances in Earth Science, 2008, 23(5): 463-469.

[4] 朱容辰 . 边坡岩体卸荷分带性研究 [J]. 铁道勘察，2010，（5）：46-50.

Zhu Rongchen. A quantitative study on classification of unload zones along rock mass side slope[J]. Railway Investigation and Surveying, 2010, (5): 46-50.

[5] 郑达，黄润秋 . 高边坡岩体卸荷带划分的量化研究 [J]. 水文地质工程地质，2005，（5）：9-12.

Zheng Da, Huang Runqiu. Quantitative study on the classification of unloading zones of high slope[J]. Hydrogeology and Engineering Geology, 2005, (5): 9-12.

[6] 向能军 . 试析自然边坡卸荷变形的基本特征 [J]. 长江工业职业技术学院学报，2004，21（4）：30-32.

Xiang Nengjun. Basic characteristic of deformation of unloaded nature slope[J]. Journal of Changjiang Engineering Vocational College, 2004, 21(4): 30-32.

[7] 任光明，巨广宏，聂德新，等 . 斜坡岩体卸荷分带量化研究 [J]. 成都理工大学学报（自然科学版），2003，30（4）：335-338.

Ren Guangming, Ju Guanghong, Nie De-xin, etc. A quantitative study on the classification of unloading zones of rock mass slope[J]. Journal of Chengdu University of Technology(Science & Technology Edtion), 2003, 30(4): 335-338.

[8] 王毅，聂德新，任光明 . 一种高边坡岩体卸荷分带方法的探讨 [J]. 工程地质学报，2004，12（1）：38-41.

Wang Yi, Nie Dexin, Ren Guangming. Discussion on a method for discriminating unloaded zone of high rock slope[J]. Journal of Engineering geology, 2004, 12(1): 38-41.

[9] 中国中铁二院工程集团有限责任公司 . 新建铁路成都至拉萨线成都至康定段可行性研究（第四篇地质）［R］，2013.

Complied by China Railway Eryuan Engineering Group Co.ltd. The feasibility report of the section of Chengdou-Kangding of the new railway of Chengdou-Lhasa(the fourth part: geology)[R], 2013.

[10] 中国地质科学院地质力学研究所 . 滇藏铁路沿线地壳稳定性调查评价报告 [R]. 2008，8.

Institute of geological mechanics of Chinese Academy Of Geological Sciences. Evaluation report of the earth's crust stability investigation of the Yunnan-Tibet railway[R]. 2008, 8.

[11] 廖秋林，李晓，董艳辉，等 . 川藏公路林芝 - 八宿段地质灾害特征及形成机制初探 [J]. 地质力学学报，2004，1（10）：33-39.

Liao Qiulin, Li Xiao, Dong Yanhui etc. Characteristics and Formation Mechanism of Geological Hazards Along the Section From NYINGCHi to BAXOI of the Sichuan-Tibet Highway[J]. Journal of Geomechanics, 2004, 1(10): 33-39.

[12] 中国中铁二院工程集团有限责任公司 . 新建铁路丽江至香格里拉铁路金沙江特大桥工程地质勘察报告 [R]. 2011，10.

Complied by China Railway Eryuan Engineering Group Co.ltd. Engineering geological report of Jinsha River bridge of the Lijiang-Shangri-la railway[R]. 2011, 10.

[13] 中国水电顾问集团成都勘测设计研究院 . 金沙江上游岗托水电站预可行性研究报告 [R]. 2013，11.

Chengdu Engineering corporation limited of HydroChina. Preliminary feasibility study report of Gangtou hydropower station in the upper section of Jinsha River[R]. 2013, 11.

拉林铁路桥梁建设对雅鲁藏布江的影响分析

陈建峰　戴胜勇　罗伟元
（中铁二院工程集团有限责任公司，成都 610031）

摘　要：雅鲁藏布江是我国西南重要的河流资源，新建铁路川藏线拉萨至林芝段基本沿雅鲁藏布江中游段穿行。该段铁路共有 31 座跨（临）江桥梁，其中 16 次跨越雅鲁藏布江。本文将总结性地对拉林铁路沿线大桥建设对雅鲁藏布江的影响进行概括与分析，并提出几点注意事项与建议措施。

关键字：拉林铁路；雅鲁藏布江；河床演变

Analysis on the Influence of Lhasa-Nyingchi Railway Bridge Construction on Brahmaputra River

Chen Jianfeng　Dai Shengyong　Luo Weiyuan
(China Railway Eryuan Engineering Group Co. Ltd, Chengdu 610031, China)

Abstract: The Brahmaputra is our country southwest important resources of the river, the railway line from Lhasa to Nyingchi along middle reaches of the Brahmaputra. There are 31 bridges cross or by the River, including 16 times across the Brahmaputra. This text will summarize effects between the railway bridge construction and the Brahmaputra, and put forward several points for attention and suggestions.

Keywords:Lhasa-Nyingchi railway; Brahmaputra River; river bed evolution

1　工程概况

雅鲁藏布江发源于西藏自治区南部，喜马拉雅山北麓的杰玛央宗冰川，自河源大体由西向东流，在米林县派乡附近折向北东，之后又改向南流，经我国的巴昔卡之后进入印度。

新建川藏线拉林铁路位于西藏自治区东南部，线路从拉萨至日喀则铁路协荣站引出，向南穿过冈底斯山余脉进入雅鲁藏布江河谷，于贡嘎跨过雅鲁藏布江后向东经扎囊、乃东、桑日、加查、朗县、米林至林芝，新建正线长度 402.405km，运营长度 434.905km，如图 1 所示。铁路主要跨越雅鲁藏布江以及其支流姐德秀曲、扎囊河、雅砻河、比巴河、坝曲、比扑曲、扎绕曲、尼洋河等河流，沿线将修建的桥梁对河道影响相对较大的桥梁共有 31 座，其中跨(临)干流雅鲁藏布江共 23 座，跨(临)雅鲁藏布江支流桥梁共 8 座 [1-5]。

作者简介：陈建峰(1975—)，男，教授级高级工程师。

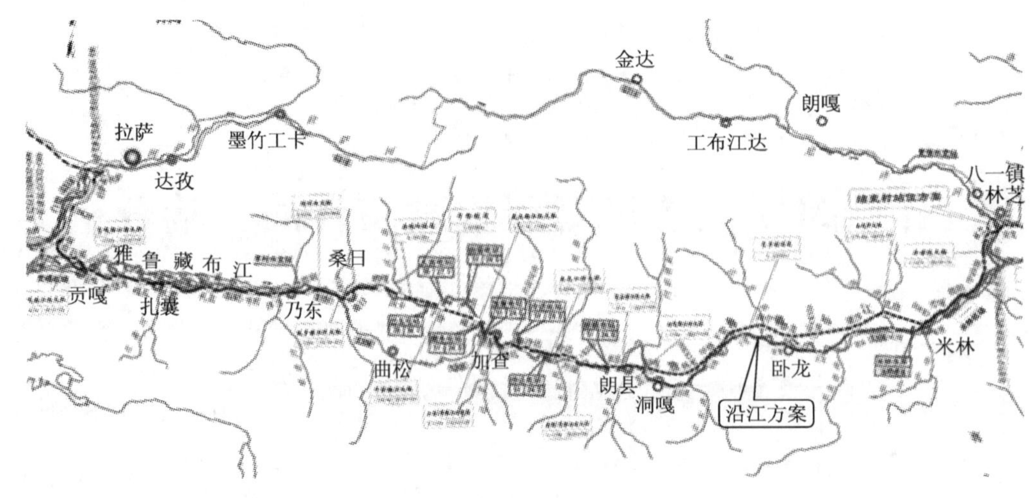

图1 拉林铁路线路图

2 对雅鲁藏布江的影响

2.1 对雅江河道演变的影响

拉林铁路所在区域为雅鲁藏布江(简称雅江)中游藏南谷地,藏南谷地近东西向延伸,西起萨噶、东到米林,长达1200km、南北宽约300km,夹在喜马拉雅和岗底斯山,与念青唐古拉山之间的相对“洼陷”地带,谷底高度自西而东由海拔4500m下降至2800m,谷地两侧山地高度多在5000m左右。根据拉林铁路所经藏南谷地实际情况,将雅江干流分为游荡型河道、宽谷型河道、峡谷型河道,加上途经的雅江支流河道,下文将分别讨论拉林铁路建设对上述4种河道河势的影响。

(1)游荡型河道

雅江干流拉萨河河口至泽当、米林至尼洋河口为游荡型河道,涉及的拉林铁路跨(临)河建筑物为昌果特大桥、贡嘎雅鲁藏布江特大桥等5座大桥。由于雅江来水由降雨、融雪和地下水补给,部分河段的融雪和地下水占来水的50%左右,因此雅江径流年际变化不大,这为游荡型河道保持基本稳定提供了有利条件。同时根据实测地形资料、数模资料分析,该段河道比降极小,水流流速较小(全年流速均在1.0m/s以下),尽管该段河道河床组成中的粉细砂粒径较细,但由于流速很小,挟沙力很小,床沙不易搬运。可知游荡型河道总体上仍控制在两岸山体之间,支汊情况也总体保持稳定状态。但根据游荡型河道自身的特点,沟汊、洲滩等均较多,在一次较大洪水或者来水来沙变化的过程中,沟汊和洲滩可能发生交替,原本的沟汊河段可能演变为洲滩,而洲滩也可能演变为沟汊。尽管总体上雅江干流游荡型河段,包括尼洋河河口段总体上控制在两岸山体之间,但河道横向上极易发生演变,总体上,游荡型河道河床演变的可能性大,拉林铁路在跨(临)游荡型河段时充分认识到这一点,桥梁跨度、长度适当加长,基础埋深也考虑了足够的富余度,特别是位于现有河床洲滩上的桥墩,其埋深在深泓高程的基础上考虑了一定的冲刷深度和富余度,避免河道演变后基础出露导致桥梁失稳。

(2)宽谷型河道

宽谷型河道在雅江干流中游分布较广,宽谷型河道水流较平缓,两岸阶地发育,水面宽多在200～400m,宽谷型河道主要分布于游荡型河道与峡谷型河段之间,以及两个峡谷型河道之间,主要包括三段:上段位于泽当至沃卡河段,中段加查至朗县河段,下段奔中至米林段。主要涉及的拉林铁路跨(临)河建筑包括明则特大桥在内的15座大桥或特大桥,桥梁多采用主跨88m、96m的连续梁(刚构)跨越主河槽。

总体上看，宽谷型河道比降相对游荡型略大，河床质也略粗，河道流速也略大，其发生河道演变的趋势较游荡型河道略小。但分析表明，宽谷型河道通常两岸或河中发育有较大的边滩或心滩，枯水期水流归槽，洪水期洪水漫滩（部分一级阶地较高，洪水不漫滩），由于滩地上河床质组成不大，也容易发生河道演变。从雅江长期的演变来看，部分较高的一级台地下面就是雅江的古河床，现代河床是在长期的水沙共同作用下形成的，若水沙条件持续变化，不排除河床进一步发生演变的可能性，在漫长的演变过程中，现代河床深泓也会发生一定摆动，导致河床演变。因此在宽谷段布置跨（临）河桥梁时，应对现有一级阶地或滩地上的桥墩埋置深度，充分考虑了河床演变的影响。

（3）峡谷型河道

峡谷河段主要分布在桑加峡谷段以及下游的朗县至下觉河段，主要涉及的拉林铁路跨河桥梁为巴玉雅鲁藏布江大桥（主跨 120m 连续刚构）、藏木雅鲁藏布江大桥（主跨 430m 中承式钢管混凝土拱桥）2 座大桥。

该河段河床狭窄，枯期河宽多为 50~100m，汛期河段 200~300m，其中的桑加峡谷段为典型的深 V 形河段，水陡流急，水面比降最大在 8‰ 以上，该段河段两岸均为高山，河床组成较粗，多为大块石和卵石，甚至基岩出露。根据收集的资料显示，峡谷河段河床总体上保持稳定状态，桥梁基本上一跨过江，相互影响较小。

（4）雅江支流河道

拉林铁路沿线所跨的主要支流自上而下分别包括姐德秀曲、扎囊河、雅砻河、比巴河、坝曲、比扑曲、扎绕曲和尼洋河等 8 条雅鲁藏布江一级支流。雅江支流的演变情况也与河型河势、来水来沙及河床质组成密不可分，对河床组成基本为基岩和大块石段的，如扎绕曲，其发生演变的可能性小；对河床组成较细的，如姐德秀曲，则河床演变的可能性相对较大。目前拉林铁路跨越的支流段或者修建了防洪护岸工程控制河道，或者河床质组成较粗，总体上看河道演变的可能性不大。然而西藏地区支沟泥石流爆发的可能性较大，泥石流的发生极有可能导致河床的改变，因此桥梁设计时充分考虑了支沟泥石流对河床演变的影响。

总的来说，拉林铁路跨（临）河 31 座大桥多采用大跨度桥梁，基础埋置深度也适当进行了加深，经过行洪计算，桥梁修建引起的水位、流速变化幅度不大，且变化范围均局限在一定范围内，对整个工程河势稳定影响并不大，建桥后不存在建桥后引起主槽易位和摆动等河势改变的水流动力条件。

2.2 对局部河势的影响

（1）对局部流速的影响

根据跨（临）河建筑物建成前后流速等值线变化规律：对跨河建筑物，受桥墩阻水的影响，墩前水位壅高区域、墩后桥墩掩流区域流速有所降低；桥孔中间水流受桥墩的挤压作用则有所增大；上述流速减小和增大的区域以桥轴线为中心，向上、下游方向均逐渐衰减，其流速增大或减小的区域均局限在一定的范围内。对临河建筑物，由于其占据的过水面积较小，对水流的阻水也较跨河建筑物小，因此其流速变化规律主要表现为：桥梁桥墩所在区域由于阻水作用，流速明显降低，而受此影响水流挤压至河道主槽，致使主槽流速略有增大，通常情况下临河建筑物引起的流速变化较小，衰减也快。

研究结果表明，拉林铁路建设引起的最大流速变化值为 0~0.93m/s，最大流速减小值为 0~0.92m/s，岸边流速最大增加值则为 0~0.56m/s。需要指出的是，拉林铁路各桥梁建设引起的流速增加或减小值均为最大值，具有明显的局部特性，且该值衰减快、范围小。总体上看工程建设引起的流速变化值不大，且流速变化均局限在建筑物上下游一定的范围内。

（2）对局部流向的影响

通过分析计算，拉林铁路跨临河建筑物建成后对流向的影响不大，仅会产生较小的局部流速偏移或水动力轴线偏移。以绒乡特大桥(跨主河槽为26孔48m简支箱梁)为例(见图2,图中黑色与灰色箭头分为建桥前与建桥后河流速度矢量),除桥轴线附近流向略微偏移外,其余河段流向调整迅速。与桥梁建成前相比,工程河段水流主流区基本未发生变化,水流动力轴线未有偏移与摆动。

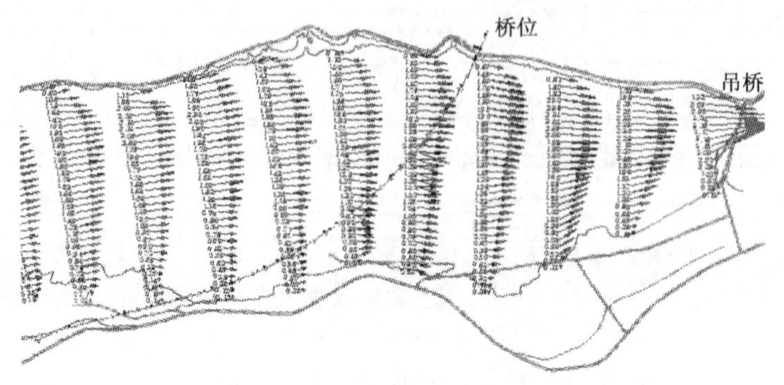

图2 绒乡雅鲁藏布江特大桥附近河段流向变化图

根据数模计算成果,拉林铁路跨(临)河大桥修建后引起的水位、流速变化幅度不大,且变化范围均局限在一定范围内,且工程建设引起的流速变化值横向和纵向上分布不连续,说明建桥后流速的变化在纵向和横向上均具有较明显的局部性。

3 结语与建议

通过对雅鲁藏布江中游河段的勘测、调查、行洪计算以及建立数模模型分析,对拉林铁路跨(临)河31座大桥通过采用大跨度桥梁、加长桥梁长度、深埋基础等措施减小了桥梁与河道的相互影响。同时得出拉林铁路桥梁修建引起的水位、流速变化幅度不大,且变化范围均局限在一定范围内,对整个工程河势稳定影响并不大,建桥后不存在建桥后引起主槽易位和摆动等河势改变的水流动力条件。

根据计算分析结果,针对对桥梁安全、岸坡稳定、水土保持及环境保护提出了以下建议:

桥梁基础安全:各跨(临)河建筑物建设后桥墩周围冲刷较大的,采取切实可行的防护措施,避免局部冲刷危及桥梁自身安全。此外,为避免河道冲刷加剧,根据相关规定:桥梁上游2km至下游500m内禁止采砂。

岸坡稳定:为减小拟建桥梁建成后对工程河段水流流态及河势的影响,在施工中一定要保护好河道两岸的自然河岸,因受施工影响而倒塌或失稳的岸坡,一定要在当年汛前修复;对桥梁建设压缩河道地段进行岸坡防护。

水土保持:为减小工程建设对河道的影响,施工中期间应做好施工组织设计,应按照河道行政主管部门的要求,做好拟建工程的水土保持工作。工程建设所产生的施工弃渣将集中堆放于拉林铁路建设时专用弃土场内,该渣场应采取防护措施,避免产生水土流失。

环境保护:桥梁地处西藏自治区,其环境影响因素较多且敏感,施工中对附近区域的环境将不可避免地造成一定程度的破坏,桥梁施工时应加强环境保护。

参考文献

[1] 王喜华,赵志明,尹建勋,等.雅鲁藏布江盆因拉隧道主要工程地质问题[J].四川地质学报,2014(03).

Wang Xihua, Zhao Zhiming, Yi Jianxun, etc. The Engineering geological problems of Brahmaputra Panyinla tunnel[J]. Journal of Sichuan Geology, 2014(03).

[2] 李金城 . 拉日铁路雅鲁藏布江峡谷区线路方案比选研究 [J]. 铁道勘察，2007（03）.
Li Jincheng. Research on the comparison and selection of line schemes of the Brahmaputra Canyon Area of LaRi railway[J]. Railway Investigation and Surveying, 2007(03).

[3] 魏国俊 . 拉日线雅鲁藏布江峡谷区主要地质问题及对策 [J]. 铁道工程学报，2013（04）.
Wei Guojun. Major geological problems and Countermeasures of the Brahmaputra Canyon Area[J]. Journal of Railway Engineering Society, 2013(04).

[4] 苏永超 . 雅鲁藏布江米林段泥石流堆积扇形态特征与堆积范围研究 [M]. 成都：成都理工大学，2011.
Shu Yongchao. Research on The morphological characteristics and accumulation scope of debris flow accumulation fan of Milin section of Brahmaputra[M]. Chengdu: Chengdu University of Technology, 2011.

[5] 李志威，王兆印，余国安，等 . 雅鲁藏布大峡谷水电开发对边坡稳定性的影响 [J]. 山地学报，2015（03）.
Li zhiwei, Wang Zhaoyin, Yu Guo’an. Influence on slope stability of the Brahmaputra Grand Canyon hydropower development[J]. Journal of Mountain Science, 2015(03).

雅鲁藏布江桑日段河床演变研究

戴胜勇　陈建峰　罗伟元
（中铁二院工程集团有限责任公司，成都 610031）

摘　要：雅鲁藏布江随着地壳运动、青藏高原抬升、径流及气候变化而演变，河流地貌与泥沙运动特性极具特点。因拉林铁路沿雅鲁藏布江中游河谷布置，根据实测河道地形、历史卫星图像以及研究河段水文泥沙等资料的搜集，分析桑日河段的滩槽分布、深泓线沿程变化和横断面的变化，试图掌握桑日河段的演变规律，并为拉林铁路的建设提供一定的理论依据。研究结果表明：①桑日段河谷发展的宏观边界由两岸高山决定；②受急弯卡口的影响，卡口上段滩槽变化活跃，卡口上游比降明显小于下游比降；③根据河相关系分析，桑日段河段在常年洪水以上是基本保持稳定的。

关键词：雅鲁藏布江；桑日段；河床演变；河相关系

Analysis of Riverbed Evolution of Sangri Section in Yalu Tsangpo River

Dai Shengyong　Chen Jianfeng　Luo Weiyuan
(China Railway Eryuan Engineering Group Co. Ltd, Chengdu 610031, China)

Abstract: The Yula Tsangpo River evolved with the crustal movement, and the uplift of the Qinghai-Tibet plateau, and the variation of climate and runoff. The river exhibits unique features in morphology and sediment movement. According to data collection and field investigations, this paper tries to grasp the evolution regularity of Sangri section through the analysis of the variation of talweg and cross section. The results show that the river boundary of Sangri section is decided by the river banks of mountain. Because of the sharp turn, the slope of upstream is much smaller than the slope of downstream in Sangri section. The result of analysis of river facies relation shows that the Sangri section in Yula Tsangpo River has a good stability when the water level exceeds the perennial flood level.

Keywords: Yula Tsangpo River; Sangri section; riverbed evolution; river facies relation

雅鲁藏布江（简称雅江）沿雅鲁藏布江缝合带发育，这在全世界的河流中尚属罕见，其演变也具有自身的特点。经调研，国内外对于雅鲁藏布江的相关研究，主要集中在整个青藏高原的地质构造、水系形成和气候演变等方面的宏观性描述上。具体到雅鲁藏布江某一河段，除少量的水文泥沙资料外，河道地形资料十分匮乏，历史洪水调查资料以及历史河床变迁的记载极少，很难开展河床演变过程分析，对其稳定

作者简介：戴胜勇（1969—），男，教授级高级工程师。

性，特别是深切多汊河谷的河床稳定性难以确定。

拉萨至林芝铁路（拉林铁路）作为川藏铁路西藏境内最先启动的工程而备受关注，根据前期工作情况，拉林铁路主要沿雅鲁藏布江中游河谷行进，铁路沿途与雅鲁藏布江中游河谷关系密切，雅鲁藏布江中游（桑日段）河床演变对川藏铁路的建设影响大[1-5]。

1 概况

雅鲁藏布江桑日河段从平面形态上看整体呈V字形，以桑日大桥为界，上游长约15.1km，河流走向为西北流向东南，下游长约11.5km，河流走向为西南流向东北。其中上游段河谷宽阔，洪水期河宽可达1km以上，河中心滩和边滩发育，滩面高程一般在3542m左右，向下游河宽逐步缩窄，到桑日大桥河宽逐步缩窄至250m左右，并在该处形成中心角约70°、弯曲半径约450m的弯道，转弯后右纳曲松河，河道骤然放宽，其下河道顺直，心滩发育，形成辫状，河床多为宽浅型，宽约1km，其间桑日县处左接比巴河；至桑日县下游6km，河道转弯向正东而下。

桑日河段两岸为高山地貌，植被少、侵蚀严重、冲沟较多，洪积扇、冲积扇发育，宽阔河道内心滩、边滩发育，部分河段洪枯江面宽度差异较大，主流摆动也会较大，狭窄河段各水位期宽变化较小，控制该河段的河势发展。桑日河段下游约3.5km后，进入雅鲁藏布江峡谷段。雅鲁藏布江东岸基岩裸露，两岸冲沟较多，洪积扇、冲积扇、江心洲、河漫滩、阶地等发育，地貌类型多样，研究河段地貌及河势见图1。

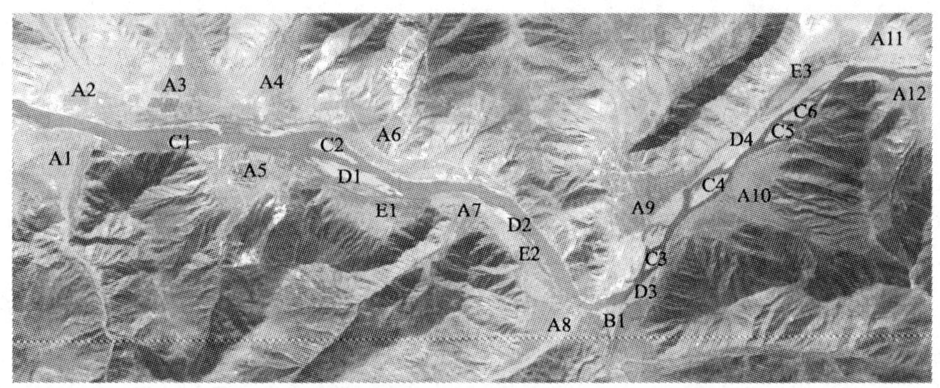

A-洪积扇；B-冲积扇；C-江心洲；D-河漫滩；E-阶地

图1 桑日河段地貌及河势示意图

水流与河床之间相互作用的纽带为泥沙运动，泥沙有时因水流运动强度减弱而为河床的组成部分，有时又因水流运动强度的增强而成为水流的组成部分。即河床的淤积抬高或冲刷降低，是通过泥沙运动来达到和体现的，故河床的演变是水流和泥沙共同作用的过程。近年来由于各流域包括雅鲁藏布江流域人类活动的加强，包括各种跨临河建建筑物的建设，以及整治设施的建设对河道的河床演变也有一定的影响。因此对研究河段河床演变产生影响的主要包括以下来水来沙条件、河道边界条件以及人类活动的影响三个因素。

针对本文研究的桑日河段的河床演变分析，根据对该河段的水文泥沙、实测地形，以及历史影响等资料，主要通过滩槽分布及变化、深泓线沿程变化和横断面的变化三个方面进行研究。

2 滩槽分布及变化分析

根据实测水边线，结合拉林铁路的走向，对桑日河段的滩槽分布进行套绘，在研究河段提取了10个特征断面，以此分析多年的横断面变化规律，桑日段滩槽分布、特征断面位置以及拉林铁路的相对位置见图2。

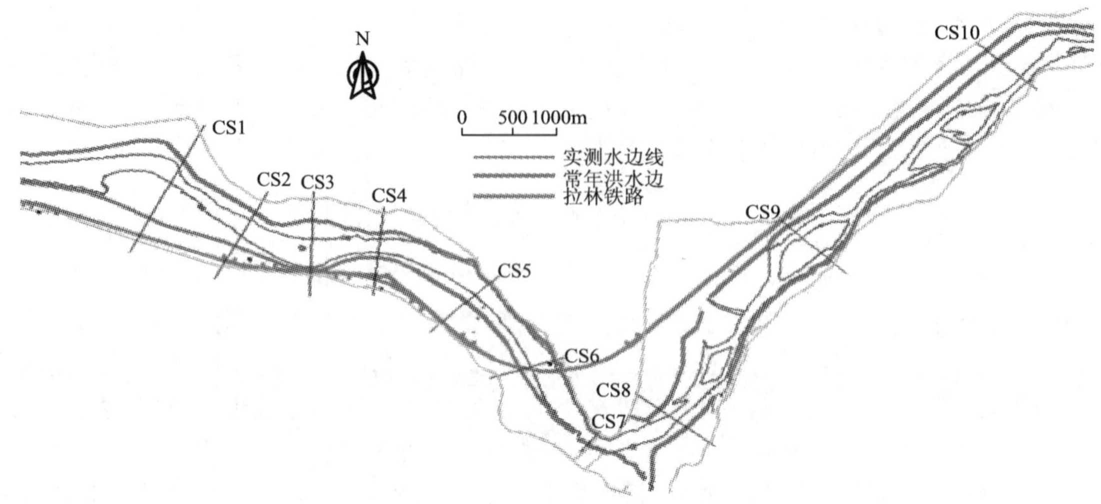

图 2 雅鲁藏布江桑日段滩槽分布图

从雅江桑日段滩槽分布情况来看，上段洪水河势基本为东西向，河道平顺微弯，左岸边滩较为发育，中上段右岸出露大型河漫滩，造成主槽时左时右；中段洪水河宽逐渐缩窄，至河道急转弯处达到最窄，其后逐渐放宽，河势先由北南向再转为南北向，形成 V 形弯道，中段弯道顶点以上左岸为控制河岸，右岸出露边滩，过弯道顶点后两岸均发育较大范围的边滩，受弯道环流长期作用，主槽偏右；下段从比巴河河口以下河道洪水河势顺直，左岸发育大型连续边滩，河心连续分布有心滩，主槽偏右，中枯水水流分汊。

图 3 中分别为 2007 年、2010 年、2014 年桑日大桥上游段的航拍影像，图中可看出洲滩演变主要体现在：C2-C3 区块在 2010 年之前与边滩相连，至 2014 年年末，完全演变成心滩，左岸边滩边缘发展成为支汊；B5-B6 区块在 2007—2010 年边滩不断淤宽，而 2010—2014 年又被不断向岸边冲刷，从支汊演变成主流区；2007 年影像中的 C6 区块为心滩，头宽尾窄，2010 年心滩下移至 D7，演变成长条形，至 2014 年又上移至 C6-C7-D7 区块，明显增大变宽；2007 年影像中 D7-E7 区块为宽阔边滩，至 2010 年、2014 年边滩得到冲刷，形成支汊；2010 年右岸边滩尾部 F9-G9 区块不断被冲刷蚕食，枯水弯道顶点不断上移，并不断向右岸发展，从 2010 年的 F10 移至 G9-G10 之间。由此可见，桑日河段上段主河槽内的洲滩变化是有十分明显和活跃的。

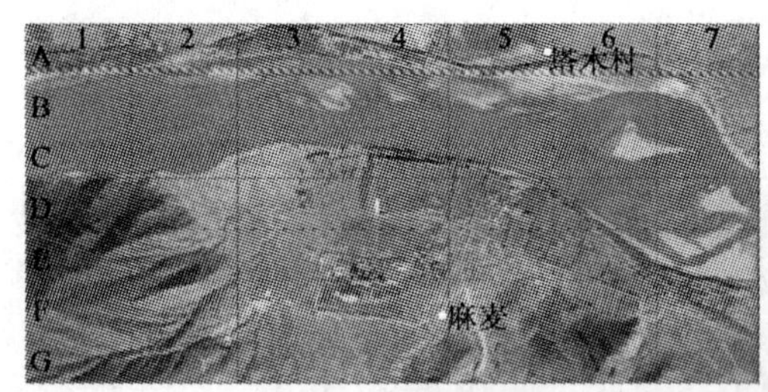

a) 2007年10月29日影像

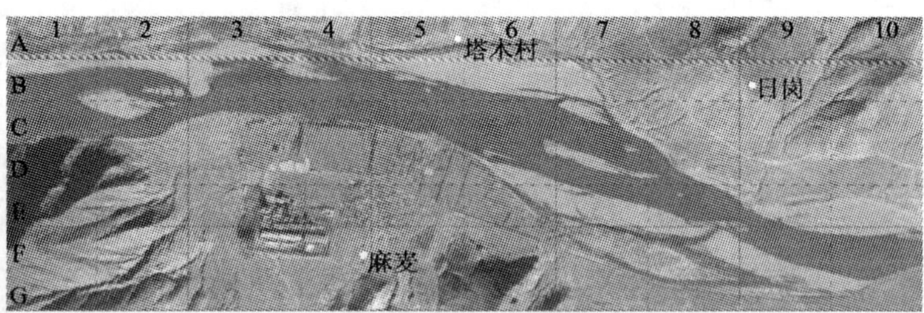

b) 2010年12月29日影像

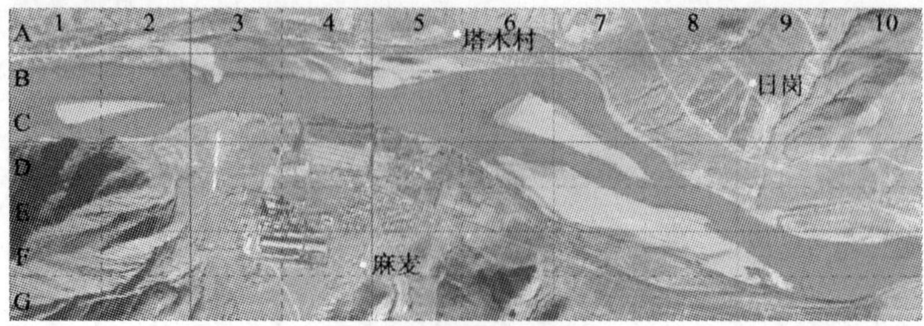

c) 2014年12月1日影像

图 3 桑日河段中上段滩槽变化图

■3 深泓线沿程变化分析

河道深泓线是经过水流与河床长期相互作用形成的，对于宽浅型软基河床而言，深泓走向往往可以反映出常年主流的位置以及河床变形的趋势。雅江桑日河段的深泓平面走向见图4，深泓纵剖面图见图5。

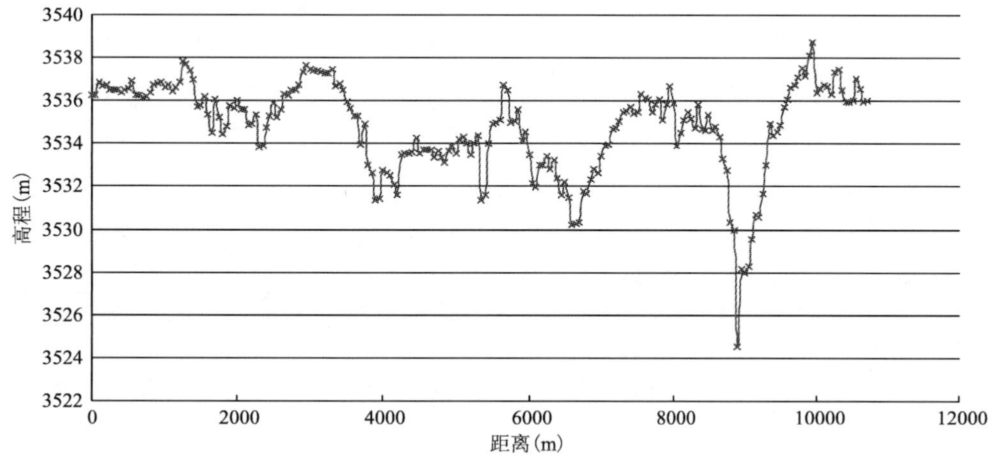

图4　桑日段深泓线平面图

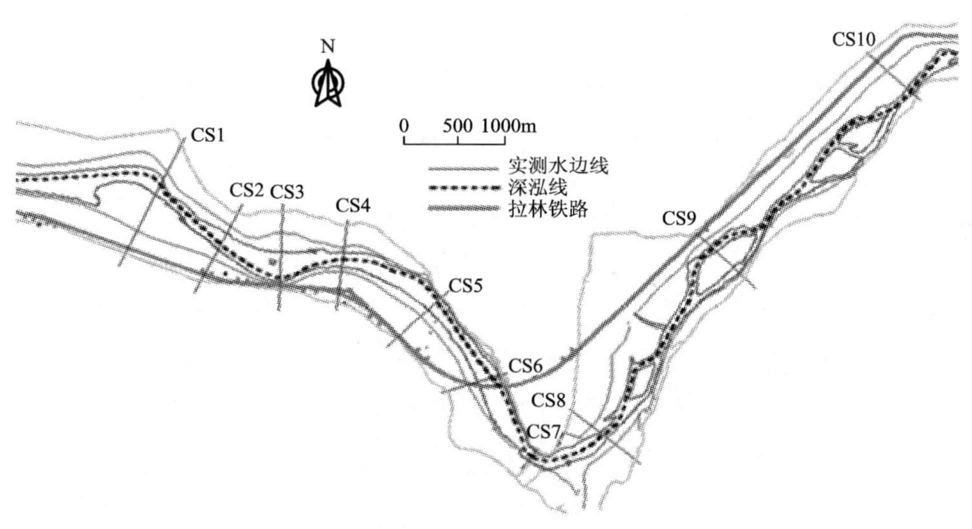

图5　桑日深泓线剖面图

从桑日河段深泓平面图可以看出，桑日河段上段深泓走向平直，呈东西向，中上段受右岸心滩和边滩的不断发展，深泓走向先稍向东北再转向东南，往下受右岸山体阻挡，深泓唯有再次转向东北，左岸发育边滩，其后逐渐转向东南，右岸发育边滩，过桑日大桥后，受阻于右岸曲松河河口洪积扇推出，深泓走向东北，其后基本沿东北向下，比巴河河口以下分汊河段深泓均位于左汊之中。

从深泓线剖面来看，桑日河段河床深浅交错，呈锯齿状，如图5所示。河道深泓高差约12m，最深点（高程3524.5m）出现在桑日大桥上游河道最窄处，河道平均坡降约0.39‰。从图中还可以看出，桑日河段深泓剖面可分为两段，以桑日大桥为界，桑日大桥以上河段的深泓剖面变化缓于桑日（公路）大桥以下河段，由于上下游河床组成是基本相似的，这说明桑日大桥以上河段的主流挟沙能力小于桑日大桥以下，这与桑日大桥附近在大洪水时期形成泄流卡口造成上游洪水流速减缓有关。

4 横断面变化分析

在桑日河段上选取10个典型断面进行横断面分析，位置见图4。图6绘制了各断面的2001年、2007年和2014年历年变化。由于以往的测图只有水上部分的，因此，本次横断面比较只能反映水上部分的变化，包括一些心滩的变化。

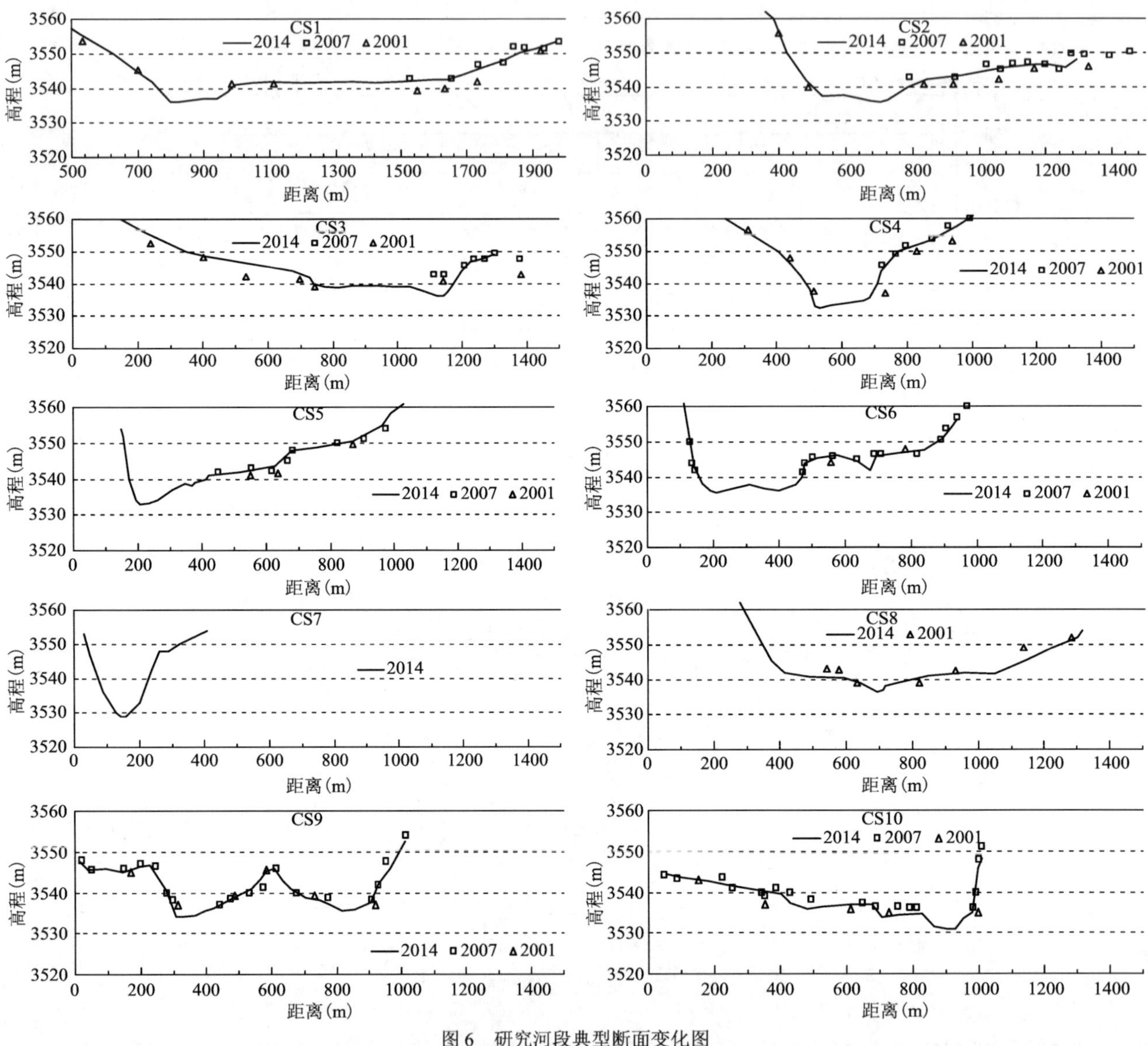

图6 研究河段典型断面变化图

从图6结合断面分布位置可以看出，桑日河段进口段（CS1～CS3）宽达1000～1500m，边滩高程有较明显的变化，基本可以判断出右岸边滩不断淤高，滩槽有所移位，支汊枯水不过流；中上段（CS4～CS6）河道宽度逐渐缩窄，洪水河宽800～1000m，深槽位置基本保持稳定，居于河心偏左岸，右岸发育边滩，CS4、CS5断面反映出右岸边滩及阶地高程有所淤高，说明所处冲沟仍在发展，从现场踏勘和卫星影像也能发现该区域表层仍有新鲜的堆积物；中段河道逐渐收缩，至桑日大桥附近（CS7），河道洪水宽度仅为400m左右，呈“V”形，无明显边滩，多年测图反映的岸线是一致的，没有明显变化，中段河槽是上游河段的控制段；曲松河河口段（CS8）河道骤然放宽至1000m以上，水流分散，边滩发育，滩槽分明，两次测图反映中枯水边滩和高水边滩互有消长，由于曲松河入汇口频繁变迁，而本次分析测图资料较少，因此断面反映的冲淤方向并不能断定是单向性的；比巴河河口下游的洪水河宽约1000m，河槽呈“W”形，心滩（CS9）位置在多年来是基本稳定的，高程差异较小，两侧河槽宽度也相对稳定，左侧主槽有向左岸冲刷发展的趋势；桑日河段下段左岸发育边滩，主槽居于右岸，洪水河宽1000m左右，多年测图表明左岸边滩宽阔，有冲有淤，右岸岸坡陡峭，无明显变化，是该河段的主导河岸。

由图7可知，除CS4和CS7的断面系数变化较小且随着水位变化呈线性变化外，其余断面在中低水位或者常年洪水位以下呈现折线形，而且断面系数差异较大，当水位在3546m（对应流量约6000m^3/s左右）以上时，各断面的断面系数随着水位的变化均逐渐变小，呈线性。由此可见，桑日河段常年洪水以下的河道宽度与平均水深的关系是多变的，河床变化也是活跃的，而常年洪水以上河床是基本保持稳定的。

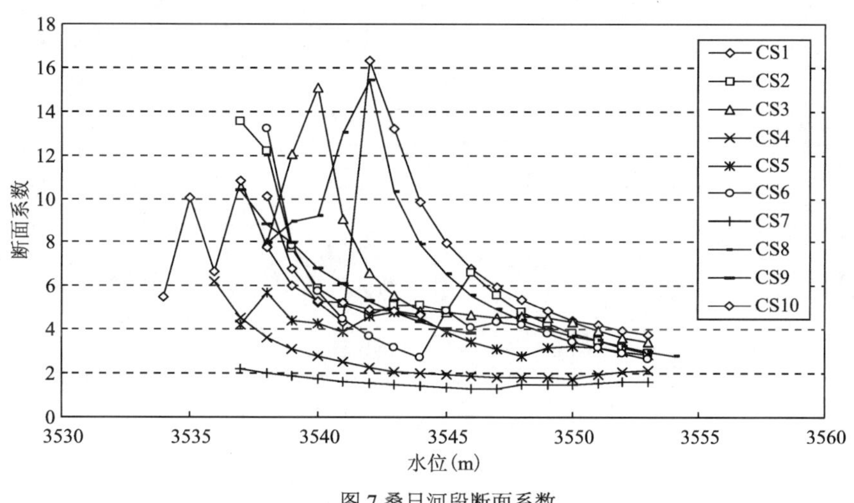

图7 桑日河段断面系数

■5 该河段桥梁分布及影响

桑日段涉河桥梁共有三座，明则大桥、绒乡雅鲁藏布江大桥及桑日车站四线大桥。

明则特大桥位于雅鲁藏布江中游，孔跨布置为：[101×32+（16+24+16）]m连续刚构，桥址位于桑日县绒乡冲达村麻麦附近，下距既有的桑日雅鲁藏布江大桥约11km，地理位置见图8。大桥位于雅鲁藏布江右岸滩地上，顺河布置，河流呈顺直微弯型，两岸小型的泥石流支沟发育，两岸阶地较宽。

图8 明则大桥桥位河段河势图

绒乡大桥桥址位于桑日县绒乡（江塘村、巴郎村），孔跨布置为（103×32+26×50+2×24）m简支梁，下距既有的桑日雅鲁藏布江大桥约1.3km，工程河段处于雅鲁藏布江中游桑日至加查峡谷进口的上游段，河流呈顺直微弯型，两岸小型的泥石流支沟发育，河型主要为宽谷型，但与上游贡嘎机场、扎囊等游荡型宽谷段不同，工程河段主要呈单一宽谷型。河道水流平缓，两岸阶地发育，水面宽多在200～400m，如图9所示。

图9 绒乡雅鲁藏布江大桥桥位河段河势图

桑日车站四线大桥位于雅鲁藏布江左岸一级支流比巴河与雅鲁藏布江汇河口附近，紧邻桑日县城堤防工程出口，地理位置见图10。孔跨布置为7×32m简支T梁，大桥位于雅江支流比巴河下游河口段，在桑日县城左岸，为人类活动最为密集地区。比巴河在桑日县城处集水面积287.3km²，河长36.4km。至今上游尚无控制性水利工程，无较大的人为活动影响。

图10 桑日车站四线大桥桥位河段河势图

县城河道下端无支沟汇入，约2km注入雅鲁藏布江，河流仍保持着天然原始状态。

从滩槽分布、深泓线变化及横断面变化来看，该河段在桑日公路大桥上游主要以滩槽变化及横断面变化较为明显，深弘剖面变化较缓。桑日公路大桥附近中游河段属于宽谷河段，河流受山体约束，河面较窄、水流较快、河流冲刷严重，深泓剖面变化较大。桑日河段下游至曲松河河口段又变宽至1000m，河道特性与上游相似，但由于受到支流入口影响，主河槽靠近右侧。

明则大桥位于桑日河段上游，顺河设置，该段河道宽阔，受滩槽影响较大，但滩槽还是受到两岸山体约束，变化有限，因此该桥在设计中需重点考虑滩槽变化引起的桩基自由桩长的影响，基础设计应考虑足够的富裕度。绒乡大桥位于河段中游，属于宽谷河道，河床变化的可能性小，但受到水流的冲刷大，桥梁设计主要考虑冲刷的影响。桑日四线车站大桥位于支流巴比河入河口，受雅江的影响较小。

6 结语

（1）桑日河段平面上呈"V"形，从上至下分别为开阔段—收缩段—放宽段，从深泓剖面上表现为两段开阔段浅滩发育，中段为深潭。

（2）两岸高山决定了桑日段河谷发展的宏观边界；两侧山脉冲沟众多，岸边形成多处洪积扇、冲积扇、阶地等地貌单元，部分洪积扇仍在发展。

（3）雅江桑日段上游段河道开阔，受中段弯道卡口影响，汛期水位壅高流速减缓，总体上表现为"洪淤枯冲"，一场较大洪水可能造成大面积的泥沙淤积，容易造成主槽摆动。

（4）中段深槽在多年间冲淤预测是基本平衡的，但大洪水期仍可能产生局部的泥沙淤积，中枯水期或洪水退水期可把淤积的泥沙带走，年内存在较大的冲淤变化。

（5）下段河道放宽，汛期由于来流中泥沙提前落淤，不饱和水流挟沙能力增强，对下游河段形成冲刷，而在退水期或中枯水期，下泄水流中携带的大量泥沙因该河段水流分散、流速减缓而产生泥沙淤积，总体上表现为"枯淤洪冲"。

（6）在河段桥梁要充分考虑河槽变化及水流冲刷的影响，保证结构安全。

参考文献

[1] Zhang P.Z., Shen Z.K., Wang M., et al. Continuous deformation of the Tibetan Plateau from global positioning system data [J]. Geology, 2004, 32: 809-812.

[2] Royden L. H., Burchiel B. C., King R. W., et al. The geological evolution of the Tibetan Plateau [J]. Science, 2008, 321: 1054-1058.

[3] Chen J., Gavin H. Finite Fault Model of the May 12, 2008 Mw 7.9 Eastern Sichuan, China Earthquake. United States Geological Survey- National Earthquake Information Center. http: // earthquake. usgs. gov/, Retrieved 2008-05-15.

[4] Chung S. L., Lo C. H., Lee T. Y., et al. Diachronous uplift of the Tibetan plateau starting 40 Myr ago[J]. Nature, 1998, 394: 769-774.

[5] 王兆印，余国安，王旭昭，等．青藏高原抬升对雅鲁藏布江泥沙运动和地貌演变的影响 [J]. 泥沙研究， 2014， 2：1-7. Wang Zhao Yin, Yu Guo An, Wang Xu Zhao, et al. The uplift of the Tibetan Plateau on the Brahmaputra River sediment movement and the influence of landform evolution. sediment research, 2014, 2: 1-7.

川藏铁路板块结合带测氡研究

李渝生[1]　刘　凯[1]　蒋良文[2]　张广泽[2]　黄　超[1]　易树健[1]

（1. 成都理工大学地质灾害防治与地质环境保护国家重点实验室，成都 610059；
2. 中铁二院工程集团有限责任公司，成都 610031）

摘　要：川藏铁路高速交通廊道研究区地质构造环境较为脆弱，尤其是金沙江结合带、澜沧江结合带、怒江结合带及雅鲁藏布江结合带4条主要的块碰撞结合带，表现出不同程度的活动性。本文在地质建造-构造特征、地震、深部地球物理及活动性等问题的基础上，采用微剂量测氡地球化学手段，实测获取氡异常值及本底值。通过统计分析探讨结合带建造-构造特征、活动性等因素与氡气异常的关系。研究结果表明：自南西至北东，结合带氡气浓度值逐渐升高，反映构造应力水平逐渐降低，活动性呈逐渐升高的趋势。处于江达—德钦岩浆岩带的金沙江结合带及处于岗底斯—腾冲岩浆岩带的嘉黎断裂，放射性本底值最高，反映地壳岩石建造的放射性水平对氡气浓度值影响较大。异常系数 $s\ (m_{max}/m_0)$ 与断裂发育规模及其活动性强度有着直接的关联，活动性较强的雅鲁藏布结合带和怒江结合带异常系数均呈较高数值。

关键词：川藏铁路；氡气；缝合带；活动性；构造应力；地质建造

Study on Radon Measurement in Suture Zone of Sichuan-Tibet Railway

Li Yusheng[1]　Liu Kai[1]　Jiang Liangwen[2]　Zhang Guangze[2]　Huang Chao[1]　Yi Shujian[1]

(1. State Key Laboratory of Geohazard Prevention and Geoenvironment Protection, Chengdu University of Technology, Chengdu 610059, China; 2. China Railway Eryuan Engineering Group Co. Ltd, Chengdu 610031, China)

Abstract: The geotectonic environment of Sichuan-Tibet railway is so fragile especially in Jinshajiang suture zone, Lancangjiang suture zone and Bangong Co-Nujiang junction zone which show different activities in the past geological ages. Based on the geological construction-structure features, earthquake, deep geophysics and activity, the radon anomaly value and the background value are obtained by means of radon measurement with micro-dose. The relationship between the characteristics of construction and structure, activity and radon anomaly was discussed by statistical analysis. Results have shown: from southwest to northeast, the concentration of radon increased gradually, reflecting the gradual decrease of tectonic stress level and the increasing trend of activity. The Jinshajiang belt in the Jinda-Deqin magmatic belt and the Jiali fault in the Gangdese-Tengchong magmatic rock belt have the highest radioactive background value, which reflects that the radioactivity level of crustal rocks has a great influence on radon concentration. The anomalous coefficient $s(m_{max}/m_0)$is directly related to the scale of fault

作者简介：李渝生（1956—），男，教授，注册土木工程师（岩土专业）。

基金项目：中国铁路总公司科技研究开发计划课题（2014G004-A-1）。

development and its activity intensity. The anomalous coefficient of the Yarlung Zangbo Belt and the Nujiang Belt are high in the region with strong activity.

Keywords: Sichuan-Tibet railway; radon; suture zone; fault activity; tectonic stress; geological construction

川藏铁路是中国西南地区极为重要的战略性高速运输通道，跨越三江地区至拉萨，处于唐古拉、冈底斯、喜马拉雅三条平行山系，构造线由雅鲁藏布江的近东西向经怒江结合带、澜沧江结合带、金沙江结合带转为近南北向（图 1）。结合带与铁路工程分别交汇于江达、察雅和八宿附近，结合带影响范围内地震频发，GPS 监测显示仍具较强活动性，对川藏铁路的设计、规划及建设影响重大。因此对这些主要结合带地质建造 - 构造特征，地球物理、地球化学特性的研究具有十分重要的意义。本文以金沙江结合带、澜沧江结合带带、怒江结合带、雅鲁藏布江结合带及嘉黎断裂带的地球化学特征为研究核心，结合野外调查，在深入掌握其地质发育特征的基础上，采用测氡的技术途径，探讨断裂带的地球化学特征。

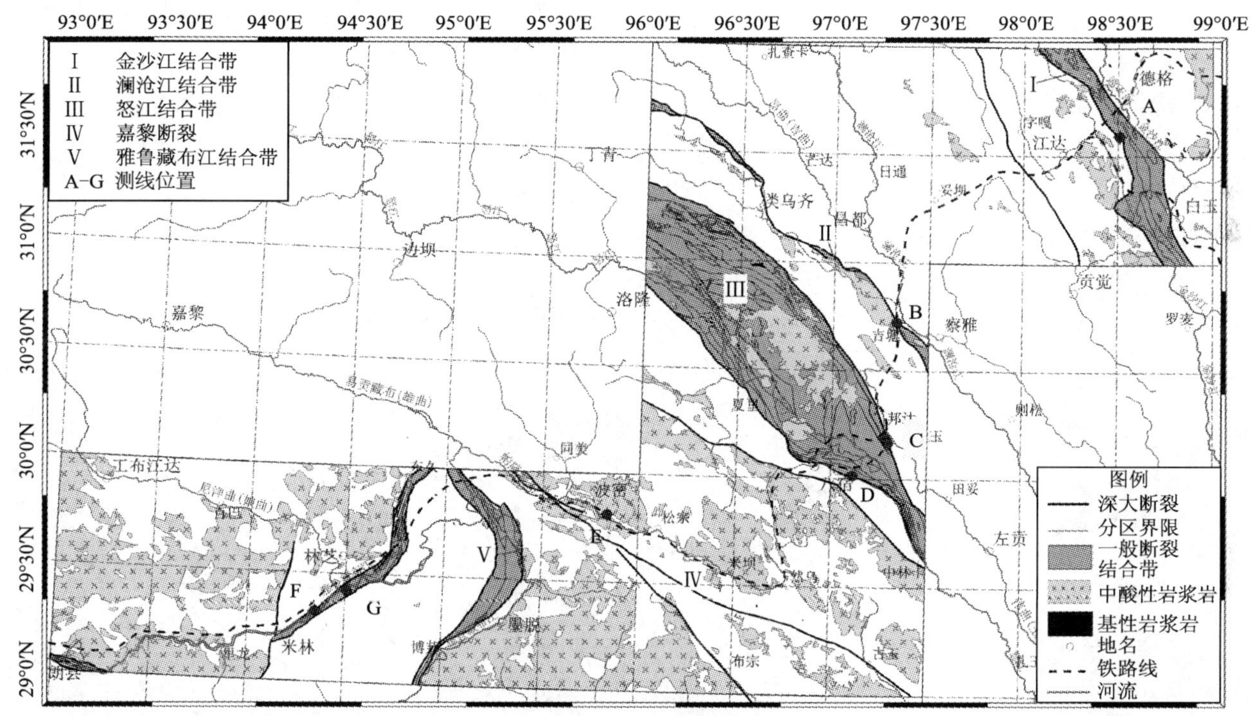

图 1 区域构造及川藏铁路路线示意图

测氡技术确定隐伏断裂的位置空间展布及相对活动性在国内外得到了广泛的应用，并取得了一系列成果。本文野外氡气测量采用 α 粒子脉冲计数型测氡仪（图 2），是一种新型的连续测氡仪器，属标准测氡方法之一。测量时采用 128 倍增益，5min 收集一次数据，重复采集三次数据。每采集一次数据至少保留 5~15min 的间隔时间以排空残余氡气。实测数据换算至无增益，取最后一次测量值为准确值，取剔除最大最小值后的平均值作为本底值[1]。

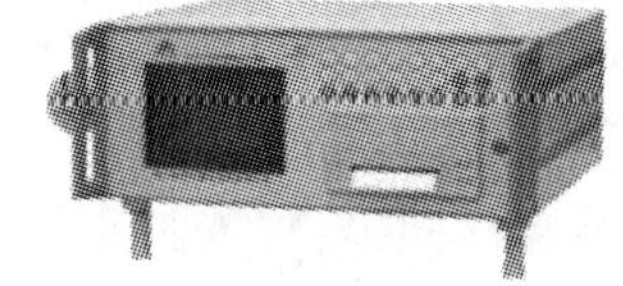

图 2 α 粒子脉冲计数型测氡仪

1 结合带地质建造 – 构造及发育特征

1.1 地质发育特征

金沙江结合带是松潘—甘孜地体与羌北—昌都地体的分界线，具右旋走滑特征，整体近南北向，陡倾向北东，总体表现为逆断性质。研究区内金沙江结合带呈北西向，主要为岗托岩组（$PT_1g.$）构造岩片，岩性为板岩、千枚岩类和片岩类，原岩为泥岩建造。东西边界断裂陡倾向北东，为逆断性质。西边界断裂，破碎带宽约67m，由片状构造岩组成，带内岩石强烈揉皱，次级断面极为发育。东边界断裂具有显著的高碳化特征（图3），由紧密片状构造岩组成，以铁锈色和炭质为主，具烘烤状貌，石英岩脉被压扁拉伸呈"香肠"状，沿断面形成1cm厚的强烈高碳化带。

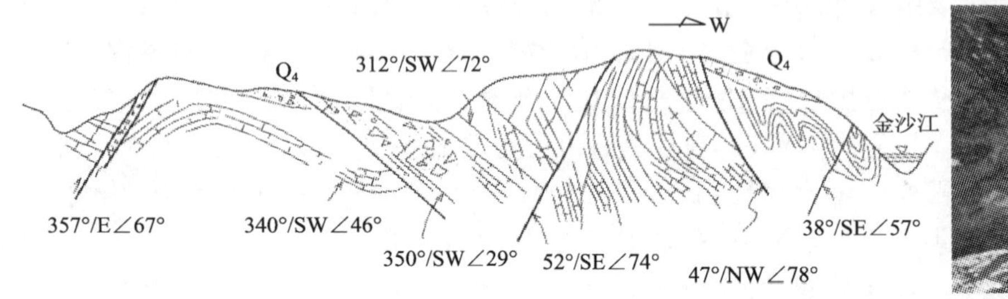

图3 金沙江结合带东边界断裂及高碳化特征

澜沧江断裂带处于由数条板块结合带、地壳断裂带以及介于其间的地块构成的复杂地质体中，具有强烈的压性逆冲性质，陡倾向南西。区域岩浆活动和变质作用均较强烈，地壳岩石建造与构造变形与断裂带协调一致。主要表现为卡贡岩组（C_1k），岩性为千枚岩夹石英砂岩、白云岩、凝灰板岩。东西边界断裂在吉塘镇交汇，总体呈北西向延伸。东西边界断裂在吉塘镇交汇，总体呈北西向延伸。在昌都吉塘镇附近，东边界主断层上盘C_1k构造变质岩向东逆冲推覆于T_3陆相碎屑岩之上（图4），西边界主断层主要为挤压紧密的糜棱岩带及构造片状岩，断面上陡倾角擦痕极为清晰(图5)。

图4 澜沧江结合带东边界主断层

图5 澜沧江结合带西边界断裂的构造岩带及陡倾角擦痕

班公湖—怒江结合带是特提斯洋长期演化而成的一条构造混杂岩带。带内主要断裂具有强烈的逆冲挤压性质，断面倾向NE，南西盘向北东盘俯冲。测区范围内主要为瓦达岩片（T_3J_1w）、卡瓦白庆岩片（C_1b、C_1c）等岩片，为沉积混杂建造，以砂岩、板岩为基质，混杂有大理岩、灰岩岩块及基性岩块。各构造岩片间、岩片内基质与岩块间均为断层接触。南西边界断裂由一系列小型逆冲推覆断裂组成，断面舒缓平直、结构致密、压性，无明显破碎带（图6a），可见平直的陡倾角擦痕。结合带北东边界断裂发育有宽214m的断层破碎带，带内岩石具强烈挤压现象，揉皱发育（图6b）。带内片理产状基本与断面一致，根据片理产状、断层分布及交切关系显示东边界断裂具有右旋扭错性质。

嘉黎断裂带为昆仑—嘉黎剪切带东南段的一支，沿察隅—通麦—嘉黎展布，走向约100°，以左旋剪切挤压为主[2]。总体表现为韧性剪切带，宽1~2km，卷入地层有花岗岩、石炭系地层及念青唐古拉岩群。沿断裂发育糜棱岩及糜棱岩化岩石，断层面向北陡倾，倾角65~80°。受控于帕隆藏布断裂及嘎隆寺断裂，两条断裂之间出露蛇绿岩带，主要岩性为超镁铁岩、大理岩、石英岩及硅质岩。大部分混杂岩被后期酸性岩浆岩吞噬。

a）

b）

图 6 怒江结合带南西边界断裂、北东边界断裂揉皱

雅鲁藏布江结合带南侧为北喜马拉雅构造带北缘高压低温变质带，根据矿物组合及变质特征可划分为属于蓝闪石片岩相绿片岩相（低绿片岩相）组合的高压低温变质相系。变质作用显示由南往北至蛇绿岩带南界，温度相对降低、压力相对增高。结合带以北普遍出现区域性高温低压变质作用，形成以冈底斯构造岩浆岩带为主体的中低变质级含十存石、红柱石的高温低压变质岩带（图 7、图 8）。岩石建造较为复杂，主要由构造混杂岩岩片、低温高压变质岩片、韧性剪切岩片、蛇绿混杂岩岩片以及复理石岩片等组成。岩片体的构造变形包括脆韧性断片的挤压叠覆变形和韧性剪切两类。

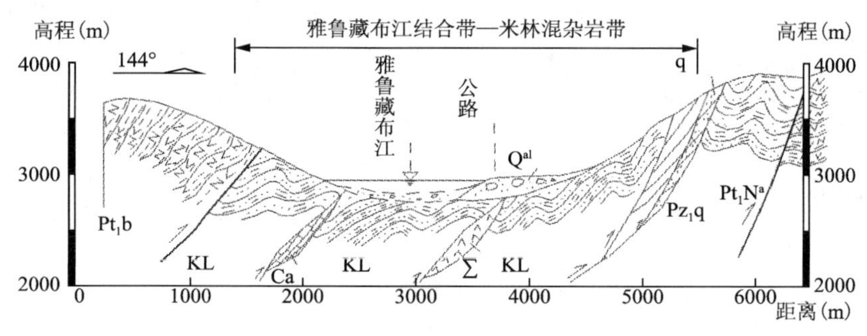

图 7 米林混杂岩带地质剖面图

图 8 构造混杂岩的塑性流变及揉皱

Pt_1b- 林芝岩群八拉岩组；Pt_1N^a- 南迦巴瓦岩群；Pz_1q- 寒武系曲德贡岩组；KL- 白垩纪复理石岩片；Ca- 碳酸盐岩片；Σ- 超镁铁岩岩片；q- 念青唐古拉岩群岩片；Q^{al}- 冲积层

1.2 深部地球物理特征

电性结构剖面（图 9）显示雅鲁藏布江结合带在 0~40km 范围内陡倾切入地壳，随后呈缓倾角延伸，切割深度大于 75km。嘉黎断裂倾向 SW，倾角随切割深度的增大而减小，深度大于 40km。通过研究横跨拉萨地体与羌塘地体的宽频带地震台站记录的远震数据 [3] 发现，由南往北，拉萨块体的地壳厚度从 75km 抬升到 68km，而羌塘地体的地壳厚度从 80km 缓慢抬升到 65km。青藏高原壳幔结构特征表明班公湖—怒江结合带向北倾斜，延伸深度大于 75km，切穿地壳；澜沧江结合带倾向南西，大角度切入地壳，深度约 45km，至下地壳软弱带。布格重力数据显示，在金沙江断裂带附近的地壳厚度达 65km，断裂呈倾角逐渐减小斜切地壳，直达地幔顶部 [5]，电性结构也显示金沙江结合带斜切地壳，延伸深度大于 60km[4]。

1.3 地震及断裂活动性

历史地震（图 10）显示，沿澜沧江断裂带地震活动较弱，仅在其南段临沧附近发生过两次 7 级以上强震。研究区地震活动相对集中，但强度及频度均低于南段。≥ 5.0 级地震多发生在 20km 以下，≤ 5.0 级则以浅源为主，震源深度以 20~25km 最为密集。

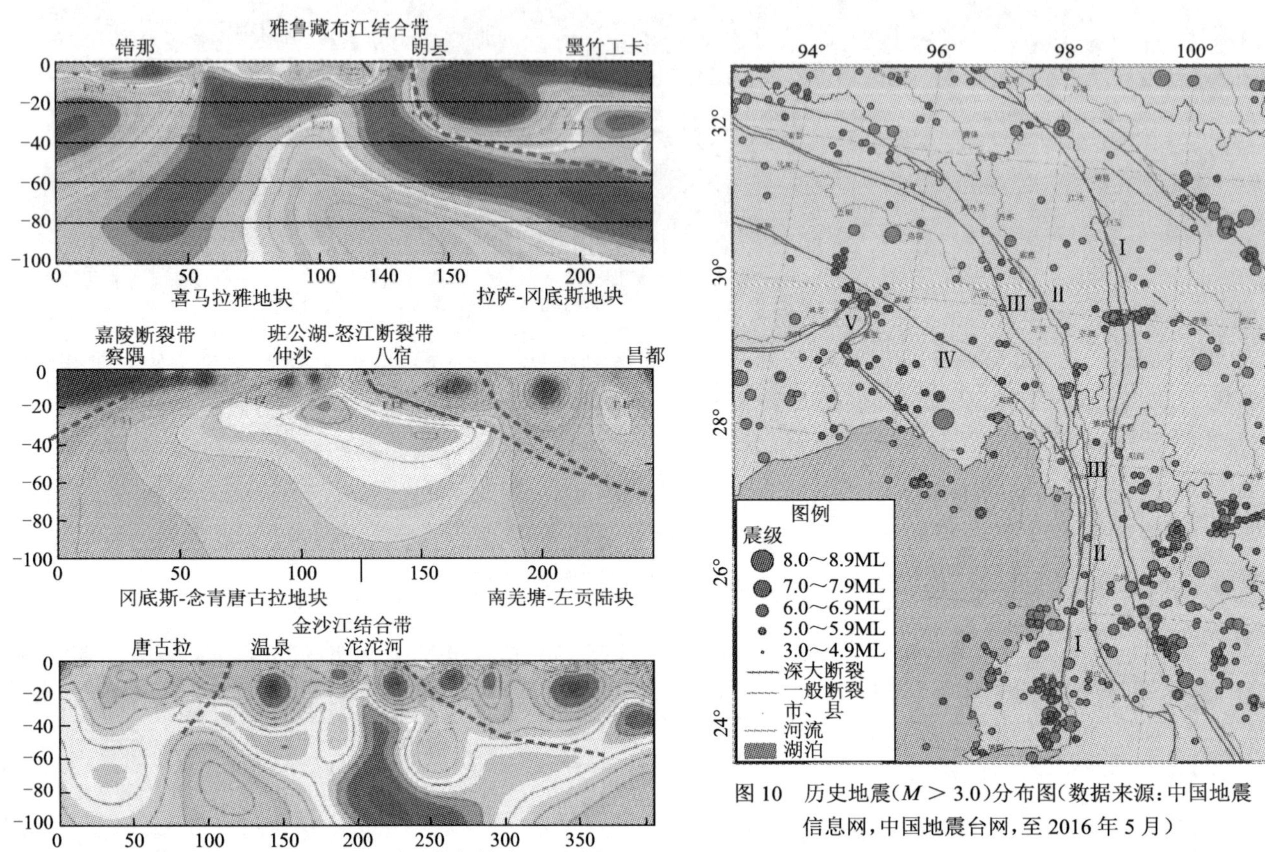

图 9 下察隅—昌都(左)、安多—格尔木(右)电性结构(金胜 2009，有修改[4])

图 10 历史地震($M > 3.0$)分布图(数据来源：中国地震信息网，中国地震台网，至 2016 年 5 月）

I - 班公湖—怒江结合带；II - 澜沧江结合带；III- 金沙江结合带；IV- 嘉黎断裂带；V - 雅鲁藏布江结合带

金沙江结合带的地震活动主要集中在断裂交汇区段。地震史料显示，中段≥ 6 级地震共 7 次，均发生在金沙江断裂带与巴塘断裂交错部位。研究区所在的断裂带北段地震活动相对较弱，震级多在 3 ～ 4 级，共 10 次。

怒江断裂带及周边区域地震统计，> 5 级地震震源深度一般集中在 15 ～ 35km，< 5 级地震震源深度为 10 ～ 35km。历史地震最大震级 7.4ML，>5 级地震 126 次，以龙陵地震区地震活动最为强烈[6,7]。研究区内发生过 5 ～ 5.9 级地震 6 次，震源深度 15 ～ 30km，最大震级 5.5 级；3 ～ 4.9 级地震 39 次，震源深度 5 ～ 35km。地震活动较强。

嘉黎断裂带整体地震活动较弱，最大震级小于 4.5 级。断裂带内部呈强烈挤压状态，后期被酸性岩浆侵入愈合，整体活动性较弱。

雅鲁藏布结合带的地震活动主要集中在结合带东部林芝—墨脱一带。林芝一带具有地震强度大、频度高的活动特点。最大震级 8.6 级，4~5 级地震 12 次，5 级以上地震 13 次。结合带南边界断裂及两条切错构造岩带的 NE 向断裂具扰动冲洪积层的特点。此结合带是研究区内活动性水平最高的深大断裂。

GPS 观测数据[8]反演获得的澜沧江断裂北段左旋剪切走滑速率为（5.1±2.1）mm/a，南段为

（2.4±1.2）mm/a。GPS 测站资料[9]表明，金沙江断裂滑动速率为 2.5 ～ 5.5mm/a，具右旋走滑特征。怒江结合带在东构造结以西主要为挤压运动，运动速率 1 ～ 2mm/a；构造结及东南部为右旋挤压运动[10]，走滑速率 2 ～ 3mm/a、挤压速率 1 ～ 2.5mm/a。GPS 及冰川资料[2]显示嘉黎断裂带在察隅—嘉黎走滑速率约为 3.7mm/a，挤压速率约为 5.1mm/a。雅鲁藏布结合带以右旋挤压运动为主[10]，墨脱—林芝一带走滑速率 6~7mm/a，挤压速率 1~4mm/a。

2 测氡数据

氡气测量时基本保持跨越断裂，每 10m 一个测点，剖面方位垂直于断裂走向。对金沙江结合带共测量 2 个剖面，每个测点读取两次数据。限于地形及测量条件，澜沧江结合带共测一个剖面。对怒江结合带的东西边界断裂，共测量三个剖面。测氡数据见表 1，测氡曲线见图 11。

测氡数据汇总　　表 1

断裂	测线位置	测线编号	测点计数时间（min）	数据（单位 BQ/m³，128 倍增益）								
				1	2	3	4	5	6	7	8	9
金沙江结合带	岗托	A	5	9629	7566	4618	17539	20143				
			10	13903	12528	22500	25301	25989				
			15	20094	21568	32180	29920	30067				
澜沧江结合带	吉塘	B	5	17150	21700	14400	11200	16650	9900	5800		
			10	24350	35050	36400	20650	25100	14100	5250		
			15	26250	43650	44400	23550	28650	15450	6400		
怒江结合带	邦达（东边界）	C-1	5	4372	11250	9236	8300					
			10	11103	14198	12577	8302					
			15	22599	22845	13800	10050					
		C-2	5	7172	18718	10022	15819	14395				
			10	20880	22550	32180	36503	26088				
			15	35717	33506	53109	60970	36945				
	八宿西边界	D	5	3800	6350	1550	600	5000	4050	3450	2750	1500
			10	3600	5450	1350	1200	4800	3750	3900	2200	1050
			15	3100	6350	1900	3250	5450	3400	3100	1950	1200
嘉黎断裂	波密	E	5	15819	13019	25645	22501					
			10	34587	34680	51537	20585					
			15	48147	49080	83127	25351					
雅鲁藏布江结合带	林芝	F 北边界	5	2254	4225	13314	11791	6976	8499			
			10	4077	4028	14002	9383	8204	9383			
			15	7664	3480	16949	8401	13068	10169			
		G 南边界	5	10906	17785	4765	2603	5502	9187	3930		
			10	30951	32867	20094	2309	15328	7025	4421		
			15	46870	53649	32229	2505	27611	6386	7516		

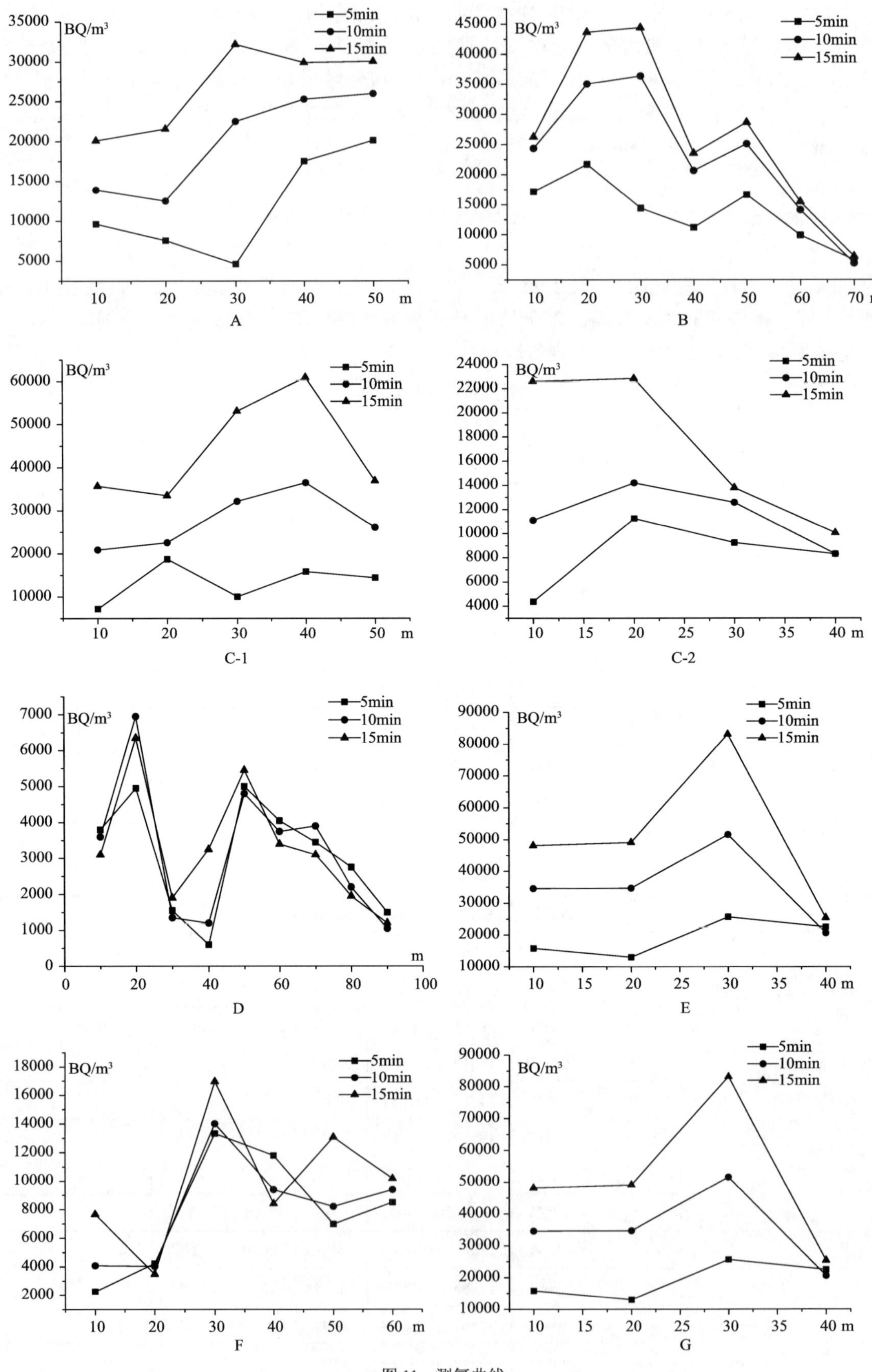

图11 测氡曲线

3 分析及讨论

（1）氡气浓度本底值与地壳岩石建造的放射性水平有明显的关系。从地壳岩石类型的角度看，酸性岩（如花岗岩）内部氡浓度一般比沉积岩（如石灰岩、红色砂岩）更高些，正变质岩要比副变质岩更高些。测试结果显示，处于江达—德钦岩浆岩带东边界的金沙江结合带及处于岗底斯—腾冲岩浆岩带的嘉黎断裂，本底值水平分别高达 20831 BQ/m³ 及 25351 BQ/m³，是研究区内放射性本底值最高的地区（表 2）。

测氡相关数据　　表 2

<table>
<tr><th rowspan="4">断裂</th><th rowspan="4">测线编号</th><th colspan="2">BQ（m³）</th><th rowspan="4">$m_{max}-m_0$</th><th rowspan="4">异常系数 m_{max}/m_0</th><th rowspan="4">测区基本岩性</th><th colspan="6">断裂带性质</th></tr>
<tr><th colspan="2" rowspan="3">本底值 m_0 / 峰值 m_{max}</th><th colspan="2">地震</th><th rowspan="3">最大震级 M_{max}</th><th rowspan="3">滑动速率（mm/a）</th><th rowspan="3">挤压速率（mm/a）</th><th rowspan="3">深度 / 倾角</th></tr>
<tr><th colspan="2">频数(次)</th></tr>
<tr><th>≥ 5.0 M_L</th><th>(3~5.0) M_L</th></tr>
<tr><td>金沙江结合带</td><td>A</td><td>20831</td><td>30067</td><td>9236</td><td>1.44</td><td>板岩、千枚岩类，基性及超基性岩</td><td>0</td><td>10</td><td>3.7</td><td>5.1±2.1</td><td>/</td><td>>60km/<45°</td></tr>
<tr><td>澜沧江结合带</td><td>B</td><td>15133.3</td><td>44400</td><td>29266</td><td>2.93</td><td>千枚岩夹石英砂岩、凝灰质板岩及基性岩</td><td>2</td><td>1</td><td>6.0</td><td>2.5~5.5</td><td>/</td><td>≈ 45km/>45°</td></tr>
<tr><td rowspan="3">怒江结合带</td><td>C-1</td><td rowspan="2">11925</td><td>60970</td><td>49045</td><td rowspan="2">5.11</td><td rowspan="3">构造混杂岩，以砂岩、板岩为基质，混杂有大理岩、灰岩岩块及基性岩块</td><td rowspan="3">6</td><td rowspan="3">39</td><td rowspan="3">5.5</td><td rowspan="3">2~3</td><td rowspan="3">1~2.5</td><td rowspan="3">>75km/<45°</td></tr>
<tr><td>C-2</td><td>22845</td><td>10920</td></tr>
<tr><td>D</td><td>3300</td><td>6350</td><td>3050</td><td>1.92</td></tr>
<tr><td>嘉黎断裂带</td><td>E</td><td>25351</td><td>83127</td><td>57776</td><td>3.28</td><td>花岗岩、花岗质片麻岩</td><td>/</td><td>13</td><td><4.5</td><td>3.7</td><td>5.1</td><td>>40km/>45°</td></tr>
<tr><td rowspan="2">雅鲁藏布江结合带</td><td>F</td><td>8032.5</td><td>16949</td><td>8917</td><td>2.11</td><td rowspan="2">片麻岩、石英片岩、角闪岩及大理岩及超基性岩</td><td rowspan="2">13</td><td rowspan="2">12</td><td rowspan="2">8.6</td><td rowspan="2">6~7</td><td rowspan="2">1~4</td><td rowspan="2">>75km/<45</td></tr>
<tr><td>G</td><td>7311.5</td><td>53649</td><td>46337</td><td>7.34</td></tr>
</table>

（2）根据印度 AMRITSAR 监测显示[11]，构造应力作用于地壳岩体时，地质体会逐渐被压密，岩体裂隙紧闭，不利于氡气的析出，氡气浓度值偏低，即构造应力对氡气浓度值也有较大影响。研究区所处的青藏高原东部地区，由南西至北东方向，地壳岩体由强烈挤压区逐渐过渡至中强度挤压区，构造应力呈逐渐降低之势。实测数据显示，除澜沧江结合带外，氡气浓度本底峰值由南西向北东逐渐升高，与构造应力的降低呈正相关（表 3）。

结合带周边实测应力值及模拟值　　表 3

结　合　带	实测应力值		结合带边界西南侧模拟应力值(MPa)	实测数据来源
	测孔深度(m)	实测应力值(MPa)		
金沙江结合带	200	14	17	如美水电站
澜沧江结合带	200	17	17	叶巴滩水电站
怒江结合带	160~170	13~16	24	松塔水电站
嘉黎断裂带	700~800	25.3~25.8	—	嘎隆寺隧道

（3）氡气浓度峰值与该结合带（断裂带）所处的大地构造部位有关。处于印度板块与欧亚板块碰撞接触区域内的雅鲁藏布结合带、怒江结合带及嘉黎断裂带，实测峰值分别达到 53649BQ/m³、60970BQ/m³ 及 83127BQ/m³，明显高于远离碰撞接触带的澜沧江结合带及金沙江结合带。

（4）表征断裂带地球化学特征的异常系数 s（m_{max}/m_0）与断裂发育规模及其活动性强度有着直接的关联。作为古大陆地壳裂离 - 聚合控制性构造的雅鲁藏布结合带和怒江结合带，异常系数 s（m_{max}/m_0）高达 7.34 及 5.11。这两条断裂带是研究区域内活动性水平最高的深大岩石圈断裂，前者曾于 1951 年发生过我国大陆记录到的最大地震——墨脱 8.6 级大地震，后者则保持着高频度、中等强度的地震活动态势。

（5）断裂带物质结构状态对氡气浓度有较大的影响。怒江结合带南西边界断裂由结构致密的构造角砾岩组成，北东边界断裂带为较宽的强揉皱松软片状构造岩，二者的物质结构状态差异极大。测氡本底值分别对应为 3300BQ/m³ 及 11925BQ/m³、峰值分别对应为 6350BQ/m³ 及 60970BQ/m³。

4 结语

（1）结合历史地震记录、GPS 资料及错动新地层情况，雅鲁藏布江结合带及怒江结合带呈现出较高的活动性，以前者活动性最高；区内断裂都具有强烈的逆冲挤压性质。

（2）自雅鲁藏布江结合带至班公湖—怒江结合带、澜沧江结合带、金沙江结合带，氡气浓度逐渐升高，基本反映构造应力水平逐渐降低，活动性呈逐渐升高的趋势；处于江达—德钦岩浆岩带东边界的金沙江结合带及处于岗底斯—腾冲岩浆岩带的嘉黎断裂，本底值水平分别高达 20831BQ/m³ 及 25351BQ/m³，是放射性本底值最高的地区，反映了地壳岩石建造的放射性水平对氡气浓度值影响较大；异常系数 s（m_{max}/m_0）与断裂发育规模及其活动性强度有着直接的关联，区域内活动性较强的雅鲁藏布结合带和怒江结合带异常系数 s 均呈较高数值。

（3）雅鲁藏布结合带、怒江结合带及嘉黎断裂带，峰值分别达到 53649BQ/m³、60970BQ/m³ 及 83127BQ/m³，显著高于远离印度板块与欧亚板块碰撞接触区域的其他测点。怒江结合带两侧边界氡气浓度与岩体结构的差异表明断裂带物质结构状态对氡气浓度有较大的影响。

参考文献

[1] 谷懿，葛良全，王广西，等 . 汶川地震震后大成都地区断裂带活动性氡气测量分析评价 [J]. 工程地质学报，2009，17（3）：296-300.

GU Y, CE L, WANG G, etc. Analysis and evaluation of faults activities in Chengdu region with radon concentration measurements after wenchuan earthquake[J].Journal of Engineering Geology. 2010, 37(4): 107-110.

[2] 宋健，唐方头，邓志辉，等 . 青藏高原嘉黎断裂晚第四纪运动特征 [J]. 北京大学学报（自然科学版），2013，49（6）973-980.

Song J.Tang F T. DENG Z H, etc.Later quaternary movement characteristics of Jiali fault in Tibetan plateau[J].ASNUP, 2013, 49(6)973-980.

[3] 徐强，赵俊猛，崔仲雄，等 . 青藏高原班公湖 - 怒江缝合带中部的 Moho 错断 [J]. 科学通报，2010，55（1）80-86.

XU Q, ZHAO J, CUN Z X, etc. The Moho plane of Bangong CO-Nuijang in Tibet[J].Science China Press. 2010, 55(1)80-86.

[4] 金胜 . 青藏高原的壳幔电性结构特征及其动力学意义 [D]. 武汉：中国地质大学，2009.50-52.

Jin S.The Characteristics of Crust-mantle Electrical Structure and Dynamics within Tibetan Plateau[D].Wuhan: China University of Geosciences, 2009.50-52.

[5] Jiang W L, Zhang J F, Tian T, et al.Crustal structure of Chuan-Dian region derived from gravity data and its tectonic implications[J].Physics of the Earth and Planetary Interiors, 2012, 21(2): 76-87.

[6] 李京昌 . 滇西怒江断裂带新构造特征 [J]. 地震地质，1998，20（4）：312-320.

LI Jingchang. Neotectonic Feature Of The Nujiang Fault Zone In Western Yunnan[J]. SETSMOLDGY AND GEOLDGY,

1998, 20(4): 312-320.

[7] 王晋南，王洋龙，安晓文，等 .1976 年龙陵地震区断裂活动性研究 [J]. 地震研究，2006，29（4）：366-372.

WANG Jinnan, WANG Yanglong, AN Xiaowen, YANG Xiangdong, CHANG Zufeng.Activity of the Faults in the 1976 LonglingM7.3, 7.4 Earthquake Area[J].Journal of Seismological Research, 2006, 29(4): 366-372.

[8] 王阎昭，王恩宁，沈正康，等 . 基于 GPS 资料约束反演川滇地区主要断裂现今活动速率 [J]. 中国科学（D 辑：地球科学），2008（05）：582-597.

Wang Yanzhao, Wang Enning, Shen Zhengkang, etc. GPS-constrained Inversion of Present-day Slip Rates along Major Faults of the Sichuan-Yunnan Region, China[J]. Science in China. Series D: Earth Sciences, 2008(05): 582-597.

[9] 刘宇平，唐文清，赵济湘 . 青藏高原东部及邻区现代地壳运动 GPS 监测 [M]. 北京：地质出版社 .2010：122-123.

LIU Yu-ping, TANG Wen-qing, ZHAO Ji-xiang. Modern crustal movement GPS monitoring of Eastern Qinghai-Tibet plateau and its adjacent areas [M].BeiJing：Geological Publishing House, 2010: 122-123.

[10] 唐方头，宋键，曹忠权，等 . 最新 GPS 数据揭示的东构造结周边主要断裂带的运动特征 . 地球物理学报，2010，33（9）：2119-2128.

Tang F T. Song J. Cao Z Q. et al. The movement characters of main faults around Eastern Himalayan Syntaxis revealed by the latest GPS data[J]. Chinese J. Geophys(in Chinese), 2010, 53(9): 2119-2128.

[11] Manwinder Singh, Ramola R C, Baljinder R Singh, et al.Subsurface soil gas changes associated with earthquakes[J]. Nuclear Tracks and Radiation Measurements, 1991, 19(4): 417-420

川藏铁路廊道辉绿岩及花岗岩冰劈作用机理试验研究

王运生　乔国文　余相贵　雷清雄

（成都理工大学地质灾害防治与地质环境保护国家重点实验室，成都 610059）

摘　要：高寒高海拔地区岩体冻融风化对边坡稳定性的影响大。本文通过高寒峡谷区边坡岩体冻融实验及综合分析，揭示了冻融风化破坏机制：①岩体的冻融风化过程，主要是在大温差循环过程中，岩体逐渐裂化导致岩体强度弱化，甚至岩体发生破碎的过程；②大温差是岩体冻融风化的主要影响因素，纯粹的降温导致岩体中自由水膨胀，产生冻胀力，增加了岩体的应变，但冰胶结反而可以提高岩体的强度；③冻融风化中，岩体中的自由水是破坏岩体结构的主要发起因素，岩体空隙中的水凝结成冰，体积产生约9%的膨胀，在空隙壁上产生巨大的冻胀力，即冰劈效应；④岩体中裂隙的发育情况，决定水分及温度的分布规律，因此岩体的初始损伤情况对冻融风化的影响较大，裂隙越发育，其被冻融破坏的可能性越大。

关键词：高寒山区；岩体冻融；冰劈试验；应变试验

Experimental Study on Freeze-thaw Mechanism on Diabase in Sichuan-Tibet Railway Corridor

Wang Yunsheng　Qiao Guowen　Yu Xianggui　Lei Qingxiong

(State Key Laboratory of Geohazard Prevention and Geoenvironment Protection, Chengdu University of Technology, Chengdu 610059, China)

Abstract: Influence of freezing and thawing on slope stability in high cold and high altitude area is too heavy. In this paper, the freezing and thawing experiment and comprehensive analysis of the slope rock mass in the alpine gorge region revealed the failure mechanism of freeze-thaw and weathering: ①rock freeze-thaw weathering process, mainly in large temperature cycle, the rock gradually lead to cracking of rock strength weakening, even rock broken process. ②large temperature difference is the main influencing factor of the rock freeze thaw weathering, pure to cool rock free water expansion, frost heaving force, increase the strain of rock, but ice cemented on the other hand can improve rock strength. ③the process of the freeze-thaw weathering, the rock free water is the main driving factor of the destruction of the rock structure, rock voids hydrogel into ice, generating about 9% volume expansion in the space of a huge wall of frost heave forces, namely the ice splitting effect. ④the development of the situation in the rock fractures which determines the distribution of moisture and temperature, so the initial damage of rock is the larger impact on the freeze-thaw weathering, the more development of cracks, the more likely it is freeze-thaw damage.

Keywords: Sichuan-Tibet railway corridor; rock freezing; freeze-thaw slope; collapse

---

作者简介：王运生（1960—），男，教授，博士生导师。

川藏铁路廊道在地质历史时期经历多期构造变形，岩浆活动普遍。新构造期遭受强烈挤压而差异性抬升，形成川西—藏东地形陡变带及应力高度集中带。巨大的地形反差导致河谷强烈下切，在辉绿岩及花岗岩等硬质岩分布区构成高陡的斜坡，由于斜坡中、上部卸荷强烈，岩崩成为主要的地质灾害类型。在高寒环境中，当岩体孔隙或裂隙中的水冻结成冰时，因体积膨胀（增大9%左右）而对岩体孔隙壁或裂隙壁产生很大压力，从而使岩体孔隙裂隙加深加宽。当冰融化时，水将沿扩大了的孔隙裂隙更深入地渗入岩体的内部，同时水量也可能增加，并再次冻结成冰。这样冻结、融化频繁交替进行，使岩体孔隙裂隙不断扩大加深，以至岩体崩裂成为岩屑。这种作用叫冰劈作用，其对岩土体工程地质特性具有较大影响，前人对部分岩体或具体边坡进行过力学实验[1-4]，一些研究者对其机理进行过分析[5,6]，本文对西部高山山区出现频度较高的辉绿岩取样进行试验，旨在较准确地测出水结冰时体积膨胀产生的压力，以此揭示高寒地区冰劈作用机理。

1 实验方法及内容

1.1 冰劈实验

（1）实验设备与实验方法

主要实验设备有液压缸、低温冰箱、温度计等(图1)。

水结冰时将产生各向同性质的膨胀压力，根据位移—压力相关物理理论，先对水施加各个方向的刚性约束，再控制其在结冰过程中只能沿某一个方向膨胀，最后利用活塞将其膨胀压力传递给液压油，进而可以直接从液压油压力表读出水结冰时的膨胀压力。

仪器放入 -20° 冰柜中密封后约 50min 油压表数值开始变化，从 0 ～ 15MPa 变化较快，这一过程耗时约 10min，15MPa 以后压强表变化渐渐放缓，随着压强的继续增大，油压表数值变化越来越慢，因为油压管所能承受压强有限，当压强接近 30MPa 时油压管破裂。

根据试验，生成冻融时间与冻融膨胀力之间的关系如图2所示。

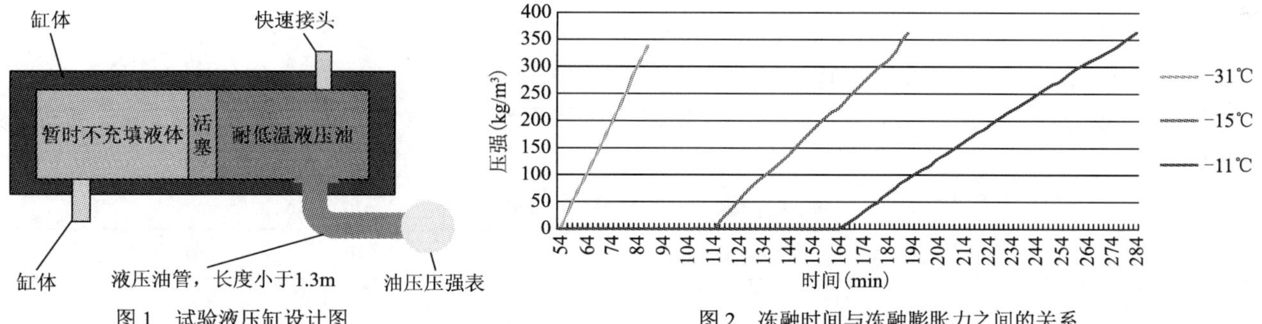

图1 试验液压缸设计图

图2 冻融时间与冻融膨胀力之间的关系

（2）实验成果分析

从图3温度与冻胀启动时间曲线可以看出，在水结冰过程中冻胀启动时间与温度关系密切，-11℃时启动时间为 164min，-15℃时启动时间为 114min，-31℃时启动时间仅需 54min；冻胀启动时间随着温度的增加，呈幂指数增大，即温度越高，冻胀启动时间越长，启动越慢。

从图4温度与冻胀速率曲线可知，水结冰过程中冻胀速率随温度变化呈现出线性的特点，但不同温度条件下冻胀速率明显不同，其中 -11℃时为 2.79kg/（min·cm^2），-15℃时为 4.71kg/（min·cm^2），而 -31℃时达到 10.6kg/（min·cm^2），平均速率近 6kg/（min·cm^2）。

从实验数据分析可以看出，冻胀启动时间和冻胀速率与温度变化关系密切。在负温环境下，温度越低冻胀启动时间越短，冻胀速率越大。其中冻胀启动时间与温度变化呈指数关系，冻胀速率与温度变化呈线性关系。

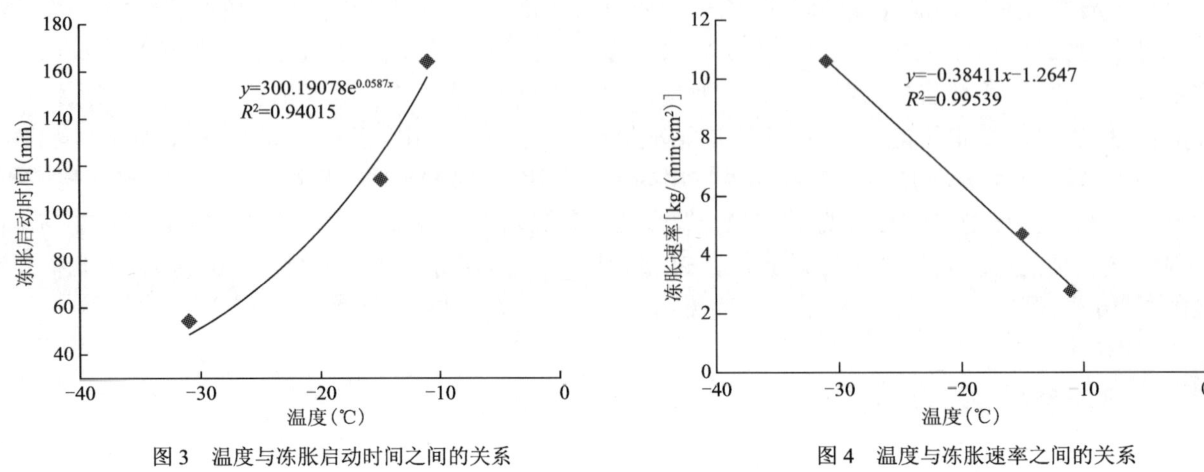

图 3　温度与冻胀启动时间之间的关系　　　图 4　温度与冻胀速率之间的关系

中国西部地区表层岩体的抗拉强度一般低于 10MPa，可见水 - 冰膨胀力足以劈裂岩体。

1.2　岩体冻胀过程的应变实验

（1）实验设备及实验方法

主要实验设备有低温冰箱和 CM-1L-10 型静态电阻应变仪。在切体机上将辉绿岩及花岗岩岩样加工成一个底面直径为 5cm（允许变化范围在 4.8 ～ 5.4cm）、高度为 10cm（允许变化范围在 9.5 ～ 10.5cm）的圆柱形试样，共需试样 3 个。

岩体饱水后放入低温冰箱中冷冻，岩体中的自由水因凝固而膨胀，从而导致岩体发生冻胀现象；在岩体表面贴上灵敏度高的应变片，并结合应变仪就可测出岩体冻胀过程的应变。根据测量数据可得出一系列的散点图（图 5~ 图 8），运用最小二乘法（或回归分析）可拟合出时间—应变曲线，并得出相应的经验公式。

（2）实验数据分析

试样在冰箱冷冻过程中，时间与试样温度对应关系如表 1 所示。从表中可以看出，辉绿岩试样温度在 0 ～ 100min 逐渐降低至 −26℃，在 100~350min 温度保持不变；花岗岩试样温度在 0 ～ 350min 逐渐下降最后降至 −26℃。

辉绿岩和花岗岩温度与时间对应表　　表 1

时间(min)	10	30	50	70	90	100	130	150	170	200	230	260	350
辉绿岩温度(℃)	−15	−20	−23	−24	−25	−26	−26	−26	−26	−26	−26	−26	−26
花岗岩温度(℃)	0	−5	−9	−12	−14	−15	−17	−18	−19	−20	−21	−23	−26

辉绿岩试样纵向微应变随时间增加的变化情况如图 5 所示。从图 5 可以看出，在 0~100min 辉绿岩试样纵向微应变增长较快，在 100 ～ 350min 增长趋于平缓，此过程可能与温度保持不变有关。测点 1、2 的纵向微应变虽然变化趋势基本一致，但是在 50 ～ 210min，其应变量差别较大。

辉绿岩试样横向微应变随时间增加的变化情况如图 6 所示。从图 6 可以看出，在 0 ～ 100min 辉绿岩样横向微应变较快增长，在 100 ～ 350min 增长趋于平缓或不再增加，此过程一方面可能与温度保持不变有关，另一方面与在 −15℃以后，随着温度降低横向微应变增加量很小有关。测点 3、4 的纵向微应变虽然变化趋势基本一致，但是在 100 ～ 350min，其应变量差别较大。

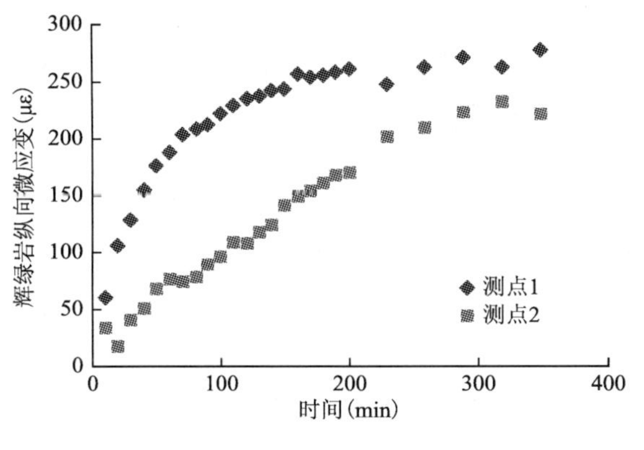

图 5 辉绿岩试样纵向微应变随时间变化

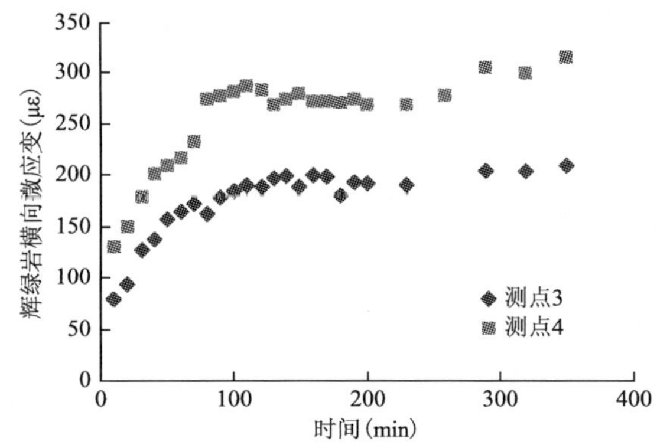

图 6 辉绿岩试样横向微应变随时间变化

花岗岩试样纵向微应变随时间增加的变化情况如图 7 所示。从图 7 可以看出,在 0 ～ 100min 花岗岩试样纵向微应变较快增长,在 100 ～ 350min 增长趋于平缓或不再增加。测点 1、2 的纵向微应变虽然变化趋势基本一致,但是其应变量差别较大。

花岗岩试样横向微应变随时间增加的变化情况如图 8 所示。从图 8 可以看出,在 0 ～ 140min 花岗岩试样横向微应变快速增长,在 140 ～ 350min 横向微应变增长趋缓并有下降趋势。测点 3、4 的横向微应变不仅变化趋势一致,而且其应变量也相差不大。

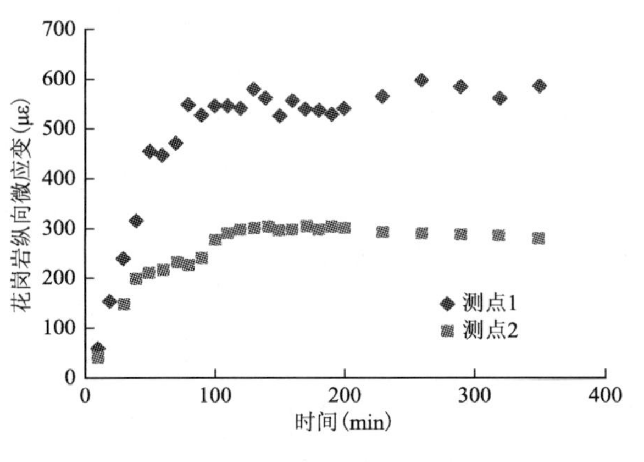

图 7 花岗岩试样纵向微应变随时间变化

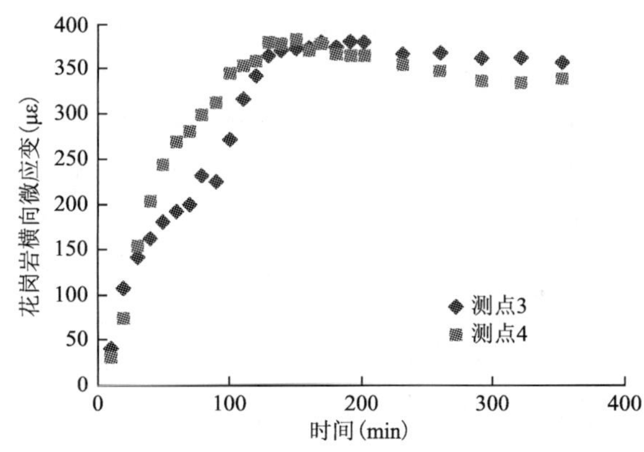

图 8 花岗岩试样横向微应变随时间变化

从岩体冻胀过程的应变试验可以看出,试样在冰劈开始阶段(0 ～ 100min),试样的纵横向微应变都呈现出加速增大的现象,在冰劈中后阶段(100 ～ 350min),试样的纵横向微应变呈现出增大趋缓甚至下降现象。

2 结语

(1)对微裂岩体冰劈试验表明,在负温情况下,冻胀启动时间随温度增大呈指数增加,冻胀速率随温度增大呈线性减小。

(2)对岩体冻胀过程的应变试验表明,冰劈开始阶段岩体变形呈现加速变形现象,冰劈中后阶段岩体应变就开始变慢,或趋于稳定甚至下降。

(3)通过对比辉绿岩和花岗岩试样纵横向微应变数据,发现纵横向微应变随温度下降具有不同变化趋势,这与岩体性质和岩体孔隙裂隙性质多变密切相关。

(4)在冻胀过程中,冰对裂隙侧壁产生侧压力使得岩体变形增加,由于冻胀过程没有补水,体积增加

9% 左右后不会继续膨胀，裂隙壁表现出蠕变性质，微裂隙发生扩展延伸，裂隙扩展空间大于水变成冰扩大的体积；当裂隙的结合力大于冻胀力，水的冻胀对裂隙壁产生持续的压力，宏观上就表现为应变不断地增加，当应变积累到一定程度后，裂隙扩展，应变还是会趋缓或下降。

参考文献

[1] 吴刚，何国梁，张磊，等 . 大理体循环冻融试验研究 [J]. 岩体力学与工程学报 .2006，25（增 1）：2930-2938.

Wu Gang, He Guoliang, Zhang Lei, et al. Marble thaw cycle test research on the freezing thawing[J]. Rock Mechanics and Engineering.2006, 25(by 1): 2930-2938.

[2] 母剑桥，裴向军，黄勇，等 . 冻融岩体力学特性实验研究 [J]. 工程地质学报，2013，21（1）：103-108.

Mu Jianqiao, Pei Xiangjun, Huang Yong, et al. Experimental study on mechanical properties of frozen thawed rock mass[J]. Journal of engineering geology, 2013, 21(1): 103-108.

[3] 徐光苗，刘泉声 . 岩体冻融破坏机理分析及冻融力学试验研究 [J]. 岩体力学与工程学报，2005，24（17）：3076-3082.

Xu Guangmiao, Liu Quansheng. Study on the mechanism of freezing and thawing damage of rocks and its freezing and thawing tests[J]. Chinese Journal of rock mechanics and engineering, 2005, 24(17): 3076-3082.

[4] 罗学东，黄成林，彤增湘，等 . 冻融循环作用下蒙库铁矿边坡岩体物理力学特性研究 [J]. 岩土力学，2011，32（增 1）：155-159.

Luo Xuedong, Huang Chengling, Rong Zengxiang, et al. Physical and mechanical properties research under the action of freeze-thaw cycle of Mengku iron ore slope rock mass[J]. Chinese Journal of rock and soil mechanics, 2011, 32(by 1): 155-159.

[5] 黄勇 . 高寒山区岩体冻融力学行为及崩塌机制研究 [D]. 成都：成都理工大学，2012.

Huang Yong. Study on mechanical behavior and collapse mechanism of rock mass in high cold mountain area[D]. Chengdu: Chengdu University of Technology, 2012.

[6] 张继周，缪林昌，杨振峰 . 冻融条件下岩体损伤劣化机制和力学特性研究 [J]. 岩体力学与工程学报，2008，27（8）：1688-1694.

Zhang Jizhou, Miu Linchang, Yang Zhenfeng. Study on deterioration mechanism and mechanical properties of rock damage under freezing thawing conditions[J]. Chinese Journal of rock mechanics and engineering, 2008, 27(8): 1688-1694.

多重致灾因素耦合作用下堆积体斜坡失稳概率研究

陈　语　李天斌　曾　鹏

（成都理工大学地质灾害防治与地质环境保护国家重点实验室，成都 610059）

摘　要：川藏交通廊道沿线地质环境复杂，具有深切峡谷、高烈度、气候环境恶劣等特点，广为分布的斜坡堆积体易在极端诱发条件下失稳，成为藏东南入藏道路建设与长期运营的潜在风险，并且一处断道，全线瘫痪，后果严重。本文以拉月堆积体斜坡为例，分析不同量级诱发事件的发生概率与回归周期，并结合可靠度分析方法，计算对应诱发作用下的斜坡失稳概率，揭示不同程度的危险性序列。以地震与降雨的诱发作用为例，将两者进行耦合计算，系统评价堆积体斜坡的危险性与潜在风险。结果表明：不同重现期降雨作用下稳定性结果相差较小，但地震作用下失稳概率较大，耦合计算结果为中等危险等级，需进行抗震设防以保证长期运营的安全稳定。

关键词：堆积体斜坡；回归周期；失稳概率；降雨诱发；地震诱发

Probabilistic Investigation of Deposit Slope under Coupled Multicausal Factors

Chen Yu　Li Tianbin　Zeng Peng

(State Key Laboratory of Geohazard Prevention and Geoenvironment Protection, Chengdu University of Technology, Chengdu 610059, China)

Abstract: There exists a complex geological environment along the railway and highway to Tibet with characteristics of deep-cutting gorge, high ground motion intensity and terrible climate conditions. Widely distributed deposit slopes are vulnerable to some extreme triggering factors such as storm and earthquake, and all these have posed a potential risk to the construction and operation of the railway and highway to Tibet. This paper, based on the illustration of Layue landslide, analyzes the return period and rate of occurrence of causal factors with different magnitudes. With the addition of reliability method, the corresponding probability of slope fails under the certain level of triggers has been calculated respectively. Meanwhile, earthquake and rainfall as two explicit scenarios have been incorporated as examples to the implementation of coupled multi-triggers hazard analysis. The results suggested that the factor of safety and instability probability under different rainfall scenarios are almost the same, but the stability significantly decreases when considered quake scenarios which suggested that seismic mitigations are needed to ensure safety.

Keywords: reliability; deposit Slope; return Period; probability of failure; earthquake-induced landslide; rainfall-Induced landslide

---

作者简介：陈语（1992—），男，硕士研究生。

基金项目：中国铁路总公司铁道部科技开发计划项目（2013G014-A）。

川藏交通廊道沿线藏东南地区地质环境复杂，活动断裂分布广泛，崩滑流地质灾害十分发育[1,2]。大量研究表明，沿线广为分布的第四纪堆积体为众多灾害的发生提供了物质基础[3]。并且，由于深切峡谷的地貌特征，大型堆积体斜坡往往导致堰塞堵江，形成灾害链式效应，导致灾害范围与损失进一步扩大。因此，对此类型"沟谷型崩滑堆积体"定量评价其失稳风险，对交通安全运营有着至关重要的作用。

崩滑堆积体由于生成过程具有显著的内在不确定性，表现为参数的空间变异性和随机性。并且，由于环境条件复杂，外界诱发因素的随机性同样对斜坡稳定产生很大的影响。因此，只有综合考虑坡体物理力学参数的不确定性及外界诱发因素的随机性，才能获得完整意义上的斜坡稳定可靠度。

何朋朋[4]考虑地震与地下水的随机性，基于不平衡推力法利用蒙特卡洛模拟（MCS）进行了峡口滑坡的可靠性分析；陈丽霞等[5]将巴东区的降雨拟合为极值分布，分别计算了不同重现期的极值降雨条件下滑坡失稳的概率；张璐璐、吴宏伟和 Y. K Tung[6-8]基于水土特征曲线及渗透系数数据的统计分析，分别讨论了渗流参数的变异性和相关性对边坡可靠度的影响。蒋水华等[9]通过研究发现，土体渗透系数空间变异性对潜水面和滑面位置均有明显的影响；鲍叶静[10]进行了地震诱发滑坡概率的初步预测；谢守益，罗文强[11,12]将滑坡系统视作多种诱发因素的串联系统，利用独立系统可靠度计算方法，得到多因素综合诱发下滑坡的可靠度区间。

然而上述分析不是没能将多种随机致灾因素耦合分析，就是对单一致灾因素考虑不充分。而且以往研究通常直接对极值降雨分布进行参数估计，不进行分布假设检验。基于此，本文分别考虑外界诱发因素的不确定性与诱发作用的不确定性，以地震、降雨诱发因素为例，利用全概率公式，计算得到地震降雨耦合作用下不同程度的滑坡危险性序列，系统评价堆积体斜坡的危险性与潜在风险。

1 拉月堆积体斜坡概况

拉月堆积体斜坡为 1967 年拉月巨型崩塌堆积体为主的崩塌、滑坡、残坡积体复合型堆积体斜坡，位于西藏林芝县排龙乡境内，地处藏东南高山深切河谷地区，为一典型沟谷型崩塌堆积体(图 1)。

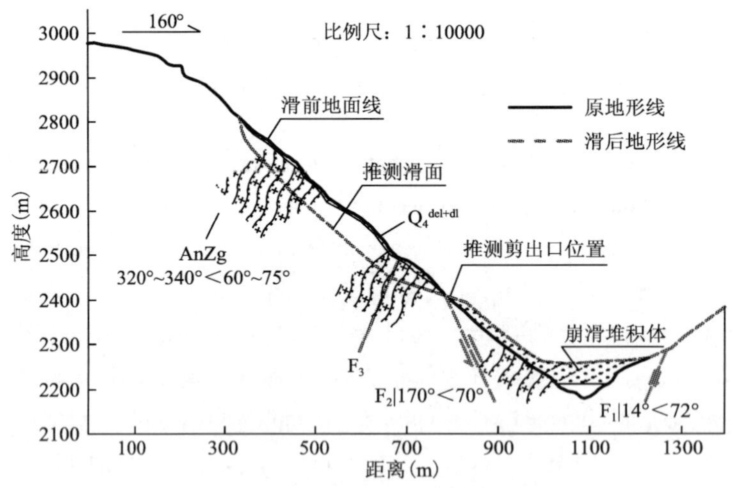

图 1　拉月堆积体斜坡剖面图

拉月巨型崩滑发生时，滑体分为东西两部分，无论从规模、滑动速度还是运动距离来讲，东滑块均远大于西滑块，是拉月崩滑的主体和危害最为严重的部分。本文述及的拉月堆积体均指东滑块堆积体，其大部分堆积在坡体的中下部及斜坡坡脚位置，部分冲过东久河堆积在对岸 300m 范围内。堆积体的厚度呈中西部较薄，而东部相对较厚的特点，中、西部厚 20 ～ 30m，东部的厚度则大于 50m，均厚 45m。

在拉月巨型崩滑发生前后，地形变化明显，斜坡地形坡度总体变缓，整体呈上陡下缓的形态。物质组成以花岗片麻岩为主，含量在 40% ~ 60%，粒径小于 2mm 的细粒物质含量占 40% ~ 50%。在细粒物质中，砂粒含量约占 75%，粉黏土约占 25%。

2 降雨诱发作用下失稳概率

2.1 极值降雨分布及重现期

已有研究表明引发降雨型滑坡的是某种极值降雨参量[13]，张玉虎等[14]探讨了西藏区域不同降雨极值序列概率分布函数的适宜性，并根据 A-D 或者 K-S 检验对常用极值降雨分布模型进行了优度检验。

考虑到拉月堆积体厚度较大，选取满足对数正态分布的最大 3d 降雨量（图 2）作为降雨参量，从分布中可得各降雨事件的年出现概率及重现期。

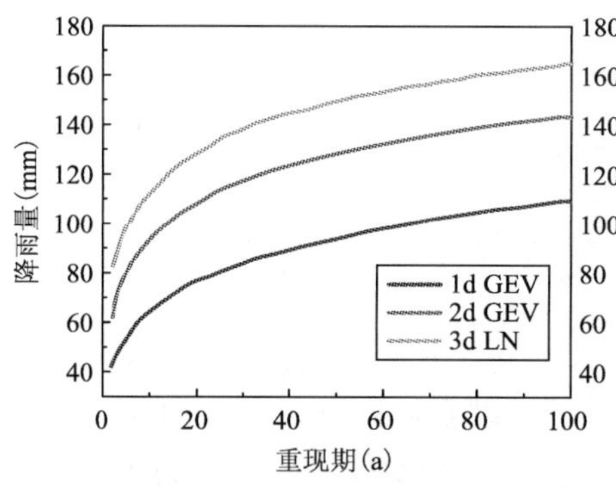

图 2 西藏流域波密站最大 3d 降雨量分布[14]

2.2 降雨诱发斜坡失稳概率

作为最为常见的滑坡诱发因素，前人对降雨作用于斜坡失稳机理进行了大量的研究，普遍认为其机理在于随着雨水入渗，含水率提高，坡内土体基质吸力减小，抗剪强度降低，改变了坡体内原来的力学平衡，从而引发斜坡失稳。

本文采用有限元软件 Seep/W 模拟降雨入渗引起的暂态渗流场，其控制方程：

$$\frac{\partial}{\partial x}\left(k_x\frac{\partial H}{\partial x}\right)+\frac{\partial}{\partial y}\left(k_y\frac{\partial H}{\partial y}\right)+Q=\frac{\partial \theta}{\partial t} \tag{1}$$

式中：k_x、k_y——x，y 方向的渗透系数；

H——压力水头；

θ——体积含水量。

稳态渗流时，上式右边为 0。水土特征曲线（SWCC）选取常用的 Fredlund-Xing 模型[15]：

$$\theta_{\mathrm{w}}(\psi)=\frac{\theta_{\mathrm{s}}C(\psi)}{\left[\ln\left(\mathrm{e}+\left(\frac{\psi}{\alpha}\right)^n\right)\right]^m} \tag{2}$$

式中：$\theta_{\mathrm{w}}(\psi)$——土的体积含水率函数；

θ_{s}、ψ——饱和体积含水率及基质吸力；

α、n、m——SWCC 曲线拟合参数。

通过沿整个体积含水量函数进行积分，即可得到渗透系数函数。

$$k_{\mathrm{w}}=k_{\mathrm{s}}\frac{\sum_{i=j}^{N}\frac{\theta(\mathrm{e}^y)-\theta(\psi)}{\mathrm{e}^{yi}}\theta'(\mathrm{e}^y)}{\sum_{i=j}^{N}\frac{\theta(\mathrm{e}^y)-\theta_{\mathrm{s}}}{\mathrm{e}^{yi}}\theta'(\mathrm{e}^y)} \tag{3}$$

式中：k_{w}——负孔压计算所得渗透系数；

y——代表负孔压算法的虚拟变量；

j、N——最终函数描述的最小负孔压、最大负孔压。

将计算得到的暂态孔隙水压力分布导入极限平衡分析程序 SLOPE/W 中，采用 M-P 法并结合蒙特卡洛模拟（MCS）对斜坡的稳定可靠度进行计算。值得注意的是，已有研究表明：在堆积体的降雨入渗中，基覆界面处易汇流形成滞水，降低界面土体的力学性能，故在本研究中将基覆界面选取为滑动面。土体强度模型为考虑基质吸力的双应力变量状态模型，其表达式为：

$$\tau = c' + (\sigma_n - u_a)\tan\varphi' + (u_a - u_w)\tan\varphi' \frac{\theta - \theta_r}{\theta_s - \theta_r} \tag{4}$$

式中：c'、φ'——有效黏聚力和有效内摩擦角；

σ_n——法向应力；

u_a、u_w——孔隙气压力和孔隙水压力；

θ_r、θ_s——残余含水率及饱和含水率。

通过对抗剪强度参数的分布拟合及渗透参数的工程地质类比，选取水土特征曲线参数为 α、n 和 m 分别为 2.575kPa、4.247 和 0.391，饱和含水率为 0.453；其余参数见表 1。

拉月堆积体参数统计特征 表 1

项目	c'（kPa）	φ'（°）	k_{sat}（m/s）	γ（kN/m^3）
均值	29.7	23	2×10^{-5}	20.8
标准差	4.78	5.45	—	—
变异系数	0.4	0.26	—	—
分布类型	对数正态	正态	—	—

基于上节所得不同回归周期的最大 3d 降雨量，首先采用稳态分析模拟堆积体斜坡在常年平均降雨条件下（1332.7mm）的情况，即入渗强度为 0.0037mm/d。在此结果基础上，采用瞬态分析分别按照重现期为 25 年、50 年、100 年的最大 3d 降雨量设置入渗边界条件，分别为 0.045m/d、0.050m/d、0.055m/d。取基覆界面为不透水边界，并设置前缘东久河为定水头边界。

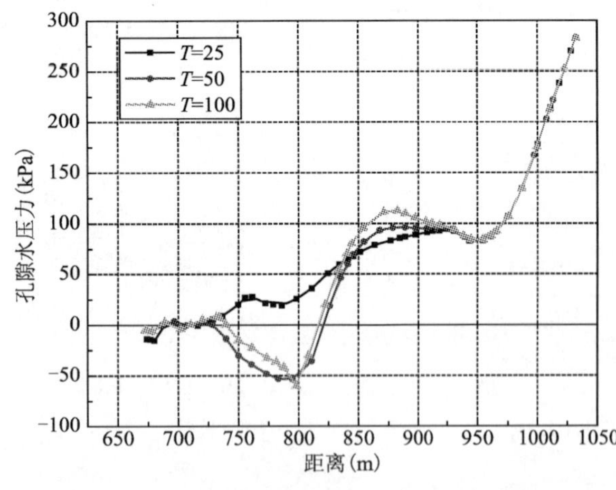

图 3 孔隙水压力分布与 x 方向距离关系图

非饱和渗流分析的孔隙水压分布情况如图 3 所示，随不同重现期最大 3d 降雨量的增大，表现为坡体上部吸力分布类似，中部吸力逐渐增大，且中下部分正孔隙水压力也增大。而坡体前缘位于东久河水下部分孔压保持不变。由于 SLOPE/W 静力计算中，要求各条块的安全系数均相同，故上述孔隙水压力分布的差异将会被平均化。

从图 4、图 5 可看出，降雨作用于斜坡具有时间滞后效应。在降雨时程中，各重现期的安全系数均随时间减小，而失稳概率总体呈增大趋势。值得注意的是，各重现期降雨作用下，斜坡的稳定性情况并没有显著变化，安全系数与失稳概率的变化幅度分别为 2% 和 6%（表 2）。其原因在于就西藏流域而言，服从对数正态分布的最大 3d 降雨量在不同重现期下差距不大，量值上仅相差约 15mm/d。同时，其安全系数裕度较大，失稳概率属于低危险性，反映出该堆积体斜坡对降雨响应并不明显。

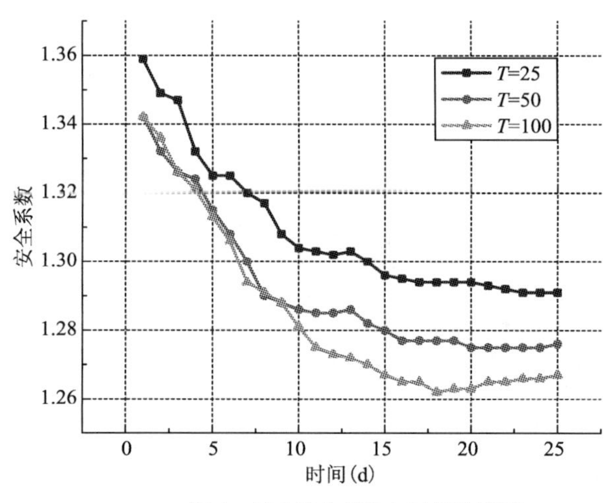

图 4 最小安全系数与时间关系图

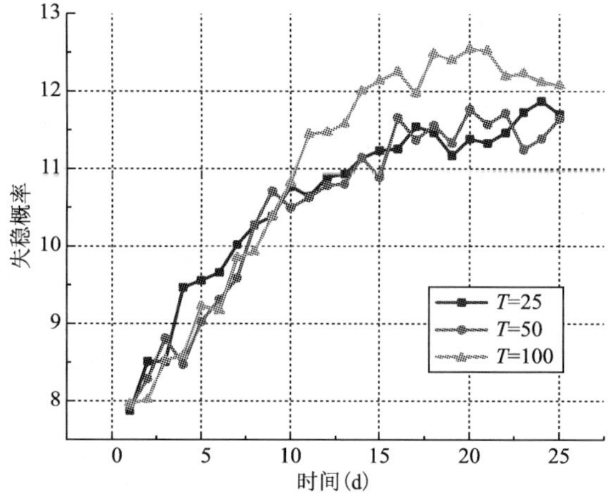

图 5 最大失稳概率与时间关系图

降雨诱发因素下失稳概率 表 2

危险性等级	安全系数 F_s	失稳概率(%) p_f	可靠度指标	变异系数(%) COV
天然	1.379	7.336	1.359	0.202
稳态渗流	1.37	7.544	1.346	0.207
T=25	1.291	11.700	1.137	0.206
T=50	1.275	11.388	1.145	0.209
T=100	1.262	12.490	1.100	0.212

注:不同重现期的瞬态分析结果中的安全系数为降雨时程中最小安全系数;以上结果基于 5 万次 MCS 计算。

3 地震诱发作用下失稳概率

地震作用的不确定性包括地震动参量的不确定性(PGA)和斜坡物理力学性质的不确定性。由于我国地震危险性评价(PSHA)中潜在震源模型分布不易获取,于是本文基于危险性等级的拟概率法对未来地震活动强度进行预测,同时采用拟静力法结合 MCS 模拟参数的统计特征,计算地震诱发下斜坡失稳概率。

其结果显示(表 3),斜坡地震动响应明显,基本地震动作用下失稳概率已经属于高危险性,而在罕遇地震动作用下几乎确定失稳。

地震诱发因素下失稳概率 表 3

危险性等级	地震动强度 PGA (g)	地震动年发生概率 λ	均值安全系数 F_s	失稳概率(%) p_f	可靠度指标 β	变异系数(%) COV
10%/50 年	0.2	0.00211	0.902	72.334	−0.539	0.203
2%/50 年	0.38	0.00041	0.65	99.234	−2.635	0.203

注:以上结果基于 5 万次 MCS 计算。

4 多重诱发因素下耦合失稳概率

斜坡在上述不同量级诱发事件作用下的失稳概率为一条件概率,且不同诱发因素之间认为相互独立,同一诱发因素下不同量级诱发事件认为互斥,据此根据全概率定理可得耦合作用下,不同程度的滑坡危险性序列。

$$P(B)=\sum_{i=1}^{n}P(B\mid A_i)\cdot P(A_i) \tag{5}$$

式中：$P(B)$——耦合诱发因素作用下滑坡失稳全概率；

$P(A_i)$——不同量级诱发因素出现概率；

$P(B|A_i)$——不同量级诱发条件下滑坡失稳概率。

综上所述，以前述不同重现期的最大3d降雨量、不同危险性等级的地震动强度为例，计算得降雨地震耦合作用下拉月堆积体斜坡的年失稳概率如表4所示。此耦合公式可以推广至多诱发因素情况，如库水位变动、人类工程活动等。

地震降雨耦合作用下年失稳概率 表4

年失稳概率/（$\times10^{-3}$）	T=25	T=50	T=100
10%/50年	6.21	3.80	2.78
2%/50年	5.09	2.68	1.66

5 结语

（1）本文分别考虑外界诱发因素自身的不确定性与诱发响应过程的不确定性，利用全概率公式，计算得到耦合作用下不同程度的滑坡危险性序列，系统评价堆积体斜坡的危险性与潜在风险。此方法可以推广到多随机致灾因素耦合的情形。

（2）基于降雨和地震作用下拉月堆积体斜坡的可靠度计算，其结果表明：不同重现期降雨作用下，安全系数与失稳概率的变化幅度分别为2%和6%，安全系数裕度较大，危险性低，反映出降雨对斜坡稳定性影响并不显著。然而，斜坡地震动响应明显，基本地震动作用下失稳概率已经属于高危险性，而在罕遇地震动作用下几乎确定失稳。

（3）耦合作用下拉月堆积体斜坡年失稳概率为中等危险性，且具有显著的地震滑坡风险。因此，为保证川藏交通的运营稳定，进行抗震设防以保证长期运营的安全稳定。

6 讨论

本文考虑地震作用时采用拟概率法，没能得到PGA的概率分布以致于不能得到完整的地震危险性曲线，将在接下来的研究中对其进一步完善。并且由于堆积体具有显著的空间变异性和相关性，还将继续探讨其对斜坡稳定可靠度的影响。

参考文献

[1] 刘盛健．川藏公路地质灾害危险性评价[D]. 重庆：重庆交通大学，2011.

LIU Shengjian. The Risk Disaster Assessment of Geologic Disaster in SiChuan-Tibet Highway[D]. Chongqing: Chongqing Jiaotong University, 2011.

[2] 中国科学院水利部成都山地灾害与环境研究所，西藏自治区交通科学研究所．川藏公路典型山地灾害研究[M]. 成都：成都科技大学出版社，1999.

Institute of Mountain Hazards and Environment, CAS, Institute of transportation science of TAR . Study of typical mountain hazards along Sichuan Tibet highway[M].ChengDu: Chengdu University of Science and Technology press, 1999.

[3] 廖秋林，李晓，董艳辉，等．川藏公路林芝—八宿段地质灾害特征及形成机制初探 [J]. 地质力学学报，2004，01:33-39. LIAO Qiulin, LI Xiao, DONG Yanhui, LI Shou-ding. Geodisaster features and mechanism investigation of Highway Sichuan to Tibet-Linzhi to Basu[J]. Journal of Geomechanics.2004, 01:33-39.

[4] 何朋朋，姚磊华，周平根，等．多随机因素条件下的峡口滑坡可靠性分析 [J]. 岩土工程学报，2010，06:930-937. HE Pengpeng, YAO Leihua, ZHOU Pinggen, etc. Reliability analysis of Xiakou slope under multiple-stochastic-factor conditions[J]. Rock and Soil Mechanics, 2010, 06: 930-937.

[5] 陈丽霞，殷坤龙，刘长春．降雨重现期及其用于滑坡概率分析的探讨 [J]. 工程地质学报，2012，05:745-750. CHEN Lixia, YIN Kunlong, LIU Changchun. Return period statistics of extreme rainfall and application to landslide probability analysis[J].Chinese Journal of Engineering Geology, 2012, 05: 745-750.

[6] 张璐璐，邓汉忠，张利民．考虑渗流参数相关性的边坡可靠度研究 [J]. 深圳大学学报(理工版)，2010，01:114-119. ZHANG Lulu, DENG Hanzhong, ZHANG Limin. Reliability analysis of slope stability considering correlations among soilhydraulic parameters[J]. Journal of Shenzhen University Science and Engineering, 2010, 01: 114-119.

[7] 吴宏伟，陈守义，庞宇威．雨水入渗对非饱和土坡稳定性影响的参数研究 [J]. 岩土力学，1999，01:2-15. WU Hongwei, CHEN Shouyi, PANG Yuewai. Parametric study of effects of rain infiltration on unsaturated slopes[J]. Rock and Soil Mechanics, 1999: 01:2-15.

[8] Tung Y K, Chan G C C. Stochastic analysis of slope stability considering uncertainty of soil-water retention characteristics[C]//Proceedings of the Nineth International Conference on Applications of Statistics and Probability in Civil Engineering.2003, 2: 1409-1413.

[9] 蒋水华，李典庆，周创兵，等．考虑参数空间变异性的非饱和土坡可靠度分析 [J]. 岩土力学，2014，09:2569-2578. JIANG Shuihua, LI Dianqing, ZHOU Chuangbing, etc. Reliability analysis of unsaturated slope considering spatial variability[J]. Rock and Soil Mechanics, 2014, 09:2569-2578.

[10] 鲍叶静，高孟潭，姜慧．地震诱发滑坡的概率分析 [J]. 岩石力学与工程学报，2005，01:66-70. BAO Yejing, GAO Mengtan, JIANG Hui. Probabilistic analysis of earthquake-induced landslides[J].Chinese Journal of Rock Mechanics and Engineering, 2005, 01: 66-70.

[11] 谢守益，张年学，许兵，等．多重环境因素诱发下滑坡的可靠度 [A]. 中国地质学会工程地质专业委员会．第五届全国工程地质大会文集 [C]. 中国地质学会工程地质专业委员会，1996:6.

[12] 罗文强，黄润秋，张倬元．斜坡稳定性概率分析的理论与应用 [M]. 武汉：中国地质大学出版社，2003.

[13] 张玉虎，王琛茜，刘凯利，等．不同概率分布函数降雨极值的适用性分析 [J]. 地理科学，2015，11:1460-1467. ZHANG Yuhu, WANG Chenxi, LIU Kaili, etc. Applicability of different probability distributions to estimated extreme rainfall[J]. Scientia Geographica Sinica, 2015, 11: 1460-1467.

[14] Fredlund D G, Xing A. Equations for the soil-water characteristic curve[J]. Canadian geotechnical journal, 1994, 31(4): 521-532.

[15] Fredlund D G, Xing A, Huang S. Predicting the permeability function for unsaturated soils using the soil-water characteristic curve[J]. Canadian Geotechnical Journal, 1994, 31(4): 533-546.

川藏铁路泸定至康定段日地沟泥石流危害性分析及防治对策

柳金峰[1] 游 勇[1,*] 蒋良文[2] 张广泽[2] 王 栋[2] 苏凤环[1] 苏鹏程[1]

（1. 中国科学院山地灾害与地表过程重点实验室/中国科学院水利部成都山地灾害与环境研究所，成都 610041；
2. 中铁二院工程集团有限责任公司，成都 610031）

摘 要：川藏铁路泸定至康定段走线需要穿越康定县姑咱镇的日地沟，该沟泥石流活动性较强，成为该段铁路选线的关键节点。采用野外考察、室内运动特征参数计算等手段，分析了日地沟泥石流形成的环境背景条件，计算了泥石流峰值流量、流速、一次泥石流冲出量、冲击力等关键运动特征参数。在此基础上，结合铁路走线位置、桥梁净空等空间位置与泥石流危害范围的关系，定量评估了泥石流对铁路的影响。最后，提出了保障铁路安全的泥石流防灾对策与措施。通过估算，日地沟泥石流的重度取值在 1.9 ~ 2.2 t/m^3 之间，百年一遇设计标准下（P=1%），日地沟主沟沟口泥石流峰值流量为 607.8 m^3/s、一次最大冲出量为 86.6×10^{4}m^3，泥石流流速 6.6m/s。计算结果显示：在日地沟铁路跨沟桥梁断面处，100 年一遇频率条件下泥石流最大泥深为 8.3m，达到桥下净高近 1/2（根据走线方案，桥下净空为 18 m），其对桥梁的影响较小，但对设置在沟道中部的桥墩冲击危害较大。根据特征参数计算及模拟结果，提出了日地沟泥石流防治采用“铁路拱桥一桥跨过+铁路桥上游缝隙坝拦挡+铁路桥下防护及排导”相结合的方案。

关键词：川藏铁路；泸定—康定段；日地沟；泥石流；防治对策

The Hazard Damages and Mitigation Measures of Debris Flow in Ridi Gully in the Luding-Kangding Section of Sichuan-Tibet Railway

Liu Jinfeng[1] You Yong[1,*] Jiang Liangwen[2] Zhang Guangze[2]
Wang Dong[2] Su Fenghuan[1] Su Pengcheng[1]

(1. Key Laboratory of Mountain Hazards and Earth Surface Process/Institute of Mountain Hazards and Environment, Chinese Academy of Sciences, Chengdu 610041, China; 2. China Railway Eryuan Engineering Group Co.Ltd, Chengdu 610031, China)

Abstract: The railway line of the Luding-Kangding Section of Sichuan-Tibet Railway passes through the Ridi Gully which is located in the Guza Town of Kangding County, Sichuan Province. The debris flow in the gully was very active and developed. The gully becomes one of the key points for the railway alignment. By taking the Ridi Gully as studying object, we introduced

作者简介：柳金峰（1979—），男，副研究员。

基金项目：中国科学院 STS 项目（KFJ-EW-STS-094）和中国铁路总公司科技研究开发计划课题（2014G004-A-5）。

the formation environment conditions and debris flow history based on field investigation. Then, some dynamic parameters including the flood peak discharge, debris flow peak discharge, velocity, total volume of a single debris flow event and impact force were calculated. Based on these results, we evaluated the influence of debris flow to the railway quantificationally and proposed the mitigation measure for preventing debris flow. Through calculation, the debris flow density is between 1.9t/m^3 and 2.2t/m^3. The debris flow peak discharge is 607.8m^3/s, the total volume for a single debris flow is 86.6×10^4 m^3, corresponding debris flow velocity is 6.6m/s and flow depth at the railway bridge is about 8.3 m (18 m of underneath clearance)for the case of *P*=1%. Therefore, the debris flow damage to the railway bridge is small. However, the damage is very big to the bridge pier set in the middle channel. Finally, an integrated mitigation measure including passing the channel by using arch bridge, setting 2 check dams upstream of the bridge, and setting a drainage channel downstream of the bridge is proposed.

Keywords:Sichuan-Tibet railway; Luding-Kangding section; Ridi gully; debris flow; mitigation measures

新建川藏铁路泸定至康定段位于我国四川省境内，属于四川盆地向川藏高原过渡区山高谷深，地形起伏大，大渡河深切其中，相对高差大，地形地貌、地质条件极其复杂，泥石流灾害非常发育。该段铁路走线需要穿越康定县姑咱镇日地村的日地沟，该沟泥石流灾害非常发育，因此，对于该沟泥石流灾害的危害性分析及其防治对策是确定此段铁路选线至关重要的先决条件之一。本文以日地沟为研究重点，采用野外考察、遥感解译、运动特征参数计算等手段，分析了日地沟泥石流形成的环境背景条件，计算了洪水洪峰流量，泥石流峰值流量、流速、一次冲出量及冲击力等关键运动特征参数，在此基础上，结合铁路走线空间位置与泥石流危害范围的关系，定量评估了泥石流对铁路的影响，最后，提出了针对铁路的泥石流防灾对策。

1 自然环境背景

1.1 流域概况

日地沟位于四川甘孜藏族自治州康定县姑咱镇日地村，泸定县与康定县之间。沟口坐标北纬30°04′30.10″，东经102°06′16″，沟口交通便利，318国道由沟口处通过，雅（安）康（定）高速公路（修建中）从日地沟流域中上游以隧洞的形式通过。日地沟注入大渡河支流瓦斯沟内（图1）。

1.2 地形地貌

日地沟流域上游山体地形陡峻，区域内最高点位于流域西南侧，海拔5917m；最低点位于沟口瓦斯沟附近，海拔1690m，相对高差达4227m，整体呈西南高东北低，流域面积25.87km^2，地形呈“V”形，总体平均沟床纵坡比降403‰，主沟长度10.48km，两侧斜坡坡度较陡，一般在30°～70°，局部为陡崖地貌。日地沟主沟长度8.01km，沟域面积17.14km^2，平均纵坡462‰，最高点高程为5917m，最低点高程为2220m，相对高差为3697m；主沟右侧发育一条支沟，支沟长度4.50km，沟域面积4.83km^2，平均纵坡616‰，最高点高程为4991m，最低点高程为2220m，相对高差为2771m。流域地表高程分级统计详见表1。日地沟流域地势陡峻，主沟25°～35°和≥35°的坡地面积达15.78km^2，占总流域的92.06%；右支沟25°～35°和≥35°的坡地面积达4.65 km^2，占总流域的96.27%；即流域内主要以陡坡为主，沟谷纵坡较大，有利于降雨的汇集（表1）。

日地沟流域平面形态呈桃叶形，有利于泥石流体汇流，沟道形态呈“V”形。陡峻的地形条件为暴雨洪水的汇集提供了良好的条件，同时较好的临空条件为沟域内不良地质现象的发育以及泥石流松散固体物源的汇集提供了有利的条件。加之沟谷纵坡大，为松散固体物质的搬运和泥石流的形成提供了有利的地形。

日地沟流域地表高程、山坡坡度分级统计表　　表1

项目	海拔高程(m)					山坡坡度(°)			
	<3500	3500～4000	4000～4500	4500～5000	≥5000	<15	15～25	25～35	≥35
地表面积(km^2)	10.66	4.38	4.57	3.8	2.46	0.41	1.64	6.11	17.7
所占比例(%)	41.21	16.93	17.66	14.69	9.51	1.58	6.34	23.62	68.5

1.3　地质构造与岩性

研究区位于川滇南北向构造带北端与北东向龙门山断褶带、北西向鲜水河断褶带和金汤弧形构造带的交接复合部位（图2），在大地构造部位上处于扬子准地台之二级构造单元康滇地轴北端[1]。其西北面与松潘甘孜地槽褶皱系为邻，东面及东北部分别与四川台拗和龙门山台缘断褶带相连。由于该地区自早元古代以来，经历了晋宁运动、澄江运动、海西运动、印支运动、燕山运动和喜马拉雅运动等多期次的构造运动，先后形成了各种不同方向、不同大小、不同样式、不同性质、不同形成环境、不同形成机制的复杂的断裂构造系统。川滇南北构造带、龙门山构造带、北西向构造带、金汤弧形构造带构成了本区最基本的构造框架。日地沟流域内主要地层岩性为斜长花岗岩 $\gamma o_2^{(4)}$（分布在流域中下游）、花岗闪长岩 $\gamma\delta_2^{(4)}$（分布在流域中上游）及闪长岩 $\delta_2^{(3)}$（分布在流域上游）（图1）。

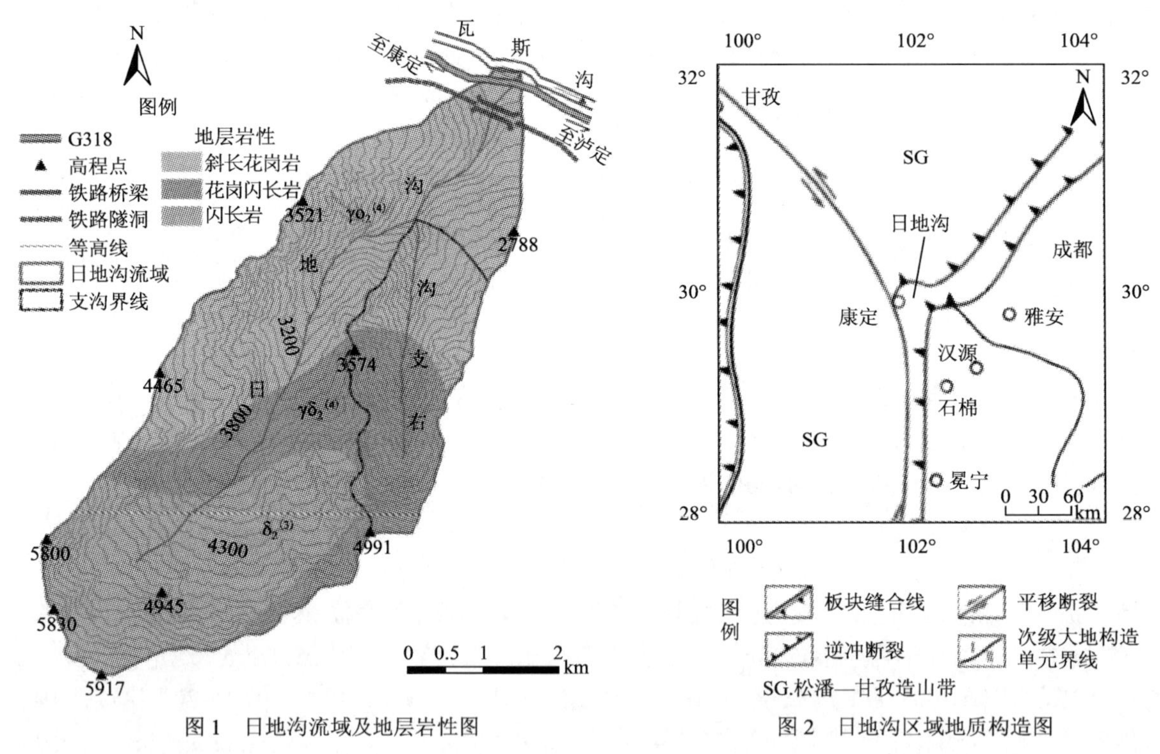

图1　日地沟流域及地层岩性图

图2　日地沟区域地质构造图

1.4　气象水文

研究区所处区域属青藏高原亚湿润气候区，具高原气候特征，气候干燥，日照充分、昼夜温差大，常年无夏、冰雪期长。根据气象站资料，年平均气温7.1℃，1月平均气温-2.5℃，月平均最高气温15.7℃，月平均最低温度-14.7℃。年均降水量803.8mm，多集中在5—9月，占全年的60%～85%，多暴雨和连绵雨，最大日降雨量达65.9mm。

研究区泥石流沟谷所处区域山高谷深，区内水系为大渡河及其支流。大渡河由北向南流经工作区，据下游的泸定水文站测得的年径流量达$350\times10^8m^3$，多年平均流量$1109.84m^3/s$。

瓦斯河源于折多山东麓，向东南经康定县城后汇入大渡河，坡降巨大，水流湍急。瓦斯河干支流共调查到较大的洪水年份有 1918、1909、1914、1932、1943、1949 和 1953。其中，1918 年洪水为瓦斯河全流域较大降水形成的近百年来的最大洪水，推算为 386 m^3/s。其次，较大的洪水年份为 1909、1953 和 1943 年。其中，1953 年洪水洪峰流量，经推算为 323 m^3/s。对 1952—1999 年以来瓦斯河流量监测的统计分析表明，1995 年出现特大，实测最大流量 418 m^3/s，为实测最大洪水，并大于 1918 年洪水 [2]。

2 泥石流活动历史、性质与形成机理

2.1 泥石流活动历史

通过野外现场调查访问，得知日地沟历史上发生过较大规模的泥石流有四次，分别为 1952 年 7 月、1963 年、1966 年和 1982 年，其中 1952 年 7 月及 1966 年先后两次暴发大规模的泥石流。

1952 年 7 月的泥石流在暴发之前，仅下了约 1 小时的小雨，即见泥石流涌出沟口，速度很快，出沟口时龙头高 6.0~7.0m，主要沿堆积扇体东南侧沟槽涌入瓦斯沟，浓浓的泥浆卷带着 1~2m 左右的大块石及直径达 1.0m 的树木滚动前进，扇上生长了百年以上的“抱大”核桃树仅见树梢摇晃几下即被卷走。这次泥石流同时将当地的一座长约 10.0m，净高约 6.0m 的“天仙桥”卷走。据说该桥即位于现公路内侧坡上近 100m 左右。该次泥石流延续时间近 1 小时多，未造成堵河，但使公路中断 3 天左右，后修出一条临时通道。

1966 年的泥石流暴发前降水也仅持续 1 个多小时，即见泥石流涌出沟口，龙头高约 6.0m，主要沿扇的中部及东南侧摆动着涌入瓦斯沟。这次泥浆较 1950 年稀，夹带有 1.0~2.0m 的大块石及大树，延续时间 1 小时多，将扇体上的田土冲光，并留下大量块石(图 3)。总体上此次泥石流规模较 1952 年小。

日地沟以黏性泥石流活动为主，其破坏力较强，从下游堆积区老的防护提遭泥石流破坏重修即可看出（图 4)。大规模泥石流暴发频率较低，小规模泥石流暴发频率高，这与该沟的物质积累周期有关。从形成区固体松散物质储量、岸坡物质补给情况看，今后仍有暴发大规模泥石流的条件。

图 3　日地沟沟口堆积区概况

图 4　日地沟沟口上段单侧防护堤

2.2 泥石流性质

为确定日地沟泥石流性质，在日地沟主沟流通区的老泥石流堆积体、右岸崩塌补给区进行取样（1 号样坐标为 N30° 3′ 44.16″，E102° 6′ 6.48″，1969m 和 2 号样坐标 N 30° 3′ 55.70″，E 102° 6′ 12.43″，1893m)，分别开展了样品的直剪试验和颗粒分析试验等。以日地沟内老泥石流堆积物 1 号样品为例，在含水率为 15% 的近似塑限状态下 φ 值为 18.96°，c 值为 45.77 kPa（图 5)。

颗粒分析试验结果如图 6 所示，从颗粒级配可以看出，日地沟内物质补给区与堆积区的土体颗粒级配曲线形态发生了一定的变化，堆积区的颗粒相对于物质补给区的土样整体上偏细，具有一定的去粗化

现象（图6）。砂粒含量较高，出现峰值。颗粒级配曲线呈现多峰的特征，< 0.005mm的黏粒含量分别为1.89%和1.99%。

通过野外调查发现，日地沟泥石流的颗粒级配宽泛，0.25mm以下的细颗粒物质含量高达25%左右，属黏性泥石流，参考下列公式计算泥石流重度[3]:

$$\gamma_c = -1.32\times10^3x^7 - 5.13\times10^2x^6 + 8.91\times10^2x^5 - 55x^4 + 34.6x^3 - 67x^2 + 12.5x + 1.55 \tag{1}$$

式中：γ_c——泥石流重度，为小于0.005mm的细颗粒的百分比含量（小数表示），根据样品颗粒级配曲线图确定（图6）。

野外调查发现，由于泥石流发生过后，泥石流沉积物的细颗粒物质随后期洪水的冲刷流失较多，因此建议泥石流的重度取值在1.9～2.2 t/m³之间。

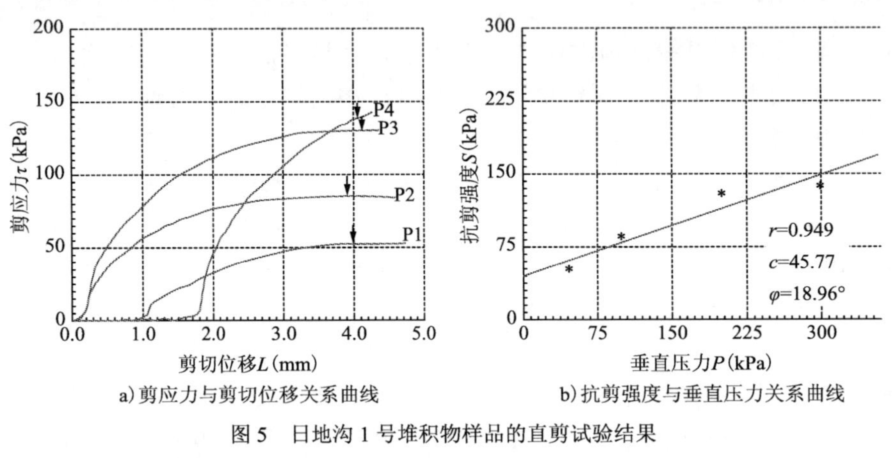

a)剪应力与剪切位移关系曲线　b)抗剪强度与垂直压力关系曲线

图5　日地沟1号堆积物样品的直剪试验结果

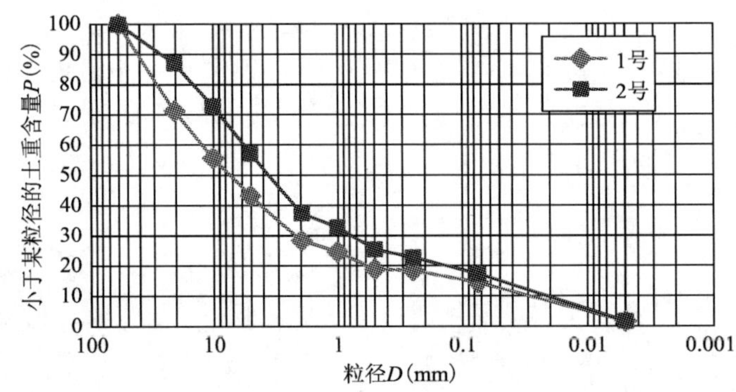

图6　日地沟1号、2号样品颗粒级配曲线图

2.3　泥石流形成机理与过程

日地沟的形成区主要分布于海拔3500m以上的区域，其主沟沟道长度为4.48km，纵坡比降为540‰。主沟沟道沟谷两侧整体坡度为30°～50°之间，除海拔介于3589～3500m间、长度为620m的沟道呈U形，两岸斜坡坡度小于15°以外，其他沟道地形较陡峻，呈“V”形沟道。主沟内除受季节性积雪覆盖外，有一处面积为0.47km²的冰川（海拔在5700～5900m之间），此处冰川的面积较小，只占整个日地沟流域面积的1.82%，且日地沟泥石流多发生于雨季，因此，其提供的冰川融水在日地沟泥石流的形成中，其作用微乎其微。右支沟沟道沟谷两侧坡度较陡，整体坡度为40°～60°之间。右支沟内无冰川。受季节性积雪及高海拔地区的寒冻风化影响形成的岩屑物成为泥石流物源的主要补给方式。通过初步遥感解译，估算日地沟上游两条支沟的沟道物源的静储量为366.72×10⁴m³。其中，能直接参与沟道泥石流活动的物源动储量为92.55×10⁴m³。日地沟泥石流沟源寒冻风化碎屑物和两侧岸坡的松散物源体在

暴雨作用下，大量汇集于沟道，汇流过程中将坡面松散物质及坡面的各类松散堆积物源携带进入沟道，并顺沟而下，通过沟道揭底冲刷卷动沟道内残留的松散堆积物源，并将两侧沟岸松散固体物质带走，以滚雪球的方式向下游运动，从而暴发泥石流灾害。

3 泥石流关键运动特征值计算

3.1 洪水洪峰流量计算

日地沟流域内无实测的洪峰流量资料，无法按数理统计方法计算设计洪峰流量。遵从有关规定，利用《四川省中小流域暴雨洪水计算手册》计算设计暴雨，由设计暴雨推求设计洪峰流量，即假定暴雨山洪与泥石流同频率出现，用配方法计算设计泥石流流量及相关的泥石流运动参数。

采用《四川省中小流域暴雨洪水计算手册》推荐的推理公式[4,5]：

$$Q_B = 0.278\varphi\frac{S}{\tau^n}F \tag{2}$$

式中：Q_B——设计洪峰流量（m^3/s）；

φ——洪峰径流系数；

S——暴雨雨力，即最大 1 小时暴雨量（mm/h）；

τ——流域汇流时间（h）；

n——暴雨衰减指数；

F——流域面积（km^2）。

φ、S、τ、n 根据《四川省中小流域暴雨洪水计算手册》中相关经验公式进行计算。

3.2 泥石流峰值流量计算

对于暴雨泥石流，目前均采用配方法计算泥石流的峰值流量。即假定泥石流与暴雨洪水同频率发生，以设计洪峰流量进行配方，即按比例加上泥石流所挟带的固体物质体积来计算泥石流流量，其计算公式为[6]：

$$Q_c=(1+\phi_c)Q_B D_u \tag{3}$$

式中：Q_c——泥石流洪峰流量（m^3/s）；

Q_B——清水洪峰流量（m^3/s）；

ϕ_c——泥石流洪峰流量增加系数，$\phi_c=(\gamma_c-\gamma_w)/(\gamma_s-\gamma_c)$；

γ_c——泥石流重度（t/m^3）；

γ_w——清水重度（t/m^3）；

γ_s——固体物质实体重度（t/m^3），$\gamma_s=2.70t/m^3$；

D_u——堵塞系数。

3.3 泥石流流速计算

日地沟泥石流流速的计算依据该泥石流沟的性质和特点，采用西南地区现行黏性泥石流流速计算通用公式[7,8]：

$$V_c = \frac{1}{n_c}H_c^{\frac{2}{3}}I_c^{\frac{1}{2}} \tag{4}$$

式中：n_c——黏性泥石流的河床糙率；

H_c——黏性泥石流泥深；

I_c——泥石流沟床纵坡。

3.4 一次泥石流冲出总量计算

由于泥石流比一般洪水更具暴涨暴落的特点，一次泥石流过程一般均比较短。泥石流过程线可以概化成五边形，并按下式进行计算[7,8]：

$$W_c = \frac{19 \times T \times Q_c}{72} \tag{5}$$

式中：W_c——一次泥石流的总量（m^3）；

T——泥石流历时（s）；

Q_c——泥石流的洪峰流量（m^3/s）。

3.5 泥石流冲击力计算

（1）泥石流整体冲压力

日地沟泥石流整体冲压力的计算，主要依据《泥石流灾害防治工程勘查规范》（DZ/T 0220—2006）附录I中推荐的泥石流体整体冲压力计算公式（铁二院公式）[9]：

$$\delta = \lambda \frac{\gamma_c}{g} V_c^2 \sin\alpha \tag{6}$$

式中：δ——泥石流体整体冲击压力（Pa）；

g——重力加速度（m/s^2），取g=9.8 m/s^2；

α——建筑物受力面与泥石流冲压力方向的夹角（°），该处α取90°；

λ——建筑物形状系数，圆形建筑物λ=1.0，矩形建筑物λ=1.33，方形建筑物λ=1.47，该处λ取1.0。

（2）泥石流个别大石块冲压力

根据《泥石流灾害防治工程勘查规范》（DZ/T 0220—2006）附录I中推荐的泥石流体中大石块对墩的冲击力计算公式，对冲击力进行计算[9]：

$$F = \gamma V_c \sin\alpha \left(\frac{W}{C_1 + C_2} \right)^{1/2} \tag{7}$$

式中：γ——动能折减系数，对圆形端取0.3；

C_1、C_2——分别为巨石、桥墩的弹性变形系数，C_1+C_2=0.005；

V_c——石块运动速度（m/s）；

W——石块重量（kN）。

上述泥石流关键运动特征值计算结果见表2。

日地沟泥石流关键运动特征值计算结果表　　表2

P (%)	Q_B (m^3/s)	γ_c (t/m^3)	D_u	Q_c (m^3/s)	H_c (m)	V_c (m/s)	W_c ($10^4 m^3$)	δ (kPa)	F (kN)
0.5	83.3	2.2	3.0	916.7	13.5	9.2	145.2	188.4	1168.7
1	72.4	2.1	2.8	607.8	8.3	6.6	86.6	93.9	844.6
2	61.4	2.0	2.6	405.5	6.5	5.6	38.5	64.5	717.0
5	47.9	1.9	2.4	252.7	4.5	4.1	16.0	32.1	519.3

4 泥石流对铁路的影响分析

泸定—康定拟建铁路从日地沟主沟下游（日地沟与瓦斯河汇口以上约 950m）以桥梁 + 隧道的方式通过(图 7)。

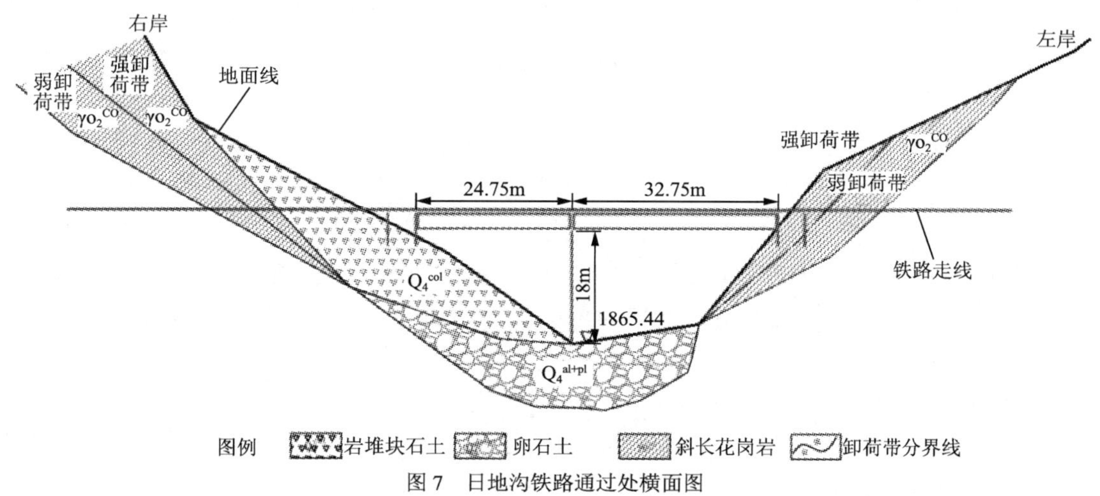

图 7　日地沟铁路通过处横面图

根据图 7 可知,日地沟铁路桥通过主沟时的桥下净空为 18m,结合上述泥石流运动特征参数计算结果（表 2）,在日地沟川藏铁路跨沟桥梁断面处，100 年一遇频率条件下泥石流最大泥深为 8.3m，200 年一遇频率条件下泥石流最大泥深为 13.5m,在此情况下，100 年一遇洪水频率条件下,日地沟泥石流泥深达到桥下净高近 1/2;200 年一遇洪水频率条件下,日地沟泥石流泥深达到桥下净高达 2/3。

此外,根据如图 7 走线方案,在日地沟 2 号桥近中心位置设置了一个桥墩,由于桥墩设置位置在日地沟主沟道内,根据前述泥石流中大石块冲击力计算结果（表 2 中，P=1% 频率的泥石流中,半径为 2m 的大石块对桥墩的冲击力约为 844.6kN),一旦暴发泥石流,其产生的强大冲击力势必会对桥墩造成巨大的破坏。

综上,日地沟泥石流目前走线方案的桥梁及桥墩受泥石流影响较大。此外,在铁路的建设和运营中,其进入日地沟铁路位置处的进场公路、渣场、料场、站房等相关附属设施如果布置在泥石流的直接危害范围内,势必会遭受泥石流的严重危害。

5 泥石流防治对策

根据上述泥石流形成条件、运动特征和参数,结合泥石流对拟建铁路工程的影响评价,以拟建铁路为主要保护对象,提出日地沟泥石流的防治采用“铁路拱桥方案 + 铁路桥上游缝隙坝拦挡 + 铁路桥下防护及排导”相结合的方案。具体方案阐述如下：

（1）铁路采用拱桥一孔跨过方案

根据上述分析,目前的铁路走线方案以隧道 + 桥梁通过日地沟,如图 7 所示,在日地沟 2 号桥近中心位置设置一个桥墩。针对目前方案,泥石流对桥墩的威胁很大,从而对桥梁的整体安全构成很大威胁。因此,建议铁路通过日地沟的桥梁采用拱桥一孔跨过方案,沟道内不要设置桥墩;同时,根据上述泥石流流量、流速、泥深的计算及模拟结果,在百年一遇洪水频率条件下,目前方案铁路通过处的泥石流泥深约为 8.3m,考虑泥石流冲起高度、弯道超高及安全超高,建议桥下净空不小于 20.0m。

（2）铁路桥上游缝隙坝拦挡措施

在上述推荐铁路拱桥通过处上游 1km 范围内的适当位置,布置 2 座缝隙坝（图 8),其主要功能是稳固沟床、沟岸，防止沟床的下切和沟岸的垮塌，泥石流满库回淤后稳固坡脚，同时拦截泥石流体大石块，削减泥石流峰值流量，降低泥石流重度，减少输送至下游的泥沙数量。

缝隙坝坝型应满足防治泥石流的要求，不被泥石流冲毁，同时满足泄流、抗冲刷的要求，因此，可选择混凝土重力式缝隙坝，建议缝隙坝有效高度15~20m，坝顶宽度3~4m，上游面坡为1∶0.60~1∶0.50，下游面坡为1∶0.20~1∶0.05，坝身部分填腹采用C20混凝土。在坝顶中部设置复式矩形溢流口，溢流口布置尽量与目前的流水沟道在位置上保持一致，初步设计时以泥石流不漫坝、不掏刷坝端、有利于坝下冲刷处理、顺利通过设计标准泥石流流量为原则。

日地沟泥石流含大石块较多，其冲击力巨大，巨石对拦砂坝的撞击容易使得拦砂坝坝体受到破坏，坝体破损后，抵抗泥石流的能力减弱，经维修后也很难达到原有期望值，且后期维修费用也很高，因此，对于设置的2座缝隙坝，建议坝身主体的迎水面侧设有塑性混凝土护面垫层，塑性混凝土的水泥含量较低，属于柔性材料，弹性模量低，应力变形大，充分利用其"以柔克刚"的特性，能够缓冲泥石流浆体和大块石对拦砂坝的冲击力，同时也减小了通过迎水面护面垫层缓冲后传递给背水面坝身主体的冲击力，能够减小泥石流和大块石对拦砂坝整体的破坏[10]。

为了便于护面垫层与坝身主体之间的结合，保持拦砂坝整体的完整性，护面垫层与坝身主体之间呈阶梯状连接（图9）。护面垫层的面坡坡比1∶m小于坝身主体的面坡坡比1∶n。护面垫层的面坡坡比1∶m取值为1∶0.60～1∶0.50。坝身主体的面坡坡比1∶n取值为1∶0.20～1∶0.05。护面垫层厚度b为坝顶宽度B的1/10～1/8。

（3）铁路桥下防护及排导措施

针对推荐铁路拱桥通过位置，对桥下进行一定的防护，并采用排导槽工程将泥石流顺利导入下游。根据实际地形情况（图8），针对铁路的防护，建议修建日地沟泥石流排导槽长约950m，排导槽采用梯形断面，按百年一遇泥石流排泄标准（表2），可初步确定排导槽底宽18.0m，槽深5.0m，侧墙顶宽2.0m，边坡系数1∶0.5，基础埋深3.0m，其结构示意图如图10所示。

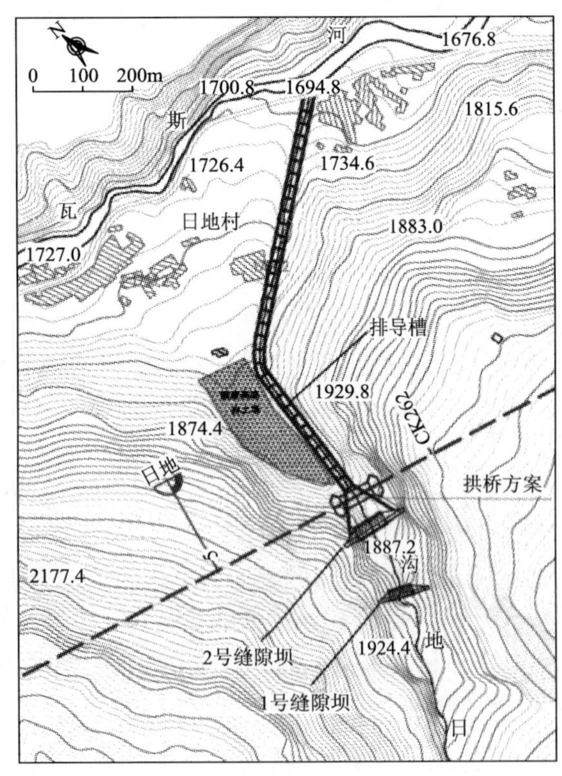

图8 日地沟泥石流防治工程平面布置示意图

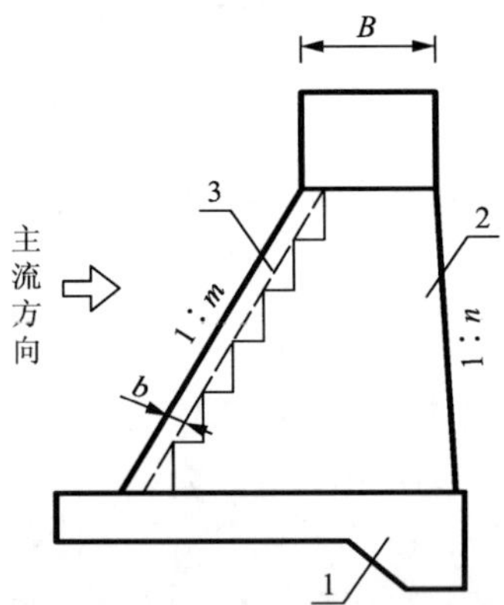

图9 塑性混凝土护面垫层的泥石流拦砂坝结构示意图

1-坝体基础；2-坝身主体；3-护面垫层；b-护面垫层厚度；B-坝顶宽度；1∶m-护面垫层的面坡坡比；1∶n-坝身主体的面坡坡比

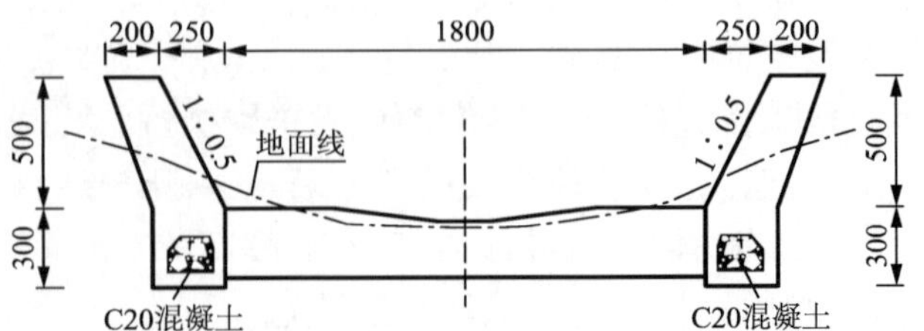

图10 排导槽横断面结构示意图（尺寸单位：cm）

考虑到日地沟排导槽设置段纵比降较大（16%~19%），排导槽采用肋槛槽，为了合理地确定肋槛间距，采用如下公式进行计算[11]：

$$L=0.423\frac{e^{0.195h_0}\gamma^{0.5}}{I_0} \tag{8}$$

式中：L——肋槛间的间距（m）；

h_0——肋槛埋深，根据工程实际情况取《泥石流防治工程设计规范》推荐值，取值 1.5~4.0m；

γ——泥石流体重度（kN/m^3）；

I_0——排导槽纵比降。

根据上述公式，初步确定肋槛埋深 h_0 为 2.0m，排导槽纵比降 I_0 为 0.15，按百年一遇泥石流设计标准，泥石流重度取 21kN/m^3，通过计算，初步确定排导槽肋槛间距约为 19.0m。

（4）其他相关防治对策建议

①在铁路的建设和运营中，其进入日地沟铁路位置处的进场公路、渣场、料场、站房等相关附属设施不要布置在泥石流的直接危害范围内，必要时采取相应的治理措施，并建立预警预报系统（图 11）。

②建议做好工程弃渣的堆放选址和安全管理工作。加强工程弃渣的安全管理，防止进入流路参与泥石流活动。

图 11　日地沟山地灾害防治效果图

注：由于日地沟铁路隧洞出口两侧发育有崩塌体，因此在对铁路桥梁、隧洞出口进行防治时，采用“轻钢结构柔性滚石防护棚洞”+“柔性被动防护网”+“边坡锚喷支护”+“微型桩基柔性复合拦石挡墙”的新型结构组合防护方案

6 结语

（1）通过野外考察，结合日地沟堆积物样品颗分结果，初步判断日地沟为黏性泥石流，泥石流的重度取值在 1.9~2.2 t/m^3 之间。

（2）通过计算，百年一遇设计标准下（P=1%），日地沟主沟沟口（铁路桥梁通过处）洪水洪峰流量为 72.4m^3/s、泥石流峰值流量为 607.8m^3/s、一次最大冲出量为 86.6 万 m^3，泥石流流速 6.6m/s。

（3）通过日地沟泥石流特征值计算，结果表明：在日地沟川藏铁路跨沟桥梁断面处，100 年一遇频率条件下泥石流最大泥深为 8.53m，200 年一遇频率条件下泥石流最大泥深为 13.5m，对比分析铁路走线方案中日地沟桥梁净空高度为 18m。可见，在此情况下，100 年一遇洪水频率条件下，日地沟泥石流泥深达到桥下净高近 1/2；200 年一遇洪水频率条件下，日地沟泥石流泥深达到桥下净高达 2/3，因此，日地沟泥石流对川藏铁路日地沟桥梁的危险性为中高度危险等级。

(4)在日地沟泥石流对铁路影响评估结果的基础上，提出了日地沟泥石流防治采用“铁路拱桥方案＋铁路桥上游缝隙坝拦挡＋铁路桥下防护及排导”相结合的方案，建议日地沟铁路走线通过日地沟主沟时采用拱桥一孔跨过方案，桥下净空不小于20.0m（针对百年一遇洪水频率条件下），此外还需在铁路桥上游布置2座缝隙坝，桥下游至日地沟与瓦斯河汇口段布置1条排导槽，来降低和减轻泥石流危害。此外，在铁路的建设和运营中，其进入日地沟铁路位置处的进场公路、渣场、站房等相关附属设施不要布置在山洪泥石流的直接危害范围内，必要时采取相应的治理措施，并建立预警预报系统。

参考文献

[1] 陈富斌．横断山系新构造研究[M]. 成都：成都地图出版社，1992. 42.

Chen Fubin. Study of neotectonics in Hengduan Mountains[M].Chengdu: Chengdu Cartographic Publishing House, 1992. 42.

[2] 谢洪，钟敦伦，王士革，等，1995年康定城区洪灾成因分析[J]. 山地研究，1997，15（2）：129-131.

Xie Hong, Zhong Dunlun, Wang Shige, et al. Flood causes in town proper of Kangding in 1995[J]. Mountain Research, 1997, 15(2): 129-131.

[3] 胡桂胜，陈宁生，游勇，等．“7·10”连山大桥泥石流运动特征与沟道堵溃分析[J]. 成都理工大学学报（自然科学版），2015，42（6）：641-648.

Hu Guisheng, Chen Ningsheng, You Yong, et al.Analysis of dynamic characteristic parameters and block and burst characteristics of Lianshan bridge debris flow in Wechuan, Sichuan on July 10, 2013. [J]. Journal of Chengdu University of Technology(Science & Technology Edition, 2015, 42(6): 641-648.

[4] 四川省水利电力厅．四川省中小流域暴雨洪水计算手册[M].1984.

Sichuan Provincial Water Resources Department.The rainstorm-flood calculation manual for middle and small catchment in Sichuan Province[M].1984.

[5] 四川省水文水资源勘测局．四川省暴雨统计参数图集[M].2010.

Hydrology and Water Resources Survey Bureau of Sichuan Province. Maps of statistical parameters of rainstorm in Sichuan Province[M].2010.

[6] 周必凡，李德基，罗德富，等．泥石流防治指南[M]. 北京：科学出版社，1991：92-93.

Zhou Bifan, Li Deji, Luo Defu, et al. Guide to prevention of debris flow [M]. Beijing: Science Press, 1991: 92-93.

[7] 程尊兰，刘雷激，游勇．西藏古乡沟泥石流流速[J]. 山地研究，1997，15（4）：293-295.

Cheng Zunlan, Liu Leiji, You Yong. Debris flow velocity of Guxiang Gully in Tibet[J]. Mountian Research, 1997, 15(4): 293-295.

[8] 吴积善，田连权，康志成，等．泥石流及其综合治理[M]. 北京：科学出版社，1993.

Wu Zhishan, Tian Lianquan, Kang Zhicheng, et al. Debris flow and its comprehensive control [M]. Beijing: Science Press, 1993: 164-165.

[9] 中华人民共和国国土资源部.DZ/T 0220—2006　泥石流灾害防治工程勘查规范[S]. 北京：中国标准出版社，2006.

Ministry of Land and Resources of the People’s Republic of China.DZ/T 0220—2006　Specification of geological investigation for debris flow stabilization [S]. Beijing: Chinese Specification Press, 2006.

[10] 赵万玉，陈晓清，游勇，等．一种泥石流拦砂坝：中国，ZL 2015 2 0394800.6[P].2015-06-09.

Zhao Wanyu, Chen Xiaoqing, You Yong et al. A kind of debris flow check dam: China, ZL 2015 2 0394800.6[P].2015-06-09.

[11] 刘曙亮．泥石流软基消能排导槽肋槛布置及冲刷特性实验研究[D]. 中国科学院大学，2015.

Liu Shuliang. Experimental study on decorate and scouring characteristics of debris flow drainage channel [D]. University of Chinese Academy of Sciences, 2015.

川藏铁路康定至昌都段滑坡崩塌类型、特征及其对铁路的危害和影响

李秀珍[1,2] 张小刚[1,2] 崔 云[1,2] 钟 卫[1,2] 蒋良文[3] 陈自生[2] 张飞宇[4]

(1. 中国科学院山地灾害与地表过程重点实验室，成都 610041；2. 中国科学院成都山地灾害与环境研究所，成都 610041；3. 中铁二院工程集团有限责任公司，成都 610031；4. 西南科技大学环境与资源学院，绵阳 621000)

摘 要：川藏铁路是自然、地质环境最为复杂的铁路工程，山地灾害作为局部乃至全线的关键控制节点，关乎川藏铁路建设的成败。川藏铁路康定—昌都段全长近 700km，地貌类型多样，地质条件复杂，崩塌滑坡等山地灾害极为发育。通过详细的野外调查，并结合遥感解译等方法，查明了康定至昌都段铁路沿线共发育滑坡 206 处，崩塌 186 处，其中大型、特大型滑坡崩塌灾害 80 处，对铁路工程存在潜在危害或影响的滑坡 66 处，崩塌 40 处。在此基础上，将对铁路工程有影响的典型滑坡分为降雨型滑坡、地震型滑坡、构造和坡脚侵蚀综合作用型滑坡、冻融型滑坡和工程型滑坡，典型崩塌分为硬岩类崩塌和软岩类崩塌，并对不同类型典型滑坡和崩塌（如白玉县德沙滑坡、江达县古齿乡滑坡、理塘县毛亚坝滑坡、巴塘县措普沟崩塌）的特征、成灾机理及其对拟建铁路的危害和影响等进行了深入分析。

关键词：滑坡崩塌；类型；特征；危害和影响；康定—昌都段；川藏铁路

Types and Characteristics and Influences on the Railway of Collapses and Landslides along Kangding to Changdu Section of Proposed Sichuan-Tibet Railway

Li Xiuzhen[1,2] Zhang Xiaogang[1,2] Cui Yun[1,2] Zhong Wei[1,2] Jiang Liangwen[3]
Chen Zisheng[2] Zhang Feiyu[4]

(1. Key Laboratory of Mountain Hazards and Surface Processes, Chinese Academy of Sciences, Chengdu 610041, China; 2.Institute of Mountain Hazards and Environment, Chinese Academy of Sciences, Chengdu 610041, China; 3. China Railway Eryuan Engineering Group Co.Ltd, Chengdu 610031, China; 4.Institute of Environment and Resource, Southwest University of Science and Technology, Mianyang 621010, China)

Abstract: Sichuan-Tibet railway is a railway engineering with the most complicated natural and geological conditions. Mountain hazards, as key controlling points of local or whole railway line, affect the success or failure of the Sichuan-Tibet railway construction. The Kangding-Changdu section proposed Sichuan-Tibet railway has nearly 700km long. The section has complex geoloigical conditions and various landforms. By field survey and remote sensing interpretation, we find out that there

作者简介：李秀珍(1975—)，女，博士，副研究员。

基金项目：中国科学院科技服务网络计划(STS)项目和国家重点基础研究发展计划(973 计划)(2015CB452704)资助。

are 186 collapses and 206 landslides, and 66 landslides and 40 collapses have a potential hazard and influence on the proposed railway engineering in the section. On this basis, we firstly classify the landslides affecting the railway engineering into 5 categories. They are respectively rainfall-induced landslides, earthquake-induced landslides, freezing and thawing-induced landslides, slope toe erosion-induced landslides and man-made induced landslides. The collapses areclassified into 2 categories: hard rock and soft rock collapses. Then, we deeply analyze and study the characteristics, mechanism and impossible hazard ways on the proposed railway engineering of the different types of typical landslides(e.g. Desha landslide of Baiyu county, Guchi village landlside of Jiangda county, Maoyanba landslide of Litang county, Arixia landslide of Baiyu county) and collapses(e.g. Wasigou collapse of Kangding county and Cuopu gulley collapse of Batang county).

Keywords: landslide and collapse; types; characteristics; hazard and influeces; Kangding- Changdu section; Sichuan-Tibet railway

川藏铁路横穿青藏高原东南缘地形急变带，是迄今为止人类历史上最具挑战性的铁路建设工程，也是自然环境、施工技术、灾害环境最为复杂和灾害防治难度最大的铁路工程[1]。山地灾害作为铁路局部乃至全线的关键控制节点，关乎川藏铁路建设的成败。川藏铁路康定—昌都段始于四川省康定县炉城镇，经康定县新都桥、雅江县河口镇、理塘县高城镇、白玉县建设镇和西藏自治区江达县江达镇、终于昌都县昌都镇。该段线路长近700km。受青藏高原强烈隆升的影响，该区域地势起伏大，河流切割强烈，具有相对高差大、山坡陡峭、沟谷深切、坡体稳定性差等特点。崩塌滑坡等地质灾害成为影响该区域交通廊道安全的关键制约性因素。前人虽对区域内的G318和G317等公路沿线的滑坡崩塌等灾害进行了一定程度的调查和研究[2-10]。但拟建的铁路在康定—昌都段仅有小部分与已有公路段重合，且巴塘—白玉—江达段目前尚处于滑坡崩塌等山地灾害调查和研究的空白区。

为了切实保障铁路的安全，特别为拟建铁路的前期选定线提供强有力的科技支撑和科学依据，我们对川藏铁路康定—昌都段沿线的滑坡崩塌灾害进行了详细的野外调查工作。本文基于野外调查成果，并结合遥感解译等方法，深入分析总结了康定至昌都段铁路沿线典型滑坡崩塌灾害的基本类型、特征及其对拟建铁路的潜在危害和影响，并提出了相应的选定线对策和建议。

1 区域地质环境概况

1.1 地貌条件

康定—昌都段穿越了川西高山峡谷区、川西高山高原盆地区、藏东南横断山高山峡谷区，途经了中高山、高山、极高山与高原等多种地貌类型。总的地势北高南低，西高东低，海拔高程为3000～5000m。沿线主要山脉或河流的走向以北北西向为主，至江达县以西渐变为北西走向。地貌上，研究区东缘为四川盆地，以西则为青藏高原，线路横跨我国著名的横断山区北段。

1.2 地质条件

研究区出露地层岩性复杂，地层时代从震旦系至新生界均有分布。出露较多的地层由新到老主要有：①第四系（Q）：冲—洪积物、冰碛物；②第三系（E）：黏土夹褐煤、页岩、紫色砂砾岩夹泥灰岩；③三叠系（T）：上三叠统碎屑岩夹火山岩、中三叠统细碎屑岩夹碳酸盐岩、中—下三叠统紫红色砂岩夹灰岩、火山岩，细碎屑岩夹碳酸盐岩。此外燕山期岩浆岩也广泛分布。

从宏观的地质背景看，研究区位于阿尔卑斯—印支特提斯构造域东段与太平洋构造域的交汇部位，中国西部羌塘—三江造山带一级构造单元内。在地质历史上，这里是由劳亚与冈瓦纳大陆之间诸多地体或陆块不断破碎、裂解、又相互拼接、镶嵌构成的复杂造山带，受印度板块与欧亚板块碰撞后构造效应的作用最为显著。据实地考察，铁路沿线构造复杂，大小活动断层广布，主要有：鲜水河 Y 字形构造、理塘断裂、德格至乡城断裂、金沙江断裂、澜沧江断裂等。区域内新构造运动活跃，既显示了分带性，又有一定的地段性。

1.3　气象水文条件

研究区气候属高原型季风气候，复杂多样，地域差异显著。在高山峡谷地区，山脚和山顶高差悬殊，气候也随着高程明显变化，相差 20 ～ 30℃。各县城所在地年均气温在 15.4 ～ 16℃之间。多数地区年均气温在 8℃以下，最低气温（丘状高原地区和中部高山原地区）在 -14℃以下，其中北部大部分地区及南部理塘等高海拔地区低于 -20℃以下。常年降水量在 325 ～ 920mm。

研究区主要河流包括澜沧江、金沙江、雅砻江和大渡河等干支流。夏半年东南季风和西南季风自东、西两侧进入本区，并沿各大河河谷北上深入高原。降水和径流自东、西两侧向中部递减。河川径流中地下水补给量大，约占 50%；冰雪融水补给少，只有源于山地的短小支流上段属此种补给。本区河流径流的年际变化不大，年径流变差系数 C_v 值一般介于 0.10 ～ 0.25 之间。

2　滑坡崩塌基本类型和特征

通过对拟建康定—昌都段铁路沿线进行详细野外调查工作，并结合遥感解译等方法，共查明该段铁路沿线共发育崩滑灾害 392 处（滑坡 206 处，崩塌 186 处），其中大型、特大型崩滑灾害 80 处，中小型崩滑灾害 302 处，对铁路工程存在潜在危害或影响的滑坡 66 处，崩塌 40 处。

2.1　滑坡类型和特征

康定—昌都段铁路沿线的滑坡成因复杂，类型多样。基于野外调查结果，我们把对拟建铁路工程有潜在危害和影响的典型滑坡，按主控因素和成因机制的不同划分为 5 种基本类型：地震型滑坡、降雨型滑坡、冻融型滑坡、构造和坡脚侵蚀综合作用型滑坡以及工程型滑坡。

地震型滑坡：这类滑坡由强震诱发，滑体岩性主要为花岗岩、花岗闪长岩等硬质岩类，具有规模大、滑速大、运动距离远等特点。典型的地震型滑坡有：理塘县毛垭坝滑坡（图 1）。

降雨型滑坡：斜坡体在降雨及河流（洪水）冲刷侵蚀等作用下产生变形滑动，形成滑坡。滑坡体规模多为中小型，变形相对缓慢，且受季节性降雨影响显著。此类滑坡在康定—昌都段铁路沿线分布较为广泛，典型的降雨型滑坡有：白玉县德沙滑坡（图 2）以及雅江县米西沟和同达沟的浅表层滑坡等。

图 1　理塘县毛垭坝滑坡

图 2　白玉县德沙滑坡

构造和坡脚侵蚀综合作用型滑坡：主要分布于构造活跃、下切侵蚀强烈的中、高山峡谷区。此类滑坡成因较为复杂，主要在构造运动、侵蚀下切和河流侵蚀等综合作用下导致岩土体局部变形、失稳形成大型、特大型岩质滑坡。滑坡主要分布于金沙江干流和藏曲河谷，出露的地层岩性主要为三叠系砂板岩、千枚岩和元古界花岗片麻岩。滑坡具有规模巨大、滑速快、易堵江等特点，典型滑坡有：白玉县札永滑坡（图3）、江达县古齿乡滑坡（图4）等。

图3　白玉县札永滑坡

图4　江达县古齿乡滑坡

冻融型滑坡：滑坡主要由浅表层土体冻融作用导致表层土体顺坡发生局部失稳和滑移形成。这类滑坡主要发生在丘状高原区，滑坡体土层厚度一般为0.8～1m，均属浅层滑坡，规模小。典型的冻融滑坡主要分布在白玉县阿日夏—边坝（图5）、G317妥昌路两侧、折多山及理塘至小毛垭坝、措普沟河源区等丘状高原区。

工程型滑坡：此类滑坡主要由人工开挖边坡造成，在G318、G317等公路沿线均有分布（图6）。

图5　白玉县阿日夏滑坡

图6　昌都县妥昌公路滑坡

2.2　崩塌类型和特征

康定—昌都段铁路沿线的典型崩塌按物质组成、破坏模式可以划分为：硬岩类崩塌和软岩类崩塌两种基本类型。

硬岩类崩塌：崩塌发育地层主要为硬质岩类，如花岗岩、花岗闪长岩、石灰岩等，坡体上部一般为高陡危岩体，下部为崩塌堆积体，堆积体规模相对较大，主要由坚硬的碎块石组成。典型的硬岩类崩塌有：康定瓦斯沟的花岗闪长岩类崩塌（图7）、巴塘措普沟花岗岩类崩塌等。

软岩类崩塌：崩塌发育地层主要由强风化粉砂岩、泥页岩以及砂板岩、片岩、千枚岩等软岩类组成，崩塌体规模普遍属中小级别，局部成片分布。典型的软岩类崩塌有：措普沟的砂板岩、片岩崩塌（图8）。

图 7　康定瓦斯沟硬岩类崩塌

图 8　巴塘措普沟软岩类崩塌

3　典型滑坡崩塌特征及对其铁路的潜在危害和影响

3.1　白玉县德沙滑坡

德沙滑坡位于白玉县建设镇德沙村境内，金沙江一级支流欧曲右岸，为一岩质老滑坡。北距白玉县城约 5km，甘白路 K214 对岸。地理坐标为东经 98° 51′ 3.58″、北纬 31° 9′ 50.49″。川藏铁路拟选白玉站站址位于滑坡北侧约 600m（图 9）。

该滑坡体长约 430m，平均宽 200m，均厚 25m，估算体积约 215 万 m^3。主滑方向 210°，近垂直于欧曲。滑坡区岩性主要为三叠系上统板岩、变质砂岩及第四系全新统松散堆积体。滑坡中前部地表变形明显，前部出现明显的裂缝、陡坎等。通过对滑坡的地貌形态、裂缝分布和坡体上植被等其他迹象的综合分析，可以判断德沙滑坡一直处于缓慢蠕滑阶段。滑坡区可见明显的“马刀树”。近年来滑坡出现明显的加速变形迹象，2013 年展布于滑坡前缘的老甘白路因改滑坡影响已改线（图 10）。

图 9　德沙滑坡地理位置图

图 10　德沙滑坡全貌

德沙滑坡的形成和发育主要受地层岩性条件、地质构造条件、地貌条件的综合控制。大气降雨和人类工程活动则是滑坡发生的主要触发因素。滑坡区处于德来至定曲断裂带附近，受该断裂的影响，滑坡区出露的三叠系砂板岩，极为破碎，风化强烈，强度低。此外，德沙滑坡发生在欧曲右岸，受河流侵蚀切割的影响，欧曲两岸谷坡高陡，不仅为滑坡的形成提供了有利的临空面，而且破坏了边坡的应力状态，加速了滑坡的发育（图 11）。

目前，滑坡裂缝在不断加宽、贯通，滑坡区前缘变形强烈，小型崩滑时有发生，滑体物质重心位置较高，斜坡的平均坡度也较大。宏观分析，滑坡发育在加速变形的初期阶段，整体上处于不稳定的状态。

德沙滑坡位于川藏铁路拟建白玉车站的上游，多年来一直处于缓慢蠕滑阶段。一旦整体发生滑坡，可能堵断欧曲，造成阻河回淹及溃坝洪水，对拟建白玉车站造成影响。建议对该滑坡及其周围其他滑坡灾害进行综合治理和防护。

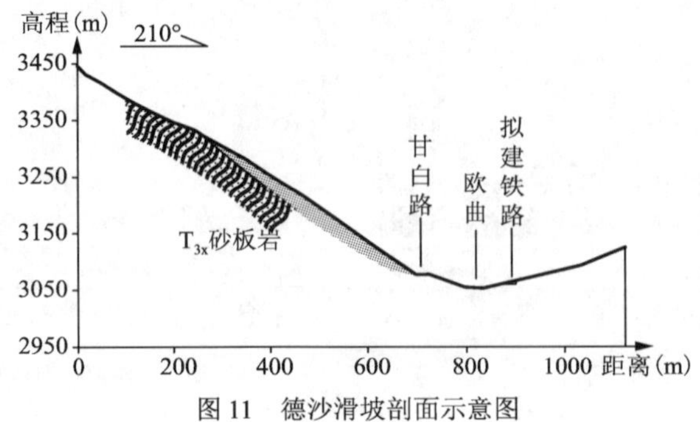

图 11　德沙滑坡剖面示意图

3.2　江达县古齿乡滑坡

古齿乡 1 号和 2 号滑坡位于江达县境内，金沙江一级支流藏曲两岸，均为岩质老滑坡，距江达县城约 50km。地理坐标为东经 98° 31′ 38.36″、北纬 31° 21′ 38.98″。川藏铁路拟从古齿乡 2 号滑坡体前缘以隧道形式穿过(图 12)。

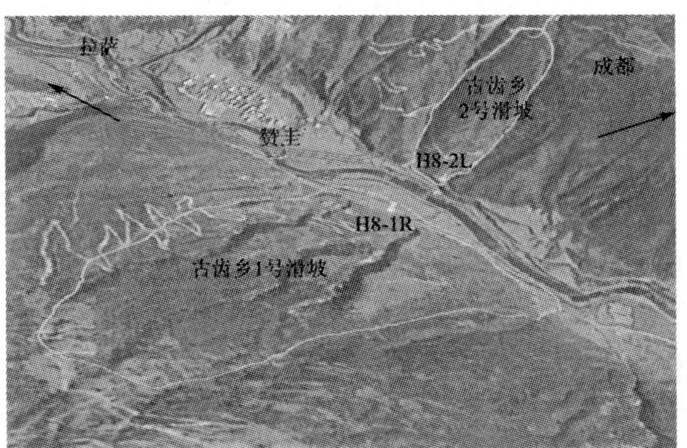

图 12　古齿乡滑坡地理位置图

滑坡体发育于高山峡谷区域，滑坡后部山岭最高海拔约 4330m，谷岭相对高差 1300m 左右，地形陡峻，边坡坡度一般 35° 左右。古齿乡 1 号滑坡体长近 1000m，平均宽 800m，均厚 35m，估算体积约 2800 万 m^3。主滑方向 97°，近垂直于藏曲。从地貌上看，坡面冲沟将滑坡区从下游至上游分为 4 块，其中第 4 块变形解体最为显著(图 13)。1 号滑坡对岸为古齿乡 2 号滑坡，滑坡前缘高程 3055m，后缘高程 3298m，相对高差 243m。滑坡体斜长 630m，平均宽 225m，厚度约 25m，估算体积约 350 万 m^3（图 14）。

图 13　古齿乡 1 号滑坡全貌

图 14　古齿乡 2 号滑坡全貌

古齿乡两个滑坡发生在藏曲两岸，受河流侵蚀切割的影响，两岸谷坡高陡，为滑坡的形成提供了有利的临空面。同时滑坡区处于与藏曲近于平行的多条北西向断层之间，受断裂带的影响，滑坡区出露的泥盆系砂岩、板岩及片岩，总体较为破碎，风化强烈。古齿乡 1 号滑坡所在斜坡为反向坡，2 号滑坡所在斜坡为顺向坡。从江达县岗拖镇至江达县的波罗乡区域内的金沙江干支流两岸，发育了多处大型岩质老滑坡。古齿乡滑坡仅是发育于金沙江支流——藏曲的两个典型滑坡。根据该区域内典型滑坡的共性特征，初步判断河流侵蚀和构造作用等因素是古齿乡滑坡形成的主要诱发因素。在构造作用和河流侵蚀作用等影响下，1 号滑坡体发生了切层滑动，2 号滑坡体顺层滑动形成滑坡(图 15)。

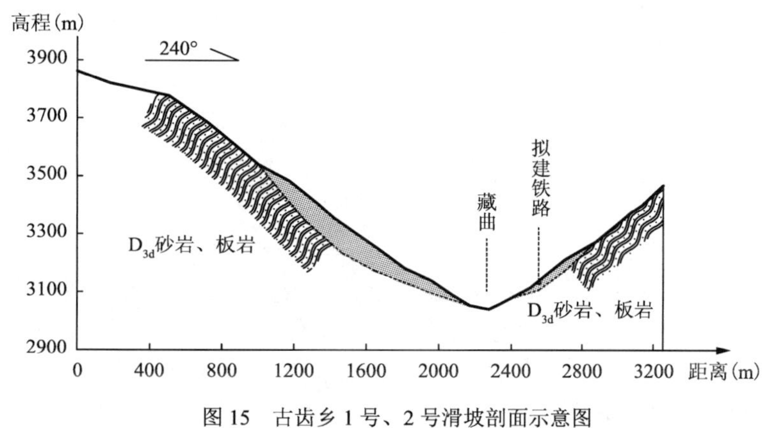

图 15　古齿乡 1 号、2 号滑坡剖面示意图

目前，滑坡整体上处于稳定状态。在降雨作用下，滑坡前缘可能会发生局部浅表层的滑动。但由于两滑坡规模较大，在极端降雨等诱发条件下，一旦发生大规模复活滑动，将会堵塞藏曲，推移和掩埋铁路，影响古齿乡车站及线路的安全运行。

建议选线时龙嘎宗隧道出口位置尽量向上游偏移，选择古齿乡上游左岸稳定基岩山体出隧，在宽谷的三级阶地上设站，避开古齿乡两个滑坡可能对铁路工程造成的危害。

3.3　理塘县毛垭坝滑坡

毛垭坝滑坡位于理塘县境内的雅砻江一级支流理塘河左岸，东距理塘县城区约 50km。地理坐标为东经 99°6′19″、北纬 30°12′21″(图 16)。拟建的川藏铁路从该滑坡堆积体上穿越。

滑坡区位于川西高原金沙江流域与雅砻江流域的分水岭一带。地貌景观呈现巨大的山原与河流宽谷及高原盆地相间，谷岭相对高差 1000m 左右。山脉顶部有宽缓的山顶夷平面，以及耸立其上的高山和极高山。其下为毛垭坝高原盆地，地形开阔、地势平缓。毛垭坝滑坡即发育在盆周坡体上，并堆积于毛垭坝盆地之中。滑坡后部山岭最高海拔约 5100m，毛垭坝盆地海拔约 4100m。地形陡峻，边坡平均坡度 30°左右。滑坡区地质构造十分复杂，断裂发育，北西向的理塘断裂从滑坡后缘穿过，该区出露基岩主要为燕山期花岗闪长岩。

毛垭坝滑坡为岩质老滑坡。在平面上滑坡周界清晰可见。滑坡堆积体后缘最高海拔 4887m，后壁及侧边界有明显的错壁或陡坎。滑坡剪出口位于斜坡的中、前部。滑动方向 210°。从滑坡形态分析，毛垭坝滑坡为一地震诱发的大型高速远程滑坡。滑坡启动后，滑坡体完全解体，水平运动距离达 2.1km，最终堆积在理塘河的平缓谷

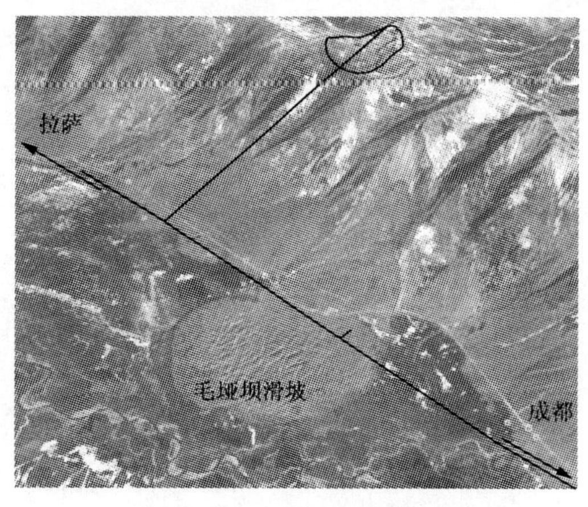

图 16　毛垭坝滑坡地理位置图

底（海拔 4115m）。滑坡堆积体斜长超过 2000m，平均宽 1000m，厚度 15 ～ 50m，估算滑坡体积约 3500 万 m^3（图 17）。

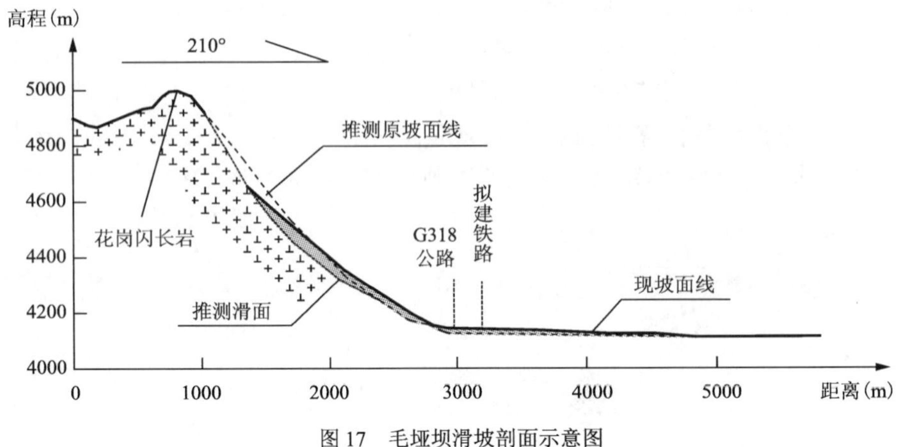

图 17　毛垭坝滑坡剖面示意图

目前，滑坡体经过远程运动后，边坡体势能已基本释放，滑体表面坡度变缓，仅 10° 左右。滑坡堆积体已处于整体稳定状态。仅在滑坡后壁附近，因岩层破碎、坡度较大，可能发育小型的崩塌或滑坡。

鉴于老滑坡堆积体已处于整体稳定状态，对铁路展线总体影响不大。考虑到滑坡堆积体后期发生的次级滑坡的可能影响，线路可适当远离山体。

3.4　巴塘县措普沟崩塌

巴塘县措普沟崩塌位于巴塘县境内的措普沟左岸，东距理塘县城区约 90km。地理坐标为东经 99° 21′ 59.18″～ 99° 30′ 56.04″，北纬 30° 23′ 23.35″～ 30° 27′ 32.14″。该路段为川藏铁路康定至昌都段的重要进出场道路，拟建川藏铁路从措普沟下游穿过。

错普沟所在区为中高山山原区，断裂带发育，新构造运动活跃，沿措普沟发育的断层附近热泉遍布。措普沟中下游段为峡谷段，斜坡陡峻，地层岩性主要以花岗岩和石灰岩以及变质板岩、片岩、千枚岩为主，受断裂带的影响，基岩中节理裂隙十分发育，总体十分破碎，这些均为崩塌的发育提供条件。该段崩塌主要有两种类型：一类是花岗岩硬岩类崩塌，崩塌规模总体较大，主要分布于措普沟的中游峡谷段，会对进场道路造成一定程度的砸毁、掩埋等危害（图 18~ 图 20）；另一类是强风化砂板岩及板岩、片岩软岩类崩塌，规模普遍较小，局部成片分布，主要分布于措普沟的上游宽谷段，该类崩塌对进场道路影响相对较小（图 8）。

图 18　措普沟崩塌危岩体

图 19　措普沟崩塌堆积体

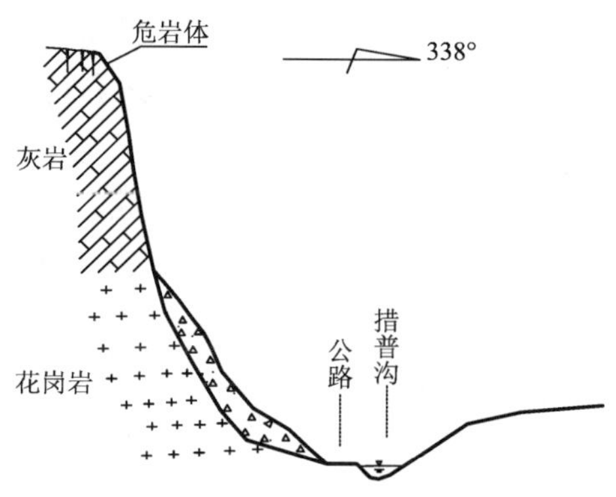

图 20　措普沟硬岩类崩塌剖面示意图

4 结语

拟建的川藏铁路是自然、地质环境最为复杂的铁路工程，山地灾害作为铁路局部乃至全线的关键控制节点，关乎川藏铁路建设的成败。川藏铁路康定—昌都段全长近 700km，地貌类型多样，地质条件复杂。通过深入的野外调查，并结合遥感解译的方法，查明康定至昌都段铁路沿线共发育滑坡 206 处，崩塌 186 处，其中对铁路工程存在潜在危害或影响的滑坡 66 处，崩塌 40 处。在此基础上，我们将对铁路工程有影响的典型滑坡分为降雨型滑坡、地震型滑坡、构造和坡脚侵蚀综合作用型滑坡、冻融型滑坡和工程型滑坡，典型崩塌分为硬岩类崩塌和软岩类崩塌，并对不同类型典型的滑坡和崩塌（如白玉县德沙滑坡、江达县古齿乡滑坡、理塘县毛亚坝滑坡、巴塘县措普沟崩塌）的特征、成灾机理及其对拟建铁路的可能危害方式等进行了深入分析，为川藏铁路康定—昌都段的前期选定线提供了强有力的科技支撑和科学依据。

参考文献

[1] 张广泽，蒋良文，宋章，等 . 横断山区川藏线山地灾害和地质选线原则研究 [J]. 铁道工程学报，2016（2）：21-33.

Zhang Guangze, Jiang Liangwen, Song Zhang, et al. Research on the mountain disaster and geological alignment fundamental of Sichuan-Tibet railway running through N-S mountain area[J]. Journal of Railway Engineering Society, 2016(2): 21-33.

[2] 赵永国 . 川藏公路沿线地质灾害及其整治对策 [J]. 自然灾害学报，1993（1）：72-78.

Zhao Yongguo. Geological disasters and controlling counter measures along the highway from Sichuan to Xizang[J]. Journal of Natural Disasters, 1993（1）：72-78.

[3] 姜泽凡 . 川藏公路沿线地质灾害及其形成条件与整治对策 [J]. 四川地质学报，1996（3）：244-249.

Jiang Zefan. Geological hazards, their forming conditions and control along Sichuan-Xizang Highway[J]. Act Geologica Sichuan, 1996(3): 244-249.

[4] 王鹰，陈炜涛，张昆，等 . 川藏公路地质灾害防御体系及防治对策研究 [J]. 中国地质灾害与防治学报，2005，16（3）：63-66.

Wang Ying, Chen Weitao, Zhang Kun, et al. Research on geological hazard prevention system and control countermeasures in Sichuan-Tibet Highway[J]. The Chinese Journal of Geological Hazard and Control, 2005, 16(3): 63-66.

[5] 刘盛健 . 川藏公路地质灾害危险性评价 [D]. 重庆交通大学，2011.

Liu Sheng Jian. Evaluation of geological disaster fatalness along Sichuan-Tibet Highway[D]. Chongqing Jiaotong University, 2011.

[6] 中国科学院水利部成都山地灾害与环境研究所，西藏自治区交通科学研究所．川藏公路典型山地灾害研究 [M]. 成都：成都科技大学出版社，1999.

Institute of Mountain Hazards and Environment, CAS andTrafific Institute of Tibet. Research on typicalmountain hazards in Sichuan-Tibet Highway[M]. Chengdu：Chengdu Science and Technology University Press, 1999.

[7] 梁光模，张小刚，吴国雄，等．西藏干线公路滑坡研究与防治 [M]. 成都：四川科学技术出版社，2007.

Liang Guangmo, Zhang Xiaogang, Wu Guoxiong, et al. Research and control on landslides along the main highways of Tibet[M]. Chengdu: Sichuan Science and Technology Press, 2007.

[8] 吕儒仁，唐邦兴，朱平一．西藏泥石流与环境 [M]. 成都：成都科技大学出版社，1999.

Lv Ruren, Tang Bangxing, Zhu Pingyi. Debris flow and environment in Tibet[M]. Chengdu：Chengdu Science and Technology University Press, 1999.

[9] 杨志法，尚彦军，张路青，等．川藏公路地质灾害及其防治对策研究 [M]. 北京：科学出版社，2006.

Yang Zhifa, Shang Yanjun, Zhang Luqing, et al. Geological hazards and their prevention measures along Sichuan-Tibet Highway[M]. Beijing: Science Press, 2006.

[10] 罗德富，冯清华，朱平一，等．川藏公路南线（西藏境内）山地灾害及防治对策[M]. 北京：科学出版社，1995.

Luo Defu, Feng Qinghua, Zhu Pingyi, et al. Mountain hazards and their prevention measures along Sichuan-Tibet Highway [M]. Beijing: Science Press, 1995.

西藏终碛堤冰湖溃决预警模型的初步研究

余　斌[1]　刘　秧[1]　刘晶晶[2]

（1. 成都理工大学地质灾害防治与地质环境保护国家重点实验室，成都 610059；
2. 中国科学院成都山地灾害与环境研究所，成都 610041）

摘　要：西藏地区的冰湖溃决灾害往往造成规模巨大的泥石流，不仅会毁坏公路铁路，还往往堵塞江河，再溃决形成灾害链。川藏铁路的建设迫切需要有效的冰湖溃决预警方法。西藏地区的终碛堤冰湖溃决是该区域最主要的冰湖溃决形式，溃决原因主要是冰湖上游冰川前缘的冰舌断裂进入冰湖造成终碛堤溃决。本文通过研究西藏地区 11 个溃决终碛堤冰湖及周边 51 个未溃决终碛堤冰湖（均满足终碛堤冰湖溃决的冰湖面积条件）上游冰川的冰舌坡度、冰川坡向、冰川面积等冰川条件，以及溃决前 7 d 的温度和、有效积温、前期温度、多年平均积温等激发条件，初步建立了基于上述 7 个因素的西藏终碛堤冰湖溃决预警模型，并分别提出了有降雨和无降雨条件下的 2 个临界判据值，临界判据值将冰湖溃决的可能性划分为小、中、大 3 种可能性。冰湖溃决预警模型和临界判据的研究为川藏铁路沿线防灾减灾提供了一个新的方法。

关键词：西藏；终碛堤；溃坝；冰湖；预警模型

A Preliminary Study on the Prediction Model of the Outburst of Moraine Dam with Glacial Lake in Tibet

Yu Bin[1]　Liu Yang[1]　Liu Jingjing[2]

(1. State Key Laboratory of Geohazard Prevention and Geoenvironment Protection, Chengdu University of Technology, Chengdu 610059, China;
2. Institute of Mountain Hazards and Environment, CAS, Chengdu 610041, China)

Abstract: The outburst of moraine dam with glacial lake always cause giant debris flows and the consequence are giant lost not only in the high ways, but also in the railways of future. The prediction model of the outburst of moraine dam with glacial lake is needed for the future Sichuan-Tibet railway. The outburst of moraine dam with glacial lake is the typical style of dam outburst in Tibet. The main reason of the dam outburst is the front part of glacier which locating in the rear of lake falling into the lake. In this paper, 11 outburst moraine dams and 51 without outburst moraine dams which locating in the vicinity of outburst dams were researched. These glacial lakes and glaciers are satisfied the basic conditions of areas of lake, distances from glacier to lake for dam outburst. With the conditions of glacier such as the slope of the front part of glacier, the surface direction of glacier, and the area of glacier, and the conditions of triggering such as the sum of temperature of 7 days before dam outburst, the efficient accumulated temperature, the antecedent temperature, and the average temperature, a preliminary prediction model of the outburst of moraine dam with glacial lake was obtained. The threshold values for possibility of dam outburst are two values

---

作者简介：余斌（1966—），男，教授。

for no rainfall, another two values for rainfall condition. The threshold values divided the possibility of dam outburst into three areas: high possibility, moderate possibility, and low possibility. The prediction model for moraine dam outburst provides a new method for the hazards mitigation along the Sichuan-Tibet railway.

Keywords: Tibet; moraine dam; dam outburst; glacial lake; prediction

冰碛湖溃决往往造成巨大的灾害。绝大多数冰碛湖溃决是由于冰湖后缘冰川的前缘冰舌断裂进入冰湖，造成冰湖水位上涨诱发终碛堤溃决。国内外学者的研究表明[1-9]，环境温度是冰碛湖溃决的诱发条件，而冰川的坡度、冰舌坡度、冰川面积、积雪面积、冰舌与冰湖距离、冰湖体积、冰湖面积、终碛堤坝顶宽度、终碛堤背水坡坡度等是冰碛湖溃决的客观条件，即冰湖溃决的危险性条件。一般冰湖溃决需要满足冰舌与冰湖距离在 800m 以内，以及冰湖面积在 $10^5 m^2$ 量级（10^5~$10^6 m^2$）等条件[10]。而冰湖体积与冰湖水位上涨没有关系，冰川坡度对冰舌坡度（直接断裂的冰川体前缘坡度）没有影响，终碛堤背水坡坡度基本是固定值，这些因素都可以忽略。在暂不考虑终碛堤坝顶宽度的影响条件下，冰川的冰舌坡度、冰川面积、积雪面积，以及冰川的坡向等冰川条件是冰碛湖溃决危险性的主要条件。本文通过研究西藏境内 11 个溃决冰湖及周边 51 个未溃决冰湖的上述条件，最终获得了西藏终碛堤冰湖溃决预警模型，为川藏铁路沿线防灾减灾提供了一个新的方法。

1 冰湖溃决的冰川条件

从 1930 年到 2013 年期间，西藏境内至少有 24 个冰湖发生了至少 28 次溃决。本文选择其中 11 个近年有降水资料的扎日错、光谢错、坡戈错、次仁玛错、阿亚错、吉莱错、达门拉咳错、嘉龙错、金错、得噶错、折麦错等冰湖作为研究对象，以及各冰湖附近同期没有溃决的 51 个冰湖作为对比研究对象，研究冰湖溃决条件。

在对比研究了冰川面积和积雪面积的关系后，得出两者线性相关，因此可忽略积雪面积的影响，以冰川的冰舌坡度、冰川面积和冰川的坡向为冰川基本因素，研究冰碛湖溃决的冰川条件。

冰川条件有冰舌坡度（α）、冰川坡向（θ）与正北方向的平面夹角（北半球）或与正南方向的平面夹角（南半球）和冰川面积（A）3 个基本条件，可以获得简化的无量纲冰川条件：坡度条件，$S=\tan\alpha$，坡向条件 $C=\sin(\theta/2)$；面积条件，$A^*=A/A_0$，其中 $A_0=10km^2$。首先对比研究了冰舌坡度与冰川坡向的关系，兼顾所有 11 个冰湖溃决与附近没有溃决点的冰川坡度与冰川坡向关系，得到了两者的关系：$G_1=S+0.5C$。图 1 为其中两个典型点的对比图。

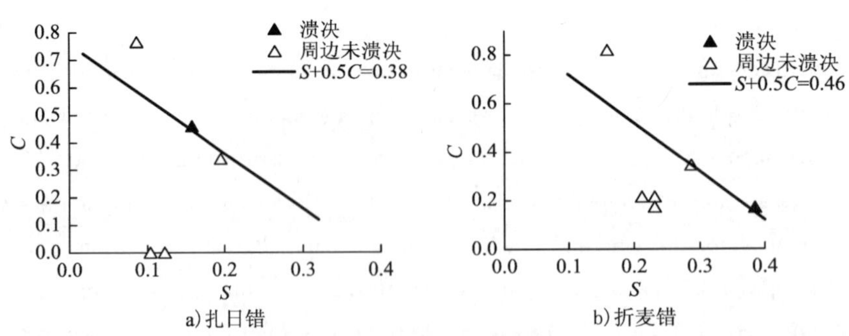

图 1　坡度（S）与冰川坡向（C）的关系

由得出的冰川坡度与冰川坡向关系 G_1，研究 G_1 和冰川面积 A^* 的关系，兼顾所有 11 个冰湖溃决与附近没有溃决点的 G_1 和冰川面积 A^* 的关系，由此获得冰湖溃决的冰川因子 $G=S+0.5C+0.05A^*$。冰川因子 G 值越大，冰碛湖溃决危险性越大；相反，G 值越小，冰碛湖溃决危险性越小。图 2 为其中两个典型点的对比图。

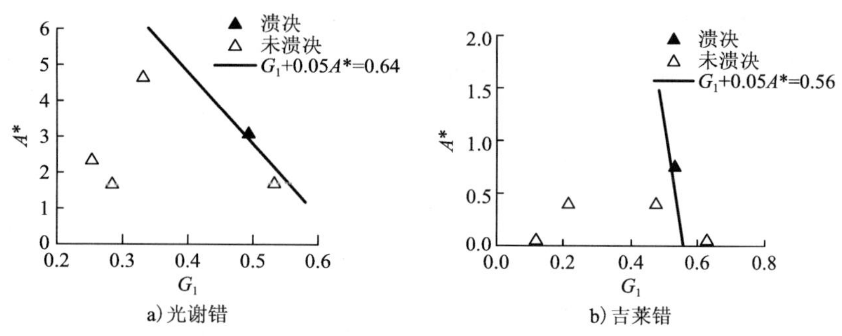

图 2 冰川坡度与冰川坡向和冰川面积的关系

2 冰湖溃决的温度条件

冰川条件是产生冰崩或冰滑坡的基本物质条件，但诱发冰崩或冰滑坡的外在条件，主要是温度的变化，降水也会加剧冰崩或冰滑坡的发生。根据国内外的研究成果[2,3]，影响冰崩或冰滑坡的温度参数主要有：年均温、日均温和正积温（正积温是指某个时间段内温度高于 0℃日平均气温的总和）。温度的高低直接影响着冰体的积累和消融，这是一个长时间过程，因此选取溃决前两年的平均积温 T_{y2} 作为前期温度进行研究。冰川在一定的激发温度下，冰体强烈消融下渗，润滑底床形成冰崩或冰滑坡，冰川的消融相对于冰川的积累来说是一个短历时过程，因此选取溃决前 7 天的温度和（T_7）作为温度参数。然而冰融化产生冰崩或冰滑坡，不仅要求一定的温度水平，而且还需要一定的热量总和，此热量总和通常用该时期逐日气温的累积（即积温）来标志。冰的融点是 0℃，故积温累积时间段以日温稳定在 0 ℃以上的那一日作为积温统计的起始日，而以溃决日为止，该积温为有效积温（T_0）。根据国内外最新研究成果[8]：温度的剧烈变化，较大的差异，也是冰崩的一个主要原因。由于 11 个溃决冰湖和 51 个未溃决冰湖涉及西藏地区 8 个县，地区跨度大，各地的日温和年温均存在差异，而这种差异对温度的剧烈变化影响很大。为了消除地区产生的差异，本文对临界温度进行标准化处理，引入年平均积温 T_y（溃决前四年积温的平均值），其代表温度的一个累积，是近期的总体温度。

首先对比研究有效积温（T_0）与溃决前 7 天的温度（T_7）关系，兼顾所有 11 个冰湖溃决（对比溃决当年及溃决前 1 年及 2 年的温度）与附近没有溃决点（温度差别按照高程的不同，每升高 100m，温度降低 0.6℃）的有效积温（T_0）与溃决前 7 天的温度（T_7）关系并得到 $T_1=T_0+0.5T_7$。图 3 为其中两个典型点的对比图。

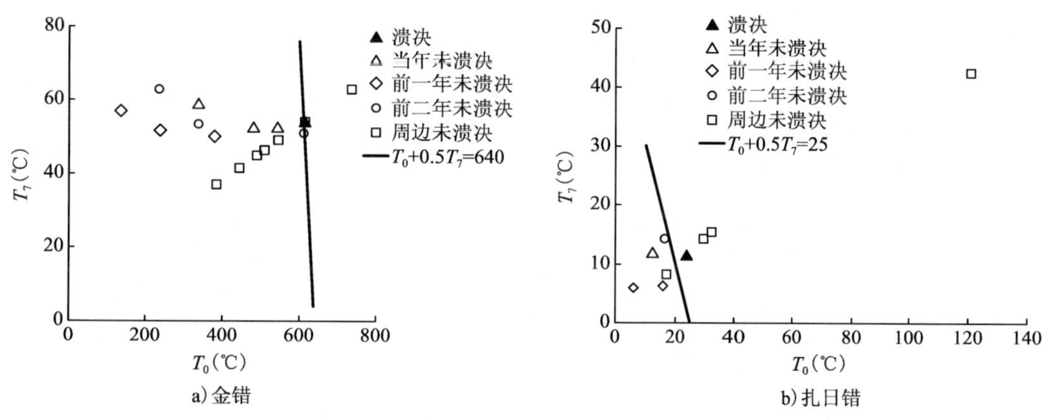

图 3 有效积温（T_0）与溃决前 7 天的温度（T_7）关系图

其次对比研究 T_1 与前期温度（T_{y2}）关系，兼顾所有11个冰湖溃决（对比溃决当年及溃决前1年及2年的温度）与附近没有溃决点（温度差别按照高程的不同，每升高100m，温度降低0.6℃）的 T_1 与前期温度（T_{y2}）关系，并得到 $T_2=T_0+0.5T_7+0.8T_{y2}$。图4为其中两个典型点的对比图。

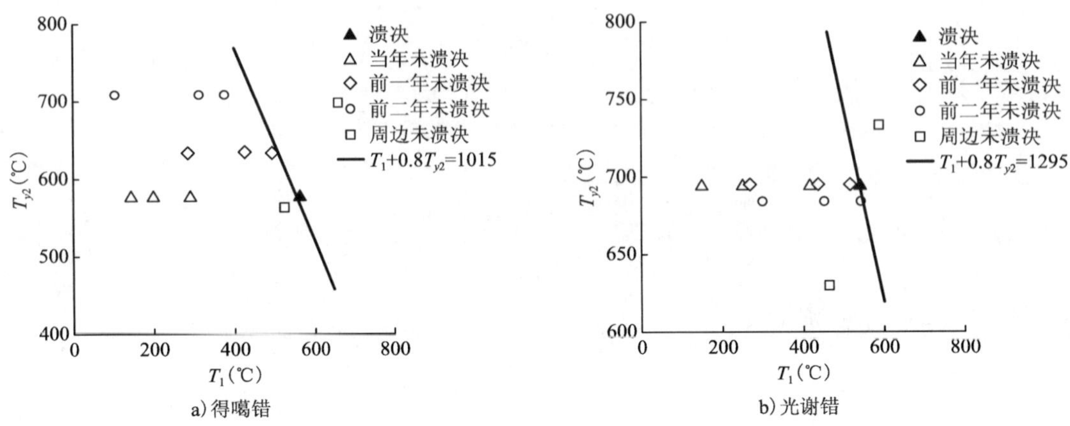

图4 有效积温与溃决前7天的温度和前期温度（T_{y2}）关系图

3 冰湖溃决预报模型

消除地区影响的标准化冰湖溃决温度条件表达式为：$T=（T_0+0.5T_7+0.8Ty_2）/Ty$。对比研究无降雨时冰湖溃决的冰川条件因子与温度条件因子，以及有降雨时冰湖溃决的冰川条件因子与温度条件因子，可以分别得到初步的冰湖溃决预报模型：$P=TG^{0.8}\geqslant C_r$。在冰湖溃决预报模型中，温度因子比冰川因子的指数稍大，说明温度更重要。由图5及图6的临界曲线 C_r 值，将西藏发生溃决的可能性划分为三个区域：

（1）无降雨条件下的冰湖溃决，C_r 有2个值：C_{r1}=1.11和 C_{r2}=1.40；当 $P\geqslant1.40$ 时，发生冰湖溃决的可能性大；当 $1.11\leqslant P<1.40$ 时，发生冰湖溃决的可能性中等；当 $P<1.11$ 时，发生冰湖溃决的可能性小。

（2）有降雨条件下的冰湖溃决，C_r 有2个值：C_{r1}=0.83和 C_{r2}=1.03；当 $P\geqslant1.03$ 时，发生冰湖溃决的可能性大；当 $0.83\leqslant P<1.03$ 时，发生冰湖溃决的可能性中等；当 $P<0.83$ 时，发生冰湖溃决的可能性小。

图6中有几个未溃决点在曲线 C_{r2} 以上，这可能是由于没有详细的降雨数据，降雨量较小也被考虑进入降雨的作用引起的（若不考虑降雨，其 P 值小于无降雨条件下的 C_{r2} 值1.40）。降雨的作用需要在将来的研究中予以重点考虑。

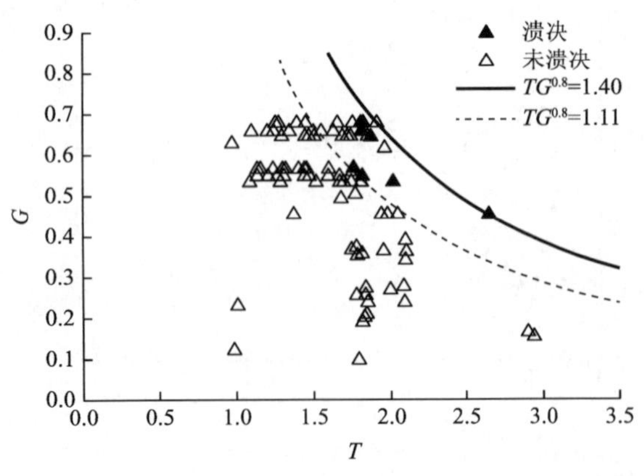

图5 无降雨时冰川因子 G 与温度因子 T 的关系图

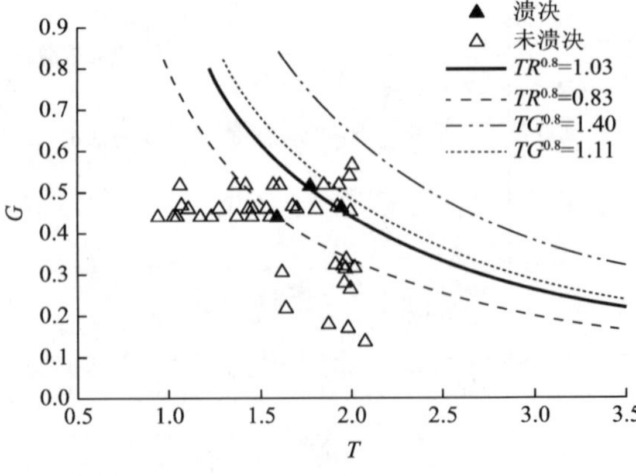

图6 有降雨时冰川因子 G 与温度因子 T 的关系图

4 结语

本文通过对比研究西藏 11 个溃决冰碛湖和周边 51 个未溃决冰碛湖的冰川条件和温度条件地形，得到了冰碛湖溃决的初步预报模型，主要结语如下：

（1）以冰舌坡度、冰川坡向和冰川面积作为冰湖溃决的主要冰川条件因子，综合获得一个冰川因子 G，能够较好地代表冰湖溃决的冰川条件，G 越大，冰湖溃决的危险性越大；反之，G 越小，冰湖溃决的危险性越小。

（2）以溃决前 7 天的温度和、有效积温、前期温度及年平均积温作为冰湖溃决的主要温度条件因子，综合获得一个温度因子 T，能够较好地代表冰湖溃决的温度条件。

（3）综合冰川因子 G 和温度因子 T，获得冰湖溃决预报模型 $P=TG^{0.8} \geqslant C_r$。有降雨和无降雨条件下的分别有 2 个临界判据值，临界判据值将冰湖溃决的可能性划分为小、中、大 3 种可能性。

本文的冰碛湖溃决初步预报模型没有考虑终碛堤的影响条件（坝顶宽度），也没有考虑详细的降雨条件，这都将影响预报的准确性，是将来研究的重点。

参考文献

[1] Huggel C., Haeberli W., et al.An assessment procedure for glacial hazards in the Swess Alps[J]. Can Geotech, 2004, 41(6): 1068-1083.

[2] Robin J., McKillop J., et al. Aprocedure for making objectiv preliminary assessments of outburst flood hazard from moraindammed lakes in southwestern British Columbia[J]. Nat Hazards, 2006, 41(10): 131- 157.

[3] 刘晶晶，唐川，程尊兰，等．气温对西藏冰湖溃决事件的影响 [J]. 吉林大学学报：地球科学版，2011，41（4）：1121-1129.

Liu Jingjing, Tang Chuan, Cheng Zunlan, et al. Impact of temperature on glacier-lake outbursts in Tibet[J]. Journal of Jilin University(Earth Science Edition), 2011, 41(4): 1121-1129.

[4] 刘健康，程尊兰，郭芬芬，等．藏东南典型冰湖溃决危险性分析 [J]. 灾害学，2011，26（2）：45-49.

Liu Jiankang, Cheng Zunlan, Guo Fenfen, et al. Analysis on risk of glacier-lake outburst in southeastern Tibet[J]. Journal of Catastrophology, 2011, 26(2): 45-49.

[5] 刘伟．西藏典型冰湖溃决型泥石流的初步研究 [J]. 水文地质工程地质，2006（3）：88-92.

Liu Wei, Preliminary study on debris flow induced by glacier lake outburst in Tibet[J]. Hydrogeology & Engineering Geology, 2006(3): 88-92.

[6] 徐道明，冯清华．西藏喜马拉雅山区危险冰湖及其溃决特征 [J]. 地理学报，1989，44（3）：343- 352.

Xu Daoming, Liu Chaohai, Feng Qinghua, Dangerous glacial lake and outburst features in Xizang Himalayas[J]. ACTA Geographica SINICA, 1989, 44(3): 343- 352.

[7] 铁永波，唐川．冰湖溃决评价体系研究进展 [J]. 水科学进展，2009，20（3）：448- 452.

Tie Yongbo, Tang Chuan, Progress in glacier lake outburst assessment system[J]. Advances in Water Science, 2009, 20(3): 448- 452.

[8] 中国科学院，水利部成都山地灾害与环境研究所，西藏自治区交通厅科学研究所．西藏泥石流与环境 [M]. 成都：成都科技大学出版社，1999.

Chengdu Institute of Mountain Hazards and Environment, CAS, Institute of Transportation Science of Tibet. Debris flow and environment in Tibet[M]. Chengdu University of Sciences and Technology Press, 1999.

[9] 徐道明，冯清华．冰川泥石流与冰湖溃决灾害研究 [J]. 冰川冻土，1988，10（3）：284-289.

Xu Daoming, Feng Qinghua. Studies on Catastrophes of Glacial Debris flow and Glacial Lake Outburst Flood in China[J]. Journal of Glaciology and Geocryology, 1988, 10(3): 284-289.

[10] 崔鹏，马东涛，陈宁生，等．冰湖溃决泥石流的形成、演化与减灾对策 [J]. 第四纪研究，2003，23（6）：621- 628.

Cui Peng, Ma Dongtao, Chen Ningsheng, et al. The initiation, motion and mitigation of debris flow caused by glacial lake outburst[J]. Quaternary Sciences, 2003, 23(6): 621- 628.

磨西断裂热水水文地球化学特征及其短周期信息分析

安成蛟　漆继红　许　模　张云辉　张　强
（成都理工大学地质环境保护与地质灾害防治国家重点实验室，成都 610059）

摘　要：鲜水河断裂是中国地震活动最为频繁的深大断裂之一，磨西断裂为其南延段，区内水热活动强烈，地壳活动信息蕴藏于水热活动之中。本文沿着磨西断裂（康定→磨西→湾东→石棉）采集活动带内典型热水，对其水文地球化学特征进行分析：通过 Na-K-Mg 平衡图解，结合水的电离、矿物稳定的温度效应解释热水水岩平衡状态；采用传统地热温标法结合热水焓、氯关系对热水冷却途径、混合特征进行分析。研究亦引入热水短周期信息固体潮响应特征分析，并构建此断裂带水热活动地热地质空间模型。研究认为康定灌顶为水热系统中心，向南水热活动减弱，边界位于石棉草科附近；热水被深部热源加热，喜山期花岗岩为主热储层；南面温泉普遍具有被二叠系结晶灰岩作为次热储层中的热水混合的特征。研究是对磨西断裂水热活动系统研究的深化，也是新方法的探索。其中热水短周期信获取容易，监测灵活，是未来研究深部地质环境信息研究的关键技术之一。

关键词：摩西断裂；水文地球化学；短周期信息

Hydrochemistry and Short Cycle Analysis of the Thermal Springs in the Moxi Fault: Implications for the Hydrothermal Formation Model

An Chengjiao　Qi Jihong　Xu Mo　Zhang Yunhui　Zhang Qiang
(Chengdu University of Technology, State Key Laboratory of Oil and Gas Reservoir Geology and Exploitation, Chengdu 610059, China)

Abstract: The Xianshuihe fault with frequent earthquakes activities is the regional deep fault in China. The Moxi fault is located in the southern extension of the Xianshuihe fault where the intensive hydro-thermal activities implying abundant information of deep crust. In this contribution, the hydro-geochemistry of the typical thermal springs were examined along the Moxi fault (direction as the Kangding→Moxi→Wandong→Shimian). The state of water-rock equilibrium are explained by the Na-K-Mg equilibrium diagram together with the ionization of water and stable temperatures of minerals. Traditional geothermometers, combined with the relationship between the enthalpy and chlorine of thermal water, are used to analyze the cooling approaches and the mixture of thermal water. Moreover, the responses to the short cyclic solid tide are constrained for proposing the geological space model of the hydrothermal activities of the fault. The Guanding in Kangding and Shimian in Caoke are considered as the center and margin of the hydro-thermal system, respectively, which perform the southward decrease of hydrothermal activities. Thermal water are heated by the deep heat source of the Himalayan granites (the main heat reservoir),

作者简介：安成蛟（1992—），男，硕士研究生。

while the thermal springs in the south perform the mixture of thermal water in the sub-reservoir of the Permian crystalline limestones. The research for the system of hydrothermal activities in the Moxi fault are deepen and explored as a new method. Meanwhile, the cyclic information of thermal water, achieved conveniently and observed flexibly, is the key for solving the geological data from the deep earth.

Keywords: moxi fault; hydrochemistry; short cycle information

磨西断裂带为鲜水河韧性剪切带南延伸至扬子地台西部边缘的一条断裂，是深达莫氏面的地壳断裂，现今仍然活动强烈，亦是我国著名的活动性强震带[1]。比如 2014 年 11 月 22 日的康定地震，就发生于此段断裂带上。断裂北端与康定—乾宁断裂左行侧列，向南沿磨西河、湾东沟、田湾河，终止于石棉县，控制着附近区域水热活动。

一直以来，鲜水河断裂带水热活动研究都备受关注。何京生研究了热水点分布与挽近系构造的关系[2]；赵庆生则将康定到道孚段热水进行分带，探讨其热水形成与循环模式[3]。也有一部分研究集中在温泉逸出气体的特征上。杨立铮等对热水和温泉释放 CO_2 气的碳同位素，认为深源 CO_2 的成因为幔源和碳酸盐岩变质脱气以及两者的混合[4]；周晓成对汶川 Ms8.0 地震鲜水河断裂气体组分进行多期次采集分析，认为幔源流体上涌对该次地震的孕育与发生起到很重要的作用[5]。无论是针对热水水热活动特征的，还是期望建立水热活动和地震活动关系的研究，都指向这一带热水的幔源特征，显示出它对地震活动的指示作用。

从古至今，学者们一直尝试利用地下水水温、水位及水化学动态观测进行地震前兆预测。对于深部热水而言，其指示性更为明显。车用太等曾较为系统地对地下水温震前异常进行了特征统计，探讨了水温异常机制[6]；李志鹏等通过整理两个康定地震监测温泉（龙头沟、二道桥）30 余年来逸出气体百分含量的变化，尝试提出逸出气短临异常指标，分析其对地震的指示作用[7]；Furuya 认为水温固体潮效应与地壳应力—应变关系密切，马玉川提出自流井对固体潮响应更强烈[8]；近年来 Lu 及王焰新等对广东等地地热水进行物化特征监测，并对其特征变化的固体潮响应进行分析[9]。

前人对鲜水河断裂水热活动研究多关注康定以北地区，对于南面磨西热水系统研究甚少。本文拟采用水文地球化学指标，辅以其短周期信息变化的固体潮响应特征，对磨西断裂水热系统热水形成模式进行分析。此研究能完善鲜水河断裂带水热系统研究，而短周期信息变化特征的使用是热水携带深部地质信息分析新方法的尝试。

1 地质背景

1.1 构造及岩性

研究区位于青藏高原东南缘，地处川滇地块、巴颜喀拉地块和华南地块交接部位[10]。鲜水河断裂与邻区龙门山断裂、安宁河断裂等块体边界活动断裂交切于康定至石棉段，形成“Y”字形构造体系［图 1a)］。此断裂段亦称康定—磨西断裂，为走向 340° 的左旋走滑兼逆冲断裂。

研究区多期花岗岩出露，以康定—磨西断裂为界，元古代火成岩分布于其东侧，印支期花岗岩及喜山期花岗岩主要分布于西侧。印支期花岗岩体间主要分布泥盆系及二叠系变质岩地层，主体为浅海相轻变质结晶灰岩、片岩及板岩。

1.2 热水分布

研究区温泉分布严格受断裂控制。磨西断裂向南延展，与数条近乎东西向的小型断裂相交，在地形上显示为河谷交汇，温泉均出露于河流两岸。包括交于康定榆林河的贡布巴沟、龙头沟；南面磨西镇的海螺沟、湾东河、什月河。值得注意的是，几乎所有温泉都出露在主干断裂的下盘（南西盘），次级河流的两岸［图1b)］。沿着断裂从康定灌顶至石棉挖角，一共采集 8 个热水，一个浅层冷水，样品分布位置如图 1b)所示。

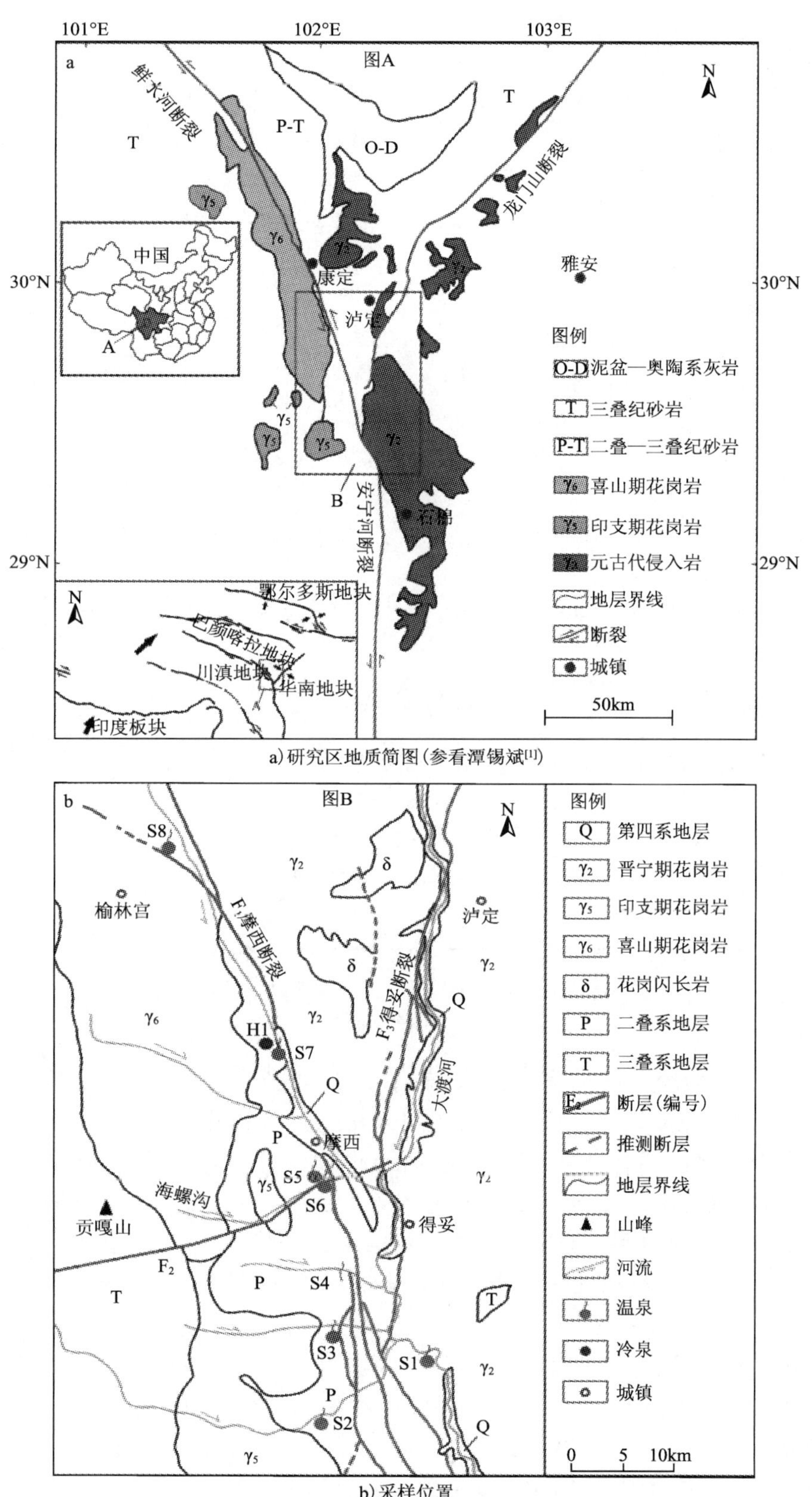

a)研究区地质简图(参看谭锡斌[1])

b)采样位置

图 1 研究区地质简图及采样位置

■2 温泉水文地球化学

2.1 水化学平衡及热储温度

Giggbench等人提出的Na/1000-K/100-Mg1/2，用以解释水—岩作用的平衡程度。但由于客观条件的限制，比如不同热储岩石矿物学特点的差异、长石结构状态的不同，同一Na/K温标可能在一地很适用，但在另外一地则很不适用[16]。由此采用了不同的平衡关系来解释由于温标差异所导致的不确定性。如图2所示，线1、线2及线3分别为Giggenbench、Fournier及Tonani提出的Na-K温标公式构成的平衡不确定区。

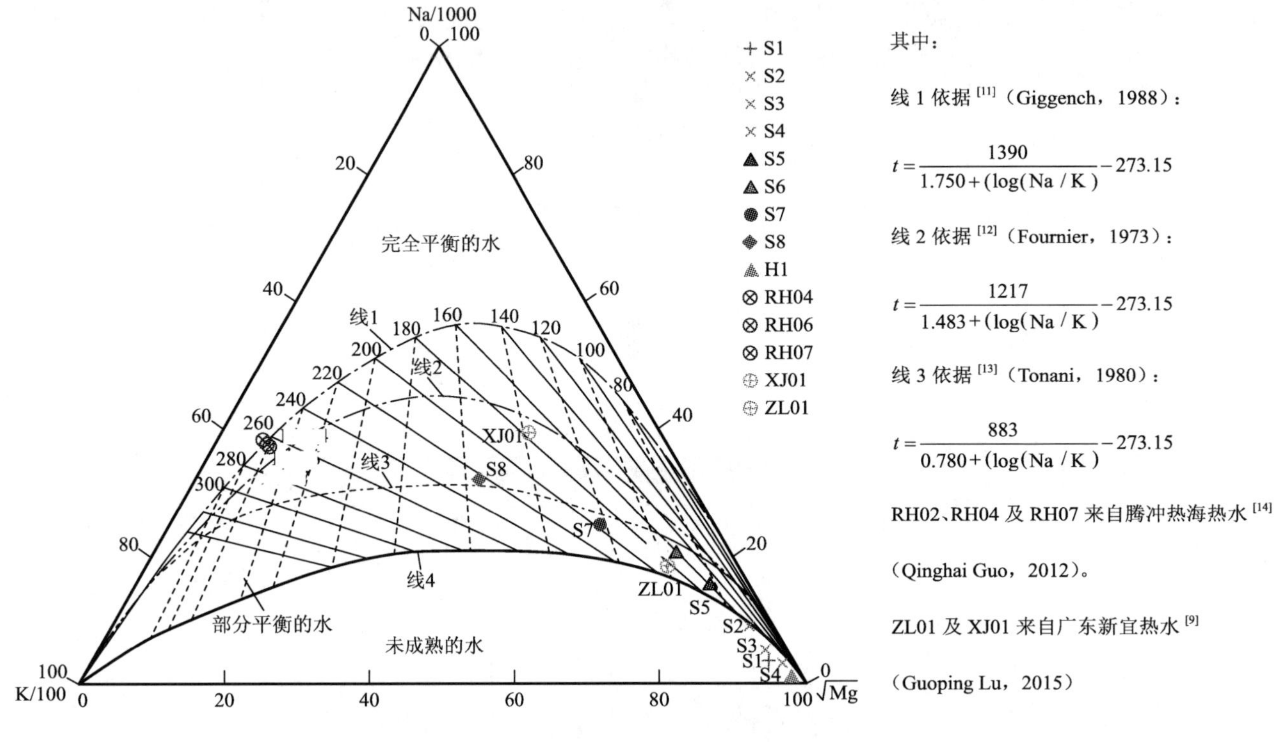

图2 Na/1000-K/100-$Mg^{1/2}$平衡图解

出露于研究区最北面康定县的灌顶温泉，其水化学类型为Na-Cl-HCO_3型。采用石英温标、Na-K温标及K-Mg温标推算出热水热储深度在4.5~6.2km。该热水点落在三角图的不确定区，可以解释为170℃附近热水同围岩作用达到完全平衡；也可以解释为在更高的温度下，水岩作用平衡后热水脱离热储降温，能与岩石继续作用获取更多的镁后所处的状态，也可以解释为热水被冷水混合的结果。实际上灌顶温泉承压出露于喜山期花岗岩中，出露温度接近当地沸点（88℃），说明热水的降温过程都发生于同一热储层，被浅层水混合微弱。因此可以初步认定灌顶温泉应是完全平衡的热水。

同处部分平衡及混合区的尖尖山、海螺沟温泉（两处）出露于灌顶的南面，三处温泉的温度具有一定差异，但水化学类型都为Na-HCO_3型，热储深度为2.2~4.7km。此之外其余温泉点则处于不平衡区。湾东温泉南紧邻海螺沟，水化学类型和海螺沟一致，循环深度也和海螺沟、尖尖山温泉可比。再以南的什月河、草科温泉中Ca^{2+}及SO_4^{2+}的成分增加，Na-K温度明显高于其他两种温标。但位于最南面的挖角温泉Na^{2+}成为主要的阳离子。温泉热储温度计算见表1。

温泉热储温度计算 表 1

样品编号	泉点出露位置	T（°C）	pH	水化学类型	热储温度（°C）				热储深度（m）	
					石英[a]	石英[b]	Na-K	K-Mg	最小	最大
S1	石棉挖角	35.2	9.00	Na-Ca-HCO_3	82.5	88.3	198.1	68.6	2203	2384
S2	草科	47.0	7.10	Ca-Na-HCO_3-SO_4	94.6	99.0	160.8	54.7	2581	2718
S3	什月河	52.3	6.90	Ca-Na-HCO_3-SO_4	122.76	123.5	166.0	54.7	3461	3484
S4	泸定湾东	59.9	7.56	Na-HCO_3	109.4	112.0	118.1	68.6	3043	3125
S5	海螺沟	59.0	6.87	Na-HCO_3	113.7	115.2	118.2	94.4	2575	4731
S6	海螺沟	62.0	6.47	Na-HCO_3	114.9	116.8	106.5	82.7	2209	3275
S7	尖尖山	47.0	7.13	Na-HCO_3	121.6	122.6	163.4	121.8	3431	4731
S8	康定灌顶	80.2	8.10	Na-Cl-HCO_3	169.6	163.4	210.8	154.97	4467	6213

注：石英[a]指无蒸汽散失的石英溶解度；石英[b]指最大蒸汽损失石英溶解度[15]。

Na-K 温标[11]：$T_{Na\text{-}K}$=933/［0.933+log（Na/K）］。

K-Mg 温标[11]：$T_{K\text{-}Mg}$=4410/［14.00+log（$K/Mg^{1/2}$）］。

2.2 混合比例估算

热水上升途径中被次级热储中的热水混合，根据 Eh-Cl 图解，设定次生热储热水焓值及 Cl 含量，据硅焓模型[17-19]（A.H.Truesdell，1975；佟伟，1981；朱炳球，1992）可以获取混合过程中热水的亲水份额及亲水温度。

草科温泉、什月河温泉及海螺沟温泉均得到较好的亲水及冷水比例，两者之和接近 1。如图 3、图 4 所示。三个泉水亲水温度具有一定差异，但明显高于各自的温标计算结果，却都低于灌顶的热储温度。从混合比例来看，次级热储中热水的混合比例都较高，且从北面向南混合比例呈降低的趋势。部分泉点混合比例计算结果见表 2。

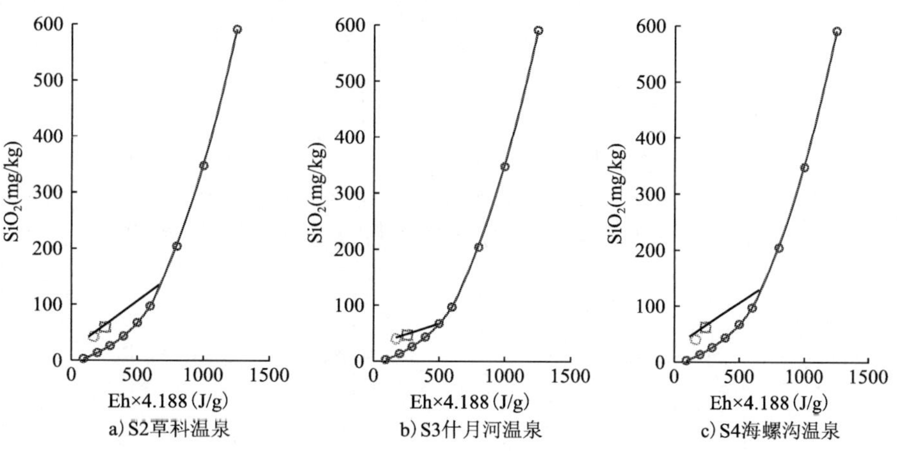

图 3 无蒸汽损失冷水混合情况下 SiO_2 温标图解

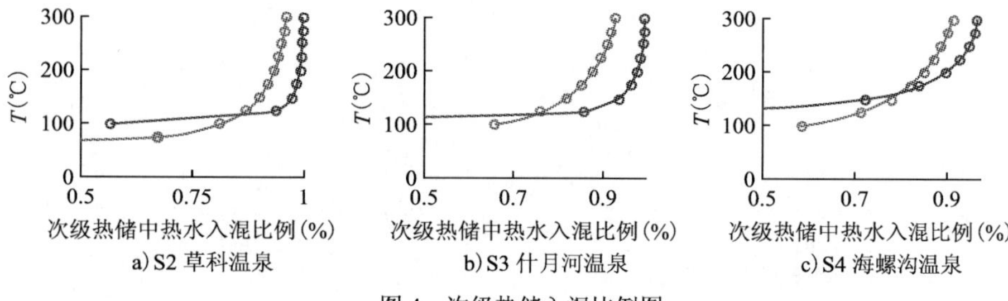

图 4 次级热储入混比例图

部分泉点混合比例计算结果　　表2

泉点编号	位　置	计算法		图解法	
		冷水比例	亲水温度(℃)	亲水比例	亲水温度(℃)
S2	草科	0.85	145.0	0.14	150.0
S3	什月河	0.76	120.5	0.17	110.0
S6	海螺沟	0.75	135.0	0.22	120.0

2.3 热水—围岩作用

温度将影响水pH值的大小，实际上pH的测定都是在水温降低后进行的。因此在水温升高下pH值大小的确定有助于研究实际温度下热水—围岩作用。以测定温度下pH值作为基础，利用下面的方程组，可以计算不同温度下的pH值。假定温度升高下H^+变化的量为x[9]。

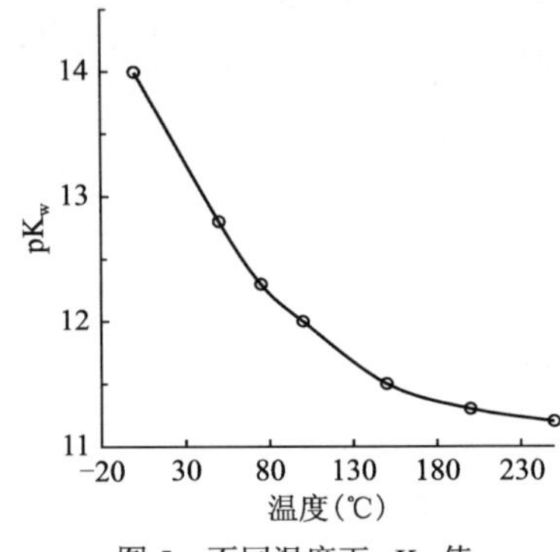

图5　不同温度下pK_w值

$$H_2O \longleftrightarrow H^+ \quad + \quad OH^-$$

$$1+x \qquad [H^+]-x \qquad [H^+]-x$$

其中pK_w可通过不同温度下的水的化学热力学数据计算获取，如图5所示。根据计算结果，100℃的水的pK_w为12.20，距此可以计算该温度下各样品的pH值。

计算结果显示，pH值在温度上升时普遍减小，pH值在室温下测定结果为6.47~8.10，计算100℃下各样品的pH值差异变小，从5.45~5.56；总体变化范围为0.91~2.59。挖角温泉则较为特殊，其pH值在100℃时为4.35，远小于其余温泉值。100℃下各样品点的pH计算值见表3。

100℃下各样品点的pH计算值　　表3

样品编号	S1	S2	S3	S4	S5	S6	S7	S8	pH变化范围
pH计算值	4.35	5.55	5.56	5.46	5.56	5.56	5.54	5.51	−2.59～−0.91
pH变化范围	−4.65	−1.55	−1.34	−2.09	−1.31	−0.91	−1.58	−2.59	

钠长石稳定相图中［图6a)］，康定灌顶至草科温泉在25℃时处于钾长石稳定区域，显示该水热系统在低温条件下钾长石稳定，不易风化溶解。但当温度升高到100℃，热水的pH值明显减小，大部分泉点落在100℃钠长石相图中高岭土、蒙脱石相区，表明在此温度及相应的pH值条件下，钠长石的风化溶解强烈，Na^+容易向热水迁移，这使得水中的Na^+离子浓度明显升高。同理，钾长石的风化溶解具有相似规律，如图6b)所示。

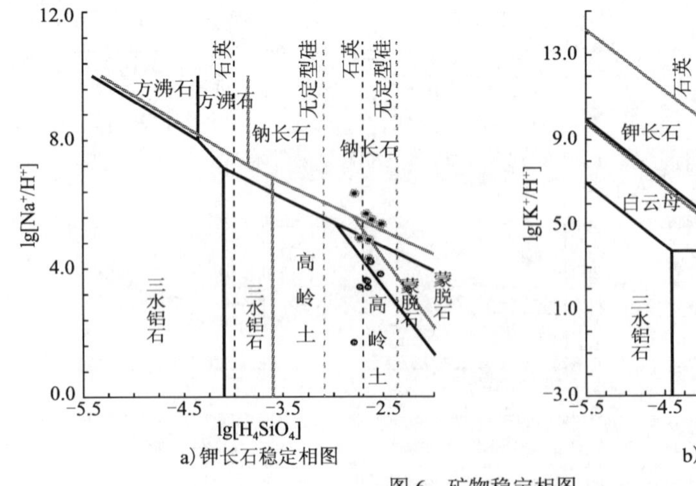

a)钾长石稳定相图　　b)钠长石稳定相图

图6　矿物稳定相图

3 短周期变化规律

地球作为整体发生潮汐变形，但变幅较小。同海潮一样，固体地球形变具有周期性特征，在一个全日潮内（24 小时），会发生两次形变峰值。磨西断裂为深达莫霍面的深大断裂，热水通过断裂带循环深度可达到 6km，受到地球形变的影响，此水热系统应具有明显的固体潮响应。

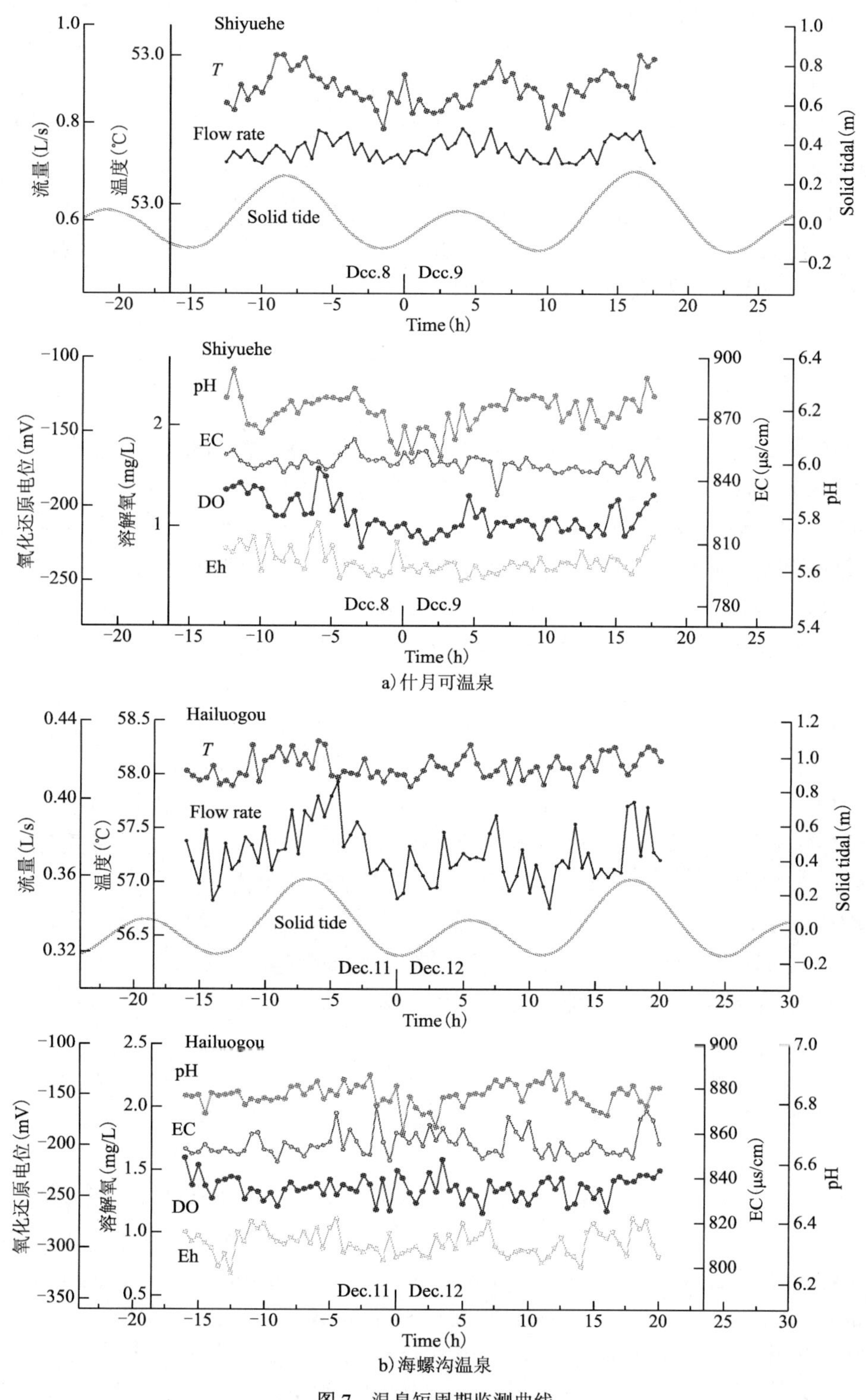

a) 什月可温泉

b) 海螺沟温泉

图 7　温泉短周期监测曲线

选择出露地点位于水热系统相对北面的海螺沟，及相对南面什月河温泉进行为期超过24小时的短周期监测。监测参数包括流量（Flow Rate）、温度（T）、溶解氧（DO）、氧化还原电位（Eh）、电导率（Con）及pH，监测时段为农历2015年11月15左右。其中流量测试采用容积法，温度采用高精度水银温度计，其余参数采用多参数数字电极（WTW）进行测量。其中固体潮数据来自于IERS（International Earth Rotational and Reference Systems Series），如图7所示。

监测结果显示，所有参数在24小时内都出现了双峰形态，并几乎和固体潮双峰出现时刻对应，证明热水的信息通过压力传递瞬间到达。气温会对水温产生影响，一般来说每日午后3点左右为气温最高的时刻，而每日凌晨太阳出来前为气温最低的时刻。但无论是什月河还是海螺沟温泉，下午时刻3点时温度都处于曲线波谷附近，而凌晨5~6点却都处于温度曲线峰值附近，证明温度的变化的确因固体潮所引起，且受外界温度影响较小，如图7所示。

两处温泉固体潮响应强度有所区别。海螺沟温泉温度变化范围为0.42℃，大于什月河温泉0.25℃；流量变化海螺沟温泉为12.2%，什月河温泉为9%。无论从温度变化还是流量变化来看，海螺沟温泉的固体潮相应都大于什月河温泉。即表明水热系统北面响应强于南面。

4 结语

综合上述热水水文地球化学及热水固体潮响应分析，可以获取有关此水热系统的一些认识。这些分析可为鲜水河断裂南延段水热系统研究进行补充，亦能提取地壳深部地质环境信息。

（1）康定灌顶出露喜山期花岗岩，为深部热水热储层。花岗岩中氯的含量可达220×10^{-6}，而高温高压热液淋滤下氯的溶解可达50%；岩浆分异所提供的氯平均值可达到$10^3\times10^{-9}$。而热水中的Na^+亦可能来源于溶滤过程及岩溶热液作用，一般含量可达$10^3\times10^{-9}$左右[20]。矿物稳定分析也指出，研究区热水在高温环境下，Na^+、K^+离子易于迁移至热水之中。灌顶温泉中的Na^+、Cl^-含量较高可以解释为两种作用并存。

（2）灌顶以南温泉Na^+、Cl^-含量明显减少，Ca^{2+}含量增高，这和热水被结晶灰岩作为另一热储中的热水混合有关。这样的混合是造成深部热水无论从平衡程度，还是出露温度都明显低于康定灌顶温泉的重要因素。这种混合模式可通过温泉Eh-Cl图解进行解释，即热水上升途中冷却途径有三种：康定灌顶温泉的绝热冷却；深部热水被循环于浅部热储中的热水混合后热传导冷却，大部分南部温泉都经历这样的冷却过程；深部热水被浅层冷水混合热传导冷却，湾东温泉即此种模式。

（3）温泉物化参数均具有固体潮响应，且北面强于南面。这和热水平衡程度、及热水混合比例北面强于南面保持一致。但位于研究区最南面的石棉挖角温泉的水化学特征、混合途径都异常于磨西水热系统，应为系统外热水点。因此磨西水热活动中心处于康定灌顶，向南减弱，系统边界处于石棉草科附近。

参考文献

[1] 谭锡斌，徐锡伟，李元希，等．贡嘎山快速隆升磷灰石裂变径迹证据及其隆升机制讨论[J]. 地球物理学报，2010，53（8）：1859-1867.

Tan Xibin, Xu Xiwei, Lee Yuanxi, et al. Apatite fission track evidence for rapid uplift of the Gongga mountain and discussion of its mechanism[J]. Chinese Journal of Geophysics, 2010, 53(8): 1859-1867.

[2] 何京生，赵友年，赖绍民．四川省地下热水点的分布与挽近构造体系的关系[J]. 水文地质工程地质，1982，6：17.

He Jingsheng, Zhao Younian, Lai Shaomin. The relationgship between the distribution of geothermal point and neoid tectonostructural system in Sichuan Province[J]. Hydrogeology and Engineering Geology, 1982, 6: 17.

[3] 赵庆生．鲜水河断裂带热水水文地球化学特征及形成模式 [J]. 成都理工大学学报，1984，2：77-88.

Zhao Qingsheng. The hydrogeochemical characteristics and forming model of hot water in the Xianshuihe fracture zone[J]. Journal of Chengdu University of Scinece and Technology, 1984, 2: 77-88.

[4] 杨立峥，卫迦，孙晋玉．四川康定温泉系统深源 CO_2 释放研究 [J]. 地质学报，1999，73（3）：278-285.

Yang Lizheng, Wei Jia, Sun Jinyu. A study of deep-source CO_2 relese of the hot springs system in Kangding, Sichuan Province[J]. Acta Geological Sinica, 1999, 73(3): 278-285.

[5] 周晓成．汶川 Ms8.0 地震后川西地区气体地球化学 [D]. 中国科技大学，2015.

Zhou Xiaocheng. Gas geochemitey in western Sichuan related to 12 May 2008 Wenchuan Ms8.0 earthquake[D]. University of Scinece and Technology of China, 2015.

[6] 车用太，鱼金子．井水温度观测中有待解决的若干基本问题 [J]. 中国地震，2013，29（3）：306-315.

Che Yongtai, Yu Jinzi.Some basic problems in well water temperature observation[J]. Earthquake Reseerch in China, 2013, 29（3）：306-315.

[7] Furuya I, Shimamura H. Groundwater microtemperature and strain[J].Geophys, 1988, 94: 345-353.

[8] 马玉川．井水温度潮汐效应及其应变响应能力研究 [D]. 中国地震局地壳应力研究所，2010.

Ma Yuchuan. A study of tidal phase effect and strain response capability in wells water temperature[D]. The Institute of Crustal Dynamics, China earthquake administration, 2010.

[9] Lu G., Liu R. Aqueous chemistry of typical geothermal springs with deep faults in Xinyi and Fengshun in Gunangdong Province, China[J]. Journal of Earth Science, 2015, 26(1): 60-72.

[10] 周荣军，何玉林，黄祖智，等．鲜水河断裂带乾宁—康定段的滑动速率与强震复发间隔 [J]. 地震学报，2001，23（3）：250-261.

Zhou Rongjun, He Yulin, Huang Zuzhi, et al. The slip rate and strong earthquake recurrence interval on the Qianning-Kangding segment of the Xianshuihe fault zone[J]. Acta Seismologica Sinica, 2001, 23(3): 250-261.

[11] Giggenbach W F. Geothermal solute equilbrian. Derivation of Na-K-Mg-Ca geoindicator[J]. Geochim. Cosmocim. Acta., 1988, 52：2749-2765.

[12] Fournier R O, Trusesdell A H. An empirical Na-K Ca geothermometer for natural waters[J]. Geochim. Cosmochim. Acta., 1973, 37：515-525.

[13] Tonai F. Some remarks on the application of geochemical techniques in geothermal exploration[C]. In：Proc Adv.Eur. Geoth. Res. Second Symp., Strasbourg, 1980, 428-443.

[14] Guo Q, Wang Y. Geochemistry of hot springs in the Tengchong hydrothermal areas, Southwestern China[J]. Journal of Volcanology and Geothermal Research, 2012, 215-216: 61-73.

[15] Fournier R O, Rowe J J. Estimation of underground temperature from the silica content of water from hot springs and wet steam wells[J]. Amer. J. Sci., 1966, 264: 685-697.

[16] Fournier，R.O，庞忠和．地热化学温标：地下水中 Na-K-Mg 关系解析 [J]. 国外地质，1991，（5）：34-37.

Fournier R O, Pang Zhonghe. Geothermal chemical temperature scale：analysis of the relationship of Na-K-Mg in groundwater[J]. Foreign Geology, 1991, (5): 34-37.

[17] Truesdal A H, Fourier R O. Calcualtion of deep temperature in geothermal systems from the chemistry of boiling spring waters of mixed origin[C]. In: Proc. U.N. Symp. on the Development and Use of Geothermal Resources, San Francisco, 1975, 1: 837-844.

[18] 中国科学院高原科学考察队．西藏地热 [M]. 北京：科学出版社，1981.

Tibetan Plateau comprehensive scientific expedition, Chinese Academy of Sciences.Geothermal beneath Xizang(Tibetan)

Plateau[M].Beijing: Science Press, 1981.

[19] 朱炳球，朱立新，史长义，等．地热田地球化学勘查 [M]. 北京：地质出版社， 1992.

Zhu Bingqiu, Zhu Lixin, Shi Changyi, et al. Geochemical prospection of geothermal field[M]. Beijing: Geological Publising House, 1992.

[20] 刘英俊，曹励明，李兆麟，等．元素地球化学 [M]. 北京：科学出版社， 1984.

Liu Yingjun, Cao Liming, Li Zhaolin, et al. Element Geochemistry[M].Beijing: Science Press, 1984.

西藏天摩沟泥石流灾害链过程及致灾机理

曾庆利[1,2]　薛鑫宇[2]　王开洋[3,4]　袁广祥[4]

（1. 中国科学院计算地球动力学重点实验室，北京 100049；2. 中国科学院大学，北京 100049；
3. 中国科学院地质与地球物理研究所，北京 100029；4. 华北水利水电大学，郑州 450045）

摘　要：藏东南帕隆藏布左岸的天摩沟于 2007 年 9 月和 2010 年 7 月两次爆发大型灾难性泥石流。通过遗迹调查和遥感解译，系统分析了天摩沟泥石流发育的地形地貌、地质环境及气象条件。研究认为两次泥石流均由后缘山体崩塌碎屑流转化而成，导致规模频次和运动速度上的显著差别，并初步还原了两次崩塌—泥石流—公路水毁的灾害链过程，分析了泥石流形成机理。总结了帕隆藏布流域内大型泥石流灾害链的共性特征，提出了以实时监测冰崩雪崩、崩塌滑坡和沟谷内阻塞坝的灾害预警新思路。该研究对今后川藏公路 / 铁路大型地质灾害链的监测预警及灾害防治提供重要参考。

关键词：崩滑堰塞坝；泥石流；地质灾害链；监测预警；嘉黎活动断裂；川藏公路 / 铁路

Geohazard Chains and Mechanism of Two Debris Flows in Tianmo Gully, Southeast Tibetan

Zeng Qingli[1,2]　Xue Xinyu[2]　Wang Kaiyang[3,4]　Yuan Guangxiang[4]

(1.Key Laboratory of Computational Geodynamics, Chinese Academy of Sciences, Beijing 100029, China; 2.University of Chinese Academy of Sciences, Beijing 100049, China; 3.Institute of Geology and Geophysics, Chinese Academy of Sciences, Beijing 100029, China; 4.North China University of Water Resources and Electric Power, Zhengzhou 450045, China)

Abstract: In September 2007 and July 2010, there took place 2 large hazardous debris flows in Tianmo gully, left bank of Purlung Tsangpo river of SW Tibet. The paper, based on the traces investigation and remote sensing interpretation, systematically analyses the geomorphology, geo-environments and climate conditions of the debris flow events. It is suggested that the two debris flows were both transformed by the rock collapses in the high-steep mountain range, but with the remarkable difference in volume, frequency and transporting speed. The mechanism of the two debris flows is studied, and their possible geohazard chains are preliminarily reverted. Combined with the process and common characteristics of other typical debris flows in Purlung Tsangpo region, a new method of monitoring the glacial/snow avalanches and rock avalanches as well as the stability of avalanche dam, is put forwards to monitor and warn the large to super-large debris flows. The study supplies a significant reference for the geohazard monitoring, warning and protection to the existing Sichuan-Tibet highway and the coming alignment selection of Sichuan - Tibet railway.

Keywords: rock or glacial avalanche dam; debris flow; geohazards chain; monitoring and alarming; Jiali active fault; Sichuan-Tibet highway/railway

作者简介：曾庆利 (1973—)，男，博士，副教授。

基金项目：国家自然科学基金 41440022 和 40972199 联合资助。

帕隆藏布位于雅鲁藏布江大拐弯北部，属雅鲁藏布江中下游的一级支流，川藏公路然乌—鲁朗段（长218km）沿江修建。沿线泥石流灾害异常发育且类型多样，密度高、规模大、频率高，是我国冰川泥石流的集中发育区[1,2]。施雅风等（1964）最早对该流域的古乡沟冰川泥石流开展系统观测研究[3]；20世纪70年代中科院青藏高原综合科学考察队泥石流组对进藏公路沿线泥石流做了全面的调查[4]；1980年至今，以中科院成都山地所、中铁二院等为代表的科研、设计单位对沿线泥石流进行了较系统的调查研究，包括泥石流的成因机制、发育、运动特征及堵江机理等方面，取得了宝贵的基础资料和丰硕的科研成果[5]。

2007年9月4日和2010年7月25~31日，波密县古乡境内、帕隆臧布下游左岸的天摩沟两次爆发灾害性泥石流。多位学者对该沟泥石流发育条件、机理及特征展开了研究。余忠水等(2009)从气象学角度研究了2007年天摩沟泥石流的成因[6]，胡桂胜等（2011）将2007年天摩沟泥石流归类为雪崩、冰崩性泥石流[7]，邓明枫等(2013)对2007年波密地区群发性泥石流爆发的水热条件进行了分析，认为前期高温造成的冰舌崩塌激发了泥石流[8]。Ge等(2014)强调了高温冰雪融水和前期降雨联合作用下对天摩沟两次泥石流的激发作用[9]。张金山等（2015）分析了该沟泥石流发育的地质气象条件，计算了泥石流流速、流量等参数[10]。

本文通过现场痕迹调查、居民访问、不同时段遥感及照片的对比分析，结合该地区的地形地貌、地质构造、地层岩性、现代海洋性冰川和气候等因素，研究了这2次大型泥石流的形成条件、灾害链过程和致灾机理，认为这两次泥石流均由天摩沟后缘高陡岩质斜坡的高速崩滑体转化而成，构成了一个典型的岩质崩滑—泥石流—堰塞湖—公路水毁的地质灾害链过程；由于崩塌位置不同，导致这两次泥石流在发育规模频次和运动速度上存在巨大差异，2007年泥石流具有高速远程崩滑—碎屑流的性质，碎屑物质一次涌出，2010年泥石流具有崩滑体堰塞成坝后快速失稳溃决、泥石流多次涌出的特征。

1 2007年和2010年泥石流灾情概述

2007年9月4日约19时，西藏波密古乡境内的天摩沟爆发泥石流(图1，简称2007年泥石流)，部分泥石流体涌上川藏公路，总输出固体物质量约$75.6\times10^4m^3$。灾害造成1人死亡，7人失踪，9人受伤，2户民房被毁，6户民房受损，冲毁农田2公顷，川藏公路中断交通约43小时，直接损失520万元。

2010年7月25~31日，天摩沟连续爆发了4次较大规模的泥石流（图2，简称2010年泥石流)，造成短暂堵江，岸坡垮塌后退，450m长的路基以及76m长的比通桥被冲毁，交通中断16天。同年9月4~6日，天摩沟再次爆发泥石流，堰塞湖进一步淤高，松饶吊桥完全被江水淹没。

图1 天摩沟2007年9月4日泥石流现场(镜向240°)

图2 天摩沟2010年泥石流堵江(摄于2011年7月15日，镜向250°)

■2 泥石流形成条件分析

2.1 地层岩性及地质构造条件

帕隆藏布流域构造上属印度板块与欧亚板块碰撞带前缘、东喜马拉雅构造结的北侧，是地壳变形最强烈的地带[11]。研究区发育由片岩、片麻岩、变粒岩等组成的前震旦系冈底斯岩群的变质岩系。天摩沟的前缘和后缘分别出露了嘉黎断裂的两条分支活动断裂（图3），即北支的通麦—忠康断裂和南支的通麦—金珠拉断裂。其中：

（1）北支断裂总体呈NW-SE走向，其晚第四纪以来的断裂活动较强，如：该断裂控制着易贡臧布—帕隆臧布的线性展布特征，102道班东测到其断层泥年龄为（45.45±3.86）ka和（41.18±3.51）ka[12]。

（2）南支断裂总体呈NWW-SE走向，向东南沿贡日嘎布曲展布，其晚第四纪活动强烈，如嘎龙寺小冰期冰碛垄被断层错断[13]，线性展布的贡日嘎布曲受该断裂控制，并在河岸见到多处古地震崩塌遗迹，2003年波密Ms5.7级地震也与南支断裂有关。活动断裂的发育对后缘山体稳定性不利。

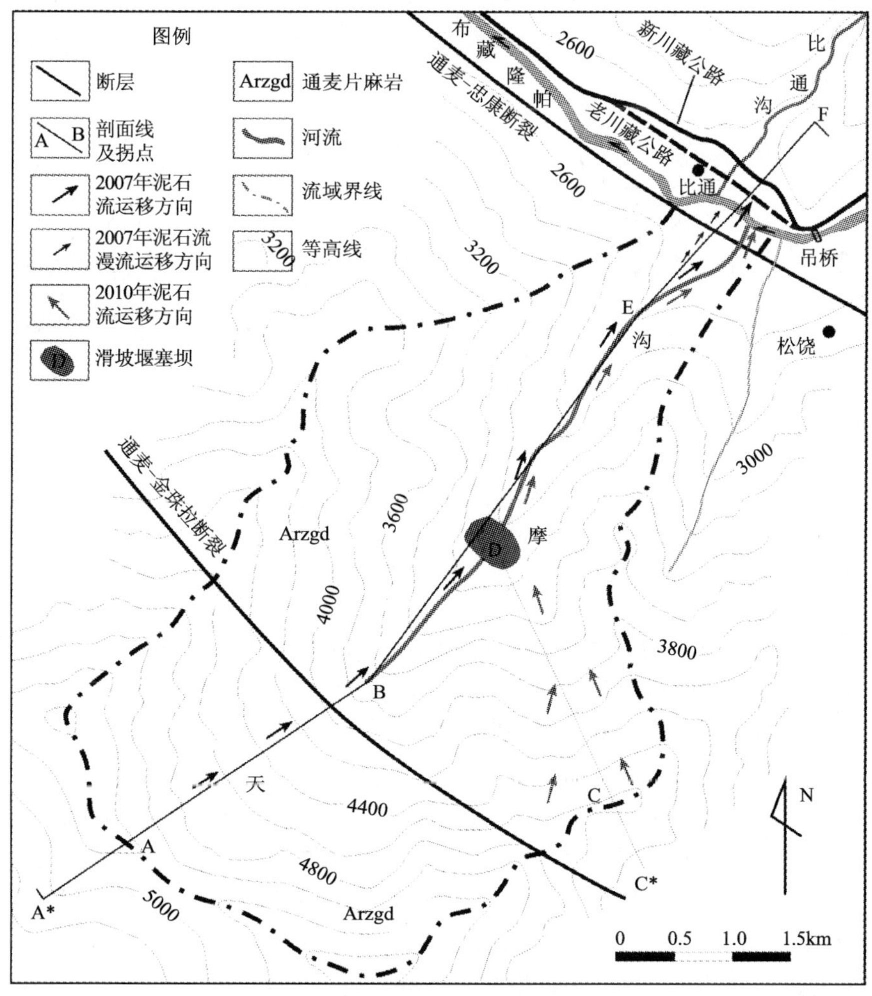

图3 天摩沟流域工程地质平面图

2.2 地形地貌

帕隆臧布流域两岸山岭海拔一般在海拔5500m左右，受新构造运动和强烈流水切割等内外营力作用，岭谷相对高差一般在海拔3000~3200m，属高原边缘深切割山地[14]。据天摩沟工程地质平面图（图3）知，该沟平面上呈“上方下锥”的“瓶”形，流域面积约18.6km^2，最高点海拔5620m，最低点帕隆臧布河谷海拔2430m，相对高差达3190m，主沟走向NE40°，长约5.1km，平均沟道坡降25.9%。天摩沟流域可划分为残留古冰斗区、V形沟谷区和河岸洪积阶地区三个区（图4）。同时，也可将该地形分区与泥石流分区进行对应，其中，

（1）残留古冰斗区为泥石流形成区，呈圈椅状，三面为陡峭裸露岩壁，局部岩壁近直立，陡峭岩壁以下的冰斗区（海拔4100~4800m）地形相对较平缓（27°），被冰川积雪覆盖，冰雪面积达2.5 km^2，冰雪下赋存大量第四纪冰碛物。

（2）V形沟谷区为泥石流流通区，主沟谷狭长，沟道坡降为16°；两侧岭沟高差达1100~1500m，坡角约34°；沟道两侧赋存大量冰碛垄、崩坡积物，沟道内存在冰雪崩及其携带下来的固体物质。

（3）河岸洪积阶地区为泥石流堆积区，从天摩沟出口至帕隆臧布河谷，属老泥石流堆积阶地，地形较平坦（9°），分布有民居和耕地（图4）。

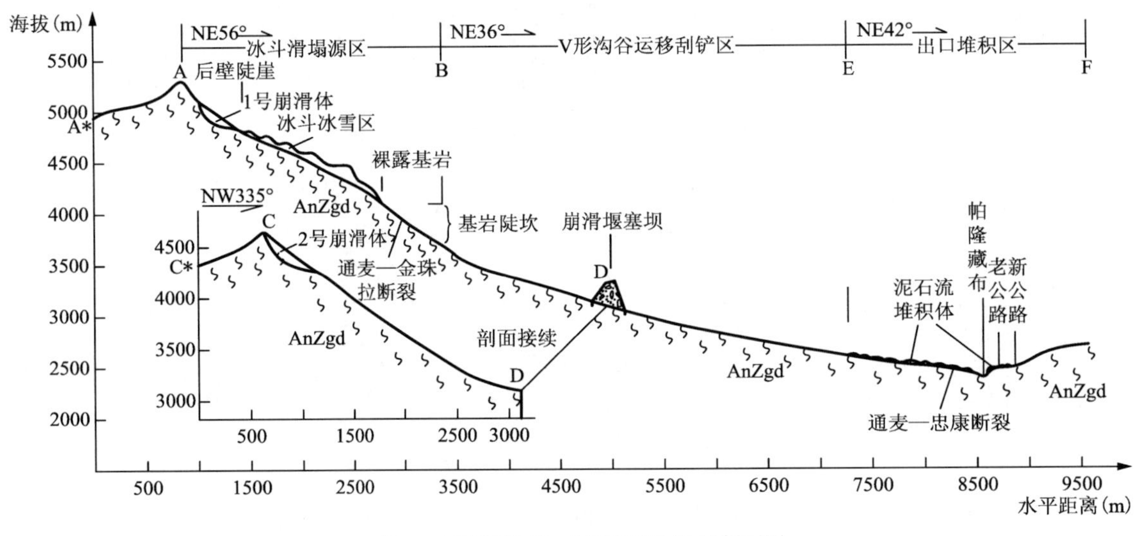

图4　天摩沟滑塌—泥石流工程地质剖面图

2.3　气候与降水条件

帕隆藏布流域受西南季风和印度洋暖湿气流的双重作用。印度洋暖湿气流沿雅鲁藏布江水汽通道向青藏高原进行水汽输送，在易贡、嘉黎、波密一带形成一个向北突出的“舌状”多雨带，东久至通麦的降水可达1100~1400mm/a。丰富的降水和有利的地形地势条件，使得帕隆藏布流域成为我国现代海洋性冰川的发育中心[15]。

波密气象站距离天摩沟约54km，据该站资料所绘制的特征气象要素年际变化曲线图（图5）可知：2007年8月干热少雨，进入9月降水量遽然增多，3~4日晨发生了短时集中强降水（19.4mm）。2010年7月以阴雨天气为主，月总降水量（729.0mm）比历年同期值多7倍，出现极端强降水天气（图5）；7月25~31日快速升温至30.3℃，高温造成冰雪融水量剧增。

天摩沟流域内出露的嘉黎南、北分支断裂对岩体结构的改造及其构造活动性，构成了天摩沟泥石流地质灾害发育的内动力地质环境；圈椅状古冰斗地貌和强烈切割山地的强烈卸荷改造，丰富的现代海洋性冰川及其快速的积累、补给和消融，使得山体岩石遭受强烈的寒冻风化，裂隙开裂加剧；前期的异常降水和高温作用，是两次泥石流爆发的直接诱发因素。因此，强烈的内外动力耦合作用控制了天摩沟泥石流地质灾害的发育。

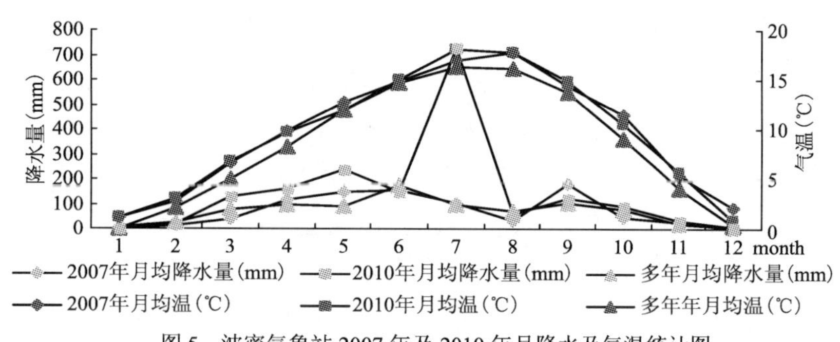

图5 波密气象站2007年及2010年月降水及气温统计图

3 灾害链过程与形成机理分析

3.1 2007年与2010年泥石流发育特征的差异

根据对天摩沟2007年与2010年泥石流发生的调查访问及泥石流运动、堆积遗迹调查，发现它们在规模频次和运动速度上存在明显差异。

（1）发育规模频次的差异：2007年泥石流为一次暴发，一次输出固体物质总量约$75.6\times10^4m^3$，持续时间约40min；虽然9月总降水量（182.9mm）偏多且在9月6日出现日最大降水量（24.2mm），但没有再次暴发泥石流。2010年泥石流为连续多日、多次暴发，总输出固体物质量不超过$20\times10^4m^3$。

（2）运动速度的差异：2007年有部分泥石流体在出口发生弯道超高，形成快速漫流，根据Johnson（1984）弯道超高估算公式[16]，弯道处泥石流的运动速率可达46.7m/s；另有约$10.6\times10^4m^3$泥石流体冲过宽约80m的帕隆藏布河谷，翻越高约48.5m的河岸，纵向停积范围达150m；堆积体中多巨石，最大尺寸可达8.3m×6.6m×3.5m，近350t；可见2007年泥石流流速极快，具有巨大的动能和冲量。2010年7月25日首次及其后多次泥石流出天摩沟口后，均沿既有沟道冲进帕隆臧布河谷，Ge等（2014）在其图3中利用修正的曼宁公式获得了2010年泥石流的峰值速度（12.7m/s）[9]。

3.2 泥石流灾害链过程

上述泥石流规模频次、运移速率和堆积等特征差异分析表明，2007年和2010年发生在同一沟谷的两次泥石流事件可能具有不同的成因机制和灾害链过程。据现场调查，天摩沟后缘所发现的两处山体滑塌痕迹，可能分别对应于2007年和2010年的两次泥石流事件，即两次事件的起始崩滑点位置是不同的。

（1）2007年泥石流。2007年8月中下旬以来持续高温少雨，造成冰斗区冰雪大量融化，冰楔热胀冷缩作用增强。9月3~4日晨8时的强降水，造成后壁山体失稳崩塌。崩塌体对古冰斗残余冰体形成撞击，形成由崩塌块石、表碛和冰雪块等组成的高速混杂体。高速混杂体运动过程中冲击、刮铲、裹挟了沟道及两侧大量松散固体物质（沟道两侧侧碛垄，沟道内冰崩、雪崩及其携带的碎屑）。在峡谷出口部分混杂体发生弯道超高漫流，掩埋老台地上的两栋房屋和耕地；部分混杂体顺原沟道展开，继续快速冲向帕隆臧布河谷，翻越48.5m高的岸坡，埋没近250m长公路，混杂体混合着江水而呈现出泥石流现象；部分混杂体进入河床，形成水下潜坝，但并未堵江。

（2）2010年泥石流。2010年7月波密地区表现为高温多雨极端强降水，导致天摩沟左侧支沟后缘山体发生崩滑，崩滑体与主沟西侧山体发生碰撞，堵沟成坝；之后的强降水和冰雪融水使崩滑坝溃决，形成泥石流，沿着既有沟道冲入帕隆臧布江。在25日首次泥石流之后，主沟道中残留的崩塌堆积体再次失稳并堵塞主沟道，溃决后形成泥石流。7月31日气温高达30.3℃，冰雪融水增加，致使当日泥石流流速和规模均增大，形成短暂堵江。溃决洪水冲击对向岸坡，造成岸坡、川藏公路路基和比通桥相继垮塌。

3.3 天摩沟泥石流致灾机理

日本著名泥石流学者高桥堡总结了泥石流发生的三种主要原因[17]，即：①地表径流使得沟床堆积物本身变得不稳定而开始流动成为泥石流；②坡体崩塌碎屑物运移过程中与水混合，从而转变为泥石流；③坡体崩塌碎屑物阻塞沟床，上游积水使堰塞坝失稳而形成泥石流。

从天摩沟 2007 年和 2010 年泥石流灾害链过程看，两次泥石流事件均由后缘山体崩塌滑坡转化而来。其中，2007 年泥石流源于后缘山体崩塌，崩塌体与冰块、积雪及冰碛物刮铲并混合，并在经过河床后与河水混合，形成泥石流，其形成机制与高桥堡的第二条成因相一致；2010 年泥石流同样源于后缘山体崩塌，崩塌体在运动过程中刮铲混合冰、积雪和支谷两侧坡积物，最终在与主谷交汇处阻塞主谷成坝，强降水和高温冰雪融水使堰塞坝失稳，形成泥石流，其形成机制则与第三条成因相似。因此，严格意义上讲，2007 年泥石流本质上是高速远程滑坡—碎屑流，2010 年泥石流则属滑坡—堵溃型泥石流。天摩沟泥石流的形成机理及灾害链过程可以归纳如图 6 所示。

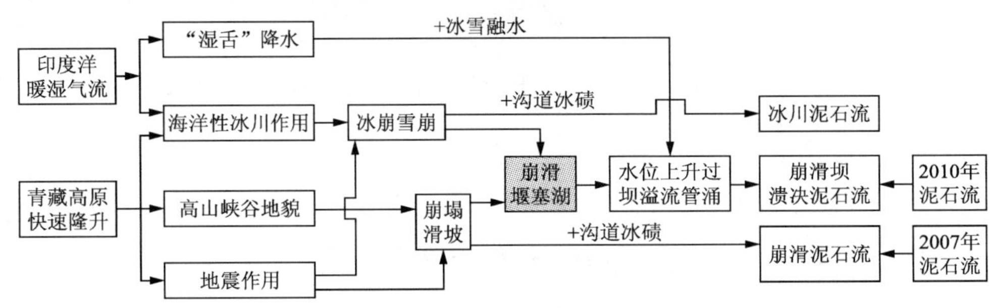

图 6　天摩沟泥石流的形成机理与灾害链过程示意图

4 讨论

泥石流堵江形成堰塞湖以及堰塞湖溃决洪水所造成的灾害损失通常是支沟泥石流灾害链中重要的一环。支沟泥石流能否堵塞主河，通常与主支沟交汇关系、汇流处地形地貌、干流洪水的水动力条件以及支沟泥石流的性质、规模及持时等因素有关[18]。虽然 2007 年泥石流在流量和流速等方面均远大于 2010 年泥石流，却未能如后者那样形成堵江，其原因可能与过流面积大（扇形）有关，同时有部分泥石流体翻越主河但并未停积在主河，只有部分泥石流体在主河中形成水下潜坝。然而，2010 年泥石流沿沟道集中运移，沟道中泥石流流向与主河近垂直交汇，后续泥石流持续不断涌入，并且有 2007 年泥石流体的潜坝铺垫作用，这些都有利于堵江事件发生。

帕隆藏布流域特殊的地质构造、地形地貌和气象水文条件，使得区内大型泥石流异常发育，如扎木镇—古乡段宽谷两岸的泥石流[19]、1985 年米堆沟泥石流[20]、1975 年冬茹弄巴泥石流[21]、1953 年至今仍活跃的古乡沟泥石流[3]、1983—1985 年培龙沟泥石流[18]等。这些大型泥石流与本文的天摩沟泥石流在成因机制中有一个共性特征，即均由山体崩塌滑坡或者冰崩雪崩触发。

随着全球气候变暖和冰川快速退缩，在藏东南地区表现出雨热同期的气候特征，形成了有利于冰川类泥石流形成的条件，巨灾发生概率增大[22]。鉴于区内川藏公路 / 铁路工程的线性特征，考虑大型泥石流堵江次生灾害影响，作者认为对于帕隆藏布沿江类似大型泥石流灾害，其预防重点应该在监测预警上，即通过监测手段，实时了解支沟是否发生大型的崩塌滑坡及冰崩雪崩，是否堵塞成坝，是否赋存大量的以冰碛物为主的松散堆积物质等，再通过灾害评价系统，开展实时预警。泥石流灾害治理方面应充分考虑泥石流对洪积扇中沟道的强烈刷深作用，如 2005 年比通沟泥石流一次刷深沟道达 37m，危及了比通桥基础稳定；同时，考虑泥石流堵江成湖及溃决洪水对岸坡的强烈冲刷和掏蚀，如 2010 年天摩沟泥石流溃决洪水造成包括比通桥及450m路基毁损。

5 结语

天摩沟流域地质构造复杂，嘉黎活动断裂带的南、北分支断裂分别通过其后缘和前缘，岩体破碎；岭谷高差巨大，侵蚀下切强烈；海洋性冰川积累消融迅速，降水及冰雪融水丰富。这些强烈的内外动力耦合作用为泥石流的发育创造了极佳条件。

两次泥石流在规模频次和运动速度上的显著差异，源自不同的成因机制和灾害链过程。其中2007年泥石流是崩塌混杂体直接地高速、整体一次输出，2010年泥石流是崩塌混杂体先阻塞主谷成坝，后续强降水和高温冰雪融水使堰塞坝多次失稳，溃坝泥石流以较高速度多次输出。

帕隆藏布江流域发育多处与天摩沟泥石流类似的大型—特大型泥石流，均由山体崩塌滑坡或者冰崩雪崩触发。这类泥石流灾害的预防重点应该在监测预警上，即实时获取大型崩塌滑坡及冰崩雪崩的发育位置，是否堵塞成坝等，开展实时预警；治理重点放在沟道剧烈刷深和岸坡掏蚀。这对今后帕隆藏布流域的川藏铁路工程选线、大型地质灾害链的监测预警及泥石流灾害风险评价都具有重要参考价值。

参考文献

[1] 中国科学院成都山地灾害与环境研究所，西藏自治区交通厅科学研究所．川藏公路典型山地灾害研究 [M]. 成都：成都科技大学出版社，1999，54-102.

Institute of Mountain Hazards and Environment, CAS, Institute of Traffic Science, Tibet. Research on typical mountainous hazards along Sichuan-Tibet highway[M]. Chengdu: Chengdu Science and Technology Press, 1999, 54-102.

[2] 杨志法，尚彦军，张路青，等．川藏公路地质灾害及其防治对策研究，以八宿至林芝段为例 [M]. 北京：科学出版社，2006.

Yang Zhifa, Shang Yanjun, Zhang Luqing, et al. Geological hazards and its countermeasures in Sichuan-Tibet highway, case study from Section of Basu to Linzhi[M]. Beijing: Science Press, 2006.

[3] 施雅风，杨宗辉，谢自楚，等．西藏古乡地区的冰川泥石流 [J]. 科学通报，1964，6:542-544.

Shi Yafeng, Yang Zonghui, Xie Zichu, et al. The glacial debris flow in Guxiang, Tibet[J]. Science Bulletin, 1964, 6: 542-544.

[4] 杜榕桓，李鸿琏，王立伦，等．西藏古乡沟冰川泥石流的形成与发展 [A]. 见：中国科学院兰州冰川冻土研究所集刊第4号，中国泥石流研究专辑 [C]. 北京：科学出版社．1985，1-18.

Du Ronghuan, Wang Lilun, Wang Yanlong, et al. Formation and development of glacial debris flow in the Guxiang gully, Tibet[A]. Lanzhou Institute of Glacier and Permafrost, CAS, Special issue on China debris flow[C]. Beijing: Science Press, 1985, 1-18.

[5] 曾庆利．藏东南巨厚松散堆积体发育条件、成灾模式及防治对策——以川藏公路然乌至鲁朗段为例 [D]. 中国科学院研究生院博士学位论文，2007.

Zeng Qingli. Formation of huge-thick loose accumulations in Southeast Tibet with associated hazards modes and mitigations: A case study in Ranwu to Lulang section of Sichuan-Tibet highway[D]. Ph D thesis of University of Chinese Academy of Science, 2007.

[6] 余忠水，德庆卓嘎，马艳鲜，等．西藏波密天摩沟"9·4"特大泥石流形成的气象条件 [J]. 山地学报，2009，27（1）：82-87.

Yu Zhongshui, De Qingzhuoga, Ma Yanxian, et al. Analysis of meteorological conditions about "9·4" debris flow in Tianmo gully, Bomi, county of Tibet[J]. Journal of Mountain Science, 2009, 27(1): 82-87.

[7] 胡桂胜，陈宁生，邓明枫，等．西藏林芝地区泥石流类型及形成条件分析 [J]. 水土保持通报，2011，31（2）：193-197.

Hu Guizheng, Chen Ningsheng, Deng Mingfeng, et al. Classification and initiation conditions of debris flow in Linzhi area, Tibet[J]. Bulletin of Soil and Water Conservation, 2011, 31(2): 193-197.

[8] 邓明枫，陈宁生，丁海涛，等．2007年西藏东南部群发性泥石流的水热条件及其形成机制 [J]. 自然灾害学报，2013（4）：

128-134.

Deng Mingfeng, Chen Ningsheng, Ding Haitao, et al. The hydrothermal condition and formation mechanism of the group-occuring debris flows in the southeast Tibet in 2007[J]. Journal of Natural Disasters, 2011, 31(2): 193-197.

[9] Ge Y G, Cui P, Su F H, et al. Case History of the Disastrous Debris Flows of Tianmo Watershed in Bomi County, Tibet, China[J]. Some Mitigation Suggestions. J. Mt. Sci., 2014, 11(5): 1253-1265.

[10] 张金山，谢洪，王小丹，等 . 西藏尖姆普曲泥石流 [J]. 灾害学，2015，30（3）：99-103.

Zhang Jinshan, Xie Hong, Wang Xiaodan, et al. Debris-flow of Jianmupuqu ravine in Tibet[J]. Journal of Catastrophology, 2015, 30(3): 99-103.

[11] 丁林，钟大赉，潘裕生，等 . 东喜马拉雅构造结上新世以来快速抬升的裂变径迹证据 [J]. 科学通报，1995，40（16）：1497-1500.

Ding Ling, Zhong Dalai, Pan Yusheng, et al. Fission track evidence for the Neocene rapid uplifting of the eastern Himalayan syntaxis[J]. Chinese Science Bulletin. 1995, 40(16): 1497-1500.

[12] 任金卫，沈军，曹忠权，等 . 西藏东南部嘉黎断裂新知 [J]. 地震地质，2000，22（4）：344-350.

Ren Jinwei, Shen Jun, Cao Zhongquan, et al. Quaternary faulting of Jiali fault, Southeastern Tibetan plateau[J]. Seismology and Geology, 22(4): 344-350.

[13] 中交第一公路勘察设计研究院，西安中交公路岩土工程有限公司 . 国道 318 线川藏公路（西藏境）102 滑坡群整治工程可行性研究报告 [R]. 2010 年 2 月 .

CCCC First Highway Consultants Institute, CCCC Xi'an Highway Civil Engineering Co. The feasible research report on the measurement of the 102 landslide group of G318 highway[R]. Feb. 2010.

[14] 杨逸畴，李炳元，尹泽生，等 . 西藏地貌 [M]. 北京：科学出版社，1985，52-60.

Yang Yichou, Li Bingyuan, Yin Zesheng, et al. Geomorphology in Tibet[M]. Beijing: Science Press, 1985, 52-60.

[15] 李吉均，郑本兴，杨锡金，等 . 西藏冰川 [M]. 北京：科学出版社，1986，1-36，217-228.

Li Jijun, Zheng Benxing, Yang Xijin, et al. Tibet Glacier[M]. Beijing: Science Press, 1986, 1-36, 217-228.

[16] Johnson A M, Rodine J R. Debris flow[C]. In: Brunsden, D, Prior, D B（Eds.）, Slope Instability. John Wiley & Sons, Chichester, UK, 1984, 257-361.

[17] Takahashi T. Debris flow [J]. Annual Review of Fluid Mechanics，1981，13: 57-77.

[18] 朱平一，程尊兰，游勇 . 川藏公路培龙沟泥石流输砂堵江成因探讨 [J]. 自然灾害学报，2000，9（1）：80-83.

Zhu Pingyi, Cheng Zunlan, You Yong. Research on causes of river blocking by sediment delivery of Peilonggou gully debris flow in the Sichuan-Xizang highway[J]. Journal of Natural Disasters, 2000, 9(1): 80-83.

[19] 曾庆利，杨志法，袁广祥，等 . 从辫状水系看川藏公路特大型泥石流的成灾模式及灾害防治——以扎木镇—古乡沟段为例 [J]. 中国地质灾害与防治学报，2007，18（2）：27-33.

Zeng Qingli, Yang Zhifa, Zhang Xijuan, et al. Hazard model and countermeasure to super-large debris flow in Parlung River, case study of the section from Zamu town to Guxiang gully[J]. The Chinese Journal of Geological Hazard and Control, 2007, 18(2): 27-33.

[20] 李德基，游勇 . 西藏波密米堆沟冰湖溃决浅议 [J]. 山地研究，1992，10（4）：219-224.

Li Deji, You Yong. Bursting of the Midui moraine lake in Bomi, Xizang[J]. Mountain Research, 1992, 10(4): 219-224.

[21] 吕儒仁，李德基 . 西藏波密冬茹弄巴的冰雪融水泥石流 [J]. 冰川冻土，1989，11（2）：148-160.

Lv Ruren, Li Deji. Debris flow induced by melted water of Dongrunongbu, Bomi, Tibet[J]. Glacies and Frozen Earth, 1989, 11(2): 148-160.

[22] 崔鹏，苏凤环，邹强，等 . 青藏高原山地灾害和气象灾害风险评估与减灾对策 [J]. 科学通报，2015，60（32）：3067-3077.

Cui Peng, Su Fenghuan, Zou Qiang, et al. Risk assessment and disaster reduction strategies for mountainous and meteorological hazards in Tibetan plateau[J]. Chinese Science Bulletin, 60(32): 3067-3077.

川藏铁路廊道风特性及其对轨道交通的影响

李永乐　张明金　向活跃

（西南交通大学桥梁工程系，成都 610031）

摘　要：川藏铁路穿越整个横断山脉地区，铁路沿线地形复杂多变，沟壑众多。山区地形的随机多变及不同地形特征间相互的气动干扰使复杂地形地貌桥址区风场变得异常复杂。本文讨论了川藏山区风特性及其对交通设施的影响，提出了川藏铁路所面临的抗风关键技术和挑战。川藏铁路的风场异常复杂，宜采用数值模拟、风洞试验和现场实测相结合的手段展开研究。铁路沿线缺少相关的风观测资料，而风荷载已成为某些峡谷桥梁的控制性因素，相关的风特性研究宜提前开展。

关键词：川藏山区；川藏铁路；深切峡谷；大跨度桥梁；风特性；现场实测

The Characteristics of the Wind and its Effect on Sichuan-Tibet Railway

Li Yongle　Zhang Mingjin　Xiang Huoyue

(Department of Bridge Engineering, Southwest Jiaotong University, Chengdu 610031, China)

Abstract: Sichuan-Tibet railway passes through the whole region of Hengduan Mountains. The terrain is complicated and changeable and there is lots of gully along the railway. The random and variability of mountainous area terrain as well as the mutual aerodynamic interference between different terrain features make the wind field in bridge site extremely complicated. This paper discusses the characteristics of the wind and its effect on traffic facilities in Sichuan-Tibet area, then it puts forward the key technologies and the challenges faced by Sichuan-Tibet railway in wind-resistant design. The wind field of Sichuan-Tibet railway is very complex, so the method of numerical simulation, wind tunnel experiments and field measurement should be combined in the research. The relevant data of wind observation is rare along the railway, but the wind load has become the decisive factors of some canyon bridges, so researches about the relevant wind characteristics should be carried out ahead of schedule.

Keywords:Sichuan-Tibet mountain area; Sichuan-Tibet railway; deep gorge; long-span bridges; wind characteristics; field measurement

---

作者简介：李永乐（1972—），男，教授，博士生导师。

基金项目：国家自然科学基金项目（51525804，U1334201）；交通运输部建设科技计划项目（2014318800240）；四川省创新团队（2015TD0004）。

1 工程概况

川藏铁路起于四川省成都市，经蒲江、雅安、康定、理塘、左贡、波密、林芝到达西藏首府拉萨，线路全长1629km，建成后从成都到拉萨的列车最少只需8个多小时。川藏铁路海拔较低的成都平原一路攀升至海拔较高的青藏高原，沿线海拔高差变化大。线路穿越了整个横断山脉地区，先后经过大渡河、雅砻江、理塘河、金沙江、澜沧江、怒江、雅鲁藏布江、尼洋河、拉萨河等。线路沿线山高谷深，山岭海拔多在3000~5000m，岭谷高差大都在1000m以上。比如：在大渡河某些地区谷底到山顶水平距离不足10km，而相对高差达到4000m以上。图1为川藏铁路沿线区域典型河流峡谷照片。

a）大渡河峡谷

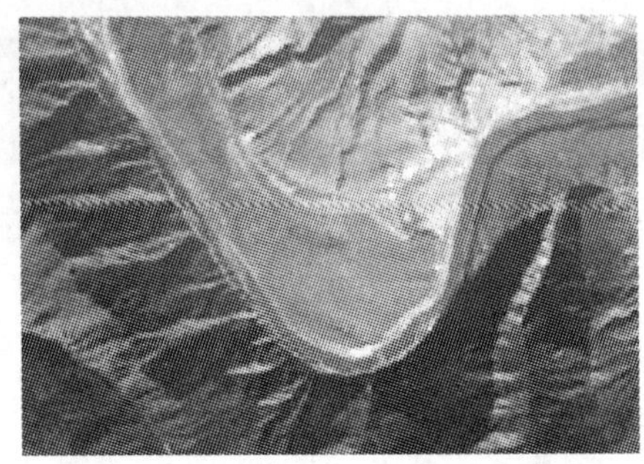
b）雅鲁藏布江峡谷

图1 典型河流峡谷

川藏铁路大部分线路位于高海拔山区，已有的现场观测表明，沿线某些山口峡谷区瞬时风速达到了40m/s，并且线路通过的绝大部分地区没有历史气象资料，缺乏沿线风特性相关的研究资料。国内一些学者分别对沿海平原地区的苏通大桥、西堠门大桥以及润扬大桥进行了桥址区风特性的实测[1]，也有一些学者对位于中西部山区的坝陵河大桥、四渡河大桥以及矮寨大桥进行了桥址区的风特性实测[2,3]。但目前已有的多数研究是针对沿海或者是内陆丘陵地区的风特性，其河谷两岸山峰至谷底高差一般较有限。国内外目前对高海拔高温差复杂地形地貌区风场时空特性的认识仍然非常有限，此外，类似桥位处的大部分桥梁桥位较高，桥面距离谷底较高，桥位处的风速可能受到地形的影响而有所加速，国内外如何确定类似地区桥梁基准风速的研究还没有统一的认识。

山区较大的风荷载对车辆的安全威胁也是巨大的。在国内有兰新铁路的"百里风区"，实测到的最高风速已经超过了64m/s[4]，每年超过八级以上的大风天均达到了100天。自兰新线通车以来（统计至2002年），兰新铁路由于大风导致的列车脱轨、侧倾事故达到了30起，吹翻货车达到110辆。仅仅在2003年，因大风导致铁路封闭的时间长达50h，直接造成经济损失超过了2800万元。在2007年，我国新疆发生了13级大风，导致列车脱轨侧倾，该次事故造成了4人死亡，30多人受伤的严重事故。在国外，日本自1872年开始铁路运输至1986年期间，共发生了28起由风荷载引起的列车事故。2005年，东日本铁道公司的"稻穗14号"新干线列车6节车厢全部脱轨，该次事故造成4人死亡，33人受伤。调查表明，列车运行在桥梁上时横向风的作用是引起列车出轨并翻倒的主要原因，而山区中桥梁受地形等因素的影响会使得桥梁上的风荷载出现较明显的突变现象，这种较为复杂的风荷载无论是对列车还是桥梁的安全运营均是较大的威胁。因此，明确川藏山区的风特性就显得尤其重要，它是保证强风作用下交通设施安全性和舒适性的基本前提。

综上所述，一方面，国内外目前对复杂地形地貌区的风场时空特性分布规律的认识较为有限，山区风场的时空特性又非常复杂，复杂的风场又导致目前已有的研究成果很难直接应用；另一方面，明确沿线山区的风特性对保证交通设施后期的安全运营有重要的意义。因此，对川藏山区风特性及其对交通设施的影响进行研究显得非常迫切和必要。

2 研究方法和手段

2.1 现场实测

现场实测研究一般通过区域内已有的气象站台或临时架设的观测点获得一定观测期内的风特性，然后根据某些相关关系或守恒特性建立区域内其他位置与已有风速资料观测点间的联系，从而推算得到其他位置处的局部风特性。刘峰等[5]（2002）建立了风速及风剖面短期风速测点与邻近气象站台进行同步观测，但其风速沿高度变化及脉动风特性分析中仍采用平坦开阔地区风特性规律。李永乐等[6]（2002）针对风速观测记录的特点，证明了利用不同高度处月最大风速记录推算地表粗糙度系数的可行性，并对通过最小二乘拟合得到的地表粗糙度系数进行了统计分析，并根据原始风速观测记录和基本风压分布图推算了实桥的设计基准风速。宋丽莉等（2007）通过桥址区风速观测点的观测资料对考虑地形影响的桥址区风特性进行了分析。张玥、刘健新、胡兆同等（2008）对禹门口黄河大桥的风特性进行了现场实测。陈政清等（2008）采用悬索吊挂式系统对矮寨大桥的风特性进行了现场实测。西南交通大学廖海黎等先后对苏通长江大桥和西堠门大桥风特性进行了现场实测。李永乐等[7]（2010）基于深切峡谷桥址区的龙江大桥现场实测风速记录，分析了其与周边气象台站观测记录的相关性，指出风速相关分析中采用比值法的合理性，并针对深切峡谷区大跨度桥梁的特点提出了“复合风速标准”的概念。朱乐东[2]（2011）、庞加斌[3]（2010）等对位于中西部山区的坝陵河大桥、四渡河大桥进行了桥址区的风特性观测，得到了较系统的山区桥梁风观测资料。李永乐等（2013—2015 年）以高海拔高温差深切峡谷区的大渡河大桥和龙江大桥为工程背景，对大桥桥址区风特性进行了长时间系统的观测，实测表明，类似川藏山区大风可以分为两类，一类是受大尺度气候环境影响，另一类是受小尺度范围内热力驱动而产生日常大风，同时还受到局部地形及随时间变化日照的影响。日常大风出现概率高，尽管不控制桥梁的设计基准风速，但影响桥梁的耐久性和行车舒适性，桥梁抗风研究中应加以重视。

2.2 风洞试验

地形模型风洞试验中，在模拟大气边界层的基础上，以实际地形为参照，按照一定缩尺比制作反映实际地形特点的地形模型，通过合理布置测点获取特定位置的风特性和整个复杂地形区域内的风场分布。Cheung 等[8]（2001）对缩尺比分别为 1∶200，1∶1500 的 334m 高香港青衣山尾流区的风速、脉动特性及雷诺剪应力进行风洞试验测量。Yamaguchi 和 Ishihara 等[9]（2003）对日本 Shakotan Peninsula 带悬崖地形特征的直径 8km 地区（缩尺比 1∶2000）进行了地形模型风洞试验，对不同风向作用下不同位置的风特性进行了测量，指出在复杂地形下，风剖面不再以指数规律随高度变化。张志田、李春光和陈政清(2007)通过桥址区直径 2km 范围(缩尺比 1∶500)的地形模型风洞试验，确定了桥梁的设计风速标准及脉动风特性。庞加斌、宋锦忠和林志兴等（2008）建议了气象站台基本风速与海拔的拟合关系式，同时通过直径 10km 范围（缩尺比 1∶1500）地形模型风洞试验对设计风速进行地形修正。西南交通大学廖海黎、李永乐等先后对具有复杂地形地貌的坝陵河大桥、澜沧江大桥进行了桥址区地形模型风洞试验的专题研究。上述地形风洞试验多数是面向工程应用的，在风场结构时空分布特性及空气流动机理等方面的基础性研究较为有限。胡朋、李永乐等[10]（2013）基于理想流体圆柱绕流推导出山区峡谷桥址区地形模型边界过渡段的合理形式，研究结语为山区峡谷桥址区风特性的复杂地形模型风洞试验的边界模拟提供了一种新的思路。胡朋、李永乐、张明金等[12-14]（2015）在西南交通大学Ⅲ号风洞中进行了龙江大桥以及大渡河大桥的桥址区地形模型风洞试验。其中大渡河大桥地形模型试验平面特征尺度达到了 18km（缩尺比 1∶2000），原始竖向特征尺度达到了 3400m（桥位处的地形海拔高差），通过试验表明桥址区的风攻角、风剖面等相关风参数较平原地区有较大差别，同时发现目前已有的相关抗风规范某些指标在复杂地形地貌区桥梁上采用是偏于不安全的。

2.3 数值模拟

数值模拟通常以计算流体动力学（CFD）为基础，计算模拟复杂地形区域上方的空气流动情况，从而得到边界层内不同位置处风特性分布规律。Uchida 和 Ohya（2003）采用大涡模拟的方法对 9.5km×5.0km 范围内复杂地形区空气流动进行了数值模拟，使用粗糙方块制造脉动风，获得计算区域内平均风速与脉动风速情况。Xiao 等（2007）针对 10.1km×6.9km 区域内小岛的风速和风向，应用不同的湍流模型进行了区域风场的仿真模拟。李永乐等[11]（2009）针对深切峡谷桥址区进行了 8.0km×8.0km 区域地形风场数值模拟分析，对比分析了不同风向情况下桥址区风速沿高度的变化情况，根据不同高度空气流动特点，提出将深切峡谷桥址区风场分为峡谷层、峰峦层、中高空层，根据风速沿主梁方向的变化特点，得出了平均风速和风攻角的联合分布，在一定程度上揭示了深切峡谷桥址区空间风场的分布特征。李永乐、胡朋等（2011）以紧邻高陡山体的大跨度悬索桥为工程背景，应用 CFD 商业软件 FLUENT 对桥址区复杂地形地貌进行了区域地形风场数值模拟研究，通过多工况的对比分析，探讨不同来流情况下高陡山体对主梁平均风速、风攻角以及风剖面的影响，讨论了桥址区的峡谷风效应。李永乐等（2013）对大渡河大桥 20.0km×20.0km 范围内的地形进行数值建模，进行了 24 个来流风向下桥位处的风场分析，基于计算结果采用“复合风速标准”方法确定桥址区的基准风速。

3 川藏山区风特性

本节以位于川藏山区的某桥址区为例，对川藏山区风特性进行简要概述。

3.1 风速大

以 2013 年 1 月上旬的一次大风降温过程为例（图 2），可以发现从 1 月 1 日中午开始至 1 月 3 日中午，桥位处出现了一个明显的降温过程，降温幅度达到了 13℃，在降温过程的开始阶段风速迅速增加，10min 平均风速在 3h 内从 3.0m/s 增加到 26.7m/s，达到最大后风速开始降低，但其 10min 平均风速仍然在 10.0m/s 以上。表明类似川藏山区的风环境恶劣，其风速并不比沿海地区小。

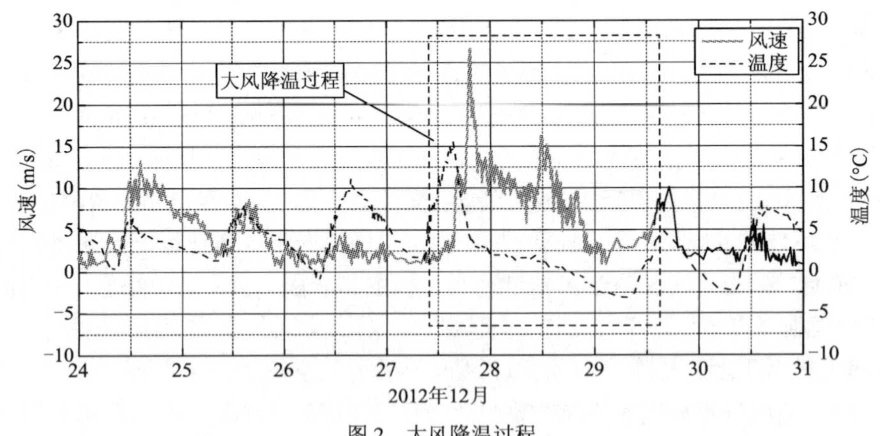

图 2 大风降温过程

3.2 主导风向明显

由于受到河谷两岸山体的阻挡作用，峡谷内的主导风向均为沿河道方向，而跨越峡谷的桥梁轴线常常垂直于河道方向，这就导致主导风向刚好垂直于主梁，而主导风向上的风速通常又较大，因此，这一特性对山区桥梁的设计和后期列车的运营均较为不利，这一特点有别于常规平原地区。

3.3 风攻角大

桥面设计高度处风攻角分布如图 3 所示，其概率均值为 -4.46°，标准差为 5.9。可以看出川藏山区风攻角较常规平原地区要大，并且大风攻角时风速减小不明显，这也有别于常规平原地区。

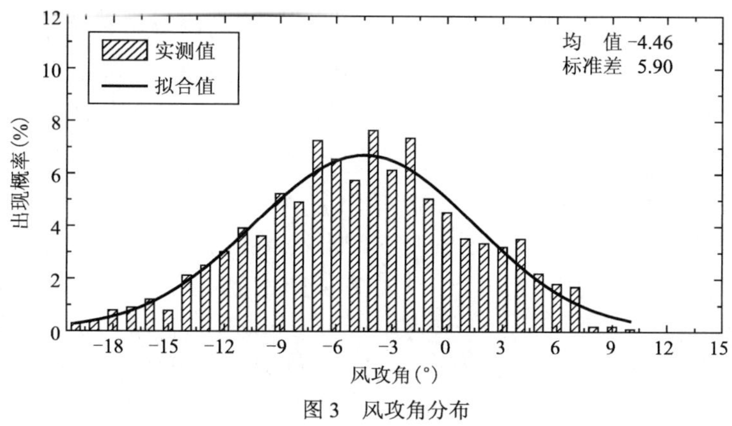

图 3　风攻角分布

3.4 日常大风出现频率高

川藏山区桥位处常常出现以天为周期的日常大风过程，这类大风的 10min 平均风速可以达到 10m/s 以上。图 4 为日常大风波动规律，从图 4 中可以看出桥位处一天中风速波动明显，在晚上零点至中午 12:00 期间风速较小，中午 12:00 过后风速迅速增大，下午 16:00 达到最大，大风一直持续到晚上 19:00 以后才开始减小，10min 平均风速大于 10.0m/s 的大风过程持续时间常常达到 7.0h 以上。这类高频的日常大风对桥梁的耐久性和舒适性提出了新的挑战，同时对列车的运营安全也有较大影响。

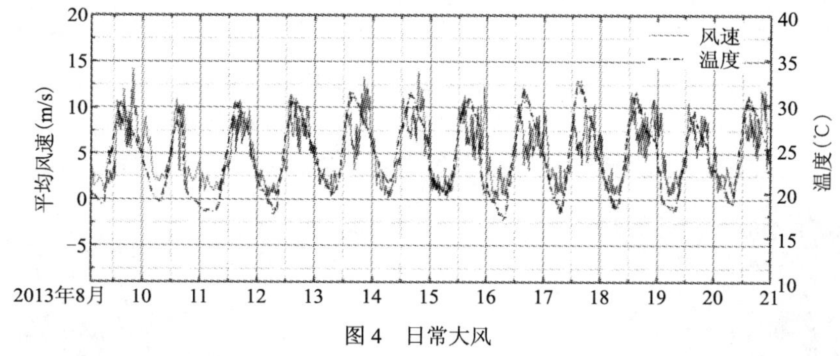

图 4　日常大风

3.5 风荷载沿主梁纵向不均匀

沿主梁纵向的风速变化如图 5 所示，从图中可以看出，主梁各个方向的风速沿纵向分布明显不均，靠近东面山体一侧主梁风速减小明显，其中横桥向风速甚至出现了反向，说明该桥受到桥前山体局部地形的遮挡效应明显。由于受到了局部地形的影响，主梁上风荷载的分布极其不均匀，严重不均匀风荷载对大桥的设计提出新的挑战。

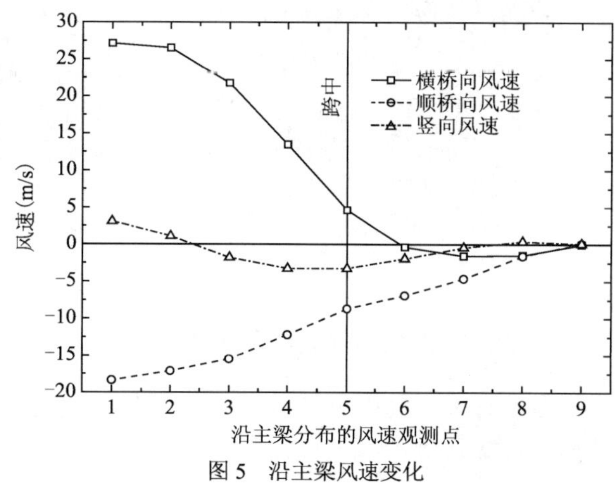

图 5　沿主梁风速变化

4 对交通设施的影响及其关键技术

4.1 对桥梁结构的影响

风对桥梁的影响受到风的自然特性、桥梁的动力性能以及风与桥梁相互作用三方面的制约。当风绕过一般为非流线型作用截面的桥梁结构时，会产生旋涡和流动的分离，形成复杂的空气作用力。当桥梁结构的刚度较大时，结构保持静止不动，这种空气力的作用只相当于静力作用。当桥梁结构的刚度较小时，结构振动受到激发，这时空气力的作用不仅具有静力作用，而且具有动力作用。静力作用如桥梁结构的静风稳定等，动力作用如桥梁结构的颤振、涡振、抖振等现象。因此风荷不仅仅是影响到桥梁的舒适性和耐久性，还常常会威胁到桥梁结构自身的安全。川藏山区由于山区风环境的特殊性，常常会导致比平原地区更大的破坏。比如位于大渡河上的泸定桥（图6）就多次因为大风造成破坏，比如乾隆六年四月（1739年5月），泸定桥被风吹折，拨银七百六十两兴修。1919年7月，桥被大风吹翻转，断链5根，直到1920年才修复。川藏铁路跨越大渡河桥位亦位于该桥附近，因此川藏铁路中相应峡谷区域桥梁的抗风性能研究应引起足够的重视。

4.2 对行车安全的影响

从1997年至今，我国铁路先后进行了六次大面积提速。在此期间，亦新修建了大量高速铁路，列车运营速度越来越快，最高运营速度已经达到了350km/h。川藏铁路大部分线路的设计时速也超过了160km/h。列车在高速行驶过程中，一方面受到来自正前方的空气阻力，另一方面受到来自其他方向的风力影响，两力叠加，车体相当于受到来自侧面的巨大推力，一旦其大于列车可承受范围时，就可能发生脱轨，甚至侧翻。20世纪70年代，奥地利发生了“大风吹翻火车”事故。在我国，2007年2月28日午夜2点5分。某列车被吹翻在乌鲁木齐以东约120km的珍珠泉附近，那里是全国著名的百里风区。据当时铁路测风仪记录，列车脱轨地点瞬间风力达到13级。那里一年中刮风天气占2/3，其中最大风力超过12级，持续时间可达10余天。12级风又被称为飓风，风速为32.7~36.9m/s，在海中可掀起滔天巨浪。而本次在列车脱轨事故地点出现的瞬时13级大风，其风速可达37.0~41.4m/s。目前，国内几乎没有关于遭受大风的相关标准，因此，川藏山区大风对行车安全的影响不容忽视。图7为被大风吹翻的列车。

图6 泸定桥

图7 被大风吹翻的列车

4.3 川藏铁路抗风关键技术

国内外有关桥址区风特性和风致行车灾变的研究文献表明，以往的研究对象与川藏铁路高海拔高温差深大峡谷环境尚存在很大差别，目前，对类似高海拔高温差深大峡谷桥址区风特性的研究非常少见，对其认识还有待进一步深入。川藏铁路部分线路地处四川盆地西缘向青藏高原的过渡段，具有地形复杂、高海拔、高温差等特殊性，桥位附近山顶通常存在终年积雪，易形成小尺度局部风环境，风场时空特性非常复杂，同时川藏铁路上的大部分桥梁桥位较高，桥面距离谷底较高，桥位处的风速也可能受到地形的影响而有所加速，国内外如何确定类似地区桥梁基准风速的相关研究较为少见。这使得已有研究成果难以直接应用，迫切需要对类似深大峡谷风场时空特性进行深入研究。为川藏铁路典型大桥的抗风设计和列车安全运营提供科学依据。

国内外对桥梁的抗风性能和风致行车灾变虽然有一定的研究，但是对类似高度时空非平稳性风场下的桥梁抗风性能及行车安全研究还未见报道，同时在这种复杂风环境下应该选用何种措施避免桥梁风致振动，确保行车安全目前尚未形成统一认识。而且，川藏铁路沿线河谷环境深大峡谷风场具有特殊性，防风措施不同于跨海大桥的防风措施。因此，迫切需要对跨越川藏山区深大峡谷桥梁的防风措施进行研究。

同时建立基于多测站实时监测数据的川藏铁路沿线防风预警系统亦具有较大挑战。在预警系统中如何结合极值风的概率分布，提高预测结果的可靠性，并基于实测结果检验其准确性，在多样本验证的基础上进一步完善风速预测方法等均具有较大挑战。

5 结语

（1）川藏线穿越横断山脉地区，具有地形复杂、高海拔、高温差等特殊性。同时已有的资料表明，大部分峡谷区域风速较大，大风出现的频率高，因此，在相应的设计、施工和运营期间对大风应给予足够的重视。

（2）目前针对风特性常用的数值模拟，风洞试验和现场实测几种研究手段各有利弊，川藏线复杂地形地貌河谷区风特性的研究应采用多种手段相结合的方式。

（3）风荷载已经成为某些山区峡谷桥梁的控制性因素，同时对后期交通设施的正常运营也有较大影响，因此，川藏铁路相关的抗风研究宜提前开展。

参考文献

[1] 李杏平，李爱群，王浩，等 . 基于长期监测数据的苏通大桥桥址区风特性研究 [J]. 振动与冲击，2010，29（10）：82-85.
Li Xingping, Li Aiqun, Wang Hao, et al. Wind characteristics of Sutong bridge based on long-term monitored data[J]. Journal of Vibration and Shock, 2010, 29(10): 82-85.

[2] 朱乐东，任鹏杰，陈伟，等 . 坝陵河大桥桥位深切峡谷风剖面实测研究 [J]. 实验流体力学，2011，25（4）：15-21.
Zhu Ledong, Ren Pengjie, Chen Wei, et al. Investigation on wind profiles in the deep gorge at the balinghe bridge site via field measurement[J]. Journal of Experiments in Fluid Mechanics, 2011, 25(4): 15-21.

[3] 庞加斌，宋锦忠，林志兴 . 四渡河峡谷大桥桥位风的湍流特性实测分析 [J]. 中国公路学报，2010，23（3）：42-47.
Pang Jiabin, Song Jinzhong, Lin Zhixing. Field measurement analysis of wind turbulence characteristics of Sidu Rivir Valley Bridge Site[J]. China Journal of Highway and Transport, 2010, 23(3): 42-47.

[4] 王厚雄，高注，王蜀东 . 挡风墙高度的研究 [J]. 中国铁道科学，1990，11（1）：14-23.
Wang Houxiong, Gao Zhu, Wang Shudong. A study on the height of wind break wall[J]. China Railway Science, 1990, 11(6): 14-23.

[5] 刘峰，许德德，陈正洪 . 北盘江大桥设计风速及脉动风频率的确定 [J]. 中国港湾建设，2002，1：23-27.
Liu Feng, Xu Dede, Chen Zhenghong. Calculation of designed wind velocity and wind pulsating frequency for the great bridge over the Beipan River[J]. China Harbour Engineering, 2002, 1: 23-27.

[6] 李永乐，廖海黎，强士中 . 京沪高速铁路南京长江大桥桥址区风特性研究 [J]. 桥梁建设，2002，114（4）：5-7.

Li Yongle, Liao Haili, Qiang Shizhong. Research on the wind characteristics of the site of Nanjing Changjiang River bridge on Berjing-Shanghai high-speed Railway[J]. Bridge construction, 2002, 114(4): 5-7.

[7] 李永乐，唐康，蔡宪棠，等．深切峡谷区大跨度桥梁的复合风速标准 [J]. 西南交通大学学报，2010，45（2）：167-173.
Li Yongle, Tang Kang, Cai Xiantang, et al. Integrated wind speed standard for long-span bridges over deep-cutting gorge[J]. Journal of Southwest Jiao Tong University, 2010, 45(2): 167-173.

[8] J. C. K. Cheung, M. Eaddy, W. H. Melbourne. Wind tunnel modeling of neutral boundary layer flow over mountains[C]. The Eleventh International Conference on Wind Engineering. Lubbock, Texas, USA, 2003.

[9] Atsushi Yamaguchi, Takeshi Ishihara, Yozo Fujino. Experimental study of the wind flow in a coastal region of Japan[J]. Journal of Wind Engineering and Industrial Aerodynamics, 2003, 91:247-264.

[10] Hu P, Li Y L, Huang G Q, et al. The appropriate shape of the boundary transition section for a mountain-gorge terrain model in a wind tunnel test[J]. Wind and Structures, 2015, 20(1): 15-35.

[11] 李永乐，蔡宪棠，唐康，等．深切峡谷桥址区风场特性数值模拟研究 [J]. 土木工程学报，2011，44（2）：116-122.
Li Yongle, Cai Xiantang, Tang Kang, et al. Study of spatial distribution feature of wind fields over bridge site with a deep-cutting gorge using numerical simulation[J]. China Civil Engineer Journal, 2011, 44(2): 116-121.

[12] 张明金，李永乐，唐浩俊，等．高海拔高温差深切峡谷桥址区风特性现场实测 [J]. 中国公路学报，2015，28（3）：60-65.
Zhang Mingjin, Li Yongle, Tang Haojun. Field measurement of wind characteristics a bridge site in deep gorge with high altitude and high temperature difference [J]. China Journal of Highway and Transport, 2015, 28(3): 60-65.

[13] 张明金，李永乐，余显全，等．桥塔上风传感器安装位置对测量结果的影响 [J]. 西南交通大学学报，2015，50（4）：617-622.
Zhang Mingjin, Li Yongle, Yu Xianquan. Installation position of wind sensor on the bridge tower in deep gorge site [J]. Journal of Southwest Jiaotong University, 2015, 50(4): 617-622.

[14] 李永乐，张明金，徐昕宇，等．高海拔深切峡谷桥址区日常大风成因分析 [J]. 西南交通大学学报，2014，49（6）：60-65.
Li Yongle, Zhang Mingjin, Xu Xinyu, et al. Cause analysis of daily strong wind on bridge site in deep gorge with high altitude and high temperature difference[J]. Journal of Southwest Jiaotong University, 2014, 49(6): 60-65.

拉林铁路崩滑地质灾害危险性评价

巨能攀　赵建军

（成都理工大学地质灾害防治与地质环境保护国家重点实验室，成都 610059）

摘　要：拉林铁路处于软岩极为发育、海拔最高、构造活动最为强烈的地区，发育大量的地质灾害，严重威胁铁路的选线与施工。本文在收集相关资料和大量野外调查的基础上，分析影响因素，总结研究区内地质灾害发育特征与分布规律，建立相应的评价体系，运用定性与定量结合的评价方法进行地质灾害危险性评价与分区。研究结果表明：运用定性与定量相结合的分析方法，综合考虑研究区地质灾害发育特征、灾害分布规律、工程活动等因素进行地质灾害危险性评价，将整个区域分为3个区，其中轻度危险区占研究区45.3%，中度危险区占33.5%，重度危险区占21.2%。本文完整地论述了拉林铁路沿线崩滑地质灾害性评价的技术路线，划分出沿线不同区域的危险性，对于保证拉林铁路工程建设的顺利进行具有重要意义。

关键词：地质灾害；发育特征；分布规律；定性分析

Risk Assessment of Falling and Landslide Geological Disasters along Lalin Railway

Ju Nengpan　Zhao Jianjun

(State Key Laboratory of Geohazard Prevention and Geoenvironment Protection Chengdu University of Technology, Chengdu 610059, China)

Abstract: Lalin railway located in the area where soft rock extremely developed, altitude is highest, and structural movement most intense. In which area, developed a large number of geological disasters that seriously threat the line selection and construction of the railway. Therefore, this paper based on the relevant data collection and field investigation, analyzed the influence factors, summarized the development characteristics and distribution regularities of geological disasters in the study area, established a relevant evaluation system, utilized qualitative evaluation methods to assess and regionalize the risk of geological disasters. The results show that: utilizing the qualitative analysis methods, comprehensive considerate the development characteristics and distribution regularities of geological disasters, engineering activities and other factors to assess the risk of geological disasters, divided the study area into three districts, in which, light danger district accounted for 45.3% of study area, moderate danger district accounted for 33.5%, catastrophic danger district accounted for 21.2%. This paper completely discussed the technic technical route of falling and landslide geological disasters assessment along the Lalin railway, categorized the risk of different area along the railway, it has an important significance to guarantee the smooth progress of Lalin railway construction.

Keywords: geological disasters; development characteristics; distribution regularities; qualitative analysis

---

作者简介：巨能攀（1973—），男，教授。

基金项目：国家自然科学基金（41372306）资助。

拉林铁路作为我国中长期路网规划建设的滇藏铁路、川藏铁路的一段，是在青藏高原东南沿喜马拉雅造山带规划修建的世界上海拔最高、地质环境最复杂、工程建设最困难的铁路。滑坡、崩塌、沙漠化等物理地质现象极为发育，一旦工程建设开挖或揭露极可能诱发地质灾害的发生，给选线、设计和施工带来极大的困难。因此，查明铁路沿线地质灾害发育特征，开展地质灾害危险性评价对于保证拉林铁路工程建设的顺利进行具有重要意义。

20世纪90年代以来，国内外众多学者在地质灾害危险性、易发性评价等方面进行了大量探索。Van Djike J. J.（1990）、Zhang（1991）等通过采集和整理大量地质灾害数据，运用GIS对山区地质灾害进行分析与评价。此后，黄润秋（1996）借鉴国外研究方法，建立数学模型开展了边坡稳定性分区和地质灾害危险性评估。Michael leiba M（2000）等将斜坡灾害的危险性、易损性、风险评价作为一体，以GIS技术为平台，分别采用平面和二维评价系统进行了斜坡地质灾害的危险性和风险区划研究。殷坤龙、陈永波（2002）等人运用因子叠加法、信息量模型等进行了地质灾害危险性、易发性的区划。薛强、张春山（2008）等人综合考虑地质灾害影响因素，运用数学模型进行地质灾害危险性区划。汶川地震诱发地质灾害数量巨大，危险性强，地质灾害危险性、易发性评价逐渐引起研究人员重视。殷坤龙（2013）、范强（2014）等人采取定量的分析方法，运用聚类分析、证据权等方法逐渐完善危险性评价的效果与作用。

总结地质灾害危险性评价的发展过程，评价一个区域的地质灾害危险性，一是通过研究该地区的致灾地质作用的特征，如致灾作用的规模、密度等；二是研究这一地区的地质环境、人类活动等。综合考虑这两方面因素，基于GIS，运用建立数学模型等方法进行评价。纵观以往的研究方法多以定量评价方法为主，而定性评价方法较少。定性评价强调评价因子的性质与地质灾害的关系，运用地质历史分析思想，综合各影响因素对地质灾害危险性进行评价。因此，本文综合考虑各种影响因素，分析各因素影响等级标准，运用定性与定量相结合的分析方法进行地质灾害危险性评价。

1 研究区工程地质条件评价

研究区位于西藏自治区东南部，雅鲁藏布江中游。全区平均海波3100m，该区属于热带湿润和半湿润气候，年降雨量650mm左右。区域总体地势呈西高东低，自西向东阶梯式递降，自南向北波状起伏。该区域冰川、冰蚀地貌发育。拉林铁路沿线大地构造背景复杂，主要处于特提斯造山系（带）东段，冈底斯—腾冲微陆块南部，紧邻雅鲁藏布江缝合带。沿线主要属冈底斯—腾冲地层区和雅鲁藏布江地层区，广泛发育古生界、中生界及古近海相沉积地层、新近系—第四系陆相地层，区内沉积岩、岩浆岩、变质岩三大岩类均有出露，其中以岩浆岩、变质岩相对发育，未变质的沉积岩相对较少，地层岩性复杂。

铁路沿线活动断裂的发育程度、工程地质岩组特性和沿线地质灾害发育程度这三个因素是进行工程地质条件评价和分区的基础，也是影响拉林铁路选址的先决条件，因此上述三个条件成为铁路工程地质评价分区的主控因素。铁路沿线的地震动峰值加速度值在0.15g～0.30g，地貌类型、人类工程活动和降雨量等因素是对铁路线路起外在因素作用；坡形、坡度、斜坡结构等因素控制铁路沿线地质灾害发育。因此根据上述分析，建立拉林铁路全线工程地质分区标准（表1），将铁路沿线工程地质条件分为4级：差、较差、较好和好。根据表1的分级标准，将该区域工程地质条件进行分级(图1)。

工程地质评价标准　　表1

工程地质评价等级	工程地质特性
差	较多活动断裂通过铁路或者距离较近（一般小于10km），地质构造复杂，工程地质岩组以软弱岩组为主，地质灾害密度大于1个/km
较差	区域活动断裂大于1条，且距离较近，地质构造较复杂，或者处于老断裂带影响范围内，工程地质岩组较硬，强风化，卸荷裂隙发育，地质灾害密度一般在0.5～1个/km，或者单一地质灾害特别发育，影响铁路线路走向

续上表

工程地质评价等级	工程地质特性
较好	活动断裂不发育，或者距离铁路线路较远，岩性以硬岩为主，河谷较宽，岸坡稳定性较好，植被发育，地质灾害密度一般在0.3～0.5个/km
好	区域无大型断裂，或者距离铁路线路较远，河谷岸坡低矮，植被发育，稳定性较好，地质灾害单一

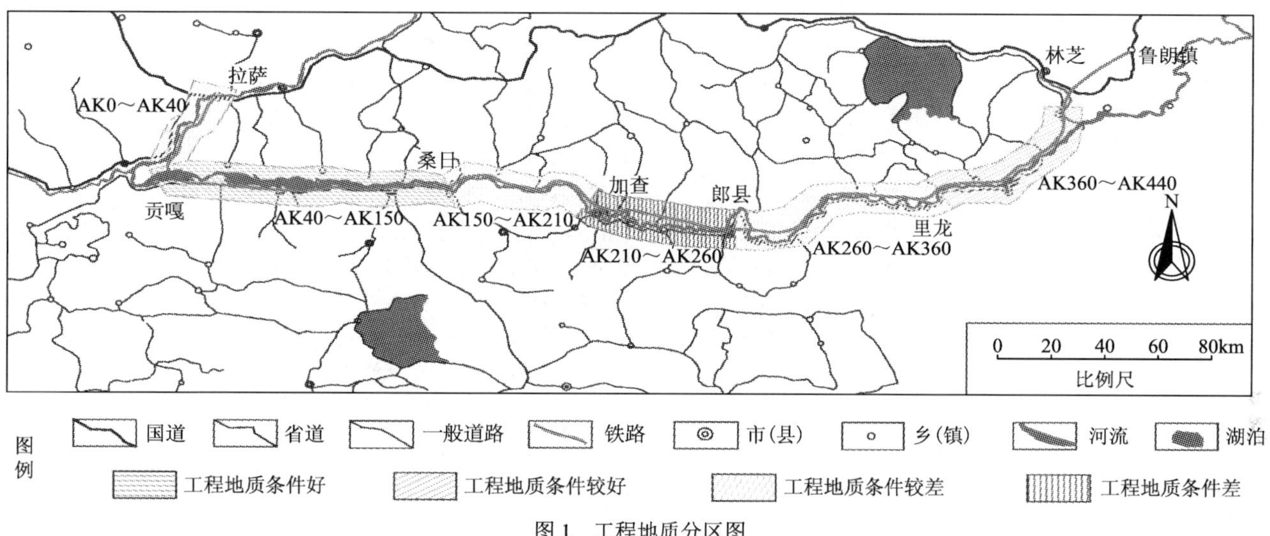

图1　工程地质分区图

2 崩滑地质灾害发育特征

2.1 典型地质灾害分析

2.1.1 于贡滑坡

于贡滑坡位于西藏自治区林芝地区朗县仲达乡雅鲁藏布江上游5000m右岸，滑坡体整体呈“舌”状，滑坡前缘高程3135m，后缘高程4100m，高差达965m，坡向345°。滑坡长2500m左右，整个滑体体积约为$4.58\times10^7m^3$，为巨型的古滑坡。

滑坡体按堆积物质组成可分为两个区：碎石土和沙。碎石土由滑坡形成的，主要有碎块石、岩屑、粉质黏土构成，碎块石岩性为灰黑色炭质千枚岩、板岩，强风化，结构松散，湿润，块径在5～12cm左右，最大块径近1m；碎石土平均厚度在150m左右，最厚位于滑坡体中部，高程3850m左右，达到了240m。沙由滑坡形成后，风成作用形成的，浅黄色，中细沙（图2）。

于贡滑坡的形成经历岩体破坏始于坡脚陡倾角节理面上的剪切滑动，然后逐渐向坡顶发展，其间应力重分布；岩层被压缩，为转动提供空间，转动岩层基部开始出现张拉弯曲破坏并逐渐向边坡顶部发展，最后岩层基部破坏面贯穿，产生滑坡，具体如以下5个阶段：①河谷下切，应力释放，边坡表层产生卸荷回弹变形；②结构面从坡脚开始滑动并向上逐步发展至坡顶，而且原来闭合的裂隙开始张开，坡体结构面开始扩展；③岩体向临空面开始压缩弯曲变形，坡脚处岩体折断面产生拉破坏，并逐步向坡顶发展；④边坡岩体向临空面产生的压缩—弯曲变形不断发展至坡顶形成贯通面，在多因素作用下形成滑坡并堵江；⑤滑坡体堵塞雅鲁藏布江后，河流流水不断地冲刷和淘蚀滑坡体前缘，因此原来的滑坡体再次发生滑动，形成了如今的滑坡地貌。

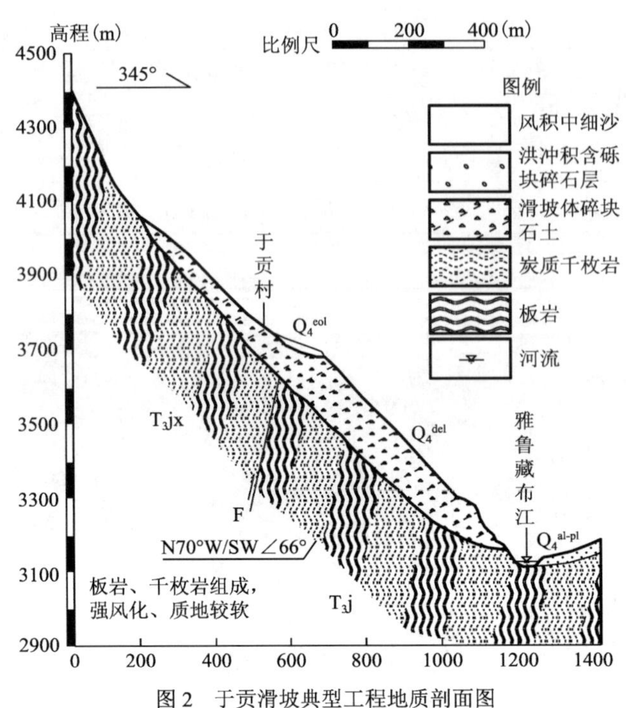

图2　于贡滑坡典型工程地质剖面图

2.1.2　利尼滑坡

利尼滑坡位于西藏加查县岭达乡安麻热将村对岸，滑坡呈典型的圈椅状地形，滑坡前缘高程3154m，后缘高程约3948m，高差794m，滑坡体积约$4.58\times10^7m^3$。滑坡后缘及侧边界清晰，滑体相对周围坡体存在明显的下错，形成明显的控制性边界，滑坡体巨大。若滑坡再次滑动，将威胁拟建的拉林铁路AK220～AK240段。

滑体主要由碎石土和角砾石组成。从前缘公路开挖揭露的断面可以看出，堆积体中灰黄色块石块径以10～50cm为主，块石含量占30%；碎石粒径为2～20cm，多成棱角状，其含量约为60%；其余部分为角粒石和灰褐色的粉土。滑坡堆积体表层可见厚20～30cm的坡积物，坡积物为黄褐、灰褐色的角粒石土（图3）。

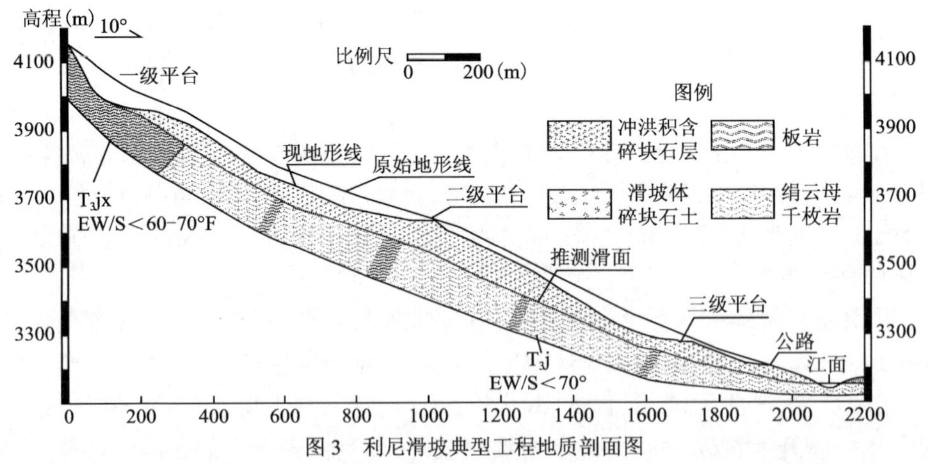

图3　利尼滑坡典型工程地质剖面图

利尼滑坡是由陡反倾岩质边坡弯曲倾倒变形破坏所形成，破坏模式为弯曲—拉裂。具体分为以下5个阶段：①河谷下切，应力释放，边坡表层产生卸荷回弹变形；②随着岩体倾倒变形的进一步发展，沿层面错动的剪切作用逐渐加剧，导致层内拉张效应渐趋强烈，岩板承受越来越大的拉张应力；③当倾倒变形发展极为强烈时，由于岩层弯曲变形角度很大，作用于岩板的倾倒弯矩进一步积累增大，一旦达到岩板的抗弯折强度，岩体发生横切岩板、倾向坡外的折断破裂。同时后缘拉裂缝向更深部发展；④边坡岩体内部的折断面基本贯彻，在地震、暴雨等作用下，已经压缩—局部锁固段不足以承受整体的下滑力，也被剪断，岩体沿已贯通的折断面滑动，形成滑坡，并堵塞雅鲁藏布江；⑤滑坡体堵塞雅鲁藏布江后，河流流水不断地冲刷和淘蚀滑坡体前缘，以及人类工程活动，原来的滑坡体发生局部次级滑动，形成了如今的滑坡地貌。

2.2　地质灾害分布规律

根据典型地质灾害发生环境，铁路沿线崩滑地质灾害发育和地质环境密切相关。在地形陡峭，水系发育，对地面切割强烈的地段，同时地层岩性复杂，有断层通过，节理裂隙发育，为地质灾害的发育提供了有利条件，使得地质灾害的发育具有相对集中分布的特点。不同工程地质区段地质灾害的类型及其发育规律有所差异。总体上，铁路沿线地质灾害的发育规律可概括为空间分布规律和时间分布规律。

2.2.1　空间分布规律

地质灾害的分布与工程岩土体特性、坡体结构与斜坡所处高程、坡度等具有密切的关系。文中选取地层岩性、高程、坡高、坡度等 6 种因素，根据前人经验与实地调查，将各个因素分为不同等级，讨论崩滑灾害在因子不同分级中的分布规律。如图 4 所示。

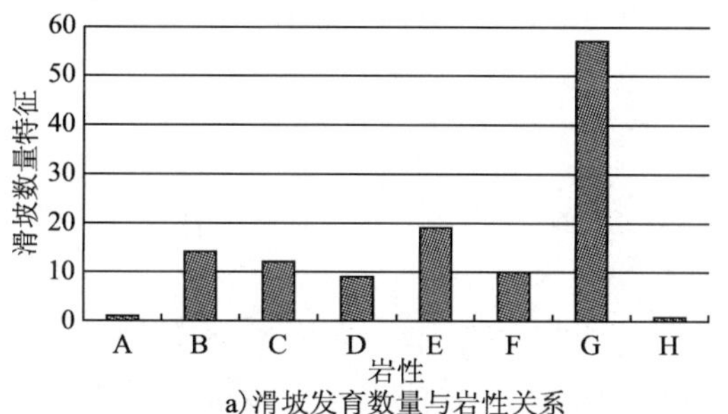

a）滑坡发育数量与岩性关系

A-辉长岩；B-片麻岩；C-英云闪长岩；D-花岗岩；E-花岗闪长岩；F-变质砂岩；G-绢云板岩；H-长英砂岩

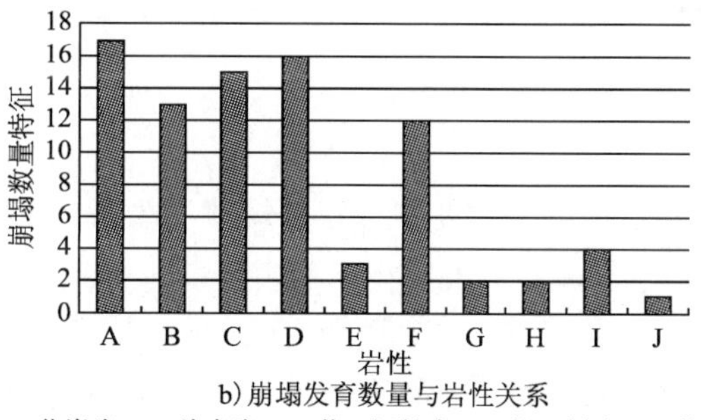

b）崩塌发育数量与岩性关系

A-花岗岩；B-片麻岩；C-英云闪长岩；D-绢云板岩；E-花岗闪长岩；F-变质砂岩；G-灰岩；H-砾岩长石砂岩；I-火山岩、灰绿石；J-闪长岩

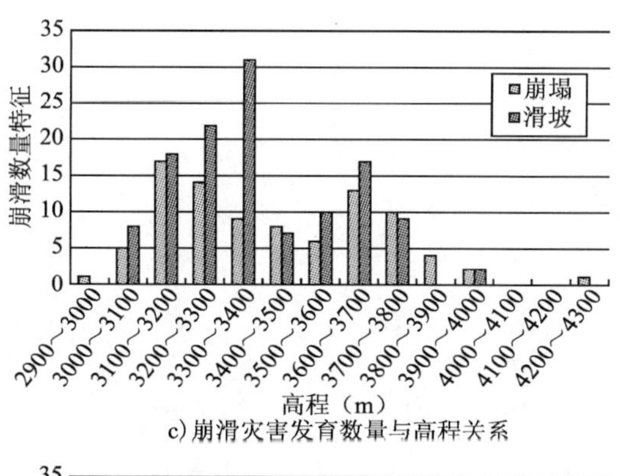

c）崩滑灾害发育数量与高程关系

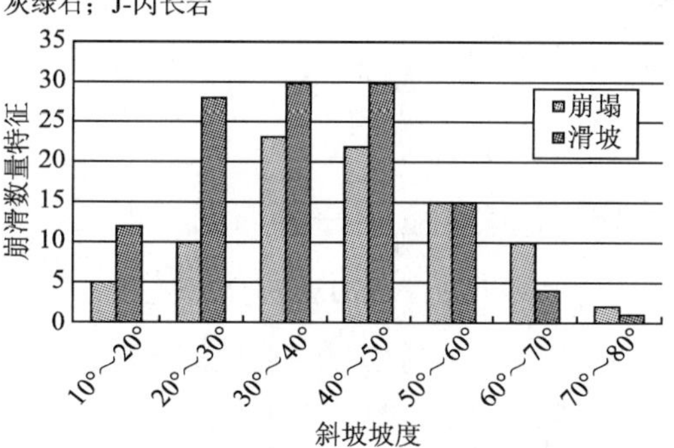

d）崩滑灾害发育数量与坡度关系

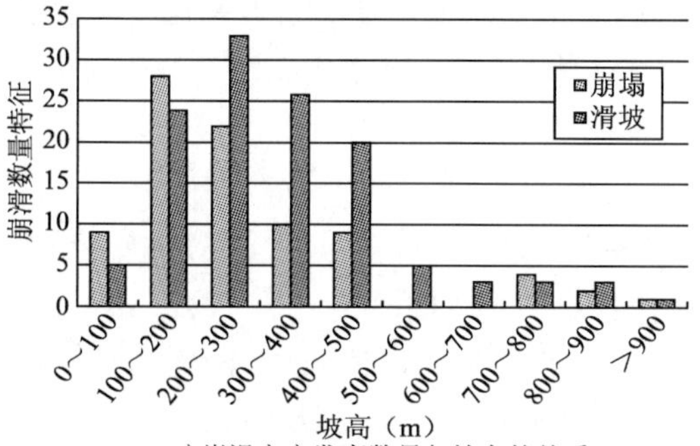

e）崩滑灾害发育数量与坡高的关系

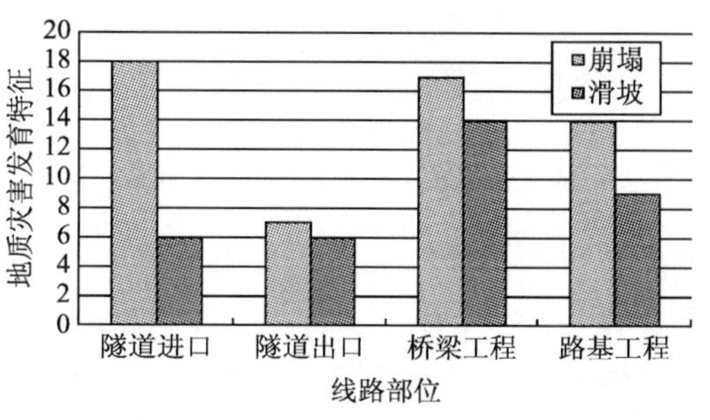

f）崩滑灾害发育数量与沿线不同部位关系

图　4

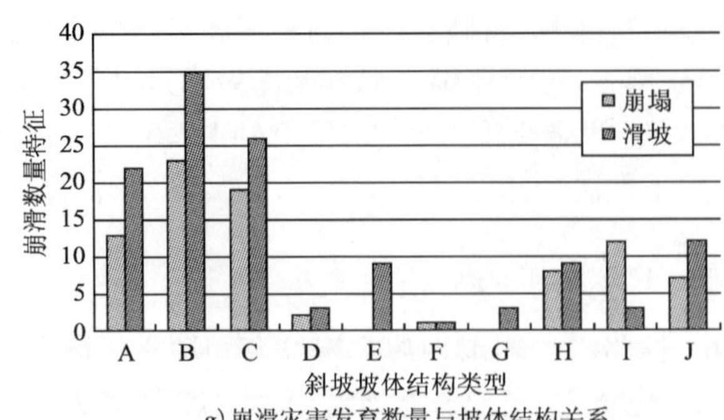

g)崩滑灾害发育数量与坡体结构关系

A-斜向倾内层状岸坡；B-横向岸坡；C-斜向倾外层状岸坡；D-中倾外顺向层状岸坡；E-缓倾外顺向层状岸坡；F-平缓倾内层状岸坡；G-缓倾内逆向层状岸坡；H-陡倾内逆向层状岸坡；I-中倾内逆向层状岸坡；J-陡倾外顺向层状岸坡

图4 崩滑灾害分布规律

分析图4中各个因素中地质灾害分布规律，软岩、松散岩体等是极易发生地质灾害的层位；在高山—极高山区的深切河谷两岸，风化、卸荷作用显著，成崩塌、滑坡的重灾区，说明斜坡高程、坡度对地质灾害形成有着控制性作用；崩滑体在横向坡体中最为发育，而断裂带附近地质灾害发育相对集中。调查数据显示铁路沿线中工程部位地质灾害点数占整条线路地质灾害总数的44.8%，说明工程活动促进地质灾害的发生。

2.2.2 时间分布规律

铁路沿线地质灾害的时间分布规律主要受降雨的控制，表现为地质灾害普遍具有季节性、延迟性与周期性。铁路沿线降雨主要集中于6～10月份，降雨量丰沛且多暴雨，地质灾害的发生表现与降雨的同发性，尤其是在雨季中后期或者一次大降雨后易发生地质灾害。铁路沿线崩塌、滑坡等地质灾害诱发因素主要是降雨、冻融作用，故常表现出不稳定性或者间歇性。即在旱季或者河流枯水期的时候，崩塌、滑坡处于稳定或者基本稳定状态；在汛期或暴雨季节，滑体饱水，稳定性变差，年复一年，周而复始。

3 地质灾害危险性综合评估

3.1 地质灾害危险性评价方法

本次危险性分区评价依据拉林铁路沿线工程地质条件分区评价结果，在评估区地质灾害现状评估和预测评估的基础上，综合考虑：①地质灾害形成的地质环境条件；②地质灾害类型、发育特征、分布范围、危害程度；③评估区段存在两种以上灾害时，以就重不就轻的原则；④工程建设及运营过程中由于人类活动对地质环境条件的破坏、加剧地质灾害的情况及对公路的危害。根据各种地质灾害对拟改建公路的危害、威胁程度，采用定性分析方法评估地质灾害危险性程度，全面、系统地划分地质灾害危险性区段，再根据各个区段地质灾害密度确定其危险性。

3.2 铁路沿线地质灾害危险性分区评价

沿雅鲁藏布江两岸地质灾害的发育是多种内外环境因素综合作用的结果，根据对地质灾害点规律进行调查分析，影响铁路沿线地质灾害发育分布的因素包括内因（控制因素）和外因（诱发因素）两大类，控制因素包括铁路沿线地形地貌、岩土体工程地质特性、斜坡坡体结构、水文地质条件等，诱发因素包括降雨、地震、人类活动等。根据拉林全线地质灾害程度将其分为不同区段，区段地质灾害发育分布密度如图5所示。

从图5可以看出：铁路沿线地质灾害线密度最大位于AK240～AK260段，达到1.3个/km；根据拉林铁路沿线地质灾害发育特征（包括崩塌发育密度、滑坡发育密度以及直接工程部位，如路基、桥梁、隧道进出口等灾害密度）和沿线工程地质分区（图1），以拉林铁路沿线地质灾害发育密度ρ划定沿线地质灾害危险性区域段：当地质灾害密度ρ<0.4个/km时，线路区域属于地质灾害轻度危险区；地质灾害密度ρ在0.4～0.8个/km时，线路区域属于地质灾害中度危险区；当地质灾害密度ρ>0.8个/km时，线路区域属于地质灾害重度危险区（表2）。并根据表2形成拉林铁路沿线地质灾害危险性分区图(图6)。

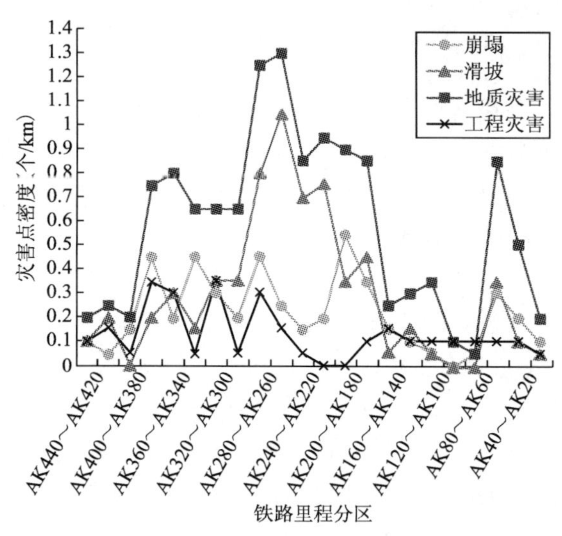

图5 地质灾害线密度分布图

地质灾害危险性分区评价表 表2

地质灾害危险性分区	地质灾害发育区域		工程地质条件评价结果	对铁路线路的影响
轻度危险区(A)(45.3%)	A1	AK0～AK20	较差	以崩塌、风沙为主，对线路路基可能造成一定的影响
	A2	AK60～AK150	好	以风沙为主，具有规模大、发育广等特点，应专题研究风沙灾害的形成机制及其控制技术
	A3	AK380～AK440	较好	以崩塌为主，滑坡次之，崩塌威胁路基、特大桥的安全；滑坡影响隧道进出口的稳定性
中度危险区(B)(33.5%)	B1	AK20～AK60	较差	以崩塌、风沙为主，风沙灾害威胁路基安全，少量崩塌可能成为隧道进出口的不稳定因素
	B2	AK270～AK380	较差	以崩塌为主，滑坡、风沙灾害发育，崩塌对铁路隧道进出口威胁较大，风沙影响局部路段路基
重度危险区(C)(21.2%)	C1	AK150～AK170	较差	以崩塌、滑坡为主，崩塌对隧道进出口危害极大
	C2	AK210～AK270	差	以滑坡为主，对铁路隧道进出口、朗县车站选址造成极大危害

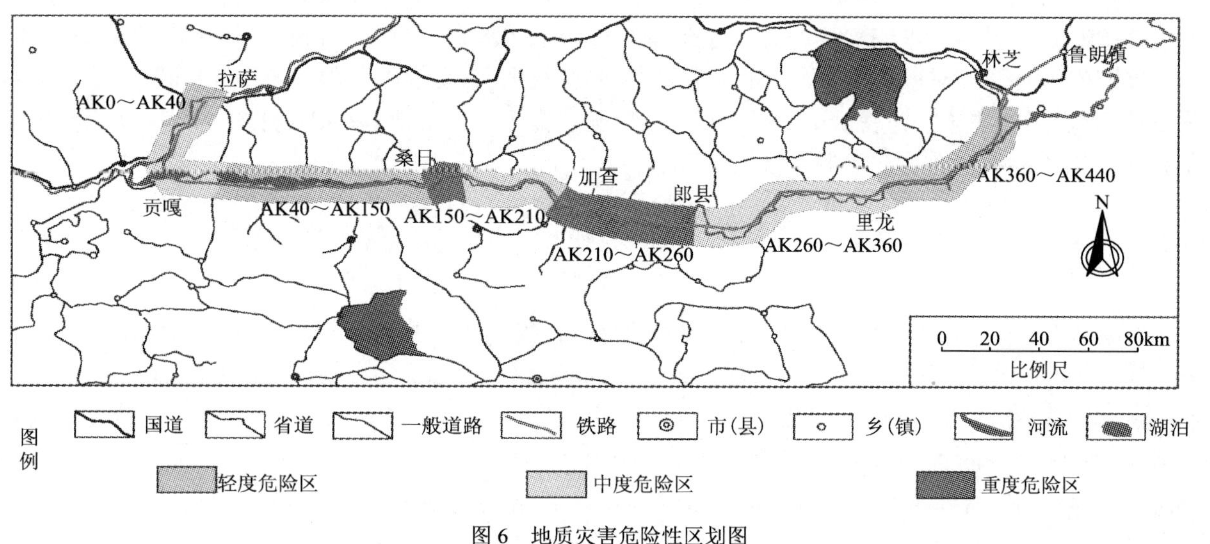

图6 地质灾害危险性区划图

4 地质灾害对选线的影响

从铁路沿线地质灾害分布规律和发育特征分析，结合区域自然地理环境，对铁路工程的影响包括以下3个方面：

（1）制约局部线路走向方案的选择，部分大型、巨型滑坡可能影响到山体的稳定性，对附近通过的铁路线构成较大威胁；同时，线路附近的古滑坡、崩塌灾害可能受到工程震动的影响而产生再一次的变形或者破坏。拉林铁路朗县境内线路崩滑灾害发育密度极大，可能影响部分线路的走向，如朗县车站一冲康隧道出口一段，可以考虑雅鲁藏布江右岸隧道形式通过。

（2）破坏站场，影响设站。朗县车站北侧的大型滑坡体、加查车站的崩塌灾害，严重制约了预设车站的安全，对于部分灾害严重的车站、站位，应考虑避让地质灾害的可能性。

（3）地表工程（路基、桥基、车站、隧道进出口等）场地的工程地质条件和施工条件及其适宜性直接受到工程区域内的地质灾害的制约和控制，在线路设计和施工阶段应引起足够的重视。

5 结语

本文以拉林铁路沿线崩滑地质灾害危险性评价为目标，在野外调查的基础上，通过对大量崩滑地质灾害的发育特征、分布规律、影响因素等的系统研究，建立相应的评价指标体系，运用定性评价方法评估拉林铁路沿线崩滑地质灾害危险性程度，以沿线地质灾害发育密度划定地质灾害危险性区段。取得以下主要成果：

（1）在野外调查的基础上，根据铁路沿线活动断裂的发育程度、工程地质岩组特性和沿线地质灾害发育程度这三个因素进行工程地质条件评价和分区。将铁路沿线工程地质条件分为4级：差、较差、较好和好。

（2）研究区内崩滑地质灾害主要受地层岩性、坡度、坡高、坡体结构等因素影响。

（3）运用定性与定量相结合的分析方法，综合考虑研究区地质环境、灾害分布规律、工程活动等因素进行地质灾害危险性评价，将整个区域分为三个区，其中轻度危险区占研究区45.3%，中度危险区占33.5%，重度危险区占21.2%。

（4）地质灾害治理措施比较多，如护坡、固坡工程，防止滑坡和崩塌；结合植树造林、恢复地表植被、改善生态环境等。对于大型、特大型地质灾害，人类难以直接抗衡，很难预防，采用避绕原则为首选，对于大型古滑坡，采用“早进晚出”的隧道避滑方案。在工程有效使用期内，保证边坡的稳定和地质灾害的发生在可预期的范围之内，对于保证工程建筑安全、行车辆和人员安全非常重要。地质灾害的预防措施主要有两种：预防和预警。预防措施是在预测的基础上，采用避绕和预防性措施，保护生态环境，避免灾害发生。预警措施是通过对坡体、降雨等进行监测，在灾害发生前或发生时做出预报和警报，通过各种通讯手段，通知危险区内的居民即使疏散。总之，一切治理措施应该以防灾、减灾为目的，在充分调查、研究的基础上，因地制宜，采取经济合理的手段来达到目的。

参考文献

[1] 丁继新，周圣华，等．川藏公路然乌—东久段地质灾害定量评价[J]. 自然灾害学报，2005，14（4）：79-84.
Ding Jixin, Zhou Shenghua. Quantitative assessment of geological hazards in segment between Ranwu and Dongjiu in Sichuan[J]. Journal of Natural Disasters, 2005, 14(4): 79-84.

[2] 袁素凤．模糊综合评价高速公路建设工程地质灾害危险性[J]. 灾害学，2009，24（2）：57-60.
Yuan Sufang.Fuzzy comprehensive evaluation of geologic hazard of express way construction engineering[J]. Journal of Natural Disasters, 2009, 24(2): 57-60.

[3] Van Dijke J J, Van Westen C J. Rockfall hazard：a geomorphological application of neighbourhood analysis with ILWIS[J]. ITC Journal, 1990, (1): 40-44.

[4] Zhang Hongren.Geological hazard control in China[J]. Natiral Disaster Reduction in China，1994，1（1）：40-42.

[5] 黄润秋，李曰国 . 三峡工程水库岸坡稳定性预测的逻辑信息模型 [J]. 水文地质工程地质，1992，1：76-80.
Huang Runqiu, Li Riguo.Logical message model of stability predication to bank slopes in three gorges[J].Hydrogeology and Engineering Geology, 1992, 1: 76-80.

[6] 柴贺军，黄润秋，刘汉超 . 滑坡堵江危险度的分析与评价 [J]. 中国地质灾害与防治学报，1997，8（4）：1-8.
Chai Hejun, Huang Runqiu, Liu Hanchao. Analysis and evaluation on landslide for its risk ddegree of damming a river[J]. The Chinese Journal of Geological Hazard and Control, 1997, 8(4): 1-8.

[7] Michael-leiba M. Landslides in research, theory and practice, Thomas Telford, London[J]. Quantitative Landslides Risk Assessment of Cairns, Australia, 2000: 1059-1064.

[8] 陈永波 . 滑坡危险度区划研究——以三峡开县库区为例 [D]. 成都：西南交通大学，2002.

[9] 殷坤龙，张桂荣，地质灾害风险区划与综合防治对策 [J]. 安全与环境工程，2003，10（1）：32-35.
Yin Kunlong, Zhang Guirong. Risk zonation of geohazards and its comprehensive control[J].Safety and Enviromental Engineering, 2003, 10(1): 32-35.

[10] 薛强，延安宝塔区地质灾害危险性评价研究 [D]. 西安：西安科技大学，2002.

[11] 张春山，韩金良，孙炜锋，等 . 陕西陇县地质灾害危险性分区评价 [J]. 地质通报，2008，27（11）：1795-1801.
Zhang Chunshan, Han Jinliang, Sun Weifeng, et al. Assessment of geohazard danger zoning in Longxian Country, Shanxi, China[J].Geological Bulletin of China, 2008, 27(11): 1795-1801.

[12] 桂蕾，殷坤龙，等 . 基于聚类分析的滑坡灾害危险性区划研究 [J]. 水文地质与工程地质学报，2013，40（1）：100-105.
Gui Lei, Kun Yinlong, et al. Landslide hazard zonation based on cluster analysis[J]. Hydrogeology & Engineering Geology, 2013, 40(1): 100-105.

[13] 范强，巨能攀，等 . 证据权法在区域滑坡危险性评价中的应用——以贵州省为例 [J]. 工程地质学报，2014，22（3）：474-481.
Fan Qiang, JuNengpan, et al. Landslides hazards assessment with weights of evidence-a case study in Guizhou, China[J]. Journal of Engineering Geology, 2014, 22(3): 474-481.

[14] 许冲，戴福初，姚鑫，等 .GIS 支持下基于层次分析法的汶川地震区滑坡易发性评价 [J]. 岩石力学与工程学报，2009，28（2）：3978-3985.
Xu Chong, Dai Fuchu, Yao Xin, et al. GIS-based landslide susceptibility assessment using analytical hierarchy process(AHP) for May 12, 2008 Wenchuan earthquake region[J]. Chinese Journal of Rock Mechanics and Engineering, 2009, 28(2): 3978-3985.

[15] 王佳佳，殷坤龙，等 . 基于 GIS 和信息量的滑坡灾害易发性评价——以三峡库区万州区为例 [J]. 岩石力学与工程学报，2014，（4）：797-808.
WangJiajia, YinKunlong, et al. Landslides susceptibility assessment based on GIS and weighted information value：a case study of Wanzhoudistict, three gorges reservoir[J].Chinese Journal of Rock Mechanics and Engineering, 2014, (4): 797-808.

[16] 柳源 . 中国地质灾害（以崩、滑、流为主）危险性分析与区划 [J]. 中国地质灾害与防治学报，2003，14（1）：95-99.
Liu Yuan. Risk analysis and zoning of geological hazards (chiefly landslide, rock fall and debris flow) in China[J]. The Chinese Journal of Geological Hazard and Control, 2003, 14(1): 95-99.

[17] 高彩云，崔希民 . 基于多因素加权灰靶决策模型的滑坡灾害危险性评价 [J]. 中南大学学报，2016，47（2）：524-530.
Gao Caiyun, Cui Ximin. Landslide risk assessment based on multi-index weighted grey target decision model [J]. Journal of Central South University, 2016, 47(2): 524-530.

川藏线缓坡设置研究

杨成和[1]　于汝滨[2]

（1. 中铁二院工程集团有限责任公司，成都 610031；2. 西南交通大学交通运输与物流学院，成都 610031）

摘　要：川藏铁路具有典型长大坡道线路的特征，设置缓坡是长大坡道线路解决列车起动加速等问题的重要技术手段。论文以加力坡24‰和30‰两个设计方案，HXD_2、HXD_{2b}两种电力机车双机牵引货物列车为依据，对川藏线雅安—新都桥区段各区间的缓坡设置情况进行研究分析。根据经典力学分析，提出了缓坡设置的检算方法，分析发现24‰坡度方案下，各区间均不需设置缓坡。针对30‰坡度方案进一步进行分析，确定出该方案下，在大仁烟—新沟等6个区间需要设置缓坡，并给出了这些区间缓坡设置的合理坡度和坡长范围。采用模拟计算的方法，对上述6个区间进行计算分析，研究发现缓坡设置会导致区间上坡运行时分缩短，下坡运行时分增加，总运行时分减小。本文研究结语对川藏线的设计具有一定的借鉴意义。

关键词：川藏铁路；缓坡；牵引计算；模拟仿真；区间运行时分

Research on Slight Gradient's Setting of Sichuan-Tibet Railway

Yang Chenghe[1]　Yu Rubin[2]

(1.China Railway Eryuan Engineering Group Co. Ltd, Chengdu 610031, China; 2. School of Transportation and Logistics, Southwest Jiaotong University, Chengdu 610031, China)

Abstract: Sichuan-Tibet railway is a typical long slope line, and the setting of ramp slope line is an emphasis technical means for solving the train starting acceleration problem. The paper is under the condition of two limited slope plan 24‰ or 30‰ to the railway, which uses two kinds of freight train, HXD_2 and HXD_{2b} to do the traction with double locomotives. The analyzing for the slight gradient's setting of each section in Ya'an-Xinduqiao, which is belong to the Sichuan-Tibet railway is just based on it. Based on the Classical Mechanics, a check method of the slight gradient's setting has been proposed. Through on it the conclusion can be drawn that the slope of 24‰need not to set up the slight gradient. With further analysis of the slope plan of 30‰ the conclusion that six sections such as Darenyan-Xingou need slight gradients can be drawn. More than that the reasonable slope range and length of the ramp can be drawn. Through the simulation, do the analysis and calculation on the 6 sections. The study finds the setting of slight gradient can make the time for the interval uphill shorter, make the interval downhill longer, and the total section operation time is decreasing. The conclusion through the research has reference significance for the design of the Sichuan-Tibet railway.

Keywords: Sichuan-Tibet railway; slight gradient; traction calculation; simulation; section operation time

---

作者简介：杨成和（1965—），男，高级工程师。

1 工程概况

川藏铁路设计为单线，全长约1856km，起于四川省成都市，经雅安、天全，翻二郎山进入甘孜藏族自治州，经泸定、康定，终至拉萨市，建成后将成为我国进藏的重要通道。川藏铁路所经由地区的特殊地形地势，使得该线路很多地段坡度陡长，且具有明显的高寒山区长大坡道的特点。在长大坡道线路上，当出站端坡度过大影响列车起动时，通常要在出站端设置一段坡度较小的缓坡。

川藏线雅安至新都桥段，其相关情况如表1所示。该段线路可以选择的限坡设计方案有12‰限坡（24‰加力坡）和16‰限坡（30‰加力坡）两个方案，对于加力坡拟采用HXD_2或HXD_{2b}型机车双机牵引。为解决川藏线雅安至新都桥段长大坡道所产生的出站端为上坡，不利于列车起动加速的问题，以及避免坡停、逆溜等影响行车安全的情况出现，需要考虑和研究对部分区间设置缓坡的问题。

川藏线雅安至新都桥段线路概况　　表1

方　　案	限坡（‰）	车站数	单复线	线路长度（km）	高差（m）
Ⅰ	12（24）	19	单线	248.216	3122
Ⅱ	16（30）	20	单线	229.087	2761

2 缓坡设置的检算方法

2.1 缓坡设置的检算条件

当车站出站方向为限制坡度（加力坡）的上坡时，列车自车站起动后，在进入限坡（加力坡）坡道时，其运行速度应不低于机车的计算速度；否则，就应在出站端设置缓坡。

如图1所示，当列车运行至C点时其速度低于计算速度则需要设置缓坡（如图2的CD段，其长度为S_h），以保证列车到达D点时，其运行速度不低于计算速度。

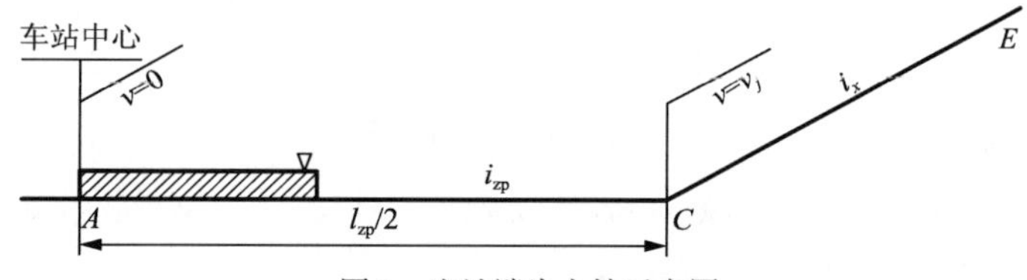

图1　出站端为上坡示意图

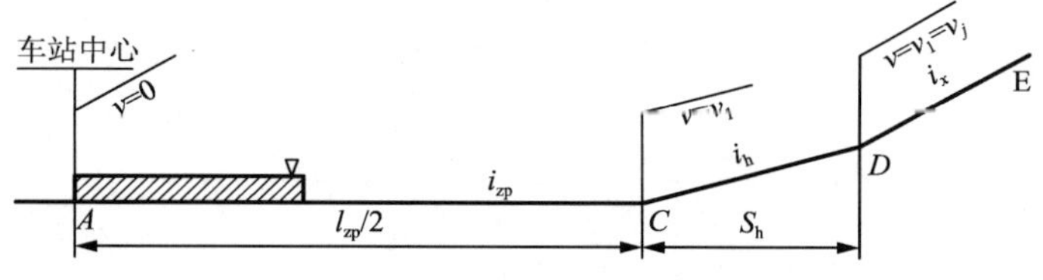

图2　出站端为上坡增设缓坡示意图

根据图中所示情况，建立列车运动方程，可以推导得出：

$$S=\frac{4.17\times(v_2^2-v_1^2)}{f_j-w_0-i_{zp}} \tag{1}$$

式中：S——列车从车站中心运行至限坡（加力坡）起点的距离（m）；

f_j——单位计算牵引力（N/kN）；

w_0——单位基本阻力(N/kN);

i_{zp}——站坪坡度(‰);

v、v_1(v_2)、v_j——列车运行速度、列车在坡道 CD(DE)段的运行速度、机车计算速度(km/h)。

从图中可以得出:当列车出站运行距离为 $S=l_{zp}/2$ 时,如果 $v_2<v_j$,就必须设置缓坡。

2.2 川藏线缓坡设置检算

根据相关设计文件,川藏线雅安至新都桥段,机车计算速度、站坪长度等参数如表2所示。

川藏线雅安至新都桥段相关设计参数　表2

机　型	坡度(‰)	牵引定数(t)	站坪长度(m)	机车计算速度(km/h)	站坪坡度(‰)
HXD_2	24	3000	1200	65	≤1.0
	30	2800	1100		≤2.0
HXD_{2b}	24	2800	1100	65	≤1.0
	30	2000	1100		≤2.0

应用式(1)进行检算时,一般采取逐段累加的计算方法,计算速度间隔通常取10km/h。按照式(1),根据 HXD_2 双机牵引列车时的单位合力(表3),可以计算得到方案I在 i_{zp}=1.0‰时,列车运行速度—距离的关系,如表4所示。

不同速度时 HXD_2 双机牵引列车的单位合力　表3

v(km/h)	0~10	20	30	40	50	60	65	70
f_j-w_0(N/kN)	18.924	18.081	16.988	15.645	14.051	12.208	11.193	10.115

不同速度段 HXD_2 双机牵引列车的运行距离　表4

v(km/h)	0~10	10~20	20~30	30~40	40~50	50~60	60~65	65~70
S(m)	23.26	71.47	126.10	190.58	271.01	378.16	243.56	291.57
$\sum S$(m)	23.26	94.73	220.83	411.41	682.42	1060.58	1304.14	1595.71

同理,可以计算得出 HXD_{2b} 机车双机牵引列车运行下的速度—距离关系。通过逐段累加,可以得出在列车从站内启动运行至 $S=l_{zp}/2$ 时的速度,如表5所示。可以看到,当车站出站端为24‰或30‰的长大上坡道时,无论 HXD_2 或 HXD_{2b} 均须设置缓坡。

列车启动出站后的入坡速度(单位:km/h)　表5

机　型	方　案	坡　度	站坪坡度		
			0.0‰	1.0‰	2.0‰
HXD_2	I	24‰	45	45	—
	II	30‰	45	45	44.08
HXD_{2b}	I	24‰	45	43.65	—
	II	30‰	43.43	41.71	38.78

3 缓坡设置方案的确定

对于川藏线雅安至新都桥段,计算各区间等效坡度,得到:方案I的区间最大等效坡度为18.63‰,远低于24‰,无须设置缓坡;方案II的区间最大等效坡度为25.75‰,且全线多个区间等效坡接近24‰,须设置缓坡。因此，以方案Ⅱ下的线路设计数据为基础，具体分析其缓坡设置情况。

3.1 确定缓坡设置区间

根据以上研究结语，对于川藏线雅安至新都桥段，出站端坡度不低于24‰，且平均坡度在20‰以上的区间均应设置缓坡，如表6所示。

川藏线雅安至新都桥段设计方案Ⅱ设置缓坡区间 表6

区间	大仁烟—新沟	泸定—咱里	咱里—日地	菜园子—康定	折多塘—毛家沟	毛家沟—光明
坡度(‰)	25.20	25.50	25.50	25.50	24.90	25.50
坡长(m)	6900	7250	11100	9150	10700	6000
等效坡度(‰)	22.45	22.41	23.25	25.75	22.59	23.40

3.2 缓坡长度确定

设列车运行速度从v_1（可根据表5得到）到计算速度v_j之间的平均单位牵引力为$\overline{f}$和平均单位基本阻力为$\overline{w}_0$，根据式(1)，可以得到缓坡长度的计算公式(2)。利用式(2)，可以分别计算出i_h=2‰、4‰、6‰、8‰的缓坡长度，如表7所示。

$$S_h=\frac{4.17\times\left(v_j^2-v_1^2\right)}{\overline{f}-\overline{w}_0-i_h} \tag{2}$$

川藏线缓坡长度 表7

机型	v_1（km/h）	v_j（km/h）	i_{zp}（‰）	$\overline{f}$-$\overline{w}_0$(N/kN)	S_h（m）			
					2‰	4‰	6‰	8‰
HXD_2	44.08	65	2.0‰	15.91	685	799	960	1203
HXD_{2b}	38.78	65	2.0‰	11.84	1153	1447	1943	2955

3.3 缓坡长度检算

由于区间距离的限制，在一定等效坡度条件下，缓坡长度将受到一定的限制。如图3所示，可知：缓坡坡度越大，其对应的坡长越长；出站信号机至长大坡起点间距离x与缓坡长度S_h、区间等效坡度θ的关系如下：

$$\frac{x}{\sin\left[\pi-\alpha-\left(\pi-\arctan\theta\right)\right]}=\frac{S_h}{\sin\left(\pi-\arctan\theta\right)} \tag{3}$$

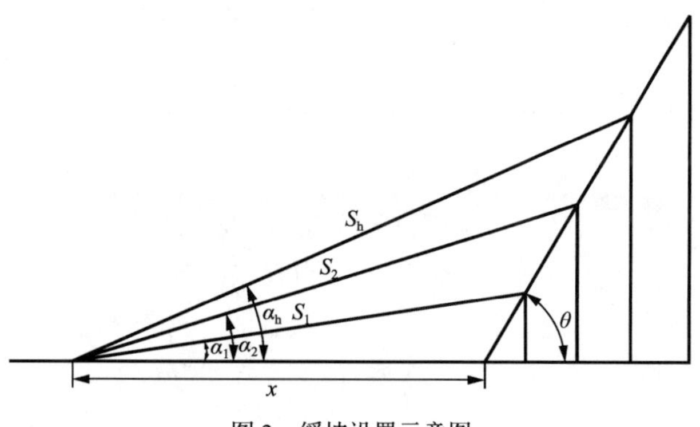

图3 缓坡设置示意图

可近似认为 arctanθ=θ，则有：

$$\alpha = \theta - \arcsin\left(\frac{x \cdot \sin\theta}{S_h}\right) \tag{4}$$

通过式(4)计算得到 α。当 $\alpha \leqslant i_h$ 时，缓坡设置合理；否则，按照表 7 中所计算的缓坡坡度和长度，无法实现区间高程的变化。

按照表 8 中的数据，利用式（4）进行计算，菜园子—康定区间采用 HXD_{2b} 双机牵引、θ=25.75‰、S_h=1153m，得到 α=3.42‰> 2‰，即该区间设置 2‰ 的缓坡长度不够。同理，可验证该区间设置 4‰、6‰ 和 8‰ 的缓坡均不满足实际线路条件。因此，川藏线雅安至新都桥段采用 HXD_{2b} 双机牵引时，对于现有纵断面设计，不满足缓坡设置条件。

同理，可以计算得出：川藏线雅安至新都桥段采用 HXD_2 双机牵引时，设置 2‰、4‰、6‰、8‰ 的缓坡均可以满足线路纵断面设计条件。

4 缓坡设置对区间运行时分的影响

一般来讲，设置缓坡会使得上坡列车平均速度升高，区间运行时分缩短；同样会使得下坡列车的平均速度降低，区间运行时分延长。针对川藏线雅安至新都桥段大仁烟—新沟等 6 个区间，在 30‰ 加力坡设计方案下，采用 HXD_2 型电力机车双机牵引 3000t 货物列车的情况，运用北京交通大学列车牵引计算软件，对 2‰、4‰、6‰、8‰ 四种不同缓坡坡度下，进行列车运行模拟仿真计算。其中，设置长为 685m、坡度为 2‰ 的缓坡时，模拟仿真曲线如图 4、图 5 所示。

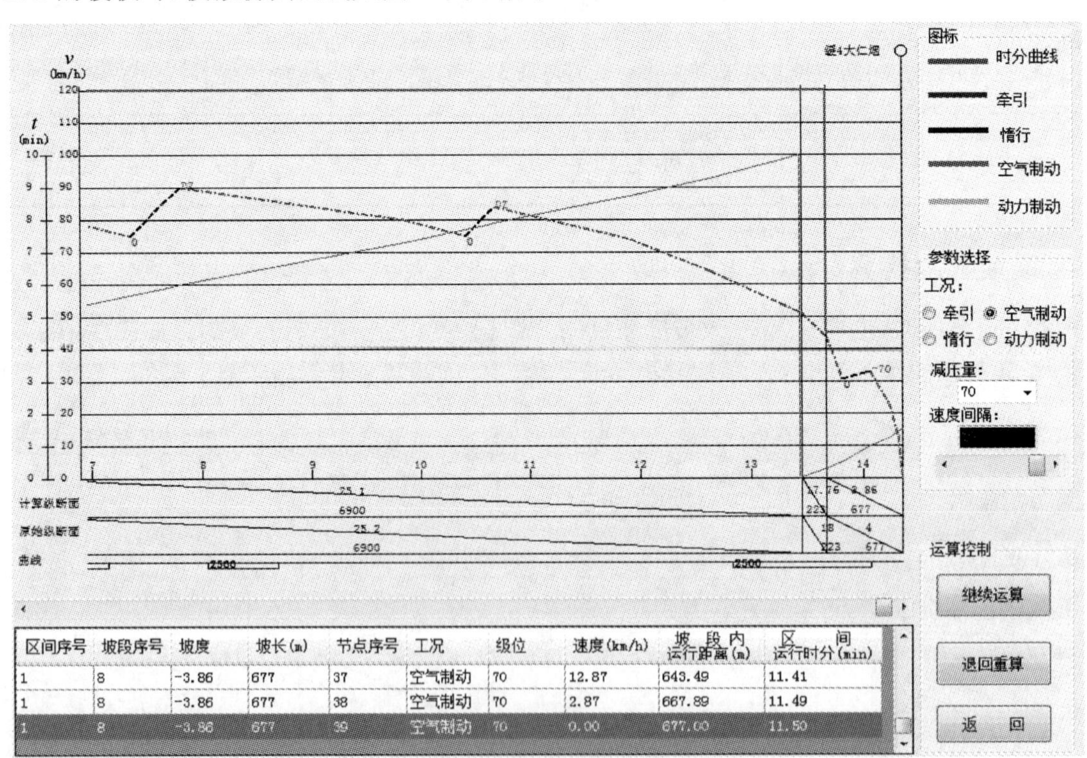

图 4 HXD_2 型电力机车双机牵引大仁烟—新沟区间设 2‰ 缓坡列车下坡运行模拟图

通过模拟仿真结果，可以得出 6 个区间设置缓坡后运行时分的变化情况，如表 8 所示。可见，设置缓坡会导致区间上坡运行时分缩短，下坡运行时分增加，总运行时分减小；而且缓坡坡度越小，区间运行时分的缩短量越大。

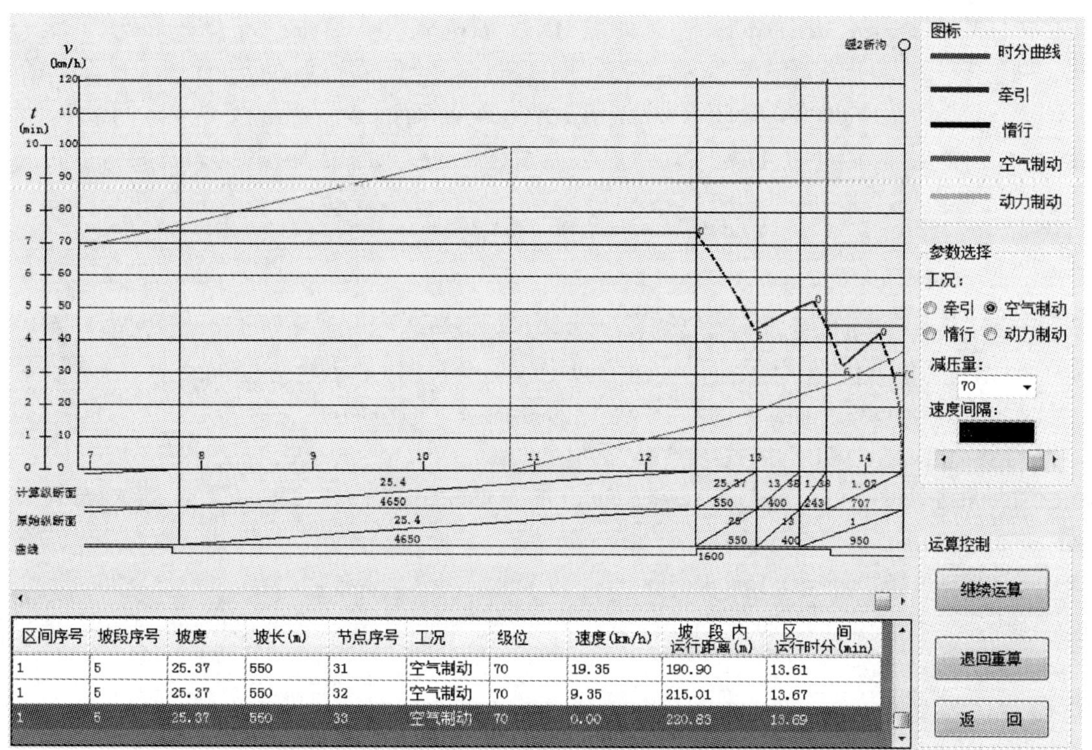

图 5　HXD_2 型电力机车双机牵引大仁烟—新沟区间设 2‰ 缓坡列车上坡运行模拟图

川藏线设计方案Ⅱ设置缓坡区间运行时分变化　　表 8

设置缓坡线路		缓坡设置坡度对应运行时分(min)					运行时分缩短(min)			
		原线路	2‰	4‰	6‰	8‰	2‰	4‰	6‰	8‰
大仁烟—新沟	上坡	13.69	13.38	13.39	13.40	13.41	0.31	0.29	0.28	0.20
	下坡	11.50	11.50	11.51	11.51	11.58				
泸定—咱里	上坡	14.80	13.23	13.23	13.23	13.23	1.25	1.15	1.13	1.06
	下坡	11.10	11.42	11.52	11.54	11.61				
咱里—日地	上坡	15.10	13.72	13.73	13.74	13.74	1.15	1.05	1.04	1.03
	下坡	11.00	11.23	11.32	11.32	11.33				
菜园子—康定	上坡	14.40	11.81	11.86	11.87	11.83	1.89	1.76	1.76	1.69
	下坡	10.40	11.10	11.18	11.17	11.28				
折多塘—毛家沟	上坡	15.00	11.81	11.86	11.87	11.83	0.71	0.63	0.55	0.51
	下坡	10.80	11.10	11.18	11.17	11.28				
毛家沟—光明	上坡	15.00	13.67	13.71	13.75	13.79	0.14	0.01	0.00	0.00
	下坡	11.00	11.42	11.46	11.50	11.50				

5　结语

通过论文的研究，对于川藏线雅安至新都桥段的缓坡设置情况，得到以下结语：

（1）限坡 12‰（加力坡 24‰）设计方案，无论采用 HXD_2 或 HXD_{2b} 双机牵引，均无须设置缓坡。

（2）限坡 16‰（加力坡 30‰）设计方案，使用 HXD_{2b} 双机牵引时，须在大仁烟—新沟、泸定—咱里、咱里—日地、菜园子—康定、折多塘—毛家沟、毛家沟—光明，6 个区间设置缓坡，但此 6 个区间的纵断面设计，均不满足缓坡设置条件。

（3）限坡 16‰（加力坡 30‰）设计方案，使用 HXD_2 双机牵引时，须在大仁烟—新沟、泸定—咱里、咱里—日地、菜园子—康定、折多塘—毛家沟、毛家沟—光明，6 个区间设置缓坡，且均满足设置条件。

（4）限坡 16‰（加力坡 30‰）设计方案，使用 HXD_2 双机牵引，设置缓坡会导致区间上坡运行时分缩短，下坡运行时分增加，总运行时分减小；而且缓坡坡度越小，区间运行时分的缩短量越大。

参考文献

[1] 付昌友，丁学锋．山西中南部铁路壶关至红旗渠段长大坡道缓坡设置研究 [J]. 铁道标准设计，2015（1）：11-16.
Fu Changyou, Ding Xuefeng. Research on setting of slight gradient between Huguan and Hongqiqu on central and southern Shanxi railway[J]. Technical Specification for Railway Engineering, 2015(1):11-16.

[2] 伍熙筠．关于出站缓坡的设置 [J]. 铁道标准设计，1983（4）：29-32.
Wu Xijun. The setting of gentle slope when trains out of the station [J].Technical Specification for Railway Engineering, 1983(4):29-32.

[3] 黄问盈，等．我国铁道列车紧急制动距离限值核定原则的探讨 [J]. 中国铁道科学．2003，24（3）：79-88.
Huang Wenying, et al.Study on verification principle of emergency brake distance limit of Chinese Railway Train[J].China Railway Science, 2003, 24(3):79-88.

[4] 潘兵宏，等．基于恢复速度的山区高速公路连续上坡缓坡设计参数研究 [J]. 公路，2014（2）：77-84.
Pan Binghong, et al. Research on gentle slope design parameters of continuous uphill slope section of mountainous highway based on speed recovery[J].Highway, 2014(2):77-84.

[5] 刘海东，等．具有固定运行时分的列车运行控制系统研究 [J]. 北京交通大学学报，2002，26（5）：24-27.
Liu Donghai, et al. The study of train movement control system with fixed running time[J]. Journal, 2002, 26(5):24-27.

[6] 闫海峰，等．高寒山区长大坡道对铁路运输能力的影响研究 [R]. 成都：西南交通大学，2015.
Yan Haifeng, et al. The effects of long steep grade in high and cold mountain area on railway transport capacity[R]. Chengdu: Southwest Jiaotong University, 2015.

[7] 中铁二院交规院．新建铁路成都至拉萨线成都至林芝段主要技术标准专题研究 [R]. 成都：中铁二院，2014.
Communication & Urban Planning Research Institute, CREEC. The main technical standards monographic study of newly built Chengdu-Nyingchi section of Chengdu-Lhasa line [R].Chengdu: CREEC, 2014.

[8] 中铁二院交规院．新建铁路成都至拉萨线成都至林芝段主要技术标准文件 [R]. 成都：中铁二院，2014.
Communication & Urban Planning Research Institute, CREEC. The main technical standards document of newly built Chengdu-Nyingchi section of Chengdu-Lhasa line[R].Chengdu: CREEC, 2014.

[9] 中铁二院交规院．长大坡道铁路运营情况调研报告 [R]. 成都：中铁二院，2014.
Communication & Urban Planning Research Institute, CREEC. The operation investigation report of railway with long steep grade. [R].Chengdu: CREEC, 2014.

[10] 中铁二院交规院．川藏线计算报告 [R]. 成都：中铁二院，2014.
Communication & Urban Planning Research Institute, CREEC. The calculation report of Sichuan-Tibet line[R].Chengdu: CREEC, 2014.

[11] 建设部 .GB 50090—2006　铁路线路设计规范 [S]. 北京：中国计划出版社，2006.
Ministry of Construction. GB 50090—2006　Code for Design of Railway Line[S]. Beijing: China Planning Press, 2006.

[12] 铁道部．TB/T 1407—1998　列车牵引计算规程 [S]. 北京：中国铁道出版社，1999.
Ministry of Railways. TB/T 1407—1998　The Standards and Regulations of Railway Traction Calculation [S]. Beijing: Chinesse Railway Press, 1999.

第二章

现代勘察设计技术与工程应用

复杂艰险山区铁路减灾选线技术框架

朱　颖

（中铁二院工程集团有限责任公司，成都 610031）

摘　要：在复杂艰险山区从事铁路建设，自然灾害的风险不可回避，必须高度重视防灾减灾。本文基于工程实践的总结，回顾了山区铁路选线技术的发展历程，将其划分为地形选线、地质选线、减灾选线三个阶段；提出了复杂艰险山区铁路减灾选线的概念，并对减灾选线理论、程式、技术等进行了较为系统的研究，提出了包括"三个内容"，涵盖"五大理论""四项工作""两类技术"的复杂艰险山区铁路减灾选线技术框架。

关键词：防灾减灾；铁路选线；技术框架；山区

Technical Framework of Hazards-Reduction Railway Selection in Complicated Mountainous Region

Zhu Ying

(China Railway Eryuan Engineering Group Co.LTD, Chengdu 610031, China)

Abstract: Engaged in railway construction in complicated mountainous region, the risk of hazards cannot be avoided. Hazards prevention and mitigation must be attached great importance to. Based on the summary of engineering practices, this paper reviews the development process of railway selection technology in mountainous region. The technologyis divided into three stages: terrain, geological and hazards-reduction railway selection. Then, this paper puts forward the concept of hazards-reduction railway selection in complicated mountainous region, and systematically studies the theory, program and technology of the hazards-reduction railway selection. At last, technical framework of hazards-reduction railway selection in complicated mountainous region is formed, including three contents, five theories, four works and two kinds of technology.

Keywords: hazards reduction; railway selection; technical framework; mountain region

21世纪以来，世界各地地震、火山活动频繁，全球进入一个新的地壳活动相对活跃期；全球气候变化加剧，极端气象异常，局部气象干旱、局地强降雨等灾害性天气频发，由此引起重、特大灾害事件增多，严重威胁人类社会[1]。2008年初，我国南方受罕见大范围低温雨雪冰冻灾害影响，湖南、江西、贵州省等地区的电力系统接连发生塌网断电，造成京广线（坪石—株洲）近400 km、沪昆线（鹰潭—株洲、怀化—凯

作者简介：朱颖（1963—），男，教授级高级工程师。

里）600多公里的牵引供电和通信信号供电两套电力系统断电。客货列车大面积、长时间晚点，站车旅客大量积压，铁路运输受到严重干扰[2]。同年5月12日，四川汶川发生Ms8.0级地震，造成宝成线、成昆线、陇海线天宝段、成渝线、襄渝线、阳安线、达成线等主要铁路干线，以及成汶、德天、广岳支线的线路、桥梁、隧道、涵洞和通信信号、牵引供电，以及站房等设施和设备不同程度受损。特别是宝成线109号隧道，隧道进出口上方山体坍塌几万立方米，砸毁出口棚洞40m，巨石堵塞出口，正在隧道内行驶的一列货物列车撞上隧道出口巨石，机车和部分车辆脱线，12节装运燃油的罐车埋在隧道并起火燃烧，宝成铁路宝广段被迫中断长达283小时[2,3]。

在复杂艰险山区从事铁路建设，自然灾害的风险不可回避。在灾害日趋严重的背景下，人类应对灾害的观念也处在快速转变发展之中，从最初的重救灾、轻防灾活动转变为防灾、抗灾和救灾活动并重，再到近年来强调风险调控、灾害弹性化。对铁路工程的建设，亦提出了更高的要求，铁路建设越来越重视防灾减灾。铁路选线是一项决定全局的总体性工作，线路方案确定后，铁路全生命周期的可靠性、安全性、技术可行性、经济合理性以及社会接纳性等就已基本被定格。在几十年山区铁路的设计历程中，中铁二院在复杂艰险山区铁路设计方面积累了丰富经验，近年来，中铁二院适应时代的减灾需求，在复杂艰险山区开展铁路规划、设计中取得了一些新认识、新观点，形成复杂艰险山区铁路减灾选线技术框架。

1 山区铁路选线技术发展历程

新中国成立以来，我国在西部相继成功修建了宝成铁路、成昆铁路、南昆铁路、内昆铁路、渝怀、襄渝等世人瞩目的山区长大干线铁路。随着山区铁路建设经验的不断累积，山区铁路设计的指导思想与时俱进、不断发展。最早的山区铁路遵循“技术可行、经济合理”的工程设计理念，很快，铁路的方案则“兼顾沿线经济、社会发展”的需要，随后，山区铁路建设不断增加路网规划、运输能力、运营安全、生态景观、可持续发展等要求。大体上，山区铁路选线技术的发展历程可以划分为三个阶段。

第一个阶段，地形选线。20个世纪的50~60年代，以成昆铁路为代表，包括成渝铁路、襄渝铁路、宝成铁路等。这一时期，工程技术水平和社会经济能力有限，铁路技术标准低。铁路选线，注重线路更好地适应地形，少设高桥长隧。“顺河布线”，“穿越垭口”，“展线”，“填挖平衡”，是这一时期的铁路选线常用名词，也是这一时期铁路选线的技术特色。成昆铁路，沿大渡河、牛日河、孙水河、安宁河、金沙江、龙川江的顺河布线，以及为控制穿越垭口的隧道长度（沙木拉打隧道，长6379m），设置了著名的乃托展线、西德展线，以克服高程障碍。这些选线，都是传世经典。

第二个阶段，地质选线。20个世纪的90年代到21世纪初，以南昆铁路为代表，包括内昆铁路、水柏铁路、渝怀铁路等。这一时期铁路选线，重视地质选线，加强前期地质工作，如在内昆铁路初测中就开展了加深地质专项工作，强调地质判识，强调绕避重大不良地质体，如内昆铁路水富段两跨横江绕避巨型滑坡等，就是一个经典案例。同时，这一时期工程技术水平有了较大的发展，高墩大跨桥梁、长大隧道技术在铁路上得到发展应用，利用高墩大跨桥梁跨越深沟、长大隧道穿越垭口，给铁路选线提供了自由度，如南昆铁路著名的三桥（八渡南盘江大桥、清水河大桥、喜旧溪大桥）、水柏铁路北盘江大桥、内昆铁路花土坡大桥、李子沟大桥，以及南昆铁路米花岭隧道、渝怀铁路园梁山隧道等，均是工程技术创新支撑铁路选线的成功例子。

第三个阶段，减灾选线。21世纪初至现在，山区铁路选线技术进入了第三个阶段，结合渝利铁路、成兰铁路、川藏铁路等复杂艰险山区铁路规划选线，中铁二院开展了基于防灾减灾的铁路选线理论与技术研究[4-7]，在总结以往山区铁路选线的经验的基础上，提出并践行了铁路减灾选线的新理念和新方法。

2 复杂艰险山区铁路减灾选线

减灾，就是在可承受范围内，遵循风险成本最小化的原则，减轻或限制致灾因子和相关灾害的不利影响。减灾实际是一个风险管理过程，包括灾前致灾因子控制措施、灾害应对措施和灾后恢复措施。由此，本文定义的减灾选线是：合理设计布设线路，规避、防范、治理、减轻地质环境灾害，同时规划好线路工程全生命周期中，地质灾害发生时的预警、应对措施，以及灾后的抢险救援和恢复生产措施，在经济、技术可接受水平下，尽可能减小铁路全生命周期灾害风险，尽可能降低灾害的风险成本。

相对于平原地区，复杂艰险山区地势起伏剧烈，地质变化多端，导致斜坡重力作用类灾害发育；此外，复杂艰险山区还具有立体气候、局地暴雨山洪、地震、火山等多种诱灾环境因素和自然保护区多、部分山区生态环境脆弱等环境敏感特征，也构成铁路选线的难点问题。复杂艰险山区铁路选线往往需要克服高山深谷等困难地形，防范各类地质灾害，所以，复杂艰险山区铁路选线作业复杂、技术难度更大、决策风险高。复杂艰险山区潜在较大工程地质灾害风险的特点，使得减灾这一理念必须贯穿在复杂艰险山区铁路建设的全过程中，铁路选线作业是在自然灾害对线路工程全寿命周期作用不确定条件下的一种风险型决策过程，减灾选线也就成为复杂艰险山区铁路选线发展的必然。

本文提出了复杂艰险山区铁路减灾选线这个新的概念，其含义是：在地质环境复杂、地形艰险、潜在较大工程地质灾害风险的山区，以尽可能减小灾害风险、降低灾害的风险成本为设计指导思想，以规避、防范铁路建设及运营期间可能发生的地质环境灾害，降低、减小铁路工程建设及营运安全风险为根本目的，运用先进的理论、方法与技术，科学选择铁路线位与工程方案。

铁路减灾选线的目的，是要规避、防范铁路建设及运营期间可能发生的地质环境灾害，降低、减小铁路工程建设及营运安全风险。铁路工程建设是为铁路营运服务的，铁路减灾选线，不仅关注铁路建设阶段的问题，更应关注营运期间的问题。铁路减灾选线的要点，包括：一是规划好铁路全生命周期中地质灾害的灾前规避防范、灾中应对和灾后恢复措施；二是重点关注铁路建设与运营期；三是重点放在灾前的规避、防范、治理上。具体来讲，铁路减灾选线，就是运用先进的理论、科学的方法与创新的技术，科学选择铁路线位与工程方案，实现防灾减灾。

3 复杂艰险山区铁路减灾选线技术框架

复杂艰险山区铁路减灾选线理论与技术，应当包括三个方面的内容。一是减灾选线理论，理论来源于实践，理论指导实践；二是减灾选线程式，即减灾选线的具体工作内容、工作步骤、工作标准、工作要求等；三是减灾选线技术，这里有两层含义，其一是减灾选线需要应用到的一些技术，如智慧选线技术、决策技术等，其二是支撑减灾选线的相关技术，如高墩大跨桥梁修建技术、长大隧道修建技术，为选线提供了灵活自由的空间。

减灾选线的特点，一是对潜在的、不确定性的地质灾害风险，引入灾害的风险分析，包括灾害风险识别、评估和控制；二是在综合设计方面，既从全寿命周期的时间上，又从线路结构的空间上，进行系统的总体设计。铁路减灾选线理论，包括：风险识别理论、风险评估理论、风险控制理论、全寿命周期管理理论、系统可靠性理论等。

铁路减灾选线程式，可以归纳为四个层次：一是全面识别工程地质灾害风险；二是规避重大地质灾害风险地段；三是采取工程措施防范地质灾害风险；四是对潜在地质灾害进行监测预警。减灾选线的实现，首先要全面识别地质灾害与环境风险，关键在于“全面识别”，难点也在“全面识别”。铁路干线往往是绵延上千公里的线形结构物，线路需要经过不同的自然地理区，面对不同的环境地质。自然环境的不确定性及地质状况的复杂性，决定了灾害风险辨识的难度，一方面是崩塌、滑坡等常规山地灾害难以全面认清，另一方面，也可能漏视了一些特殊的、新型的灾害类型。风险分析就是针对潜在的、不确定性的灾害风险，从地貌轮廓、形成机理、区域分异等各个方面，推究灾害本源，判断灾害风险。规避重大地质灾害与环境风险地段，就是要运用全寿命周期管理理论和可靠性理论，研究在全寿命服役期内的工程耐久性、失效模式和机理，高危风险孕育机理、防灾治理和预测预警，关键在于准确估算在铁路服役全寿命周期的时间范围内，灾害风险造成的期望损失及风险成本，从而合理确定最佳的线路或工程方案。采取工程措施防范地质灾害风险，是对无法避免或难以彻底查清的地质灾害风险，根据地质灾害自身的特点，采取合适的工程措施加以防范。关键是要充分认识地质灾害的形成机理、发育规律、演化模式、破坏特征，采取工程措施，对症下药，预防或治理地质灾害风险。最后，对潜在地质灾害，建立灾害监测预警体系，是运营安全的基本保障，实现灾害应急响应，是减灾选线的必要补充。

铁路减灾选线技术，包括直接应用的技术和为减灾选线提高支撑的技术两大类。直接应用的减灾选线技术，包括评价指标、智慧选线、专家决策系统等。为减灾选线提高支撑的技术，包括高墩大跨桥梁修建技术、复杂环境长大隧道技术、高大重型路基支挡结构、工程服役状态及环境监测预警系统等。

4 结语

基于工程实践的总结，本文提出了复杂艰险山区铁路减灾选线的概念，并对减灾选线理论、程式、技术等进行了较为系统的研究，提出并形成了包括“三个内容”，涵盖“五大理论”“四项工作”“两类技术”的，较为完善的，复杂艰险山区铁路减灾选线技术框架，指导和支撑了渝利铁路、成兰铁路、川藏铁路的勘察设计工作，同时，也还在不断完善之中。

参考文献

[1] 石菊松，吴树仁，张永双，等 . 应对全球变化的中国地质灾害综合减灾战略研究 [J]. 地质评论，2012，58（2）：309-318.
Shi Jusong, Wu Shuren, Zhang Yongshuang, et al. Integrated landslide mitigation strategies study for global change in China [J].Geological Review, 2012, 58(2): 309-318.

[2] 何华武 . 灾害对铁路影响及其防御对策 [J]. 中国铁路，2008，（10）：1-8.
He Huawu. The influence of disasters on railway and its solutions[J].Chinese Railways, 2008, (10): 1-8.

[3] 舒磊，杜世回 . 对宝成铁路遭受汶川地震破坏情况的分析与思考 [J]. 铁道工程学报，2008，25（增）：107-112.
Shu Lei, Du Shihui. Analysis and consideration of Baoji-Chengdu railway damage due to Wenchuan earthquake [J].Journal of Railway Engineering Society, 2008, 25(Supplement): 107-112.

[4] 中铁二院工程集团有限责任公司 . 复杂艰险山区高速铁路选线理论及技术评价体系研究 [R]. 成都：中铁二院工程集团有限责任公司，2011.
China Railway Eryuan Engineering Group Co.LTD. Theory and technology evaluationofhigh-speed railway selection in complicated mountainous region[R]. Chengdu：China Railway Eryuan Engineering Group Co.LTD, 2011.

[5] 中铁二院工程集团有限责任公司，成兰铁路高烈度地震山区铁路综合选线关键技术研究 [R]. 成都：中铁二院工程集团有限责任公司，2012.
China Railway Eryuan Engineering Group Co.LTD. Key technology of comprehensive railway selection in high earthquake intensity mountainous regions of Chengdu-Lanzhou railway[R]. Chengdu：China Railway Eryuan Engineering Group Co.LTD, 2012.

[6] 中铁二院工程集团有限责任公司 . 成兰铁路地震次生地质灾害特征及分布规律研究 [R]. 成都：中铁二院工程集团有限责任公司，2012.

China Railway Eryuan Engineering Group Co.LTD. Characteristics and distribution of secondary geological hazards triggered by earthquake along Chengdu-Lanzhou Railway[R]. Chengdu: China Railway Eryuan Engineering Group Co.LTD，2012.

[7] 中铁二院工程集团有限责任公司 . 渝东复杂艰险山区铁路防灾减灾关键技术研究与应用 [R]. 成都：中铁二院工程集团有限责任公司，2013.

China Railway Eryuan Engineering Group Co.LTD. Research and application of key technologies of railway hazards prevention and mitigation in eastern Chongqing with complicated mountains[R]. Chengdu: China Railway Eryuan Engineering Group Co.LTD, 2013.

川藏铁路三江并流区不良地质分区特征研究

蒋钰峰　吴　光　赵志明

（西南交通大学地球科学与环境工程学院，成都 610031）

摘　要：川藏铁路在穿越金沙江、澜沧江、怒江三江并流的南北向构造带时，受到复杂地质条件的影响。铁路工程面临地形高差大、地质灾害规模大、地质构造活动强等一系列工程地质问题。基于山区夷平面概念分析不同高程区域不良地质发育和分布特征，提出了高原夷平面、高原盆地夷平面和三江侵蚀面以及高原—高原盆地夷平面过渡带和高原盆地夷平面—三江侵蚀面过渡带的"三面两带"分区思路，根据不同的江河流域，在剖面上划分出五个区段模型。进而采用信息量分析技术研究了线路区域地质灾害的工程风险性。夷平面间的过渡带是地质灾害发育的高风险区，为川藏铁路综合选线提供了工程地质平面剖面选线思想。

关键词：川藏铁路；夷平面；工程地质选线；信息量法

Defective Geological Stability Division and Characteristics in Three Parallel River Region of the Sichuan-Tibet Railway

Jiang Yufeng　Wu Guang　Zhao Zhiming

(Faculty of Geosciences and Environmental Engineering of Southwest Jiaotong University, Chengdu 610031, China)

Abstract: Due to the complex geological conditions, the Sichuan-Tibet railway faces a series of engineering geology problems such as large topographic relief, large-scale geological hazards, strong geological tectonic activity and so on, when it crosses the north-south Three Parallel River Region of the Jinsha River, Lancang River and Nujiang River. At different elevation, the geological disasters and distribution characteristics are analyzed based on the concept of deplanation plains in mountain area. The N-S mountain area, with the characteristics of high altitude and high gap in altitude, develop three-level deplanation plains and two regions. Five models of different zone are divided in profile based on different river's basin. And then the engineering risk of geologic hazard in the railway area is investigated by using the informational method. The results show that the transitional zones between the plains are of high risks for geological hazard development.

Keywords: the Sichuan-Tibet railway; deplanation plains; engineering geological route selection; the informational method

1　引言[1-5]

近年来，川藏线、成兰线、长昆线等一大批西部铁路的动工兴建，使我国山区铁路的地质选线水平达

作者简介：蒋钰峰（1990—），男，在读博士。

到一个新的高度。山区修建铁路最大问题之一是要克服高差起伏的地形，地质选线的难点就在于如何走最短的路而遇到最少的不良地质。铁路在不同高程穿行会遇到不同种类的不良地质，研究这些不良地质的分布特征对铁路地质选线有重要的指导意义。

横断山三江并流区位于四川省和西藏自治区境内，川藏铁路横穿而过，经理塘、白玉线路方案起于康定，经新都桥、雅江、理塘、毛垭坝、措普、白玉、江达、妥坝、昌都、邦达至八宿，三江即金沙江、澜沧江和怒江。区域地跨甘孜州和昌都市，研究区全线长约780km。图1为研究区位置示意图。

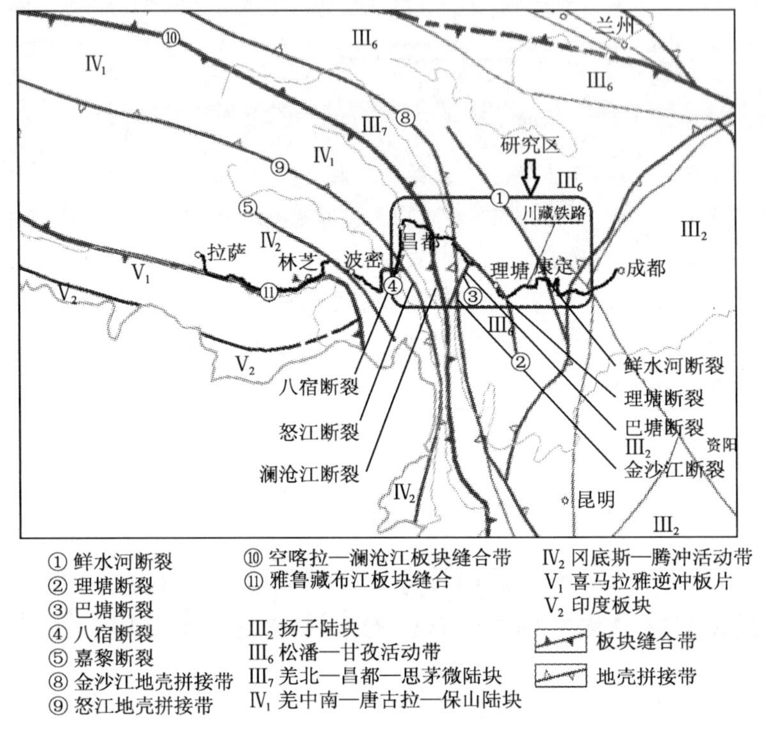

图1　研究区位置示意图

横断山三江并流区地属我国规模最大的南北向构造带内，具有地形高差大、地质灾害规模大、地质构造活动强等一系列工程地质特点。川藏铁路要想跨越此地，就必定面临大高差地质选线问题，想要在高低起伏的山峦中找到一条可行通道，必须查清不同高程分布的各种不良地质，找出其分布特征和发育特点，使线路可能遇到的潜在地质灾害降到最小，为铁路的成功修建打下坚实的基础。

2 以夷平面为基础的不良地质“三面两带”分区[6-10]

2.1 夷平面分区研究

夷平面是指各种夷平作用形成的起伏平缓近似平坦的陆地平面，包括准平原、山麓平原、风化剥蚀平原和高寒夷平作用形成的平原等。夷平作用是外营力作用于起伏的地表，使其削高填低逐渐变为平面的作用，其发育过程受侵蚀基准面的控制，作用过程中力图降低地面高程，使之接近基准面。

目前，已经发展起的各个学派还在多夷平面的形成过程争论不休，针对不同气候环境提出的发育模式也是各有特点。但不管形成过程如何，最后的结果都是趋于夷平、削高填低，地形的高差越来越小，不良地质的种类越来越少，对铁路修筑造成的潜在危害也越来越小。铁路修建在夷平面上，可以说是最佳选择，通过野外调查和室内分析，找到各个夷平面或准夷平面的分布区域，探明面与面间不良地质的分带特点和发育特征，将对地质选线起到重要的指导作用。

在铁路选线设计过程中，线路在不同夷平面或特征面间的过渡带穿越，必然会遇到不同类型的不良地质问题，尤其在横断山脉构造运动比较强烈的区域，“三面两带”的分区研究更加具有举足轻重的地位。

通过野外的踏勘，可以找到很多大范围坡度很缓、起伏很小、高程在某一区间波动的面，从地质选线的角度，铁路行走在这些面上，更加合理和安全。

经过野外调查和室内分析，将研究区按夷平面高程划分为“三面两带”（图2），即高原夷平面（海拔4700m以上）、高原盆地夷平面（海拔4000m左右）、三江侵蚀面（海拔3000m左右）、高原—高原盆地夷平面过渡带和高原盆地夷平面—三江侵蚀面过渡带。

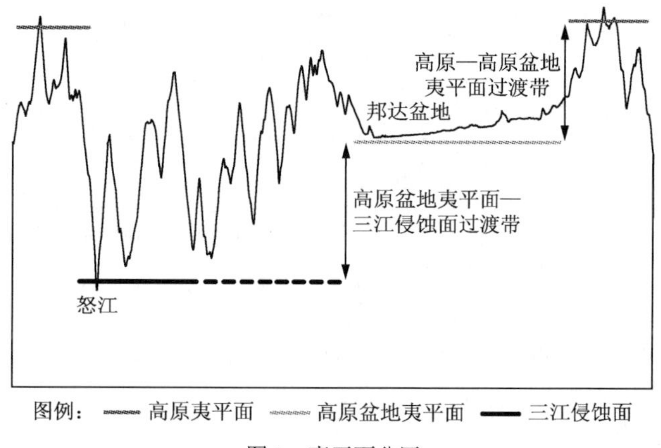

图2 夷平面分区

高原夷平面主要为新构造运动形成的山峰经过剥蚀作用后形成的高原面；而高原盆地夷平面是在风化剥蚀、堆积夷平作用后形成的范围较广的平原面；三江侵蚀面主要为三江河流及周边区域。

2.2 区域内不同段落“三面两带”模型建立

由于多种因素的影响，三江并流区“三面两带”的划分并不是完全相同的。针对不同的江河流域，主要将研究区分为五个部分，每个部分作为独立的个体具有本身的特征，而五个个体组成三江并流区这一个整体实际上是相互联系的。虽然各个段落“三面两带”的划分高程略有不同，但是整体是连续变化的。

针对三江并流区不同流域，划分出以下五个“三面两带”模型：

（1）康定到理塘“三面两带”模型

康定至理塘段主要受雅砻江切割，地形起伏巨大，地质灾害发育。由康定出发至下切雅砻江，除了经过高程3700m左右的新都桥高原盆地夷平面，多为高程4500m左右的高原夷平面；雅砻江深切河谷海拔急剧下降至2800m左右的三江侵蚀面，两侧为高原夷平面；由雅江至理塘，海拔不断拉升至高原夷平面，而值得注意的是，本段高原夷平面的高程由4300m逐渐上升至4700m（图3）。

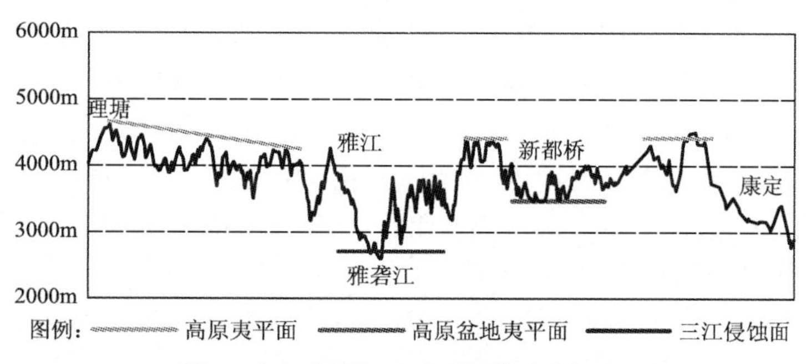

图3 康定到理塘“三面两带”模型示意图

雅砻江两侧地形高差变化大，由三江侵蚀面直接拉升至高原夷平面，没有中间"一面"即高原盆地夷平面的缓冲，崩滑流发育，特别是大高差崩塌体地质灾害尤其需要重视。

（2）理塘到边坝"三面两带"模型

理塘至边坝主要以毛垭坝为界分为两段，理塘至毛垭坝多位于高原盆地夷平面之上，高程由理塘盆地的3950m逐渐上升至毛垭坝盆地的4120m；毛垭坝至边坝高程多在4700m以上，多属于高原夷平面（图4）。

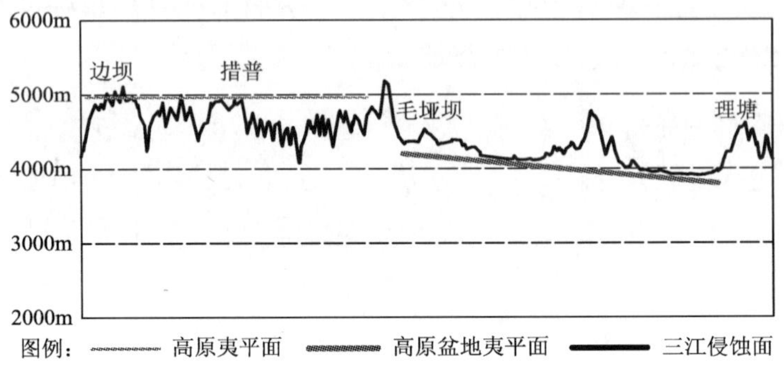

图4　理塘到边坝"三面两带"模型示意图

本段主要涉及高原夷平面及高原盆地夷平面，地质灾害多发育在两者之间的过渡带，以冰水泥石流及少量滑坡为主，崩塌少见。

（3）边坝到江达"三面两带"模型

边坝至江达主要受金沙江切割控制，地形起伏巨大，地质灾害严重。边坝至白玉段，海拔由5000m下降到江底不到3000m，高原夷平面直接过渡到三江侵蚀面，期间不存在高原盆地夷平面；白玉至江达段，海拔逐渐升高至高原夷平面，高原夷平面高程由4300m缓慢上升（图5）。

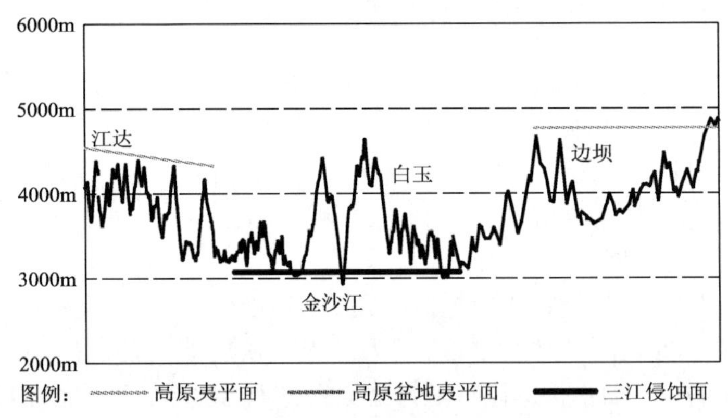

图5　边坝到江达"三面两带"模型示意图

金沙江两侧地形高差变化大，由三江侵蚀面直接拉升至高原夷平面，没有中间"一面"即高原盆地夷平面的缓冲，崩塌滑坡尤其发育，与现场调查情况相符，本段也是研究区最为困难的一环。

（4）江达到邦达"三面两带"模型

江达至邦达段主要受澜沧江切割，地形起伏与金沙江、怒江流域相比相对较小，地质灾害可控性大。江达至妥坝段多位于高原夷平面，高程逐渐上升接近5000m；妥坝盆地属于高原盆地夷平面，高程4100m以上；由妥坝盆地至澜沧江江底海拔下降大约1000m，其间虽有高峰超过5000m，但未形成较为宽广的高原夷平面，三江侵蚀面在本段高程约为3100m；由澜沧江到邦达，地形起伏上升，高原夷平面的高程也由4500m逐渐上升至4800m以上（图6）。

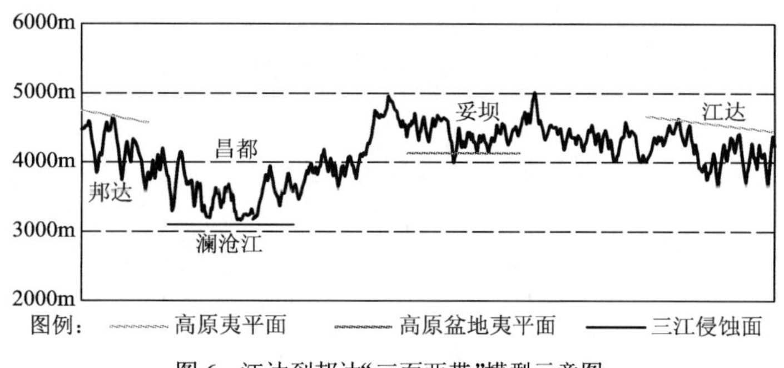

图 6　江达到邦达“三面两带”模型示意图

澜沧江流域河谷相对宽缓，修桥建站较为容易，夷平面过渡连续，地质灾害较少。

（5）邦达到八宿“三面两带”模型

邦达至八宿主要受怒江切割控制，地形起伏程度在三江中最大，地质灾害严重。邦达盆地位于高原盆地夷平面之上，高程由 4300m 逐渐下降至 4100m；怒江所在三江侵蚀面高程 3000m 以下，两侧地形高差巨大，在很短的水平距离内海拔升高超过 2000m 到达高程 5000m 的高原夷平面之上（图 7）。

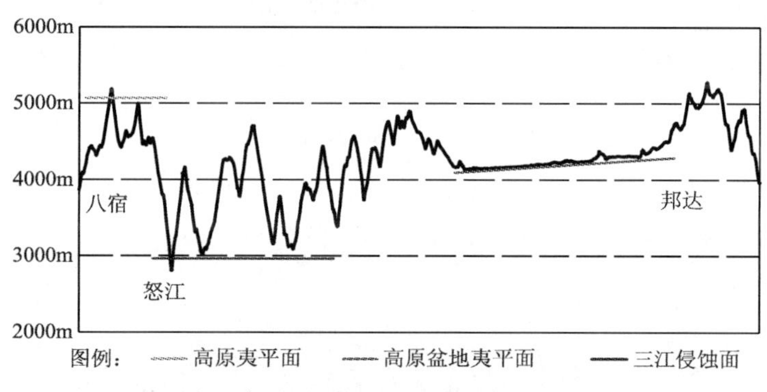

图 7　邦达到八宿“三面两带”模型示意图

怒江河谷属于典型的深切“V”字形峡谷，两侧至江底高差巨大，地质灾害发育严重，尤其是大型崩滑流，破坏性极强。

3 “两带”中不良地质分布特征

研究区不良地质的分布受夷平面划分的“三面两带”所控制，夷平面间的过渡带是不良地质多发区，其中，三江多深切形成峡谷，地灾种类多，密度大，多为灾害集中发育区。“崩滑流”依然是研究区的主要不良地质问题，路基桥梁隧道都会受其不同程度的影响，地质选线时需要加以考虑。

3.1　崩塌

研究区地形起伏高差大、构造运动强烈、岩体破碎，这些都是崩塌发生的有利条件，铁路线行走于这些区域中，即使百分之九十的工程形式采取桥隧通过，仍然不能完全避开崩塌灾害。

崩塌主要发生在地形高差起伏较大的区域，研究区内的崩塌主要受夷平面“三面两带”控制。高原面和高原盆地夷平面之间的过渡带，地形相对平缓，起伏不大，多为冻融风化地貌，冰水泥石流较发育，崩塌少见；高原盆地夷平面和三江侵蚀面之间的过渡带，物质风化程度严重，运移动能大，易形成崩塌；怒江、金沙江和雅砻江切割作用强烈，多形成深切“V”字形峡谷，夷平面上显示为由高原夷平面直接下降至三江侵蚀面，中间的“两带”不复存在，此区域地形高差最大，起伏最强烈，物质运移最活跃，与之前两个过渡带相比，不仅包含两带内所有的不良地质类型，且规模更大，破坏性更强，在此基础上还形成了复合型灾害，例如怒江峡谷冰川—暴雨型泥石流，金沙江峡谷崩塌—滑坡—泥石流灾害链的形成（图8）。

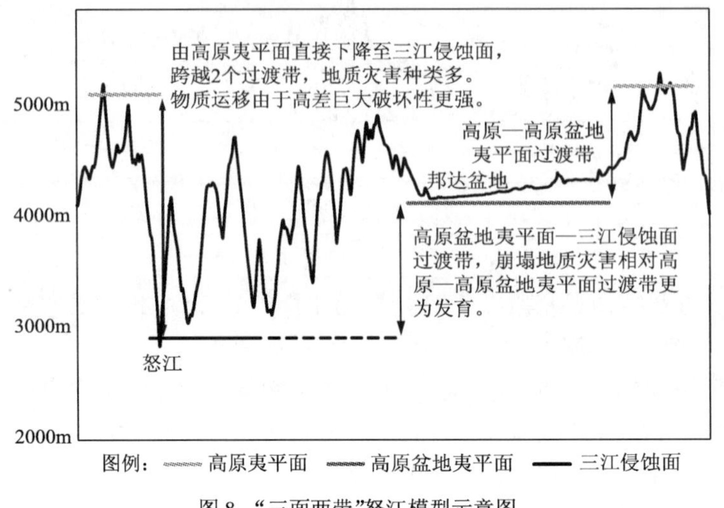

图8 “三面两带”怒江模型示意图

踏勘过程中，多处工点崩塌落石发育，如同普至江达段之间的桥隧相连处，理塘至白玉的场站、路桥隧等。主要工点崩塌灾害有：

（1）射胆大桥附近崩塌

由于是在沟里，崩塌形成的岩堆可能堵塞河流，一旦溃决将形成泥石流，后果严重。沿着巴塘至白玉的线路两侧均分布有大量滑坡崩塌，对线路极为不利。此处地形高差大，多为V形峡谷，岩性主要为变质砂岩，受金沙江断裂带影响（图9）。

图9 射胆附近岩体崩塌细部图

（2）边坝车站附近危岩

边坝车站位于白玉县附近，线路经过区段崩滑流发育，峡谷段危岩落石众多，受金沙江断裂带控制，高程多位于风化破碎物质运移带内。可以发现边坝车站附近多发育倾倒崩塌、滑移崩塌等，类型多样，落石堆积于坡脚或河道中，同样砸倒树木，危害巨大（图10）。

图10 边坝危岩崩塌

(3)同普车站及桥隧相连部位

木格措至同普段地形高差大,受金沙江及其支流藏曲、霍曲切割,及金沙江断裂带影响,卸荷裂隙发育,加之降雨、寒冻风化等影响,该段为南北线方案中危岩落石发育最为集中的地段,治理难度也最大。而同普至江达段同样危岩落石发育,围绕同普南北延伸形成了带状的崩塌最危险地段(图 11)。

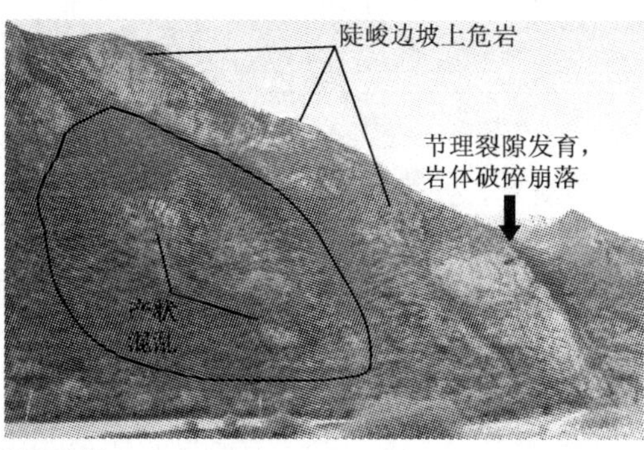

图 11　同普附近崩塌

(4)菠罗乡金沙江桥位对岸巨大危岩体

此处调查过程中极难到达,在观察金沙江桥位时发现对岸存在巨大危岩体如图 12 所示,若危岩体崩落堵江,后果将不堪设想。这种情况即所说的崩塌体对工程的间接危害。

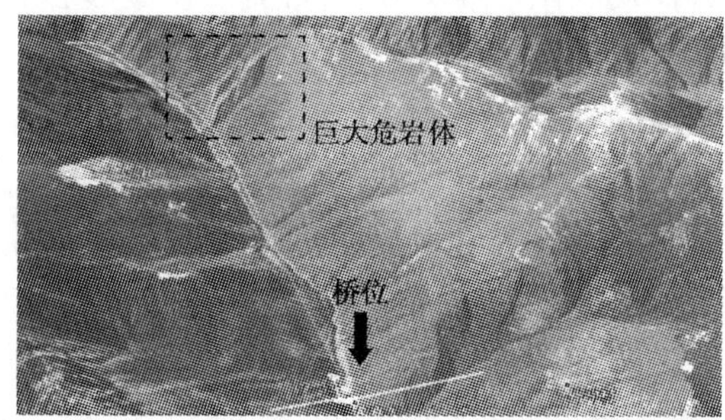

图 12　菠罗乡金沙江桥位附近巨大危岩体

3.2　滑坡

研究区滑坡的分布主要受到地形地貌、地层岩性、地质构造等因素的影响,“三面两带”的控制作用尤为明显,滑坡多发育于地形高陡且岩石破碎的高山峡谷区,也就是“两带”中的高原盆地夷平面—三江侵蚀面过渡带,滑坡规模一般较大,尤其以怒江滑坡为巨(图 13、图 14)。

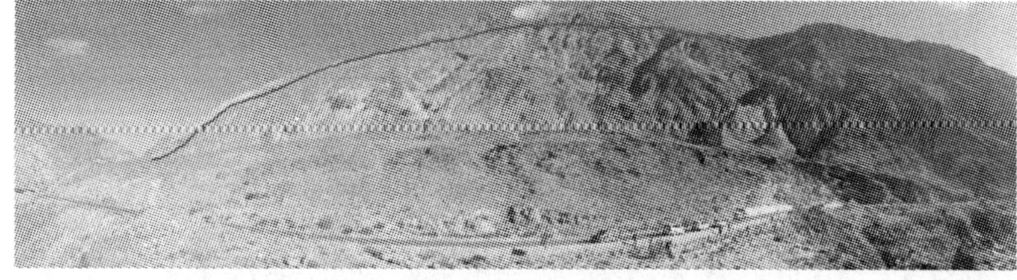

图 13　怒江左岸滑坡

图 14　怒江右岸滑坡

此外，在金沙江流域出露的片岩、千枚岩、板岩地段，也是滑坡较为发育的区域（图15），从峡谷两岸的沉积也可以发现曾经的堰塞湖遗迹。三江并流区活动断裂以及新构造运动相对集中，为滑坡的发育提供了必要的条件。

图15　金沙江滑坡群

3.3　泥石流

川藏铁路横断山脉三江并流区地形高差大，构造强烈，岩性多样，泥石流在夷平面控制的“三面两带”不同区段都有发育，且因为控制因素差别表现为不同的类型，一般有暴雨型和冰水型。三江水系峡谷深切，处在高原夷平面与三江侵蚀面间的物质运移带，暴雨型、冰水—暴雨型泥石流非常发育，对铁路建设危害巨大；高原盆地夷平面之上多发育冰水泥石流，面积大，坡度较缓，对选线影响相对较小。

通过野外调查和室内分析可以发现，三江水系两侧、雅砻江水系两侧以及理塘—毛垭坝盆地是泥石流相对发育区，尤其是理塘—毛垭坝处于高原盆地夷平面之上，虽无河谷深切，但冰水泥石流灾害严重（图16）。

图16　理塘高原发育的典型冰水泥石流

3.4　岩屑坡

研究区高原夷平面—高原盆地夷平面过渡带的斜坡岩体由于剧烈的物理风化破碎，因重力作用失稳坠落于坡脚而形成岩屑坡。岩屑坡按块体大小可分为块石坡、碎石坡和溜沙坡(图17)。

图17　岩屑坡

4 基于信息量法的不良地质危险性评价

信息量法在其本质上属于统计分析方法，实际上就是通过已经变形或者已经破坏的地质体的实际情况和可以提供的基本信息，把反映各种评价地质体稳定性因素的实测值转化为反映地质体稳定性的信息量值，也就是用评价地质体稳定性的各因素的信息量来表征其对地质体变形破坏的“贡献”大小，进而评价地质体稳定型程度。

通过对研究区不良地质的现场调查及遥感判释，对该区域不良地质的历史特征进行了系统的统计和分析，结合研究区内的地形地貌、自然地质环境等条件，通过两次野外实地勘察和专家咨询以及阅读大量文献资料，最终确定了评价的影响因子：高程、坡度、坡向、岩性、构造缓冲区、水系缓冲区。而后通过数值模拟的方式对区域进行划分，为铁路通过三江并流区宏观通道选线提供参考和依据(图 18)。

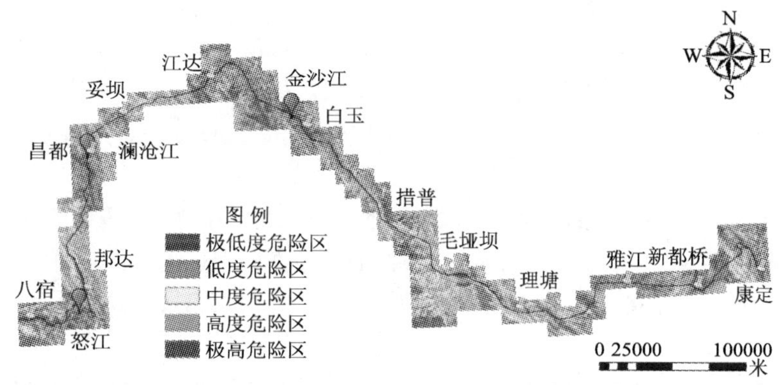

图 18　研究区地质灾害危险性评价分区图

由图 18 可以看出，除了金沙江、怒江、澜沧江和雅砻江是不良地质危险性较高区域，冰水泥石流较为发育的理塘—毛垭坝段和崩塌滑坡较为发育的江达段不良地质危险性也较高。由此可见，不良地质发育分区的划分与夷平面控制的面和带相互吻合，夷平面间的过渡带是地质灾害发育的极高风险区。“崩滑流”灾害依然是研究区的主要问题，路基桥梁隧道都会受其不同程度的影响，选线时应加以注意。

5 结语

三江并流区是川藏铁路必经之地，具有高海拔、大高差、构造作用强烈、山地灾害发育的区域工程地质特征，历来被视为川藏铁路修建的瓶颈地带。本文以夷平面为研究对象，通过现场调查和室内分析，得到研究区工程地质夷平面分区分带，并建立模型研究了不同区带的不良地质特征，从宏观上为川藏铁路通过该区的地质选线提供参考和指导，并得到以下结语：

(1)通过野外调查与室内分析，提出“三面两带”的地质选线夷平面思路，即高原夷平面（海拔 4300 ～ 5000 m)、高原盆地夷平面(海拔 3900 ～ 4200m)、三江侵蚀面(海拔 3000m 左右)、高原—高原盆地夷平面过渡带和高原盆地夷平面—三江侵蚀面过渡带。

(2)研究区地形起伏大，地貌类型多，在“三面两带”夷平面概念的基础上，根据不同的江河流域，在剖面上划分出五个区段模型，有更强的工程实用价值。

(3)研究区内的不良地质分布符合夷平面“三面两带”控制。高原盆地夷平面和三江侵蚀面之间的过渡带，物质风化程度严重，运移动能大，易形成常规崩滑流等不良地质；高原夷平面与高原盆地夷平面之间的过渡带岩土体物理风化严重，更易形成冰水泥石流和岩屑坡等不良地质。

(4)基于信息量法得到的不良地质发育区的划分与夷平面控制的“三面两带”相互吻合，夷平面间的过渡带是地质灾害发育的高风险区。其中，三江多深切形成峡谷，地灾种类多，密度大，多为极高风险区；而位于高原盆地夷平面之上发育的冰水泥石流、岩屑坡的不良地质，在地质选线的过程中也应给予足够重视。

参考文献

[1] 吴光，肖道坦，蒋良文，等．复杂山区高等级铁路选线工程地质的若干问题 [J]. 西南交通大学学报，2010，45（004）：527-532.

Wu Guang, Xiao Daotan, Jiang Liangwen.Problems about engineering geology of high-grade railway route selection in complicated mountainous areas [J]. Journal of Southwest Jiaotong University, 2010, 45(004): 527-532.

[2] 朱颖．铁路选线理念的创新与实践 [J]. 铁道工程学报，2009，26（6）：1-5.

Zhu Ying.Innovation and practice on railway location concept [J]. Journal of Railway Engineering Society, 2009, 26(6): 1-5.

[3] 仲志伟．川藏铁路三江并流区岸坡特征及稳定性分区 [D]. 西南交通大学，2015.

Zhong Zhiwei. The stability division and characteristic of bank slopes in three parallel river region of the Sichuan-Tibet railway[D]. Southwest Jiaotong University, 2015.

[4] 张广泽，蒋良文，宋章，等．横断山区川藏线山地灾害和地质选线原则研究 [J]. 铁道工程学报，2016，33（2）：21-24.

Zhang Guangze, Jiang Liangwen, Song Zhang, et al. Research on the mountain disaster and geological alignment fundamental of Sichuan-Tibet railway running through N-S mountain area[J]. Journal of Railway Engineering Society, 2016, 33(2): 21-24.

[5] 宋章，张广泽，蒋良文，等．川藏铁路主要地质灾害特征及地质选线探析 [J]. 铁道标准设计，2016（1）：14-19.

Song Zhang, Zhang Guangze, Jiang Liang-wen, et al.Analysis of the characteristics of major geological disasters and geological alignment of Sichuan-Tibet railway[J]. Railway Standard Design, 2016(1): 14-19.

[6] 崔之久，李德文，伍永秋，等．关于夷平面 [J]. 科学通报，1998，43（17）：1794-1804.

Cui Zhijiu, Li Dewen, Wu Yongqiu, et al. Comment on the Pla-nation surface [J].Chinese Science Bulletin, 1998, 43(17): 1794-1804.

[7] 李吉均，文世宣，张青松，等．青藏高原隆起的时代、幅度和形式的探讨 [J]. 中国科学，1979，（6）：608~616.

Li Jijun, Wen Shixuan, Zhang Qingsong, et al. The discussionabout rising age, scale and process of Tibetan Plateau [J]. Sciencein Chinese, 1979, (6): 608-616.

[8] 潘保田，高红山，李吉均．关于夷平面的科学问题——兼论青藏高原夷平面 [J]. 地理科学，2002，22（5）：520-526.

Pan Baotian, Gao Hongshan, Li Jijun. On problems of planation surface—A discussion on the planation surfacein Qinghai-Xizang plateau [J].Scientia Geographica Sinica, 2002, 22(5): 520-526.

[9] 冯金良，崔之久，朱立平，等．夷平面研究评述 [J]. 山地学报，2005，23（1）：1-13.

Feng Jinliang, Cui Zhijiu, Zhu Liping, et al, Review on the planation surface[J]. Journal of Mountain Science, 2005, 23(1): 1-13.

[10] 李吉均．纪念台维斯侵蚀循环、准平原学说诞生100周年 [J]. 兰州大学学报（自然科学版），1999，35（3）：157-163.

Li Jijun. In memory of Davisian theory of erosion cycle and pene-plain：a centurial study in China [J].Journal of Lanzhou University（Natural Sciences）, 1999, 35(3): 157-163.

川藏铁路帕隆藏布峡谷地质灾害特征及地质选线

宋 章[1] 张广泽[1] 蒋良文[1] 游 勇[2]
（1. 中铁二院工程集团有限责任公司，成都 610031；2. 中国科学院成都山地灾害与环境研究所，成都 610041）

摘 要：拟建川藏铁路穿越帕隆藏布峡谷，因其复杂活跃的新构造运动、显著的地势高差特性、急剧的气候差异性、复杂多变的地层岩性及复杂的水文地质环境等影响，流域内崩滑泥石流、水毁、雪崩及岩屑坡等表生地质灾害极其发育。本文通过资料收集、遥感解译及现场地质勘测等工作和手段，在分析了沿线地质灾害分布特征及其成因机制的基础上，从工程地质的角度研究了流域内选线原则。主要结语如下：①帕隆藏布因其强烈的新构造运动及频繁的地震为内动力因素和重力卸荷、寒冻风化、降水、侵蚀冲刷、冰蚀及人类活动等为外动力因素的相互作用为流域内地质灾害发育的成因机制；②避开发育于帕隆藏布南岸的嘉黎至然乌区域性深大断裂，流域内应在内外动力地质灾害均有所减轻的北岸进行工程地质选线；③鉴于流域内地质灾害分布特征及其成因机制，应遵循重隧道轻路基、定车站选桥位的工程地质选线思路；④本文的研究结语对此流域内公路、铁路等工程地质选线具有指导意义。

关键词：川藏铁路；帕隆藏布；内外动力；地质灾害；地质选线

Geological Hazard Characteristics of Parlung Zangbo Canyon and Geological Alignment of the Sichuan-Tibet Railway

Song Zhang[1] Zhang Guangze[1] Jiang Liangwen[1] You Yong[2]
(1. China Railway Eryuan Engineering Group Co.Ltd, Chengdu 610031, China; 2. Institute of Mountain Hazards and Environment, Chinese Academy of Sciences, Chengdu 610041, China)

Abstract: The proposed Sichuan-Tibet railway run through the Parlung Zangbo canyon, because of the typical engineering geological background for the proposed Sichuan-Tibet railway such as the features of the intricate and active neotectonics characteristics, higher height differences geomorphology, frequent and forceful seismic properties, cold and atrocious climate features, and multifarious formation lithologic properties , the mountain disasters, such as the large scale landslide and avalanche, rockfall, debris flow, washout, snow avalanche, debris slope, etc., which are extremely well-developed. Based on the method and means of collection data, remote sensing and investigation, analyzed the geological disasters characteristics and formation mechanism which distributed along the proposed railway, the paper researched the geological alignment fundamental of the proposed Sichuan-Tibet railway in a geology perspective. Research conclusions as follows: ①The formation mechanism of

---

作者简介：宋章（1977—），男，高级工程师。

基金项目：国家铁路局科技研究计划（KF2014-019）；中国铁路总公司科技研究开发计划项目（2013G014-B）；中铁二院工程集团有限责任公司科研项目［院计划 14126005（14-17）］。

geological disasters developed Extremely in Parlung Zangbo canyon are the result of internal and external power interaction, such as the internal power of intricate and active neotectonics, frequent and forceful seismic, and the external power of gravity unloading, frost weathering, rainfall, erosion, glacial erosion and human activity, etc. ②The better engineering geological alignment scheme of the Sichuan-Tibet railway in this area should run through the north of Parlung Zangbo canyon with light internal and external power geological disasters, and avoid of the regional Jiali-Ranwu active fault located in the south of Parlung Zangbo canyon. ③Based on the distributed characteristics and formation mechanism of geological disasters, the engineering geological alignment standard of weighing tunnel lighting subgrade, selecting station and bridge should be adopted in the Parlung Zangbo canyon. ④The conclusions of this paper have guiding significance in the geological alignment for railway, expressway engineering etc. in this area.

Keywords: Sichuan-Tibet railway; Parlung Zangbo; internal and external power; geological hazard; geological alignment

川藏铁路东起四川成都，西至西藏拉萨，行走于印度洋板块与欧亚板块碰撞而隆升的青藏高原地带；是迄今为止人类历史上最具挑战性的铁路建设工程，也是自然环境、施工技术、灾害环境最为复杂和灾害防治难度最大的铁路工程。在如此复杂的地质环境条件下修建铁路，必将面临大量的科学和技术难题，其中山地灾害成为局部乃至全线的控制性节点，关乎川藏铁路建设的成败。

帕隆藏布峡谷处于印度洋板块和欧亚板块碰撞挤压作用的接触地带，由于其地壳隆升造成的活跃的新构造运动、显著的地势高差、急剧的气候差异及地层岩性的复杂多变等因素的影响，流域内崩塌、滑坡、泥石流（冰川型和冰水混合型）、雪崩及碎屑坡等所需的地质、地貌、水源等条件极易满足，重力不良地质集中发育，素有“地质博物馆、地质盲肠”[1-12]之称。本文在遥感解译及现场多次调绘的基础上，对流域内重大不良地质的分布特征及规律进行了分析，为川藏铁路科学选线提供依据。

1 区域工程地质环境

1.1 强烈深切的高山峡谷地貌

帕隆藏布流域受印欧板块碰撞作用的影响，具有河谷宽窄相间、河流深切及水系沿构造线发育的高山峡谷地貌特征（图1）。流域内通麦至然乌段相对高差在1500m以上，最大达2800m；该区最大高差5744m，平均坡度约为42°，局部可达80°，形成了山高坡陡河谷深切割的东喜马拉雅极大起伏的极高山地貌。沿线调查发现，沿帕隆藏布河谷发育有高达近10m的三级阶地，表征了区域内挽近期地壳隆升、河流急剧下切的新活动构造特性。因大高差地貌为帕隆藏布流域内的崩塌、滑坡及碎屑坡等重力地质灾害的产生和发展提供了巨大的势能条件；同时由于流域内垂直立体气候分带性的影响，高海拔山区冰湖、古冰川和现代海洋性冰川十分发育，随着近代气候变暖并有冰湖溃决等灾害出现，分布有大规模的雪崩及冰水泥石流灾害。

1.2 复杂的地质构造

在区域构造上，帕隆藏布流域处于印度洋板块和亚欧板块碰撞挤压作用的接触地带，在印度洋板块向欧亚板块俯冲的作用下致使青藏高原地壳产生强烈隆升并向东挤出的同时，导致了帕隆藏布流域地区产生了大规模的剪切作用和冲断活动，地块间的相互挤压，使得区域内岩体中积聚大量的能量，地应力水平高，导致流域内产生了大量的构造蚀变岩带和构造变形带；加之地形切割强烈，构造活动频繁，岩体中节理裂隙发育，重力卸荷作用强烈。区域内主要发育有5大断裂（图2）：即近北东向的林芝至东久断裂、雅鲁藏布江断裂、墨脱断裂和近北西向的嘉黎至然乌右行走滑断裂、隆格尔至纳木错至仲沙走滑冲断裂；

据调查研究，林芝至东久断裂及嘉黎至然乌断裂通麦以北均具有第四系断裂活动特性。复杂的地质构造特征为流域内崩滑泥石流灾害的产生和发展提供了强大的动力条件。

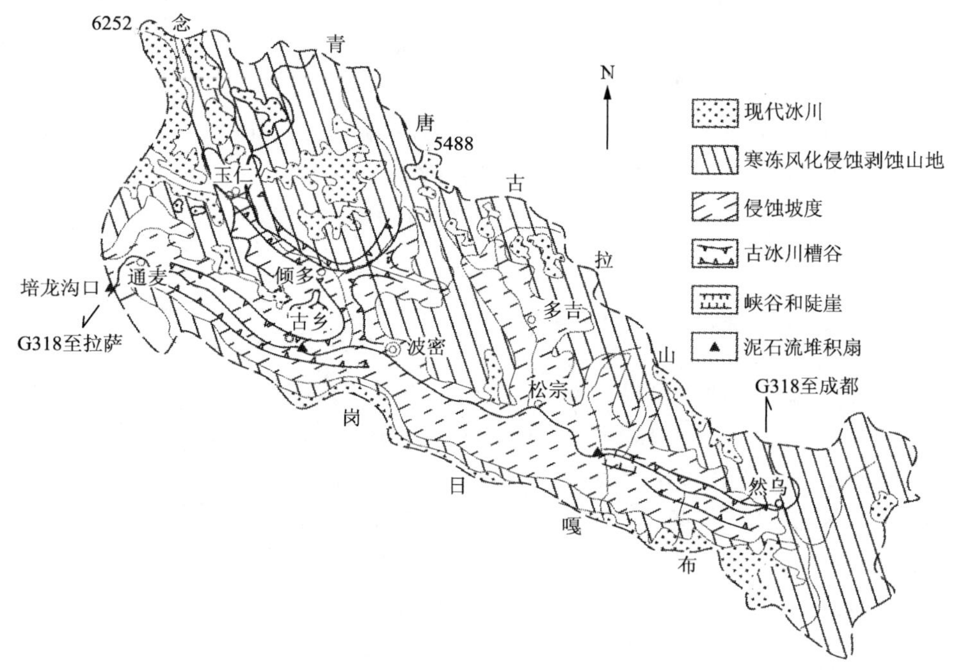

图1　研究区地貌类型图

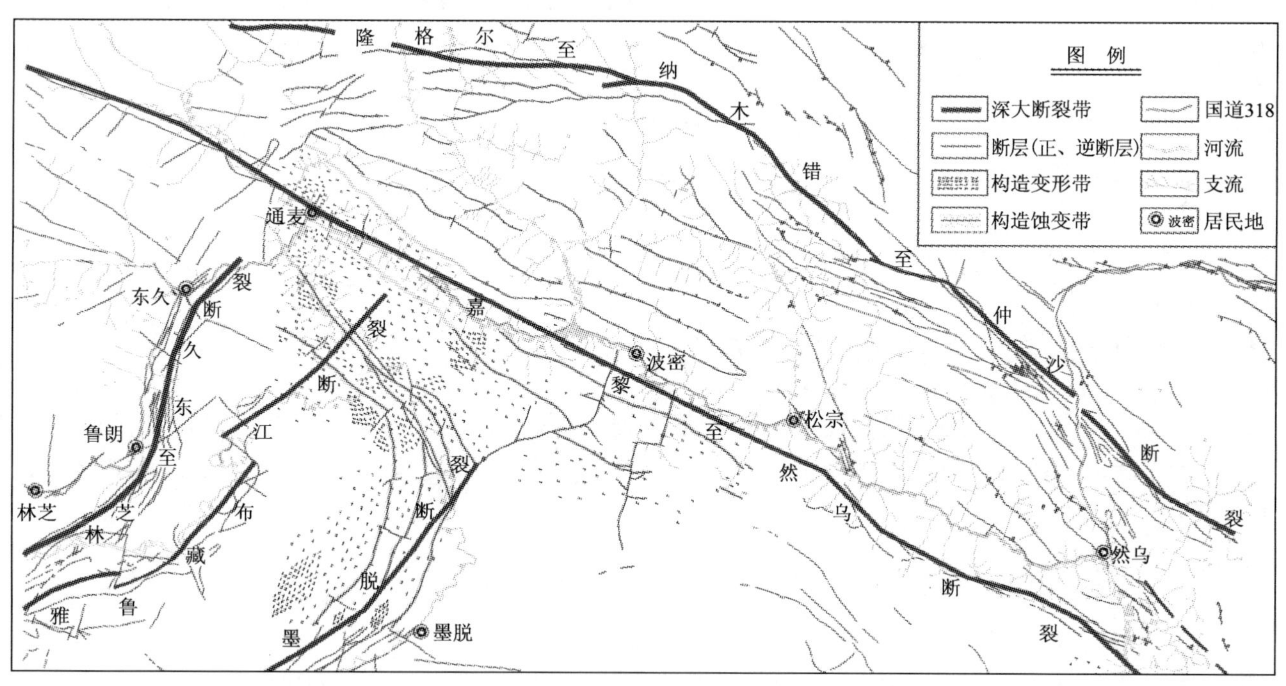

图2　研究区构造纲要图

1.3　活跃的新构造运动及地震

帕隆藏布流域其地层岩性主要为晚古生代泥盆系、石炭系和中生代侏罗系的石灰岩、砂岩及燕山期的花岗岩。据前人研究表明，近300万年以来，测区地壳垂直上升的速率为3mm/a，末次冰期以来达

6.2mm/a；而基岩被河流快速下切速率达 1.1mm/a 以上[10]，显示出流域内强烈的新构造运动特征；此外，区域内第三纪以来除表现为强烈的隆升（上新世以来共上升 3000 ～ 6000m）外，还伴有强烈的水平挤压和差异性升降，主要表现在一系列强烈活动的断裂构造带上，如林芝至东久断裂带、嘉黎至然乌断裂带、墨脱断裂带及雅鲁藏布缝合带等。这些断裂带或缝合带在挽近期活动强烈，区内地震频繁；根据中国地震烈度区划图，帕隆藏布流域属青藏高原南部地震区，地震烈度为 9 度；区域内以中强震（震级 4.0 ～ 5.9）为主[12]，自 1921—1980 年 5 级以上的地震达 50 余次，其中 7 级以上 1 次，特别是通麦—林芝一带，1938—1967 年的 29 年间已发生大于或等于 6 级地震 8 次，其中 1950 年 8 月察隅更是发生了 8.6 级强震[3]。地震对上部地壳岩体具有巨大的破坏作用，其既是地质灾害的形成条件，又常是灾害产生的诱发因素之一。

1.4 垂直立体分带气候及充沛的降水

由于其复杂的地形地貌及海拔高差悬殊，造就了帕隆藏布流域气候垂直立体分布的明显差异性，区域内主要可分为四个气候带，即：①海拔 1000 ～ 2400m 为山地亚热带湿润气候带，帕隆藏布及其支流谷地和山地下部；②海拔 2400 ～ 4000m 为亚高山温带湿润气候带，两岸山体中部；③海拔 4000 ～ 8000m 为高山寒温带湿润气候带，山地中部；④海拔 4800 ～ 5000m 以上，高山寒带冰雪气候带。区域内年降水（雨、雪）量在 700mm 以上[3,12]；其充沛的降水及冰雪融水的水动力条件，进一步软化了斜坡岩土体的力学强度，降低了其稳定性，促进了区内崩滑泥石流等灾害的发生。

1.5 侵蚀强烈的水文地质环境

帕隆藏布峡谷为我国最大的季风海洋性冰川分布区，其气候温暖湿润，具有丰沛的降水和广布的冰雪融水的水文地质特征；帕隆藏布流域全长约 266km，落差达 3360m，平均坡降 12.6%，年平均径流量约 500m^3/s，冲蚀高度达 2.88m[2]，河流冲蚀作用异常活跃。河流的急剧侵蚀下切，使得岸坡高差变大，斜坡的临空面拉长变高，相对势能增加，岸坡稳定性快速后退，降低了斜坡岩土体的稳定性；此外区内丰富的地下水出露为流域内岩土体的寒冻风化提供了有力的物质条件，加之地下水的静、动水压力作用及水的潜蚀和软化作用，进一步破坏了斜坡岩土体的结构特征，并降低其物理力学特性。多种水文地质因素的交织作用促进和诱发了流域内崩滑等地质灾害的产生和发展。

2 主要地质灾害特征及地质选线

流域内因其大高差的地形地貌、复杂的地质构造、地层岩性及气候等内外动力地质作用的相互作用，大型崩滑泥石流、碎屑坡、水毁及雪崩等地质灾害极其发育，主要地质灾害特征及其分布规律可概括如下：

2.1 崩塌、滑坡、错落

流域内大型崩滑、错落灾害主要分布于边坡高陡和岩石破碎松散的峡谷斜坡地段，以然乌至松宗段（滑坡 8 处，崩塌 3 处）、拉月至通麦—东久段（滑坡 29 处、崩塌 11 处）分布最为集中（图 3），活动最为频繁，规模亦最大；尤其是拉月至东久段因其坡高陡沟深，河水侧蚀作用强烈，且地震构造断裂活动频繁，加之降水集中且丰沛，地下水易富集而排泄不畅，极易引起地下水头压力增大，岩土体物理力学特性减弱，极易产生和诱发大型崩滑灾害。例如段内的拉月大崩塌、通麦 102 滑坡群等灾害具有破坏力最大、危害最为严重且影响时间最长的特点，且古滑坡及潜在不稳定型滑坡亦广泛分布。

对于分布于段内的重大崩滑地质灾害，铁路地质选线应以傍山隧道加以绕避通过为宜。

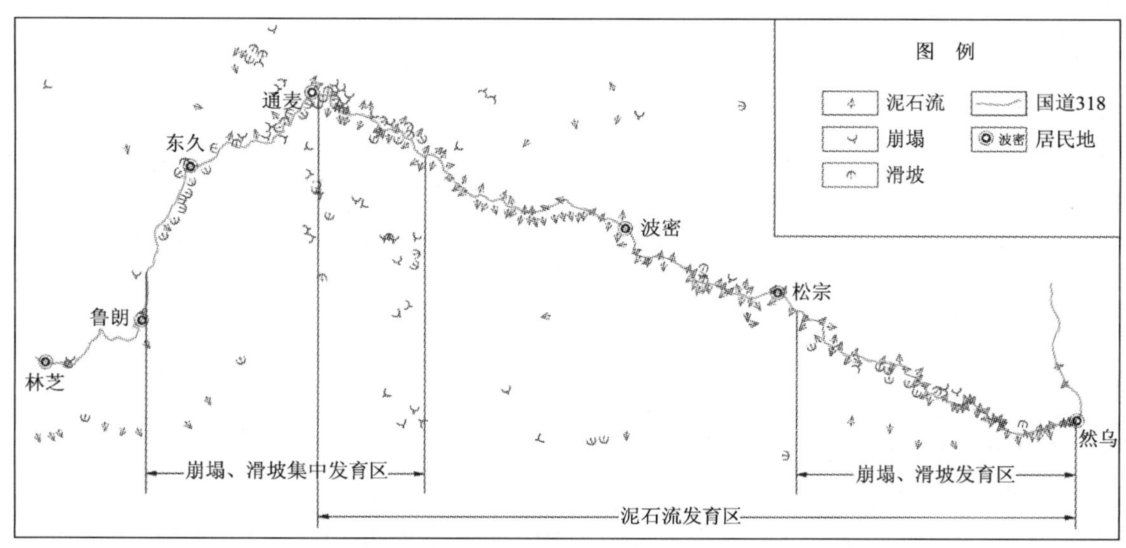

图3 研究区崩滑泥石流灾害分布图

2.2 泥石流

帕隆藏布因其地形地貌、地层岩性、地质构造及气候等因素影响，泥石流极其发育（图4），且具有规模宏大、破坏力强且爆发频繁等特点（图5）。按照泥石流形成时的水动力条件，区域内泥石流总的可分为暴雨型泥石流、冰川型泥石流和冰水混合型泥石流三种基本类型。

a)古乡沟冰水混合型泥石流

b)天磨沟冰川泥石流

图4 泥石流

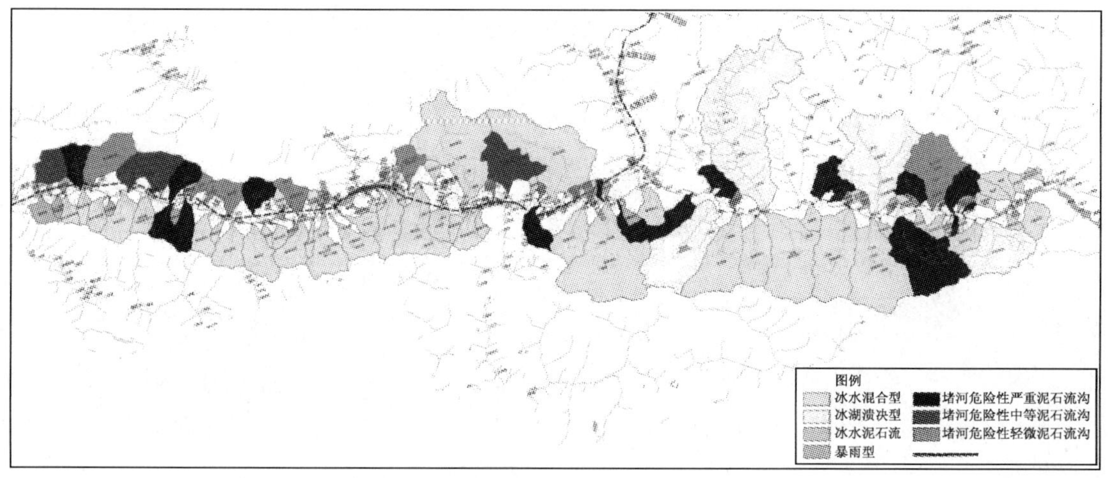

图5 研究区泥石流及堵河危险性分布图

（1）暴雨型泥石流

暴雨型泥石流的形成与沟谷内松散固体物质的多少及其分布、暴雨强度等关系密切，具有暴雨作用下其地表径流对坡表松散固体物质的搬运、搅拌并伴随对谷坡的强烈侵蚀作用等特征，如加马其美沟暴雨型泥石流。据调查区内暴雨型泥石流共有16处，泥石流的规模大小不一，规模普遍有限，但在强降雨的条件下频发，且多发生在流域面积较小的沟谷残坡面上。稀性、黏性泥石流类型均有分布。

针对暴雨型泥石流区，铁路选线应尽量以高墩大跨的桥梁方式从泥石流扇尾沟口附近跨过，也可以考虑从堆积扇前缘泥石流能量较低的部位以桥跨方式通过。

（2）冰川型泥石流

帕隆藏布峡谷然乌至波密段受季风海洋性气候的影响，海拔5000m以上海洋性冰川发育，是我国冰川型泥石流的主要集中分布区；此类泥石流以大量冰碛物与冰湖溃决洪水、冰川及冰雪消融等为水动力条件，具有分布少且稀疏、频率低的特性，但其规模宏大、搬运力和破坏力极强、治理难度大等特点，一旦爆发危害极大且难以控制；如流域内的米堆沟、天磨沟等冰川泥石流。根据遥感解译，研究区共有各类冰湖130个，其中冰碛湖有64个；在这些冰碛湖中可能溃决形成的泥石流的潜在冰湖溃决型泥石流7条。

针对冰川型泥石流，铁路地质选线应以隧道方式于泥石流流通区深埋绕避通过最为宜；若以高墩大跨桥的方式于流通区通过，应考虑泥石流的强烈侧蚀下切作用而诱发斜坡的不稳定，且桥梁主墩基础应置于泥石流侧蚀下切破坏影响区以外并留足净空。

（3）冰水混合型泥石流

冰水混合型泥石流主要以冰川冰雪融水与降雨为水动力条件，起动流域内的松散土体而形成的一种大规模泥石流。在现代或上更新世冰川作用带上，以冰川积雪强烈消融洪水，或同时遭遇非冰川区的降雨径流作为水动力条件导致大量的新老冰碛物饱和失稳，在与水流混合后快速形成的多相流体。据调查区内冰水混合型泥石流共有95处，主要分布于帕隆藏布流域内西藏八宿以西的安久拉山到米拉山以东区段，该类冰水混合型泥石流往往规模宏大，搬运能力和破坏能力均极强。

因冰川—雨洪混合型泥石流与冰川型泥石流有时难以准确界定，故铁路地质选线原则和工程设置与冰川型泥石流相同。

2.3 岩屑坡

流域内因其强烈寒冻风化作用、季节性冻融环境及高烈度地震因素，岩屑坡广泛发育和分布，其成因复杂、组分多样、堆积无序、分选性差，具有结构松散、力学强度低、稳定性差及连续分布等特征，为典型的区域内外动力耦合作用的产物；根据其粒度大小可分为以硬岩风化崩落为主的块石坡［图6a)］，以软岩寒冻风化角砾状及颗粒状为主的溜砂坡［图6b)］，及季节性雪崩作用而形成的粒度大小不均的岩屑坡［图6c)］。拟建川藏铁路通过的帕隆藏布区，岩屑坡主要分布于然乌至松宗段。通过现场调查，发现岩

a)寒冻风化块石坡

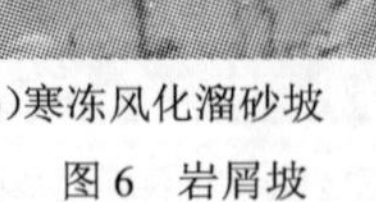

b)寒冻风化溜砂坡

c)雪崩作用碎屑坡

图6 岩屑坡

屑坡坡面较陡，接近松散固体物质的安息角，在强降雨、冰雪消融及人类工程活动等因素作用下，岩屑坡将产生蠕流运动而掩埋道路，治理难道较大。

针对岩屑坡发育地段，铁路地质选线应采用外移设路桥或内移设隧道的方式绕避，避免从坡脚通过。

2.4 水毁

帕隆藏布流域降雨丰沛，夏季洪水的严重冲刷、侧蚀及淤埋作用，尤其是冰川泥石流或山崩滑坡堵塞河道溃决后形成的洪流对两岸坡体的冲刷瞬间损毁沿线道路、桥梁及其他设施。因地形限制，拟建川藏铁路在帕隆藏布峡谷不可避免地沿河谷展线，因其河谷狭窄、多堵塞，河床纵坡大，具备发生水毁的必要条件。据现场调查，帕隆藏布流域的然乌—宗坝段水毁灾害最为严重。

针对帕隆藏布流域水毁严重路段，铁路地质选线应尽量考虑线路内移以隧道加以绕避为宜。

2.5 雪崩

帕隆藏布为高海拔高山峡谷地貌，海拔4800m以上为长年积雪，以下因秋冬季气候寒冷，山坡普遍积雪，而春夏季开始消融，由于高陡的山坡地形，山坡积雪在重力作用下易产生滑动并产生连锁反应，裹夹带大量的山坡表层松散固体物质迅速向下崩塌而产生雪崩灾害，运动具有潜在性、突发性、运动快速、崩塌量大等特点，分布具有线状和斑点状等特点。从流域内川藏公路的雪崩灾害分析，对拟建铁路的危害主要表现为埋没铁路，撞坏桥梁、涵洞等设施、撞翻列车或堵江成湖，溃决成洪，对铁路造成水毁灾害。

区域内长年雪崩区分布于海拔4800m以上，而季节性雪崩区主要分布于帕隆藏布流域学格—五尺拥—玉普—松宗段。对拟建川藏铁路有影响的主要为季节性雪崩，铁路地质选线应内移设隧道或外移至雪崩影响区之外为宜。

3 地质灾害成因机制浅析

地质灾害的成因机制主要受内外动力作用控制[2,4]。

强烈的新构造运动和频繁的地震是区域内频繁发生大型地质灾害最为主要的内动力因素。在印度洋板块向欧亚板块俯冲作用的过程中，帕隆藏布区域表现为地壳抬升速率不均及地壳深部的挤压变形差异，当新构造运动作用于深部岩层呈现为挤压作用时，地壳隆升使山体浅层出现侧向拉应变，促使地壳初始高压应力的释放，造成地表岩体结构松弛，有利于坡体的解体和大型崩滑泥石流灾害的产生；而地震作用首先主要表现为震裂岩体，使得坡体岩土体自身强度急剧降低，为地质灾害的产生提供物质基础，其次为地震因其强烈的震动作用直接触发山体表层各种大型崩滑灾害。

重力卸荷、寒冻风化、降水、侵蚀冲刷、冰蚀及人类活动等为流域内地质灾害发生的外动力因素。流域内因其陡峻的地形，在内动力作用下重力卸荷作用强烈，致使危岩落石发育，且主要分布于区内学格至五尺拥段的“V”形谷内；昼夜大温差效应的寒冻风化作用易导致山坡岩体产生物理及机械破碎，破坏岩体结构，降低斜坡稳定性或形成较厚寒冻风化层，在重力卸荷作用下易形成岩屑坡及为泥石流提供物源；流域内丰沛的降水及冰雪融水等水文因素，降低了坡体表层岩土体的力学强度，破坏了其稳定性，这也是区内崩滑泥石流发育的主要因素之一；帕隆藏布流域年径流量大，河水强烈的侵蚀下切和侧蚀冲刷作用进一步降低了斜坡的稳定性，促进了区内崩滑灾害的发生；强烈的冰蚀和寒冻风化作用，使得该区冰碛物、冰水沉积物以及岩屑堆等松散堆积物特别发育，为崩滑泥石流等地质灾害储备了丰富的固体物质来源；而人类不合理的森林砍伐及削坡筑路等活动，也是触发区内崩滑灾害产生的重要因素。

由此可见，内外动力作用的相互作用，触发了流域内诸多地质灾害的发生。

4 铁路工程地质选线原则

帕隆藏布南岸发育有嘉黎至然乌区域性深大断裂，内外动力作用强烈，受构造影响，南岸岩体破碎，且崩滑泥石流等重力不良地质极其发育；而北岸岩体完整性相对较好，且内外动力地质灾害均有所减轻；故段内铁路线位应遵循行走于帕隆藏布北岸的工程地质选线原则。

鉴于帕隆藏布流域的高山峡谷地貌特征、地质灾害分布特征及其成因机制，针对铁路线状工程的特性，区内应遵循重隧道轻路基、定车站选桥位的工程地质选线思想。具体选线原则概况如下：

（1）帕隆藏布峡谷段地壳抬升剧烈，以侵蚀作用为主，崩滑泥石流等重力灾害极其发育，铁路选线应以傍山隧道为主，减少露头，尽可能有效避免重力不良地质，尤其是冰川泥石流灾害的影响。

（2）然乌至松宗段崩滑灾害及雪崩发育，拉月至东久段崩滑灾害极其发育段，铁路线位应以长大傍山隧道为主绕避重大崩滑灾害。

（3）松宗至波密宽谷段以冲洪积形成阶梯为主，铁路选线应远离坡麓崩滑灾害和支沟口泥石流的影响，尽可能靠近主河以路桥通过为宜。

（4）流域内铁路车站位置应选在崩滑泥石流灾害相对不发育的较宽广的冲洪积阶段或河流阶地处。

5 结语

（1）强烈的新构造运动及地震频发的内动力作用，致使区内地壳强烈隆升及河流侵蚀下切，造就了该地区独特的高山峡谷地貌；重力卸荷、寒冻风化、侵蚀冲刷、冰蚀及人类活动等外动力因素的影响，为区内崩滑泥石流等灾害提供了丰富的固体物质来源；而丰沛的降水、冰雪融水的下渗及河流深切，提供了丰富多样的水动力条件。内外动力的相互作用致使崩滑泥石流灾害频发。

（2）帕隆藏布南岸发育有嘉黎至然乌区域性深大断裂，内外动力作用强烈，岩体破碎，崩滑泥石流等重力不良地质极其发育；而北岸岩体完整性相对较好，内外动力地质灾害均有所减轻；故段内铁路线位首先应遵循行走于帕隆藏布北岸的工程地质选线原则，其次应遵循重隧道轻路基、定车站选桥位的工程地质选线思想。

（3）帕隆藏布段地壳抬升剧烈，以侵蚀作用为主，崩滑灾害和泥石流极其发育，铁路选线应以傍山长隧为主，减少露头，尽可能有效避免重力不良地质，尤其是冰川泥石流灾害的影响；宽谷段以冲洪积形成阶梯为主，铁路选线应远离坡麓和支沟口，尽可能靠近主河以路桥通过为宜。

（4）流域内铁路车站位置应选在崩滑泥石流灾害相对不发育的较宽广的冲洪积阶段或河流阶地处。

参考文献

[1] 中国中铁二院工程集团有限责任公司．铁路工程地质实例（西南及相邻地区分册）[M]. 北京：中国铁道出版社，2011.
Complied by China Railway Eryuan Engineering Group Co.ltd, Examples of railway engineering geology（section of the southwest and adjacent areas）[M]. Beijing: China railway publishing house, 2011.

[2] 廖秋林，李晓，董艳辉，等．川藏公路林芝—八宿段地质灾害特征及形成机制初探 [J]. 地质力学学报，2004，1（10）：33-39.
Liao Qiulin, Li Xiao, Dong Yanhui, et al. Characteristics and formation mechanism of geological hazards along the section from Nyingchi to Baxoi of the Sichuan-Tibet highway[J]. Journal of Geomechanics, 2004, 1(10): 33-39.

[3] 丁继新，周圣华，杨志法，等．川藏公路南线然乌—鲁朗段工程地质分区 [J]. 自然灾害学报，2005，14（5）：154-161.
Ding Jixin, Zhou Shenghua, Yang Zhifa, et al. Engineering geological zonation for the section of Sichuan-Tibet highway[J].

Journal of Natural Disasters, 2005, 14(5): 154-161.

[4] 吕光东，何竹，金建立．川藏公路西藏段主要地质灾害及成因分析 [J]. 中国西部科技，2009，8（2）：7-8.
Lu Guangdong, He Zhu, Jin Jianli. Analysis of the main geological disasters and their causes along Tibet section of Sichuan-Tibet highway[J]. Science and Technology of West China, 2009, 8(2): 7-8.

[5] 金仁祥，尚岳全，孙红月．川藏公路西藏境内溜砂坡防治工程研究 [J]. 地球与环境，2005，33（增刊）：375-379.
Jin Renxiang, Shang Yuequan, Sun Hongyue. Study on engineering control of sand-sliding slope along the Sichuan-Tibet highway within the bounds of Tibet[J]. Eaath and Environment, 2005, 33(Suppl): 375-379.

[6] 邹强，崔鹏，杨伟．G318 川藏公路段泥石流危险性评价 [J]. 山地学报，2013（3）：342-348.
Zou Qiang, Cui Peng, Yang Wei. Hazard assessment of debris flow along G318 Sichuan-Tibet highway[J]. Journal of Mountain Scince, 2013(3): 342-348.

[7] 毛雪松，王楠，高胜雨，等．川藏公路南线（西藏境）松散堆积体类型 [J]. 长安大学学报：自然科学版，2014（5）：8-14.
Mao Xuesong, Wang Nan, Gao Shengyu, et al. Loose deposites types along the south line of Sichuan-Tibet（in Tibet）highway[J]. Journal of Chang'an University(Natural Science Edition), 2014(5): 8-14.

[8] 梁光模．川藏公路南线（西藏境内）泥石流灾害与防治对策 [D]. 成都：西南交通大学，2005.
Liang Guanmo. On the debris flow hazards and its countermeasure along south section of Sichuan-Tibet road（the part Tibet）[D]. Chengdou：Southwest jiaotong University, 2005.

[9] 郭国和，程尊兰，吴国雄，等．川藏公路南线典型冰湖及其溃决危险性评价 [J]. 水土保持研究，2009（2）：50-55.
Guo Guohe, Cheng Zunlan, Wu Guoxiong, et al. Risk assessment of glacial-lake outburst along the south section of Sichuan-Tibet highway[J]. Research of Soil and Water Conservation, 2009(2): 50-55.

[10] 何易平，胡凯衡，韦方强，等．川藏公路帕隆藏布流域段泥石流活动特征 [J]. 水土保持学报，2001，15（3）：76-80.
He Yiping, Hu Kaifang, Wei Fangqiang, et al. Characteristics of debris flow in polongzangbu basin of Sichuan-Tibet highway[J]. Journal of Soil and Water Conservation, 2001, 15(3): 76-80.

[11] 蒋忠信．西藏帕隆藏布河谷崩塌滑坡、泥石流的分布规律 [J]. 地理研究，2002，21（4）：495-503.
Jiang Zhongxin. Differential Distribution Regularity of Collapse-landslides and Debris Flows along Palongzangbu River Valley in Tibet[J]. Geographical Research, 2002, 21(4): 495-503.

[12] 尚彦军，杨志法，廖秋林，等．雅鲁藏布江大拐弯北段地质灾害分布规律及防治对策 [J]. 中国地质灾害及防治学报，2001，12（4）：30-40.
Shang Yanjun, Yang Zhifa, Liao Qiulin, et al. Geological hazard distribution and prevention in north of Yalu Canyon, Tibet[J]. The Chinese Journal of Geological Hazard and Control, 2001, 12(4): 30-40.

高寒山区30‰长大坡道列车下坡限速研究

任　冲[1]　范晓佳[2]

（1. 中铁二院工程集团有限责任公司，成都 610031；2. 西南交通大学交通运输与物流学院，成都 610031）

摘　要：为保证列车运行安全，在长大坡道上必须对列车的下坡速度加以限制，它是计算区间运行时分和制定司机操纵策略的依据，而在高寒山区长大坡道上，列车的速度不仅受坡度影响，与气候条件也有一定关系。论文以川藏铁路为研究对象，在30‰长大坡道上，分别对HXD_2双机牵引2700t货物列车、HXD_{1d}双机牵引1200t旅客列车的下坡限速进行研究。通过分析在雨雪天气轨面潮湿情况下，黏着系数下降对列车制动的影响，按照分段累加法确定出紧急制动距离下的列车限速。根据相关试验数据，分析货物列车下坡调速制动过程中的闸瓦温升情况。最终研究得出：川藏铁路在30‰的坡道上，HXD_2双机牵引2700t货物列车下坡限速宜为65km/h，HXD_{1d}双机牵引1200t旅客列车下坡限速宜为110km/h。研究结语对高寒山区铁路设计具有一定的借鉴意义。

关键词：长大坡道；黏着系数；紧急制动；闸瓦温升；下坡限速

A Study of the Railway Speed Limitation on the Long and Steep Slope in High-Altitude Mountainous Areas

Ren Chong[1]　Fan Xiaojia[2]

(1. China Railway Eryuan Engineering Group Co. Ltd, Chengdu 610031, China; 2. School of Transportation and Logistics, Southwest Jiaotong University, Chengdu 610031, China)

Abstract: To ensure the safety of railway operation, the speed of the train in operation on the steep and long slopes should be strictly restricted. This restriction / limitation of speed is the basis for calculation of the travel time and also for development of control strategies for drivers. The railway with gradient of 30‰ is the study object. The other assumptions for this study are as follows: the freight train is driven by HXD_2 electric locomotive with maximal load of 2700t. The passenger train is driven by HXD_{1d} electric locomotive with maximal load of 1200t. The analysis of the speed limitationis bases on those two types of trains. Under a certain loading weight, the speed limitation for freight trains is both restricted by the emergency braking distance and the temperature increasing of the braking shoes; the speed limitation for the passenger trains is only restricted by the emergency braking distance. The correlation between the adhesion coefficient and the braking force is analyzed by accumulating the calculation results from separate sections. Based on the relevant experimental data, the problem of the temperature increasing of the wheel and braking shoes is analyzed. Combined with the above aspects, the research eventually got the conclusion: on the

作者简介：任冲（1982—），女，高级工程师。

railway with gradient of 30‰, the speed limitation of freight train with HXD_2 locomotive and with load 2700t should be 65km/h, and for the passenger train with locomotive HXD_{1d} and with load 1200t should be 110km/h. The research results have some reference and significance for the railway design in high-altitude mountain areas.

Keywords: long and steep slope; adhesion coefficient; emergency braking; temperature rising of braking shoes; limiting speed

在长大坡道上，为充分保证列车运行安全，必须对列车的下坡限速进行严格控制。现行《铁路技术管理规程》（以下简称《技规》）第 261 条只规定了 0 ～ 20‰ 坡道的下坡限速，而对于超过 20‰ 的坡道，《技规》规定其列车限速由铁路局根据实际试验确定 [1]。但是，对于西南山区铁路，线路往往会采用 24‰ 或 30‰ 的加力坡，而《技规》并没有对相应坡度的下坡限速给出明确的规定，同时，受高寒山区气候条件的影响，在 30‰ 的长大坡道上实际运营条件更恶劣，对列车的制动力影响较大，因此，有必要对高寒山区长大坡道列车下坡限速进行研究。本文主要以川藏铁路为例，针对在 30‰ 高寒山区长大坡道上，列车黏着力与制动力的关系、空气制动闸瓦温升的影响等方面，研究得出 HXD_2 双机牵引 2700t 货物列车以及 HXD_{1d} 双机牵引 1200t 旅客列车的下坡限速。为合理布置车站、计算区间通过能力提供依据，指导铁路线路的设计工作，并给机车司机提出合理的驾驶及制动操纵方面的策略建议。

1 川藏铁路概况

川藏铁路位于我国四川省和西藏自治区境内。线路起于四川省成都市，向西经蒲江、雅安、康定、昌都、邦达、林芝、乃东至拉萨，全线运营长度约 1850km，建筑长度约 1744km。其中，成都至雅安段已于 2014 年 11 月底开工建设；拉萨至林芝段已于 2015 年 6 月底开工建设（图 1）。

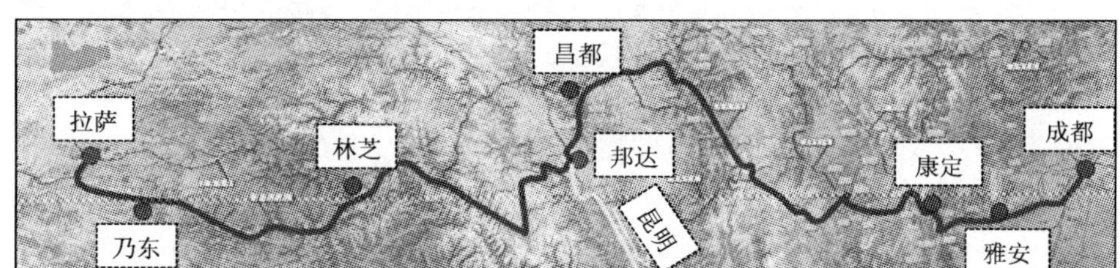

图 1　川藏铁路线路走向示意图

川藏铁路沿线地形条件困难、地质条件复杂、气候环境极端恶劣。其中，成都至雅安段、拉萨至林芝段线路高差相对较小，国家批复的限制坡度为 12‰；雅安至林芝段从海拔 500m 的四川盆地急剧爬升到海拔 4500m 的川西高原区，地形高差起伏很大，若采用加力坡 24‰，线路较长，工程投资较大，若采用加力坡 30‰，线路工程投资较省，但对运输安全压力较大（图 2）。

川藏铁路全线气候变化万千。成都至雅安段属中亚热带气候；雅安至江达段属于高原型季风气候，山脚和山顶温度相差 20 ～ 30℃；波密地区海拔 2700m 以下属亚热带气候带，2700 ～ 4200m 属高原温暖半湿润气候，4200m 以上属高原冷湿寒湿带；林芝地区受太平洋、印度洋两大暖流常年雨贯而入、构成了特殊的热带湿润和半湿润气候。川藏铁路特殊的高寒气候条件，在 30‰ 的长大坡道下，列车下坡运行的安全性尤其重要。

根据国家发改委和铁路总公司对川藏铁路成雅、拉林段主要技术标准的批复意见，以及通过《列车牵引计算规程》（TB/T 1407—1998）（以下简称《牵规》）对和谐机车牵引质量的计算结语，本次列车下坡限速研究，拟采用在 30‰ 大坡道上，HXD_2 双机牵引 2700t 货物列车、HXD_{1d} 双机牵引 1200t 旅客列车。

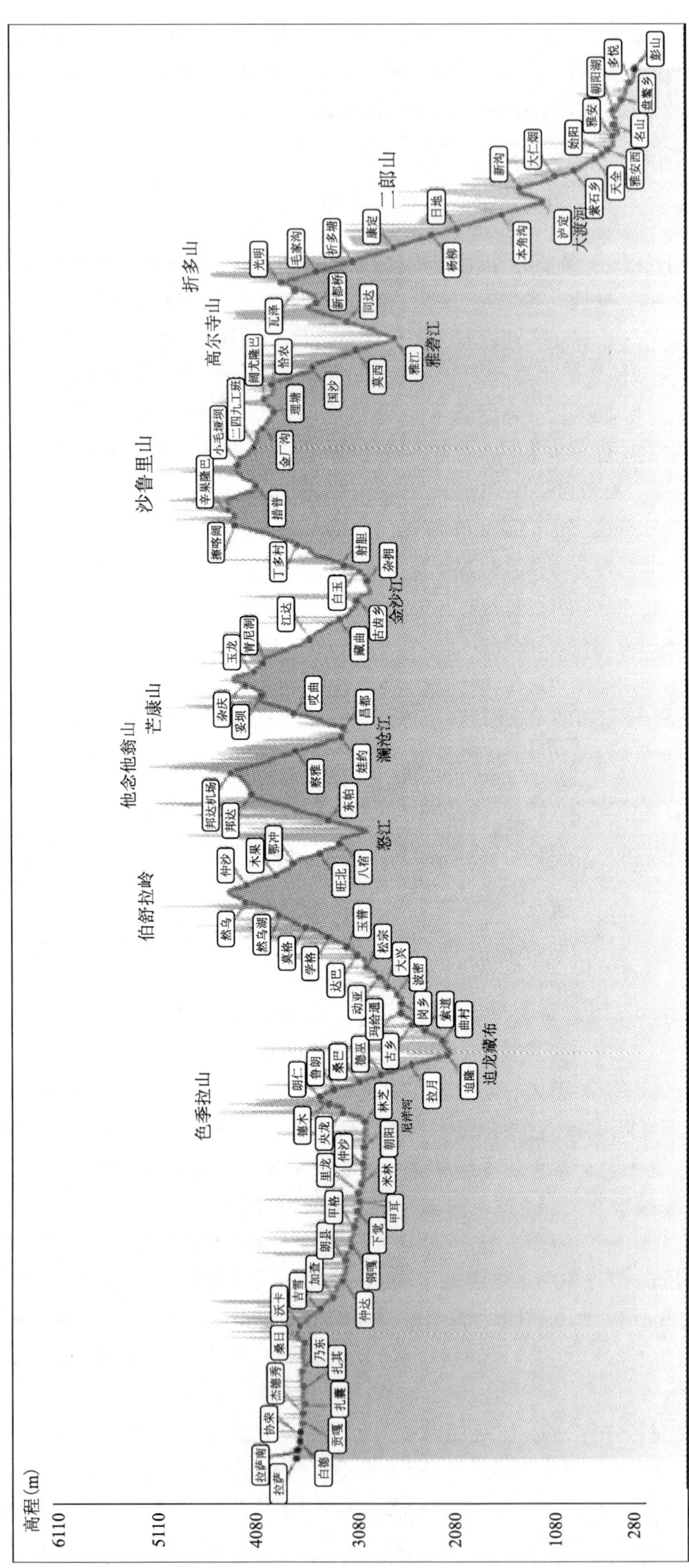

图 2 川藏铁路沿线地形地势图

2 列车制动率的分析

2.1 黏着系数下降对列车制动率的影响

机车车辆确定后，制动率的取值主要与黏着制动力或黏着制动系数有关。计算制动力不能超出黏着制动力的限制，因此，制动率并不能随便选取。根据《牵规》，潮湿轨面下，制动黏着系数大幅度下降。据此可以算出不同黏着系数下黏着制动力的数值，以及给定制动率下制动力与黏着制动力的关系。

按照现行《技规》的要求，货物列车闸瓦压力应满足 150kN/ 百吨（中磷闸瓦），旅客列车闸瓦压力应满足 117kN/ 百吨（高摩 H 合成闸瓦）。根据相关研究成果，可以得到不同摩擦材料换算闸瓦压力的二次换算系数如表 1 所示[2]。依据该系数可以对不同类型闸瓦情况下的列车制动力进行计算。

不同摩擦材料换算闸瓦压力的换算系数 表 1

类 别 基 型	中（高）磷闸瓦	高摩合成闸片
中磷（高磷）闸瓦	1	0.42
低摩合成闸瓦	0.8	0.38
高摩合成闸瓦	2.0	0.9
高摩合成闸片	2.2	1

由于气候条件影响，在雨雪天气，线路轨面黏着系数会有一定下降，有可能会使黏着制动力小于列车制动力的情况，这时就可能会出现制动时车轮抱死、列车滑动、无法控制列车速度的危险情况。因此，必须分析列车黏着制动力的变化情况。

（1）HXD_2（25t）型电力机车在前述编组条件下，采用制动率 0.35 时，考虑轨面潮湿条件，在不同速度下的列车黏着制动力与计算制动力如表 2[4] 所示。

HXD_2 黏着制动力与计算制动力 表 2

速度（km/h）	50	60	80	100	120
干燥轨面黏着系数	0.21	0.20	0.20	0.19	0.18
潮湿轨面黏着系数	0.12	0.12	0.11	0.10	0.10
黏着制动力（kN）	3534.05	3403.93	3182.55	3001.45	2850.62
中磷闸瓦摩擦系数	0.12	0.11	0.11	0.10	0.10
中磷制动力（kN）	1371.45	1314.03	1238.73	1191.55	1159.20
高磷闸瓦摩擦系数	0.11	0.11	0.11	0.11	0.11
高磷制动力（kN）	1329.47	1313.20	1292.63	1280.14	1271.77

由表 2 可以看出，在 120km/h 速度范围内，无论是采用中磷闸瓦还是高磷闸瓦，车列的黏着制动力均高于计算制动力。另外，HXD_2 型机车的最大电制动力为 510kN，2 台机车为 1020kN，就算考虑电制动力，亦不会超过黏着制动力。因此，HXD_2 双机牵引 2700t 货物列车，在潮湿轨面条件下，采用中磷或高磷闸瓦，0.35 的制动率情况下，黏着系数的下降不会对列车制动力产生影响。

（2）HXD_{1d} 型电力机车在前述编组条件下，采用高摩合成闸瓦、制动率为 0.40，采用高摩合成闸片、制动率为 0.37 时，考虑轨面潮湿条件，在不同速度下的列车黏着制动力与计算制动力如表 3[5] 所示。

由表 3 可以看出，在 160km/h 速度范围内，列车的黏着制动力均高于计算制动力。因此，建议 HXD_{1d} 双机牵引 1200t 旅客列车，在潮湿轨面条件下，采用高摩合成闸瓦时，制动率推荐采用 0.40 及以下，而采用高摩合成闸片时，制动率不要超过 0.37，此时黏着系数的下降不会对列车制动力产生影响。

HXD_{1d} 黏着制动力与计算制动力　　表3

速度(km/h)	60	80	100	120	130	140	150	160
潮湿黏着制动力(kN)	1361.57	1273.02	1200.58	1140.25	1113.67	1089.16	1066.46	1045.38
高摩合成闸瓦摩擦系数	0.25	0.24	0.23	0.22	0.22	0.22	0.21	0.21
无电制动制动力(kN)	1178.09	1123.80	1081.92	1048.63	1034.42	1021.53	1009.79	999.05
高摩合成闸片摩擦系数	0.28	0.27	0.26	0.25	0.24	0.24	0.24	0.24
无电制动制动力(kN)	1211.57	1155.73	1112.66	1078.43	1063.82	1050.56	1038.49	1027.44

2.2　制动周期对列车制动率的影响

列车在长大下坡道运行时，如果考虑使用空气制动，需要周期性地进行充风缓解和排风制动的过程，直至列车驶出坡道。如果列车制动能力不够，列车第一次制动后，需要一定的时间给副风缸充风；同时，实施制动时列车还有一个制动空走时间，如果列车经过这两个时间后，速度不超出制动限速，则列车可以通过周期制动控制速度，否则，列车速度可能超出制动限速，即使再采取制动，也可能失去控制。因此，在长大下坡道，列车制动能力必须保证在速度上升到制动限速之前的时间内完成列车充风和空走过程。部分列车编组、减压量与列车充风时间和空走时间关系见表4。

列车充风时间与空走时间　　表4

列车管减压量(kPa)	编 组 辆 数	空走时间(s)	充风时间(s)	总时间(s)
60	20	11.2	26	37.2
80	20	12.6	36	48.6
100	20	14.0	46	60.0
120	20	15.3	56	71.3
140	20	16.7	65	81.7
60	30	13.3	35	48.3
80	30	15.3	49	64.3
100	30	17.4	63	80.4
120	30	19.5	76	95.5
140	30	21.5	90	111.5
60	40	15.3	45	60.3
80	40	18.1	49	67.1
100	40	20.9	63	83.9
120	40	23.6	76	99.6
140	40	26.4	90	116.4

根据上表推算，HXD_2 双机牵引2700t，从20km/h惰行到100km/h时消耗的时间如表5所示。

HXD2（25t）惰行消耗时间　　表5

速度间隔(km/h)	10～20	20～30	30～40	40～50	50～60	60～70	70～80	80～90	90～100
惰行消耗时间(s)	10.36	10.42	10.47	10.53	10.60	10.69	10.79	10.90	11.03

综合表4、表5可以看出，列车速度10km/h间隔内消耗时间基本在10s左右，30辆编组列车空走和充风总时间48.3s，至少需要5个时间间隔，其最高限速不能少于50km/h。如果列车制动率太低，或者摩

擦系数有限，是无法满足这一要求的。

根据上述要求，可以算出不同闸瓦和制动率下，HXD_2双机牵引2700t货车，在30‰坡道上满足周期制动要求的最小制动率，如表6所示。

HXD2（25t）牵引2700t货车周期制动要求　　表6

	制动率	制动限速(km/h)	减压量(kPa)	增速时间(s)	要求最少时间(s)
中磷闸瓦	0.35	53	140	42	113
	0.8	120	120	74.4	97.5
高磷闸瓦	0.8	120	110	73.8	90
高摩合成闸瓦	0.35	120	100	85.8	82.2
高摩合成闸片	0.35	120	100	86.4	82.2

表6中，HXD_2（25t）牵引2700t货车，在30‰坡道上进行周期制动要求时（空气制动），中磷闸瓦和高磷闸瓦无法满足要求。高摩合成闸瓦和高摩合成闸片可以满足要求，但是制动率不少于0.35。上述计算是基于纯粹采用空气制动，且用常用制动调速时，这种条件可以认为是机车电制动失效的情况下。对于采用了电空混合制动的和谐电力机车，由于电制动力只与列车速度有关，而与闸瓦材质无关，更不需要周期性的充风，所以HXD_2机车采用电制动是优先推荐的。

对于HXD_{1d}双机牵引1200t客运列车，采用制动率0.4的高摩合成闸瓦或制动率0.37的高摩合成闸片，制动能力较上述HXD_2（25t）牵引3000t的能力强很多，无需验算。

综上分析，HXD_2双机牵引2700t货运列车，HXD_{1d}双机牵引1200t客运列车，要适应30‰的长大下坡道和恶劣的气候，合适的闸瓦与制动率选择见表7。

列车编组和制动参数　　表7

机车(双机)	牵引重量	车辆闸瓦类型	列车制动率
HXD_2（25t）	2700t	高摩合成闸瓦	0.35
	2700t	高摩合成闸片	0.35
HXD_{1d}	18辆T25（1200t）	高摩合成闸瓦	0.40
		高摩合成闸片	0.37

3　列车下坡限速研究

3.1　列车紧急制动距离限值

紧急制动距离是列车在任何线路上均能制动停车的距离限值，是保证列车安全运行的基础要求。《技规》中规定了各种列车的紧急制动距离，如表8所示[1]。在规定的紧急制动距离内，列车能够制动停车的最高速度，称为紧急制动限速。列车在30‰坡道上的运行限速，应依据列车紧急制动距离进行确定。

列车最高运行速度的紧急制动距离限值　　表8

列车类型	最高运行速度(km/h)	紧急制动距离限制(m)
客运列车	120	800
	160	1400
货运列车	90	800
	120	1400

3.2 列车紧急制动距离计算

一般情况下，制动距离可以采用分段累加的方法进行计算[6]。即：采用"枚举"的思路，分别计算列车在不同制动初速度下的紧急制动距离，得出列车紧急制动距离表[2]；再根据规定的紧急制动距离限值，从列车紧急制动距离表中找出对应的制动初速度。

结合前述列车制动力、列车牵引定数等参数，对列车在30‰下坡道上的受力情况进行分析，运用列车运动方程，取5 km/h为计算步长，对列车紧急制动距离进行分段累加计算，得出HXD_2双机牵引2700t货物列车，在30‰坡道上的紧急制动距离如表9所示[3]。

HXD_2牵引2700t在30‰限坡上的紧急制动距离（单位：m） 表9

制动初速(km/h)	60	65	70	75	80	85	90
制动距离（中磷）	607.6	810.4	907.7	1226.8	1327.2	1597.9	1920.5
制动距离（高磷）	513.7	610.6	751.4	897.8	1084.2	1300.9	1561.3

同理可得，HXD_{1d}双机牵引1200t旅客列车（采用高摩合成闸瓦，制动率取0.4；采用高摩合成闸片，制动率取0.37），在30‰坡道上的紧急制动距离如表10[3]所示。

HXD_{1d}牵引1200t在30‰限坡上的紧急制动距离（单位：m） 表10

制动初速度(km/h)	80	100	120	130	140	150	160
高摩合成闸瓦（制动率=0.40）	464.4	714.8	1024.2	1201.1	1392.7	1598.9	1819.3
高摩合成闸片（制动率=0.37）	451.1	693	835.2	1162.4	1347.3	1546.2	1758.9

3.3 列车下坡限速确定

从表9中可以看到，在30‰下坡道上，HXD_2双机牵引2700t货物列车，保证800m紧急制动距离，采用中磷闸瓦车辆时速度不应超过64km/h，采用高磷闸瓦车辆时速度不应超过71km/h；保证1400m紧急制动距离，采用中磷闸瓦车辆时速度不应超过81km/h，采用高磷闸瓦车辆时速度不应超过86km/h。虽然和谐型货运电力机车设计速度可达120km/h，但考虑到本线高寒山区铁路的运输安全性，以及目前使用的货车紧急制动距离一般按800m控制，本次建议采用在30‰下坡道HXD_2双机牵引2700t货物列车，保证800m紧急制动距离下的限速，确定为65km/h。

从表10中可以看到，在30‰下坡道上，HXD_{1d}双机牵引1200t旅客列车，保证800m的紧急制动距离，采用高摩合成闸瓦车辆（制动率0.40）时速度不应超过106km/h，采用高摩合成闸片车辆（制动率0.37）时速度不应超过116km/h；保证1400m的紧急制动距离，采用高摩合成闸瓦车辆（制动率0.40）时速度不应超过141km/h，采用高摩合成闸片车辆（制动率0.37）时速度不应超过143km/h。由此可知，高摩合成闸瓦车辆和高摩合成闸片车辆的紧急制动距离相差不大，考虑到本线高寒山区铁路的运输安全性，本次建议采用在30‰下坡道HXD_{1d}双机牵引1200t旅客列车，保证800m紧急制动距离下的限速，确定为110km/h；保证1400m紧急制动距离下的限速，确定为140km/h。

4 闸瓦温升对货物列车调速制动的影响

确定了列车下坡限速后，列车在长大下坡道上运行时，将不断地需要进行调速制动，以免在下坡道上超过限速。当多次循环调速制动后，车轮踏面和闸瓦温度将不断升高，可能会影响到行车安全。为保证行车安全，美国AAR规定：对于中磷铸铁闸瓦，车轮踏面温度应低于343℃。而对于高摩合成闸瓦和高摩合成闸片，则没有限制[4]。因此，采用高摩合成闸瓦和高摩合成闸片的旅客列车，其下坡限速只由列车紧急制动距离决定，不存在闸瓦温升问题。对于货物列车来说，由紧急制动距离确定的下坡限速，必须考虑闸瓦温升的限制。

根据相关研究[7]：在 30‰ 长大下坡道上，完全采用空气制动，列车限速 60km/h 时，在经过 8 次周期性调速制动后，车轮踏面温度为 340℃，接近中磷铸铁闸瓦的限制温度；限速 75km/h 时，空气制动时间延长，缓解时间缩短，经过 5 次调速制动后，车轮踏面温度达到 380℃，超过中磷铸铁闸瓦的限制温度；反之，若调速制动次数在 5 次以下，则闸瓦温升不会影响行车安全。

利用北京交通大学饶忠教授的牵引计算软件，对 HXD_2 双机牵引 2700t 货物列车，制动率取 0.35，计算从 80km/h 开始采用纯空气制动达到 10km/h 时缓解的单次制动调速情况。计算参数及结果如表 11 所示。

HXD_2 列车空气闸瓦一次调速制动参数　　表 11

牵引重量(t)	制动率	减压量(kPa)	制动时间(s)	制动距离(m)	惰行时间(s)	惰行距离(m)	总时间(s)	总距离(m)
2700	0.35	90	280	5475	74	920	354	6395

分析表 11 可以得出：在 30‰ 长大下坡道上，限速 80km/h，一次调速制动走行距离为 6395m，若 30‰ 的连续长下坡道不超过 32km，周期性连续制动不会超过 5 次，闸瓦温升不会影响行车安全[7]；在 30‰ 长大下坡道上，若限速 75km/h，在站间距不大于 15km 的情况下，列车在区间运行需经过 3 次调速制动，不会超过中磷铸铁闸瓦的限制温度[6]。同理，若限速 65km/h 时，当站间距小于 20km 时，HXD_2 双机牵引 2700t 货物列车，区间运行需进行 3 次周期性调速制动过程，且该过程中不会出现闸瓦温升失控情况。

从以上分析可以看到，闸瓦温升与站间距和下坡限速密切相关，站间距越大，列车在区间运行所需调速制动周期越多；列车限速高，一次制动运行距离长，所需制动周期将相应减少。综合闸瓦温升和列车紧急制动限值可以确定：对于 30‰ 坡度，采用中磷闸瓦下坡运行速度宜控制在 65km/h。

5 结语

（1）在 30‰ 长大下坡道上，HXD_2 双机牵引 2700t 货物列车，在紧急制动距离 800m 条件下，列车下坡速度不应超过 65km/h。

（2）在 30‰ 长大下坡道上，HXD_{1d} 双机牵引 1200t 旅客列车，在紧急制动距离 800m 条件下，列车下坡速度不应超过 110km/h；在紧急制动距离 1400m 条件下，列车下坡速度不应超过 140km/h。

（3）在 30‰ 长大下坡道上，HXD_2 双机牵引 2700t 货物列车，宜多采用电制动力进行列车调速制动，以尽量避免或缓解闸瓦温升过高的问题；旅客列车的下坡限速只由列车紧急制动距离决定，不存在闸瓦温升问题。

参考文献

[1] TG/01—2014　铁路技术管理规程（普速铁路部分）[S]. 北京：中国铁道出版社，2014.

TG/01—2014　Regulations of railway technical operation（Normal speed railway）[S].Beijing：China railway publishing house, 2014.

[2] 马国忠，毛节铭．轨道交通运载工具与列车牵引计算 [M]. 成都：西南交通大学出版社，2011.

Ma Guozhong, Mao Jieming. Rail transit vehicle and train traction calculation[M]. Chengdu: Southwest Jiaotong University, 2011.

[3] 闫海峰，石红国，等．高寒山区长大坡道对铁路运输能力的影响研究 [R]. 成都：西南交通大学，2015.

Haifeng Yan, Hongguo Shi, et al. A study of railway transport capacity on the long and steep slope in high-altitude mountainous areas [R]. Chengdu: Southwest Jiaotong University, 2015.

[4] 中铁二院．川藏线计算报告 [R]. 成都：中国中铁二院工程集团有限责任公司，2014.

CREEC. The calculation report of the Sichuan-Tibet line[R]. Chengdu: CREEC, 2014.

[5] 黄问盈，杨宁清，黄民．我国铁道列车紧急制动距离限值核定原则的探讨 [J]. 中国铁道科学，2003，24（3）：79-88.

Wenying Huang, Ningqing Yang, Min Huang. Discussion on the principle of limiting the value of the emergency braking distance of the railway train in China [J]. China railway science, 2003, 24(3): 79-88.

[6] 铁道部．TB/T 1407—1998　列车牵引计算规程 [S]. 北京：中国铁道出版社，1998.

Ministry of Railways. TB/T 1407—1998　Regulations on railway train traction calculation[S]. Beijing: China railway publishing house, 1998.

[7] 闫海峰，朱志国，等．复杂艰险山区铁路避难线设计问题研究 [R]. 成都：西南交通大学，2015.

Haifeng Yan, Zhiguo Zhu, et al. Study on evacuation line design problem hard mountain railway complex [R].Chengdu: Southwest Jiaotong University, 2015.

蠕滑断裂带隧道抗震技术

郑宗溪　孙其清　喻　渝

（中铁二院工程集团有限责任公司，成都 610031）

摘　要：川藏铁路穿越多个板块缝合带，其中蠕滑断裂带的累计位移效应严重影响了隧道的安全性。通过大量资料调研，分析了断层相关参数对隧道结构的影响规律，总结并介绍了蠕滑断裂带隧道超挖、"铰接"、隔离耗能三种常用抗震技术，并探讨了各种方法的适用条件。结果表明：①在断层错动的作用下，随着断层倾角的不断增大，隧道轴线方向受影响的范围逐渐减小；②断层错动引起隧道破坏的距离都是上下错动最大，倾斜错动次之，最小的是左右错动；③断层破碎带的宽度越大，其对隧道造成的影响越大；④当断层破碎带宽度小于 100m 时，建议采用"超挖"预留变形量的方法进行隧道结构设计，当断层破碎带大于 100m 则应该进行隧道的"铰接"设计，必要时与超挖或者隔离耗能共同使用。

关键词：蠕滑断裂带；隧道；抗震

The Anti-seismic Technology of Tunnel for the Creep Fracture Zone

Zheng Zongxi　Sun Qiqing　Yu Yu

(China Railway Eryuan Engineering Group Co. Ltd, Chengdu 610031, China)

Abstract: The Sichuan-Tibet railway traverses multiple plate suture zone, which the cumulative displacement effect of creep fracture zone seriously affected the safety of tunnel.Through the investigation of a large number of data, this paper analyze the influence law of fault related parameters to the tunnel structure, summarize and introduce three kinds of commonly used seismic technology for the creep fracture belt tunnel: "overbreak", "hinge", "energy isolation", and discussing the applicable conditions of various methods.The results showed that: ①Under the effect of fault movement, the affected area decrease gradually at the axis direction of the tunnel, along with the increasing of the angle of inclination of the fault; ②the tunnel destruction distance induced by fault movement is maximum to up and down movement, second tilt dislocation, the about dislocation to the minimum; ③The more width of the fault zone, the greater the influence on the tunnel caused; ④when the width of fault fracture zone is less than 100m, it is recommended that adopting tunnel structure design method of "the over excavation" and "residual deformation", when the fault fracture zone is more than 100m, It is a time for carrying the design of "hinge", when necessary, combining with overbreak or isolated energy to use together.

Keywords: the creep fracture zone; tunnel; anti-seismic

作者简介：郑宗溪（1975—），男，教授级高级工程师。

基金项目：中国铁路总公司科技开发重大课题（2014G004-A）。

1 工程概况

板块缝合线又名板块缝合带，是一条由板块相向碰撞产生的结合带。其主要岩性为蛇绿岩及蛇绿岩混杂带，构造规模大，对工程影响范围广。

川藏线主要穿越了青藏高原的四条板块缝合带：西金乌兰湖－金沙江板块缝合带、龙木错－双湖－澜沧江板块缝合带、班公湖－怒江板块缝合带、印度河－雅鲁藏布江板块缝合带，见图1。

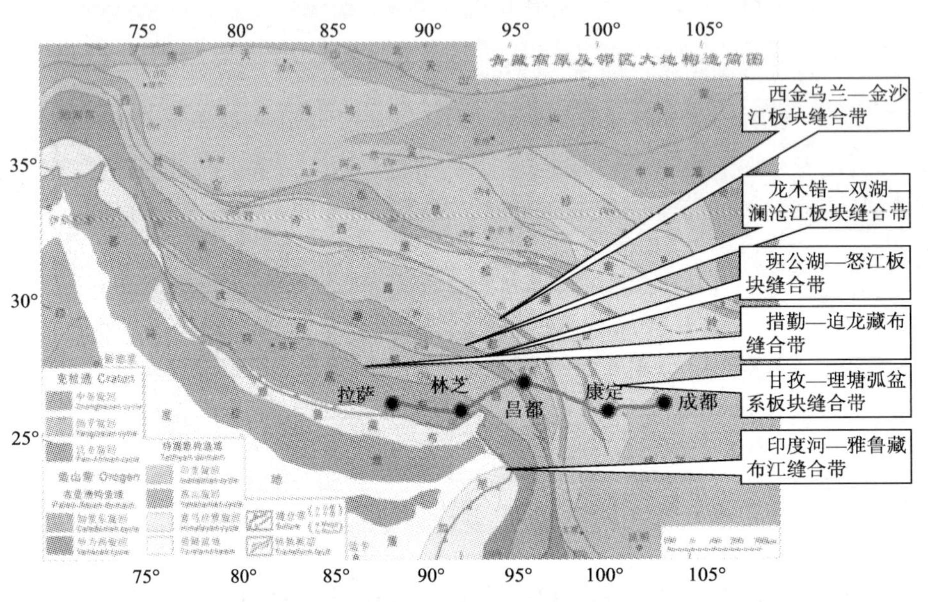

图1 青藏高原和其邻区大地构造简图

板块缝合带中分布多条活动断裂，见表1。

川藏铁路沿线断裂带统计表 表1

名称	长度	宽度	走　向	滑动速率
澜沧江断裂	1400 km	60 km	从NW向转为NNW向	—
雅鲁藏布江断裂	超过1500 km	最宽可达5～10 km	从北东走向至南东走向，再至南西走向	(5.0±3.0) mm/a
金沙江断裂带	700 km	80 km	总体走向SN，北段呈NNW向延伸，南段呈NNE向展布	NNE向的巴塘断裂为1.3～2.7mm/a，NW向理塘断裂为2.6～4.4mm/a
怒江断裂	2800 km	5～50 km	平面上呈EW向平缓展布的“S”形	—
拉巴断裂	—	几十米至2000m	总体走向NW，倾向NE	—
十字卡断裂	—	—	走向NW，倾向SW	—
腊久—八宿断裂	—	100～150m	总体走向N50°W，倾向NE	—
邦达断裂	—	100～200m	N30～40°W	—
鲜水河断裂	300余公里	—	北西走向	断裂带北西段、中段和南东段的晚第四纪平均走滑速率分别为12～14mm/a、2～5 mm/a和8 mm/a
理塘断裂	385km	—	走向N40～50°W，总体倾向NE	在北西段为3.2～4.4mm/a，在理塘以北为2.6～3.0mm/a；在康嘎以南为3.5～3.9mm/a；南端的理塘断裂沙湾段为(2.1±0.3) mm/a
巴塘断裂	200km	—	总体倾向NW	在SW段西藏芒康的莽岭乡一带为2.0～2.7mm/a；中段巴塘段为1.3～1.9mm/a

活动断裂分为黏滑断裂和蠕滑断裂两类。蠕滑断裂虽然两盘相对滑移速率很小，但累计位移大，对

隧道结构安全性的影响不可忽视。

2 蠕滑断裂带对隧道影响规律

蠕滑断裂带对隧道安全性的影响程度与断层的倾角、断层带宽度以及断层错动方向等因素有关。

2.1 断层倾角对隧道的影响

断层倾角较小时比倾角大时更加利于隧道结构的稳定，原因是：断层的倾角越小，隧道拱顶沿轴线方向的拉应变越大，且该拉应变进入到超载状态时的隧道错动量越小；当断层的倾角不断增加，隧道拱顶和拱腰的位移量渐渐增大；当断层倾角达到某一值时，隧道位移的变化开始变得不稳定，开始产生塌落破坏[1,2]。

不同倾角的断层发生蠕滑错动造成隧道的破坏范围和形式有很大的差异，见表 2。

断层倾角与隧道破坏范围的关系　　表 2

断层倾角	30°	45°	60°	75°
破坏范围	—	上盘距断层 2D 至下盘距断层 0.2D	上盘距断层 1.4D 至下盘距断层 0.2D	上盘距断层 0.8D 至下盘距断层 0.4D
破坏形式	断层不滑动，隧道整体较稳定	弯曲拉破坏	直剪切和弯曲张拉破坏	直接剪切破坏

注：表中 D 为隧道的开挖洞径。

由表 2 可知，断层倾角 45° 时，隧道破坏范围为 2.2D，断层倾角 60° 时，破坏范围为 1.6D，断层倾角 75° 时，破坏范围为 1.2D。

2.2 断层错动方向对隧道的影响

断层的错动方式可以分为左右错动、上下错动和倾斜错动。采用有限差分软件 FLAC3D，计算断层的倾角为 81°，断层与隧道正交，围岩级别为Ⅳ级，错动量为 10mm，错动对隧道结构的影响距离见图 2 和表 3[3]。

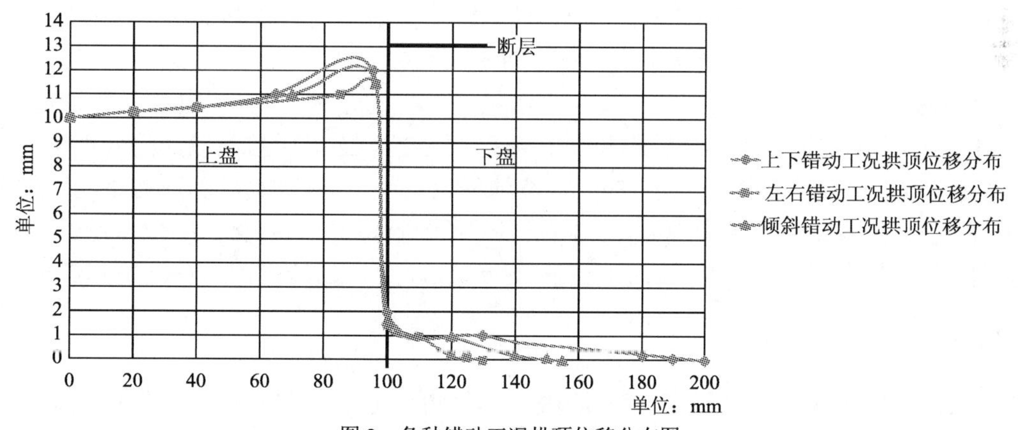

图 2　各种错动工况拱顶位移分布图

不同错动方向影响距离　　表 3

错 动 方 向	上盘安全距离	下盘安全距离
上下错动	35m	30m
左右错动	15m	10m
倾斜错动	30m	20m

注：以小于 1mm 变形量为安全距离分界点。

由表 3 可知，在相同的错动量以及错动环境下，不论是上盘还是下盘，隧道的安全距离都是上下错动最大，倾斜错动次之，最小的是左右错动。

2.3 破碎带宽度对隧道的影响

断层上下两盘对向运动，挤压，导致周围的岩石破碎，形成断层破碎带，简称破碎带。当隧道穿越断层时，破碎带宽度对隧道结构安全的影响十分显著，通过计算有错动和无错动两种情况，每种情况下考虑宽破碎带断层和窄破碎带断层两种条件，具体计算结果见表4。

破碎带宽度对隧道影响分析　　表4

参　数	有　错　动		无　错　动	
	宽破碎带	窄破碎带	宽破碎带	窄破碎带
最小安全系数	3.1	3.9	1.0	1.8
最大主应力(MPa)	1.45	1.25	2.77	2.37

从表4可以得出：在相同的位错量及错动环境下，随着断层影响带的宽度的增加，穿越该断层的隧道的受影响范围增加，隧道衬砌各个部位的最大主应力增量的峰值变大；相同错动量下，宽破碎带会引起隧道的破坏比较严重，会导致二次衬砌的垮塌，甚至隧道整体结构垮塌，相比之下，窄破碎带不会导致隧道整体垮塌，即：断层破碎带的宽度越大，其对隧道造成的影响越大[4]。

3 跨越蠕滑断裂带隧道的抗震措施

国内外许多学者和专家已经针对活动断层蠕滑而造成的各种困难和问题做了大量的研究，并且获得长足的进展，总结出隧道穿越断层时，为了较少或者避免隧道受到破坏，可以采用超挖、“铰接”设计、隔离耗能的方法。

3.1 超挖设计

超挖设计，即依据活动断层在设计时段内的位错量，扩大隧道的开挖断面尺寸。在隧道跨越活动断层时，预留出来的超挖量可以保证隧道在横断面上拥有足够的净空，避免或者减轻断层错动破坏隧道整体结构。超挖量取决于活动断层的错动方式和位错量等。超挖之后，设一层缓冲材料，这将会极大地改善隧道衬砌的受力环境，材料刚度低、压缩性高，在断层位移错动中能用自身较大的变形缓冲和吸收衬砌的弯曲变形，使其受到的反力极大地减小，最大限度地释放对隧道的约束，使变形能量的耗散范围从局部扩展到更大，减弱了应力和应变集中现象。因此相对于不设置缓冲材料，相同的位错量时，隧道衬砌有了更大变形空间，利于结构延性发展，是一种有效的抗错断措施[5,6]。超挖设计示意图如图3所示。

3.2 铰接设计

“铰接”设计，即减小衬砌节段长度，使破碎带及其两侧一定范围内的衬砌节段相互独立，“柔性”连接刚度较小，使得断层错动下衬砌内部的应变减小，“铰接”设计图如图4所示。在断层错动时，破坏集中在连接部位或结构的局部，而不会导致结构整体性破坏[5,7]。

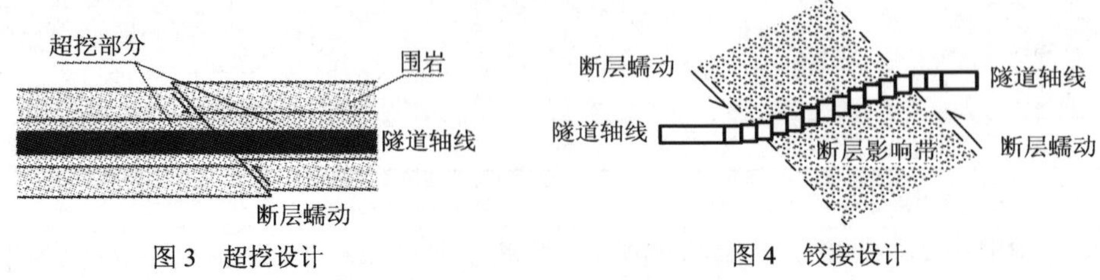

图3　超挖设计　　图4　铰接设计

3.3 隔离耗能设计

隔离耗能设计，即采用钢筋混凝土复合衬砌，由初期支护、二次衬砌和其之间的柔性材料组成，其设计思路是尽可能将断层的错动或地震引起的能量和相对位移吸收在初期支护和一、二衬中间设置的缓冲材料层上，从而使隧道二次衬砌承受最小的破坏，不会严重影响二次衬砌的正常使用功能，见图 5[8]。

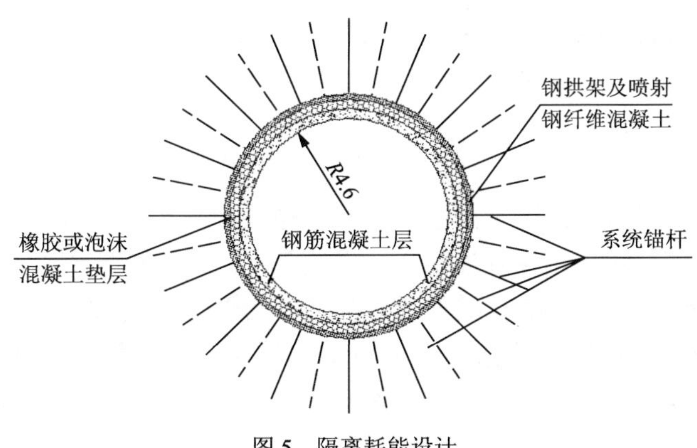

图 5　隔离耗能设计

3.4 隧道抗错断措施的适用条件

根据国内外抗错断设计隧道实例的调研结果，对所使用的方法进行列表汇总，结果如表 5 所示。

隧道抗错断措施统计结果　　表 5

工程措施	隧 道 名 称	断层影响带宽度(m)	蠕滑速度(mm/a)
“铰接”设计	茂县隧道	50 ~ 150，局部 200	1.4±0.1
	土耳其 Bolu 公路隧道 [9]	100	
	嘎隆拉隧道	100	5
	伊朗 Koohrang- Ⅲ 输水隧道	300	3.7
	美国加利福尼亚克莱尔蒙特输水隧道	280	4.5 ~ 6.4
	红桥关隧道	382	—
	美国旧金山—输水隧道	365	—
超挖设计	日照—东明原油管道	10 ~ 40	—
	乌鞘岭隧道	817	2.08 ~ 2.5
	茂县隧道	50 ~ 150，局部 200	1.4±0.1
	嘎隆拉隧道	100	5
	美国加利福尼亚克莱尔蒙特输水隧道 [10]	280	4.5 ~ 6.4
	龙门山隧道	约 100	—
	红桥关隧道	382	—
隔离耗能	土耳其 Bolu 公路隧道	100	—

对表中的隧道实例进行统计分析，见图 6。

由图 6 可知，14 座隧道中有 7 座采用了“铰接”方法，7 座采用了超挖方法，1 座采用隔离耗能方法，所以“铰接”设计和超挖设计是常用的设计方法。

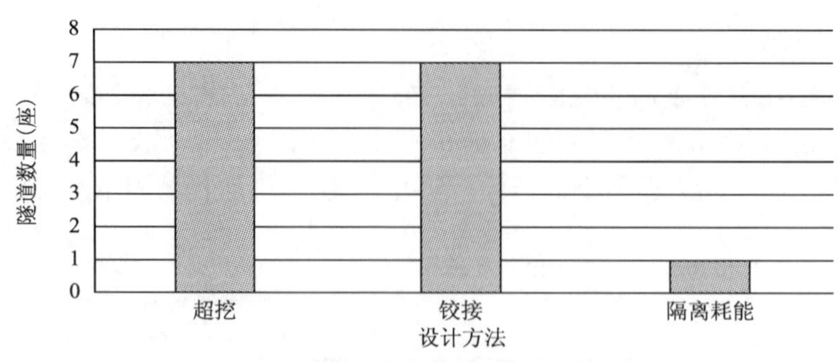

图6 隧道抗错断设计方法使用情况

由表4可知，采用“铰接”设计进行隧道抗错断结构设计的实例中，断层破碎带宽度均大于或等于100m。除去同时采用“铰接”和超挖两种设计方法的隧道，仅采用超挖设计的隧道穿越的断层破碎带宽度则小于或等于100m。所以，可以将断层破碎带宽度为100m作为超挖和“铰接”的分界线，当断层破碎带宽度小于100m时，建议采用“超挖”预留变形量的方法进行隧道结构设计；当断层破碎带大于100m则应该进行隧道的“铰接”设计，必要时与超挖或者隔离耗能共同使用，并且结合注浆、变形缝和支护等辅助工法共同进行设计。

另外需要指出的是，在隧道抗断设计措施中往往需要采用多种设计理念相结合的方法，以尽可能保证隧道工程的安全，美国加利福尼亚州克莱尔蒙特新建输水隧道就是采用超挖设计和“铰接”设计相结合的方法，而土耳其Bolu隧道采用的是“铰接”设计和隔离消能设计相结合的方法。

4 结语

通过以上分析，可得出以下结语：

（1）断层倾角45°时，隧道破坏范围为2.2D；断层倾角60°时，破坏范围为1.6D；断层倾角75°时，破坏范围为1.2D。在断层错动的作用下，随着断层倾角的不断增大，隧道轴线方向受影响的范围逐渐减小。

（2）在相同的错动量以及错动环境下，不论是上盘还是下盘，断层错动引起隧道破坏的距离都是上下错动最大，倾斜错动次之，最小的是左右错动。

（3）断层破碎带的宽度越大，其对隧道造成的影响越大。

（4）蠕滑断裂带隧道抗震技术通常为超挖设计、“铰接”设计、隔离耗能等。当断层破碎带宽度小于100m时，建议采用“超挖”预留变形量的方法进行隧道结构设计；当断层破碎带大于100m，则应该进行隧道的“铰接”设计，必要时与超挖或者隔离耗能共同使用。

参考文献

[1] 刘学增，谷雪影，代志萍，等.活断层错动位移下衬砌断面型式对隧道结构的影响[J].现代隧道技术，2014，05:71-77.
Liu Xuezeng, Gu Xueying, Dai Zhiping, et al.Study of the mechanical properties of bench length base on the hoek-brown criterion[J].Modern Tunnel Technology, 2014, 05: 71-77.

[2] 梁燕，姜磊，冯志平，等.基于GeoSMA-3D隧道建模及断层的影响分析[J].现代隧道技术，2013，01:92-97.
Liang Yan, Jiang Lei, Feng Zhiping, et al.Tunnel modeling based on GeoSMA-3D and an analysis of the effects of faults[J]. Modern Tunnel Technology, 2013, 01: 92-97.

[3] 张维庆.穿越断层隧道震害机理以及抗减震技术研究[D].西南交通大学，2012.

Zhang Weiqing.Study on seismic damage mechanism and anti shock absorption technology of crossing fault tunnel[D]. Southwest Jiao Tong University, 2012.

[4] 丰晓红．跨断层埋地输气管道断层错动反应分析方法研究 [D]. 西南石油大学，2012.

Feng Qinghong.Study on fault dynamic response analysis of buried gas pipeline crossing fault[D]. Southwest Petroleum University, 2012.

[5] 蒋树屏，李鹏，林志．穿越活动断层区隧道的抗断设计对策 [J]. 重庆交通大学学报（自然科学版），2008，06:1034-1036，1041.

Jiang Shuping, Li Peng, Lin Zhi.Anti fault design of tunnel through active fault zone [J]. Journal of Chongqing Jiaotong University(Natural Science Edition), 2008, 06:1034-1036, 1041.

[6] Bonilla M GHistoric Surface Faulting in Continental United States and Adjacent Parts of Mexico[R].U S Geological Survey Open-File Report, 1967.

[7] 梁文灏，李国良．乌鞘岭特长隧道方案设计 [J]. 现代隧道技术，2004，02:1-7.

Wen Hao, Li Guoliang. The design scheme of Wushaoling tunnel [J].Modern Tunnelling Technology, 2004, 02:1-7.

[8] 松田时彦，卢振恒（译）．活断层和地震的地质研究 [M]. 活断层研究，地震出版社，1983.

Matsuda Shihiko, Lu Zhenheng（translation）. Geological study of active faults and earthquakes [M]. Active Fault Research, Seismological Press, 1983.

[9] Suleyman Dalgic. Tunneling in squeezing rock. the Bolu tunnel, Anatolian Motorway, Turkey[J]. Engineering Geology, 67(2002): 73-96.

[10] Kieffer D S, Caulfield R J, Cain B. Seismic upgrades of the claremont tunnel[C].Proceedings of the 2001 RETC. [S.l.]: [s.n.], 2001: 68.

地面三维激光扫描技术在川藏铁路危岩落石勘察中的应用

武　鹏　黄华平　缪志修
（中铁二院工程集团有限责任公司，成都 610031）

摘　要：危岩体结构面产状信息的获取是地质勘查中的重要内容。川藏铁路沿线山体陡峭，地质环境复杂，传统的人工测量方法受到很大限制。本文介绍了三维激光扫描技术在川藏铁路危岩体的扫描应用，阐述了三维激光扫描仪的数据获取及数据处理技术，并分析了如何利用三维激光扫描技术来获取危岩体结构面产状信息。

关键词：三维激光扫描；危岩体；结构面；铁路勘察

Application of 3D Laser Scanning Technology to Survey Holding Rockfall of Sichuan-Tibet Railway

Wu Peng　Huang Huaping　Miao Zhixiu
(China Railway Eryuan Engineering Group Co. Ltd, Chengdu, Sichuan 610031, China)

Abstract: The structural plane of Rockfall information is important in geologic survey. Sichuan-Tibet Railway has steep mountain and complex geological environment. The traditional manual measurement method is restricted. Introducing the application of three-dimensional laser scanning technology to survey Holding Rockfall of Sichuan-Tibet railway, describes the three-dimensional laser scanner data acquisition and processing technology, and analyze how to use three-dimensional laser scanning technology to Acquire Dangerous rock mass structural plane information.

Keywords: 3D laser scanning; dangerous rock mass; structural plane; railway survey

1　工程概况

川藏铁路拉萨到林芝段地处青藏高原，高海拔多峡谷山区。该区高陡边坡环境恶劣，地形起伏非常大、地质环境复杂，常面临危岩体崩塌等危险。工程多桥梁、隧道。为了保障工程的顺利实施和运营的安全，在项目勘测阶段，完成沿线山体陡峭路段特别是隧道出入口危岩体的调查测量工作非常重要。危岩体调查测量，主要是确认其几何尺寸、边界条件、控制性结构面特征、可能失稳方式、可能运动轨迹及对施工的危险性等。然而由于该区地质环境恶劣，某些区域十分危险，且常有峡谷急流相隔，现场调查测量人

作者简介：武鹏（1977—），男，高级工程师。

员难以到达目标山体，因此传统地质调查方法、测量方式受到很大限制，急需一种远距离、非接触、准确、快速的调查测量技术。

三维激光扫描技术又被称作实景复制技术，是测绘领域继 GPS 之后的一次技术革命。它突破了传统的单点测量方法，能够完整高精度地获取被扫描实物表面的三维点云数据，后期通过点云数据建模，可以获取被扫描实物高精度、高分辨率的三维模型。为此，我院在川藏铁路拉萨到林芝段采用地面三维激光扫描技术对隧道洞口的危岩落石进行了测绘。

1.1 扫描危岩工点分布

拉林铁路各扫描工程点主要分布在雅鲁藏布江峡谷两侧，海拔都在 3000m 以上。沿线峡谷陡峭深切，山脉高峻逶迤，是典型的高原山地地形，地质条件复杂。全线共扫描了 6 个隧道工点，各工点扫描情况及范围如表 1 所示。

拉林铁路沿线危岩落石三维激光扫描工程量一览表 表 1

序号	工 点 名 称	扫 描 范 围
1	干登隧道进口	海拔 3450~4050m，扫描最远距离为 1006m
2	安拉隧道进口	海拔 3340~3515m，扫描最远距离为 452m
3	江木拉隧道出口	海拔 3100~3980m，扫描最远距离为 1180m
4	达嘎拉隧道进口	海拔 3090~4120m，扫描最远距离为 1436m
5	祝拉岗隧道进口	海拔 3210~3530m，扫描最远距离为 366m
6	贡多顶隧道进口	海拔 3120~3290m，扫描最远距离为 510m

1.2 扫描技术要求

点云密度：点间距 2 ～ 5cm；

数据绝对精度：<20cm；

扫描精度：<5mm（100m 距离处，一次单点扫描）；

相邻站间点云拼接精度：<10mm。

2 基于 VZ4000 地面三维激光扫描仪的危岩扫描技术应用

VZ4000 扫描仪是奥地利 Riegl 公司推出的一款远距离地面三维激光扫描仪。该扫描仪的最远测程为 4000m（目标为高反射率下），自然环境下测程可以达到 2700m。该扫描仪的工作温度为 0 ～ 40℃之间，工作的最大湿度为 80%。测量精度为 100m 内的精度可以达到 15mm。扫描范围为 360°×60°，即水平 360°，垂直方向为 -30° 到 30°。

2.1 总体技术流程

项目实施的总体技术流程如图 1 所示。

2.2 数据采集

数据的采集过程可分为：现场踏勘、标靶布设、粗扫、实景影像获取、精扫、标靶绝对坐标与检查点坐标测量六个部分。

2.2.1　现场踏勘

在地面三维激光扫描中，扫描站点布设的优劣直接影响项目的工期和成本以及后期数据处理的进度。因此在地面激光扫描中需要进行站点的规划布设，站点布设的原则如下：

（1）确保在各扫描位置获得的数据能够覆盖完整的扫描区域；

（2）在得到完整数据的前提下，应尽量选择较少的扫描站数，以减少搬站次数；

（3）相邻测站之间必须至少布设4个控制点标靶，并保证这些标靶能在相邻两站扫描中可视；

（4）确保扫描区域能够扫描到所有控制点标靶。

2.2.2　布设标靶

根据踏勘时制订的扫描方案、现场环境和通视情况布设标靶。由于后期点云数据处理中需要根据标靶进行扫描站之间的拼接、扫描站坐标系与大地坐标系的转换，所以标靶应尽量在扫描范围内均匀布设，起到控制作用，减小误差。当扫描需要多站时，连续两站之间应该有至少3个公共标靶（为了提高拼接精度，应多布设4个以上公共标靶），现场标靶的布设如图2所示。

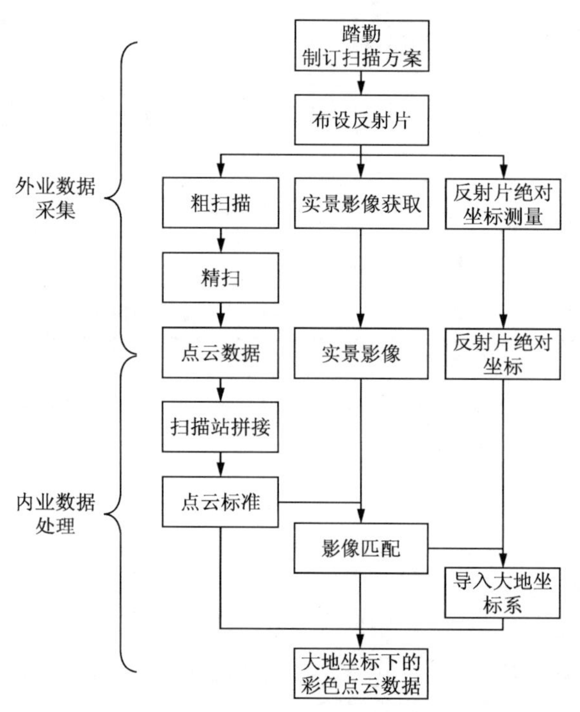

图1　总体技术流程图

a）

b）

图2　现场标靶的布设

2.2.3　粗扫

将扫描仪架设到踏勘时预定位置，连接笔记本电脑和扫描仪，对整个扫描范围及其周围场景做360°整体扫描。粗扫的目的是为了确定精扫的范围，扫描的点云数据并不作为后期使用，所以可以将扫描精度设置低一点，使粗扫描可以在较短的时间内完成（一般5min之内扫完一站）。

2.2.4　实景影像获取

在粗扫的同时，在控制软件中勾选自动获取影像，扫描仪携带的相机将自动在粗扫结束后对扫描场景拍照，获取真实影像数据。获取的实景影像可以与点云数据融合，显示目标的真实三维情况。

2.2.5　精扫

在控制软件的2维窗口中打开粗扫得到的点云数据，辨认需要扫描的目标范围，并用鼠标拉框选中，设置好需要的扫描精度，进行精扫。通过先粗扫整个场景，确定目标范围再精扫的方式，可以缩小精扫描范围，减少数据冗余，节约扫描时间。精扫完成后，在控制软件2维窗口中打开精扫点云数据，点击显示标靶，查看扫描出的标靶位置与标靶的实际布设位置是否对应，如果扫描范围内存在高反射率目标物，同样会显示在标靶列表和扫描数据中，应将其删除。最终扫描数据和标靶列表中保留的点就是布设的标靶，然后对标靶再进行精扫描，叠加影像信息的干登隧道进口真彩色点云数据如图3所示。

图3　叠加影像信息的干登隧道进口真彩色点云数据

2.3　扫描数据处理

由于视角及物体遮挡等原因，地面三维激光在对物体扫描时很难做到一站就将所需扫描的物体扫描完整，往往需要进行多站扫描。每一扫描站点数据都有自己的坐标系统，为了能将各站点的坐标系统统一到一个坐标系统下，就需要各站扫描数据进行拼接和配准。

目前点云数据的配准主要有两种方法：第一种主要是利用高精度的测量设备，如全站仪来获取多站点云之间的转换关系。这种配准的原理是在扫描物体的周围布设至少3个控制标靶，并且扫描仪在扫描时能够自动扫描到控制标靶；同时采用全站仪测量出控制标靶的中心坐标。通过这两组数据（即扫描仪扫描的标靶数据和全站仪测量的标靶数据）就能计算出转换关系的参数，即基于地理坐标的拼接方法。

另一种是利用三维激光扫描仪所获取的地物特征来计算各扫描站之间的转换关系。这种方法是在采集后，通过人工选取明显的公共特征点作为匹配的目标，通过寻找至少3对公共特征点来计算出转换关系的参数，即基于同名点的拼接方法。对于要求高精度的项目推荐使用基于地理坐标的拼接方法。本项目采用基于地理坐标的拼接方法。如图4所示为采用地理坐标方法后单独一站的坐标转换精度，坐标转换精度为0.0061m。

两站数据之间匹配的残差分布如图5所示。

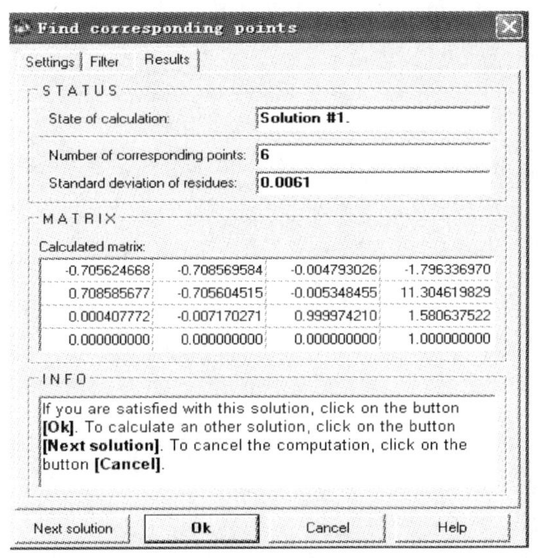

图4　坐标转换后的精度窗口

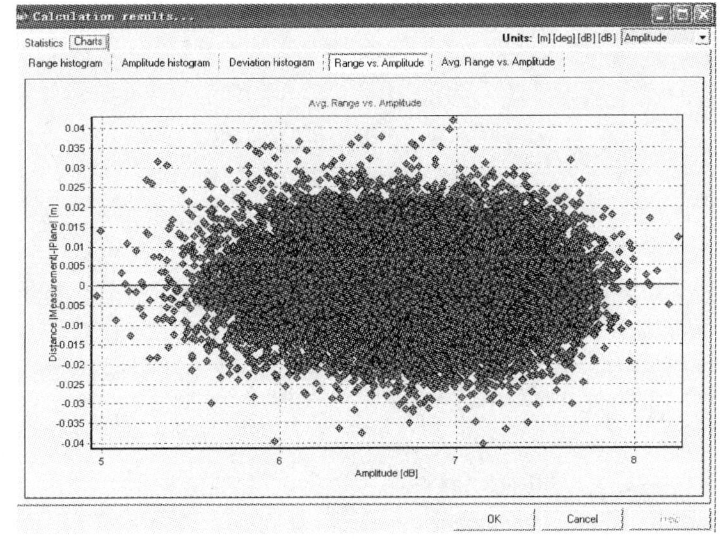

图5　残差分布图

从图5可以看出，两个站点之间的拼接数据误差在-0.04～0.04m之间。为了能够更好地统计精度，需要对多处重叠的部分进行统计，以提高统计精度。

2.4 结构面信息提取

对获取到的扫描数据经过数据处理后就可以提取结构面信息。

在三维激光扫描数据处理软件 Terrasolid 中，将激光点云以真彩色显示，如图 6 所示，左边视图为俯视图显示，右边视图为立面显示。

通过在立面体中显示的点云并结合现场拍摄的影像选择危岩体面上对应的激光点。如图 7 所示。

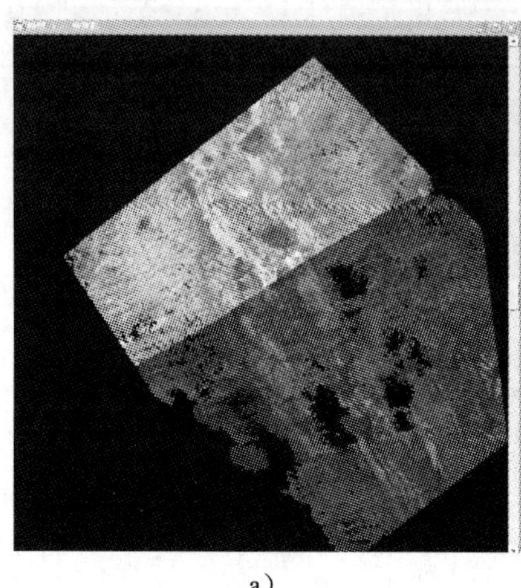

a）

b）

图 6 俯视图显示和立面显示

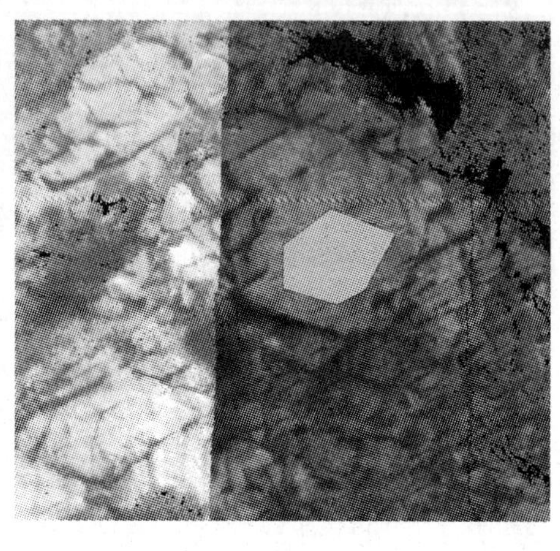

图 7 危岩石体上提取的激光点

根据选取的激光点拟合平面方程，计算出平面方程的三个向量 $\boldsymbol{A}$、$\boldsymbol{B}$、$\boldsymbol{C}$（平面标准方程为 $\boldsymbol{A}X+\boldsymbol{B}Y+\boldsymbol{C}Z+D=0$）。当三个参数($A$，$B$，$C$)都不为 0 时，可以得到结构面产状的表达式如下：

$$结构面走向=\begin{cases}\text{NW} & \boldsymbol{A}\times\boldsymbol{B}>0\\ \text{NE} & \boldsymbol{A}\times\boldsymbol{B}<0\end{cases};$$

$$结构面走向线与\text{N}夹角=\frac{180\times\arctan\left|\dfrac{\boldsymbol{B}}{\boldsymbol{A}}\right|}{\pi};$$

$$结构面倾向=\begin{cases}\text{NE} & A>0,\ B>0,\ C>0\\ \text{SW} & A>0,\ B>0,\ C<0\\ \text{SE} & A>0,\ B<0,\ C>0\\ \text{NW} & A>0,\ B<0,\ C<0\\ \text{NW} & A<0,\ B>0,\ C>0\\ \text{SE} & A<0,\ B>0,\ C<0\\ \text{SW} & A<0,\ B<0,\ C>0\\ \text{NE} & A<0,\ B<0,\ C<0\end{cases};$$

$$倾角=\frac{180\times\arctan\left(\dfrac{\sqrt{\boldsymbol{A}\times\boldsymbol{A}+\boldsymbol{B}\times\boldsymbol{B}}}{|\boldsymbol{C}|}\right)}{\pi}。$$

以上是结构面在一般情况下，即 $\boldsymbol{A}$、$\boldsymbol{B}$、$\boldsymbol{C}$ 三个参数都不为“0”时。而在结构面参数 $\boldsymbol{A}$、$\boldsymbol{B}$、$\boldsymbol{C}$ 存在为“0”或者“1”的情况时，其结构面的产状参数计算如表 2 所示。

结构面产状参数计算[4] 表2

A	*B*	*C*	走向	走角	倾向	倾角
0	X	X	EW	—	N, $B\times C>0$ S, $B\times C<0$	同上
X	0	X	SN	—	E, $A\times C>0$ W, $A\times C<0$	同上
X	X	0	NE, $A\times B>0$ NW, $A\times B<0$	同上	—	90°
0	0	1	水平面	—	—	0°
0	1	0	EW	—	—	90°
1	0	0	SN	—	—	90°

注:X 表示参数值不为零;"同上"指同上边相应计算公式。

为了快速提取结构面的产状,根据实际需要设计开发了结构面产状的计算程序,该程序设计的基本原理和方法已在本节中做了较为详细的阐述,如图 8 所示。

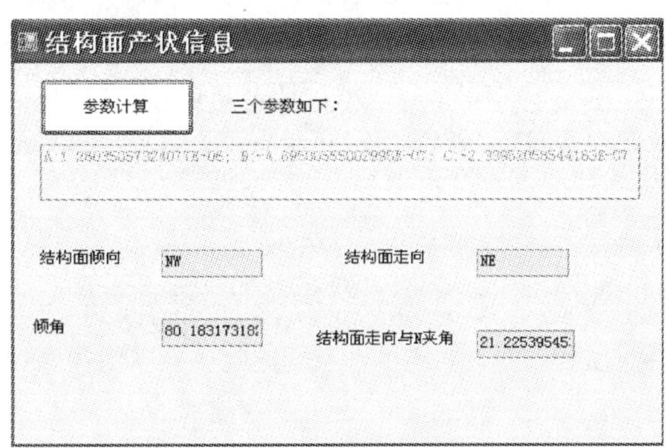

图 8　结构体产状信息提取软件界面

3 结语

三维激光扫描技术具有很强的工程适用性,在岩土、地质工程的调查中应用三维激光扫描技术具有重要的理论及现实意义,有着巨大的应用潜力。传统的地质调查方法费时、费力并存在调查人员的人身安全问题,同时在某些情况下还难以获取令人满意的结果。将三维激光扫描技术引入到岩土、地质工程领域,在某些地质调查方面有着传统地质调查方法难以比拟的优势,获取一些传统方法难以获得的结果。另外,这种新技术的引入大大降低了调查人员的劳动强度,提高了工作效率。总而言之,对于实际的工程应用来讲,将三维激光扫描技术与岩土、地质工程领域的调查方法相结合,并把该技术应用于工程实践当中,无论对于测绘还是工程领域都具有重要的里程碑意义。

参考文献

[1] 董秀军,黄润秋. 三维激光扫描技术在高陡边坡地质调查中的应用 [J]. 岩石力学与工程学报:增刊(2), 2006, 179: 3629-3635.

Dong Xiujun, Huang Runqiu. Application of 3D laser scanning technology to geologic survey of high and steep slope[J]. Chinese journal of Rock Mechanics and Engineering: (2), 2006, 179: 3629-3635.

[2] 代世威 . 地面三维激光点云数据质量分析与评价 [D]. 西安：长安大学，2013.

Dai Shiwei. Analysis and evaluation of terrestrial 3D laser scanning point cloud data quality[D]. Xi'an: Chang'an University, 2013.

[3] 袁夏 . 三维激光扫描点云数据处理及应用技术 [D]. 南京：南京理工大学，2006.

Yuan Xia. Three-dimensional laser scanning point cloud data processing and application technology[D]. Nanjing: Nanjing University of Science and Technology, 2006.

[4] 董秀军 . 三维激光扫描技术及其工程应用研究 [D]. 成都：成都理工大学，2007.

Dong Xiujun. Three-dimensional laser scanning technology and application of engineering[D]. Chengdu: Chengdu University of Technology, 2007.

[5] 张毅 . 地面三维激光扫描点云数据处理方法研究 [D]. 武汉：武汉大学，2008.

Zhang Yi. Research on point cloud processing of terrestrial laser scanning[D]. Wuhan: Wuhan University, 2008.

[6] 贾棋 . 建筑物三维模型重建的方法与实现 [D]. 大连：大连理工大学，2007.

Jia Qi. Reconstruction techniques of 3D build Model[D]. Dalian: Dalian University of Technology, 2007.

[7] 官云兰 . 地面三维激光扫描数据处理中的若干问题研究 [D]. 上海：同济大学，2010.

Guan YunLan. Research on data processing of terrestrial laser scanning[D]. Shanghai: TongJi University, 2010.

[8] 徐进军，张民伟 . 地面三维激光扫描仪现状与发展 [J]. 测绘通报，2007，（1）；47-50.

Xu JinJun, Zhang MingWei.Status and development of terrestrial laser scanner[J].Bulletin of Surveying and Mapping, 2007, (1): 47-50.

高光谱技术在铁路沿线第四系填图中的应用
——以川藏线拉萨东为例

冯　涛[1]　蒋良文[1]　刘汉湖[2]　张广泽[1]　王　栋[1]

（1. 中铁二院工程集团有限责任公司，成都 610031；
2. 成都理工大学地质灾害防治与地质环境保护国家重点实验室，成都 610059）

摘　要：川藏铁路沿线海拔高、交通不便，特别是沿线两侧地势陡峭，地质条件复杂，传统的地质勘察手段受自然条件限制难以发挥优势，而高光谱遥感技术则可扬长避短，发挥其宏观、真实表现地表地质条件的优势，能够解决高寒山区地岩性识别难度大的问题。本文采用卫星高光谱遥感数据 Hyperion，通过使用纯净像元分解法（PPI），提取第四系堆积物波谱端元，并采用光谱角度匹配法（SAM）对研究区影像进行信息提取，最终得到第四系堆积物在研究区的分布范围。研究成果通过与传统地质图件及高空间分辨率卫星图像对比，表明基于本文高光谱数据提取的第四系分布范围更为精确。

关键词：高光谱；第四系堆积物；纯净像元提取；波谱识别

Application of Hyperspectral technology on Quaternary Deposits Mapping-take the Sichuan-Tibet Railway for example

Feng Tao[1]　Jiang Liangwen[1]　Liu HanHu[2]　Zhang Guangze[1]　Wang Dong[1]

(1. China Railway Eryuan Engineering Group Co.Ltd, Chengdu 610031, China; 2. State Key Laboratory of Geohazard Prevention and Geoenvironment Protection, Chengdu University of Technology, Chengdu 610059, China)

Abstract: High altitude along Sichuan-Tibet railway, traffic inconvenience, especially on both sides along the steep terrain, complex geological conditions, the traditional means of geological survey and berestricted by natural conditions so that it is difficult to play advantage. Hyperspectral remote sensing technology can foster strengths and circumvent weaknesses, it takes advantage of the macro, real performance surface geological conditions, so it can solve the problem of alpine region to lithology identification.In this paper, satellite hyperspectral remote sensing data Hyperion was used, through the use of pure pixel index(PPI), quaternary deposits endmember spectrum was extracted, and image information was extracted by using spectral angle matching method(SAM), and finally get the Quaternary deposits distribution in the study area. Through conventional geological maps and high spatial resolution satellite image contrast, studies show that the Quaternary distribution data which extractedin this paperis more accurate.

Keywords: hyperspectral; quaternary deposits; pure pixel decomposition method; spectroscopic identification

---

作者简介：冯涛（1978—），男，博士，高级工程师。

川藏铁路线由成都出发至拉萨，线路从成都平原爬升至青藏高原，途经海拔 300 ～ 500m 的四川盆地；海拔 3700 ～ 4800m 峡谷纵列、雪山重叠的川西高山原河谷区；海拔 3000 ～ 6000m，地形高差 1500 ～ 3000m 的藏南谷地区，所经无人区约 300km。由于环境恶劣，气候极端，采用常规的勘察手段实施难度极大。而高光谱遥感技术能够通过卫星影像以及专业处理软件对地物进行探测分析，相对于传统的多光谱遥感技术而言，具有独特的优越性 [1]。高光谱遥感技术除了具有空间、辐射信息，在光谱精度上也得到了极大的提升，其纳米级的光谱分辨率能够表现出地物的诊断性波谱特征，从而使其对地物识别更为精细化。该技术在地质领域方面的应用具有一定的研究基础，国内外研究表明，高光谱技术能识别矿物级别的岩石，相对于传统多光谱遥感技术而言，其识别技术有了本质的提升。

因此，针对川藏铁路沿线海拔高、交通不便，特别是沿线两侧地势陡峭，地质条件复杂，传统的地质勘察手段受自然条件限制难以发挥优势的问题，本文采用高光谱遥感技术开展第四系松散堆积物识别，从而大大地提高了地质填图的速度和精度。

1 研究区及数据概况

1.1 研究区

本文选取拉萨东部隆达村及其周边山区为研究区，该地区主要岩性类型为第四系全新统松散堆积物（Qh）、第四系更新统松散堆积物（Qp）、下第三系古新统典中组中酸性集块岩、凝灰岩（E_1d）、白垩系下统楚木龙组灰白色石英砂岩（K_1ch）、白垩系下统林布宗组灰黑色板岩（K_1l）、白垩系叶巴组三段石英片岩（Ky^3）、二段火山角砾岩（Ky^2）、一段中酸性晶屑凝灰岩（Ky^1）、侏罗系上统多底沟组灰白色块状灰岩（J_3d）、三叠系上统麦隆岗组灰色微晶灰岩（T_3m）、喜山早期中粒二长花岗岩（$\eta\gamma_6^1$）。如图 1 所示。

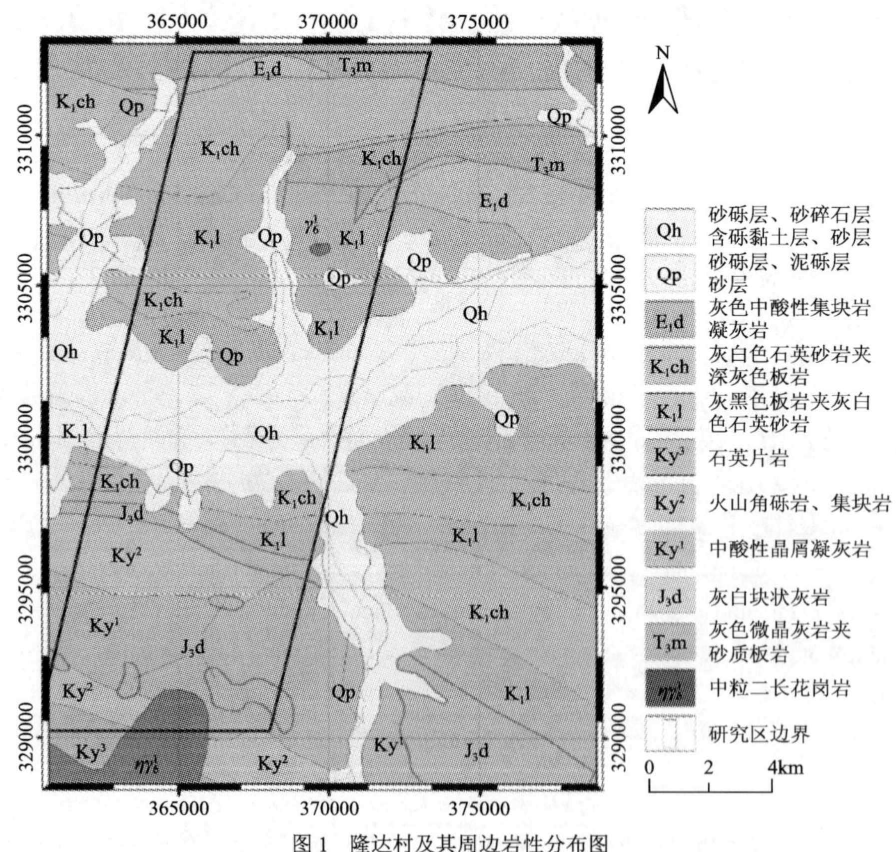

图 1 隆达村及其周边岩性分布图

1.2 数据源

本文所选用的数据包括 QUICKBIRD 遥感影像(图 2)、Hyperion 高光谱影像、拉萨 1∶20 万地质图,采用坐标系为 D_WGS_84。另外开展了野外调查工作,调查图像如图 2 所示。

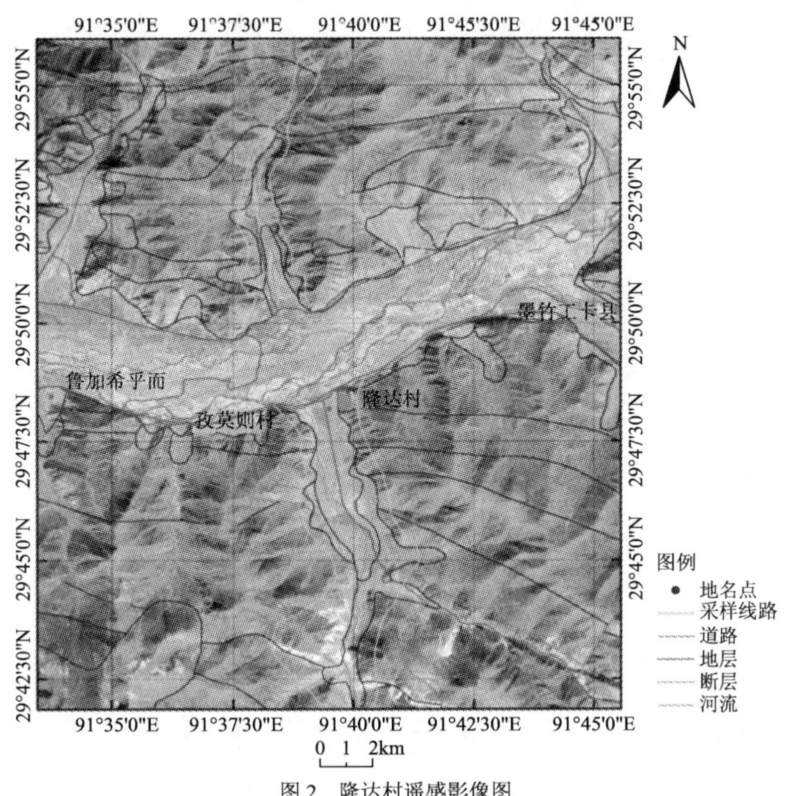

图 2 隆达村遥感影像图

2 高光谱数据处理

遥感图像预处理是遥感图像应用过程中非常重要的环节,不同的遥感数据预处理过程有所不同,主要包括图像几何校正、图像融合、图像镶嵌和图像裁剪等过程 [1](图 3)。ENVI 遥感图像处理软件操作简单、易学,具有先进、可靠的图像分析工具、专业的光谱分析和流程化向导的图像处理工具,能够随心所欲地扩展新功能,并且能与 ArcGIS 整合,使 RS 和 GIS 一体化集成 [2]。

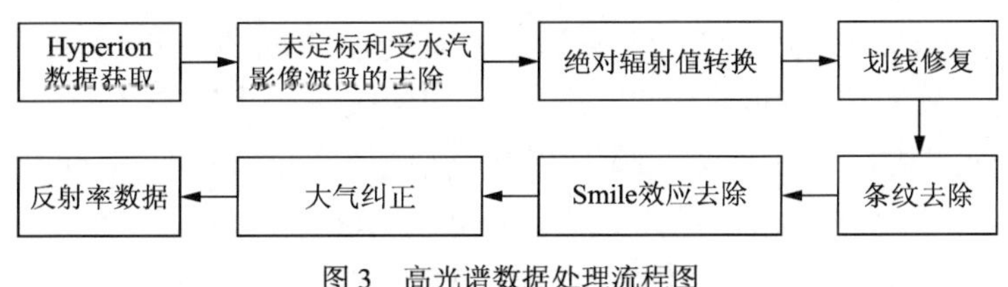

图 3 高光谱数据处理流程图

本文以一景 Hyperion 数据为例,运用 ENVI 遥感图像处理软件,对 Hyperion 数据进行预处理,最终得到 Hyperion 数据能够反映地面信息的反射率数据,为 Hyperion 数据的后续应用做准备。

2.1 Hyperion 数据

Hyperion 在世界范围内是最先成功发射的非军事化用途星载成像高光谱仪,并且是为数不多依旧在轨正常工作的星载成像高光谱仪之一。该成像仪由美国国家航空航天局研制，为接替 Landsat7 而诞生的新型对地观测卫星 EO-1（Earth Observing-1）搭载。EO-1 卫星拥有与 Landsat-7 卫星大致相等的轨道数据，EO-1 卫星的轨道高度为七千零五公里，卫星的倾角为 98.7°，搭载的 Hyperion 高光谱成像仪成像波段范围是 355 ～ 2577nm，成像方式为推扫式。其获得的波段主要包括可见光、近红外（VNIR）以及短波红外（SWIR），总计波段数目为 242 个，拥有纳米级的波谱分辨率，传感器空间分辨率 30m，每景可覆盖 7.5km×85km [3,4]。Hyperion 数据产品根据生产程度的不同分为两个级别，分别为：Level 0、Level 1，L1 数据是由 L0 数据经过处理得到的，最终用户拿到手用于处理的数据都是 L1 级别。常用的 L1 级别的 Hyperion 数据有两类，分别是未经几何校正的 L1R 数据与经过几何精校正的 L1T 数据。为方便数据预处理，本次研究选用 L1R 级别的数据进行，数据景号为 EO1H1370392002032110PZ（图 4），成像时间为 2002 年 1 月 2 日。

图 4　Hyperion 高光谱影像图

2.2　数据预处理

2.2.1　波段剔除

波段统计数据表明，Hyperion 高光谱数据波段总共 242 个，已经辐射定标过的波段可见光部分为 8 号波段至 57 号波段，近红外部分为 77 号波段至 224 号波段，总计 198 个；可见光 56 号波段与 57 号波段分别与近红外 77 波段与 78 号波段重合，依据单波段灰度图像质量对比，选取噪声小的可见光 56 号与 57 号波段进行保存。这样一来，实际的有效波段数量则为 196 个。再筛选剔除掉因大气中水汽影响而数据质量差的波段：波长为 1356 ～ 1416nm、1820 ～ 1932nm 和大于 2395nm，最后用于实验的波段总计 176 个。

2.2.2　坏线修复

由于传感器原因，导致影像上某些像元值非常小或者为 0，这些像元以某行或者某列的形式排列形成坏线。在处理过程中需要对各个波段进行逐一排查、记录。传统的解决方式是通过对记录的波段行列采用与相邻行列取均值的方式解决。本文中笔者在后期采用掩膜的方式，去除坏线对后期数据处理的影响。

2.2.3　条纹去除

Hyperion 光谱仪采用推扫式的对地观测方式，卫星航行轨迹与成像仪中 CCD 的排列方式是正交关系。由于不同行中的传感器对光谱的响应值不同，导致列向条纹产生噪声，即在高光谱成像仪成像时，记录过程中在每个谱段上产生的一定量的竖向条纹，这些条纹所在位置的像素 DN 值一般为非零的较小数值。Hyperion 高光谱图像中可见光波段条纹比近红外波段条纹更明显、更严重，但数量相对少一些。条纹的出现使得图像本身的质量受到一定影响，同时会使数据在应用的过程中或多或少的出现误差，条纹其实也是噪声的一种，去噪也是必不可少的，因此条纹去除势在必行。

2.2.4　Smile 效应去除

Smile 效应是传感器接收光谱信号时，在飞行方向正交的方向上，像素的波长产生了一定量的偏移，其偏移的方式是从中心偏向两侧。Hyperion 数据均有 Smile 效应产生。本次研究利用 ENVI 中航迹校正功能，对研究区数据进行 Smile 效应去除 [3]。

2.2.5 大气校正

大气校正（Atmospheric Correction，AC）在高光谱数据预处理中有着不可或缺的作用。由于大气中含有水汽、气溶胶等，同时光照角度、强度的不同，导致传感器接收记录地物的反射波谱存在误差；通过大气校正能够在很大程度上纠正由这些因素引起的误差，从而获取得到地物真实反射率等。

实验处理中笔者采用ENVI软件中的FLAASH模块进行大气校正处理，将DN值通过运算成为反射率值。在输入辐射能量数据时，所需的辐射值与经过生产处理的L1R数据辐射值之间存在一定的数量关系，需要在进行大气校正的过程中为各个波段选取统一的转换倍数。通过计算，FLAASH大气校正中可见光波段需扩大400倍，而近红外波段需扩大800倍，从而使大气校正以后的数据表征真实的地物反射率[4]，本次研究选用MLS大气校正模型，获取研究区大气校正结果(图5)。

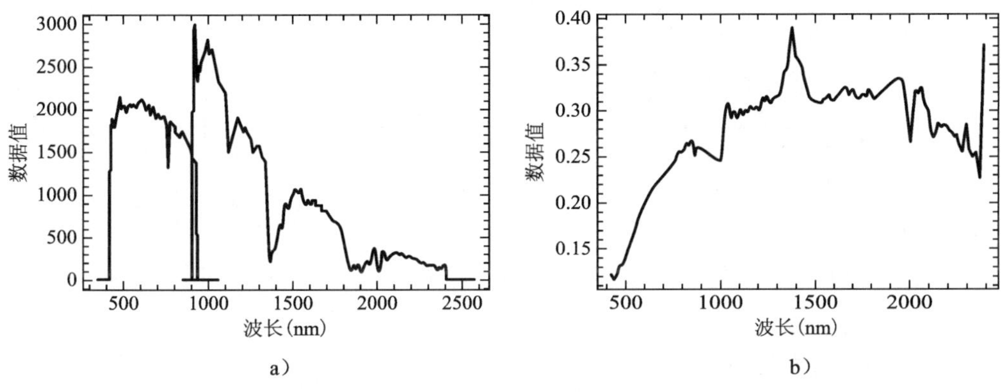

图5 大气校正前(L)后(R)同名点波谱曲线图

大气校正后的真彩色影像更为真实，其色调较大气校正前图像偏暖色；同名点波谱曲线对比发现大气校正后波谱曲线消除了水汽影响，同时辐射值转变为反射率。

3 基于光谱匹配的信息提取

高光谱遥感影像中所有像素都有与地表物质在波长范围内对应的光谱信号集合，而每一类地表物体都具有其自身特点的波谱响应特征，受影像存储方式的影响，每一像素只有一个记录信息来表达这些不同性质的组分。当影像数据中的一个像素内只有一类地物的时候，称之为纯净像元（Pure pixel)，也有学者将之命名为端元（End member)。当影像数据中的一个像素内有两种或者是多种地物的时候，称之为混合像元（Mixedpixel)。Hyperion高光谱图像分辨率为30m×30m，大部分像元代表的地物都不是纯净的某一类地物。因此，要进一步进行高光谱数据分析，端元提取是一个必不可少的步骤。本文中基于纯净像元方法(PPI)提取端元。

3.1 Hyperion高光谱影像去阴影

Hyperion高光谱影像中由于拍摄时间与拍摄角度影响，使图像上产生阴影面，在进行波谱匹配过程中会影响匹配过程的正常进行，通过ENVI软件，采取掩膜的手段，在阴影区域进行掩盖，使其不参与后期的匹配过程。

3.2 纯净像元分解法(PPI)

20世纪末，Boardman、Kruse等人提出了一种新的图像端元提取算法并命名为PPI算法。PPI算法原理如下：把每一像素都定义成n维的向量，那么一幅高光谱影像数据内的全部像素则构成了一个多

向量的空间 v。在将所有像素点投影到某一个向量 u 的时候，端元投影的位置为向量 u 两侧，向量 u 的中部位置则是由混合像元的投影组成。由此可知，当随机生成 N 个单位向量并将图像投影到这些向量上时，将每一个像元被投影到这些随机单位向量端点的次数记录并保存下来，这些次数便是纯净像元指数（PPI）。判断某一像元是否为纯净像元的依据就是看该像元有没有被多次投影在生成的随机向量两端，且该像元为纯净像元的概率与投影到随机向量上的次数呈正相关。PPI 原理示意图如图 6 所示。

在进行 PPI 计算时，要注意参与运算的波段数目、迭代次数和阈值这 3 个参数的设置问题 [5]。

本文基于研究区高光谱影像提取影像端元，提取到第四系堆积物波谱曲线如图 7 所示。

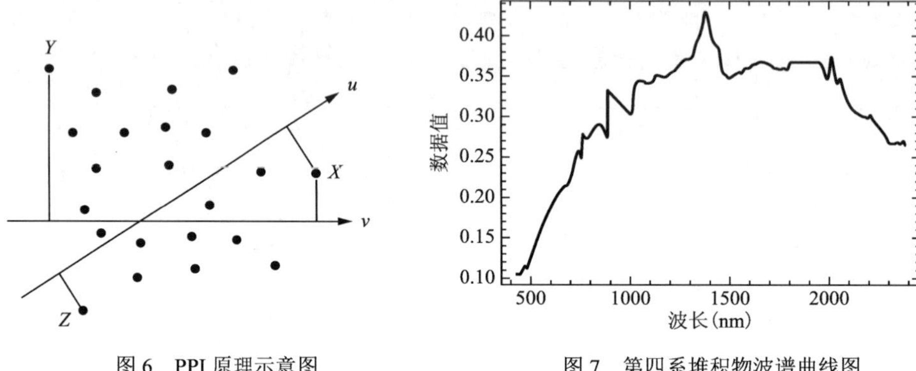

图 6　PPI 原理示意图

图 7　第四系堆积物波谱曲线图

3.3　第四系堆积物识别

目前主要采用的波谱识别方法有：编码匹配（Coded Target，CT）、匹配滤波（Matched Filtering MF）、波谱特征拟合（Spectral Feature Fitting，SFF）、混合调制匹配滤波（Mixture Tuned Matched Filtering，MTMF）、光谱角填图(Spectral Angle Mapper，SAM)。

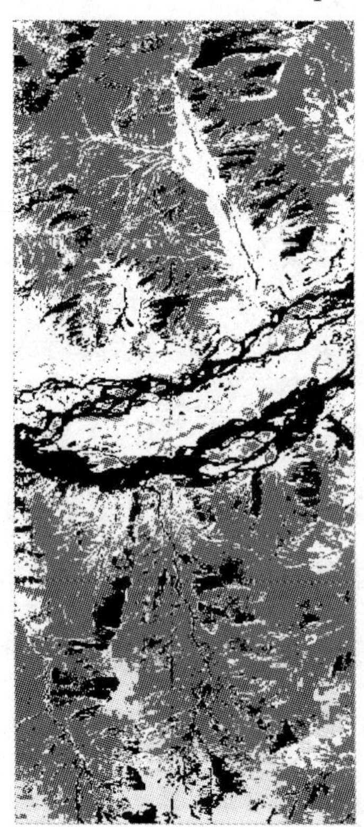

图 8　波谱匹配图

本文选取光谱角填图开展研究对象识别，光谱角填图把光谱看作是多维矢量的集合，运算并通过定量比较目标光谱与参照光谱之间的夹角大小，当两者之间的夹角越小时，反映出目标光谱与参照光谱之间的相似程度越高。参照光谱获取方式主要分为四类：①运用波谱仪在野外直接获取的地物波谱；②实验室对地物样品进行采集获取波谱；③直接从高光谱遥感影像上获得端元波；④标准地物波谱库中之直接选取 [6]。本次研究中，通过 PPI 算法获取到经过特征提取后数据的端元波谱，并与野外测试波谱进行比对验证，再与高光谱影像进行 SAM 填图。

基于岩石的波谱特性，主要特征分布于红外波段区间，以 2000 ～ 2400nm 波长间的特征最能体现岩性的波谱特性，可见光部分，由于受环境、天气等影响，差异较大，本次研究主要选取各类岩石波谱曲线 2000 ～ 2400nm 波段进行匹配。最终匹配结果如图 8、图 9（黄色部分为第四系堆积物匹配结果)所示。

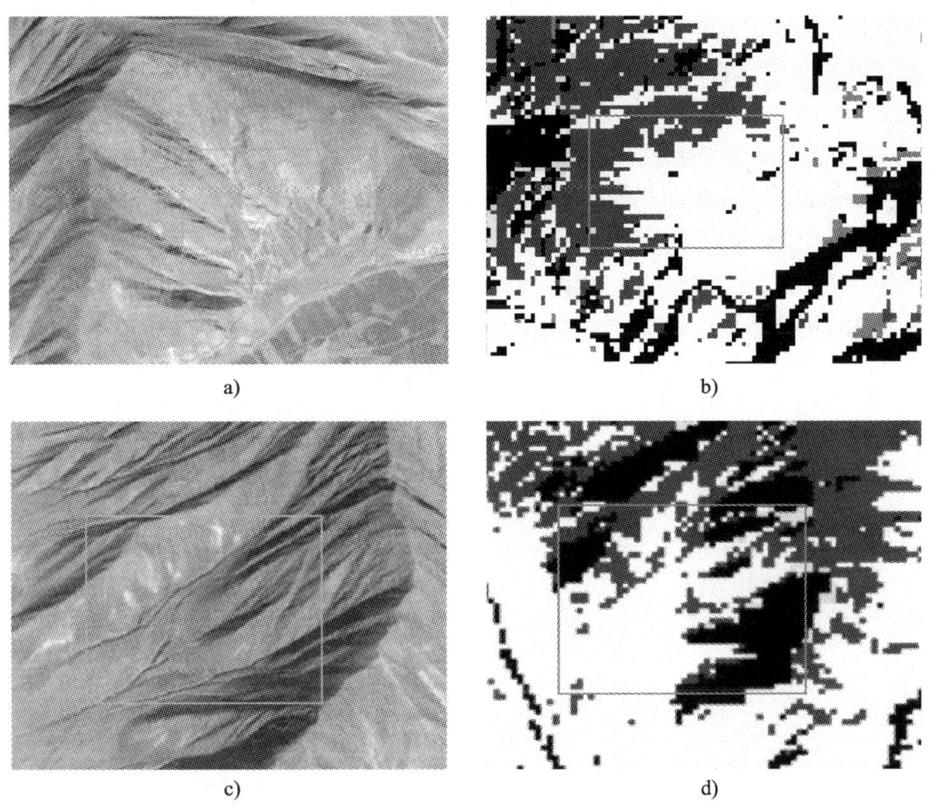

图 9　研究区第四系滑坡堆积物

研究区第四系松散堆积物识别表明，宏观空间位置上主要在雅鲁藏布江沿岸及冲积沟口，同时山坡上崩滑体堆积物均能够顺利识别，这有异于传统地质图，其对松散堆积体的识别更为精准。

4 结语

本文利用高光谱数据提取端元，在高光谱影像数据基础上进行基于光谱角的第四系堆积物识别，再与所获取的基础数据进行对比分析，可以发现，通过高光谱技术能够有效地对第四系堆积物进行识别提取。这对于地理环境复杂交通不便的西藏高寒地区开展地质工作具有重要的应用价值。根据信息提取结果显示，其分布区域主要位于雅鲁藏布江沿岸、大型冲沟两侧，少部分位于坡面及山顶，同时范围内的滑坡崩塌区域均作为松散堆积体得以识别。

参考文献

[1] 梅安新，彭望琭 . 遥感导论 [M]. 北京：高等教育出版社，2001.

Mei Anxin, Peng Wanglu. Introduction to Remote Sensing [M]. Beijing: Higher Education Press, 2001.

[2] 邓书斌，陈秋锦，杜会建，等 .ENVI 遥感图像处理方法 [M].2 版 . 北京：高等教育出版社，2014.

Deng Shubin, Chen QiuJin, Du Huijian, et al. ENVI Remote Sensing Image Processing Method[M]. Second Edition. Beijing: Higher Education Press, 2014.

[3] 曾庆伟 . 基于 Hyperion 高光谱数据的森林类型精细识别研究 [D]. 北京：中国林业科学研究院，2010.

Zeng Qingwei. Forest Type Fine Recognition Researchbased on Hyperion Hyperspectral Data[D]. Beijing: Chinese Academy of Forestry, 2010.

[4] 张苗，将志荣 .Hyperion 影像的辐射处理方法 [J]. 地理空间信息，2013，11（5）：86-93.

Zhang Miao, Jiang Zhirong. Radiation Processing Method ofHyperion Images[J]. Journal of Geospatial Information, 2013, (5): 86-93.

[5] 刘汉湖，杨武年，杨容浩 . 高光谱遥感岩矿端元提取与分析方法研究 [J]. 岩石矿物学杂志，2013，（2）.

Liu Hanhu, Yang Wunian, Yang Ronghao. TheExtractionResearch and Analysis ofRocks and Minerals based on Hyperspectral Remote Sensing[J]. Journal of mineralogy, 2013, (2).

[6] 毕晓佳 . 高光谱遥感岩矿填图应用研究 [D]，成都：成都理工大学，2009.

Bi Xiaojia. Rock Mapping Researchbased on Hyperspectral Remote Sensing [D], Chengdu：Chengdu University of Technology, 2009.

川藏铁路岩屑堆积体特性及整治措施

徐　骏　杨　泉　李安洪　姚裕春

（中铁二院工程集团有限责任公司，成都 610031）

摘　要：目前国内外鲜见高寒强震区岩屑堆积体的系统研究，拟建川藏铁路横穿青藏高原，区域内广泛分布有岩屑堆积体地貌，一些难以完全绕避的山麓坡地岩屑堆积体区域不得不以路基段通过，存在较高安全风险。本文基于沿线调研情况，对岩屑堆积体的分类、成灾机理做了深入总结，并提出针对性工程整治措施。从工程整治角度可将岩屑堆积体分成3类：①细颗粒岩屑堆积体，破坏特点是：浅表层、小规模、长期性，治理措施有树根桩坡面主动加固、增大挡墙高度、渡槽棚洞排导；②中等颗粒岩屑堆积体，危害方式主要是边坡开挖破坏或路基欠稳定，建议采用微型钢管桩超前支护开挖和回填路基；③大颗粒岩屑堆积体，危害方式主要是大块石冲击破坏，建议采用高能量级别的拦石挡墙并对关键构筑物如桥墩、路面等进行防护。

关键词：岩屑堆积体；工程分类；工程特性；整治措施

Research on Characteristics and Engineering Control of Talus Deposit along Sichuan-Tibet Railway

Xu Jun　Yang Quan　Li Anhong　Yao Yuchun

(China Railway Eryuan Engineering Group Co. Ltd, Chengdu 610031, China)

Abstract: There is no existing systematic method that researching on talus deposit in extremely cold and earthquake area at home and abroad, proposed Sichuan-Tibet railway across the Tibetan plateau, talus deposit landform area widely distributed, which is difficult to pass round completely. The subgrade have to be constructed there, and therefore the railway operation faces high disaster risk. Based on the survey, the classification, mechanism of plague of the talus deposit has been in-depth summarized. By the analysis, the talus deposit is divided into three categories: ①fine particulate talus deposit, with damage features of shallow, small-scale and long-term. The prevention and control measures include adopting the root pile, increasing the wall height, setting up the aqueduct and shed hole; ②the medium particles talus deposit, with the hazard form of destabilization of the slope and subgrade. The recommended measure is to use the mini steel-tube pile subgrade in advance for excavation and to backfill on the subgrade; ③a large particles talus deposit, with the main harm of large stone impact. The suggested proposal is to use the high-energy rock retaining wall, and to protect the important structures such as bridge, subgrade surface.

Keywords: talus deposit; engineering classification, engineering characteristics; control measures

---

作者简介：徐骏（1978—），男，教授级高级工程师。

基金项目：铁路总公司重大课题《川藏铁路修建关键技术研究》2014G004-A。

川藏铁路是西藏及沿线地区重要东出通道，有利于加强西藏与中、东部发达地区的联系，为解决区域间经济互补、资源开发与共享、少数民族地区社会经济发展、国防安全等提供重要交通支撑。拟建川藏铁路横穿青藏高原东缘地形急变带、穿越21座4000m以上的雪山，横跨14条江河，沿线地质、气候环境十分恶劣，区域内强烈寒冻风化、高烈度地震及季节性冻融环境塑造了大量山麓坡地岩屑堆积体地质地貌，铁路沿线将遇到一些难以完全绕避的以硬岩风化大块石堆积、软岩风化粗颗粒和细颗粒溜砂坡为代表的山麓坡地岩屑堆积体地质灾害及工程问题，给边坡稳定性分析及支挡工程设计带来严峻挑战。目前国内外尚未开展高寒强震区岩屑堆积体的系统研究，缺乏对其工程地质特性的了解及相应工程整治措施，本文基于川藏线沿线调研情况，结合工程需要，对岩屑堆积体的分类、成灾机理做了系统分析，提出针对性的工程措施，为工程设计提供技术支撑，并为拟建川藏铁路及其他高寒强震区类似工程的施工建设和后期运营提供重要安全保障。

1 川藏铁路岩屑堆积体孕灾背景及影响因素

岩屑堆积体是岩石山坡经过物理、风化作用，形成的岩石碎块、碎屑，通过重力作用或雨水搬运至山坡上或山脚下的疏松堆积体，其主要物质来源是崩塌和落石。川藏铁路岩屑堆积体工程特性的分析应根据沿线实际条件，充分认识灾害发生背景及影响因素，为后续整治措施提供依据。

1.1 岩屑堆积体形成发育的孕灾背景分析

根据已有研究成果，结合现场调研情况，川藏线岩屑堆积体孕灾背景主要与当地气候条件、地层岩性、地质构造和地形条件有关。

（1）气候条件

川藏沿线大部分地区海拔在3000m以上，局部在5000m以后，高原极寒气候明显，岩体冻融交替，裂缝发育，裂缝水冻胀强烈，物化风化迅速，坡体破碎，崩塌频繁，为岩屑堆积体的形成提供了丰富的物源。

（2）地层岩性

物质来源是岩屑堆积边坡形成的首要条件。调查发现，岩屑堆积体发育的山体多为节理发育的坚硬脆性岩石，并发育成陡峻的高山峡谷地形。如易风化的砂板岩、千枚岩等变质岩山体，岩释作用显著的块状／碎裂状玄武岩、两组节理发育的花岗岩等岩浆岩构成的山体以及含有软弱夹层的砂岩、砂泥岩等沉积岩等，在降雨、地震、植被等外荷载作用下，原生节理极易扩展贯通，剥落解离后即形成风化破碎物。

（3）地质构造

川藏沿线穿越21座4000m以上的雪山，横跨14条江河，沿线地质地貌复杂，强烈的构造运动导致断裂发育，岩体破碎，为岩屑堆积体发育提供了地质构造条件。具体而言：

①在八宿以东地区，川藏沿线要穿越一系列南北向的断裂、褶皱，主要包括怒江断裂、澜沧江断裂、金沙江断裂。“三江断裂带”地质年代久远，地质过程复杂，岩浆活动强烈，重力异常明显，导致该区山高谷深，断裂极其发育，岩屑堆积广布。

②在八宿—波密—东久一带，大地构造整体开始由东部的南北向断裂向西部的东西断裂过渡，受制于复杂地质环境，该区断裂也较为发育，崩滑灾害频见，岩屑堆积较多。

③在东久—林芝—拉萨一带主要发育东西向深大断裂，包括工布江达断裂与拉萨断裂，但由于地处雅鲁藏布江断裂与三江断裂之间的应力缓冲地带，区内构造相对不太复杂，加之该区渐入高原，导致该区崩滑灾害强度有所降低，岩屑堆积体偶见。

（4）地形条件

经调查统计发现，只有当斜坡的坡度大于碎屑体休止角时，物源区的物风化脱落碎屑物才能溜动，并在斜坡底部堆积：

①物源区坡度 >50°，具有崩塌发生的临空条件，基岩裸露破碎，受降雨、冰雪或植被的影响；

②运移区坡度 >35°，基底地形较为平直，为崩塌碎屑物质的加速和运移提供地形条件；

③堆积区其地形坡度 <35°，大多在 25° 以下，为崩塌碎屑物质提供休止堆积的地形条件。

川藏沿线所经过地区为我国地形一二级阶梯的交错地带，山体陡峻，沟谷深陷，崩滑灾害形成、碎屑体的加速远程运移及坡脚沟谷减速堆积的地形条件都具备，导致沿线岩屑堆积体广布。

1.2 岩屑堆积体失稳滑动的孕灾因素分析

岩屑堆积体形成后，在某种外力促发下，坡面上的砂砾等碎屑会在重力作用下溜动，导致堆积体失稳。经实际调研，失稳促发因素包括：

（1）地表水和地下水

川藏沿线地区受季风影响，迎风坡地形雨、高山季节性积雪融水深入到坡体内部，从而对中小颗粒岩屑堆积体的稳定性产生影响。主要表现在：①当少量地表水渗入堆积体后使岩屑堆积体含水率增加，坡体天然休止角增大，从而更趋于稳定；②随着地下水的不断增多，由于水的动力，促使松散堆积物质产生溜动，当地表水形成地表径流后，水和砂掺和在一起形成水石流。随降雨的增多，地下水水位迅速抬升并流动，松散堆积体颗粒会受到静水压力、浮力以及动水压力作用，继而打破岩屑堆积体脆弱平衡，形成灾害。

（2）河流冲刷

河流冲刷对岩屑堆积体的稳定性影响很大。河流不断冲刷坡脚，坡脚处的堆积物不断被淘蚀而影响坡体的稳定，上部的砂粒势必要下溜，从而导致已趋稳定的松散老堆积体重新活动。

（3）地震作用

川藏沿线穿过地区地震频发，突发高强高频的地震荷载不仅会直接导致松散堆积体因应力平衡被打破而失稳，也会因松散细颗粒物质的震动液化而失稳。

此外，爆破作业、机械震动、车辆通行也是一种震动荷载，会加剧坡体的松散，降低胶结，增加损伤，并最终导致失稳。

（4）冻融作用及冰雪荷载影响

川藏沿线沿途 4500m 以上的高寒、高海拔地区，山体周期性受负温影响，自身在不均匀热力胀缩、冰体温升冰胀、水体凝结冻胀等作用下，不断解体破碎，形成崩塌。具体如下：

①川藏高海拔山区昼夜温差以及季节性温度升降幅度大，会导致岩体“热胀冷缩”。岩石材料为热的不良导体，岩坡体表层和内部会存在温度升降的差异，继而导致热力变形的不协调，促使岩体原生裂纹扩展，加剧坡体损伤，最终导致崩塌。

②川藏沿线山坡岩体，常年或季节性受冰雪覆盖，积雪及冰层深度可达数米。随季节性温度升降，冰雪厚度随之增减甚至消融，相应的冰缘作用强烈变化，侵蚀并破坏岩体，塑造山体尖锐地貌，为崩塌提供前提条件。

③川藏沿线一些极高山（>5000m）会常年受冰雪覆盖，裂缝塞满冰体，冰川作用明显。这些山体本身在冰川的冰蚀作用下，形成刃脊、刀锋等陡峭地形，利于崩塌发生。

（5）风蚀作用及风力搬运作用

风蚀作用会导致岩屑堆积体颗粒进一步缓慢破碎，继而改变松散堆积体结构，影响应力传递路径及坡体稳定性。同时，风荷载及风力搬运也会直接影响坡体的稳定性和脆弱平衡，导致堆积体颗粒滚动失稳，并可能诱发大规模滑动。

（6）植被

植物对岩屑堆积体稳定性的作用较为复杂。对颗粒较大的块石状岩屑堆积体，植被特别是灌木乔木的粗大根系会盘结坡面表层结构，对固定岩屑体滑溜起到积极作用；但同时，对于颗粒较细风化强烈的砂砾岩屑堆积体而言，植被根系会降低堆积体表层湿度，继而导致堆积体干裂，加之植冠自重及遇大风容易连根拔起，导致坡体失稳。

（7）人为因素

一般表现在公路、铁路等建设中坡脚的不合理开挖，以及支挡不当，从而破坏岩屑堆积体的稳定。调查发现，大多公路、铁路附近松散堆积体的再次失稳都与不合理开挖和防护密切相关。

2 川藏沿线岩屑堆积体类型

根据川藏铁路沿线岩屑堆积体不同成灾背景及影响因素，结合川藏沿线高寒强震区的典型岩屑堆积体的表观性状、分布特征、规模、组成等条件进行综合分析，归纳代表性岩屑堆积体有七类：崩塌块石岩屑堆积体、滑坡型岩屑堆积体、水石流/泥石流型岩屑堆积体、老堆积层开挖型复活型岩屑堆积体、湿润区物化风化型屑型岩屑堆积体、高海拔条件下冻融循环风化型岩屑堆积体、溜砂坡。

3 岩屑堆积体工程特性及整治措施建议

川藏线岩屑堆积体类型众多，为便于灾害快速整治，从工程整治的角度，可将岩屑堆积体分成三类：细颗粒岩屑堆积体、中等颗粒岩屑堆积体、大颗粒岩屑堆积体。具体工程特性及整治措施如下：

（1）细颗粒岩屑堆积体

以溜砂坡为代表，此类岩屑堆积体的块石粒径较小，以粒径小于2mm的砂为主，如图1所示。该类岩屑堆积体一般由冻融风化、风力破碎、化学侵蚀等作用缓慢影响而成，主要沿原始坡体坡面大面积散布堆积，堆积厚度一般不大，失稳破坏也多发生在表层，但如果处理不当，此种岩屑坡常常越过拦挡结构进入路面，在公路、铁路长期运营过程中造成危害，多表现为溜动。

图1 细颗粒岩屑堆积体

细颗粒岩屑坡的破坏特点是：浅表层、小规模、长期性。基于以上特点，细颗粒岩屑坡的治理可以采用以下几种方式：主动加固砂坡、设置拦挡结构、排导。

①树根桩坡面加固技术

砂坡在自然状态下一般处于自然休止角，受到扰动时局部发生浅层破坏。为避免砂坡表层土体启动，可采用树根桩加固，模拟树根固砂的工作原理，采用“花管微型树根桩”[1]。采用ϕ50mm左右的小管，在需固砂段打ϕ6～8mm的小孔，垂直地打入（或钻孔导入）设计深度的砂坡内，用中、低压灰浆泵向管中灌细粒物质浆液，在花管周围形成根状浆脉块。

②拦挡工程设计

挡墙是常用的溜砂坡支挡结构，传统挡墙设计一般仅考虑开挖高度，按常规边坡挡墙设计，结果往往是挡墙高度不足，砂坡表层破坏产生越顶，松散物质进入公路造成危害。因此，在拦挡结构设计时，不仅要考虑砂坡目前的状态，而且要考虑未来的发展，为挡墙提供一定的预留高度，满足未来发展的需要。

③排导工程设计

挡墙在溜砂坡治理中简单有效，但只适用于活跃程度低的砂坡[2]。因为在长期运营过程中，如果砂坡活跃程度高、砂源供给强度较大，则挡墙的高度最终还是会不足。因此对活跃程度高的溜沙坡，建议采用排导渡槽或棚洞结构进行防护，如图 2 所示。

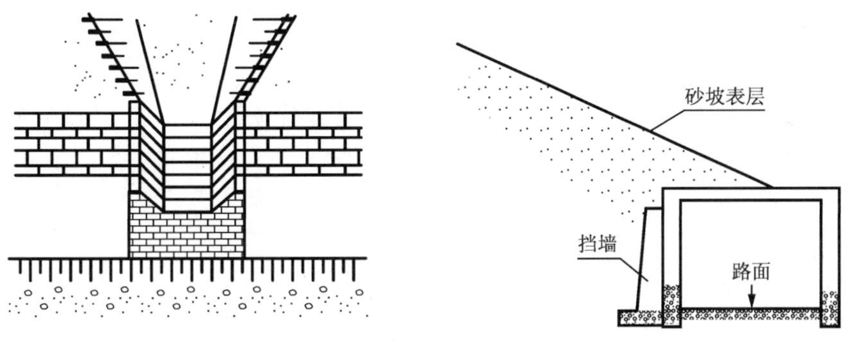

图 2　渡槽和棚洞设计示意图

（2）中等颗粒岩屑堆积体

此类岩屑堆积体的块石粒径中等，平均粒径介于 2 ～ 200mm 间，并夹杂个别达米级的漂块石，如图 3 所示。一般直接由破碎母岩或大颗粒碎屑堆积体持续风化（包括雨水侵蚀、水力风力作用）而成。从岩性来看，多为强度中等的变质岩。

图 3　中等颗粒岩屑堆积体

该类堆积体仍以大面积坡面分布为主要形式，但堆积厚度明显增加，其失稳破坏形式也不仅仅局限于表层颗粒溜动，也包括深部破坏的整体失稳。故该类岩屑的堆积体的工程整治技术根据破坏模式不同和防护对象可选择上述"细颗粒"及下述"大颗粒"相关技术进行。

要特别强调，实际工程中，该类堆积体危害方式主要是边坡开挖破坏或路基欠稳定。为此，除以上整治技术外，建议采用微型钢管桩超前支护开挖和超前支护回填路基，也可采用扰动小的新型跨越路基。

（3）大颗粒岩屑堆积体

此类岩屑堆积体的块石粒径较大，一般可超过 1m，大者可达数米，如图 4 所示。一般由上部岩体发生崩塌、滑坡或倾倒破坏后，滚落堆积在平缓坡段形成，岩性多为灰岩、花岗岩。该类堆积体孔隙和架空较大，在震动荷载作用下易发生坍塌破坏，破坏时具有很大的随机性。

该类堆积体主要分布于沟道、坡脚等地形处，堆积厚度和坡度都大，坡体整体坡度甚至可超过块体岩石自身休止角，其自身稳定性好，通常只有在强烈外荷载下如地震、人为施工挖角等时才会失稳，且失稳多以整体性破坏为主，破坏后冲击力巨大，危害极其严重。

图4 大颗粒岩屑堆积体

为此，对该类岩屑堆积体的治理应按“预防为主，防治结合”的方针进行。具体而言，当线路必须通过该类堆积体时，具体工程措施包括：

①施工时需采用超前支护技术对其进行整治，以加强坡体安全性储备。如微型钢管桩基柔性拦石墙、耗能减震挡墙（图5）等新技术[3]。此外，传统重力式挡墙、抗滑桩、锚索桩、桩板墙也是较为可靠安全的技术。

②运营中可采用棚洞类结构进行遮挡，如新型耗能减震棚洞(图6)。

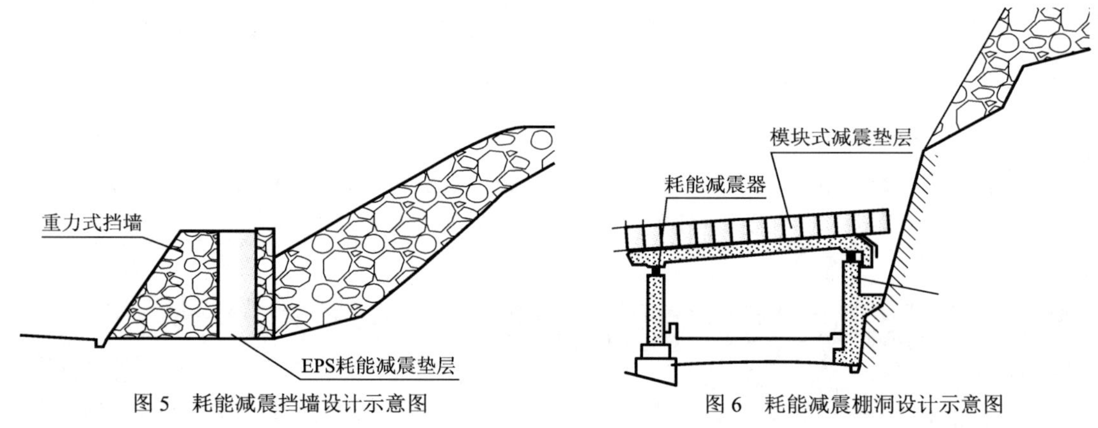

图5 耗能减震挡墙设计示意图

图6 耗能减震棚洞设计示意图

4 结语

（1）拟建川藏铁路横穿青藏高原东缘地形急变带，沿线地质、气候环境十分恶劣，区域内强烈寒冻风化、高烈度地震及季节性冻融环境塑造了大量山麓坡地岩屑堆积体地貌，铁路工程面临一些难以完全绕避的以硬岩风化大块石堆积、软岩风化粗颗粒和细颗粒溜砂坡为代表的山麓坡地岩屑堆积体地质灾害及整治问题。

（2）岩屑堆积体在川藏沿线广泛分布，多种岩石如花岗岩、板岩、片岩、砂岩以及多种变质岩类均可发育岩屑堆积体，基于母岩类型、气候环境、成因等，岩屑堆积体可分为不同的类型。从成因及组分角度出发，可将川藏铁路沿线岩屑堆积体分为：崩塌块石岩屑堆积体、古滑坡型岩屑堆积体、水石流/泥石流型岩屑堆积体、老堆积层开挖型复活型岩屑堆积体、湿润区物化风化型屑型岩屑堆积体、高海拔条件下冻融循环风化型岩屑堆积体。

（3）从工程整治的角度，常见岩屑堆积体可分成三类：

①细颗粒岩屑堆积体，以溜砂坡为代表，破坏特点是：浅表层、小规模、长期性，整治措施有树根桩坡面主动加固、增大挡墙高度、渡槽棚洞排导；

②中等颗粒岩屑堆积体，危害方式主要是边坡开挖破坏或路基欠稳定，建议采用微型钢管桩超前支护开挖和超前支护回填路基；

③大颗粒岩屑堆积体，危害方式主要是大块石冲击破坏，建议采用高能量级别的拦石挡墙并对关键构筑物如桥墩、路面等进行针对性的防护。

参考文献

[1] 朱正国 . 泥石流堆积体隧道围岩加固及施工方案优化研究 [J]. 铁道工程学报，2013（11）：75-87.
Zhu Zhengguo. Optimization Study on Pile of Debris Flow Tunnel Surrounding Rock Reinforcement and Construction Program[J]. Journal of railway engineering society, 2013(11): 75-87.

[2] 王争鸣 . 兰新高铁穿越大风区线路选线及防风措施设计 [J]. 铁道工程学报，2015（1）：1-6.
Wang Zhengming.Design of Route Selection and Windproof Measures for Strong Wind- hit Section of Second Double Line of Lanzhou-Urumqi Railway[J]. Journal of railway engineering society, 2015(1): 1-6.

[3] 李明，郑静 . 汶川地震灾区边坡病害发育特征分析 [J]. 铁道工程学报，2013（5）：12-16.
Li Ming, Zheng Jing. Analysis of Development Characteristics of Slope Disease in Wenchuan Earthquake Disaster Area[J]. Journal of railway engineering society, 2013(5): 12-16.

GPS高程测量在川藏线拉林段铁路勘测中的应用研究

麦 春 赖鸿斌

（中铁二院工程集团有限责任公司，成都 610031）

摘 要：本文介绍了在铁路勘测中GPS高程测量的几种常规方法。重点介绍基于最新的地球重力场模型EGM2008的新方法，以解决在困难地区已知点数量和分布不能满足常规方法要求时如何快速可靠地进行GPS高程测量的难题。并以川藏铁路拉林段勘测数据为例进行数据计算分析，通过对不同方法计算得到的数学精度、所需已知点个数、高程分区大小等进行研究、比较和分析，总结出不同GPS高程测量方法的优缺点和适用范围，为下一步川藏铁路勘测工作提供一些有益的参考。

关键词：GPS高程测量；川藏线拉林段；铁路勘测；EGM2008

The Research and Application of GPS elevation survey in Railway Survey of Lhasa to Linzhi of Chengdu-Lhasa Railway Line

Mai chun Lai Hongbin

(China Railway Eryuan Engineering Group Co. Ltd, Chengdu 610031, China)

Abstract: This article describes several conventional methods of GPS elevation survey in railway survey. It focuses on new methods based on the latest Earth's gravity field model EGM2008 to solve the problem how to conduct fast and reliable GPS elevation survey when the quantities and distributions of the known points can not meet the requirements of conventional methods in some difficult areas.

Keywords: GPS elevation survey; Lhasa to Linzhi of Chengdu-Lhasa railway line; railway survey; EGM2008

与传统高程测量方法（水准测量、三角高程测量）相比，GPS高程测量具有效率高、劳动强度低、灵活方便等优点，因此GPS高程测量在铁路勘测中已经广泛应用，特别是在铁路航测外控和初测、定测RTK测量中，其中基于GPS水准的常规高程拟合方法已经非常成熟，对提高铁路勘测效率起到非常重要的作用。由于在铁路定测阶段，精测网（CPI、BM）已经建立，GPS水准点的数量、分布、密度都比较理想，因此不在本文讨论的范围内。本文讨论的重点是在铁路航测外控、初测阶段的GPS高程测量。

作者简介：麦春（1978—），男，高级工程师，注册测绘师。

常规 GPS 高程拟合方法对于已知高程点的数量、分布、分区长度等都有比较高的要求。在我国西部一些困难艰险山区，沿线已知高程点的数量稀少，其位置离线路通常较远，分布也不理想，高程异常变化较大，导致采用常规 GPS 高程拟合方法在精度和可靠性上都无法满足铁路勘测需要，需要采用一些新方法和新技术来弥补常规 GPS 高程拟合方法的不足。本文重点介绍基于最新的地球重力场模型 EGM2008 的 GPS 高程测量新方法，并以川藏铁路拉林段勘测数据为例进行数据计算分析，通过对不同方法计算得到的数学精度、所需已知点个数、高程分区大小等进行研究、比较和分析，总结出不同 GPS 高程测量方法的优缺点和适用范围，为下一步川藏铁路勘测工作提供一些有益的参考。

1 常规 GPS 高程测量方法介绍

1.1 GPS 高程测量基本原理

GPS 高程测量主要分为基于几何大地测量的 GPS 水准测量方法、基于物理大地测量的重力测量方法和基于空间大地测量的卫星测量方法。目前国内铁路勘测中 GPS 高程测量主要是采用 GPS 水准测量的方法。其原理是：通过 GPS 联测测区内一定数量的已知正常高的水准点（我们称之为 GPS 水准点，这些点既有大地高，又有正常高），得到这些点的高程异常，然后采用适合的数学模型，利用最小二乘法进行拟合，从而得到测区内其他未知点的高程异常，最终确定每个点的正常高。高程拟合采用的数学模型有平面拟合、二次曲面拟合、双 B 样条拟合、直线拟合等方法。

1.2 GPS 高程测量常规方法

在铁路勘测中，高程拟合数学模型主要采用 3 参数的平面拟合模型。因为平面拟合模型具有需要已知点个数少，波动小，可靠性好，适合于铁路线路呈带状分布的特性。现将其数学模型介绍如下：

$$\zeta=H_1-H_2 \tag{1}$$

$$\zeta=\alpha_0+\alpha_1 x+\alpha_2 y \tag{2}$$

式中：ζ——代表高程异常；

H_1——代表 GPS 大地高；

H_2——代表正常高；

x、y——高斯坐标；

α_0、α_1、α_2——拟合系数。

平面拟合法只需要联测 3 个已知点，一般作业中要求至少联测 4 个已知点，增加多余观测，利用已知点残差信息判断高程拟合的内符合精度。为了提高高程拟合的可靠性，需要利用未参加拟合的多余已知点来检核高程拟合的外符合精度。通过内、外符合精度来综合评估高程拟合的质量。计算高程拟合的内外符合精度公式如下：

$$\mu_{内}=\pm\sqrt{\frac{v\cdot v}{n-1}} \tag{3}$$

式中：$\mu_{内}$——内符合中误差；

v——参与高程拟合的 GPS 水准点的拟合高程与已知高程的差值；

n——参与高程拟合的已知点个数。

$$\mu_{外}=\pm\sqrt{\frac{\Delta\cdot\Delta}{n-1}} \tag{4}$$

式中：$\mu_{外}$——外符合中误差；

Δ——未参与高程拟合的 GPS 水准点的拟合高程与已知高程的差值；

n——未参与高程拟合的多余已知点个数。

在平坦地区，已知点数量和密度、分布较好的情况下，常规拟合方法能够取得很好的效果。但在困难地区，沿线已知高程点的数量稀少，其位置离线路通常较远，分布也不理想，高程异常变化较大，导致采用常规 GPS 高程拟合方法在精度和可靠性上都无法满足铁路勘测需要。这也是常规方法的不足之处。

2 基于 EGM2008 的 GPS 高程测量方法

2.1 EGM2008 地球重力场模型简介

EGM2008 地球重力场模型为 2008 年 4 月美国国家地理空间情报局在充分利用地面重力、卫星测高、卫星重力等最新数据的基础上研制并发布了新一代超高阶的地球重力场模型。

EGM2008 地球重力场模型阶次分别为 2190、2159，基本格网分辨率为 5′×5′，地面数据覆盖率达 83.8%，部分重力数据空白区主要集中在南极，用卫星重力数据补充。EGM2008 模型在计算时采用 ITG-GRACE03S 模型作为先验误差协方差矩阵，将 GRACE 数据作为计算 EGM2008 地球重力场低阶位系数的主要数据源。EGM2008 模型研制周期长达 4 年之久，研制期间曾委托许多国家和地区对过渡模型进行了测试与评估，从而使其不断趋于完善。水准点外部检测结果表明 EGM2008 模型具有很高的精度。根据参考文献 [1] 的统计：EGM2008 模型在全球高程异常的标准差为 13cm；在我国大陆的总体精度为 20cm；华东华中地区 12cm；华北地区达到 9cm；西部地区为 24cm。（但在青藏高原地区，由于地形起伏大，高程异常变化剧烈，地面重力数据不足等原因，造成 EGM2008 模型的精度和可靠性没有其他地区高，还需进一步验证。但相比于其他地球重力场模型，其精度和可靠性都是更高的。本文在后面部分对其精度和可靠性进行了数据分析比较。）可见在我国大部分地区 EGM2008 模型具有很高的精度和可靠性。其高程异常计算公式如下：

$$\zeta_{\mathrm{M}}=\frac{GM}{r\gamma}\sum_{n=2}^{\infty}\left(\frac{a}{r}\right)^{n}\sum_{m=0}^{n}(\overline{C}_{nm}\cos m\lambda+\overline{S}_{nm}\sin m\lambda)\overline{P}_{nm}(\cos\theta) \tag{5}$$

式中：GM——地心引力常数；

a——椭球长半径；

$\overline{C}_{nm}$、$\overline{S}_{nm}$——完全规格化位系数；

$\overline{P}_{nm}$——完全规格化缔合 Legendre 函数；

r——GPS 水准点的地心向径；

γ——正常重力。

2.2 基于 EGM2008 的 GPS 高程测量方法

基于 EGM2008 地球重力场模型的 GPS 高程测量方法又称为位系数法。此种方法适用于已知点数量稀少、分布较差等常规拟合无法满足铁路勘测需要的地区，能够快速、可靠地进行 GPS 高程测量。由于我单位承担的铁路任务大部分为山区铁路，一些地方已知点的数量往往不能满足常规高程拟合需要，因此这些地区使用位系数进行高程拟合，取得了较好的效果，有许多成功的经验。一般步骤是先根据控制点的大地坐标，利用 EGM2008 地球重力场模型计算出 GPS 点的高程异常值。然后利用该区段首尾各一个已知点进行高程拟合，得到其他点的正常高，利用多余已知点进行验证，确保可靠性。因此位系数法一般仅采用能控制本区段的2个已知点就可以进行高程拟合，减少了已知点的个数，拟合分区的长度也得到了增加，精度和可靠性也有一定保障，能够满足困难山区的铁路勘测需要。位系数法也可采用更多的已知点参与高程拟合，要根据测区具体情况合理使用。

3 工程实例

3.1 工程概况

川藏铁路拉萨至林芝段位于西藏自治区东南部，线路从拉萨至日喀则铁路协荣站引出，向南穿过冈底斯山余脉进入雅鲁藏布江河谷，于贡嘎跨过雅鲁藏布江后向东经扎囊、乃东、桑日、加查、朗县、米林至林芝，新建正线长度402.89km，运营长度433.90km。铁路等级为Ⅰ级单线铁路，设计旅客列车速度：160 km/h。

3.2 测区概况

线路位于青藏高原的主体区域，总体地势由西北向东南倾斜。地貌大致可分为喜马拉雅高山区，藏南谷地，藏北高原和藏东高山峡谷区。线路位于青藏高原东南部，属于冈底斯山与念青唐古拉山、喜马拉雅山之间的藏南谷地，山高谷深，气候极端恶劣。山脉呈东西向纵贯延展，谷岭相间，地势起伏跌宕。

测区高程异常变化剧烈，最大值与最小值之差达到3m左右。沿线有铁路精测网二等GPS点和二等、三等水准点。本文通过实测的GPS水准点和EGM2008地球重力场模型分别计算测区的高程异常值，绘于图1进行统计分析，对EGM2008在青藏高原地区高程异常的实际精度进行验证。通过图1可以看出，EGM2008地球重力场模型计算出的高程异常与实测高程异常趋势基本相同，线路前200km两者的符合性较好，后面200多km两者差值较大。最大差值2.183m，最小差值-0.833m，标准差为1.098m。因此在进行高程拟合前，可根据以上各项指标来确定分区长度、宽度，已知点的分布、数量等，以便科学地进行高程拟合。

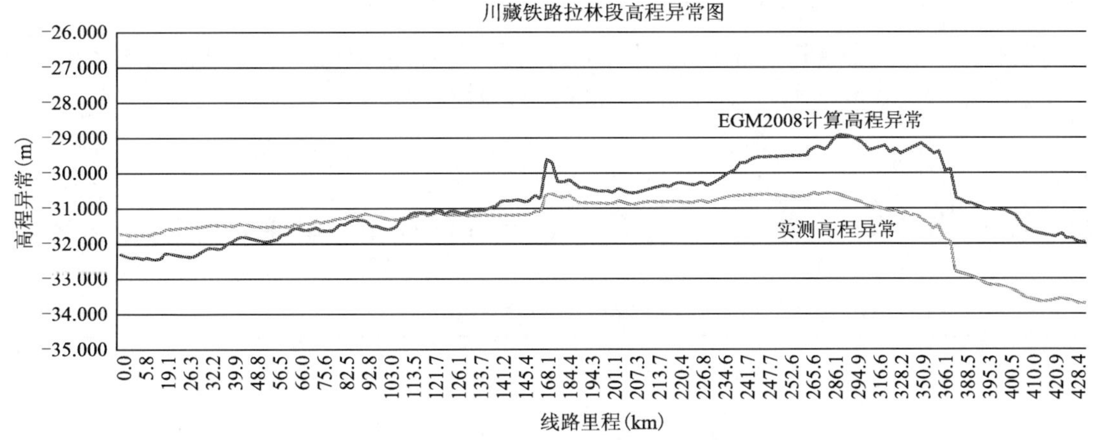

图1　实测高程异常图与EGM2008计算高程异常图

3.3 数据计算分析

本文以川藏铁路拉林段的精测网数据为例，进行相关实验，对常规拟合方法和位系数法进行比较分析，得出一些有益的结语。

（1）方案1

选择一处高程异常变化平缓，已知点分布较好的地区作为实验区，详见表1。

方案1高程拟合数据统计表　　表1

分区长度（km）	常规拟合法			高程异常之差处理方式				检核点个数
				位系数法（2个已知点）		位系数法（3个已知点）		
	已知点个数	外符合精度（mm）	检核点最大差值（mm）	外符合精度（mm）	检核点最大差值（mm）	外符合精度（mm）	检核点最大差值（mm）	
30	4	17.6	−27.9	156.4	221.4	24.6	−41.2	12
50	5	40.5	−71.6	155.9	231.2	36.6	−79.3	21
70	6	43.2	−75.8	90.6	170.4	52.4	−104.4	29

由表1统计分析可知，在高程异常变化平缓、已知点分布较好的地区，基于EGM2008的位系数法得到的结果精度和可靠性与常规拟合法相当，没有显著差异，能够满足困难山区航测外控，但其已知点个数占优势；随着分区长度增加，基于EGM2008的位系数法使用3个已知点比使用2个已知点精度和可靠性有明显提高。

（2）方案2

选择一处高程异常变化较大、已知点分布较好且没有超出控制范围的地区作为实验区，详见表2。

高程拟合数据统计表　　表2

分区长度（km）	常规拟合法			高程异常之差处理方式				检核点个数
				位系数法（2个已知点）		位系数法（3个已知点）		
	已知点个数	外符合精度（mm）	检核点最大差值（mm）	外符合精度（mm）	检核点最大差值（mm）	外符合精度（mm）	检核点最大差值（mm）	
30	4	20.6	30.2	43.0	−78.2	41.6	−46.6	6
50	5	71.2	−112.6	51.1	81.6	51.8	82.2	8
70	6	308.7	−391.3	332.2	512.6	285.8	−466.5	12

由表2统计分析可知，在高程异常变化较大、已知点分布较好的地区，基于EGM2008的位系数法得到的结果精度和可靠性与常规拟合法相当，没有显著差异。但已知点个数比常规拟合法在相同精度和可靠性下要少。随着分区长度增加，基于EGM2008的位系数法使用3个已知点与使用2个已知点精度和可靠性相当。

（3）方案3

选择一处高程异常变化较大、已知点分布不理想、有个别点超出控制范围的地区作为实验区，详见表3。

高程拟合数据统计表　　表3

超出控制范围长度（km）	常规拟合法			高程异常之差处理方式				检核点个数
				位系数法（2个已知点）		位系数法（3个已知点）		
	已知点个数	外符合精度（mm）	检核点最大差值（mm）	外符合精度（mm）	检核点最大差值（mm）	外符合精度（mm）	检核点最大差值（mm）	
10	5	445.2	−323.4	287.2	−209.7	272.2	−198.7	2
20	5	806.1	−1049.5	601.0	−799.9	591.7	−791.3	3
30	5	959.9	−1102.5	719.8	−825.8	709.4	−816.6	5

由表3统计分析可知，在高程异常变化较大、已知点分布不理想的地区，基于EGM2008的位系数法与常规拟合法相比在精度和可靠性上都有明显提高，且已知点个数更少。随着分区长度增加，基于EGM2008的位系数法使用3个已知点比使用2个已知点精度和可靠性有一定提高，已知点个数增加对精度和可靠性的提高作用不明显。

（4）由以上各表统计分析可知，常规拟合法对已知点分布要求较高，基于EGM2008的位系数法在使用已知点个数、分区长度、可靠性等方面比常规拟合法更具优势；对于基于EGM2008的位系数法，已知点个数增加对精度和可靠性的提高作用不明显；使用高程异常之差的数据处理方法比高程异常的数据处理方法在精度和可靠性方面更好。

4 结语

（1）GPS高程测量的精度，主要由已知点的数量、分布、密度、区段长度、质量等因素决定。首先根据用途合理选择已知点的等级，确保已知点的质量，否则对GPS高程测量的精度产生很大的不利影响。然后合理确定已知点的分布、密度、分区长度。注意相邻高程分区间的衔接。加强多余点检核验证，确保高程拟合参数的可靠性。

（2）已知点的分布要能控制整个高程拟合分区，不能出现超控情况；同时已知点的分布要合理，已知点连线的范围尽可能大，尽可能包住测区。尽量避免在一条直线上，以免造成虽然参与拟合的已知点残差很小，精度很高，但离已知点较远的点的可靠性却很差，可能出现1m以上较大粗差的情况。

高程拟合分区长度应根据测区的高程异常变化率来确定。高程异常变化率小，分区长度可适当增加。反之，分区长度相应减少。

在铁路航测外控、初测阶段的GPS高程测量中，常规高程拟合一般分区长度不超过50km，每15km左右联测一个已知点。高程异常变化率一般不超过5cm/km。利用基于EGM2008地球重力场模型的高程测量方法，在困难地区，分区长度可以适当放宽，一般50km仅需要2个已知点（分布测区两端）就可以满足精度要求。

（3）基于EGM2008地球重力场模型的GPS高程测量方法在铁路勘测中可以作为常规高程拟合方法的重要补充。当已知点数量、分布等满足常规高程拟合方法时，可以使用EGM2008地球重力场模型对常规拟合方法进行验证，以确保常规拟合方法的可靠性。在常规高程拟合方法无法满足铁路勘测需要时，使用基于EGM2008地球重力场模型的GPS高程测量方法可以在保证一定精度的前提下快速、可靠地确定正常高程，满足铁路勘测需要。

（4）在进行高程拟合设计前，可以根据EGM2008地球重力场模型计算出的测区高程异常图，确定合理的已知点分布，科学地指导已知点联测工作。在高程异常平缓的地方，已知点的密度可以适当减小，以减少已知点数量，降低外业工作强度。在高程异常变化较大的地方，已知点的密度要相应加大。

（5）建议在已知点稀少，分布不理想的地区，使用EGM2008地球重力场模型进行GPS高程测量时宜采用高程异常之差的数据处理方法。

（6）本文仅以川藏铁路拉林段的数据为例进行分析计算，难免有一些局限性。谨希望对以后进行的川藏铁路林芝—新都桥段的铁路勘测工作提供一些参考，对相关研究工作起到抛砖引玉的作用。

参考文献

[1] 章传银，郭春喜，陈俊勇，等．EGM2008地球重力场模型在中国大陆适用性分析［J］．测绘学报，2009，38（4）：283-289.

Zhang Chuanyin, Guo Chunxi, Chen Junyong, et al. EGM 2008 and its Application Analysis in Chinese Mainland［J］. ActaGeodaetica et Cartographica Sinica, 2009, 38(4): 283-289.

[2] 武鹏 . GPS 拟合高程应用于铁路定测的研究 [J]. 铁道勘察 2009，35（6）：11-13.
Wu Peng. Application of GPS Elevation Fitting in Railway Location Survey[J].Railway Investigation and Surveying, 2009, 35(6): 11-13.

[3] 张月 . GPS 控制网高程测量及精度评定 [J]. 铁道勘察，2011，37（4）：11-13.
Zhang Yue. GPS Controled Network Height Measurement and Precision Assessment[J].Railway Investigation and Surveying, 2011, 37(4): 11-13.

[4] 侯俊岭 . 高精度地球重力场模型用于 GPS 高程转换 [J]. 铁道勘察，2010，36（6）：15-19.
Hou Junling.Application of Model for Gravity Field with High Precision of the Earth in Height Transformation of GPS[J]. Railway Investigation and Surveying, 2010, 36(6): 15-19.

[5] 李洪杰，梁永 .EGM2008 重力场模型在铁路 GPS 高程转换中的应用 [J]. 铁道勘察，2015，41（3）：3-5.
Li Hongjie, Liang Yong.Application of EGM2008 Gravity Field Model in GPS Height Conversion in Railway[J].Railway Investigation and Surveying, 2015, 41(3): 3-5.

[6] 孔祥元，郭际明，刘宗泉 . 大地测量学基础 [M].2 版 . 武汉：武汉大学出版社，2010.
Kong Xiangyuan, Guo Biaoming, Liu Zongquan.Foundation of Geodesy[M]. Second edition. Wuhan: Wuhan University Press, 2010.

川藏线测绘及线路数据用于现场踏勘调查的应用研究

谢 伟

（中铁二院工程集团有限责任公司，成都 610031）

摘 要：川藏铁路地处高原，海拔高，地形起伏大，部分段落道路少基本上为无人区，勘测设计阶段中进入现场开展外业工作时，采用地图定位较困难。为此本文将介绍，采用铁路线路测绘数据，如地形图、影像图以及线路数据，用手持GPS、智能手机或其他GPS智能终端等以卫星定位导航方式，辅助开展线路踏勘、勘测和找点等外业工作。具有全天候、定位快、不依赖手机信号等特点，提高了线路踏勘和勘测作业效率。

关键词：川藏线；测绘及线路数据；卫星导航定位；踏勘调查

Application of Survey and Route Data in Reconnaissance and Investigation on Sichuan-Tibet Railway

Xie Wei

(China Railway Eryuan Engineering Group Co., Ltd., Chengdu 610031, China)

Abstract: Sichuan-Tibet railway is located in the plateau with high altitude and large topographic relief. For some sections, there is no access or no man, so it is difficult to locate by map when field works are performed during survey and design phas. Therefore, the paper discusses the adoption of survey and mapping data of railway route, such as topographic maps, images and route data, incorporating satellite positioning and navigation system(handheld GPS, smart phones, or other GPS intelligent terminal)to assist such field works(route investigation and reconnaissance, etc.). Such method will improve the efficiency of route reconnaissance and investigation with the features of quick locating, all-weather and independent of mobile phone signal.

Keyword: chuanzang railway; surveying and mapping data; satellite navigation and positioning; reconnaissance survey

在铁路（或公路）项目的预可、可研等勘测设计前期阶段的工作中，一般多采用1∶50000或1∶10000等比例尺地形图开展工作。这些小比例尺地形图的生产年代都比较早，现势性差，现场变化很大，经常出现拿着图找不到地方或找错地方的情况，尤其在川藏线，地处高原段，人迹稀少，可供参考的地物少，人为判断线路位置难度大，对线路踏勘的进度和安排影响特别大。在航测外业、勘测、控制点测量和地勘的现场核对调查等工作开展过程中也会经常遇到类似情况。传统的纸质图纸踏勘已不能完全适应铁路勘测设计工作的需要。

作者简介：谢伟（1975—），男，高级工程师。

随着移动技术、GPS、GIS、无线通信、3G通讯等技术的快速发展，手持GPS、智能手机以及其他手持终端等都具有GPS定位和导航功能，已经成为信息采集、管理、导航应用的重要工具，为铁路线路踏勘等外业工作提供新的解决途径。现在手持GPS、智能手机GPS定位技术和其他手持GPS终端的单点定位精度已有很大的提高（平面2.0～10.0m，高程10.0m），同时具有的全天候，定位快，不依赖手机信号等特点，尤其适用于交通、通信不便的高原地区。在铁路勘测设计各阶段普遍采用数字测绘数据和数字化设计线位的基础上，利用手持GPS、智能手机和其他手持GPS终端开展线路踏勘的导航定位已具备了应用条件。在川藏线勘测设计中，利用既有的测绘、线路等数据，结合手持GPS，有效解决勘测目标定位和导航，部分信息采集的问题，简化了工作流程，降低了工作强度，大大提高了勘测设计效率。

1 主要工作原理

手持GPS、智能手机和其他手持GPS终端开展线路踏勘和测量应用的工作原理是：在铁路勘测设计提供的数字化线位基础上，将把已有的测绘数据如数字地形图、数字影像图、线路数据、地质钻孔位置，环评敏感区范围、航测外业、勘测和控制点测量等需要导航定位的数据转换为手持GPS、智能手机或其他GPS终端支持的数据格式的数据。然后以此数据在现场进行实时导航定位，方便外业人员能够快速准确地到达勘察现场，开展外业工作。同时也可对现场一些定位精度要求不高的物体位置和属性进行测量记录，如埋桩位置、地物位置、地物界线等。

2 工作流程

（1）数据准备

准备线路数据，包括线位、线位数据库等。收集和准备测绘数据，如数字地形图、数字影像图，以及地质钻孔位置，环评敏感区范围的数据。文件数据格式可以为DWG格式、文本格式、mdb数据库数据格式等。

（2）数据坐标转换

手持GPS的坐标系统都是采用WGS-84坐标系统，而我们使用的数据资料大部分是为1954年北京坐标或1980西安坐标或工程独立坐标系统。不同的坐标系统的数据的坐标在输入手持GPS时，需要将数据转换成WGS-84椭球的经纬度坐标。手持GPS记录的数据输出时，则需将记录数据的WGS-84椭球的经纬度坐标转换成我们实际使用的坐标系坐标。一般来说，对于两个不同椭球坐标系统间的坐标转换，可根据情况采用七参数法、五参数法和三参数法转换。

（3）数据格式转换

一般来说，我们文件数据的格式主要是DWG格式、文本格式、栅格形式、mdb数据库等数据格式等。而手持GPS一般兼容文本、kml/kmz、gpx格式。因此对于手持GPS的数据文件输入应先转换成相应格式，然后输入手持GPS。

①利用设计的线路曲线要素自动计算出线路位置，数据文件格式转换为文本或者kml/kmz格式（Google earth、奥维等GPS导航定位软件支持）。

②将测绘的地形图，包括线划图、栅格形式地形图、矢量转换为kml/kmz格式。

③将相关数据导入手持GPS、智能手机、平板电脑等设备，也可以利用手持设备下载的公共资源数据，如google卫星图、地形图、混合图，百度地图、天地图等，与导入的数据叠加，如图1所示为加载处理后的线路数据。利用全面、丰富的线路地图、影像图、线路等信息，有助于工作人员全面了解沿线的地理情况，采取相应的安全措施，安排外业工作。

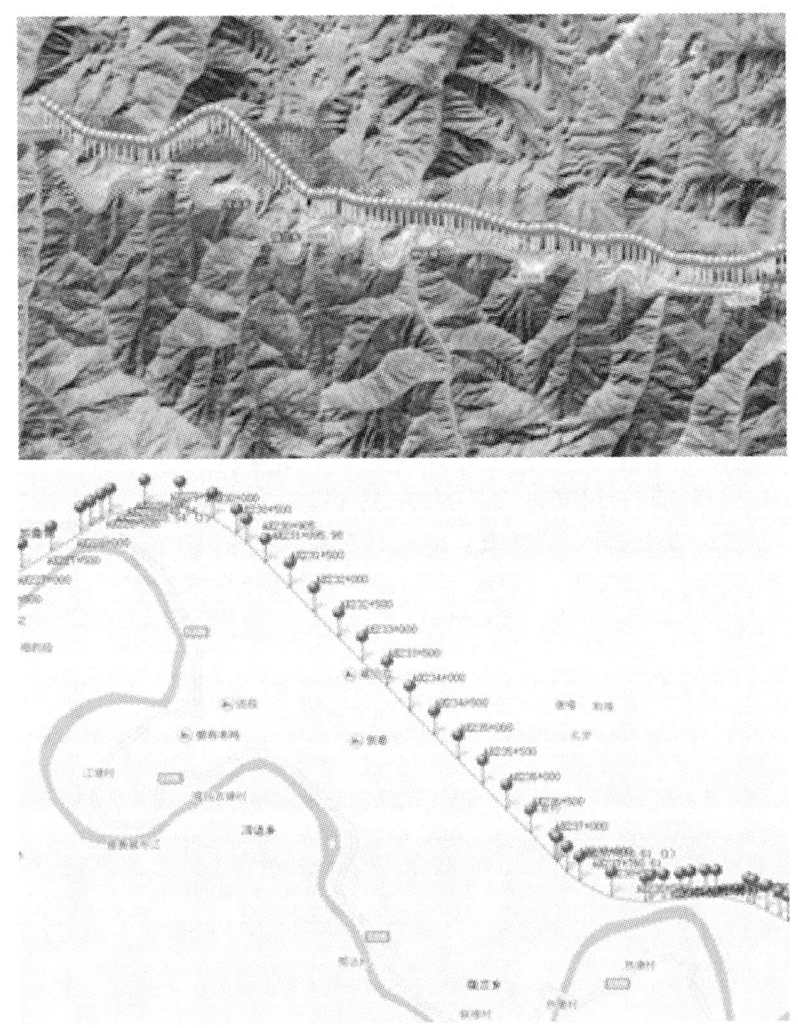

图1 加载处理后的线路数据

④现场可以记录需要的位置点和路径范围，保存为kml/kmz、gpx等格式。如图2所示为导航至线路附近记录的现场数据，采用记录经过的轨迹方式，记录取土场位置，再将土场位置保存为kmz格式，经过软件处理，转为工程独立坐标，供设计参考。

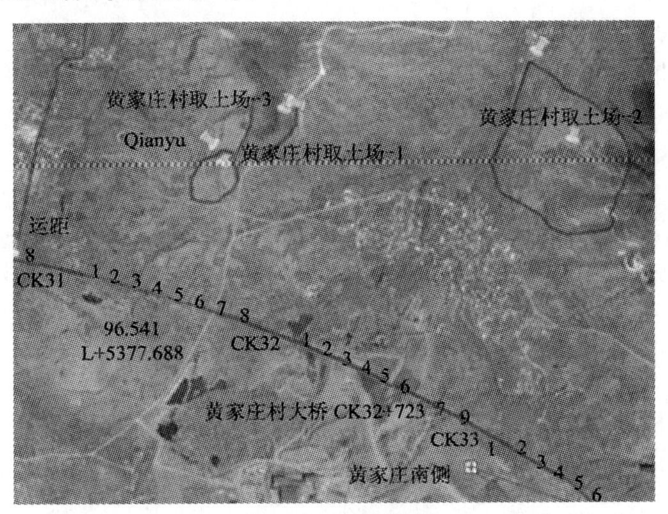

图2 记录现场数据

3 软件系统

随着智能手机、平板电脑的发展，越来越多的GPS/GIS软件应用于智能手机和平板电脑，如Google earth、奥维互动地图浏览器、Locus、Oruxmaps等。具有导航定位、三维地图、信息检索、自绘地图、轨迹记录、位置分享、好友间信息传递等功能，不少软件具备多种地图数据连接、下载接口。

利用手持设备的GPS定位技术和相关软件，可以很方便地确定现场的里程位置和当前位置间的相对关系，在朝目标地前进的过程中，会实时计算和显示目标地方向和距离，指引踏勘人员在最短时间内到达目标地，减少了因为图纸陈旧和地形复杂带来的不便，提高工作效率。尤其在高原地区，道路较少，道路为狭窄的土路，地图上无道路标示，可以利用Google earth等影像、航空摄影影像等数据，结合GPS软件的位置、方向、路径指示，方便导航。

由中铁二院测绘院研制的"手持GPS线路踏勘导航系统"，专门针对铁路踏勘、调查设计，具有航迹数据、特征点记录及输出的功能，能批量处理数据，当设计图纸和现场出现误差时，能及时采集现场的坐标数据，以便设计人员更深入地了解现场情况。对野外数据表格采用了文本、菜单、日期时间、照片等属性的操作，最大限度地减小人工输入的工作量。系统还可以提供原路返回、二次循迹等功能，方便二次进场开展工作。

4 结语

在川藏线的勘测设计中，利用手持GPS、智能手机和专业踏勘系统，将测绘及线路等专业数据，用于现场踏勘调查，具有简便、高效、方便、自动化、全天候等特点，方便工作人员快速到达勘测现场，及时方便、高质量地采集现场控制点、勘测要素，降低了外业强度，提高了工作效率。

参考文献

[1] 叶丰明，韩正梅 .Google Earth在铁路勘测设计中的应用[J]. 铁道勘察，2009，30（6）：43-46.
Ye Feng-ming, Han Zheng-mei. Application of Google Earth in rail¬way Survey and Design[J].Railway Investigation and Surveying, 2009, 30(6): 43-46.

[2] 金立新 . 手持GPS在铁路勘测中的应用[J]. 铁道勘察，2004，25（3）：37-39.
Jin Lixin. Application of Hand- GPS in Railway Survey [J]. Railway Investigation and Surveying, 2004, 25(3): 37 -40.

[3] 张月，吴伟高 . Google Earth在中老铁路航测外控及GPS控测中的应用[J]. 高速铁路技术，2012，3（1）：27-29.
ZhangYue, Wu Wei-gao. Application of Google Earth in Aerial External Control Survey and GPS Control Survey on Sino-Lao Railway [J].High Speed Railway Technology, 2012, 3(1): 27-29.

[4] 王玲，于晓英 . 移动铁路现场踏勘GIS系统设计实现[J]. 科技创新与应用，2013，3（20）：82.
Wanglin, Yu Xiaoyin. Design and implementation of GIS system for railway mobile site reconnaissance[J].Technology Innovation and Application, 2013, 3(20): 82.

川藏线工程独立坐标系统选择探讨

谢 伟

（中铁二院工程集团有限责任公司，成都 610031）

摘　要：川藏线地处高原，海拔高，地形起伏大，为满足规范中投影变形长度要求，需要建立工程独立坐标系统。同时为减少坐标分带，避免后续频繁的换带待处理，根据线路资料，探讨采用投影变形公式，利用笔者编制的“工程独立坐标自动分带”程序，建立全线的工程独立坐标系统。

关键词：川藏线；工程独立坐标；长度变形控制；坐标系统

The Discuss of Choosing Engineering Independent Coordinate System of Sichuan-Tibet Highway

Xie Wei

(China Railway Eryuan Engineering Group Co., Ltd., Chengdu 610031, China.)

Abstract: Sichuan-tibet highway is located in the plateau, high altitude, large relief, to meet the requirements of specification length projection deformation, need to set up independent coordinate system engineering. To reduce the coordinate points with at the same time, avoid subsequent frequent change the belt to be processed, according to route data, explore the projection deformation formula, use I compiled “automatic zoning independent coordinates of the project” program, establish a wide range of engineering independent coordinate system.

Keyword: Sichuan-Tibet railway; engineering independent coordinate; length of deformation control; coordinate system

1　川藏线工程独立坐标系统说明

按照《铁路工程测量规范》规定，铁路工程测量对边长投影变形提出了 2.5 cm /km（1/40 000）的控制要求。因此，在川藏线可行性研究、初步设计等阶段，结合项目特点，设计选定合理的工程独立坐标系，有效控制投影变形对工程建设的影响，是保证定测、设计、施工的顺利实施和工程质量的重要前提。

作者简介：谢伟（1975—），男，高级工程师。

2 长度变形原理和公式

在实际生产实践中，需要详细的计算长度变形，选择合理的具有抵偿高程面的任意带高斯正形投影平面直角坐标系。投影长度变形包括高程归化变形、高斯投影变形。

变形计算如下：

高程归化变形

$$\frac{\Delta D}{D}=\frac{\Delta H}{R_a}$$

其中归化高程

$$\Delta H=H_0-H_m$$

式中：H_0——投影面高程；

H_m——测距两端的大地高程；

R_a——参考椭球体在测距变方向的法截弧曲率半径。

归化到参考椭球面上的边上 S，在投影至高斯平面时，其长度将会伸长 ΔS，其关系如下：

$$\frac{\Delta S}{S}=\frac{{Y_m}^2}{2{R_m}^2}+\frac{\Delta y^2}{24{R_m}^2}$$

式中：Y_m——测距边中点横坐标；

Δy——测距边中点横坐标增量。

计算实际生产长度变形：

$$\Delta D=\frac{H-h}{R}+\frac{Y^2}{2R^2}$$

式中：H——正常高；

h——线路设计高程；

Y——点距中央子午线(km)。

生产中通过选择不同的抵偿高程面和不同的中央子午线来消除或减弱长度变形。

3 工程独立坐标自动计算程序

以前的常规计算中，每个点的 Y 值在线路平面图 CAD 文件中手工量取，线路设计高程从纵断面中人工量测。如果改变中央子午线经度，Y 值又需要重新量测。同时，不同坐标投影带分带点不能在曲线上，必须在直线上，且尽量避免选择在长大隧道、大中型桥处，需要人工从线路平面图上判断。所有这些工作烦琐，效率低。同时，在勘测设计中，由于改线，需要确认改线后新的投影带分带，工作强度非常大。

为此，专门编写了“铁路工程独立坐标系自动化选择”程序，利用线路数据文件(.mdb)数据库读取曲线标、坡度表、断链标、隧道标、桥标等信息，自动计算长度变形，据此选择不同的中央子午线和投影高程面，建立工程独立坐标。生成的长度变形文件包含长度变形、曲线五大桩、隧道、大中桥等注记，尽量避免坐标分带点出现在长隧和大桥上。

4 川藏线工程独立坐标系选择

川藏线线路位于青藏高原，山高谷深，气候极端恶劣。山脉呈东西向纵贯延展，谷岭相间，地势起伏跌宕。设计坡度大，坡度变化多。线路基本上为东西走向，里程长。建立工程独立坐标需要考虑线路、坡度等因素的影响。并且川藏线受地质等多种因素影响，选择的线路经常发生变化，工程独立坐标也需要根据改线进行调整，尤其在可研、初步设计等阶段。过于频繁、复杂的换带计算，不仅工作量大，包括地形图、勘测资料、线路资料都要重新换带，而且容易出错。因此选择合理的工程独立坐标，有利于减少测量、线路等专业的工作。

目前，川藏线拉萨—林芝段，成都—康定（新都桥）段已经建立工程独立坐标系统，并应用于可研、初步设计等阶段。工程独立坐标系统采用经度间距为15′，根据线路文件，绘制全线的15′间距经度线，先确定大致的中央子午线，然后综合计算长度变形，确定最后的中央子午线、投影高程面和分带位置。采用“铁路工程独立坐标系自动化选择”程序计算。

拉林段工程独立坐标系分带在可研阶段采用4个坐标分带，在初步设计阶段，由于线路变化，进行了分带调整，原来坐标分带基本不变，只是在DK333～D2K390增加一个坐标带，原来4个坐标分带的资料基本上不用进行坐标换带，只是在增加坐标进行换带，换带工作量小，节约了时间，分带如表1所示。

拉林段工程独立坐标系分带表 表1

序号	中央子午线经度	投影高程面正常高 h（m）	投影高程面大地高 H_m（m）	对应里程范围	最大投影长度变形值（mm/km）
1	91° 30′	3480	3450	DK32+000 ～ DK154+800	22.4
2	92° 45′	3330	3300	DK154+800 ～ DK221+000	16.7
3	93° 15′	3030	3000	DK221+000 ～ DK333+000	27.9
4	94° 15′	2980	2950	DK333+000 ～ D2K390+300	-15.3
5	94° 15′	2830	2800	D2K390+300 ～ DK437+100	-15.3

成都—康定（新都桥）段采用6个分带，目前成都—雅安段已经开工。成都—雅安段坐标分带沿用可研阶段坐标分带，无须进行换带计算，提高了工作效率。由于雅安—泸定—康定—新都桥段受地质、隧道条件等因素影响，线路方案包括比较多，线路改线地段多，线路坡度大，尤其是长大隧道设计调整频繁，为减少换带计算工作量，此段落先采用适当放宽长度变形限制，在线路方案稳定后，根据规范和计算要求进行坐标分带调整。由于部分专业工作可能提前，测量专业需要及时掌握勘测设计进度，根据需要调整完善工程独立系统如表2所示。

成都—康定（新都桥）段工程独立坐标系分带表 表2

序号	中央子午线经度	投影高程面正常高 h（m）	高程异常值（m）	投影高程面大地高 H_m（m）	对应里程范围	最大投影变形值（mm/km）
1	104°	440	-40	400	接轨方案（AK0 ～ AK30）	20.2
2	103° 30′	540	-40	500	接轨方案 AK30 ～ AK220	28.6
3	102° 15′	1640	-40	1600	AK220 ～ AK256	-49.9
4	102°	2240	-40	2200	AK256 ～ AK282	-52.4
5	101° 45′	2890	-40	2850	AK282 ～ AK308	50.9
6	101° 45′	3540	-40	3500	AK308 ～ AK363	53.1

5 结语

在川藏线勘测设计各阶段，分段建立的工程独立坐标系，满足相关技术规定。结合川藏线地形起伏大、坡度大、线路方案调整频繁的实际情况，编制程序对工程独立坐标系进行调整完善，减少了内、外业地形图、控制点、勘测资料、线路方案等的换带计算工作量，提高了铁路勘察设计工作效率。

参考文献

[1] 中华人民共和国行业标准 . TB 10101—2009 铁路工程测量规范 [S]. 北京：中国铁道出版社，2009.
The People's Republic of China industry standard. TB 10101—2009 Code for Railway Engineering Survey[S]. Beijing: China Railway Publishing House, 2009.

[2] 孔祥元，梅是义 . 控制测量学 [M]. 武汉：武汉大学出版社，2006.
Kong Xiangyuan, Mei Shiyi Control Surveying Course [M].Wuhan: Wuhan University Pres:, 2006.

[3] 程昂，卢建康 .《新建铁路工程测量规范》修订原则及技术特点 [J]. 铁道工程学报，2009，26（8）: 10-15.
Cheng Ang, Lu Jiankang. Revise Principles and Technical Characteristics of "Code for the Engineering Survey for New Railway"[J]. Journal of Railway Engineering Society, 2009, 26(8): 10-15.

[4] 梅熙 . 高斯投影变形对高速铁路线路设计的影响 [J]. 铁道工程学报，2010，27（10）: 53-57.
Mei Xi.Deformation Effect Caused by Gauss Projection on Track Design of High-speed Railway[J].Journal of Railway Engineering Society, 2010, 27(10): 53-57.

铁路重力式桥墩抗震设计研究

艾宗良[1]　夏修身[2]

（1. 中铁二院工程集团有限责任公司，成都 610031；2. 兰州交通大学 土木工程学院，兰州 730070）

摘　要：为提高铁路重力式桥墩的抗震性能，探讨了低配筋重力式桥墩的抗震设计方法。根据重力式桥墩的地震破坏特征，将重力式桥墩的地震破坏分为弯曲破坏型与剪切破坏型，并给出了判别方法。明确了纵筋率及剪跨比与桥墩延性的关系。建议了抗剪强度计算公式，给出低配筋重力式桥墩的抗弯强度及抗剪强度验算方法，弥补了规范在此方面的不足。

关键词：铁路；桥墩；抗震设计；抗剪强度

Study on Seismic Design of Railway Gravity Bridge Piers

Ai Zongliang[1]　Xia Xiushen[2]

(1. China Railway Eryuan Engineering Group Co., Ltd., Chengdu 610031, China; 2.School of Civil Engineering, Lanzhou Jiaotong University, Lanzhou 730070, China)

Abstract: In order to improve seismic performance of railway bridge gravity piers, seismic design of railway bridge gravity piers with low reinforcement is discussed. And the identification method is given. The seismic damage of gravity pier is divided into flexural failure mode and shear failure type, according to the seismic damage characteristics of gravity piers. The relationship between longitudinal reinforcement ratio, shear span ratio and pier ductility is defined. The formula of shear strength is proposed, and the bending strength and shear strength of the gravity pier with low reinforcement are given. The deficiencies of codes in this aspect is compensate.

Keywords: railway; bridge pier; seismic design; shear strength

重力式桥墩又称实体桥墩，主要靠自身的重力来平衡外力，保证桥墩的强度和稳定性。重力式桥墩在我国普通铁路桥梁及高速铁路桥梁中被广泛使用。我国的铁路重力式桥墩绝大多数只配有少量的护面钢筋（0.1% ~ 0.3%），属于低配筋的重力式桥墩。广泛采用（甚至在高烈度地震区）配筋率低于 0.5% 的重力式桥墩，刚度大、基频高、低矮的桥墩较多是我国铁路梁的显著特征。

桥墩的地震破坏有弯曲破坏、剪切破坏及弯剪混合破坏三类，每一类型的地震破坏产生的机理不同，所采取应对的措施也不同。公路柱式桥墩的剪跨比较大，其地震破坏主要体现为弯曲型破坏。普通的柱

作者简介：艾宗良（1980—），男，高级工程师，一级注册结构工程师。

基金项目：中铁二院工程集团有限责任公司科技开发计划课题（院计划 13164070）。

式桥墩，当纵筋量及箍筋量满足一定要求时，其弯曲破坏是延性破坏，而剪切破坏则是脆性的，故其抗震设计时则利用弯曲型的延性破坏对应对地震作用、避免脆性的剪切破坏。现行铁路抗震规范在此方面的规定存在不足。

震害表明重力式桥墩也可能由于抗震能力不足发生严重破坏。本文从铁路重力式桥墩的震害分析入手，再通过对已有低配筋重力式桥墩模型试验滞回曲线的深入分析，结合国内外桥梁抗震规范探讨了铁路重力式桥墩的抗震设计方法，弥补了规范在此方面的不足。

1 铁路桥墩的典型震害及其分析

1.1 唐山地震桥墩震害分析

唐山地区地形平坦、地基比较松软，桥梁采用的多为扩大基础及土桩基础，地震中由地基失效导致桥梁破坏的震害较多（图1、图2）。唐山地震中的铁路重力式桥墩，设计时均未考虑地震荷载，施工缝未经处理。桥墩的震害为施工缝处的裂缝与剪断[1-3]。施工质量是影响震害程度的重要因素。石砌圬工墩震害一般发生在砂浆灰缝处。震后墩台断裂，多在混凝土施工缝处或石砌圬工的灰缝处。因此，唐山地震表明：施工中对施工缝或灰缝的处理很重要。

图1　唐遵线陡河桥桥墩震害

图2　山海关侧重力式混凝土桥墩折断

1.2 汶川地震中铁路桥梁震害

与唐山地震的震害相似，汶川地震中铁路重力式桥墩在施工缝处附近产生了环向断裂及局部圬工压溃等严重震害[4-6]。如图3～图6所示。

图3　广岳线柿子坪大桥桥墩开裂

图4　广岳线穿心店大桥1号墩震害

图5　宝成线清江7号桥桥墩开裂

唐山地震与汶川地震中，重力式桥墩出现相同的震害：施工缝及其附近产生了环向贯通裂缝、错动、局部混凝土压碎及折断。这是因为未作处理的施工缝极大地削弱了重力式桥墩的抗震能力，使得此部位成为桥墩的抗震薄弱部位之一。地震区的重力式桥墩应避免或尽可能地减少施工缝的数量，对施工缝采用行之有效的措施，以提高重力式桥墩的抗震能力。

2 低配筋重力式桥墩的抗震性能

为了配合《铁路工程抗震设计规范》（GB 50111—2006）的修订，文献 [7] 对我国纵筋率为 0.1% 与 0.2% 的铁路重力式桥墩，制作缩尺模型开展了抗震性能试验。文献 [8] 开展了纵筋率 0.4% 的高速铁路重力式桥墩缩尺模型拟静力试验。文献 [9] 开展了纵筋率为 0.33% 的铁路重力式桥墩拟静力模型试验。将上述试验得到的模型位移—荷载曲线中各级位移加载的抗力峰值点相连，可得到模型的骨架曲线（模型桥墩的力—位移滞回曲线的轮廓线），见图 6。

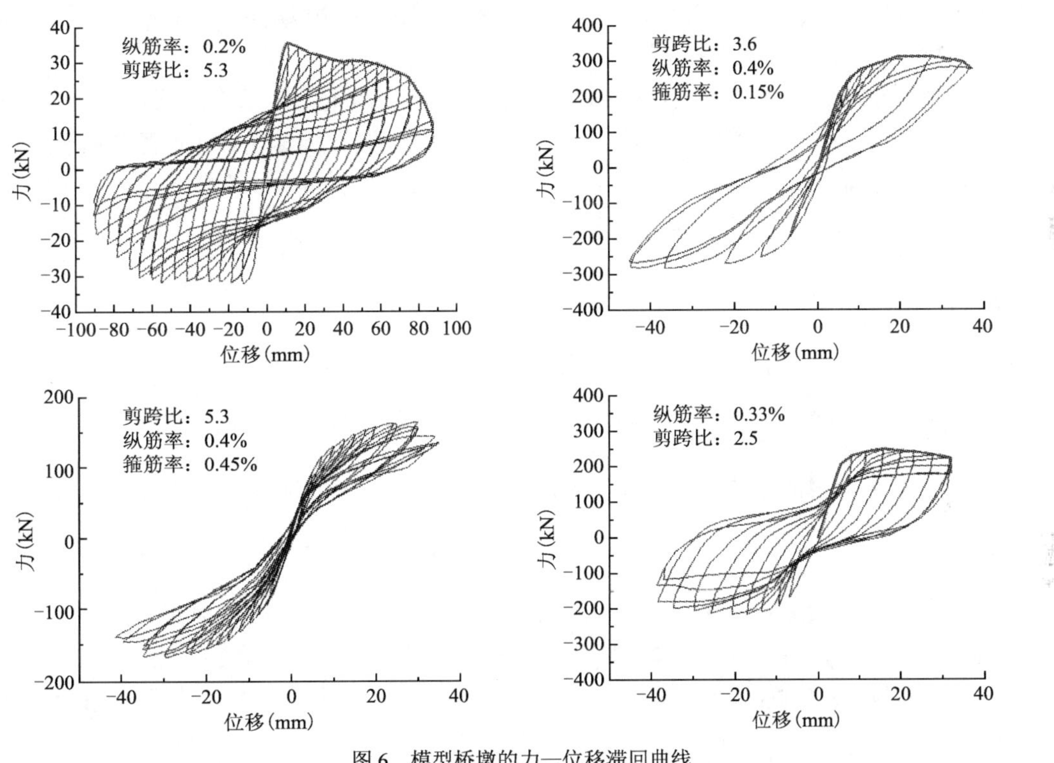

图 6 模型桥墩的力—位移滞回曲线

桥墩发生弯曲变形可能是延性，发生剪切变形则是脆性破坏。鉴于延性的概念经常被误解，为了更好地对试验结果进行分析，对桥梁延性抗震设计中的延性概念、延性材料、延性构件及延性结构进行阐述。

材料、构件及结构的延性主要是指其具有非弹性变形能力。延性材料是指材料的变形能力较大，且发生较大变形时对应的强度较其弹性强度极限不会明显地降低，如低碳钢。脆性材料与延性材料性能相反，如混凝土材料为脆性材料。对于结构或构件而言，其延性除了指结构或构件具有发生较大非弹性变形的能力外，其抗力（承载力）仍不能明显地下降，以避免结构产生较大的非弹性变形时无法承载自重等造成破坏。

桥墩的延性是指在初始承载力没有明显退化情况下的非弹性变形能力，包括以下两方面的能力 [10]：①具有发生较大的非弹性变形能力，且同时强度不会明显下降；②利用滞回特性吸收能量的能力。要使桥墩发生较大的非弹性变形能力时强度不明显下降。 此外，延性桥墩的裂缝分布比较集中，有明显的塑性铰区域，若要使钢筋混凝土桥墩具有一定的延性，桥墩中除了要配筋一定的纵向钢筋外，还要有足够的箍筋来约束纵筋内的混凝土（核心混凝土）。核心混凝土受箍筋的约束时为三向受力，破坏形式由脆性转变为塑性，承载能力得以提高，核心混凝土不过早发生受压破坏还可以避免纵筋屈曲。

由图6可以看出，配筋率为0.2%的重力式桥墩的骨架曲线，重力式桥墩具有一定的非弹性变形能力，重力式桥墩一旦进入非弹性工作状态，其承载力突然显著降低，不具有延性。而0.33%、0.4%配筋率的桥墩进入非弹性工作状态，有相当长的一段其强度没有显著降低，这表明：0.33%、0.4%纵筋的重力式桥墩有一定的可用延性。图中剪跨比5.3、纵筋率0.4的桥墩滞回曲线出现严重极其捏拢，这与摇摆桥墩的滞回曲线相似，表明混凝土与纵筋之间出现严重的滑移。严重捏拢会大量减少桥墩的滞回耗能，使桥墩的延性具有不确定性。

上述的试验还表明：①剪跨比/2.5的桥墩体现为弯曲破坏，剪跨比为2.5的桥墩剪切变形效应影响显著；②剪跨比/2.5、配筋率≤0.2%的重力式桥墩体现为弯曲型的脆性破坏，不具有延性；③剪跨比为2.5、配筋率为0.33%、配箍率为0.39%的重力式桥墩有一定的可用延性；④剪跨比大于2.5、配筋率为0.4%的重力式桥墩也具有一定的可用延性。

缩尺模型验结果能否反推到原型不得而知；重力式桥墩的截面较大，箍筋对混凝土的约束作用及约束效果有待验证。若当前规范中箍筋布置方式不能有效地约束核心混凝土，则地震中钢筋混凝土桥墩的延性抗震性能具有不确定性。鉴于此，延性仅作为铁路重力式桥墩的抗震性能储备，不建议其按延性抗震设计。

3 桥墩地震破坏模式的判别方法

3.1 桥墩的破坏形式

综合低配筋重力式桥墩的震害特征、已有规范的规定及模型试验结果，重力式桥的地震破坏模型分为以下三类：

（1）弯曲破坏

弯曲桥墩的地震整个破坏过程如下：当截面所受弯矩使混凝土达到开裂强度，使墩身出现水平弯曲型裂缝；随着荷载不断提高，裂缝持续发育，墩身因受拉钢筋达到屈服而进入弹塑性阶段；变形不断增大，导致保护层混凝土脱落，塑性铰区域范围扩大，钢筋屈曲或者拉断，核心区混凝土压碎崩解。高墩易发生弯曲破坏。

图7　重力式桥墩的剪切破坏

（2）剪切破坏

墩身剪切破坏表现为墩身斜向剪切裂缝发育，是一种塑性变形能力较差的脆性破坏（图7）。当截面所受弯矩使混凝土达到开裂强度后，墩身出现水平弯曲裂缝；外荷载继续提高导致裂缝持续发育，墩身局部产生斜向剪切裂缝，箍筋屈服后剪切裂缝进一步扩展直至结构发生突然的脆性剪切破坏。

矮墩易剪切破坏，剪切破坏是一种脆性破坏，桥墩发生剪切破坏具有严重的后果，在设计中应当避免。

（3）弯剪破坏

钢筋混凝土桥墩，弯曲破坏引起截面的抗剪能力下降，最后由于最薄弱位置的抗剪能力不足导致破坏的一种桥墩破坏形式即弯剪破坏。破坏全过程的变形耗能有限。低配筋重力式桥墩不易发生弯剪破坏。

弯曲破坏与剪切破坏发生的机理不同，所采用的处理措施也不同。我国现行的《铁路工程抗震设计规范》（GB 50111—2006）（2009 版）在弯曲破坏与剪切破坏的区别、应对措施方面的规定尚为空白，不能有效地指导重力式桥墩的抗震设计。为有效地应对桥墩的地震破坏，应对弯曲破坏与剪切破坏加以明确的区分。

3.2 桥墩地震破坏形式的判别方法

低配筋重力式桥墩由于纵筋率较低，桥墩的弯曲破坏也呈现出脆性破坏特征，故不易发生弯剪破坏。文中将低配筋重力式桥墩的地震破坏类型分为弯曲破坏与剪切破坏两类。

为了便于采取有效地应对措施，给出重力式桥墩的地震破坏形式、判别方法。

前述试验结果表明，剪跨比大于等于 2.5 的桥墩主要体现为弯曲破坏，但接近 2.5 的剪切效应影响显著。我国台湾地区的《铁路桥梁耐震规范》中，根据桥墩的净高 H 与沿剪力方向截面尺寸 B 的比值（剪跨比）又将桥墩细分为：柱式桥墩与（墙）壁式桥墩。当 $H/B \geqslant 2.5$ 时，为柱式桥墩，当 $H/B<2.5$ 时，称为壁式桥墩 [11]。柱式桥墩与壁式桥墩的力学特点差异很大，壁式桥墩的地震破坏为剪切型破坏。柱式桥墩的地震破坏主要体现为弯曲型破坏。我国《公路桥梁抗震设计细则》（JTG/T B02-01—2008）中将剪跨比小于 2.5 的桥墩称为矮墩 [12]。根据桥墩的剪跨比来区分中高墩与矮墩，如下：

剪跨比：桥墩的净高 H 与沿剪力方向截面尺寸 B 的比值。

剪跨比 <2.5，为剪切破坏型；

剪跨比≥ 2.5，为弯曲破坏型。

4 抗剪强度计算方法

Priestley 等研究者提出的塑性铰区内、外截面的抗剪强度的计算公式由混凝土提供的抗剪强度、钢筋提供的抗剪强度与轴力贡献三部分组成 [13]，与试验吻合较好，但有时会高估桥墩的抗剪强度，此外，式中的轴力贡献项使用时不好操作。为避免桥墩发生地震剪切破坏，大多数的国内外桥梁抗震设计规范都对钢筋混凝土桥墩的剪切破坏模式的判定、桥墩的抗剪强度与剪力设计值有详细的规定。美国加州规范建议的塑性铰区内、外截面抗剪强度公式 [14] 中保守地只取了 Priestley 等研究者公式的前两项，没有直接考虑轴向力的贡献，其中混凝土提供的抗剪强度 V_c 与 Priestley 等研究者公式的形式基本相同，横向钢筋提供的抗剪强度公式与 Priestley 等研究者公式中 $\theta=45^\circ$ 时完全相同。我国台湾地区《铁路桥梁耐震设计规范》中塑性铰区内、外截面的抗剪强度计算公式，参考 ATC-32 所提出的公式。我国的《城市桥梁抗震设计规范》（CJJ 166—2011）与《公路桥梁抗震设计细则》（JTG/T B02-01—2008）抗剪强度计算公式与美国加州规范的公式基本相同，但仅适用于塑性铰区内截面 [12，15]。总体来看，与 Priestley 等研究者提出的计算公式相比，规范中的公式都没有轴向力的贡献项，且横向钢筋提供的抗剪强度采用了 Priestley 公式中的 $\theta=45^\circ$ 形式。上述各国规范中的公式也大都借鉴了美国加州规范中的公式形式。此外，各国公式中的部分系数取值方面的不同，大多是由于各国规范中的公式符号的单位不同引起。

我国《铁路工程抗震设计规范》（GB 50111—2006）（2009 年版）在此方面还是一片空白 [16]。铁路重力式桥墩横截面积大、纵筋和箍筋的配置较少且横桥向的剪跨比低，容易发生剪切破坏。地震作用下，若使桥墩不发生剪切破坏，则其剪切强度 V_n 要大于可能承受的最大剪力 V_{c0}。为偏于安全，参考国内外规范 [12，14，15]，本文建议的低配筋重力式桥墩抗剪强度验算公式如下：

$$V_{c0} < \phi V_n \tag{1}$$

$$V_n = V_c + V_s \tag{2}$$

非塑性铰区截面：

$$V_c = 0.025 \times C_2 \times \sqrt{f_c'} \cdot A_e \geqslant 0 \tag{3}$$

$$C_2 = \left(1 + \frac{P_c}{138A_g}\right) < 1.5 \tag{4}$$

塑性铰区截面：

$$V_c = 0.0023 \times \sqrt{f_c'} \times A_e \tag{5}$$

矩形截面：

$$V_s = 0.1 \times \frac{A_v f_{yh} h_0}{s} \leqslant 0.08\sqrt{f_c'} A_e \tag{6}$$

圆形截面：

$$V_s = 0.1 \times \frac{\pi}{2} \frac{A_{sp} f_{yh} D'}{s} \leqslant 0.08\sqrt{f_c'} A_e \tag{7}$$

$$A_e = 0.8 \times A_g \tag{8}$$

其中，式(1)、式(2)及式(5)出自文献 [12]，式(3)、式(4)来源于文献 [14]，式(6) ～式(8)来源于文献 [15]。

式中：ϕ——抗剪强度折减系数，取 0.85；

V_{c0}——桥墩的剪力需求；

V_n——桥墩的抗剪强度(kN)；

V_c——混凝土提供的抗剪能力(kN)。

V_s——箍筋提供的抗剪能力(kN)。

f_c'——混凝土抗压强度极限值(MPa)；

A_{sp}——平行于剪力方向的箍筋总面积(cm^2)；

A_v——计算方向的箍筋总面积(cm^2)；

A_e——圆形箍筋的截面积(cm^2)；

f_{yh}——箍筋的屈服强度(MPa)；

D'——圆形截面的外侧箍筋的间距(cm)；

s——桥墩高度方向上箍筋间距(cm)；

A_g——墩柱的截面积(cm^2)；

h_0——核心混凝土受压边缘至受拉钢筋重心的距离(cm)；

P_c——轴力，压为正、拉为页(kN)。

混凝土对抗剪强度的贡献部分 V_c 的计算公式中，铁路重力式桥墩的轴压比通常较小，$C_2 \approx 1$。

5 低配筋重力式桥墩的抗震设计方法

现行《铁路工程抗震设计规范》(GB 50111—2006) 中规定：对于混凝土桥墩，在多遇地震作用下，应验算墩身的强度，偏心及稳定性。普通铁路重力式桥墩横桥向的剪跨比较低，易发生剪切破坏，而规范中缺少桥墩地震破坏类型的区分、桥墩的抗剪强度验算公式，而规范的规定还不够全面且部分条文缺少可操作性。

5.1 多遇地震作用

多遇地震作用下重力式桥墩的抗震设防目标为不发生地震损坏，即结构材料弹性状态。验算时取混凝土及钢筋材料的容许应力，并按规范考虑相应的抗震提高系数，材料强度仍有一定的安全储备。

5.1.1 弯曲破坏型

抗弯能力不足是弯曲型桥墩发生破坏的原因，即弯曲引起的拉应力或压应力引起的破坏。混凝土桥墩的弯曲破坏主要表现为抗震薄弱截面的裂隙过大或局部混凝土压碎。限制截面法向合力的偏心距是为了限制截面受拉区不致因产生过大的拉应力而开裂，即使开裂也不致使裂缝过宽，以保证结构物使用上有较好的耐久性和稳定性。多遇地震作用下，通过限制截面的合力偏心检算来保证混凝土桥墩不发生（或发生轻微的）弯曲破坏。钢筋混凝土桥墩的抗弯能力验算不再验算偏心，而是使钢筋的最大拉应力与混凝土的最大压应力处于容许应力之下再进行验算。规则中对此有详细的规定，此处不再赘述。

《铁路工程抗震设计规范》中没有给出低配筋混凝土重力式桥墩该如何验算。虽然配筋率较低时（小于 0.2%）桥墩没有延性，但试验表明：纵向钢筋可提高桥墩的抗弯强度 [8]。本文认为，抗震验算时应考虑纵筋的影响，参考已有的成果，建议低配筋混凝土重力式桥墩验算钢筋的最大拉应力及混凝土的最大压应力 [17]。

5.1.2 剪切破坏型

按前文建议的公式对重力式桥墩的抗剪强度进行抗震性能验算。

5.2 罕遇地震作用

罕遇地震作用下纵筋率小于 0.3% 的重力式桥墩桥梁的损伤部位应尽量设计在支座处，重力式桥墩的抗震设防目标仍为不发生严重的地震损坏，即结构的材料可以处于非弹性状态。

纵筋率大于 0.3% 的低配筋重力式桥墩可按有限延性设计，参考欧洲规范 [18] 建议位移延性取 1.5。

6 设计示例

6.1 基本分析数据

某单线铁路桥梁，上部结构为 24m 简支箱形梁，下部结构为群桩基础圆端形重力式桥墩。桥墩为 C30 混凝土、截面尺寸为 2.4m（顺）×3.9m（横）。HRB335 钢筋，全截面纵筋率为 0.2%。墩高 H=7m（含墩帽）。桥跨质量包括梁体质量及二期恒载，一孔 24m 梁体质量为 201.7t，单线二期恒载为 73 kN/m。桥址位于Ⅷ度地震区，设计基本地震加速度为 0.3g，Ⅱ类场地，反应谱特征周期为 0.4s。

6.2 抗剪强度验算

《铁路工程抗震设计规范》指出可采用单墩模型计算，梁部只计入质量影响。采用 Midas Civil 有限元程序，建立单墩的空间动力空间计算模型。有限元计算模型以顺桥向为 X 轴，横桥向为 Y 轴，竖向为 Z 轴。桥墩、承台及桩基础采用空间的梁单元模拟，承台底和桩基顶部节点形成主从连接。土对桩的约束用分布弹簧模拟，弹簧的刚度用 m 法计算。动力计算时，取 m=80000kN/m^4。桥跨简化成集中质量施加在墩顶。桥墩顺桥向的第1振型为弯曲振动(图8),周期为0.662s。

输入《铁路工程抗震设计规范》的反应谱进行地震反应分析。桥墩底的多遇地震内力列于表1。

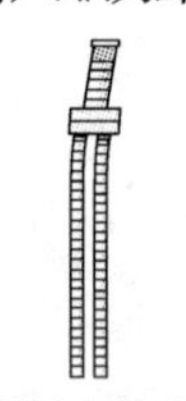

图8 顺桥向的弯曲振动

墩底地震内力 表1

顺桥向输入		横桥向无车输入	
剪力(kN)	弯矩(kN·m)	剪力(kN)	弯矩(kN·m)
751	4864	857	5530

桥墩地震破坏类型判定时,顺桥向近似按矩形截面取值,横桥向近似按圆形截面取值。地震破坏类型的判别结果,列于表2。

剪跨比计算 表2

H(m)	B(m)	D(m)	顺桥向		横桥向	
			H/B	破坏类型	H/D	破坏类型
7	2.4	3.9	2.9	弯曲	1.8	剪切

由表2可知,桥墩顺桥向的剪跨比为2.9,大于2.5,破坏类型为弯曲型,横桥向的剪跨比为1.8,小于2.5,破坏类型为剪切型。弯曲破坏型的桥墩进行抗弯强度验算,剪切破坏型的桥墩进行抗剪强度验算时,横桥向的抗剪强度按塑性铰区外截面的公式计算,并偏安全地将桥墩箍筋的贡献部分V_s取0,见表3。

桥墩抗剪强度计算 表3

P_c(kN)	A_g(cm^2)	A_e(cm^2)	f_c'(MPa)	V_c(kN)	V_s(kN)	V_n(kN)
5376	8.1E4	6.5E4	20	7266	0	7266

横桥向进行抗剪强度验算(表4)时,多遇地震作用下桥墩的剪力需求取表1中的地震剪力。

桥墩横桥向的抗剪强度验算 表4

地震强度	α	V_{c0}(kN)	$0.85V_n$(kN)	$V_{c0}<\phi V_n$
多遇地震	0.10g	825	6176	是
罕遇地震	0.57g	4703	6176	是

由表4可以看出,Ⅷ度多遇地震作用下横桥向的剪力需求远小于桥墩的抗剪强度。在此基础之上,假定地震中支座不发生破坏,反应谱法得到了Ⅷ度罕地震作用下桥墩的剪力需求(表4),并进行了抗剪强度验算,结果表明:罕遇地震作用下铁路重力式桥墩也有足够的抗剪强度,抗剪不控制Ⅷ地震区桥墩的设计。这一结语也与前文的震害相符,前文重力式桥墩的抗剪破坏多发生在施工缝处,若施工缝处不发生破坏,重力式桥墩截面尺寸较大,有较好的抗剪能力。

6.3 抗弯强度验算

墩底截面的恒载轴力为3306kN,与表1中的顺桥向地震弯矩组合进行抗弯验算。文中低配筋的重力式桥墩,若不考虑纵向钢筋对抗弯强度的贡献时,按规范[17]进行混凝土桥墩进行偏心验算。

多遇地震作用下,墩底的计算偏心e=1.47m,而容许偏心[e]=0.96m。计算偏心小于容许偏心,这表明,桥墩的抗弯强度不足。

考虑截面中0.2%纵筋率对抗弯强度的影响,验算钢筋最大拉应力与混凝土的最大压应力,列于表5。表中σ_{cmax}、σ_{gmax}分别为混凝土最大压应力与钢筋最大拉应力。

顺桥向的抗弯验算 表 5

弯矩(kN·m)	轴力(kN)	截面尺寸(m)		σ_{cmax}（MPa）	σ_{gmax}（MPa）
		顺	横		
4864	3306	2.4	3.9	2.4	72.4

由表 5 可知，混凝土的最大压应力为 2.4MPa、钢筋的最大拉应力 72.4 MPa，分别小于混凝土与钢筋在地震时的应力限值 15MPa、270MPa。这表明，多遇地震作用下桥墩具有足够的抗弯强度。

7 结语

（1）根据震害特征、参考试验结果，将低配筋铁路重力式桥墩的地震破坏分为弯曲破坏型与剪切破坏型。

（2）给出了重力式地震坏类型的判别方法，明确了剪跨比与桥墩延性的关系。剪跨比≥2.5 的桥墩可视为弯曲破坏，可能具有延性；剪跨比 <2.5 的应视为剪切破坏，不具有延性。

（3）明确了纵筋与桥墩延性的关系。纵筋率≤0.2% 的弯曲型重力式桥墩不具有延性；纵筋率为 0.33% 的弯曲型重力式桥墩有一定的可用延性。

（4）低配筋重力式桥墩中的钢筋能提高桥墩的抗弯强度，抗震验算时应加以考虑。建议了低配筋重力式桥墩的抗震验算方法。

（5）建议了低配筋铁路重力式桥墩的抗剪强度计算公式及验算方法，并对墩高 7m 的重力式桥墩进行了抗剪强度验算，验算结语与震害相符，完善了规范在此方面的不足。

（6）施工缝处是重力式桥墩的地震易损部位，对于地震区的铁路重力式桥墩，应避免出现施工缝，或最大可能地减小施工缝的数量，并对施工缝进行特殊处理，使其承载能力不低于相邻截面。

参考文献

[1] 张牧，李雨生，程庆国 等 . 唐山地震中铁道建筑物的震害 [J]. 土木工程学报，1982，15（1）：79-87.
Zhang Mu, Li Yusheng, Chen Qingguo et al. Railway Damages in the Tangshan Earthquake[J]. China Civil Engineering Journal, 1982, 15(1): 79-87.

[2] 张强 . 大震后铁路混凝土简支梁桥灾害损失评估研究 [D]. 北京：北京交通大学，2014.
Zhang Qiang. Seismic Damage Assessment of Railway Simply Supported Bridges After Lager Earthquake[D]. Beijing: Beijing Jiaotong University, 2014.

[3] 丁剑霆，姜淑珍，包峰 . 唐山地震桥梁震害回顾 [J]. 世界地震工程，2006，22（1）：68-71.
Ding Jianting, Jiang Shuzhen, Bao Feng. Review of seismic damage to bridges in Tangshan earthquake[J]. World Earthquake Engineering, 2006, 22(1): 68-71.

[4] 杨梦蛟 . 汶川大地震既有铁路桥隧建筑物震害情况与思考 [C]. 中国铁道学会 2008 年度优秀学术论文评选一等奖论文，2008.

[5] 朱颖，魏永幸 . 汶川地震铁路工程震害特征及工程抗震设计对策思考 [J]. 岩石力学与工程学报，2010，29（S）：3378-3385.
Zhu Ying, Wei Yongxing. Characteristics of Railway Damage Due to Wenchuan Earthquake and Countermeasure Considerations of Engineering Seismic Design[J]. Chinese Journal of Rock Mechanics and Engineering, 2010, 29(S): 3378-3385.

[6] 宋胜武 . 汶川大地震工程震害调查分析与研究 [M]. 北京：科学出版社，2009.

Song Shengwu. Analysis and Investigation on Seismic damages of Projects Subjected to Wenchuan Earthquake [M]. Beijing: Science Press, 2009.

[7] 鞠彦忠，阎贵平，刘林．低配筋大比例尺圆端型桥墩抗震性能的试验研究 [J]. 土木工程学报，2003，36（11）：65-69.
Ju Yanzhong, Yan GuiPing, Liu Lin. Experimental study on seismic behaviors of large-scale RC Round-Ended Piers with Low Reinforcement Ratio[J]. China Civil Engineering Journal, 2003, 36(11): 65-69.

[8] 蒋丽忠，邵光强，姜静静，等．高速铁路圆端形实体桥墩抗震性能试验研究 [J]. 土木工程学报，2013，46（3）：86-95.
Jiang Lizhong, Shao Guangqiang, Jiang Jingjing, et al. Experimental study on seismic performance of solid piers with round ended cross-section in high-speed railway[J]. China Civil Engineering Journal, 2013, 46(3): 86-95.

[9] 赵冠远，张同越，陈鑫．低周反复荷载下高速铁路桥墩抗震试验研究 [J]. 中国铁道科学，2014，35（4）：38-44.
Zhao Guanyuan, Zhang Tongyue, Chen Xin. Experimental Study on the Seismic Performance of High Speed Railway Bridge Pier under Low Cyclic Loading[J]. China Railway Science, 2014, 35(4): 38-44.

[10] 叶爱君．桥梁抗震 [M]. 2 版．北京：人民交通出版社，2011.
Ye Aijun. Seismic Design of Bridges[M]. 2nd edition. Beijing：China Communications Press, 2011.

[11] 台湾交通部．铁路桥梁耐震设计规范 [S]. 台北：金新印刷影印行，2006.

[12] 中华人民共和国行业标准．JTG/T B02-01—2008　公路桥梁抗震设计细则 [S]. 北京：人民交通出版社，2008.
The People's Republic of China industry standard. JTG/T B02-01—2008　Guidelines for Seismic Design of Highway Bridges[S]. Beijing：China Communications Press, 2008.

[13] M.J.N. Priestley, Ravindra Verma, Yan Xiao. Seismic Shear Strength of Reinforced Concreted Columns[J]. Journal of Structural Engineering, 1994, 120(8): 2310-2329.

[14] Caltrans seismic design criteria version 1.4[S]. 2006.

[15] 中华人民共和国行业标准．CJJ 166—2011　城市桥梁抗震设计规范 [S]. 北京：中国建筑工业出版社，2011.
The People's Republic of China industry standard. CJJ 166—2011　Code for seismic design of urban bridges[S]. Beijing：China Architecture & Building Press, 2011.

[16] 中华人民共和国行业标准.GB 50111—2006　铁路工程抗震设计规范 [S]. 北京：中国计划出版社，2009.
The People's Republic of China industry standard. GB 50111—2006　Code for seismic design of railway engineering[S]. Beijing: China Planning Press, 2009.

[17] 裴路．高速铁路混凝土重力式桥墩抗震验算方法研究 [D]. 兰州：兰交通大学，2014.
Pei Lu. Study on the seismic checking methods for high-speed railway gravity piers[D]. Lanzhou: Lanzhou Jiaotong University, 2014.

[18] Eurocode 8-Design of structures for earthquake resistance -Part 2：Bridges[S]. BSEN 1998-2: 2005.

川藏铁路托盘式路肩挡土墙设计

李井元　丁兆锋　杨祥容
（中铁二院工程集团有限责任公司，成都 610031）

摘　要：托盘式路肩挡土墙可用于收坡难度大的陡坡路基，有效地降低墙高，节省圬工和投资。本文分析了托盘式挡土墙的受力特点，探讨了托盘式挡土墙结构的设计方法和设计要素，并以川藏铁路某工点为设计实例，通过工程措施、施工顺序、施工注意事项等内容探讨了托盘式挡土墙设计技术要求及施工技术要求，可为类似的工程实例提供参考。①托盘式挡土墙兼有悬臂式挡土墙、卸荷板挡土墙的优点，用于山区铁路陡坡路基可取得良好的经济效益。②托盘式路肩挡土墙的设计需采用极限状态法与安全系数法两种设计方法进行设计。③托盘式挡土墙设计需要满足的要求也比较多。设计者要做到不漏项，并逐一对每个设计要求进行检算，确保满足各个设计要求。④施工应根据托盘式挡土墙结构的特点进行施工步骤的安排。

关键词：托盘式路肩挡土墙；设计方法；工程实例

The Design for Tray Type Shoulder Retaining Wall of Sichuan-Tibet Railway

Li Jingyuan　Ding Zhaofcng　Yang Xiangrong
(China Railway Eryuan Engineering Group Co., Ltd., Chengdu 610031, China)

Abstract: Tray type shoulder retaining wall can be used for Subgrade of Steep Slope, the height of the wall can be reduced, the investment and masonry can be saved.In this paper, the characteristics of the force of the retaining wall are analyzed, and the design method and elements of the retaining wall are discussed.Taking a project of Sichuan-tibet railway as design example, the design and construction technical requirements of tray type retaining wall were discussed by considering engineering measures, construction sequence and construction matters needing, that can provide reference for similar engineering examples. ①Tray type shoulder retaining wall has the advantages of Cantilever retaining wall and unloading plate retaining wall. The wall can be used forSubgradeof Steep Slopeand good economic benefits can be achieved. ②the design of tray type shoulder retaining wall needs to use the two kinds of design methods based on limit state method and safety coefficient method. ③The design of tray type shoulder retaining wallneeds to meet more requirements. Designers can not miss the requirements.And all requirements need tobe checked andensure that the designs meet therequirements. ④The construction steps should be based on the characteristics of the structure of tray type shoulder retaining wall.

Keywords: tray type shoulder retaining wall; design method; engineering example

作者简介：李井元（1979—），男，高级工程师。

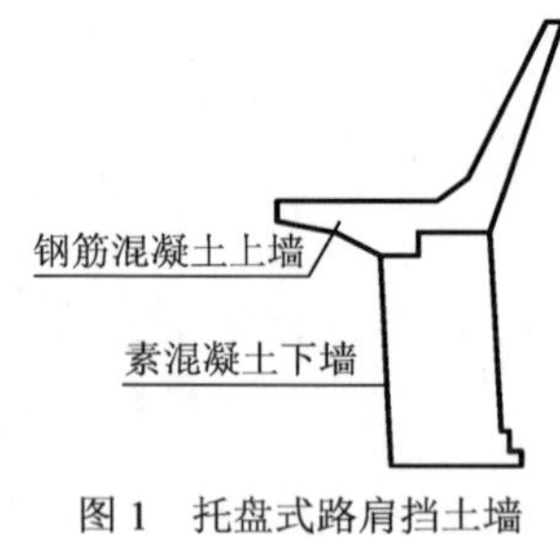

图1　托盘式路肩挡土墙

托盘式路肩挡土墙是20世纪60年代在成昆铁路建设中发展起来的，在浆砌片石的基础上设置钢筋混凝土托盘式道砟槽。本文的托盘式挡土墙由钢筋混凝土上墙和素混凝土下墙组成，如图1所示，类似于悬臂式墙和重力式墙的组合。主要用于收坡难度较大的陡坡路基，其特点是通过悬臂托盘上墙支撑铁路路基，将填方及列车荷载传递给位于轨道结构下方的素混凝土墙。托盘式路肩挡土墙构造简单、施工方便，与传统的衡重式路肩挡土墙相比，可有效地降低墙高，节省圬工和投资。

1　托盘式路肩挡土墙受力特点

托盘式路肩挡土墙上墙受力与悬臂式挡土墙相似，土压力可参照悬臂式挡土墙土压力的计算方法进行计算，但应注意外力应考虑列车引起的离心力，在基床以内时，应考虑动应力的影响。下墙受力类似于卸荷板挡土墙，土压力可参照卸荷板挡土墙下墙土压力的计算方法进行计算，下墙顶部应考虑上墙传递的弯矩、剪力和竖向力。

2　设计方法及设计要素

托盘式路肩挡土墙上墙为钢筋混凝土结构，结构构件设计可参照悬臂式挡土墙采用极限状态法进行设计，设计要素包括承载能力极限状态的截面设计，正常使用极限状态的墙顶位移、墙身最大裂缝宽度验算；上墙整体稳定性（抗滑移、抗倾覆）可参照悬臂式挡土墙按安全系数法进行设计。托盘式路肩挡土墙下墙为素混凝土结构，可参照重力式挡土墙采用总安全系数法进行设计，设计要素包括整体稳定性（抗滑移、抗倾覆）设计、地基承载力设计、截面强度设计。

托盘式路肩挡土墙的上墙与下墙连接处是薄弱环节，设计时应引起足够的重视，一般应采用设置错台或短插连接钢筋的方式进行连接。

在地震地区采用托盘式挡土墙时，外力计算、安全系数和分项系数的取值应考虑地震影响。该结构为异形结构，结构构造要求应考虑地震因素，在突变和连接处，应加强抗震构造要求。

3　工程实例

3.1　工程概况

工程位于川藏铁路巴玉隧道出口施工便道右侧，施工便道经过地区为高山峡谷区，便道傍山而行，左侧为陡峻山坡，右侧为雅鲁藏布江，地面横坡较陡，地表基岩裸露。本段内地层简单，地表覆盖原施工便道人工填土，下伏基岩为早第三系始新统科木单元（E/2K）中粒角闪黑云花岗闪长岩。段内地表水主要为雅鲁藏布江江水，水量较大，常年有水。段内地下水主要为第四系覆盖层中的孔隙水，雅鲁藏布江沟常年有水，地下水受河流补给。根据《新建川藏铁路拉萨至林芝段地震安全性评价报告》，地震动峰值加速度为0.20g；据《中国地震动反应谱特征周期区划图》，地震动反应谱特征周期0.45s。

3.2　工程措施

3.2.1　主体结构设计

川藏铁路巴玉隧道出口施工便道由于线位处原地面横坡陡峻，线路右侧采用传统的衡重式路肩墙进行收坡，最大墙高达 14m，技术难度较大，风险较高，因此该工点考虑采用托盘式路肩挡土墙进行收坡支挡，最大墙高仅为 10.0m。托盘式路肩挡土墙上墙采用 C30 钢筋混凝土浇筑而成，下墙采用 C30 混凝土浇筑而成。工点代表性横断面设计图，如图 2 所示。

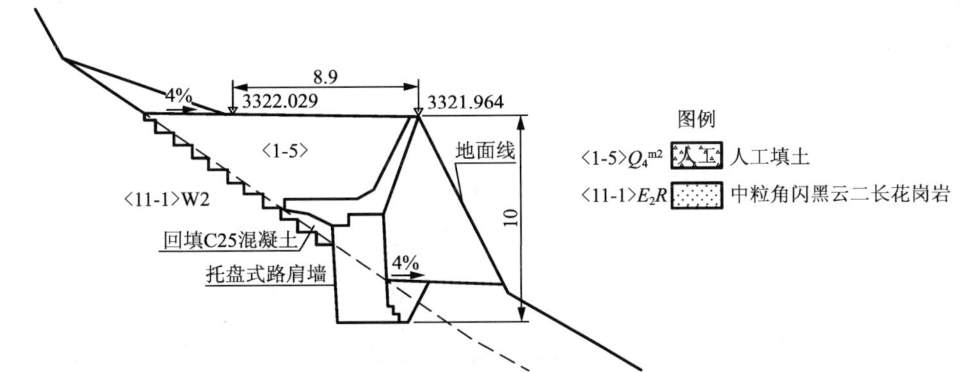

图 2　托盘式路肩挡土墙代表性横断面设计图(尺寸单位：m)

通过计算分析，该工点托盘式路肩挡土墙的结构尺寸，如图 3 所示。

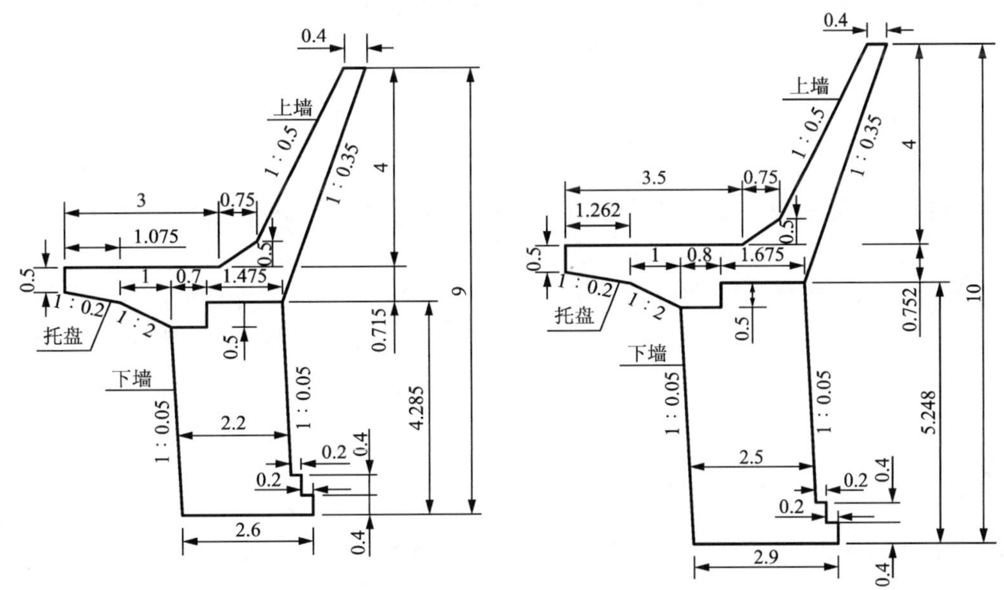

图 3　托盘式路肩挡土墙结构设计尺寸(尺寸单位：m)

3.2.2　排水设计

排水设计应包括阻隔路基面水下渗，墙背积水不渗入基础，墙背反滤层积水排出挡墙之外。工程措施为墙顶设置隔水层，在墙背与地面相交处的最底排泄水孔下设置隔水层，隔水层材料采用与墙身相同强度等级的混凝土。在挡土墙底部（高出地面处）、托盘顶部和墙顶下 1m 处各设置一排向墙外排水坡度为 4% 的泄水孔，纵向间距 2m，泄水孔采用埋设直径为 50mmPVC 管的方式，PVC 管埋入墙背反滤层。反滤层厚度不小于 0.3m，采用渗水土工袋装砂砾石制作。

3.3　施工顺序

托盘式路肩挡土墙施工可按以下顺序执行：

(1)清理场地，并做好临时排水措施。

（2）开挖挡墙基坑，施工下墙。

（3）待下墙墙身混凝土达到设计强度的80%后，施工上墙。上墙与下墙采用短插钢筋的形式进行连接。

（4）待墙身混凝土均达到设计强度的80%后，施工墙后填土工程。

（5）施工地面水排水系统。

3.4 施工注意事项

托盘式路肩挡土墙在施工过程中应注意以下事项：

（1）挡土墙应避开雨季选择旱季施工，严禁雨天施工。做好施工场地的排水设施，基坑不得受水浸泡。

（2）基底承载力必须满足设计要求，开挖基坑时地基承载力应进行复查。

（3）基坑土体严格按设计要求开挖。挡土墙浇筑后应及时回填夯实。墙趾外侧基坑用黏性土夯实紧密，压实系数K不小于0.9，黏土顶面采用0.3m厚M7.5封闭，并做成向外不小于4%的排水坡度。

（4）待混凝土强度达到混凝土强度的80%以上时，应及时进行墙背填料部分的填筑。

（5）挡土墙应现场分段立模浇筑，混凝土浇筑应连续进行，不得形成水平通缝，若不能一次浇筑施工，必须确保连接处强度不小于整墙墙体强度。

4 结语

托盘式路肩挡土墙是一种组合结构形式，兼有悬臂式挡土墙、卸荷板挡土墙的优点，该结构用于山区铁路陡坡路基，特别是在陡峻地区，可取得良好的经济效益。

托盘式路肩挡土墙需采用极限状态法与安全系数法两种设计方法进行设计，设计需要满足的要求也比较多。因此在设计过程中，设计者要做到不漏项，并逐一对每个设计要求进行检算，确保满足各个设计满足要求。施工时应根据该结构的特点进行施工步骤的安排。

参考文献

[1] 李安洪．卸荷板－托盘路肩挡土墙 [J]. 铁道标准设计，1996.03：25-26.
Li An'hong. Unloading board tray shoulder retaining wall [J]. Railway Standard Design, 1996.03: 25-26.

[2] 铁道部第一勘测设计院．铁路工程设计技术手册—路基 [M]. 北京：中国铁道出版社，1992.
The First Design Institute of RailwayMinistry.Railway engineering design technical manual—Subgrade [M].Beijing: China Railway Publishing House.1992.

[3] 顾慰慈，挡土墙土压力计算手册 [M]. 北京：中国建筑工业出版社，2004.
GuWeici. Calculation manual for earth pressure of retaining wall[M]. Beijing: China Building Industry Press.2004.

[4] 贺才钦，多级挡土墙下墙土压力的应力计算和应力图形探讨 [J]. 成都：高速铁路技术，2013.08：61-63.
He Caiqing.Discussion on stress calculation and stress pattern of wall soil pressure under multistage retaining wall[J]. Chengdu：High Speed Railway Technology, 2013, 08: 61-63.

[5] 贺才钦，折线形墙下墙墙背应力计算探讨 [J]. 成都：高速铁路技术，2011.08：15-19.
He Caiqing. Calculation of stress at the back of lower part of polygonal retaining wall[J]. Chengdu: High Speed Railway Technology, 2011, 08: 15-19.

川藏铁路430m中承式钢管混凝土拱桥抗震设计

刘忠平　陈克坚　戴胜勇　袁　明　陈建峰　胡华万
（中铁二院工程集团有限责任公司，成都 610031）

摘　要：川藏铁路藏木雅鲁藏布江特大桥采用430m中承式钢管混凝土拱桥跨越雅鲁藏布江，桥位处地震动峰值加速度为0.24g，为8度地震区，桥梁抗震设计控制大桥结构设计。设计采用非线性时程分析法，研究分析了结构采用不同减隔震措施组合后的减隔震性能。研究表明：黏滞阻尼器和软钢阻尼器能有效控制罕遇地震下的主梁位移，与摩擦摆支座组合使用，可显著提高该桥抗震性能。

关键词：川藏铁路；铁路桥梁；中承式钢管混凝土拱桥；抗震设计

Seismic design on Sichuang-Xizang railway 430 meters half-through concrete filled steel tube arch bridge

Liu Zhongping　Chen Kejian　Dai Shengyong　Yuan Ming　Chen Jianfeng　Hu Huawan
(China Railway Eryuan Engineering Group Co., Ltd., Chengdu 610031, China)

Abstract: Sichuang-Xizang railway Zangmu Yarlung Zangbo River Bridge spans the Yarlung Zangbo River using a half-through concrete filled steel tube arch with a span of 430m. The peak acceleration of ground motion at bridge site is 0.24g and eight degree earthquake zone, seismic design control the bridge structure design. Nonlinear time history analysis method is adopted in the design, and the seismic isolation performance of the structure with different combination of seismic isolation measures is studied and analyzed. Research shows: Viscous damper and hysteretic damper can effectively control the displacement of main girder under rare earthquake, the seismic performance of the bridge can be significantly improved with the combination of friction pendulum bearing.

Keyword: Sichuan-Tibet railway; railway bridge; half-through concrete filled steel tube arch bridge; seismic design

1 工程概况[1]

川藏铁路藏木雅鲁藏布江特大桥（图1）位于西藏自治区山南地区加查县桑加峡谷内，在规划梯级电站街需和藏木电站之间，距藏木水电站上游约1.2km。桥梁位于8度地震区，设计地震动峰值加速度为0.24g。

作者简介：刘忠平（1982—），男，高级工程师。

图 1　藏木雅鲁藏布江特大桥效果图

该桥采用一跨过江方案，主跨为 430m 中承式钢管混凝土拱桥，全桥主梁为一联 5 跨的预应力混凝土连续梁，孔跨布置为（39.6+32+384+28+34.6）m 连续梁，桥梁总长 525.0m。如图 2 所示。

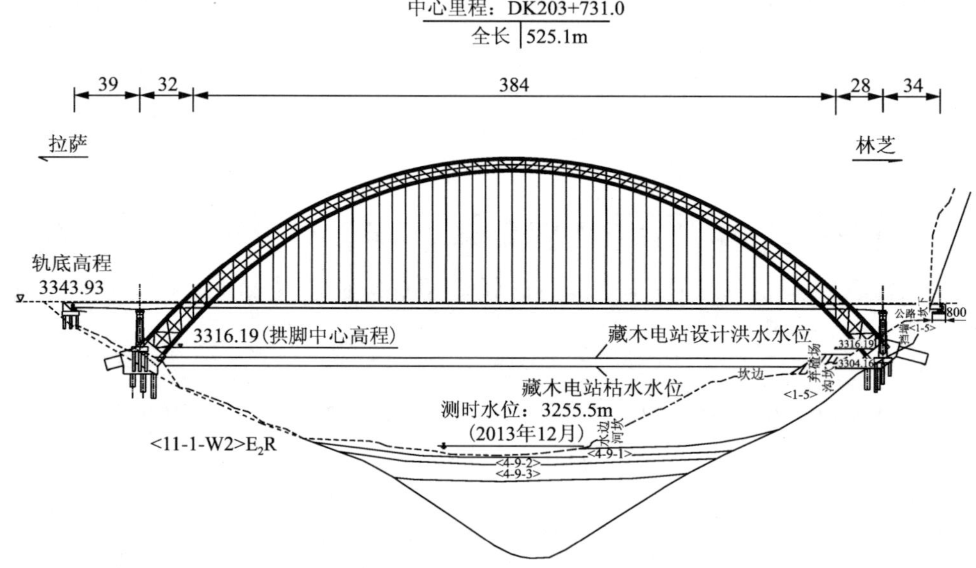

图 2　藏木雅鲁藏布江特大桥总布置图（尺寸单位：m）

拱肋计算跨径 430m，矢高 112m，矢跨比为 1∶3.84；采用悬链线拱轴线，拱轴系数 2.1；采用内倾角为 4.6091° 的提篮拱结构，拱肋拱顶处中心距为 7m，拱脚中心距为 25m；采用变桁高拱肋，拱顶和拱脚桁高分别为 8.8m 和 15m；拱肋采用四肢桁式截面；拱肋钢管直径 1.6m；钢管壁厚为 28 ～ 52mm。拱肋采用“一”“N”“K”及“米”字形相结合的横撑形式。采用单吊杆结构形式，吊杆顺桥向间距均为 8m，全桥共设 86 根吊杆。主梁为全预应力混凝土连续梁，采用单箱双室、斜腹板截面，梁高 3.0m，桥面宽 18m，箱底宽 12m。拱肋钢材采用 Q420qENH，钢管内混凝土采用 C60，腹杆、横撑及上下平联钢材采用 Q345qDNH。吊杆采用抗拉强度为 1860MPa 钢绞线。主梁采用 C55 预应力混凝土连续梁。

2　空间建模及动力特性分析

拱肋、主梁、桥墩及拱座均采用空间梁单元模拟，吊杆采用桁架单元模拟。钢管混凝土拱肋的两种组合材料采用换算截面法（即等代刚度法）换算成一种材料 [2]，本文将钢材按照截面特性等效的原则换算为混凝土的截面，同时进行了重度修正，二期恒载取 168kN/m。因拱座基础均嵌入基岩内，拱座底采用固结约束，桥墩桩基础采用土弹簧进行模拟，桥台处按理想约束处理，计算模型如图 3 所示。

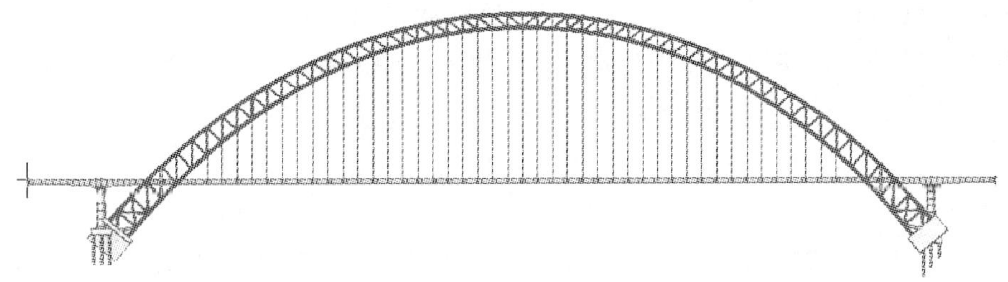

图3 有限元模型示意图

藏木雅鲁藏布江大桥前十阶自振频率及其振型如表1所示，前三阶自振周期见图4～图6。

藏木雅鲁藏布江大桥动力特性计算结果表 表1

振　型	自振频率(Hz)	自振周期(s)	振型描述
第一振型	0.209	4.793	主梁横向弯曲振动
第二振型	0.326	3.068	拱肋横桥向弯曲振动
第三振型	0.451	2.218	体系竖向弯曲振动
第四振型	0.607	1.647	体系横桥向弯曲振动
第五振型	0.676	1.479	体系横桥向弯曲振动
第六振型	0.700	1.428	体系竖向弯曲振动
第七振型	0.936	1.069	拱肋横桥向弯曲振动
第八振型	1.085	0.921	体系竖向弯曲振动
第九振型	1.133	0.882	体系竖向弯曲振动
第十振型	1.292	0.774	体系顺桥向弯曲振动

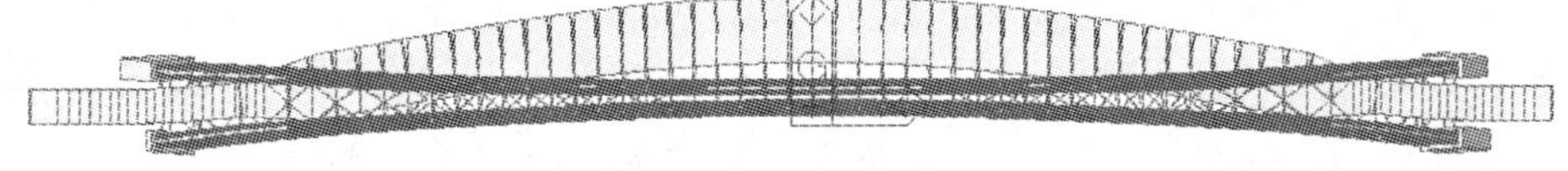

图4 第1阶振型图

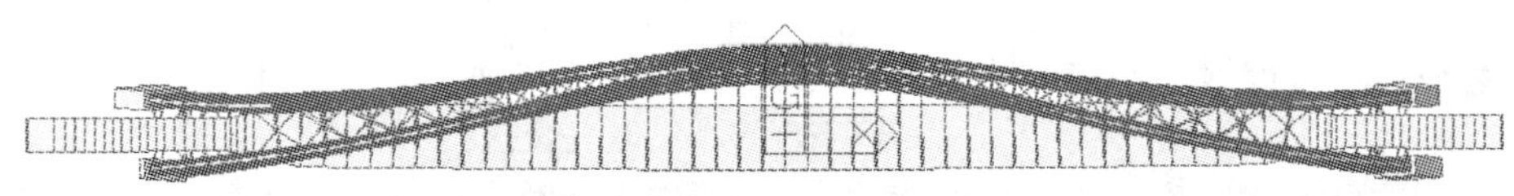

图5 第2阶振型图

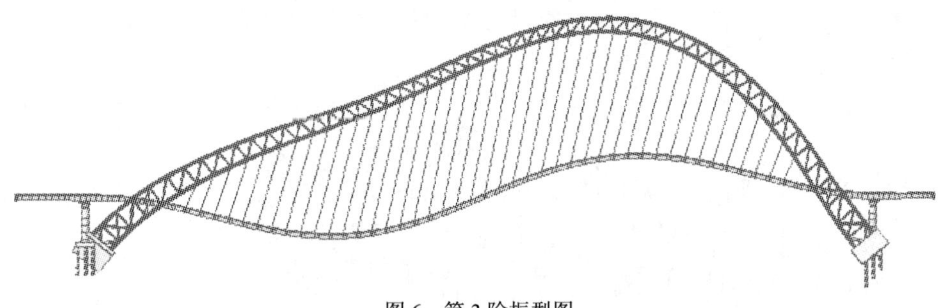

图6 第3阶振型图

3 非线性抗震设计方案

主梁在纵桥向采用全漂浮体系，在横桥向设置了限位装置，在正常使用情况下横桥向支承均为约束状态。为降低地震荷载下的桥梁反应，在纵桥向和横桥向均采取了减隔震措施（图7），全桥采用了“摩擦摆支座＋横桥向钢阻尼器＋纵桥向黏滞阻尼器”的组合减隔震方案。当水平地震加速度大于0.1g时，横桥向约束解除，主梁横桥向转换为活动状态。

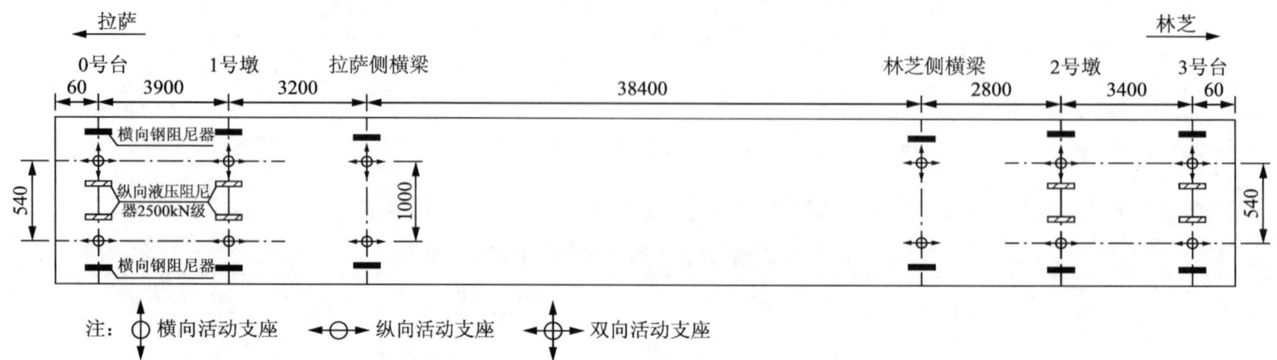

图7　减隔震措施布置示意图（尺寸单位：cm）

摩擦摆支座隔震消能原理是利用滑动面的设计延长结构的振动周期，以大幅度减少结构因地震作用而引起的放大效应，通过支座的滑动面与滑块之间的摩擦来消耗地震能量[3]。本桥摩擦摆支座的曲率半径R=6.0m时，摩擦摆支座的摆动刚度$K_{fps}=W/R$。取滑动摩擦系数μ=0.03，则摩擦力$F_y=\mu W$，有效作用方向为横桥向。

黏滞阻尼器由活塞、油缸及节流孔组成。阻尼力与相对速度关系为$F=Cv^a$，其中F为阻尼力；C为阻尼系数；v为速度；a为阻尼指数。本桥黏滞阻尼器C=2500kN·s/m，a=0.3，有效作用方向为纵桥向。

软钢阻尼器是金属阻尼器中一种很重要的耗能减震装置，它充分利用软钢较好的屈服后性能，进入塑性后利用良好的塑性变形来耗散地震能量，从而达到保护了主体结构的目的。本桥非线性计算采用理想双线性模型来模拟钢阻尼器的滞回关系，阻尼器的荷载—位移关系仅由屈服荷载参数确定，参数设计中只需要选择合适的屈服荷载即可，初始间隙根据桥梁地震下的位移大小确定。本桥屈服荷载取650kN，初始间隙取25cm。

4　非线性抗震计算及分析

采用非线性时程分析法计算桥梁地震响应。为了全面研究藏木雅鲁藏布江大桥的非线性减震效果，地震动输入分别采用了“顺桥向＋竖向”和“横桥向＋竖向”两种输入方式，竖向加速度取水平向的65%。时程分析采用地震安全评价报告中提供的地震波，选择其中的3条典型的罕遇地震波作为输入地震动，如图8～图10所示。

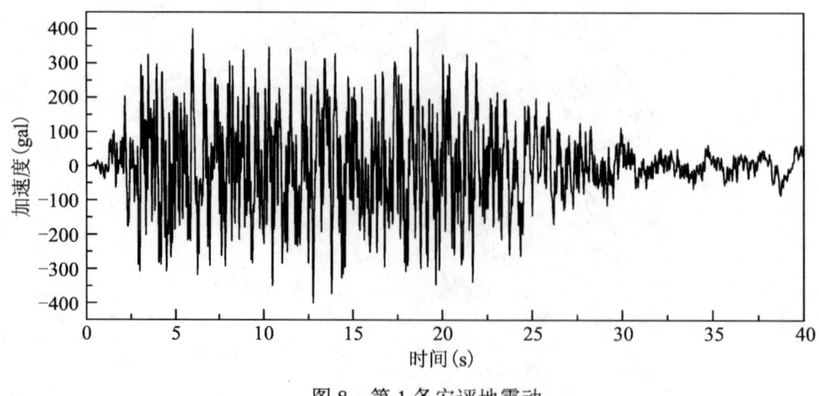

图8　第1条安评地震动

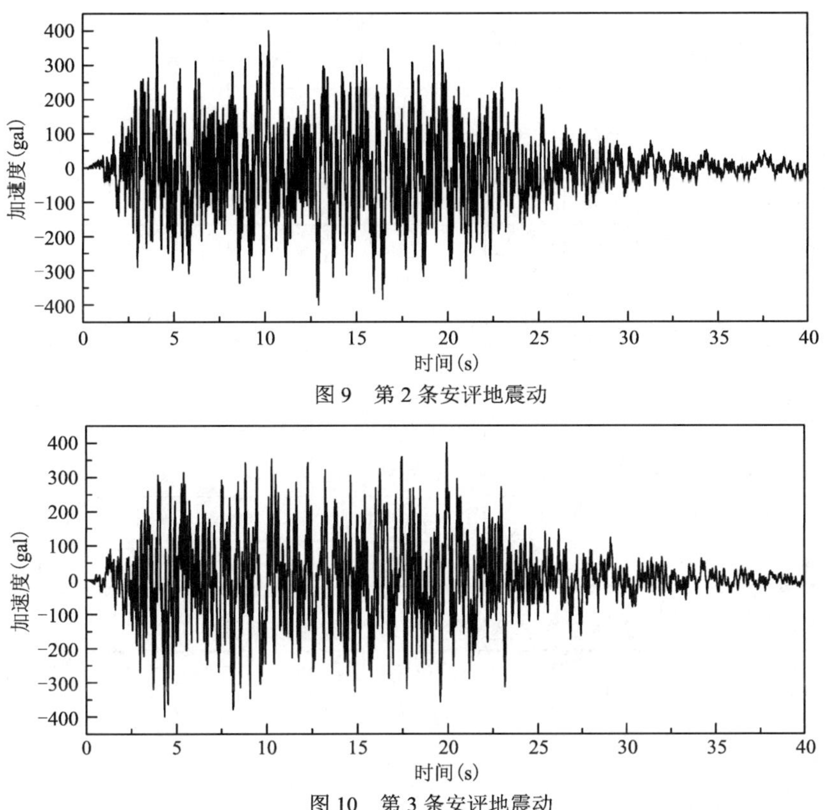

图 9　第 2 条安评地震动

图 10　第 3 条安评地震动

采用组合减震措施后，罕遇地震下主梁位移计算结果见表 2，控制截面内力计算结果见表 3～表 5。

罕遇地震作用下主梁位移(mm)　　表 2

时 程 反 应	纵桥向位移	横桥向位移
左桥台	188	307
左边墩	178	299
左拱梁交接处	198	353
有拱梁交接处	193	349
右边墩	178	304
右桥台	188	284

顺桥向＋竖向罕遇地震作用时拱肋控制截面内力　　表 3

位置	内　　力	截 面 位 置				
		左拱脚	右拱脚	左 1/4 拱肋	右 1/4 拱肋	拱顶
上弦	轴力(kN)	72396	73768	22270	28600	10005
	顺桥向弯矩(kN•m)	32594	32787	886	1272	842
	顺桥向剪力(kN)	6206	6110	76	66	77
	横桥向弯矩(kN•m)	2646	2869	570	799	95
	横桥向剪力(kN)	92	99	138	182	23
下弦	轴力(kN)	88235	111927	18959	17720	21129
	顺桥向弯矩(kN•m)	23080	24724	918	1495	1066
	顺桥向剪力(kN)	3193	3397	91	82	159
	横桥向弯矩(kN•m)	5124	4091	415	483	133
	横桥向剪力(kN)	250	169	96	109	31

横桥向＋竖向罕遇地震作用时拱肋控制截面内力 表 4

位置	内　　力	截面位置				
		左拱脚	右拱脚	左 1/4 拱肋	右 1/4 拱肋	拱顶
上弦	轴力(kN)	85526	84143	22620	22059	28962
	顺桥向弯矩(kN·m)	36120	35846	712	744	956
	顺桥向剪力(kN)	7132	7087	41	34	210
	横桥向弯矩(kN·m)	88041	64648	3876	4568	3867
	横桥向剪力(kN)	6101	3442	814	923	169
下弦	轴力(kN)	96922	96481	22725	21656	52749
	顺桥向弯矩(kN·m)	23074	22922	882	1046	920
	顺桥向剪力(kN)	3332	3330	71	73	191
	横桥向弯矩(kN·m)	131712	108831	1949	1725	3161
	横桥向剪力(kN)	8683	5908	363	331	100

横桥向＋竖向罕遇地震作用时主梁控制截面内力 表 5

内　　力	主梁跨中	梁拱交界处
轴力(kN)	1179	319
顺桥向弯矩(kN·m)	77537	24403
顺桥向剪力(kN)	565	2945
横桥向弯矩(kN·m)	473226	87706
横桥向剪力(kN)	1198	2510

由拱肋和主梁非线性地震计算结果可知：藏木雅鲁藏布江大桥地震控制工况为“横桥向＋竖向”地震工况，拱肋控制截面为拱脚截面，主梁控制截面为跨中和梁拱交界处截面。控制工况下桥梁控制截面的非线性减震效果分析见表 6、表 7。

主梁控制截面横桥向弯矩结果对比表(kN·m) 表 6

截面位置	跨中	梁拱交界处
无减隔震措施	1276099	773077
采取减隔震措施	473226	87706
减隔震率	63%	89%

拱肋控制截面内力结果对比表 表 7

截面位置		左拱脚		右拱脚	
内力分量		横桥向弯矩(kN·m)	轴力(kN)	横桥向弯矩(kN·m)	轴力(kN)
上弦	普通方案	126882	84343	91754	83648
	减、隔震方案	88041	85526	64648	84143%
	减、隔震率	31%	-1%	30%	-1%
下弦	普通方案	209533	95248	170230	94519
	减、隔震方案	131712	96922	108831	96481
	减、隔震率	37%	-2%	36%	-2%

可见，藏木雅鲁藏布江特大桥采用组合非线性减隔震措施后，在“横桥向+竖向”地震作用下，主梁跨中和梁拱交接处截面的横桥向弯矩可分别降低63%和89%，主拱左右侧拱脚截面的横桥向弯矩可分别降低30.5%和36.5%。

5 结语

采用摩擦摆支座能大幅降低藏木雅鲁藏布江大桥的横桥向地震反应，黏滞阻尼器和软钢阻尼器能有效控制罕遇地震下的主梁位移，与摩擦摆支座组合使用，可显著提高该类桥梁结构的抗震性能，节约工程成本。

参考文献

[1] 中国中铁二院工程集团有限责任公司. 川藏铁路拉萨至林芝段桥梁设计图纸[R]. 成都：中国中铁二院工程集团有限责任公司，2015.

China Railway Eryuan engineering group limited liability company. Bridge and culvert design drawings from Lhasa to Linzhi section of Sichuang-Xizuang railway [R]. Chengdu: China Railway Eryuan engineering group limited liability company, 2015.

[2] 陈宝春. 钢管混凝土拱桥[M]. 北京：人民交通出版社，2007.

Chen Baochun. Concrete filled steel tube arch bridge [M]. Beijing: People's communication press, 2007.

[3] 陈列，胡京涛. 桥梁减隔震技术[M]. 北京：中国铁道出版社，2014.

Chen Lie, Hu Jingtao. Isolation and seismic isolation of bridges [M]. Beijing: China Railway Publishing House, 2014.

浅析高地温隧道通风及综合降温技术

孙其清　郑宗溪　喻　渝

（中铁二院工程集团有限责任公司，成都 610031）

摘　要：川藏铁路沿线多处地热异常，形成多座高岩温、高温热水隧道，而通风及综合降温技术在高地温隧道施工中尤为重要和关键，故本文基于牛顿冷却定律，考虑了围岩温度随距开挖面距离变化和开挖面散热等因素，推导了高地温隧道施工通风量计算公式，并结合川藏铁路实际，计算了围岩初始温度80℃时，高地温隧道不同通风时间下的通风量，最后统计分析了国内外高地温隧道的综合降温技术。结果表明：通风时间与通风量为负相关关系，当围岩初始温度为80℃时，为将洞内空气温度降至28℃，仅仅采用通风降温是不可行，需综合其他措施降温。喷雾洒水降温措施应用最为广泛，其次是低温冷水降温、合理的施工组织和人员个体防护。对于高温热水隧道，首先也是最重要的是采取热水处理措施。

关键词：高地温；隧道；通风；综合降温

Analysis on the Technology of Ventilation and Comprehensive Cooling for the Tunnel of High Geothermal

Sun Qiqing　Zheng Zongxi　Yu Yu

(China Railway Eryuan Engineering Group Co. Ltd, Chengdu 610031, China)

Abstract: Multiple abnormal geothermal distribution in Sichuan Tibet railway, and the formation of a number of high temperature rock and hot water tunnel, the technology of comprehensive ventilation and cooling technology is particularly important in the construction of high temperature tunnel, this paper based on Newton's law of cooling, consider changes on the rock temperature with the distance from the excavation surface and cooling of the excavation and so on, derive the calculating formula of ventilation in the construction of the tunnel of high geothermal, combine with the actual situation of the Sichuan Tibet Railway, calculate the ventilation quantity under different ventilation time in the tunnel of high geothermal, when the initial temperature of the surrounding rock is 80℃ , finally, count and analyze the technology of comprehensive cooling applied to the tunnel of high geothermal at home and abroad. The results showed that: Ventilation time and ventilation quantity is negative correlation, When the initial temperature is 80 ℃ for surrounding rock, in order to drop the temperature of tunnel to 28 ℃ , only adopting the ventilation is not feasible, so it is necessary to take other measures to cool. First spray sprinkler cooling measures are widely used, followed by cooling with low temperature cold water, the reasonable construction organization and personal protection. For the tunnel of high temperature hot water, the first and most important is to take measures to deal with hot water.

Keywords: high geothermal; hunnel; ventilation; comprehensive cooling technology

---

作者简介：孙其清（1979—），男，高级工程师。

基金项目：中国铁路总公司科技开发重大课题（2014G004-A）。

川藏铁路途经大量地热异常地区，其主要受控于板块缝合带、地壳拼接带、深大断裂或埋藏较浅的岩浆囊和断陷盆地以及不同方向断裂交汇位置。地热异常带来的高岩温和高温热水，对隧道工程，特别是深长隧道影响很大。在施工阶段，高地温隧道的通风降温问题是首要的施工关键技术。因此，本文探讨了高地温隧道施工通风计算方法，并结合川藏铁路进行了通风量计算，最后统计分析了其他的降温措施。

1 高地温隧道通风量计算方法

目前《铁路隧道工程施工技术指南》（TZ 204—2008）关于隧道施工通风的规定，适用于常地温隧道，通风目的主要是降低洞内烟尘浓度，获取满足职业健康及安全标准的洞内作业环境。而高地温隧道施工通风除满足以上要求外，更重要的是降低洞内空气温度，因此通风量计算方法是不一样的。

设将高地温隧道内温度降到规范要求的 28℃，所需总通风量为 V，岩壁散热所需通风量为 V_1，开挖面散热所需通风量为 V_2。

$$V = V_1 + V_2 \tag{1}$$

（1）通风量 V_1 计算公式

围岩与风流间传热方式如图 1 所示。

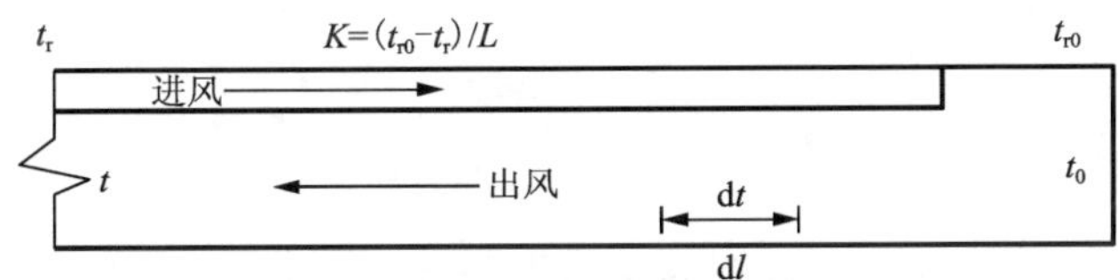

图 1 围岩与风流间传热量示意图

根据牛顿冷却定律，隧道围岩与风流间的传热量为：

$$Q = K_T UL(t_r - t) \tag{2}$$

式中：Q——围岩传热量（kW）；

K_T——围岩与风流间的不稳定换热系数 [kW/（m^2·℃）]；

U——隧道断面周长（m）；

L——隧道距开挖面长度（m）；

t_r——围岩温度（℃）；

t——距开挖面 L 处的平均风温（℃）。

设在长度 L 范围内 t 为变量，长度 dl 隧道壁散热量使风流温度升高 dt。当长度 L=0 时，t=t_0，则

$$dQ=K_\tau U(t_r - t_0) = V_1 c_{pm} dt \tag{3}$$

式中：V_1——通风流量（m^3/s）；

t_0——初始风温；

c_{pm}——空气的平均定压比热 [kJ/（m^3·℃）]。

假定在开挖后的一段时间内，岩温在短距离内线性变化，即：

$$t_r = t_{r0} - kL \tag{4}$$

将式（4）代入式（3），即得：

$$K_\tau U(t_{r0} - kL - t)dl = V_1 c_{pm} dt \tag{5}$$

整理得：

$$\frac{dt}{dl} + \frac{K_\tau U}{V_1 c_{pm}} t = \frac{K_\tau U}{V_1 c_{pm}} t_{r0} - \frac{K_\tau U}{V_1 c_{pm}} kL \tag{6}$$

微分方程(6)的通解为：

$$t = e^{-\int \frac{K_\tau U}{V_1 c_{pm}} dl}\left[\int \left(\frac{t_{r0} K_\tau U}{V_1 c_{pm}} - \frac{t K_\tau U}{V_1 c_{pm}} L\right) e^{\int \frac{K_\tau U}{V_1 c_{pm}} dt} dl + c\right]$$

$$= t_{r0} - kL + \frac{k V_1 c_{pm}}{K_\tau U} + c e^{-\frac{K_\tau U}{V_1 c_{pm}} L} \tag{7}$$

根据边界条件：$t - t_0$ 时，L=0m；即得通风降温后隧道计算长度内平均风温计算公式：

$$t = t_{r0} - kL + \frac{k V_1 c_{pm}}{K_\tau U} + \left(t_r - t_0 + \frac{k V_1 c_{pm}}{K_\tau U}\right) e^{-\frac{K_\tau U}{V_1 c_{pm}} L} \tag{8}$$

式(8)为关于 V_1 的非线性方程，通过数学软件 Matlab 编程即可计算，得到 V_1。

(2)通风量 V_2 计算公式

开挖面散热所需风量 V_2 的计算公式为：

$$V_2 = \frac{K_\tau \pi R^2}{c_{pm}} \tag{9}$$

2 高地温隧道通风量计算

依据川藏铁路工程实际以及相关资料，选取高地温隧道通风计算参数，见表 1。

高地温隧道通风量计算参数　　表 1

项　目	参　数	项　目	参　数
隧道断面周长 U（m）	35.34	通风时间 τ_3（h）	0.25
隧道开挖面积 S（m²）	95.79	开挖面初始岩温 t_{r0}（℃）	80
围岩导热系数 λ[kW/（m·℃）]	2.63×10^{-3}	距开挖面 L 处初始岩温 t_r（℃）	73.2
围岩导温系数 α（m²/h）	4.428×10^{-3}	通风管出风口风温 t_0（℃）	22
通风长度 L（m）	70		70

依据上表计算参数及式(1)、式(8)、式(9)，

$$K_\tau = \frac{\lambda\phi}{1.77R_3\sqrt{F_{03}}} = \frac{2.63\times10^{-3}\times1.00536}{1.77\times20.338\times\sqrt{0.3686\times10^{-4}}} = 1.21\times10^{-3}[\text{kW/（m}^2\cdot℃\text{）}]$$

代入式(8)，得到通风量 V_1：

$$V_1 = 221.83\text{m}^3/\text{s}$$

$$V_2 = \frac{K_\tau \pi R^2}{c_{pm}} = \frac{12.1\times10^{-3}}{1.3}\times3.14\times5.63^2 = 0.887\ (\text{m}^3/\text{s})$$

$$V = V_1 + V_2 = 221.83 + 0.887 = 222.716\ (\text{m}^3/\text{s})$$

洞内风速 $v = \frac{222.716}{95.79}$ =2.325（m/s）> 0.3m/s，满足规范要求。

洞内最小风速 v_{min} 考虑高原地区机械效率，按 1.2 系数折算，即 2.790m/s。

风机理论需供风量

$$V = v_{min}s = 2.79\times95.79 = 267.259\ (\text{m}^3/\text{s})$$

依据以上计算方法，得到不同通风时间下隧道所需通风量，然后以每台轴流风机额定风量为30.9m³/s，不考虑漏风等因素，计算所需风机台数，见表2。

不同通风时间下所需通风量表　　表2

通风时间(h)	0.25	0.5	0.75	1
通风量(m³/s)	267.259	163.379	134.196	115.98
风机数量(台)	9	6	5	4

由表2可知，高地温隧道施工通风时间与通风量呈负相关。由于洞内断面限制，通常仅能布置2条风道，虽然延长通风时间可以减少风机数量，但是会延长工期，增大施工成本，所以，当围岩初始温度80℃时，为将隧道洞内空气温度降至28℃，仅仅采用通风降温措施是不可行的，还需结合其他措施进行综合降温。

3 高地温隧道综合降温技术

通过国内外高地温（或高地热）隧道及矿井工程的广泛调研，统计分析了高地温隧道的综合降温措施，见表3。

综合降温措施统计表　　表3

隧道名称	工程概况	综合措施
日本安房隧道	坑道涌水温度最高达73℃	①上部半断面以外2m进行化学药业注浆进行截水； ②对“平汤低速带”采用排水作为涌水措施
新疆布仑口—公格尔水电站发电引水隧洞	开挖面最高环境温度67℃，钻孔内最高温度82℃	①喷雾洒水； ②增加自带冷冻循环水的钻孔设备； ③合理安排高温作业时间，采取每2h换班1次的工作制度
四川娘拥水电站引水隧洞	爆破后环境温度实测为48℃，岩石表面温度实测为52℃	①采用喷雾降温系统对洞内环境进行立体降温； ②采用冷却循环系统对开挖面炮孔进行通水降温
云南禄劝铅厂引水隧洞	局部围岩温度76℃	①喷雾洒水； ②隔绝高温围岩：喷混凝土添加0.03%高效引气剂； ③水温较高地段，挖积水坑，采用抽水机将热水排出； ④采取有效的个体防护：携带5～10kg冰块；运输冰块到开挖面
高黎贡山铁路特长隧道	最高地温75.2℃	高地温地段的衬砌背后设置隔热层，每天换气3～4次，每次换气26.6min，换气风速5.7m/s
秦岭隧道Ⅱ线平导	—	①以洒水为主； ②调整工序，加强作业人员的保护
黑白水三级电站引水隧洞	—	①注入冷水； ②将热水抽出洞外； ③喷雾降温
玉蒙铁路旧寨隧道	开挖面环境温度达到45℃，最高温度达到52℃	①开挖面和二次衬砌作业面设风扇和冰块； ②采取劳动保护措施，调整施工组织； ③增设低温室； ④局部加强空气对流
齐热哈嗒尔高地温引水发电隧洞	岩壁温度最高达96～110℃	制冰降温系统
吉沃希嘎隧道	隧道区岩温高，实测最高温度可达65.4℃	安设制冷机将冷水用送水管送往工作面附近
戴云山隧道	—	①洒水降温措施； ②增加作业工班和作业人员
西溪河洛古水电站引水隧洞	—	喷洒水降温同时加快洞内积水抽排

由表3可知，高地温隧道综合降温措施主要有：①低温冷水降温；②喷雾洒水降温；③隔绝高温围岩；④热水处理，主要是截断和排出；⑤冰块冷却降温；⑥个体防护，加强人员安全健康管理；⑦增设低温休息室；⑧合理的施工组织。统计各种降温措施在实际工程中应用次数，见图2。

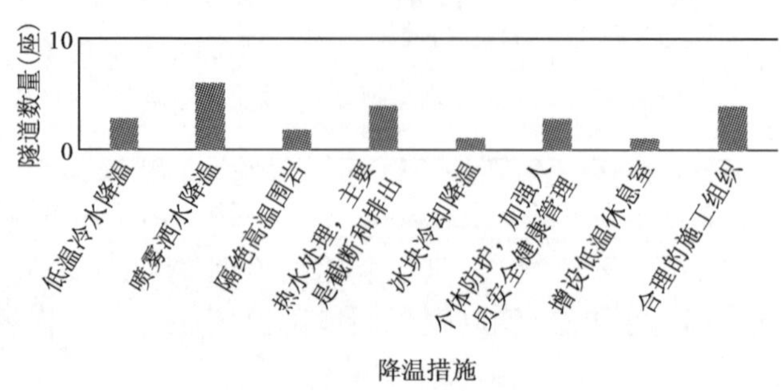

图2 降温措施应用次数统计图

由图2可知：

（1）喷雾洒水降温措施因其技术简单、成本低廉、效果显著，得到了广泛的应用。

（2）低温冷水降温、合理的施工组织和人员个体防护也是采用频率较高的降温措施。

（3）对于高温热水隧道，综合降温措施中必须包含热水处理，而且是第一措施、关键措施。

4 结语

通过对高地温隧道通风量理论计算公式的推导、计算，以及对综合降温措施的统计分析，可得出以下几点结语：

（1）基于牛顿冷却定律，可建立高地温隧道通风量计算公式，其中应考虑围岩温度随距开挖面距离的变化和开挖面的散热因素。

（2）当围岩初始温度为80℃，为将洞内空气温度降至28℃，通风时间分别为0.25h、0.5h、0.75h、1h时，通风量分别为267.259m³/s、163.379m³/s、134.396 m³/s、115.98 m³/s。

（3）由于通风时间与通风量呈负相关关系，当围岩初始温度为80℃，为将洞内空气温度降至28℃，仅仅采用通风降温是不可行，需综合其他措施降温。

（4）在各项降温措施中，喷雾洒水的应用最为广泛，而低温冷水降温、合理的施工组织和人员个体防护也常为使用。对于高温热水隧道，首先也是最重要的是采取热水处理措施。

参考文献

[1] 中华人民共和国行业标准．TZ 204—2008 铁路隧道工程施工技术指南[S]. 北京：中国铁道出版社，2008.
The People's Republic of China industry standard. TZ 204—2008, Technical Guide for Construction of Railway Tunnel Engineering[S]. Beijing: China Railway Publishing House, 2008.

[2] 邵珠山，乔汝佳，王新宇．高地温隧道温度与热应力场的弹性理论解[J]. 岩土力学，2013，34（S1）：1-8.
Shao Zhushan, Qiao Rujia, Wang Xinyu. Elasticity solution for temperature and stress fields of tunnels with high geothermal temperature[J]. Rock and Soil Mechanics, 2013, 34(S1): 1-8.

[3] 刘乃飞，李宁，余春海，等．布仑口水电站高温引水发电隧洞受力特性研究[J]. 水利水运工程学报，2014（4）：14-21
Liu Naifei, Li Ning, Yu Chunhai, et al. Analysis of mechanical characteristics for high-temperature diversion tunnel of Bulunkou hydropower station[J]. Hydro-science and Engineering, 2014(4): 14-21.

[4] 白国权,仇文革,张俊儒 . 高地温隧道隔热技术研究 [J]. 铁道标准设计，2013（2）：77-80.

Bai Guoquan, QiuWenge, Zhang Junru. Study on the trermal insulation technology of tunnel in high geo-temperature region[J]. Railway Standard Design, 2013(2): 77-80.

[5] 俞佐平 . 传热学 [M]. 2 版 . 北京：高等教育出版社，1985.

Yu Zuping. Heat trasfer[M]. 2nd Edition. Beijing: Higher Education Press, 1985.

[6] 中华人民共和国行业标准 . TB 10003—2005 铁路隧道设计规范 [S]. 北京：中国铁道出版社，2005.

The People's Republic of China industry standard. TB 10003—2005 Code for design on tunnel of railway[S]. Beijing: China Railway Publishing House, 2005.

[7] 谷柏森 . 隧道高地温应对措施及通风设计——高黎贡山铁路特长隧道可行性研究 [J]. 现代隧道技术，2007，02：66-71.

Gu Baisen. Countermeasures against high temperatures in a tunnel and the corresponding ventilation design—Feasibility study for the super- long Gaoligonshan tunnel[J]. Modern Tunnelling Technology, 2007(2): 66-71.

[8] 尹士清 . 向莆铁路长大隧道群地温预测和测试分析 [J]. 铁道工程学报，2015，04：91-95.

Yin Shiqing. Analysis and Prediction of Geothermal Test for Long Tunnel Group on Xiangtang-Putian Railway[J]. Journal of Railway Engineering Society, 2015(4): 91-95.

川藏线“重大桥梁工程”选址原则及实践

戴胜勇　陈克坚　陈建峰　艾宗良

（中铁二院工程集团有限责任公司，成都 610031）

摘　要：认识川藏铁路“重大桥梁工程选线”的意义，了解艰险山区桥梁选址的影响因素，探讨重大桥梁选址的原则，为艰险山区跨深沟峡谷的重大桥梁工程选线提供指导性建议。“重大桥梁工程选线”需充分考虑线路走向，桥址处工程地质、水文地质、环境地质、地形及河势条件、行洪及通航条件的影响，进行多桥址方案比选，选择技术可靠、风险可控、投资最省、运营维护最优的桥位，进而确定线位。

关键词：川藏铁路；重大桥梁工程；选址

The Principle and Practice of Bridge Site Selection of ‘Major Bridge Engineering’ in Sichuan-Tibet Railway

Dai Shengyong　Chen Kejian　Chen Jianfeng　Ai Zongliang

(China Railway Eryuan Engineering Group Co. Ltd, Chengdu 610031, China)

Abstract: To understand the Sichuan-Tibet Railway ‘Major Bridge Engineering route selection’, and to comprehend the influential factors of bridge site selection in precipitous and mountainous areas, discussing the principles of the major bridge selection in order to provide the guidance and advice for major bridge engineering route selection in precipitous and mountainous areas. ‘Major bridge engineering route selection’ need fully consider effects of the line alignment, engineering geology, hydrogeology, environmental geology, terrain and condition of river, flood and channel navigation conditions at the bridge site. Through the multiple bridge site schemes comparisons, determination of route is based the philosophy of choosing bride site which is technically reliable, riskily controllable, investment saving, optimal operation and maintenance.

Keywords: the Sichuan-Tibet railway; major bridge engineering; site selection.

川藏铁路从四川盆地的成都市出发，西行分别穿越川西高山峡谷区、川西山地区（高山原区）、藏东南横断山高山峡谷区、藏南谷地区到达终点拉萨。线路所经地区地形高差大，地层岩性复杂，构造作用强烈，不良、特殊岩土发育。沿线地势从成都平原往西地势突然升高，山岭连绵，险峰突兀，河谷深切。川藏线沿途跨越了大渡河、金沙江、澜沧江、怒江、雅鲁藏布江等大江、大河和深沟峡谷，这些桥位处沟谷深切，工程地质、水文条件复杂，桥梁选址关系到全局的总体性工作，不仅决定了桥梁孔跨布置、桥梁结构形式和投资

作者简介：戴胜勇（1969—），男，教授级高级工程师。

规模，还影响线位、线路长短和运营成本，桥址选择的质量将直接关系到桥梁工程建设的可靠性、安全性、技术可行性和经济合理性，因而“重大桥梁工程选线”是川藏铁路建设前期工作应重视的首要问题。

1 川藏线重大桥梁工程选线原则

川藏线一般大桥和特大桥通常坚持“桥位服从线位”的原则，以线路定线来确定桥位，并充分考虑河流水文条件，尽量使桥梁轴线与水流流向正交，减少桥渡对河道自然特征的干扰；充分考虑危岩落石、泥石流、陡坎、溶洞等的影响，减小或避免自然危害，控制桥梁工程风险和投资。

复杂地质山区、越岭地带和跨越大江大河的重大桥梁，须坚持“重大桥梁工程优先选址”的选线原则。在复杂地质环境条件下的峡谷地区选线，对于技术复杂的重大桥梁需根据技术可行性，充分考虑工程地质、水文地质、环境地质的影响，进行多方案比选，再进行两端连接线路方案的综合性技术经济比选，选择技术可靠、风险可控、投资最省、运营维护最优的桥位，进而确定线位。

通过重大桥梁工程优先选址可以防止单纯依靠地形图先选定线位，再进行工程地质勘察的做法，避免重大工程一旦存在难以克服的工程技术和地质问题时，再进行重大工程重新选址确定线路方案的弊端，有利于缩短勘察工期和节省勘察费用，这样选择确定的线路方案才合理、可行。

2 川藏线重大桥梁工程选址原则

重大桥梁工程应在国家宏观研究确定大方向的前提下，根据河流形态，地形、地质情况，通航条件，地面设施，施工布局，以及当地工农业发展的关系等因素，在较大范围内做多个桥位方案，从中选择一个既适应河流自然特征，又满足各方面需求的合理桥位。

（1）技术复杂、投资大，跨越深沟峡谷和大江大河的重大桥梁需进行重大工程选线，即通过重大桥梁工程选址确定线位。

（2）重大桥梁工程选址须遵循服务于站位的原则。站位犹如一条线段的两端端点，端点位置不同，中间所经过路径差异较大，线路长度差异也较大。根据确定的站位，以减少线路中间所经过路径长度、符合建设条件、技术方案可行、降低工程投资和运营成本为原则，在一定的范围内寻找较佳的桥位，进行桥梁选址，必要时根据选择的较佳桥位，比选调整站位方向，比选优化本段工程选线。

（3）考虑桥式方案的技术可行性。桥式方案通常根据桥梁选址确定的桥位而定，对于技术复杂或对行车安全性和舒适性有较高要求的重大桥梁和高速铁路桥梁，需考虑桥式方案技术可行性，满足当下桥梁建造能力，符合桥梁技术发展方向。当桥式方案难以成立时，则需调整桥位，从而影响工程选线。

（4）重大桥梁工程选址应与地质选线相结合。工程地质条件对桥梁选址影响较大，关系到工程投入、工程安全及桥位是否成立。桥址应选在地质构造简单，岸坡稳定，地层岩性较好，承载力较高，无不良地质条件的地段。

（5）考虑地形及河势条件的影响。桥梁选址应选在岸坡较稳定，河道顺直，河势、河床及水流归顺，水面宽度狭窄的河段，应具备较佳的建桥条件。

（6）考虑水文条件的影响。桥梁选址应选在水流流态平稳，水流条件较好的河段。对于水深较深、流速较大的河段，应进行施工投入与增大跨径等的投资比较；对于流速较大的狭窄河段，可考虑一跨跨江的河段作为桥梁选址方案。

（7）考虑通航要求影响。桥梁选址应选在通航水流条件较好，水流归顺集中，桥轴线与水流夹角基本垂直，横向流速较小的河段，可以减小通航宽度增加值，从而减小通航净宽及桥梁跨径；此外，还应考虑通航环境对桥梁选址的影响，在桥梁选址的上下游，应避开大型石油、化工和军事等用途的码头和水工建筑物及其他跨河建筑物。

对于线路高程控制的线位，在满足通航净宽的前提下，应结合适宜的桥式方案，比选较佳的线位。

（8）考虑行洪条件的影响。桥梁选址应选在河道形态变化不大，自然岸线稳定，滩槽以及河势基本稳定，对河道行洪安全影响小，不会导致河势发生大的变化，不会影响周边其他水利工程设施的正常使用，不会影响第三人合法水事权益的河段。

（9）考虑施工条件。对于比选的桥位及桥式方案，还应考虑施工条件的影响，施工的易于实施性。桥梁选址应选在施工难度不大，施工易于实施，施工投入相对较小，对通航安全影响较小的河段。

（10）考虑工程投资的大小。针对不同的重大桥梁工程选线位置，进行工程投资比选。应选在线路中间所经过路径长度较短，工程投资及运营成本相对较省的线位。

3 川藏线重大桥梁工程选线实例—川藏铁路怒江桥位选择

川藏铁路邦达机场（*H*-4300m）至八宿（*H*-3390m）段线路需跨越怒江，怒江两岸沟谷深切，地势险峻，跨越怒江不可避免采用大跨径桥梁。川藏铁路为Ⅰ级铁路，是连接西藏与内地的大动脉，具有重要的政治、经济、军事意义，怒江大桥工程技术复杂，修复困难，造价高，属A类重大桥梁工程，同时怒江大桥桥梁选址关系到线路方案稳定性，因此在工程预可阶段，结合线路走向、线路经过区域怒江沿岸地形地貌、地质条件等因素对怒江桥位进行了重大工程选线。

该区域怒江河谷深达千米，线位相对河床较高，桥梁工程需采用大跨跨过V形山谷，桥梁不受怒江水文、行洪的影响，因此从线路走向、工程地质、桥式方案、施工条件、工程造价等方面进行了桥位方案比选。

（1）按照重大桥梁工程选址需服务于站位的原则，根据邦达机场和八宿站位，自国道318怒江桥处溯怒江而上40km范围作为跨江通道，进行了大面积的桥位选择，在遥感解译、无人机勘测和现场实地踏勘的基础上，选择了加腊、拉巴、吉卡、麦确、丢攻、麦热等7个桥位。

（2）结合工程地质进行桥址选择。对初选的7个桥位进行工程地质评判，拉巴、吉卡、麦确、麦热桥位均存在岩屑坡、危岩落石、岸坡强弱卸荷带发育较深，不稳定斜坡体发育、岸坡稳定性较差等缺点，研究后予以放弃。丢攻及加腊两处怒江两岸工程地质条件较好，桥梁选址重点研究加腊、丢攻桥位，分别结合线路走向、地质条件等因素比选了加腊桥位方案、丢攻低桥位方案、丢攻高桥位方案三个方案。方案比较情况详见图1。

（3）桥式方案的技术可行性。桥址处地震动峰值加速度为0.15g，根据桥位处地形、地质确定桥式方案，加腊桥位方案怒江桥高640m，采用主跨980m钢桁梁悬索桥；丢攻低桥位方案桥高240m，对斜拉桥、拱桥进行了比选，比选后选择技术成熟、经济合理的钢桁拱桥（主跨500m）；丢攻高桥位方案桥高825m，选择主跨（140+1064+140）m的钢桁梁悬索桥。目前，国内尚未建成铁路悬索桥，在建的金沙江钢桁梁悬索桥主跨为660m，千米级铁路悬索桥技术是否可行，直接影响线位的可行性。经分析研究千米级铁路悬索桥建造关键控制因素，并结合拟建的主桥跨径为1096m钢桁梁悬索桥五峰山长江大桥科研成果，建造千米级铁路悬索桥技术可行。经充分论证，确定了备选桥址处桥式方案的可行性，从而保证了备选线位的可行性。

（4）施工条件比选。怒江桥位山高坡陡，交通不便，施工场地狭窄，桥梁施工较为困难。丢攻低桥位钢桁拱桥需架设缆束吊，设置扣束、背束施工，施工难度大。加腊桥位和丢攻高桥位采用钢桁梁悬索桥，需架设缆束吊，施工难度较大。

（5）工程投资的比选。进行重大桥梁工程投资比选时，不能仅比较桥梁本身的造价，尚需结合两端引线工程投资进行比较。丢攻高桥位方案邦达机场至八宿基本不展线，线路建筑长度51.54km，工程静态投资68.778亿元，30年换算工程运营费88.173亿元；加腊桥位方案部分地段需展线，线路建筑长度79.557km，工程静态投资94.175亿元，30年换算工程运营费124.112亿元，较丢攻高桥位方案线路长28.017km，静态投资多25.396亿元，换算工程运营费多35.939亿元；丢攻低桥位方案由于桥高相对较低，邦达机场至怒江需要展线，线路建筑长度88.153km，工程静态投资88.127亿元，30年换算工程运营费121.299亿元，线路长度较丢攻高桥位方案长36.613km，静态投资多19.348亿元，换算工程运营费多33.126亿元。由以上工程投资比选可见，丢攻高桥位方案线路长度最短，工程投资最省。怒江大桥桥位比选见表1。

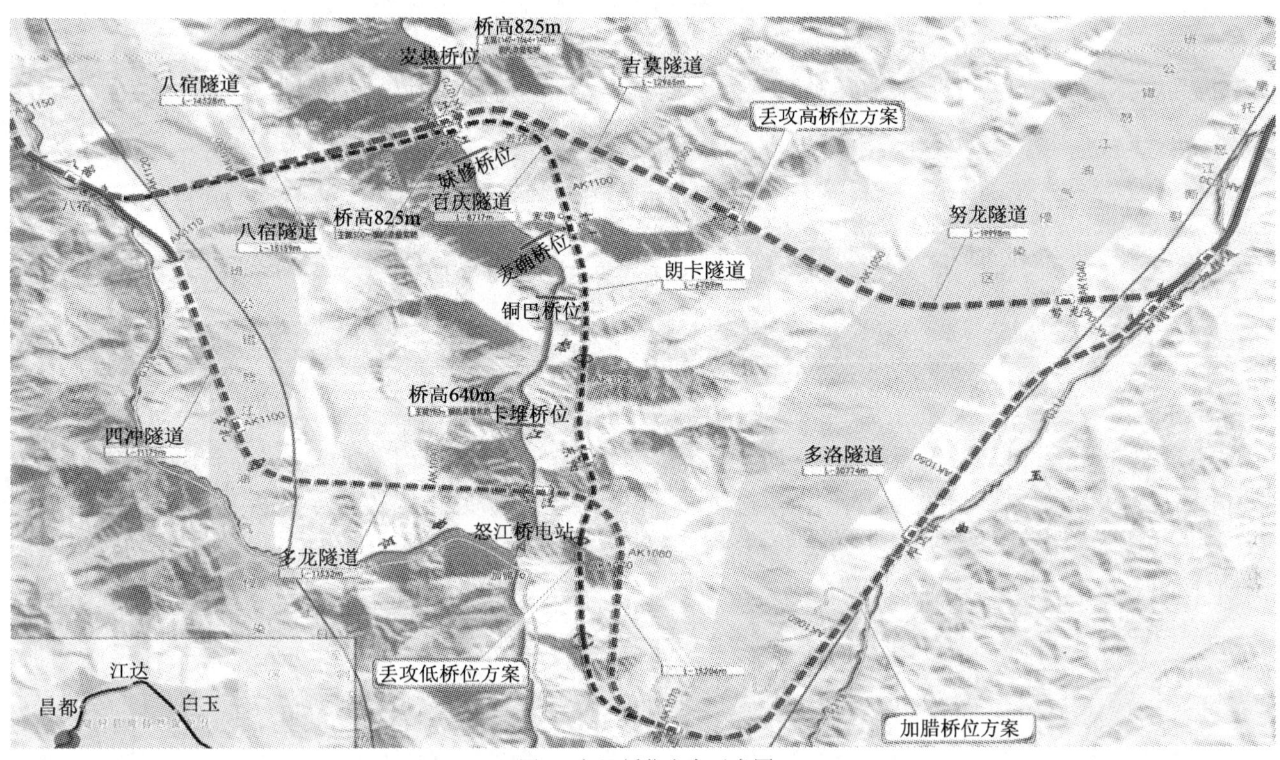

图1 怒江桥位方案示意图

怒江大桥桥位比选表 表1

比较项目	丢攻高桥位(H=825m)方案	丢攻低桥位(H=240m)方案	加腊桥位(H=640m)方案
线路建筑长度	51.54	88.153	79.557
怒江桥主跨桥式方案	(140+1064+140) m钢桁梁悬索桥	500m钢桁拱	980m钢桁梁悬索桥
岸坡稳定性	无不稳定斜坡体，岸坡稳定性	无不稳定斜坡体，岸坡稳定性	无不稳定斜坡体，岸坡稳定性
工程地质条件	无危岩落石，基岩出露，完整性好，岸坡强弱卸荷带不发育	无危岩落石，基岩出露，完整性好，岸坡强弱卸荷带不发育	无危岩落石，基岩出露，完整性好，岸坡强弱卸荷带不发育
行洪条件	桥位高，一跨跨越怒江，对行洪无影响	桥位较高，一跨跨越怒江，对行洪无影响	桥位较高，一跨跨越怒江，对行洪无影响
通航要求	无通航要求	无通航要求	无通航要求
桥式方案技术可行性	钢桁梁悬索桥跨越能力强，主梁采用飘浮体系，抗震性能好，目前在建的金沙江钢桁梁悬索桥主跨为660m，拟建的五峰山长江大桥钢桁梁悬索桥主桥跨度为1096m，建造千米级铁路悬索桥完全可行	钢桁拱技术成熟，采用钢结构，自重轻，结构抗震性能好	同丢攻高桥位
施工条件	需架设缆束吊，施工难度较大	需架设缆束吊，设置扣束、背束施工，施工难度大	需架设缆束吊，施工难度较大
静态投资(亿元)	68.778	88.127	94.175
30年运营费现值(亿元)	88.173	121.299	124.112
换算工程运营费差额	—	33.126	35.939

怒江大桥桥址比选结语：经过充分比选，丢攻高桥位方案线路长度最短、地质条件较好、桥式方案技术可行、工程投资省，因此作为怒江大桥桥址推荐方案，效果图见图 2。

图 2　怒江大桥推荐方案效果图

通过怒江大桥选址，经多桥位在工程地质、桥式方案、施工条件、工程造价等方面的比选，确定了丢攻高桥位方案，从而确定了邦达机场至八宿段线位。该桥位方案，桥梁技术和施工方案可行，与其他方案比较，线路长度短 28km 以上，换算工程运营费省 33.126 亿元以上，社会、经济效益明显，保证了所选线位的合理性、可行性。

4 结语

川藏铁路山高谷深、地质复杂、灾害频发，铁路建设条件恶劣，修建大跨径桥梁跨越深沟峡谷不可避免。“重大桥梁工程选线”是川藏铁路建设前期工作应重视的首要问题。

“重大桥梁工程选线”是一项复杂的工作，需充分考虑线路走向，桥址处工程地质、水文地质、环境地质、地形及河势条件、行洪及通航条件的影响，进行多桥址方案比选，选择技术可靠、风险可控、投资最省、运营维护最优的桥位，进而确定线位。

参考文献

[1] 朱颖 . 复杂山区铁路选线原则研究 [C]// 复杂艰险山区铁路选线与总体设计论文集 . 北京：人民交通出版社，2012.
ZHU YING. Study on the principle of railway route selection on complex precipitous and mountainous areas[C]// Collection of essays: Complex precipitous and mountainous areas route selection and general design. Beijing: China Communications Press, 2012.

高地应力隧洞岩爆机理及预测初探

匡　亮[1]　马天辉[2]　唐春安[2]　孔德卿[2]

（1. 中铁二院工程集团有限责任公司，成都 610031；2. 大连理工大学土木工程学院，大连 116024）

摘　要：岩爆的孕育过程属于静力学机制，而岩爆的发生过程则属于动力学的研究范围。本文总结出声发射在时间分布上的3种孕震模式为主震、前震—主震—余震和群震型，并在此基础上提出了采用微震监测进行岩爆预警，并通过微震活动常用参数进行岩爆判别。基于牛顿定律的二体相互作用理论能合理地解释岩爆发生机理。岩爆发生具有前兆性，表现为岩石的声发射率与损伤变量具有一致性，在时间分布上可以归纳为三种孕震模式。深入开展岩石与其周围环境的相互作用问题研究，对于岩爆机理的研究具有重要的指导意义。

关键词：岩爆；二体相互作用；预测

Preliminary study on rock burst mechanism and prediction of high ground strewss tunnel

Kuang Liang[1]　Ma Tianhui[2]　Tang Chun’an[2]　Kong Deqing[2]

(1.China Railway Eryuan Engineering Group Co.Ltd, Chengdu 610031, China; 2. School of Civil Engineering, Dalian University of Technology, Dalian 116024, China)

Abstract: The social economy has been developing substainedly and stably for decades in China. As a result of the sharply increasing desire for better living conditions, the construction in Underground Engineering will play an irreplaceable role in future infrastructure development. However, the problems in rockburst prediction is still not solved, even the definition and mechanism of rockburst is controversal. Because of the hardships in earthquake prediction, most specialists of rock engineering take the view that rockburst can only be alarmed rather than be predicted.This paper describes a comprehensive definition of rock burst. And two-part interaction theory, based on Newton’s laws, is chosen to explain the mechanism of rockburst. Two-part interaction theory is regarded as the most reasonable theory compared with other mainstream rockburst theories. Moreover, there must be some precursors before rockburst happens, for example, the acoustic emission rate agrees with the rock damage variable. Three different seismogenic models, based on different time distributions, are summarized to guide the design and construction of underground works.

Keywords: rockburst; two-part interaction theory; predict

作者简介：匡亮（1980—），男，高级工程师。

1 岩爆定义及研究现状

1.1 岩爆的定义

岩爆是岩石工程中围岩体的突然破坏，并伴随着岩体中应变能的突然释放，是一种岩石破裂过程失稳现象。岩爆往往造成开挖工作面的严重破坏、设备损坏和人员伤亡。根据不同的岩石工程情况，与岩爆相关的名词很多，包括岩爆、煤爆、冲击地压、矿震、含瓦斯煤岩突出等。岩爆一词在我国多用于金属矿山、隧道和水电洞室的硬岩失稳破坏中，而煤炭矿山中的煤岩失稳破坏则多称为冲击地压或煤爆。尽管岩爆的形式多样，但它们都有一个共同的特点，即围岩体不可控制地突然破坏和高应变能的突然释放。在含瓦斯煤岩突出情况下，岩石破裂的失稳过程则伴随着大量的瓦斯涌出。

从现象学出发对岩爆定义为，矿井或隧道的围岩或岩柱破坏、碎化发生崩出或弹射的现象，伴随能量的猛烈释放。

岩爆发生的机制为，因开挖卸荷或动力作用诱发围岩中应力场的变化，或直接导致围岩的破坏碎化和弹射，或通过围岩中的已有断层和结构面滑移（活化）或新结构面滑移引起围岩破坏和弹射。

岩爆的分类：第1类岩爆为应变型岩爆，或称体积不稳定（岩体破坏）导致的岩爆，其特点是扰动源和岩爆发生地一致；第2类岩爆为滑移型及剪切型岩爆，或称接触不稳定、通过断层或断裂面滑移导致的岩爆，其特点是扰动源（爆破或顶板断裂）和岩爆（冲击地压）发生地相距一定距离，第2类岩爆较第1类更普遍、更强烈，其破坏范围甚至达数十和几百米巷道。[1]

1.2 岩爆机理研究现状

由于岩石物理力学性质本身的复杂性及地质力学条件及诱发因素、岩石工程施工因素的影响，使得岩爆机理的研究极其复杂。目前有关岩爆的发生机理仍不十分清楚。正如布朗[2]指出的那样："甚至在岩爆定义上达到一致意见都是困难的。岩爆这个问题的成功答案，目前正在全世界很多研究中心进行着，它代表着岩石力学这门学科的发展和重大突破。"

有关岩爆的机理研究，目前有许多相关的理论，其中最重要的包括强度理论、能量理论、冲击倾向理论、刚度理论、失稳理论等。

强度理论首先由G.Braener提出[3]，我国学者李玉生等[4]、姚宝魁等[5]、贾愚如等[6]等都提出了新的岩爆强度判据。然而，强度理论实际上只是岩爆发生的必要条件，而不是充分条件。它只能阐明岩体是否破坏，而不能回答岩石的破坏是稳定破坏还是失稳破坏，即是否发生岩爆的问题。

国内外学者先后提出了不同的冲击倾向性理论。这一理论认为，岩石本身固有一种冲击倾向的属性，如果岩石的实际冲击倾向性大于某个与岩爆有关的极限值，即会产生岩爆。冲击倾向性主要是通过岩石的各种指标来反映，这些指标包括能量指标、时间指标、形变指标和刚度指标等[3]。但是，冲击倾向性指标只是对岩石某种特征的衡量，而一种岩石是否发生岩爆，不仅取决于岩石本身的性质，而且也取决于系统的受力状态。因此冲击倾向性指标只能用作岩爆支护设计中的参考，而不能作为岩爆是否发生的判据。

20世纪60年代初，Cook和Hojem通过提高试验机的刚度，首次得到了大理石的全程应力—应变曲线。从此，岩石力学工作者对岩石破裂的力学现象有了更进一步的认识（唐春安[7]），懂得了试样产生猛烈破坏的原因是由于试验机的刚度相对试件的卸载刚度较小所致。Cook将所得到的这一结语用于解释矿山发生的岩爆现象，在一定程度上揭示了岩爆的实质。刚度理论揭示了岩爆发生的原因，对于防治岩爆的工程实践具有重要的指导意义。但刚度理论没有反映出发生岩爆的力学系统的动力过程，仍然不能十分清晰地揭示岩爆发生的机理。此外，该理论中涉及的矿山加载系统，特别是矿山结构的刚度，在概念上不明确，也无统一的计算方法，而且矿山结构达到峰值强度后的刚度难以确定，所以这一理论的应用也受到了许多限制。

Cook等人在20世纪60年代对南非多年岩爆研究成果总结的基础上，提出了岩爆的能量理论，能量理论的缺点是难以在实际中确定与岩爆破裂岩体相关的围岩体范围，从而难以计算参与岩爆破坏的能量。此外，由于能量同时与岩体所受的应力场和应变场有关，这些都是在实际工程中难以同时测量的量，因此能量理论只能定性地给出岩爆发生的条件，而难以在实际岩爆预测中得到应用。

相对单一的强度理论、能量理论或冲击倾向性理论，该三项准则理论更能综合地反映岩爆发生的条件。但不管是单因素理论还是多因素理论，都不能很好地解释岩爆发生的机理。强度理论和冲击倾向性理论都只涉及岩爆发生的主体，即破裂体的性质，能量理论也只从能量平衡的角度阐述了岩爆发生的条件，并未对岩爆发生的机理给出明确的解释。

岩石与其周围环境的相互作用，带来失稳现象的高度复杂性。相同的岩石，当其周围环境介质的性质有差异时，很可能表现出极其不同的破坏序列特征，从而得到不同的破坏模式。通常研究破坏都只关心破坏体本身的性质，包括破坏时的能量释放。但进一步研究发现，岩体破裂时的能量释放远远不止是破坏体本身的释放，对于岩爆这种岩石失稳破坏现象而言，促使岩体破坏的真正能源不仅来自破坏体，也来自破裂体周围介质的弹性能释放。因此，深入进行岩石与其周围环境的相互作用问题研究，对于岩爆机理的研究具有重要的指导意义。

2 二体相互作用机理

岩石是一种本质上非均匀的材料。在较小的尺度上，岩石常含有各种不同的矿物颗粒、胶结物、孔隙等缺陷等；在较大的尺度上，则含有层理、裂隙等缺陷；在更大的尺度上，则有断层等结构面。

在地震学上，自从1911年Reid正式提出“弹性回跳理论”以来，人们更加注重断层对孕震和控震的作用，从而出现了黏滑模型、障碍体模型和凹凸体模型，所有这些模型归根结底可以归纳为二体相互作用模型。因为，无论是岩石介质微观尺度的强弱矿物材料，还是地壳尺度的大断层，都可以看作相互作用的两个研究对象，都可以用弹性回跳理论，甚至是任何力学的根本——牛顿定律来解释。在岩石力学中，相互作用的体Ⅰ和体Ⅱ的力学特性通常可由图1所示的载荷—位移关系表示。将岩体中先行软化的破裂体称作Ⅱ体，而与之相互作用的处于弹性范围内的完好岩体称作Ⅰ体。工程中的岩爆作用机理本质上就是二体相互作用过程，与试验机上的岩样加载破坏本质是相同的。

如图2所示，体Ⅰ始终处于弹性范围内，可以抽象为刚度为k，变形量为u的弹簧，则

$$P=k\cdot u \tag{1}$$

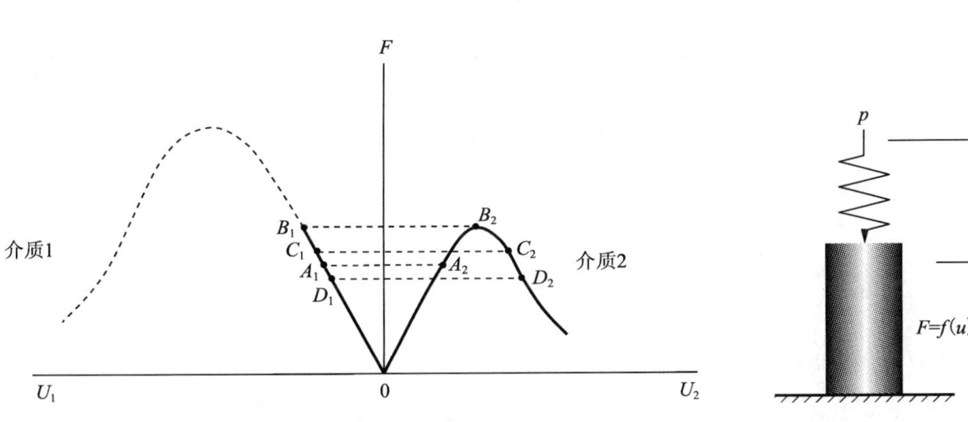

图1 两体相互作用模型力学关系

图2 经过抽象的二体作用模型

Lemaitre 等从连续损伤力学角度提出了以下岩石损伤本构公式：

$$\sigma = (1-D)E\varepsilon = E\varepsilon \cdot \mathrm{e}^{-\left(\frac{\varepsilon}{\varepsilon_0}\right)^m} \tag{2}$$

其中，D 为损伤变量。损伤变量的变化取决于元素的破坏类型和应变状态。以单轴拉伸应力为例，当应力达到损伤阈值，即在这种情况下，方程中的抗拉强度 f_t 满足：

$$\sigma_3 \leqslant -f_t \tag{3}$$

损伤变量可以用下列公式表示

$$D=\begin{cases} 0, & \varepsilon_{t0} \leqslant \varepsilon \\ 1\ \dfrac{f_{tr}}{E_0\varepsilon}, & \varepsilon_{tu} \leqslant \varepsilon \leqslant \varepsilon_0 \\ 1, & \varepsilon \leqslant \varepsilon_{tu} \end{cases} \tag{4}$$

式中：f_{tr}——剩余强度；

ε_{t0}、ε_{tu}——最大拉应变和极限拉伸应变。

在岩体发生失稳破坏之前，整个系统处于稳定状态，因此，根据式(1)和式(2)得到：

$$F(u)=\lambda u\mathrm{e}^{-u/u_0} \tag{5}$$

式中：λ——初始刚度；

u_0——峰值荷载所对应的变形值。

而整个系统的势函数为：

$$V = \lambda u_0\left[u_0-(u_0+u)\mathrm{e}^{-u/u_0}\right]+\frac{1}{2}k\left(a-u\right)^2 \tag{6}$$

求得平衡曲面：

$$\mathrm{grad}_u V = \lambda u\mathrm{e}^{-u/u_0} - k\left(a-u\right) \tag{7}$$

奇点集为：

$$\mathrm{grad}_u(\mathrm{grad}_u V) = \lambda(1-\frac{u}{u_0})\ \mathrm{e}^{-u/u_0}+k \tag{8}$$

根据曲面的光滑性质，在尖点处有：

$$\mathrm{grad}_u[\mathrm{grad}_u(\mathrm{grad}_u V)] = \frac{\lambda}{u_0}(\frac{u}{u_0}-2)\ \mathrm{e}^{\ u/u_0}=0 \tag{9}$$

因此，在尖点处

$$u = u_1 = 2u_0$$

将平衡曲面方程相对于尖点处的状态变量 u_1 展开成幂级数，则可得到尖点灾变理论的标准平衡曲面方程：

$$x^3+px+q=0 \tag{10}$$

引入无量纲的状态变量 $x=(u-u_1)/u_1$，可得：

$$p=1.5(K-1) \tag{11}$$

$$K=\frac{k}{\lambda_1} \tag{12}$$

式中：λ_1——体 II 弱化本构曲线拐点处的斜率。

上述标准平衡曲面方程只有在 $p\leqslant 0$ 才成立，因此可得系统发生灾变时的必要条件：

$$K-1\leqslant 0 \quad 或 \quad K-\lambda_1\leqslant 0 \tag{13}$$

因此，刚度比 K 完全是由系统的内部性质（几何尺寸和材料性质）决定的，因此发生灾变的必要条件取决于系统内部特性（内因）。例如，在几何性质确定后，材料性质起着决定性作用。如果岩石材料是强化的或理想塑性的，那么系统一定是稳定的，只有当岩石材料具有相当程度的弱化性质，使式（13）成立时，才可能发生灾变现象。体Ⅱ的弱化特性越强(即 λ_1 越大)，则越容易发生灾变，甚至岩爆。

体Ⅰ和体Ⅱ处于一个平衡体系中，还可以由下式描述：

$$\frac{\Delta u_2}{\Delta u}=\frac{1}{\dfrac{f'(u_2)}{f'(u_1)}+1}=\frac{1}{\left(\dfrac{\lambda}{\kappa}+1\right)} \tag{14}$$

式中：　Δu_2——体Ⅱ的位移增量；

Δu——两介质的增量和；

$f'(u_1)$、$f'(u_2)$——图1中曲线体Ⅰ、Ⅱ载荷—位移曲线斜率，分别用 k 和 λ 表示。

式(14)的重要意义在于，它可以根据变形速率的性质，将体Ⅰ和体Ⅱ在力 F 作用下由稳定平衡向非稳定平衡(失稳)转化的过程分为四个阶段：

第一阶段：体Ⅰ与体Ⅱ同时受力 F 作用沿曲线分别达到 A_1 和 A_2 点（图1）。这个阶段体Ⅰ和体Ⅱ均处于弹性储能阶段，属于岩爆的平静期阶段。

第二阶段：体Ⅱ开始偏离线性，进入非弹性变形阶段，并达到峰值 B_2 点，此阶段 $f'_2(u_2)$逐渐减小至 $f'_2(u_2)=0$（峰值处）。而体Ⅰ仍然处于弹性阶段或稍有非弹性变形，故 $f'_1(u_1)$基本不变。此阶段，体Ⅰ和体Ⅱ仍处于储能阶段，但由于 $f'_2(u_2)/f'_1(u_1)$减小，故式（14）中 $\Delta u_2/\Delta u$ 有增加的趋势；该阶段属于岩爆的发生前阶段。

第三阶段：体Ⅱ由于逐渐丧失承载能力而产生应力降，承载能力的丧失是由于大量的介质破裂产生。当图中体Ⅰ的切线斜率 $k=f'_1(u_1)$正好与体Ⅱ的切线斜率 $\lambda=f'_2(u_2)$的大小相等，符号相反，则 $k+\lambda=0$。由式（14）知，$\Delta u_2/\Delta u\to\infty$。这便是失稳的理论描述。由于此时的体Ⅰ处于弹性恢复阶段，因此它所释放的弹性能是促使体Ⅱ破裂发展的动力源。此时是岩爆发生阶段。

第四阶段：随着体Ⅰ的储能不断释放，体Ⅱ的破裂过程逐渐减速，整个系统向新的稳定状态转换。因为 $f'_2(u_2)$重新增加(但仍小于0)，故 $\Delta u_2/\Delta u$ 再度减小，此时即为岩爆后的平静阶段。

两体相互作用失稳理论与过去提出的岩爆发生理论的不同之处，在于该理论直接通过岩石(煤)的变形速率的变化来描述失稳发生的过程，通过变形系统各变量之间的关系，阐明了系统发生失稳的原因。

尽管岩爆的解析理论可以通过简单明了的解析模型加深对岩爆机理的认识，但岩爆是一种岩体多结构组合的结构效应，而不仅仅取决于单一结构的岩石力学性质。用解析力学方法求解岩石稳定或失稳问题时，常把岩石作为均匀介质处理，岩石的力学参数在空间分布和时间尺度上是一成不变的，它忽略了微破裂之间的相互作用，也就是微观角度的两体相互作用问题。实际上微破裂之间的相互作用不可避免地在岩石介质变形过程中存在，特别在高损伤阶段相邻微破裂间更为突出。

此外，对岩体破坏现象的研究发现，各种尺度岩体（岩石）的破裂都是局部的。实验室内小尺度岩样的破裂，无论是剪破裂还是拉破裂，都是发生在某些局部地带，不会遍及整个试样。岩爆的发生也是集中在巷道或采空区的某些部位。岩爆研究的一个关键问题是变形的局部化。引起岩石变形局部化的因素主要有两个，一个是由于几何形状或载荷的不均匀性，例如巷道周围或裂纹尖端的应力集中等，引起应力超过强度而发生局部破坏。另一个则是介质本身力学性质的非均匀性和非连续性。通常的分析方法(如有限元计算）一般只能解决第一个因素的研究问题。对于第二个因素即非均匀性和非连续性问题，是目前岩石力学研究的难点。岩爆研究的第二个关键问题是开采引起的应力重新分布，即采动影响。它一直是岩石力学研究的重要内容，由于岩石结构的复杂性和多变性，迫切需要不断探索简单实用的预测方法。

虽然数值模拟方法能够充分考虑岩石介质非均匀性、非连续性的条件，从而进行岩石破坏过程分析，跟踪裂纹的萌生、扩展和贯通的全过程，如图3所示。但是，计算结果的正确与否仍然取决于输入参数和材料性质的离散化精度。目前，采用岩石的声发射技术进行岩石破裂过程微破裂的监测方法受到人们重视。声发射监测技术不仅可以通过声波分析岩爆事件的时间、位置和震级（也称时空强三要素），而且灵敏度较高的微震监测系统还可以捕捉比岩爆震级更小的岩石微破裂前兆事件。综合数值分析方法和声发射技术，无疑为岩爆预报提供了潜在的可能性。

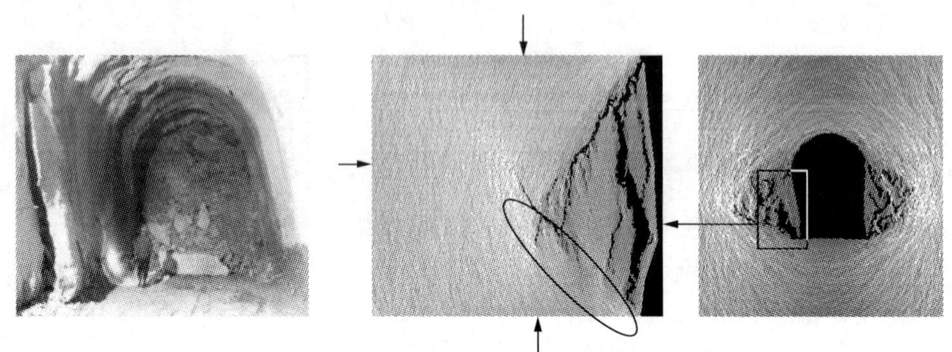

图3　数值分析结果和现场岩爆对应

3 岩爆预测原理

3.1 岩爆是可预测的

岩爆的监测预报是公认的世界难题。人们通常认为，与地震原理一样，岩爆的震源以剪切破裂为主，岩爆也遵从尺度不变性，即没有发现岩爆与地震之间有系统的物理本质差别。因此，许多研究者据此断定，地震监测预报的低成功率就预示了岩爆监测预报成功的前途暗淡。近年连续出现的多次未经预报的大地震灾害，使得岩石工程专家对于岩爆是否能够监测预报更加心存疑虑。地震预报的低成功率，大大降低了工程技术人员对岩爆监测预报的信心。

笔者认为：岩爆地质灾害发生的主要机制已大致清晰，在一定程度上可以对岩爆进行安全风险分析意义上的预测。对岩爆监测预报的大量工程实践表明，对岩爆的发生部位与强度进行大致的预报是可行的；缺乏对岩爆进行预测预报的预警将是盲目的，因而也是事倍功半的。

尽管岩爆在力学机理上与地震类似，但与天然地震相比，多数岩爆是人类工程活动的结果。由于开挖洞室、隧道或巷道，使原有的地应力平衡被打破，不仅地应力将重新分布，而且往往造成局部围岩应力跃升及能量进一步集中，并可能导致围岩变形局部化现象，诱发岩石中的微破裂，使围岩由静态平衡向动态失稳发展，释放大量弹性能，形成岩爆。相对于天然地震的长周期、低发生率和震源深度大等特征，岩爆的震源区则是可接近的（如开挖面），时间上则具有短周期、多发性等特征。更重要的是，对于长大隧道而言，地质构造比较明确、岩爆的发生区域与工程进度有关、具有高重复性等。

因此，岩爆的监测预报与地震相比，从原理上讲具有更大的可能性。具体理由可以从如下三个方面阐述：

（1）震源区问题。天然地震的发生主要与地壳介质的宏观地质状况、地层结构有关，但大范围地壳整体的内部结构是很难了解的，发生地震的区域难以确定。然而，对于地下工程特别是隧道工程而言，工程技术人员一般都要在工程施工之前对现场施工范围内的地质条件进行尽可能详细的勘察，从而可以对地下工程结构和围岩的力学性质有一个总体的了解，这对于分析岩爆产生的原因，特别是寻找岩爆与地质结构的联系，具有重要的参考价值。

（2）孕育周期问题。天然地震的孕育周期长，大多都在数百年以上，即使一个研究人员用一生时间，也很难在研究中对一个具体地震的孕育过程和发展历史做到全面的掌握。然而，诸如隧道之类的地下工程，都是一个按设计进行有序施工的过程，岩爆的发生往往与已知的人工开挖过程（即干扰）具有特定的联系。因此，岩爆的孕育过程与施工的过程也存在时间序列和空间序列上的必然联系。特别是锦屏二级水电站引水隧道，尽管施工周期可能只有几年，但却可能发生数起甚至数十起岩爆事件，而且大多具有一定的规律重复性，这对掌握岩爆规律、提高监测预报的可能性是十分有利的。

（3）尺度问题。受目前计算机发展水平的限制，地震学家还很难建立地壳整体的大尺度地质模型。但对于工程尺度而言，建立三维工程结构的地质模型却是可能的。有了三维地质模型，就有可能在此基础上建立整体工程结构的三维力学模型，从而可以对工程的整体结构进行应力场和结构稳定性分析，促进岩爆监测预报的研究。

岩爆发生前一定是有前兆的，这给岩爆的监测预报提供了可能。如同一切岩体的宏观破坏一样，岩爆的宏观破裂是由大量的微破裂产生、合并、集群导致的失稳破裂发展而成，这就是岩爆的前兆；这些微破裂发生在工程开挖引起的卸荷范围内，因此可以被微震监测器在其有效作用范围内所接收。微破裂产生、合并、集群导致的失稳破裂发展的规律，即岩爆宏观破坏的规律，也是岩爆监测预报可行性的理论基础。

3.2 岩石的声发射及其前兆模式

岩石的非均匀性是岩爆存在前兆的根源。当对工程结构进行应力分析时，有时将岩石简化成均匀材料是可接受的。但当考察岩体的破坏过程时（如研究岩爆问题），忽略岩石介质的非均匀性影响，可能会掩盖岩石变形与破裂过程中的许多与非均匀性有关的特殊现象，包括声发射或微震模式。如果不从岩石的非均匀性入手，很难分析岩体结构失稳破坏的前兆，这对于岩爆的监测预报是不利的。正是由于岩石具有的这种非均匀性特性，使得任何岩体结构在主破坏之前，或多或少都会有微破裂前兆出现，这是岩爆有可能被监测预报的最基本的力学原理。

我国唐春安（1988；1993）曾于 1988 年提出了岩石的声发射率与损伤变量具有一致性的学术思想，并运用弹性损伤模型和岩石非均匀性的统计分布假设，推演了岩石的声发射与岩石非均匀性之间的联系，得到了岩石声发射时间序列特征的理论描述。分析结果根据岩石非均匀性和外载荷条件的不同反映出了声发射在时间分布上的主震、前震—主震—余震和群震型三种序列模式（图 4）。他们还进一步通过数值模拟方法研究了岩石介质的均匀性对岩石变形、破裂过程中声发射模式的影响（图 5）。秦四清（1993）也提出了相应的声发射理论模型。谭云亮等（2000）基于现场实测研究，也提出了冲击地压的声发射四种前兆模式，即单一突跃型、波动型、指数上升型和频繁低能量前兆型。

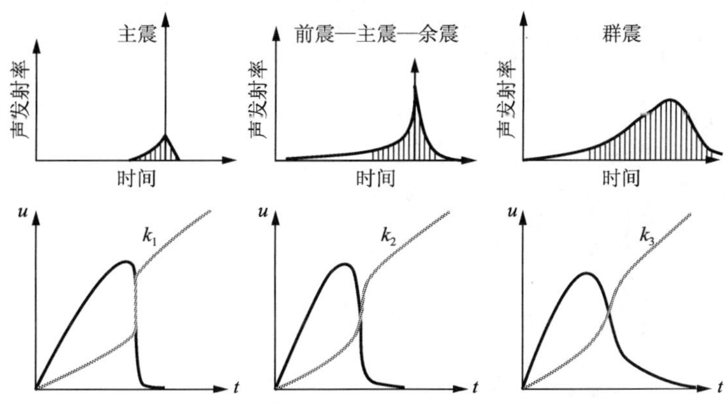

图 4　由解析理论得到的声发射序列三种模式

岩石的静力学和动力学是按照荷载的性质来分类的。在静力学条件下，不仅荷载是静态或几乎静态的，而且变形响应也是静态的、缓慢的。所研究的问题主要是岩体结构的稳定性。岩石动力学主要研究的是动态（冲击）荷载作用下岩石的破坏性质。然而，岩石或岩体的失稳问题，则是涉及一个在静态荷载条件下岩石由静态变形到逐渐失去稳定，最后出现失稳破坏的动力学过程。与静力学相比，它的破坏过程是动态的，与动力学相比，它的加载条件又是静态的。其动力学破坏过程不是因为动态外荷载作用，而是岩石在静态荷载作用下逐渐失去其承载能力最后失去其稳定性的结果。从表现形式上看，由应变能释放引起的岩石失稳破坏与岩石冒落及岩石弹射都是一种动力失稳破坏过程，但其形成过程有其本质的差异。岩石弹射和岩石冒落是由外界地震波触发而引起的岩石破裂现象。其触发机理属于动力学范畴。而由岩石破裂引起的岩石突出是一个能量静态集聚逐渐转化为动态破坏的过程，是一个兼有静、动态两种属性的过程。因此，不能简单地把它归纳到动力学或静力学中，需要建立一个介于静态和动态之间又能兼顾两种性能的理论及相应的研究方法。

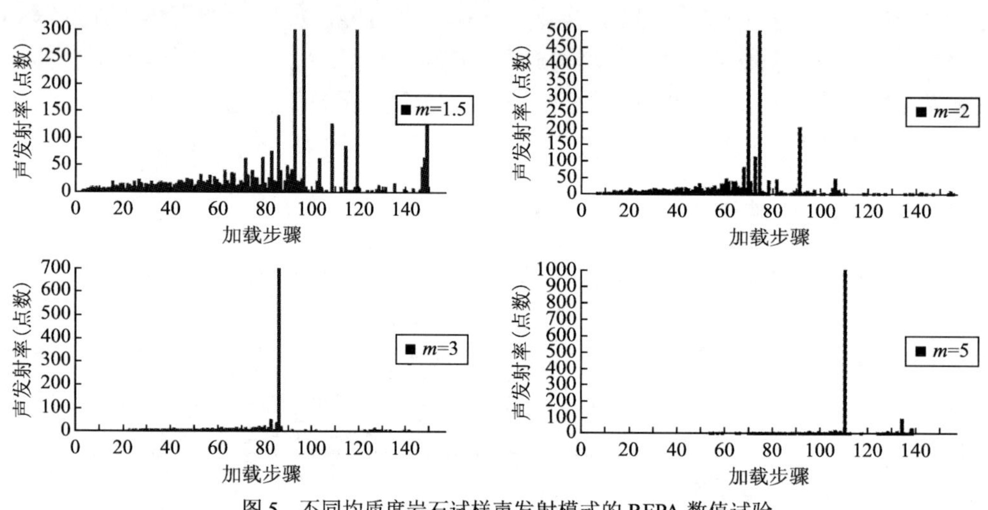

图5　不同均质度岩石试样声发射模式的RFPA数值试验

3.3　岩爆预警机制

地震学上，广泛采用统计学理论对一定时间和空间内的事件进行分析，从而得到微震事件伴随时间和空间的演化规律。微震活动性的常用统计学参数包括视体积、视应力、能量指数。视体积：表示震源非弹性变形区岩体的体积，是一个较为稳定的参数，可表示为：

$$V_{\mathrm{A}}=\frac{\mu P^{2}}{E} \tag{15}$$

式中：V_{A}——视体积；

μ——岩石剪切模量；

E——辐射微震能；

P——微震体变势，可以从波形记录可靠算得。

视应力：表示震源单位非弹性应变区岩体的辐射微震能，定义为辐射微震能E与微震体变势P之比：

$$\sigma_{\mathrm{A}}=\frac{E}{P} \tag{16}$$

式中：σ_{A}——视应力。

在地震学中，视体积和视应力是描述地震孕育过程的两个重要参数，经常用来描述地震发生前岩体的变化规律。由岩石力学理论可知，岩石在接近破坏时，变形增长加快而应力增长减少；在峰值后区，应力随变形的增长而下降。根据岩石的失稳理论，岩石破坏后岩石发生应变软化，应力下降越快，岩石失稳破坏越严重。同理也可通过视体积与视应力的变化获取岩体灾害发生前的信息与规律。

能量指数：一个微震事件的能量指数是该事件的实测辐射微震能 E 与区域内所有事件的平均微震能 $E(P)$之比。平均能量可由该区域的实测平均能量和微震体变势 P 关系 $\lg E(P)=d\lg P+c$ 求得

$$EI=\frac{E}{\overline{E}(P)}=\frac{E}{10^{d\lg P+c}}=10^{-c}\frac{E}{P^{d}} \tag{17}$$

当 d=1.0 时，表示能量指数与视应力成比例关系，能量指数越大表示事件发生时震源的驱动应力越大。因此，可通过视体积与能量指数变化获取岩体灾害发生前的信息与规律，如图 6 所示。

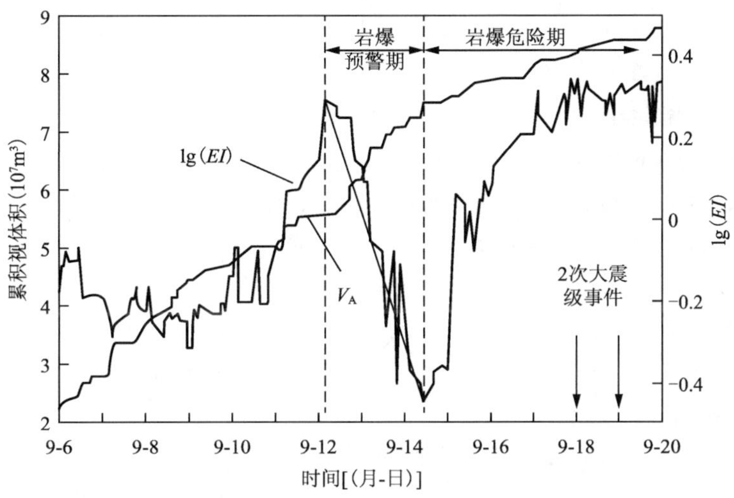

图 6 累积体积与能量指数随时间的演化规律

4 结语

本文全面阐述了岩爆的定义，对目前主要的几个岩爆理论（强度理论、能量理论、冲击倾向理论、刚度理论、失稳理论等）进行剖析，认为基于牛顿定律的二体相互作用理论最能合理地解释岩爆发生的机理。岩爆的孕育过程应该归属静力学机制，而岩爆的发生过程则属于动力学的研究范围。在总结三种孕震模式的基础上，提出了微震监测进行岩爆预警，并通过微震活动常用参数进行岩爆判别。

（1）岩石的非均匀性是岩爆存在前兆的根源。当对工程结构进行应力分析时，有时将岩石简化成均匀材料是可接受的。但当考察岩体的破坏过程时（如研究岩爆问题），忽略岩石介质的非均匀性影响，可能会掩盖岩石变形与破裂过程中的许多与非均匀性有关的特殊现象，包括声发射或微震模式。

（2）根据岩石非均匀性和外载荷条件的不同反映出了声发射在时间分布上的主震、前震—主震—余震和群震型三种序列模式。

（3）岩石或岩体的失稳问题，则是涉及一个在静态荷载条件下岩石由静态变形到逐渐失去稳定最后出现失稳破坏的动力学过程。与静力学相比，它的破坏过程是动态的，与动力学相比，它的加载条件又是静态的。其动力学破坏过程不是因为动态外载荷作用，而是岩石在静态荷载作用下逐渐失去其承载能力最后失去其稳定性的结果。

（4）地震学上，广泛采用统计学理论对一定时间和空间内的事件进行分析，从而得到微震事件伴随时间和空间的演化规律。微震活动性的常用统计学参数包括视体积、视应力、能量指数。

对于岩爆而言，促使岩体破坏的真正能源不仅来自破坏体，也来自破裂体周围介质的弹性能释放，因此，深入进行岩石与其周围环境的相互作用问题研究，对于岩爆机理的研究具有重要的指导意义。

参考文献

[1] 钱七虎 . 岩爆、冲击地压的定义、机制、分类及其定量预测模型 [J]. 岩土力学，2014，35（1）：1-6.

Qian Qihu. Definition, mechanism, classification and quantitative forecast model for rockburst and pressure bump[J].Rock and Soil Mechanics, 2014, 35(1): 1-6.

[2] Brown E.T. 岩爆的预报和控制 [C]// 国外岩爆文选编 . 中国人民武装警察部队水电指挥部，1988.

Brown E.T. Prediction and control of rock burst[C]//The selected foreign rock burst, Chinese people's Armed Police Headquarters, 1988.

[3] 周晓军，鲜学福 . 煤矿冲击地压理论与工程应用研究的进展 [J]. 重庆大学学报，1998，21（1）：126-132.

Zhou Xiaojun, Xian Xuefu. Progress in theory and engineering application of rock burst in coal mine [J]. Journal of chongqing university, 1998, 21(1): 126-132.

[4] 李玉生，张万斌，王淑坤 . 冲击地压机理探讨 [J]. 煤炭学报，1984，（4）：1-9.

Li Yusheng, Zhang Wanbin, Wang Shukun. Discussion on Mechanism of rock burst [J]. Coal Journal, 1984, (4): 1-9.

[5] 姚宝魁，张承娟 . 高地应力坝区硐室围岩岩爆及其断裂破坏机制 [J]. 水文地质工程地质，1985（6）：17-20.

Yao Baokui, Zhang Chengjuan. Rock burst and fracture mechanism in surrounding rock of high stress dam area chamber [J]. Hydro geological and engineering geology, 1985(6): 17-20.

[6] 贾愚如，范正绮 . 水工地下洞室中的岩爆机制与判据 [J]. 水力发电，1990（6）：30-34.

Jia Yuru, Fan Zhengqi. Mechanism and criterion of rock burst in underground caverns of hydraulic engineering [J]. Hydroelectric power, 1990(6): 30-34.

[7] 唐春安 . 岩石破裂过程中的灾变 [M]. 北京：煤炭工业出版社，1993.

Tang Chunan. Disaster in the process of rock fracture [M]. Beijing: Coal Industry Press, 1993.

无人机遥感技术在山区铁路弃渣场建设与使用状况调查中的应用

林家元[1] 王枚梅[1] 王志良[2]

（1. 中国科学院水利部成都山地灾害与环境研究所，成都 610041；
2. 水利部海河水利委员会海河流域水土保持监测中心站，天津 300170）

摘 要：山区铁路建设中有大量平路挖隧工作，会产生大量的弃渣。水土保持部门的任务是按照铁路建设水土保持设计方案来监督弃渣场的建设与使用。作为线形建设工程，山区铁路通常都会穿过地形复杂地区，这给弃渣场建设与使用现状的调查带来巨大困难和挑战。无人机具有低成本、起降灵活、安全、云下飞行、超高影像分辨率的优点，非常适合获取山区铁路沿线的遥感影像用于弃渣场调查。论文选取重庆—万州铁路的某在建路段及其邻域作为研究对象，来说明利用无人机遥感技术调查弃渣场的关键技术和具体步骤。山区铁路建设弃渣场无人机遥感调查包括飞行轨迹规划、影像和姿态数据获取、图像预处理、数字高程模型（DEM）和数字正射影像（DOM）生成等步骤，而后在影像测量精度评价的基础上对弃渣场的建设使用状况进行调查。结果表明，无人机遥感影像测量精度满足要求，能够快速有效地完成山区铁路弃渣场建设与使用状况的调查和评估。

关键词：无人机；遥感；山区铁路；弃渣场

Investigation of Construction and Usage of Abandoned Dreg Fields of Railway in Mountainous Region with UAV Remote Sensing Technology

Lin Jiayuan[1] Wang Meimei[1] Wang Zhiliang[2]

(1.Institute of Mountain Hazards and Environment, Chinese Academy of Sciences, Chengdu 610041, China; 2.Water and soil conservation monitor center of the Haihe River Water Conservancy Commission, Ministry of water resources, Tianjin 300181, China)

Abstract: Due to tunnel digging and path flattening, railway construction in mountainous region will produce a large amount of abandoned dregs, so it is necessary to build enough dreg deposition fields along the railway. The task of the department of soil and water conservation is to monitor the construction and usage of abandoned dreg fields according to the design in the whole process of railway construction. As long linear construction projects, railways in mountainous region will go through areas of complex terrain, which poses great difficulties to monitoring current status of abandoned dreg fields. With the advantages of low

---

作者简介：林家元（1975—），男，博士，副研究员。

基金项目："数字制图与国土信息应用工程国家测绘地理信息局重点实验室" 开放基金课题（DM2016SC01）；"高原大气与环境四川省重点实验室"开放课题（PAEKL-2016-C2）。

cost, flexible launch and landing, safety, under-cloud-flying, hyperspatial image resolution, Unmanned Aerial Vehicles(UAVs) are very suitable for obtaining remote sensing imagery along the railway. One segment of the railway from Chongqing to Wanzhou and its neighborhood was chosen as the study area to demonstrate key technologies and specific procedures of monitoring abandoned dreg fields using the UAV remote sensing system. The process of investigating abandoned dreg fields of railway in mountainous region with UAV remote sensing system has the steps including flight trajectory planning, acquirement of imagery and attitude data, image preprocessing, and generation of DEM and DOM. Abandoned dreg field status investigation was done after the assessment of image-based measurement accuracy on the resulting DOM and DEM. Results prove that the image-based measurement accuracy fully satisfied the requirement and the fixed-wing UAV system was feasible and effective for rapidly investigate of the construction and usage of abandoned dreg fields of railway in mountainous region.

Keywords: Unmanned Aerial Vehicle(UAV); remote sensing; railway in mountainous region; abandoned dreg field

过去 10 年，我国在山区新建了不少铁路线路，在提高山区交通便利的同时，也带来了新的发展机遇。未来 5 年，我国还将启动更多的山区铁路建设项目 [1]。山区铁路建设中有大量平路挖隧工作，过程中会产生大量的废弃渣滓，除了用于铁路建设本身外，还需修建足够的弃渣场进行容纳。建设工程中产生的废弃渣滓有各种不同且复杂的组成和结构，渣滓对水土的侵蚀形式和机制也不尽相同 [2-8]。山区铁路建设会对铁路沿线的水土状况带来严重的破坏和影响，因此合理处置废弃渣滓是水土保持工作的一项重大挑战。在规划山区铁路建设项目时，弃渣场往往会被设计在靠近轨道线的地方。为了降低成本，施工单位往往会缩短挡渣墙长度，或过度使用存储面积和弃渣场的存储容量。水土保持部门的任务就是根据铁路建设水土保持方案来监督弃渣场的建设和使用。作为线形建设工程，许多山区铁路都会穿过地形复杂地区，这给弃渣场建设与使用现状的监测带来巨大的困难和挑战。

实地调查是最可靠的方法，但往往太过昂贵且耗时，而且容易产生由手持测量设备导致的误差，因此遥感技术可作为一种替代的方法 [9]。卫星遥感受限于低空间分辨率、云影、时效性。无人机具有低成本、起降灵活、安全、云下飞行、超高影像分辨率等优点 [10]，因而非常适合获取山区铁路沿线的遥感影像用于弃渣场监测。无人机可用弹射器发射、降落伞着陆，使快速部署和及时获取铁路沿线及其邻域的影像成为可能。由于无人机通常是云下作业，所以获取的影像质量不会受多云天气的影响。无人机影像有着非常高的空间分辨率，并且其无人操作的特性使得航拍作业中不会有人员伤亡。

本文的主要目标是阐释利用无人机遥感系统监测山区铁路弃渣场建设与使用状况的关键技术和具体步骤，具体包括无人机飞行轨迹设计、影像和姿态数据获取、图像处理、DEM 和 DOM 生成、基于影像的测量精度评价，以及弃渣场现状调查与评估。

1 无人机系统及原始数据

1.1 无人机遥感系统

在山区铁路弃渣场调查中使用的无人机遥感系统由四部分组成：固定翼型无人机平台、地面站控制系统、飞行控制系统、数码相机。

根据技术特征，无人机平台可分为固定翼型、四旋翼型、无人驾驶直升机和飞艇 [11]。 在山区铁路建设中，弃渣场空间分布广泛，这对无人机飞行航时及覆盖面积提出了很高的要求。固定翼型无人机航时更长、覆盖面积更广，因而它更适合监测山区铁路弃渣场的建设。

如图 1a）所示，固定翼型无人机平台由引擎、螺旋桨、机身、副翼、机尾、尾翼及起落架组成。飞行控制系统［图 1b)］是一个独特的软硬件组件，功能是确定合适的位置、姿态、坐标及运动参数（角速率、加速度）等。地面控制站［图 1d)］的主要功能包括飞行航迹的设计和上传、飞行姿态数据下载、遥控和自主导航的切换、无人机性能的实时监测和控制。弃渣场调查中使用的遥感器是一种数字单反相机：佳能 5D Mark II［图 1c)］。

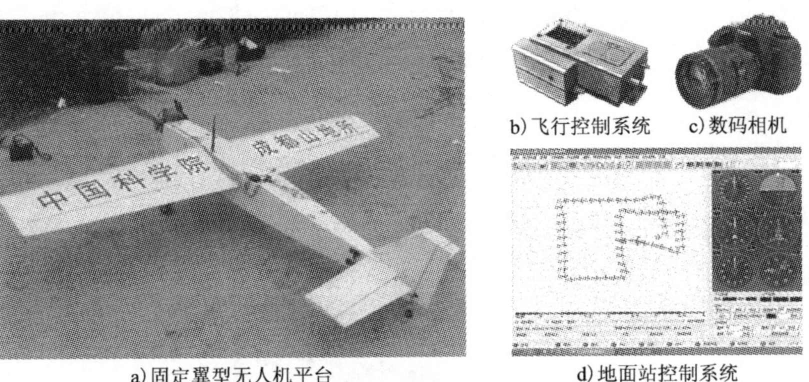

a) 固定翼型无人机平台　b) 飞行控制系统　c) 数码相机　d) 地面站控制系统

图 1　山区铁路弃渣场监测中使用的无人机系统

1.2　研究区和飞行航迹

如图 2 所示，研究区为重庆到万州的在建铁路（简称渝万铁路）的一段及其邻域，全长约 50km，覆盖面积约 $180km^2$。弃渣场通常位于铁路沿线两侧 1km 以内的区域。

考虑到无人机系统的技术参数和研究区的空间范围，将研究区分为 3 个航摄区（图 2）。每个航摄区有一条飞行航迹（由 6 个平行航线组成）。基于低分辨率的卫星影像或地形图，选择和确定每个航测区航线的起始点和终点的经纬度坐标，利用三个航测区来覆盖整个研究区。为生成高质量的 DEM 和 DOM，所获影像之间必须有 60%~80% 的重叠。

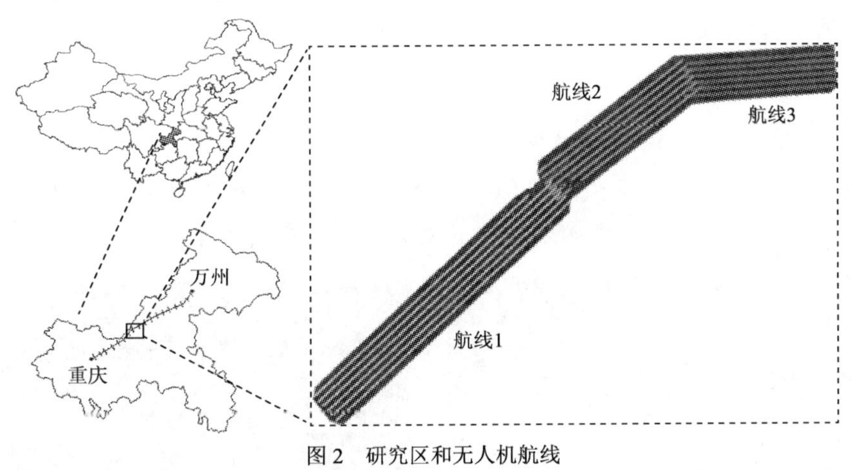

图 2　研究区和无人机航线

注：航线 1、2、3 分别代表三个航测区。

1.3　无人机影像及姿态数据

经过三次无人机航拍获取整个研究区的遥感影像和姿态数据：

（1）遥感影像。利用数码相机获取的上千张 JPGE 格式的遥感影像。

（2）姿态数据。通过机载 GPS 和气压计可测量出每幅影像的姿态数据，将被用于后续的空中三角测量。姿态数据记录的具体字段包括经度、纬度、俯仰角、翻滚角、航偏角、绝对海拔及相对高程。

1.4 地面控制点采集

地面控制点（简称GCP）的数量和位置精度必须满足弃渣场调查的需求。平均平面误差应该在1~3m的范围之内，平均高程误差应控制在2~5m以内。研究采用手持GPS天宝GEO XT2008（图3）来采集地面控制点。由于GPS的精度小于1m，因而所收集的地面控制点的精度也在0.5~1m。地面控制点的精度受其周围环境的影响，如山地或高层建筑阻挡信号。

如图3所示，在铁路沿线1km范围内收集地面控制点，且这些点在研究区内相对均匀分布。图像处理中的地理坐标控制会涉及大部分地面控制点（如黑色编号的101、206、301号点）。在3.1.1节，将会把另外一部分地面控制点（红色编号的104、204和308号点）作为检测点来评价平面和高程测量精度。306号点由于没达到精度要求而被排除。

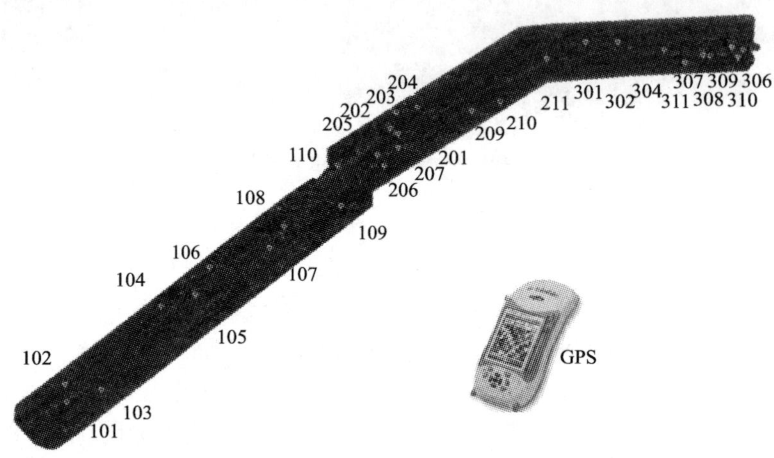

图3 在研究区内采集的地面控制点空间分布和使用的手持GPS

2 无人机影像处理

2.1 图像预处理

由于获取无人机影像时是有雾天气，所以对这些影像必须进行有效的去雾处理。论文采用暗通道先验法来进行去雾[12]，处理后的图像基本满足空中三角测量的要求。图4比较了去雾前后的无人机影像。

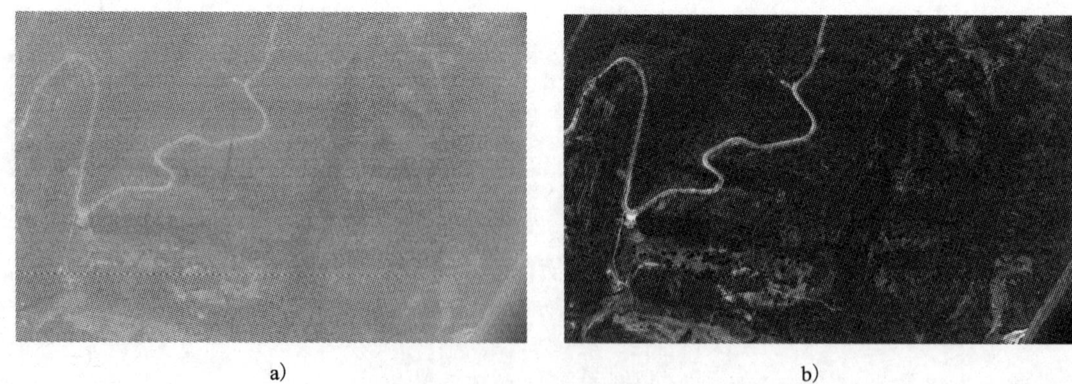

a) b)

图4 去雾前后的无人机影像示例

此外，空中三角测量要求处理影像的俯仰角和翻滚角要在±5°之间。在本研究中，90%的影像姿态数据都落在±2°的范围内。同时，在空中三角测量过程中去除那些飞行姿态不符合条件的影像。

2.2 DEM 和 DOM 的生成

2.2.1 数字高程模型生成

空中三角测量就是根据最小二乘法，利用从相片测量得到的点坐标、少量地面控制点和数学模型来计算摄影测量所需控制点的坐标[13]。空中三角测量事实上是双像解析摄影测量的一个延伸，它根据一个立体像对范围内目标点内在的几何关系，利用少数控制点计算出目标点的坐标。空中三角测量同双像解析摄影测量相似，但前者计算范围从单轨扩展到多轨（也称为加密）。野外测量所得控制点又被称为像控点，将根据加密算法所得控制点称为加密点。

为提高计算效率，分别对三个航测区的无人机影像进行空中三角测量。在空间三角测量处理中，每个航测区被划分为大量的矩形方块，因此所产生的 DEM（即数字高程模型）也会呈相应的块状。如图 5a）所示，通过对三个航测区的 DEM 块进行镶嵌拼接，得到整个研究区的 DEM（采用的是通用横轴墨卡托投影、WGS84 地理坐标系）。

2.2.2 数字正射影像生成

对航射像片进行几何纠正后就是正射影像，校正后的影像比例尺统一，正射影像和地图一样，没有失真[14]。在校正了地形起伏、光学变形和相机倾斜导致的误差后，正射影像可精确表达地球表面，因而正射影像可用于测量真实距离。

同 DEM 数据一样，三个航测区的正射影像也是分别获取的。利用 2.2.1 节生成的 DEM 块对相应的无人机影像做正射纠正，可得到 DOM 块。如图 5b）所示，通过对三个航测区的 DOM 块进行镶嵌拼接，得到整个研究区的正射影像（通用横轴墨卡托投影、WGS84 地理坐标系）。

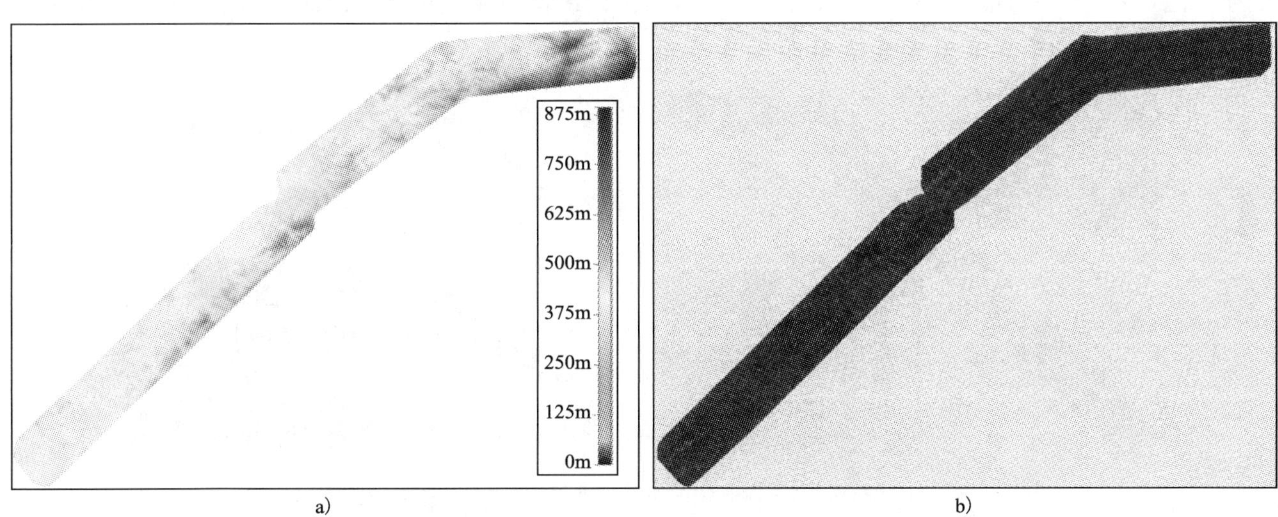

图 5　研究区渲染 DEM 影像（海拔 0~875m）以及生成的 DOM 影像

表 1 中，G_纬度、G_经度、G_海拔分别代表利用 GPS 测量得到的纬度、经度和海拔高度。M_纬度、M_经度、M_海拔分别代表从所生成的 DEM 和 DOM 直接测出的纬度、经度和海拔高度。

GPS 测得坐标及姿态数据的水平和垂直误差与基于 DOM 和 DEM 所测结果对比　　表 1

编号	G_纬度	G_经度	G_海拔	M_纬度	M_经度	M_海拔	水平误差(m)	垂直误差(m)
104	30.70256889	107.8202911	420.50	30.70255727	107.82031320	425.60	1.77	5.10
204	30.71533163	107.8359793	371.53	30.71533388	107.83602975	374.37	1.945	2.84
308	30.74235224	107.9868664	622.95	30.74232775	107.98684869	627.65	2.71	4.70

3 测量精度及弃渣场调查

3.1 基于影像的测量精度

3.1.1 点测量精度

如图3所示，将空中三角测量没用到的地面控制点（104号、204号和308号点）作为检测点来评价生成DOM和DEM的精度。

这三个检测点的平均水平误差为2.142m，平均垂直误差为4.213m。这样的水平和垂直误差可以满足弃渣场调查的精度需求。值得注意的是，水平和垂直误差并不是均匀分布在整个研究区的。误差与周边环境及距地面控制点距离有关。

可能导致误差产生的原因如下：

（1）受雾的影响（尽管做了去雾处理）。

（2）原始影像定位误差（包括精确定位的地面控制点）以及结果影像的检测点误差。

（3）测量地面控制点坐标和海拔时GPS产生的误差。

以上误差会通过累积，最终影响水平和垂直测量精度。

3.1.2 线性测量精度

利用铁路高架桥临近桥墩之间固定距离为32m来评价数字正射影像的线性测量精度。如图6a）所示，7个桥墩之间的平均直线距离为32.2m。在图6b）中，一些桥墩还没有完成修建。右边5个可辨认的桥墩之间的平均直线距离为32.5m。结果表明，线性距离测量精度远高于点测量精度。原因是直线段的两个端点会造成测量平差效果，从而大大减小测量误差。

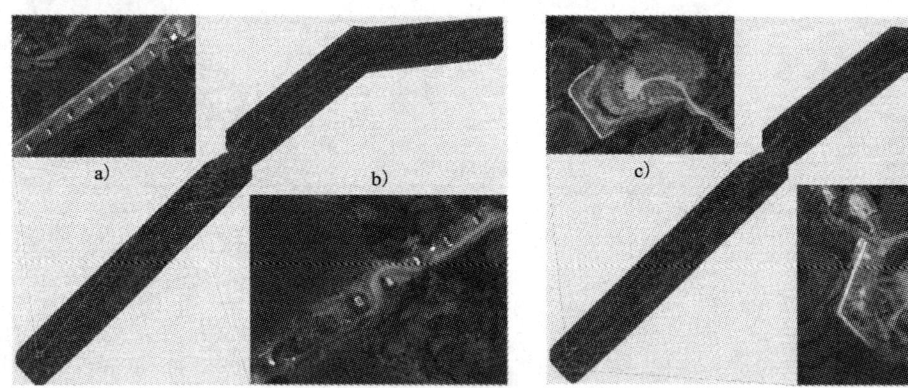

图6 两个样本高架桥的桥墩（左图）和两个样本弃渣场的挡渣墙（右图）

尽管没有做面积测量精度评价，但面积测量应该具有类似的测量平差效果。虽然有当前的DEM，但由于没有弃渣场投入使用前的DEM，因此无法做容积测量精度评价。此外，弃渣场容积测量对DEM的分辨率和精度要求也更高。

3.2 弃渣场调查

弃渣场的状况可用已建成挡渣墙长度、当前渣滓覆盖面积、当前渣滓堆积量描述。如图6c）图和d）所示，为演示对挡渣墙建设状况的调查，选取研究区内两个典型弃渣场作为例子。从生成的DOM上量测挡渣墙长度，与设计长度进行比较，得到挡渣墙现状。如表2所示，实际上建成的挡渣墙DK164+870是设计长度的3/4，而DK162+900的挡渣墙长度不到设计长度的一半。

样例弃渣场挡渣墙设计长度与图测长度　　表 2

编　　号	设计长度(m)	图测长度(m)
DK164+870	200	155.3
DK162+900	250	105.3

根据 3.1.2 节的线性测量精度可知，上述结果是可靠的。 因此可得出结语，为降低成本施工单位大大缩短了挡渣墙的修建长度。运用同样的方法，就可获取整个研究区的挡渣墙长度。将所得结果与水土保持部门的设计方案对比，可得到铁路建设中水土保持的实施现状。这将成为水土保持部门对施工单位评估和问责的有力证据。

样例弃渣场的面积和容积可分别从无人机数字正射影像和数字高程模型获取，这样就可获知弃渣场实际使用状态，并估算出弃渣场对在建铁路所产生弃渣的潜在容纳能力（负责监督渝万铁路建设水土保持工作的单位出于保密考虑，没能给予样例弃渣场的设计面积和设计容积数据）。

4 结语

按照设计方案修建与使用弃渣场对于山区铁路建设中的水土保持工作具有至关重要的作用。获取弃渣场遥感影像进行调查面临诸多挑战，包括铁路建设线性地区的面积宽广，复杂的天气和地形，山区铁路建设过程中出现的突发状况等。与直接的野外实地观测相比，无人机遥感技术具有成本低、起降灵活、安全以及高分辨率的优势，因而非常适合于山区铁路弃渣场快速调查。本文介绍了无人机遥感系统及其主要部件，并讨论和展示了山区铁路弃渣场调查涉及的关键技术和步骤，包括飞行航线设计、地面控制点采集、影像处理、DEM 和 DOM 生成、基于影像的测量精度评价以及弃渣场挡渣墙的现状调查。研究证明，使用固定翼型无人机遥感系统快速调查山区铁路沿线弃渣场建设及使用状况具有可行性和有效性。

参考文献

[1] 冯长春，丰学兵，刘思君 . 高速铁路对中国省际可达性的影响 [J]. 地理科学进展，2013，32（8）：1187-1194.
Feng Changchun, Feng Xuebing, Liu Sijun. Effects of high speed railway network on the inter-provincial accessibilities in China[J]. Progress in Geography, 2013, 32(8): 1187-1194.

[2] 吕钊，王冬梅，徐志友，等 . 生产建设项目弃渣（土）场水土流失特征与防治措施 [J]. 中国水土保持科学，2013，11（3）：118-126.
Lv Zhao, Wang Dongmei, Xu Zhiyou, et al. Soil erosion characteristic and prevention measures in abandoned dreg（soil）field of production and construction[J]. Science of Soil & Water Conservation, 2013, 11(3): 118-126.

[3] 王明慧，蒋树平，张桥，等 . 山区高速铁路弃渣场选址分析 [J]. 铁道工程学报，2013（04）：18-20.
Wang Minghui, Jiang Shuping, Zhang Qiao, et al. Analysis of site selection of abandoned dregs field for mountain high-speed railway[J]. Journal of Railway Engineering Society, 2013(04): 18-20.

[4] 李春辉，刘惠勤，刘向华 . 西阜高速公路石家庄段弃渣场水保措施探析 [J]. 水科学与工程技术，2011（2）：60-61.
Li Chunhui, Liu Huiqin, Liu Xianghua. Water & soil conservation measurement of abandoned dreg field in Xibaipo-Fuping expressway shijiazhuang section[J]. Water Sciences & Engineering Technology, 2011(2): 60-61.

[5] 杨锐锋，张建强，耿广晋 . 建设项目工程弃渣场场址选择及设计分析——以“贵（阳）—广（州）铁路”为例 [J]. 安徽农业科学，2009（27）：13348-13351.
Yang Ruifeng. Analysis on choosing and designing the abandoned dreg site of the construction projects[J]. Journal of Anhui

Agricultural Sciences, 2009(27): 13348-13351.

[6] 穆军，李占斌，李鹏，等．保水剂在干热河谷水电站弃渣场植被恢复中的应用效果研究 [J]. 西安理工大学学报，2009，25（2）：151-155.

Mu Jun, Li Zhanbin, Li Peng, et al. Applied effect of water retaining agent upon vegetation restoration of abandoned dreg site of hydropower station in the dry-hot valley areas[J]. Journal of Xian University of Technology, 2009, 25(2): 151-155.

[7] 齐洪亮，田伟平，冯兴平，等．西汉高速弃渣场自然环境特点及整治对策研究 [J]. 水土保持研究，2008，15（1）：232-233.

Qi Hongliang, Tian Weiping, Feng Xingping, et al. A study on natural environmental characteristic and countermeasures of abandoned dreg fields of Xi' an-hanzhong highway[J]. Research of Soil & Water Conservation, 2008, 15(1): 232-233.

[8] 江冰．渝黔高速公路福田寺隧道弃渣堆场滑坡稳定性研究 [J]. 地质灾害与环境保护，2007，18（2）：85-88.

Jiang Bing. Landslide stability analysis of wasted dregs field on the Futiansi tunnel along Quqian highway[J]. Journal of Geological Hazards & Environment Preservation, 2007, 18(2): 85-88.

[9] 张家铭，任永强，付克俭，等．遥感与 GIS 技术在大型排土场选址中的应用 [J]. 金属矿山，2012，9：111-113，116.

Zhang Jiaming, Ren Yongqiang, Fu Kejian, et al. Application of remote sense and GIS to site selection of large scale abandoned dreg field[J]. Metal Mine, 2012, 9: 111-113, 116.

[10] Lin J. Experimental observation and assessment of ice conditions with a fixed-wing unmanned aerial vehicle over Yellow River, China[J] Journal of Applied Remote Sensing, 2012, 6(11): 063586-1~11.

[11] Austin, R.. Unmanned aircraft systems：UAVs design, development, and deployment[M]. John Wiley & Sons, West Susse, 2010: 31-36.

[12] He, K., J. Sun, X. Tang. Single Image Haze Removal Using Dark Channel Prior[J]. IEEE Transactions on Pattern Analysis & Machine Intelligence, 2011, 33(12): 2341-2353.

[13] Cramer, M.. Integrated GPS/inertial and digital aerial triangulation - recent test results[J]. Parallel Computing, 2003, 6(2): 276-277.

[14] Lear, A.C.. Digital orthophotography：Mapping with pictures[J]. IEEE Computer Graphics & Applications, 1997, 17(5): 12-14.

探地雷达在山区铁路隧道衬砌质量工程检测应用

金维浚[1] 赵永贵[1] 余文龙[2]

（1. 中国科学院地质与地球物理研究所，北京 100029；2. 大庆油田工程有限公司，大庆 163712）

摘 要：探地雷达广泛用于公路路面、铁道隧道衬砌质量和地下管线探测等工程检测领域。在铁道隧道衬砌质量检测中，可以检测衬砌厚度、脱空和空洞、渗漏带、回填欠实、围岩扰动等，检测厚度精度可达厘米级。探地雷达资料的解释主要依据波相三要素：振幅、相位和频率。隧道衬砌脱空区和含水带的波形基本特征表现为衬砌带空洞同相轴连续异常区，多次波反射衰减弱；含水时表现为同相轴连续异常区，多次波强反射，且随水饱和程度振幅变化；破碎和围岩扰动带表现为同相轴不连续异常区。

关键词：探地雷达；波相三要素；衬砌质量检测；脱空区

Engineering Detection Application in Lining Quality of Railway Tunnel by Ground Penetrating Radar

Jin Weijun[1] Zhao Yonggui[1] Yu Wenlong[2]

(1.Institute of Geology and Geophysics, Chinese Academy of Sciences, Beijing 100029, China;
2. Daqing oil field Engineering Limited Company, Daqing 163712, China)

Abstract: Ground penetrating radar(GPR)is widely used in the engineering detection field of the road surface, the lining quality of railway tunnel, and the underground pipeline detection and so on. It is possible to detect the lining thickness, void and empty, leakage, less backfill, and disturbance of the surrounding rock in the railway tunnel lining quality inspection, with the accuracy up to centimeter level of the thickness detection. The GPR explain is based on the three characteristics of waveform: amplitude, phase and frequency. The basic waveform characteristics of tunnel lining void area and the aqueous zone is shown as fellow. The void area is of the continue anomalous reflections with the same phase, and weak attenuating of multiple reflections. The water saturated zone is of the continue anomalous reflections with the same phase, strong multiple reflections, whose amplitude is changed with the water contains. The fracture and disturbed surrounding rock is of the discontinue reflection anomalous zone.

Keywords: ground penetrating radar, three characteristics of waveform, lining quality detection, void and empty

我国20世纪80～90年代引进探地雷达，在公路路面、铁道隧道衬砌质量和地下管线探测等工程检测领域得到广泛应用。工程建设中的地层岩土、混凝土、木材、玻璃、塑料、金属等材料通称为工程介

作者简介：金维浚（1963—），男，副研究员。

质，雷达探测的基本原理就是当电磁波穿透工程介质，存在电磁性质差异界面时，电磁波发生反射，根据反射波的时程与动力学特征确定介质的结构。因而研究各类工程介质的电磁性质及差异，是了解电磁波在各类介质中传播、衰减、折射、反射规律的基础，介质的电磁学性质可用电导率、介电常数和磁导率来表征。探地雷达用于工程质量检测，首先要针对检测目的，了解被检测目标的深度和分辨率进行分析。

（1）探地雷达的探测深度（图 1）

由于岩土体通常为无磁性或弱磁性体，所以介电常数和电导率是衡量岩土体雷达探测的重要参数。探测深度与使用的雷达天线频率和目标体介电常数有关，从图 1 中可以看到对于 100MHz 天线，24Bit 的采样（150dB），在花岗岩中可穿透（单程）120 ～ 140m，在灰岩中可以穿透 80 ～ 90m，在页岩中只能穿透 5 ～ 6m。如果用 16Bit 采样（100dB），则穿透深度减小到一半。如果采用更高频的天线，电磁波衰减更严重。

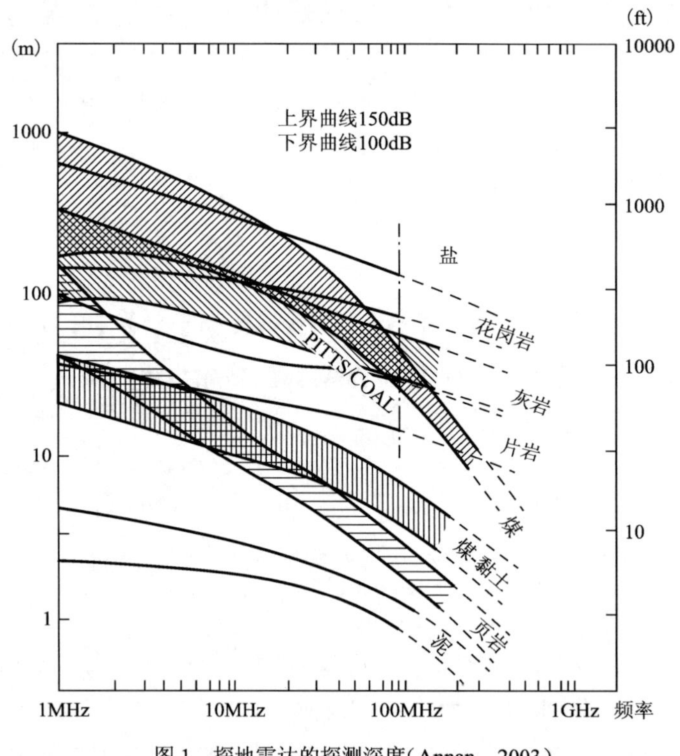

图 1　探地雷达的探测深度（Annan，2003）

介电常数是一个无量纲物理量，它表征物质在外加电场情况下，储存极化电荷的能力。自然界物质中水的介电常数最大为 81，最小的是空气数值为 1。工程岩土介质，其介电常数的主要差异决定其含水率的大小，介电常数不同的两种介质界面，会引起电磁波的反射，反射波的强度与两种介质介电常数及电导率的差异有关。即使介电常数的差异小到 1 时，雷达也能检测到其反射。

（2）水平分辨率和垂向分辨率

水平分辨率是雷达能够分辨物体的水平最小尺度，根据 Fresnel（费涅尔）原理，费涅尔带中心垂直反射与边缘反射的波程差为 $\lambda/2$，水平分辨率应为费涅尔带半径的 1/2。假定雷达波以锥面形式向下传播，物体上表面将大部分能量反射回来，则水平分辨率可根据下式估算：

$$R_{\mathrm{f}}=\left(\lambda h+\frac{\lambda}{4}\right)^{1/2}$$

式中：R_{f}——圆柱半径；

λ——电磁波长；

h——柱体顶面埋深。

从上述公式中可以看出，水平分辨率与埋深及波长有关，而波长是由天线频率和介质波速决定的。

垂向分辨率是能探测到的物体垂向最小尺度，按波的干涉理论，物体上下界面反射波最小可识别双向波程差为 $\lambda/4 \sim \lambda/8$，因而垂向分辨率 R_V 与工作频率（波长）和深度有关：$R_V=\lambda/8 \sim \lambda/4$，随着深度 h 的增大，分辨率降低。可用下式估算垂向分辨率 R_V。

$$R_V = 0.08h \quad (0 < h < 3\text{m})$$

$$R_V = 0.5h \quad (3\text{m} \leqslant h)$$

图 2 所示为使用 300MHz 天线探测到的，岩土介质介电常数为 9 条件下垂向分辨率随深度的变化，在湿砂土中埋深 3m 的用直径 6cm 管子难于探测出，而 9cm 的管子应该可以探测出。

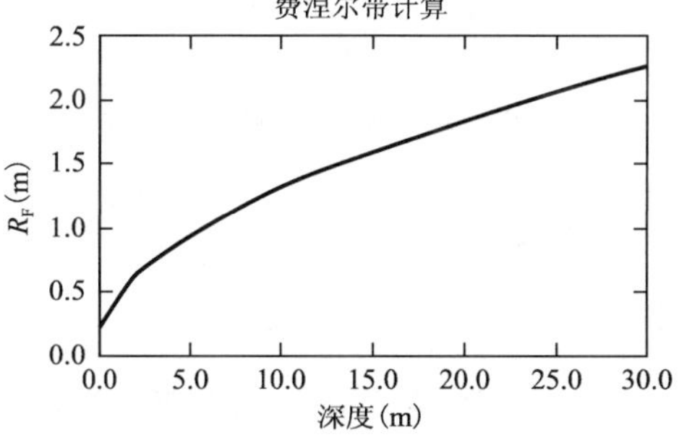

图 2　雷达探测垂向分辨率随深度的变化

1 采集参数设置和雷达波速标定

参数设置影响到记录数据质量，现场测量开始前应该对雷达的采集参数进行设定，参数设定的内容包括时间窗口大小、扫描样点数、每秒扫描数、A/D 转换位数、增益点数等内容。

1.1 采集参数

探测深度与时窗长度 [Range（ns）]：时窗长度选取探测深度 H 为目标深度的 1.5 倍，根据探测深度 H 和介电常数 ε 确定采样时窗长度：Range=3$H\varepsilon$。例如对于地层岩性为含水砂层时，介电常数为 25，探测深度为 3m 时，时窗长度应选为 100ns。

A/D 采样分辨率：探测深度大、时窗长时，选择 24Bit，强弱反射信号都记录下来；探测 2 ～ 5m 时，中高频天线采用 16Bit；探测深度小于 1m、时窗小时，选择 8Bit，采集速度快。

扫描样点数（Samples/Scan）：共有 128、256、512、1024、2048 扫描样点数选用，为保证高的垂向分辨尽量选较大样点数。对于不同的天线频率 F_a、不同时窗长度 Range，选择样点数应满足下列关系：Samples $\geqslant 10^{-8} \times$ Range $\times F_a$。

保证一个波形有 10 个采样点。例如对于 900MHz 天线，40ns 采样长度的时窗，要求每扫描道样点数大于 360，可以选择接近的值 512；对于 100MHz 天线，500ns 采样长度，样点数应大于 500，可以取 512 或 1024。样点数大对提高资料质量有利，但耗时较大，影响前进速度。

扫描速率（Scans/s）：扫描速率是定义每秒钟雷达采集多少扫描线记录，扫描速率大时采集密集，天线的移动速度可增大，因而可以尽可能地选大值。但是它受仪器能力的限制。对于一种类型的雷达，其 A/D 采样位数、扫描样点数和扫描速度三者的乘积应为常数。当扫描速率决定后，要认真估算天线移动速度 TV。估算移动速度的原则是要保证最小探测目标（SOB）内至少有 20 条扫描线记录：TV $\leqslant$ Scans $\times$ SOB/20。

例如探测目标最小尺度为 10cm、扫描速率为 64Scans/s 时，推算天线运动速度应小于 32cm/s，相当于 0.5cm/scan。如果最小目标为 0.5m，则天线移动速度可达 1.5m/s。

增益点数的选择：增益点的作用是使记录线上不同时段有不同放大倍数，使各段的信号都能清楚地显现出来，增益点的位置最好是在反射信号出现的时段附近。SIR 型雷达设计的增益点为 2 ～ 8 个，短时窗选择 2 点增益，长时窗时选择 4 或 5。点之间的增益呈线性变化。增益大小调节是使多数反射信号强度达到满度的 60% ～ 70%，增益大将造成削顶，增益小将丢失弱小信号。

1.2 波速标定与介电常数估计

电磁波速度的估计很重要，它是进行准确时深转换的基础，对于确定反射体的深度至关重要，测量中要给予特别的关注。可以有不同方法估算电磁波速：

（1）根据地层类型和含水情况使用参考速度值。

（2）利用已知埋深物体的反射走时求波速。

（3）利用一个孤立反射体，根据垂直反射走时、偏移观测走时和偏移距，计算深度 H 和波速 V。

（4）作共深度点剖面（CDP）计算方法求波速。以 CDP 中心点为对称的发射与接收天线间距离和反射走时，计算波速与深度。

1.3 环境干扰和界面雷达波相识别

雷达现场探测时，为有效、可靠地识别第一个界面反射波和区分环境干扰波，要将天线远离界面和靠近界面、向左和向右反复移动几次，第一个界面反射波走时会发生同步变化，后向的环境干扰波形会发生反向变化，将这些记录下来，以备资料分析解释时使用。

2 探地雷达应用于隧道衬砌工程检测实例

探地雷达资料的解释主要依据波相三要素：振幅、相位和频率。

（1）振幅：反射振幅的大小由相邻介质的介电常数差决定。在均匀介质中雷达反射波呈线性衰减，衰减速率与介质的疏（软）密（硬）相关。

（2）相位：反射相位的初至由反射系数决定，相位变化受介质变化制约，均匀介质中的同相轴连续，相位变化的复杂程度与地层变化的复杂性相关。

（3）频率：反射频率的高低与传播介质的软硬相关，介质的疏（软）密（硬）与雷达反射波的频率高低相关。

分界面上反射波的复振幅与入射波的复振幅之比称为反射系数，按照电磁波场反射原理，电磁波在多层介质中传播，反射相位由该层面反射系数值的正负所决定，即反射系数为负值，反射脉冲反转 180°，当反射系数为正值，相位和发射脉冲一致。相邻介质的波速差异决定了相位，反射系数正负决定了反射初至相位正负，吸收系数决定了电磁披场强在传播过程中的衰减速率。介质电磁波的响应反映振幅，介质的疏密程度影响着频率。

铁道隧道衬砌施工质量影响到使用寿命和行车安全，当前常用的检测手段有探地雷达和声波探测。探地雷达具有轻便、快速成像和分辨率高等特点，是公路路面质量、铁道隧道衬砌质量和地下管线探测等常用的工程检测手段，在西南山区某铁路隧道衬砌质量检测中获得良好的应用效果。下面分别就不同的工程条件下的雷达波相进行分析。

2.1 砂泥岩地层脱空区及围岩扰动带波相特征

当围岩为砂泥岩时，衬砌与围岩之间的脱空区为空气，与混凝土和围岩的波阻抗差异很大，反射波正反相间，雷达波震相先蓝后红，反射很强，脱空区断续蜿蜒，位置清晰明显，极易辨别。图 3 是南昆铁路围岩为砂泥岩时隧道衬砌检测图像，衬砌与围岩之间分布有大小脱空区。破碎欠实和围岩扰动带表现为同相轴不连续异常区，如图 4 所示。

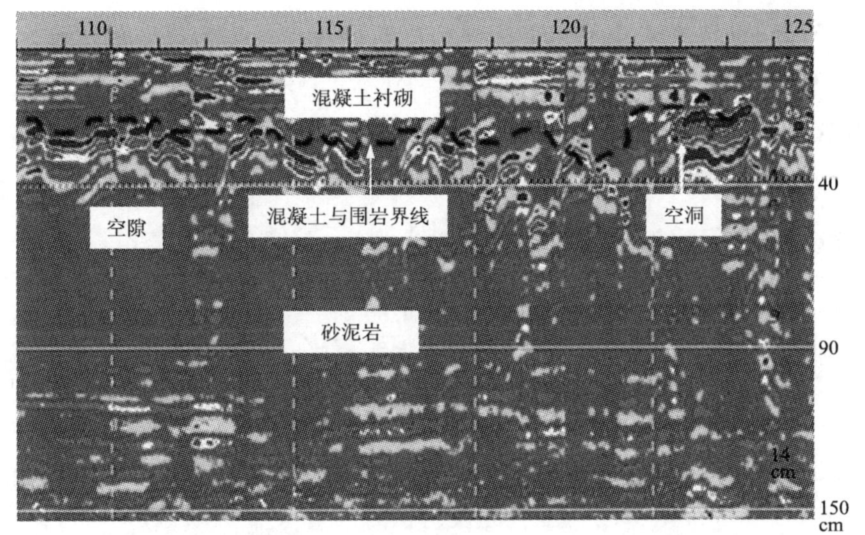

图3　隧道衬砌拱顶空洞形态结果解释

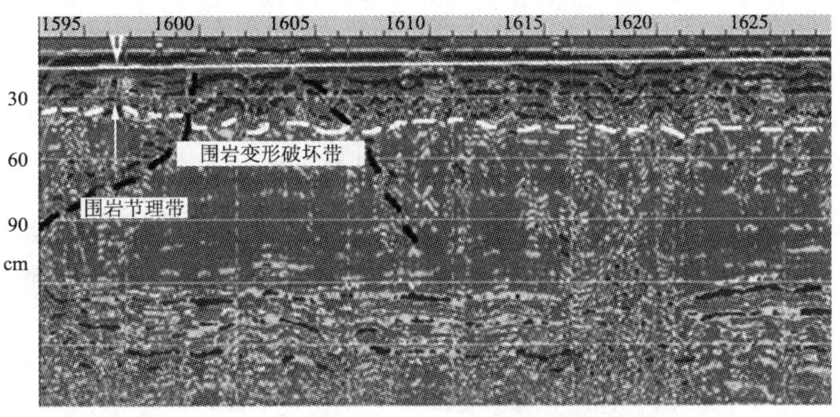

图4　拱顶围岩变形衬砌破坏带解释

2.2　灰岩地层时波相特征

灰岩是一种节理、裂隙比较发育的岩体，雷达波可将这种岩体结构清晰地显现出来。节理裂隙断断续续，反射波高频成分较多，时强时弱，断断续续，反映岩体结构、产状的特征，如图5所示。

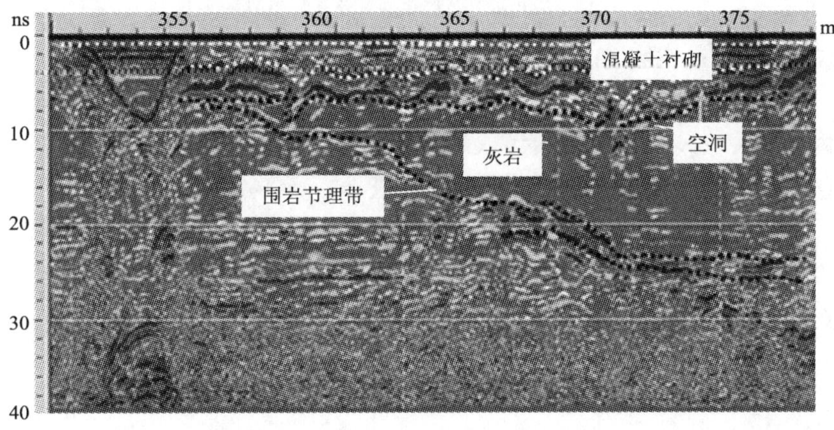

图5　灰岩地层结构反射波

2.3 衬砌表面反射雷达波的波相追踪

表面反射震相的辨认与追踪很重要，它关系到深度/厚度的计算，不可忽视。铁路运行隧道拱顶检测时，雷达天线移动到接触电网拉线附近时，天线必须下降躲开横拉线，天线与拱顶距离拉大，表面反射波走时也随之变大，形成下凹弧形，弧形的第一个震相就是表面反射波，向两侧可连续追踪，如图6所示。

2.4 隧道检测中干扰波和多次波的识别

雷达波向介质内传播时，下行波每遇到一个界面就发生一次反射和折射，入射波能量即被分成两部分，一部分经折射继续向下传播，另一部分经反射掉头向上，变成上行波。反射与折射能量的分配与反射、折射系数的平方成正比。上一界面的折射波就是下一界面的入射波，因而下行波的能量不断减少，同时每一界面都在产生反射的上行波。

隧道内的检测条件是十分复杂的，除了电器设备的干扰外，隧道墙壁、路基、检测台车等都会产生反射干扰信号。只有可靠地辨认衬砌与围岩的反射信号与各类干扰信号，才能准确无误地确定衬砌的厚度。当天线在移动中与衬砌表面距离变化时，衬砌和围岩的反射信号与表面反射信号同步变化，而隧道内的各种反射波是反向变化，形成明显的反差，依此可判定反射波是来自于衬砌内还是隧道内。图6用来表明不同反射波出现的特征，使用900MHz天线隧道拱顶检测图像，图中20ns处出现较强的连续反射波，与表面反射波变化相反，明显是隧道内的反射波。隧道内电磁波速按0.3m/ns计，推算距离是距拱顶3m左右，正好是工作台车升起的台面，材料为金属板，反射较强。图像下部30~40ns的位置，隐约可以看到平台车箱底和路基的反射波，在天线下移时表现得特别清楚。

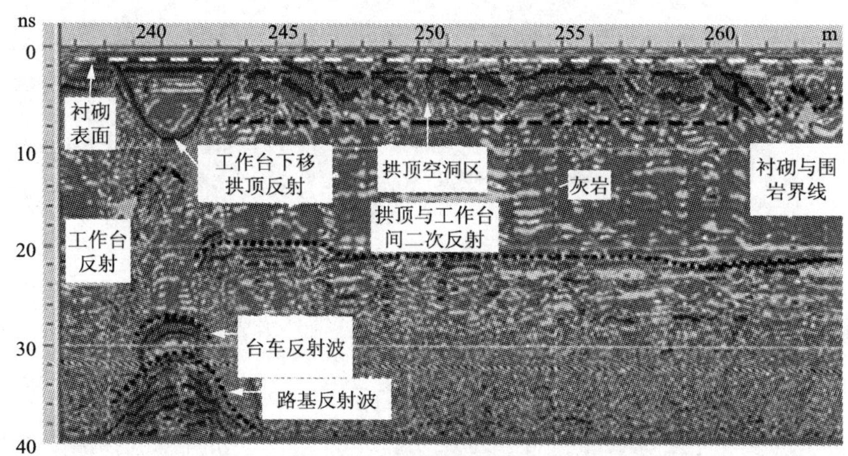

图6 隧道拱顶检测雷达多次波相识别

在雷达检测中多次波是常见的，在图5和图6中20ns附近，实际上是两种波的叠加，一个是天线发射的电磁波直接射到台面上，反射回天线；另一个是天线发射的电磁波先照射到衬砌表面上，然后反射到台车上，经台车再反射回天线。图6中所示当天线接近拱顶时，这两路波的走时接近，当天线下移，与衬砌的距离拉大时，两路波的走时差拉大，一个变大，一个变小。天线发射的电磁波射到衬砌表面反射到路基上，路基上有水，然后再返回天线。多次波的识别要点一是看反射波的形态，与界面反射波形态变化的关系，二是计算多次波走时，根据走时分析反射波路径。

3 结语

探地雷达资料的解释主要依据波相三要素：振幅、相位、频率。由于探地雷达在隧道衬砌质量检测中的围岩、初期支护、二次衬砌等组成了多界面结构。每一界面反射形成的上行波，遇到介质的界面，形成二次的反射与折射。因而多层介质中，多次反射与折射波是无尽的，只是反射、折射的经历路径越多，能量越小。电磁波在多层介质中传播，反射相位由该层面反射系数值的正负所决定，相邻介质的波速差异决定了相位，反射系数正负决定了反射初相位的正负。

探地雷达具有轻便、快速成像的优点，但是相对其他物探方法具有探测深度小、可达到厘米级分辨率的特点，在南昆铁路隧道衬砌质量检测中得到成功应用。探地雷达发射脉冲电磁波，接收其反射和折射，其数据处理解释方法与地震波相同。对衬砌圈与围岩界面反映清晰，根据雷达波相特征，可以分辨脱空和空洞区、渗漏带、回填欠实、围岩扰动等。衬砌带空洞表现为同相轴连续异常区，多次波反射衰减弱；含水时表现为同相轴连续异常区，多次波强反射，且随饱和水程度振幅变化；破碎欠实和围岩扰动表现为同相轴不连续异常区。在进行解释时最好配合声波等其他物探方法进行波速标定，可以获得较准确的隧道衬砌厚度。

参考文献

[1] Harry M. Jol. Ground penetrating radar antennae frequencies and transmitter powers compared for penetration depth, resolution and reflection continuity[J]. Geophysical Prospecting, 1995, 43(5): 693- 709

[2] 王惠濂 . 地质雷达目的体物理模拟研究结果 [J]. 地球科学－中国地质大学学报 1993，18（3）:266-284.
Wang Huilian. Ground Penetrating Radar Studies in Physical Analogue[J]. Earth Science-Journal of China University of Geosciences, 1993, 18(3): 266-284.

[3] 薄会申 . 铁路隧道衬砌质量检测与评价地质雷达技术实用手册 [M]. 北京：地质出版社，2006.
Bao Huishen. Lining Quality Detection and Evolution in Railway Tunnel[M]. Beijing: Geological Press, 2006.

[4] 李华，鲁光银，何现启，等 . 探地雷达的发展历程及其前景探讨 [J]. 地球物理学进展，2010，25（4）:1492-1502.
Li Hua, Lu Guangyin, HE Xianqi, et al. The progress of the GPR and discussion on its future development[J]. Progress e Geophysics, 2010, 25（4）:1492-1502.

[5] Geophysical Survey Systems, Inc. RADAN Manual Version 6.6 Chapter 3: 33-101 Augest, 2009.

[6] A. P. Annan. Ground Penetrating Radar Principles, Procedures & Applications[M]. Sensors & Software Inc, 2003.

[7] 汪谋 . 地质雷达探测效果影响因素研究 [J]. 雷达科学与技术，2007，5（2）:86-90.
Wang Mou. Research On Influencing Factors of GPR'S Detection Effectiveness[J]. Radar Science and Technology, 2007, 5(2): 86-90.

[8] Lee Slater, Xavier Comas. The contribution of ground pentrating radar to water resource research[J]. In Ground Penetrating Radar Theory and Applications. Editor Harry M Jol. 2009, Elsevier Science.

基于"3S"技术的川藏铁路重点线路工程数字信息系统研发

魏永梁[1] 杨印海[1] 李 勇[1] 王迎晨[1] 陈 恒[2]

（1. 中铁西北科学研究院有限公司，兰州 730000；2. 甘肃省科学院自动化研究所，兰州 730000）

摘 要：川藏铁路沿线地质条件复杂，冻土、岩溶、泥石流、滑坡、地震等不良地质或灾害严重，建设难度大。文章基于"3S"技术（GIS 地理信息系统、GPS 全球定位系统和 RS 遥感技术），试图通过技术需求分析，搜集整理川藏铁路建设过程中重要的工程信息，构建云 GIS 的川藏铁路重点线路工程数字信息系统，以期为川藏铁路建设的科研、设计、施工提供技术支持与服务。

关键词：川藏铁路；3S；云 GIS；勘察；数字信息系统

Research and Development of Key Project along Sichuan-Tibet Railway Digital Information System Based on "3S" Technology

Wei Yongliang[1] Yang Yinhai[1] Li Yong[1] Wang Yingchen[1] Chen Heng[2]

(1. Northwest Research Institute Co., LTD., Lanzhou 730000, China; 2. Research Institute of Automation, Gansu Academy of Sicence, Lanzhou 730000, China)

Abstract: Geological conditions are complex along the Sichuan-Tibet railway, permafrost, karst, mudslides, landslides, earthquakes and other geological disasters are severe, and so it is a great difficult project. Based on "3S" technology(GIS, GPS and RS), this article tries to collect the important information during the Sichuan-Tibet railway construction project, build cloud GIS of Sichuan-Tibet Railway digital information system in order to provide technical support and services for the Sichuan-Tibet Railway construction of scientific research, design and construction.

Keywords: Sichuan-Tibet railway; 3S; cloud GIS; investigation; digital information system

川藏铁路的建设由于受到复杂的地质条件、气候条件和地理条件的制约和影响，具有建设难度大、建设周期长的特点。川藏铁路能否有序、安全的建设，取决于多个建设单位、不同业务部门之间在管理、信息技术等方面沟通、协调的顺达程度。随着互联网、移动互联网技术的飞速发展，利用信息化技术，建立数字化的工程数字信息系统，实现信息资料共享，是解决多个建设单位、不同业务部门之间及时沟通和协调的有效手段。

作者简介：魏永梁（1980—），男，高级工程师。

本文以互联网、移动互联网为依托，以 GIS、RS、GPS 技术为基础，把川藏铁路建设过程中的气象、地质、地理、工程、设计等资料进行整合和集成，构建数字化的信息系统，实现不同信息资料之间的互联互通，达到信息资源的最大增值，使川藏铁路各个建设单位、不同业务部门能及时获取所需的信息，实现各个建设单位、不同业务部门之间的互通有无，及时沟通，为川藏铁路建设的科研、设计、施工提供信息化的技术服务。

1 系统建设思路和对策

川藏铁路沿线不仅具有复杂的地质条件，而且要越过四川盆地、云贵高原、青藏高原三个台阶，沿途跨越岷江、金沙江、雅鲁藏布江等大江大河，更具有复杂的地理、气候、水文条件，导致系统建设所涉及的数据资料除了工程地质、地质灾害、工程设计、施工、数据监测等资料外，还包括地理、气象、水文资料，这些资料来源不同、格式不同、标准不同，而且随着铁路建设的不同周期，这些数据资料的数量还会逐步增长。如何整合这些来源不同、格式不同、标准不同的数据资料，从而有效地利用资源，提高整个信息系统的性能，实现数据的共享和集成是系统建设首先要解决的问题。另外如何利用这些数据资料，挖掘数据资料中有价值的信息，为川藏铁路的建设服务，也是系统建设要解决的问题。

通过以上的分析，可以看出，系统的建设思路主要包括以下两个方面。

（1）建立相应的标准，对不同来源、不同标准、不同格式的数据资料进行整合，达到数据资料的规范化、标准化的目标，为数据资料的存储和共享提供基础。

川藏铁路建设过程中虽然会产生大量不同种类、不同格式的数据，但是这些数据从总体上可分析具有空间位置的空间数据和不具有空间位置的非空间数据，空间数据包括各种矢量图、遥感影像图，如 CAD 图、地质图、地质灾害图等。非空间数据包括文本文字、图片、视频、表格资料等。

对于空间数据，依据地理信息系统的规范和标准进行整合，空间数据的标准化整合包括以下几个步骤：数据源预处理、格式与坐标转换、遥感图像预处理、遥感信息提取、要素与属性编码、多时态数据融合、模型处理。通过以上几个步骤，将空间数据按照统一的空间参考系、统一的编码存储成 GIS 格式。

非空间数据可以细分为结构化数据和非结构化数据，结构化数据可以用关系型数据表描述数据之间的关联关系，非结构化数据包括文本、图像、音频、视频、PDF、电子表格等数据。非结构化数据的存储通常有两种方式，一种是使用文件系统以文件的方式存储，将文件的路径或者链接存储在关系型数据库表中；另一种是将这些数据存储在传统的数据库表的大对象字段中。系统对于非结构化数据的存储，结合 Mongo DB 的数据存储特性采用云存储的方式进行存储[1]。

（2）依托互联网、移动互联网建立业务应用系统，实现数据信息共享，从海量的数据资料中挖掘有价值的信息，为川藏铁路的建设提供更好的服务。

川藏铁路的建设涉及地质勘察、设计、施工、监理、监测、运营管理等单位，每个单位对业务的应用需求不尽相同，为了满足不同单位的应用需求，提高系统的应用能力，业务应用系统首先要建立一个集中共享的数据中心，其次在数据中心的基础之上，建立动态可伸缩的业务服务系统，业务服务系统依据不同的授权，提供不同的业务服务，以满足不同单位的业务需求，同时也保证了集中共享数据的安全性。

2 系统建设

2.1 主要技术

地理信息系统、遥感、全球定位系统统称为 3S 技术，川藏铁路的建设涉及众多和 3S 技术密不可分的资料，如工程地质、地质灾害、水文、气象等资料等，如今，遥感技术在地质、地质灾害监测、水文勘查等方面应用已经非常广泛[2]。地理信息系统技术更是凭借其出色的空间数据组织和管理能力、空间数据查询和分析能力，在各行各业有着广泛的应用。GPS技术主要用于空间位置定位。系统利用3S技术，对川藏铁路建设涉及的各类空间数据资料进行组织和管理，建立空间数据管理系统，对遥感影像资料进行处理和分析，以及对发现的不良地质点、地质灾害点进行测量定位。

云计算是在网络发展的技术基础之上并基于分布式系统提出的一种全新的超级计算模式，其主要的服务形式为基础设施即服务、软件即服务、平台即服务[3]，通过不同的服务层次为用户提供相应的服务。软件即服务将软件的本质看成服务，以向客户提供服务为目标。软件即服务所支持的单中心—多客户的服务模式，可以充分发挥规模效应，显著地降低软件的建设、实施和维护成本，同时扩张服务提供商的服务能力，降低服务提供商的运营成本。系统的建设以软件即服务为核心，构建基于GIS云计算业务应用服务平台，满足不同业务单位的应用需求。

2.2 建设内容

系统的建设内容主要包括共享数据中心建设和云GIS业务应用服务两个方面。

2.2.1 共享数据中心建设

共享数据中心是系统的数据管理中心。通过共享数据中心实现共享服务资源体系，推进数据的共享和综合开发利用；实现川藏铁路各个建设单位之间的数据共享和互联互通。建设共享数据中心主要目的是对川藏铁路的空间数据和非空间数据实现统一、集中式的管理，提供统一的数据访问接口和一致的地图访问服务。数据共享中心的逻辑结构图如图1所示。

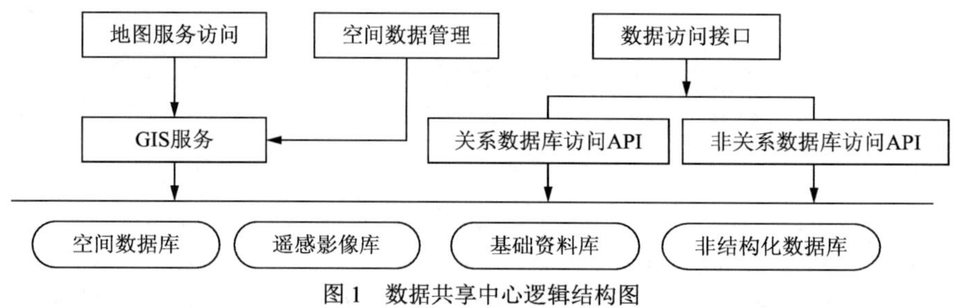

图1 数据共享中心逻辑结构图

数据共享中心由地图服务访问、空间数据管理、数据访问接口、GIS服务及数据存储几大部分组成。

地图服务访问，对外提供一致的地图发布、地图访问服务，外部应用可以通过发布的地图服务URL获取访问的专题地图内容，系统发布的地图专题包括：工程地质专题、地质灾害专题、水文专题、气象专题、遥感影像专题。

空间数据管理主要对需要入库存储的各类经过标准化处理的空间数据进行检查、整合、数据入库以及空间数据的维护和更新。

数据访问接口提供了对结构化数据和非结构化数据进行访问的一致接口，外部应用只需按照一定的访问规则字符串调用数据访问接口，由访问接口依据访问规则字符串调用不同的API访问相应的数据库。

GIS服务提供了地图专题、遥感影像专题的地图服务发布和对已发布的地图服务进行更新和维护的功能。

数据存储对空间数据、结构化数据、非结构化进行持久存储。结构化数据采用SQL Server2008数据库系统实现持久化存储。空间数据采用SQL Server2008数据库和ArcGIS SDE空间数据引擎共同协作，实现空间数据的持久化存储。非结构化数据采用Mongo DB进行云存储。

2.2.2 云 GIS 业务应用服务

云 GIS 是指以云计算理论和技术为指导，以网络为中心的地理信息系统，核心是将云计算的各种特征用于支撑地理信息空间数据的处理，包括数据建模、数据存储、数据处理及空间分析等，从而改变传统的 GIS 应用方法和数据处理模式，以更加友好、高效、低成本的方式使用地理信息资源。云 GIS 的应用模式主要包括：地理信息内容即服务、地理信息软件即服务、地理信息平台即服务、地理信息设施即服务。

本系统以云 GIS 的地理信息软件即服务应用模式为主导，构建基于 REST 风格的，以数据共享中心的数据为资源的面向资源的 GIS 应用服务。云 GIS 服务应用模式如图 2 所示。

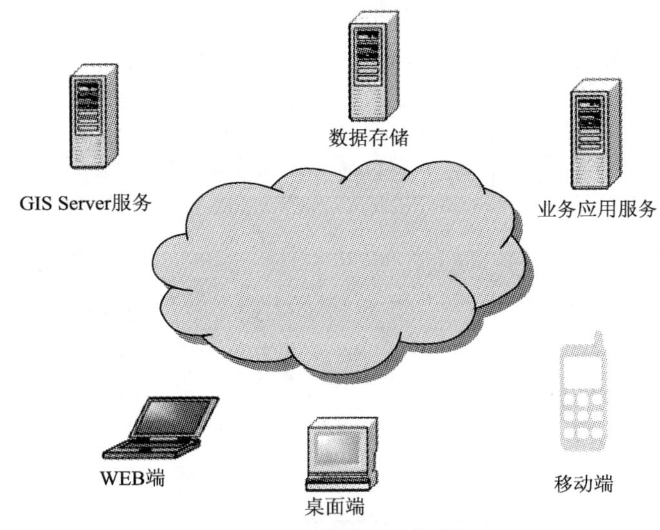

图 2 云 GIS 服务应用模式图

云 GIS 服务应用模式使川藏铁路的各个建设单位、科研单位、管理单位可以在互联网或移动互联网中，通过 WEB 端、桌面端和移动端请求所需的各种服务。

2.3 系统架构模式

基于云计算构建应用服务的架构体系包括 SOA（面向服务的体系结构）和 REST（表述性状态转移）面向资源的架构体系。SOA 采用 SOAP 协议传送的消息进行封装，系统结构复杂，对于 GIS 而言，采用 SOAP API 构建多层的 SOA 云 GIS 服务平台[4]，在 WEB 客户端和桌面客户端有广泛的应用。随着移动互联网技术的发展，特别是智能手机终端的业务应用，使用 SOA 架构体系已无法满足移动互联网终端的应用。

REST 面向资源的架构体系具有轻量级、协议简单、数据格式简单、适应性广的特点，不仅可以满足传统互联网的应用，更加适用于移动互联网的应用，所以在近几年来得到了迅猛的发展，并且在 GIS 的应用也越来越广泛，ArcGIS Server 从 9.3 版本开始提供 REST API，用于地图服务的二次开发。

本系统以 REST 面向资源的架构体系为主，构建多层云 GIS 服务应用系统，满足川藏铁路各个建设单位在互联网和移动互联网的多种终端应用。系统架构如图 3 所示。

云 GIS 应用服务系统采用 REST 面向资源的多层架构设计，遵循地理信息的相关规范和标准，综合利用 ASP.NET Web API 技术和 ArcGIS Server 地理信息服务平台，建设跨行业、跨部门的业务应用服务系统，实现数据资源的共享，满足川藏铁路建设在信息化方面的要求。

云 GIS 服务应用系统提供统一的服务接口，业务应用层的各个应用单位通过格式一致的 http 请求报文，发送服务请求，服务接口依据报文请求的内容对请求信息进行分析和安全验证。满足条件的请求，则交由业务服务层相应的业务服务组件进行处理。

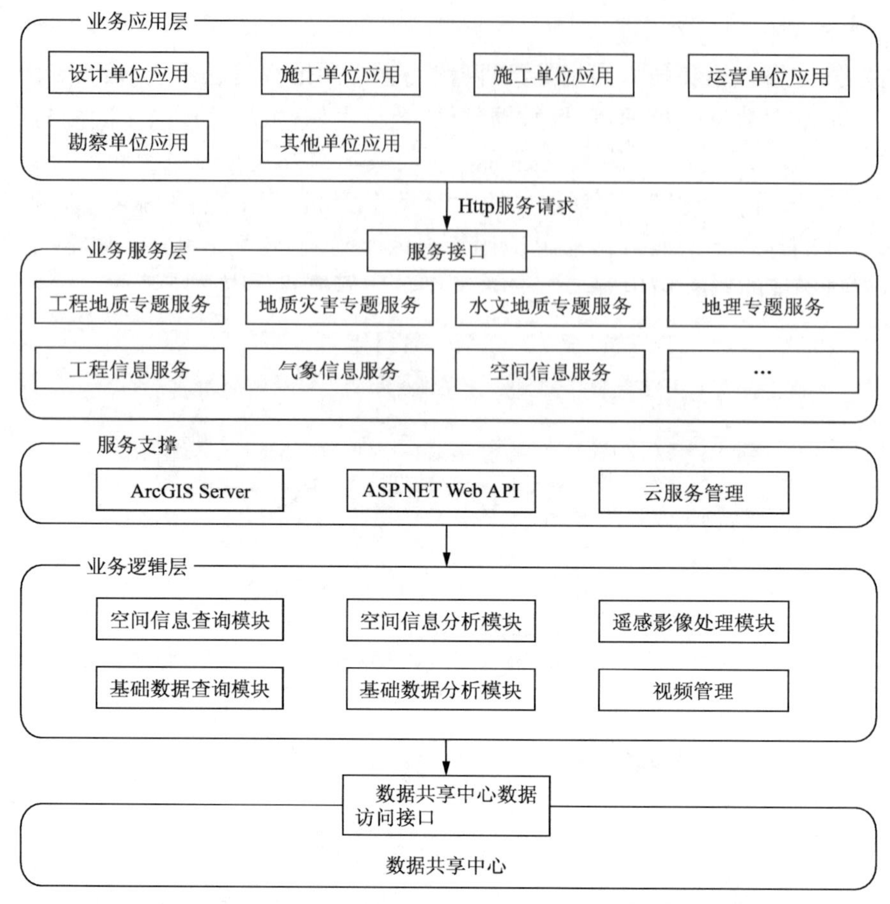

图 3　系统架构图

业务服务层依据空间数据和非空间数据处理方式，利用 ArcGIS Server 提供空间信息专题服务，利用 ASP.NET Web API 提供非空间信息服务 [5]，用于处理各种服务的请求。

云服务管理是用户使用和管理云 GIS 端资源和服务的入口，主要包括服务目录、服务发布、资源管理、资源监控等，每一个用户根据其申请的管理权限，可以远程对云 GIS 的服务和资源进行管理。

业务逻辑层完成具体业务功能，由许多具体的功能模块组成，当功能模块需要访问数据时，调用数据共享中提供的数据访问接口，调用数据共享中心的数据。业务逻辑层提供的功能由业务服务层调用。

3 结语

本文利用“3S”技术，结合川藏铁路建设过程中对信息化的需求和当前 GIS 的发展现状，以云 GIS 服务应用模式为主导，提出了构建川藏铁路重点线路工程数字信息系统的一些想法和具体的设计模式，以期实现川藏铁路多类数据资料的共享和统一管理，为川藏铁路多个建设单位提供动态、松耦合、可伸缩的应用服务，满足川藏铁路各个建设单位的业务需求。

参考文献

[1] 王存宇，李珂．面向云存储的非结构化数据存储研究 [J]. 计算机时代，2015（05）：19-21.

Wang Cunyu, Li Ke. Study on unstructured data storage for cloud storage [J]. Computer Era, 2015(05): 19-21.

[2] 黄章树，刘晴晴．基于云计算服务模式的数据挖掘应用平台的构建 [J]. 电信科学，2012（1）：53-57.
Huang Zhangshu, Liu Qingqing. Construction of data mining application platform based on the service models of cloud computing [J].Beijing: Telecommunications Science, 2012, 28(1): 53-57.
[3] 李冬，曹慧玲．浅析遥感技术在地质学中的应用 [J]. 科技创新与生产力，2013（9）：98-100.
Li Dong, Cao Huiling. Analysis on geology applications of remote sensing technology [J]. Taiyuan Science and Technology, 2013, (9): 98-100.
[4] 唐权，陶旸．云 GIS 服务平台软件架构选型及服务模式设计 [J]. 测绘与空间地理信息，2015（5）：64-65.
Tang Quan, Tao Yang. Software framework and service pattern design of cloud based GIS service platform[J]. Geomatics& Spatial Information Technology, 2015(5): 64-65.
[5] 布洛克 .ASP.NET Web API 设计 [M]. 北京：人民邮电出版社，2015.
Bullock.ASP.NET Web API Design [M]. Beijing: People Post Press, 2015.

川藏铁路冻土区地基冻融变化的可视化分析研究

陈 恒[1] 屈耀辉[2] 刘贺业[2] 李 奋[2] 魏永梁[2]

（1. 甘肃省科学院自动化研究所，兰州 7300001；2. 中铁西北科学研究院有限公司，兰州 730000）

摘 要：冻土区铁路地基的冻胀和融沉将是威胁川藏铁路安全运营的不利因素之一，本文结合某铁路冻土区沿线设立的地温监测点，提出了基于地温监测数据实现对冻土地基冻融变化的可视化分析思路和方法。利用本文提出的可视化分析方法，可以直观、实时地展现冻土地基的冻融变化过程及其发生的时间和深度范围，为更好地研究川藏铁路冻土地基冻融特性及其发生的规律将提供直接帮助。

关键词：川藏铁路；冻土地基；冻融特性；可视化

Visualization Analysis of Foundation freezing-thawing Changes along Sichuan-Tibet Railway in Permafrost Area

Chen Heng[1] Qu Yaohui[2] Liu Heye[2] Li Fen[2] Wei Yongliang[2]

(1.Research Institute of Automation, Gansu Academy of Sicence, Lanzhou 730000,China;
2.Northwest Research Institute Co., LTD., Lanzhou 730000,China)

Abstract: Frost heave and thaw settlement of railway foundation in permafrost area will be one of the negative factors threatening Sichuan-Tibet Railway safety operations. Combined with the ground temperature monitoring points established along one railway line in permafrost zone, this paper proposed the ideas and methods of visualization analysis of foundation freezing-thawing changes in permafrost area based the geothermal monitoring data. Use visual analysis of the proposed method can be intuitive, real-time to show the time and depth scope of the freeze-thaw process changes and occurrence of permafrost foundation, and that will provide direct help to research freeze-thaw characteristics and occurrence regularity in permafrost foundation along Sichuan-Tibet Railway.

Keywords: Sichuan-Tibet railway; permafrost foundation; freeze-thaw characteristic; visualization

多年冻土是处于长年冻结状态，但其上表层由于受到太阳辐射热年际变化的作用，形成了寒季冻结、暖季融化的活动层，使冻土产生了冻土的冻胀和融沉现象。冻胀和融沉是造成高原多年冻土区工程建筑物破坏的主要原因，也是影响川藏铁路路基稳定性的主要问题之一。

冻土区的冻胀和融沉现象受季节影响，随着天气逐渐转暖，原本冻胀的区域从地表开始逐渐向地下

作者简介：陈恒（1967—），男，工程师。

融沉，并且随着气温的升高，融沉区域逐渐扩大。反之，随着气温逐渐降低，原有的融沉区域从地表开始逐渐向地下冻胀，并且随着气温逐渐降低，融沉区域逐渐缩小，冻胀区域逐渐扩大。因此，冻土的冻胀和融沉区域的深度范围变化与时间因素及不同深度处的地温值有关，所以要想对冻土区的冻胀和融沉区域进行可视化分析，必须要考虑时间尺度和不同深度处的地温值因素。

通过在某铁路多年冻土区沿线建立监测断面，监测冻土在不同时间、不同埋深处的温度变化。因为监测断面监测的地温数据，可以满足对冻土区的冻胀和融沉区域进行可视化分析的要求，所以，本文的提出的可视化分析思路和实现方式，全部以地温监测数据作为基础数据源。

1 可视化方式的思路

对冻土区的冻胀和融沉深度范围的变化规律进行研究，主要研究冻土冻胀和融沉的深度范围随季节的变化规律。因为冻胀和融沉深度的变化范围具有时间特性和深度特性，所以要想用可视化的方法直观地展示冻土的冻胀和融沉深度范围，必须从这两个特性着手。

多年冻土区的地温监测数据，是实现冻土区冻胀和融沉区域可视化的主要数据来源，其主要记录了测孔在每天不同深度处的地温数值，具有深度和时间特性。如果把测孔每天在不同深度的地温数据作为一个数据点，那么把该测孔在一个长时间段内的所有不同深度的地温数据集合起来，将会构成一个离散的数据点集[1]，每个数据点具有时间和深度两个坐标维度及地温数据属性值，所以，对冻土区的冻胀和融沉深度范围的可视化分析就转换为如何对离散的地温监测数据进行可视化分析的问题。

图1给出了基于离散的地温数据对冻土区冻胀和融沉深度范围进行可视化分析的方法思路。

地温数据预处理，主要采用拉格朗日插值方法，对测孔不同深度处的地温按固定的深度间隔重新采样，加密测孔的监测数据值，生成深度间隔固定的离散数据点集。

建立可视化数据分析模型，利用离散的地温监测数据，构建易于可视化的数据分析模型，便于分析冻土冻胀和融沉深度的范围。

利用特征地温值，从可视化模型中分析出冻胀和融沉深度范围。

建立绘图系统，绘制可视化分析模型，描绘出冻胀和融沉的深度范围。

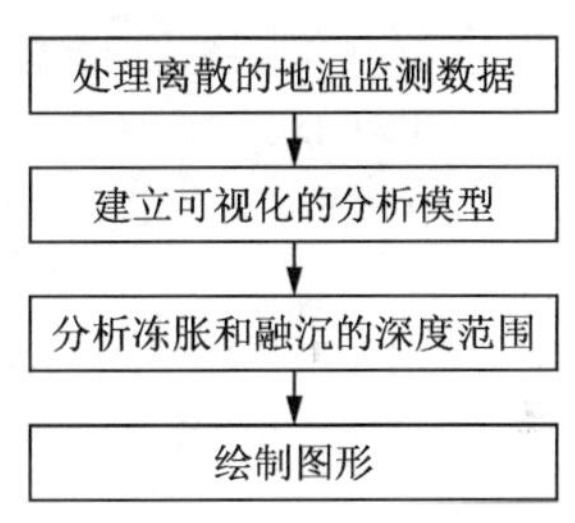

图1　可视化分析的方法思路

2 可视化的实现方式

离散的地温监测数据具有时间和深度两个维度，建立的可视化分析模型将要在时间和深度两个坐标维度展开，以时间单位作为横坐标，以深度单位作为纵坐标，构建时间—深度二维平面的分析模型，并在该模型上提取冻胀或融沉深度，从而获取冻胀或融沉深度的范围，得到冻胀或融沉深度范围随时间的变化关系。

2.1 地温数据预处理实现

地温观测数据，由于环境的原因，有些测孔只在几个深度处设置监测点，监测的地温数据深度范围有限，为了获取更多的地温数据，采用插值算法[2]，对测孔地温数据进行重新采样，获得更多深度处的地温数据。

本文采用如下的拉格朗日二次分段插值多项式，对地温数据进行重新采样：

$$V_2(x)=Y_0L_0(x)+Y_1L_1(x)+Y_2L_2(x)$$

式中：L_0、L_1、L_2——插值基函数。

例如，对于某断面天然孔在2010年4月11日的观测数据见表1。

天然孔地基地温观测数据　　表1

埋深(m)	0.15	1.65	2.65	4.15	11.15
地温(℃)	7.15	-1.52	-1.03	-0.84	-1.09

以观测数据作为拉格朗日二次分段插值多项式的输入数据，对测孔从地面0.0m处开始，向地下每隔0.5m进行采样，采样深度12.0m，则可以得到25个数据点。通过对地温数据的预处理，增加离散数据点集的数量，可以构建更加精细的可视化分析模型。

2.2 建立可视化分析数据模型

通过离散的数据点构建可视化分析的数据模型，通常采用数据场可视化方法[3]。对于具有三维空间坐标和属性值的离散点来说，通常采用算法将离散的数据点集构建成可绘制的三维体元模型，如六面体、广义三棱柱体、四面体等来生成可视化的数据模型[4]。对于地温监测数据而言，只有时间、深度两个坐标维度和地温值属性属于二维空间的范畴，通过将三维化的基于体元建立可视化数据模型的建模过程进行二维化处理，即可满足构建二维可视化数据模型的要求，如构建四边形体元或三角形体元。

生成四边形体元的算法有基于规则格网的算法[5]，生成三角形体元的算法有三角剖分算法[6]。考虑到每个测孔实际的地温监测数据在时间上不具有连续性，如果采用基于规则格网的算法对缺失的监测数据进行插值计算，会产生较大的误差，所以本文采用三角网剖分算法构建可视化数据分析模型。

三角网剖分算法主要有三角网增长算法、逐点插入法等算法。逐点插入的Lawson算法是Lawson在1977年提出的，该算法思路简单，易于编程实现，基本步骤如下：

(1)构造一个超级三角形，包含所有散点，放入三角形链表。

(2)将点在三角形链表中找出外接圆包含集中的散点依次插入，插入点的三角形（称为该点的影响三角形），删除影响三角形的公共边，将插入点同影响三角形的全部顶点连接起来，完成一个点在Delaunay三角形链表中的插入。

(3)根据优化准则对局部新形成的三角形进行优化。将形成的三角形放入Delaunay三角形链表中。

(4)循环执行上述步骤(2)，直到所有散点插入完毕。

通过上述三角网剖分算法将离散点集剖分成三角形后，可视化数据分析模型用数据组织结构存储顶点、三角形体元之间的几何拓扑关系等信息。可视化数据分析模型的数据组织结构主要由顶点、边表、体元表三个基本元素构成。

顶点表主要存储：顶点编号、构成三角形体元顶点的离散点的x、y坐标及属性值，其中x坐标为时间，y坐标为埋深，属性值为地温值。

体元表主要存储：体元编号、构成三角形体元的三个顶点的编号、构成该体元的三条边的编号。

边表主要存储构成三角形体元的每个边的信息，包括：边的编号，构成该边的两个顶点的编号，该边所对应的体元编号。如果该边包含两个不同的体元编号，说明该边是这两个体元的共享边，这两个体元在几何拓扑上相邻。可视化数据模型结构如图2所示。

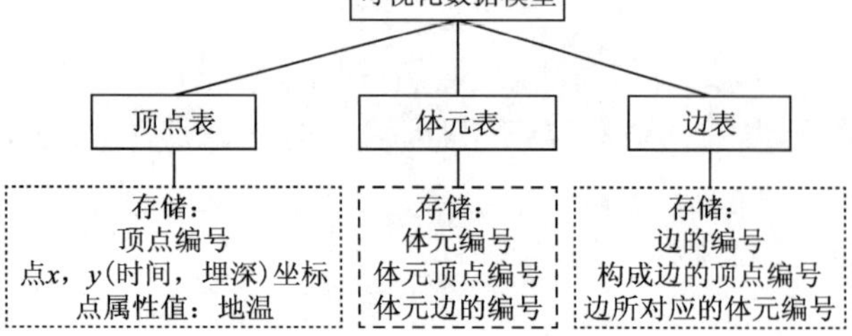

图2　可视化数据模型结构图

用某断面的断面天然孔选择2010年1月1日至2010年12月31日的地温监测数据，利用上述三角网剖分算法生成的可视化数据分析模型图如图3所示。

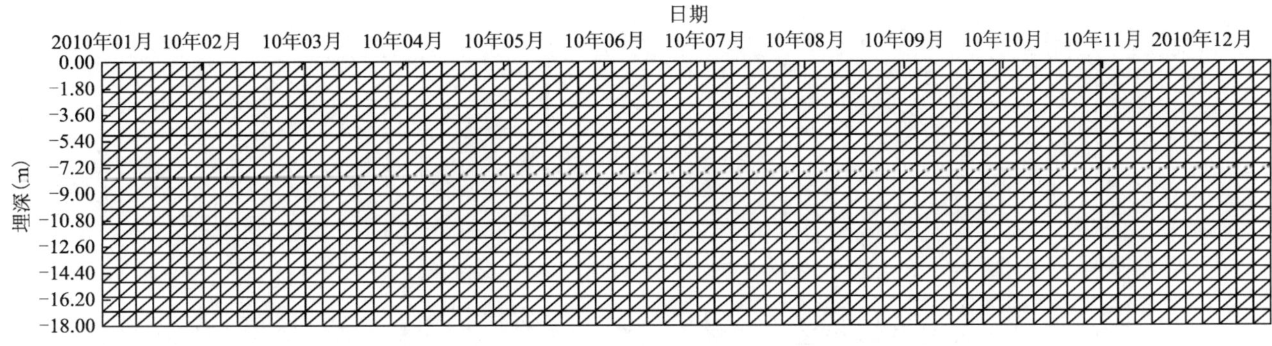

图3 可视化数据分析模型图

数据模型的 x 坐标轴表示时间轴，y 坐标轴表示埋深，三角形体元的各个顶点表示地温监测点所在的位置，用时间、埋深两个坐标表示，监测的地温值表示该点处的属性值。

2.3 冻胀、融沉深度范围分析

冻胀、融沉深度范围分析主要在建立的可视化数据模型的基础上，提取特征地温的等值线范围，冻土的冻胀和融沉以 0℃地温值作为特征地温，0℃区域以上的温度为融沉区，0℃以下的区域为冻胀区。在可视化数据分析模型上提取 0℃地温等值线所包含的区域，就可以得到冻胀和融沉的深度范围。由于预先对离散点的数据进行了预处理，按等间距埋深对测孔的地温监测数据进行重采样，生成的三角形单元属于规则三角形单元，采用基于规则三角网的等值线追踪与填充算法[7]，追踪 0℃地温等值线，记录等值线所经过的各个坐标点的位置。

2.4 建立绘图系统

绘图系统主要用于绘制建立的数据可视化模型、冻胀或融沉区域的范围以及坐标轴。绘图系统用 GDI+ 技术构建，绘图系统主要由数据集绘制类、线段绘制类、曲线绘制类、坐标轴绘制类及标注类组成。

（1）数据集绘制类：主要负责数据可视化分析模型的绘制，其可以根据传入的可视化分析数据模型获取数据值的最大、最小值范围，动态地设置绘制区域，设置冲填绘制或线框绘制的模式，绘制可视化数据集。

（2）线段绘制类：主要绘制可视化过程产生的各种直线段，可以设置线段的宽度、颜色。

（3）曲线绘制类：用于绘制各种曲线，如地温特征等值线追踪过程生成的冻胀或融沉区域，可以设置绘制曲线的模式（光滑、折线），设置绘制曲线的宽度、颜色等。

（4）坐标轴绘制类：用于绘制坐标轴，可以根据可视化分析数据模型获取最大、最小数据值。动态地设置坐标轴的刻度尺寸、设置坐标轴显示的位置、字体、标题等。

（5）标注类：主要用于标注特征地温等值线。可以设置是否标注，标注字体的颜色、大小，字体的字符集等。

3 结语

通过本文提供的可视化绘制方式，建立了地温数据可视化绘制软件包。采用本文提供的可视化实现方法，对某断面右侧路肩孔 2010 年 1 月 1 日至 2010 年 12 月 31 日的地温监测数据进行分析，结果如图 4 所示。

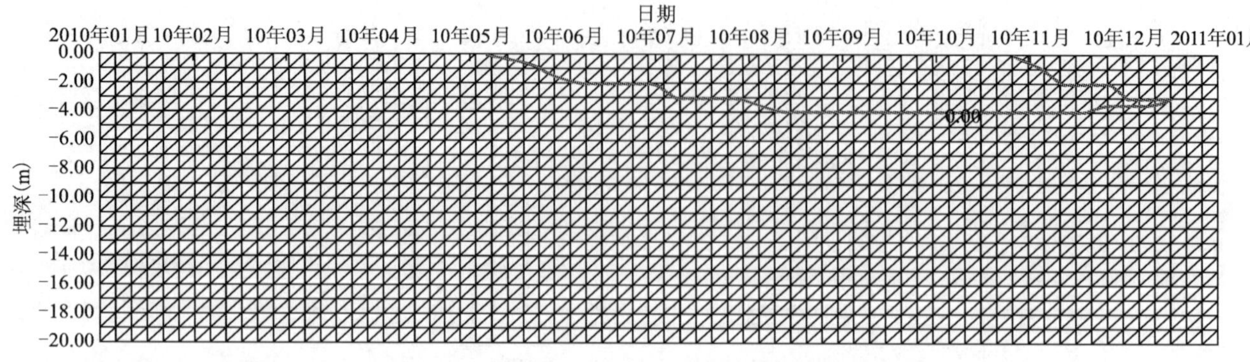

图 4　监测断面右侧路肩孔地温监测数据分析图

从图 4 中可以看出，从 5 月开始出现融沉区，融沉区的深度范围从 6 月份开始逐渐扩大，9 ～ 10 月中旬融沉区的最大深度达到地下 4.0m。融沉区域 10 月末由地表开始冻胀，12 月份冻胀的深度达到地下 3.0m 处。

某断面天然孔取 2010 ～ 2012 年三年的监测数据进行可视化分析，结果如图 5 所示。

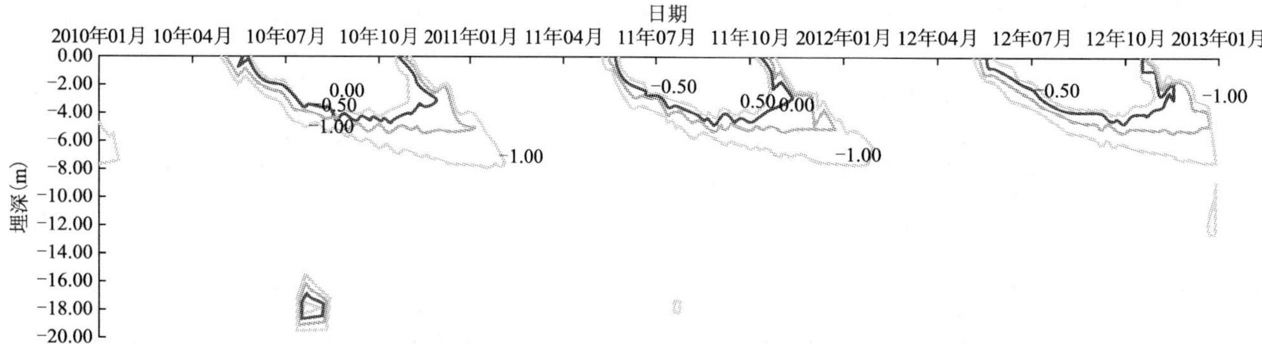

图 5　监测断面天然孔地温监测数据可视化分析图

从图 5 可以看出，三年的冻胀、融沉变化趋势基本一致，从每年的 5 月份开始冻土产生融沉，从每年的 10 月末开始从地表产生冻胀。

从以上分析结果可以看出，根据地温监测数据，采用本文提供的可视化分析实现方式，能较好地通过数据可视化的手段，反映冻土区冻胀和融沉深度在不同时间的变化范围以及在长时间尺度范围内冻胀和融沉深度的变化规律。

参考文献

[1] 尚庆生，郭建文 . 基于 Kriging 插值的钻孔地温数据体式化 [J]. 遥感技术与应用，2006（4）：302-304.

Shang Qingsheng, Guo Jianwen. Volume visualization of borehole geothermal data using kriging[J]. Remote sensing technology and application, 2006, 21(4): 302-306.

[2] 徐翠微，孙绳武 . 计算方法引论 [M]. 2 版 . 北京：高等教育出版社，2002.

Xu Cuiwei, Sun Shengwu. Calculation method introduction [M]. Second edition. Beijing: Higher Education Press, 2002.

[3] 唐泽圣 . 三维数据场可视化 [M]. 北京：清华大学出版社，1999.

Tang Zesheng. 3D data visualization [M]. Beijing: Tsinghua University Press, 2002.

[4] 孙秋分，谢锦龙 . 基于多尺度空间体元的地学三维建模 [J]. 计算机工程，2011（10）：4-6.

Sun Qiufen, Xie Jinlong. 3D Geology modeling based on multi-scale spatial voxel volume [J]. Computer Engineering,

2011(10): 4-6.

[5] 李晓红．一种基于 LiDAR 点云生成 DEM 格网的算法 [J]. 测绘通报，2012（12）44-46.
Li Xiaohong. A fast algorithm of LiDAR point clouds to generate grid DEM [J]. Bulletin of Surveying and Mapping, 2012(12)44-46.

[6] 金博，郭立．计算几何及应用 [M]. 哈尔滨：哈尔滨工业大学出版社，2012.
Jin Bo, Guo Li. computational geometry and applications [M].Haerbin: Harbin Institute of Technology Press, 2012.

[7] 廖国忠，张伟．基于规则三角网的等值线追踪与填充算法的实现与应用 [J]. 物探化探计算技术，2014（1）120-123.
Liao Guozhong, Zhang Wei. Realization and application of the algorithm based on rule triangulated network of the contour tracing and filling [J]. Computing Techniques for Geophysical and Geochemical Exploration, 2014(1)120-123.

川藏铁路山地灾害综合数据库与信息平台研究

邹 强[1] 葛永刚[2] 张广泽[3] 唐建喜[1] 苏凤环[2]

（1. 西南科技大学环境与资源学院，绵阳 621010；2. 中国科学院水利部成都山地灾害与环境研究所，成都 610041；
3. 中铁二院工程集团有限责任公司，成都 610031）

摘　要：针对泥石流、崩塌、滑坡等山地灾害风险防范数据管理的特点，开展了山地灾害综合数据库设计与开发方法研究。以川藏铁路沿线泥石流、崩塌滑坡等山地灾害专题数据与环境背景信息为基础，结合地理信息系统、遥感和数据库技术，构建川藏铁路山地灾害综合数据库与信息平台，实现了在人机交互的友好界面上对灾害数据的快速检索、分析、添加、更新、制图、输出等管理操作。其核心是建立灾害分析模型，研究山地灾害的分布规律、工程风险以及对铁路的影响，为川藏铁路线路选定线、设计、建设和运行提供山地灾害基础信息支持，也为进一步建立交通干线工程数字减灾系统提供科学参考。

关键词：山地灾害；数据库；地理信息系统；川藏铁路

Integrated Database and Information Platform of Mountain Hazards along Sichuan-Tibet Railway

Zou Qiang[1] Ge Yonggang[2] Zhang Guangze[3] Tang Jianxi[1] Su Fenghuan[2]

(1. School of Environmental and Resource, Southwest University of Science and Technology, Mianyang 621010, China; 2.Institute of Mountain Hazards and Environment, Chinese Academy of Sciences and Ministry of Water Conservancy, Chengdu 610041, China; 3. China Railway Eryuan Engineering Group Co. Ltd, Chengdu 610031, China)

Abstract: Through analyzing the characteristics of debris flows, collapses and landslides, the method which is used to design and construct database of mountain hazards was discussed in this article. Based on the data including debris flows, collapses and landslides and the information of environmental conditions along Sichuan-Tibet railway, integrated database and information platform of mountain hazards was designed and built by using Geographic Information System(GIS), Remote Sensing(RS)and database technology. This system not only can help manage spatial data and attribute data efficiently for mountain hazards on human-computer interaction interface, also do to provide models or functions to analyze distribution regularities, engineering risk of mountain hazards and the effects caused to railway, which is beneficial to provide basic information for line selection, design, construction and operation of Sichuan-Tibet railway. Moreover, such information system is to provide scientific foundation for digital disaster mitigation system for arterial traffic roads.

Keywords: mountain hazard; database; geographic information system; Sichuan-Tibet railway

加快西部山区路网建设是国家西部深度开发战略的重要组成部分。川藏铁路的修建，提升沿线地区的交通条件，促进沿线自然资源开发，对我国西部山区经济增长、社会发展和现代化建设具有重要的推动

作者简介：邹强（1982—），男，副教授。

基金项目：国家自然科学基金重点基金项目（批准号：41401598），中国科学院科技服务网络计划（STS计划）（批准号：KFJ-EW-STS-094）。

作用，同时也在维护国家统一、巩固国防、加强民族团结等方面起到了极大的推动和保证作用。

川藏铁路地跨我国第一级阶梯与第二级阶梯，由于特定的地质地貌和水文气象环境，铁路沿线地区泥石流灾害极为活跃，不仅具有类型齐全、分布密度大、暴发频率高的特点，而且活动规模之大、危害程度之高、影响范围之广，为国内外所罕见[1]。20 世纪 50~60 年代开始，我国学者们已在川藏铁路沿线地区开展了山地灾害的调查与分析工作[2-4]。随后，专家学者们在川藏交通干线区域开展了山地灾害类型、成因、运动过程、堆积特征、流体结构、模型试验以及综合工程防治等方面的深入研究[5-9]。在中国科学院科技服务网络计划（STS）项目“川藏铁路山地灾害分布规律、风险分析与防治试验示范”的支持下，我们研发了川藏铁路山地灾害综合数据库信息平台（STR_IDIPMH）。STR_IDIPMH 的建立，不但能够为川藏铁路线路选定线、设计、建设和运行提供山地灾害基础信息支持[10]，而且为进一步的减灾工程设计和其他线性工程山地灾害的研究和防治提供了可资借鉴的经验。

1 建设目标

以川藏铁路沿线泥石流、崩塌滑坡等山地灾害的调查结果为基础，构建川藏铁路山地灾害成灾环境数据库与灾害专题数据库，有效管理泥石流、滑坡、崩塌和溜砂坡等山地灾害信息，解决数据存储不便、属性数据和空间数据不能关联的问题，实现山地灾害数据的采集、检索、更新、管理、显示，同时完成滑坡崩塌泥石流灾害的专题分析与评价，生成数据开发产品，为川藏铁路建设提供山地灾害数据平台支持。

2 数据库系统平台架构

系统平台基于空间数据和属性数据的联合分析处理，为提高数据的查询、分析、编辑、检索等效率，系统采用基于 COM 的组件式软件开发方法，在业务上将系统划分为数据采集域质量控制、数据编辑管理、查询统计、空间分析、数据产品服务、可视化建模与专题制图、数据库管理八个模块；在系统内部功能实现上将系统划分为相对独立的功能组件，相互之间基于接口进行通信。在软件体系构成上采用三层 C/S 结构，即数据层、GIS 处理层与服务层三层结构体系（图 1），分别负责实现数据管理访问、GIS 业务处理、用户交互等功能，提高系统的灵活性和可维护性。

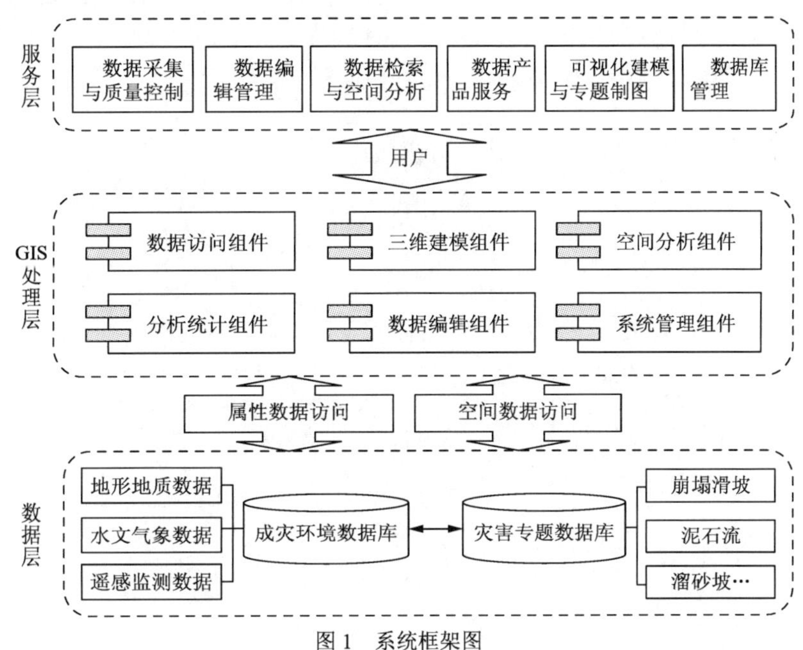

图 1　系统框架图

3 山地灾害数据库

3.1 数据库内容

川藏铁路山地灾害数据库主要包含了滑坡、泥石流、崩塌和溜砂坡四种灾害的空间数据和属性数据。山地灾害综合数据库的结构图见图2。

（1）空间数据：包括研究区域的遥感调查数据、地形地质数据、水文气象数据、铁路廊道背景特征数据等相关信息。

（2）属性数据：与空间要素相关的属性描述信息，它反映了关联要素的特征。

（3）多媒体数据：与灾害空间数据相关联的多媒体信息，如灾点的音频、视频、影像、平面图、剖面图、照片等数据。多媒体数据是山地灾害数据的重要组成部分。

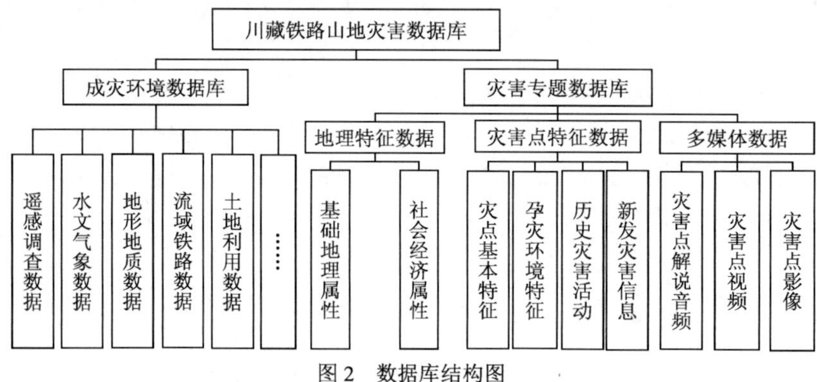

图2 数据库结构图

3.2 山地灾害数据库建设

3.2.1 灾害数据属性结构

山地灾害所涉及的属性数据量庞大，为了提高查询的效率以及后续的可扩展性，将泥石流、崩塌和滑坡灾害的属性数据进行分解，建立主表与子表的关系。以泥石流为例，其表结构设计如图3所示，其中，泥石流主表的主键作为与空间数据的外键进行连接，而泥石流子表则以主表的外键与之建立联系。在进行数据库查询和更新时，可根据需要对各子表分别进行操作。

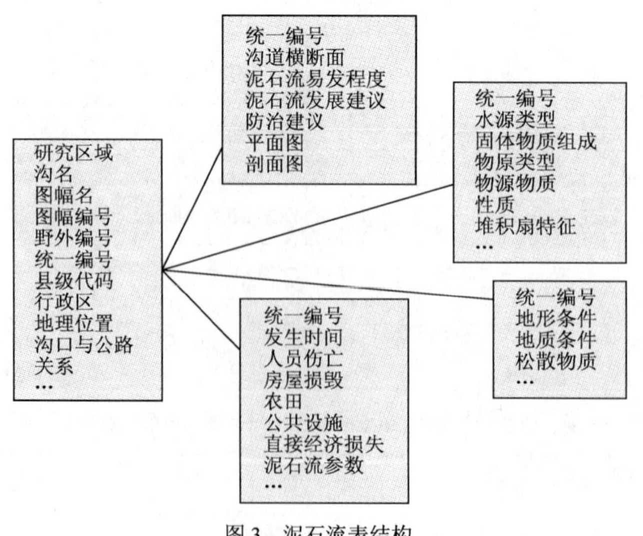

图3 泥石流表结构

3.2.2 灾害数据表间关系

建立表间的关系可更好地保证数据的完整性和一致性。通过数据表间联系，可以把离散数据表有机地组织成一个整体数据库。以泥石流、滑坡、崩塌和溜砂坡灾害数据为基础，以各个灾种的基础信息表为主表，建立表间关系。

为了实现灾害属性数据之间、属性数据与空间数据之间的关联调用，采用唯一标识码实现表与表的连接[11,12]，本研究将崩塌、滑坡、泥石流、不稳定斜坡等灾害数据在入库的过程中采用统一编码，用数据项“灾害统一编码”描述实现此功能。该地质灾害统一编号的编码结构如图4所示。

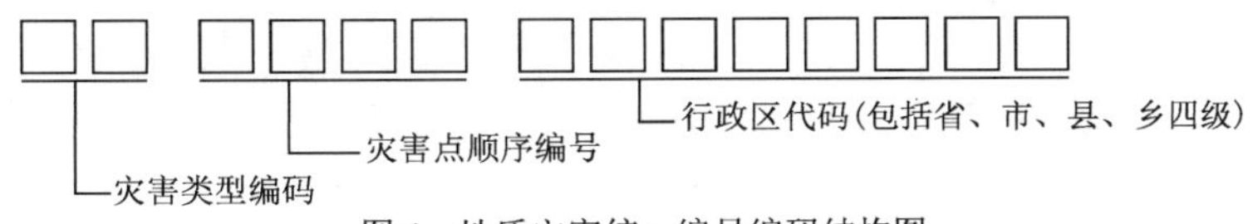

图4 地质灾害统一编号编码结构图

3.2.3 数据表建立

根据川藏铁路山地灾害的分类，分别建立泥石流、崩塌、滑坡及溜砂坡的信息表。泥石流灾害属性数据主要包括泥石流基本信息表，泥石流基本特征和堆积扇基本特征表，泥石流不良地质与防护工程表，泥石流对拟建铁路影响及采样与图片表，泥石流灾害历史表，泥石流参数、地形条件、地质条件与松散物质表，泥石流防治建议与示意图表。滑坡灾害数据主要包括滑坡灾害基本信息表、滑坡环境与基本特征表、滑坡建议与示意图表。崩塌灾害数据主要包括崩塌灾害基本信息表、崩塌基本特征表、崩塌防治建议与示意图表。溜砂坡灾害数据主要包括溜砂坡基本特征表、溜砂坡防治建议与示意图表。

4 山地灾害信息平台

4.1 系统设计

以山地灾害数据专题分析与评估管理工作的主要内容与方法为指导，采用COMGIS独立二次开发的模式完成川藏铁路山地灾害综合信息平台的设计与开发。界面设计上体现泥石流、崩塌、滑坡和溜砂坡等灾害，在系统功能上实现数据采集域质量控制、数据编辑管理、查询统计、空间分析、数据产品服务、可视化建模与专题制图、数据库管理等功能(图5)。

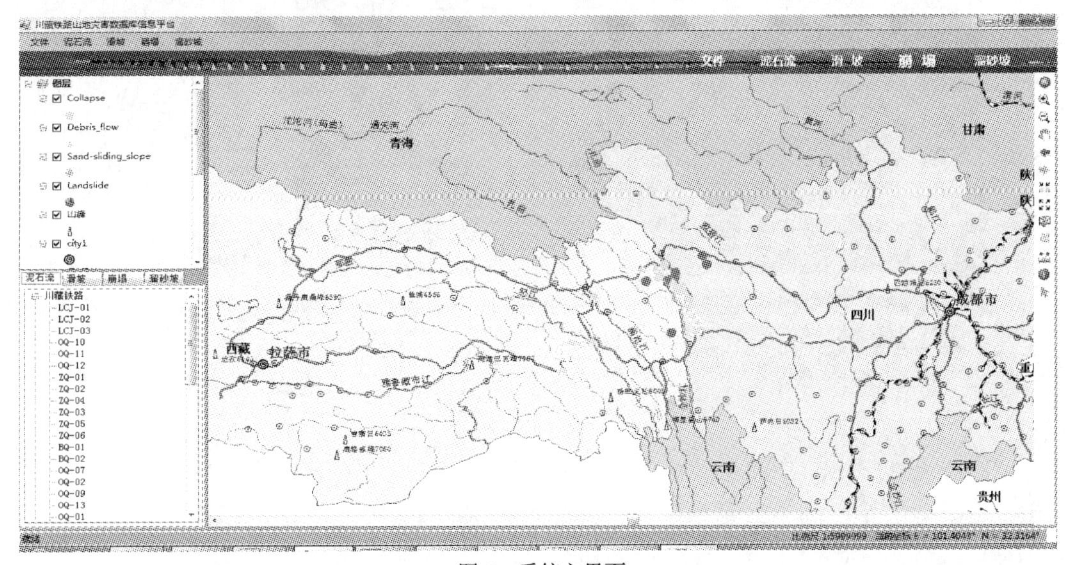

图5 系统主界面

4.2 系统平台主要功能

4.2.1 地图可视化

图形显示功能将系统中所有的基础地理图层以分层或者综合的方式进行显示，能实现用户的定制显示；可以根据显示的比例尺，对所显示的地理要素进行协调，动态显示地图中各点的坐标值，完成距离和面积量算；还可以实现地图保存、另存为、打印预览、打印及输出图片。

4.2.2 山地灾害数据采集

访问数据库，基于自动化与用户交互两种方式实现山地灾害数据采集。以泥石流灾害为例说明山地灾害数据录入功能，由于泥石流灾害数据特征值数量较大，将泥石流的数据分成七个步骤完成：

（1）泥石流位置信息录入。

（2）泥石流基本特征录入。

（3）泥石流不良地质条件与防护工程录入。

（4）泥石流对拟建铁路影响及采样与图片录入。

（5）泥石流灾害史录入。

（6）泥石流孕灾环境条件录入。

（7）泥石流剖面图信息录入。

4.2.3 数据的更新管理

体现山地灾害演化特征，平台实现了对同一地点同一灾害的跟踪显示，可以对灾点演变数据进行编辑与更新。修改完成后，点击更新即可将原有数据进行更新操作。如图6所示是泥石流灾害数据更新界面。

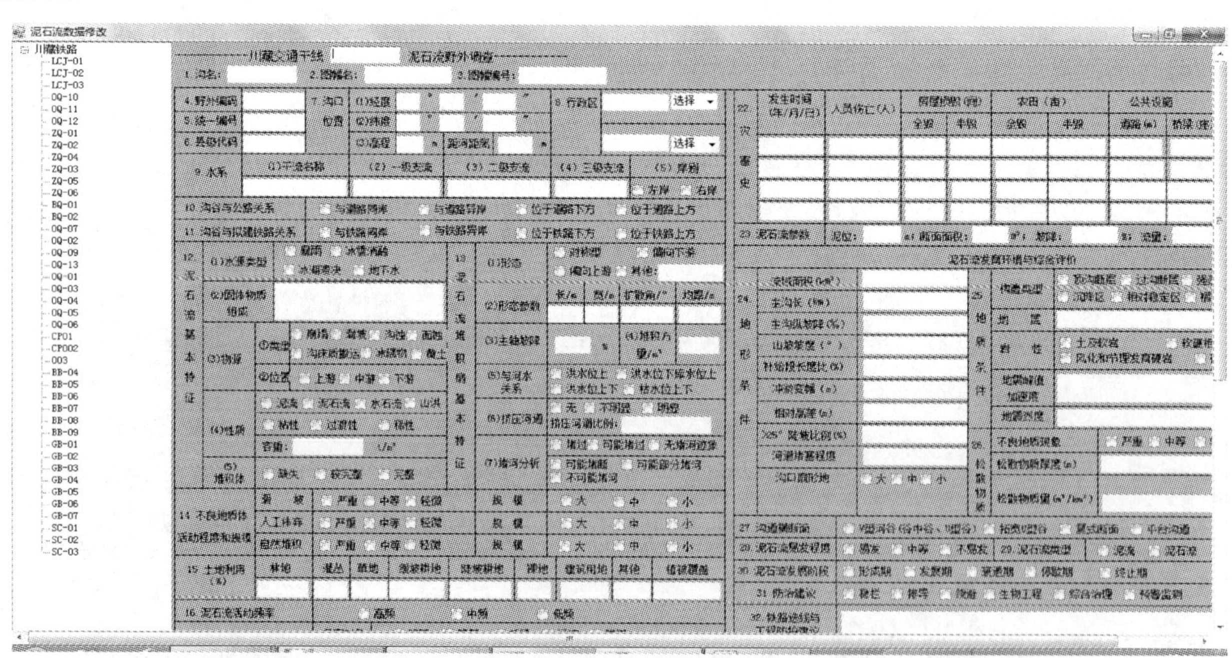

图6 泥石流灾害数据更新界面

4.2.4 灾点专题制图

基于野外采集的灾害空间坐标生成灾害分布图层，并加载到当前的制图模块的工作空间中，生成泥石流、滑坡、崩塌和溜砂坡等专题图。结合专题出图需求，编辑地图样式，调整主题数据，导出专题图。

4.2.5　灾害空间查询与分析

灾害空间分析查询分为两个层次：灾害单点分析与灾害区域分析。基于灾点的分析，主要实现单灾点的空间分析与信息查询，可通过鼠标点击查看单个崩塌、滑坡、泥石流等灾害的特征信息。灾害区域分析，是基于一定范围（如行政区划、流域）的灾害信息，完成灾害分布规律、危害状况的空间关联分析。

4.2.6　图形和属性数据编辑模块

图形与属性的可视化编辑，可直观地检查原始数据或图形的正确性，并实现图形与属性的联动编辑修改，还能进行各种图面整饰、图案线形的设计以及建立图形的空间拓扑关系。

4.2.7　灾害统计分析

统计各评价因子分级或分类中灾害发育频数：选择确定灾害评价因子，如坡度、相对高差、岩性、土地类型、与主要断裂的距离，根据各个因子分类分级标准统计相应范围内的灾害数量与分布，归纳出灾害发生与坡度的函数关系，进一步分析区域内灾害的发育规律。

4.2.8　灾害专题评价

依据野外调查山地灾害数据，分别对各个流域单元内山地灾害数量进行统计，并计算得出各流域段内川藏铁路沿线山地灾害的分布密度，同时，分析流域内山地灾害形成条件。利用建立的山地灾害危险程度评价模型[13]，计算灾害危险度指数，确定不同危险度等级，对评估区危险性指数进行分级处理，并制作灾害危险性评价专题图。如图 7 所示是帕隆藏布流域泥石流灾害危险性分析结果图。

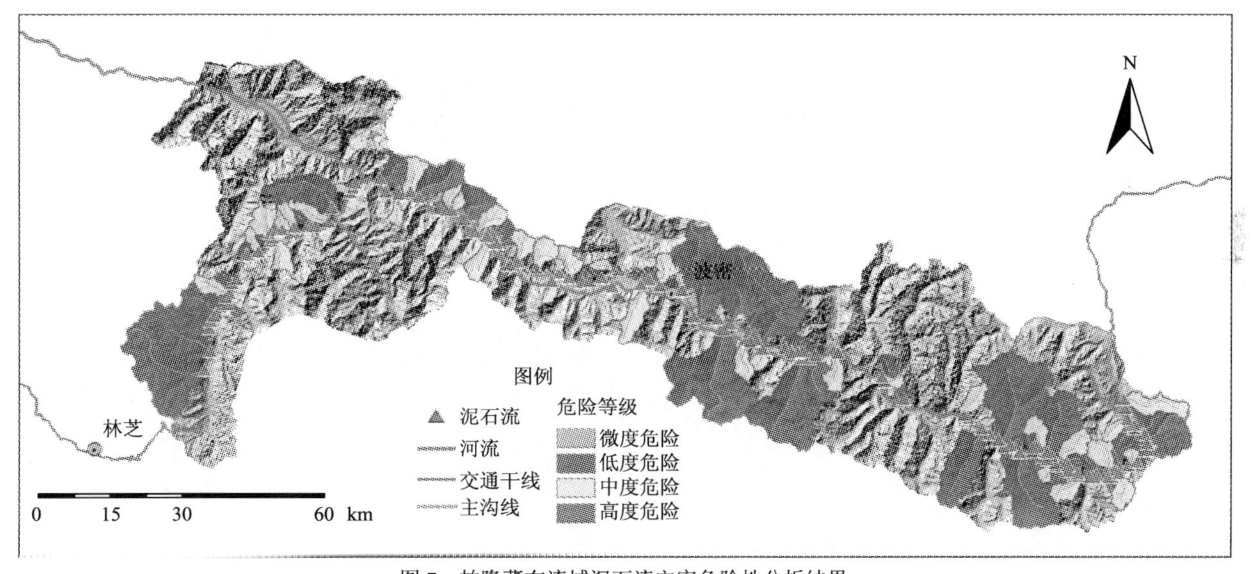

图 7　帕隆藏布流域泥石流灾害危险性分析结果

5 结语

川藏铁路山地灾害综合数据库与信息平台以川藏铁路沿线山地灾害的专题数据与环境背景信息为基础，以地理信息系统、遥感和数据库为技术支撑，成功实现了泥石流、滑坡、崩塌及溜砂坡等山地灾害的有效管理，实现对多灾种的分布规律、工程风险以及复合灾害分析与结果应用，对交通干线工程线路选定线设计以及制定减灾规划具有指导意义。信息平台的进一步发展目标是建立具有开放性、可移植性、易操作特点的交通干线工程数字减灾系统，该系统以遥感、移动 GIS 服务、网络技术等为主要基础支撑，集成动力过程研究山地灾害形成过程与机理、承灾体与山地灾害的相互作用、山地灾害潜在风险分析，以实现防灾减灾信息的科学管理 [14]，对灾害实现实时监测与及时响应，为决策部门提供更加准确的灾害信息和应急措施、辅助决策。

参考文献

[1] 罗德富，朱平一，陈瑞，等 . 川藏铁路南线(西藏境内)山地灾害及防治对策 [M]. 北京：科学出版社，1995.

[2] 施雅风，杨宗辉，谢自楚，等 . 西藏古乡地区的冰川泥石流 [J]. 科学通报，1964，15（6）：542-544.

[3] 杜榕桓，李鸿琏，唐邦兴，等 . 三十年来的中国泥石流研究 [J]. 自然灾害学报，1995，4（1）：62-73.

[4] 唐邦兴 . 中国泥石流 [M]. 北京：商务印书馆，2000.

[5] 姚令侃，沈寿长 . 铁路泥石流防治安全性及综合减灾决策的研究 [J]. 自然灾害学报，1995，4（suppl.）：173-181.

[6] 崔鹏，林勇明，蒋忠信 . 山区道路泥石流滑坡活动特征与分布规律 [J]. 公路，2007，6：77-82.

[7] Chen Hongkai, Tang Hongmei, Wu Sifei. Research on abrasion of debris flow to high-speed drainage structure [J]. Applied Mathematics and Mechanics. 2004, 25(11): 1257-1264.

[8] 程尊兰，朱平一，党超，等 . 藏东南冰湖溃决泥石流灾害及其发展趋势 [J]. 冰川冻土，2009，30（6）：954-959.

[9] Cui Peng, Xiang Lingzhi, ZouQiang. Risk assessment of highways affected by debris flows in Wenchuan earthquake area [J]. Journal of Mountain Science, 2013, 10(2): 173-189.

[10] 蒋忠信，崔鹏，王成华 . 进藏交通干线减灾选线理论原则 [J]. 铁道工程学报，2004，02：1-6.

[11] 王静爱，史培军，朱骊，等 . 中国自然灾害数据库的建立与应用 [J]. 北京师范大学学报(自然科学版)，1995，31（1）：121-126.

[12] 刘丰，王泽，曲政 . 基于数据库的图文报表生成系统的研究 [J]. 计算机应用，2006，26（2）：36-38.

[13] ZouQiang. Hazard assessment of highways affected by debris flows[J]. Applied Mechanics and Materials, 2014, 501-504, 2455-2462.

[14] 崔鹏 . 中国山地灾害研究进展与未来应关注的科学问题 [J]. 地理科学进展，2014，33（2）：145-152.

第三章

现代铁路建造与能力保持

大跨径桥梁钝体构件风致振动的研究现状与展望

陈克坚　周　帅

（中铁二院工程集团有限责任公司，成都 610031）

摘　要：综述目前主流的涡振幅值估算方法，从理论基础上分析比较了各自的特点以及应用范围。以一组大长细比圆形截面匀质构件的实测涡振幅值数据为基础，对比研究各种估算方法的效率，重点观察高阶涡振幅值的估算情况。针对矩形截面柔性构件涡振和驰振耦合状态下的“软驰振”现象进行理论描述，并提出了相关的幅值估算经验公式。通过对一座实际柔性桥梁的涡振幅值进行估算并与现场实测值对比，分析总结了涡振幅值估算在该领域的研究现状，对今后的研究重点分别作了展望。

关键词：柔性桥梁；涡振幅值；估算方法；风洞试验；高阶振型

The Research Status and Prospects on Wind-Induced Vibration for Bluff Bodies of Large Span Bridges

Chen Kejian　Zhou Shuai

(China Railway Eryuan Engineering Group Co. Ltd, Chengdu 610031，China)

Abstract: The prevailing Vortex-induced vibration(VIV)amplitudes estimation methods are introduced, whose theoretical basis and application limits are comparatively analyzed. Their prediction efficiency on VIV amplitude are examined based on a group of practically measured VIV data, which belong to several constant circular cross section slender structures, and the prediction on high mode VIV amplitudes of structures are specifically highlighted. With respect to the coupling cases of VIV and galloping on slender rectangular cylinders, the theoretical basis are kindly expressed, and the correspondingly empirical amplitude estimation method is initially revealed. Finally, the research status of VIV amplitude estimation on flexible bridges is concluded through the application of the prevailing methods on a real bridge's filed tests measured VIV data. The research difficulties in this domain are separately summarized and the further works are generally proposed.

Keywords: Flexible bridges; VIV amplitude; estimation methods; wind tunnel tests; high mode

涡激共振是柔性结构，例如大跨径桥梁、高层建筑、高耸的烟囱、高压输电线、海洋输油管、海岸工程等结构的主要工程振动问题之一[1]。建立一个能准确描述涡激力的数学模型是分析和解决这个问题的

作者简介：陈克坚（1966—），男，教授级高级工程师。

基金项目：铁总重大课题（2014G004-A），中铁二院院控科研课题（编号：KYY2016051，KYY2015051，14126199），中铁股份公司重大计划（2015- 重大 -08-1）。

最有效途径。可是由于涡激振动的复杂性，尾流的漩涡脱落在涡振锁定区间的上升段、下降段等不同的振动阶段以及结构的不同边界条件下会呈现出2S、2P、P+S、2T甚至2C等多种不同的模态[2, 3]。伴随着尾流涡模态的转变，流体作用力的大小以及流体作用力与结构响应之间的相位差等都会相应地变化，并且涡激振动的基本特征，例如锁定区间的分支，区间内振动频率与固有频率的比值等，在水和空气等不同流体中也呈现出不同的特性[4]。因此，用一个统一的数学模型来描述涡激力变得十分困难。但是，基于一些基本的假定，目前学术界已提出了多种涡激力数学模型，主要分为单自由度和两自由度两大类[5]。值得注意的是，所有模型中关键的流体参数往往需要提前假定或者根据结构的实测涡振响应进行识别，并且这些流体参数对结构参数以及来流速度的变化往往都非常敏感，例如Scanlan半经验模型[6,7]。因此，针对以上的研究难点，建立一个能准确估算结构涡振幅值的经验公式，在工程设计阶段确定各项参数设计指标，把涡振幅值控制在可以接受的范围内，成为了解决该问题的另一种途径。为此，本文系统地综述目前主要的几种涡振幅值估算方法，分析各自的理论背景和适用范围，采用实测数据横向比较各估算方法的效率，最后，针对柔性桥梁涡振幅值估算的研究现状和研究难点进行总结和展望。

1 涡振幅值估算方法综述

结构在涡激力荷载作用下的动力方程为：

$$M\cdot\ddot{v}(x,t)+C\cdot\dot{v}(x,t)+k\cdot v(x,t)=P(t) \tag{1}$$

式中：M——结构质量矩阵；

$$v(x,t)=\Phi\bullet Y(t)$$

$v(x,t)$——结构位移响应；

Φ——振型矩阵；

$Y(t)$——广义坐标；

C——结构阻尼矩阵；

k——结构刚度矩阵；

$P(t)$——涡激力荷载向量。

根据线性体系的振型分解，结构第n阶广义单自由度模态动力方程为：

$$M_n\cdot\ddot{Y}(t)+\xi_n\cdot 2\cdot\omega_n\cdot M_n\cdot\dot{Y}(t)+\omega_n{}^2\cdot M_n\cdot Y(t)=\int_0^L\varphi_n(x)\cdot P(t)\cdot\mathrm{d}x \tag{2}$$

式中：ξ_n——结构第n阶模态阻尼比；

ω_n——结构第n阶模态固有圆频率；

M_n——第n阶等效质量；

$\varphi_n(x)$——结构第n阶固有振型；

L——结构全长[8]。

1.1 估算方法一：Ruscheweyh模型

Ruscheweyh将涡振锁定区间内的涡激力描述为简谐力[9]：

$$P(t)=\frac{1}{2}\cdot\rho\cdot U^2\cdot D\cdot C_{\mathrm{L}}\cdot\sin(\omega\cdot t+\psi) \tag{3}$$

式中：ρ——空气密度；

U——来流速度；

D——截面横风向尺寸；

ψ——结构位移响应与涡激力的相位差；

C_L——升力系数均方根。

忽略结构在风荷载作用下的涡激力荷载与位移响应之间的相位差，认为结构为简谐响应，即：

$$Y(t)=Y_{\max}\cdot\sin(\omega\cdot t+\psi) \tag{4}$$

将式(3)和式(4)代入式(2)，可以得到结构第 n 阶振型的涡激共振广义坐标位移幅值为：

$$Y_{\max}=\frac{\int_0^h \varphi_n^{\mathrm{T}}(x)\cdot P(t)\cdot \mathrm{d}x}{M_n\cdot\omega_n^2}\cdot\frac{1}{2\cdot\xi_n} \tag{5}$$

式中：h——涡激力展向相关长度。

因此，结构第 n 阶振型无量纲涡振位移幅值为：

$$\begin{aligned}\frac{v_{n,\max}}{D}&=\varphi_{n,\max}(x)\cdot\frac{Y_{\max}}{D}=\varphi_{n,\max}(x)\cdot\frac{\frac{1}{2}\cdot\rho\cdot U^2\cdot \mathrm{C_L}\cdot\int_0^h\varphi_n^{\mathrm{T}}(x)\cdot\mathrm{d}x}{m\cdot\int_0^L\varphi_n^2(x)\cdot\mathrm{d}x\cdot(2\cdot\pi\cdot f_n)^2}\cdot\frac{1}{2\cdot\xi_n}\\&=\frac{1}{S_{\mathrm{cr}}}\cdot\frac{1}{S_{\mathrm{t}}^2}\cdot C_{\mathrm{L}}\cdot\frac{\varphi_{n,\max}(x)\cdot\int_0^L\varphi_n(x)\cdot\mathrm{d}x}{4\cdot\pi\cdot\int_0^L\varphi_n^2(x)\cdot\mathrm{d}x}\cdot\frac{\int_0^h\varphi_n^{\mathrm{T}}(x)\cdot\mathrm{d}x}{\int_0^L\varphi_n(x)\cdot\mathrm{d}x}\\&=\frac{1}{S_{\mathrm{cr}}}\cdot\frac{1}{S_{\mathrm{t}}^2}\cdot C_{\mathrm{L}}\cdot K\cdot K_{\mathrm{w}}\end{aligned} \tag{6}$$

式中：m——匀质结构每延米物理质量；

S_{cr}——结构 Scruton 数，$S_{cr}=4\pi m\xi n/(\rho D^2)$；

S_t——结构横截面 Strouhal 数，$S_t=f_n D/U$；

f_n——结构第 n 阶模态固有工程频率；

K——结构第 n 阶模态振型修正系数；

K_w——相应的涡激力展向相关性系数。

式(6)即为 Euro Code 中的结构涡振幅值估算公式之一[10]。

该估算方法基于标准的简谐涡激力荷载和结构简谐响应的基本假定，考虑结构位移响应与涡激力荷载之间完全同相位，振动频率与固有频率一致，按照线性体系的振型分解法进行数学推导，所得出的涡振幅值估算公式具有理论可行性。

但是，值得注意的是，该估算方法理论推导中的一个关键参数，即横风向升力系数均方根 C_L，是随着截面形式和 Reynolds 数的变化而变化的，结构在静止状态下和振动状态下的 C_L 也不尽相同。另外，展向相关性参数 K_w 对于三维结构的高阶涡振幅值估算十分重要，但它也是随着截面形式、振幅、振型等参数的变化而变化。在大量的现场实测和试验数据的基础上，Ruscheweyh 模型拟合了少数典型截面构件在不同流场条件下 C_L、K_w 等关键参数的经验取值方式，可以很方便地估算该类结构在风荷载作用下的各阶涡振幅值[11-14]。

1.2 估算方法二：Griffin Plot

"Griffin Plot" 的理论基础与 Ruscheweyh 模型十分类似，唯一的差别在于考虑了涡激力荷载和结构位移响应之间的相位差[15]。结构的位移响应表示为：

$$Y(t)=Y_{\max}\cdot\sin(\omega\cdot t) \tag{7}$$

同样，将式(3)和式(7)代入式(2)，有：

$$\left[-Y_{\max}\cdot M_n\cdot\omega^2+Y_{\max}\cdot M_n\cdot\omega_n^{\ 2}-\frac{1}{2}\cdot\rho\cdot U^2\cdot D\cdot\cos\psi\cdot\int_0^h\varphi_n(x)\cdot C_{\mathrm{L}}\cdot\mathrm{d}x\right]\cdot\sin(\omega\cdot t)+\left[\xi_n\cdot 2\cdot M_n\cdot\omega_n\cdot Y_{\max}\cdot\omega-\frac{1}{2}\cdot\rho\cdot U^2\cdot D\cdot\sin\psi\cdot\int_0^h\varphi_n(x)\cdot C_{\mathrm{L}}\cdot\mathrm{d}x\right]\cdot\cos(\omega\cdot t)=0 \tag{8}$$

为使等式恒成立，必须使得正弦和余弦函数前的系数均为0。因此，可以得到结构振动频率与固有频率的比值为：

$$\frac{\omega}{\omega_n}=\left[1-\int_0^h\varphi_n(x)\cdot\mathrm{d}x/\int_0^L\varphi_n^{\ 2}(x)\cdot\mathrm{d}x\cdot\cos\psi\cdot\frac{\rho\cdot D^2}{2\cdot m}\cdot\frac{U^2}{f_n^2\cdot D^2}\cdot\frac{D}{Y_{\max}}\cdot\frac{C_{\mathrm{L}}}{4\cdot\pi^2}\right]^{-\frac{1}{2}} \tag{9}$$

式中：$f_n=\omega_n/2\pi$——结构第 n 阶模态固有工程频率。

可见，当流体密度小时，例如空气中，质量比参数 $\rho D^2/(2m)$ 基本上在 10^{-3} 量级，因此涡激共振时振动频率与固有频率基本一致；当流体密度很大，例如水流中，该质量比参数的影响显著，振动频率与结构固有频率往往不一致，有文献报道该比值可以达到 1.4，甚至更高 [3]。

同时，根据式(8)也可以得到结构无量纲涡振幅值估算公式：

$$\frac{v_{n,\max}}{D}=\varphi_{n,\max}(x)\cdot\frac{Y_{\max}}{D}=\frac{\varphi_{n,\max}(x)\cdot\int_0^h\varphi_n^{\ T}(x)\cdot\mathrm{d}x}{\int_0^L\varphi_n^{\ 2}(x)\cdot\mathrm{d}x}\cdot\frac{\rho\cdot D^2}{\xi_n\cdot m}\cdot\frac{U^2}{f_n^2\cdot D^2}\cdot\frac{f_n}{f}\cdot\frac{C_{\mathrm{L}}\cdot\sin\psi}{16\cdot\pi^2} \tag{10}$$

而文献 [16] 的研究结果表明，涡激力参数项 $C_{\mathrm{L}}\sin\psi$ 是式(10)中结构质量阻尼参数 $\rho D^2/(m\xi_n)$ 的函数。因此，在不考虑结构三维振型和展向相关性的影响以及默认 Strouhal 数恒定的前提下，结构的涡振幅值只与质量阻尼参数相关。

基于该研究结语，文献 [15] 以结构质量阻尼参数为唯一参数，对大量的实测数据进行回归分析，建立了相应的经验公式，即为“Griffin Plot”。然而，针对原始的“Griffin Plot”数据离散性大的缺陷，在 500<Reynolds<33000 的范围内，文献 [17] 综合考虑了对 Reynolds 数的修正，提出了“Modified Griffin Plot”，使得估算公式更为合理，即：

$$\frac{Y_{\max}}{D}=(1-1.12\alpha+0.30\alpha^2)\lg(0.41R_{\mathrm{e}}^{\ 0.36}) \tag{11}$$

式中：R_{e}——雷诺数 $R_{\mathrm{e}}=\rho UD/\mu$；

α——质量阻尼参数，$\alpha=(m^*+C_{\mathrm{A}})\xi_n$；

ξ_n——结构机械阻尼比；

m^*——质量比，即结构物理质量与相应体积下的流体质量的比值；

C_{A}——附加质量参数，在风致振动中的影响可忽略。

文献 [18] 的研究表明，Reynolds 数在 $5.0\mathrm{e}^5$ 的的量级时，“Modified Griffin Plot”对涡振幅值的估算仍然有效。同样值得注意的是，该估算方法在理论上是合理的，但是其估算效率完全取决于拟合数据的来源。而目前的“Modified Griffin Plot”主要还是针对在水流作用下幅值估算，并且在三维结构的涡振幅值估算中振型修正和涡激力展向相关性的影响得不到充分的考虑。

1.3 估算方法三：Tamura 模型

Tamura 模型是针对圆形截面构件，对 Birkhoff 两自由度涡激共振模型的尾流振子长度进行修正而建立的，即假定一个由尾部脱落漩涡构成的尾流振子与结构的振动耦合，并考虑在不同的振动状态尾流振子长度的变化[19]。其振动方程如下：

$$\begin{aligned}&\ddot{\alpha}-2\zeta v\left\{1-\left(\frac{4f^{2}}{C_{\mathrm{L0}}{}^{2}}\right)\alpha^{2}\right\}\dot{\alpha}+v\alpha=-m^{*}\ddot{Y}-vS^{*}\dot{Y}\\&\ddot{Y}+\left\{2\eta+n\left(f+C_{\mathrm{D}}\right)\frac{v}{S^{*}}\right\}\dot{Y}+Y=\frac{-fnv^{2}\alpha}{S^{*2}}\end{aligned} \tag{12}$$

式中：α——尾流振子的角位移；

Y——结构无量纲位移响应；

v——无量纲流体速度；

η——结构机械阻尼比；

f——流体参数，根据 Magnus 效应和尾流振子确定；

ζ——气动阻尼；

C_{L0}——圆柱动态升力系数幅值；

n——质量比；

C_{D}——圆柱阻力系数。

圆柱在风荷载作用下，ζ=0.038；m^*=0.625；S^*=1.26（S_{t}=0.2）；f=1.16；C_{D}=1.2。通过 Runge-Kutta 数值分析方法可以求解式(12)，可得到圆柱的涡振幅值。

对于不同截面形式构件的涡振幅值估算，此模型同样具备理论可行性，只需识别在该截面形式下的相关参数，例如升力系数、尾流振子长度、宽度等。但是，三维结构的振型修正和涡激力展向相关性对涡振幅值的影响需要另外考虑。

1.4 估算方法四：Vickery & Basu 模型

Vickery & Basu 模型基于线性随机振动理论，在理论层面上的主要特征是考虑了结构振动干扰流场而导致的涡激力的影响，即流固耦合效应导致的气动负阻尼的影响。而气动负阻尼的构成综合考虑了 Reynolds 数、紊流度、涡激力展向相关性以及涡振锁定区间内振动频率锁定等一些因素的影响。将此气动负阻尼自激力与结构在静止状态下的涡脱力叠加起来构成整体的涡激力[20,21]。基于一些假定和简化，针对圆形和方形截面构件的涡振幅值估算公式如下：

$$\frac{Y_{\max}}{D}=\frac{\sigma_{\mathrm{y}}}{D}\cdot k_{\mathrm{p}} \tag{13}$$

其中，$k_{\mathrm{p}}=\sqrt{2}\cdot\left[1+\dfrac{1.2}{\tan\left(0.75\cdot\dfrac{S_{\mathrm{cr}}}{4\pi\cdot K_{\mathrm{a}}}\right)}\right]$，为峰值因子；$\sigma_{\mathrm{y}}$ 为位移响应根方差，可以按照下式迭代得到：

$$\frac{\sigma_{\mathrm{y}}}{D}=\frac{1}{S_{\mathrm{t}}{}^{2}}\cdot\frac{C_{\mathrm{c}}}{\sqrt{\dfrac{S_{\mathrm{cr}}}{4\pi}-K_{\mathrm{a}}\cdot\left[1-\left(\dfrac{\sigma_{\mathrm{y}}}{D\cdot a_{\mathrm{L}}}\right)^{2}\right]}}\cdot\sqrt{\frac{\rho\cdot D^{2}}{m}}\cdot\sqrt{\frac{D}{H}} \tag{14}$$

式中：H——构件长度；

S_{cr}——Scruton 数；

S_{t}——Strouhal 数；

K_{a}、a_{L}、C_{c}——反映截面特性的气动参数，与截面形式以及 Reynolds 有关，在 Euro Code 中针对圆形截面和方形截面有各自不同的相关经验取值。

该估算方法在理论构成上也是比较全面的，影响因素考虑的比较全面，特别是考虑了紊流随机振动的影响。但也正是因为考虑了紊流的等各方面的影响，在形成估算公式的过程中做了一些相关的假设和近似，因此在均匀流场下的幅值估算可能不一定合适。另外，该估算模型对于复杂截面结构的涡振幅值估算，其局限性是不言而喻的。

1.5 估算方法五：Scanlan 模型

Scanlan 先后提出了经验线性和非线性模型，该类模型的主要特征是设置气动参数来描述涡激共振锁定区间和限幅的现象。其中，基于在风荷载作用下振动频率与固有频率基本一致的特点，忽略气动阻尼和气动刚度的影响，经验非线性模型的涡激力表示如下[22]：

$$P(t)=\frac{1}{2}\cdot\rho\cdot U^2\cdot D\cdot Y_1\cdot\left[1-\varepsilon\cdot\frac{v(x,t)^2}{D^2}\right]\cdot\frac{\dot{v}(x,t)}{U} \tag{15}$$

式中：Y_1、ε——需要根据实测涡振响应区间而识别的气动参数。

将式（15）代入式（2），则结构的振动方程为：

$$\begin{aligned}&M_n\cdot\ddot{Y}(t)+\xi_n\cdot 2\cdot\omega_n\cdot M_n\cdot\dot{Y}(t)+{\omega_n}^2\cdot M_n\cdot Y(t)\\&=\int_0^h\varphi_n(x)\cdot\frac{1}{2}\cdot\rho\cdot U^2\cdot D\cdot Y_1(K)\cdot\left[1-\varepsilon\cdot\frac{v^2(x,t)}{D^2}\right]\cdot\frac{\dot{v}(x,t)}{U}\cdot\mathrm{d}x\end{aligned} \tag{16}$$

这是一个具有 Van Der Pol 震荡振子特征的非线性方程，振动达到稳态时是具有稳定振幅的极限环运动，因此在每个周期内非保守力总和为 0。可以建立如下等式：

$$\int_0^{\frac{2\pi}{\omega}}\left[\left(\xi_n\cdot 2\cdot\omega_n-\frac{\rho\cdot U\cdot D\cdot Y_1(K)}{2\cdot\bar{m}}\right)\cdot\frac{\int_0^h{\varphi_n}^2(x)\cdot\mathrm{d}x}{\int_0^L{\varphi_n}^2(x)\cdot\mathrm{d}x}+\frac{\rho\cdot U\cdot Y_1(K)\cdot\varepsilon\cdot Y^2(t)}{2\cdot\bar{m}\cdot D}\cdot\frac{\int_0^h{\varphi_n}^4(x)\cdot\mathrm{d}x}{\int_0^L{\varphi_n}^2(x)\cdot\mathrm{d}x}\right]\cdot\dot{Y}(t)\cdot\dot{Y}(t)=0 \tag{17}$$

因此：

$$\frac{v_{n,\max}}{D}=\varphi_{n,\max}(x)\cdot\sqrt{\frac{4\cdot Y_1(K)-8\cdot S_{\mathrm{cr}}\cdot S_{\mathrm{t}}}{Y_1(K)\cdot\varepsilon}\cdot\frac{\int_0^h{\varphi_n}^2(x)\cdot\mathrm{d}x}{\int_0^h{\varphi_n}^4(x)\cdot\mathrm{d}x}} \tag{18}$$

值得注意的是，该估算方法中最为关键的两个气动参数 Y_1 和 ε，均需要通过实测的涡振响应进行识别，并且这两个参数对截面形式、结构的质量、阻尼以及来流风速的变化均十分敏感。因此，该模型对于实际工程结构的涡振幅值估算有很大的局限性。但是，从式（18）可以看出，结构的各阶最大涡振位移幅值与 Scruton 数的关系并非 Ruscheweyh 模型中完全的反比例关系。

2 匀质构件涡振幅值估算的效率对比

本节根据一组现场实测和风洞试验实测的涡振幅值数据，对上述五种主要的涡振幅值估算方法的估算效率进行横向比较。由于 Scanlan 模型的估算实际上是基于实测涡振幅值基础上的参数识别，文献[5] 验证了该过程的可逆性，因此本文不再进行讨论。

2.1 实测值

三组匀质圆形截面构件的结构参数以及实测涡振幅值数据如表 1 所示。Case 1 对应文献 [23] 的直立烟囱，其基本结构参数以及长期现场观测获得的涡振幅值结果如表1所示。Case 2和Case 3为本文根据高压输电塔大长细比杆件的工程背景开展的风洞试验，试验杆件的边界条件近似为两端简支，两个工况分别对应同一根试验杆件一阶和二阶弯曲振型涡激共振。图1和图2分别对应Case 2的振幅和频率响应，而图3和图4则分别对应Case 3的振幅和频率响应。从图中可以看出，试验杆件一阶二阶弯曲振型涡激共振锁定区间的无量纲起振风速点均在5左右，对应Strouhal数为0.2，相应的振动卓越频率与固有频率非常接近，而涡振幅值基本相同。

结构参数及实测数据列表 表1

编号	等效质量(kg/m)	阻尼比	固有频率(Hz)	横截面直径(m)	Strouhal	Reynolds	长度(m)	实测无量纲涡振幅值
Case 1	87.0	0.002	1.72	0.91	0.2	4.71×10^5	28.0	0.154
Case 2	6.1	0.00145	15.87	0.06	0.2	1.89×10^4	3.1	0.027
Case 3	6.1	0.00158	53.34	0.06	0.2	6.35×10^4	3.1	0.026

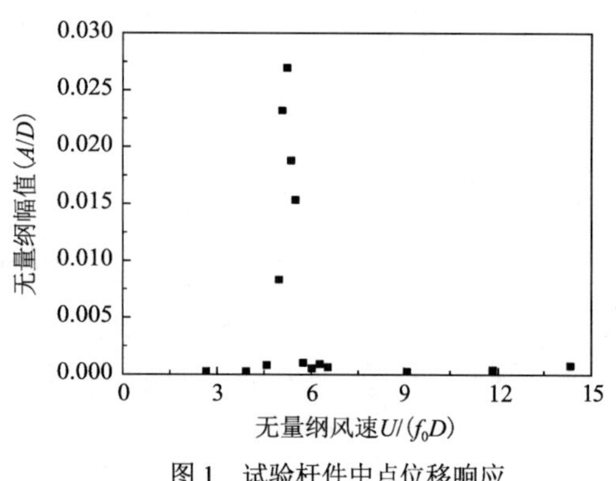

图1 试验杆件中点位移响应

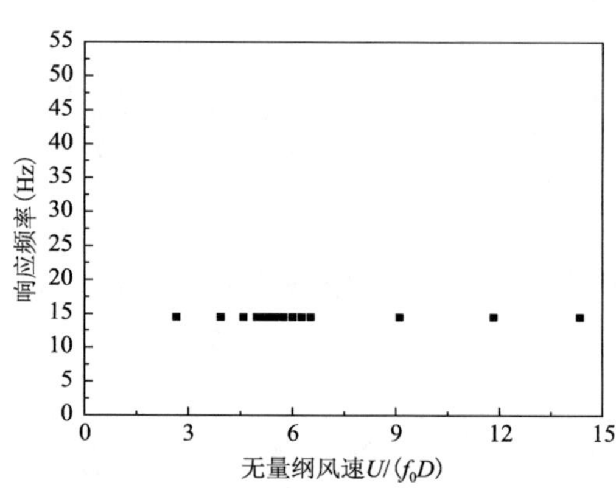

图2 试验杆件中点卓越频率响应

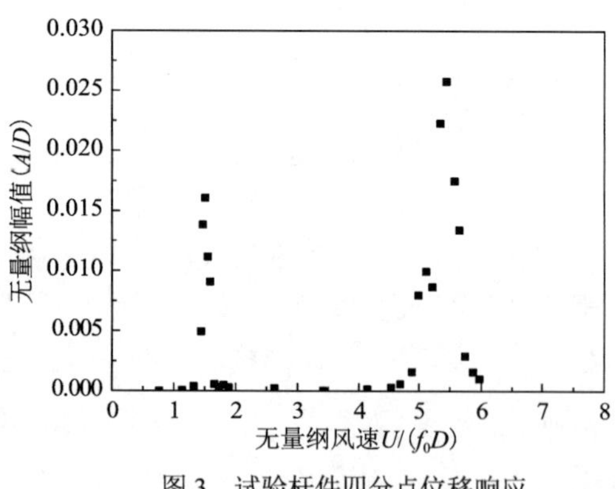

图3 试验杆件四分点位移响应

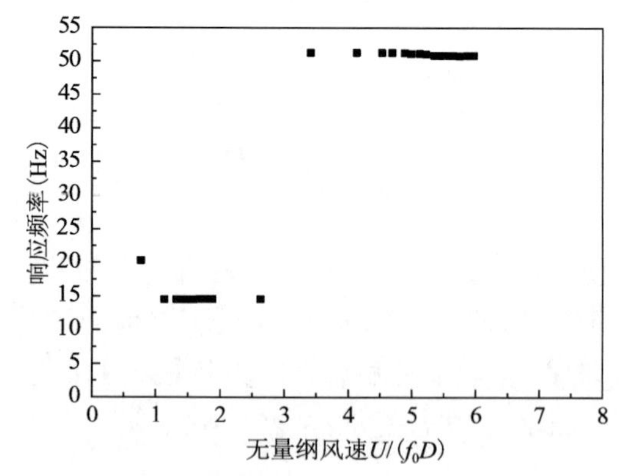

图4 试验杆件四分点卓越频率响应

2.2 估算值

采用上述四种估算方法对Case 1～Case 3的涡振幅值进行估算，估算结果分别列于表2～表5。其中，Ruscheweyh模型，Vickery & Basu模型中相关的经验参数根据Euro Code取值；Tamura模型的幅值估算中，升力幅值C_{L0}和阻力系数C_D根据文献[19]提供的经验公式按照相应的Reynolds数计算得到，Maglus效应参数等流体参数根据文献[19]的试验结果确定，而幅值估算结果采用Runge-Kutta数值分析方法求解式(12)得到。

Ruscheweyh 模型估算与实测涡振幅值对比　　表 2

编号	相关长度	Scruton 数	振型修正系数 K	展向相关性修正系数 K_W	横风向气动力系数 C_{lat}	无量纲涡振幅值	
						估算值	实测值
Case 1	6.75	2.1	0.13	0.52	0.20	0.163	0.154
Case 2	6.00	25.2	0.10	0.31	0.70	0.021	0.027
Case 3	6.00	27.5	0.10	0.55	0.70	0.034	0.026

Modified Griffin Plot 估算与实测涡振幅值对比　　表 3

编　号	质量比 m^*	质量阻尼参数 α	lg（$0.41R_e^{0.36}$）	无量纲涡振幅值	
				估算值	实测值
Case 1	109	0.21	1.66	1.290	0.154
Case 2	1761	2.55	1.15	0.111	0.027
Case 3	1761	2.78	1.34	0.277	0.026

Tamura 模型估算与实测涡振幅值对比　　表 4

编　号	Maglus 效应参数 f	升力系数幅值 C_{L0}	阻力系数 C_D	无量纲涡振幅值	
				估算值	实测值
Case 1	1.16	0.40	1.0	0.202	0.154
Case 2	1.16	0.66	1.2	0.050	0.027
Case 3	1.16	0.66	1.2	0.047	0.026

Vickery & Basu 模型估算与实测涡振幅值对比　　表 5

编　号	C_c	K_a	a_L	σ_y/D	k_p	无量纲涡振幅值	
						估算值	实测值
Case 1	0.005	0.5	0.4	0.328	8.2	2.684	0.154
Case 2	0.02	2	0.4	0.018	3.2	0.060	0.027
Case 3	0.02	2	0.4	0.004	3.0	0.013	0.026

2.3　对比情况

Case 1 ～ Case 3 实测的涡振幅值与四种估算方法的估算值对比列于表 6。从表中可以看出，Ruscheweyh 模型的估算结果与实测值较为接近，总体上优于其他三种方法；但是值得注意的是，Case 2 和 Case 3 为同一根试验杆件的一阶、二阶弯曲振型涡振，两者实测的幅值基本相同，但是估算的一阶二阶弯曲涡振幅值却相差较大。Tamura 模型的估算值为二维状态下的结果，总体上偏于保守，如果考虑结构的三维振型和展向相关性的影响，估算结果可能更为合理。Griffin Plot，Vickery & Basu 模型的估算值与实测值的偏差均较大。正如综述部分对两者的理论基础和应用范围的分析结语：Griffin Plot 主要是基于水流作用下的涡振数据拟合的经验曲线，在风致涡激振动的估算中难免有较大的偏差；Vickery & Basu 模型是基于随机振动理论，针对紊流的流场条件，并做了许多相应假设和近似而建立的估算模型，该模型可能并不完全适用于均匀流场。

涡振幅值估算效率对比　　表6

编　号	实测值	估　算　值			
		Ruscheweyh 模型	Modified Griffin Plot	Tamura 模型	Vickery & Basu 模型
Case 1	0.154	0.163	1.290	0.202	2.684
Case 2	0.027	0.021	0.111	0.050	0.060
Case 3	0.026	0.034	0.277	0.047	0.013

3 涡振与驰振耦合状态下的幅值估算

截面驰振不稳定的柔性钝体构件，例如细长的矩形截面拱桥吊杆，其驰振和涡振临界风速往往相隔很近，准定常驰振气动力和涡激力存在耦合的可能性。两种不同机理的气动力相互作用将产生一种“软驰振”现象，即结构的横风向无量纲振幅在起振风速点以后随着无量纲风速的增加近乎线性地增长，有文献报道，实测到的无量纲振幅达到3但仍然没有停止增长的迹象；该振动形式不存在涡激共振锁定区间，也不会在某一个风速点上发散而是在基本维持稳态振动时程[24-26]。在这种耦合振动的情况下，起振点一般维持在Strouhal定理确定的涡振临界点，而如果能够准确描述起振点之后无量纲振幅线性增长的斜率值，那么针对这种涡振与驰振耦合状态下的幅值估算公式也就建立起来了[27]。

3.1 耦合振动数学模型

为了能考虑涡振和驰振气动力的耦合效应，Parkinson将准定常驰振力项添加到Hartlen-Currie尾流振子涡振模型中建立了耦合的数学模型[28]，即

$$\begin{gathered}\ddot{Y}+Y=nU^2(C_{\mathrm{FY}}+C_{\mathrm{L}})\\ \ddot{C}_L-G\left\{C_{\mathrm{L0}}{}^2-(4/3)(\dot{C}_{\mathrm{L}}/k)^2\right\}\dot{C}_{\mathrm{L}}+k^2C_{\mathrm{L}}=H\dot{Y}\end{gathered}\tag{19}$$

式中：Y——无量纲位移响应；

n——无量纲质量比，即结构物理质量与流体质量的比值；

C_{FY}——准定常驰振力系数；

$\dot{Y}$——结构振动速度响应；

G、k、H——需要根据结构响应拟合的常数；

C_{L}——升力系数。

Corless为了进一步考虑结构振动对尾流振子的影响，将加速度项$B\ddot{Y}$添加到振动方程中对该模型进行了优化[29]。

Tamura将准定常驰振力项添加到修正的Birkhoff两自由度涡激共振数学模型[25]中建立了类似的涡振与驰振耦合的数学模型：

$$\begin{gathered}\ddot{\alpha}-2\zeta\nu\left[1-(4f^2/C_{\mathrm{L0}}{}^2)\alpha^2\right]\dot{\alpha}+\nu\alpha=-m^*\ddot{Y}-\nu S^*\dot{Y}\\ \ddot{Y}+\left\{2\eta+n(f-A_1)\nu/S^*-nA_3S^*/\nu\dot{Y}^2-nA_5(S^*/\nu)^3\dot{Y}^4-\cdots\right\}\dot{Y}+Y=-fn\nu^2\alpha/S^{*2}\end{gathered}\tag{20}$$

式中：α——尾流振子的角位移；

Y——无量纲位移响应；

ν——无量纲流体速度；

η——结构机械阻尼比；

f——气动参数，根据Magnus效应和尾流振子确定；

C_{L0}——圆柱动态升力系数幅值；

n——质量比；

A_1、A_3、A_5——根据准定常驰振力项进行泰勒级数展开而获得的多项式系数。

据文献 [28] 报道，第 7 阶以后的高阶级数项对结构响应的影响可忽略。相关数值计算结果与试验值的吻合证明了该耦合模型的合理性。

值得注意的是，Tamura 提出的耦合数学模型，基于对尾流振子的物理描述，考虑其与结构振动的相互作用，各个参数的物理意义明显，相比于 Corless 提出的耦合模型更为合理。Corless 在文献 [30] 中也承认了这一点。

3.2 关键参数的确定

为了确定影响"软驰振"无量纲幅值对无量纲风速线性增长的斜率值的关键参数，基于上述涡振和驰振耦合的 Tamura 数学模型开展数值分析。数值分析结果显示，该斜率值对 Tamura 模型中的流体参数，例如 f、H_r、C_{L0} 均不敏感，三个流体参数在大范围内单一变化，"软驰振" 幅值响应斜率值基本不变；结构的质量阻尼参数在大范围内单一变化，即驰振与涡振的临界风速比的大幅变化，幅值增长的斜率值的变化仍然很不明显；而最终的计算结果显示，由截面外形决定的驰振力系数，即 A_1，A_3，A_5…对该斜率值影响显著，因此，矩形截面的宽高比成为了影响"软驰振"响应无量纲幅值线性增长斜率的关键参数。

3.3 幅值估算的经验公式

针对不同宽高比的矩形截面构件，基于文献 [24-26，31] 的整理以及本文作者开展的相关 "软驰振" 响应的试验数据，进行响应幅值线性增长的斜率值与截面宽高比的多项式拟合回归分析，如图 5 所示。

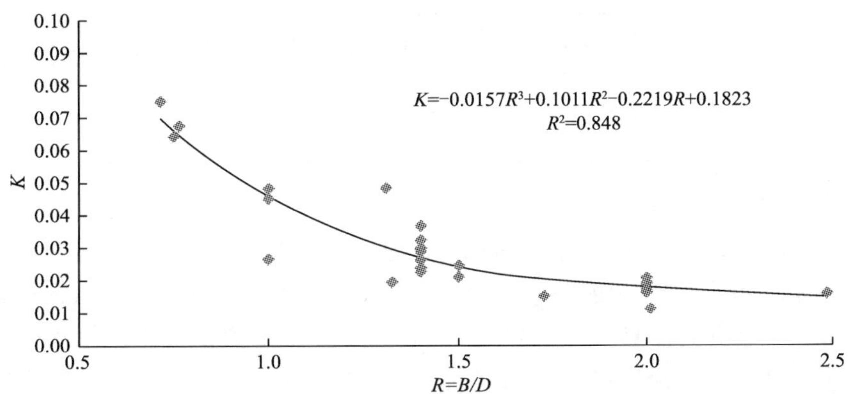

图 5　基于试验数据的矩形截面宽高比 R 与响应斜率 k 的多项式拟合

基于以上研究结果，"软驰振"响应幅值估算经验公式可以初步建立起来，其无量纲表达式如下：

$$\frac{A}{D}=\left(-0.016\cdot R^3+0.101\cdot R^2-0.222\cdot R+0.182\right)\cdot(U_r-U_0) \tag{21}$$

式中：A/D——无量纲响应幅值；

U_r——无量纲来流风速；

U_0——基于截面 Strouhal 数归一化的"软驰振"起振点，$U_0=0.9/S_t$；

R——截面宽高比。

但是根据之前的分析结语，该经验公式只限于宽高比范围 0.5< $r=B/D$ < 2.5 的矩形截面构件，并且涡振和驰振的临界风速相近以致耦合的状态。

4 柔性桥梁涡振幅值估算的总结与展望

通过对上述匀质圆形截面直立烟囱和两端固定的细长圆管风致涡振幅值的估算，可以观察到Ruscheweyh模型的估算效率相对来说是最高的。而文献[32]的报道了现场实测的一座主跨为1650m的大跨径悬索桥的高阶涡振事例，基于该桥实测的结构动力参数和涡振幅值，现采用Ruscheweyh模型进行涡振幅值估算，检验该模型对于截面形式复杂的桥梁主梁高阶涡振幅值估算的效率。以该桥实测到的涡振幅值最大的第四阶弯曲振型为例，主要参数如表7所示。文献中报道的主梁涡振位移幅值为7.69cm，相应的无量纲位移幅值为0.024，实际上，后续的现场实测观测到的涡振幅值远大于该值。

实桥主要参数及实测涡振幅值　　表7

主梁振型	主梁物理质量(kg/m)	阻尼比	振动卓越频率(Hz)	横风向尺寸(m)	Strouhal	Scruton	主梁全长(m)	实测无量纲涡振幅值
四阶弯曲	19105	0.0051	0.2297	3.26	0.10	94.1	1650	0.024

基于实桥的相关参数，采用Ruscheweyh模型对主梁第四阶弯曲振型的涡振幅值进行估算。考虑到实桥主跨较大，主梁端部约束对跨中振型的影响较弱，因此边界条件按照两端简支进行考虑。实桥主梁是截面宽高比为11的流线型断面，根据Euro Code中已有的经验数据，估算中按照宽高比为10的矩形截面考虑，这对于横风向气动力系数C_{lat}的处理应更偏于保守。幅值估算的主要参数及结果如表8所示，从表中可以看出，在气动力系数取值已经偏于保守的情况下，估算的涡振幅值仍然大幅低于实测值。因此可以看出，对于截面形式以及振型都相对复杂的柔性桥梁结构的涡振幅值估算，Euro Code中的Ruscheweyh模型并不是偏于安全的。

Ruscheweyh模型估算与实测涡振幅值对比　　表8

相关长度	Strouhal	Scruton	振型修正系数K	展向相关性修正系数K_W	横风向气动力系数C_{lat}	无量纲涡振幅值	
						估算值	实测值
6	0.10	94.1	0.10	0.07	1.10	0.009	0.024

那么，对于复杂的柔性桥梁结构体系的涡振幅值估算，可以说是任重而道远。首先，主梁是主要的吸能构件，但是吸收的能量并不仅仅用于主梁的振动，还有拉索、桥塔等其他构件的振动，因此，主梁的等效质量往往不等于其物理质量，并且随着振型的变化而变化。其次，由于主梁受到拉索等构件的外部不均匀约束，其振形也较匀质构件复杂，展向相关性的问题也更为突出。再次桥梁的主梁断面通常较为复杂，局部构件较多，截面气动参数缺乏经验数据。另外，Reynolds数对涡振幅值的影响也是一个需要重视的问题。因此，针对以上柔性桥梁涡振幅值估算的若干问题，本文将重点从截面横风向气动力系数、质量阻尼参数、振型修正、展向相关性、振动频率以及Reynolds几个方面进行总结并对今后的研究方向做展望。

4.1 横风向气动力系数

结构在一定振幅的简谐涡激振动中，其截面的横风向升力系数是稳定的。该横风向升力通常由卡门漩涡导致的涡脱力以及结构振动干扰流场而产生的自激升力构成，但是两者的构成比例关系却往往因气动外形以及Reynolds数的变化而变化。并且，在相同风速下模型静止状态与振动状态下的横风向升力系数的差别往往很大。例如，本文通过一个宽高比为6的矩形截面开展了一项定性的CFD研究。数值计算提取到了该2D矩形截面在涡振锁定区间峰值点的自由振动升力时程曲线（Free vibration）、相同风速下按照自由振动的卓越振动频率，振动幅值开展强迫振动获得的升力时程曲线（Forced vibration）以及相同风速下模型静止状态的升力时程曲线（Static）对比，对比结果显示：截面的自由振动和强迫振动横风向升力时程曲线完全吻合，而对应风速下的静态涡脱升力幅值却只有自由振动和强迫振动的 1/3。

Euro Code 中 Ruscheweyh 模型针对少数典型断面拟合了大量的实测数据，形成了横风向升力系数的经验取值。对于大跨度柔性桥梁而言，流线型主梁断面是一种常用的形式，例如丹麦 Great Belt East 桥，英国第二塞文桥以及我国的西堠门大桥等。而对于这类流线型断面的横风向气动升力系数，却缺乏相应的经验数据。因此，针对一定宽高比范围内的流线型断面，实测截面在不同 Reynolds 数静止状态下的横风向动态升力系数，并总结静止状态和不同振幅的简谐振动状态时的比值关系，这对于该类柔性桥梁的涡振幅值估算有重要的参考价值。

4.2 质量阻尼参数

关于结构的涡激共振，目前虽然没有数学模型能精确地描述涡激力，不同的幅值估算方法对质量阻尼参数影响程度的考虑也不尽相同，但是涡振幅值与结构质量和阻尼负相关的趋势是确定的，即涡振幅值随着结构质量、阻尼的增大而减小。然而结构的质量、阻尼能否联合在一起形成一个统一的参数（例如，SG 数或者 Scruton 数）来描述涡振幅值一直是学术界争论的焦点。文献 [33-35] 等均认为，结构的质量、阻尼对涡振幅值有着独立的影响，两者不能联合在一起。文献 [4] 等通过电涡流阻尼器精确控制结构阻尼比，系统地研究在同一个 Scruton 数下结构质量、阻尼对涡振幅值的影响，结果发现两者对涡振幅值的影响程度是不同的，但是值得注意的是，在这项对比研究中各个试验工况的 Reynolds 数并不相同。文献 [17] 认为文献 [4] 的研究结语是忽略了 Reynolds 数对涡振幅值的影响，通过对“Griffin Plot”的原始数据进行 Reynolds 数修正后提出了使数据点离散型更小的“Modified Griffin Plot”，并认为结构的质量、阻尼对涡振幅值的影响并不是独立的，可以组合成一个参数。对于柔性桥梁的幅值估算，Scruton 数中结构质量、阻尼对涡振幅值的影响程度同样需要更进一步的研究论证。

另外，柔性桥梁设计阶段对结构实际阻尼比的评估一直缺乏精确的数据，因为常用的环境振动激励法并不能准确识别结构的阻尼比，特别是高阶模态阻尼比，而现场稳态激振试验才是精确识别柔性桥梁多阶模态阻尼比的唯一手段[36]。目前，美国和日本拥有这一项大型结构现场激振试验的相关设备与技术，通过对日本多多罗（Tatara）大桥现场稳态激振法实测结果来看，各阶模态的阻尼比并不是完全相等的，高阶模态阻尼比甚至可能对于低阶模态值，而对这一情况的误判将会是导致我国某些重大桥梁出现高阶涡振病害的原因之一。因此，我国也应尽快开展大跨度桥梁现场稳态激振试验，获取高阶模态阻尼比的准确值，用以指导今后超大跨度桥梁的抗风设计。

4.3 振型修正与展向相关性

2D 刚性节段模型风洞试验一直是研究柔性桥梁涡振性能的重要研究手段之一，相比于全桥气弹模型试验有着 Reynolds 数效应小，试验周期短，模型加工制作简便等特点。但是，2D 节段模型能否模拟实桥的高阶振型涡振？从理论上来讲，在等效质量、阻尼比与实桥高阶振型吻合的前提下，2D 节段模型系统可以等效为任意高阶振型的广义单自由度模型。节段模型实测的涡振锁定风速区间可以通过 Strouhal 定律换算到实桥，而涡振幅值则可以在 2D 节段模型实测值的基础上考虑缩尺比、3D 振型修正以及气动力展向相关性修正换算到实桥。

通常，2D 节段模型和实桥的振型修正在理论上可以得到合理的解释。2D 刚性节段模型的振型函数始终为 1，即相当于 3D 实桥振型的平均值，因此必定小于振型的最大值，那么节段模型实测涡振幅值换算到实桥的振型修正系数必定是一个大于 1 的放大系数。文献 [37，38] 在默认的气动力展向完全相关的前提下，基于 Scanlan 半经验模型等详细推导了 2D 节段模型涡振幅值与实桥在振型上的修正关系，不同的涡激力模型有着不同的数学换算关系，如表 9 所示。

节段模型涡激共振幅值与实际三维结构的换算关系 表9

涡激力模型	节段模型无量纲涡激共振幅值，缩尺比为λ_L	涡激共振时实际三维结构的最大振幅	实际结构振型为简谐波时最大涡激共振幅值
线性模型	$\frac{A}{D}$	$\lambda_L\cdot\frac{A}{D}\cdot\varphi_{\max}(x)\cdot\frac{\int_0^L\lvert\varphi(x)\rvert\mathrm{d}x}{\int_0^L\varphi^2(x)\mathrm{d}x}$	$\lambda_L\cdot\frac{A}{D}\cdot\frac{4}{\pi}$
非线性模型	$\frac{A}{D}$	$\lambda_L\cdot\frac{A}{D}\cdot\varphi_{\max}(x)\cdot\sqrt{\frac{\int_0^L\varphi^2(x)\mathrm{d}x}{\int_0^L\varphi^4(x)\mathrm{d}x}}$	$\lambda_L\cdot\frac{A}{D}\cdot\frac{2\sqrt{3}}{3}$
修正非线性模型	$\frac{A}{D}$	$\lambda_L\cdot\frac{A}{D}\cdot\varphi_{\max}(x)\cdot\left[\frac{\int_0^L\varphi^2(x)\mathrm{d}x}{\int_0^L\varphi^{2(1+\nu)}(x)\mathrm{d}x}\right]^{\frac{1}{2\nu}}$	与参数ν有关

然而结构的气动力展向相关长度往往与结构振动幅值、紊流度、断面外形、Reynolds数甚至振动自由度相关，因此，2D节段模型与三维实桥之间的展向相关性换算很难形成统一的数学关系[39]。文献[6，40]汇总了方形截面杆件的试验数据来描述振动幅值与展向相关长度正相关的关系，并提出了相应的展向相关性函数。文献[41]通过一个宽高比为5的矩形断面开展测压风洞试验，研究表明气动力的展向相关性不仅是振动幅值的函数，同时也随着振动自由度的变化而变化。但是，同样值得注意的是，2D刚性节段模型系统的设计目标是使模型气动力展向完全相关，而3D实桥的气动力展向相关性必定随着展向长度的增加而降低。Ruscheweyh模型针对几类典型的截面总结了展向相关性的经验函数，该研究结语认为，3D结构的展向最大相关长度不会超过特征尺寸的12倍[10]。因此，节段模型涡振幅值换算到实桥的展向相关性修正系数必定是一个低于1的折减系数。

针对以上展向相关性和振型修正相互抵消的理论研究结果，文献[42]采用一根50mm×70mm×4500mm大长细比矩形截面杆件和1：1的节段模型开展了对比的测振风洞试验，研究两者的涡振幅值换算关系。原型杆件和节段模型具有相同的截面尺寸、横风向固有频率、等效质量以及阻尼比。风洞试验实测到的两者的涡振响应如图6所示，从图中可以看出，两者的涡激共振锁定风速区间基本吻合，原型杆件与1：1节段模型实测的涡振幅值均很小，但是原型杆件却略微大于1：1节段模型，比值为1.2左右。同样，针对柔性桥梁常用的断面形式开展相应的涡激力展向相关性研究并形成相关的经验函数对于涡振幅值估算是最为重要的一个问题。

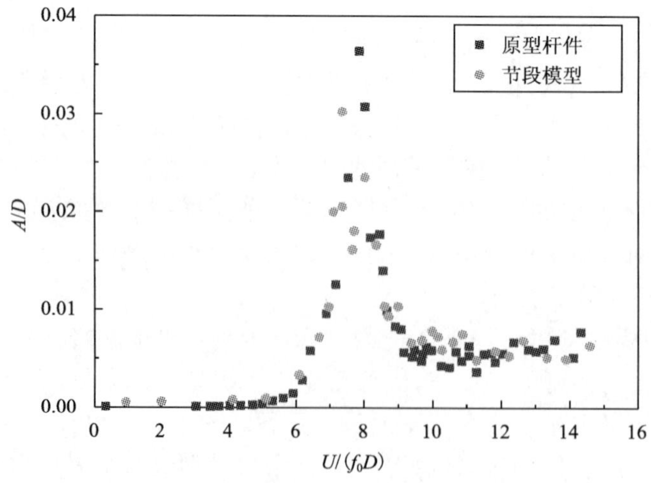

图6 原型杆件和1：1节段模型风振曲线对比

4.4 振动频率 /Reynolds 的影响

综上所述，柔性桥梁主梁的各阶涡振幅值与质量阻尼参数、三维振型、展向相关长度，Reynolds 数以及横风向气动力系数都是密切相关的，但是关于振动频率对涡振幅值的影响，却一直缺乏充分的研究证据。由于在风致的涡激共振锁定区间内振动频率与结构的固有频率通常是一致的，因此综述部分主要的涡振幅值估算方法中，例如 Ruscheweyh 估算模型的数学推导都表明涡振幅值与振动频率无关。目前的研究也都不认为振动频率是无量纲涡振幅值的影响参数，例如文献 [43] 在研究单一变量 Reynolds 数对涡振幅值的影响时，其实各工况的振动频率都不一致。文献 [44] 针对这一问题开展了一组风洞试验进行对比研究，以一个宽高比为 6 的矩形断面为研究对象，在保证节段模型系统的等效质量及阻尼比不变的前提下，更换系统弹簧刚度以实现不同固有频率的对比试验工况。试验中实测到同一个节段模型，相同的 Scruton 数，振动频率相差两倍的情况下涡振幅值却大致相同。但是该试验中由于振动频率的不一致而导致的涡振幅值点的风速不一致同时也引发了对应的 Reynolds 数不一致[45]。正如本文前面所综述的，文献 [17，34] 等已经研究了 Reynolds 数对涡振幅值的影响，但是基于 Strouhal 定理，结构的涡振频率和 Reynolds 数往往是相互关联的，而两者对柔性桥梁涡振幅值的影响是否独立也是另外一个需要深入研究的问题。

4.5 高阶涡振幅值之间的关系

大跨度柔性桥梁的模态分布密集，高阶振型的涡振起振风速也相对较低，并且高阶振型往往带来更大的加速度响应，因此，对于高阶振型涡振位移幅值的关注是现代柔性桥梁设计中的一个重要方面。但是由于柔性桥梁高阶模态之间的振型竞争、气动力展向相关性以及 Reynolds 数等问题在理论研究中缺乏充分的理论依据，也没有可靠的试验或者现场实测数据，各阶振型之间的涡振幅值关系在设计工作中也无法准确考虑。因此，本文提出了一种新型的多点弹性支承梁气弹模型（图 7），通过风洞试验来模拟和验证模态密集分布的柔性桥梁各阶涡振位移幅值之间的关系。

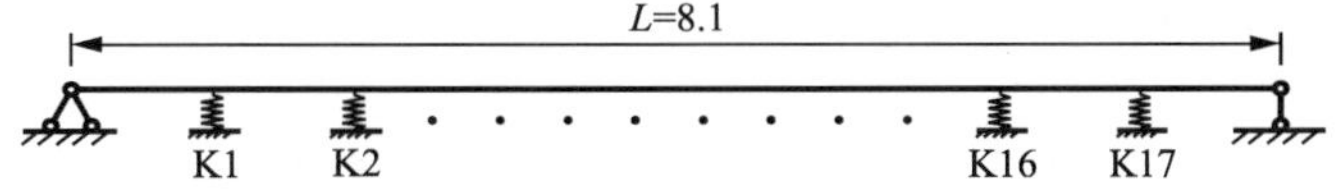

图 7　多点弹性支撑气弹模型（尺寸单位：m）

该模型为一个长 8.1m、高 4cm、宽 24cm 的矩形长条气弹模型，模型刚度由一条薄钢板提供，外形用泡沫塑料板制作，通过如图 8 所示的悬臂梁提供模型的弹性支撑刚度。模型的设计是根据一座 1600m 跨度悬索桥的工程背景，满足弗劳德数相似的情况下按照 1/200 缩尺比大致确定各项参数指标。模型设计的关键步骤是通过假定振型法计算出合适的悬臂梁支撑刚度和支撑数量，从而准确模拟柔性桥梁密集分布的模态，试验气弹模型安装如图 9 所示。

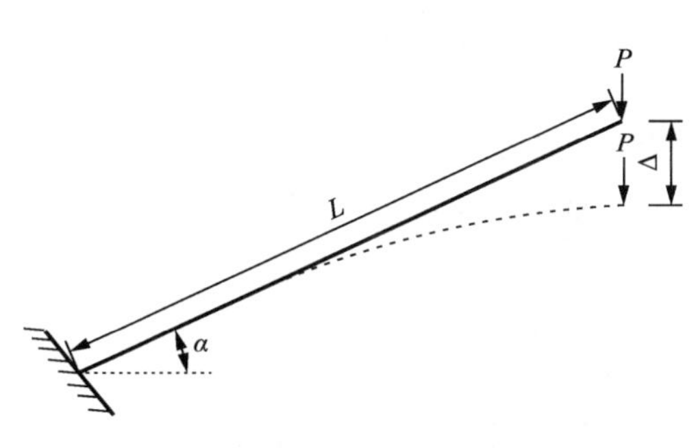

图 8　悬臂梁支撑系统

图 9　试验模型安装

模型的动力特性以及风洞试验实测的各阶弯曲振型涡激共振锁定区间如表 10 所示。从表中可以看出,模型各阶弯曲振型固有频率密集分布,高阶振型的 Scruton 数大致相同,风洞试验实测到了模型 1~8 阶弯曲振型的涡激共振锁定区间,根据各阶振型涡振起振风速点反算的 Strouhal 数基本一致,但是低阶振型对应的较低风速锁定区间内紊流度较大,实测的涡振幅值偏低。高阶振型涡振锁定区间内紊流度基本稳定,对应的各阶无量纲涡激共振位移幅值大致相同。

实测各阶涡振锁定区间　　表 10

模态	固有频率（Hz）	阻尼比（%）	涡振锁定风速区间 U（m/s）	紊流度(%)	Reynolds	模型高度 D（m）	$1000 \cdot A/D$	Strouhal
一阶	2.73	0.39	1.14~1.48	12.70~10.6	3040~3947	0.04	17.48	0.096
二阶	3.61	0.55	1.48~1.79	8.77~5.89	3947~4773	0.04	26.70	0.098
三阶	4.49	0.63	1.89~2.26	5.61~5.10	5040~6027	0.04	32.93	0.095
四阶	5.18	0.70	2.24~2.43	3.53~3.19	5973~6747	0.04	33.79	0.093
五阶	5.86	0.61	2.43~2.91	3.34~2.48	6480~7760	0.04	37.25	0.096
六阶	6.74	0.63	2.91~3.30	2.24~1.96	7760~8800	0.04	36.99	0.093
七阶	7.86	0.63	3.25~3.90	1.89~1.47	8667~10400	0.04	41.56	0.097
八阶	9.18	0.60	3.92~4.65	1.39~1.10	10453~12400	0.04	41.84	0.094

因此,该试验的结果显示,柔性桥梁高阶振型涡振位移幅值并不是我国公路桥梁抗风设计规范所设想的高阶振型的位移幅值将随着频率的增大而减小的趋势,而是各阶振型涡振幅值保持在相同的水平,同时高阶振型将带来更大的加速度响应,这一点在现代柔性桥梁设计中应给与的充分的重视。

4.6 现行涡振限值规范的局限性

我国公路桥梁抗风设计规范采用与日本规范相同的涡振振幅容许值规定,即容许值与模态频率成反比,竖弯模态的涡振振幅容许值为:

$$[A_b] = \frac{0.04}{f_b} \tag{22}$$

式中:f_b——验算模态的工程频率。

从式(22)可以看出:低阶模态的涡振允许幅值高,而高阶模态的允许幅值随着模态频率的升高而降低。关于该规范公式的由来,通过与多位日本学者的交流,可以将理论来源归结为涡振时桥梁振动加速度不应超过 1m/s^2 的限制,即

$$[A_b] = \frac{1}{\omega^2} = \frac{1}{(2\pi f)^2} \tag{23}$$

而针对跨径小于 200m 的桥梁,其竖弯固有频率可以按照 f=100/L 进行估算,式(23)即可转变为:

$$[A_b] = \frac{1}{(2\pi f)^2} = \frac{L}{400 \cdot \pi^2 \cdot f} \tag{24}$$

为偏于安全的考虑,桥梁跨径按照 L=160m 考虑,即可得到现行的桥梁竖弯模态涡振振幅允许值为式(22)。由该规范值的制定依据可见,目前抗风设计中将式(22)直接推广应用于千米以上大跨径桥梁的做法有一些地方是值得商榷的[36]。

根据 4.5 节的多点弹性支撑梁气弹模型试验可知,柔性桥梁高阶模态涡振位移幅值并不会随着模态阶次的升高而降低。而在桥梁的设计工作中,如果采用基频计算,得到的允许涡振位移幅值往往偏高,因

此，对于柔性桥梁涡振允许幅值的计算采用高阶频率进行计算往往更为合理。

另外，现代大跨柔性桥梁加劲梁往往采用钢结构的形式，而在涡振响应下钢结构的疲劳问题也是十分值得关注的。因此，将柔性桥梁结构在涡振作用下的疲劳次数作为一项控制指标也将会是一个合理的设计依据。

参考文献

[1] Sarpkaya T. A critical review of the intrinsic nature of vortex-induced vibrations [J]. Journal of Fluids and Structures, 2004, 19, 389-447.

[2] Williamson C, Govardhan R. Vortex-induced vibrations [J]. Annual Review of Fluid Mechanics, 2004, 36(1), 413-455.

[3] Bearman P W. Vortex shedding from oscillating bluff bodies [J]. Annual Review of Fluid Mechanics, 1984, 16(1), 195-222.

[4] Williamson C, Govardhan R. Vortex-induced vibrations [J]. Annual Review of Fluid Mechanics, 2004, 36(1): 413-455.

[5] Marra A M, Mannini C. Bartoli G.Van der Pol-type equation for modeling vortex-induced oscillations of bridge decks [J]. Journal of Wind Engineering and Industrial Aerodynamics, 2011: 776-785.

[6] Ehsan F, Scanlan R H. Vortex-induced vibrations of flexible bridges [J]. Journal of Engineering Mechanics, 1990, 116(6), 1392-1411.

[7] Larsen A. A generalized model for assessment of vortex-induced vibrations of flexible structures [J]. Journal of Wind Engineering and Industrial Aerodynamics, 1995, 57, 281-294.

[8] 陈政清 . 桥梁风工程 [M]. 北京：人民交通出版社，2005.
Chen Zhengqing. Wind engineering on bridges [M]. Bejing: Publication of people's transport, 2005.

[9] Ruscheweyh H. Experience with vortex-induced vibration [C]. 73rd Technical meeting in Barcelona, 2010.

[10] CEN [R]. Eurocode-Basic of Structural Design, 2004, 1-1-4: 116-131.

[11] Ruscheweyh H, Sedlacek G. Cross wind vibrations of steel stacks-critical comparison between some reccently proposed Codes [J]. Journal of Wind Engineering and Industrial Aerodynamics, 1988. 30, 173-183.

[12] Ruscheweyh H, Langer W, Verwiebe C. Long-term full-scale measurements of wind induced vibrations of steel stacks [J]. Journal of Wind Engineering and Industrial Aerodynamics, 1998, 74-76, 777-783.

[13] Ruscheweyh H. Practical experience with wind inducced vibrations [J]. Journal of Wind Engineering and Industrial Aerodynamics, 1990, 33, 211-218.

[14] Ruscheweyh H. Staked in-line steel stacks with low mass-damping parameters [J]. Journal of Wind Engineering and Industrial Aerodynamics, 1981, 8, 203-210.

[15] Skop RA, Griffin O M. A model for the vortex-excited resonant response of bluff cylinders [J]. Journal of Sound and Vibration, 1973, 27(2), 225-233.

[16] Khalak A, Williamson CHK. Motions, forces and mode transitions in vortex induced vibrations at low mass-damping [J]. Journal of Fluids and Structures, 1999, 13: 813-51.

[17] Govardhan R N, Williamson C H K. Defining the 'modified griffin plot' in vortex-induced vibration: revealing the effect of Reynolds number using controlled damping [J]. Journal of Fluid Mechanics, 2006, 561, 147–180.

[18] Belloli M, Giappino S, Muggiasca S, et al. Force and wake analysis on a single circular cylinder subjected to vortex induced vibrations at high mass ratio and high Reynolds number [J]. Journal of Wind Engineering and Industrial Aerodynamics, 2012, 103, 96-106.

[19] Tamura Y, Matsui G. Wake-oscillator model of vortex-induced oscillation of circular cylinder [C]. In: Proceedings of the 5th international conference on wind engineering, Colorado, USA, 1979.

[20] Vickery B J, Basu R I. Across-wind vibrations of structures of circular cross-section, Part I: Development of a mathematical model fort wo-dimensional conditions [J]. Journal of Wind Engineering and Industrial Aerodynamics, 1983, 12, 49-73.

[21] Vickery B J, Basu R I. Across-wind vibrations of structures of circular cross-section, Part II: Development of a mathematical model for full-scale application [J]. Journal of Wind Engineering and Industrial Aerodynamics, 12, 75-97.

[22] Simiu E, Scanlan R H. Wind effects on structures: fundamentals and applications to design [M].3rd Edition. John Wiley& Sons, New York, 1996.

[23] Ruscheweyh H, Galemann T. Full-scale measurements of wind-induced oscillations of chimneys [J]. Journal of Wind Engineering and Industrial Aerodynamics, 1996, 65, 55-62.

[24] Parkinson, G.V., Brooks, N.P.H. On the aeroelastic instability of bluff cylinders[J]. Journal of Applied Mechanics, 1961, 28, 252–258.

[25] Tamura, Y., Shimada, K. A mathematical model for the transverse oscillations of square cylinders[C]. In: International Conference on Flow Induced Vibrations, 1987, Bowness on Windermere, England.

[26] 周帅,张志田,陈政清,等.大长细比钝体构件涡激共振与驰振的耦合研究 [J]. 工程力学，2012，29（1）:176-186.
Zhou Shuai, Zhang Zhi-tian, Chen Zheng-qing, etc. Research on coupling of the vortex-excited resonance and galloping of the bluff body with large slenderness ratio[J]. Engineering Mechanics, 2012, 29(1): 176-186.

[27] 周帅,牛华伟,陈政清.涡振与驰振耦合状态下的幅值估算研究 [J]. 中国公路学报，2014(7):74-83.
Zhou Shuai, Niu hua-wei, Chen Zhengqing. Amplitude response estimation research on the coupling cases of vortex-induced vibration and galloping [J].China Journal of Highway and transport，2014(7):74-83.

[28] Parkinson, G.V., Bouclin, D. Hydroelastic oscillation of square cylinders[C]. In:International Research Seminar on Safety of Structures under Dynamic Loading, 1977, Trondheim, Norway.

[29] Corless, R.M., Parkinson, G.V. A model of the combined effects of vortex-induced oscillation and galloping[J]. Journal of Fluids and Structures, 1988, 2(3): 203-220.

[30] Allison E. Anne-Marie., Corless, R.M. Prediction of closed-loop hysteresis with a flow-induced vibration model[C]. In: Proceedings, 15th Canadian Congress of Applied Mechanics, 1995, Victoria, British Columbia.

[31] Garrett, J.L. Flow-induced vibration of elastically supported rectangular cylinders[D]. 2003, Ph.D. Thesis, Iowa State University, America.

[32] Li Hui, Laima S J, Ou Jinping, et al. Investigation of vortex-induced vibration of a suspension bridge with two separated steel box girders based on field measurements [J]. Engineering Structures, 2011, 33, 1894-1907.

[33] Sarpkaya T. Fluid forces on oscillating cylinders [J]. ASCE, J. Waterway Port Coast. Ocean Div, 1978, 104, 275-290.

[34] Sarpkaya T. Vortex-induced oscillations. Trans [J]. ASME: J. Appl. Mech. 1979, 46, 241-258.

[35] Sarpkaya T. Hydrodynamic damping, flow-induced oscillations, and biharmonic response [J].ASME J. Offshore Mech. Arctic Engng, 1995, 117, 232-238.

[36] 陈政清.大跨度钢箱梁悬索桥的高阶模态涡激共振问题研究 [C]. 武汉桥梁工程会议,武汉,中国，2012，
Chen Zhengqing.The research of high mode Vortex-induced vibration on large span steel box girder suspension bridge [J]. Bridge Engineering Conference inWuhan, Wuhan, China, 2012.

[37] 朱乐东.桥梁涡激共振试验节段模型质量系统模拟与振幅修正方法 [J]. 工程力学，2005，10（5）:204-208.
Zhu Ledong. Equivalent mass system simulation and vibration amplitude modification method of section model on bridge vortex induced vibration [J]. Engineering Mechanics, 2005, 10(5): 204-208.

[38] 张志田,陈政清.桥梁节段与实桥涡激共振幅值的换算关系 [J]. 土木工程学报，2011，44（7）:77-82.
Zhang Zhitian, Chen Zhengqing. Vibration amplitude relationship between practical bridge and section model [J].Journal of Civil Engineering, 2011, 44(7): 77-82.

[39] 鲜荣 . 大跨度桥梁沿跨向主梁涡激振动研究 [D]. 四川：西南交通大学：2009.

Xian Rong. Spainwise vortex-induced vibration research on main beams of large span bridges [D]. Sichuan: University of Southwest: 2009.

[40] Wilkinson R H. Fluctuating pressures on an oscillating square prism, Part II: Spanwise correlation and loading [J]. Aero. Quarterly, 1981, 32(2): 111-125.

[41] Francesco R. Effects of the vibration regime on the spanwise correlation of the aerodynamic forces on a 5∶1 rectangular cylinder [J]. Journal of Wind Engineering and Industrial Aerodynamics, 2010, 98, 215-225.

[42] Claudio Borri, Shuai Zhou, Zhengqing Chen. On VIV amplitude effects and galloping instability for slender rectangular cylinders[C]. XII CONVEGNO NAZIONALE DI INGEGNERIA DEL VENTO, Venice, Italy, 2012.

[43] Francesco R. Experimental investigation of Reynolds number effect on vortex induced vibration of rigid circular cylinder on elastic supports [J]. Ocean Engineering, 2011, 38, 719-731.

[44] Chen Zhengqing, Hua Xugang, Chen Wen, et al. Multi-mode vortex induced vibration of a long rectangular shallow beam [C]. BBAA7, Shanghai, China, 2012.

[45] 许福友，丁威，姜峰，等 . 大跨度桥梁涡激振动研究进展与展望 [J]. 振动与冲击，2010，29（10）：40-46.

Xu Fuyou, Ding Wei, Jiang Wei, et al. Research development and forward of vortex induced vibration on large span bridges[J]. Journal of Vibration and Shock, 2010, 29(10): 40-46.

基于概率地震需求的铁路隔震桥梁易损性对比

杨国静　游励晖　曾永平

（中铁二院工程集团有限责任公司，成都 61003）

摘　要：近年来，我国铁路建设迅速发展，一些减隔震支座已逐渐应用在铁路高墩简支梁桥中，但目前采用减隔震支座的铁路桥梁还未得到强震的充分检验，理论研究也不充分。本文结合在建的川藏铁路，以采用两种支座类型的32 m简支梁桥为对象，在考虑桥梁结构及地震动参数随机性的基础上，利用传统可靠度概率分析方法建立了各自的地震易损性曲线，比较分析了减隔震桥梁与未减隔震桥梁在不同破坏状态下的超越概率，探讨了减隔震效果随墩高的变化规律，为铁路桥梁的抗震设计提供了参考和依据。研究表明：①与球型钢支座相比，双曲面球型减隔震支座有效地降低了不同墩高简支梁桥桥墩构件在轻微破坏、中等破坏以及严重破坏状态下的破坏概率，但对完全破坏状态下的破坏概率降低得并不是十分明显。②双曲面球型减隔震支座可显著提高矮墩简支梁桥的耐损性，对高墩则有限。

关键词：铁路简支梁；易损性；球型钢支座；双曲面球型减隔震支座；概率地震需求；位移延性比

Comparisons of Seismic Vulnerability for Isolated and Non-isolated Railway Bridges Based on Probabilistic Seismic Demand Models

Yang Guojing　You Lihui　Zeng Yongping

(China Railway Eryuan Engineering Group Co., Ltd., Chengdu 610031, China)

Abstract: With the rapid development of China's railway construction in recent year, a number of isolation bearing has been gradually applied in high-pier simply-supported railway bridge. However, the railway bridge with isolation bearing used has not been fully tested under the earthquake and theoretical study is not sufficient. In this paper, based on 32m simply-supported bridge of Sichuan-Tibet Railway with two types of bearings used, considering the randomness of bridge structure and ground motion parameters, their own seismic fragility curves are established by using traditional probabilistic reliability analysis methods. The exceeding probability under different damage states of isolated and non-isolated bridges is compared and the change law of reducing isolation effect with pier height is discussed which provides a reference for seismic design of railway bridge. The result shows that ①compared with steel spherical bearings, double spherical aseismic bearing can effectively reduce the failure

---

作者简介：杨国静（1984—），女，高级工程师。

基金项目：中铁二院工程集团有限公司院控科研课题（编号：院计划 13164191（13-15）。

probability of the pier with different height under minor-damage state, moderate-damage state and serious-damage state, but reduction under completely-destroyed state is not very clear. ②The improvement in the fragility by using double spherical aseismic bearings is excellent for a short-pier bridge, but very limited for a high-pier one.

Keywords: simply-supported bridge; seismic vulnerability; steel spherical bearings; double spherical aseismic bearings; probabilistic seismic demand model; displacement ductility ratio

地震是人类面临的最严重自然灾害之一，从 2008 年至今，我国发生了多次大地震，如 2008 年的汶川地震，2010 年的玉树地震，2013 年的芦山地震，这些地震都造成了严重的人员伤亡和财产损失。铁路作为抗震救灾的生命线，受震灾后不仅形成长时间的交通孤岛状态、严重阻碍第一时间抢险救灾，也给灾后恢复重建带来极大困难，间接损失难以估量。桥梁结构在交通系统中处于枢纽部位，其破坏常导致整条线路通行中断，且难以修复，很大程度上制约整条线路的抗震能力。

大量震害资料表明：钢筋混凝土桥梁的破坏往往发生在桥墩部位，作为整个桥梁的主要受力构件，桥墩的重要性不言而喻 [1]。鉴于此，很多研究者将建筑领域的减隔震技术应用到桥梁工程领域，其做法就是在桥梁上部结构和下部结构间引入减隔震装置从而改变地震时的结构动力特性，达到延长结构周期的目的，避开地震能量集中的频段，降低结构的地震响应，保护桥梁上部结构和桥墩免受大的损伤 [2]。然而采用桥梁隔震的方法对于桥梁的抗震能力究竟有多大的提高就不得而知了，所以对隔震桥梁开展易损性研究工作势在必行。桥梁的地震易损性分析有利于抗震加固，灾后的响应计划，直接经济损失估计，以及震后系统的功能评估，是防震减灾的基础性工作之一。

目前，关于结构在地震作用下的易损性研究，国内外学者做了大量的研究，其中也不乏对连续梁桥、大跨刚构桥 [3, 4]、斜拉桥 [5] 等公路桥的易损性研究，但对铁路桥梁的易损性研究还甚少。调研我国铁路桥梁的结构形式，无论是数量还是总里程，简支梁桥在各条铁路线中都占有绝对的比重。因此，对实际受害而言，梁式桥破坏更具普遍性。目前对铁路梁式桥的地震易损性分析缺乏系统性，尤其结构主要参数对易损性影响规律也没有太多的研究。本文以我国最常见、应用和分布最为广泛 32m 跨径简支梁桥作为研究对象，探讨不同损伤状态的结构合理性能控制指标，系统研究了墩高和支座类型对结构地震易损性的影响，为该类桥梁的抗震设计、加固提供参考。

1 地震易损性分析方法

地震作用下桥梁的易损性分析通常可以用易损性曲线表示。易损性曲线被定义为在不同强度地震作用下结构地震反应结构达到或超越某一特定损伤状态（性能水平）的条件概率，包括概率地震需求分析及概率能力分析两部分，可以用下式来表示：

$$P_{\mathrm{f}} = P[D|C|\mathrm{IM}] \tag{1}$$

式中：P_{f}——结构达到或超越某一特定损伤状态的概率；

IM——地震动参数；

D——结构或构件的损伤指标；

C——结构或构件的能力。

结构地震易损性曲线的分析方法主要有经验法、理论法以及两者相结合的分析方法。国内外学者通过研究认为，对于未有实际震害记载的结构形式，理论分析方法是较为可行的分析方法 [6]。本文借鉴 Hwang、刘晶波等人的研究成果，采用位移破坏准则定义桥墩在地震中作用下的损伤指标，采用可靠度理论的概率分析方法形成对铁路减隔震桥梁构件的易损性分析。其主要步骤为：选择一定数量的合适地震动记录进行标准化分类，获得具有不同激励水平的地震动样本库；建立桥梁的动力分析模型；对桥梁进行非线性时程分析，获得构件的响应结果进行回归分析，得到其与所选地震动参数间的指数关系，建立各构件的概率地震需求模型；确定桥梁构件的性能水准，定义并量化各构件的损伤指标限值；基于传统可靠度分析理论，计算各构件需求超过能力的概率，并绘制各构件以地震动参数为变量的易损性曲线。

2 损伤指标的确立

如何确定结构的损伤指标已有大量的研究[7-9]。常用五级水准来划分结构的性能，即基本完好、轻微破坏、中等破坏、严重破坏及完全破坏。不同研究的具体控制指标略有差异。其中对基本完好及轻微破坏的控制指标多为微观的混凝土或钢筋材料应变指标，而中等破坏、严重破坏则多采用位移、延性比等宏观指标。该指标体系虽可与损伤状态直接关联，但衡量标准的不统一会给使用者造成不便。Hwang在综合各性能指标基础上提出统一的基于位移延性比的性能控制指标。考虑我国纵筋连接已较多采用可靠对焊连接，或专用机械套管连接，本文参照相关研究提出以混凝土剥落控制，剥落应变取0.004。具体性能状态及损伤描述如表1所示。其中，μ_{cy1}是首次屈服位移延性比，μ_{cy}是等效屈服位移延性比，μ_{c4}是柱截面边缘钢筋混凝土压应变达到0.004时的位移延性比，μ_{cmax}是最大位移延性比。

桥墩的各级损伤与延性判别准则　　表1

破坏状态	损伤状态的描述	准　则
基本完好	钢筋不屈服，混凝土仅产生细小的裂缝	$0<\mu<\mu_{cy1}$
轻微破坏	第一根钢筋理论屈服，混凝土出现明显裂缝	$\mu_{cy1}<\mu\leqslant\mu_{cy}$
中等破坏	局部塑性铰开始形成，出现非线性变形，保护层混凝土开始剥落，可见裂缝开展	$\mu_{cy}<\mu\leqslant\mu_{c4}$
严重破坏	塑性铰完全形成，整个塑性铰区混凝土剥落，形成较大宽度的裂缝	$\mu_{c4}<\mu\leqslant\mu_{cmax}$

3 结构建模

3.1 结构概况与建模

选取了川藏铁路应用最为广泛的32m跨预应力混凝土简支桥梁为研究对象。简支梁桥上部结构采用双片式预制后张法T梁。32m梁全长32.6m，计算跨径32m，梁高2.5m，桥面宽4.9m。结构计算示意图如图1所示。

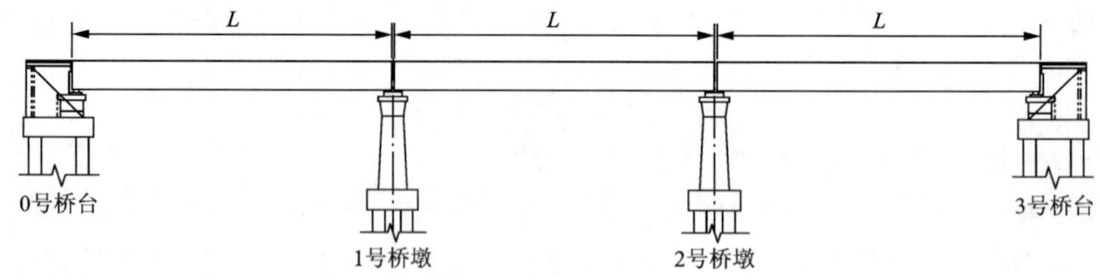

图1　三跨简支梁桥计算模型示意图

基于OpenSees软件平台建立了三跨结构分析模型。由于在地震荷载作用下主梁基本保持线弹性状态，上部结构采用弹性三维梁单元模拟。抗震规范中通常容许墩柱进入弹塑性，使桥墩在预期的位置出现塑性铰，利用塑性铰的转动耗能来保护其他构件不发生破坏，因此，桥墩采用弹塑性纤维梁单元模拟。桩土相互作用采用等代土弹簧模拟，弹簧刚度依照规范用m法进行计算[10]。支座的模拟采用双折线滞回模型进行模拟。

3.2 地震动输入

通常采用传统可靠度概率分析方法得出结构的易损性曲线，需要进行大量的非线性时程分析．选取合适的地震波是保证非线性时程分析准确性的前提，峰值加速度、频谱特性和持续时间是地震波的三要素。

地震动输入一般可以分为实测地震动和人工波两种类型，本文在综合考虑地震动的强度及地震记录的完整性的基础上，并充分考虑近场地震动的频谱特性，从46个地震记录台站中选取了80条地震波，选取的汶川地震动[11]的反应谱如图2所示。

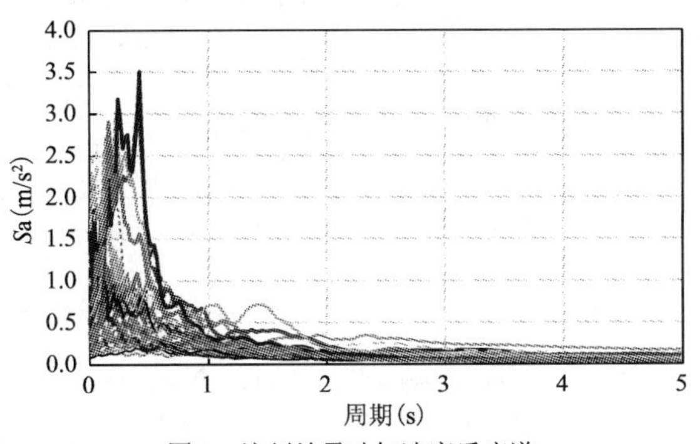

图2　汶川地震动加速度反应谱

3.3 分析工况

为系统分析不同墩高简支梁桥的地震易损性，本文对影响结构抗震性能的关键因素进行参数分析。对梁桥而言，墩高变化将导致其侧向刚度三次方变化，会显著影响结构的动力特性；支座形式变化亦会改变结构的抗震体系。因此本文将重点对墩高、支座类型进行研究，依据川藏铁路桥梁原型，选取了墩高分别为10m、20m、30m、40 m和50m五种桥墩。其中，墩高在20m及以下时，采用圆端形实体墩；墩高大于20m时，采用圆端形空心墩。本次研究的桥墩参数如表2所示。

桥墩几何参数表　表2

墩高（m）	墩身坡度	墩底尺寸（cm）	
		纵向	横向
10	35∶1	233	383
20		262	412
30	40∶1	435	615
40		480	660
50		500	680

支座考虑球型钢支座和双曲面球型减隔震支座两种类型。每种计算80条波，每条波峰值加速度PGA变化范围0.1g～1.0g，按0.1级差总计算量次为800。

通过对上述各墩进行弯矩—曲率分析，得到各损伤指标对应的曲率值，基于塑性铰理论计算到桥墩的位移延性比量化值，如表3所示。

损伤指标计算结果　表3

墩高（m）	轻微破坏	中等破坏	严重破坏	完全破坏
10	$1<\mu<1.1222$	$1.1222<\mu<1.5722$	$1.5722<\mu<4.5722$	$\mu>4.5722$
20	$1<\mu<1.1231$	$1.1231<\mu<1.5261$	$1.5261<\mu<4.5261$	$\mu>4.5261$
30	$1<\mu<1.2000$	$1.2000<\mu<1.5319$	$1.5319<\mu<4.5319$	$\mu>4.5319$
40	$1<\mu<1.1924$	$1.1924<\mu<1.5250$	$1.5250<\mu<4.5250$	$\mu>4.5250$
50	$1<\mu<1.1902$	$1.1902<\mu<1.5154$	$1.5154<\mu<4.5154$	$\mu>4.5154$

4 结果分析

4.1 桥墩构件地震易损性曲线对比分析

为对比分析两种支座条件下32m简支梁桥桥墩构件地震易损性曲线的差异，现将同一墩高的桥墩构件在两种支座条件下各损伤状态对应的地震易损性曲线分别绘于同一幅图中。不同墩高简支梁桥桥墩构件在两种支座条件下的地震易损性曲线对比如图3～图7所示。

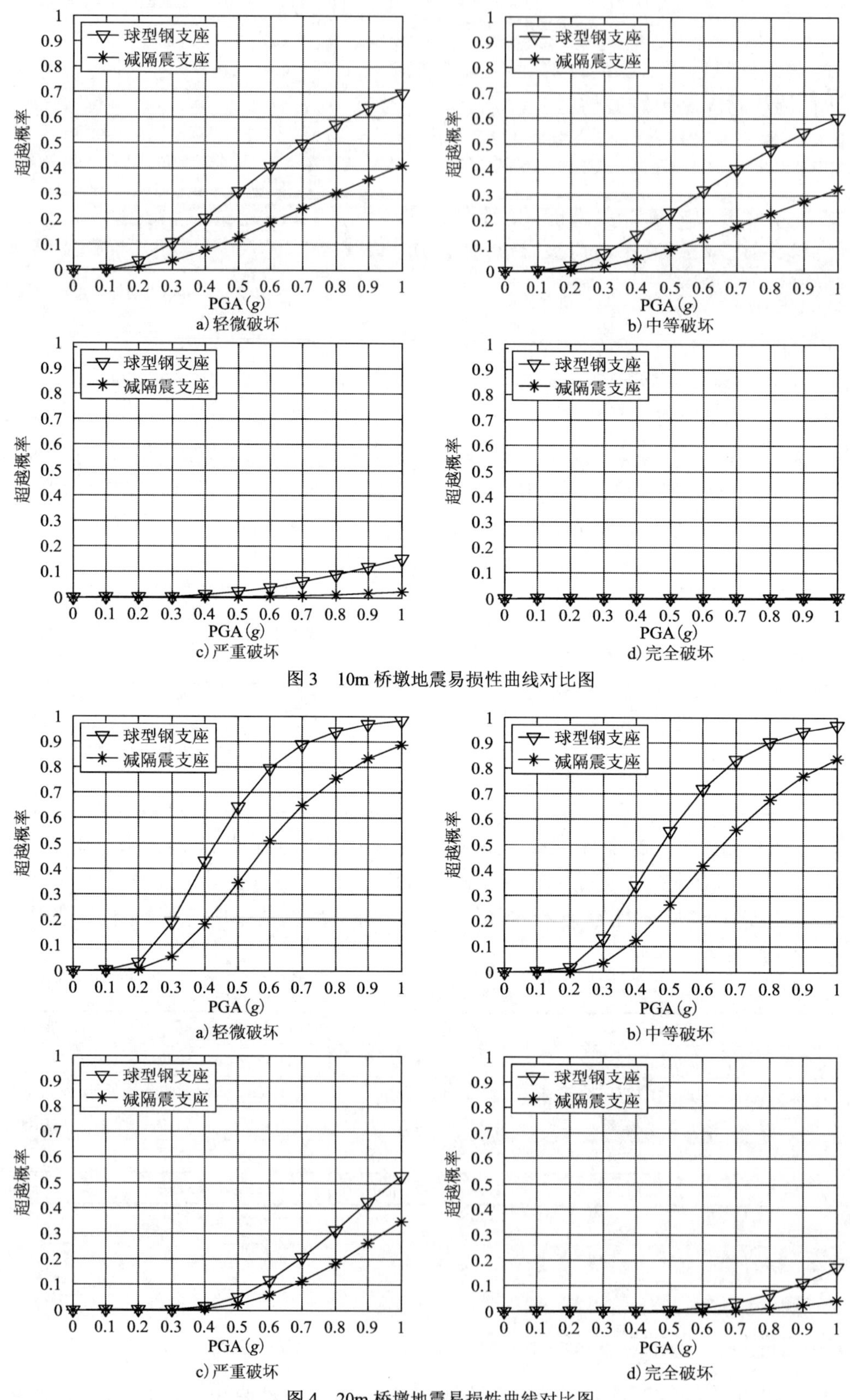

图3 10m桥墩地震易损性曲线对比图

图4 20m桥墩地震易损性曲线对比图

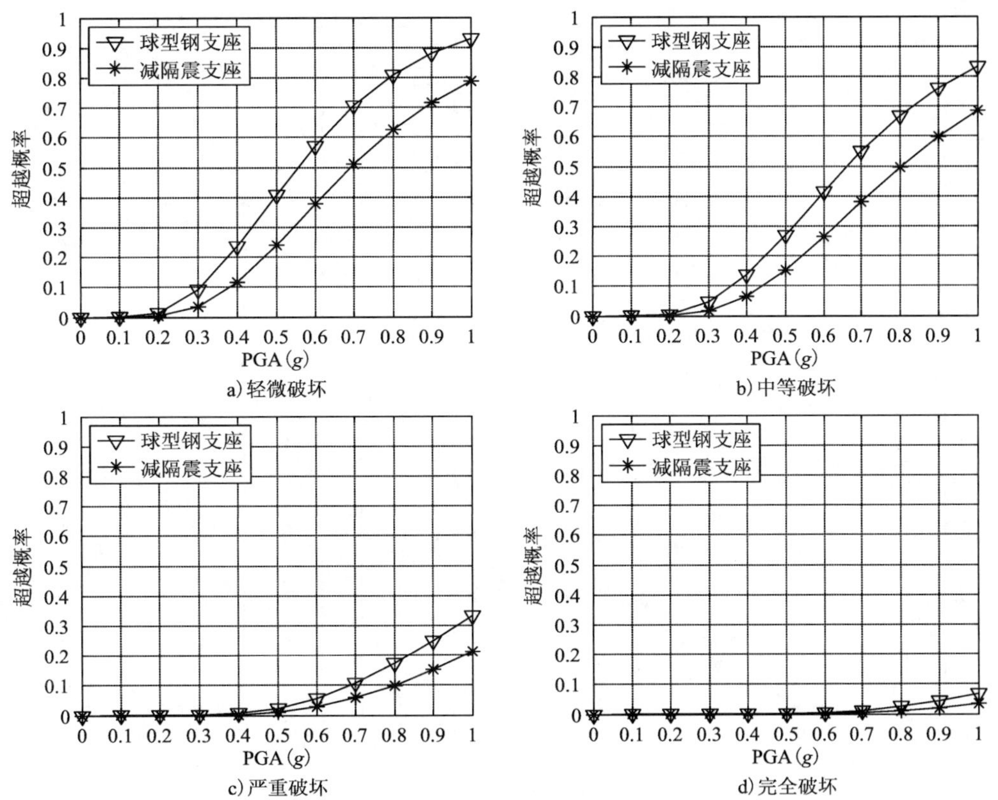

图5 30m桥墩地震易损性曲线对比图

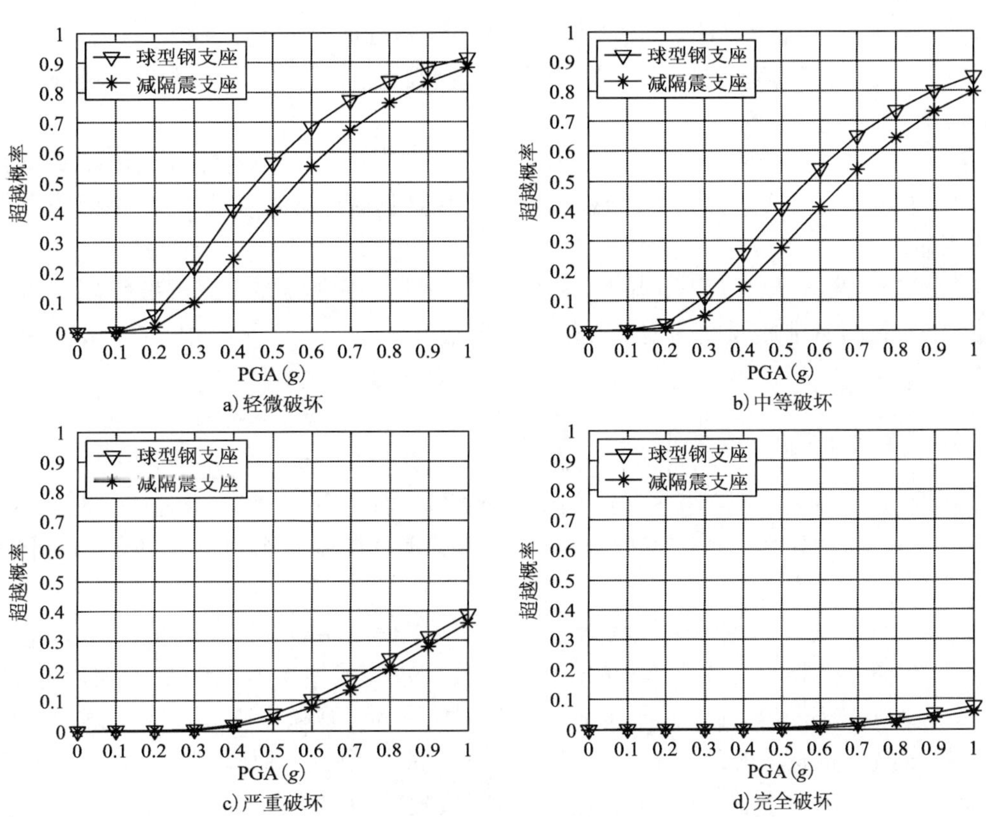

图6 40m桥墩地震易损性曲线对比图

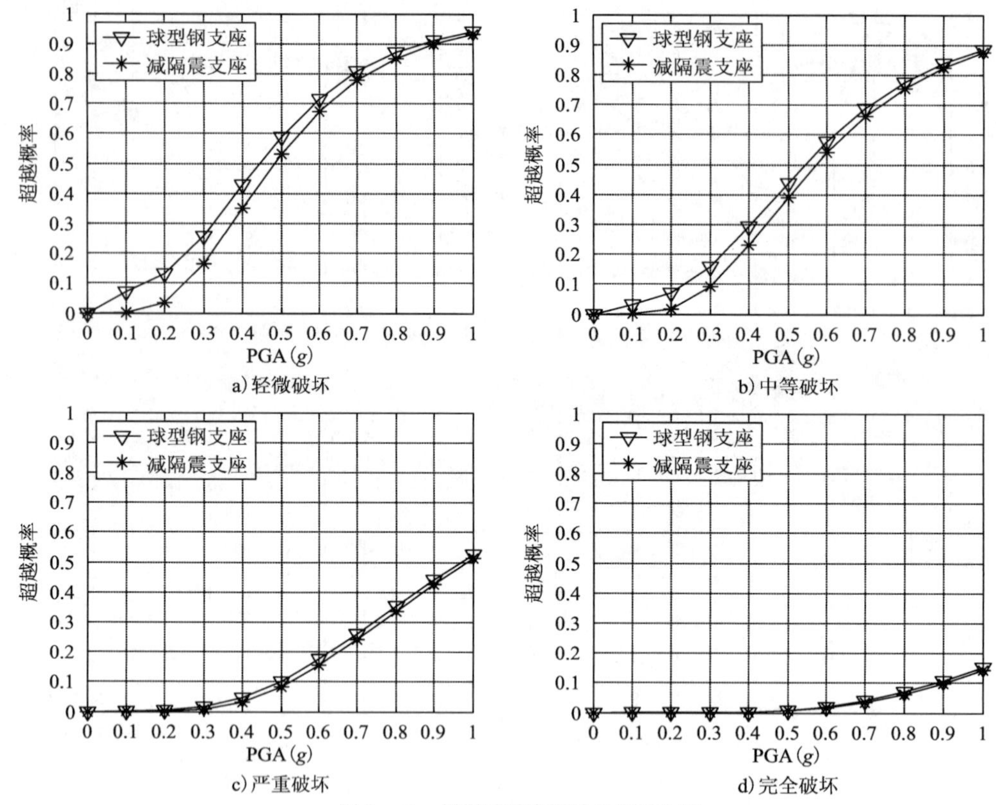

图 7 50m 桥墩地震易损性曲线对比图

由上图可以看出：

(1)在各墩高情况下，桥墩不同损伤状态的破坏概率均随峰值加速度 PGA 的增大而增大，其中隔震桥墩四种破坏状态下的超越概率明显小于非隔震桥墩，说明减隔震支座相对球型钢支座而言起到了非常明显的减震隔震效果。

(2)当地震加速度 PGA 大于等于 0.2g 时，两种支座条件下桥墩构件的轻微破坏概率和中等破坏概率开始出现偏差，说明减隔震支座开始发挥减隔震的作用，且随着地震强度的增加，减隔震支座对桥墩减隔震作用逐渐明显。

(3)当地震加速度 PGA 大于等于 0.4g 时，两种支座条件下桥墩构件的严重破坏概率和完全破坏概率开始出现偏差，并且随着地震强度的增加而增大。但在四种损伤破坏状态中，完全破坏状态对应的偏差值是最小的。

4.2 桥墩构件地震损伤概率偏差分析

为了更深入地研究两种支座条件下 32m 简支梁桥桥墩构件损伤概率的具体偏差情况，将两种支座条件下不同墩高 32m 简支梁桥桥墩构件破坏概率随地震强度(PGA)变化的趋势图给出，如图 8 所示。

由图 8 可看出：

(1)桥墩构件在轻微破坏和中等破坏状态下的损伤概率偏差明显要高于其他两种状态。以 10m 墩高为例，轻微破坏状态下的概率偏差为 28.36%，中等破坏状态下的概率偏差为 28.22%，严重破坏状态下为 13.09%，完全破坏状态下概率偏差几乎为 0。表明双曲面球型减隔震支座能有效降低桥墩在轻微破坏、中等破坏和严重破坏状态下的破坏概率，但对完全破坏状态下的破坏概率降低并不明显。

(2)轻微破坏和中等破坏状态对应的破坏概率偏差值随着 PGA 的增加基本上呈现出先增大后减小的变化趋势，且随着墩高的增加，其偏差概率逐渐减小。当墩高为 20m 时，桥墩轻微和中等损伤概率偏差最大值在30%左右，出现在PGA为0.5g附近；当墩高为50m时，桥墩轻微和中等损伤概率偏差，最大值在10%左右，出现在PGA为0.2g附近。表明随着墩高的增加，减隔震支座的减震效果逐渐减弱。

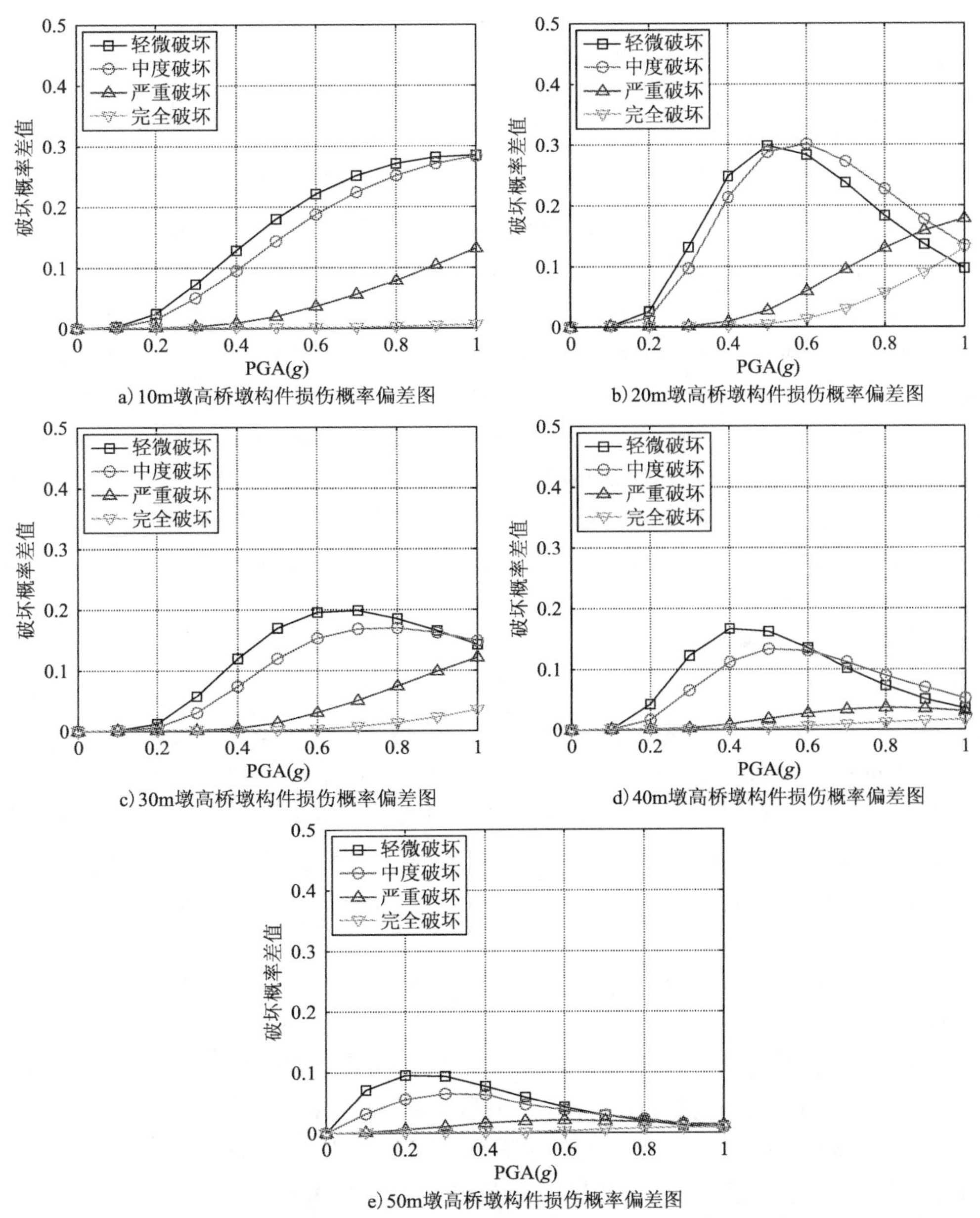

a) 10m墩高桥墩构件损伤概率偏差图

b) 20m墩高桥墩构件损伤概率偏差图

c) 30m墩高桥墩构件损伤概率偏差图

d) 40m墩高桥墩构件损伤概率偏差图

e) 50m墩高桥墩构件损伤概率偏差图

图8　两种支座条件下各墩高简支梁桥桥墩构件损伤概率偏差图

5 结语

本文以川藏铁路32m简支梁桥为研究对象，对在两种支座条件下简支梁桥桥墩构件的地震易损性进行了分析研究，探讨了不同类型支座对川藏铁路32m简支梁桥桥墩构件地震易损性的影响。通过对比分析，得到如下结语：

（1）与球型钢支座相比，双曲面球型减隔震支座有效地降低了不同墩高简支梁桥桥墩构件在轻微破坏、中等破坏以及严重破坏状态下的破坏概率，但对完全破坏状态下的破坏概率降低得并不是十分明显。

（2）当墩高较低时，双曲面球型减隔震支座起到了很好的减隔震效果；但随着墩高的增加，其减隔震效果越来越弱，当桥墩高度为50m时，其各损伤破坏状态下的破坏概率相对球型钢支座而言只降低了不到10%，因此认为对于墩高较高的简支梁桥，双曲面球型减隔震支座并不能很好地提升桥墩构件的抗震性能。

参考文献

[1] 陆本燕，刘伯权，邢国华，等．桥梁结构基于性态的抗震设防目标与性态指标研究[J]. 工程力学，2011，28（11）：96-103.
Lu Benyan, Liu Boquan, Xing Guohua, s.t. Study on fortification criterion and quantified performance index for reinforced concrete bridge structures in performance-based seismic design, Engineering mechanics[J], 2011, 28(11): 96-103.

[2] 范立础，王志强．桥梁减隔震设计[M]. 北京：人民交通出版社，2001.
Fan Lichu, Wang Zhiqiang. Seismic isolation design of bridge[M]. Beijing: China Communication press, 2001.

[3] 谷音，黄怡君，卓卫东．高墩大跨连续钢构桥梁地震易损性分析[J]. 地震工程与工程振动，2011，31（2）：91-96.
Gu Yin, Huang Yijun, Zhuo Weidong. Study onseismic vulnerability of long-span continuous rigid frame bridge with high piers[J]. Journal of Earthquake Engineeringand Engineering Vibration, 2011, 31(2): 91-96.

[4] 李吉涛，杨庆山，刘阳冰．多点地震激励下大跨连续钢构桥易损性分析[J]. 振动与冲击，2013，32（5）：75-80.
Li Jitao, Yang Qingshan, Liu Yangbing. Fragilityanalysis of long span continuous rigid frame bridge undermulti-support excitations[J]. Journal of Vibration andShock, 2013, 32(5): 75-80.

[5] 焦驰宇，李建中，龙佩恒．纵向地震激励下倒Y形主塔斜拉桥的地震易损性分析[J]. 石家庄铁道大学学报（自然科学版），2012，25（3）：17-23.
Jiao Chiyu, Li Jianzhong, Long Peiheng. Seismic fragilityanalysis of upsidedown-Y-shaped tower for long-span cable-stayed bridges under longitudinal excitation[J]. Journal ofShijiazhuang Tiedao University(natural science), 2012, 25(3): 17-23.

[6] 王炎，铁路减隔震桥梁地震反应分析及易损性研究[D]. 浙江：浙江大学，2013.
Wang yan. Research on seismic performance and fragility of isolated railway bridges[D].ZheJiangZheJiang University, 2013.

[7] Howard Hwang, Liu JingBo, Chiu YiHuei. Seismic fragility analysis of highway bridges[R]. Mid-America Earthquake Center Technical Re-port, MAEC-RR-4 Project, 2001.

[8] Pan Y, Agrawal A K, Ghosn M. Seismic fragility of continuous steel highway bridges in New York State[J]. Bridge Eng. 2007, 12(6): 689-699.

[9] 刘艳辉，赵世春，强士中．城市高架桥抗震性能水准的量化[J]. 西南交通大学学报，2010，45（1）：54-58.
Liu Yanhui, Zhao Shichun, QiangShizhong.Quantization of the anti-seismic property level of urban viaducts [J]. Journal of Southwest Jiaotong University, 2010, 45(1): 54-58.

[10] 徐升桥．铁路桥梁罕遇地震设计研究[J]. 铁道工程学报，2008（12）：158-164.
XuShenqiao. Reseach on the anti-macroquake design of railway bridge[J]. Journal of Railway Engineering Society, 2008(12): 158-164.

[11] 彭小波．汶川地震强震动记录分析及应用[D]. 中国地震局工程力学研究所，2011.
Peng Xiaobo. Analysis of strong motion recordings and its application from Wenchuan Earthquake[D]. Institute of Enigineering Mechanics, China Earthquake Adminstration, 2011.

大宽高比桥梁断面风致涡激振动机理研究

周　帅　陈克坚　曾永平

（中铁二院工程集团有限责任公司，成都 610031）

摘　要：对于某类大宽高比桥梁断面或者钝体形式断面，在基于同一组试验参数的节段模型风洞试验中，能够实测到相同振型两个分离的涡振锁定区间现象，并且两个区间内振动频率一致，这与一个断面对应一个 Strouhal 数的理论不相符合。为了进一步研究这类非常规振动形式的气动机理，以一组宽高比为 6 的矩形断面为研究对象，基于风洞试验中实测的两个独立的涡振锁定区间响应数据，采用流体动力学软件 Fluent 开展了相应的数值模拟研究。数值计算获取了与风洞试验一致的两个独立分离的涡振锁定区间风振曲线，并且在区间跨度以及幅值关系上均吻合良好，然后通过 Fluent 提取了前后两个涡振锁定区间内的气动力和尾流漩涡进行了对比研究。研究结果表明，第一个锁定区间内的尾流漩涡呈现出经典的卡门涡街形态，第二个区间内的尾流涡模态则主要表现为非典型的“鱼尾摆动”形态，两个涡振区间的尾流形态完全不同；在两个独立的锁定区间内，气动升力与位移响应之间始终存在着相位差，并且均随着锁定区间的发展而持续增大，第一个锁定区间相位差的跳跃程度明显大于第二个锁定区间。

关键词：桥梁；涡振；锁定区间；数值模拟；尾流漩涡

Research on Oscillation Mechanism of Vortex-Induced Vibration for Large Aspect Ratio Bridge Decks

Zhou Shuai　Chen Kejian　Zeng Yongping

(China Railway Eryuan Engineering Group Co.Ltd, Chengdu 610031, China)

Abstract: For some large aspect ratio bridge decks or similarbluff bodies, two separate vortex-induced vibration lock-in of the same DOF can be observed in the same section model wind tunnel tests, and the dominant oscillating frequencies of the two lock-in are the same, which is against the traditional Strouhal law. In order to get a further understanding on aerodynamic mechanisms of these oscillations, a rectangular cylinder whose aspect ratio is 6 is taken as research object, and based on its2D section model wind tunnel tests parametersand results, the Fluent based numerical simulations are performed. The simulation results have a good agreement with experimental results not only on lock-in range but on amplitude response, then after, more details about aerodynamic forces and wake vortices are obtained by the post processing of Fluent. The study show that, the wake vortices of the first VIV lock-in is the typical Karmen vortex mode, while the second one is rather different from the first one, the

---

作者简介：周帅（1986—），男，博士，工程师。

基金项目：中铁二院院控科研课题（编号：KYY2016051，KYY2015051，14126199），铁总重大课题（2014G004-A），中铁股份公司重大计划（2015- 重大 -08-1）。

wake vortices are observed to be "fish tail waving" mode; in the two separate lock-in, there is always a phase difference between aerodynamic lift and vertical displacement response, and the phase difference is continuously increasing until the end of lock-in, moreover, the jump of phase difference of the first lock-in is more serious than the second one.

Keywords: bridges; vortex-induced vibration; lock-in; numerical simulation; wake vortices

涡激共振是钝体结构在来流作用下的一种常见的振动形式，是由于结构尾流中交替脱落的漩涡频率与结构固有频率重合而引起的一种流固耦合共振现象，其显著特征就是共振区间锁定和振动限幅[1, 2]。针对特定的结构断面，尾流的漩涡脱落频率和来流风速之间可以通过 Strouhal 数进行换算，一种结构断面对应一个 Strouhal 数，利用该参数值可以实现对结构涡振锁定区间起振临界风速的估算，这是目前关于涡振研究的一般性结语[3]。

然而，对于某类大宽高比的桥梁断面，例如我国的苏通长江大桥的主梁断面，在节段模型风洞试验中，+5° 风攻角的来流状态下，随着试验风速的增加，实测到了节段模型系统扭转自由度两个分离的涡激共振锁定区间，并且两个锁定区间内的振动卓越频率均与模型固有频率一致，也即说明苏通桥主梁断面在 +5° 风攻角来流下对应两个不同的 Strouhal 数，这与一个截面对应一个 Strouhal 数的结语是相矛盾的[4]。

对于苏通桥主梁断面风洞试验中实测到的这类两个锁定区间的涡振现象，在大宽高比的矩形断面的研究中也很容易观察到。文献 [5] 系统研究了宽高比在 $2.0<B/D<7.0$ 范围内的矩形断面节段模型在不同质量、阻尼参数组合下的风振性能，节段模型风洞试验结果显示宽高比 $B/D>4.0$ 的试验工况中均能实测到两个分离的涡振锁定区间。

文献 [6] 针对这类涡振现象开展研究，研究结语认为是结构表面运动涡与尾流卡门漩涡相互作用导致了多个涡振锁定区间的出现，即，来流在结构断面前沿分离，一部分在结构表面再覆并以一定的速度（大约为来流速度的 60%）沿结构表面运动最终在尾流脱落，另一部分在尾流直接脱落形成卡门漩涡，运动涡的加入改变了原有卡门漩涡固有的脱落频率，从而改变了结构断面的 Strouhal 数，并且由于运动涡的脱落频率与来流速度相关，因此，该研究认为同一种结构断面在不同的来流速度下会对应不同的 Strouhal 数。

为了进一步研究这类振动的气动机理，本文基于一组宽高比为 6 的矩形断面开展研究，通过 CFD 数值模拟来观察前后两个分离的涡振锁定区间内气动力、位移响应以及尾流漩涡形态之间的对应关系。

1 模型参数与试验结果

针对宽高比为 6 的矩形断面，文献 [7] 开展了刚性节段模型风洞试验研究，模型的基本参数如表 1 所示。弹性悬挂刚性节段模型风洞试验结果如图 1 所示，从图中可以看出两个竖向自由度分离的涡振

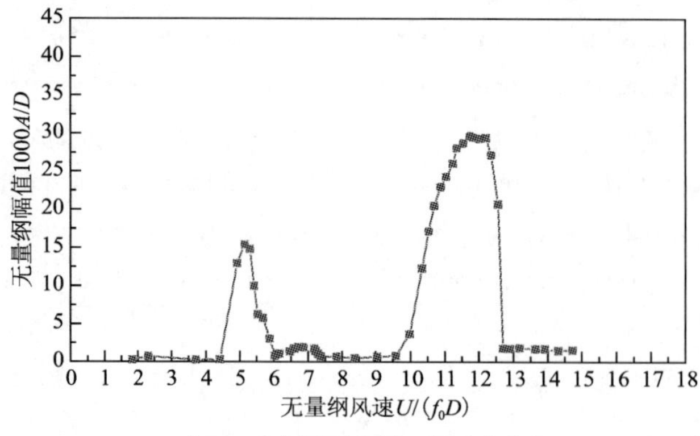

图 1　风洞试验实测风振响应曲线

锁定区间，并且试验实测到两个锁定区间内的振动卓越频率均与模型的固有频率 5.90Hz 基本保持一致。根据前后两个涡振锁定区间的起振风速，振动卓越频率以及横风向尺寸得出对应的两个 Strouhal 数分别约为 0.2 和 0.1，而第二个锁定区间对应的 Strouhal 数 0.1 与欧洲抗风规范中的参考值 0.06 更为接近 [8]。在涡振幅值关系上，前一个涡振锁定区间的幅值约为后一个区间的 0.5 倍。

宽高比为 6 的矩形断面节段模型参数　　表 1

参数类型	符　号	单　位	数　值
长度	L	mm	1530
横风向尺寸	D	mm	40
顺风向尺寸	B	mm	240
试验风速	U	m/s	<6
等效质量	m	kg/m	3.25
横风向固有基频	F_0	HZ	5.90
阻尼比	ξ_0	—	0.0058
Scruton 数	S_c	—	121
Reynolds 数	R_e	—	6293

2 数值模拟方法

CFD 数值模拟基于流体动力学软件 Fluent 展开，首先，采用 Gambit 进行计算区域的规划、计算网格的划分以及边界条件的设置。如图 2a）所示，矩形断面的 2D 模型布置在计算域的中心位置，近壁面为四边形刚性网格区域 [包括四边形正交贴体网格和外围 Pave 网格，如图 2b）所示]，计算域外围是完全正交的四边形结构网格区域，介于外围结构网格和近壁面刚性网格之间的是三角形动网格区域，整个计算域共生成了 31590 个计算网格，壁面 Yplus 在 3.5 以内。

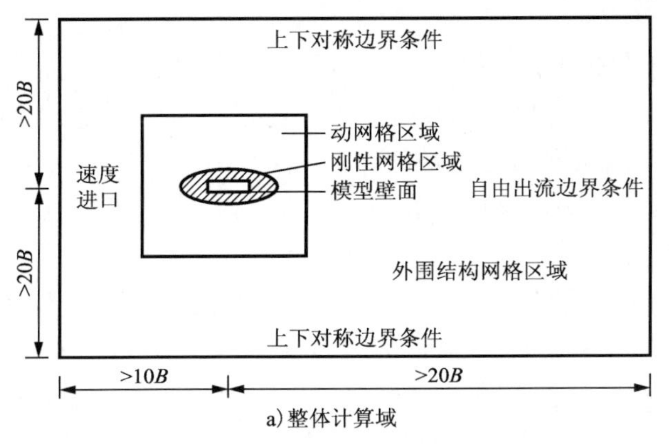

a) 整体计算域

b) 近壁面网格

图 2　计算网格

采用 Newmark-β 方法对矩形断面计算模型的动力特性进行模拟。首先，根据模型的质量、阻尼和刚度参数编写模型振动的竖向和扭转两自由度迭代程序；然后，以 User Define Function（UDF）的方式在 Fluent 求解器中进行编译。

针对计算模型的 Fluent 流固耦合分析过程中，采用 k-ω SST 湍流模型，加载 UDF，迭代计算按照以下步骤循环进行：第一步，对当前计算时间步模型壁面遍历积分提取竖向和扭转自由度气动力；第二步，根据 UDF 程序计算出模型在当前时间步竖向和扭转自由度的运动位移和速度；第三步，DEFINE-CG-MOTION 宏强迫模型按当前时间步计算得到的结果产生相应位移并促使动网格区域的网格重划分，形成下一时间步新的计算域。计算结果是否稳定通过观察迭代计算残差和响应时程曲线来判断。

3 计算结果

3.1 位移响应

CFD 数值计算得到的模型竖向自由度位移幅值响应曲线与试验实测曲线对比如图 3 所示。横坐标为无量纲风速，f_0 为模型竖向自由度固有频率 5.90Hz，从下文的时程曲线和频谱中可以观察到涡振锁定区间内模型竖向自由度的振动卓越频率与固有频率是基本一致的，U 为来流风速，D 为模型横风向特征尺寸，D=40mm；纵坐标为无量纲幅值，即，位移响应幅值与模型横风向特征尺寸的比值，位移响应幅值采用固定时间长度（55s）位移时程曲线取根方差乘以根号 2 的方式确定。

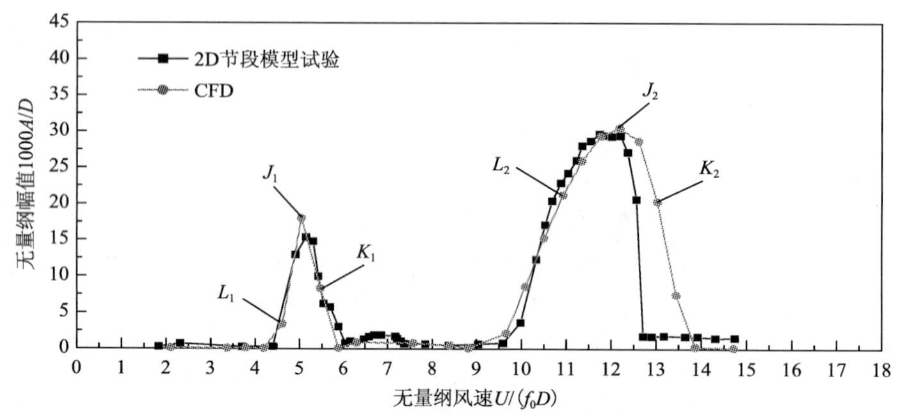

图 3　风振响应曲线试验值与 CFD 计算值对比

从图中可以看出，基于风洞试验模型参数开展的数值计算同样观察到了两个分离的涡振锁定区间现象，并且在锁定区间无量纲风速跨度和幅值关系上，计算值与试验实测值吻合良好。为了能进一步研究前后两个锁定区间内气动力以及尾流涡等参数的变化特征，特选定数值计算结果中 6 个特征响应点的计算结果进行分析。如图 3 所示，L_1、J_1、K_1 对应第一个涡振锁定区间的上升点、幅值点和下降点；L_2、J_2、K_2 则分别对应第二个涡振锁定区间的三个区间特征点。

另外，在动力自由度关系上，CFD 数值计算模型与风洞试验刚性节段模型是一致的，基于风洞试验模型竖向和扭转自由度的实际参数，数值计算模型同样分别设置了竖向和扭转两个自由度。数值计算过程中也获得了模型扭转自由度的相关响应数据，由于模型在竖向和扭转两自由度振动状态下，实际振动中竖向自由度响应绝对占优。在现有的计算工况中扭转自由度的位移响应幅值均在 0.2° 以下，基本可忽略，限于篇幅，不再详细展开讨论。

第一个涡振锁定区间内特征响应点 L_1、J_1、K_1 竖向自由度位移响应时程和频谱如图 4 ～图 6 所示。从图中可以看出，三个特征响应点的位移时程均为等幅状态，而振动卓越频率分别为 5.82Hz、5.88Hz 和 5.85Hz，均与模型竖向自由度固有频率 5.90Hz 基本保持一致，可定性为等幅涡振。

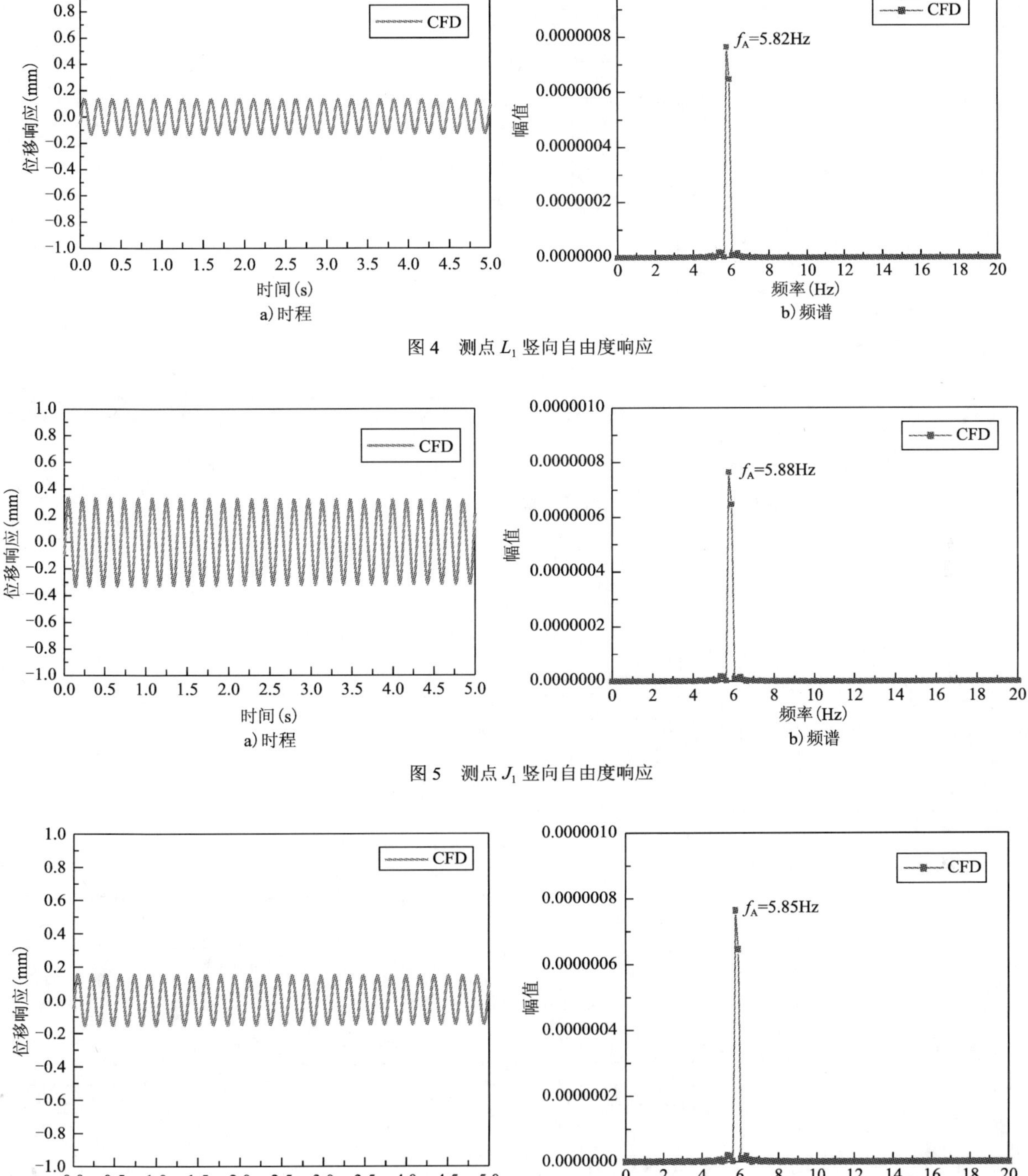

图 4 测点 L_1 竖向自由度响应

图 5 测点 J_1 竖向自由度响应

图 6 测点 K_1 竖向自由度响应

图 7~ 图 9 分别对应第二个涡振锁定区间内 L_2、J_2、K_2 特征响应点。从图中同样可观察到与第一个锁定涡振区间一致的响应特征：位移响应时程基本为等幅状态，卓越频率分别为 5.86Hz、5.98Hz、5.98Hz，与模型固有频率 5.90Hz 基本一致。

特征响应点 J_1 和 J_2 分别对应第一个和第二个涡振锁定区间的涡振幅值点，无量纲幅值分别为 18.0/1000 和 30.5/1000，对应来流风速分别为 5.0m/s 和 12.2m/s，振动卓越频率分别为 5.88Hz 和 5.98Hz，并且对应同一模型断面，横风向特征尺寸均为40mm，因此，按照Strouhal定律可以计算得到两个不同的参数值，分别为0.2和0.08。

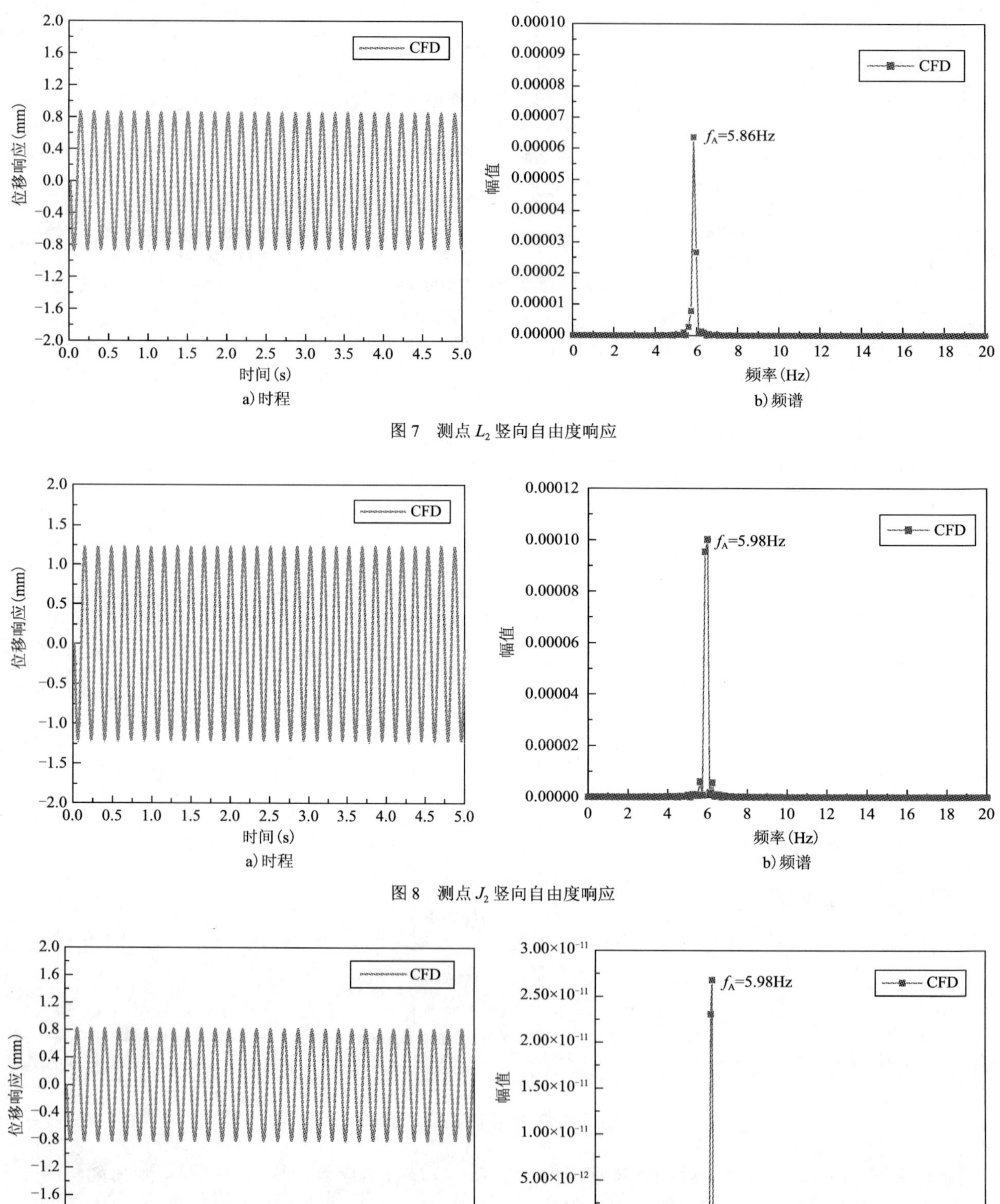

a)时程　b)频谱

图7　测点L_2竖向自由度响应

a)时程　b)频谱

图8　测点J_2竖向自由度响应

a)时程　b)频谱

图9　测点K_2竖向自由度响应

3.2 尾流旋涡形态

3.2.1 第一个锁定区间

第一个涡振锁定区间内特征响应点 L_1、J_1 和 K_1 对应风速下单个振动周期内尾流旋涡形态变化如图 10~图 12 所示。起振点 L_1 振幅较小，尾流旋涡脱落也不明显；J_1 测点对应第一个涡振锁定区间的幅值点，尾流呈现出了明显的卡门漩涡脱落特征[9, 10]，单个振动周期内有两个漩涡分别从模型的上下表面脱落，形成了竖向自由度的简谐气动升力；K_1 对应着锁定区间的下降段，单个振动周期内，尾流漩涡脱落总体上也表现出了卡门涡街特征，但漩涡特征相对于 J_1 测点已经明显弱化。

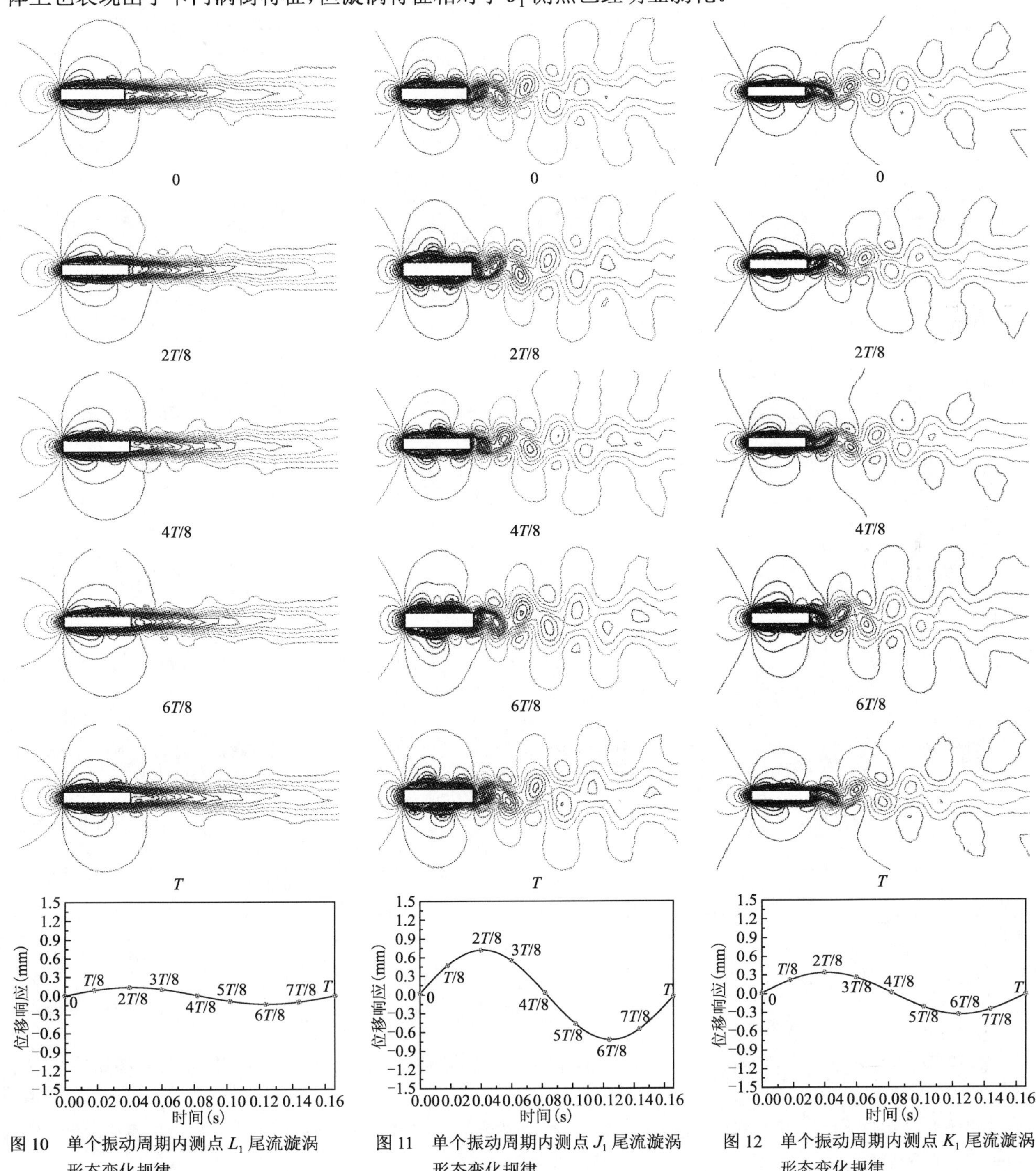

图 10 单个振动周期内测点 L_1 尾流漩涡形态变化规律

图 11 单个振动周期内测点 J_1 尾流漩涡形态变化规律

图 12 单个振动周期内测点 K_1 尾流漩涡形态变化规律

3.2.2 第二个锁定区间

第二个涡振锁定区间单个振动周期内 L_2、J_2、K_2 特征响应点的尾流变化分别如图 13~ 图 15 所示。而从图中可以观察到，与第一个锁定区间出现的卡门漩涡特征明显不同的是，第二个锁定区间内三个特征响应点的尾流特征没有漩涡脱落，而是表现出“鱼尾摆动”的形态，尾流摆动幅度与模型振动位移幅值是正相关的关系。

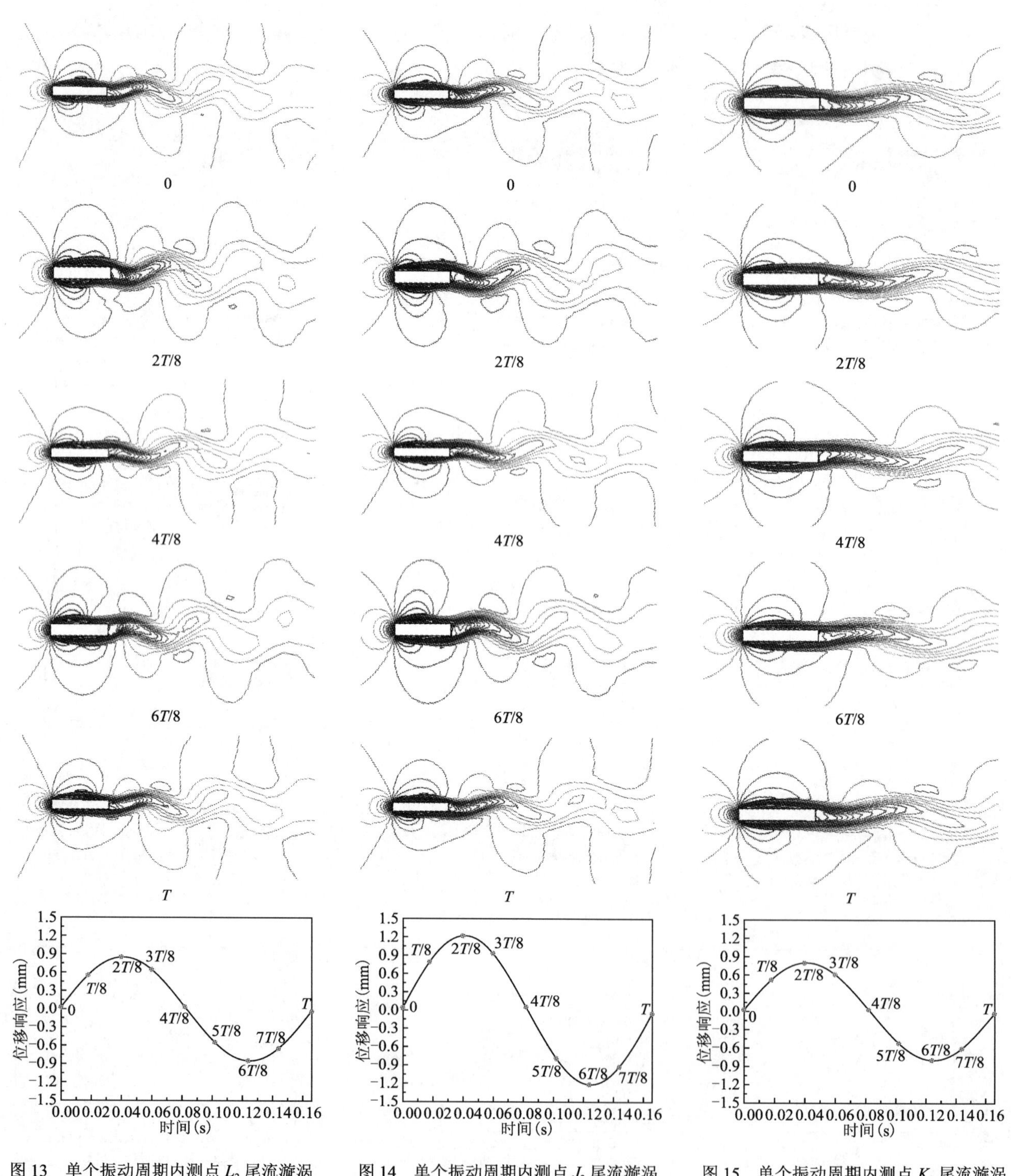

图 13 单个振动周期内测点 L_2 尾流漩涡形态变化规律

图 14 单个振动周期内测点 J_2 尾流漩涡形态变化规律

图 15 单个振动周期内测点 K_2 尾流漩涡形态变化规律

3.3 气动力响应

图 16 为数值计算得到的竖向自由度频比响应曲线，图中横坐标为无量纲风速，纵坐标为频率比值响应，即不同风速下模型尾流漩涡脱落或者摆动频率与模型竖向自由度固有频率的比值。从图中可以观察到两个明显的涡振锁定区间，在这两个区间内，尾流频率与模型固有频率基本一致，在整个区间内锁定，而在区间外，尾流频率随风速的增加而呈线性增长趋势，符合 Strouhal 定律的特征。

图 17 为数值计算得到的相位差响应，横坐标同样为无量纲来流风速，而纵坐标则为气动升力与竖向自由度位移响应之间的相位差。从图中可以看出，在两个分离的涡振锁定区间内，随着涡振区间的发展，气动升力与位移响应之间均存在着相位差，并且不是恒定的，表现出随着锁定区间的发展而逐步增大的特征，也即说明在同一个涡振锁定区间内，气动升力与位移响应之间的相位差是在不断增大的。以第一个涡振锁定区间为例，图 18 对应 L_1、J_1 和 K_1 三个特征响应点的气动升力时程与位移响应时程的对应关系，随着涡振区间的发展，位移响应幅值先增大后减小，气动升力幅值也是先增大后减小，而气动升力与位移响应之间的相位差却是在持续增大的。L_1 和 J_1 测点处相位差基本在 30° 以内，气动升力总体上在为模型的振动提供能量，而当涡振区间发展到 K_1 点，气动升力与位移响应之间的相位差已经达到 120°，此时，气动升力实际上是在抑制着模型的振动。

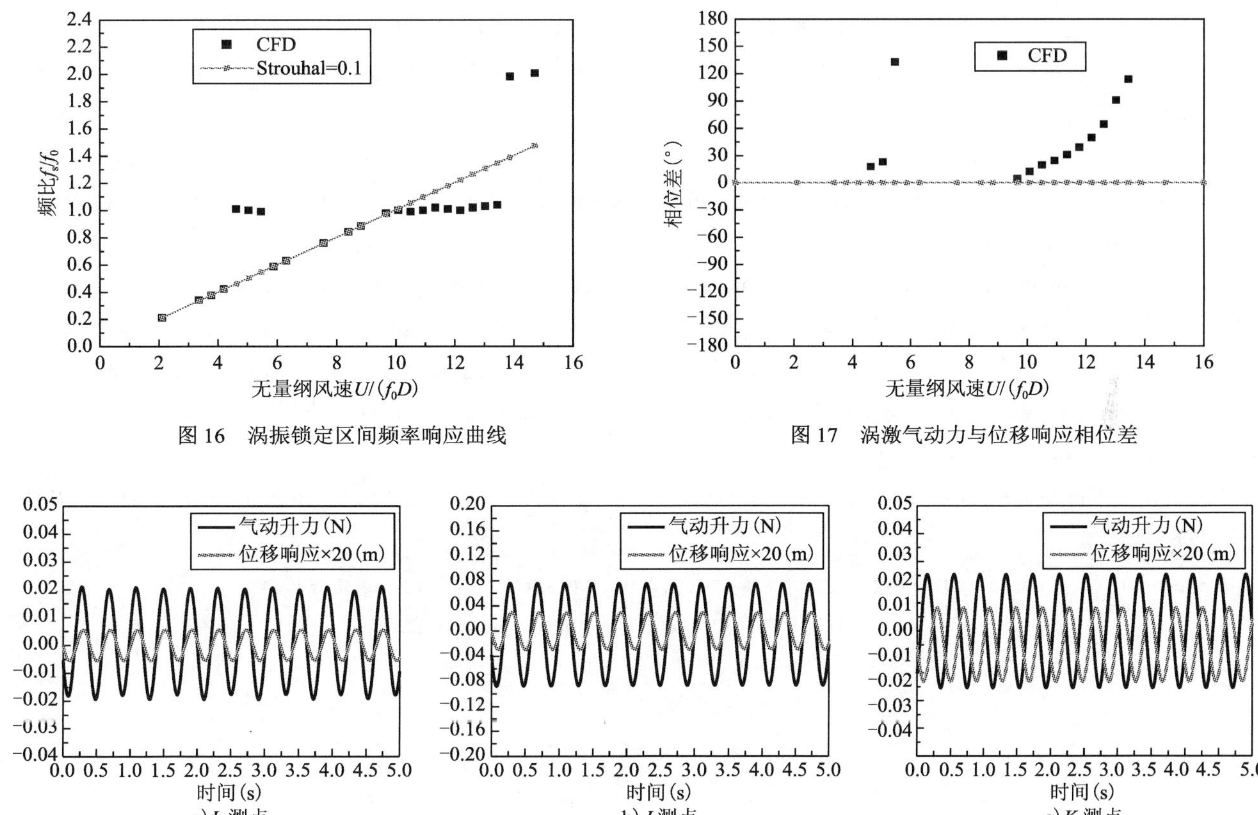

图 16 涡振锁定区间频率响应曲线

图 17 涡激气动力与位移响应相位差

图 18 第一个涡振锁定区间内涡激气动力与位移响应相位差时程对比

4 结 语

(1) 采用 Fluent 流固耦合分析实现了模型风洞试验中观察到的两个分离的涡振锁定区间现象的数值模拟，在起振风速点、区间跨度以及涡振幅值关系上，计算值与试验实测值均吻合良好。

（2）数值计算结果显示，第一个涡振锁定区间内的尾流总体呈现出卡门漩涡的形态特征，而第二个锁定区间内特征响应点的尾流中基本没有卡门漩涡对的出现，而是表现出“鱼尾摆动”的尾流形态，摆动幅度越大，模型位移响应幅值越大，并没有观察到明显的卡门涡与模型表面运动涡相互作用的现象。

（3）两个涡振锁定区间内，气动升力与位移响应之间的相位差始终存在，并且随着涡振区间的发展而不断增大，在涡振区间的下降段，该相位差甚至达到120°，此时的气动力实际上是抑制模型振动的。

参考文献

[1] 许福友，丁威，姜峰，等．大跨度桥梁涡激振动研究进展与展望[J]. 振动与冲击，2010，29（10）：40-46.
Xu Fu-you, Ding Wei, Jiang Weiet al.Research Development and Forward of Vortex Induced Vibration on Large Span Bridges[J].Journal of Vibration and Shock, 2010, 29(10): 40-46.

[2] 张志田，陈政清．桥梁节段与实桥涡激共振幅值的换算关系[J]. 土木工程学报，2011，44（7）：77-82.
Zhang Zhitian, Chen Zhengqing.Vibration amplitude relationship between practical bridge and section model[J].Journal of Civil Engineering, 2011, 44(7): 77-82.

[3] 陈政清．桥梁风工程[M]. 北京：人民交通出版社，2005.
Chen Zhengqing. Wind Engineering on Bridges [M]. Bejing: Publication of people’s transport, 2005.

[4] 陈艾荣．苏通桥主桥高雷诺数下涡激振动及三分力特性试验研究总报告[R].WT-200418，上海：同济大学土木工程防灾国家重点实验室，2004.
Chen Airong. Experimental report on three component aerodynamic force coefficients of Sutong bridge deck at high Reynolds number [R]. WT-200418, Shanghai: National key laboratory of disaster preventing on civil engineering structures of Tongji University, 2005.

[5] Garrett J L.Flow-induced vibration of elastically supported rectangular cylinders：[D]. Iowa: Iowa State University, 2003

[6] Matsumoto M. Vortex shedding of bluff bodies：a review [J]. Journal of Fluids and Structures, 1999, 13(1): 791-811

[7] Chen Zhengqing, Chen Wen, Hua Xugang. Higher Modes’ Vertical Vortex-induced Vibrations of Suspension Bridges—Part 2：Aeroelastic Model Study[C]//University of Nottingham.EACWE VII, Cambridge: University of Nottingham, 2013.

[8] Eurocode：Actions on structures[S].Brussels: CEN national Members, 2004.

[9] Sarpkaya T. A critical review of the intrinsic nature of vortex-induced vibrations [J]. Journal of Fluids and Structures, 2004, 19(1): 389-447.

[10] Matsumoto M. Vortex shedding of bluff bodies: a review. Journal of Fluids and Structures, 1999, 13: 791-811.

川藏铁路高寒大温差及高地温关键致灾问题与对策

魏永幸[1] 陈国庆[2] 蒋良文[1] 王 科[1]

（1. 中铁二院工程集团有限责任公司，成都 610031；
2. 成都理工大学地质灾害防治与地质环境保护国家重点实验室，成都 610059）

摘 要：具有山区高海拔特点的川藏铁路工程遇到地表高寒大温差和隧道高地温的困扰，高温高寒带来的大温差会使岩体产生温度应力和时效变形，造成铁路工程的周期性扩张与收缩，从而对高寒山区铁路的安全性带来不可忽视的影响。因此，本文提出"温度场"对川藏铁路全寿命周期的重要性，需要考虑高地温与隧道围岩衬砌结构响应、高寒温度周期变化下隧道洞口与路基结构响应、冻融边坡长期稳定性和川藏铁路工程全寿命设计周期等重大关键科学技术问题。迫切需要通过系统理论和技术研究，分析高寒地区铁路建设过程中隧道衬砌、路基（路堑）边坡、路基基床在温度场作用下的力学响应和破坏演化机制，建立相应的路基、边坡和隧道设计理论方法，为高寒山区铁路工程修建提供理论和技术支撑。

关键词：高寒大温差；高海拔；致灾问题；全寿命周期；防治对策

Key Disaster Problems and Countermeasures for Alpine Large Temperature Difference and High Geothermal of Sichuan-Tibet Railway

Wei Yongxing[1] Chen Guoqing[2] Jiang Liangwen[1] Wang Ke[1]

(1. China Railway Eryuan Engineering Group Co. Ltd, Chengdu 610031,China;
2. State Key Laboratory of Geohazard Prevention and Geoenvironment Protection, Chengdu University of Technology, Chengdu 610059,China)

Abstract: The Sichuan-Tibet Railway Engineeringwith the characteristics of high elevation mountainshas been suffering from alpine large temperature of surface and high geothermal of tunnel, the temperature stress and the aging deformation of the rock mass will be caused by large temperature difference between the high temperature and alpine, and will cause the periodic expansion and contraction of railway engineering, so that the safety of the railway which can not be ignored in the cold mountain area will be affected. Therefore, this paper proposed "the temperature field" the importance of whole life cycle of Sichuan-Tibet Railway.The responsive between high ground temperature and lining structure of tunnel surrounding rock, the response of tunnel portal and subgrade structure under the variation of high-cold temperature, long-term stability of freezing and thawing slope, the whole life cycle of the Sichuan-Tibet Railway Engineering Design, and other major key scientific and technical problems should

---

作者简介：魏永幸（1964—），男，教授级高级工程师。

基金资助：国家自然科学基金面上项目（41572283），四川省杰青青年基金（2015JQ0020）。

be considered. Analysis of tunnel lining in the process of railway constructionin alpine areas, mechanical response and damage evolution mechanism of subgrade slope and subgrade in Temperature Field by system theory and technology research is urgently needed. The corresponding theoretical method of subgrade, slope and tunnel design should be established, and to provide theoretical and technical support for the construction of railway projects in the alpinearea.

Keywords: alpine large temperature difference; high elevation; disaster problem; whole life cycle; countermeasures

川藏铁路被列入“十三五”交通建设重点工程，成为国家重点推进的沿边铁路中的一条重要铁路线，具有重大的国家战略意义。川藏铁路所经区域具有“高海拔、大高差，地形艰险”“强烈的板块内动力作用”“山地灾害突出”“生态环境脆弱”四大环境特征，川藏铁路工程建设需要克服高烈度地震、高地应力、高地温、大温差等的影响。其中，高地温隧道、路基边坡高寒冻融灾害等与“温度场”相关的灾害问题，是工程建设急需研究并解决的技术难题。

在高温隧道研究方面，蒋良文等[1]指出高温热害问题是深埋隧道的常见地质灾害问题之一。高寒地区大温差条件下岩体的“温度场”的作用包括温度对围岩基本力学特性的影响和温度对隧道衬砌结构及隧道内地质灾害的影响等。陈国庆等[2]通过热—脆性—精细力学计算合理描述了硬岩的损伤和渐进破坏过程，揭示了硬岩深埋隧道脆性破坏的温度作用效应，为高温隧道衬砌的选择及改进提供了依据。在山区地表冻融灾害方面，川藏铁路沿线地质条件极其复杂，加之其所处高海拔寒区昼夜温差大，导致川藏铁路沿线的路基边坡冻融灾害十分严重[3,4]。魏永幸[5]指出多年冻土斜坡路堤稳定性计算不仅要参考普通斜坡分析的方法，也要考虑边坡失稳的时间因素。罗照新[6]等研究了冻融交替下湿陷性黄土的特性，并对地基处理和沉降控制技术进行了研究。

由于川藏铁路路线长、气候恶劣、地质条件复杂、地质构造活跃等因素，关于川藏线温度场相关的研究还应进一步深化。本文从隧道高温高寒面临的问题与防治对策、高海拔高寒边坡面临的问题和防治对策、大温差下铁路路基地质体多场耦合效应问题三个方面讨论了川藏线面临的温度场灾害问题，以及相应的前沿科学问题。通过系统的科学研究，为川藏铁路工程的顺利实施提供重要理论与技术支撑。

1 高海拔隧道面临的高温高寒问题

川藏线由于大埋深、穿越地热带、地质情况极其复杂等原因[7,8]，使得隧道的高地温问题十分突出，如川藏铁路拉(萨)林(芝)段控制性工程桑珠岭隧道和巴玉隧道等。除了高温会恶劣施工环境外，川藏线高地温隧道还存在如下问题：

(1)高地温岩爆和大变形问题。高地温对隧道岩爆及大变形的作用机理十分复杂。

(2)隧道开挖卸荷与温降耦合问题。实际中岩体开挖卸荷后临空面的温度也会下降并与周围环境相适应，开挖后围岩应力场及温度场均会重新调整和平衡，隧道中围岩的实际力学效应受开挖卸荷与温降共同耦合作用。

(3)隧道长期稳定性问题。从隧道全寿命周期来看，为保证隧道正常运营的要求，长期高温环境下的隧道围岩蠕变问题也应当引起重视。

(4)高温高寒隧道衬砌劣化及喷锚支护失效问题。温度变化会对隧道的初衬喷射混凝土的凝结固化过程产生影响，长期温度变化作用会降低隧道二衬混凝土的长期力学行为并致使锚固结构失效。

针对上述问题，成都理工大学与中铁二院合作申请了国家自然科学基金《高应力高地温下花岗岩隧道岩爆灾害的温度效应研究》，目前已经在如下几个方面开展研究工作并取得了成果：

(1)硬岩隧道脆性破坏的温度效应研究[2]。采用精细网格数值模型，提出热—脆性—精细力学计算方法，开展了不同温度作用下隧道硬岩脆性破坏的热力耦合分析，以花岗岩隧洞岩柱为例，进行不同地温下隧道破坏区、能量释放值和应力指标的定量化对比研究，结果较好地揭示硬岩深埋隧道脆性破坏的温度作用效应，发现存在 60 ～ 100℃的温度门槛值，当温度未超过此范围门槛值时，温度增强了硬岩的脆性破坏（图 1），对于高应力、高地温下深部工程的稳定性评价具有指导意义。

（2）高地温隧道开挖施工方法和支护结构研究[9, 10]。提出了一种高地温隧道降温预裂爆破方法，能够降低岩体局部温度，提高炮孔利用率，减少炮孔的装药量，同时能够有效减少爆破开挖产生的粉尘，改善施工环境；提出了一种高地温隧道隔热散热衬砌结构发明专利，利用泡沫混凝土的隔热性能有效地将热量隔绝于初衬结构中，并通过管道网的散热作用将热量疏导出初衬结构，克服了高地温对衬砌结构的不利影响，提高了长期高温作用下隧道衬砌结构的整体耐久性。

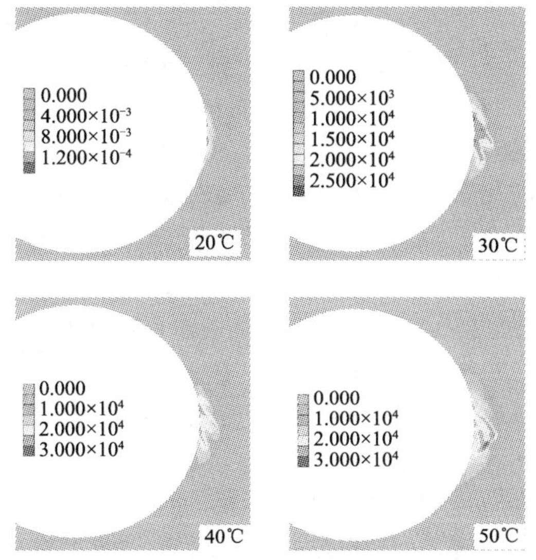

图 1　不同地温下隧道能量释放分布图

2 山区高寒路基边坡面临的问题和防治对策

长期冻融循环作用使得川藏铁路沿线形成了特有的“岩屑堆”。岩屑堆特征表明高寒区大型边坡具有明显的冻融灾害和时效致灾效应。对于高陡路基（路堑）边坡，由于爆破削坡作用岩体节理比较发育（图 2），冻融崩塌灾害频繁发生。因此，高寒山区的路基（路堑）边坡冻融时效性特征将更加突出。

图 2　川藏铁路沿线岩屑堆

川藏线路基（路堑）边坡及高陡岩质边坡冻融灾害需要研究的问题包括：

（1）冻融作用下山区岩体结构效应。

冻融循环作用造成裂隙周期性扩张和收缩，导致边坡稳定性系数逐渐衰减、岩体强度不断降低，最终诱发崩塌灾害。边坡岩体内部节理裂隙中使得裂隙中会存在一定量的水分，水在高温融化过程中致使裂隙壁发生融缩。短时间的冰劈现象加速裂隙的扩展延伸，水在冻结成冰的过程中会产生体积膨胀，如果限制其膨胀会对约束产生膨胀压力。因此，川藏线“岩屑堆”的冰劈现象十分突出。岩体结构越差，冻融灾害越明显，因此需要研究冻融作用的岩体结构效应。

（2）高陡边坡开挖卸荷—冻融耦合损伤问题。

边坡开挖卸荷产生的节理裂缝会加重冻融损伤，从而使岩体具有十分明显的损伤和流变特性。这时综合考虑冻融损伤后和卸荷状态下岩石损伤和流变特性，对于分析寒区边坡的长期稳定性尤为重要。

（3）冻融加速风化与剥落问题。

由于岩石内部矿物组成成分各异，首先温度周期性变化引起的水冰相变将损伤岩石不同种类矿物晶粒间的联结，其次，黏土矿物对水的作用又尤为敏感。冻融环境下岩石经受不同程度的冻胀融缩，进而导致表层加速风化并逐渐剥落。因此，针对冻融加速风化作用导致边坡失稳问题，已自行研制了消除温差影响的LVDT装置[11]，提供一种测试精度、结果可靠的测量岩石试样在温度变化下的微弱位移测量方法。

（4）山区高寒边坡全寿命设计问题。

川藏线寒区工程普遍面临着冻融引起的岩石长期时效劣化的影响，若不考虑这种影响，将给寒区路基（路堑）和高陡岩质边坡的工程设计带来安全隐患。目前，成都理工大学与中铁二院合作申请了国家自然科学基金《高寒冻融区岩质边坡加速破坏机理及时效评价》，以川藏铁路沿线的路基（路堑）边坡和高陡岩质边坡为主要研究对象，通过开展系统试验研究，分析冻融循环作用后岩石时效特性的温差效应和湿度效应，为高寒地区路基（路堑）边坡的全寿命设计问题奠定理论基础。

（5）冻胀作用下支护结构（锚杆锚索）失效问题。

由于温差交替的冻融作用引起高寒边坡冻胀融缩，不仅对内部岩体结构产生影响，还会使支护结构（锚杆锚索）产生疲劳失效问题，这将会使得岩体结构的自承能力和支护结构的支护能力随着冻融损伤的累积日益降低。因此，冻胀作用下支护结构失效问题也需要开展研究。目前已自行研制的内置式全长防腐锚杆[12]可以有效预防冻胀作用下锚杆的失效问题。

3 大温差下路基基床多场耦合效应问题

山区大温差使得路基基床发生强烈病害，如路基基床的不均匀变形、冻融开裂、翻浆、波浪、坑槽、松散和局部沉陷、纵裂和横裂等。青藏公路和青藏铁路工程85%的路基病害是由温度周期变化下的融沉造成的。川藏铁路关键问题也在路基，因此，山区大温差下路基基床主要有如下问题亟待解决：

（1）高寒区路基基床灾害特征、分类及机理分析。

需要对高寒地区川藏公路、青藏公路和青藏铁路已有路基基床病害的大量调查统计，结合川藏线特有的高寒气候特征，复杂的温度周期作用下路基病害孕育、演化和形成机理，归纳总结高寒区路基灾害的类型、特征和变形破坏模式。在此基础上，从温度作用下水分迁移、工程地质条件、路基结构条件等几方面影响因素分析研究路基基床病害的成因机理，归纳总结各种病害变形破坏特征与模式，为高寒地区铁路路基基床成灾机理研究提供翔实的研究资料。

（2）大温差路基地质体温度影响深度。

在路基内，越远离地表岩土体的温度变化越滞后于地表，且离地表越远，温度变化幅度越小。因此，研究季节性温差路基地质体温度影响深度具有重要意义。确定季节性温差下路基地质体温度影响深度，为地表不良地质岩土体的清除换填或加固处理提供范围依据。

（3）大温差下地表路基T-H-M耦合计算模型。

高寒山区铁路路基基床将经受温度周期变化、路基基床毛细水升迁及降雨、应力等复杂多场的耦合影响，有必要对路基基床在T-H-M耦合作用下的稳定性进行分析。通过分析温度场—应力场、温度场—渗流场、渗流场—应力场和温度场—渗流场—应力场的控制方程，建立T-H-M三场耦合计算方法。

（4）高寒山区铁路路基地质体改造问题。

亟须确定大温差下块石的最佳铺设厚度、最佳块径、路基基床块石及岩土颗粒级配。需要重点分析不同路基基床地质体结构和级配对路基基床热稳定性的影响，研究各类工程措施的调温效果及作用机理，选择适合于高寒大温差气候、高海拔山区地质特征的路基岩土体级配、结构及防护形式。提出高寒山区铁路路基地质体改造建议，完善大温差下铁路基设计方法与参数，最终达到保护高寒区路基的目的。

因此，需要从大温差下路基浅表地质体灾害机理、地质体热效应特性测试入手，进行高寒山区复杂气候和地质环境下路基 T-H-M 耦合计算研究，重点研究温度周期变化下路基温度场的演化规律及温差影响深度范围，由此获得温度影响下高寒山区铁路路基地质体的演化特征，为大温差变化下铁路路基体改造提供科学依据。

4 结语和展望

川藏铁路具有高海拔、高寒、昼夜温差大等特点，温度场研究对川藏铁路意义重大，需要通过系统测试和实验、理论分析及数值仿真研究，提出高寒、高海拔山区铁路施工的先进方法，其中改善温度场影响的主要途径在于研发新型的隧道混凝土衬砌、山区边坡支挡与锚固新型结构。

处于地质构造活跃的川藏线深埋隧道具有高地温特点，高地温会带来岩爆和大变形的温度效应、隧道开挖卸荷与温降耦合问题、高温隧道施工方法优化等难题，需要进一步研究高温对隧道岩体和混凝土结构的作用机理，并研发新型的高温隧道混凝土衬砌结构。

山区高寒大温差下路基边坡与基床面临着冻融作用的岩体结构效应、冻融加速风化与剥落、高陡边坡开挖卸荷与冻融耦合损伤、大温差下边坡体长期稳定与时效性、高寒大温差下路基不均匀沉降等问题，需要在川藏铁路设计中建立大温差下高海拔铁路全寿命周期设计方法。

参考文献

[1] 陈伟，蒋良文，杜宇本 . 西南某新建铁路地热水特征浅析 [J]. 铁道工程学报，2011（9）：1-6.
Chen Wei, Jiang Liangwen, Du Yuben. Analysis of geothermal water characteristics along railway in southwest of China[J]. Journal of Railway Engineering Society, 2011(9): 1-6.

[2] 陈国庆，李天斌，张岩，等 . 花岗岩隧道脆性破坏的温度效应研究 [J]. 岩土力学，2013（12）：3513-3519.
Chen Guoqing, Li Tianbin, Zhang Yan, et al. Thermal effect of brittle failure for granite tunnel[J]. Rock and Soil Mechanics, 2013(12): 3513-3519.

[3] 朱颖，蒋良文，屈科，等 . 西南铁路地质灾害与勘察防治技术成就 [J]. 中国工程科学，2008，10（4）：29-37.
Zhu Ying, Jiang Liangwen, Qu Ke, et al. Geological hazard in southwest railways and achievement of survey and control technique on geological hazard[J]. Engineering Sciences, 2008, 10(4): 29-37.

[4] 宋章，张广泽，蒋良文，等 . 川藏铁路主要地质灾害特征及地质选线探析 [J]. 铁道标准设计，2016（1）：14-19.
Song Zhang, Zhang Guangze, Jiang Liangwen, et al. Analysis of the Characteristics of Major Geological Disaster and Geological Alignment of Sichuan-Tibet Railway[J]. Railway Standard Design, 2016(1): 14-19.

[5] 魏永幸，薛新华 . 多年冻土区斜坡路堤稳定性的探索 [J]. 铁道工程学报，2011（12）：35-39.
Wei Yongxing, Xue Xinhua. Exploration on the stabilization of embankment on slope in permafrost regions[J]. Journal of Railway Engineering Society, 2011(12): 35-39.

[6] 罗照新，梁波，李安洪 . 郑西客运专线地基沉降控制技术研究 [J]. 路基工程，2007（3）：105-107.
Luo Zhaoxin, Liang Bo, Li An-hong. Study on the control technology of foundation settlement of Zheng-Xi'an Passenger Dedicated Line[J]. Subgrade Engineering, 2007(3): 105-107.

[7] 王栋，张广泽，蒋良文，等 . 川藏铁路成康段活动断裂工程效应及地质选线 [J]. 铁道工程学报，2015（10）：6-11.
Wang Dong, Zhang Guangze, Jiang Liang-wen, et al. Engineering effect of active fault and geological alignment of chengdu

to kangding in Sichuan-Tibet railway. Journal of Railway Engineering Society, 2015(10): 6-11.

[8] 张广泽，蒋良文，宋章，等．横断山区川藏线山地灾害和地质选线原则研究 [J]. 铁道工程学报，2016（2）.
Zhang Guangze, Jiang Liangwen, Song Zhang, et al. Research on the mountain disaster and geological alignment fundamental of Sichuan-Tibet railway running through N-S mountain area[J]. Journal of Railway Engineering Society, 2016(2).

[9] 陈国庆，赵聪，刘辉，等．一种高地温隧道降温预裂爆破方法 [P]. 中国专利：CN201510518876.X，2015-08-21.
Chen Guoqing, Zhao Cong, Liu Hui, et al. A kind of cooling pre-splitting blasting method for high ground temperature tunnels[P].Chinese patent: CN201510518876.X, 2015-08-21.

[10] 陈国庆，郭帆，张国峰，等．一种高地温隧道隔热散热衬砌结构 [P]. 中国专利：CN201510092058.8，2015-05-06.
Chen Guoqing, Guo Fan, Zhang Guofeng, et al. A kind of heat insulation radiating lining structure for high ground temperature tunnels[P].Chinese patent: CN201510092058.8, 2015-05-06.

[11] 陈国庆，郭帆，赵聪，等．高温高寒 LVDT 测量装置及测量方法 [P]. 中国专利：201510698029.6，2015-10-22.
Chen Guoqing, Guo Fan, Zhao Cong, et al. LVDT measuring device and measuring method under high temperature and cold[P].Chinese patent: 201510698029.6, 2015-10-22.

[12] 陈国庆，张岩，张国峰，等．内置式全长防腐锚杆 [P]. 中国专利：CN201510162241.0，2015-07-08.
Chen Guoqing, Zhang Yan, Zhang Guofeng, et al. Built-in span of total length anticorrosive bolt[P].Chinese patent: CN201510162241.0, 2015-07-08.

川藏铁路货运列车牵引质量研究

鲁婷婷
（中铁二院工程集团有限责任公司，成都 610031）

摘　要：牵引质量是指机车牵引普通货物列车的总吨数。川藏铁路地形地势特殊、坡度陡长，具有明显的高寒山区长大坡道的特点。考虑川藏铁路的特殊影响因素，在基于2.4%和3.0%两个限坡比较系列上从列车起动、到发线有效长、车钩强度、电机温升、黏着系数等方面的情况下，确定列车牵引质量及牵引组配方案。研究得出，为更好地适应地形条件，推荐在2.4%限坡上正常天气情况下采用HXD_2双机牵引3000 t、雨雪天气牵引质量2800 t；在3.0%限坡上正常天气情况下采用HXD_2双机牵引2700 t、雨雪天气牵引质量2200 t。

关键词：川藏铁路；牵引质量；研究；牵引计算；限制坡度

Schematic Study on Traction Quality of Chengdu-Lhasa Railway

Lu Tingting
(China Railway Eryuan Engineering Group Co. Ltd, Chengdu 610031,China)

Abstract: Traction quality refers to the locomotive traction tonnage of general freight train.The characteristics of the Chengdu-Lhasa railway are terrain special、long slope steep, Has the obvious characteristics of alpine region grow up ramps. Considering special influence factors of Chengdu-Lhasa railway, comparison and selection between two schemes are made, one with gradient of 24‰ and the other is 30‰, based on these basis, from the train start、departure line、coupling intensity factors, the motor temperature rise、adhesion coefficient、etc, Determine thetraction quality and some arrangement plan; Study to better adapt to the terrain conditions, recommended on the gradient of 24‰ using double HXD_2 traction 3000t(The normal weather) or using double HXD_2 traction 2800t(The Rain and snow weather); recommended on the gradient of 30‰ using double HXD_2 traction 2700t(The normalweather)or using double HXD_2 traction 2200t(The Rain and snow weather).

Keywords: Chengdu-Lhasa railway; traction quality; research; traction calculation; limiting gradient

川藏铁路东联成都枢纽，通过达成、成渝、遂渝、渝怀等既有干线，以及成渝、成贵客专等铁路，可通往东中部地区；中部于邦达站接规划建设的滇藏铁路，可与云南及东南亚地区相通；西端连接既有青藏线、在建的拉萨至日喀则铁路和规划的新藏铁路，可通往格尔木、日喀则、南疆等地，其功能定位奠定了川藏铁路是进出藏主通道综合交通的骨干方式。从川藏铁路运量预测来看，项目建成后，西达西藏的拉萨地

作者简介：鲁婷婷（1984—），女，工程师。

区;向东直接吸引四川省,并利用在建的沪汉蓉、渝黔铁路、成渝客专等铁路辐射渝、黔、华中华东等地;从运量构成来看,该项目客货并重,成都至始阳区段以地方货运为主,始阳至拉萨基本以通过运量为主,地方运量为辅;鉴于川藏铁路较大的运量需求,选择合适的牵引质量可提高运输效率。

同时鉴于川藏铁路工程地质条件极为复杂,地形困难,地应力活跃,气候条件严酷,不良地质极度发育,生态环境极为脆弱等工程条件,限制坡度主要比选 2.4%、3.0% 两个方案;可以看出由于该项目地形复杂,限制坡度的选择较大,在选定的限制坡度条件下,对川藏线全线货运列车牵引质量进行研究比选时,除了路网协调性、工程技术经济性,主要在对应坡度上满足列车正常起动、到发线有效长、车钩强度、电机温升等方面的情况下,确定列车在正常轨面下的牵引质量,并进一步研究在所处高寒山区受外部气候影响下的牵引组配方案。

1 项目概况

川藏铁路位于我国四川省和西藏自治区境内。线路起于四川省成都市,向西经蒲江、雅安、康定、昌都、邦达、林芝、乃东至拉萨,全线运营长度约 1850km,建筑长度约 1744km,紧坡地段长度占全线长度约 40%。其中,成都至雅安段已于 2014 年 11 月底开工建设;拉萨至林芝段已于 2015 年 6 月底开工建设。

2 牵引质量系列选择

2.1 相邻路网限制坡度、机车类型、牵引质量

与川藏铁路相邻线路主要有成昆铁路、广大线、大丽线、青藏铁路格拉段、拉日铁路、滇藏铁路丽香段,各条铁路线的限制坡度、机车类型及牵引质量如表 1 所示。

相邻铁路限制坡度、机车类型及牵引质量分析　　表 1

线路名称		限制坡度	货运机车类型	牵引质量(t)
成昆线	改建	0.6% 加力 1.3%	双机 SS_3	4000
广大线	改建	1.3%	双机 SS_3	4000
大丽线	既有	1.3%	双机 SS_3	3000
大瑞线	在建	2.4%	三机 SS_3	3000
青藏铁路格拉段	既有	2.0%	三机 NJ_2	3000
拉日线	既有	1.25%	双机 NJ_2	3000
滇藏铁路丽香段	在建	3.0%	双机 SS_3B	3000

从上表可以看出,成都地区已经形成 4000t 为主的牵引质量系列;拉萨地区形成了 3000t 为主的牵引质量系列。

2.2 川藏线牵引系列选择

从川藏铁路运量特点来看,全线通过运量较大,宜尽量统一机型及牵引质量。由相邻路网的牵引质量可知,成都地区已经形成 4000t 为主的牵引质量系列;拉萨地区形成了 3000t 为主的牵引质量系列。由于川藏铁路全线限制坡度较大,采用 4000t 系列,机车功率较大,不符合节能环保要求,因此,考虑采用 3000t 系列方案,在拉萨地区也能与路网相关线路匹配。

2.3 机车在不同限制坡度下的牵引质量

目前我国新建铁路一般选用新型大功率货运机车，可供选择的机车主要有 HXD_1、HXD_2、HXD_3、HXD_1B、HXD_2B、HXD_3B 及青藏铁路目前正进行试验的 HXD_1C 型机车。根据机车参数，HXD_2 机车功率最大，本文以 HXD_2 型机车作为推荐方案做具体研究。新建普速铁路的牵引质量应按列车在限制坡道上以机车的计算速度作等速运行为条件来确定。计算公式如下：

$$G=\frac{F_j\cdot\lambda_y-P(w_0'+i_x)\cdot g\cdot 10^{-3}}{(w_0''+i_x)\cdot g\cdot 10^{-3}} \tag{1}$$

式中：G——牵引质量(t)；

F_j——机车计算速度下的牵引力(kN)；

λ_y——机车牵引力使用系数，取 0.9；

P——机车计算质量(t)；

w_0'——机车单位基本阻力(N/kN)；

w_0''——货车单位基本阻力(N/kN)；

i_x——限制坡度(‰)。

不考虑气候等外界因素影响的情况下，采用 HXD_2 型电力机车在不同坡度上的牵引质量如表 2 所示。

HXD_2 型电力机车在不同坡度上牵引质量计算表　　表 2

坡度(%)	F_j (kN)	λ_y	P (t)	w_0'	w_0''	G (t)
2.4	554	0.9	200	3.3426	1.7601	3447
3.0	554	0.9	200	3.3426	1.7601	2720

从上表可以看出，正常情况下 HXD_2 型电力机车在 2.4% 坡度下双机牵引质量为 3447t，3.0% 坡度下双机牵引质量为 2720t。因此，不论是 2.4% 坡度方案还是 3.0% 坡度方案，正常情况下基本都符合牵引质量 3000t 系列的需要。

3 列车牵引质量组配方案确定

3.1 起动检算

列车起动时，起动阻力较大，起动牵引质量 G 按机车起动牵引力 F_q 等于列车起动总阻力的条件求出。对于电力机车牵引滚动轴承列车，起动检算按下式计算：

$$G_q=\frac{F_q\cdot\lambda_y\times 10^3-P(5+i_q)}{3.5+i_q} \tag{2}$$

$$G=\frac{G_q}{g} \tag{3}$$

式中：F_q——机车计算起动牵引力(kN)；

λ_y——机车牵引力使用系数，取 0.9；

P——机车计算重量(kN)；

i_q——起动路段的加算坡度值(%)。

由于列车的起动检算主要是针对牵引质量较大的货车，因此根据以上公式带入 HXD_2 型货运机车数据，分别按照 2.4%、3.0% 线路坡度，计算得出 G 的计算值，如表 3 所示。

起动检算确定起动牵引质量计算表 表 3

机车重量(kN)	线路坡度(%)	机车计算起动牵引力 F_q（kN）	机车牵引力使用系数 λ_y	起动牵引质量 G（t）
3924	2.4	1520	0.9	4561
3924	3.0	1520	0.9	3674

3.2 到发线有效长度检算

车站到发线有效长度 L_{yx} 控制的牵引质量按下式计算：

$$Q=(L_{yx}-30-l_j)\,q \tag{4}$$

式中：L_{yx}——车站到发线有效长(m)；

30——列车制动停车的附加制动距离(m)；

l_j——机车长度(m)；

q——货车每延长米质量(t/m)，按中国货车组成，q=5.667t/m。

根据机车在此分别取 650m、850m、1050m 三种车站到发线有效长，给出 HXD_2 型货运机车在相应的到发线有效长度下的牵引质量，如表 4 所示。

车站到发线有效长度检算表 表 4

机　型	双机机车长度(m)	到发线有效长(m)	货车延长每米质量(t/m)	牵引质量(t)
HXD_2	38.5	650	5.677	3301
		850	5.677	4655
		1050	5.677	5791

3.3 车钩强度的检算

列车在限坡起动时，最大车钩力与机车的起动牵引力有很大的关系。由于列车采用动力集中方式，牵引机车位于列车头部，因此，列车的最大起动牵引力还与牵引列车的机车台数有关。

表 5 给出了单台机车和整列列车在水平坡度上的最大起动牵引力。而表 6 则给出了我国客、货车主型车钩的静拉破坏强度。

最大起动牵引力(kN) 表 5

机 车 类 型	单　机	列　车
HXD_2 型电力机车	760	1520

车钩的静拉破坏强度(kN) 表 6

车 钩 类 型	静拉破坏强度	备　注
15 号 C 低合金钢	2300 ～ 2400	25 型客车用
13 号 普碳钢	2000	占有量约 70%（已停产）
13 号 普碳钢改进	2500	占有量约 30%
13 号 A 低合金钢 C 级钢	3000	2002 年新造货车使用
13 号 低合金钢 E 级钢	3432	C_{63} 大秦线重载列车用
16 号、17 号	3432	C_{80} 大秦线重载列车用
DFC-E100 型	3432	HXD_2 型电力机车用

从表5、表6可知，HXD_2型电力机车采用的钩缓装置为DFC-E100型，其车钩的最弱部件是钩舌，其最小静拉破坏强度达到3432kN，因此，机车的车钩强度没有问题。而货车车辆中，车钩强度最弱的是以前生产、目前仍在使用的13号钩（普碳钢），其静拉破坏强度仅为2000kN，也高于全列车的最大起动牵引力1520kN，两者之比为1.32，有一定的安全余量，但考虑到列车起动过程中，车钩的动态作用力会有所增加，其安全余量会有所降低，但只要平稳起动，车钩强度仍能保证。但如果由3台HXD_2型电力机车集中于列车头部进行牵引，则机后车辆如果装用老的13号钩（普碳钢），则该型车钩有可能被拉断。

3.4 长大下坡道上制动机充风时间和空走时间的限制检算

列车在长大下坡道上运行时，在不采用动力制动条件下，通常用空气制动的大小闸交替制动，使行车速度不超过规定的限制速度。小闸（机车）制动的制动力小，列车要增速；此时车列要充风缓解，而再一次大闸（车列）制动后，还有一段空走时间才能产生制动力，在充风缓解时间和空走时间内，列车的末速度不能超过规定的限制速度。列车从缓解开始到副风缸补到定压所需时间称为充风时间 t_c，同时列车在每次制动时都有一段从操纵制动阀到制动机实际起作用的时间称为空走时间 t_k，这两段时间之和应小于列车从缓解开始到再制动的时间，即增速时间 t_z。因为缓解充风时间和空走时间都随车辆辆数增加而增大，为了行车速度不超过限制速度，需要对车辆数，即牵引质量加以限制。

$$t_z > t_c + t_k \tag{5}$$

式中：t_c——可以根据主管风压、牵引质量及减压量 r，分别从表7、表8中查得。

货物列车充风时间（s）与牵引质量和减压量的关系（列车管压力为500kPa）　　表7

牵引质量(t) / r (kPa)	1560	2340	3120	3900	4680	5460	6240
60	26	35	45	62	84	102	122
100	46	63	84	106	135	164	201
120	56	76	102	128	160	196	240
140	65	90	121	150	185	228	280

货物列车充风时间（s）与牵引质量和减压量的关系（列车管压力为600kPa）　　表8

牵引质量(t) / r (kPa)	1560	2340	3120	3900	4680	5460	6240
60	22	29	38	52	70	84	98
100	34	55	72	93	120	145	172
120	48	65	88	116	147	180	212
140	60	82	110	140	174	212	252

空走时间 t_k 按《牵引计算规程》规定的公式计算，对于货物列车常用制动用下式计算：

$$t_k = (3.6 + 0.00176rn)\cdot(1 - 0.032i_j) \tag{6}$$

式中：r——常用制动减压量（kPa）；

n——列车编成辆数（实际辆数不是换长）；

i_j——下坡道影响修正值，当上坡道时 i_j=0。

t_k——可以根据限制坡度、牵引质量及减压量 r，从表9中查得。

货物列车空走时间(s)与牵引质量和减压量的关系　表9

限坡2.4%							
牵引质量(t) r(kPa)	1560	2340	3120	3900	4680	5460	6240
60	10.1	11.9	13.7	15.6	17.4	19.3	21.1
100	12.5	15.6	18.7	21.7	24.8	27.9	30.9
120	13.7	17.4	21.1	24.8	28.5	32.2	35.9
140	15.0	19.3	23.6	27.9	32.2	36.5	40.8
限坡3.0%							
牵引质量(t) r(kPa)	1560	2340	3120	3900	4680	5460	6240
60	11.1	13.2	15.2	17.3	19.3	21.4	23.4
100	13.9	17.3	20.7	24.1	27.5	30.9	34.3
120	15.2	19.3	23.4	27.5	31.6	35.7	39.8
140	16.6	21.4	26.1	30.9	35.7	40.4	45.2

增速时间：

$$t_z = \frac{30(v_0 - v_n)}{-(w_0'' + i_j)} \tag{7}$$

式中：t_z——增速时间(t)；

v_0——第二次制动时的速度(km/h)；

v_n——第一次制动后，开始缓解时的速度(km/h)；

i_j——增速地段的平均加算坡度千分数；

w_0''——车辆单位基本阻力，平均约为1.3N/kN。

根据增速时间公式带入HXD_2机车参数进行计算，得出增速时间与线路坡度之间的关系如表10所示。

增速时间随限制坡度变化表　表10

线路坡度(%)	再制动速度 v_0(km/h)	再缓解时速度 v_n(km/h)	车辆单位基本阻力(N/kN)	增速时间(s)
2.4	65	10	1.3	73
	75	10	1.3	86
3.0	65	10	1.3	57
	75	10	1.3	68

一般情况下，列车区间制动调速使用的减压量为90～100kPa，而且货物列车通常的制动主管压力为500kPa。对照该要求，对于HXD_2型机车在2.4%和3.0%坡道上增速时间所对应的牵引质量如表11所示。

增速时间对应牵引质量表　表11

线路坡度(%)	增速时间(s)	牵引质量(t)
2.4	86	3620
3.0	68	2940

另外，电力机车在长大上坡道上要加大电流发挥较大的牵引力，电流加大要引起牵引电动机发热，牵引质量大，电流也大，发热温度越高，长时间运转，电动机可能超过允许温度，故要进行电机温升检算。目前计算牵引质量多采用持续牵引力，且牵引力仅使用90%，故电机过热问题已不复存在。当有条件进行动力制动时，以上检算可以省略。

3.5 正常轨面下列车牵引质量确定的结语

根据前述各个因素，可以确定出在正常轨面条件下 HXD_2 型双机牵引列车的牵引质量如表12所示。

列车牵引质量表(t) 表12

坡度(‰)	计算得牵引质量	列车起动检算	到发线有效长检算(650m)	时间限制	牵引定数(正常轨面)
2.4	3447	4561	3301	3620	3000
3.0	2720	3674	3301	2940	2700

通过各项计算，并结合路网牵引质量考虑，川藏铁路在正常轨面条件下时，推荐在2.4‰限坡上采用 HXD_2 双机牵引3000t，在3.0‰限坡上双机牵引2700t。

3.6 气候条件影响下的牵引质量组配方案

项目地处高寒山区，钢轨表面状态严重影响着轮轨间的黏着系数。黏着系数的降低直接影响到机车牵引力的发挥，从而造成牵引质量下降。因此川藏铁路必须考虑不良轨面条件对列车牵引质量的影响。

HXD_2 型电力机车在不同钢轨表面状态(雨雪、雨雪撒砂及撒砂处理)的牵引力变化如表13所示。

HXD_2 型电力机车黏着牵引力变化 表13

速度(km/h)	黏着系数	黏着质量(t)	正常轨面黏着牵引力(kN)	雨雪轨面黏着牵引力(kN)	雨雪轨面黏着牵引力(撒砂，kN)	湿润轨面黏着牵引力(kN)	湿润轨面黏着牵引力(撒砂，kN)	机车牵引力(kN)
0	0.41	200	804	442	591	559	688	760
10	0.33	200	653	359	480	454	559	740
20	0.32	200	634	349	466	440	542	710
30	0.32	200	626	344	460	435	535	670
40	0.32	200	622	342	457	432	532	645
50	0.32	200	619	341	455	430	530	605
60	0.31	200	618	340	454	429	528	570
65	0.31	200	617	339	453	429	527	554
70	0.31	200	616	339	453	428	527	525
80	0.31	200	615	338	452	428	526	455
90	0.31	200	615	338	452	427	525	400
100	0.31	200	614	338	451	427	525	365
110	0.31	200	613	337	451	426	524	325
120	0.31	200	613	337	451	426	524	300

可见在 HXD_2 机车计算速度65km/h时，其轨面黏着牵引力低于持续牵引力554kN，因此必然造成牵引质量的下降。据此，算出在不同钢轨表面状态下的牵引力质量，如表14所示。

不同轨面状态下 HXD_2 型机车双机牵引质量　　表14

轨面状态	限制坡道(%)	牵引质量(t)
雨雪	2.4	1992
雨雪(撒砂)	2.4	2804
湿润	2.4	2634
湿润(撒砂)	2.4	3332
正常	2.4	3524
雨雪	3.0	1540
雨雪(撒砂)	3.0	2199
湿润	3.0	2060
湿润(撒砂)	3.0	2627
正常	3.0	2720

可以看出 HXD_2 型电力机车在2.4%坡道上双机牵引时，当处于雨雪条件而又没有撒砂处理时，只能牵引1992t；当进行撒砂处理后，最不利的雨雪条件下能够牵引2804t。

在3.0%坡道上双机牵引时，当处于雨雪条件而又没有撒砂处理时，只能牵引1540t；当进行撒砂处理后，最不利的雨雪条件下能够牵引2199t。

3.7 列车牵引质量组配方案确定

在设计线路时，根据线路的具体设计要求可以得出线路的牵引组配方案，牵引组配方案要求，机车的牵引力满足列车在线路的起动检算和上坡时的运行，还要满足牵引列车的总运量达到线路运输能力的要求。

在满足以上要求的前提下，同时还要给出2个或2个以上的牵引组配方案，这样方便了在不同外部气候条件下线路上实际行驶列车依照运能或行车需求产生的调整，是为了应对列车的不同运行方案，保证实际算例线路上列车运行。确定牵引组配方案主要是确定机车车辆类型、机车辆数和机车牵引车辆辆数。

根据以上研究，确定出 HXD_2 型机车双机牵引组配方案如表15所示。

牵引组配方案　　表15

坡度(%)	牵引组配方案
2.4（正常轨面）	HXD_2 型电力机车(2台)+3000t货车(35辆)
2.4（雨雪天气撒沙）	HXD_2 型电力机车(2台)+2800t货车(28辆)
3.0（正常轨面）	HXD_2 型电力机车(2台)+2700t货车(28辆)
3.0（雨雪天气撒沙）	HXD_2 型电力机车(2台)+2200t货车(22辆)

4 结语

本文在考虑列车启动、到发线有效长、车钩强度、电机温升、黏着系数等方面的情况下，并结合相邻路网的牵引质量，确定列车牵引质量及牵引组配方案。推荐在2.4%限坡上正常天气情况下采用 HXD_2 双机牵引3000t、雨雪天气牵引质量2800t；在3.0%限坡上正常天气情况下采用 HXD_2 双机牵引2700t、雨雪天气牵引质量2200t。

参考文献

[1] 中铁二院工程集团有限责任公司 . 新建铁路成都至拉萨线成都至林芝段主要技术标准专题研究 [R]. 成都：中铁二院工程集团有限责任公司，2014.

China Railway Eryuan Enginerring Group Co.,Ltd. Monographic study on main technical standards of Chengdu-Linzhi section of pro-posed Chengdu-Lhasa railway [R]. Chengdu: China Railway Eryuan Enginerring Group Co. ,Ltd,2014.

[2] 中铁二院工程集团有限责任公司 . 长大坡道铁路运营情况调研报告 [R]. 成都：中铁二院工程集团有限责任公司，2014.

China Railway Eryuan Enginerring Group Co. ,Ltd. Investigation and research reports of operation on long sharp slope railway[R]. Chengdu: China Railway Eryuan Enginerring Group Co. ,Ltd. ,2014.

[3] 中铁二院工程集团有限责任公司 . 新建铁路成都至拉萨线成都至康定（新都桥）段可行性研究报告（修编）[R]. 成都：中铁二院工程集团有限责任公司，2016.

China Railway Eryuan Enginerring Group Co.,Ltd. Feasibility study of Chengdu-Kangding（Xinduqiao）section of proposed Chengdu-Lasa railway(The review version)[R]. Chengdu: China Railway Eryuan Enginerring Group Co. ,Ltd. ,2016.

[4] 中铁二院工程集团有限责任公司，西南交通大学 . 高寒山区长大坡道对铁路运输能力的影响研究 [R]. 成都：中铁二院工程集团有限责任公司，2016.

China Railway Eryuan Enginerring Group Co. ,Ltd/Southwest JiaoTong University. Alpine region grew up the ramp to the influence of railway transport capacity study[R]. Chengdu: China Railway Eryuan Enginerring Group Co. ,Ltd,2016.

[5] 中华人民共和国行业标准 .TG/01—2014　铁路技术管理规程（普速铁路部分）[S]. 北京：中国铁道出版社，2014.

People’s Republic of China industry standard.TG/01—2014　Regulations of railway technical operation (Normal speed railway) [S].Beijing: China railway publishing house, 2014.

[6] 中华人民共和国行业标准 .TB/T 1407—1998　列车牵引计算规程 [S]. 北京：中华人民共和国铁道部，1999.

People’s Republic of China industry standard.TB/T 1407—1998　The specification of train traction calculation[S]. Beijing: The ministry of railways of the People’s Republic of China, 1999.

近断层地震作用下铁路桥梁减震卡榫原理及试验研究

曾永平　陈克坚　樊启武　陶　奇

（中铁二院工程集团有限责任公司，成都 610031）

摘　要：为了探索有效限制纵向隔震桥梁在中小地震作用下的位移以及大震下不发生落梁和碰撞的方法，提出了由间隙金属阻尼器和摩擦摆式支座组成的组合隔震支座的解决方案。本文首先根据弹塑性力学理论，推导间隙金属阻尼器的屈服强度和屈服位移等参数理论计算公式，以多组拟静力试验结果为基础，识别、验证了滞回本构中相关参数及计算方法。通过整个桥梁体系的地震仿真计算和对安装间隙金属阻尼器的限位效果以及配合摩擦摆支座的桥梁近断层地震作用下减隔震效果的研究，可以得出间隙金属阻尼器在大震下不仅具备防落梁功能，而且耗能效果良好，中小震下可以有效限制主梁位移，为其推广应用提供了技术支持。

关键词：近断层地震动；摩擦摆支座；间隙金属阻尼器；拟静力试验

Study on the Performance of Railway Bridge Structure With Shock Absorber System Under Near-Fault Ground Motions

Zeng Yongping　Chen Kejian　Fan Qiwu　Tao Qi

(China Railway Eryuan Engineering Group Co.Ltd, Chengdou 610031,China)

Abstract: With extending the period of bridge system, FPS bearing is used to isolate seismic energy. Dued to low yielding strength, it is happened to large displacement and collision in decks, subjected to the near-fault ground motion with dominated long period and large pulse. In order to restrain the displacement of bridge deck under occasional and frequency earthquakes and prevent unseating in rare earthquakes, a composite bearing system which is combined by FPS and an Innovative gap metal damper had been approved here to yield strength for isolation bearings. With FEM simulation, topology optimization of hinge geometric shapehad been designed. Based on elastic-plastic mechanics theory, yield strength and yield displacement of gap metal damper are deduced. Through seismic simulation for railway bridge system, the results verified the design method is reasonable and proved the theory and test demonstration for the practice use of the composite bearings system and gap metal damper which can restrain the displacement of bridge deck under occasional and frequency earthquakes and prevent unseating in rare earthquakes.

Keywords: near-fault ground motions; FPS bearing; innovative gap metal damper; pseudo-static tests

---

作者简介：曾永平（1982—），男，高级工程师。

基金项目："川藏铁路近断层地震对铁路桥梁的影响及对策研究"中铁二院科技计划 [13164190（13-15）]。

川藏铁路位于现今最为活跃的陆陆碰撞造山带，邻近龙门山地震带，穿越甘孜炉霍地震带、雅鲁藏布江地震带及鲜水河断裂带等，线路所经区域现今地壳变形十分强烈、地震活动频繁。以紧邻雅鲁藏布江缝合带的川藏铁路拉萨至林芝段为例，根据中铁二院的调查及研究资料，线路穿越的断裂带 18 条，邻近的断裂带 3 条，历史记载发生 5.5 级以上地震 23 次。因此近断层地震灾害必将是影响桥梁铁路安全的主要因素之一。

突发性的大地震可能会对结构产生巨大的破坏，桥梁支座既是桥梁抗震系统耗能部位，也是最为薄弱的环节，当上部结构传来的惯性力大于桥梁支座的强度时，支座锚固螺栓拔出剪断、活动支座脱落及支座本身构造上的破坏，发生梁体碰撞破坏。单纯依赖支座位移来耗能会产生不仅会导致落梁等严重震害，而且上部结构地震力无法有效传递到下部结构，造成下部结构材料浪费。因此，需要研究设置合理的减隔震装置，在降低地震力的同时，调整地震力在各下部结构间的分配，使整个体系的受力分配更趋合理。

国内外地震烈度区铁路桥梁主要采用的减隔震手段是设置摩擦摆式支座。摩擦摆式支座重量轻、等效阻尼比大，具有正常支座功能与减、隔震功能分离的优点，但摩擦摆支座隔震系统在近断层地区的铁路桥梁上应用存在以下缺陷：

（1）近断层地震长周期速度脉冲特性突出，摩擦摆支座会延长结构周期，容易与近断层地震波形成共振，增加其地震响应。

（2）近场地震竖向加速度较远场地震大，在竖向地震力作用下，摩擦摆支座的滞回曲线变得极不规则，减震能力降低。

（3）摩擦摆圆弧滑动面将使结构抬升，当梁体产生较大位移时会对轨面线形产生影响。

（4）梁体温度变形将引起各支座位移不同步，使得梁体纵、横向抬升高度不一致，产生附加次应力。

（5）摩擦摆支座本质是摩擦耗能支座，对摩擦副材料的耐磨与耐高温性能要求高。因此，单一的摩擦摆减隔震支座不宜在长周期速度脉冲与大竖向加速度特征突出的近断层地震区域的铁路桥梁上应用。

为了探索近断层地区有效的减震措施，应对近断层长周期大脉冲地震不利作用以及大震下不发生落梁和碰撞的方法，本文研发了一种间隙金属阻尼器（减震卡榫装置），并提出了由间隙金属阻尼器和摩擦摆式支座组成的组合隔震解决方案。其中，支座承受桥梁竖向荷载、满足桥梁转动功能，间隙金属阻尼器可适应结构温度变形，在正常情况下不起作用，地震情况下耗能减震，并起到防落梁作用。

1 减震卡榫装置构造与力学性能分析

1.1 结构构造与组合作用原理

如图 1 所示，减震卡榫为高延性软钢锥形结构，底部与墩顶固结，顶部与安装在梁体上的套筒内壁之

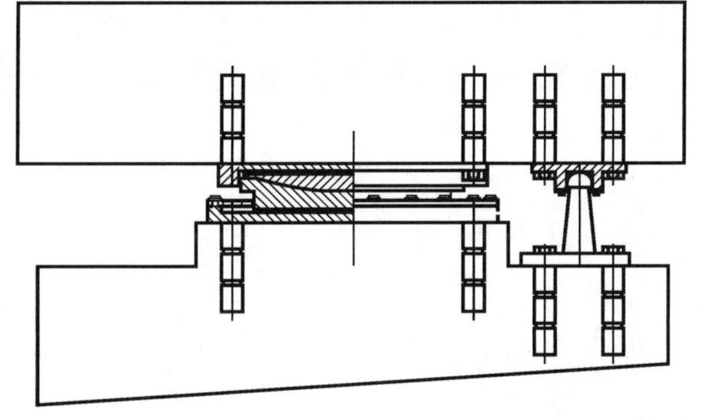

图 1 减震卡榫安装示意图（连续梁、简支梁）

间留有一定间隙，并可实现竖向限位，所以称之为间隙金属阻尼器。其与减震支座组合作用，梁体温度变形时由于间隙的存在，可自由变形；中小地震时，卡榫处于弹性阶段，起到保护限位作用，同时保证摩擦摆等减隔震支座的隔震作用，并可传递部分地震力至桥墩，提高桥梁系统的抗震能力；在大震发生时，卡榫屈服耗能，且能起到约束梁体，避免其发生过大位移的作用，同时传递部分地震力至桥墩，提高桥梁系统的抗震能力，但又不至于增加桥墩下部结构震害，可以达到较好的减震效果。

1.2 减震卡榫计算原理

减震卡榫是间隙金属阻尼器中的主要耗能构件，应采用等强度设计理念，尽可能最大化塑性铰长度，达到耗能减震目的。在地震作用下，结构的塑形和破坏都集中在该装置上，而不会出现桥梁其他部位的损伤。在常遇、设计地震作用下，套筒内弧形弹性钢板受挤压后屈服，能够同时消耗横向和竖向地震力；弹性垫缓冲了套筒和减震卡榫的碰撞冲击，在罕遇地震作用下，卡榫在其下部锥柱构造段上形成塑性铰，实现耗能。同时，设计时要保证这种阻尼器还具备水平两向和竖向的减震能耗功效。由国内外的试验研究成果可知，各种软钢类弹塑性耗能器的滞回性能相近，可以采用相同的恢复力计算模型。弹塑性耗能器的恢复力模型主要包括理想弹塑性模型、双线性强化模型和 Ramberg-Osgood 模型。

本次研究的减震卡榫装置的恢复力模型简化为双线型强化模型，结构可按纯弯曲时的正应力计算公式计算，并且结合弹塑性力学分析弹塑性后屈服现象，并对塑性加载阶段进行研究。当梁体的最外层纤维的应力达到材料的屈服应力时，所能承受的最大弯矩称为弹性极限弯矩为：

$$M_s = \frac{1}{6}\sigma_s bh^2 = \sigma_s W \tag{1}$$

式中：M_s——梁截面的弹性极限弯矩；

σ_s——梁体材料的屈服应力；

b——矩形截面的宽；

h——矩形截面的高；

W——截面的抗弯截面模量。

对应的梁体的曲率为：

$$R_s = \frac{M_s}{EI} = \frac{2\sigma_s}{Eh} \tag{2}$$

式中：R_s——梁体所受弯矩达到其弹性极限弯矩时的曲率；

E——梁体材料的弹性模量；

I——梁截面的惯性矩。

当 $M>M_s$ 时（M 为梁所受的实际弯矩），梁的外层纤维的应变继续增大，但应力值保持为 σ_s 不再增加，塑性区将逐步向内扩大。当弹塑性区的交界距梁轴 $\zeta h/2(0 \leqslant |\zeta| \leqslant 1)$（$\zeta$ 为弹塑性区交界处的高度坐标与二分之一高度的比值）时，该处 $|\sigma|=\sigma_s$（σ 为截面正应力的绝对值），因而有 $ER|\zeta|\cdot h/2=\sigma_s$（$R$ 为梁体的曲率），由此求出此时的曲率和弯矩分别为：

$$R = \frac{2\sigma_s}{Eh}\frac{1}{|\zeta|} = \frac{R_s}{|\zeta|} \tag{3}$$

$$M = 2b\left(\int_0^{\zeta h/2} ERy^2 \mathrm{d}y + \int_{\zeta h/2}^{h/2} \sigma_s y \mathrm{d}y\right) = \frac{M_s}{2}\left(3-\zeta^2\right) \tag{4}$$

式中：y——矩形截面高度方向的坐标，原点为截面高度的中心位置。

当 $M>M_s$ 时，梁的外层纤维虽然已屈服，但由于梁的中间部分还处于弹性变形状态，由平截面变形的特性限制了塑性变形的增长。因而，外层纤维仍处在约束塑性变形的状态，不能发生任意的塑性流动。这时梁的曲率完全由中间的弹性区域控制。截面的应变按线性规律变化，假设此时截面的应力仍服从Hooker定律，假定截面的最大应力为名义应力 σ_j。由假设的应力求得名义弯矩为 M_j。那么，曲率可求得：$R=\frac{M_j}{EI}$ 以及 $\frac{M_j}{M_s}=\frac{1}{|\zeta|}$。求得曲率后，可根据延长度方向各截面变形积分计算顶部位移。对耗能卡榫的结构形式进行设计，首先确定其截面的形式。常用截面的截面形状系数 η，圆环 η=1.25，矩形 η=1.5，圆形 η=1.5，菱形 η=2.0。菱形截面的截面形状系数最大，但若采用该截面，减震榫的加工难度较大，圆形截面和矩形截面的截面形状系数相同，考虑加工因素，采用圆形截面，可以推导出以下公式：

屈服弯矩：

$$M_s=\sigma_s W=\frac{\pi}{4}\sigma_s r^3 \tag{5}$$

式中：r——圆形截面的截面半径。

圆形截面的实际弯矩：

$$M=\frac{\sigma_s r^3}{12\zeta}\left[3\zeta-6\arccos\zeta+6\zeta\sqrt{1-\zeta^2}+4\zeta\left(1-\zeta^2\right)\sqrt{1-\zeta^2}\right] \tag{6}$$

圆形截面名义弯矩与弹性屈服弯矩的关系：

$$\frac{M_j}{M_s}=\frac{1}{|\zeta|}=K_e \tag{7}$$

式中：K_e——卡榫所选钢材屈服平台的最大应变与屈服应变的比值，表征的是钢材屈服平台的长度。

对应卡榫屈服、极限剪力都可按 $P=M_s/L$ 计算。根据多组试验结果，偏于设计保守考虑，实桥有限元分析时极限延性建议取为20倍屈服位移。钢构件强化刚度系数一般取1/25，滞回曲线如图2所示。

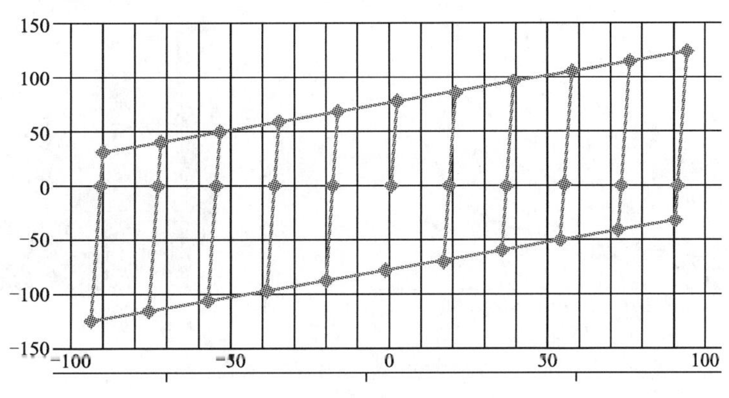

图2　计算滞回模型

■2 减震卡榫数值模拟和拟静力试验

为了验证理论公式的准确性，精确计算耗能卡榫杆件的屈服强度和屈服点，采用通ANSYS进行仿真分析，采用实体单元和随动强化准则进行模拟，主要模型和滞回曲线结果见图3。通过实体有限元分析，计算了三种不同屈服点钢材所制作构件的屈服强度和位移，详见见表1，根据计算结果选取这三种钢材来进行拟静力试验试件加工。

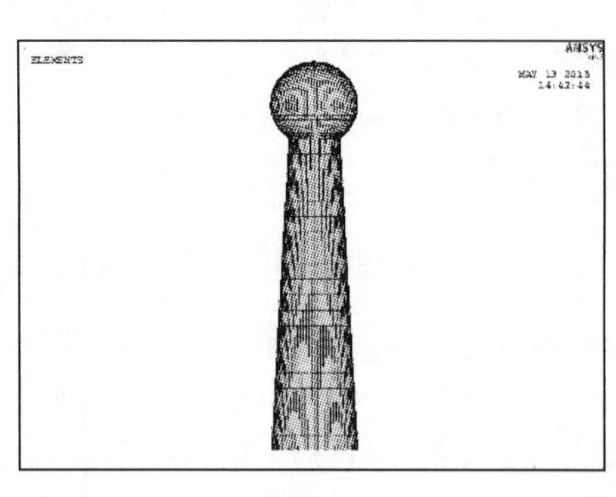

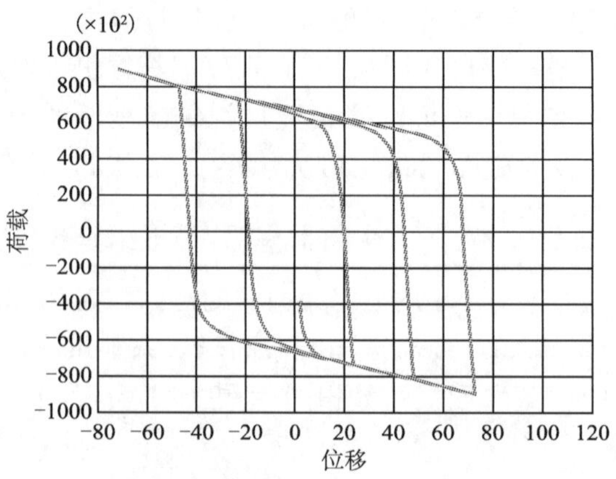

图 3　卡榫耗能杆计算模型及滞回曲线

不同钢材卡榫杆件计算参数　　表 1

屈服强度(MPa)	屈服力(t)	屈服位移(mm)	极限力(t)	极限位移(mm)
296	5.9	3.7	7.81	72
322MPa	6.4	4.3	8.15	75
210MPa	4.25	3.1	5.76	71

减震卡榫共开展了三批次拟静力试验，共测试 12 个构件的屈服强度、极限延性、极限强度和低周疲劳等试验，采用试验加载仪器为 MTS 动态加载疲劳机，受篇幅所限，本文仅展示部分计算结果和试验结果。对比计算结果与试验结果可知，构件屈服强度、屈服位移及耗能滞回曲线计算结果与试验结果相符，构件滞回曲线饱满，延性高，低周疲劳强度高，地震下阻尼耗能循环次数可达 70 次以上，试验加载过程及试验滞回曲线详见图 4。

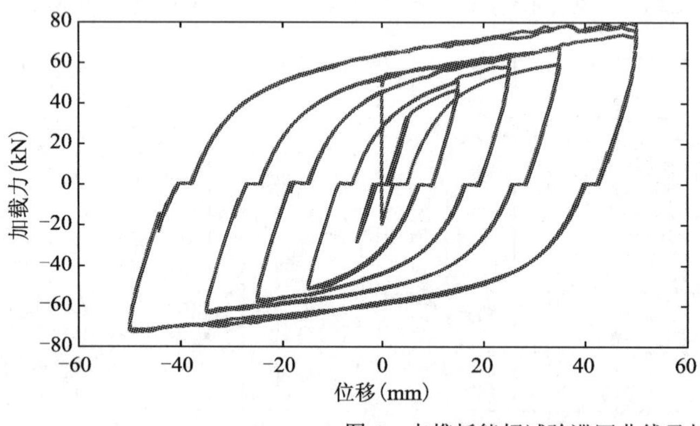

图 4　卡榫耗能杆试验滞回曲线及加载过程

3 桥梁上的应用

选取一座典型 5 孔 32m（简支 T）的铁路桥梁进行应用分析，采用 UC-win/FRAME（3D）软件进行模拟，桥墩的非线性通过纤维单元模型来模拟。在纤维单元中，每个构件沿其纵向被分割成若干单元，而每个单元的特性由横断面来代表，其横断面又被进行网络分割，形成若干纤维束，各纤维束可以选择不同的应力应变关系。计算后，相应纤维可根据应力应变关系以及损伤准则输出损伤指标和损伤等级，其中，钢筋的损伤等级分为：压缩屈服、拉伸屈服、容许拉伸、断裂，混凝土损伤等级优先顺序为：裂缝＜轻微

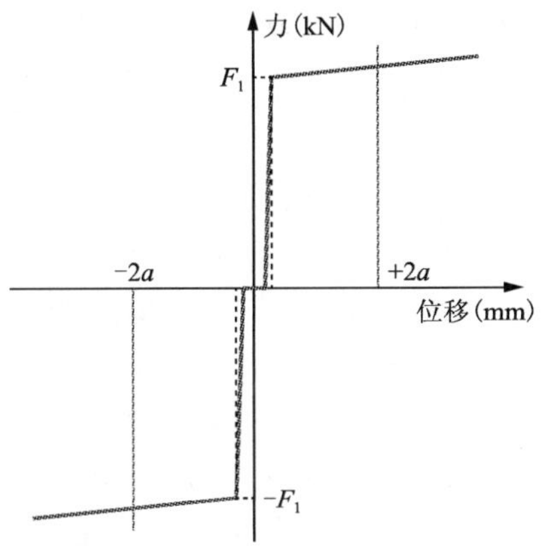

图 5　间隙金属阻尼器骨架曲线

＜终局Ⅰ＜终局Ⅱ＜破坏。

分别建立采用普通摩擦摆简支桥梁模型和采用摩擦摆支座与间隙金属阻尼器（减震卡榫）的组合隔震支座简支桥梁模型，选择20条来自1999年9月21日台湾集集地震的典型加速度记录进行计算对比分析，其中间隙金属阻尼器骨架曲线见图5。

在TCU103地震波激励下采用摩擦摆桥墩损伤情况和间隙金属阻尼器的滞回曲线如图6所示。通过分析发现，随着间隙金属阻尼器（减震卡榫）的引入，桥梁体系水平刚度的增加，限位能力增强，桥梁上部结构地震荷载就会更多地传递到桥墩，桥墩强度得到应用，并避免了主梁的过大位移和碰撞，整个体系耗能效果比摩擦摆结构提高10%左右。

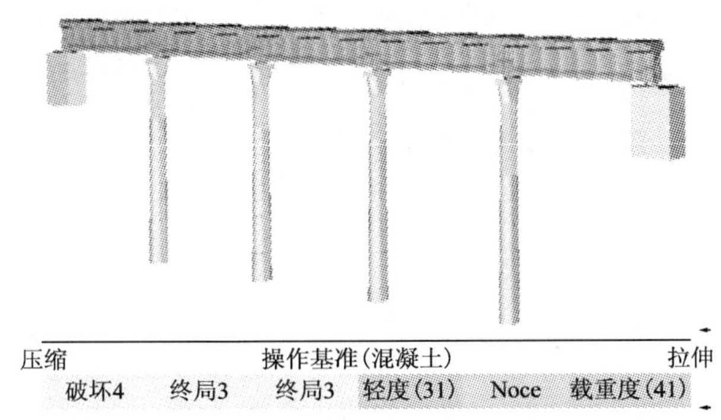

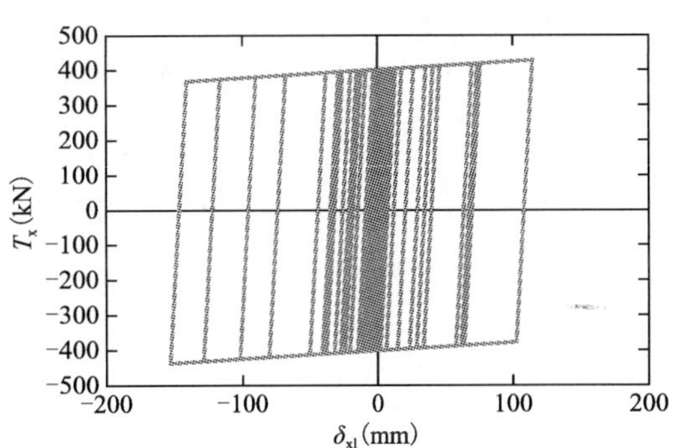

图6　TCU103作用下桥墩损伤情况和金属阻尼器滞回曲线

4　结语

通过理论推导、计算分析和试验模拟可知：

（1）减震卡榫与顶部套筒组成的金属间隙阻尼器能够提供横向、纵向和竖向约束，且具有限位功能。

（2）减震卡榫在地震时，传递适中的地震水平力至桥墩，罕遇地震时进入塑性耗能，效果较好。

（3）与摩擦摆式支座组合形成组合减震支座体系后，能有效地提高体系耗能能力，保护桥梁上部结构不发生碰撞和落梁等严重震害，相对于单独采用摩擦摆支座，此组合减震支座体系在近断层地震区域铁路桥梁中更为适用。

参考文献

[1] Baez J I And Miranda E.Amplification factors to estimate inelastic displacement demands for the design of structures in the near field [C].12WCEE, 2000, No.1561.

[2] akiMehtiOzturk.Seismicdrift response of building structures in seismically active and near-fault regions [D]. Purdue University Requirements for the Degree ofDoctor of Philosophy, 2003.

[3] Bertero V V, Mahin S A, Herrera R A. Aseismic design implications of near-fault San Fernando earthquake records [J]. Earthquake EngngStruct Dyn, 1978, 6(1): 31-42.

[4] 刘俊，王合希．双曲面球型减隔震支座在刚构连续梁桥中的应用 [J]. 铁道科学与工程学报，2012，9（3）：117-123.
Liu Jun and Wang Hexi.Application of double curved ball bearings in rigid frame continuous girder bridges[J]. Journal of

Railway Science and Engineering, 2012, 9(3): 117-123.

[5] 张永亮，张跃进，王常峰，竖向地震动对摩擦摆支座隔震桥梁地震反应的影响 [J]. 兰州交通大学学报，2012，31（1）：18-22.

Zhang Yongliang, Zhang Yuejin, Wang Changfeng. Effect of vertical ground motion on seismic response of isolated bridge with friction pendulum bearing[J]. Journal of Lanzhou Jiaotong University, 2012, 31(1): 18-22.

[6] 李宏男 . 结构多维抗震理论及设计方法 [M]. 科学出版社，1998.

Li Hongnan. Theory and design method of multi dimension seismic resistance of structures[M]. Science Press, 1998.

[7] 赵一 . 摩擦耗能减震结构分析设计的非线性静力方法 [D]. 重庆大学土木工程学院，2004，5.

Zhao Yi. Nonlinear static method for analysis and design of friction energy dissipation structure[D]. School of civil engineering, Chongqing University, 2004, 5.

[8] 白绍良译 . 钢筋混凝土建筑结构基于位移的抗震设计 [R]. 国际结构混凝土联合会（FIB）综合报告，2000.

Bai Shaoliang.Displacement based seismic design of reinforced concrete building structures[R]. International Federation of structural concrete(FIB) comprehensive report, 2000.

非线性线路阻力对桥上无缝线路受力变形的影响分析

林红松[1]　刘　浩[2]　颜　华[1]

（1. 中铁二院工程集团有限责任公司，成都 610031；
2. 西南交通大学高速铁路线路工程教育部重点实验室，成都 610031）

摘　要：为深入探索非线性线路阻力对桥上无缝线路受力变形的影响，基于梁轨相互作用规律和试验结果，提出了不同线路阻力非线性模型。在此基础上，建立了可考虑不同线路阻力模式的桥上无缝线路纵向力学行为分析模型，开展非线性阻力对桥上无缝线路力学行为的影响分析。当考虑阻力强化时，现有分析方法可能低估钢轨纵向力，且跨度越大，低估值越大。采用阻力退化本构模型时，温度荷载作用下的钢轨纵向力值减小，对铺设钢轨伸缩调节器时的限值要求降低，但温度、列车等荷载下的线路变形过大会影响线路纵向稳定性。对于线路阻力的实际状态，不同线路条件下表现出的性质不同，现有线路设计时阻力参数取值的适用性值得深入研究。

关键词：桥上无缝线路；非线性阻力；梁轨相对位移；钢轨纵向力

Research on the Influence of Nonlinear Track Resistance on Strain and Stress of Continuous Welded Rail Track on Bridge

Lin Hongsong[1]　Liu Hao[2]　Yan Hua[1]

(1. China Railway Eryuan Engineering Group Co. Ltd, Chengdu 610031,China;
2. MOE Key Laboratory of High-Speed Railway Engineering, Southwest Jiaotong University, Chengdu 610031,China)

Abstract: In order to explore the influence of nonlinear track resistance on strain and stress of continuous welded rail track on bridge, this paper presents various track resistance nonlinear models on base of interaction law between beam and rail as well as test result. the evolution of ballast bed resistance on the mechanical behavior of CWR on bridge deeply, aiming at the stress deformation law of CWR on bridge, according to the actual stress state of line resistance and the issues: coMPaction, accumulation of plastic deformation, compression rheology and broken aging are showed by ballast bed under complex external loads, three resistance models: strengthening, weakening, and nonlinear regression are put forward, the deformation analysis under different resistance modes of CWR on bridge are carried out. When considering resistance to strengthen, the existing analysis method may underestimate rail longitudinal force, and the larger span the bigger underestimate; carrying out the constitutive model which considering the resistance degradation, the longitudinal force of steel rail decreased, and the limit requirements for laying rail controllers decreased under the temperature load,

作者简介：林红松（1982—），男，高级工程师。

but under the temperature and train load, if the line deformation is too large, it will affect the longitudinal stability; For the actual state of the line resistance, under the different conditions, the different nature are showed, so the applicability of the resistance parameters in existing line design are worth exploring.

Keywords: CWR on bridge; non-linear resistance; displacement between bridge and rail; rail longitudinal force

无缝线路具有轮轨相互作用低，列车运行平稳，轨道养护维修工作少等优点，近年来在国内外得到了大范围应用。随着铁路无缝线路技术的发展，我国在大坡道、小半径、特殊桥等无缝线路难点方面，也取得了较丰富的研究成果，并颁布了《铁路无缝线路设计规范》（TB 10015—2012）[1-5]。在无缝线路设计中，线路阻力关键参数之一，其对线路受力变形、桥上无缝线路梁轨相互作用起着重要影响。我国现行的《铁路无缝线路设计规范》（TB 10015—2012）采用双线性阻力（或常阻力）线路阻力，双线性阻力为理想弹塑性无退化模型。然而，由于道砟散粒体固有特性，线路阻力特性较为复杂[6, 7]。文献 [6] 基于大量测试数据进行回归拟合得出了阻力表达式，对道床阻力—位移曲线分布规律进行了探讨，当道床处于弹塑性工作范围时，一旦撤除推移轨道框架的外力，轨道框架在部分恢复原位的同时，尚保留一定的残余变形，但对残余变形对道床阻力的影响未进行深入研究。研究表明，当有砟道床位移超过塑性临界点时，道床阻力可能表现出不同的特性[7-10]。当考虑道砟材料进入强化（密实度增大），塑性段阻力值不断增大；当表现为弱化特性（道砟软化流变）时，塑性段阻力值反而减小。此外，由于温度交替变化、列车循环振动荷载的影响，道床结构始终处于一种拉伸及压缩动态变化状态中，当进入塑性阶段，若是大塑性变形的加载—卸载—反向加载，此时可能进入有退化的弹塑性滞回模型。因此，无论是何种模式，都有别于现有的理想弹塑性无退化模型。基于此，本文根据线路受力变形规律，提出了不同线路阻力非线性模型，开展非线性阻力对桥上无缝线路力学行为的影响分析。

1 考虑荷载历史的梁轨相互作用研究

1.1 国内外研究现状

现有欧洲规范中钢轨纵向力仅是各种荷载工况计算结果的叠加，忽略了加载历史（温度 + 挠曲、温度 + 挠曲 + 制动、温度 + 挠曲 + 制动 + 反向制动）的影响。德国学者 Ruge 基于弹塑性无退化模型道床阻力，研究了考虑加载历史（温度荷载 + 列车荷载）的钢轨纵向力分布规律[11]。阻力—位移关系曲线如图 1 所示，如温度荷载一次作用后，基于此时的阻力状态（弹性或塑性），分析列车挠曲、制动等荷载作用下的梁轨相互作用，第 n 次加载时的线路纵向阻力 $p_n(u_n)$ 如式(1)所示：

$$p_n(u_n)=p_{n-1}(u_{n-1})+f_n(u_n) \tag{1}$$

式中：$f_n(u_n)$ ——第 n 次加载（u_{n-1} 大于（或小于）临界位移）时的回复力。

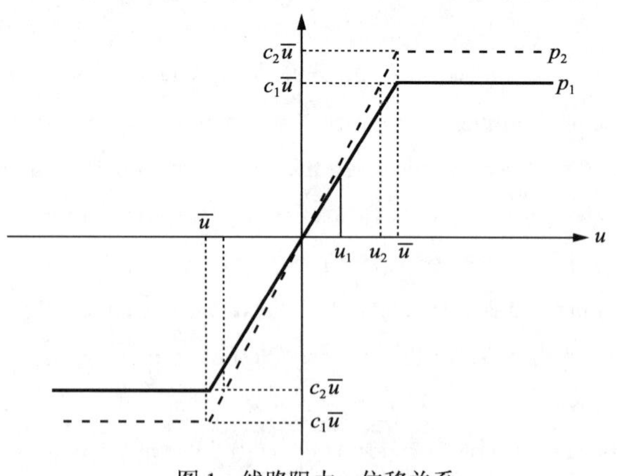

图 1 线路阻力—位移关系

c_1、c_2- 无载和有载工况的纵向阻力系数；$\overline{u}$ - 极限位移值；p_1、p_2- 有载和无载工况时的线路极限阻力值

文献 [12] 推导了考虑荷载历史的线路纵向阻力的迭代计算方法，对桥上无缝线路钢轨纵向力和墩顶水平力进行了分析，比较影响线法与考虑加载历史的荷载步法计算结果，结果表明考虑荷载历史的钢轨纵向力和墩顶水平力值相对要小；文献 [13] 分析了温度卸载后残余变形对钢轨伸缩力的影响，结果表明不同卸载时刻下的线路残余变形差别较大，卸载后的钢轨应力差异也较大。

1.2　考虑荷载历史的钢轨纵向力特点

基于图 1 的线路阻力—位移关系，并参照文献 [11] 中考虑荷载历程效应的线路阻力模型，分析不同加载历史下的钢轨纵向力特点。线路计算参数为：单跨 60m 简支梁，左端为固定支座，无载时线路阻力取 24kN/m/ 轨（荷载系数取 1.6，极限位移 0.5mm），桥墩刚度 6×10^{8}N/m，列车荷载采用中—活载。分别计算了荷载单独作用、荷载历史下的钢轨纵向力，计算结果如表 1、表 2 所示。

不同荷载工况下钢轨最大纵向力　　表 1

荷　　载	最大压应力(MPa)	最大拉应力(MPa)
(1) ΔT=30℃	−66.5	58.6
(2) 制动工况	−19.3	19.3
(3) 挠曲工况	−34.1	49.9
(1) + (2) + (3)	−119.8	76.4

荷载历史下的钢轨最大纵向力　　表 2

荷　　载	最大压应力(MPa)	最大拉应力(MPa)
(1) ΔT=30℃	−66.5	58.6
(2) ΔT→挠曲	−15.3	53.2
(3) ΔT→挠曲→制动	−7.5	9.5
(1) + (2) + (3)	−87.5	60.9

由以上计算结果可知，考虑荷载历史的钢轨最大纵向力相对要小，以左端活动支座范围内最为明显。这主要是因为温度荷载作用后，此时线路阻力存在不可恢复的残余变形，线路阻力的状态发生改变，当荷载再次作用时，线路阻力所提供的约束力与荷载单独作用时不同，导致计算得到的钢轨纵向力值减小。

以上计算虽然考虑了荷载历史下的计算结果的差异性，但是线路阻力均是基于理想弹塑性进行计算的。为了进一步分析线路阻力的影响，需要引入不同的阻力非线性模式。

2 非线性阻力模型

根据非线性线路阻力的不同，定义模式 A 和模式 B 两种阻力模型，分别如图 2、图 3 所示。模式 A 为理想弹塑性无退化滞回模式，位移超过临界点进入塑性阶段，弹性模量为零；模式 B 为强化和弱化弹塑性无退化滞回模式，位移超过临界点进入强化或弱化塑性阶段，如果选择强化，弹性模量大于零，如果选择弱化，弹性模量小于零。

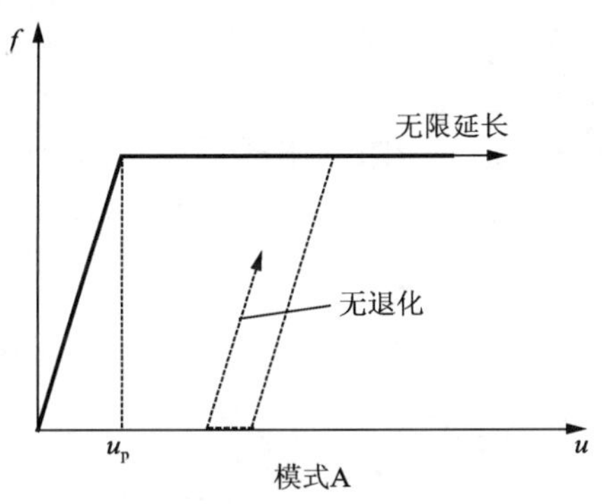

图 2　理想弹塑性无退化滞回模式

f- 线路阻力；u- 位移；u_p- 临界位移

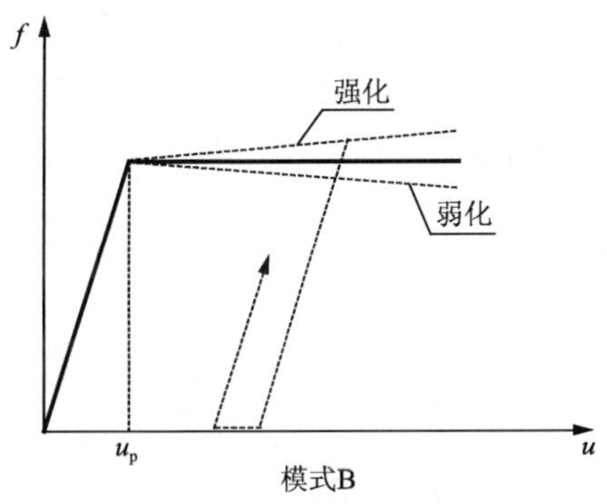

图 3　强化(弱化)无退化滞回模式

f- 线路阻力；u- 位移；u_p- 临界位移

3 计算分析

以某新建大跨铁路双线连续梁桥桥上无缝线路为研究对象，分析非线性阻力强化、弱化效应等对线路受力变形规律的影响。

3.1 计算参数

桥跨布置形式为5×32m简支梁+（40+60+40）m连续梁+5×32m简支梁，主桥采用（40+60+40）m连续梁桥，支座布置如图4所示，桥台纵向水平刚度取为3000kN/cm·双线，桥墩纵向刚度取350kN/cm·双线，连续梁墩台纵向水平刚度为1000kN/cm。混凝土梁的弹性模量为3.55×10^{4}MPa，线膨胀系数为1.0×10^{-5}/℃，梁体日温差取15℃，其余线路设计参数参照《铁路无缝线路设计规范》取值。

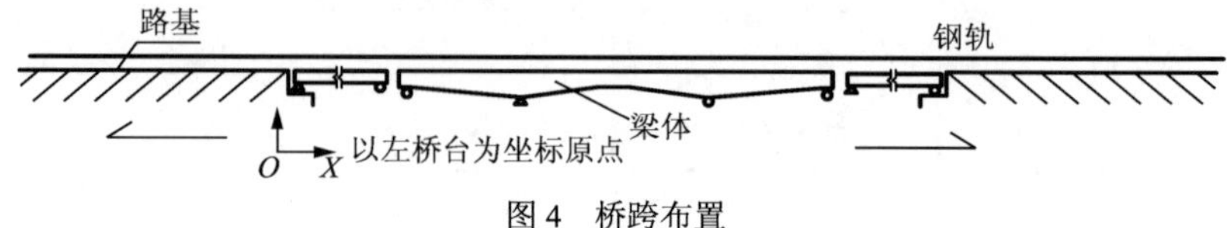

图4 桥跨布置

3.2 计算工况

3.2.1 阻力强化

为分析桥梁主跨和阻力增强系数的影响，根据前文定义的阻力强化模型和计算参数，计算工况见表3。计算工况定性考虑塑性阶段阻力强化效应，即阻力系数的增加对计算结果的影响。其余计算参数同前。

计算工况 表3

桥跨跨度(m)	ΔT(℃)	c_1（N/m^3）	k	极限位移(mm)
40+40+40	15	7.5×10^6	1	2
	15	7.5×10^6	1.2	
40+60+40	15	7.5×10^6	1	
	15	7.5×10^6	1.2	
40+80+40	15	7.5×10^6	1	
	15	7.5×10^6	1.2	
40+100+40	15	7.5×10^6	1	
	15	7.5×10^6	1.2	

注：c_1-极限位移为2mm时的线路阻力与极限位移的比值；k-阻力增强系数；ΔT-梁体温差。

钢轨伸缩力计算结果如图5所示。

由计算结果可知，对于连续梁桥，前不同工况下钢轨伸缩力分布规律相同，只是伸缩力大小不同。各工况下钢轨最大伸缩力F_T见表4，其中，F_{T1}、F_{T2}分别为有无考虑阻力增强系数时的最大伸缩力(表4)。

不同工况下钢轨最大伸缩力 表4

桥梁跨度(m)	最大拉应力		
	k	F_T（kN）	F_{T2}-F_{T1}（kN）
40+40+40	1	217.7	21.4
	1.2	239.1	
40+60+40	1	263.2	28.7
	1.2	291.9	

续上表

桥梁跨度(m)	最大拉应力		
	k	F_T（kN）	F_{T2}-F_{T1}（kN）
40+80+40	1	304.9	39.2
	1.2	344.1	
40+100+40	1	347.4	51.9
	1.2	399.3	

钢轨最大伸缩力变化随温度跨度变化的趋势如图 6 所示。

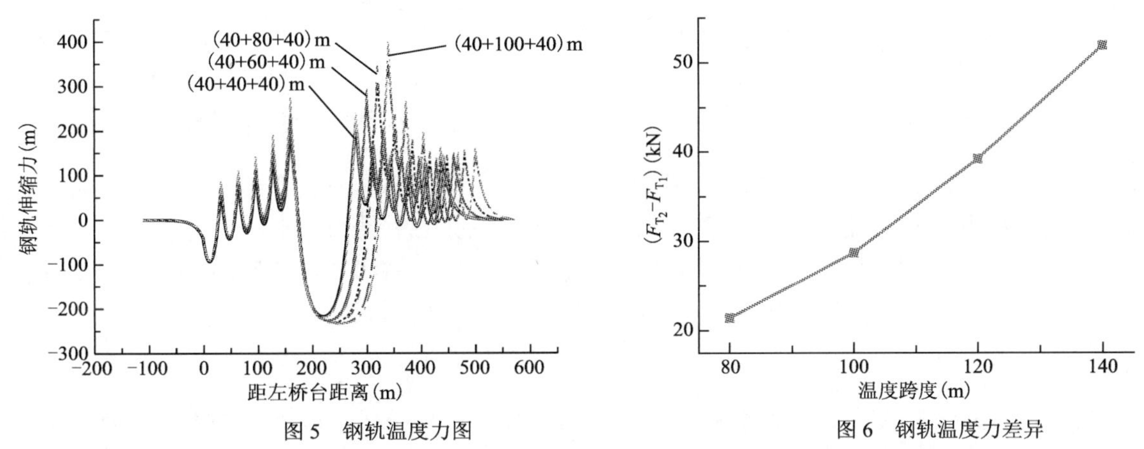

图 5　钢轨温度力图　　　　图 6　钢轨温度力差异

由图 5、图 6 可见，考虑塑性阻力加强模式下的钢轨伸缩力要大，且随着温度跨度的增加，最大值较理想弹塑性计算结果差别越大。这主要是因为钢轨伸缩力随线路阻力的增大而增大，对于大跨桥梁，梁端范围屈服区越长，钢轨力则越大。钢轨及桥梁位移分布如图 7 所示。

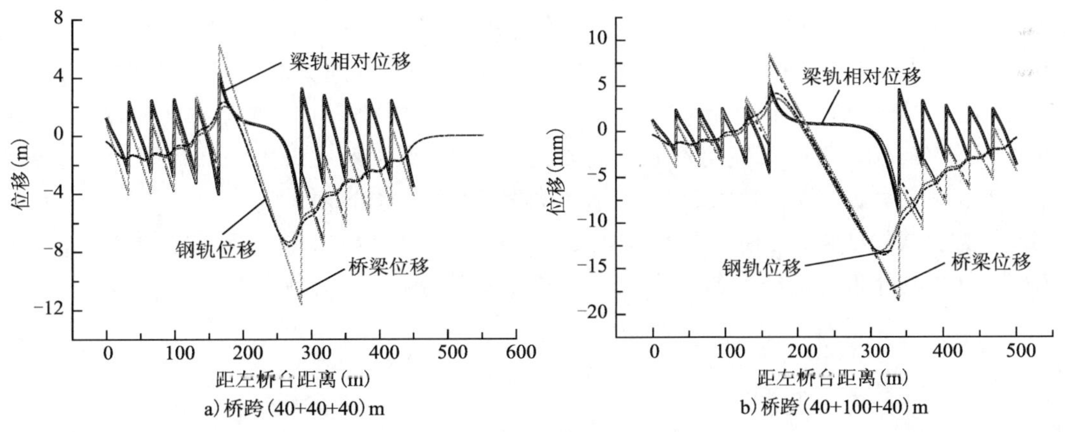

a) 桥跨 (40+40+40) m　　b) 桥跨 (40+100+40) m

图 7　钢轨、桥梁位移分布

由图 7 可知，当考虑阻力塑性加强时，由于钢轨位移、桥梁位移值处于较小的水平，计算结果的差异不大，阻力塑性强化模式下的梁轨相对位移较小。

荷载类型取为中一活载，荷载入桥类型为从左至右，制动力方向从左至右，以主跨（40+60+40）m 连续梁桥为例，荷载作用范围为全桥加载，其他计算参数与伸缩力基本计算参数相同。由于制动荷载作用下的梁轨间相对位移较小，为便于分析，此处考虑弹性阻力加强。钢轨制动力如图 8 所示。

由计算结果可知，制动荷载作用下钢轨最大纵向力相差不大，基于双线性下的阻力加强对制动工况的影响较伸缩较小，此处不再分析跨度、阻力系数等因素的影响。线路阻力等因素对桥上无缝线路制力的影响规律与墩台的承载能力相关。为了比较分析，现取桥墩刚度为无穷大，计算结果如图9所示。

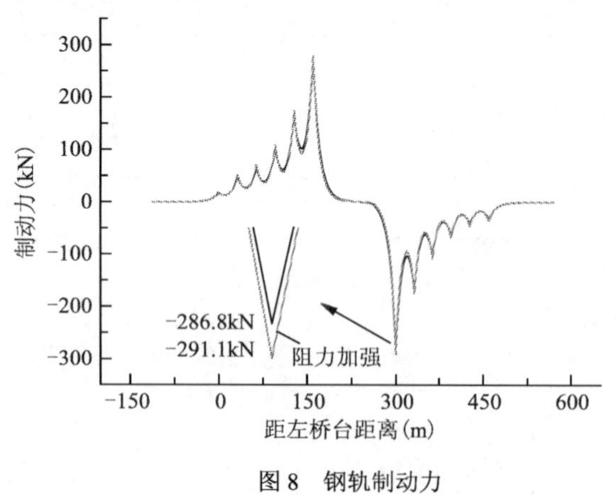

图8 钢轨制动力

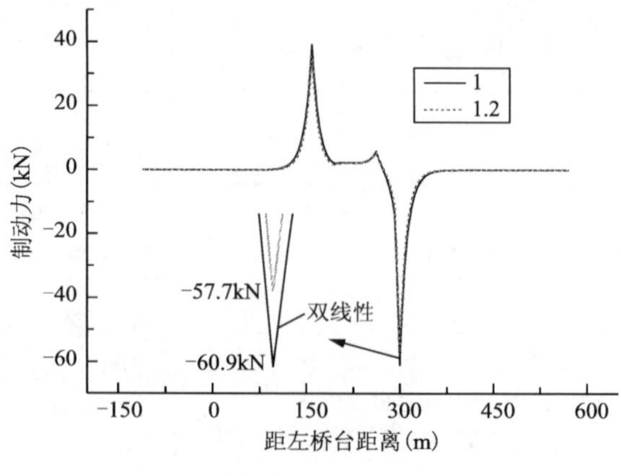

图9 桥墩刚度为无穷大时钢轨制动力

由图9可知，当桥墩刚度取无穷大时，不同阻力模式下的钢轨制动力分布与图8相反。这主要是因为桥梁、钢轨、梁轨相对位移的重分布，钢轨及墩台承受的纵向力也将重分配。

综上可知，考虑到阻力塑性加强，现有分析方法可能低估钢轨纵向力，且跨度越大，低估值越大。因此，对于大跨桥上无缝线路而言，现有线路设计检算方法的适用性值得深入研究。

3.2.2 阻力退化

根据线路阻力位移关系曲线可知，加载时轨枕纵向位移越大，卸载后的道床塑性变形也越大。在计算纵向力时，应考虑每次荷载作用后的残余变形的影响。现有桥上无缝线路的技术发展中，对考虑加载—卸载作用的钢轨纵向力与变形分布规律的研究较少，这在桥上无缝线路冬夏循环、养护维修过程中的局部放散、大机作业以及地震作用下均有可能发生，值得深入研究。另外，根据相关数值仿真分析，对于始终处于拉伸压缩动态变化状态中的有砟道床，道砟颗粒会出现老化破碎的现象，且列车动荷载作用下桥梁产生振动变位和梁端转角对道床也会造成一定的扰动，使有砟道床有变松散的趋势。散体道床道砟颗粒的破碎及密实度的下降会直接影响其力学性能，这一现象在大跨桥上无缝线路梁端位置处表现得尤为明显。

根据现场试验结果可知，桥上道床纵向阻力与测点位于桥面的平面位置有很大关系。道床纵向阻力曲线明显呈区域分布，以桥跨中部固定墩处纵向阻力值最大，温度跨度最大的梁缝附近道床纵向阻力最小，该处阻力退化效应明显。图10为实测桥上无缝线路道床阻力分布图。

因此，结合现场试验结果，以前文所述的桥梁工程实例为例，分段、分区域考虑循环荷载下的阻力退化效应，道床阻力区域分布特征如下图11所示，计算时采用的阻力退化模型如图12所示。

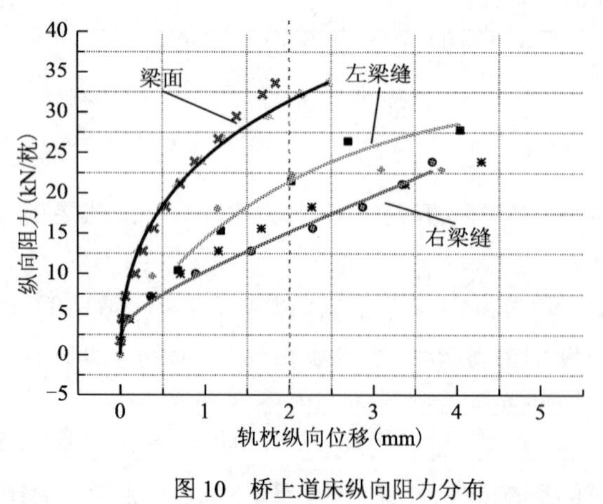

图10 桥上道床纵向阻力分布

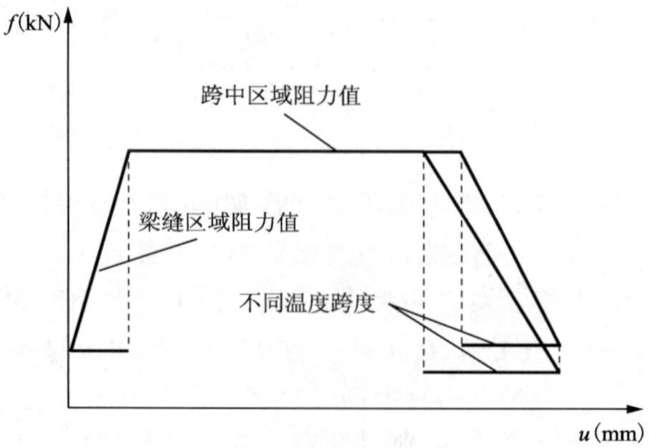

f(kN)
跨中区域阻力值
梁缝区域阻力值
不同温度跨度
u(mm)

图11 道床阻力区域分布

对于桥上不同区域阻力退化系数取值不同，两端梁缝位置处取最大值，且假定由梁端向跨中方向线性变化。以主桥跨度为(40+60+40)m、(40+80+40)m、(40+100+40)m 和(60+80+60)m 连续梁桥为例，左端梁缝区域退化区长度分别为 15m、15m、15m 及 20m，阻力退化系数相应为 1.2、1.2、1.3、1.3；连续梁右端温度跨度较大，重复的拉压荷载、列车振动放散等作用造成的阻力退化效应明显，因此，右端退化区长度取 30m、40m、50m 及 50m，阻力退化系数相应为 1.4、1.5、1.6、1.6。其余计算参数同前。

伸缩工况计算结果如图 13 所示。

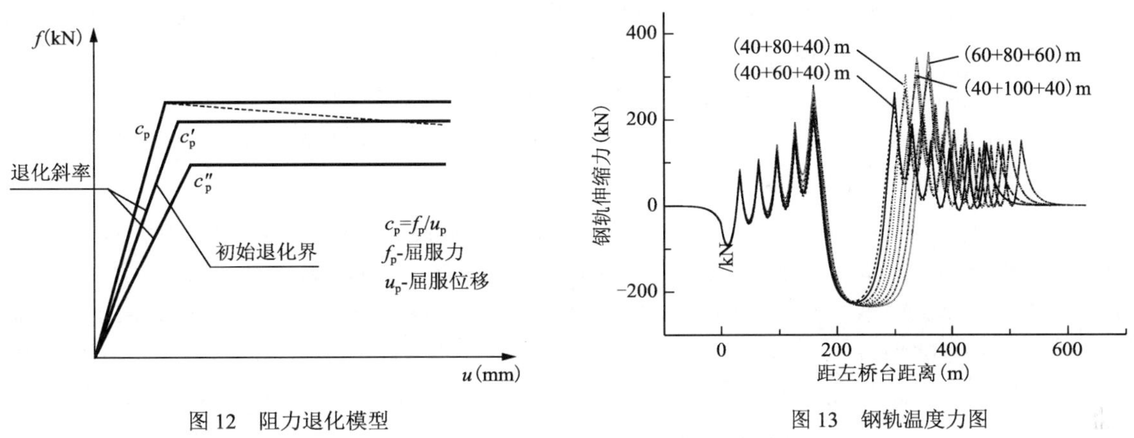

图 12　阻力退化模型

图 13　钢轨温度力图

由计算结果可知，基于阻力退化模型得到的钢轨最大伸缩附加力值有一定衰减，且衰减率随着温度跨度的增加近似呈线性增长，当桥梁温度跨度为 140m 时，钢轨附加力最大值减小约 11.7%，而梁轨相对位移值则相对较大。由此可见，相对于文中提出的阻力弹塑性退化模型，采用现有规范规定的线路阻力计算得到的钢轨纵向力值偏大。

4 结语

本文根据铁路无缝线路的受力变形特点，提出不同的阻力非线性模型，基于此，对某大跨桥上无缝线路梁轨相互作用结果进行了计算分析，主要得到以下结语：

（1）弹塑性阻力加强模式下的钢轨伸缩力值要大，且随着温度跨度的增大而增大，现有规范计算方法可能低估钢轨纵向力，且温度跨度越大低估值越大。

（2）弹塑性塑性阻力退化模型下的钢轨伸缩附加力值有一定衰减，且衰减率随着温度跨度的增加近似呈线性增长。

（3）对于线路阻力的实际状态，不同线路条件下表现出的性质不同，现有线路设计时阻力参数取值的适用性值得深入研究。

参考文献

[1] 王平，刘浩，魏贤奎 . 铁路斜拉桥上无缝线路纵向力规律分析 [J]. 交通运输工程学报，2013，13（5）:27-31.
Wang Ping, Liu Hao, Wei Xiankui. Analysis on longitudinal force regulations of CWR on railway cable-stayed bridge[J]. Journal of Traffic and Transportation Engineering, 2013, 13(5): 27-31.

[2] Chen R,Wang P,Wei XK. Track-bridge longitudinal interaction of continuous welded rails on arch bridge[J]. Mathematical Problems in Engineering, DOI: 10.1155/2013/494137, 2013.

[3] 谢铠泽，王平 . 桥上单元板式无砟轨道无缝线路的适应性 [J]. 西南交通大学学报，2014，49（8）:649-655.

Xie Kaize, Wang Ping. Adaptability of continuous welded rail of unit slab non-ballast track on bridges[J]. Journal of Southwest JiaoTong University, 2014, 49(8): 649-655.

[4] 高亮，杨文茂，曲村，等．高速铁路长大桥梁CRTSI型板式无砟轨道无缝线路的动力特性[J]. 北京交通大学学报，2013，37（1）：73-79.

Gao Liang, Yang Wenmao, Qu Cun, et al. Dynamic characteristics of CRTS I slab CWR track on long-span bridge in high-speed railway[J]. Journal of Beijing Jiaotong University, 2013, 37(1): 73-79.

[5] 中华人民共和国铁道部．TB 10015—2012 铁路无缝线路设计规范[S]. 北京：中国铁道出版社，2013.

[6] 广钟岩，高慧安．铁路无缝线路[M]. 4版．北京：中国铁道出版社，2005.

[7] 王平，万复光．铁路碎石道床弹性特性研究初探[J]. 铁道学报，1997，19（8）：108-113.

Wang Ping, Wan Fuguang. Research on the elasticity of ballast[J]. Journal of the China Railway Society, 1997, 19(8): 108-113.

[8] 曾树谷．铁路散粒体道床[M]. 北京：中国铁道出版社，1997：134-156.

Zeng Shugu. Railway granular material ballast[M]. Beijing: China Railway Publishing House, 1997: 134-156.

[9] Olli Kerokoski. Determination of longitudinal and transverse railway track resistance[J]. JRC2010, 2010: 157-165.

[10] Buddhima Indraratna, F.ASCE. Experimental and numerical study of railway ballast behavior under cyclic loading[J]. International Journal of Geomechanics, 2010(10): 136-144.

[11] RUGE P, BIRK C. Longitudinal forces in continuously welded rails on bridge decks due to nonlinear track bridge interaction[J]. Computers & Structures, 2007, 85(7-8): 458-475.

[12] 闫斌，戴公连．考虑加载历史的高速铁路梁轨相互作用分析[J]. 铁道学报，2014（06）：75-80.

Yan Bin, Dai Gonglian. Analysis of interaction between continuously-welded rail and high-speed railway bride considering loading-history[J]. Journal of the China Railway Society, 2014(06): 75-80.

[13] 刘文硕．高速铁路大跨度钢桁拱桥梁轨相互作用研究[D]. 长沙：中南大学，2013.

Liu Wenshuo. Track-Bridge interaction between continuous welded rail and long-span steel-truss arch bridge of high-speed railway[D]. Chang Sha: Central South University, 2013.

川藏铁路跨区间无缝线路适应性分析

林红松[1]　颜　华[1]　刘　浩[2]

（1. 中铁二院工程集团有限责任公司，成都 610031；
2. 西南交通大学高速铁路线路工程教育部重点实验室，成都 610031）

摘　要：针对川藏铁路沿线气候环境恶劣、地形起伏大、跨越高烈度地震区等特点，综合分析复杂外部环境可能引起的跨区间无缝线路钢轨纵向力集聚、长大坡道线路不均匀爬行、地震作用下线路损坏、无缝线路长期服役等问题，提出跨区间无缝线路设计应重点关注的研究内容。①线路纵向阻力是影响跨区间无缝线路的基础参数，无缝线路设计应充分考虑线路纵向阻力的非线性、环境敏感性。②应结合川藏铁路沿线地形、地质特点，开展少维修无缝道岔结构研究，延长道岔服役寿命，并对大坡道无缝线路受力、地震作用下无缝线路状态等开展研究。③应开展轨温、钢轨纵向力、大坡道地段钢轨爬行、特殊桥上无缝线路等长期监测研究。④研究结语可为川藏铁路跨区间无缝线路关键技术研究提供参考。

关键词：跨区间无缝线路；复杂环境；地震响应；监测

Analysis on Adaptability Problems of Continuous Welded Rail Track through the Railway Station in Sichuan-Tibet Railway

Lin Hongsong[1]　Yan Hua[1]　Liu Hao[2]

(1. China Railway Eryuan Engineering Group Co. Ltd, Chengdu 610031,China;
2. MOE Key Laboratory of High-Speed Railway Engineering, Southwest Jiaotong University, Chengdu 610031,China)

Abstract: According to complicated environment conditions along Sichuan-Tibet railway includes harsh climate, varied topography and high-intensity earthquake area, a serious of problems of continuous welded rail(CWR), which include rail longitudinal stress concentration, asymmetrical track creeping on long heavy down grade, track damage under earthquake and long-term service of CWR, were discussed. Researches need to be focused on of CWR in Sichuan-Tibet railway were also proposed. ①Track longitudinal resistance is a fundamental parameter of CWR, and nonlinear longitudinal resistance and environmental sensitivity of track should be taken full account of in CWR design. ②Combining with terrain and geological features along Sichuan-Tibet railway, researches including low maintenance welded turnout structure, track mechanics on long heavy down grade, CWR state and its stability under earthquake should be carried out. ③Long term CWR monitoring technology of rail temperature, rail longitudinal force, track creeping and interaction between track and special bridge should be conducted. ④This paper can provide a reference of the research of CWR in Sichuan-Tibet railway.

Keywords: CWR through the railway station; complex environment; seismic response; monitoring

---

作者简介：林红松（1982—），男，高级工程师。

无缝线路以其高平顺性、高连续性、少维修的结构特点，近年来已在国内外铁路中得到大范围应用[1-4]。目前，日本、德国及其他欧美国家的正线基本上都已实现全线铺设无缝线路。我国《铁路主要技术政策》规定，新建 120km/h 及以上线路应一次铺设跨区间无缝线路。我国在无缝线路设计及施工方面已取得较为成熟经验，在哈大、哈齐等严寒地区也实现一次性铺设跨区间无缝线路。然而，无缝线路受温度、线下基础等影响较大，在特殊环境条件下的一次性铺设跨区间无缝线路关键技术方面还缺乏系统研究。如，青藏铁路格尔木至拉萨段设计采用有缝线路，运营后逐步换铺区间无缝线路；拉萨至日喀则铁路采用区间无缝线路；拉萨至林芝铁路也设计采用区间无缝线路。可见，亟需针对复杂环境下一次性铺设跨区间无缝线路开展系统研究。本文针对川藏铁路沿线的极端恶劣气候环境、复杂地形地貌特征，对川藏铁路无缝线路轨温变化急剧、钢轨不均匀温度力、坡道线路爬行、桥上无缝线路地震响应、复杂环境下无缝道岔服役性能等问题开展探讨，为川藏铁路一次性铺设跨区间无缝线路设计提供参考。

1 川藏铁路沿线气候、地质地貌特点

1.1 气候特点

川藏铁路起于四川成都，经蒲江、雅安、康定、理塘、左贡、波密、林芝到西藏拉萨，全长约 1900km。川藏铁路沿线经过独特的高原气候带，不仅具有西北严寒干燥到南亚湿热气候分布特点，还有多种多样的局地和区域小气候特点。部分地段由于海拔高，空气稀薄，太阳辐射强，日照长，是我国太阳辐射高值中心区。日照时数一般 5 月最大、12 月最小，春、夏季最大，秋、冬季最小；年平均日照时数在 1475 ～ 3555h。

复杂的地形破坏了气候的纬度地带性，使气候的水平变化与垂直变化交织在一起，气候类型复杂多样，呈现出带状更替变化。气候的垂直变化在高原东南和东部高山地区峡谷特别明显，在水平距离仅数十公里的范围内，自下而上呈现出热、温、寒三带的自然景观。复杂的气候环境对跨区间无缝线路设计带来了较大困难。

1.2 地质地貌特点[5-8]

川藏铁路沿线地貌形态主要受到青藏高原地面隆升的影响，总体地势西高东低。川藏铁路正面穿越横断山脉三江并流区，具有地形高差大、岩石建造多重发育、断裂构造活动强、表生改造强烈、重力地质运动速度快、不良地质规模大的工程地质特点。三江并流区高山峡谷密叠，山岭褶皱紧密，断裂构造束布，怒江、澜沧江、金沙江沿深大断裂发育，内外地质营力强烈，不良地质体运动距离远、动能强、规模巨大。上述地质特点，使线路部分地段具有大坡道、大跨径特殊桥梁穿越断裂带等工程特征，这给跨区间无缝线路的应用带来了挑战。

2 复杂气候条件下无缝线路主要设计参数特征

2.1 线路纵向阻力非线性

线路纵向阻力是影响跨区间无缝线路设计的主要参数之一。研究表明，受扣件系统、有砟道床结构特性影响，无缝线路纵向阻力非线性非常显著[9, 10]，纵向阻力—位移关系如图 1 所示。由于川藏铁路气温区域变化显著，轨道结构将长期处于循环往复的动态变化中。以无砟轨道扣件为例，重复荷载下的扣件阻力会出现一定的衰减，若变形过大，轨下胶垫可能会窜出，扣件扣压力会出现不同程度的损失，这对

大坡道无缝线路或无缝道岔、大跨桥上无缝线路等受力变形产生显著影响。

2.2 线路纵向阻力环境敏感性

有砟轨道线路纵向阻力主要由道床提供，无砟轨道则由扣件系统提供。

扣件系统主要由弹条、螺纹道钉、轨距挡板、挡板座及弹性橡胶垫板等多种部件组成。低温环境下材料属性会发生改变，同等受力条件下，其所表现出的力学性质较常温时有所差异。中南大学针对青藏铁路无缝线路扣件系统进行的低温阻力特性试验表明，随着温度的降低，扣件阻力减小[11]。因此，扣件系统纵向阻力低温敏感性是无缝线路设计应重点考虑的环节之一。此外，合理选用扣件系统部件材料，研究高寒环境下扣件系统纵向阻力参数，对运营期的线路养护维修有重要意义。

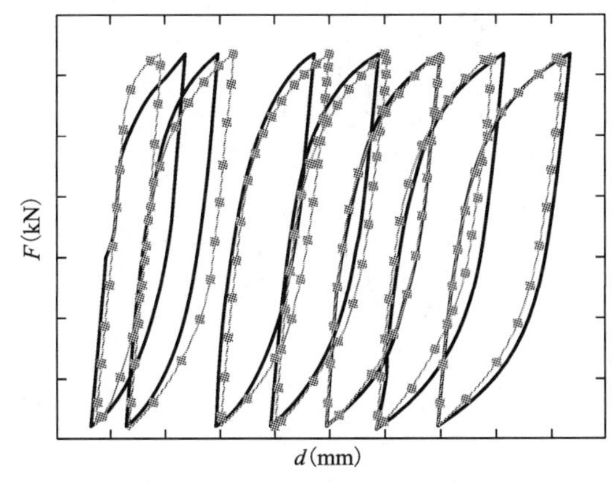

图1 线路纵向阻力非线性

线路在运营中，有砟道床会出现不同程度的脏污、雨水侵蚀、劣化变形等[12]。高寒区域，还可能造成道床板结、冰雪冻结等，如图2、图3所示。川藏铁路沿线部分地段温度较低，因此需要关注道床状态对道床力学性能和道床阻力的影响。

图2 道床板结

图3 道床内结冰、积雪

3 复杂气候条件下无缝线路结构设计

3.1 复杂气候条件下无缝道岔结构

道岔是跨区间无缝线路的薄弱环节之一。高寒、大温差、温度循环变化周期短、冰冻、雨雪等复杂环境使得无缝道岔结构在服役期间状态演变过程极为复杂。无缝道岔自身结构、无缝道岔下部基础、气候环境及施工条件等对其状态演变均有较大影响，这些因素对服役期间复杂条件无缝道岔力学特性影响较大。因此，需对恶劣环境下的无缝道岔焊接、转辙器根端结构、辙叉跟端结构、岔区扣件系统等部件对复杂气候环境的适应性等进行深入研究，以满足川藏铁路复杂气候环境下无缝道岔设计的要求。

由于川藏铁路沿线养护维修条件较差，从降低养护维修工作量出发，应采用措施延长道岔服役寿命。应用实践表明，尖轨是道岔最薄弱的环节，尖轨的使用寿命往往决定着道岔服役寿命，尤其是曲线尖轨，由于受列车转向冲击，工作边磨耗量较大，因此应采取动态轨距优化、尖轨实际起点优化等技术措施提高尖轨的粗壮度，延长曲线尖轨寿命。

3.2 大坡道地区无缝线路受力

受线路条件制约，川藏铁路有大量的大坡道地段。受各种原因所引起的纵向力作用，无缝线路长轨条常在变坡点、曲线起讫点、桥头、伸缩区与固定区交界处、制动地段等，存在纵向压力峰的现象，导致长轨条产生不均匀爬行。

列车作用于线路上的纵向力主要有三种：一是移动轮载施加于钢轨上的纵向力，这与轮载、车速、轨道弹性等因素有关，但爬行量值较小；二是坡道分力，这是引起长大坡道上无缝线路爬行的主要因素；三是牵引力或制动力，常发生在进出站附近，作用力较大。无论是何种原因引起的纵向力，均视为作用于长钢轨上的集中力，钢轨受纵向力产生位移，当外力归零后，由于线路阻力的塑性性质，钢轨位移不能恢复到零，在钢轨内存在残余内力。连续制动工况下线路阻力非线性特征如图4所示。对于长大坡道上无缝线路，在荷载叠加条件下，会使得线路阻力超过其弹性区段而进入塑性阶段，当荷载消失后，约束力以弹性区的力—位移对应的曲线的斜率卸载而导致线路爬行量。因此，应对长大坡道地段无缝线路受力状态开展系统评估。

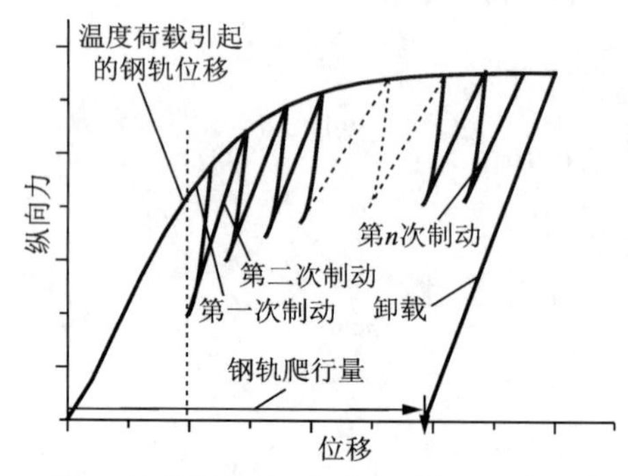

图4 连续制动工况下线路阻力非线性性质

3.3 特殊地段桥上无缝线路地震响应

地震发生时造成的强烈地面运动常常会给铁路工程结构物带来很大的损坏[13]。川藏铁路沿线是欧亚地震带所经过的地区，地震发生频率较高。由于沿线地形起伏、温度变化幅度较大，对于高墩大跨桥梁结构，大跨径、高墩、大温差等使得桥上无缝线路长钢轨中会产生较大内力，地震作用下的轨道几何形位不易保持，更容易发生各种破坏。因此，应结合具体桥梁，开展地震作用下无缝线路状态评估分析。

4 跨区间无缝线路服役状态长期监测

由于川藏铁路沿线气候、地质地貌条件极其复杂，再加上我国缺乏恶劣环境下的无缝线路铺设、施工经验，这就给川藏铁路的施工、养护维修工作带来了很大的挑战。因此，针对川藏铁路维修条件恶劣的特点，结合沿线环境、地形特点，开展铁路无缝线路监测技术研究显得尤为重要。主要监测内容包括轨温、钢轨纵向力、大坡道地段钢轨爬行、特殊桥上无缝线路等。

4.1 轨温监测

轨温是钢轨纵向力直接相关参数，对于直观判断无缝线路所处的状态尤为重要。对于川藏铁路跨区间无缝线路，由于气候的多变性、复杂性，掌握钢轨温度的变化规律对评判服役期间的无缝线路使用性能显得十分重要。考虑到川藏铁路气候环境的急变性、气候带的区域分布，锁定轨温的大小直接决定着无缝线路的维修。因此，针对川藏铁路无缝线路应监测同一区间、同一线路左右两股钢轨的锁定轨温差异及同一股道，不同区间位置锁定轨温的差异。

4.2 钢轨纵向力监测

钢轨纵向力分布是否均匀是线路锁定轨温、线路阻力等的综合体现[14]，而对于川藏铁路无缝线路，急剧循环变化的轨温会使得线路阻力表现出较强的非线性及塑性累积特性，直接影响着线路锁定轨温及钢轨纵向力的分布，因此，川藏铁路复杂环境下的无缝线路钢轨纵向力的监测对判断无缝线路所处状态以及预测其状态的发展具有重要的意义。无缝线路纵向力幅值是影响钢轨强度及无缝线路稳定性的重要因素，对于判断钢轨断轨及胀轨跑道的发生具有重要意义，从而采用预防性维修提高钢轨强度及轨道稳定性，消除隐患。

4.3 大坡道上线路爬行观测

无缝线路钢轨爬行一直是困扰无缝线路重要难题。相应规范虽然未给出确定的钢轨爬行位移限值，但是钢轨的爬行会直接反映到钢轨纵向力、锁定轨温等参数中，因此直接观测钢轨的爬行量的也具有重要的意义。

对于川藏铁路无缝线路地形急变地带，当线路需要铺设在大坡道上时，由于所处高寒、昼夜温差交替循环、坡道往复制动地区，容易引起较大的线路爬行量、钢轨不均匀位移，导致钢轨纵向力的重分配，进而影响线路的稳定性等。针对坡道上线路爬行量、钢轨纵向力、轨枕及钢轨不均匀位移等进行长期监测，是判别线路运营状态及服役性能、指导养护维修的关键。

4.4 特殊地段桥上无缝线路监测

对于川藏铁路无缝线路，考虑到线路沿线的地形复杂性，为了满足线路跨越特殊地段的要求，就不可避免的需要修建高墩大跨桥梁。由于桥梁结构本身的特殊性，当桥址地段的自然环境较复杂时，桥梁和轨道结构将长期遭受风、霜、雨、雪、气温变化和太阳直接辐射等反复作用，使结构内部产生随时间变化的非线性温度分布，进而形成温度变形。这种变形会对桥上无缝线路的受力变形、桥梁结构的受力变形以及线桥间的相互作用规律产生较大的影响，这就给无缝线路的设计施工、养护维修带来了更大的挑战。因此，有必要针对川藏铁路特殊地段的桥上无缝线路进行长期监测，为复杂环境下的高墩大跨等特殊桥上无缝线路的维护提供指导。主要监测内容包括：

（1）梁轨相对位移监测。

梁轨相对位移是否正常也是评价无缝线路所处状态的重要标志，其值过小或者过大对无缝线路稳定性以及轨道部件的正常使用产生很大的影响；对于大跨桥梁路桥过渡段、桥隧过渡段等地段，过渡段的钢轨设置是否合理以及是否需要进行必要的养护维修就需要通过钢轨垂向位移确定。

（2）基础温度、变形等。

川藏铁路地貌特征特殊，再加上复杂的气候环境，无缝线路基础的冻融循环、桥梁结构的温度适应性等会影响线路的使用性、服役性能等。因此，以为了实现状态修到计划修的转变，就必须对无缝线路状态的发展规律及影响因素进行全面的掌握，需要对基础温度、变形等的发生及发展规律进行监测，从而实现无缝线路状态的预测。为此，需要对无缝线路下部基础的变形、温度等内容进行必要的监测。主要包括：墩顶的纵向水平位移；桥墩表面温度；桥墩表面风压 / 气压；梁体与墩的相对位移等。

5 结语

本文结合川藏铁路沿线环境、地形特点，对川藏铁路一次铺设跨区间无缝线路可能遇到的主要技术问题进行探讨，主要结语如下：

（1）线路纵向阻力是影响跨区间无缝线路的基础参数，无缝线路设计应充分考虑线路纵向阻力的非线性、环境敏感性。

（2）应结合川藏铁路沿线地形、地质特点，开展少维修无缝道岔结构研究，延长道岔服役寿命，并对大坡道无缝线路受力、地震作用下无缝线路状态等开展研究。

（3）结合沿线环境、地形特点，开展轨温、钢轨纵向力、大坡道地段钢轨爬行、特殊桥上无缝线路等长期监测研究。

参考文献

[1] 王平，刘浩，魏贤奎．铁路斜拉桥上无缝线路纵向力规律分析 [J]. 交通运输工程学报，2012（2）：4-7.
Wang Ping, Liu hao, Wei Xiankui. Analysis on longitudinal force regulations of CWR on railway cable-stayed bridge[J]. Journal of Traffic and Transportation Engineering, 2013(5): 27-31.

[2] Chen R,Wang P,Wei XK. Track-bridge longitudinal interaction of continuous welded rails on arch bridge[J]. Mathematical Problems in Engineering, DOI: 10.1155/2013/494137, 2013.

[3] 谢铠泽，王平．桥上单元板式无砟轨道无缝线路的适应性 [J]. 西南交通大学学报，2014（08）：649-655.
Xie Kaize, Wang Ping. adaptability of continuous welded rail of unit slab non-ballast track on bridges[J]. Journal of Southwest JiaoTong University, 2014(08): 649-655.

[4] 窦杨阳．青藏铁路换铺无缝线路设计关键技术研究 [D]. 兰州交通大学，2014.
Dou Yangyang. Key issues of laying CWR design in Qinghai-Tibet railway[D]. Lanzhou Jiaotong University, 2014.

[5] 仲志伟．川藏铁路三江并流区岸坡特征及稳定性分区 [D]. 西南交通大学，2015.
Zhong Zhiwei. The stability division and characteristic of bank slopes in Three Parallel river region of the Sichuan-Tibet railway [D]. Southwest JiaoTong University, 2015.

[6] 宋章，张广泽，蒋良文，等．川藏铁路主要地质灾害特征及地质选线探析 [J]. 铁道标准设计，2016，01：14-19.
Song Zhang, Zhang Guangze, Jiang Liangwen, et al. Analysis of the characteristics of major geological disasters and geological alignment of Sichuan-Tibet railway[J]. Railway Standard Design, 2016, 01: 14-19.

[7] 杨平，杨国静，曾永平．川藏铁路简支梁桥地震易损性及适应性分析 [J]. 铁道工程学报，2015，12：51-57+75.
Yang Ping, Yang Guojing, Zeng Yongping. Analysis of seismic vulnerability and adaptation of simply-supported girder bridge on Sichuan-Tibet railway[J]. Journal of Railway Engineering Society, 2015, 12：51-57+75.

[8] 王晓军，程绍敏．西藏主要气候特征分析 [J]. 高原山地气象研究，2009，29（04）：81-84.
Wang Xiaojun, Cheng Shaomin. Analysis of main characteristics of climate in Tibet[J]. Plateau and Mountain Meteorology Research, 2009, 29(04): 81-84.

[9] RUGE P, BIRK C. Longitudinal forces in continuously welded rails on bridge decks due to nonlinear track bridge interaction[J]. Computers ＆ Structures, 2007, 85(7-8): 458-475.

[10] Buddhima Indraratna, F.ASCE. Experimental and numerical study of railway ballast behavior under cyclic loading[J]. International Journal of Geomechanics, 2010(10): 136-144.

[11] 张向民，陈秀方．青藏铁路弹条Ⅱ型扣件系统低温阻力特性试验研究 [J]. 铁道科学与工程学报，2007, 4（2）：72-75.
Zhang Xiangmin, Chen Xiufang. Experimental investigation on resistance performance of sping Ⅱ type fastening systems under low temperature in Qinghai-Tibet railway[J]. Journal of Railway Science and Engineering, 2007, 4(2): 72- 75.

[12] 张向民，陈秀方，曾志平．青藏铁路道床质量状态参数试验研究 [J]. 铁道科学与工程学报，2007, 4（3）：64-67.
Zhang Xiangmin, Chen Xiufang, Zeng Zhiping. Experimental study on the quality state parameters of Qinghai-Tibet railway[J]. Journal of Railway Science and Engineering, 2007, 4(3): 64-67.

[13] Ping Wang, Kaize Xie, Liyang Shao, etc. Longitudinal force measurement in continuous welded rail with bi-directional FBG strain sensors[J]. Smart Materials and Structures, 2015, 12.

[14] 魏贤奎．铁路拱桥上无缝线路纵向梁轨相互作用与地震反应分析研究 [D]. 西南交通大学 , 2014.
Wei xiankui. Research on longitudinal interaction between girder and track and seismic response analysis of cntinuous welded rail on arch bridge[D]. Southwest Jiaotong University, 2014.

近断层地震动竖向分量对连续刚构桥受力影响分析

刘 鹏[1,2] 陈克坚[1] 曾永平[1] 杨国静[1]

（1. 中铁二院工程集团有限责任公司，成都 610031；2. 西南交通大学土木工程学院，成都 610031）

摘 要：较大的竖向地震动是近断层地震动的一个明显特征，而规范对竖向地震动加速度峰值的规定对此考虑不充分，因此开展竖向地震动对近断层连续刚构桥影响的研究十分必要。本文以一座连续刚构桥为例，研究了竖向地震动加速度峰值与水平地震动加速度峰值之比分别为 0.5、1.0、1.5、2.0、3.0 五种情况时，结构的地震响应和桥墩损伤情况。从计算结果可以看出，在竖向加速度峰值较大时，梁体跨中呈现出一定的几何非线性，且梁体跨中截面内力增加明显，边支座出现较大上拔力，桥墩可能出现轴向拉力，桥墩损伤情况随着地震动竖向加速度峰值与水平向加速度峰值之比的增大也有增加的趋势，这在进行设计时均需引起足够的重视。

关键词：近断层地震动；竖向地震动；连续刚构桥；纤维单元

Influence of Vertical Component of Near-Fault Ground Motion on the Continuous Rigid Frame Bridge

Liu Peng[1,2] Chen Kejian[1] Zeng Yongping[1] Yang Guojing[1]

(1.China Railway Eryuan Engineering Group Co., Ltd., Chengdu 610031,China; 2.School of Civil Engineering, Southwest Jiaotong University, Chengdu 610031,China)

Abstract: An obvious characteristics of near-fault ground motion is may appear large vertical ground motion. However, the situation does not to be considered in the specification. So it is necessary to study the influence of the large vertical vibration on the continuous rigid frame bridge. Based on a continuous rigid frame bridge as an example, this paper studied influence of the vertical and horizontal ground motion acceleration peak value ratio(0.5, 1.0, 1.5, 2.0, and 1.5)on the bridge. The results show that across the beam body presents a certain geometric nonlinearity, and across the section internal force of the beam increases obviously. The side bearings appear large pulling force and pier may arise axial tension when the vertical acceleration peak value is large. And, the damage of piers is also an increasing trend with the ratio increasing. These issues required enough attention in the design.

Keywords: near-fault ground motion; vertical ground motion; continuous rigid frame bridge; fiber element

---

作者简介：刘鹏（1982—），男，博士，高级工程师。

基金项目：中铁二院工程集团有限公司院级课题 [13164190（13-15），14126165（14-15）]，四川省博士后基金资助课题。

近断层地震对结构的巨大破坏作用发现于20世纪50年代。人们在地震灾害调查时发现，距发震断层距离较近的范围内的桥梁结构遭受了较严重的破坏。但由于靠近断层区域地震记录的缺乏和各国总体抗震理念的不同，近场地震的巨大破坏事实在最近10年以来才获得了真正广泛的关注。在现行的抗震设计规范中，美国的UBC97[1]是世界上首部明确引入近断层因子来考虑近场效应的规范，首次对距离活动断层15km范围内的结构抗震设计作了单独的规定。而我国《建筑抗震设计规范》[2]（GB 50011—2010）中近震和远震的概念以设计参数区划的方式给出，并按照建筑类别、设防烈度明确了最小避让距离。《公路桥梁抗震设计细则》[3]（JTG/T B02-01—2008）中仅规定了距地震活动层30km以内的桥梁在地震安全性评价时应考虑近断层的影响，并未明确说明如何考虑。《铁路工程抗震设计规范》[4]则要求当桥梁必须穿越地震断层时，宜采用小跨度、低墩高的简支梁桥。

对于高烈度区，竖向地震作用通常是按照水平地震动的某一比值进行动力分析，这一比值一般为1/2~2/3[5]，如《铁路工程抗震设计规范》[4]规定为65%。然而，这一比值与震级、震中距、周期等因素有着密切的关系。通过近年来对地震动的研究表明竖向与横向加速度谱比值的曲线在短周期段的峰值随断层距的减小而增大，有一些竖向峰值加速度甚至超过了水平向峰值加速度，因此对于近断层地震动这一比值取值明显偏小，对此各国学者相继开展了竖向与水平向峰值加速度比及谱值比的研究，研究表明靠近断层的一定距离内（≤15km），地震记录加速度分量明显偏大，一些记录的竖向加速度峰值甚至达到1.0g以上，与水平向加速度峰值之比超过1.0，远远超出了当前各国抗震设计规范规定的取值，对抗震设计规范提出了更高的要求，如：1994年Northridge地震，震级为6.7级，距离发震断层8km的Pacoima Dam台站记录到的2个水平向和1个竖向分量峰值加速度分别为1.585g、1.285g和1.229g，竖向加速度峰值接近最大水平向加速度峰值[6]；1971年美国San Fernando地震中记录到的竖向加速度峰值为1.25g，1979年的Imperial Valley地震，El Centro Array 6号地震台站测得的竖向加速度峰值更大，达到了1.655g，该台站距断裂带非常近，只有约1km，与水平地震动加速度峰值之比达到了3.77[7]，汶川地震中该比值也达到1.4[8]。因此研究竖向地震动输入加速度峰值大小对连续刚构桥的影响，对更好地掌握近断层地震动作用下连续刚构桥的地震响应、指导设计都有非常重要的意义。

1 模型建立

1.1 实例概况

以一座铁路连续刚构桥为例，研究竖向地震动对连续刚构桥抗震性能的影响，分析软件选用日本抗震分析商业软件FRAME3D。该连续刚构桥为三跨，跨径为(72+128+72)m；主梁采用箱形变截面用弹性梁单元模拟，材料为C50混凝土；桥墩采用圆端形变截面，墩顶长9m、宽2m，其中矩形部分为7m、圆端直径2m，截面尺寸沿墩高方向按1∶40的比例放坡，桥墩高度为35m，采用C40混凝土，采用HRB400钢筋，用纤维单元模拟混凝土和钢筋。有限元模型、纤维单元截面如图1所示。

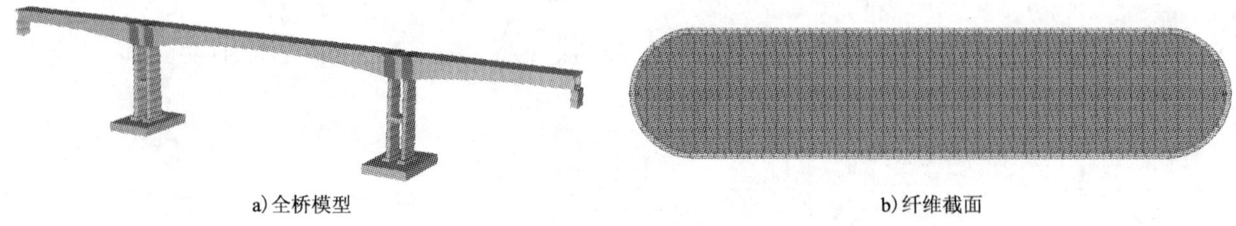

a)全桥模型　　b)纤维截面

图1　连续刚构桥有限元模型

1.2 材料滞回模型

分别定义无约束混凝土、约束混凝土和钢筋三种材料本构模型模拟钢筋混凝土截面的保护层混凝土、核心混凝土和钢筋。无约束混凝土、约束混凝土均选用 Mander 混凝土滞回模型，钢筋则采用修正 MP（S-K)滞回模型，滞回关系骨架如图 2 所示。

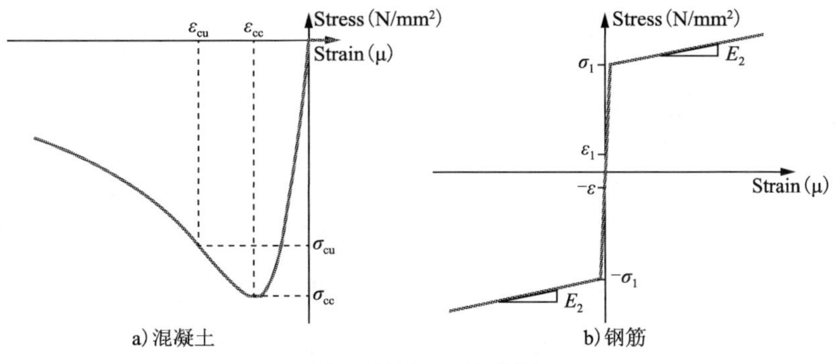

图 2 材料滞回关系骨架

1.3 地震波选取

1999 年 9 月 21 日，台湾集集地震获得了大量近断层加速度记录，选取 TCU101、TCU102、TCU103 三条地震波进行三向输入，将水平向加速度峰值最大方向的峰值调整至 0.57g，另一水平向加速度峰值按照相应比例进行调整，而竖向地震动加速度峰值分别调整至 0.57g 的 0.5 倍、1.0 倍、1.5 倍、2.0 倍和 3.0 倍。

2 计算结果与分析

2.1 梁体地震响应

该连续刚构桥在不同水平竖向地震加速度作用下，梁体跨中正位移、负位移最大值（只考虑因地震作用产生的变化值）随地震动竖向加速度峰值与水平向加速度峰值之比（为叙述简便，将该值定义为 K）的变化情况如图 3 所示。可以看到，在 K<2.0 时，梁体跨中位移随 K 值的增加基本呈线性增加趋势；而在 $K \geqslant 2.0$ 时，呈现出了快速增加的趋势。这说明，在 $K \geqslant 2.0$ 后，梁体呈现出较强的几何非线性状态。

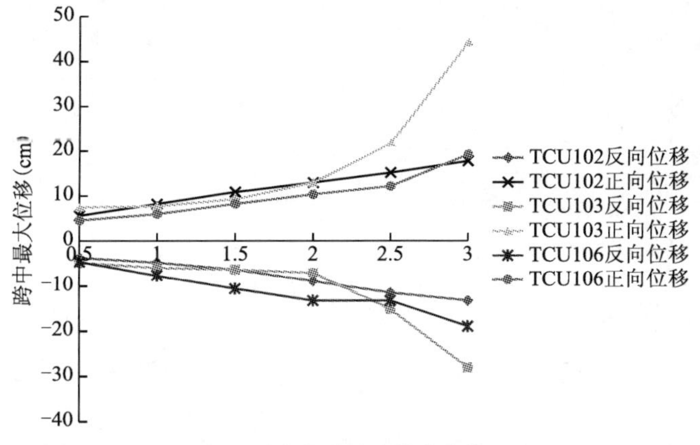

图 3 跨中位移随 K 值变化情况

由于为简化计算，梁体在模拟时采用的是弹性梁单元，所以在此仅列出受影响较大的竖向剪力和横桥向弯矩，如图 4 所示。可以看到，竖向剪力在 K=3.0 时，增加非常明显；而纵桥向弯矩随 K 值基本呈现出了线性增加的趋势。这说明，在 K 值增加到一定量时，地震动引起的梁体内力的变化必须加以关注。

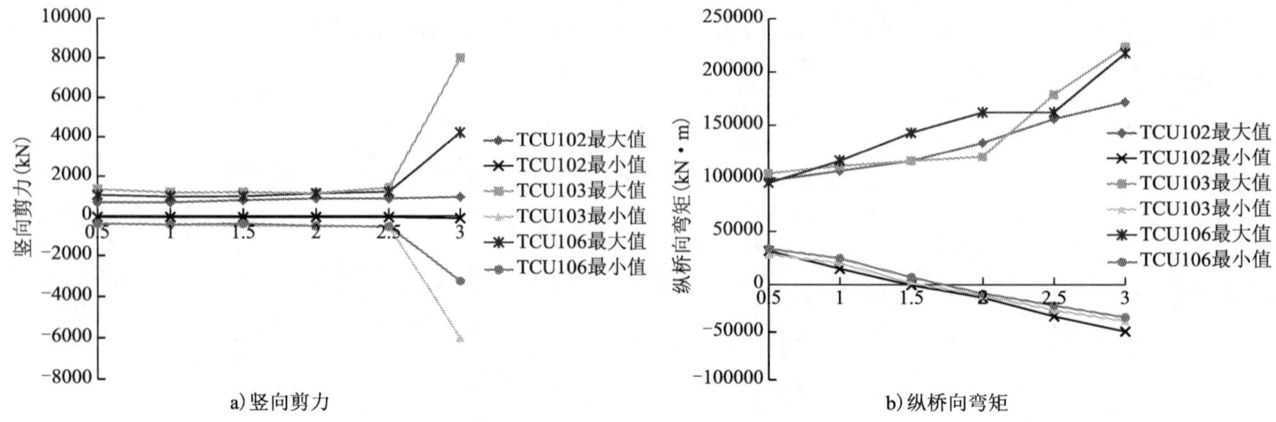

图 4 跨中截面内力随 K 值变化情况

2.2 下部结构地震响应

该连续刚构桥在不同水平竖向地震加速度作用下，边支座竖向反力（边支座采用抗拔支座）、墩底反力、墩顶位移最大值随 K 的变化情况如图 5～图 7 所示。

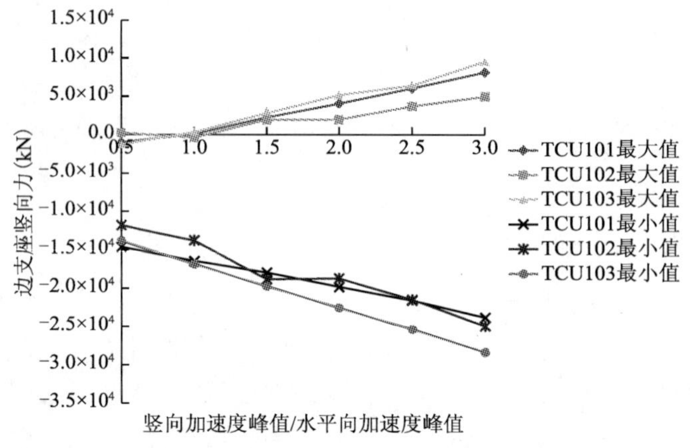

图 5 边支座竖向反力随 K 值变化情况

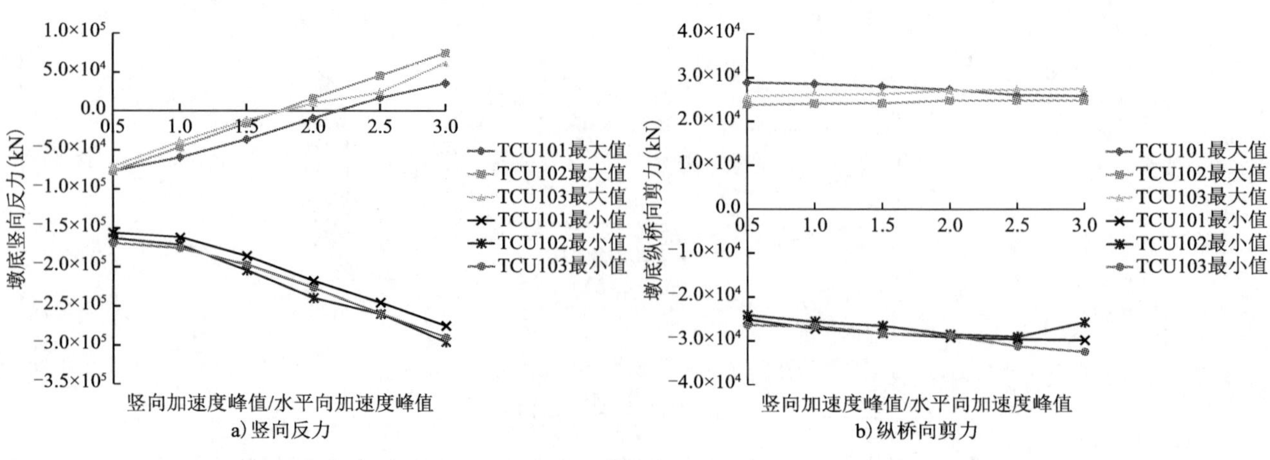

图 6

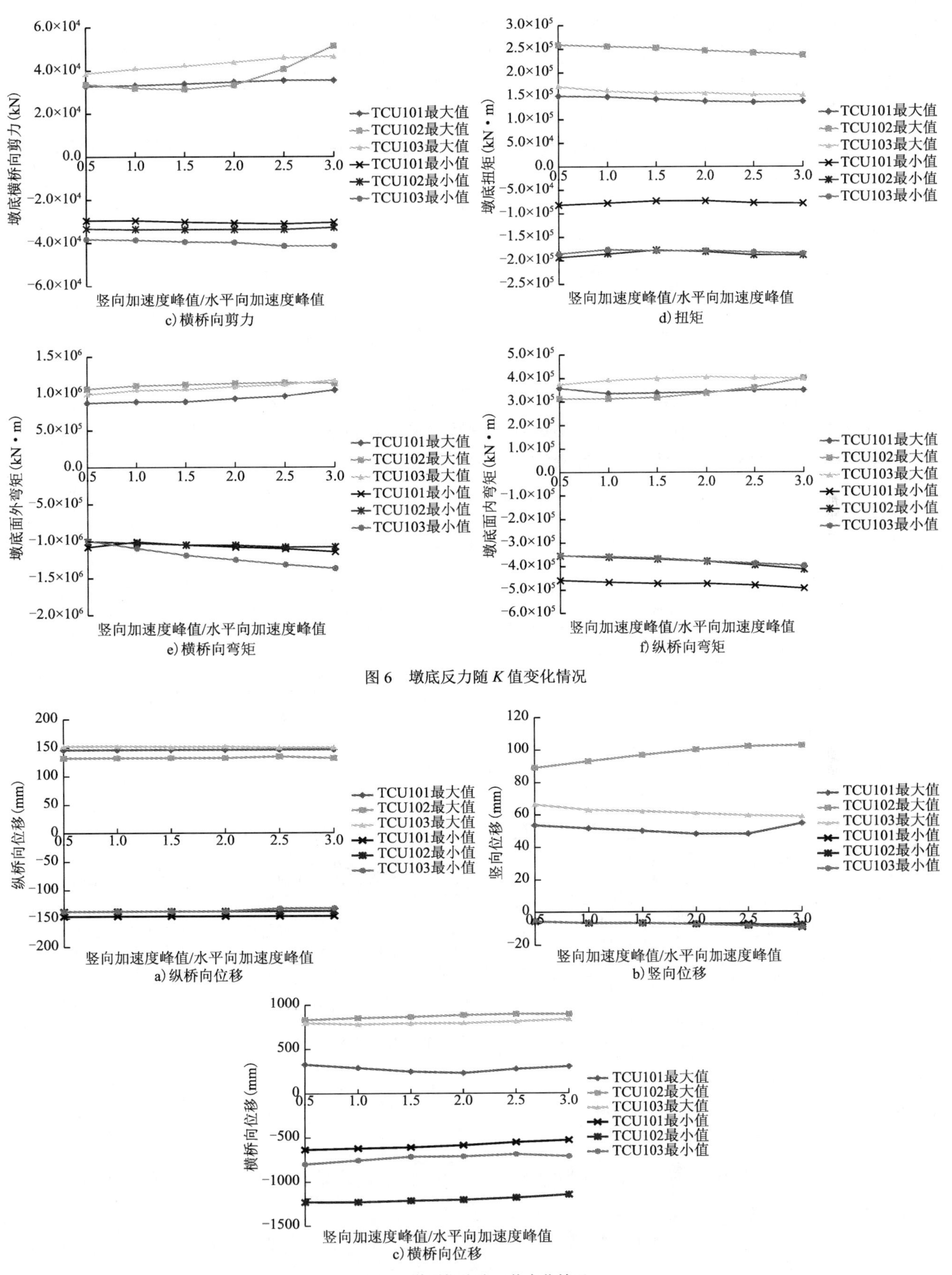

图6　墩底反力随 K 值变化情况

图7　墩顶位移随 K 值变化情况

通过图3～图5可以看到，边支座竖向力、墩底竖向反力随K值变化最为明显，几乎呈现出了线性增长的趋势，反力最小值逐渐减小，甚至由压力变为拉力，而最大值逐渐增大；在$K>1.0$后，边支座出现了较大的上拔力，在$K>1.5$后，墩柱出现了拉力，这都是值得注意的。换个角度考虑该问题，如果边支座采用一些减震支座，边支座出现的上拔力可能会影响减震效果，这也需要引起注意。墩底弯矩、墩底剪力、墩顶竖向位移随K值增加也出现小幅增加现象，而墩底扭矩、墩顶纵桥向和横桥向位移与K值并未表现出明显的趋势关系。

2.3 桥墩损伤

上述变化可能会造成墩柱损伤加剧，为此提取了墩柱损伤情况如图8所示。图中混凝土破坏、<终局Ⅱ>、<终局Ⅰ>损伤均为压缩方面的损伤标准，其中：破坏设定为混凝土应变达到10000μ（1.0%），此时混凝土基本已发生剥落；<终局Ⅱ>设定为混凝土峰值应变的2倍，<终局Ⅰ>设定为抗压强度峰值对应的应变。

可以看到，随着K值增大，损伤均有所增加，但没有出现剧烈增加的情况，这可能是由于K值增大，主要是对竖向各分量产生较明显影响，而桥墩竖向承载力储备比较大，所以桥墩损伤程度增加不大，但仍然不能忽视近断层地震中较大竖向分量的影响，尤其是结构存在接触问题时。

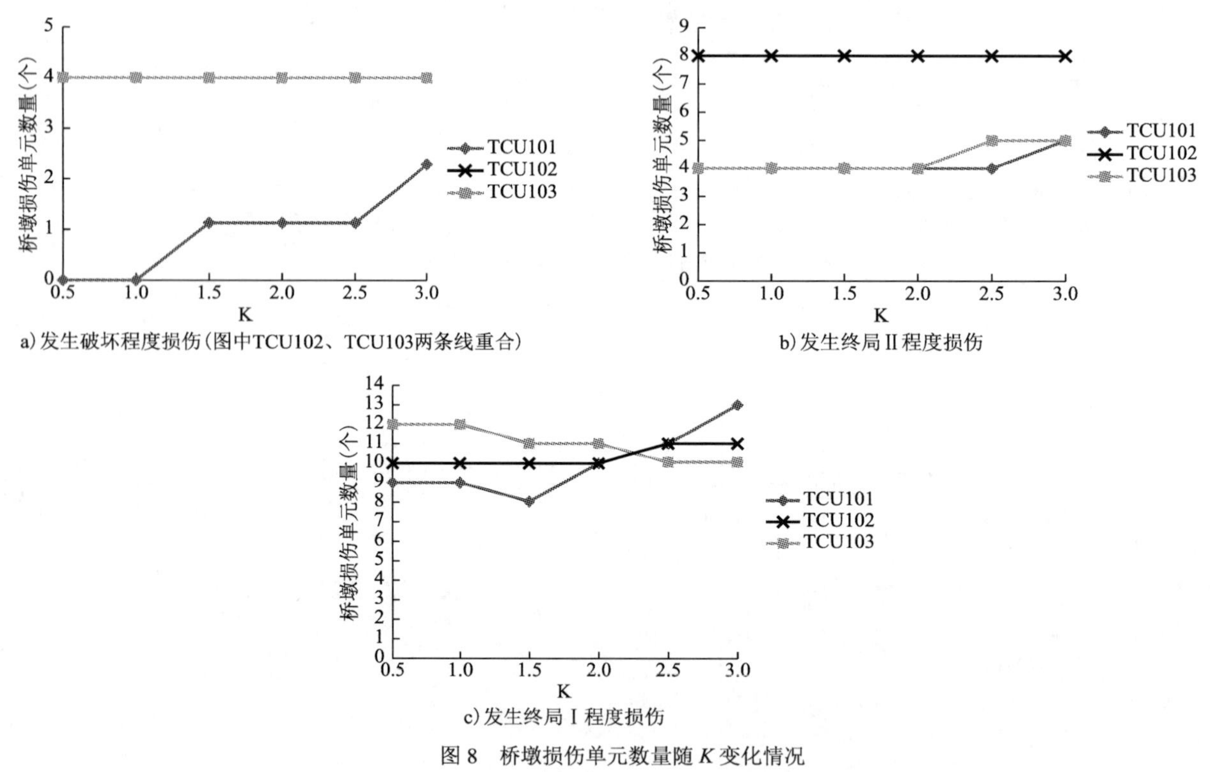

a)发生破坏程度损伤(图中TCU102、TCU103两条线重合)

b)发生终局Ⅱ程度损伤

c)发生终局Ⅰ程度损伤

图8 桥墩损伤单元数量随K变化情况

3 结语

通过上述连续刚构桥在各种竖向加速度峰值与水平向加速度峰值比值的近断层地震动作用下，结构的地震响应和桥墩损伤单元数量的变化情况可以看到：

(1)梁体跨中呈现出一定的几何非线性，且梁体跨中截面内力增加明显，这种现象在设计时值得注意。

（2）边支座出现较大上拔力，若不采用抗拔支座可能会出现支座脱空的情况，并出现支座与梁体的反复碰撞冲击。

（3）桥墩可能出现轴向拉力，这可能会导致桥墩出现更为严重的损伤。

（4）桥墩损伤情况随着地震动竖向加速度峰值与水平向加速度峰值之比的增大有增加的趋势。

因此，在近断层桥梁设计时，要对近断层地震动可能出现的较大竖向分量进行充分的考虑，尤其是结构存在接触问题时更应该重视。

参考文献

[1] UBC97, International Council of Building Officials(ICBO).Uniform building codes[S].1997, Whittier CA.

[2] 中华人民共和国国家标准 . GB 50011—2010　建筑抗震设计规范 [S]. 北京：中国建筑工业出版社，2010.
GB 50011—2010　Code for seismic design of buildings[S].Beijing: China Architecture & Building Press.2010.

[3] 中华人民共和国行业标准 . JTG/T B02-01—2008　公路桥梁抗震设计细则 [S]. 北京：人民交通出版社，2008.
JTG/TB 02-01—2008　Guidelines for seismic design of highway bridges[S]. Beijing: China Communications Press, 2008.

[4] 中华人民共和国国家标准 . GB 50111—2006　铁路工程抗震设计规范 [S]. 北京：中国计划出版社，2009.
GB 50111—2006　Code for seismic design of railway engineering[S]. Beijing: China Planning Press, 2009.

[5] 胡聿贤 . 地震工程学 [M]. 北京：地震出版社，1988.
Hu Yuxian. Earthquake engineering [M].Beijing: Seismological Press, 1988.

[6] 李新乐，窦慧娟，彭永恒 等 . 基于近断层地震的桥梁结构抗震设计研究进展 [J]. 大连民族学院学报，2007，03：57-59.
Li Xinle, Dou Huijuan, Peng Yongheng, etc.Research development on seismic design for bridge structure under near-fault earthquake[J]. Journal of Dalian Nationalities Universit, 2007, 03: 57-59.

[7] 贾俊峰，欧进萍 . 近断层竖向地震动峰值特征 [J]. 地震工程与工程振动，2009，29（1）：44-49.
Jia Junfeng, Ou Jinping. Peak amplitude characteristics of vertical seismic ground motions in near-fault regions[J]. Journal Of Earthquake Engineering and Engineering Vibration, 2009, 29(1): 44-49.

[8] 谢俊举，温增平，高孟潭 等 . 2008 年汶川地震近断层竖向与水平向地震动特征 [J]. 地球物理学报，2010，53（8）：796-805.
Xie Junju, Wen Zengping, Gao Mengtan, etc. Characteristics of near-fault vertical and horizontal ground motion from the 2008 Wenchuan earthquake[J]. Chinese Journal of Geophsics, 2010, 53(8): 796-805.

高墩大跨铁路连续梁桥桥墩地震易损性分析

杨国静

（中铁二院工程集团有限责任公司，成都 610031）

摘　要：随着西部铁路建设的快速发展，为了满足线路跨越陡峭峡谷等的需求，一大批高墩大跨桥梁相继出现。本文以川藏铁路某一高墩大跨连续梁桥为研究对象，利用概率性地震需求分析模型分别对隔震与非隔震连续梁桥进行了地震易损性分析。在考虑桥梁结构与地震动参数随机性的基础上，以位移延性比作为损伤指标，采用传统可靠度概率分析方法生成了各墩柱的易损性曲线，对比分析了隔震与非隔震桥梁墩柱在不同破坏状态下的超越概率。结果表明：从易损性的角度分析，相比于非隔震连续梁桥，隔震连续梁桥在地震动作用下表现出了较好的抗震性能。采用减隔震支座后，制动墩易损性降低，其他三个非制动墩易损性略有增加，但制动墩的易损性依然是最大的。表明双曲面球型减隔震支座可使四个桥墩构件更均匀地承受地震力，有效减低了最不利制动墩的破坏概率，起到了很好的减隔震作用。

关键词：连续梁；高墩；地震易损性；球型钢支座；双曲面球型减隔震支座

Seismic Vulnerability Analysis of Railway High-Pier and Long-Span Continuous Beam Bridges

Yang Guojing

(China Railway Eryuan Engineering Group Co., Ltd., Chengdu 610031,China)

Abstract: With the rapid development of the western railway construction, in order to meet the demands of crossing steep canyons and etc., a large number of high-pier long-span bridges have appeared. In this paper, based on a common high-pier long-span continuous beam bridge on Sichuan-Tibet railway, the seismic vulnerability analysis of the isolated and non-isolated continuous beam bridge are developed by using probabilistic seismic demand models. Considering the randomness of bridge structure and ground motion parameters, the vulnerability curves of each pier are generated by the use of the traditional reliability probability method with the displacement ductility ratio as damage index and the exceeding probability of piers in isolated and non-isolated bridge under different damage states is analyzed. The result shows that compared with the non-isolated bridge, the isolated bridge show better anti-seismic performance under the earthquake from the point of view of vulnerability. For the isolated bridge with double spherical aseismic bearings, the vulnerability of brake pier is reduced and the vulnerability of other three non-braking piers is increased slightly. However, the exceeding probability of the brake pier remains the highest. All show

作者简介：杨国静（1984—），女，高级工程师。

基金项目：中铁二院工程集团有限公司院控科研课题［编号：院计划 13164191（13-15）］。

that double spherical aseismic bearing can make four piers member to withstand seismic forces more evenly and effectively reduce the failure probability of the most adverse pier, which play a very good role in reducing isolation.

Keywords: continuous beam; high pier; seismic vulnerability; steel spherical bearings; double spherical aseismic bearings

近年来，随着西部铁路建设的快速发展，桥梁在线路中所占比例逐渐增大，为了满足线路跨越交通干线、陡峭峡谷、宽广河流等特殊地段的需求，大量的高墩大跨桥梁相继出现。该类桥的墩高一般大于40m，有的甚至高达百米。然而，我国广阔的西部地区很多都处于板块活动频繁的地带，地震灾害严重威胁了桥梁结构的安全，进而导致铁路交通命脉受损，影响抗震救灾的进程和灾后重建工作，所以高墩大跨桥梁的抗震性能研究逐渐成为桥梁抗震研究的重点。

易损性分析是一种基于概率的结构抗震性能评估方法，其中易损性曲线能够清晰明了地表示在不同强度水平地震作用下桥梁结构在不同性能目标状态时发生破坏的概率，进而方便对桥梁的抗震性能进行评估[1]。本文首先介绍了基于传统可靠度理论的桥梁结构地震易损性分析方法，并基于位移破坏准则给出了构件损伤指标的确定原则，再以目前我国最为常见的主跨为80m的连续梁桥为研究对象，在考虑地面运动和结构本身不确定性的基础上，形成了边、中墩各构件的易损性曲线，最后分析了支座类型对结构地震易损性的影响，评估了各构件的抗震性能，论文的研究成果为同类型桥梁的抗震设计、加固提供参考。

1 分析过程及地震波选取

1.1 分析过程

地震易损性曲线是反应结构达到特定损伤程度的概率与地面运动强度之间关系的一类曲线。由于地面运动以及结构地震响应的复杂性，很难建立一套严格直接概率分析方法。因此本文在总结前人研究的基础上[2-4]，采用拉丁超立方抽样的方法，在考虑桥梁结构和地面运动的不确定性的基础上，建立多个桥梁结构—地面运动样本对，从而将单个概率分析问题转变为多个确定性分析的问题，最后再对多个确定性分析的结果进行统计学处理，得到铁路桥梁结构损伤概率与地面运动强度之间的关系。具体主要包含以下几个步骤：

（1）建立合理的桥梁非线性力学模型。

（2）选择合适的地震动。

（3）量化桥梁自身参数的不确定性，建立一系列地震动—桥梁样本。

（4）对每个地震动—桥梁系统的非线性时程反应分析，获得一系列桥梁响应数据。

（5）通过对结构响应数据的回归分析建立结构响应的概率函数。

（6）定义桥梁的破坏准则并建立响应每一破坏状态的结构承载能力的概率函数。

（7）计算不同强度地震动作用下结构反应超过某一破坏状态所定义的结构承载力的条件概率。

（8）形成以所选地震动参数为变量的地震易损性曲线。

1.2 地震波选取

由于地震动具有很强的随机性，输入地震波的不同，地震反应的结果相差可能达到几倍或者十几倍。因此，为了保证时程分析结果的准确性，应该选择合理的地震波进行输入。一般而言，选择输入地震波时应当主要考虑地震动的三要素：峰值、频谱特性和地震动持时。

本文研究中考虑地面运动的不确定性采用直接利用强震记录的方法。考虑到目前汶川地震波实测的数据较为全面，且能真实反映我国地质情况，从汶川实测地震波记录[5]中选取了80条地震动记录，并对其峰值加速度进行调整，每条地震波设置 10 个强度等级，使其广泛地分布于 0 ～ 1.0g，共计 800 条。将所选地震波输入到桥梁模型中进行非线性时程反应分析，得到一系列的地震响应；计算其在特定状态下超过某一特定破坏状态的概率，绘制桥梁的理论地震易损性曲线，从而进一步分析桥梁的地震易损性。

2 工程概况及桥梁有限元模拟

2.1 工程概况

考虑到主跨 80m 连续梁桥是我国较为常见的三跨连续铁路桥梁类型，本文研究选择了某一单线铁路实桥进行易损性分析，孔跨布置为(44+80+44) m，结构总体布置如图 1 所示。

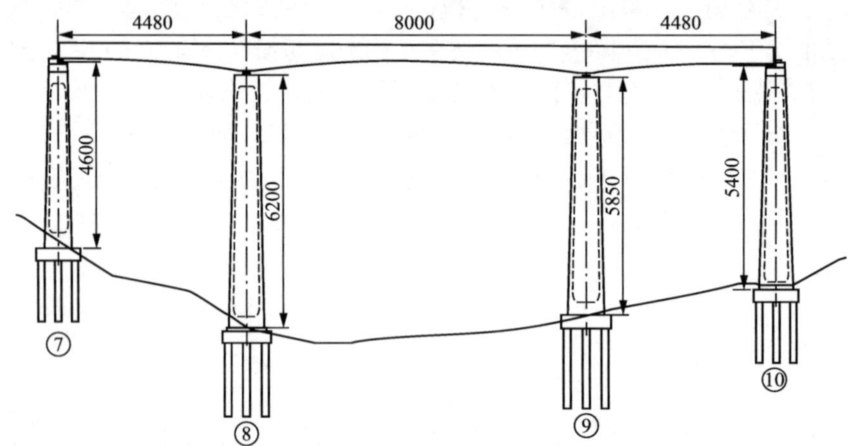

图 1 (44+80+44) m 连续梁桥型布置图(尺寸单位：cm)

主梁采用变截面现浇预应力混凝土箱梁，C55 混凝土，宽度为 7.0m；桥墩采用圆端形截面，C35 钢筋混凝土，各墩墩高分别为 46m、62m、58.5m 和 54m，桥墩的纵向主筋为直径 28mm 的 HRB400 钢筋，横向箍筋为直径 12mm 的 HRB400 钢筋。各墩截面特性参数如表 1 所示。其中，8 号墩为固定墩，墩顶设置固定支座，其余墩顶设置单向活动支座。主墩承台下布置 12 根直径为 1.8m 的圆形桩基。边墩承台下布置 11 根直径为 1.5m 的圆形桩基。桩基采用 C30 钢筋混凝土。

(44+80+44) m 连续梁各桥墩截面几何参数表　　表 1

编号	墩高(m)	墩身外坡	墩身内坡	墩顶壁厚(cm)	墩顶纵向尺寸(cm)	墩顶横向尺寸(cm)	墩身体积(m^3)
7 号	46	40 ∶ 1	70 ∶ 1	55	440	590	653.7
8 号	62	40 ∶ 1	70 ∶ 1	65	580	780	1449.4
9 号	58.5	40 ∶ 1	70 ∶ 1	65	580	780	1367.6
10 号	54	40 ∶ 1	70 ∶ 1	55	500	650	914.1

2.2 有限元模拟

本文采用 OpenSee[6] 软件建立桥梁有限元动力分析模型。由于在地震作用下主梁结构基本上处于弹性状态，实际发生震害时主梁发生破坏概率较小，所以可采用弹性梁单元模拟。墩柱具有较大的延性能力，允许进入弹塑性状态，抗震规范中允许桥墩在强震作用下出现塑性铰，故墩柱采用弹塑性纤维梁柱单元模拟。保护层混凝土和约束混凝土采用 Mander 混凝土本构模型，钢筋采用双折线骨架曲线模拟。桩土相互作用采用等代土弹簧模拟，弹簧刚度依照规范用 m 法进行计算。

本文非隔震桥梁支座采用常规的球型钢支座，隔震桥梁支座采用双曲面球型减隔震支座。球型钢支座的滞回模型呈狭长型，可近似作线性处理，故用弹性连接模拟。双曲面球型减隔震支座的力—位移关系由滞回曲线表示，滞回曲线围成的面积表示其耗能能力，采用双折线型模型来模拟。

3 基于位移延性比的损伤指标量化

目前，国内外很多学者对如何确定结构的损伤指标做了大量的研究。本文采用的损伤指标为曾在Hwang[4] 的报告中提到的位移延性比，将地震对桥梁的破坏分为无破坏、轻微破坏、中等破坏、严重破坏和完全破坏五种状态。鉴于高墩大跨桥梁的墩顶位移与控制截面的曲率可能不同步出现，材料损伤与变形之间并不是一一对应的关系 [7]，本文对墩身控制截面进行弯矩曲率分析，选取了 50 条地震动沿纵桥向对结构进行了激励，并采用截面最大曲率作为评判依据。由于篇幅有限，这里仅给出了 8 号墩墩身截面曲率图，如图 2 所示，图中实线表示每条地震动的包络曲线，点划虚线表示曲率均值。

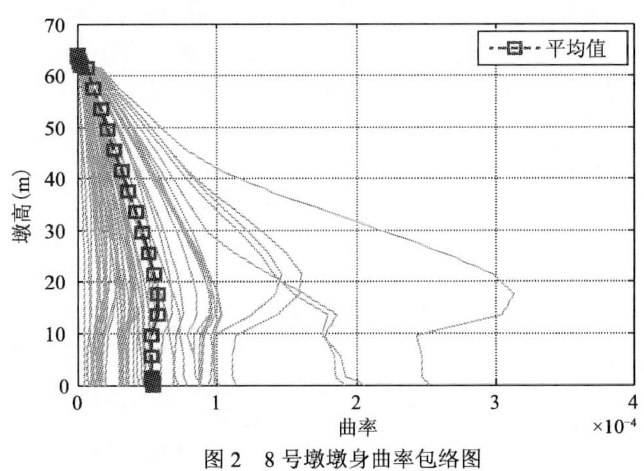

图 2　8 号墩墩身曲率包络图

由图 2 可知，在地震作用下墩柱可能进入塑性的位置仍出现在墩底区域，所以本文以墩底截面作为控制截面，对墩底截面进行弯矩—曲率分析，得到各损伤指标对应的曲率值，并基于塑性铰理论计算到桥墩的位移延性比量化值，如表 2 所示。由表 2 可看出，各墩的允许非线性位移比由于自身的构造略有不同，最大值为 4.6，与《铁路工程抗震设计规范》（GB 50111—2006）F.0.3 条规定的不超过 4.8 较为接近。

桥墩不同损伤状态下的损伤指标　　表 2

构件编号	轻微破坏	中等破坏	严重破坏	完全破坏
7 号桥墩	$1<\mu<1.2018$	$1.2018<\mu<1.6164$	$1.6164<\mu<4.6164$	$\mu>4.6164$
8 号桥墩	$1<\mu<1.1235$	$1.1235<\mu<1.4706$	$1.4706<\mu<4.4706$	$\mu>4.4706$
9 号桥墩	$1<\mu<1.1260$	$1.1260<\mu<1.4809$	$1.4809<\mu<4.4809$	$\mu>4.4809$
10 号桥墩	$1<\mu<1.1642$	$1.1642<\mu<1.5166$	$1.5166<\mu<4.5166$	$\mu>4.5166$

4 结构概率地震需求模型

概率地震需求分析的主要目的是通过回归分析，建立地震动强度与结构地震需求之间的概率关系。在结构的地震需求 D 服从对数正态分布假设之下，Cornell[8] 建议需求的中位值 S_D 与地震动强度服从如下指数关系：

$$S_{\mathrm{D}}=a\mathrm{IM}^{b} \tag{1}$$

式中：IM——地震动强度；

a、b——未知系数，需要对其进行估计。

为了方便计算，将上述关系转换至对数正态空间，可简化为一个线性回归问题，如下所示：

$$S_{\mathrm{D}}=b\cdot\ln\mathrm{IM}+\ln a \tag{2}$$

在对数转换空间下，对数结构需求 $\ln D$ 服从正态分布，中位值为 $\ln S_{\mathrm{D}}$，标准差记为 σ，即为条件对数标准差 $\beta_{\mathrm{D/IM}}$ 的一个估计，即

$$\beta_{D/\mathrm{IM}}\cong\sqrt{\frac{\sum(\ln(d_i)-\ln(a\mathrm{IM}_i^{b}))^2}{N-2}} \tag{3}$$

式中：d_i——第 i 个地震峰值需求；

N——非线性时程分析的个数。

基于回归分析得到对数正态分布的参数后，概率性地震需求模型即可表示为下式：

$$P[D\geqslant \mathrm{d}\,|\mathrm{IM}]=1-\Phi\left(\frac{\ln d-\ln S_{\mathrm{D}}}{P_{\mathrm{D/IM}}}\right) \tag{4}$$

分别对隔震与非隔震桥梁有限元模型输入所选的80条地震动进行非线性时程分析，得到各构件需求响应值。采用PGA作为地震动参数指标，通过回归分析得到概率地震需求模型。各构件的概率地震需求模型具体计算结果如表3所示。

不同构件地震响应的概率需求模型　　表3

构件编号	支座类别	拟合函数
7号桥墩	非隔震	ln(μ)=1.117946 ln(PGA)|1.207344
	隔震	ln(μ)=1.004223ln(PGA)|1.061641
8号桥墩	非隔震	ln(μ)=1.028001 ln(PGA)|1.797668
	隔震	ln(μ)=1.015896 ln(PGA)|1.394031
9号桥墩	非隔震	ln(μ)=0.971885 ln(PGA)|1.901725
	隔震	ln(μ)=1.028230 ln(PGA)|1.339523
10号桥墩	非隔震	ln(μ)=1.116076 ln(PGA)|1.401549
	隔震	ln(μ)=0.971175 ln(PGA)|1.190250

5 易损性对比分析

基于上述概率地震需求分析结果，以及各墩构件的损伤指标，绘制出各个桥墩在不同支座条件下的地震易损性曲线，如图3~图6所示。

由图3~图6可知，在不同支座类型情况下，各个桥墩在不同损伤状态下的地震易损性曲线有类似的形状，且不同状态对应的损伤概率都随着地面峰值加速度的增大而增大，即桥墩的易损性在逐渐增大。以球型钢支座为例，非制动桥墩在PGA为0.3g时的轻微损伤概率均小于30%，中等损伤概率均小于20%，而严重和完全破坏状态的损伤概率几乎为0；制动墩在PGA为0.3g时的轻微损伤概率小于50%，中等损伤概率小于40%，几乎不发生严重和完全破坏。这说明该连续梁桥各桥墩构件具有较好的抗震性能。

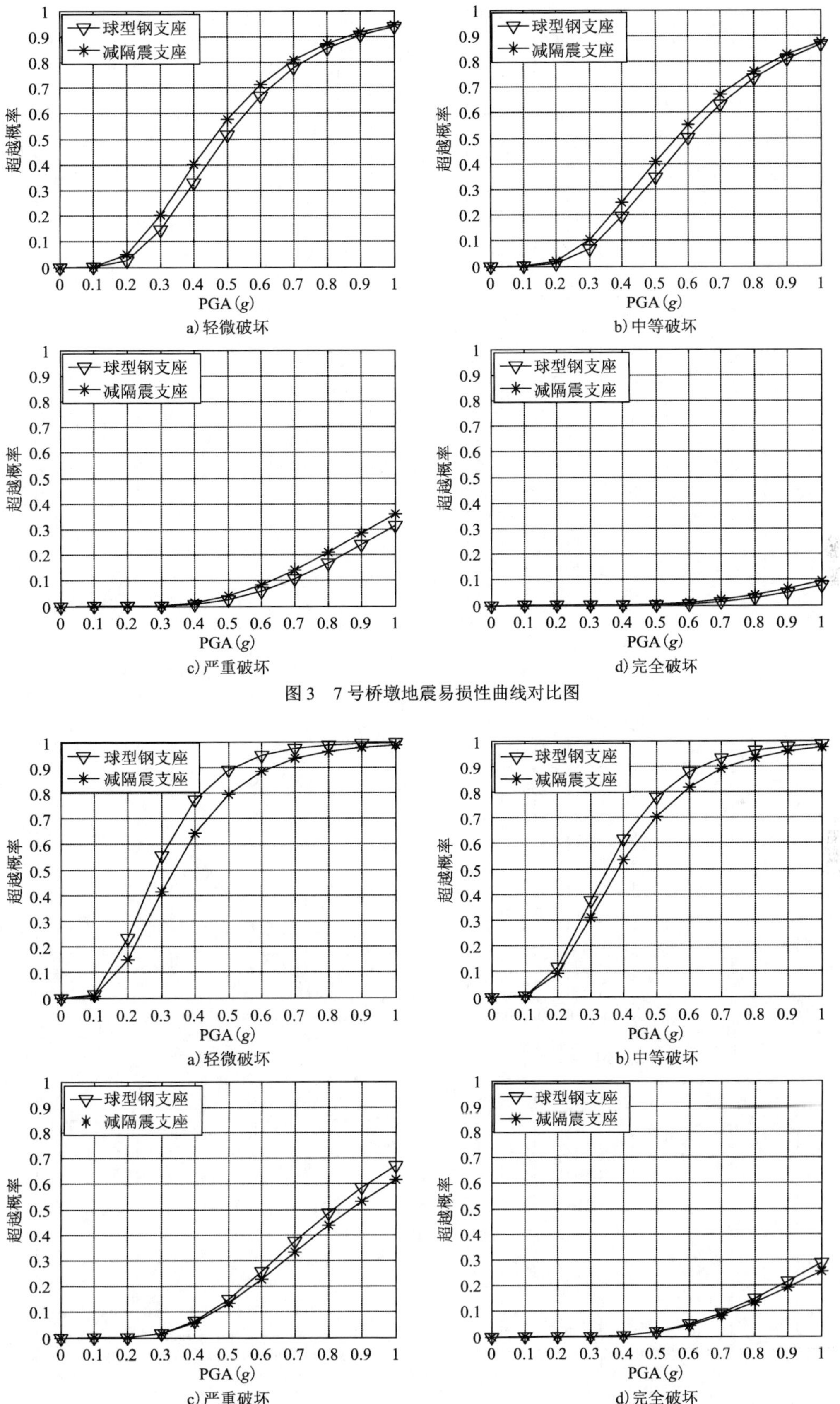

图3　7号桥墩地震易损性曲线对比图

图4　8号桥墩地震易损性曲线对比图

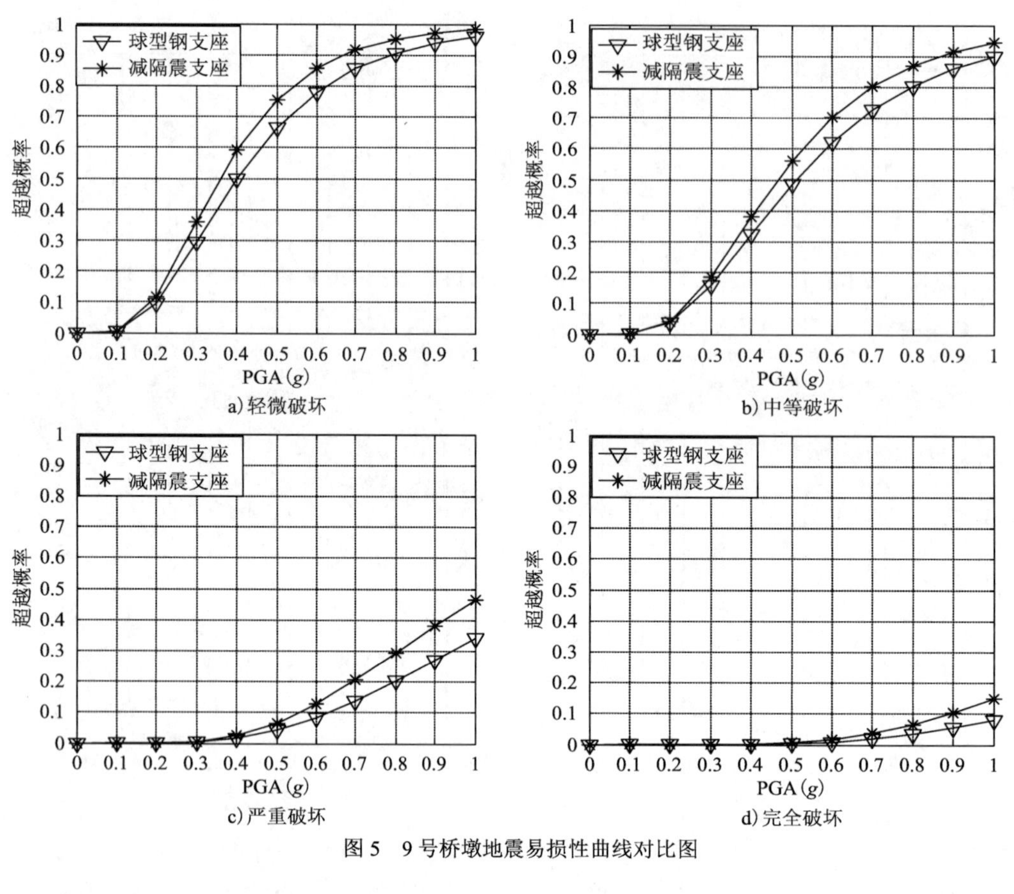

球型钢支座
减隔震支座
超越概率
PGA(g)
a)轻微破坏
b)中等破坏
c)严重破坏
d)完全破坏

图5　9号桥墩地震易损性曲线对比图

球型钢支座
减隔震支座
超越概率
PGA(g)
a)轻微破坏
b)中等破坏
c)严重破坏
d)完全破坏

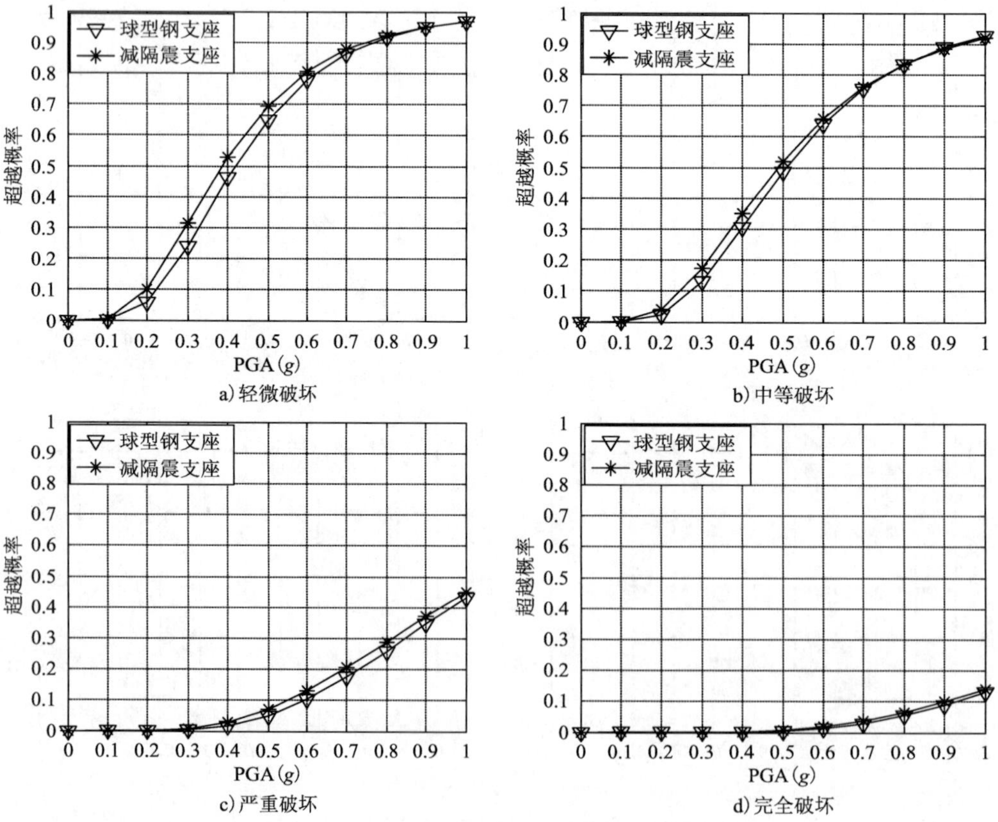

图6　10号桥墩地震易损性曲线对比图

由图 5 可知，对于 8 号桥墩（制动墩），采用双曲面球型减隔震支座后，在同一峰值加速度下，各损伤状态对应的破坏概率明显低于采用球型钢支座的损伤破坏概率。以中等破坏为例，减隔震支座条件下制动墩的损伤破坏概率最大降低 9% 左右。由图 3、图 4 和图 6 可知，对于 7 号、9 号、10 号桥墩（非制动墩），采用双曲面球型减隔震支座后，在同一峰值加速度下，3 个非制动墩的损伤破坏概率明显高于采用球型钢支座的破坏概率。其中，9 号中墩采用减隔震支座后的损伤破坏概率相比其他桥墩提高的要大，轻微、中等、严重和完全破坏状下损伤概率最大提高了 9%、7%、14%、7%。原因在于双曲面球型减隔震各活动支座的水平极限承载力比球型钢支座增加了 15%，使得传递到非制动墩上的水平力增大，非制动墩承受了更多的地震动破坏能量，因此其破坏概率明显提高。

虽然各非制动墩（即 7 号、9 号、10 号桥墩）的地震易损性在减隔震支座条件下增大了，制动墩（即 8 号桥墩）的地震易损性在减隔震支座条件下降低了，但最容易发生损伤的桥墩构件依然是制动墩，其他 3 个桥墩的地震易损性与制动墩的较为接近。表明此时四个桥墩构件较为均匀的承受了地震动作用的破坏能量，与球型钢支座的结果比较起来，最不利桥墩构件的易损性降低了。

6 结语

本文选取了铁路常用跨度（44+80+44）m 连续梁作为对象，以一座墩高为 62m 的高墩连续梁为例，研究了高墩大跨连续梁桥桥墩构件的易损性，对比分析了两种典型支座下各墩构件的抗震性能，主要结语如下：

（1）由于高阶振型的影响，连续梁高墩结构响应与中低墩会不一样，但其墩身曲率包络图却相似，可能发生屈服的截面仍然在墩底区域，故仍可以选取墩底的位移延性比作为损伤指标。

（2）采用球型钢支座时，制动墩的易损性明显高于其他三个非制动桥墩；而采用减隔震支座后，制动墩易损性降低，其他三个非制动墩易损性增加，但制动墩的易损性依然是最大的，此时其他三个桥墩与制动墩的易损性曲线比较接近。表明双曲面球型减隔震支座可使四个桥墩构件更均匀的承受地震力，有效减低了最不利制动墩的破坏概率，起到了很好的减隔震作用。

参考文献

[1] 谷音，黄怡君，卓卫东 . 高墩大跨连续刚构桥梁地震易损性分析 [J]. 地震工程与工程振动，2011，31（2）：91-97.
Gu Yin, Huang Yijun, Zhuo Weidong. Study on seismic vulnerability of long span continuous rigid frame bridge with high piers[J]. Journalof Earthquake Engineering and Engineering Vibration, 2011, 31(2): 91-97.

[2] 冯杰 . 桥梁结构地震易损性分析研究 [D]. 成都：西南交通大学，2010.
Feng Jie. The research of seismic vulnerability analysis obridge structure[D]. Chengdu: Southwest Jiaotong Univer-sity, 2010.

[3] 张菊辉 . 基于数值模拟的规则梁桥墩柱的地震易损性分析 [D]. 上海：同济大学，2006.
Zhang Juhui. Analysis on the Seismic Vulnerability of Regular Beam Bridge Piers Based on Numerical Simulation [D]. Shanghai: TongjiUniversity, 2006.

[4] Howard Hwang, Liu JingBo, Chiu Yi-Huei. Seismic fragility analysis of highway bridges[R]. Mid-America Earthquake Center Technical Re-port, MAEC-RR-4 Project, 2001.

[5] 彭小波 . 汶川地震强震动记录分析及应用 [D]. 中国地震局工程力学研究所，2011.
Peng Xiaobo. Analysis of strong motion recordings and its application from Wenchuan Earthquake[D]. Institute of Enigineering Mechanics, China Earthquake Adminstration, 2011.

[6] 李建中，宋晓东，范立础 . 桥梁高墩位移延性能力的探讨 [J]. 地震工程与工程振动，2005，25（1）：40-48.
Li Jianzhong, Song Xiaodong, Fan Lichu. Investigation for displacement ductility capacity of tall piers[J]. Journal of Earthquake Engineeringand Engineering Vibration, 2005, 25(1): 40-48.

[7] Silvia Mazzoni, Frank Mckenna, Michael H. Open system for earthquake engineering simulation user manual[M]. Pacific Earthquake Engineering Research Center, University of California, Berkeley, 2005.

[8] Cornell C A. Bounds on the reliability of structural system[J]. Journal of Structure Division, ASCE, 1967, 93(ST1): 171-200.

复杂艰险山区铁路小半径曲线钢轨非正常磨耗的治理措施研究

和振兴　胡新明　王小韬

（中铁二院工程集团有限责任公司，成都 610031）

摘　要：复杂艰险山区铁路小半径曲线较多，由于地形复杂、气候条件恶劣、人迹罕至、交通不便，给线路的日常养护维修带来困难，预防和治理小半径曲线地段的钢轨非正常磨耗是保持复杂艰险山区铁路服役状态的重要举措。以山区铁路小半径曲线地段钢轨非正常磨耗的预防和治理措施研究为基础，结合复杂艰险山区铁路特点，从优化曲线地段轨道设计、钢轨合理打磨与润滑、保持车轮圆顺度等方面给出了综合预防和治理复杂艰险山区铁路小半径曲线地段钢轨非正常磨耗的方法。

关键词：山区铁路；小半径曲线；非正常磨耗；综合治理

Research on Control Measures of Unnormal Wear of Rails on Small Radius Curve in Complex Mountainou Area

He Zhenxing　Hu Xinming　Wang Xiaotao

(China Railway Eryuan Engineering Group Co.Ltd, Chengdu, 610031)

Abstract: Small radius curve account for a relatively higher proportion in the railways of complicated and difficult mountainous area. It has brought great challenges to the daily maintenance of the railway lines due to the complicated topography, severe climate condition and inconvenient traffic, thus the prevention and control of rail's abnormal wear in small radius curve area is an important issue to maintain the service condition of railways which is located in complicated and difficult mountainou area. In this paper, based on the study of prevention and control measures for rail's abnormal wear that will applied in small radius curve section of mountain railways, and combined with the characteristics of the railways in complicated and difficult mountainous area at the same time, a comprehensive method for the prevention and control of rail's abnormal wear in small radius curve section of difficult mountainous area has been given out from aspects of optimization design of curved track, reasonable grinding and lubrication of rail, roundness maintain of wheel and so on.

Keywords:: mountain railway; small radius curve; abnormal wear; comprehensive control

在“十三五”期间，铁路基础设施的重点建设项目将会向西部转移[1]，西部省份已经在“十三五”规划上把铁路放在重要位置。我国西部地区地形和气候条件复杂，川藏铁路建设是复杂艰险山区铁路建设的代表，

作者简介：和振兴（1978—），男，高级工程师。

其所经区域具有活跃的地应力作用、显著的地形高差、急剧的气候差异、复杂的地质条件、脆弱的生态环境五大特殊区域环境特征，国内外均无在这样特殊地区修建铁路并保持线路长期良好运营状态的经验可借鉴。

由于复杂艰险山区地形高差起伏变化大、气候条件恶劣、地质灾害频发、人迹罕至、交通不便，给线路的日常养护维修带来极大挑战，确保山区铁路轨道系统的良好服役状态对保障运营安全尤为重要。我国铁路小半径曲线轨道上的钢轨报废率居高不下，有98%是由于侧磨超限而报废的，有些小半径曲线地段钢轨的更换频率只有几个月。

虽然目前我国在小半径曲线地段钢轨非正常磨耗治理方面进行了广泛研究[2-8]，改善轮轨材质特性与空间接触关系，钢轨打磨、钢轨涂油、减少磨护轨等措施被广泛采用，但在复杂艰险山区特殊的地形与气候条件下如何综合应用以上措施，有效提高小半径曲线地段钢轨寿命仍需系统研究。

1 山区铁路小半径曲线钢轨非正常磨耗主要特点

对于山区铁路，曲线所占份额较大，如成都局管辖线路属于典型的山区铁路，曲线占正线的50%。列车进入曲线后，其运动状态和受力情况与直线地段完全不同，内外轮滚动的距离与内外轨长度之间的差值，要靠轮对在钢轨上的横向滑动或内轮后滑、空转调整来完成，这就产生了曲线上钢轨的磨耗；车辆在通过曲线时，靠外侧车轮轮缘与钢轨侧面相互作用实现导向和消除离心力，车轮对钢轨的侧压力越大，越容易形成钢轨的侧面磨耗[2]。另外，小半径曲线地段的波浪型磨耗也比较普遍[3]。

钢轨侧磨、波磨等非正常磨耗（图1），使车辆在通过小半径曲线时，振动增大，产生的动荷载和附加力也随之增大，容易引起轨道扣件松动、道床粉化等病害；同时使线路高低、水平、方向几何不平顺增大，若不加以整治，以上病害会进一步加剧钢轨的磨耗，形成恶性循环。

图1 钢轨表面非正常磨耗

山区铁路小半径曲线地段，每年由于钢轨的非正常磨耗而需要更换的钢轨达到全线维修换轨总量的90%，成为工务部门线路养护维修工作中一项长期而艰巨的任务。复杂艰险山区新线铁路建设应重视小曲线半径的非正常磨耗影响，采取综合预防和治理措施。

2 小半径曲线钢轨非正常磨耗影响因素

小半径曲线的钢轨磨耗过程非常复杂，影响因素众多，是轨道交通领域长期研究的课题。钢轨发生磨耗的直接原因是轮轨间接触应力超过钢轨的屈服强度，而轮轨间接触应力的大小与车辆、轨道结构的动力学参数以及轮轨之间的接触状态有关。工程中影响曲线钢轨磨耗因素有：钢轨本身的化学成分和力学性能，轨道超高和轨距，曲线半径和线路坡度，列车的牵引、制动类型，行车速度和密度，列车轴重，线路所处地区的地理环境气候条件，以及人们的日常养护维修的方法，养护维修作业质量等。以上因素等可以影响钢轨磨耗的快与慢，所以曲线钢轨的非正常磨耗是众多综合因素影响的结果。

将上述因素综合起来，小半径曲线轮轨之间的接触状态是否良好可视为内部影响因素，对于轨道而言，曲线超高和轨底坡设置必须与车轮踏面形状、列车通过速度和曲线半径相匹配。曲线超高设置直接影响轮轨间冲角的大小，而冲角是评定列车曲线通过性能和曲线钢轨侧磨速率大小的主要指标之一；研究表明，小半径曲线地段钢轨不铺设轨底坡时，车轮与钢轨的接触位置偏离钢轨中部，靠近钢轨内侧轨距角位置，会使曲线外股钢轨内侧磨耗严重并出现飞边及剥离。轮轨之间的接触状态还与轮轨材质以及轨道系统的几何不平顺、动力不平顺水平，车辆轮对的圆顺度等动力学参数有关。为了消除钢轨的非正常磨耗而采取的打磨、润滑等介入措施可视为外部影响因素。工程经验表明打磨和润滑是消除或减少钢轨非正常的有效措施。

对于艰险山区铁路，复杂的地形和气候条件给线路的日常养护维修带来挑战，因此在铁路设计时应防范小半径曲线地段钢轨非正常磨耗的发生。运营后，非正常磨耗的治理措施也应该与复杂艰险山区铁路的地形和气候条件相适应。同时，山区潮湿的空气，骤变的气温以及雨雪等自然环境对钢轨腐蚀的影响也不容忽视。

3 综合治理措施

本文结合复杂艰险山区铁路，地形复杂、气候条件恶劣的特点，从小半径曲线轮轨之间良好接触状态的调整与保持，钢轨非正常磨耗发生后的介入消除措施出发，总结出复杂艰险山区铁路小半径曲线钢轨非正常磨耗防范与治理的四点重要措施。

3.1 优化曲线地段轨道设计

3.1.1 轮轨材质匹配

轮轨的几何形面已经标准化，针对复杂艰险山区铁路小半径曲线的非正常磨耗，可优先采用轮轨的硬度匹配来提高钢轨的摩擦寿命[4]。运营经验表明，在直线地段，钢轨磨耗并不大，车轮的硬度高于钢轨硬度，可使车轮的磨耗减少，降低车轮的不圆度，从而保证列车运行的平顺性。在复杂艰险山区小半径曲线较多的线路，如仍然沿用传统的车轮比钢轨硬的做法，会造成钢轨的非正常磨耗加重，轨道平顺性变差，使车轮的磨耗也急剧增大，造成了轮轨总体磨耗急剧增大的状态。

因此采用高强度的钢轨材料是有效减轻小半径曲线地段钢轨非正常磨耗的主要措施。德国铁路根据不同曲线半径，选用不同的钢轨材质，其与我国钢轨的对应关系见表1。我国《铁路轨道设计规范》（TB 10082—2005）规定“新建铁路曲线半径小于或等于800m地段的重型、特重型轨道，新建和改建铁路曲线半径小于或等于500m地段的次重型轨道，应采用全长淬火钢轨或高强度钢轨”。

曲线地段用钢轨特点 表1

德国铁路曲线用钢轨			对应我国钢轨（硬度/HB）
线路半径范围	钢轨类型	强度极限值（MPa）	
直线及R>800曲线	普通钢轨	690	U74热轧轨（280）
R=500~800曲线	耐磨钢轨	880	U71Mn热轧轨（280）
R=300~500曲线	硅锰钢轨	980	PD3热轧轨（280~320）
R=250~300曲线	铬锰钢轨	1080	BNbRE热轧轨（300）

山区铁路所处气候环境空气湿润、温差骤变，容易引起钢轨腐蚀，在复杂艰险山区铁路设计时，应根据气候条件，选用耐腐蚀性较好的钢轨。国内钢轨生产企业通过优化合金成分或微合金成分、细化晶粒组织，成功开发出了U68CuCr等高强度耐蚀钢轨；同时还研发了在钢轨表面喷涂的抗腐蚀材料[5]。钢轨表面喷涂措施经济性较好，但涂层使用寿命的延长有待研究。综上所述，从降低养护工作量的角度考虑，复杂艰险山区铁路有抗腐蚀要求的曲线地段宜采用材料性能较好的高强度耐腐蚀钢轨。采用高强度耐腐蚀钢轨后，将加剧车辆轮缘的磨耗，应加强车辆轮对的维修保养。

3.1.2 提高钢轨空间几何形位调整能力

复杂艰险山区铁路设计时，应考虑为运营阶段预留对小半径曲线地段轨道超高、轨底坡、轨距的调整能力[6]。尤其是客车与货车混跑的线路，由于实际通过车辆类型和速度的变化，容易出现钢轨顶面碾磨光带偏离轨顶中心和钢轨侧面磨耗不正常增大的现象，可以通过调整钢轨空间几何形位，使之与通过车辆轮总体匹配，使钢轨磨耗恢复到正常状态。

所以需要加强复杂艰险山区铁路小半径曲线地段钢轨扣件系统的设计，使其满足以下性能：

（1）设计满足轨底坡一次性调整的特殊调整垫板（图2），调整垫板轨底一侧降低量按2mm考虑，按3～4种型号设计。

（2）设计满足曲线超高调整量为20～60mm的超高调整垫板，并在线路设计时预留调整条件。

（3）采用轨距可调的扣件和与之相匹配的混凝土枕，轨底坡的调整也可以在轨枕上实现。

（4）优化小半径曲线地段扣件系统的刚度和弹条扣压力。列车通过小半径曲线地段时，由于超高的和轮轨之间导向力的影响，轮轨之间的动力作用明显增大，应优化扣件刚度取值，适当增大弹条扣压力。

图3表明，刚度较低的减振扣件对应的钢轨横向动位移量较大，小半径曲线地段容易出现钢轨非正常磨耗。

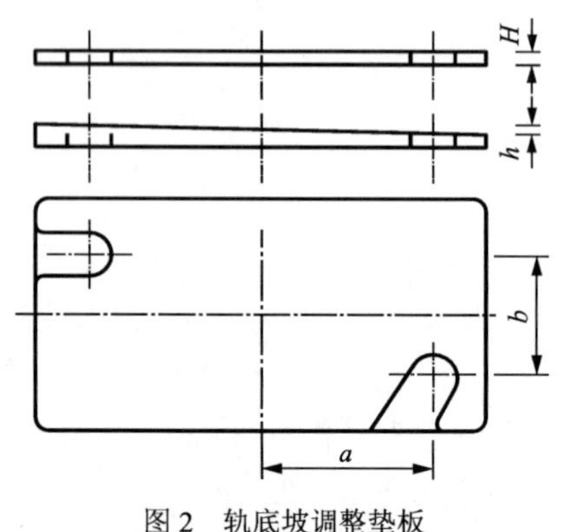

图2 轨底坡调整垫板

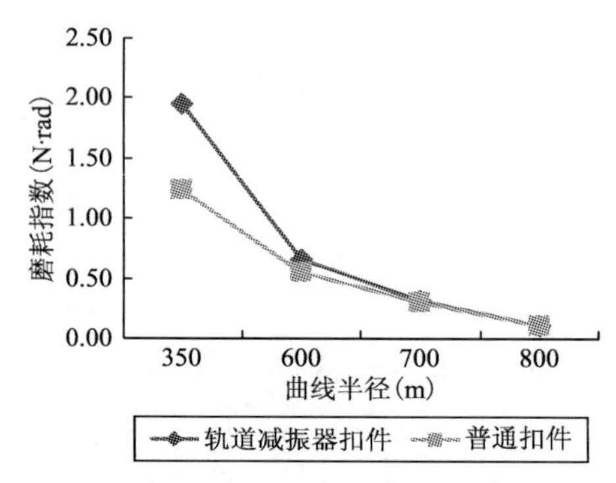

图3 不同扣件的磨耗指数

3.1.3 加强轨下基础服役性能

钢筋混凝土整体道床整体性较好，比碎石道床稳定。碎石道床在列车荷载重复作用下，道砟的粉碎，道床的翻浆、板结会使轨道弹性发生变化。而且道床的弹性变化往往是不均匀的，会形成轨道的动力不平顺。在小半径曲线地段，轨道动力不平顺会引起和加速钢轨的波浪形磨耗，从而影响到行车的平稳性和安全性。

为了消除道床的动力不平顺，对复杂艰险山区铁路进行经常测量和捣固维护需要耗费大量的人力和物力。小半径曲线较多的复杂艰险山区铁路若铺设了有砟轨道，则应在轮轨动力作用相对增大的小半径曲线地区，提高轨下基础服役性能。应选择性能等级较高的道砟，根据路基情况，采用稳定性较高的道床断面形式；为了防止在列车荷载作用下出现道砟粉碎和翻浆板结等轨下基础病害，可根据情况采用道砟垫、弹性轨枕等措施加强轨下基础服役性能。

3.2 打磨钢轨

对钢轨进行打磨是现代铁路运营养护必须采取的措施[7]（图4、图5）。根据打磨作用区域不同，钢轨打磨可分为表面打磨和外形打磨。表面打磨是要控制和清除钢轨表面的波磨、塑性变形等已有的缺陷。外形打磨是指将钢轨轨头打磨成所需目标形状，控制钢轨非正常磨耗的形成和发展。钢轨非对称打磨是钢轨外形打磨技术的代表，非对称打磨技术理念先进，其技术正在迅速发展。

图4　人工打磨

图5　打磨车作业

非对称打磨在减缓钢轨非正常磨耗、延长钢轨使用寿命方面取得很大效果。国外应用经验表明：将这种技术用于重载铁路，横向力可减少50%～90%，延长钢轨使用寿命50%以上。机车车辆通过曲线一般是靠导向力来导向，而现代化曲线通过理论证明，在一定的曲线半径和机车车辆结构下，可用轮轨蠕滑力导向，因此使外侧轮缘簿贴靠外轨或减小贴靠时的冲角，可减轻轮轨磨耗。非对称打磨的钢轨断面形状，优化和调整了轮轨接触点位置和车轮滚动半径，理论上可使外侧轮轨不接触，完全由轮轨蠕滑力导向。对内轨的非对称打磨可以避免轮缘根部与轨距角的接触，从而有效防止轨头的剥离。综上所述，复杂艰险山区铁路人工打磨工作条件较差，应选用先进的大型打磨设备，根据最新研究成果制定科学的打磨策略。

3.3 涂油润滑

轮轨涂油对减轻钢轨磨耗的效果已被国内外的铁路运营实践所证实[8]。根据美国的试验资料，涂油后钢轨侧磨量降至原来的1/7～1/5，效果非常明显。为了减缓轮缘与轨头侧向磨损，可采用轮缘和钢轨轨头工作边润滑措施（图6、图7）。涂油润滑可采用人工涂油或在列车、轨道上安装固定涂油装置的方式。

图6　轨旁固定式钢轨涂油器

图7　车载式轮轨涂油器

3.3.1 人工涂油

人工涂油只能使用液态油，用量难以控制。在复杂艰险山区铁路若采用人工涂油，需要克服高海拔缺氧等极端恶劣气候条件，劳动强度较大。涂油量一旦控制不当，反而会加速疲劳裂纹发展或引起车轮打滑。因此复杂艰险山区铁路不建议采用人工涂油润滑。

3.3.2 安装涂油装置

车载式或轨旁钢轨涂油装置投资少、见效快，是减缓轮轨磨损和延长轮轨使用寿命的有效方法。对于复杂艰险山区铁路，需要进行科学的管理和使用，才能达到理想的减磨效果。轨旁安装固定式涂油装置需要经常检查其工作状态，因此其适用性受到限制。

综上所述，智能化的车载自动涂油装置在复杂艰险山区铁路具有相对优势。车载自动涂油装置须根据线路、气候、钢轨等条件智能确定最佳涂油量，原因在于：

（1）复杂艰险山区铁路小半径曲线所处的线路纵坡往往较大，轮轨涂油可降低轮缘与钢轨轨头侧面之间的滑动摩擦系数，大大降低摩擦力，所以小半径曲线若处于大纵坡的制动地段涂油量必须合理控制，确保轮轨之间的摩擦力满足制动要求，确保行车安全。

（2）小半径曲线地段钢轨磨耗率受季节的影响也较大，其规律是在高温雨季，钢轨磨耗率大于其他季节，因此气候条件复杂的艰险山区铁路轮轨涂油量的控制应考虑季节和气候条件的影响。

（3）长期涂油本身也有副作用，如果钢轨表面有裂纹，润滑油的渗入会造成裂纹扩大，甚至剥离掉块。钢轨涂油后，钢轨磨耗率显著减小，产生最大接触应力的位置变化很小，钢轨的寿命由接触疲劳控制。为了改变产生最大接触应力的位置，可在一定时期内中断涂油或进行钢轨打磨。

3.4 加强车辆的维修保养

为了保持小半径曲线地段轮轨之间良好的接触状态，新线建设在设计阶段，车辆专业应向轨道专业及时提供车轮的几何参数和机械性能参数以及车辆动力学参数，以便轨道专业结合行车资料做好钢轨选型和轨道结构的设计工作。

运营过程中，加强复杂艰险山区铁路车辆的维修保养也非常重要。工程经验表明，当轮对定位缺陷与曲线方向成不利组合时，轮轨磨耗将成倍增加[9]。因此，应尽量降低车辆轮对定位误差，及时维修养护车辆，使轮对处于良好的状态。车轮踏面长期与钢轨相互动力作用，容易形成擦伤、扁疤等非正常磨耗，车辆基地应对出库车辆的轮对踏面和轮缘进行自动检测，有效防止出现非正常磨耗的车轮上线；同时要加强车辆维修保养，适当提高璇轮频率，对车轮踏面上出现的擦伤、扁疤等及时消除。

4 结语及建议

复杂艰险山区铁路小半径曲线钢轨非正常磨耗的综合治理要以防为主。发挥设计的引领作用，轨道设计应尽量为运营养护提供便利，加强与车辆等专业的协同，防止钢轨非正常磨耗的发生。对钢轨有腐蚀影响的山区小半径曲线地段，轮轨材质须合理匹配，选择材料性能较好的高强度耐腐蚀钢轨；所用扣件、轨枕应同时具有钢轨空间几何形位的保持能力和调整能力，设计轨底坡、超高调整垫板，提高运营部门对钢轨空间几何形位保持的维护能力；对铺设了有砟道床的小半径曲线地段，除了加强道床设计，还可采用道砟垫、弹性轨枕等措施有效提高轨下基础服役性能。

打磨和润滑是非正常磨耗发生后，对其有效地介入消除措施。复杂艰险山区铁路人工养护作业的条件差，应选用先进的大型打磨设备，根据最新研究成果制定科学的打磨策略；尽量采用智能化的车载自动涂油装置，涂油策略须根据线路、气候等条件综合确定。车辆基地要加强车辆的维修养护，采用轮对踏面和轮缘自动检测等技术，防止发生非正常磨耗的车轮上线。

复杂艰险山区铁路小半径曲线地段钢轨非正常磨耗的研究，建议从轮轨配合的角度出发，把车辆和工务结合起来系统研究，以提高综合效益为目标，进一步优化、开发预防和治理钢轨非正常磨耗的新技术。

参考文献

[1] 国家发改委 . 关于印发《中长期铁路网规划》的通知 [EB/OL]. http://www.gov.cn/ xinwen/2016-07/20/content_5093165.htm，2016–07–20/2016–08–15.
National Development and Reform Commission. Notice on printing and distributing the “medium and long term railway network planning”[EB/OL]. http://www.gov.cn/ xinwen/2016-07/20/content_5093165.htm, 2016–07–20/2016–08–15.

[2] 刘丁阳，吴亚平，尚伦霖，等 . 山区客运专线曲线区段钢轨磨耗量的仿真分析 [J]. 华东交通大学学报，2014，31（3）：68-73.
Dingyang Liu, Yaping Wu, Lunlin Shang, etc. Simulation Analysis of Track Wear in Curve Sections of Mountainous Passenger Rail Line[J]. Journal of East China Jiaotong University, 2014, 31(3): 68-73.

[3] 薛蕊 . 北京地铁钢轨非正常磨耗的机理研究 [D]. 北京：北京建筑大学，2015.
Rui Xue. Study on the mechanisim of the Beijing metro rail’ s abnormal wear[D].Beijing: Beijing University of Civil Engineering and Architecture.

[4] 刘启跃，张波，周仲荣 . 铁路钢轨损伤机理研究 [J]. 中国机械工程，2002，13（18）：1596-1600.
Qiyue Liu, Bo Zhang, Zhongrong Zhou. The research of wear characteristics on steel rail[J].China Mechanical Engineering, 2002, 13(18): 1596-1600.

[5] 肖锋 . 钢轨腐蚀与防护研究述评 [J]. 装备制造技术，2016，（4）：157-161.
Feng Xiao.Review on research of rail corrosion and protection[J].Equipment Manufacturing Technology, 2016, (4): 157-161.

[6] 沈钢，张定贤 . 轨底坡对曲线钢轨侧磨影响的研究 [J]. 铁道学报，1994，16（3）：95-99.
Gang Shen, Dingxian Zhang.Research onf readjusting rail inclinations for reducing rail side-cutting[J].Journal of The China Railway Society, 2016,（4）：157-161.

[7] 金学松，杜星，郭俊，等 . 钢轨打磨技术研究进展 [J]. 西南交通大学学报，2010，45（1）：1-11.
Xuesong Jin, Xing Du, Jun Guo, etc. State of arts of research on rail grinding[J]. Journal of Southwest Jiaotong University, 2010, 45(1): 1-11.

[8] 张斌，黄家豪 . 涂油技术对曲线钢轨磨耗与振动的影响分析 [J]. 现代交通技术，2014，11（2）：80-83.
Bin Zhang, Jiahao Huang. Effect analysis of lubricant technology on curve rail wear and vibration[J]. Modern Transportation Technology, 2014, 11(2): 80-83.

[9] 王彩芸，申鹏，刘启跃 . 车速变化对钢轨磨损影响的数值计算与实验研究 [J]. 润滑与密封，2011，36（11）：19-24.
Caiyun Wang, Peng Shen, Qiyue Liu. Numerical and experiment analysis of the effect of speed on rail wear[J]. Lubrication and Engineering, 2011, 36(11): 19-24.

铁路简支梁桥减隔震支座应用研究

艾宗良　薛　鹏　金怡新

（中铁二院工程集团有限责任公司，成都 610031）

摘　要：目前，减隔震技术在我国铁路桥梁上虽有应用，但由于我国桥梁减隔震技术应用较晚，相关计算分析及设计理论方面仍显不足。本文以典型的铁路简支梁桥为研究对象，应用通用有限元分析软件 SAP2000 对地震激励下的桥梁结构系统进行非线性时程分析，探索目前在简支梁上应用广泛的钢阻尼器和摩擦摆支座的减隔震效果，并对两种装置的特性进行了分析比较，为合理选择减隔震措施提供依据。

关键词：铁路简支梁桥；钢阻尼器；摩擦摆支座

Applied Research of Isolation Bearing Used on Railway Simply Supported Girder Bridge

Ai Zongliang　Xue Peng　Jin Yixin

(China Railway Eryuan Engineering Group Co., Ltd., Chengdu 610031,China)

Abstract: Even though Seismic isolation technology has been used on railway bridge in China, related computational analysis and design theory is still not enough because the bridge isolation technology used lately in our country. In this paper, we take the typical railway simply supported beam bridge as the research object, and do nonlinear time history analysis of bridge structure system under earthquake excitation by using general finite element analysis software SAP2000. This paper also analyses the seismic isolation effect of Steel damper and Friction pendulum isolation device which are widely used on simple supported beam, and compares the characteristics of the two devices, which provide a basis for the reasonable selection of seismic isolation measures.

Keywords: railway simple beam bridge; steel damper; friction pendulum bearing

简支梁桥是铁路线路上普遍采用的桥型之一，相关统计表明占桥梁总数的 90% 以上。目前国内在铁路简支梁桥减隔震技术领域面临着起步晚发展快的挑战，现有规范仅有三种抗震性能要求 [1]，没有桥梁减隔震设计方面的内容。经过国内外大量研究，在梁体与墩台之间设置水平柔性支撑与能量耗散装置可以有效地降低桥梁的地震响应，历次震害也表明桥梁支座是桥梁抗震的薄弱环节，合理有效的减隔震

作者简介：艾宗良（1980—），男，高级工程师，一级注册结构工程师。

基金项目：中铁二院工程集团有限责任公司科技开发计划课题（院计划 13164070）。

支座能大大减小桥梁在遭遇地震时受到的损坏，并能确保桥梁在遭受罕遇地震后仍具有完整性[2]。

目前，在强震地区新建桥梁已大量采用减隔震技术，经统计铁路简支桥梁应用比较多的是钢阻尼支座和摩擦摆减隔震支座。为此，本文选用摩擦摆支座、钢阻尼支座模型，以某铁路简支梁桥为背景，通过建立整桥动力分析模型来分析两种支座模型对于桥梁结构动力特性的影响。分析采用与实际场地相符的三条典型地震波作为激励，计算桥梁在设计地震烈度下两种减隔震措施的地震响应情况，以此来判断两种措施在简支梁桥上应用的优劣，为实际工程提供有价值的参考。

1 减隔震装置介绍

1.1 摩擦摆支座

摩擦摆支座主要由上座板、球冠、下座板、上耐磨板、下耐磨板、抗剪销及防尘密封装置等几部分组成，如图1所示。其中，耐磨板通常采用具有耐高温特性的摩擦材料。

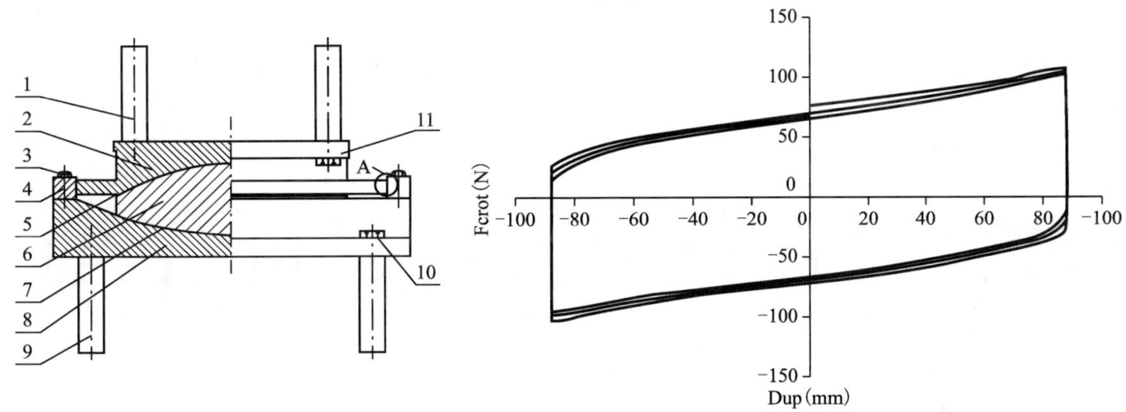

图1　摩擦摆支座结构及力—位移滞回曲线示意图

1- 上钢棒；2- 上座板；3- 限位销；4- 限位块；5- 上耐磨板；6- 球冠；7- 下耐磨板；8- 下座板；9- 下钢棒；10- 下锚碇螺栓；11- 上锚碇螺栓

摩擦摆支座的工作原理是：一方面利用滑动面的设计延长结构的振动周期，以大幅度减少结构因地震作用而引起的放大效应；另一方面，通过支座的滑动面与滑块之间的摩擦阻力及上部结构抬高产生势能，来达到消耗地震能量的目的。另外，其特有的圆弧滑动面具有自动复位功能，可以有效地限制支座的位移，使其震后恢复原位。摩擦摆支座造价低、施工简单、承载能力高，除有一般平面滑动隔震系统的特点外，还具有良好的稳定性、复位功能和抗平扭能力[3]。

从大量试验结果可知，摩擦摆支座的力与位移关系是非线性的。摩擦摆支座的滞回曲线主要由滑动前刚度、滑动后刚度决定的，目前国内外对这些参数的选取都有相应的规定。

1.2 E型钢阻尼支座

E型钢阻尼支座为普通支座加装E型钢阻尼元件构成（图2）。普通支座通常为盆式橡胶支座或球型钢支座，E型钢阻尼元件采用软钢材质特殊设计。

E型钢阻尼支座的力学原理是通过E型钢阻尼元件塑性变形来消耗地震能量(图3)。E型钢阻尼元采用具有低屈服点的金属材料，其在发生塑性变形时不至发生较大的应力集中；并且屈服比越小，塑性区面积越大，地震时耗散能量越明显。E型钢的力与位移曲线中，主要控制参数是屈服前刚度、屈服后刚度，屈服力、屈服位移等。

图2 E型钢阻尼支座

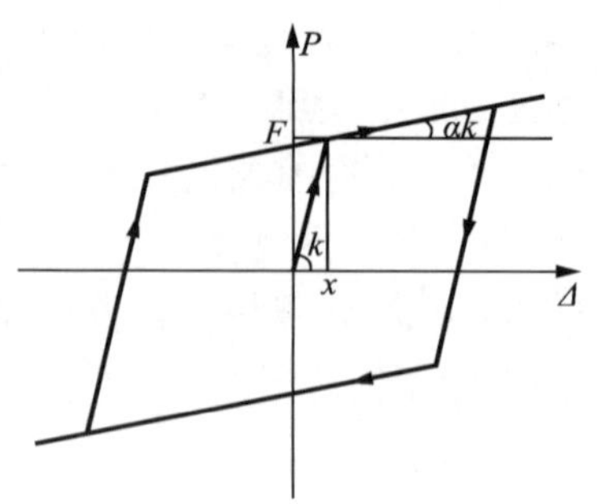

图3 E型钢阻尼器恢复模型

由于E型钢阻尼元件的水平刚度较低，在承受水平荷载时将产生弹性位移，对铁路桥梁的正常运营不利，因此在E型钢阻尼支座上设置了保险销装置，其在正常运营时给桥梁提供足够的刚度，当发生较大地震时保险销剪断，E型钢阻尼元件参与工作[3]。

2 工程概况

某铁路24×32m+2×24m简支梁桥，全桥26跨，从左至右墩号依次为0号~26号，其中0号、26号为桥台，16号~24号墩为空心墩其余墩为实心墩，最大墩高30m。墩身采用C40混凝土，主梁为T梁，采用C55混凝土，全桥布置图如图4所示。

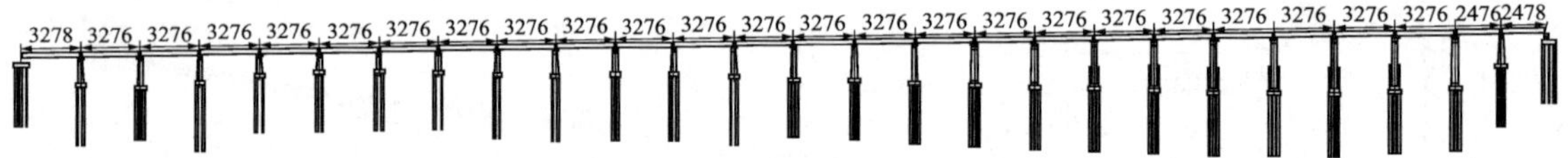

图4 某铁路简支梁桥整桥布置图

3 分析模型

本文计算以全桥为对象，考虑相邻桥孔之间的地震响应相互影响。根据设计意图，在地震作用下T梁和桥墩保持弹性状态，故桥墩和主梁均采用线性梁单元模拟[4]。桥墩下端采用固定约束，忽略土与结构之间的相互作用。桥墩与T梁之间用非线性弹簧连接模拟支座的作用。整桥阻尼比取0.05，全桥计算模型共用389个线弹性梁单元和52个支座弹簧单元，考虑相对比较高阶的振型影响。计算模型除了考虑结构本身自重外，计入桥面二期恒载。结构模型如图5所示。

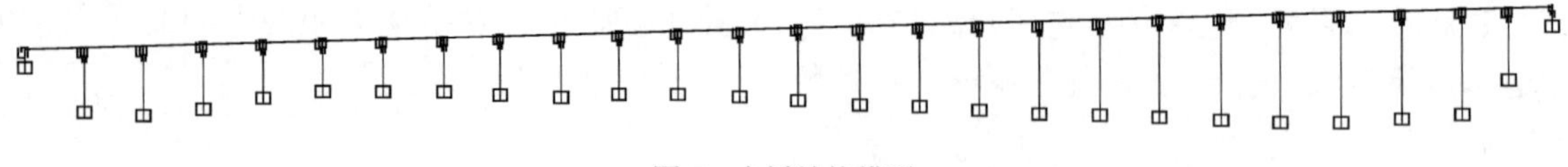

图5 全桥结构模型

4 地震参数选取

顺桥向计算时，地震荷载沿桥的纵向分别施加在每个桥墩的底部节点上。分析过程中，采用了三条拟合地震时程波（时程波1、时程波2及时程波3）进行设计地震（0.3g水平地震峰值加速度）下的整桥分析。图6给出了地震波的加速度时程曲线图。

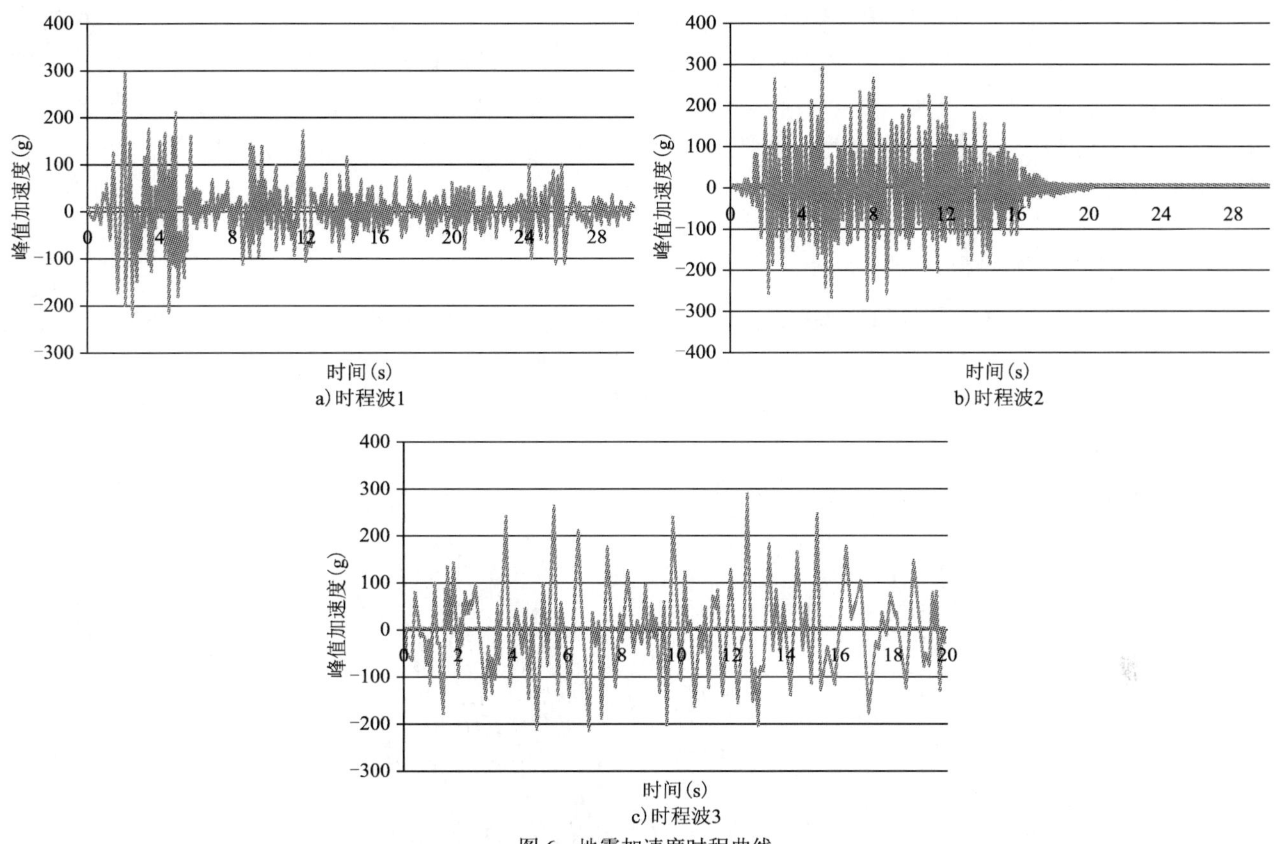

图6　地震加速度时程曲线

5 减隔震设计

5.1 常规支座方案

在常规支座设计方案中，铁路简支梁桥在每跨梁固定端安装固定型支座，活动端安装活动型支座。

支座参数：固定支座考虑提取数据方便水平向刚度取 10^8kN/m，活动支座动静摩擦系数均取 0.03，位移 50mm。

由于本桥为 32m 等跨简支梁，桥梁地震响应主要受墩高影响，因此本文提取部分具有代表性的墩高作为参考对象。本桥墩高范围为 8.5~30m，选择 2 号，5 号，8 号，14 号，17 号，19 号，22 号墩作为研究对象，墩高依次为 15.5m，8.5m，11.5m，18.5m，23.5m，26m，30m。地震响应数值模拟计算结果如表 1 所示。

常规支座方案计算结果　　表 1

地震反应	墩底剪力(kN)			墩底弯矩(kN·m)			墩顶位移(mm)		
墩号＼地震波	时程波 1	时程波 2	时程波 3	时程波 1	时程波 2	时程波 3	时程波 1	时程波 2	时程波 3
2	3975.1	2331.6	4462.5	45570.3	29455.6	64845.0	14.4	9.8	21.8
5	2969.9	2174.8	3380.5	23633.5	18002.5	28976.3	3.4	2.6	4.2
8	3176.5	2097.8	4106.4	30982.4	21441.1	46967.4	6.9	5.0	10.9
14	5207.5	2605.6	4830.2	77396.5	43660.2	70432.0	30.6	18.3	31.0
17	2335.2	1770.0	3276.4	48881.9	24462.9	76704.3	56.8	24.3	85.2
19	3036.3	1694.7	3547.0	57870.8	25221.2	83080.4	70.5	26.7	104.8
22	2947.0	1695.3	3523.6	62232.8	25162.8	89582.9	78.2	29.9	117.2

从表1可以看出：桥梁地震响应受地震波持续时间的影响较大，在选择地震波时需根据地勘报告拟合适宜于场地的人工拟合波，且地震波的持续时间应大于桥梁设计自振周期的10倍，以保证结构耗能过程得到体现。常规支座方案下桥梁地震响应明显，墩底弯矩和剪力较大，实体墩所受影响大于空心墩。墩顶位移最大达到117mm，已经大大超出梁缝设计值，需要增加墩的刚度来抵抗罕遇地震的影响，增加了桥墩设计难度并造成资源浪费。

5.2 摩擦摆支座方案

在每跨梁固定端安装固定型摩擦摆装置，活动端安装活动型摩擦摆支座，以满足平时的温度位移。当遭遇地震时，固定型摩擦摆支座限位销剪断变为活动型摩擦摆支座，梁体保持一致的摆动。

摩擦摆支座参数：竖向力2500kN，动静摩擦系数取0.03，等效曲率半径为1.5m，以此计算出摩擦摆支座的隔震周期 T=2.46s。

支座的力与位移曲线数值模拟结果见图7。

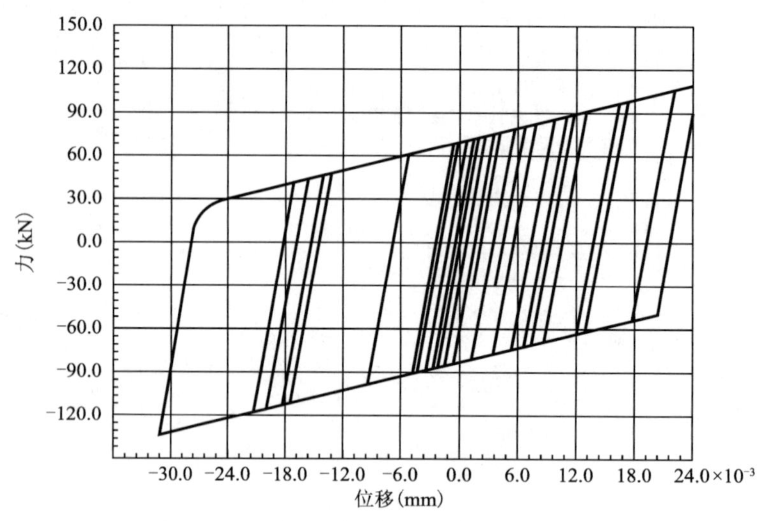

图7 摩擦摆支座力与位移曲线

地震响应数值模拟计算结果见表2（所取墩与常规设计方案一致）。

摩擦摆支座方案计算结果 表2

地震反应	墩底剪力(kN)			墩底弯矩(kN·m)			墩顶位移(mm)		
墩号 \ 地震波	时程波1	时程波2	时程波3	时程波1	时程波2	时程波3	时程波1	时程波2	时程波3
2	2389.0	1892.1	2268.9	19773.0	13168.4	19783.4	5.2	3.4	5.5
5	1705.2	1314.7	1603.3	9185.9	6994.5	9158.7	1.1	0.8	1.2
8	1895.8	1397.9	1805.6	13297.7	9205.6	13274.9	2.5	1.7	2.6
14	2559.6	2036.5	2447.9	25075.9	16617.0	24861.2	8.1	5.2	8.5
17	2030.2	1797.1	1981.6	19371.3	14348.3	21459.6	18.4	12.9	20.4
19	2138.5	1858.5	2084.8	21677.6	16341.1	24419.5	21.4	15.4	24.2
22	2230.5	1943.5	2210.9	25174.3	18813.4	28617.4	27.9	20.1	32.3

从表2可以看出：摩擦摆支座模型能延长结构自振周期，起到良好的隔震作用；在减震方面也表现优异，在地震中梁体最大抬高2mm，通过地震动能与势能的转化及摩擦耗能作用，有效减小桥墩所承受的弯矩和剪力。所有桥墩使用同样参数摩擦摆支座，使得地震下受力基本保持一致。

5.3 E型钢阻尼支座方案

在每跨梁固定端安装E型钢阻尼支座，另一端安装普通活动型支座。地震时E型钢阻尼支座保险销剪断，E型钢阻尼元件发挥作用，地震能量通过钢的塑性滞回变形吸收，在反复运动中转化为热能耗散。

E型钢支座阻尼参数：屈服力取450kN，屈服位移6mm；极限力650kN，极限位移60mm。支座的力与位移曲线数值模拟结果见图8。

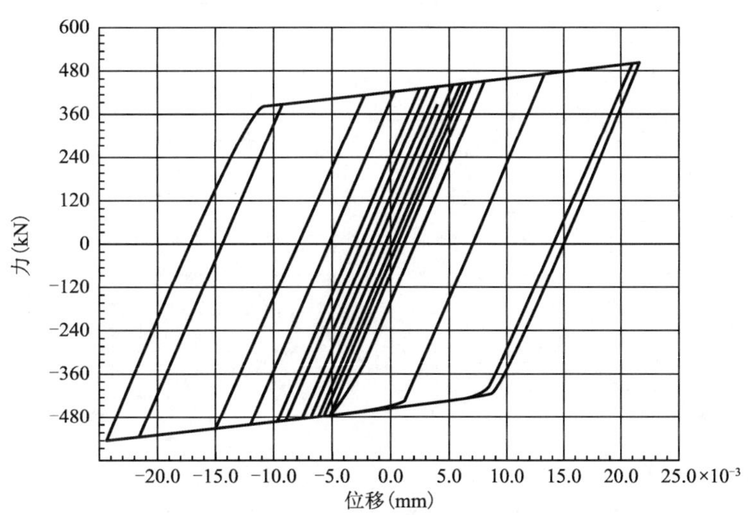

图8 E型钢支座力与位移曲线

数值模拟计算结果见表3（所提取墩与常规方案一致）。

E型钢阻尼尼支座方案计算结果 表3

地震反应	墩底剪力(kN)			墩底弯矩(kN·m)			墩顶位移(mm)		
地震波 / 墩号	时程波1	时程波2	时程波3	时程波1	时程波2	时程波3	时程波1	时程波2	时程波3
2	3290.3	2029.8	2991.3	35764.1	19507.6	33767.3	10.9	6.1	10.4
5	2474.5	1724.4	2367.5	19120.4	11216.3	17075.8	2.7	1.6	2.4
8	2735.2	1709.2	2602.7	25706.6	14694.4	23767.6	5.5	3.3	5.1
14	3390.9	2171.4	2897.3	43932.2	22409.4	39735.8	15.7	8.5	15.3
17	1992.9	1914.7	2437.3	31515.2	18170.3	35226.8	33.6	18.6	36.9
19	2183.0	2000.4	2569.1	36490.5	21144.9	40220.8	40.0	22.6	44.3
22	2120.9	2029.4	2752.4	42441.6	24113.2	44465.2	51.8	28.7	56.4

从表3可以看出：E型钢阻尼支座具有较好的减震能力，使墩底剪力弯矩都大幅减小，在地震作用下使各墩受力趋于一致；墩顶位移也大幅减小，能满足桥梁大震时的抗震需求。但是由于E型钢阻尼支座的特性，若震后保险销剪断，阻尼元件产生位移，须更换阻尼元件与保险销。

6 减隔震方案对比

E钢阻尼支座和摩擦摆支座对桥梁地震响应的减小都具有显著作用，为比较两种方案的减隔震效果，将桥梁地震响应(三条地震波下的平均值)列举进行对比，见图9、图10。

通过比较分析发现，E型钢阻尼支座和摩擦摆支座都能有效降低桥梁的地震响应，能大幅度减小地震力对桥梁的影响。E型钢阻尼支座具有加工容易、维修成本低等优点，也有阻尼特性稳定、阻尼比高等特点，但也有震后更换的不便利性。摩擦摆支座兼有减隔震能力，通过调整支座曲面半径可以改变支座的摆动周期，达到预期的隔震目的；通过支座水平运动时滑动摩擦面摩擦以及竖向抬升将地震能量转化为势能，耗散地震能量。总体来说，从减隔震效果来看，摩擦摆支座对比E型钢阻尼支座，具有较明显优势，在简支T梁上应用前景更为广阔。

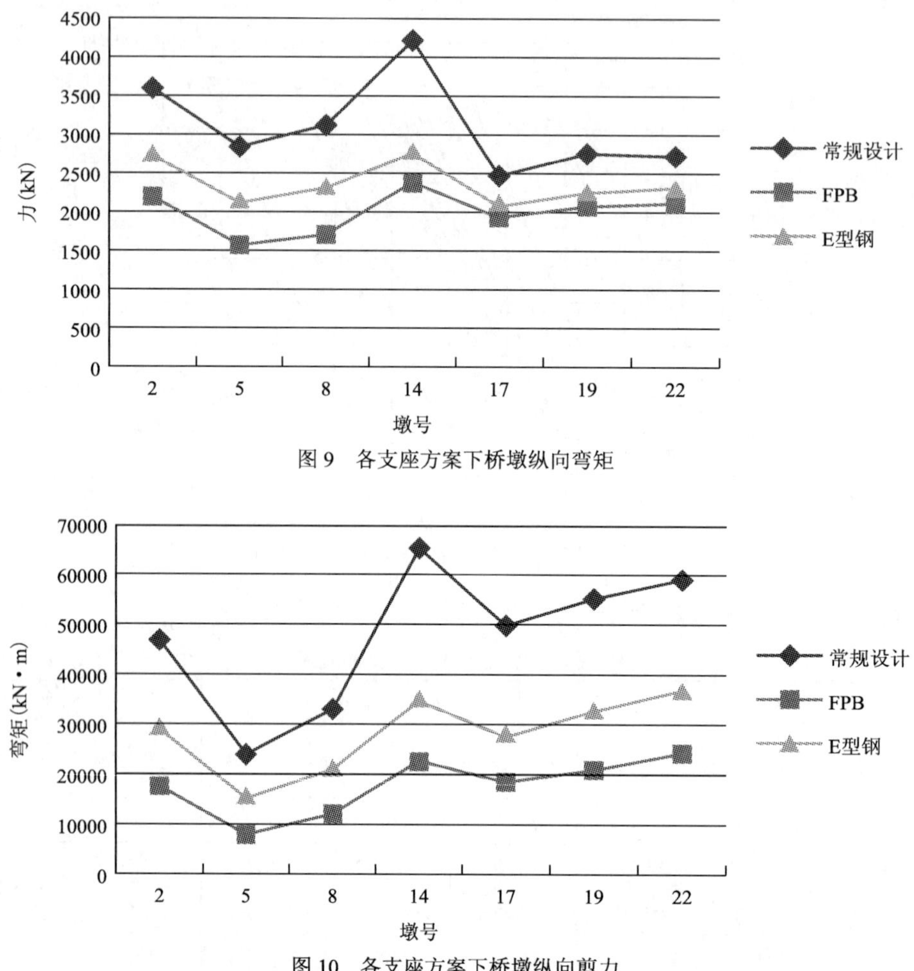

图9 各支座方案下桥墩纵向弯矩

图10 各支座方案下桥墩纵向剪力

7 结语

(1)铁路简支梁桥常规设计一般难以满足罕遇地震下的桥梁响应，应用减隔震技术降低桥梁地震响应已经在国内外行业内形成共识，并已有广泛应用。

(2)地震动的特性对桥梁减隔震措施选取影响很大，相同地震烈度下同一场地类型地震波计算结果可能差别很大，为使计算结果更加可靠，应根据桥梁地勘报告拟合多条人工波进行分析。

(3)E型钢阻尼支座具有良好的减震效果，在反复荷载作用下表现出了较好的耗能能力和安全可靠性，但存在震后更换的不便利性，且安装空间较大，并不适用于所有桥梁。

(4)摩擦摆支座简单小巧、承载力大、耐久性好，并具备能够提供可靠的自恢复能力优点，能进行纵、横桥向双向减隔震设计，推荐铁路常用跨度简支梁桥采用摩擦摆支座。

(5)本文对减隔震措施的分析只考虑了顺桥向地震作用时的情况，对三向地震共同作用下支座的减隔震性能尚有待探讨。

(6)对于综合考虑桥梁建设情况及减隔震能力来选择减隔震措施还需进一步研究。

参考文献

[1] 中华人民共和国国家标准 . GB 50111—2006 铁路工程抗震设计规范 [S]. 北京:中华人民共和国建设部, 2006.
National Standards of the People's Public of China. GB 50111—2006 Code For Seismic Design of Railway Engineering[S]. Beijing: China Planning Press, 2006.

[2] 杨风利,钟铁毅,夏禾 . 铁路简支梁桥减隔震支座设计参数的优化研究 [J]. 铁道学报, 2006(3):129-132.
Yang Fengli, Zhong Tiyi, Xia He.Study on optimization of the design parameter of seismic absorption and isolation bearing for railway simple supported beam bridges[J]. Journal of the China Railway Society, 2006(3): 129-132.

[3] 庄军生 . 桥梁减震、隔震支座和装置 [M]. 中国铁道出版社 .
Zhuang Junsheng.Bridge shock absorption and isolation bearing and gear.China Rail way publishing house.

[4] 范立础,王志强 . 桥梁减隔震设计 [M]. 北京:人民交通出版社, 2001.
Fan Lichu, Wang Zhiqiang. Seismic Isolation Design for Bridges[M]. Beijing: China Communications Press, 2001.

复杂环境提升混凝土耐久性的施工技术探讨

徐振山　魏　军

（中铁大桥局集团有限公司，武汉 430050）

摘　要：规划中的川藏铁路需要通过多年冻土层、地震区、地裂地热、岩爆雪崩、溶洞暗河等多种复杂地质状况并存区域。需要越过四川盆地、云贵高原、青藏高原三个台阶，跨越多个断裂带，需要修建桥梁、隧道，涉及酸、碱、盐腐蚀环境。针对如此复杂环境下混凝土构件的抗冻融、抗裂性、抗渗性、抗侵蚀、抗剥落等耐久性要求，本文探讨研究的重点是根据在寒冷地区、海洋环境耐久性混凝土方面的研究及应用成果，通过对混凝土配合比设计研究及原材料类型、品种、品质的选择，合理应用硅灰、矿渣粉、粉煤灰、仿钢纤维、增韧剂等材料，强化混凝土施工技术管理、质量控制，来保证川藏铁路混凝土结构物的质量及耐久性。

关键词：混凝土；耐久性；施工技术

Discussion On The Construction Technology Of Improving The Durability Of Concrete In Complex Environment

Xu Zhenshan　Wei Jun

(China Railway Major Bridge Engineering Group Co.Ltd, Wuhan 430050,China)

Abstract: In the plan Sichuan and Tibet railway needs through many year frozen earth level, the earthquake country, the cracks in the earth geothermy, the rock burst avalanche, the limestone cave underground river and so on many kinds of complex geological condition coexisting region.Needs to cross the Sichuan basin, Yunnan-Guizhou Plateau, the Qinghai-Tibet Plain three stairs, surmounts many fault zones along the route, needs to build a bridge, the tunnel, involves the acid, the alkali, the salty corrosion environment.In view of the so complex environment under concrete durable requests and so on component anti-freezing and thawing, crack resistance, impermeability, anti-corrosion, anti-flaking, this article discusses the research the key point is according to in cold local, the marine environment durable concrete aspect research and the application achievement, through to the proportioning of concrete design research and raw material type, the variety, the quality choice, reasonably using the silicon ash, the gangue powder, the pulverized coal ash, imitates materials and so on steel textile fiber, plasticizer, the strengthening concrete construction technical management, the quality control, guarantees the Sichuan and Tibet railway concrete structure quality and the durability.

Keywords: concrete; durability; construction technology

作者简介：徐振山（1970—），男，高级工程师，注册一级建造师（铁路），注册安全工程师。

根据国家铁路中长期规划，川藏铁路起于四川成都，向西将经蒲江、雅安、康定、理塘、巴塘，跨过金沙江进入西藏左贡与滇藏铁路接轨，经过八宿、然乌、波密、林芝、米林、朗县、贡嘎等地到达西藏首府拉萨。形成一条川渝地区连接川西北旅游圈和西藏地区，乃至中国西南地区一条东西向重要通道。该铁路的时速等级是快速铁路，设计速度大多是160km/h，客货兼运。川藏铁路拉萨至林芝段部分工程已开建；成都至康定段按照铁路建设审批要求，将采取分段建设的办法，建成后从成都到康定时间大大缩短，是成都至拉萨铁路和藏区铁路网的重要组成部；正在研讨，即将启动建设的川藏铁路康定至林芝段，工程地质最为复杂，建设施工难度最大。通过分期分段建设的川藏铁路建成后将是西部大开发的重要基础设施。

1 工程难点

规划中的川藏铁路需要通过多年冻土层、地震区、地下断层、地热、岩爆、雪崩、溶洞、暗河等多种复杂地质状况并存区域。线路越过四川盆地、云贵高原、青藏高原三个台阶，沿线跨越多个断裂带，需要修建桥梁、隧道，涉及酸、碱、盐等侵蚀腐蚀环境。针对如此复杂环境下混凝土构件的抗冻融、抗裂性、抗渗性、抗侵蚀、抗剥落等耐久性要求，本文探讨研究的重点是根据在寒冷地区、海洋环境耐久性混凝土方面的研究及应用成果，通过对混凝土配合比设计理论研究及原材料类型、品种、品质的选择，合理应用硅灰、矿渣粉、粉煤灰、仿钢纤维、增韧剂等材料，强化混凝土施工技术管理、质量控制，来保证川藏铁路复杂环境区域混凝土结构物的工程质量及耐久性。

从施工的难点桥隧数据看，川藏铁路桥隧总长819.24km，其中最长隧道念青唐古拉山隧道全长19.5km，桥隧总长占线路总长45%。川藏铁路地属冈底斯山与念青唐古拉山、喜马拉雅山之间的藏南谷地，地势险要，相当于在最艰险最复杂的高山峡谷当中修建世界上难度最大的铁路巨型过山车。海拔在2800~3700m，不仅山势异常陡峭，沟谷空间狭窄，更是我国地壳运动最强烈的地区之一，地质异常复杂。线路穿越高烈度地震带和地质断裂带，硬岩岩爆、软岩变形、高地温、高地应力、冰碛层涌水流坍、风积沙、泥石流、坍塌滑坡、危岩落石等不良地质十分普遍。针对川藏铁路“活跃的地应力、显著的地形高差、急剧的气候差异、复杂的地质条件、脆弱的生态环境”五大区域环境特征，应采取切实可靠的设计方案和施工技术，确保川藏铁路成功建成并投入运营。

2 施工技术探讨

川藏铁路工程巨大，施工环境艰险，技术要求高，庞大数量的混凝土构筑物，是工程质量的关键。该线路所处自然环境恶劣，有害因素众多，混凝土配合比耐久性设计及材料选择应用尤显重要。根据国内外在大量冻土环境、海洋环境施工经验，在川藏铁路施工中应借鉴这类先进技术的成功案例，以确保高寒山区构筑物混凝土耐久性指标满足技术要求，如：保证抗冻性的气泡间隔系数和抗冻等级、抗硫酸盐抗氯盐侵蚀的电通量和氯离子扩散系数、高水压作用下的抗渗透性、高寒环境温差作用下的抗裂性及抗风蚀性能等。

2.1 耐久性混凝土配合比设计要点

川藏铁路设计使用寿命100年，所处自然环境复杂、恶劣，根据铁路混凝土耐久性相关施工技术规范，需要考虑混凝土抗冻性、抗裂性、抗硫酸盐腐蚀、抗氯离子渗透、抗风蚀剥落等技术指标，这些指标与北方寒冷地区海洋工程环境及南方海洋高湿度盐雾区腐蚀环境非常相似，其中，北方海洋环境比高寒山区环境更为恶劣。针对这些指标要求及以往诸如青藏铁路、跨海大桥等施工案例，需要严格控制混凝土的胶凝材料用量和水胶比，较低的胶凝材料用量可以有效控制好混凝土初期开裂，较低的水胶比可以保证混凝土中气泡小而更加密实均匀；合理选择掺和料的品种、品质及替代量，使得混凝土的矿物组成粒径级配更加合理，物理力学性能得到最佳发挥，耐久性指标更容易实现；控制好混凝土生产搅拌、浇筑振捣及养护质量，确保混凝土拌和物均匀、密实、矿物材料能充分水解硬化，有利混凝土强度稳步增长，外光内实，长寿命。

2.2 耐久性混凝土施工成功案例

2.2.1 北方寒冷地区海中桥梁案例——大连长山岛跨海大桥钻孔桩混凝土配制成果

长山岛跨海大桥位于辽宁省大连市长海县大长山岛与小长山岛之间，路线全长3380m，正桥全长1790m，设计标准为一级公路桥梁，汽车荷载为公路—I级，结构设计基准期为100年，是我国北方冰冻海域一座特大桥。桥址处多年平均气温9.7℃；最热月出现在8月，月平均气温为23.8℃，极端最高气温33.4℃；最冷月出现在1月，月平均气温为-4.9℃，极端最低气温-21.1℃，全年有风日达到220d以上。桥位区每年1～3月有海冰出现多分布于岛北部浅水岸边，冰厚5～20cm。根据长山岛跨海大桥所处环境，混凝土结构物不但要考虑海水潮汐冲刷剥蚀及盐雾的腐蚀，还考虑到冻融损伤对混凝土结构物耐久性的影响。此种自然环境恶劣程度似有超越川藏铁路所处复杂环境，抗冻等级至少要达到F300以上，抗氯离子渗透系数要求更小。由此可见，适用严寒地区海洋工程混凝土施工技术一般情况下可以满足高寒山区复杂环境工程的施工。

经大量试验比对，确定在混凝土中双掺矿物掺合料：I级粉煤灰、S95级磨细高炉矿渣粉，除了加入聚羧酸系高效减水剂外，再掺入适量的引气剂。其引气泡的直径及稳定性对混凝土的性能影响很大，因此，在选择引气剂时，要通过试验检测混凝土的气泡间隔系数。大量研究成果表明，当混凝土中气泡间隔系数小于300 μm时，混凝土抗冻性较高。经设计确定的长山岛跨海大桥钻孔桩混凝土配合比及性能指标见表1、表2。

最佳C30抗冻等级F300桩基配合比 表1

编号	大连水泥 P.O42.5	粉煤灰 I级	矿渣粉 S95	大沙河 中砂	碎石 5~20mm	水	马贝SR3 减水剂	PC-2 引气剂
3号	333	66	44	760	1020	155	7.974	0.345

C30桩基(抗冻等级F300)性能 表2

水胶比	砂率(%)	含气量(%)	坍落度(mm)	扩展度(mm)	初凝时间	终凝时间	3d强度(MPa)	7d强度(MPa)	28d强度(MPa)
0.35	43	6.0	225	560	19h45min	22h30min	34.6	46.2	59.6
抗氯离子渗透系数(84d龄期 $10^{-12}m^2/s$)			1.17	抗冻等级F350		合格	抗冻耐久性指数DF(%)		92

2.2.2 南方海洋环境案例——香港屯门至赤鱲角连接桥墩身及节段梁混凝土配合比设计成果

香港屯门至赤鱲角连接桥属于近海工程，主要处于海洋氯盐侵蚀及盐雾环境，该工程完全按照香港基础建设技术标准建造。其特点：一是要求细集料用石粉（机制砂），二是掺合料用硅灰、粉煤灰，三是严控混凝土强度标准差，保证构件强度均匀。通过严格的试验比选、依照有关技术标准、合理选择适合工程需要的原材料、优化材料比例、委托香港相关实验机构验证、精心搅拌浇筑、精细养护等，确保了混凝土构件质量。该连接桥预制墩身、节段梁混凝土配合比主要技术参数见表3、表4，工程实例见图1~图4。此案例混凝土配合比设计可作为川藏铁路山区路段工程施工参考，其混凝土施工所需天然细集料是非常稀缺的，而机制砂制取相对较为方便，可以有效地解决这个问题。

香港屯门—赤鱲角连接线工程墩身混凝土配合比　　表 3

PART 1: SUBMISSION OF CONCRETE MIX

1.1 General Information

Job Name:	Contract HY/2012/07, Tuen Mun Chek Lap Kok Link Southern Connection Viaduct Section		
Contractor:	Gammon Construction Limited	Contract No:	HY/2012/07
Concrete Supplier:	Zhongshan Concrete Batching Plant, MBEC	Submission Vol No.:	—
Submission No.:	J3518-MBEC-PL1-01A	Mix Code:	PHB-001: D50/20

PWCL Mix ID: S0850D020

1.2 Raw Materials, Source, Quantity, Volume, Alkali Content and Chloride Content

Constituent Materials	Material Type and Source	Quantity Per m^3 Concrete(kg)	Specific Gravity (g/cm^3)	Volume (m^3)	Alkali Content (kg/m^3)	Chloride Content (kg/m^3)	Sulphate Content (kg/m^3)
Cement:	HuarunP. II 52.5R	245	3.14	0.078	0.291%	0.01%	2.67%
PFA:	广州运宏，Grade 1	150.5	2.24	0.067	4.390%	0.01%	0.14%
Silica Fume:	Chengdu Donglanxing Plant, 920D	34.4	2.17	0.016	0.491%	< 0.01%	0.48%
20mm Agg:	Crushed Rock, Xinhui Zhanlun Plant, 20mm	697	2.65	0.263	—	< 0.01%	< 0.01%
10mm Agg:	Crushed Rock, Xinhui Zhanlun Plant, 10mm	299	2.63	0.114	—	< 0.01%	< 0.01%
Stone Fines:	Crushed Rock, Xinhui Zhanlun Plant, 5mm	814	2.64	0.308	—	< 0.01%	< 0.01%
River Sand:	—	—	—	—	—	—	—
Water	Running water in Zhongshan	150.5	1.00	0.151	10.5mg/L	< 50mg/L	< 50mg/L
Admixture 1:	金冠建材，KFDN-SP3000	7.7±1.3	1.098	0.007	0.65%	< 0.1%	0.01%
Admixture 2:							
Total:		2390	—	1.004	—	—	—

香港屯门—赤鱲角连接线工程节段梁混凝土配合比　　表 4

PART 1: SUBMISSION OF CONCRETE MIX

1.1 General Information

Job Name:	Contract HY/2012/07, Tuen Mun Chek Lap Kok Link Southern Connection Viaduct Section		
Contractor:	Gammon Construction Limited	Contract No:	HY/2012/07
Concrete Supplier:	Zhongshan Concrete Batching Plant, MBEC	Submission Vol No.:	—
Submission No.:	J3518-MBEC-PL1-01A	Mix Code:	PHB-002: D60/20

PWCL Mix ID: S0860D020

1.2 Raw Materials, Source, Quantity, Volume, Alkali Content and Chloride Content

Constituent Materials	Material Type and Source	Quantity Per m^3 Concrete(kg)	Specific Gravity (g/cm^3)	Volume (m^3)	Alkali Content (kg/m^3)	Chloride Content (kg/m^3)	Sulphate Content (kg/m^3)
Cement:	HuarunP. II 52.5R	256	3.14	0.082	0.291%	0.01%	2.67%
PFA:	广州运宏，Grade 1	158	2.24	0.071	4.390%	0.01%	0.14%
Silica Fume:	Chengdu Donglanxing Plant, 920D	36	2.17	0.017	0.491%	< 0.01%	0.48%
20mm Agg:	Crushed Rock, Xinhui Zhanlun Plant, 20mm	690	2.65	0.260	—	< 0.01%	< 0.01%
10mm Agg:	Crushed Rock, Xinhui Zhanlun Plant, 10mm	296	2.63	0.113	—	< 0.01%	< 0.01%
Stone Fines:	Crushed Rock, Xinhui Zhanlun Plant, 5mm	806	2.64	0.305	—	< 0.01%	< 0.01%
River Sand:	—	—	—	—	—	—	—
Water	Running water in Zhongshan	148.5	1.00	0.149	10.5mg/L	< 50mg/L	< 50mg/L
Admixture 1:	金冠建材，KFDN-SP3000	8.1±1.4	1.098	0.007	0.65%	< 0.1%	0.01%
Admixture 2:							
Total:		2390	—	1.003	—	—	—

图1 石粉生产线(机制砂代替细集料)

图2 进场石粉取样检测

图3 预制墩身

图4 预制节段梁

2.2.3 120年长寿命混凝土案例——港珠澳大桥桥梁工程混凝土配合比设计研究及实施案例

港珠澳大桥位于珠江入海口伶仃洋上，属于跨海超级工程，它包括离岸人工岛、沉管隧道及海中桥梁。最大特点：一是混凝土构筑物结构尺寸大，每段沉管长180m，由8节长22.5m、宽37.95m、高11.4m的预制标准节段组拼而成，近80000t重；二是混凝土数量大，各种不同强度等级、不同技术要求的混凝土有近20种，总量达到300万m^3；三是混凝土构件类型多，有预制（包括承台、墩身一体化预制，整体吊装）和现浇各类构件近30种；四是混凝土构件处于严重海水腐蚀环境，采取的各种防腐蚀措施多，除了使用不锈钢钢筋、环氧钢筋外，还采取了牺牲阳极阴极保护、聚脲涂装、硅烷浸渍等外加防腐。

尽管采取以上多种防腐措施，要想实现该工程120年设计使用寿命，首先要解决的还是混凝土结构耐久性问题，最终也就落实到混凝土本身长寿命。港珠澳大桥在技术上综合执行了国家标准、行业标准及英标、欧标、美标等国际标准，最大程度保证该超级工程质量。在研究、配制混凝土的过程中，通过大量试验数据，得到最优施工配合比，取得满意成果。以桥梁工程混凝土施工为例，一是按照耐久性混凝土施工技术要求，采取双掺矿渣粉、粉煤灰技术，辅以聚羧酸系高效减水剂；二是为了防止开裂，采用掺加不易被腐蚀的仿钢纤维（聚丙烯材质、机械造痕波形纤维）；三是添加增韧材料，提高混凝土结构韧性，抵抗车辆反复荷载造成的桥面板反复弯曲疲劳破坏。港珠澳大桥工程结构设计使用年限组成分析及负弯矩区桥面板C60纤维增韧混凝土配制成果，见表5～表8；工程施工及结构实体见图5～图8。

港珠澳大桥工程结构设计使用年限组成分析 表5

结　构	构　件	混凝土强度等级	环境作用等级	耐久性极限状态	设计使用年限(年)
非通航孔桥九洲航道桥	组合梁桥面板	C60	Ⅲ-D	(a)	120
	海中承台	C45	Ⅲ-F	(a)	120

注：1. 海洋氯化物环境，Ⅲ-C中度、Ⅲ-D严重、Ⅲ-E非常严重、Ⅲ-F极端严重。

2. (a)表示钢筋开始发生锈蚀，允许腐蚀介质侵入混凝土内部，但不允许钢筋发生锈蚀。

桥面板负弯矩区混凝土配合比设计成果　表6

材料名称	水泥	粉煤灰	矿渣粉	细集料	粗集料	拌和水	外加剂	仿钢纤维	增韧剂
产地	平南	镇江	曹妃甸	西江	新会	中山	山东	泰安	江苏
品种	P·Ⅱ 52.5	Ⅰ级	S95	河砂中砂	碎石 5～20mm	自来水	NOF-AS	TB-30	SBT®-ITM
水胶比 0.29	311	86	90	711	1066	143	4.86	1.0	2.435

混凝土拌和物性能指标　表7

坍落度（mm）	扩展度（mm）	含气量（%）	表观密度（kg/m^3）	泌水率（%）	初凝时间 h（min）	坍损 T_{1h}（mm）
200	540	2.7	2410	0	12:20	10

桥面板混凝土力学及耐久性指标　表8

编号	R28 抗压（MPa）	R28 抗折（MPa）	R28 劈拉（MPa）	氯离子扩散系数（$10^{-12}m^2/s$）		28d 弯曲韧性指数 I_{20}
				28d	56d	
Q5Y2012-HP-002	75.9	9.50	6.03	5.0	3.5	10.2
设计要求值	≥ 60	≥ 7.0	≥ 5.0	≤ 6.0	≤ 4.0	≥ 8

图5　沉管组拼及聚脲防腐喷涂施工

图6　港珠澳大桥承台、墩身一体化预制、养护

图7　预制墩身现场喷涂硅烷

图8　叠合梁预制桥面板养护及存放

2.3　混凝土入模温度控制

根据《港珠澳大桥混凝土耐久性质量控制技术规程》（修订版 HZMB/DB/RG/1）要求，所有新拌混凝土入模温度应控制在 28℃以内，以防止混凝土初期水化过快造成构件开裂。为保证夏季高温环境混凝土出机温度可控，搅拌站每条生产线都安装了冷水机组或制冰机，自动添加冷水或冰屑。混凝土拌制温

度较低时，拌和水用量相对较低，混凝土和易性好、流动性大，可减少混凝土凝结硬化过程中温缩性和干缩性，有利于混凝土浇筑均匀、振捣密实，也有利于增强混凝土抗裂性能，进而提高其耐久性。此案例通过采用多种技术措施，包括附加防腐措施，较好地解决了混凝土结构物容易开裂、剥蚀等难题，为高寒山区类似环境控制混凝土结构物开裂提供了成功案例。混凝土温控实施见图9、图10。

图9　混凝土搅拌站制冰机组

图10　混凝土拌和物温度测量

3 结语

综合国内外当前耐久性混凝土施工技术，结合在上述建设工程项目中成功实施效果，大量新材料、新技术、新工艺得以推广使用。三个案例从严酷环境结构物下部桩基础、墩台到上部梁体，从低等级混凝土到高等级混凝土配合比设计、施工方法论述表明，通过采取合理技术措施，可使结构物混凝土氯离子扩散系数得到极低、抗冻等级达到F350、无裂纹、更密实光洁，具有更佳的耐候性和耐久性，100~120年的长寿命得以实现。本文探讨在川藏铁路复杂环境建设中采用此类混凝土施工技术的可能性和可操作性，通过研究混凝土耐久性特征，选择优质原材料，针对不同环境、不同结构部位、不同强度等级混凝土特点，对胶凝材料用量、矿物掺和料的掺量、外加剂及引气剂的添加、石粉及其他特殊材料的利用、混凝土温控等进行了优化研究，使得混凝土具有优异的工作性、力学性能，同时还具有较高的抗氯离子渗透性、抗冻性、抗裂性和良好的冲击及弯曲韧性。本文所述技术成果可为川藏铁路工程建设施工提供参考和借鉴。

参考文献

[1] 中华人民共和国行业标准 . JGJ 55—2011　普通混凝土配合比设计规范 [S]. 北京：住房和城乡建设部，2011.

Industry standards. JGJ 55—2011　The design code for the mix of ordinary concrete[S]. Beijing: Ministry of housing and urban rural construction, 2011.

[2] 中华人民共和国国家标准 . GB/T 50081—2002　普通混凝土力学性能试验方法标准 [S]. 北京：住房和城乡建设部，2003.

National standard. GB/T 50081—2002　Standard test method for mechanical properties of ordinary concrete [S]. GB/T Beijing: Ministry of housing and urban rural construction, 2003.

[3] 中华人民共和国国家标准 . GB/T 50082—2009　普通混凝土长期性能和耐久性能试验方法标准 [S]. 北京：住房和城乡建设部，2010.

National standard. GB/T 50082—2009　Test method for the long-term performance and durability of ordinary concrete [S]. Beijing: Ministry of housing and urban rural construction, 2010.

[4] 中华人民共和国行业标准 . JGJ/T 193—2009　混凝土耐久性检验评定标准 [S]. 北京：住房和城乡建设部，2010.

Industry standards. JGJ/T 193—2009 The standard for durability inspection and assessment of concrete durability [S]. Beijing: Ministry of housing and urban rural construction, 2010.

[5] 中华人民共和国行业标准 . JTJ 275—2000 海港工程混凝土结构防腐蚀技术规范 [S]. 北京：交通运输部，2001.

Industry standard. JTJ 275—2000 Harbor engineering concrete structure anti corrosion technical code[S]. Beijing: Department of transportation, 2001.

[6] 中国土木工程学会标准 . CCES 01—2004 混凝土结构耐久性设计与施工指南 [S]. 北京：中国工程院土木水利和建筑学部，2004.

Standard of China Civil Engineering Society.CCES 01—2004 Design and construction guide for durability of concrete structures [S]. Beijing: Department of civil engineering and architecture, Chinese Academy of engineering 2004-01.

[7] 鲁建成，徐振山 . 浅谈港珠澳大桥高性能海工耐久性混凝土 [J]. 建筑遗产，2013（19）.

Lu Jiancheng, Xu Zhenshan. A discussion on the high performance marine durability of the Hong Kong Zhuhai and Macao Bridge [J]. Architectural heritage, 2013(19).

[8] 何家山，徐振山 . 海工高性能混凝土在大连长山大桥中的应用 [J]. 科技风，2015.3：263.

He Jiashan, Xu Zhenshan. Application of marine high performance concrete in Changshan bridge in Dalian [J]. Science and technology wind, 2015.3(total No. 263).

[9] 柴瑞，黎鹏平 . 混合砂对 C60 海工混凝土耐久性的影响及机理分析 [J]. 中国港湾建设 2013，10（5）：188.

Cai Rui, Li Pengping. Mixed sand of C60 marine concrete durability effects and mechanism analysis[J]. China Harbour Construction in October 2013, the fifth phase of the total 188th.

[10] 徐振山，杨衍振 . 港珠澳大桥海工混凝土结构耐久性质量控制措施及施工技术 [G]. 中国公路学会桥梁和结构工程分会 2014 年全国桥梁学术会议论文集，2014.

Xu Zhenshan, Yang Yanzhen. The Hong Kong Zhuhai and Macao Bridge marine durability of concrete structure quality control measures and construction technology[M]. China Institute of highway bridge and structural engineering branch 2014 National Academic Conference on bridges the set, 2014.

川藏铁路建设的挑战与铁路建设的创新

罗 辉

（中铁第四勘察设计院集团有限公司，武汉 430063）

摘 要：川藏铁路位于我国西部地区，穿越横断山脉，进入西藏高原，铁路穿越地区地形复杂、沟壑纵横、高差极大，而且区域溶洞、冻土等不良地质发育，区域内地应力作用活跃，地震、滑坡、泥石流等地质灾害活跃，地质条件十分复杂；同时，强风、暴雨、冰冻等极端气象活动频繁，区域气象差异极大；此地区生态环境十分脆弱，却是我国野生动物和植物种类最丰富地区之一；铁路建设面临的挑战可称为世界之最。在如此复杂的地区修建铁路，必须以改革创新的精神面对挑战。本文将就创新在川藏铁路建设的作用进行初略探讨，以创新引领川藏铁路建设，必将为我国铁路建设历史翻开新的一页，这也是川藏铁路建设的必然选择。

关键词：创新；铁路建设；生态环境；风险管理；市场经济

The Challenge of Chengdu-Lhasa Railway and the Innovations of Railway Construction

Luo Hui

(The 4th Survey and Design Institute of Railway of China, Wuhan 430063,China)

Abstract: The Chengdu-Lhasa Railway is located in the west of China. It cut across the Hengduan Mountains, and get into the Tibetan Plateau. The region that the Rail pass through is so complex, that the terrain and geology is complex, with large terrain height difference, plenty of gullies, mountains, rivers, and caves, and frozen soil. In this region, the earth moves and changes ceaselessly, thus the inside produces the enormous crustal stress and acts on the earth's crust. And the climate in this region is also very complex, winds, and storm, and frozen, extreme meteorological activities frequently, and regional meteorological differences great. These cause plenty of disasters, like earthquakes, landslides, debris flows, in this region. While the ecological environment in this region is vulnerable, but it is also one of the most wildlife and plant type rich area in China. The challenge of Chengdu-Lhasa Railway construction will be the most difficult in the world. To achieve such a complex railway construction, we must face challenges by reform and innovation. This article is intended to discuss the innovations on the construction of the Sichuan-Tibet railway. The Sichuan-Tibet railway construction will open a new page in the railway construction in the world. The innovations will lead the Sichuan-Tibet railway construction, it is the inevitable choice.

Keywords: innovations; railway construction; ecological environment; risk management; market economy

---

作者简介：罗辉（1967—），男，高级工程师，国家注册咨询工程师（投资），国家注册一级建造师（机电）。

自古以来，受自然地理因素的影响，通往西藏的道路只有三条。其中一条从云南、四川进入，主要依靠马帮，另两条分别从青海进入和从新疆进入，主要依靠的骆驼，这些道路都崎岖不平，需要经过千里无人区，通往西藏的道路堪称“天路”；尽管困难重重，西藏人民一直与中华文明保持着密切的联系，并成为中华文明的一部分。

交通运输设施的落后，已经严重制约了这一地区经济、社会的发展，使之成为中国主要的贫困地区之一。

新中国成立后，为了提高西藏人民的生活水平，促进西藏社会和文化的进一步繁荣和发展，国家先后投入巨资，沿着昔日的古路，开发了高等级公路，有效地改善了西藏与内陆地区联系的交通条件，促进了西藏的经济建设。

但通往西藏的公路，受自然条件的影响很大。根据有关报道，现在，虽然川藏线上的工作、生活条件得到了改善，但恶劣的自然环境没有改变，塌方、泥石流、飞石时常发生。此外，在高原上长期生活，高寒缺氧容易带来身体上的疾病，从而留下后遗症甚至威胁生命。60 年来，从事援藏运输的官兵先后有 1800 多名受伤致残，3000 多名官兵留下终身疾病，661 名官兵长眠在雪山之巅。

随着西部大开发的实施，运往西藏的物资大幅度增加，西藏原有的以青藏公路为主体的运输通道无论从运能、运量上，还是从运输的快捷、方便上，都远远不能满足经济发展的迫切要求。

根据中国交通建设总结出来经验数据，这些数据表明：轨道交通是目前已知的大能力运输工具，具有大能力、低能耗、低污染、少用地、高可靠性、高安全性、准时、快速等特点 。

从物质运输来看，一条铁路可以与多条高速公路运输能力相当，并显著降低运输能耗，节省交通用地[4]。铁路是绿色之路，是生态之路。

发展铁路，是建设西藏的不二之选！

1 川藏铁路建设面临的挑战

川藏铁路位于我国西部地区，穿越横断山脉，进入西藏高原，铁路穿越地区地形复杂、沟壑纵横、高差极大，而且区域溶洞、冻土等不良地质发育，区域内地应力作用活跃，地震、滑坡、泥石流等地质灾害活跃，地质条件十分复杂；同时，强风、暴雨、冰冻等极端气象活动频繁，区域气象差异极大；此地区生态环境十分脆弱，却是我国野生动物和植物种类最丰富地区之一；铁路建设面临的挑战可称为世界之最。

2 川藏铁路建设的必要性

2006 年 7 月 1 日青藏铁路全线贯通，开通了通往西藏唯一的铁路，对改变青藏高原贫困落后面貌，增进各民族团结进步和共同繁荣，促进青海与西藏经济社会又快又好发展产生广泛而深远的影响。

然而，“青藏铁路”的开通并不能全面满足西藏建设的需要。走“青藏铁路”，从西藏的核心城市拉萨到内地核心城市的距离约为 1956km，运输费用依然较高，青藏铁路为国家Ⅱ级单线铁路，牵引力约为 2000t，以内燃机车为主要动力，运输能力有限，而且青藏铁路通过“千里冻土”地区，而且地处 4000~5000m 的高原，主要区段位于运输风险依然存在，受自然因素制约，不能全面保证西藏经济社会的发展需要。

与青藏铁路相比，走川藏铁路，从西藏的核心城市拉萨到内地核心城市的距离在 1200km 左右，运输距离和时间将减小三分之一以上，川藏铁路的建成，将使西藏获得二条铁路支撑，西藏的物质供应渠道将得到极大巩固，将为西藏的开发提供坚实的保证。

从成都到拉萨，走公路需要 3d。川藏铁路建成后，成都至拉萨的运行时间有望缩短至 13h。

川藏铁路将是西藏通往中国核心区域最短的一条铁路，必将成为西藏经济建设的支柱。其战略意义不言而喻。川藏铁路的建成，将同“青藏铁路”“兰新铁路”一道，构成中国西部开发的战略通道，成为保卫中国西部安全的坚强臂膀。

川藏铁路的建设十分必要。

3 川藏铁路的建设时机

2014年，川藏、青藏公路建成通车60周年。铁路的建设离不开良好的公路或水路运输条件。川藏、青藏公路通车60年，为人们了解川藏铁路建设条件、保障铁路的建设物质供应创造了良好条件。

2006年7月1日青藏铁路全线贯通，解决了拉萨的物质供应问题，为从成都、拉萨两个方向同时修建川藏铁路创造了条件。同时，青藏铁路基本攻克了冻土地段的铁路建造技术难关，为川藏铁路建设创造了条件。

2010年12月22日，宜万铁路通车。宜万铁路地处云贵高原区与长江中下游平原区的接合部，岩溶、顺层、滑坡、断层破碎带和崩塌等主要不良地质现象分布广泛，全线高山壁陡、河谷深切，且与铁路大角度相交，地形困难，地形极其复杂，不仅地质条件差，而且控制项目多、工程风险大。宜万铁路在高墩桥梁和大埋深、穿断层隧道的工程研究和实践，对川藏铁路建造有重要的参考价值。

2011年7月1日，京沪高速铁路正式通车。时至今日，一张全新高速铁路网正在全国逐步形成。高速铁路建设采用的先进管理理念，开发的无逢轨道技术和先进的列车控制技术，以及高速铁路灾害预警和减灾防灾技术，均可作为川藏铁路的建设的重要参考。

与此同时，经过60多年发展，川藏铁路经过区域电力、通信设施得到了长足的发展。

川藏铁路的建设时机已经逐步成熟。

4 川藏铁路的定位

川藏铁路的建设对西藏的经济建设和社会发展具有极为重要的意义。川藏铁路将是西藏通往中国核心区域最短的一条铁路，预示着川藏铁路将是西藏建设的核心通道，是西藏经济建设和国家安全建设核心中的核心。

川藏铁路的这一定位，意味着建设川藏铁路必须站在国家整体战略的高度，以全局的视野，确定其建设标准，将其建设成高度安全、可靠、运输能力大、经济性好、可维护性强的铁路。

川藏铁路应彻底解决通向西藏的通道不能全时保障的现状，并使西藏的经济建设和国家安全不再需要川藏、青藏公路“两路”官兵付出“鲜血和生命”的代价，让川藏铁路成为西藏建设的“幸福路”。

5 川藏铁路与铁路建设的改革

新华社3月17日受权发布《中华人民共和国国民经济和社会发展第十三个五年规划纲要》，其中谈到“十三五”时期，中国国家建设的总体指导思想、主要目标和发展理念。“在全面建成小康社会决胜阶段。必须认真贯彻党中央战略决策和部署，准确把握国内外发展环境和条件的深刻变化，积极适应把握引领经济发展新常态，全面推进创新发展、协调发展、绿色发展、开放发展、共享发展，确保全面建成小康社会。”

新时期铁路建设应贯彻“创新、协调、绿色、开放、共享”的发展理念，结合铁路建设体系改革，走出一条铁路建设新路。

全面建成小康社会，实现中华民族伟大复兴，必须以中华文明万世长存的心念，以中华民族永立世界潮头的精神，构建为世界人民所景仰的核心价值观，建设我们伟大的祖国，实现人人“自由、平等”，人民“爱国、敬业、诚信、友善”，企业“先进、强大”，社会“文明、和谐”，法律“公正、严明”，军民“忠诚、守信、团结如一家”，国家“富强、民主”的崭新国家。

经过“甲午战争”的洗礼，中国人民开眼看世界，迈向“自强、奋进”的征程，正奋发图强，努力实现“中华民族伟大复兴”。“科学、民主、自由、平等”正深入每一个中国人的心中。“世界潮流，浩浩荡荡，顺之则昌，逆之则亡。”用“改革、开放”的态度，勇敢地面对挑战，是一个多世纪以来中国人一直持有的态度。

“创新、协调、绿色、开放、共享”的发展理念是从中国人民长远利益出发确定的发展理念，是符合世界经济社会发展潮流的先进理念。其中，“绿色”对应的是生态建设，是环境保护，突出的是对子孙万代的利益的重视；“协调、共享”对应的是对人的重视，强调的是对人的生命的尊重，是人人“自由、平等”；“创新、开放”对应的是发展的眼光，是对美好生活的追求以及不断进取的精神。

“创新、协调、绿色、开放、共享”的理念是一个整体，不能偏废。需要我们在继承过去优良传统的基础上，以国际先进水平为参照，以中华文明万世长存的心念，以中华民族永立世界潮头的精神，不断创新，不断改进我们的工作，建设国家。

川藏公路（川藏线）位于国道318线中段，全长3176km，途经两省区6个地市州34个县，穿越四大山系，横跨五大水系，平均海拔3500m，最高海拔5300m多。这条公路是怎么来的？当年10万大军响应毛泽东同志“一边进军一边修路”的号召，在没有一张完整地图、没有任何地质资料的条件下，凭着无穷的智慧，用双手和近乎原始的工具，奋战了四个冬夏，终于修通了内地通往“世界屋脊”的川藏公路。1954年12月25日，拉萨通车，结束了西藏没有公路的历史，也创造了世界筑路史上的奇迹。

在建国初期，进军西藏，巩固国家西部安全，是新中国的头等大事。数十万中国军人，凭着对国家和领袖的忠诚，发扬“一不怕苦、二不怕死，顽强拼搏、甘当路石，军民一家、民族团结”的“两路”精神，建成川藏公路（川藏线），这是新中国交通建设的一个伟大壮举。

2001—2006年，数万铁路建设者，同样以“两路”精神为依托，建成了川藏铁路。

今天，在川藏铁路建设中，“一不怕苦、二不怕死，顽强拼搏、甘当路石，军民一家、民族团结”的“两路”精神，仍然是我们的看家本领。

但是，今天，我们要以全新的理念建设川藏铁路，我们要在世界铁路地理禁区建成川藏铁路，创造人间奇迹，同时要让英雄的汗不能白流，更不要让英雄再流血。

我们需要一条“安全的、可靠的、大能力的、经济的、易维修的、绿色生态的”的川藏铁路。

从国际关系的角度看，2016年1月16~18日，亚投行开业仪式暨理事会和董事会成立大会在北京举行。亚洲基础设施投资银行是一个政府间性质的亚洲区域多边开发机构，重点支持基础设施建设，总部设在北京。中国在亚投行投入资金最多，对亚投行的运作具有重大影响。2015年4月15日，已有57个国家正式成为亚投行意向创始成员国。

中国是亚洲基础设施投资银行的主要创始国。亚洲基础设施投资银行的运作普遍被国际上认为是中国运用市场手段掌控金融能力的体现，是中国在经济领域主导国际事务的领导力的象征。

亚洲基础设施投资银行是一个政府间性质的亚洲区域多边开发机构，重点支持亚洲基础设施建设，其运作要求是亚洲基础设施建设以市场手段进行项目运作，帮助相应国家完成基础设施建设，促进社会、经济全面发展。银行操作最核心的部分是，项目的立项要讲科学，重规划，严格控制资金、资源（含人员）、时间等生产要素，进行有质量的项目开发，确定项目按预期进行有效运作，保证合理的项目收益，全面促进项目所在地的社会、经济健康发展。作为一家国际性的投资银行，其项目运作要达到项目运作的国际水准，而项目的风险控制是银行控制的核心。

一方面，亚洲基础设施投资银行顺利建立，是国际上对中国这些年来在基础设施建设方面取得成绩的一种肯定。另一方面，由于亚洲基础设施投资银行刚刚成立，还需要中国不断通过成功的项目运作，提振国际社会对中国掌控亚洲基础设施投资银行的信心。

川藏铁路作为中国国内最复杂的基础设施建设项目，项目的建设的成败关系中国的国际声誉，项目的运作将是世界看中国的重要窗口。

在这种国际大环境下，川藏铁路项目的开发研究将会引起国际社会高度的关注。项目运行必然要求向大型国际工程项目的运作标准看齐。采用先进的项目管理技术和方法，采用适应市场经济的手段进行项目管理会被国际社会作为项目重要的考察内容。

川藏铁路项目的成功或将影响世界对中国主导的亚洲基础设施投资银行信心。川藏铁路项目的运作或许将成为检测中国成为世界性大国的试金石。

目前，我国铁路的建设已经按照市场化要求进行过多轮改革，然而，改革的效果并不令人满意，“铁路负债持续上升，达4万亿元”等新闻时有发生。外界对铁路行业的发展前景提出了诸多质疑。

铁路建设项目的运作距国际工程管理的先进水平还有相当的距离。例如：铁路项目目前还没有全面运用项目全生命周期理论指导工程设计和工程管理。多数铁路项目的研究对运营阶段的维护技术、维护成本研究层次的还很低，项目运营维护的基本情况也很少反馈到设计、研究部门，对项目运营成本的测算误差很大。导致很多项目均没有达到合理的经济运行指标，这些项目均成了铁路总公司的负资产，阻碍了铁路事业的发展。铁路项目消耗资金庞大，不合格的项目会挤占国家大量的预算，造成国家经济运行效率的降低。失败的项目运作将造成银行“黑洞”——“坏账”，引发巨大的社会矛盾。

这些均要求在新的时期对铁路建设进一步进行改革，系统地进行管理创新和技术创新，要求中国铁路进一步提高运用市场经济手段解决铁路工程建设问题的能力，做好项目开发。

6 川藏铁路建设的创新

川藏铁路位于我国西部地区，穿越横断山脉，进入西藏高原。

横断山脉山间盆地、湖泊众多，古冰川侵蚀与堆积地貌广布，现代冰川作用发育，重力地貌作用，如山崩、滑坡和泥石流屡见。同时，地震频繁，是中国主要地震带之一，著名的鲜水河、安宁河和小江等地震带都分布于本区。

横断山脉山高谷深，横断东西间交通。山岭海拔多在4000～5000m，岭谷高差一般在1000～2000m以上。山岭褶皱紧密，断层成束，怒江、澜沧江、金沙江、大渡河、安宁河等许多大河都沿深大断裂发育。区域内，地震频繁，有鲜水河、安宁河和小江等地震带，是中国主要地震带之一。

建设川藏铁路需要穿越横断山脉，穿越四大山系，横跨五大水系，地形高差极大，地质复杂度为世界铁路建设史之最。

只有充分吸收利用中国铁路前期建设经验，尊重科学，运用先进科技，积极创新，才能克服川藏铁路建设的困难，减少工程风险，确保项目建设目标的实现。

可以预见，建设川藏铁路，在下列领域可以进行重点的技术创新。

首先，川藏铁路项目的最关键工作是项目的风险控制，主要创新点有：

（1）利用地球资源监测卫星，SAR合成孔径雷达，系统地、长期地、严密地监测横断山脉区域地形、地貌变化，以及地质构造运动情况，对区域山崩、滑坡和泥石流等地质灾害发育情况和现代冰川发育情况进行详细调查。利用激光雷达等新型测绘技术，综合运用航空测量技术、先进的精密测绘和地质物探技术，对线路选线区域进行重点监测。确保掌握充分的地质情报，做好线路选线工作，规避风险源，有效控制工程风险。其中，重中之重是采用先进的线路选线技术，选择最有利位置，穿越地质断层带，并做好设计项目重大风险处置预案（备用方案），减少工程风险，确保项目安全。

(2)运用BIM设计技术,进行可视化设计,尽量减小设计错误,力争在设计阶段对项目风险进行可靠的评估,尽可能地化解工程风险。

(3)注重"绿色"理念,在铁路建设项目中,进一步加强对生态环境的保护,加强项目的水土保护,防止工程引发区域生态灾难。同时,在项目运作中,减小项目能源消耗,提高项目能源利用率,加强可再生性能源利用。

本项目处于中国生态环境敏感区域,很多动植物为中国独有,项目的开发对此区域影响难以估量,做好线路的选线和工程预案,减小项目产生的生态风险,具有特别重要的意义。

(4)加强项目安全和风险的管理,以人为本,重视人的生命安全,确保工程建设安全。

其次,在工程建造技术方面,可以进行系列创新。由于川藏铁路需要穿越横断山脉,穿越四大山系,横跨五大水系,平均海拔3500米,最高海拔5000米以上,地形高差极大,地质复杂度为世界铁路建设史之最。同时,成都至拉萨约1200km,地形高差达3000m,线路采用长大坡度难以避免。

预计在川藏铁路的建设中,与现有铁路相比,隧道将有更大的埋深,桥梁将需要加大墩高,列车在长大坡道安全控制能力需要进一步提高。在大埋深、穿越地质断层等复杂地质构造的隧道挖掘技术,隧道地质风险超前预报技术,高应力地质条件隧道挖掘技术,超高墩铁路桥梁建造技术,长大坡道列车安全控制技术方面,仍然需要进一步进行研究,运用创新精神,取得新的突破。

最后,从减少项目全生命周期费用角度,川藏铁路可以采用无缝钢轨技术减少铁路的养护成本,可预留电气化铁路发展条件,为将川藏铁路建设成为更环保、更绿色、更低能耗、更大运量、更经济的铁路预留升级空间。

7 结语

川藏铁路的创新,首先要进行理论创新。

只有贯彻"创新、协调、绿色、开放、共享"的发展理念,结合铁路建设体系改革,走出一条铁路建设新路,才能展现中国运用市场经济手段进行国家建设的能力,才能助推中国的亚洲基础设施投资银行事业,才能展示中华民族重上世界之颠的决心,才能体现中华文明生生不息的生命力,也才能实现中国人民期待的"中国梦"。

只有通过理论创新指导下的系统创新,才能将川藏铁路真正建设成为一条建设西藏的"安全的、可靠的、大能力的、经济的、易维修的、绿色生态的"幸福路。

对于川藏铁路,由于川藏铁路途经的地区的独特自然地理条件,风险控制应是川藏铁路设计建造的重中之重。在川藏铁路的建设中,项目风险极高,而且生态风险也很高,在技术层面上,需要创新之处很多。其中,对地质断层及周边环境的监测和地质断层发展情况准确预测,通过设计优化并确定川藏铁路通过复杂的地质断层带的设计方案将会是项目取得成功的关键。

另一方面,根据时代发展要求,可系统地进行管理创新。例如:目前的铁路设计,在铁路运营维护方面,研究深度有限,可以在运营维护方面进行重点突破,以项目全生命周期技术经济的合理性为项目总目标,作为创新点展开工作。

在铁路项目开发中,可以贯彻"创新、协调、绿色、开放、共享"的发展理念,扩大对社会开放力度,在项目的市场化运作方面,可在在投融资领域、装备研发、工程施工等各方面,进一步融合社会力量,实现铁路的快速发展。这也是本项目可创新之处。

最后,也是最根本的一点,要以市场经济的方法和手段进行项目开发,运用先进的项目管理理论、技术和方法,科学地组织项目,系统地减少项目风险,确保项目运作成功。中国必须加强对项目决策的控制,学习发达国家市场经济经验,改善项目概念阶段的工作,提高项目决策质量。稳定中国经济[5]。

参考文献

[1] 白思俊．现代项目管理[M]. 北京：机械工业出版社，2002.

Bai Sijun. Modern project management[M]. Beijing: China Machine Press, 2002.

[2] 李德华．城市规划原理[M]. 3版．北京：中国建筑工业出版社，2001.

Li Dehua. Principles of Urban Planning[M]. 3rd Edition. Beijing: China Building Industry Press, 2001.

[3] Hartmut Freystein，Martin Muncke，Peter Schollmeier. 德国铁路基础设施设计手册[M]. 北京中国铁道出版，2007.

Hartmut Freystein, Martin Muncke, Peter Schollmeier. German railway infrastructure design manual[M]. Beijing: China Railway Press, 2007.

[4] 罗辉．城市轨道交通网络化发展的前景．两岸四地轨道交通发展研讨会论文集[C]. 化学工业出版社，2014.

Luo Hui The prospect analysis of the rail transport network for city. Proceedings of the Rail Transportation Development Conference for Beijing、Taiwan、Hong Kong and Macau [C]. Chian Chemical Industry Press, 2014.

[5] 罗辉．提升国家经济的稳定性与加强对项目管理决策的控制．第八届中国项目管理大会论文集[C]. 兵器工业出版社 2010.

Luo Hui. Enhance the country's economic stability and Strengthen the control of project management decision-making. Proceedings of the 8th China Congress on Project Management [C]. Chian Weapons industry press 2010.

[6] 罗辉．和谐社会与项目管理 项目管理技术．第六届中国项目管理大会论文集[C]. 2007 京新出报刊增准字第（425）号．

Luo Hui. Harmonious society and project management PMRC proceedings of the 6th China congress on project management [C]. 2007 Beijing Newspapers Joint Press, No425.

阶梯式泥石流排导槽水力特性及其关键参数确定

陈华勇　柳金峰　赵万玉

（山地灾害与地表过程重点实验室 / 中国科学院水利部成都山地灾害与环境研究所，成都，610041）

摘　要：川藏铁路起于成都，经蒲江、雅安、康定、理塘、左贡、波密、林芝到拉萨，全长1629km。川藏铁路穿越的高寒山区，具有地形高差悬殊、地质构造活跃、气候空间分异明显的特点，该区域是地震、泥石流、滑坡等灾害的高发、易发区。本文针对目前泥石流工程防治研究中的不足，提出一种适用于高寒山区高重度、低黏性泥石流排导的阶梯式排导槽。通过试验研究，对比分析了传统的混凝土衬砌矩形槽和阶梯式排导槽在泥石流排导过程中流态、沿程流速、消能率等方面的变化规律，进一步分析了阶梯式排导槽的排导—消能机理，提出了阶梯长度的计算方法。试验结果表明：①传统的混凝土衬砌排导槽排导泥石流时，泥石流流态平顺，而采用阶梯式排导槽排导泥石流时，泥石流周期性波动现象明显，沿程阻力增加，使得泥石流通过阶梯式排导槽的流速减小；②阶梯式排导槽增强了泥石流体间的相互摩擦、碰撞，从而提高了排导槽的消能率，最大消能率达到61%；③基于质点抛射体理论，建立了排导槽单级阶梯长度计算公式。本研究可为泥石流工程防治提供参考。

关键词：泥石流；阶梯式排导槽；流速；消能率；泥石流防治

Hydraulic Characteristics of Debris Flows in a Drainage Channel with Stepped Dissipater

Chen Huayong　Liu Jinfeng　Zhao Wanyu

(Key Laboratory of Mountain Hazards and Land Surface Processes/Institute of Mountain Hazards and Environment, Chinese Academy of Sciences, Chengdu 610041,China)

Abstract: Sichuan-Tibet railway started from Chengdu, via Pujiang, Ya'an, Kangding, Litang, Zuogong, Bomi, nyingchi, and lhasa, which covers a distance of 1629 km. The Sichuan-Tibet railway cuts through the alpine region that has the feature of large elevation difference, active tectonics, and obvious space differentiation. Debris flows with high density, low viscosity, and high speed are one of the most common geo-hazards in these regions. A new type of drainage channel with stepped dissipater was proposed to apply to mitigate the debris flow disaster in the alpine region. The main hydraulic characteristics such as the debris flow patterns, debris flow velocity, energy dissipation along the drainage channel was analyzed under different structures of the drainage channels based on the experiments. The results indicated

---

作者简介：陈华勇（1982—），男，副研究员，博士。

基金项目：中国科学院科技服务网络计划（KFJ-EW-STS-094）；国家自然科学基金资助项目（51209195）；中国科学院成都山地所自主部署青年基金项目（SDS-QN-1302）。

that compared with the traditional rectangular drainage channel, the channel with stepped dissipater has more efficiency to decrease the flow velocity, Reduce the abrasion along drainage channel, and improve the energy dissipation rate due to the Intense collision, friction between debris flows and the solid boundary. The maximum energy dissipation rate reaches approximately 61%. Based on the theory of particle projectile, the relation between the step length and the debris flow velocity, step height was proposed. The investigation on the hydraulic characteristics of debris flows in the new type of the drainage channel can give some reference for debris flow engineering mitigation in the future.

Keywords: Debris flow; Drainage channel; Velocity; Energy dissipation; Stepped dissipater

青藏高原是世界上最高的高原，平均海拔 4500m 以上，素有“世界屋脊”之称。该地区地质构造活跃，气候空间分异明显，在内外营力的共同作用下，地震、泥石流、崩塌、滑坡等各种自然灾害频发。川藏铁路布线起于成都，经蒲江、雅安、康定、理塘、左贡、波密、林芝到拉萨，全长 1629km，绝大部分线路穿梭于崇山峻岭之中，泥石流将是川藏铁路修建和运营过程中遇到的最主要地质灾害之一。泥石流有别于一般的含沙水流，其密度大、固体颗粒浓度含量高、颗粒级配宽，具有暴发突然、冲刷淤积明显、破坏能力强等特点，严重威胁山区人民的财产与生命安全。通过修建排导槽引导和输送泥石流，减轻泥石流对下游地区人民的正常生产和生活的影响，是泥石流工程治理的重要措施之一。前人针对不同泥石流性质、沟道坡降、爆发规模，设计出多种体型的排导槽结构，如传统的混凝土排导槽（矩形、梯形和 V 形）、软基消能型排导槽（东川槽），和交错齿槛排导槽等。在 20 世纪 70 年代以前，排导槽设计主要基于一般洪水规律，根据流量、流速和桥、涵孔径以及地形条件，做成传统平底式排导槽。长期的工程实践证明，这种排导槽对排泄含砂水流有效，而对排导固体浓度含量较高的泥石流效果不佳，经常会产生淤积、堵塞桥孔，淤埋涵洞等不利水力现象。王继康等通过分析与工程实践，提出了有利于输移泥石流固体物质的 V 形断面排导槽，并在工程实践中取得了良好的效果。游勇等比较了直墙 V 形断面、梯形断面、矩形断面、圆形断面四种不同横断面形状下排导槽的水力特性，并提出了水力最佳断面。黄海等通过模拟实验研究了泥石流通过不同肋槛尺寸东川槽的速度变化规律，并进一步获得了肋槛间距与肋槛高度之比值与泥石流流速之前经验关系表达式。高全等利用室内水槽模型试验，研究了不同交错槽纵比降、齿槛间距、夹角等参数条件下，交错齿槛排导槽的排导槽能力变化规律，结果表明：在 10% 与 15% 的沟床比降下，60° 齿槛间距为 30cm 时，交错槽的排导指数最大，排导能力最强，随着对排导槽理论与工程运用研究的不断深入，近年来不断涌现出各种新的排导槽设计体型，如箱体排导槽、组装式排导槽等。目前，实际工程应用的排导槽其纵坡比降的常用范围一般在 0.05% ～ 20%，排导槽运行过程中也存在许多不足。传统的混凝土排导槽（矩形槽、V 形断面排导槽、复式排导槽等）虽然能够较好地排导泥石流，但是由于此类排导槽纵坡通常采用“一坡到底”的设计形式，且排导槽表面糙率低，泥石流在运动过程中一直处于加速状态，当泥石流沿排导槽运动一段距离后达到较高的流速，泥石流中的固体颗粒对排导槽表面产生强烈的磨蚀破坏作用，常常导致排导槽失效。东川排导槽肋槛前端的“软基”虽然能够较好地消减泥石流体的能量，但是肋槛本身容易遭受泥石流体中大块石冲击破坏，常常导致肋槛断裂，从而失去“软基消能”的效果。而高山区泥石流（西藏地区）地处地质构造活跃带，沟谷深切、沟道纵坡比降大，最大纵坡比降达到甚至超过 50%。很明显，在这些地区传统的混凝土排导槽、东川槽等槽型很难成功运用。针对西藏地区等高陡坡的泥石流防治，需要尝试消能充分、体型更优化的新型排导槽结构。

本研究针对目前泥石流排导槽设计中的不足，提出一种新型排导槽体型结构，通过模拟试验研究了不同体型、泥石流重度、沟道比降条件下，泥石流通过排导槽的流态、流速和消能率变化规律，论证新型排导槽体型设计的合理性。本研究可为泥石流排导槽的设计提供参考。

1 实验设计

1.1 实验模型设计

模拟实验是在云南东川蒋家沟泥石流观测站实施的，实验模型布置如图 1 所示，实验模型主要由以下几个部分组成：料斗、闸门、排导槽及下游尾料池。为对比分析不同体型排导槽的排导动力过程，实验中选取了三种典型的排导槽结构进行实验研究，分别是矩形槽（Type-Ⅰ)、梯形开口的阶梯排导槽（Type-Ⅱ)和 V 形开口的阶梯排导槽(Type-Ⅲ)，如图 2 所示。

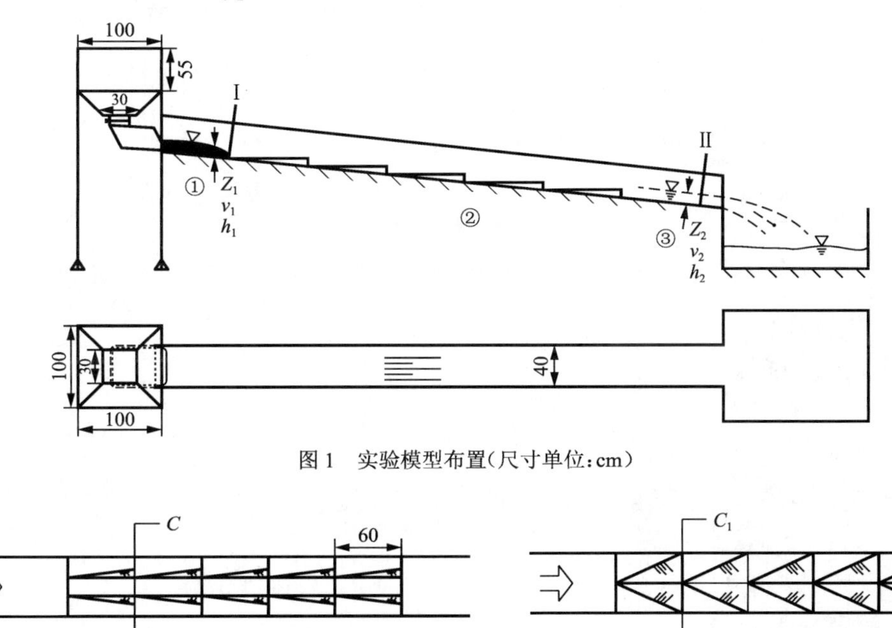

图 1 实验模型布置(尺寸单位：cm)

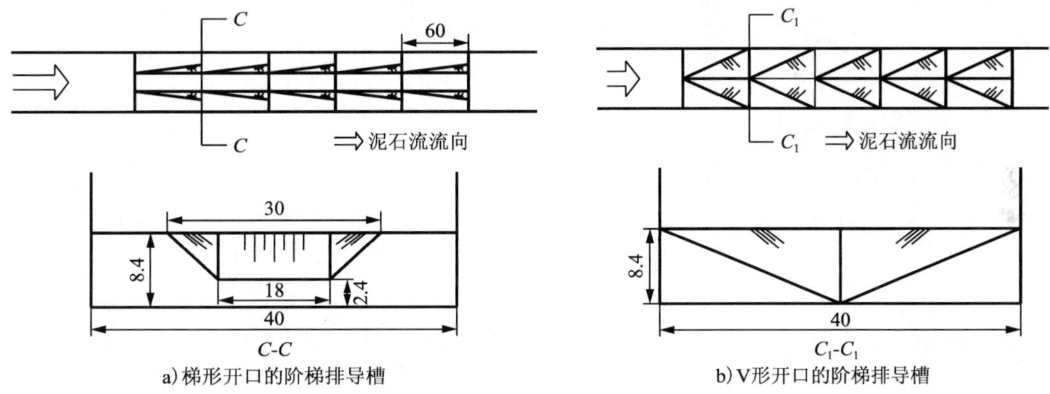

a)梯形开口的阶梯排导槽

b)V形开口的阶梯排导槽

图 2 排导槽体型及几何尺寸

1.2 实验原料

实验选择了含沙水流、稀性泥石流和过渡型泥石流三种不同性质的流体，泥石流中固体颗粒及黏粒成分为蒋家沟泥石流堆积区的原状土中小于 20mm 的部分，其颗粒级配如图 3 所示，过渡型泥石流重度为 1.80g/cm^3，稀性泥石流的重度为 1.50g/cm^3，含沙水流的平均重度约为 1.20g/cm^3。

1.3 泥深测量

在排导槽末端布置激光泥位计（图 4)，用于实时监测泥石流深度变化。泥石流到达测量点前，激光泥位计发出的激光束在排导槽底面反射，并重新被激光泥位计接收，通过计算可以获得泥位计与排导槽底面之间的距离。当泥石流通过测量点位置时，激光泥位计发出的激光束在泥石流表面发生反射，从而获得泥石流表面与激光泥位计的相对距离，二者之差即为泥位深度，实验中激光泥位计的采样频率为 10.0Hz，测量范围达到30.0m，测量精度达到±0.001m。典型工况下激光泥位计的测量结果如图5所示。

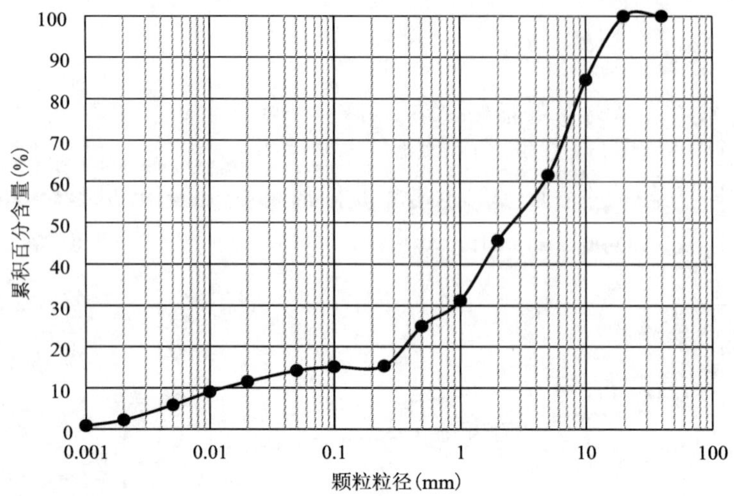

图3　实验用土颗粒级配（20mm以下）

图4　激光泥位计照片

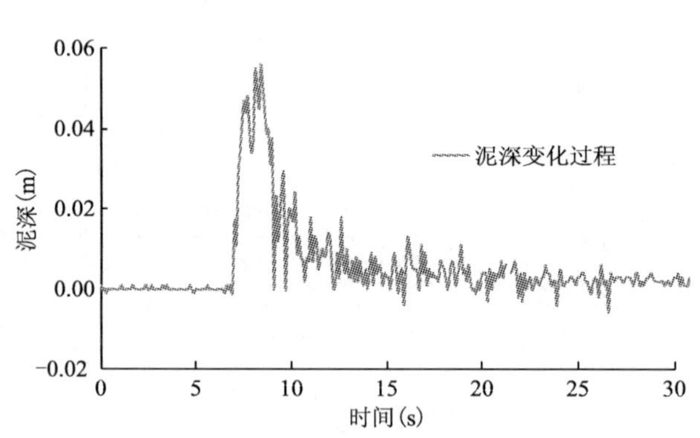

图5　典型工况下泥位计的测量结果

2 实验结果与分析

2.1 流态特征

对于矩形排导槽，由于底部无消能结构，且泥石流自身具有较高黏性，所以泥石流运动过程中，流态相对平稳。泥石流的能量消耗主要源于泥石流内部固液之间相互摩擦作用以及固体颗粒之间的相互碰撞作用，如图6a）所示。对于梯形开口的阶梯形排导槽，因两个阶梯之间存在垂直落差，泥石流从上一级阶梯到达下一级阶梯时跌落，泥石流表面有明显的波动现象。两级排导槽之间中部落差小，而靠近边墙处的落差大，所以位于排导槽中线附近的泥石流波动较小，且流动速度快；而处于两侧的泥石流受到边墙摩擦阻力、阶梯消能工的消能作用，泥石流波动较大，如图6b）所示。对于V形开口的阶梯形排导槽，两级阶梯间的垂直落差由边墙向中心逐渐减小，在排导槽中心线上，两级间不存在垂直落差，其坡降与矩形排导槽坡降一致。泥石流运动过程中，处于排导槽中心线上的泥石流能量消耗低，运动速度快，泥石流表面波动小；越接近排导槽边墙，两级阶梯间的垂直落差大，泥石流运动过程中消能率较高，运动速度较慢，泥石流表面波动明显，如图6c)所示。

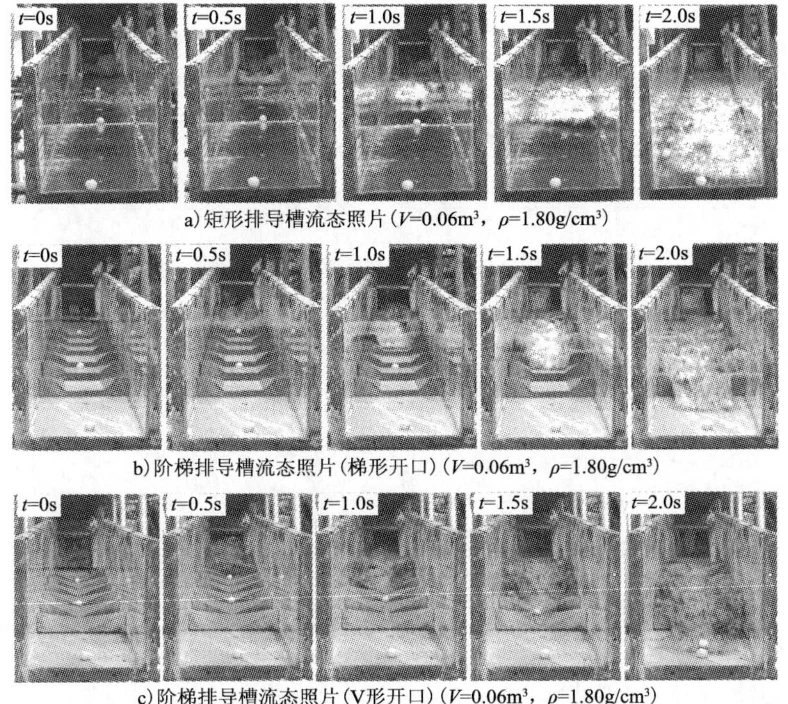

a) 矩形排导槽流态照片（V=0.06m³，ρ=1.80g/cm³）

b) 阶梯排导槽流态照片（梯形开口）（V=0.06m³，ρ=1.80g/cm³）

c) 阶梯排导槽流态照片（V形开口）（V=0.06m³，ρ=1.80g/cm³）

图 6　典型工况下泥石流运动过程中的流态特征

2.2　不同体型下泥石流运动速度变化

运动速度一直是泥石流动力学研究中的重点和难点问题，由于泥石流的固液两相与非透明性，目前已有的测量仪器和设备无法精确测量泥石流体的运动速度，通常采用浮标法对泥石流龙头流速进行估算。试验中沿排导槽布置多个测量断面，获得泥石流龙头运动速度的变化规律。通过分析发现，三种体型条件下，泥石流的运动速度基本上沿程增加，说明泥石流运动过程中获得的动能大于沿程阻力消耗的机械能；同一工况下，泥石流在矩形排导槽中的运动速度大于在阶梯排导槽中的运动速度，说明阶梯排导槽更能够消减泥石流动能；不同重度下泥石流运动速度的沿程变化规律基本一致，如图 7、图 8 所示。

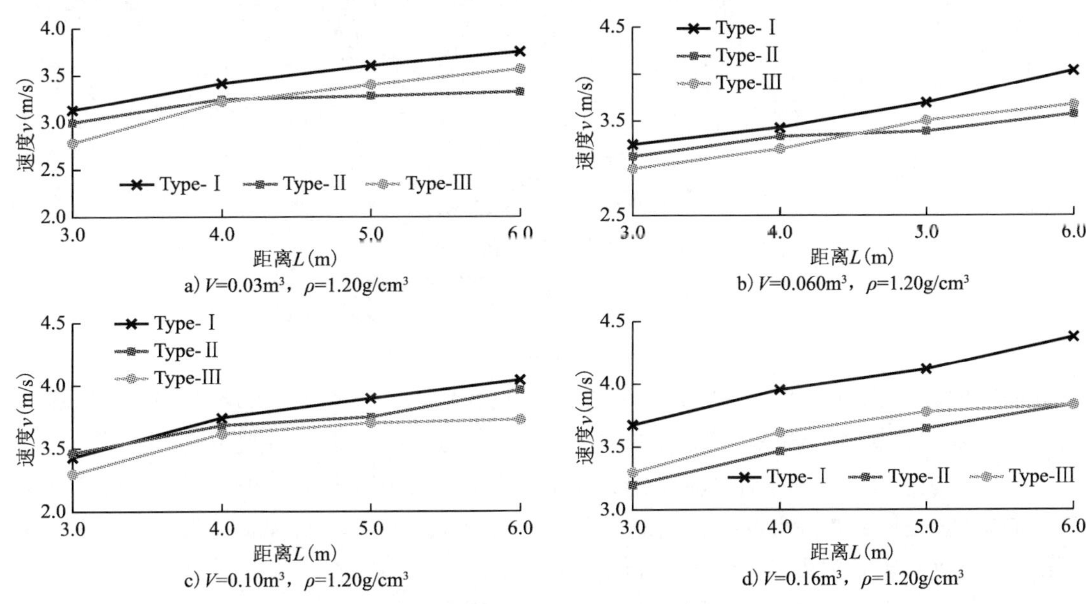

a) V=0.03m³，ρ=1.20g/cm³

b) V=0.060m³，ρ=1.20g/cm³

c) V=0.10m³，ρ=1.20g/cm³

d) V=0.16m³，ρ=1.20g/cm³

图 7　不同体型条件下流速沿程变化

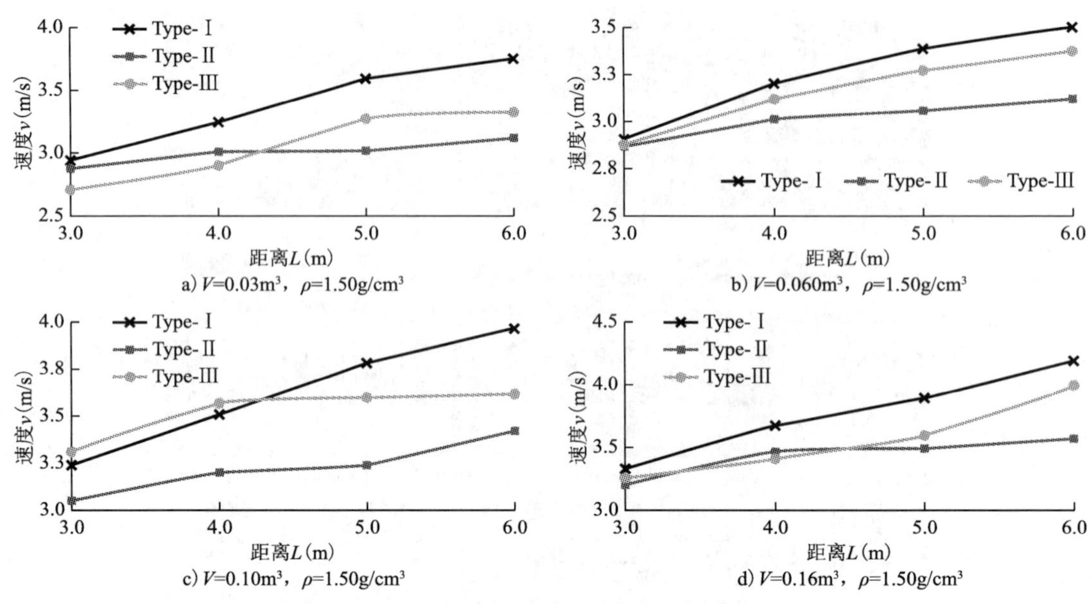

a) V=0.03m³，ρ=1.50g/cm³ b) V=0.060m³，ρ=1.50g/cm³ c) V=0.10m³，ρ=1.50g/cm³ d) V=0.16m³，ρ=1.50g/cm³

图8 不同体型条件下流速沿程变化(ρ=1.50g/cm³)

2.3 不同体型排导槽的消能特性

泥石流运动过程中的能量消耗主要包括泥石流内部液相浆体的黏性、固液相之间相互摩擦作用以及固体颗粒之间的相互碰撞作用。虽然泥石流内部阻力能够消耗泥石流的部分能量,但是在实际工程运用中仍然需要借助于其他的消能工来消减更多的能量,使之能够在排导槽内安全通过。本项目中提出新型阶梯消能工,其原理是由于上下两级阶梯之间存在落差,泥石流运动过程中在阶梯与泥石流体之间形成空腔,空腔上部高速运动的泥石流在剪切作用下,带动空腔内部的泥石流运动,在内腔内形成烈紊动的漩涡,通过流体之间相互剪切作用来消减泥石流的部分能量,如图9所示。所以,当泥石流通过常规的矩形排导槽时,虽然泥石流与排导槽壁面之间存在肤面摩擦作用,但是该部分能量消耗仍是非常有限的,在泥石流运动过程中,其势能完全能够补偿排导槽肤面摩擦所消耗的能量,所以泥石流沿程速度增长迅速;而采用新型阶梯排导槽时,阶梯消能工能够很好地消耗泥石流的部分能量,所以泥石流运动速度沿程增加较为缓慢。

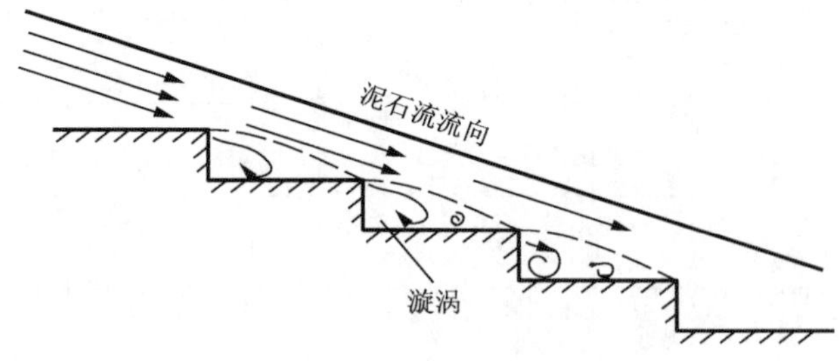

图9 泥石流运动沿阶梯面运动示意图

排导槽的消能率是排导槽设计中的重要参数之一,具有较高消能率的泥石流排导能够降低泥石流运动流速,减小泥石流对排导槽的冲刷、磨蚀及破坏作用,从而延长泥石流排导槽的使用寿命。实验中选择断面Ⅰ和断面Ⅱ作为排导槽消能率计算的参考断面,断面Ⅰ的上游和断面Ⅱ的上游给定一定长度的光滑水槽,以便泥石流进入排导槽和通过各种消能工时流态调节,便于获得泥石流较为平顺时的流深。断面Ⅰ和断面Ⅱ之间设置一定长度的消能工装置,如图1所示。

以断面Ⅰ和断面Ⅱ作为参考断面,由能量守恒方程可得到:

$$Z_1 + h_1 \cos\theta + a_1 \frac{v_1^2}{2g} = Z_2 h_2 \cos\theta + a_2 \frac{v_2^2}{2g} + h_d \tag{1}$$

$$\Delta Z + h_1 \cos\theta + \alpha_1 \frac{v_1^2}{2g} = h_2 \cos\theta + \alpha_2 \frac{v_2^2}{2g} + h_d \tag{2}$$

$$\eta = 1 - \frac{h_2 \cos\theta + \alpha_2 \dfrac{v_2^2}{2g}}{\Delta z + h_1 \cos\theta + \alpha_1 \dfrac{v_1^2}{2g}} \tag{3}$$

式中：Z_1、v_1、h_1——断面处对应的高程、平均流速和平均泥位深度；

Z_2、v_2、h_2——断面Ⅱ处对应的高程、平均流速和平均泥位深度；

θ——水槽与水平方向夹角；

α_1、α_2——能量方程的修正系数，通常 $\alpha_1=\alpha_2=1.0$；

h_d——沿程水头损失。

由计算结果可知：在含沙水流条件下（ρ=1.20g/cm³），采用阶梯式排导槽的消能率明显高于传统的矩形排导槽消能率；两种阶梯消能工之间的消能率差异不大，不同规模条件下，两种消能工的消能率基本上保持在 30.0%~40.0%。在流体规模相同的条件下，随着泥石流重度的增加，阶梯排导槽的消能率增加，且梯形开口的阶梯排导槽较 V 形开口的阶梯排导槽具有更高的消能率，最大消能率达到 61.0%。当排导槽的消能率达到一定程度时，泥石流的速度可能会低于排导槽的临界不淤流速，从而降低了排导槽的排导能力，造成泥石流淤积，所以在设计排导槽体型时需要兼顾排导槽的消能率和排导能力（表 1、表 2）。

不同规模条件下消能率计算结果 表 1

规　模	密度（ρ=1.20g/cm³）		
	矩形槽	梯形阶梯槽	V 形阶梯槽
V=0.16 m³	22.60%	30.37%	32.00%
V=0.10 m³	28.42%	31.70%	36.07%
V=0.06 m³	24.66%	38.35%	32.12%

不同密度条件下消能率计算结果 表 2

密　度	规模（V=0.10m³）		
	矩形槽	梯形阶梯槽	V 形阶梯槽
ρ=1.20g/cm³	28.42%	31.70%	36.07%
ρ=1.50g/cm³	27.54%	41.23%	39.69%
ρ=1.80g/cm³	36.68%	61.00%	46.42%

2.4 排导槽的阶梯长度计算

阶梯排导槽中，阶梯沿河道方向的长度和沿泥深方向的高度是决定阶梯尺寸的两个重要参数。在排导槽总长度不变条件下，阶梯梯面太长，则阶梯数量少，难以有效发挥阶梯的消能作用；相反，阶梯梯面太短，则泥石流从上一级阶梯跌落时，由于流体抛射作用，泥石流在不接触下一级阶梯的情况下，直接跃到第三级阶梯，也无法很好地实现阶梯排导槽的消能效果。泥石流经过阶梯排导槽时，由于上下级阶梯间具有垂直高差，泥石流接触到下一级阶梯之前将脱离上一级阶梯面作自由落体运动，此时阶梯面的长度主要取决于泥石流体在上一级阶段上运动的速度和上下级阶梯之间的落差，根据抛射体理论，泥石流水平运动距离可以表示为(图 10)：

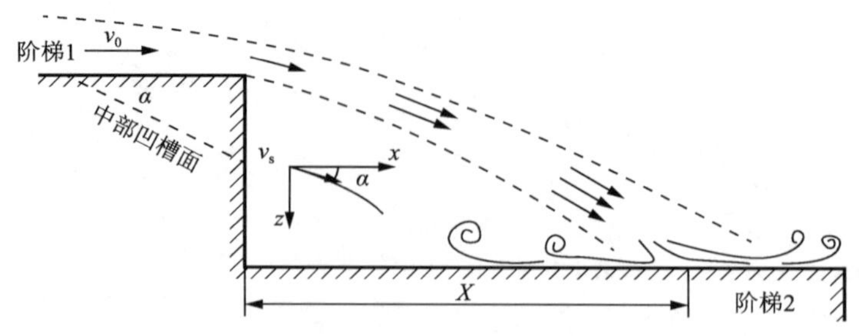

图 10　泥石流通过阶梯时的运动情况

$$x = v_s \cos\alpha \cdot t \tag{4}$$

竖直方向上：

$$z = v_s \cdot \sin\alpha \cdot t + \frac{g}{2}t^2 \tag{5}$$

消去时间 t：

$$z = x \cdot \tan\alpha + \frac{g}{2{v_s}^2 \cos^2\alpha}x^2 \tag{6}$$

则泥石流抛出后的运动距离：

$$x = \frac{{v_s}^2}{g}\left(\cos^2 a\left|\tan a\right|\sqrt{1+\frac{2gz}{v_s^2 \sin^2\alpha}} - \sin\alpha\cos\alpha\right) \tag{7}$$

当泥石流规模较小时，泥石流仅汇集于排导槽中部的凹槽内，则泥石流以一定的倾斜角向下一级阶梯运动，泥石流的运动距离可以用式(7)表示；当泥石流规模较大时，泥石流不仅填满排导槽中部的凹槽，部分泥石流体沿排导槽阶梯面运动，则可认为此时的泥石流沿水平方向抛射，则泥石流抛出后的运动距离：

$$x = \sqrt{\frac{2{v_0}^2 z}{g}} \tag{8}$$

由式(8)可知排导槽单级阶梯的长度主要由泥石流抛射时的初速度决定，假定排导槽不发生淤积作用，则泥石流速度至少应该为均匀流条件下的运动速度，此时排导槽的速度可以由 Manning 公式计算：

$$v_0 = \frac{1}{n_c}R^{\frac{2}{3}}J^{\frac{1}{2}} \tag{9}$$

将式(9)代入式(8)，则有：

$$x_0 = \sqrt{\frac{2R^{\frac{4}{3}}zJ}{n_c^2 g}} \tag{10}$$

根据式(10)可以得到泥石流在均匀流状态下的抛射距离，排导槽阶梯长度在设计时原则上应该大于泥石流抛射距离。同时，通常情况下要使泥石流在排导槽内不发生淤积，则泥石流在排导槽中的运动为均匀或者加速运动状态，所以阶梯长度需满足：

$$x_0 \geqslant \sqrt{\frac{2R^{\frac{4}{3}}zJ}{n_c^2 g}} \tag{11}$$

当泥石流在排导槽内加速运动时，阶梯长度主要由排导槽出口流速和阶梯高度决定，假定排导槽出

口流速为 v_t，则排导槽阶梯长度表示为：

$$x_t = \sqrt{\frac{2{v_t}^2 z}{g}} \tag{12}$$

式中：v_s——泥石流沿斜面抛射时的初始速度；

α——凹槽底面与水平方向夹角；

t——运动时间；

g——重力加速度；

z——泥石流竖直方向高差；

v_0——泥石流沿水平方向抛射时的初始速度；

x——泥石流从阶梯面抛射时水平方向运动距离；

n_c——原沟床粗糙率；

R——泥石流的水力半径；

J——原沟床比降；

x_0——阶梯长度临界最小值；

v_t——加速运动状态下排导槽出口流速。

由于本研究中的新型排导槽体型未在实际工程中运用，作为实验研究泥石流在排导槽中的运动速度可以直接测量，所以可根据式（8）计算模型中排导槽阶梯长度。通过之前对泥石流沿程运动速度分析，可知泥石流在运动过程中会不断加速，如果按等长度的阶梯设计，所以在估算排导槽出口处的运动流速至关重要。通常采用排导槽两端高差得出估算排导槽末端泥石流速度，再根据上下两级阶梯高差，计算单级阶梯的长度。以本试验为例，排导槽总长度为6.0m，坡降为8°（14.0%），泥石流体从料斗进入排导槽的初始速度约为2.0m/s，通过计算可以排导槽出口4.53m/s，当排导槽单级阶梯的高度为0.08m时，代入式（8）可以算出排导槽单级阶梯长度为0.58m，所以试验中排导槽单级阶梯长度为0.6m。

3 结语与讨论

本文通过模拟实验研究了不同体型排导槽条件下，泥石流的过流流态、流速、消能率变化，并借助于质点抛射体理论，获得了排导槽阶梯长度估算方法，得到了以下几点结语：

（1）不同排导槽体型条件下，泥石流通过排导槽时的流态存在较大差异，采用传统的混凝土衬砌排导槽时，泥石流流态平顺；采用阶梯消能工时，泥石流通过排导槽呈明显周期性波状运动规律。

（2）采用排导槽三种体型，泥石流均能顺利通过排导槽而不会发生明显的淤积现象。在阶梯消能工作用下，泥石流在阶梯排导槽中的运动速度小于在矩形排导槽中的运动速度，有利于减轻泥石流体对排导槽的磨蚀破坏作用，说明新型阶梯排导槽不仅考虑了排导槽的排导效能，而且同时也兼顾了对泥石能量的消减，从而有效保护了排导槽的安全运行。

（3）当泥石流重度为ρ=1.20g/cm^{3}时，采用阶梯式排导槽的消能率显著高于常规的矩形排导槽消能率；当泥石流重度为ρ=1.50g/cm^{3}时，梯形开口的阶梯排导槽较V形开口的阶梯排导槽具有更高的消能率，最大消能率达到61.0%。

（4）基于质点抛射体理论，建立了排导槽单级阶梯长度计算公式。当泥石流沿排导槽作均匀态运动时，排导槽单级阶梯长度与阶梯高度、泥石流水力半径、沟床比降、沟床粗糙率和重力加速度等参数有关；当泥石流沿排导槽加速运动时，排导槽阶梯长度可由阶梯高度和排导槽出口流速的函数关系表示。

参考文献

[1] Iverson R M. The physics of debris flows[J]. Reviews of Geophysics, 1997, 35(3): 245-296.

[2] 丛威青，潘懋，李铁锋，等．降雨型泥石流临界雨量定量分析 [J]. 岩石力学与工程学报，2006，25（S1）：2808-2812.
Cong Weiqing, Pan Mao, Li Tiefeng, et al. Quantitative analysis of critical rainfall-triggered debris flows[J]. Chinese Journal of Rock Mechanics and Engineering, 2006, 25(Supp.1): 2808-2812.

[3] 灌千元．泥石流斜墙式V型排导槽的设计分析 [J]. 河北工程大学学报（自然科学版），2014，31（4）：50-54.
Guan Qianyuan. Analysis of V-shaped slope wall drainage channel in debris flow[J]. Journal of Hebei University of Engineering(Natural Science Edition), 2014, 31(4): 50-54.(In Chinese)

[4] 王继康．泥石流防治工程技术 [M]. 北京：中国铁道出版社，1996.
Wang Jikang. Engineering technique for debris flow mitigation[M]. Beijing: China railway publishing house, 1996.

[5] 游勇，柳金峰，欧国强．泥石流常用排导槽水力条件的比较 [J]. 岩石力学与工程学报，2006，25（Supp.1）：2820-2826.
You Yong, Liu Jinfeng, Ou Guoqiang. Comparison of hydraulic conditions among usual debris flow drainage canal [J]. Chinese Journal of Rock Mechanics and Engineering, 2006, 25(Supp.1): 2820-2826.

[6] 黄海，马东涛，王显林．东川型排导槽结构对泥石流流速影响的实验研究 [J]. 山地学报，2009，27（5）：551-556.
Huang Hai, Ma Dongtao, Wang Xianlin. Experimental study on the relationships between the velocity of debris flow and structure of the Dongchuan debris flow channel [J]. Journal of Mountain Science, 2009, 27(5): 551-556.

[7] 高全，陈晓清，贾世涛，等．交错齿槛槽排导黏性泥石流的试验 [J]. 山地学报，2011，29（1）：101-108.
Gao Quan, Chen Xiaoqing, Jia Shitao, et.al. Experiment of drainage canal with indented sill for viscous debris flow[J]. Journal of Mountain Science, 2011, 29(1): 101-108.

[8] Chen J, Chen X, Li Y, et al. An experimental study of dilute debris flow characteristics in a drainage channel with an energy dissipation structure[J]. Engineering Geology, 2015, 193: 224-230.

[9] 陈晓清，崔鹏，游勇，等．一种组装式泥石流排导槽及其施工方法：中国，201110083623.6 [P].2011-04-01.
Chen Xiaoqing, Cui peng, You yong, et.al. A assembled debris-flow drainage and its construction method: China, 201110083623.6 [P].2011-04-01.

[10] 李德基．泥石流减灾理论与实践 [M]. 北京：科学出版社，1997.
Li Deji. Theory and practice for debris flow mitigation[M]. Beijing: Science Press, 1997.

Cauchy边界模拟隧道排水的关键参数率定及应用

贺小勇[1] 夏 强[1] 张 强[1] 许 模[1] 毛邦燕[2]

（1. 成都理工大学地质灾害防治与地质环境保护国家重点实验室，成都 610059；
2. 中铁二院工程集团有限责任公司，成都 610031）

摘 要：运用有限差分程序 MODFLOW 模拟隧道排水的数值模型中，常用第一类 Dirichlet 边界或第三类 Cauchy 边界来概化隧道，两种概化方法各有优劣。若使用第一类边界，即在模型中将隧道设置为定水头边界，这种方法最大的缺点在于潜水面低于隧道标高情况下，隧道将成为补给项，这明显不符合实际；而若使用第三类边界，通常是使用 Drain 来概化隧道，它避免了第一类边界的错误，但其中的关键参数——排水系数（CD）的赋值一直存在较大的不确定性。本文分别在渗透性均质/非均质含水层条件下，进行隧道涌水动态模拟的数值试验，隧道被概化为第三类边界，将第一类边界条件下取得的涌水量作为观测值，利用 UCODE 程序率定了排水系数，并提出了多级率定的参数反演方案。以重庆万州走马岭隧道为例，根据实测的隧道涌水量观测数据，反演了隧道各段的排水系数值，验证了多级率定方法的可行性。本文的研究可为隧道工程地下水数值模拟以及隧道涌水量超前预报等工作提供一定的科学指导。

关键词：隧道排水；MODFLOW；Drain；排水系数；多级率定

Calibration of Key Parameters of Cauchy Boundary to Simulate Groundwater Drainage into Tunnela Case Study

He Xiaoyong[1] Xia Qiang[1] Zhang Qiang[1] Xu Mo[1] Mao Bangyan[2]

(1.The State Key Laboratory of Geohazard Prevention and Geoenvironment Protection, Chengdu University of Technology, Chengdu 610059,China; 2.China Railway Eryuan Engineering Group Co. Ltd, Chengdu 610031,China)

Abstract: Numerical model of using finite difference program MODFLOW to simulate tunnel drainage, the usual use first class- Dirichlet boundary or third class Cauchy boundary to generalized tunnel and two generalized methods have advantages and disadvantages.If you use the first boundary, that the tunnel will be set to Constant Head boundary in the model, the biggest drawback of this method is that the tunnel will be a supply item when the water table is below the lower elevation of the tunnel, this is obviously not realistic.If the use of the third boundary, the usual use Drain to generalize tunnel, which avoids the mistakes of the first boundary, but one of the key parameters - Drainage coefficient(CD)assignment there has been greater uncertainty. Firstly, paper carry out dynamic simulation tunnel gushing numerical experiments to demonstrate the drainage rate coefficient

---

作者简介：贺小勇（1991—），男，硕士研究生。

基金项目：国家自然科学基金青年科学基金项目，工程场地尺度裂隙岩体渗透结构的多模型分析，项目批准号：41502237；国家自然科学基金面上项目，岩溶隧道涌突水量计算方法深化与应用适宜性研究，项目批准号：41472275。

fixed method in the permeability homogeneous / heterogeneous aquifer conditions.The Paper presented a method of multi-level times inversion, which were proved the feasibility by numerical experiments.Then, taking Chongqing Wanzhou Zoumaling tunnel for example, according to the measured inflow tunnel observational data, the inversion value of each segment of drainage tunnels.This study may provide scientific guidance for tunnel numerical simulation of groundwater and tunnel inflow ahead of forecasts etc.

Keywords: drainage tunnel; MODFLOW; drain; segment of drainage tunnels; multi-level calibration

0 引言

川藏铁路东起四川成都，西至西藏拉萨，全长 1832km。线路横穿青藏高原东南缘地形急变带，是迄今为止人类历史上最具挑战性的铁路建设工程，同时也是自然环境、施工技术、灾害环境最为复杂和灾害防治难度最大的铁路工程[1]。其中，隧道涌水影响巨大，水量预测也成为隧道设计、施工和建设的重要部分，该领域的研究已经引起了人们的足够重视[2,3]。在进行隧道涌水量预测过程中，隧道边界概化俨然成为影响预测结果的关键要素。基于前人的研究成果，隧道边界的概化主要从边界类型和生成边界条件两方面考虑。在用有限差分程序 MODFLOW 来模拟隧道涌水的数值模型中，人们常常用第一类 Dirichlet 边界或第三类 Cauchy 边界来概化隧道。其中，第一类边界通常用定水头边界来刻画隧道，第三类边界常用沟渠（Drain）来模拟隧道。赵瑞等（2015）用 Drain 来概化隔挡式构造地区隧道群对渗流场的影响[4]；李豫馨等（2015）用定水头边界来模拟隧道开挖过程涌水量的动态演变[5]；Jacob Zaidel 等（2009）基于 Drain 概化后的矿井和隧道的渗流模拟研究[6]。在实际工程中，隧道的掘进是一个动态过程，因此隧道概化的边界条件应属渐变式。王纯祥等（2008）基于 $FLAC^{3D}$ 和 FEFLOW，将隧道开挖分为 126 步，每步长 100m，来模拟隧道涌水量的变化[3]；Pereochet 等（2007）运用解析法研究了隧道掘进的动态涌水量[7]。

在运用数值模拟法预测隧道涌水量时，边界条件相关参数的设定一直存在模糊性和经验性等问题，相应模拟出来的涌水量值的可靠性有待提升。因此，参数的反演分析显得必不可少。在近几十年的尝试中，大量学者将反演运用到实际的研究工作中。杜廷龄等（1994）提出利用现场观测的等地下水位线和钻孔压水试验资料反求水文地质参数的方法[8]；徐国安等（2009）提出基于区域资料建立有限元模型来反演水文地质参数，用于小尺度区域模拟最大隧道涌水量[9]；夏强等（2010）基于 UCODE 反演程序反演隧洞涌水量，自动调整、优化关键参数值[10]；宋词等（2013）利用 Modflow 软件，建立了 Winpest 反演模型对渗透系数进行优化[11]；William 等利用 UCODE 反演美国爱荷华州克莱尔湖 $700km^2$ 区域内地下水的排泄量[12]。

本文以有限差分程序 MODFLOW 来建立三维模型，首先建立均质 / 非均质理想模型进行隧道涌水量动态模拟试验，以定水头边界概化隧道条件下涌水量值为观测值，以 Drain 边界模拟隧道条件下涌水量值作为模拟值，基于 UCODE 反演软件反演 Drain 边界条件下的参数取值；然后以重庆万州走马岭隧道为实例，根据现场实测隧道涌水量动态变化值，反演各段隧道排水系数。

1 Cauchy 第三类边界模拟隧道排水的原理

MODFLOW 下面的沟渠子程序包（Drain）的开发原本是为了模拟农用排水沟渠的排水效果，其排水量正比于含水层的水头与排水渠高程差。因此程序包要求含水层水头必须高于排水沟边界分布高程，若含水层水头低于排水渠边界高程，则无排水效果[13]。原理图示、公式如表 1 所示。

Drain 模块计算原理[13]　　表 1

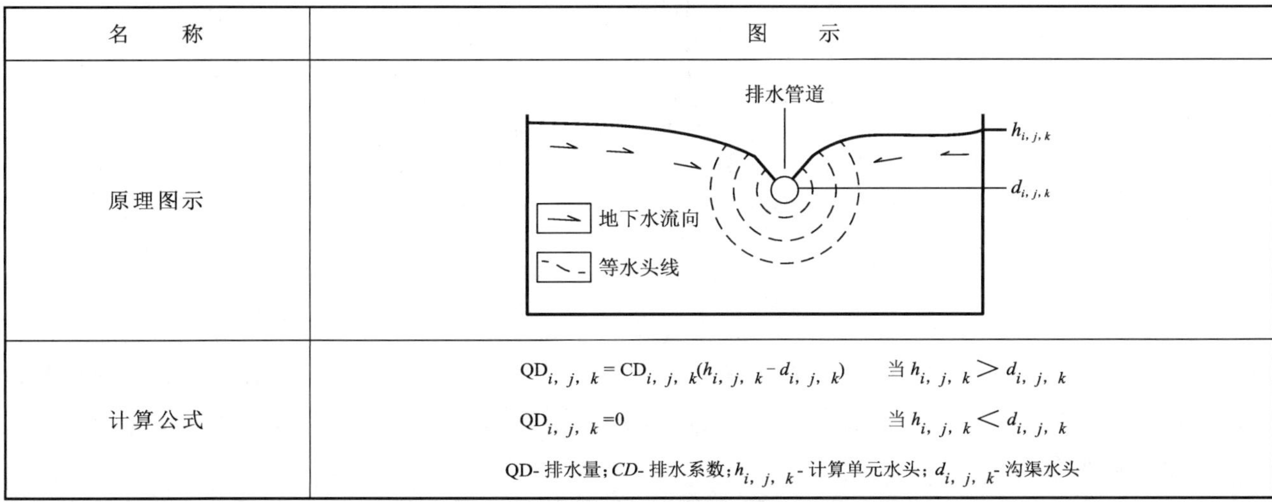

名　称	图　示
原理图示	排水管道；$h_{i,j,k}$；$d_{i,j,k}$；地下水流向；等水头线
计算公式	$QD_{i,j,k}=CD_{i,j,k}(h_{i,j,k}-d_{i,j,k})$　当 $h_{i,j,k}>d_{i,j,k}$ $QD_{i,j,k}=0$　当 $h_{i,j,k}<d_{i,j,k}$ QD- 排水量；CD- 排水系数；$h_{i,j,k}$- 计算单元水头；$d_{i,j,k}$- 沟渠水头

用第三类 Cauchy 边界 - 沟渠（Drain）来模拟隧道排水正好符合隧址区地下水水位高于隧道穿越高程这一客观要求；若用第一类 Dirichlet 边界—定水头来模拟隧道排水，当潜水面低于隧道穿越高程，则隧道成为补给项，这显然不符合实际。因此，用 Drain 来概化隧道显得更加科学。据表 1 公式可知，含水层水头（$h_{i,j,k}$）、隧道穿越高程（$d_{i,j,k}$）和综合排水系数（$CD_{i,j,k}$）三参数在隧道涌水模拟中是需要明确的，其中 $h_{i,j,k}$ 和 $d_{i,j,k}$ 可通过现场资料获取，而 $CD_{i,j,k}$ 值不能直接取得。因此，在运用沟渠子程序包模拟隧道排水之前，必须要先确定 $CD_{i,j,k}$ 的取值方法。该参数主要由隧道围岩特性、裂隙或溶洞发育情况、地下水流速、防渗措施等因素决定[10]，同时缺乏确定参数的数据资料、计算公式和试验方法，因此该值的获取存在极大的不确定性和经验性。实践中，大多是根据实测 QD 值和 $h-d$ 值，利用表 1 公式计算 CD 值；若缺乏 $h-d$ 值，在模型校正时对 CD 加以调整，直至 QD 值吻合实测值[13]。

2　均质 / 非均质理想动态模型排水系数反演

2.1　模型建立

本文主要采用基于有限差分法的 MODFLOW 来建立三维地质模型。本次理想模拟引用李豫馨等（2015）文章中的模型框架[5]。模型假设隧道在一个长 500m、宽 305m、高 200m 的长方体模型中开挖（图 1），开挖面高 23m，沿 x 轴方向开挖。

经程序离散化后，模型被剖分为 100 列、61 行、40 层，共计 244000 个单元格，每个单元格为边长 5m 的正方体，开挖平面则位于模型第 31 行、36 层。设隧道以 5m/d 的速度匀速开挖，则隧道贯通整个模型所需时间刚好为 100d。与李豫馨等（2015）一文采用定水头边界概化隧道不同，本文的隧道在模型中用第三类 Cauchy 边界（Drain）来概化，设置在开挖平面（第 31 行、36 层）的 100 个单元格上，每个被 Drain 概化后的单元格水头均为 23m、初设排水系数均假设为 1，初始水头为 200m。隧道开挖的动态过程通过设置 Drain 模块的开始、结束时间点来确定（图 2），这样就避免了使用定水头边界时，需要通过建立多个模型来模拟隧道动态掘进过程的问题，提高了研究效率。例如开挖第一个单元格，开始时间设置为第 0d、结束时间设置为第 100d；开挖至 100 个单元格，开始时间设置为第 99d、结束时间设置为第 100d。隧道以 1 格 /d 速度匀速掘进，计算时以一天为一个应力期，每个应力期划分为 10 个时间步长，共 100 个应力期、1000 个时间步长，且模拟时采用非稳定流计算。

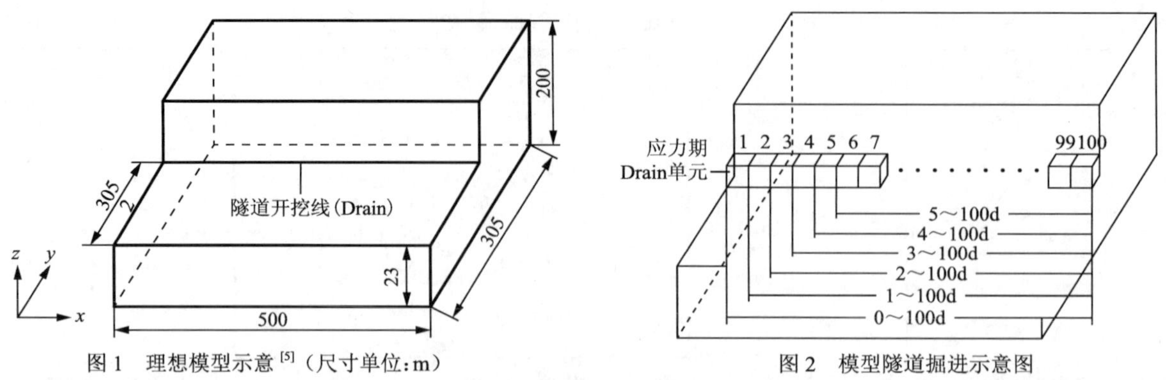

图1　理想模型示意[5]（尺寸单位：m）　　图2　模型隧道掘进示意图

文章引用李豫馨等（2015）一文中的均质渗透系数场，以及倾角为90°、走向与隧道掘进方向垂直的非均质渗透系数场来研究渗透系数非均质性对排水系数反演结果的影响。非均质渗透系数场与排水量观测曲线关系如图3所示。

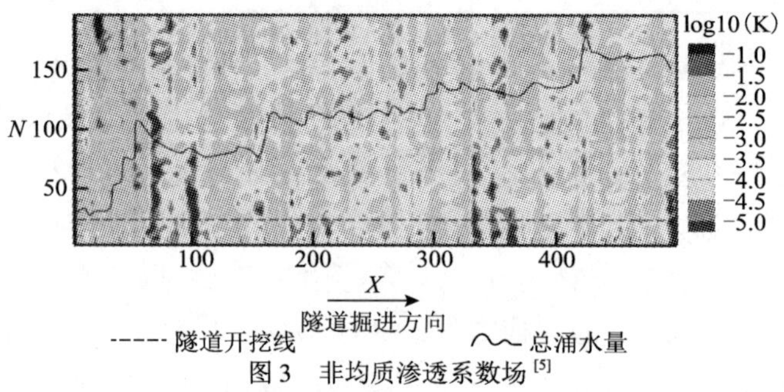

图3　非均质渗透系数场[5]

2.2　参数反演

文章采用UCODE程序进行参数反演。该程序主要运用改进的高斯—牛顿法拟合目标值，基于UCODE反演环境，反复运行MODFLOW，使目标值和计算值之差的平方和（$S(b)$）达到最小，此时所得参数即为最优值，计算公式如下所示，而且只要参数初值选择恰当，模型收敛速度将非常快，精度也非常高[10, 14, 15]。

$$S(b)=\sum_{j=1}^{NQ}[y_{qi}-y'_{qi}(b)]^2 \tag{1}$$

式中：NQ——水量观测值个数；

$S(b)$——误差平方和；

y_{qi}——水量观测值；

$y'_{qi}(b)$——水量计算值。

基于上述理想模型，以定水头概化隧道计算出的各时间点总涌水量为观测值，分别反演均质和非均质状态下最优排水系数（C_d）。其中，由于均质条件下渗透系数场单一，只设立一个初始C_d值。非均质条件下，使得隧道相应段落出现涌水量异常大、小点，这些异常点会影响相应段落的C_d值的反演，因此在设立C_d初始值时考虑两级次方案。一级方案：统一建立一个C_d值进行数值反演，然后根据反演值所计算出的拟合排水量结果，挑出拟合程度差的排水点；二级方案：分析实测隧道排水量值，将水量值分为异常点和正常点两类，然后再结合一级方案反演拟合程度差的排水点，综合考虑将隧道边界参数分为两类并分隧道段赋C_d初始值。

反演结果如图4所示，对比图4a）和b）、c）可知，均质条件下误差平方和为0.17、非均质条件（一个参数）为4057.5、非均质条件（两个参数）为3814.4，均质条件比非均质条件下的拟合程度高，说明均质较非均质条件下排水系数的优化效果更好，可知渗透系数场的差异对排水系数的优化存在一定影响。分析对比非均质条件下排水量观测值和计算值，发现观测值异常段落的排水量拟合程度差，反演结果较差，说明排水量异常点对相应段落排水系数的反演结果有一定影响。对比图 4b)、c)，在非均质条件下，两个参数比一个参数的情况拟合程度稍高，说明对隧道进行分区赋排水系数，有利于参数的优化。

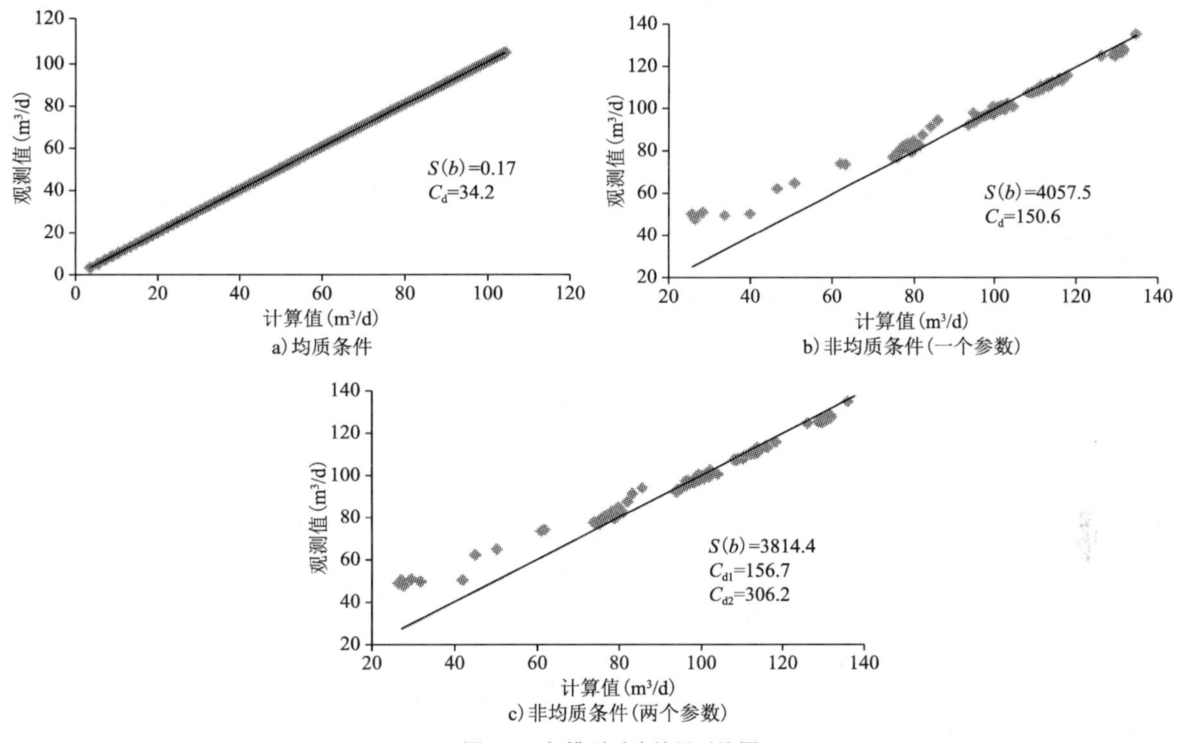

a) 均质条件

b) 非均质条件（一个参数）

c) 非均质条件（两个参数）

图 4　理想模型反演结果对比图

3 实例应用

3.1 走马岭隧道概况

本文选择重庆石柱至万州公路线关键性控制工程——走马岭隧道来验证排水系数率定方法。隧道线走向为北西—南东向，开挖方向为南东—北西向。隧址区地形总体呈“三岭夹两谷”特点，区内构造以梳状方斗山背斜为主，走向 NNE-EW，背斜南东翼有茨竹垭正断层，隧道由东向西横穿背斜中段，穿越地层主要为三叠系大冶组薄层灰岩、嘉陵江组厚层灰岩及白云岩、巴东组泥岩及泥质灰岩、须家河砂泥岩，侏罗系珍珠冲组砂泥岩互层。如图 5 所示。

根据隧道进口涌水量长期监测点资料可知，2004 年 5 月 27 日前，隧道开挖揭示须家河组砂页岩，水量不大但呈动态稳定状；5 月 28 日进入三叠系巴东组泥灰岩地层，交界处水量突增，最大为 11884.32m³/d，之后迅速减小并稳定在 4320 ～ 5184m³/d；7 月 4 日隧道掘进到构

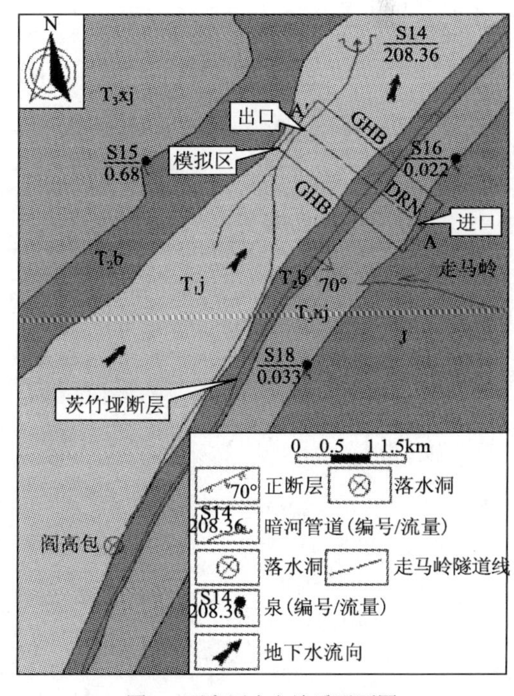

图 5　研究区水文地质平面图

造卸荷带，水量逐渐增大，到7月11日达到最大量为9313.06 m³/d，而后又逐渐回落。7月18日隧道开挖至巴东组灰岩地段，涌水量增大，出现峰值为11365.22 m³/d，7月21日出现最大值为14238.95m³/d，而后稍有回落；从8月18日开始，涌水量有渐增的趋势，但并未出现新的峰值，至9月12日之后涌水量逐渐减少并趋于稳定，涌水量在这段时间内都持续在10000 m³/d以上。如图6所示。

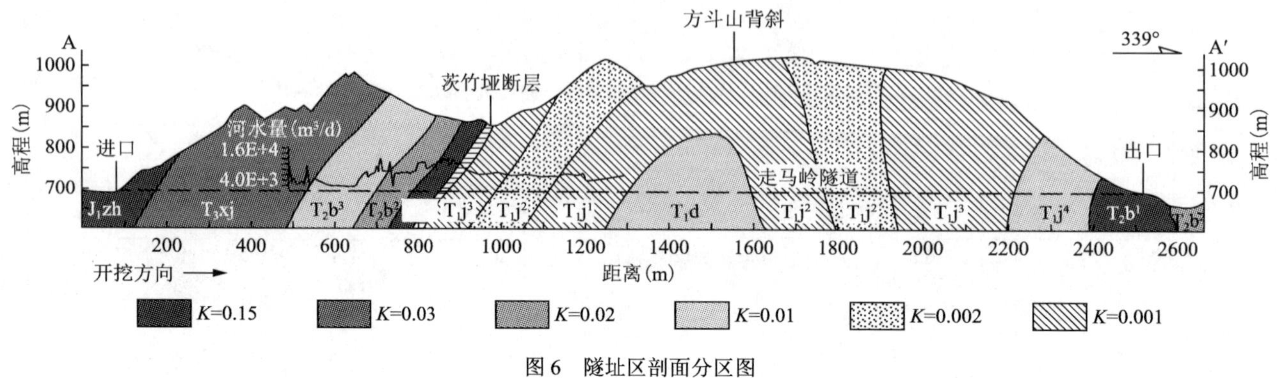

图6　隧址区剖面分区图

3.2　模型概况

基于MODFLOW对走马岭隧道进行模型离散化。以隧道线为轴线、505m为半径辐射的区域为模拟区北东、南西侧边界，长2664m，从而构成2664m×1010m矩形模拟区。模型被剖分为101行、266列和34层，共计913444个单元。如图5所示，研究区发育一条大型暗河管道，走向为南西—北东，管道起点可见落水洞，结合区域资料分析可知，区内地下水流向与暗河发育方向一致，从模拟区南西侧边界流入，从北东侧边界流出。因此，将模拟区南西侧和北东侧边界设为通用水头边界（GHB）。根据实际隧道开挖资料，将开挖段落内的隧道设置为排水沟边界（DRN），如图7所示。隧道高程690m，位于模型的第21层、第51行、第136~257列。

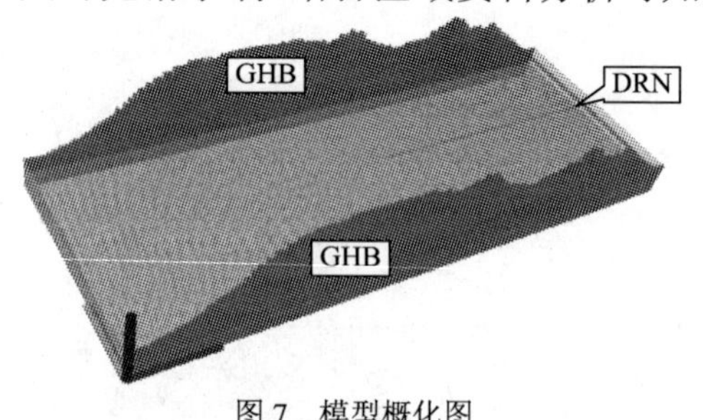

图7　模型概化图

模拟进程与隧道开挖进度保持一致，模拟时间与隧道开挖时间相同为433d，共计122个应力期。根据图5、图6渗透系数分区，文章将模型渗透系数场处理为非均质各向同性。

3.3　反演计算

以实际监测资料为观测值，反演计算最优C_d值，监测期为隧道掘进的第180d~433d。依据理想模型反演思路，建立两级次反演方案。同样，一级方案统一设置一个C_d值进行数值反演，初始值为1，反演结果如图8所示。从拟合结果可以看出，排水量异常大点和异常小点的拟合程度均较差。因此，二级反演

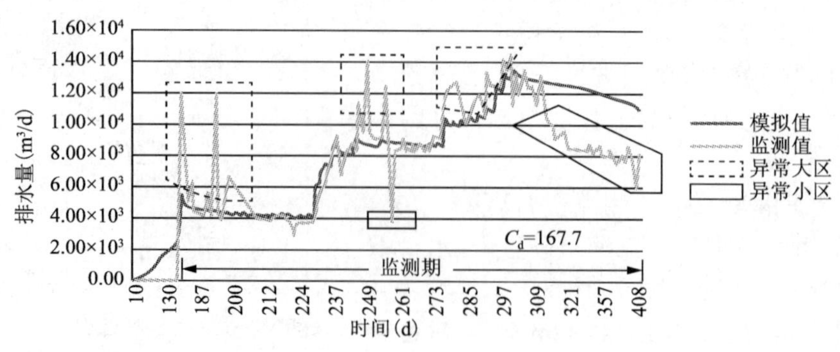

图8　排水量拟合对比曲线（一个C_d值）

方案：结合一级拟合结果，将排水量异常大且拟合程度差的隧道边界单元分为参数一段，排水量异常小点且拟合程度差的隧道边界单元分为参数二段，其余边界单元分为三段，如图 9 所示。反演结果如图 10 所示，可见异常大区中模拟值较分段赋参数前有所上升，拟合程度较赋一个 C_d 值时更好，参数优化结果较理想。

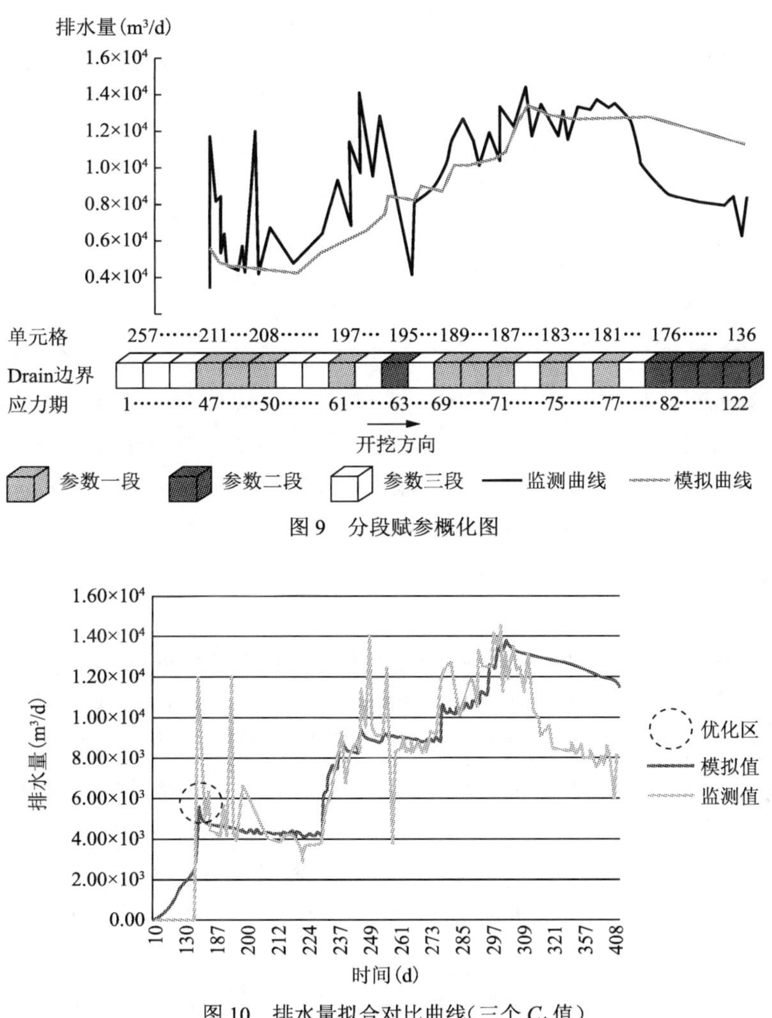

图 9　分段赋参概化图

图 10　排水量拟合对比曲线（三个 C_d 值）

■4　结语与讨论

（1）文章充分利用 MODFLOW 中的第三类 Cauchy 边界 -Drain 模块来概化隧道，通过设置 Drain 的起始、结束时间点来模拟隧道动态掘进这一过程，避免了一些学者在研究隧道掘进动态过程系列问题时采用建立多个模型来模拟这一过程方法的问题，提高了研究的效率。同时，对比以定水头概化隧道的模型，避免了隧道成为地下水补给项的错误。综合考虑，以 Drain 来模拟隧道边界显得更具有合理性和高效性。

（2）文章通过理想模型的参数反演试验，均值条件反演结果比非均质条件好，说明渗透系数场的分布对排水系数的反演结果影响较大；由于非均值条件的渗透系数场分布不均，使得隧道涌水量观测值存在一些异常大、小点，这些异常点对应隧道段落的排水系数反演结果差，说明涌水量异常值点对参数反演影响较大。

(3)文章结合影响排水系数反演结果的因素，提出了多级率定的参数反演方法。一级反演：对隧道边界统一设置一个参数进行反演，根据反演结果选出排水量拟合程度差的点。二级反演：筛选出一级反演中的观测值异常的段落，结合一级反演中拟合程度差的段落，对隧道边界进行分段赋排水系数：异常/拟合程度差的段落和正常/拟合程度好的段落分开赋值。对比理想模型中图 4b)、c)反演结果也验证了该方法的科学性。

(4)文章以重庆万州走马岭隧道为例，建立非均质模型。用 Drain 概化隧道，以实际排水量监测资料为观测值，反演排水系数。采用了多级率定的方法，从反演结果可以看出，分段赋排水系数的反演结果较统一赋一个参数的反演结果好，排水量拟合程度更高，参数得以优化，进一步论证了多级率定反演方法的可行性。为今后隧道涌水量超前预报提供一定的科学指导。

参考文献

[1] 张广泽，蒋良文，宋章，等．横断山区川藏线山地灾害和地质选线原则研究 [J]. 铁道工程学报，2016，(2)：21-24.
Zhang Guangze, Jiang Liangwen, Song Zhang, et al.Research on the mountain disaster and geological alignment fundamental of Sichuan-Tibet Railway running through N-S mountain area[J].Journal of Railway Engineering Society, 2016(2): 21-24.

[2] Yang F R, Lee C H, Kung W J, et al. The impact of tunneling construction on the hydrogeological environment of"Tseng-Wen Reservoir Transbasin Diversion Project" in Taiwan[J].Engineering Geology, 2009, 103: 39-58.

[3] 王纯祥，蒋宇静，江崎哲郎，等．复杂条件下长大隧道涌水预测及其对环境影响评价 [J]. 岩石力学与工程学报，2008，27（12）：2411-2417.
Wang Chunqiang, Jiang Yujing, ESAKI Tetsuro et al.Prediction of groundwater inflow in long tunnel and its influence on environment under complex condition[J]. Chinese Journal of Rock Mechanics and Engineering, 2008, 27(12): 2411-2417.

[4] 赵瑞，许模，范辰辰．隔挡式背斜区隧道群地下水渗流场模拟演化 [J]. 现代隧道技术，2015，52（3）：69-74.
Zhao Rui, Xu Mo, Fan Chenchen.Numerical Simulationof the Groundwater Seepage Field of a Tunnel Groupin an Ejective Anticline Zone[J].Modern Tunnelling Technology, 2015, 52(3): 69-74.

[5] 李豫馨，夏强，许模，等．隧道开挖过程涌水量的动态模拟 [J]. 现代隧道技术，2015，52（5）：125-144.
Li Yuxin, Xia Qiang, Xu Mo, et al.Dynamic simulation of water inflows during tunnel excavation[J].Modern Tunnelling Technology, 2015, 52(5): 125-144.

[6] Zaidel J, Markham B, Bleiker D. Simulating seepage into mine shafts and tunnels with modflow [J]. Ground Water, 2010, 48(3): 390-400.

[7] Perrochet. Confined flow into a tunnel during progressive drilling: an analytical solution[J].Ground Water, 2005, 43(6): 943-946.

[8] 杜延龄，许国安．反求水文地质参数的方法 [J]. 水利水电技术，1994（2）：30-34.
Du Yanling, Xu Anguo.Methods for inverse acquisition of hydrogeologic parameters[J].Resources and Hydropower Engineering, 1994(2): 30-34.

[9] 许国安，邵宇．锦屏二级水电站引水隧洞三维渗流分析 [J]. 长江科学院院报，2009，26（s1）：18-22.
Xu Anguo, Shao Yu.Three dimensional seepage analysis on diversion tunnel of jinping No.2 hydropower station[J].Journal of Yangtze River Scientific Research Institute, 2009, 26(s1): 18-22.

[10] 夏强，王旭升，Peeter E，等．锦屏二级水电站隧洞涌水的数值反演与预测 [J]. 岩石力学与工程学报，2010，29（s1）：3247-3253.
Xia Qiang, Wang Xusheng, Peeter Eetal.Inverse problems and prediction of water inflow in tunnels of Jin Ping II hydropower station[J].Chinese Journal of Rock Mechanics and Engineering, 2010, 29(s1): 3247-3253.

[11] 宋词，许模．基于 Winpest 反演分析的降雨入渗补给量分区 [J]. 南水北调与水利科技，2013，11（5）：103-107.
Song Ci, Xu Mo. Rainfall infiltration recharge partition based on winpest inversion analysis[J].South to north water Transfers and Water science & Technology, 2013, 11(5): 103-107.

[12] William W,Simpkins. A multiscale investigation of ground water flow at clear lake, lowa[J]. Ground Water, 2006, 44(1): 35-46.

[13] Harbaugh A W.MODFLOW-2005, the U.S.Geological survey modular groundwater flow process[R].[S.1]: US Geological Survey, 2005.

[14] 夏强，万力，王旭升，等．UCODE 反演程序的原理及应用 [J]. 地学前缘，2010，17（6）：147-151.
Xia Qiang, Wan Li, Wang Xusheng etal. Principles and applications of the inverse problem program: UCODE[J].Earth Science Frontiers, , 2010, 17(6): 147-151.

[15] HILL M C, TIEDEMAN C R.Effective groundwater model calibration, with analysis of sensitivities, predictions, and uncertainty[M].New York: Wiley and John Sons, lnc, 2007.

浅谈川藏铁路建设面临的挑战与对策分析

罗远煜

（中铁十六局集团第四工程有限公司，北京 101400）

摘　要：川藏铁路建设是贯彻落实“十三五”交通建设重点工程项目，成为重点推进沿边铁路建设当中的一条重要铁路线，是一条紧密的联系了西藏偏远地方和内地之间的联系，让西藏地区变成一个并不是半隔绝的地方。拟建川藏铁路建设沿线地质条件非常复杂，多年冻土、崩场、高寒缺氧、滑坡、错落、高地震区、地热、岩爆等地质灾害非常严重，具有破坏力强、规模大、灾害发生频繁且难以自理等特点。本文根据当前川藏铁路建设面临的挑战进行分析并提出相应的对策。

关键词：川藏铁路；地质灾害；挑战；对策

Discuss the Challenge for the Sichuan-Tibet Railway Construction and Countermeasure Analysis

Luo Yuanyu

(The fourth engineering co., LTD., China railway 16th bureau group, Beijing 101400, China)

Abstract: Sichuan-tibet railway construction is the implementation of the “much starker choices-and graver consequences-in” traffic construction key engineering projects, become the key of border railway construction, an important railway line.Is a remote place closely linked to the Tibet and the link between the mainland.Tibetan areas into a place not half cut off.Planned along the sichuan-tibet railway construction geological condition is very complex, permafrost, collapse field, alpine hypoxia, landslide, geothermal, strewn at random, and active seismic region, has a very serious geological disasters such as rock burst, destructive of strong, large scale and disasters occur frequently and is difficult to provide for oneself, etc.In this paper, based on the analysis of the current challenges in the process of sichuan-tibet railway construction, and put forward corresponding countermeasures based on the current challenges.

Keywords: Sichuan-Tibet railway; geological disasters; challenges; countermeasures

0 引言

为了加快布局“一带一路”战略铁路互联互通的实施举措，从而推动川藏铁路以及类似复杂艰险山区铁路建设。现在的川藏铁路建设面临难度更大的挑战已在静候中国铁路人的到来。建设环境被内业人

作者简介：罗远煜（1990—），男，助理工程师。

士称之为“地质迷宫”，高差大、海拔高、地质构造作用强、山地灾害多、现实生态环境脆弱等显著特征，这就是修建川藏铁路的条件，但越是困难才能越体现出中国铁路人的“含金量”。川藏铁路建设的工程技术水平在目前来看已达到中国铁路建设史上的顶峰，一旦建成必将成为世界铁路建设史上的丰碑。

1 工程概况

拟建川藏铁路线路总长1629km，线路起源于四川成都，出朝阳湖后将继续向西，经蒲江、雅安、康定、理塘、巴塘、跨过金沙江进入西藏左贡与滇藏铁路（大格铁路南段）接轨，经过八宿、然乌、波密、林芝、米林、朗县、贡嘎等地延伸到达西藏首府拉萨，形成一条川渝地区连接川西北旅游圈和西藏地区，乃至中国西南地区的一条东西向重要通道。是成都至拉萨铁路和藏区铁路网的重要组成部分。

2 川藏铁路建设面临的挑战

川藏铁路建设位于世界上地质构造最为复杂、地质灾害分布最广的“三江”断裂带，线路经区域岭谷相间，山重水复，具有活跃的地应力作用、显著的地形高差、急剧的气候差异、复杂的地质条件和脆弱的生态环境五大环境特征。在建设过程中大型机具功能作用难以发挥，人工、机械效率严重下滑，施工建设极其艰难，面临各种施工困难的影响。针对这些问题，进行深入的探究，从而找出更为科学、合理的优化方案。

2.1 区域环境特征及其对铁路的影响

2.1.1 工程地质特征的不良影响

地壳板块碰撞缝合形成的原因是地壳运动使沉积岩层发生了弯曲，从而产生裂缝、断裂，并留下永久的形迹，这样就形成了地质构造。地质构造是通过地壳运动而引起的变位形迹和岩层变形。地质构造形成的原因是地壳运动，地壳运动则是地质构造的结果。我们清楚地壳内部是一个酷热流动的状态，而地壳结构构造不是均匀的，有的地方非常坚硬，有的地方比较脆弱。地壳中流动的物质会产生巨大的压力，当它们在地壳中运动遇到相对薄弱的地方，由于高温高压的作用将岩浆从这些薄弱的地方涌出，涌出后经过冷却形成火成岩。这些新的岩石不断地挤压周边的岩石和地层，不断将它们向两边推开，这样就形成了地壳缓慢运动。拟建川藏铁路地质构造如图1所示。

冻土对结构的影响主要体现对基础和地表以下部分结构的影响，冻土的冻融循环会对土体产生必然的变形，对结构约束时就会产生相应的力从而形成变形，严重的还会使构件破损，导致基础不均匀变形从而影响上部结构的安全。

地层的厚度超过3倍基础底面宽度且处在独立状态的基础底面以下，在应用过程中不具有土洞形成条件，例如基础位于落水洞附近与宽度低于1m的竖向熔蚀裂隙地段，可以轻视溶洞对建筑地基基础稳定性造成的硬性。当溶洞顶板与基础底面之间的上层厚度小于相关规定标准时，应根据岩溶水活动、岩土的强度与结构、洞内的充填状态、顶板形状以及洞口大小等因素，对洞体进行稳定性分析。如果地质条件与下面其中一种情况相吻合，那么地基基础的稳定性造成以下影响就可以忽略是溶洞造成的：

（1）在微风化硬质可溶性岩石中，洞跨小于洞体顶板的厚度。

（2）当洞体相对较小，基础尺寸大于溶洞的平面尺寸，并且具有充沛的支撑长度。

（3）溶洞中堆积的沉积物比较密实，溶洞的承载力超过150kPa，就不可能会被水冲蚀。

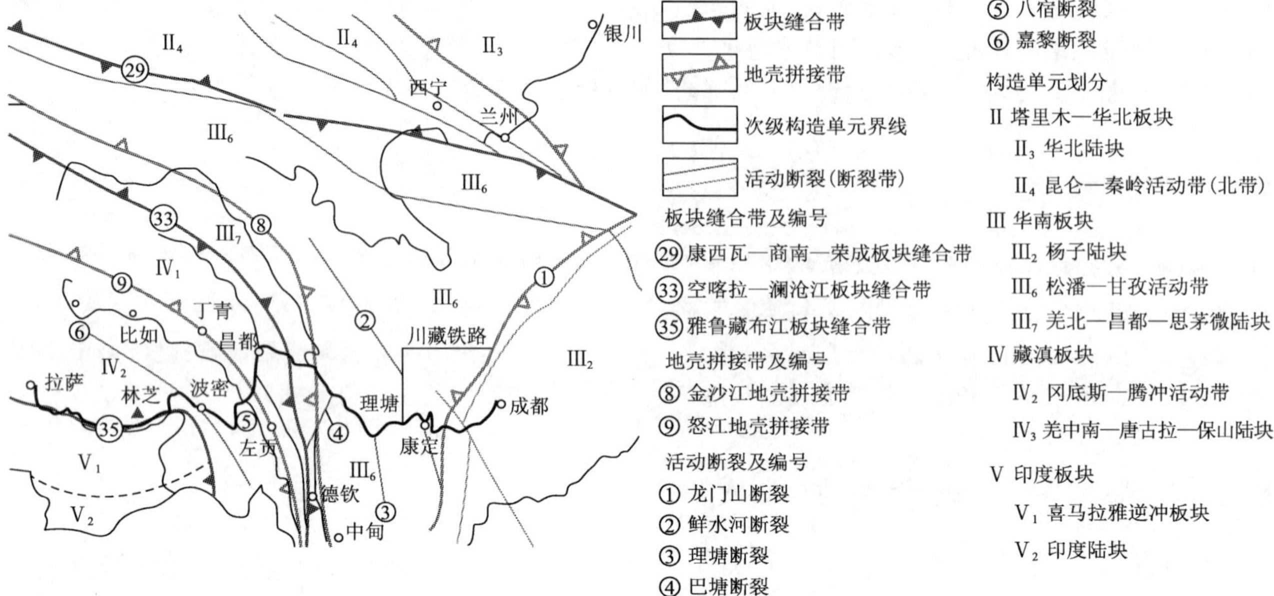

图1　拟建川藏铁路地质构造

2.1.2　区域环境特征的不良影响

对于恶劣的区域环境特征如雨雪、冰冻、强风、泥石流、滑坡、地震等对施工将产生非常大的影响。第一，影响施工生产进度；第二，自然灾害常常具有暴发突然、来势凶猛、迅速之快特点，对施工现场将带来巨大的灾难。

（1）气候特点。

拟建川藏铁路起源于四川盆地，四川盆地气候比较温暖潮湿，线路经过雅安—鹧鸪山—二郎山渐渐的过渡到高原环境气候，降雨量与气温随着海拔的升高反而递减，高原气候环境垂直分带比较明显，夏日最高气温可以达到 36 ～ 40℃，冬季最低气温可以降至 -21 ～ 21℃，其具有昼夜温差大、天寒地冻以及风化作用比较强烈；高原地区的降雨量范围在 450 ～ 1127mm 以内，且具有明显的分配不均称特点。

（2）工程地质复杂特点。

影响线路主要因素有地形地貌、地层岩性、地质构造以及极端的气候环境等地质作用，大型崩滑泥石流、水毁、寒冻风化堆积物体、生长期高陡岩质灾害以及在发育的活动断裂。

拟建川藏铁路沿线地形险峻断裂发育、新构造活动比较活跃，断裂使岩层破碎严重，再加上起伏大的地形，受强降雪、降雨的影响，河、沟水流的严重冲刷，导致应重力所引的边坡高处危岩落石、滑坡、错落、崩塌等不良地质发育，且数量多、范围广、规模大、破坏力强；尤其是在构造发育的雅砻江、瓦斯沟、怒江、澜沧江、帕龙藏布及其支流两侧。面临这些难以治理的地质灾害，是修建这条铁路需要重点突破的难关。

2.2　现代勘察设计技术难度最大

川藏铁路沿线地质条件复杂，多年冻土、崩场、高寒缺氧、错落、滑坡、地震多发区、岩爆、地热等地质灾害比较严重。川藏铁路建设面临的勘探设计难度非常大，乃至世界上都是绝无仅有的，线路是“八起八伏”，爬升的高度累计超过 14000m，相当于在最复杂、最艰险的高山峡谷之间，要修建一条全球技术难度极大的“过山车”。线路突破性的难点在于横跨大渡河之后，即刻就跨越折多山。航空距离大渡河到折多山仅有 51km，爬升的高差在 2500m，线路必须参照盘山公路一样设计，人为把线路地展长，铁路设计称为“展线”。展线设计要考虑的因素有工程难易程度、地形地质条件、车站对当地经济发展的作用等。

2.3 施工技术难度大

川藏铁路穿越横断山、念青唐古拉山、喜马拉雅山三大山脉，跨越大渡河、金沙江、雅砻江、怒江、澜沧江五大水系。线路地形高差大、地质构造运动剧烈、岩性地层及气候条件复杂多变；由于冻土技术问题的特殊性、生态环境的脆弱性和高原及人体生理的不适应性这三大技术方面难题存在，因而工程施工起来难度大。针对遇到的施工技术难题，进行必要的勘察、化验和专题研究探讨，反复地论证其产生的原因、工程存在的风险特点，拟定切实可行的处理施工方案。

3 川藏铁路建设面临的挑战对策

3.1 针对区域环境及其对铁路建设的影响

3.1.1 针对冻土难题

在冻土上修建铁路，气温的变化会影响路基稳定。根据高原气温年变化异常，冬季最低温可降到 -21℃，夏季最高温可达到 40℃。气温升高时，路基出现翻浆、产生滑动，形成搓板路主要原因是冻土融化；气温下调时，路基反常的膨胀，形成冻涨球的原因是路基冻结。冻土当中含有土冰层、裂隙冰、饱冰冻土、泥岩、砂岩、泥沙互层。其中产生热融扩大的原因是温度升高，特别是开挖明洞时，滑塌、仰坡失稳、基地烂泥，开挖隧道后，起拱部位严重的掉块，有可能造成塌方。隧道运营后对结构产生破坏的原因有可能是反复冻融，这种破坏严重的影响安全运营。通车后，必然会从车内排出大量的废热，从而影响铁路路基。为保障路基稳定与持久，可以采纳以下措施解决冻土问题：

（1）采用通风护道与通风路基使得空气对流快，使得周围气温与路基温度一致，不易产生局部温度高，有利于路基稳定。

（2）以桥代路主要是在冻土极不稳定的地方采用。

（3）防水保温层在隧道工程衬砌中设置一道。

（4）混凝土耐久性技术标准需重新讨论研究制定，从而提高混凝土结构的耐久性。以防出现热胀冷缩导致桥墩出现龟纹，使混凝土与冻土紧密接触，养护措施采用负温养护，夏季措施采用挖井制冷、吹风冷却，使温度保持在 10℃左右，冬季采用添加防冻剂、加热，给桥墩包裹一层棉被等措施，确保混凝土的防冻性和耐久性。

3.1.2 针对溶洞难题

针对溶洞施工，紧密地结合现场实际情况和设计文件相关资料，查清溶洞分布范围如何、类型情况（是否有水、大小、充填物、是否在发育中）、岩层的稳定程度和地下水流情况（查明雨季水量有无增长、有无长期补给来源）等，分别采用堵、引、绕、越等方法进行处理。

（1）堵填。

对溶洞发育已经停止，且径跨比较小、没有水，可以依照隧道相交的位置以及填充物的情况，采用混凝土、活干砌片石、浆砌片石予以封堵回填，最终根据现场地质情况决定是否需要采取加深边墙基础。

对于拱以上部分的空溶洞，可以根据岩石破碎程度确定是否采取喷锚支护加固，或者拱顶回填以及加设护拱的办法处理。

（2）引排水。

暗河溶洞出现水流时，宜采用排不宜堵。查清隧道位置与水源流向的关系后，采取的措施有暗管、小桥、涵洞等，引水洞或渲泄水流开凿后，将水排出洞外。

当水流的位置高于隧道或者在隧道上时，应在恰当的位置，采用引水槽或开凿引水斜洞将水位降低到隧道底部位置以下，再进行引排。

（3）跨越。

当溶洞又大又深时，可运用梁、拱跨越。但拱座或梁端必须搁置在稳固可靠的基岩上，需要时可采纳圬工加固。

隧道在不同位置碰到溶洞跨越时采纳以下措施：

①可以采用加深边墙基础，主要是处理隧道一侧出现长而深的溶洞情况。

②可以采用在边墙部位以下或隧底筑拱跨越，主要是处理隧道边墙部位较大、较深的溶洞，所以不适合采取加深边墙基础。

③可以采用在隧道底部以下砌筑浆砌片石，来支撑隧道结构，并在支墙内预埋涵管引排溶洞水，主要是处理隧道底部出现较大溶洞并且有流水现象。

④可以加固两边墙基础，并且根据现场情况设置桥台架梁通过，主要是处理隧道底部及中部出现深峡的溶洞。

⑤可以将隧道顶部的充填物铲除，接着在隧道底部高程以下设置钢筋混凝土横梁，且横梁、纵梁两端嵌入岩层内，此方法是处理溶洞上大下小，并且有部分充填物。

⑥根据情况采用行车梁及边墙梁通过，主要是处理隧道穿越大溶洞且情况比较复杂的地质。

3.1.3 针对高寒缺氧的问题

拟建川藏铁路沿线自然环境恶劣、气压低、海拔高，氧含量低，急性高原病产生的原因是缺氧严重影响劳动能力和人体健康，同时氧含量低会使机械功率下降。

为保障川藏铁路建设者身心健康，可采纳以下解决措施：

（1）采用梯级式顺应，使建设者们慢慢适应不同海拔高度上的气候与环境逐渐由低到高的变化，并且限制劳动强度和工作时间。

（2）坚持“以人为本，保障医疗卫生先行”的原则，制定严格的医疗保障机构体系，对参建者们的身体进行定期检查和及时的治疗。

（3）加强对医务人员和医疗设备的建设，施工现场医务人员以及配备的医疗设备必须满足现场需求，现场的高压氧仓经过加压充氧，模拟出近似海平面气候环境，对低压、缺氧所导致的种种疾病治疗有综合疗效。

3.1.4 针对工程地质复杂问题

不良地质产生的原因是地壳上部的岩土层受到各种内外动力地质的作用。如地壳运动、地震、流水作用以及人类工程活动等因素作用的影响而发生变化，这些变化影响着原有的地质、地形地貌及地下水等地质的变化，从而产生边坡高处危岩落石、滑坡、错落、崩塌等不良地质。针对这些不良地质，可以采纳以下措施解决：

（1）排水。

对于地表水，主要采用截水沟和排水明沟两种系统。截排来自滑坡体外的坡面径流主要采用截水沟，在滑坡体上设置树枝状的排水明沟系统，以汇集坡面的水流排出滑坡体外。

地下水的排除可以设置各种形式的渗沟或盲沟系统，以截排来自滑坡体外的地下水流。

（2）支挡。

在滑坡体的下部位置修筑挡土墙、锚杆加固或抗滑桩等措施，来增加滑坡下部的抗滑力。在使用支挡工程时，应该明确各类工程的作用。如滑坡前缘有水流冲刷，则应首先在河岸作支挡等防护工程，然后再考虑滑体上部的稳定。

(3)刷方减重。

主要是采用降低坡高或削减坡角,来减轻斜坡不稳定部位的重量的下滑力。

(4)改善滑动面的岩土性质。

为了改善岩土性质、结构,以及增加坡体强度,对岩质滑坡可以采用固结灌浆,土质滑坡可以采用电化学加固、焙烧、冻结等措施。

(5)预防措施。

在上游汇水区,做好水土保持工作,调整地表径流,横穿斜坡修建导流堤,修筑排水沟,使水不沿坡度较大处流动,以降低流速;加固岸坡,以防岩土冲刷和崩塌。

3.2 现代勘察设计与工程应用

近年来,摄影测量与遥感技术正以十分惊人的速度发展,根据传感器的空间分辨率和光谱探测能力的不断提高,迅速地发展到雷达干涉测量、高光谱遥感、高分辨率卫星遥感等一系列新技术为铁路建设摄影测量和遥感技术注入了新的活力。因此,随着摄影测量与遥感技术突飞猛进的发展,尤其是与GPS的集成应用,将为我国建设工程项目提供了动态基础信息与科学决策依据。

在建设工程中,摄影测量技术与遥感技术作为一种比较先进的勘测技术,在不断地为提高选线质量以及勘测资料质量;提高勘测设计效率;改善勘测工作条件;尤其是在节约基建投资等方面,具有显著的经济效益和社会效益,是建设工程项目勘测设计以及现代化管理的重要内容。

3.3 现代监测技术与运用

GIS技术是通过对环境影响进行预测和模拟,从而确立环境因素、预测和环境质量进行科学分析与描述。环境空间属性可通过GIS技术支持,各种输出与转化功能可以通过数据库空间数据的采集和管理、查询、编辑、分析,图形处理和制图,清楚地分析其结果。影响最终的评价结果有评价指标或质变。鉴于评价单元赋值的实际操作需要,通过相同意义要素条件采用GIS技术的不同手段,有针对性地提取不同表征形式指标是研究的关键技术之一。

3.4 冬季施工的困难性

高原地区,冬季比较寒冷,最低温度可达到-20.7℃,昼夜不仅温差较大,而且气候还比较干冷,日照相对比较充足,但空气稀薄。因冬季施工经验资料在当地没有地方借鉴,且气候条件在冬季比较特殊,混凝土只能通过水平运输入模,但温度却难以保证,混凝土常规的保温措施是难以满足规范要求的,故冬季施工只有借鉴一般的冬季施工措施,还应根据当地特殊地理环境以及气候特征,因地制宜地制定相应的冬季施工方案以及管理办法,才能有效地保证工程质量和施工进度。

4 川藏铁路建设探讨

川藏铁路建设中不只是遇到这些技术难题“高寒缺氧、多年冻土、生态脆弱”三大难题,还有其他方面的技术难题。比如混凝土的耐久性;恶劣的自然环境对混凝土质量提出了比较高要求,对于混凝土的抗冻性、耐磨性、抗氯离子渗透性等八项重要指标提出了高标准要求;另外,还有防沙治沙,强紫外线的辐射,这些因素主要是影响建筑材料的耐久性,运输设备应适应高原性,主要是影响柴油机功率的折减、电器设备绝缘性能的降低等。且川藏铁路地理位置处在高原,自然环境和地质条件都比较特殊,应加强对施工工期以及地质问题的研究探讨,进一步地优化和完善设计方案,这是建设世界上一类高原冻土铁路的必然条件。紧密地与施工现场相结合,开展多次现场检查以及冬季设计方案复查,具有针对性问题,进行必要的现场勘探、化验和专题研究探讨，反复地论证其产生的原因及工程危害特征，编辑可实施性的处理方案。经研究结果：查清川藏铁路施工中出现的新添工程地质问题，制定实时性处理措施。川藏铁路地处特殊高原地带气候条件冷暖，工程在施工中受风沙运移、地形地貌、地下水及地表水径流条件的改变，是造成川藏铁路施工中出现各类新增工程地质问题的最主要原因。要确保铁路工程建设质量环节，需加强对施工地质工作，动态设计、动态补强优化等一系列的措施。

5 结语

川藏铁路是世界上海拔最高、线路最长的高原铁路。线路须正面穿越横断山脉三江并流区，其具有地形高差大、岩石建造多重发育、断裂构造活动强、表生改造强烈、重力地质运动速度快、不良地质规模大的工程地质特点。总而言之，川藏铁路沿线工程地质条件极其复杂，勘察设计及施工难度都非常大，本文通过对川藏铁路建设面临的施工困难，提出了相应的解决对策。

多年冻土地区修建铁路是一项比较新颖的技术领域，长时间的自然条件变化，使冻土生存环境发生着巨大的变化。随着科学技术的发展、研究成果和工程实践经验的积累，使我们逐渐深入地认识冻土和自然条件的变化。科学技术的发展以及新技术新材料新工艺的涌现，为各类工程病害提供了新的手段。在这种情况下，川藏铁路建设就带有某种科学性和探索性，因此，要想在冻土上建设高原一流的铁路，就必须和其他非寒区工程建设有不同的举措，需采用动态设计。通过动态设计和信息化反馈施工，有力地保证川藏铁路的可靠、稳定及安全。

参考文献

[1] 何竹，吕光东，金建立．川藏公路西藏段主要地质灾害及成因分析 [J]. 中国西部科技，2009（2）：7-8.
He Zhu, Lv Guangdong, Jin Jianli. Sichuan-Tibet highway in Tibet section of main geological disaster and cause analysis [J]. Science and technology in western China, 2009(2): 7-8.

[2] 李文斌，王荣，谢华，等．高原医疗救援队建立初探 [J]. 解放军医院管理杂志，2012，06.
Li Wenbin, Wang rong, Xie Hua, et, al. Plateau medical rescue team to establish a preliminary study [J]. The people’s liberation army hospital management magazine.06, 2012.

[3] 肖治微．高寒地区混凝土抗冻性试验研究 [D]. 重庆交通大学，2010.
Xiao Zhihui. Cold area concrete frost resistance test research [D].Chongqing jiaotong university; In 2010.

[4] 姜泽凡．川藏公路沿线地质灾害及其形成条件与整治对策 [J]. 四川地质学报，1996（3）：244-249.
Jiang Zefan. Along the Sichuan-Tibet highway geological disasters and its forming conditions and management countermeasures [J]. Journal of sichuan geology; 1996(3): 244-1996.

[5] 邹强，杨伟，崔鹏．川藏公路泥石流危险性评价 [J]. 山地学报，2013（3）：342-348.
Zou Qiang, Yang wei, Cui Peng. Sichuan-Tibet highway debris flow risk assessment [J]. Journal of mountain, 2013(3): 342-348.

[6] 陈炜涛，张昆．川藏公路地质灾害防御体系及防治对策研究 [J]. 中国地质灾害与防治学报，2005（3）：63-66.
Chen Huitao, Zhang Kun. Sichuan-Tibet highway geological disaster prevention system and the control countermeasure research [J]. China’s prevention and control of geologic disasters and journal, 2005(3): 63-66.

[7] 巫建晖，张正波，等．川藏公路山地灾害特征及对西藏可持续发展的影响 [J]. 水土保持研究，2008（4）：142-144.
Wu Jianhui, Zhang zhengbo, etc. Sichuan-Tibet highway mountain disaster characteristics and the impact on the sustainable development of Tibet [J]. Soil and water conservation research, 2008(4): 142-144.

[8] 刘盛健 . 川藏公路地质灾害危险性评价 [D]. 重庆：重庆交通大学，2011.

Liu Chengjian. Sichuan-Tibet highway geologic disaster danger evaluation [D].Chongqing: Chongqing Jiaotong University, 2011.

[9] 郭国和，陈尊兰，等 . 川藏公路南线典型冰湖及其溃决危险性评价 [J]. 水土保持研究，2009（2）：50-55.

Guo Guohe, Chen Zunlan, etc. Sichuan-Tibet highway south lake and its typical dam risk assessment [J]. Soil and Water Conservation Research, 2009(2): 50-55.

[10] 梁光模 . 川藏公路南线（西藏境内）泥石流灾害与防治对策 [D]. 成都：西南交通大学，2005.

Liang Guangmo. Debris flow hazards in the Sichuan-Tibet highway, the downtown（Tibet）and prevention countermeasures [D]. Chengdu: Southwest Jiaotong University, 2005.

强震高原季节性冻土区隧道洞口浅埋段施工探讨

刘 泽

（中铁二局第四工程有限公司，成都 610300）

摘 要："汶川5·12"震后修建的汶马高速鹧鸪山隧道出口端洞口位于浅埋偏压滑坡堆积体，常规方法进洞出现异常变形，通过地质补勘，采用地表注浆、锚索抗滑桩、钢管桩、抗偏压挡墙措施，左线隧道得以成功进洞；通过温度场监测，得出高原季节性冻土区温度变化规律，洞口100m长度采用径向注浆固结隧道周边1.5m范围围岩，洞口600m中心水沟埋置在冻土线下，洞口设保温出水口，控制冻融循环破坏隧道结构和排水系统，可为类似环境工程设计和施工提供借鉴。

关键词：强震；季节性冻土；浅埋隧道；施工探讨

The Construction Discussion on Shallow Buried Section of Tunnel Portal in the Seasonal Frozen Soil Area of Strong Earthquake

Liu Ze

(China Railway ERJU 4th Engineering Co. Ltd, Chengdu 610300,China)

Abstract: The export of Zhegushan tunnel of Wenchuan Maerkang highway building after "5·12 Wenchuan earthquake" is at the bias of the shallow landslide, occurred abnormal deformation of conventional method, through geological prospecting, the left line tunnel is successfully entrance into the hole after use the measures of surface grouting, anchor cable anti slide pile, steel pipe pile, anti bias retaining wall, through the temperature field monitoring, it is concluded that the temperature change law of the seasonal frozen soil area, use the radial grouting to consolidate the surrounding rock of 1.5m range in the 100m length of the tunnel. the center ditch of the portal 600m length in the tunnel is buried under the frozen soil line, the hole using insulation outlet, control damage to the tunnel structure and drainage in the freeze-thaw cycle, which can provide reference for similar environmental engineering design and construction.

Keyword: strong earthquake; the seasonal frozen soil area; shallow buried tunnel; construction discussion

隧道围岩介质在强震后失稳或破坏导致对地下结构约束或承载能力丧失，在这种情况下，地下结构最终将丧失其基本功能甚至破坏[1]。地下结构的埋深影响着地震对地下结构的破坏，埋深厚度越小，地震时地下结构所遭受的破坏越大，当地下结构的埋深厚度在50m以内时，地下结构很容易遭到地震破坏；隧道洞口浅埋段一般在地震发生时破坏最为严重。

地震震害机理归纳为围岩失稳引起的破坏与地震惯性力引起的破坏。围岩失稳引起的破坏多数发

作者简介：刘泽（1975—），男，高级工程师，国家注册一级建造师。

生在岩性变化较大、断层破碎带、浅埋地段或隧道结构刚度远大于地层刚度的围岩之中。地震惯性力引起的破坏多数发生在浅埋或明挖的地下结构。震害调查表明，浅埋结构的地震破坏比深埋结构发生的频度和程度都要高许多，埋深越浅，破坏作用越显著[2,3]。都汶高速公路大部分隧道都经历了震害。其中5%的隧道属于轻度震害，22%的隧道属于中度震害，73%的隧道为严重震害[4]。

"汶川5·12"地震对新建汶马高速公路鹧鸪山隧道洞口堆积体的扰动较大，岩体裂隙扩张、松弛破坏；偏压松散堆积体受强震和多次余震及冻融循环的综合影响，对隧道施工和营运有重要影响。

1 工程概况

汶马高速公路起点位于汶川县城以南凤坪坝，终点止于马尔康卓克基。路线长173.3km。鹧鸪山隧道地处四川阿坝藏族羌族自治州境内，隧址区地处川西北高原南缘，邛崃山脉北段，属青藏高原东缘与四川盆地西北边缘交错接触带，地形呈蜿蜒起伏的立体单元，高山、高原过渡侵蚀深切高山峡谷地貌，隧址地面高程3050～4623.8m，地势陡峻。鹧鸪山隧道是汶马高速穿越鹧鸪山的深埋特长隧道，隧道左洞长8808m，右洞长8778m，最大埋深1392m，洞口高程3220m。隧道设计为双向四车道高速公路，开挖宽13.02m、高10.49m，开挖断面112㎡。鹧鸪山隧道横断面及洞口位置如图1所示。

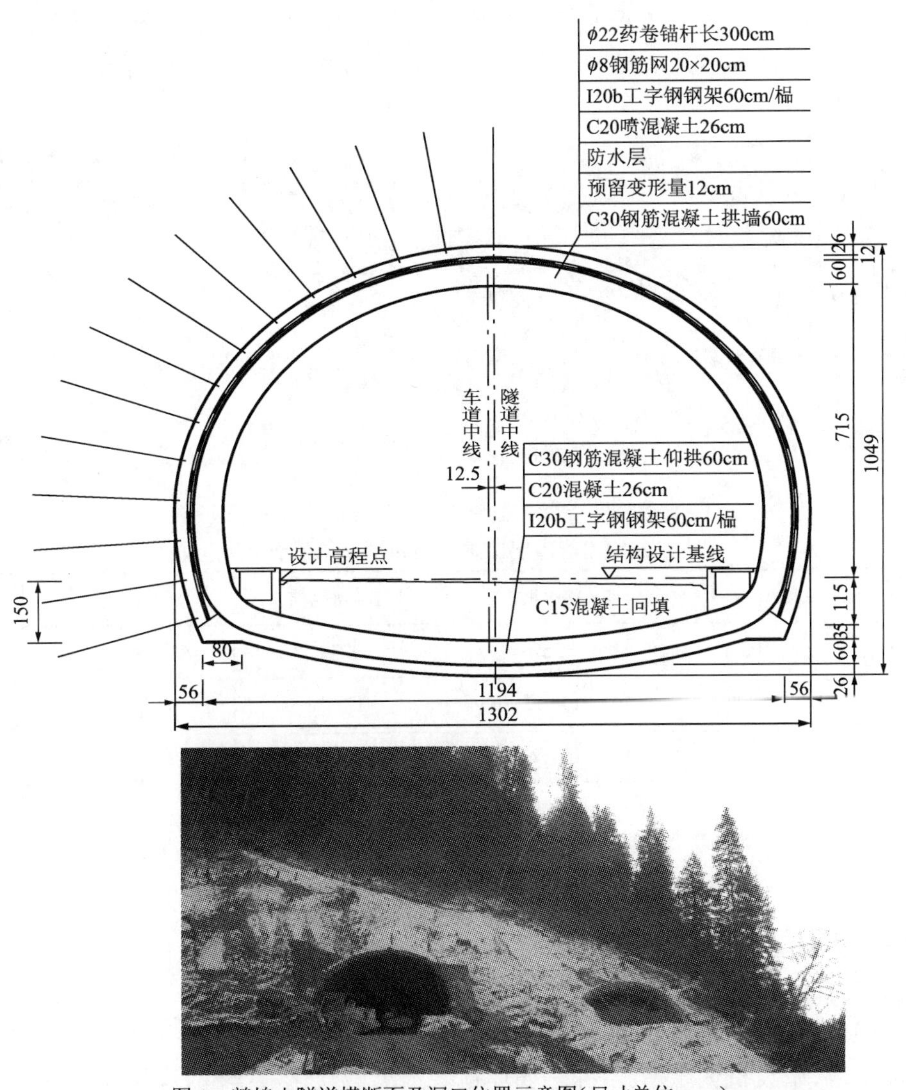

图1 鹧鸪山隧道横断面及洞口位置示意图(尺寸单位：mm)

隧道洞身围岩为新都桥组、侏倭组及杂古脑组三套地层；岩性主要为千枚岩、板岩、变质砂岩，三者互为夹层，受构造影响强烈；千枚岩遇水时易软化或泥化，受构造强烈挤压影响，岩体局部较破碎，隧道施工面临大变形、岩爆、涌突水、断层破碎带等不良地质。隧址紧邻地震活动频繁而强烈的松潘、龙门山地震带，地震基本烈度Ⅶ度。隧址区属大陆性高原季风气候，年平均温度6.3℃。

隧道洞口位于王家寨沟右岸斜坡下部，坡上地形较陡，坡表为第四系崩坡积碎石，斜坡横坡35°～40°，植被发育，厚2.0～10.0m，松散—稍密，其下伏基岩以变质砂岩与板岩互层为主，裂隙发育，岩体破碎。

2 原设计方案进洞问题

按初步勘测地质资料设计的进洞，进洞前施作洞顶截水沟、洞口边仰坡、拱部超前管棚。边仰坡锚喷网防护，超前管棚参数：50cm厚混凝土套拱，ϕ108mm管棚，L=36m，环向间距40cm，管棚外插角1°～2°。隧道洞口左线之间净距约20m，先行洞进洞30m后开始左洞进洞。

隧道洞口段为Ⅴ级围岩，台阶法开挖。2012年9月开挖进洞，右洞进洞约35m，左洞进洞约5m，仰坡出现3cm宽裂缝，洞内出现较大沉降变形，尤其是左洞进洞口部5m上台阶环形开挖拱部初期支护拱顶沉降达252mm，K188+480地表沉降达321mm，隧道地表出现向洞口大里程和低侧的位移，停止施工。隧道洞口开挖见图2，洞顶仰坡开裂见图3，洞口拱顶沉降见表1，左洞地表沉降槽曲线见图4，洞顶地表沉降历时曲线见图5。

图2 洞口开挖

图3 洞顶仰坡开裂

鹧鸪山隧道出口端洞口拱顶沉降统计表　　表1

里程	ZK188+481	ZK188+482.5	ZK188+484	空白	空白
左洞拱顶沉降(mm)	-198	-252	-248	空白	空白
左洞水平收敛(mm)	128.22	158.12	135.5	空白	空白
里程	K188+470	K188+475	K188+481	K188+487	K188+492
右洞拱顶沉降(mm)	-55	-66	-151	-146.9	-193
右洞水平收敛(mm)	30.2	38.6	82.5	118.23	92.12

隧道洞顶地表左线最大位移值213mm，右线洞顶地表最大位移值225mm，监测数据显示靠山侧地表位移较大，隧道出口端地表位移见图6。

原因分析：隧道洞口位于浅埋松散堆积体，强震后松散地层稳定性差；洞口为偏压滑坡体，进洞前未加固洞口松散体地层，未设抗偏压措施；冻融循环地表水渗透软化破碎围岩，导致大变形。

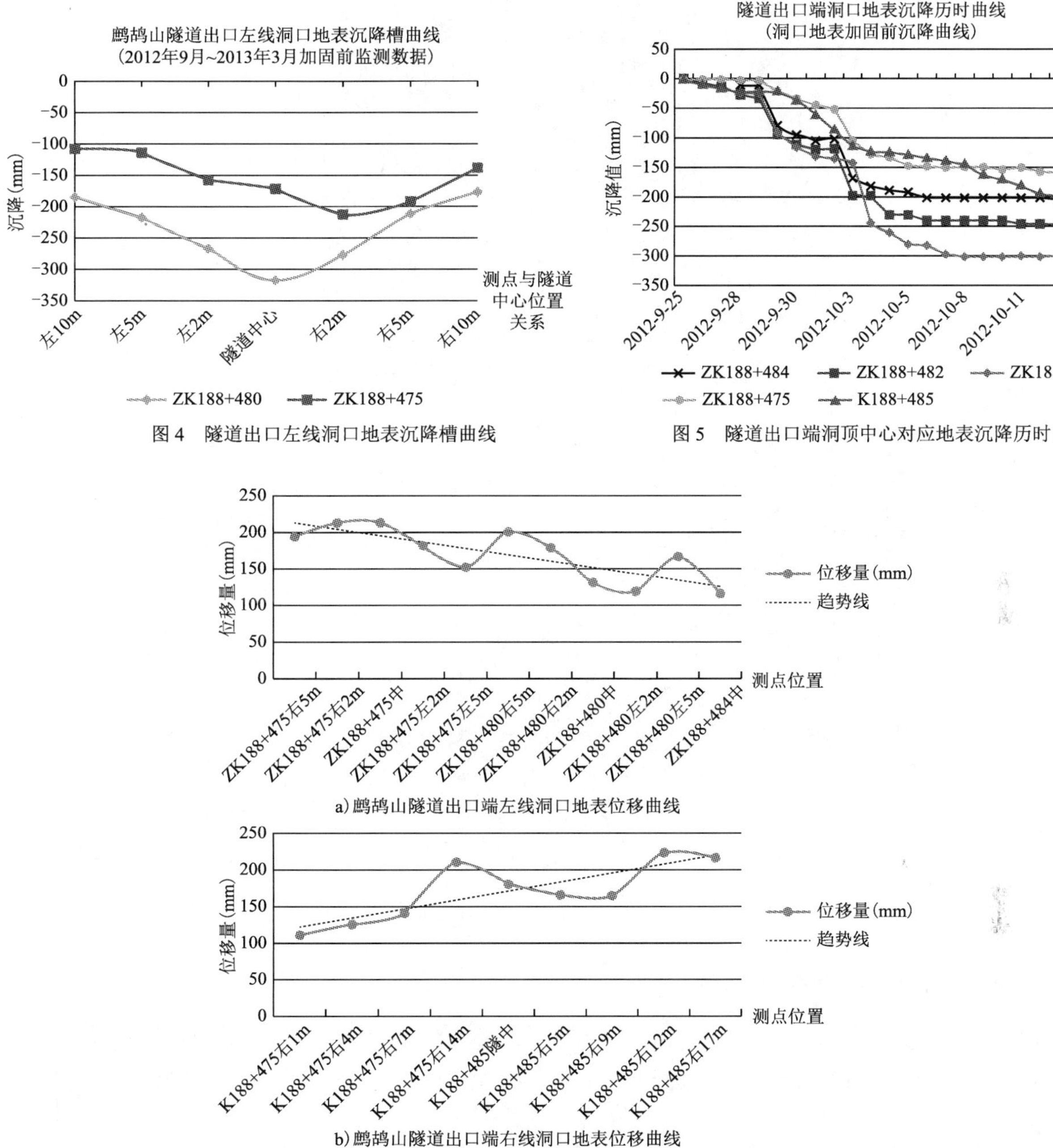

图4 隧道出口左线洞口地表沉降槽曲线

图5 隧道出口端洞顶中心对应地表沉降历时曲线

a）鹧鸪山隧道出口端左线洞口地表位移曲线

b）鹧鸪山隧道出口端右线洞口地表位移曲线

图6 鹧鸪山隧道出口端洞口地表位移曲线

3 鹧鸪山隧道出口端加固

3.1 地质补勘

针对鹧鸪山隧道出口端进洞出现异常变形，2012 年 10 月在隧道洞口重新补充钻孔勘测，坡表为第四系崩坡积碎石，厚 8 ～ 16.9m，其下伏基岩为变质砂岩与板岩互层，岩层陡倾，裂隙发育，岩体破碎；隧道左洞口洞身大部分位于一级滑移体范围内，上半断面洞身地质为松散堆积体，下部为变质强风化砂岩，基底软弱，存在较大偏压，洞口地质补勘见图 7。

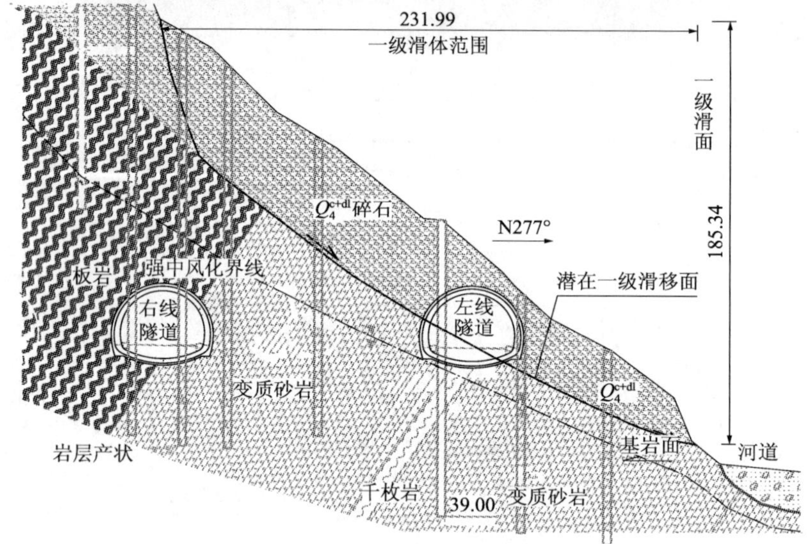

图 7 鹧鸪山隧道出口端地质补充勘察和地质纵断面图(尺寸单位:m)

3.2 震后洞口段松散偏压地层加固

根据补勘地质和右线洞口已开挖段出现的变形,综合考虑高原季节性冻土区洞口浅埋段受冻融影响严重因素。隧道洞口段采取地层注浆、坡面网喷、钢管桩、抗滑桩、洞内径向地层注浆、隧底注浆等措施综合加固:

(1)钢管桩 + 联系梁:左洞轴线两侧约 7m 外各设置三排钢管桩,根据地形桩长采用 20m、24m 及 28m,采用 ϕ133 钢管,排距 1.00m,间距 2.00m。

(2)钢花管 + 挂网喷混凝土:在两侧联系梁之间的仰坡上设数排 4 ~ 19m 长 $\phi48\times3.5$mm 钢花管,间距 2.0m,梅花形布设,喷射混凝土厚 12cm。

(3)滑移Ⅰ区锚索抗滑桩:在左线隧道靠河侧设一排锚索抗滑桩,抗滑桩间距 5m,桩尺寸 2m×3m,桩长 50m,桩顶设两根 $4\times\phi_s$ 15.2mm 预应力锚索,锚索穿过潜在滑移面。

(4)滑移Ⅱ区:仰坡上设一排锚索抗滑桩,间距 5m,尺寸为 2.4m×3.6m,桩长 59m,桩顶设置两根 $4\times\phi_s$ 15.2mm 预应力锚索。

(5)隧底注浆:强震后松散地层基底松动破坏,承载力差,左线隧道底部采用钢花管注浆加固。

(6)隧道洞口 100m 长度周边围岩径向注浆固结。

(7)洞口靠河侧设置抗偏压挡墙。隧道出口端洞口加固平面示意图见图 8。

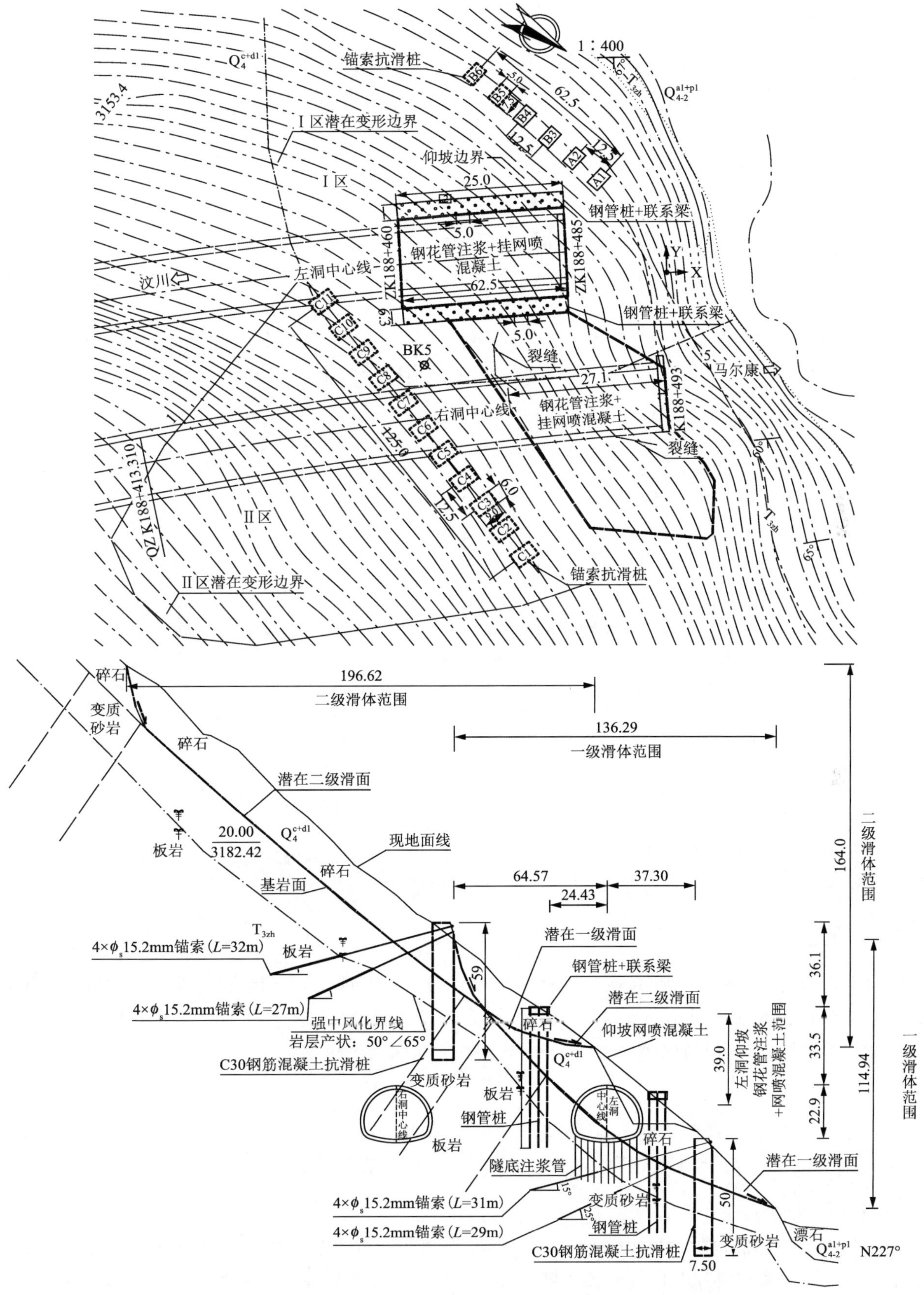

图 8　鹧鸪山隧道出口端洞口加固平面和纵断面示意图(尺寸单位：m)

4 施工分析

通过隧道洞口抗滑桩和锚索、钢管桩、钢花管注浆、抗偏压挡墙加固，隧道洞口强震后松散体得以固结，偏压地层采用抗滑桩和锚索分级锚固，左线隧道重新进洞，右线隧道开始继续掘进。

4.1 隧道洞口段施工方案优化

鹧鸪山隧道位于高原季节性冻土区，洞口浅埋段施工必然受到外部环境影响，强震后隧道浅埋松散破碎地层具有较强的渗流通道，提供了冰雪融化水和地表水渗入隧道的通道。

已进洞右线隧道进洞口部35m三台阶法机械开挖，隧道仰拱初支封闭成环前变形较大，仰拱封闭后沉降逐步稳定。三台阶七步法多次开挖对围岩的扰动次数多，初支闭合成环时间长，地表山体偏压，左高右低，初支受偏压影响，偏压侧发生较大变形；洞顶松散地层受冻融影响，围岩自稳性能变差，冻融水进入隧道结构，洞身受地下水浸泡，围岩自稳性降低。右线隧道洞口两个典型断面拱顶沉降变形历时曲线见图9。

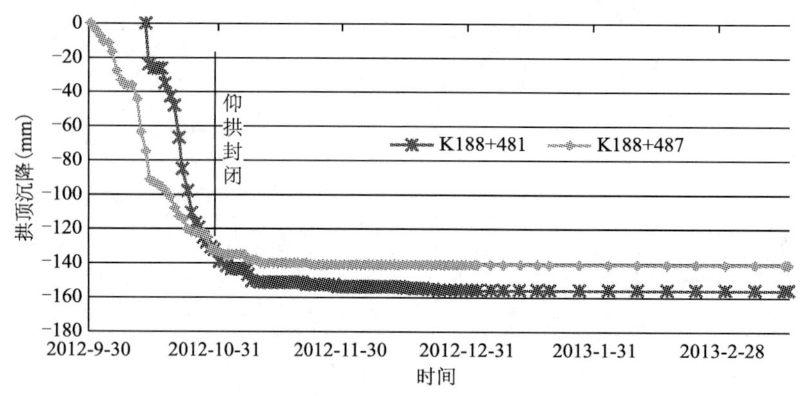

图9 鹧鸪山隧道右线洞口三台阶法施工沉降曲线

结合右线隧道洞口已掘进段和加固后洞口地层特点，对二台阶、三台阶和掌子面预留核心土台阶分部法的施工方法进行数值模拟分析和比选，左线隧道进洞采用掌子面留核心土台阶分部法开挖，该方法有利于抑制掌子面位移，拱部留核心土环向开挖循环进尺长度为1榀钢架间距，下台阶一次开挖长度不超过2榀钢架，仰拱一次开挖长度不超过3m，仰拱安全步距控制在35m内[5]。

4.2 施工分析

通过洞口全方位加固，拆除左洞进洞5m较大变形段，采用留核心土台阶分部法开挖得以安全进洞，洞口段隧道开挖预留沉降量70mm，未出现侵线；但强震后松散体滑坡偏压地层对隧道衬砌的影响持续时间仍然较长，导致洞口段衬砌出现裂纹，持续观测1年裂纹基本稳定。

4.2.1 地表位移

洞口地层加固后左线隧道开挖洞顶地表最大位移96mm，加固前左右洞开挖洞口地表最大位移213mm，大大地减小了地表相对位移量。地表加固前后隧道开挖地表位移最终值见图10。

4.2.2 拱顶沉降

加固后左线隧道洞口段拱顶沉降最大值65mm，加固前洞口段左右线隧道拱顶沉降最大值252mm，加固后拱顶沉降得到控制，上台阶开挖沉降占比达45%，在仰拱初期支护封闭成环后沉降逐步区域稳定，加快隧道仰拱初期支护封闭速度，有利于控制沉降，拱顶沉降见图11。

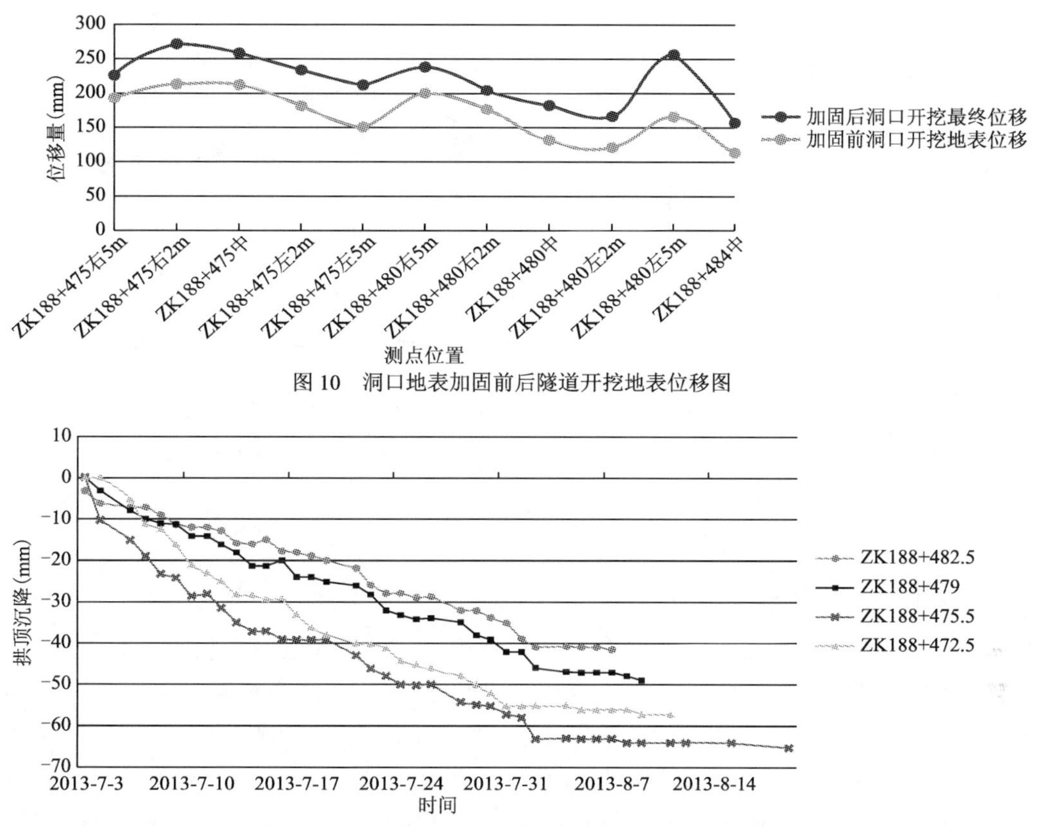

图 10 洞口地表加固前后隧道开挖地表位移图

图 11 鹧鸪山隧道出口端左线洞口段拱顶沉降历时曲线

4.2.3 温度监测

鹧鸪山隧道洞口位于 3200m 高原季节性冻土区，隧道洞口浅埋段极易受到冻融循环影响。在冻土的形成过程中，当未冻岩体中的水变成冰时，发生相态变化，体积膨胀增大约 9%，隧道衬砌与周围围岩对含水围岩的冻结膨胀是一个约束的壳体，它们的变形对冻胀力存在释放的作用；隧道衬砌所受的冻胀力，不仅和冻结围岩和未冻结围岩的体积膨胀率有关，还和隧道衬砌与周围围岩对冻结围岩的约束作用有关 [6]。为此，对隧道洞口段温度场进行监测，为设计和施工提供温度场参数，主要包括隧道洞外大气温度、洞口段围岩温度场、隧道洞口段隧道内空气温度监测。

在隧道内围岩径向 3.5m 范围内埋设温度元件，从隧道洞内表面至 2m 深度测温元件间距 0.25m，2~3.5m 范围每 0.5m 设一个温度元件。通过 1 个冻融循环温度场监测，隧址区冬季冻土层最大厚度达 1.01m，夏季完全融化，为季节性冻土地带。隧道内的气温与洞口外气温变化有相同趋势，呈正余弦曲线变化。隧道内围岩表面温度与洞内温度接近，但随着径向距离的增加，温度逐渐接近岩体自身地温。隧道围岩温度在 0~1.5m 范围内梯度较大，受环境温度影响较大，超过 1.5m 范围，围岩温度逐渐稳定，受环境影响极小。为此，隧道洞口段 600m 中心水沟埋置深度为设计基线下 1.3m，洞外设保温出水口，洞口段 100m 采用径向注浆加固周边 1.5m 深度围岩，防止冬季冻结影响。洞口典型断面围岩温度随径向距离变化见图 12，鹧鸪山隧道出口端洞口保温出水口见图 13。

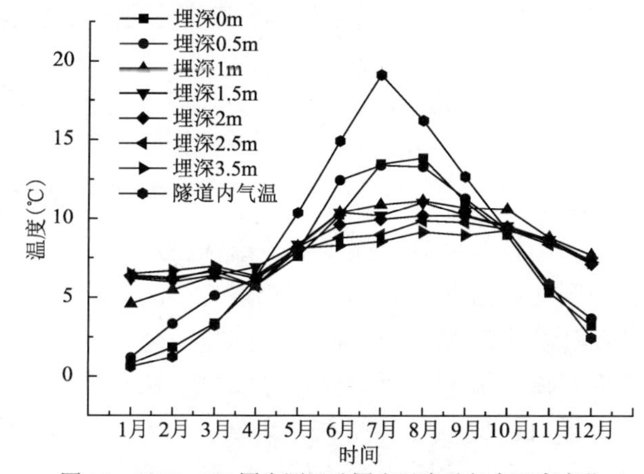

图 12 K188+470 围岩测温孔围岩温度随径向距离变化

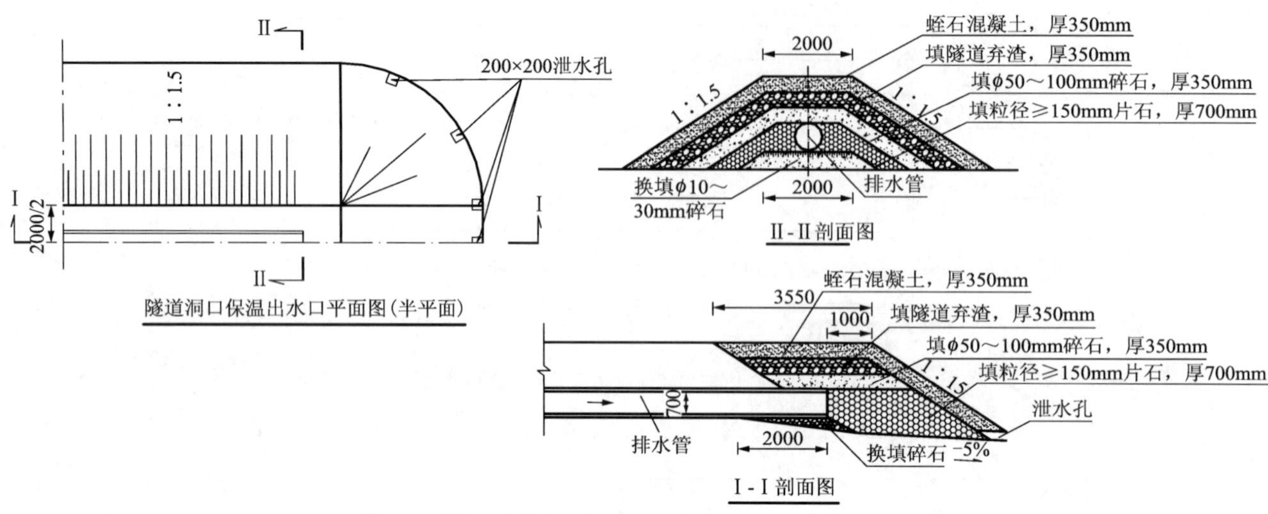

图13 鹧鸪山隧道出口端洞口保温出水口图(尺寸单位:mm)

4.2.4 洞口段二衬接触压力

为掌握二衬在寒季承受冻胀力的情况以及分布规律，于2013年6月6日和9月15日在右、左洞洞口段初支与二衬之间埋设土压力盒。监测结果显示，受偏压影响左洞右拱腰二衬接触压力相对较大，为0.588MPa，其余部位压力0.1MPa以下，结构受力不对称，右拱腰处应力值约为左拱腰应力值的7倍；右洞右拱腰二衬受到压应力值最大，为0.048MPa，其次为左拱肩，拱顶和左拱腰监测值较小，右拱肩在左洞尚未开挖时，二衬受压应力作用，开挖后出现拉应力和拉应变。左线隧道洞口浅埋偏压二衬应力监测曲线见图14。

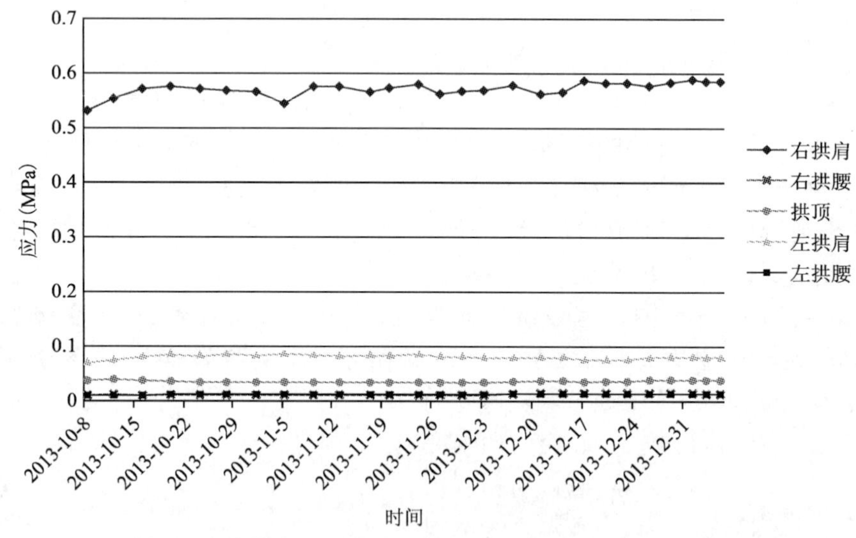

图14 左线隧道洞口浅埋偏压典型断面二衬接触应力监测曲线

杨小礼等将影响偏压隧道结构稳定性的因素概括为四个指标，即围岩超欠挖量、隧道稳定性系数、地震烈度和隧道偏压比[7]。洞口段二次衬砌背后接触应力显示洞口段存在偏压，在不对称荷载的作用下，衬砌易发生裂损，使有效厚度减薄，安全可靠性降低。加之隧道洞口处于高原季节性冻土区，地下水浸入发生裂损的隧道二衬，将会产生冻融，在长期的冻融循环作用下，衬砌裂纹不断扩展，冻害也将持续发展，最终导致衬砌强度和耐久性降低；地表注浆、洞口设置抗偏压挡墙、锚索抗滑桩、钢管桩抑制偏压。鹧鸪山隧道加固后安全进洞施作洞门见图15。

图 15　鹧鸪山隧道加固后安全进洞施作洞门照片

5 结语

强震后鹧鸪山隧道出口端洞口浅埋偏压松散体滑坡地层采用注浆、锚索抗滑桩、抗偏压挡墙加固措施，左线隧道得以成功进洞；通过对围岩变形和内力监测、高原季节性冻土区温度场监测，为优化设计参数和施工方案提供了依据，可为类似环境工程施工提供借鉴。

（1）震后隧道洞口选址宜充分考虑偏压、滑坡体、隧底承载力等不利影响因素，洞口尽量避免设置在不利的水文地质环境，并应通过地质勘探，为设计提供可靠的水文地质参数。

（2）鹧鸪山隧道出口端洞口偏压滑坡体采用锚索抗滑桩、钢管桩、钢化管注浆、隧底注浆、抗偏压挡墙综合处治方案是可行的；根据潜在滑坡体位置设分级锚索抗滑桩，有利于控制震后偏压山体滑坡。

（3）隧道进洞采用预留核心土台阶分部法开挖，有利于抑制掌子面位移，较 CRD 工法更经济、便捷，施工过程中应加强洞内和地表监测，发现异常及时增设临时仰拱和竖向支撑可控制较大变形，类似地层预留变形量宜大于 70mm，防止出现初期支护侵线。

（4）震后季节性冻土区隧道浅埋松动地层更容易受到地表水渗透，冬季洞口段隧道衬砌结构会受到一定的冻胀力作用，加之强震后隧道开挖松动圈范围增大，隧道初期支护和二次衬砌结构设计参数、预留沉降量、二衬施作时机都应充分考虑此影响因素；洞口浅埋松散体地层注浆、洞口 100m 长度周边围岩径向注浆固结，有利于控制季节性冻土区地表水渗透至隧道内，防止冬季地下水冻胀增加隧道压力破坏衬砌结构。

（5）季节性冻土区隧道洞口段应开展温度场监测，提供温度变化和冻结深度数据，为保温抗冻设计提供依据；加深中心水沟埋深，设保温出水口，围岩径向注浆，有利于控制冻融破坏排水系统。

参考文献

[1] 黄胜 . 高烈度地震下隧道破坏机制及抗震研究 [D]. 中国科学院研究生院，2010,05.
Huang Sheng. Study on the failure mechanism and seismic resistance of tunnel under high earthquake intensity[D]. University of Chinese Academy of Sciences, 2010,05.

[2] 郭美贤，等 . 城市地铁车站及隧道结构的震害分析及其对策 [J]. 广州建筑，2006,6: 24-27.
Guo Meixian. Seismic Damage Analysis of Urban Subway Station and Tunnel Structure and the Seismic Damage Countermeasures[J]. Guan Zhou Jian Zhu, 2006, 6: 24-27.

[3] 王明年，林国进，于丽，等 . 隧道抗震与减震 [M]. 科学出版社，2012,11.
Wang Mingnian, Lin Guojin, Yu Li. Tunnel Seismic and shock absorption [M]. Science Press, 2012,11.

[4] 李天斌．汉川特大地震中山岭隧道变形破坏特征及影响因素分析 [J]. 工程地质学报，2009，16（6）: 742-75.
Li Tianbin. Analysis of failure characteristics and influencing factors of mountain tunnel deformation in Hanchuan earthquake[J].Journal of Engineering Geology, 2009, 16(6): 742-75.

[5] 刘泽．季节性冻土区浅埋隧道两台阶留核心土施工技术 [J]. 现代隧道技术，2013，50（6）: 163-173.
Liu Ze.The two step with core soil construction technique in the seasonal frozen soil area of shallow buried tunnel[J]. Modern Tunnelling Technology, 2013, V50(6): 163-173.

[6] 张扯道，王联．高海拔及严寒地区隧道防冻设计探讨 [J]. 现代隧道技术，2004，41（3）: 1-6.
Zhang Chedao, Wang Lian. Discussion on the design of tunnels in high elevation and bitter cold region[J]. Modern Tunnelling Technology, 2004, 41(3): 1-6.

[7] 杨小礼，李亮，刘宝琛．偏压隧道结构稳定性评价的信息优化分析 [J]. 岩石力学与工程学报，2002（4）.
Yang Xiaoli, Li Liang, Liu Baochen.Evaluation on structure stability of unsymmetrically loaded tunnels using the theory of information optimization analysis[J]. Chinese Journal of Rock Mechanics and Engineering, 2002(4).

陡峭山区桥梁纵向便道的选线与修筑技术

肖乾珍

（中铁十二局集团第七工程有限公司，长沙 410004）

摘　要：针对陡峭山区桥梁各墩位之间高差大、便道开挖顺接困难、安全风险大的特点，本文通过修筑把总湾特大桥纵向便道的实例，阐述了便道的选线与道路设计以及相应的修筑技术，并对施工中的经验教训予以总结，提出了便道选线桥位上侧、下侧堆码土袋挡护、渣土分散弃放与利用等方法与建议，为类似工程提供了有益的借鉴与参考。

关键词：陡峭山区；桥梁；便道；修筑

The Route Selection and Construction of Longitudinal Pavement of Bridge in Cliffy Mountains

Xiao Qianzhen

(The 7th Engineering Co., Ltd. of China Railway 12th Bureau Group, Changsha 410004, China)

Abstract: The height difference between bridge piers in cliffy mountains is big, which cause the difficulty of pavement construction and high security risk. Bazongwan bridge as an example, the present paper illustrates route selection, design and construction of longitudinal pavement in cliffy mountains, sum up construction engineering experience, proposal the way of staking soil bag and using muck at the up and down side of pavement, which has a high reference value.

Keyword: cliffy mountains; bridge; pavement; construction

交通是制约一个地区发展的重要原因。而交通道路的修建，考虑保护耕地、避开村庄等因素，选线多从山区经过，因而在山区建高架桥成了必不可少的组成部分。

由于桥梁宽度一定，永久征地宽度基本与桥梁垂直投影宽度一致，在征地范围内无法将施工便道拉通，需另外临时征地以修筑施工便道。纵向便道的贯通，是桥梁主体展开施工的前提；纵向便道的进度、质量，是桥梁主体能否按时开工和顺利开展的关键。

陡峭山区修建桥梁便道，与常规的便道修建相比存在两大难点：一是高差大，各墩位之间便道难以顺接；二是开挖困难，场地受限，需爆破，因而费时长、安全风险大。我们通过修建把总湾特大桥纵向便道的实践，及时总结与改进方案方法，妥善地解决了相应问题。

作者简介：肖乾珍（1971—），男，高级工程师。

1 工程概况

凤凰至大兴高速公路是湖南省“五纵七横”公路主骨架的重要组成部分，是国家规划网中杭州至瑞丽高速公路在湖南境内的一段。第四合同段总长度 2.38km（K16+700 ～ K19+080），位于凤凰县都里乡。主要工程为 K17+850 把总湾特大桥，桥长 2166m。桥梁上部结构为 54m×40m 预应力 T 梁，共 540 片。0 号台～ 4 号墩、12 号墩～ 54 号台均位于陡峭半山腰中，5 号墩～ 11 号墩位于山谷中。墩台位基础高差起伏大，高墩 62.05m，低墩需开挖山体制作墩帽。进场道路可以沿着山谷进入 4 号墩旁。桥面宽度 24.5m，永久征地宽度 26.5m。总工期 24 个月。

梁场考虑放在桥头路基，进场道路距 0 号台路基较近，优先选用。因场地限制，只能横向布置 18 个制梁台座。按正常的制梁进度（平均 1.5 片 /d），制梁需 360d，占合同工期的一半，工期相当紧张。山中墩台位距山谷地面高差大（最高达 75m）且陡，不能直接上山，需在山中开辟纵向便道进入工作面。因此，纵向便道的开通时间直接影响桥梁总工期。

2 山中便道的选线与设计

2.1 测量调查与准备

根据交接的控制桩橛，测量放出红线征地范围，并明显标示出来。再测出各墩台位的轴线、高程，并放出基础的轮廓线，然后深入了解现场情况，了解既有山路、山涧水系、耕地作物、坟墓及地形山势走向等，为初步选择道路走向提供基础资料。

根据设计文件、有关规范以及合同工期要求，编制施工组织设计。根据施组的整体安排，明确纵向便道的开通时间，并根据运输量的大小，确定便道的标准。

2.2 线路选择

山中施工便道首先要满足施工机械工作、材料运输调配的要求。同时还要尽量减少占用耕地、避开坟墓等，尽量减少对环境的破坏，保持原有道路、水系畅通。

（1）主便道全线贯通，支线便道伸入墩台。考虑全线运输的连贯性，并保证全桥能全面开工，主便道不能占用墩台位置，墩台施工时不影响主便道的通行。支线便道尽可能利用红线内征地，选择合适位置与主便道连通。若支线便道不得不从墩台位穿过，则产生施工干扰的墩台最多不能超过 5 个，如受先后施工顺序影响的墩台过多，会严重影响工期。

（2）主便道选择在墩台位的上坡侧。在陡峭山中开辟便道时，爆破挖掘与运输不便，易造成土石下滚。若选择在墩台的下坡侧，则易造成红线外的损坏，引起不必要的纠纷与赔偿。选择在上坡侧，滚石一般在红线内，并且在墩台施工时，还可适当消化利用，作为临时挡墙的砌筑材料。

（3）便道纵坡走向确定。陡峭山区一般山脉水系清晰，山势方向明确，路线顺山势布设。沿线路纵向，先确定起点和终点，再以高基础墩位的高程作为便道的通过点，依次顺接。如纵向坡度允许，让主便道能到达尽量多的墩位，以便减少支线便道的修筑长度。纵坡一般控制在 8% 以内，最大坡度不宜超过 12%。如坡度不能满足要求，则采用“S”形绕行。

2.3 便道设计

把总湾特大桥混凝土共计 11.3 万 m^3，钢筋 1.8 万 t，全桥运输量大。墩身平均高度 39.5m，起重设备使用多。鉴于现场实际使用情况，便道设计标准确定如下：

（1）宽度设置。施工便道路面宽度不小于4.0m。因山势陡峭倒车困难，依据山势在每个山脊和山坳的位置设置一处会车道。若视距较好，则延至每200～300m设置一处会车道。会车道路面宽度不小于7.0m，长度不小于15m。因吊车等大型设备调头需要，在每隔10个墩位左右的距离，将会车道扩宽成设备回转平台，平台宽不小于18m，长不小于20m。

（2）横断面设置。平缓地段，优先采用半填半挖形式，尽量使挖掘机作业半径内填挖土石方平衡。陡坡地段，过车路面必须全部落在开挖断面内，外侧不实场地，仅作为安全挡护、警示标识用地，以防沉陷、崩塌引发安全事故。

（3）路面设置。土质路基地段铺设40～50cm厚的片石，表面再铺碎石找平。挖方石质地段表面用不少于10cm泥结碎石找平。陡坡地段（坡度大于8%），用18cm厚的混凝土硬化路面，混凝土面横向拉毛，防止路面潮湿时打滑。

（4）附属结构设置。在靠山体侧设置水沟，外侧边坡做必要的防护以防冲刷和水土流失。在通过沟壑、山涧位置，一般汇水较多，事先预埋圆管，保证过水；如果全是开挖的石质路基，则在开挖时，设置适当的多条浅槽分散过水。在急弯、陡坡地段设置防撞墩、安全护栏和醒目的安全警示标志。

3 山中便道的修筑

便道线路与断面设计初步确定后，再按照“线路实地放样调整→下坡侧防护施工→多工作面开挖→局部坡度调整与处理→附属结构施工”的施工顺序展开施工。

3.1 线路实地放样调整

线路放样分两步走：首先放出拟定路线的中心桩，再施放便道两侧边线桩。放样调整顺序：先主便道，后支线便道。

放中线桩时，因山中地形起伏大，通视距离短，所以在路线的通视位置先放控制桩，再予以加密（间距约20m）。桩上测出高程，做明显标志。根据中线桩的高程，测算路线的大致纵坡。如相邻桩高差太大，难以满足纵坡要求，则依据地形，对路线中心进行调整。

中线桩初步确定后，则垂直于线路方向逐桩放出便道边线桩。放样时，如发现横断面上坡侧开挖太高，或下坡侧出现悬空，则仍需对中心桩进行横向调整。对相邻桩有影响的，相邻中心桩与边线桩也需做相应调整。如此循环调整，直至达到要求为止。

全便道的边线桩测放调整完成后，则按施放桩位的范围进行征地。征地时需考虑挡护、弃渣等用地，尽量做到各种临时用地一起办理。

3.2 下坡侧防护施工

山下有村庄、耕地、果园等，陡峭山中爆破开挖，极易造成滚石，冲击破坏性大。在开挖前，人工先在便道的下坡侧选稍平缓位置，用纺织袋装土，堆砌宽1.0m的挡护，高度以能保证挡住所有下落土石为宜。现场照片见图1。如开挖地段地势平坦，则不必防护。

图1 土袋挡护

3.3 多工作面开挖

在山中开辟便道，长度超过2.0km，如条件允许，宜开启2个（含）以上工作面同步施工。每个工作面配置1台挖掘机、2台自卸车、2台空压机（$3m^3$/min）和4把风枪。

开挖整体安排：挖掘机先进行清表，后续跟进钻孔爆破，自卸车运渣。便道局部分段，先粗坯拉通，达自卸车能通行运输，再拓宽开挖。

清表开挖，如遇陡坡地段，挖掘机通行困难，则从征地界内绕过陡坡再返回清表开挖。当清表至可满足三天的爆破施工作业时，把挖掘机调至相邻段清表或挖装渣。如此循环，以提高机械利用率。前期开挖，自卸车不能通行，采取就地弃渣或临时归堆存放，待后再就地消化利用或拉走。开挖时注意结合会车道，提前拓宽出加宽道，以方便自卸车掉头。

为合理利用弃渣，在便道设计时就考虑在每个山坳位置设置会车道。因此，渣土就近运至山坳处进行回填，多余渣土再运至集中弃渣场堆放。

3.4 局部坡度调整与处理

便道截面开挖基本完成后，清除松渣，进行测量。如纵坡 $i < 8\%$，则仅对路面进行平整，宽度拓宽至便道设计要求。如纵坡 $8\% < i \leqslant 12\%$，视情况不同而处理：具备降坡条件，且继续开挖量小，则继续开挖降坡；不具备降坡条件，或继续开挖量大，则保持现有纵坡，拓宽达标后再局部进行硬化处理。如纵坡 $i > 12\%$，则必须将坡度降至12%以内，再按照坡度 $i \leqslant 12\%$ 的情况处理。

纵坡调整及拓宽完成后，按照边通行边修补的原则，对便道进行局部修整与处理。通行过程中出现的坑洼、凹陷等进行回填平整；易坍方段修筑挡土墙；会车道、设备回转平台宽度及长度不够，砌筑挡墙、填筑加宽平台。

便道通行一段时间，路基基本稳定后，在路面铺一层泥结碎石找平。陡坡地段（坡度大于8%），用混凝土硬化路面。

3.5 附属结构施工

便道纵坡与宽度施工完成后，就开始进行过水管、排水沟、防撞墩、安全护栏和醒安全警示标志等附属结构的施工。

4 经验与建议

（1）下坡侧防滚石措施优选土袋挡护。用土袋防护，能就地取材，不但施作速度快、成本低，而且因其具有柔韧缓冲性而防护效果好。37号～40号墩坡下侧为村庄，我们曾参照矮寨大桥的经验，先钻 ϕ10cm深1.0m的孔，再竖插 ϕ8cm长2.5m的钢管，然后用竹跳板横向设置板墙作为滚石防护。使用时，碰上较大滚石，易倾覆，破坏后难恢复，并且成本高、安装进度慢。也采用过片石挡墙防护，因材料难以到达工点而舍弃。

（2）山坳处便道与红线间的山地宜征用。本着少征地的原则，一般紧挨红线边缘征地做为施工便道用地。但在山坳处，因顺山势而行，因而便道与红线间有余地。如征用，则既可作为弃渣场地，也可作为主体施工时的材料堆放场地，还可用作会车道或设备回转平台；如未征用，则易引起滚石损坏、堆料占地等纠纷，既影响正常施工，还往往花费比征地更多的费用。

（3）便道渣土宜分散弃放并加以利用。首先是客观原因限制：陡峭山中无较大场地堆弃渣土。另外，在山中过多集中堆放易引起崩塌滑坡等灾害。其次，多地点分散堆放，既可加快便道开辟进度，又可综合利用。就地弃渣，可避开无运输道路的难题，也可展开多工点同步施工。将弃渣运至墩位施工现场，加以回填平整，并适当砌筑挡护，可整理出施工工作平台。

（4）陡峭悬崖段便道，建议在便道设计位置的峭壁上直接钻爆，开挖"∠"形断面。24号～28号墩上坡侧主便道位于悬崖地段。我们采取竖直下挖方式，按便道设计的宽度和坡度，边坡开挖最高达43m。前期从小里程推进开辟，用挖机倒运渣土，历时45d尚不能上自卸车运输。后采取就地弃渣、增加2台空压机同步施工、调整纵坡抬高20m顺坡等措施，再历时30d才得以通行。悬崖峭壁多坚硬岩石，可开挖“∠”形断面。若在设计位置的峭壁上向内倾斜掏空开挖“∠”形断面，则开挖方量不及竖直下挖量的1/3，开挖时间至少可缩短一半。

（5）主便道拉通后，及时修筑设备回转平台。山中基本无平地，不能满足吊车等大型设备的调头回转。如不及时修筑，在主体工程施工时，只能采取长距离倒车的方式，不但费时长，而且安全风险大，严重影响工期和机械使用效率。在后期再行修筑，会影响主体工程的如期开展。另外，人员调配也会耽搁工期和增加费用。

（6）已破坏而未被使用的山体，及时用土覆盖。覆盖土层后，一年后植被会自然恢复，不需刻意再去种植。如有必要，也可采取撒播种子来帮助植被尽快恢复。

（7）施工期间应指定专人负责施工便道的日常检查和养护，及时发现和排除安全隐患。

5 结语

陡峭山中开辟便道，多坚硬岩层，爆破、滚石风险大，开辟进度慢。本桥通过便道选线桥位上侧、下侧堆码土袋挡护、渣土分散弃放与利用等方法的尝试与实践，解决了相应问题。全桥沿线路主便道2.7km（含山谷内平地0.4km），历时6个月；山上支线便道2.2km，历时2.5个月。经过尝试、总结与改进，从时间上看，后期施工效率提高到原来的2倍，实用效果明显。

施工便道属临时工程，一般在施工中没有引起足够的重视，相关的施工技术与总结较少，但在陡峭山区施工却是影响工期的关键因素。因此，对陡峭山区便道施工的经验与教训予以总结，为以后在类似桥梁施工中少走弯路、提高功效提供有益参考。

参考文献

[1] 周永兴，何兆益，邹毅松，等 . 路桥施工计算手册 [M]. 北京：人民交通出版社 .2001.
Zhou Yongxing, He Zhaoyi, Zou Yisong, etc.Calculation manual of road and bridge engineering construction[M]. Beijing：China Communication Press, 2001.

[2] 关兵 . 关于公路工程施工便道设计指标的探讨 [J]. 黑龙江交通科技 , 2009（6）.
Guan Bin.Discussion on design index of pavement in highway engineering construction[J]. Heilongjiang Traffic Science and Technology, No.6, 2009.

[3] 中华人民共和国国家标准 . GB 50433—2008 开发建设项目水土保持技术规范 [S]. 北京：中国计划出版社，2012.
State Standards of the People's Republic of China. GB 50433—2008 Soil and water conservation program technical specifications for development and construction project [S]. Beijing：China Planning Press,2012.

[4] 中华人民共和国行业标准 . JTG B01—2014 公路工程技术标准 [S]. 北京：人民交通出版社，2014.
Profession Standards of the People's Republic of China. JTG B01—2014 Technical standards of road engineering [S]. Beijing: China Communications Press, 2014.

高原铁路线路机械化养护技术

李　林
（中铁十二局集团铁路养护工程有限公司，拉萨 850000）

摘　要：青藏铁路于2006年7月1日全线建成正式通车，格拉段全长1142km，其中超过550 km线路修筑在多年冻土区段，它是世界上海拔最高、通过冻土里程最长、克服了世界级冻土难题的铁路。由于青藏高原高寒、缺氧等特殊的地理环境，使养护过程中高原冻土和复杂的自然条件与列车安全的矛盾日渐凸显。自铁路养护单位参加青藏铁路唐南段养护以来，冻土地段冻胀和融沉问题也长期困扰着维护人员，不断的补砟和抬道造成道床刚度削弱，轨道框架结构强度降低。经过不断的探索、研究，轨道机械化养修是行之有效的养护途径，不仅大大提高线路养护的效率、降低维护人员的劳动强度，还最大限度地保障高原铁路行车安全。

关键词：高原铁路；线路；机械化；养护

Plateau Railway Line Mechanization of Maintenance Technique

Li Lin
(China railway 12th Bureau Group, Lasa 850000,China)

Abstract: The Qinghai-Tibet railway in 2006, was formally opened on July 1, all built, gela section of total length of 1142 km, of which more than 550 km line construction in permafrost section, it is the highest elevation in the world, through the permafrost longest mileage, overcame the world-class difficult problem of permafrost. Because of the Qinghai-Tibet plateau alpine, oxygen and other special geographical environment, make the maintenance process of plateau permafrost and complicated natural conditions and train security contradictions increasingly prominent. Since the railway maintenance unit to participate in the southern section of the Qinghai-Tibet railway tang maintenance, since the problem of frost heave and thawing settlement of permafrost area also plagued by long-term maintenance personnel, constantly filling frantic jumble and lift way cause stiffness, ballast track the decrease of strength of frame structure. After continuous exploration, research, track mechanized is effective maintenance way, not only greatly improve the efficiency of the line maintenance, to reduce the labor intensity of the maintenance staff, also maximize the plateau railway train operation safety.

Keywords: plateau railway; the line; mechanization; maintenance

作者简介：李林（1978—），男，工程师。

青藏铁路格拉段通车已近10周年，各系统都不断迎接着新挑战，工务部门更是首当其冲。如何体现"以人为本"的思想，最大限度地降低养护定编、减轻人工维修劳动强度，养护单位自介入格拉段以来就一直思考并解决这些问题，大型养路机械维修是实现养路现代化的重要举措和必要途经。

1 养护工程机械

自2006年1月养护单位成立以来，根据青藏铁路地理环境及铁路线路设备特点，在"以人为本"、建设和谐铁路的理念思想指引下，配备了一批大型养护机械：高原连续捣固车、动力稳定车、重型轨道车、携吊平车等，为线路机械化养护提供了强有力的设备保障。

1.1 养路机械的选型

通过对相关铁路局工务机械段和昆明中铁大型养路机械集团有限公司的考察和调研，了解了大型捣固车和稳定车的基本工作情况，养护单位结合青藏高原的特殊环境和恶劣气候，选用了GD09-32型大型捣固车和GWD-320动力稳定车组合车队。

1.2 养路机械的特性

GD09-32连续型大型捣固车：由捣固装置、线路起道装置（抄平测量系统）、线路拨道装置（拨道测量系统）组成，它们是大型捣固车作业的重要组成部分。起到的作业是不仅顺平了轨道高低起伏，还通过捣固夹持振动将轨枕底的道床支撑面均匀密实，最佳捣固深度取决于道砟粒径，一般镐掌顶面与轨枕底面间有15～20mm的高差。

GWD-320动力稳定车：由动力与走行传动、稳定装置、单弦与双弦测量、液压和车钩缓冲装置等部分组成。单弦与双弦测量系统是用来控制线路方向、高低、水平作业后质量的。捣固作业后线路通过动力稳定车作业能够迅速地提高线路的横向阻力和道床整体稳定性，为线路作业后取消列车慢行创造了条件。

2 机械化养护施工技术

2.1 施工组织领导

由主管生产领导担任组长，协调施工作业中存在的各配合部门间急需解决的问题；机械化项目部主要领导担任施工现场负责人，负责现场施工组织。施工过程全部由机械化项目部承担，配合部门由安全、工程、物资、成本等部门和责任车间相关成员组成。

2.2 施工任务计划

养护单位编制月度施工计划，经青藏铁路公司批复后组织实施。按施工方案、月度计划规定的项目组织施工，在确保安全、质量的前提下，高效全面完成生产任务。

2.3 机械设备配置

配备GD09-32连续型大型捣固车、GWD320型动力稳定车和宿营车等，按捣固车—捣固车—稳定车—宿营车—宿营车—宿营车—水罐车—油罐车—发电车顺序编组成列，转场均由机车牵引运行。区间作业时，作业列车停靠就近车站。配备内燃捣固镐8台、内燃扳手12台、小型发电机2台、起拨道器等小型机具，作为捣固车前后作业配合机具。

必要时，配属全断面清筛车、配砟整形车等，实现道床板结、外观整治等大修项目的全面机械化。

2.4 施工条件确定

（1）施工过程全部纳入天窗内进行，封锁施工以青藏铁路公司行车调度下达的施工命令封开时间为准，封锁前不设置慢行地段，撤除调高垫板等工作均在天窗内完成，施工完毕后恢复常速开通线路。天窗时间一般为 180 ～ 240min。

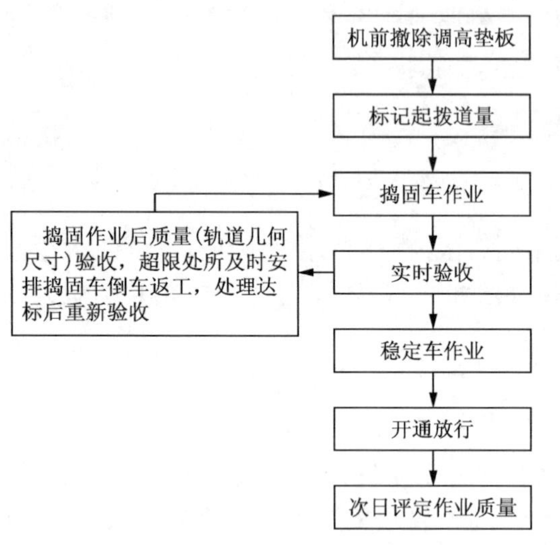

图 1 捣固车及稳定车施工工序图

（2）采用捣固车全面起道、拨道、捣固作业和稳定车稳定相结合的方式施工，具体工序见图 1。

（3）相关部门做好施工计划、技术资料、过程监控（含小型机具的故障排除）、验收开通等工序的配合。

（4）施工过程中或邻近天窗结束时遇到紧急情况或无法按时开通线路时，由现场总负责人组织、指定人员进行抢修，顺坡恢复线路，放行列车条件由安全质量部现场人员确认并记录。

（5）确定维修时间是格拉段的另一特点。受青藏铁路格拉段多年冻土的影响，通过不断检查、摸索，每年 6、7 月份（融沉结束）和 12 月（冻胀开始）对冻土区段捣固补强，满足了轨道变化的需要。

2.5 作业项目和责任分工

安全质量部和责任车间作为质量控制的主体单位，工程、物资、成本和机械化项目部全面配合，完成作业循环的卡控。

（1）施工负责人：主持召开分析会对每日作业过程中存在问题、次日计划、配合工作、安全事项、列车运行、驻站等进行全面布置。

（2）安全部门：负责制定大养机作业安全管理办法和大养机作业各项考核并上审批。与配合施工的劳务队签订安全施工协议并组织人员培训、考试，考试合格后持证上岗。与运输等相关部门签订安全协议。组织作业后（重点是曲线正矢、轨向、三角坑、高低）验收，根据验收情况及时向捣固车反馈不良情况并返工。

（3）工程部门：制定大型线路捣固机施工组织方案。负责补砟、转场计划及变更的申报。复核相关资料并解决技术问题。精确测量线路并提供精确起、拨道量，指导捣固车精确拨道和起道。

（4）物资部门：提前调查责任车间线路维修所需材料和通信设备，合理调配确保施工作业需要；做好在夜间作业照明设备的储备，根据要求按照适当的比例进行储备、及时补充。

（5）成本部门：对大养机作业进行单价分析，核算出机前、机后、单项费用，与机械化项目部、责任车间、劳务人员签订相关合同；根据安全质量监察部的考核通报，核算劳务人员薪酬。

（6）机械化项目部：负责组织配合作业人员、调配机具，检查日作业情况，组织召开工作分析总结和次日工作安排会，对日计划和进度做具体安排。修订大养机操作规程、细化组织措施，保证所有参加施工人员持证上岗。作业前进行全面试机，确保各项参数准确、运行正常。现场调度负责收集各方情况，协助现场总负责人做好人员和机具的调配，指派防护员做好施工区段的防护工作。

（7）责任车间：提前 7 ～ 10 日调查管内线路情况，做好匀砟、补砟工作、检查正矢、预拨曲线、标记曲线主要桩位、重捣处所和起、拨道量。

2.6 质量控制措施

（1）三维控制系统：受路基、道床不稳定的影响，曲线设备稳定性降低，养护单位对管内不良设备调查后，设置了不良曲线的三维观测系统，即在曲线外股埋设观测桩（混凝土基础内预埋钢锭，顶部标记），大养机作业后测量实际正矢、观测桩与轨道关系（水平距离和高差），标记在钢轨轨腰上，用以检查曲线变化和病害分析，当轨道发生较大变化时，即可组织捣固车及时补强恢复其状态。

（2）精确起、拨道：组织对线路平面和纵断面进行直线段中线测量，利用捣固车激光准直系统和测量的中线自动拨道；测量后计算最佳起道量，指挥捣固车精确起拨道，使作业后轨道位置接近于设计中线；道岔区前后100m线路的最佳位置也同时控制，与道岔大型捣固车作业进行全面衔接，提高道岔设备运用质量。列车高速运行时，水平加速度超限受超高设置不当不断产生，这不仅影响了旅客乘车舒适度，还增加养护工作难度。输入精确起道量指挥捣固车全起全捣，保证了两股钢轨水平一股为正值且离散值小，不仅控制住三角坑出现数量，还大大减少了因水平和小高低不良造成的水平加速度超限。“四点近似法拨道”作业质量与曲线设备自身质量高低成正比，从历年来捣固车后验收情况看，它控制了园曲线内正矢连续差，使圆曲线范围内正矢连续差不超限，但园曲线内正矢的最大、最小差值偏大、极易超限，列车高速运行在曲线上晃车明显。

（3）临时计划实施：由于青藏铁路格拉段通过的多年冻土区段有550km，年平均捣固补强2次，基本可满足线路变化的需要，临时补强计划在运输部门认可后全力组织实施。

2.7 质量标准

按《铁路线路修理规则》和《工务安全标准线建设标准》的要求，养护单位制定大养机作业验收标准，机后随机检查验收并及时处理不能放行列车的超限处所，次日进行综合验收并填写《大型养路机械维修作业验收单》。主要质量指标见表1和表2。

作 业 验 收 标 准 表1

项目	内容	编号	扣分条件		抽验数量	单位	扣分（分）	说明
			正线及到发线	其他站线				
轨道几何尺寸	水平	1			全面检查			对作业的曲线地段进行全面检查曲线的正矢，曲线正矢超限扣4分，超出规定值的曲线扣41分
		2	超过 ±4 mm	同左		处	41	
	三角坑	4	超过 ±4 mm	同左		处	41	
	轨向高低	6	超过 ±3mm	同左	全面检测	处	41	
轨枕	位置	7	位置、间距偏差或偏斜大于20mm	位置、间距偏差或偏斜大于30m	全面查看	根	4	
	损坏	8	混凝土枕在大养机作业时损坏	混凝土枕在大养机作业时损坏		根	4	全面查看

曲线正矢作业标准 表2

项目	实测正矢与计算正矢差（mm）	圆曲线正矢连续差（mm）	圆曲线最大最小正矢差（mm）
	缓和曲线		
作业验收	2	4	6

2.8 考核办法

（1）静态质量评定：大养机维修捣固作业静态验收项目为水平、高低、轨向、三角坑，验收单位线路为1km，若作业量不足整千米时，可按实际数量现场验收签认作业质量。施工作业后1日，作业地段验收项目均达到表1、表2标准时，该千米静态质量评定为优良；超表1、表2作业验收标准不足4处时，该千米评定为合格；达到4处及以上时，该千米评定为失格；有1处及以上超经常保养标准时，则该千米即评定为失格。

(2)动态质量评定：按大养机施工作业后10d内的轨检报告作为线路动态质量评定依据（不考虑轨距和轨距变化率项目）。扣分在50分及以内、50～300分、300分以上时，该千米分别被评定为优良、合格或失格。

(3)现场分析动、静态检查发现的病害，根据原因对相关单位进行定责。

3 格拉线线路设备现状

养护单位把机械化养路作为一项重点工作来落实，结合设备精检细修标准执行作业程序，严格控制每项施工。明确界定线路综合车间和机械化项目部的质量责任，大养机作业质量验收后的病害处所按规定考核。

由于大型养路机械作业后线路高低、水平、轨向的偏差控制到最小，道床密实程度基本一致，空吊绝大部分被消灭，设备质量总体均衡，列车运行平稳，安全得到保障。从铁道部轨检车轨检报告结果来看：2006年，线路设备Ⅳ级超限比比皆是，Ⅲ级、Ⅱ级超限更是不计其数；2007年，通过两个周期大型养路机械维修后，管内设备总体质量明显提高；到2010年杜绝了Ⅳ级，严格控制了Ⅲ级，轨检平均扣分5.89分，优良率为99.7%；进入四季度，青藏铁路公司进一步提高轨道检测标准（160km标准），轨检平均千米扣分控制在3.3分以内、TQI值控制在7.0以内，与国内同类线路轨检结果相比，线路设备质量始终保持领先水平。

借助机械化力量，利用“两捣一稳”大型养护机械每年对管内线路全面捣固，再针对个别薄弱、特别地段补强，既通过实战把理论和实际工作相结合，又培养了作业程序化、质量标准化、素质优良化的职工队伍。

4 体会和建议

通过对格拉段数次大型养路机械维修施工组织，结合对线路设备养护标准不断提高的要求，在管理过程中得到了一些感受和体会：

(1)大型养路机械发挥的作用固然很大、很有效，但维修单位必须认清其作用，不能把“依靠”机械化维修的理念误解为“依赖”思想，要把机械化维修和经常保养工作有机地结合，真正延长设备质量储备期。

(2)加强对捣固车进行日常保养，尤其是捣固单元的液压提升系统，只有降低故障率才能提高作业效率和安全系数，保障安全生产。

(3)受高原环境、气候条件影响，大型养路机械作业时间应科学安排，不宜计划过早，否则与路基基床浅表层、道床冻融发生质量矛盾，反而扰动了线路设备的稳定。

(4)钢轨轨底调高垫板使用率越高越影响机械化作业进度，建议维修车间在条件允许的情况下，建立和推广“以捣为主、捣垫结合”的作业方式，树立设备质量全面均衡的管理理念，不仅减轻了维修人员在高原恶劣条件下的高强度体力消耗，还在工费和轨道配件两方面节约维修成本、提高效益指标；机械化维修部门实行独立核算，不仅明晰了与车间的责权，还是向市场化迈进的前提和保证。

(5)西藏位于我国西南边陲，重要的地理位置不断推进国家战略的步伐，境内铁路建设规模将不断加大。川藏铁路线路“八起八伏”，累计爬升高度超过14000m，由于线路穿越印度板块和欧亚板块的碰撞缝合带，地震、滑坡、崩坍、泥石流、溜沙坡、冰湖溃决等种种地质灾害，在规划进藏的甘藏、新藏和滇藏铁路方案中大都存在和不可避免，导致日常管理交通条件极为不便，机械化养护势必成为高效的维修手段。

受高原地理环境的制约，工务机械化维修程度越高，成本投入将越趋于合理，这不仅降低了大量人工维修投入的风险，还逐步提升了设备质量、均衡了设备状态。

参考文献

[1] 中华人民共和国铁道部 . 铁运 [2006] 146 号，铁路线路修理规则 [S]. 北京：中国铁道出版社，2006.
The ministry of railways of the People’s Republic of China. Trains [2006] no. 146, the line repair principle [S]. Beijing: China Railway Publishing House, 2006.

[2] 青藏铁路公司 . 青藏铁路格拉段工务安全标准线建设标准 [S]. 西宁：青藏铁路公司办公室，2006.
The Qinghai-Tibet Railway Company. Gela section of Qinghai-Tibet railway line construction works safety standards [S]. Xining: The Qinghai-Tibet Railway Company Office, 2006.

[3] 昆明中铁集团公司 . 连续式捣固车操作说明书 [M]. 铁道建筑研究所，昆明中铁集团公司 .
Kunming institute of railway construction. Continuous tamping car operating manual [M].

山区铁路桥梁空心薄壁高墩封顶施工技术探讨

黄　果

（中铁三局集团第二工程有限公司，石家庄 050031）

摘　要：山区铁路地形变化高差大，铁路设计时桥隧众多，而且桥梁高墩大跨占了很大的比例，其高墩施工环境复杂、安全风险高，对山区铁路桥梁建设提出了更高的要求。本文以某山区铁路特大桥空心薄壁墩墩身施工为例，对空心薄壁高墩封顶施工技术进行探讨研究。

关键词：山区铁路；空心薄壁高墩；封顶施工技术；研讨

Discussion on the Construction Technology of Hollow Thin Wall High Pier Top of Railway Bridge in Mountain Area

Huang Guo

(China Railway NO.3 Engineering GROUP Co., LTD, Shijiazhuang 050031,China)

Abstract: The altitude of Mountain Railways are always with lots of change and there are numrous bridges and tunnels. And bridges with high-pier and long-span account for a large proportion.The high-pier construction environment is complex and with high safety risk. So the Mountain Railway bridge construction proposed higher requirements. Here is a example in this passage about a Mountain Railway super large bridge hollow thin-walled high pier construction and a research of its construction technology of the cap.

Keywords: Mountain Railway; hollow thin-walled high pier; construction technology of the cap; research

铁路桥梁空心薄壁高墩封顶施工工序是整个桥墩施工的关键工序，该工序施工难度大、高空作业安全风险高、施工成本高，其封顶施工质量将直接影响高墩墩身的施工质量，进而影响高墩大跨桥梁施工质量，对此进行封顶技术的研究，其意义重大。鉴于此，我公司通过实践研究对比了各种封顶施工技术，并成功应用于某铁路特大桥空心高墩施工中，取得了良好的效果，为今后类似工程提供借鉴。

1　工程实例

由中铁三局集团第二工程有限公司承建的某铁路特大桥空心墩数量多，结构形式复杂。桥梁的

作者简介：黄果(1987—)，男，工程师。

90% 的墩身高度均超过 30m，最高墩达 103m，空心墩墩身结构形式见图 1、图 2。

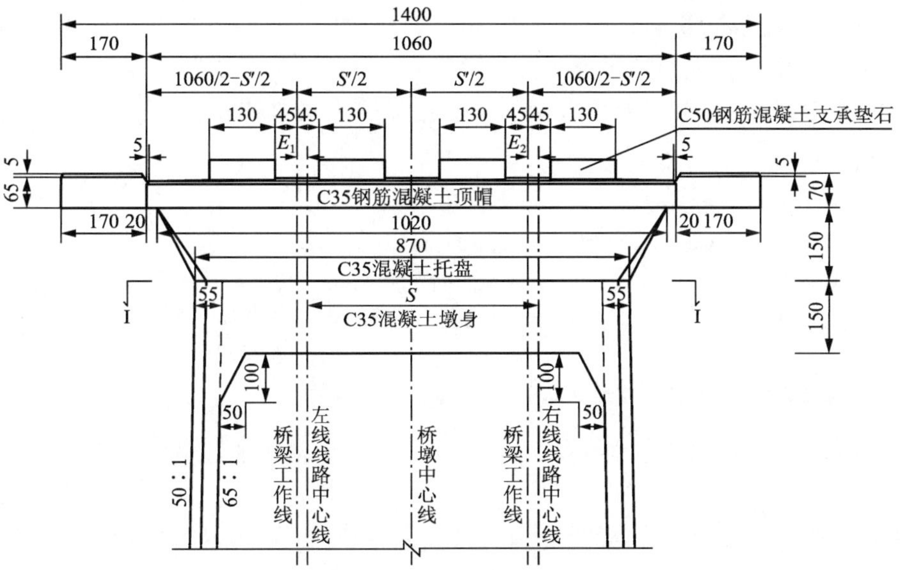

图 1　空心薄壁墩横断面图(尺寸单位：cm)

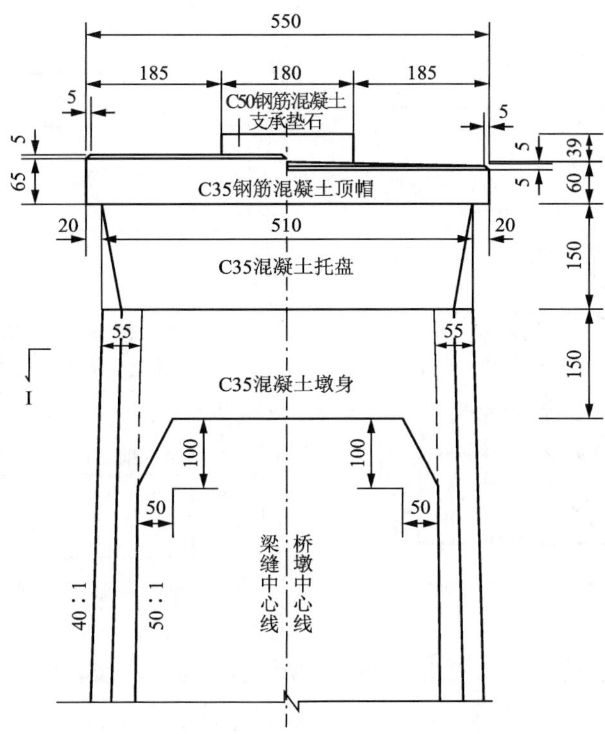

图 2　空心薄壁墩纵断面图(尺寸单位：cm)

■2　封顶方案探索

封顶混凝土施工简单说其实就是现浇混凝土施工，目前在我国建筑施工领域现浇混凝土施工通常采用满堂支架法、膺架法等技术解决竖向承重问题，结合空心高墩墩身施工工艺，针对封顶混凝土施工常规技术有如下几种。

2.1 空心墩内满堂支架施工技术

如图3所示，该方案能够解决封顶施工问题，但结合桥梁空心墩特殊的变截面墩身结构设计，不难看出薄壁空心墩封顶施工中如若采用搭设满堂支架会存在以下几个问题：

（1）空心墩内部空间狭小；不利于满堂脚手架的搭设和人员操作，同时在很大程度上限制了其他施工机具的吊装和使用。

（2）要求搭设的满堂脚手架很高（最高达103m），技术上很难把握，且钢管租赁费用较大；薄壁空心墩墩高30~103m，为满足工期要求，必须同时进行多个墩身施工，因此采用搭设满堂脚手架进行封顶施工不但造成大量劳动力被占用，而且需要租赁大量的钢管，造成经济上的浪费。

（3）空心墩内还得同步进行检查梯的吊装、安装，交叉影响大。该法耽误工期且成本较大。

2.2 空心墩壁预埋型钢形成受力点的支架施工技术

如图4所示，该方案也能够解决封顶施工问题，而且是较为常规的成熟的施工技术，但该方案仍存在以下弊端：

（1）预埋型钢一次性投入，其余横梁重复利用率低，拆卸支架安全风险高。

（2）墩内空间狭小，型钢装卸运输及吊装困难，墩内遗留预埋件不美观。

（3）由于施工空间的限制，为了作业安全，还另需在支架下部搭设一个操作平台，以便后期拆卸使用，增加了施工成本。

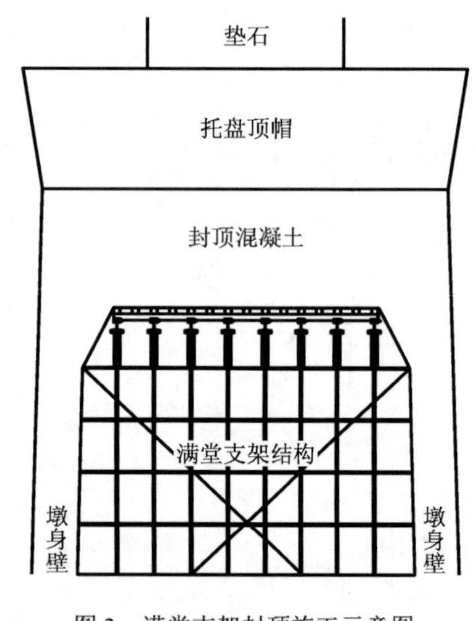

图3 满堂支架封顶施工示意图

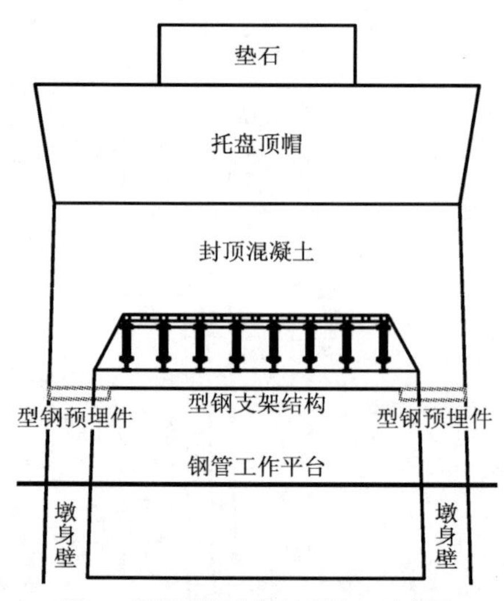

图4 预埋型钢支架封顶施工示意图

2.3 利用空心墩墩身施工模板形成受力点的支架施工技术（类似抱箍施工技术）

如图5所示，该方案也能够解决封顶施工问题，借鉴了公路桥梁墩身施工采用抱箍施工原理，是较为常规的施工技术，该方案与空心墩壁预埋型钢形成受力点的支架施工技术存在相同的弊端，另外还影响了空心墩墩身施工模板本身的周转率。

通过常规封顶施工技术的对比分析，我公司在总结了各种施工技术的基础上，提出了采用钢筋混凝土预制盖板封顶施工技术，如图6所示。

采用钢筋混凝土预制盖板封顶技术不再另铺设木模或钢模作为封顶底模，而是直接利用预制盖板作为底模，盖板砼连同桥墩混凝土一起成为桥墩的一部分，无需取出，解决了常规施工技术的缺点和弊端。施工中盖板预制可与墩身施工同步进行，最后利用塔吊进行吊装，操作方便、缩短工期、且经济性能较好。

以下从技术、成本、工效、风险等方面对封顶技术作一个对比，见表1。

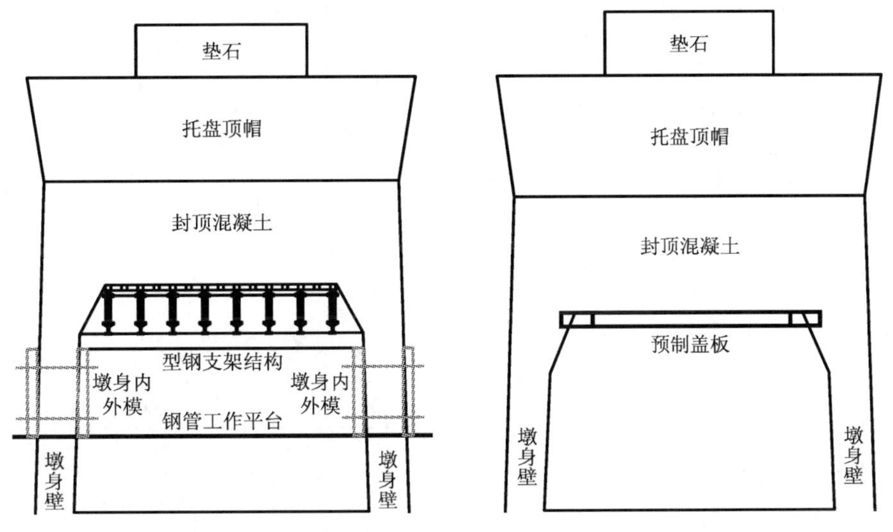

图5　墩身模板支架封顶施工示意图　　图6　钢筋混凝土预制盖板封顶施工示意图

封顶施工技术对比　　表1

方　案	技　术	成　本	工　效	风　险
空心墩内满堂支架	技术可行，但施工难度大	费用高	工期长，效率低	高空作业安全风险高
墩壁预埋型钢支架	技术可行，但墩内狭小空间型钢运输困难	费用较高	工期较长，效率低	高空作业安全风险高，特别是拆除支架安全风险极高
墩内钢模支架	技术可行，但施工结束后墩身模板拆除困难	费用较高，影响墩身模板周转率	工期较长，效率低	高空作业安全风险高，特别是拆除支架安全风险极高
钢筋混凝土盖板封顶	技术可行，操作方便，施工完毕后无需拆除	费用低	工期短，预制盖板可平行作业，施工效率高	盖板地面预制，吊装采用塔吊施工，高空作业的安全风险小

通过方案对比分析，最终确定在该桥封顶施工采用钢筋混凝土预制盖板技术。

3 钢筋混凝土盖板封顶技术施工工艺流程及操作要点

3.1 施工工艺流程

该施工技术的施工工艺流程为：钢筋混凝土盖板结构设计→支立盖板模板→绑扎盖板钢筋→浇筑盖板混凝土→盖板养生→墩身上倒角进行测量放样→盖板吊装→与墩身护面网钢筋进行二次焊接→分层浇筑混凝土→混凝土养生→封顶混凝土施工结束。

3.2 操作要点

3.2.1 盖板结构设计

设计原则：根据空心桥墩顶部空心形状及封顶面积设计出所预制盖板的结构及尺寸，盖板结构可根据其封顶面积的大小及吊装难易程度将其分段预制，预制盖板厚度、配筋数量、间距及尺寸、盖板与墩身墩搭接等参数均充分考虑封顶钢筋混凝土重量、自重以及其他荷载，通过对大干沟桥墩身的统计，按照混凝土结构设计原理，得出盖板结构设计参数见表2。

钢筋混凝土预制盖板结构设计表　　表2

序号	上口截面(m)	墩身上实心段高度(m)	预制盖板标准块尺寸(m)	预制盖板调整块尺寸(m)	板厚及配筋情况
1	8×4.4	1	1×2.8	0.4×2.8	间距0.2m,配φ20钢筋6根,板厚0.2m
2	9.50×5.80	2	1×4	0.7×4	间距0.1m,配φ20钢筋11根,板厚0.2m
3	7.7×3.5	1	1×1.9	0.1×1.9	间距0.1m,配φ16钢筋11根,板厚0.1m
4	8.7×5.1	1.5	1×3.4	—	间距0.2m,配φ20钢筋6根,板厚0.2m
5	9.8×7.0	2	1×4.8	0.6×4.8	间距0.1m,配φ20钢筋11根,板厚0.2m
6	8.7×5.1	2	1×3.3	0.9×3.3	间距0.2m,配φ20钢筋6根,板厚0.2m
7	9.8×6.6	2	1×4.6	0.8×4.6	间距0.1m,配φ20钢筋11根,板厚0.2m
8	8.0×4.4	1.5	1×2.6	0.2×2.6	间距0.1m,配φ16钢筋11根,板厚0.1m
9	7×9.00	1	1×4	—	间距0.1m,配φ20钢筋11根,板厚0.2m
10	11.00×6.60	2	1×4.6	—	间距0.1m,配φ20钢筋11根,板厚0.2m
11	10.20×5.1	2	1×3.3	0.4×3.3	间距0.2m,配φ20钢筋6根,板厚0.2m
12	9.6×6.0	2	1×4.1	0.7×4.1	间距0.1m,配φ20钢筋11根,板厚0.2m
13	9.6×5.2	2	1×3.3	0.7×3.3	间距0.2m,配φ20钢筋6根,板厚0.2m
14	8.70×5.10	1	1×3.4	—	间距0.2m,配φ20钢筋6根,板厚0.2m

3.2.2 施工准备

根据预制盖板封顶施工工艺和规模准备施工机械及材料配置,配备适当振捣器、混凝土运输泵车、方木(用于支立盖板模板)、经检验合格的混凝土和钢筋原材、塔吊等。

3.2.3 施工测量

测量人员按施工图纸进行平面位置和高程的控制。用红色油漆或较为明显的标记,在空心墩上倒角中心位置明确盖板位置,在四个中心点拉上施工线以便于盖板自中间向两边进行铺设。

3.2.4 盖板预制

根据盖板尺寸设计要求,在原地面进行盖板钢筋混凝土施工并养生,盖板预制混凝土统一采用C40混凝土。盖板预制成型主要经过绑扎钢筋、立模、浇筑和振捣混凝土等几个环节。振捣采用平板振动器,混凝土振捣应充分密实,同时制作混凝土试块,以检验混凝土28d龄期的立方体抗压强度,评定混凝土的质量,盖板浇筑完成后及时养护。

3.2.5 盖板吊装

(1)吊装前应对盖板进行混凝土强度回弹检测,保证混凝土强度达到设计强度的70%以上时才能进行吊装。

(2)根据施工条件的不同来选择合适的吊装设备。每块盖板预制过程中在四角均匀埋设4个吊环,吊装时用4条等长的钢丝绳一头分别悬吊4个吊环,另一头挂人吊装设备的吊钩上,然后起吊安装,吊装时必须保持盖板水平,不得倾斜。盖板起吊到位安置时,盖板两边担板尺寸必须相等。

(3)盖板起吊到位后准备安装,安装前以桥墩中心线为中心在墩上捣角顶面精确放出盖板的轮廓线,安装时盖板边缘按照轮廓线精确对位,确保盖板两边担板受力平衡。盖板吊装见图7。

(4)吊装完毕后,盖板钢筋与墩身护面网钢筋进行二次连接,连接完成后进行上部封顶混凝土的钢筋及混凝土施工。盖板安装完毕后施工图如图8所示。

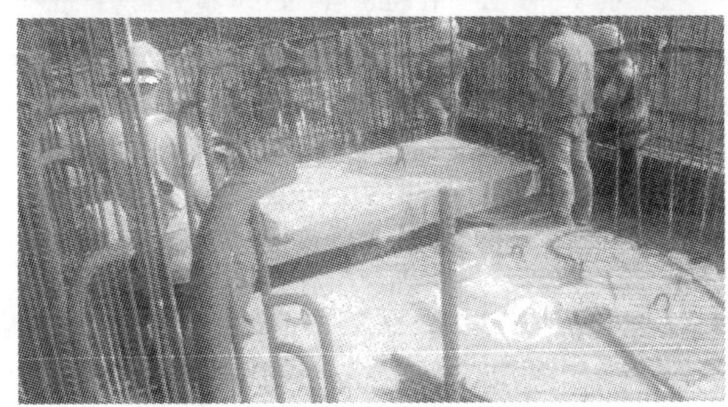

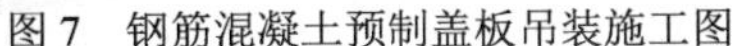

图7 钢筋混凝土预制盖板吊装施工图

图8 钢筋混凝土预制盖板安装完毕施工图

3.2.6 封顶实体段混凝土浇筑

盖板安装完成后，先浇筑50cm高的实体段，待先浇段混凝土达到强度后，再浇筑剩余实心段，钢筋混凝土浇筑施工按常规施工工艺组织进行，最后再浇筑空心墩托盘、顶帽及支撑垫石，完成封顶及墩身施工。

4 效益分析

采用钢筋混凝土预制盖板封顶施工技术，具有施工方法及原理简单、环保节能、工效高、造价低、取材容易、适用范围广等优点，对比常规的封顶技术，大大地降低了施工成本及施工安全风险，经济效益及综合效益明显，从人、机、料等方面均得到了优化，表3给出了单各墩封顶施工材料费的消耗。

封顶施工技术材料费消耗统计 表3

序　　号	方　　案	单个墩身封顶施工材料费(元)
方案1	空心墩内满堂支架封顶方案	19550
方案2	墩壁预埋型钢支架封顶方案	8400
方案3	墩身内钢模支架封顶方案	5700
方案4	钢筋混凝土预制盖板封顶方案	2828

5 结语

钢筋混凝土预制盖板封顶施工技术成功的解决了空心薄壁高墩封顶施工难度大、安全风险高的问题，该技术方案在地面作业，施工简单，操作方便，避免了高空作业的风险，施工成本相对常规方案低，吊装安装快速，提前预制，节省了工序流水时间，取得了良好的综合效益，为今后同类工程施工提供了借鉴作用。

参考文献

[1] 中铁二院工程集团有限责任公司 . D1K283+455 大干沟双线特大桥施工图 . 成都，2012.

China Railway Eryuan Engineering Group CO.LTD Construction Drawing for Dagangou Double Rail-Bridge. D1K283+455, Chengdu, 2012.

[2] 中华人民共和国行业标准 . TB 10002.3—2005 铁路桥涵钢筋混凝土和预应力混凝土结构设计规范 [S]. 北京：中国铁道出版社，2005.

TB 10002—2005 Code for Design on Reinforced and Prestressed Concrete Structures of Railway Bridges and Culverts. Beijing: China Railway Publishing House, 2005.

[3] 中华人民共和国行业标准 . TB 10303—2009 铁路桥涵工程施工安全技术规程 [S]. 北京：中国铁道出版社，2009.

TB 10303—2009 Safety Constructional Regulations for Railway Bridge and Culvert Engineering[S]. Beijing: Ministry of Railways, 2009.

[4] 中华人民共和国行业标准 . TZ 203—2008 客货共线桥涵工程施工技术指南 [S]. 北京：中国铁道出版社，2008.

TZ 203—2008 Technical guide for construction of passenger and freight Bridge Engineering[S]. Beijing: China Railway Publishing House, 2008.

青藏铁路路基防护技术研究现状与展望

赵永虎　米维军　韩龙武

（中铁西北科学研究院有限公司，兰州 73000）

摘　要：铁路路基防护技术是多年冻土区铁路工程建设的重要研究方面。本文简要介绍了青藏铁路多年冻土路基出现的病害问题，重点综述近10年来在通风管、块石护坡、热棒等7种铁路路基防护技术的研究现状，总结了当前青藏铁路路基防护技术研究中亟待重点研究和解决的问题，并对今后铁路路基防护技术研究的趋势和方向进行了分析和展望，该成果为川藏铁路、中俄高速铁路等建设中多年冻土路基防护措施提供了借鉴和参考。

关键词：青藏铁路；多年冻土；铁路路基；防护技术；现状与展望

Research on Protection Technology of Qinghai-Tilbet Railway Roadbed Present State and Prospect

Zhao Yonghu　Mi Weijun　Han Longwu

(Northwest Research Institute Co., Ltd of China Railway Engineering Corporation, Lanzhou 730000,China)

Abstract: It is the extremely important research aspect of protection technology of railway roadbed with the railway construction in permafrost regions. A brief introduction is provided on permafrost roadbed defects of Qinghai-Tilbet Railway. The recent progress and status on the research of protection technology of railway roadbed is reviewed emphatically, including ventilation pipe, crushed rock revetment, thermosyphon and so on. Then the urgent and major facing problems in the research field of protection technology of railway roadbed are summarized and the future research trends and directions are presented. The results can provide a reference for protection measures of railway roadbed construction such as the Sichuan-Tibet railway, China-Russia High Speed Railway.

Keywords: Qinghai-Tilbet railway; permafrost; railway roadbed; protection technology; present state and prospect

青藏铁路是迄今为止世界上海拔最高的铁路，格尔木至拉萨段全长1142km，其中穿越连续多年冻土区约550km[1]。如何保证多年冻土路基的稳定性是青藏铁路的最关键问题，为了尽可能减少破坏多年冻土、保证铁路安全运营的前提下，最终提出了“主动降温，冷却地基，保护冻土”的设计思想[2-4]。青藏铁路的典型病害有：路基下沉、路堤向阳侧路肩及边坡开裂、路堑边坡滑塌、冻胀、冻融翻浆等[5]。对青藏铁

作者简介：赵永虎（1987—），男，助理工程师。

基金项目：中国中铁股份有限公司科技开发计划课题（2014- 重点 -49）。

路典型路段连续多年的路基温度和沉降等进行观测和分析得知，采用通风管、块石护坡、片石气冷、热棒等措施主动保护冻土路基的效果非常显著，经过 2~3 个冻融周期后，路基沉降和变形基本趋于稳定，而未采取保护措施的普通路基变形仍在持续[5]。可见，采用主动防护技术对解决多年冻土区路基病害具有良好的效果。因此，本文对青藏铁路路基防护中的 7 种典型措施进行分析和总结，对各种措施冷却多年冻土路基的效果进行对比，以期为多年冻土区工程建设中防护措施选择提供参考和指导。

1 路基防护技术研究现状

1.1 通风管

通风管是保护冻土稳定性的有效措施之一，最初多应用于房屋建筑、机场等工程[6]，应青藏铁路建设的需要，我国冻土研究人员采用现场实体工程、室内模型试验、理论分析和数值仿真等手段对通风管路基的应用效果进行了研究。通风管路基在青藏铁路中的试验段主要集中在北麓河和清水河两段，马巍等、曹元平等根据清水河路堤试验段连续 2 年的冻融周期实测地温资料，分析了通风管保护路基的效果和不足[7,8]。胡明鉴等分析了透壁通风管对青藏铁路路基的冷却效果，指出优化通风管底部和两侧填土颗粒级配可使冷却效果更佳[9]。牛富俊等研究发现，通风管中温度与环境气温之间具有很好的相关性，二者呈正弦函数变化，且通风管中温度普遍高于环境气温 1.6~1.8℃[10]。程国栋等对比了自动控温通风管和透壁通风管的冷却效率，发现自动控温通风管的冷却效果更好[11]；室内模型试验方面，喻文兵等研究了通风管路基在温度场的分布及发展演化特征[12]；刘琦等研究了透壁通风管的降温效应及其主要影响因素[13]；章金钊等研究了土体水分蒸发对透壁通风管路堤降温效果的影响机制[14]；杨丽君等研究了透壁通风管在表面封闭和开放两种不同边界条件下的降温效应，发现表面封闭透壁通风管的降温效果更为显著[15]。理论分析方面，蒋富强等采用热学基本理论，推导出通风管路基发挥最大功效时的合理长径比[16]；杨丽君等基于工程流体力学理论，得到了快速求解通风管通风能力的计算公式[17]，并进一步研究了加装采风口对通风管路堤降温效果的增强作用及影响因素[18]。采用数值仿真手段分析方面，李宁等研究了通风管管径、间距、埋设高度等因素对多年冻土路基防护效果的影响，并提出了通风管路基的设计原则[19]；孙红等研究了设置风门和无风门两种情况下路基的调温效果，发现设置风门的通风管路基抬升冻土上限的效果更加明显，地基温度分布更加均匀[20]。

针对通风管路基在保护青藏铁路多年冻土的机理研究已较为成熟，在改进和完善通风管冷却多年冻土效果的措施方面还需深入研究，目前国内在新型复合填土材料与通风管的综合应用效应方面研究得较少，需要进一步加强研究。

1.2 碎石护坡

碎石护坡路基是应用于青藏铁路路基防护中的典型技术之一，仅在青藏铁路格拉段中碎石护坡路基长度约 127km[8]。中铁西北科学研究院科研人员在风火山进行了碎石路基工程实体试验，研究表明，碎石层具有明显的热屏蔽效应，寒季能显著提高冷量的传入，对多年冻土具有很好的保护作用[2]。孙志忠等基于北麓河试验段路基地温资料和变形资料，分析了路基坡面温度变化过程及对多年冻土路基的保护效果[21]。赖远明等研究了粒径为 22.1cm、厚度 1.3m 的较大粒径碎石护坡路基分别在开放和封闭边界条件下的降温效果[22]，刘争平结合青藏铁路楚玛尔河地区碎石护坡路基的地温资料，研究发现碎石护坡路基既可有效抬升多年冻土人为上限，还可减少路基阴阳坡差异，路基沉降后期逐年减小并趋于稳定[23]。孙斌祥等采用数值模拟手段研究了碎石层厚度对路基自然对流降温效应的有效性[24]。孙斌祥等结合试验和理论分析，对碎石、卵砾石和砂砾石等不同粒径组成的 6 种试样的自然对流效应进行了研究，发现自然对流降温效应的强度随粒径的增大而增加，建议选用粒径为6~8cm的碎石对路基降温最为有利[25]。徐学祖等研究发现碎石护坡的平均温度随碎石层厚度的增加而降低，在冻土路基中适宜选用粒径为4~6cm的碎石，采用不同粒径的混合结构会减弱降温效果[26]。武小鹏等研究了片石气冷—碎石护坡组合路基在表面开放与封闭两种不同工况下的降温效果，研究发现片石气冷—碎石护坡组合路基在表面被积雪和风沙等封闭后降温效果更加显著[27]。侯彦东等研究了碎石护坡—热管复合路基的降温效果，发现复合措施可以大幅提高多年冻土的热稳定性，可以推广在沉降量较大且亟待补强的路基断面[28]。

1.3 块石护坡

块石护坡路基结构是保护青藏铁路多年冻土的主要形式之一，主要通过隔热保温和空气自然对流来降低多年冻土的温度。何平等、王爱国等研究了粒径、孔隙率、通风能力、块石厚度等因素对块石护坡路基的影响[29]，孙志忠等对比分析粒径5～8cm及40～50cm的块石降温效果，结果表明大块石层对铁路路基的调温效果明显好于小块石层[30]。马巍等进一步研究发现，粒径为5～8cm块石层在暖季具有较好的热屏蔽作用，而粒径为40～50cm的块石层在寒季具有较好的降温制冷作用[7]。李国玉等采用数值模拟手段研究了块石护坡路基的温度场、速度场和热流量在昼夜间和冷暖季的变化差异[31]。吴青柏等通过北麓河试验段研究了U型块石路基结构对多年冻土的冷却效果，并对比了U型块石路基与普通块石护坡路基的差异[32]。程国栋等通过现场试验对比研究了块石路基、块石基底路基、块石护坡和U型块石路基保护多年冻土的效果[11]。全晓娟提出了能够充分发挥大孔隙介质对流效应的新型块石护坡路基结构，并用数值模拟与普通块石护坡路基进行了对比，发现新型块石护坡路基结构使多能冻土的冷却温度效果达到最佳状态[33]。

1.4 片石气冷

采用片石气冷技术保护青藏铁路格拉段的路基长度约118km，片石气冷与块石路基在结构上的区别在于片石多铺设在铁路路基两侧，而块石在路基底部和两侧均有埋设[8]。王小军等实体试验发现，片石路基容易产生较大的沉降量，而不易发生融沉裂缝[34]。魏静等通过实体工程试验发现片石气冷护坡措施能减小路基变形和不均匀沉降，对左路肩的降温效果略好于右路肩，路基变形逐年趋于稳定[35]。徐学祖等研究了片石岩性、风化作用、震动荷载等7种因素对青藏铁路片石路基对流效果的影响，并提出了加固片石路基的优化措施[36]。王春雷等采用数值模拟研究了基于铁路路基抗冻融安全性最佳的片石护道结构形式，为铁路路基护坡的合理设计提供了参数[37]。赖远明等通过数值计算表明，在普通路基阴阳坡两侧分别增加直径为10cm，厚度为80、160cm的片石护坡，可以消除或减弱由于阴阳坡温度差的作用而造成路基下冻土上限不对称分布、引起路基的不均匀沉降以及形成路基纵向裂缝的病害等[38]。

1.5 遮阳板

遮阳板也是主动冷却冻土路基的方法之一，可以有效遮挡太原的辐射，以降低路基的温度。铁道部科学院西北研究所在青藏高原风火山地区铁路路基试验场对遮阳板的使用效果进行了试验研究，为遮阳板在青藏铁路路基防护中的应用提供了技术支撑[3]。樊凯等对遮阳板的温度场和路基变形进行了研究，发现遮阳板除了可以明显降低冻土温度、抬升冻土上限外，还具有调控和减弱路基阴阳面吸热不均的优势[39]。俞祁浩等[40]基于室内模型试验分析了遮阳板路基边坡坡面的温度变化规律和坡面空气流动特征，并将遮阳板的降温机理解释为“烟囱效应”。石磊等以安多地区的风速条件为例，采用数值模拟方法对遮阳板的稳定性和结构参数进行研究，并提出了遮阳板结构的高度、间距、埋深和角钢型号的合理范围[41]。冯文杰等采用数值模拟手段研究了遮阳板下风速变化与遮阳板净空的关系，并指出遮阳板的净空高度以50cm为宜[42]。李国玉等研究了遮阳板碎石复合护坡的降温机制，为遮阳板复合防护路基技术提供了思路[43]。李宁等提出了将遮阳板和碎石护坡相结合的复合路基形式，并采用数值模拟方法分析了遮阳板的高度、碎石粒度和碎石层厚度的合理取值[44]。后续工作中应深入研究遮阳板的结构形式对路基降温效果的影响，进一步通过数值模拟和模型试验研究土体表面与遮阳板之间空气温度场的分布特征，开展遮阳板与其他防护技术或材料结合而成的新型复合防护技术研究。

1.6 热棒

热棒也称作热管、热虹吸管等，热棒因导热性能好、传热能力大、使用寿命长而广泛引用于寒冷区的铁路、公路、输电线路塔基等路基和基础的冷却防护中，在青藏铁路格拉段采用热棒防护路基的长度约32km[8]。为了将热棒顺利应用在青藏铁路路基防护中，2001年在清水河试验段进行了热棒冷却路基试验研究，2002年对热棒结构优化后在安多段进行对比试验研究，2003年在北麓河进行了热棒施工经验、施工参数和设计参数等方面的研究[45]。潘卫东等系统总结了热棒的工作原理及其在寒区工程中的应用前景，根据地温资料研究发现热棒的有效制冷半径在1.8m以内，两根热棒之间的间距设置为3m为宜[46]。郭春香采用三维有限元分析得知，热棒的纵向间距以2.8m较为合理，且热棒的降温影响深度远大于热棒在土体中的埋置深度[47]。刘锟等研究了热棒在多年冻土区隧道洞口浅埋段的应用效果，发现热棒群可以显著降低隧道洞口围岩温度，提高了围岩强度，可以有效解决冻土区隧道围岩的冻融破坏问题[48]。李永强等研究了管径大小、蒸发段长度、埋设方式等因素对热棒产冷量及降温效果的影响[49]。李宁等在安多试验段研究发现，斜插方式热棒对路基体下一定深度土层的制冷效果比直插方式更好，有利于消除或减弱路基中的纵向裂缝[6]。温智等采用数值模拟方法研究了保温板热棒组合式结构对多年冻土路基的冷却效果，发现组合式结构可以发挥各自优势，更够更好地保护多年冻土[50]。樊凯等对发卡式热棒—隔热层复合路基的作用机理、结构设计等进行了研究，并首次提出了发卡式热棒的结构设计和施工工艺[51]。目前，针对热棒与其他防护技术结合的新型防护技术方面研究得还是较少，并应加强复合措施在保护多年冻土路基中的实体试验。针对热棒仅在寒季起作用而暖季停止工作的缺点，应积极改善热棒结构，使其尽量延长工作时间。

1.7 旱桥等其他技术

青藏铁路在极不稳定、高含冰量的冻土段采用了旱桥防护技术，总长约125km，长期监测资料表明，旱桥对多年冻土具有很好的保护作用[11]。肖建章等采用数值模拟分析了清水河地区旱桥的保温效果，发现旱桥既能在暖季减小桥桩周围冻土的融化深度，又能在寒季增加桥桩周围冻土的冻结深度，旱桥具有明显的遮阳作用和制冷作用，对高温极不稳定冻土地段具有良好的保护效果[52]。夏利江等研究了旱桥的高度、桥面宽度、季节变化和走向等因素对桥下及周边范围冻土的太阳辐射影响[53]。王建州等考虑全球升温和人为施工扰动的影响条件，结合数值计算和物理模拟试验研究了青藏铁路旱桥桩基的承载力和稳定性特征[54]。

在路基新材料方面，苏谦等在清水河试验段验证了聚苯乙烯泡沫板（EPS）和聚氨酯泡沫板（PU）两种新型材料对铁路路基的保温效果，PU板的保温效果更优于EPS板，保温效果随保温板厚度的增加而加强[55]。目前对路基材料的研究多集中在材料的配比和选型方面，针对多年冻土路基中新型材料的研究还开展得较少，特别是新材料和已有防护技术相结合的复合防护措施是今后研究的重点和方向。

2 存在的问题与展望

通过以上青藏铁路路基防护措施的研究现状来看，在防护措施机理、防护效果、影响因素等方面都取得了重要研究成果，特别是采用现场试验和数值模拟技术对各类措施保护多年冻土的机理和冷却效果方面研究得比较深入和透彻,为青藏铁路路基防护措施的选择和多年冻土区路基病害的治理提供了理论基础和实践指导。然而,随着青藏铁路运营期的日益加长,在全球气候变暖和青藏高原气候动态变化的背景下,出现的新型因素对已有防护措施产生消极或不利的影响,从而使青藏铁路路基防护措施的效果逐渐弱化。这些新问题主要有:

(1)青藏高原沙漠化日益加剧,风沙病害逐渐成为影响铁路路基防护效果的重要因素。受全球气候逐年变暖的影响,青藏高原植被逐渐退化,沙漠化或荒漠化面积逐渐扩大。在风吹的影响下,大量的风沙不断地被运移,最终在青藏铁路地势较高的路堤段堆积,对原有的块石护坡路基、片石气冷路基等造成了覆盖,相当于对原有路基两侧添加了一层"保温膜",这既堵塞了块石之间的缝隙和通道,又影响了原有路基的通风效果,因此,风沙病害成为影响铁路路基防护效果的重要因素。

(2)风沙在碎石护坡路基表面的堆积改变了碎石原有的颗粒级配和孔隙分布状态,长期的风化作用减弱了片石、块石和碎石的强度,在列车动载作用的强烈影响下,原有的路基结构形式发生微小变形,长此以往,对铁路路基稳定性形成危害。

(3)太阳辐射增加了路基阴阳坡的温度差异,尤其是日照强度的增大使多年冻土区的平均地温不断升高,在施工等外界因素的影响下,冻土冻土区的天然上限逐渐上升,对已有路基和新建路基防护造成新的困难,也成为多年冻土区新的研究课题。

因此,在青藏铁路路基防护措施已有研究成果的基础上,针对出现的新型问题,还应加强科学技术研究,主要从病害机理、防沙措施、优化路基材料级配等方面开展风沙对铁路路基的影响研究,研发新型路基材料克服或减弱太阳辐射导致的路基阴阳坡差异,还可以针对不同的冻土区地质条件,研究新型复合防护措施来保护多年冻土的稳定性,尤其是在高含冰量、极不稳定的多年冻土区域,通过优化旱桥桥面形式和基础结构,保证铁路路基安全运营的前提下,尽可能维护多年冻土的长期稳定。

3 结语

针对青藏铁路路基出现的问题,总结了青藏铁路中常用的如通风管、碎石护坡等 7 种路基防护措施的研究成果和现状,并结合青藏高原气候变暖的背景,分析了目前研究中存在的不足和需要亟待解决的新问题,对未来的研究方向和趋势进行了展望。具体结语如下:

(1)青藏铁路建设中采用"主动降温,冷却地基,保护冻土"的设计思想是正确的,通风管、碎石护坡等 7 种防护技术对保护多年冻土发挥了重大作用,是维护冻土路基稳定的有效方式。

(2)气候变暖、太阳辐射等因素对多年冻土路基防护提出了新的难题,亟需在路基新材料、新型复合防护技术方面开展深入研究。

(3)本文研究成果可为多年冻土区防护技术研究提供参考,也对于多年冻土区川藏铁路、中俄高速铁路等其他工程建设具有重要的理论研究和实践指导意义。

参考文献

[1] 周幼吾,邱国庆,郭东信,等 . 中国冻土 [M]. 北京:科学出版社, 2000.
Zhou Youwu, Qiu Guoqing, Guo Dongxin, et al. China permafrost[M]. Beijing: China Science Press, 2000.

[2] 孙永福 . 青藏铁路多年冻土工程的研究与实践 [J]. 冰川冻土, 2005(2):0153-0162.
Sun Yongfu. Permafrost engineering in the Qinghai-Tibet railway: research and practice[J]. Journal of Glaciology and Geocryology, 2005(2): 0153-0162.

[3] 马巍,程国栋,吴青柏 . 多年冻土地区主动冷却地基方法研究 [J]. 冰川冻土, 2002(5):579-577.

Ma wei, Cheng Guodong, Wu Qingbai. Preliminary study on technology of cooling foundation in permafrost regions[J]. Journal of Glaciology and Geocryology, 2002(5): 579-577.

[4] 程国栋 . 用冷却路基的方法修建青藏铁路 [J]. 中国铁道科学，2003（3）：1-4.

Cheng Guodong. Construction of Qinghai-Tibet railway with cooled roadbed[J]. China Railway Science, 2003(3): 1-4.

[5] 马巍，刘端，吴青柏 . 青藏铁路冻土路基变形监测与分析 [J]. 岩土力学，2008（3）：571-579.

Ma Wei, Liu Rui, Wu Qingbai. Monitoring and analysis of embankment deformation in permafrost regions of Qinghai-Tibet railway[J]. Rock and Soil Mechanics, 2008(3): 571-579.

[6] 李宁，魏庆朝，葛建军 . 青藏铁路热棒路基结构形式及工作状态分析 [J]. 北京交通大学学报，2006（4）：22-25.

Li Ning, Wei Qingchao, Ge Jianjun. Structure type and work state study on heat pipe subgrade of Qinghai-Tibet railway[J]. Journal of Beijing Jiaotong University, 2006(4): 22-25.

[7] 马巍，余邵水，吴青柏，等 . 青藏高原多年冻土区冷却路基技术现场实效监测研究 [J]. 岩石力学与工程学报，2006（3）：563-572.

Ma Wei, Yu Shaoshui, Wu Qingbai, et al. Study on in-site monitoring technology of cooling roadbed in permafrost regions of Qinghai tibet plateau[J]. Chinese Journal of Rock Mechanics and Engineering, 2006(3): 563-572.

[8] 曹元平 . 青藏铁路保护多年冻土路基结构的措施研究 [J]. 铁道工程学报，2008（8）：0010-0014.

Cao Yuanping. Research on the permafrost structure of protection measures along Qinghai-Tibet railway[J]. Journal of Railway Engineering Society, 2008(8): 0010-0014.

[9] 胡明鉴，汪稔，葛修润，等 . 透壁通风管对青藏铁路路基的冷却效果试验初探 [J]. 岩石力学与工程学报，2004（24）：4195-4399.

Hu Mingjian, Wang Ren, Ge Xiurun, et al. An experimental study on cooling effect of the perforated ventilation press on Qinghai-Tibet railway roadbed. [J]. Chinese Journal of Rock Mechanics and Engineering, 2004(24): 4195-4399.

[10] 牛富俊，程国栋，李建军，等 . 多年冻土区管道通风路基温度边界条件及温度场实测研究 [J]. 冰川冻土，2006（3）：0380-0389.

Niu Fujun, Cheng Guodong, Li Jianjun, et al. Experimental study on the thermal boundary conditions and temperature fields of duct-ventilated embankment in permafrost regions[J]. Journal of Glaciology and Geocryology, 2006(3): 0380-0389.

[11] 程国栋，吴青柏，马巍 . 青藏铁路主动冷却路基的工程效果 [J]. 中国科学 E 辑：技术科学，2009（1）：16-22.

Cheng Guodong, Wu Qingbai, Ma Wei. The engineering effect of active cooling roadbed of the Qinghai-Tibet railway[J]. Science in China: Series E, 2009(1): 16-22.

[12] 喻文兵，赖远明，张学富，等 . 多年冻土区道碴、通风管结构铁路路基室内试验研究 [J]. 岩土工程学报，2003（4）：436-440.

Yu Wenbing, lai Yuanming, Zhang Xuefu, et al. Laboratory experiment study on the ballast and ventilated railway embankment in permafrost regions[J]. Chinese Journal of Geotechnical Engineering, 2003(4): 436-440.

[13] 刘琦，孙斌祥，徐学祖，等 . 透壁通风管路堤降温效应的室内试验研究 [J]. 岩土工程学报，2006（9）：1153-1158.

Liu Qi, Sun Binxiang, Xu Xuezu, et al. Investigation of laboratory tests on cooling effect of embankments with perforated ventilation pipes[J]. Chinese Journal of Geotechnical Engineering, 2006(9): 1153-1158.

[14] 章金钊，孙斌祥，刘琦，等 . 透壁通风管路堤土体蒸发降温的试验研究 [J]. 岩土力学，2011（6）：1813-1818.

Zhang Jinzhao, Sun Binxiang, Liu Qi, et al. Laboratory investigation on water evaporative cooling effect in embankment with perforated ventilation pipe[J]. Rock and Soil Mechanics, 2011(6): 1813-1818.

[15] 杨丽君，孙斌祥，王伟，等 . 表面条件对透壁通风管碎石路堤降温效果的影响 [J]. 岩土力学，2013（10）：2945-2954.

Yang Lijun, Sun Bingxiang, Wang Wei, et al. Impact of top boundaries on cooling effect of crushed rock embankment embedded a perforated ventilation pipe[J]. Rock and Soil Mechanics, 2013(10): 2945-2954.

[16] 蒋富强，杨永鹏．青藏高原多年冻土区通风管路基传热规律研究 [J]. 铁道工程学报，2008（11）：027-030.
Jiang Fuqiang, Yang Yongpeng. Research on the heat transfer law of ventilation pipeline embankment in permafrost regions of Qinghai-Tibet plateau[J]. Journal of Railway Engineering Society, 2008(11): 027-030.

[17] 杨丽君，孙斌祥，王伟，等．寒区路堤通风管的自然通风能力 [J]. 中国公路学报，2008（4）：25-29.
Yang Lijun, Sun Binxiang, Wang Wei, et al. Natural ventilation capability of ventilation duct of embankment in permafrost region[J]. China Journal of Highway and Transport, 2008(4): 25-29.

[18] 杨丽君，孙斌祥，杨秋伟，等．加装采风口增强通风管路堤的降温效果 [J]. 土木建筑与环境工程，2011（1）：87-92.
Yang Lijun, Sun Binxiang, Yang Qiuwei, et al. Cooling capability of duct-ventilated highway embankment enhanced by self-windward vent[J]. Journal of Civil, Architectural& Environmental Engineering, 2011(1): 87-92.

[19] 李宁，全晓娟，李国玉．冻土通风管路基的温度场分析与设计原则探讨 [J]. 土木工程学报，2005（2）：081-086.
Li Ning, Quan Xiaojuan, Li Guoyu. Approach on temperature field analysis and design principle of bed for ventilating pipeline in frozen soil[J]. china Civil Engineering Journal, 2005(2): 081-086.

[20] 孙 红，葛修润，章金钊，等．通风管路基的调温机理 [J]. 公路交通科技，2013（5）：19-23.
Sun Hong, Ge Xiurun, Zhang Jinzhao, et al. Temperature adjustment mechanism of ventilation pipeline embankment[J]. Journal of Highway and Transportation Research and Development, 2013(5): 19-23.

[21] 孙志忠，马巍，李东庆．青藏高原多年冻土区碎石护坡降温作用及效果分析 [J]. 冰川冻土，2007（2）：292-298.
Sun Zhizhomng, Ma Wei, Li Dongqing. Cooling effect of crushed rock revetment in permafrost regions[j]. Journal of Glaciology and Geocryology, 2007(2): 292-298.

[22] 赖远明，张明义，喻文兵，等．边界条件对碎石层降温效果及机理的影响 [J]. 冰川冻土，2005（2）：163-168.
Lai Yuanming, Zhang Mingyi, Yu Wenbing, et al. The influence of boundary conditions on the cooling effect and mechanism of ripped-rock layers[J]. Journal of Glaciology and Geocryology, 2005(2): 163-168.

[23] 刘争平．青藏铁路碎石护坡路基长期效果分析 [J]. 铁道建筑，2014（10）：69-72.
Liu Zhengping. Analysis on long-term effects of rubble slope embankment on Qinghai-Tibet railway[J]. Railway Engineering, 2014(10): 69-72.

[24] 孙斌祥，徐学祖，赖远明，等．基于对流降温效应的青藏铁路碎石护坡层厚度研究 [J]. 铁道学报，2005（4）：096-103.
Sun Bingxiang, Xu Xuezu, Lai Yuanming, et al. Study on thickness of Qinghai-Tibet railway fractured-rock revetment layer on the basis of convection cooling effect[J]. Journal of the China Railway Society, 2005(4): 096-103.

[25] 孙斌祥，徐学祖，赖远明，等．碎石粒径对寒区路堤自然对流降温效应的影响 [J]. 岩土工程学报，2004（6）：809-814.
Sun Bingxiang, Xu Xuezu, Lai Yuanming, et al. Impact of ballast grain sizes on natural convection cooling effect of embankment in permafrost regions[J]. Chinese Journal of Geotechnical Engineering, 2004(6): 809-814.

[26] 徐学祖，孙斌祥，刘琪，等．碎石铺设位置及粒径对路基降温效果影响的室内试验 [J]. 岩土工程学报，2005（3）：254-257.
Xu Xuezu, Sun Binxiang, Liu Qi, et al. Laboratory experiment on the influence of paving location and diameter on the cooling effect of ballast embankment[J]. Chinese Journal of Geotechnical Engineering, 2005(3): 254-257.

[27] 武小鹏，王小军，刘保升．青藏铁路片石层表面开放与封闭的片石气冷—碎石护坡组合路基降温效果试验研究 [J]. 中国铁道科学，2008（3）：13-17.
Wu Xiaopeng, Wang Xiaojun, Liu Baosheng. Test study on the cooling effect of air-cooled riprap-crushed-rock revetment embankment subgrade under opened and closed surface of rock layer on Qinghai-tibet railway[J]. China Railway Science, 2008(3): 13-17.

[28] 侯彦东，吴青柏，孙志忠，等．青藏铁路碎石护坡—热管复合措施的补强效果研究 [J]. 冰川冻土，2015（1）：118-125.
Hou Yandong, Wu Qingbai, Sun Zhizhong, et al. The coupled reinforcing effect of crushed rock slope protection and

thermosyphons in Qinghai-Tibet railway[J]. Journal of Glaciology and Geocryology, 2015(1): 118-125.

[29] 何平，程国栋，马巍，等．块石通风性能实验研究 [J]. 岩土工程学报，2006（6）：789-793.

He Ping, Cheng Guodong, Ma Wei, et al. Researches on ventilation properties of block stones layer[J]. Chinese Journal of Geotechnical Engineering, 2006(6): 789-793.

[30] 孙志忠，马巍，李东庆．冻土区块石护坡路基调温效果试验研究 [J]. 岩土力学，2006（11），2001-2004.

Sun Zhizhong, Ma Wei, Li DongQing. Study of adjusting temperature effect of ripped-rock in-situ[J]. Rock and Soil Mechanics, 2006(11), 2001-2004.

[31] 李国玉，李宁，康佳梅．青藏铁路冻土区开放块石护坡路基降温机制研究 [J]. 岩石力学与工程学报，2007（S1）：3161-3169.

Li Guoyu, Li Ning, Kang Jiamei. Study on cooling mechanism of embankment with crushed-stone side-slope along Qinghai-Tibet railway in permafrost region[J]. Chinese Journal of Rock Mechanics and Engineering, 2007(S1): 3161-3169.

[32] 吴青柏，崔巍，刘永智．U 型块石路基结构对多年冻土的降温作用 [J]. 冰川冻土，2010（3）：532-537.

Wu Qingbai, Cui Wei, Liu Yongzhi. The Cooling effect of u-type crushed rock embankment on permafrost[J]. Journal of Glaciology and Geocryology, 2010(3): 532-537.

[33] 全晓娟，李宁，李国玉．冻土地区一种新型抛石护坡路基的研究 [J]. 岩石力学与工程学报，2006（8）：1645-1652.

Quan Xiaojuan, Li Ning, Li Guoyu. Study on embankment with new-type rock revetment in permafrost regions[J]. Chinese Journal of Rock Mechanics and Engineering, 2006(8): 1645-1652.

[34] 王小军，韩文峰，蒋富强，等．青藏铁路片石通风试验路基沉降与普通路基裂缝解剖分析 [J]. 岩石力学与工程学报，2006（9）：1904-1911.

Wang Xiaojun, Han Wenfeng, Jiang Fuqiang, et al. Discussion and analysis settlement of rubble ventilation embankment and crack of ordinary embankment in permafrost regions[J]. Chinese Journal of Rock Mechanics and Engineering, 2006(9): 1904-1911.

[35] 魏静，许兆义，包黎明，等．青藏铁路片石气冷护坡措施实体工程试验研究 [J]. 岩石力学与工程学报，2006（5）：1062-1068.

Wei Jing, Xu Zhaoyi, Bao Liming, et al. Experimental study on air-cooling embankment with rubble slope protection along Qinghai-Tibet railway[J]. Chinese Journal of Rock Mechanics and Engineering, 2006(5): 1062-1068.

[36] 徐学祖，孙斌祥，赖远明，等．青藏铁路片石路基长期使用效果分析 [J]. 冰川冻土，2004（1）：101-105.

Xu Xuezu, Sun Binxiang, Lai Yuanming, et al. Study on the long-term effects of ballast embankment of the Qinghai-Tibet railway[J]. Journal of Glaciology and Geocryology, 2004(1): 101-105.

[37] 王春雷，谢强，胡启军，等．片石护道结构对冻土路基抗冻融安全性影响分析 [J]. 水文地质工程地质，2007，（3）：79-81.

[38] 赖远明，张鲁新，张淑娟，等．利用抛石护坡调节冻土路基阴阳坡的温度分布 [J]. 岩石力学与工程学报，2004（24）：4212-4220.

Lai Yuanming, Zhang Luxin, Zhang Shujuan, et al. Adjusting temperature distribution under the North and south slope of roadbed by the rippled-rock revetment in permafrost regions[J]. Chinese Journal of Rock Mechanics and Engineering, 2004(24): 4212-4220.

[39] 樊凯，章金钊，刘戈，等．多年冻土地区遮阳板路基应用效果分析 [J]. 公路交通科技(应用技术版)，2008，（2）：55-60.

[40] 俞祁浩，潘喜才，程国栋，等．多年冻土区路基边坡遮阳板降温过程试验研究 [J]. 冰川冻土，2007（2）：299-305.

Yu Qihao, Pan Xicai, Cheng Guodong, et al. Experimental study on the cooling process of shading board put on an embankment slope in permafrost regions[J]. Journal of Glaciology and Geocryology, 2007(2): 299-305.

[41] 石磊，李宁，李国玉，等．多年冻土区路堤边坡上遮阳板的稳定性分析 [J]. 冰川冻土，2007（6）：986-991.

Shi Lei, Li Ning, Li Guoyu, et al. Stability analysis of the awning in road engineering in permafrost regions[J]. Journal of Glaciology and Geocryology, 2007(6): 986-991.

[42] 冯文杰，马巍，牛永红．路基边坡遮阳板下风速变化模拟计算探讨 [J]. 冰川冻土，2009（1）：106-112.

Feng Wenjie, Ma Wei, Niu Yonghong. Simulative analysis of the wind speed variation under the awning of an embankment side-slope[J]. Journal of Glaciology and Geocryology, 2009(1): 106-112.

[43] 李国玉，李宁，马巍．高温冻土区新型复合护坡降温机制研究 [J]. 岩土力学，2010（1）：165-173.

Li Guoyu, Li Ning, Ma Wei. Cooling effects and mechanisms of crushed rock protective slopes combined with shading board on embankment in warm permafrost regions[J]. Rock and Soil Mechanics, 2010(1): 165-173.

[44] 李宁，康佳梅，全晓娟．高温冻土区一种新型路基护坡的冷却机理研究 [J]. 岩土工程学报，2007（3）：425-429.

Li Ning, Kang Jiamei, Quan Xiaojuan. Study on cooling mechanism of a new type ripped-stone embankment in high temperature area[J]. Chinese Journal of Geotechnical Engineering, 2007(3): 425-429.

[45] 杨永平，魏庆朝，周顺华，等．热管技术及其在多年冻土工程中的应用研究 [J]. 岩土工程学报，2005（6）：698-706.

Yang Yongping, Wei Qing chao, Zhou Shunhua, et al. Thermosyphon technology and its application in permafrost[J]. Chinese Journal of Geotechnical Engineering, 2005(6): 698-706.

[46] 潘卫东，赵肃菖，徐伟泽，等．热棒技术加强高原冻土区路基热稳定性的应用研究 [J]. 冰川冻土，2003（4）：433-438.

Pan Weidong, Zhao Suchang, Xu Weize, et al. Application of thermal probe to enhance thermal stability of roadbed in plateau permafrost areas[J]. Journal of Glaciology and Geocryology, 2003(4): 433-438.

[47] 郭春香，吴亚平，董晟，等．热棒填土路基降温效果的三维非线性有限元分析 [J]. 中南大学学报（自然科学版），2014（1）：202-207.

Guo Chunxiang, Wu Yaping, Dong Sheng, et al. Three-dimensional nonlinear numerical analysis of cooling effect of thermosyphon on filling subgrade[J]. Journal of Central South University(Science and Technology), 2014(1): 202-207.

[48] 刘锟，蔡汉成，李奋．热棒群在多年冻土区隧道浅埋段防护中的应用 [J]. 铁道工程学报，2013（9）：60-64.

Liu Kun, Cai Hancheng, Li Fen. Application of thermal probe group in protection of shallow section of tunnel in permafrost area[J]. Journal of Railway Engineering Society, 2013(9): 60-64.

[49] 李永强，吴志坚，王引生，等．青藏铁路冻土路基热棒应用效果试验研究 [J]. 中国铁道科学，2008（6）：6-11.

Li Yongqiang, Wu Zhijian, Wang Yinsheng, et al. Test study on the application effect of the thermal pipes on the roadbed in the permafrost region along Qinghai-Tibet railway[J]. China Railway Science, 2008(6): 6-11.

[50] 温智，盛煜，马巍，等．青藏铁路保温板热棒复合结构路基保护冻土效果数值分析 [J]. 兰州大学学报，2006（3）：14-19.

Wen Zhi, Sheng Yu, Ma Wei, et al. Analysis on the effect of permafrost protection by two-phase closed joint thermosyphon and insulation in permafrost regions[J]. Journal of Lanzhou University(Natural Science), 2006(3): 14-19.

[51] 樊凯，俞祁浩，袁堃，等．发卡式热棒—隔热层复合路基在多年冻土区应用研究 [J]. 施工技术，2012（17）：53-57.

Fan Kai, Qi Yuhao, Yuan Fang, et al. Research on application of hairpin-shaped thermosyphon and thermal insulation composite embankment in permafrost regions[J]. Construction Technology, 2012(17): 53-57.

[52] 肖建章，赖远明，张学富，等．青藏铁路旱桥的三维温度特性分析 [J]. 冰川冻土，2004（4）：426-434.

Xiao Jianzhang, Lai Yuanming, Zhang Xuefu, et al. Three-dimensional temperature character analysis of the land bridge on the Qinghai-Tibet railway[J]. Journal of Glaciology and Geocryology, 2004(4): 426-434.

[53] 夏利江，周国庆，刘宇翼，等．青藏铁路旱桥桥面遮阳对桥下及周边冻土太阳辐射影响 [J]. 地球科学进展，2014（3）：380-387.

Xia Lijiang, Zhou Guoqing, Liu Yuyi, et al. Effects of sunshine-shield of Qinghai-Tibet railway Land Bridge on the Solar Radiation of Under Bridge and Surrounding Permafrost [J]. Advances in Earth Science, 2014(3): 380-387.

[54] 王建州，李生生，周国庆，等．冻土上限下移条件下高温冻土桩基承载力分析 [J]. 岩石力学与工程学报，2006（S2）：4226-4232.

Wang Jianzhou, Li Shengsheng, Zhou Guoqing, et al. Analysis of bearing capacity of pipe foundation in high temperature permafrost regions with permafrost table descending[J]. Chinese Journal of Rock Mechanics and Engineering, 2006(S2): 4226-4232.

[55] 苏谦，王迅，刘深．青藏铁路新型路基保温材料应用试验研究 [J]. 西南交通大学学报，2007（4）：395-399.

Su Qian, Wang Xun, Liu Shen. In-situ test on engineering application of new thermal-insulation materials in Qinghai-Tibet railway subgrade[J]. Journal of Southwest Jiaotong University, 2007(4): 395-399.

高山峡谷区桥梁基础岸坡稳定性分析评价方法研究

郑 光[1] 许 强[1] 常兴旺[1,2]

（1. 成都理工大学地质灾害防治与地质环境保护国家重点实验室，成都 610059；
2. 中铁二院工程集团有限责任公司，成都 610031）

摘 要：高山峡谷区铁路桥梁岸坡的稳定性直接关系到桥梁位置的选择，甚至影响铁路选线。近年来，随着中国铁路网在向西部高速扩展，峡谷区桥梁岸坡稳定性的研究成为了热点。峡谷区桥梁岸坡最显著的特点是桥梁基础与岸坡岩体之间存在相互影响，其力学行为复杂。为了分析评价高山峡谷区桥梁边坡的稳定性，本文从工程地质调查、稳定性分析与评价及信息化监测三大方面入手，建立了一套峡谷区桥梁基础岸坡稳定性及其控制研究的技术方法体系，并以大瑞铁路澜沧江大桥桥基岸坡为例，对该技术方法体系做了详细说明，希望对今后的研究工作能有启发。

关键词：桥梁基础边坡；边坡稳定性；铁路边坡；高山峡谷区

Research on Rock Slope Stability Analysis Method of Bridge Foundation in Gorge Area

Zheng Guang[1] Xu Qiang[1] Chang Xingwang[1,2]

(1.The State Key Laboratory of Gehazard Prevention and Geoenvironment Protection, Chengdu University of Technology, Chengdu 610059, China; 2.China Railway Eryuan Engineering Group Co. Ltd., Chengdu 610031,China)

Abstract: It is important and essential to studyrockslope stability of bridge foundation in gorge area, which relates directly to the feasibility of bridge site scheme, even the route selection of railway. With the construction of railway in the mountainous areas, the study on rock slope stability of bridge foundation get the focus of engineering geologists. The significant characteristic of rock slope of bridge foundation is the mutual influence between the foundation and rockmass, and mechanical behavior is complex. Combining with the research on rock slope of bridge foundation, the stable problem of stability analysis have comprehensively and systematically studied from 3 domains, namelyengineering geologyinvestigation, analysis and evaluation of the stability and informationized monitoring. A set of technical and methodological system on rock slope stability of bridge foundation in gorge area was established. This paper takes the rock slope of Lancangjiang bridge foundation on Dali-Ruili Railway as an example to detail the technical and methodological system. The result shows that thetechnical and methodological system is effective in evalution of rock slope stability of bridge foundation in gorge area.

Keyword: rock slope of bridge foundation; slope stability analysis; railway slope; gorge area

---

作者简介：郑光（1981—），男，博士研究生。

随着我国经济的高速发展，铁路路网规划也逐渐向扩大西部铁路网规模，完善东北、西北、西南地区铁路通道的方向发展[1]。为了保证线路在运营期间的安全性，以及达到较高的线路设计目标速度，减少展线，山区铁路遇高山开隧，遇河谷架桥，甚至桥隧相连，这使得高山峡谷区线路桥隧比例往往高达线路全长的一半以上。如2015年12月开工建设的大瑞铁路保瑞段全长196.42km，全线共有桥梁82座，隧道22座，桥隧长度占线路全长的69.76%[2]。用长大桥梁跨越峡谷区，桥梁岸坡的稳定性直接关系到桥梁基础位置和隧道口位置的选择，进而影响铁路选线，因此，桥梁岸坡的稳定性成为工程建设最为主要的工程地质问题之一。

桥梁边坡不仅要为桥梁基础提供足够的承载力条件，还要受到基础结构及车辆荷载等的不利影响。早在1970年，Stacey[3,4]就通过数值计算发现，边坡的坡角明显改变斜坡内部的应力分布状况。随着坡角变陡，坡面附近张力带范围也随之扩大和增强。因此，铁路桥梁基础位置的设定应远离坡面张力带才有利于边坡稳定和工程安全。但是长期以来，由于没有公认的适合于铁路高边坡稳定性分析的计算方法，工程师们大多采用土力学中分析土质边坡稳定性的方法，这使得峡谷区高边坡的稳定性分析及桥基位置的确定大多依靠经验积累，评价结果自然因人而异。

为此，作者系统提出了高山峡谷区桥梁边坡稳定性及其控制研究的技术方法体系，希望对今后的研究工作能有启发。

1 桥梁岸坡稳定性研究分析方法

高山峡谷区桥梁岸坡稳定性研究的方法较多，经过总结，作者提出了高山峡谷区桥梁边坡稳定性及其控制研究的技术方法体系，如图1所示，主要分为工程地质调查、构建岸坡地质模型，判定边坡潜在失稳模式、选定对应的分析方法，开展边坡稳定性计算、分析岸坡在桥梁荷载作用下的稳定性，存在稳定性隐患的边坡将需要通过加固处理，整个过程都要建立信息化监测体系对岸坡的变形进行观测，根据观测结果对支护方案进行优化和评估，以达到有效整治的目的。

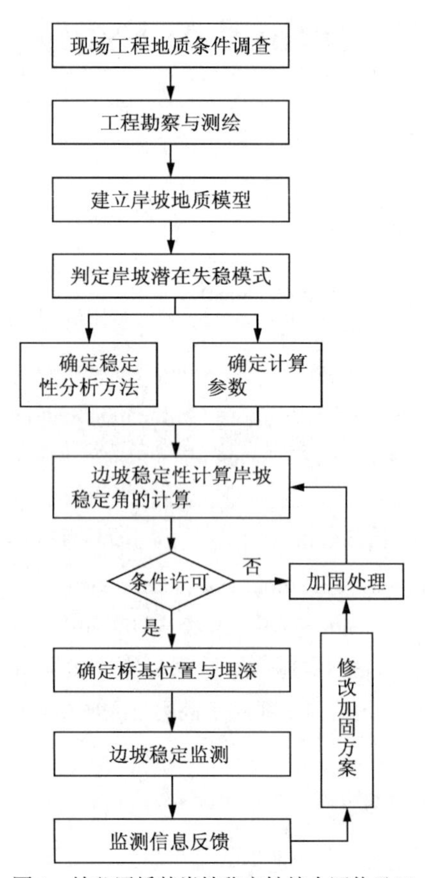

图1 峡谷区桥基岸坡稳定性综合评价及工程治理方法流程图

1.1 研究区工程地质调查

开展研究区工程地质调查，查明区域内影响边坡稳定的各种因素，同时判断斜坡在不利因素下的变形破坏机理和失稳模式。高山峡谷区的斜坡主要为岩质斜坡，其变形破坏机理是研究岩质边坡稳定性的重要理论基础，边坡变形的模式不同，其发生的条件和运动的机理不同，对桥梁基础的作用也不相同，其防治原则和措施也将不同。因此，变形破坏机理研究在边坡稳定性评价中一直受到高度重视。如许强、王士天等（2005）[5]对中国援建尼泊尔色迪河大桥加德满都岸桥基岸坡的调查就是基于这一思路。色迪河大桥竣工后加岸就开始出现裂缝，到2001年年初发展到4m宽，对桥梁的安全造成威胁。调查组通过地质调查发现，色迪河岸坡变形破坏的主要原因是河谷底部岩层被水流强烈侧蚀而掏空，上部相对坚硬岩体在重力作用下产生“悬臂梁”式的拉裂倾倒变形，裂缝自上而下发展贯通后整体下座造成的。查明失稳机理后，对易冲蚀层进行防护措施，上部岸坡就不再继续变形，从而确保了岸坡的稳定。

1.2 利用公式法初步判定岸坡稳定坡角

判定岸坡的稳定坡角有利于初步判定岸坡的稳定性，并确定桥梁基础的埋置位置，所以在铁路桥梁岸坡稳定性分析中，岸坡稳定坡角已经成为工程设计必需的参数。

蒋爵光等（1991）[6,7] 根据岩性特征、岩层厚度、结构面产状及其基本几何特征（间距、粗糙度、张开度等）、地下水初露状况等因素与稳定坡角之间的关联度，提出了铁路岩质边坡稳定坡度的经验性公式：

$$\theta = \arctan\{\gamma_H \cdot \tan[-40+38\lg(\gamma_w \cdot RQ)]\} \tag{1}$$

式中：γ_H——边坡高度折减系数；

γ_w——地下水对岩体质量的折减系数，为边坡岩体质量；

RQ——边坡岩体质量，$RQ = R\lg D$ [R 为岩石回弹值，D 为岩体块度（cm）]。

谢强（2000）[8] 通过对 166 个岩石边坡样本进行统计，拟合得到的岸坡稳定坡度公式为：

$$\theta = \gamma_H[14.7\ln(\gamma_w R\lg D)+13] \tag{2}$$

公式（1）和公式（2）是当前计算岸坡稳定坡角较为常用的两个公式。

1.3 对桥梁荷载作用下岸坡的力学行为进行分析

在现场详细工程地质调查和构建三维工程地质概化模型的基础上，建立分析模型，可以是数值计算模型或物理模型。通过建立分析模型，对岸坡岩体结构的演化、影响边坡稳定性的因素进行分析，研究边坡在工程开挖、支护及桥梁结构建设完成等各个阶段的应力—应变或位移等特征，对斜坡的变形破坏机制和失稳模式进行分析。针对不同的破坏模式，采用对应的稳定性分析方法对各种工况下的稳定性进行定量评价。这些方法有基于平面滑动的极限平衡分析法[9]，基于楔形面滑动的极限平衡分析法[10]，以及针对边坡倾倒稳定分析的 Goodman-Bray 法[11] 等，甚至可以利用有限元强度折减法[12,13] 计算斜坡的稳定性系数，从而对斜坡的稳定性进行评价。

由于岩土体真实的本构关系具有极大的复杂性，单一建立数值模型是有局限的，很多学者们提出应将物理模拟与数值计算相结合来研究荷载条件下桥梁岸坡岩体的力学行为，综合评价桥基岸坡的稳定性。

1.4 建立桥梁边坡的信息化监测分析体系

在对边坡进行详细工程地质研究的基础上，选择关键部位进行控制性物理量的监测，把握其在工程施工和桥梁运行过程中的变化过程。监测的目的主要有两点：一是对边坡的整体稳定性状况进行跟踪监测，二是对边坡的局部关键部位的稳定性进行监测。通过监测资料的及时反馈，分析局部稳定性与整体稳定性之间的相互关系，并对斜坡工程措施进行合理控制和指导，分阶段、分部位地选取合理的边坡安全控制指标，与风险管控标准相结合，以达到对边坡进行综合评价和整治的目的。

将斜坡变形监测纳入到斜坡稳定性判别体系中，能够更加直观有效地判别斜坡的力学行为，比仅在数值模型中分析应力—应变状态的变化更加能够量化，毕竟岸坡岩体强度这一概念过于宏观，且受到节理裂隙空间分布、地下水条件、风化程度等一系列因素的影响，反而不容易量化。而通过分析不同工程阶段的位移监测数据，能够判别斜坡是在加速变形还是减速变形。如果采取工程措施后，斜坡位移速率开始降低，则说明斜坡趋稳，工程措施有效；如果位移量仍然在增大，则说明支护措施不够，需要重新调整支护措施，直至最终将斜坡的位移控制住。

2 桥梁边坡稳定性研究分析方法的工程实例应用

选用大瑞铁路大保段澜沧江大桥边坡[14,15] 详细阐述桥梁边坡稳定性及其控制研究的技术方法体系。澜沧江大桥位于永平县与保山市水寨乡之间的澜沧江峡谷内，两岸高程1170～2400m，相对高差约1300m。桥梁两端均为隧道口，孔口高程1450m，左岸在1450m以下坡度40°～50°，右岸坡度50°～60°，局部为陡壁。

2.1 工作区工程地质调查

通过对工作区开展工程地质调查，发现桥渡区夹在平坡断层和五里哨断层之间的地块上，两条断层出露位置距离桥基处平面距离均为100～150m，对桥基的直接影响较小。研究区地层为三叠系上统（T_3d^2）中厚层状灰岩、白云岩，岩质坚硬，岩溶弱发育。两岸岩体的节理裂隙发育，经过统计，左右两岸各发育3组优势结构面(表1)。

岸坡岩体优势结构面特征　　表1

产状方位		结构面间距			结构面出露迹长		
		最小(m)	最大(m)	均值(m)	最小(m)	最大(m)	均值(m)
右岸	N83° E/NW ∠49°	0.6	1.6	1.4	5	14	13
	N88° E/NW ∠83°	1.2	1.4	1.3	5	45	30
	N57° E/SE ∠54°	0.2	0.7	0.5	8	10	9
左岸	N81° E/NW ∠76°	0.6	1.2	0.8	10	10	10
	N56° E/SE ∠37°	0.17	4	2	18	18	18
	N40° W/SW ∠45°	1.5	1.5	1.5	4	4	4

将切割岩体的优势结构面按照其空间组合关系表达在斜坡概化模型中，其沿铁路线的组合模型如图2所示，其中左岸结构面将岩体切割成楔形块体，其潜在失稳模式为楔形破坏；右岸结构面沿凸出的三面临空的斜坡岩体底面切割，其主要失稳模式为平面破坏。

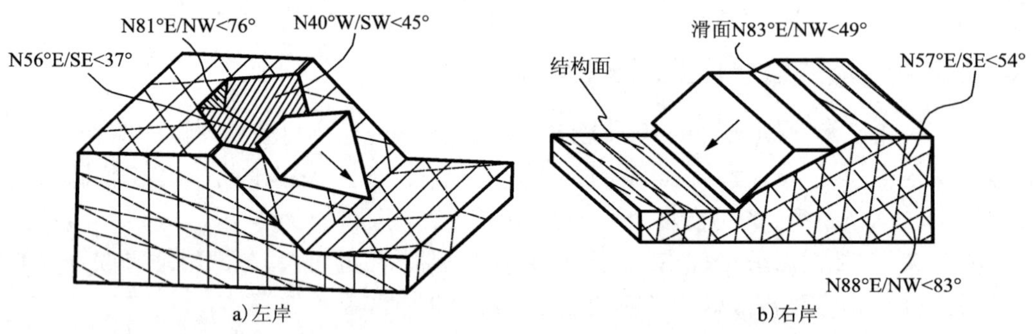

图2 澜沧江大桥两岸结构面空间组合及潜在失稳模式示意图

2.2 公式法初步判定岸坡稳定坡角

依据当前常用的岸坡稳定坡角计算公式计算两岸岸坡的稳定坡角。

经过实际工程调查及测定，斜坡岩体的回弹值均质为R=38，岩石块度为D=40cm，地下水对岩体质量的折减系数γ_w=0.9，由于边坡坡高为1300m，坡高折减系数γ_H=0.6。

将上述数据代入公式（1），得到稳定坡角为40º；将数据代入公式（2），得到稳定坡角为43º。两个公式计算所得稳定坡角基本相同，将它们与实际斜坡坡角对比，发现左岸坡角与稳定坡角基本一直，右岸坡角大于稳定坡角，说明基于稳定坡角判定，右岸的稳定性应较差一些，需要进行重点研究。

2.3 工程岸坡在桥梁荷载作用下的力学行为分析

2.3.1 建立符合实际的分析模型

由于右岸工程边坡受顺向结构面影响较大，如图 2b）所示，需要重点考虑；而左岸岩体虽然具有潜在楔形块体破坏趋势，但是结构面闭合，岸坡整体性较好，可以整体考虑左岸岸坡。按照该研究思路建立三维数值分析模型，如图 3、图 4 所示，模型考虑了开挖区及附近的结构面、断层及工程结构（澜沧江大桥和两端的隧道）和坡体的强弱风化层。岩土体材料计算参数：灰岩（风化）的弹模为 E=16.2GPa，重度 γ=26.81kN/m^3，内聚力 c=0.4MPa，摩擦角 45º；灰岩（新鲜）的弹模为 E=17.0GPa，重度 γ=28.0kN/m^3，内聚力 c=1.5MPa，摩擦角 55º；断层的弹模为 E=15GPa，重度 γ=26.3kN/m^3，内聚力 c=0.5MPa，摩擦角 37º。桥体结构采用弹性模型，弹性模量 E=30GPa，重度采用 20kN/m^3 计算。

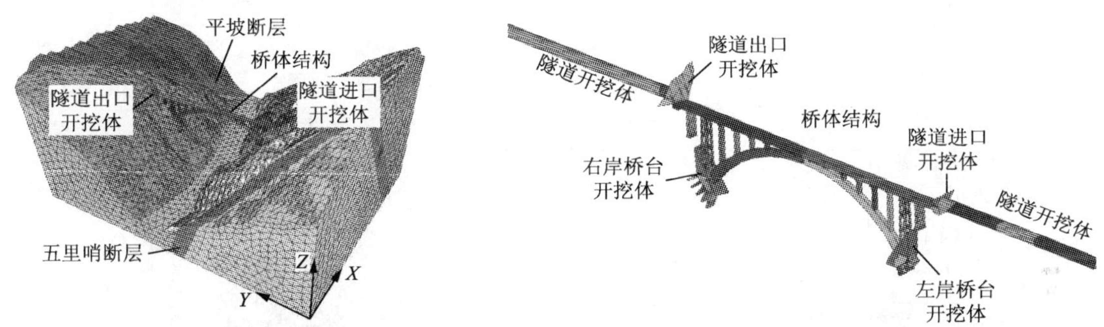

图 3 两岸工程边坡及桥体结构 FLAC3D 数值计算模型　　图 4 桥体结构及隧道 FLAC3D 数值计算模型

为了对工程岸坡位移进行监测分析，设置了一些位移监测点(histpiont)，如图 5、图 6 所示。

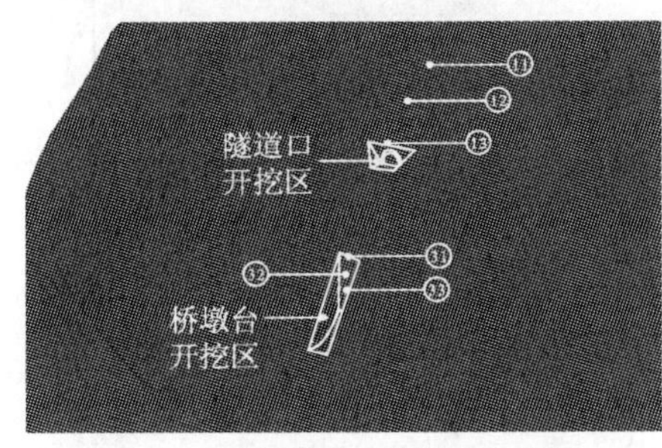

图 5 左岸坡体位移跟踪点示意图

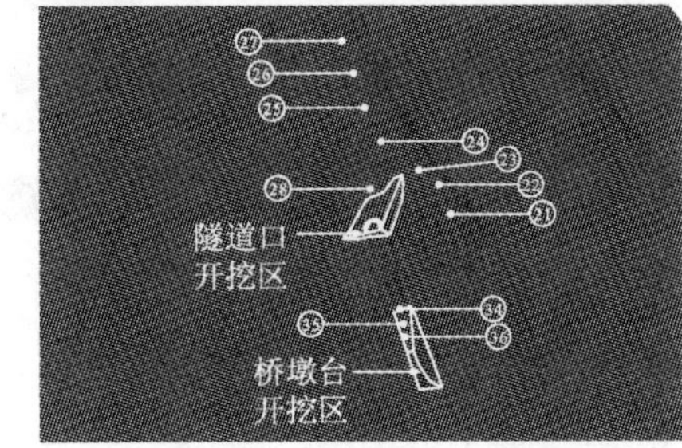

图 6 右岸坡体位移跟踪点示意图

2.2.2 天然状态下的边坡应力状态

经过计算，从天然状态下岸坡的 Smin 主应力云图(图 7)可以看出，由于岩体自重的作用在河谷底部形成一个应力集中区，坡表存在局部的拉应力区，拉应力值为 0.5 ～ 2.0MPa，特别是在右岸外倾结构面出露部位，应力条件出现恶化迹象，这是由于结构面上部岩体在自重下向坡脚蠕变造成的。由此可见，天然状态下斜坡表层是易出现松动的部位。

2.3.3 加固及桥梁荷载作用下岸坡的稳定性分析

由于桥梁基础位置是确定的，因此在评价岸坡稳定性时，仅考虑了开挖、加固及桥梁施工等几个工况。

（1）工程开挖阶段：桥梁基础开挖后，对两岸岸坡采用强度折减法计算工程边坡的稳定性。经过抗剪强度参数折减，右岸工程边坡在 F_s=1.070 时出现了计算结果不收敛。从图 8a）看出边坡的剪应变区（塑性区）是沿陡崖下部的外倾顺坡向结构面分布的。左岸边坡在 F_s=2.140 时出现了计算结果不收敛。从图 8b）可以看出，左岸斜坡的剪应变区位于桥墩台开挖面后部。通过对比稳定性系数，可知右岸的稳定性较差。需要说明的是，在这一步骤中，可以用来计算岩质斜坡稳定性系数的方法很多，因为篇幅限制，本文只采用强度折减法对斜坡稳定性进行说明。

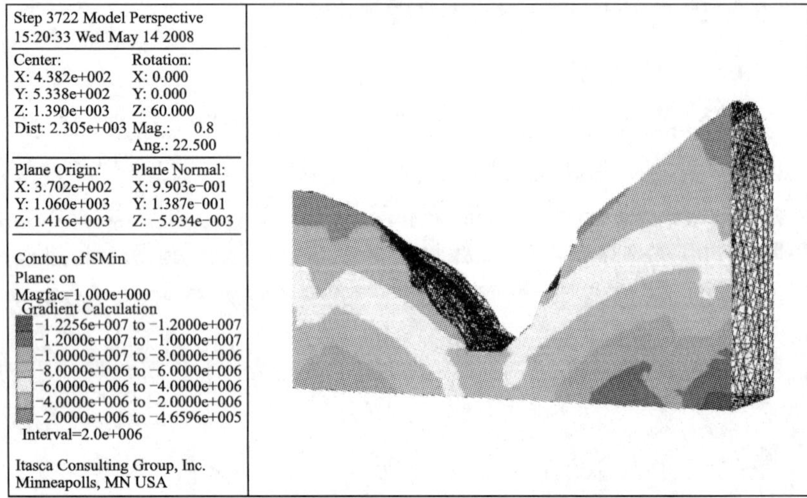

图7　边坡沿线路剖面 Smin 主应力

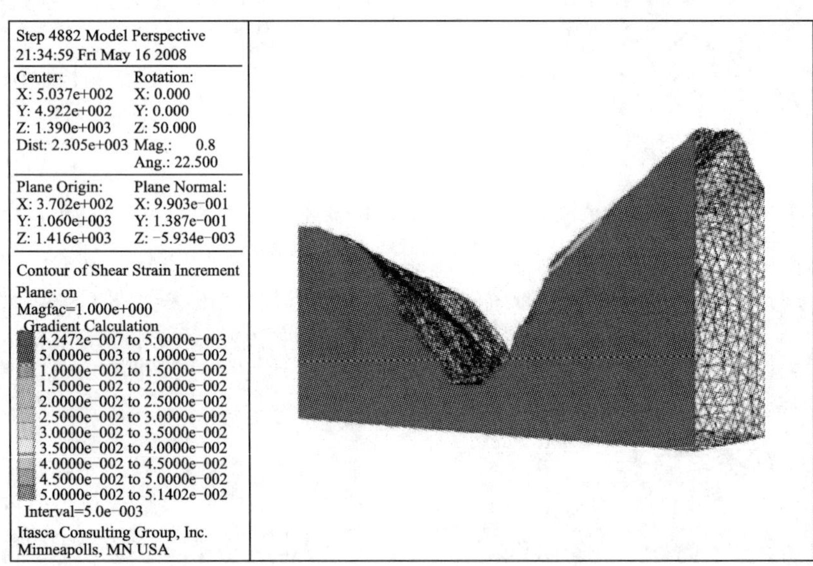

a)右岸

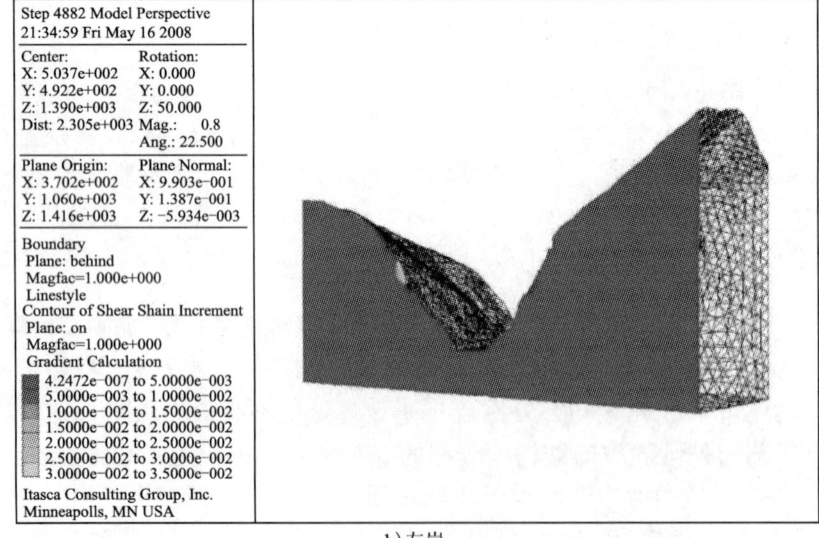

b)左岸

图8　边坡塑性破坏后沿线路剖面剪应变增量图

（2）工程支护阶段：为了研究桥梁基础边坡在施工期间的稳定，对开挖后的边坡进行支护效果分析。支护过程采用 FLAC3D 软件自带的 cabal 单元模拟预应力锚索进行模拟。

经过坡体开挖、锚杆支护等数值模拟计算后，边坡的位移分布特征如图 9 所示。支护后，边坡变形量与开挖而未支护相比有了明显降低。右岸总位移分布特征最大位移量仅为 5mm；左岸总位移量被控制在 2mm 以内。通过位移监测点的数据也可看出（图 11、图 12），2910 时步至 3570 时步是锚索支护后边坡的收敛过程，边坡整体变形量和变形速率均明显降低，后期变形速率逐渐趋于零。这表明支护措施从根本上约束了以岩体拉裂为标准开始的滑移变形，证明该支护方案是恰当的。

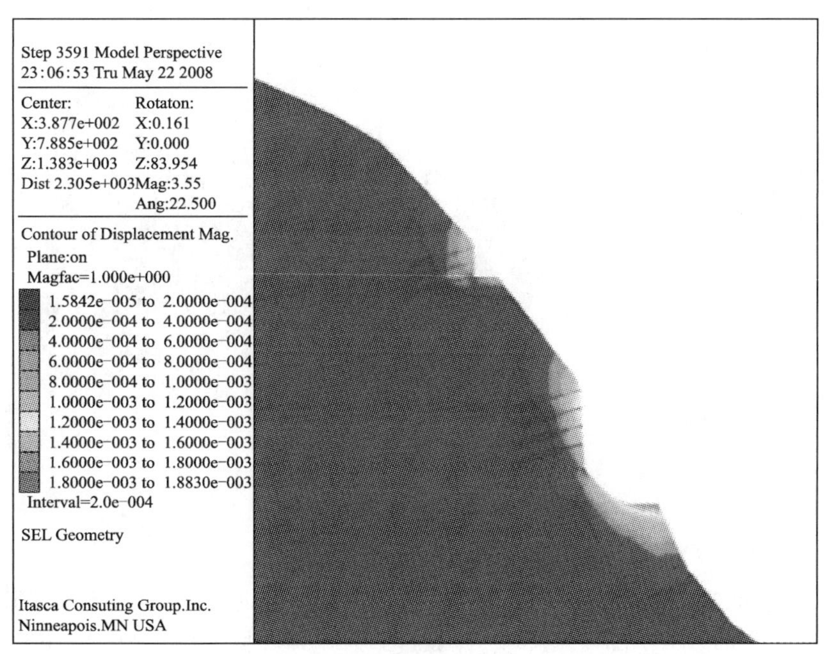

a）左岸leftbank

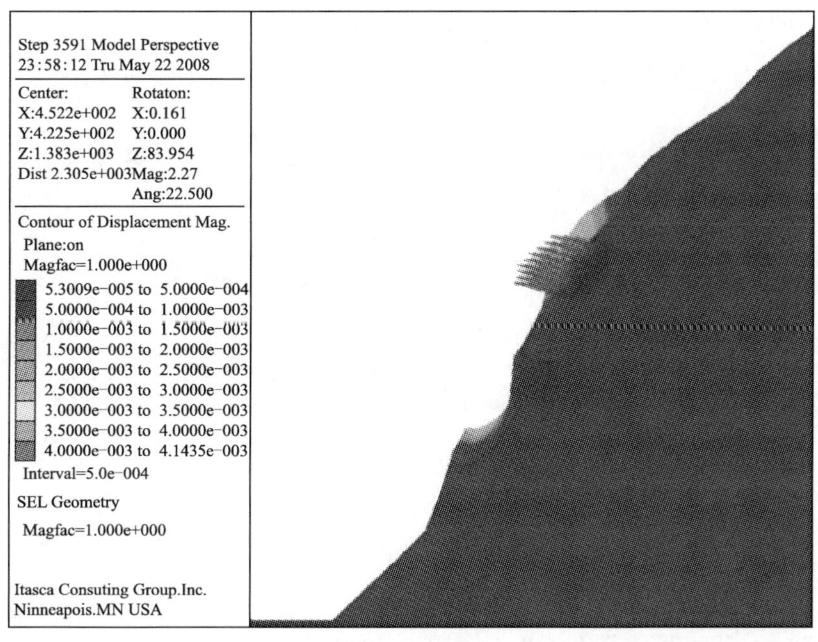

b）右岸rightbank

图 9　支护后边坡位移分布剖面云图

（3）桥梁结构架设阶段：对边坡稳定性影响较大的工程建设主要为铁路桥架设。由于铁路桥采用悬臂法吊装，施工工期短，故在数值计算时拱桥模型采用一次性加载的模式施加到岩体上。

如图10所示为澜沧江大桥单跨拱桥架设后的总位移场，其基本继承了架设前边坡的位移场特征，且数值变化不大，两岸边坡的最大总位移量保持在2～4mm。由于拱桥把竖向荷载通过拱圈向坡内传递到岩土体内，即在两端支承处除有竖向荷载外，还对地质体有一个向坡内的水平分力作用，这对坡体的稳定是有积极作用的。这也使得拱桥承台处的Y方向位移有减小的趋势，Z向（垂直方向）正位移在竖向荷载作用下亦同样在收敛。可以看到，拱桥架设后两岸边坡并没有受到较大影响，坡体在锚索工作后一直具有较好的稳定性。

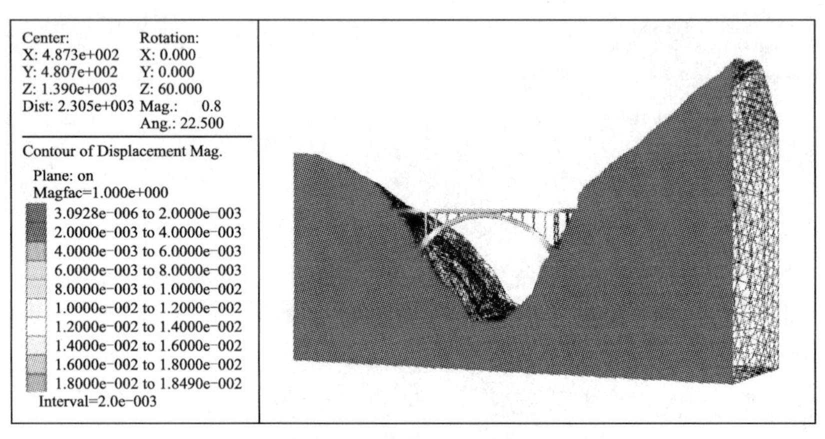

图10　桥架设后总位移分布特征剖面图

2.3.4　边坡坡表位移监测曲线分析

如图11、图12所示是监测点的总位移曲线，2910时步至3570时步是锚索支护后边坡的收敛过程，3571时步至4200时步是桥结构加载后坡体的计算过程，4200时步之后是隧道开挖的计算过程。从坡体开挖至隧道开挖完成整个过程中监测点的总位移曲线可以看到，坡体开挖后总位移急剧增大，虽然经过迭代计算之后位移速率有所减缓，但是两岸斜坡始终处于位移递增过程中。经过锚固工程支护之后，位移速率开始降低，迭代至3570步时坡体完全迭代收敛，表明工程支护措施已经发挥作用，斜坡开始趋稳。

4200步之前为桥梁结构施工阶段，虽然总位移值由小额度浮动，但是并没有引起位移速率大幅度增大，同样在斜坡上没有造成大规模塑性变形。

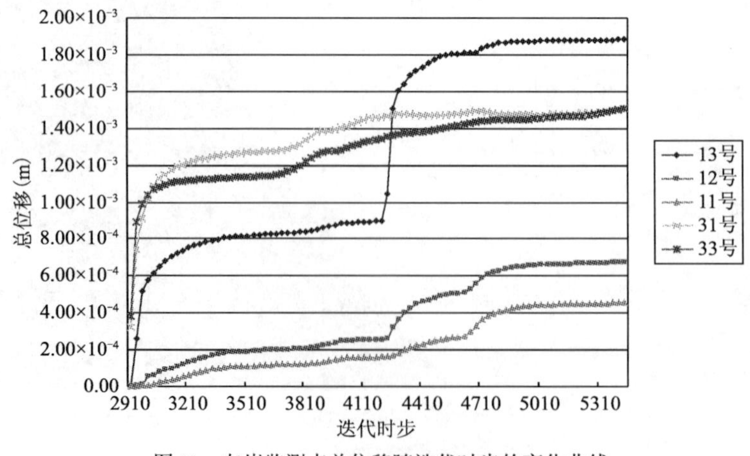

图11　左岸监测点总位移随迭代时步的变化曲线

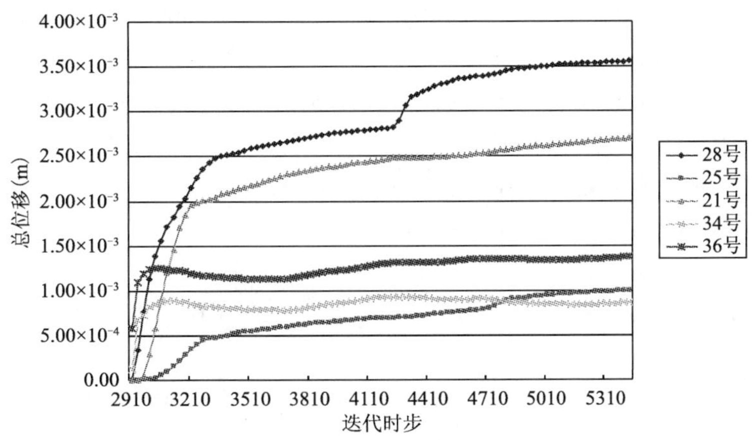

图 12　右岸监测点总位移随迭代时步的变化曲线

4200 步以后开始进行隧道的开挖，由于 13 号、28 号监测点位于隧道进出口顶部，受开挖影响较大，监测点总位移值出现较大的增幅，但是均控制在 4mm 以内，而其他监测点的数值则变化不大。开挖之后，坡体的锚固工程发挥了很大的作用，13 号、28 号点位移值迅速收敛。

位移监测曲线表明支护措施在工程建设过程中发挥了积极作用，边坡稳定性分析和支护设计理念是正确的，可以应用到实际工程建设中。

3 结语与展望

桥梁边坡的稳定是铁路工程施工和运营的安全保障。因此，在铁路选线阶段就应有针对性地比选桥渡位置，开展不同深度的岸坡工程地质调查，建立桥梁边坡的工程地质模型，研究其失稳模式，并评价桥梁边坡稳定性，为科学选线和选择合理的桥渡位置提供合理的科学依据。可靠的地质分析与判断是边坡稳定性研究和防护的关键。

高山峡谷地区岩质桥梁岸坡稳定性分析评价的各个环节是步步相扣的：在选定峡谷区大桥桥址后，首先要通过工程地质调查、测绘、勘探等手段获取桥址区的基础地质资料，建立能够反映研究区边坡岩体结构特征的地质模型，通过综合分析各种内外潜在影响因素，判定边坡潜在的失稳模式，初步定性评价边坡的稳定性；再结合试验研究、工程地质类比、理论分析等手段，提出稳定性分析所需的计算参数，针对不同的破坏机制，采用相应的稳定性分析方法对各种工况下的稳定性进行定量评价。对于稳定性较好的岸坡，可以先通过计算岸坡稳定坡度的方法确定桥梁基础位置和埋深；对于潜在不稳定的边坡，应采取切实可行的工程加固措施。同时，要建立边坡稳定监测体系对边坡变形进行监测，根据监测信息的反馈结果优化边坡加固方案，以达到有效整治桥基岸坡的的目的。这也就体现了桥梁岸坡稳定性分析方法的体系性。

参考文献

[1] 虞同文 . 我国铁路发展趋势（上）[J]. 交通与运输 , 2009（06）.

Yu Tongwen. Development trend of China railway(1)[J]. Traffic & Transportation, 2009（06）.

[2] 中国铁路总公司 . 大瑞铁路保山至瑞丽段全面开工建设 [P/OL]. 2015-12-04[2016-06-07]. http://www.china-railway.com.cn/xwdt/jrtt/201512/t20151204_52246.html.

China Railway Corporation. The Baoshan-Ruili section of Dali-Ruili Railway has been launched[P/OL]. 2015-12-04[2016-

06-07]. http: //www.china-railway.com.cn/xwdt/jrtt/201512/t20151204_52246.html.

[3] Stacey, T. R. The stresses surrounding open-pit mine slope[A]. In: Planning Open Pit Mines[M].1970.

[4] Stacey, T. R. A Three-dimensional consideration of the stresses surrounding open-pit mines slopes[J]. IntJ.Rock Mech. Mine Sci and Geomech, 1973, 10(6).

[5] 许强，王士天，李渝生，等．河谷岸坡变形破坏的一种特殊模式——论尼泊尔色迪河桥桥址区岸坡岩体拉裂变形的成因机制 [J]. 岩石力学与工程学报，2005，24（02）：344-350.

XuQiang, Wang ShiTian, Li YuSheng, et al. Special deformation and failure mode of river bank slope -studies on mechanism of deformation and failure of bank rock slope at Seti bridge site, Nepal[J]. Chinese Journal of Rock Mechanics and Engineering, 2005, 24(02): 344-350.

[6] 蒋爵光，钱惠国．影响铁路岩石边坡稳定性因素的关联分析 [J]. 西南交通大学学报，1991（02）：23-29.

Jiang Jueguang, Qian Huiguo. Analysis of factors of influence on railway rock slope[J]. Journal of Southwest Jiaotong University, 1991(02): 23-29.

[7] 谢强，蒋爵光．铁路岩石边坡的稳定性研究 [J]. 铁道工程学报，1996，50（2）：20-25.

XieQiang, Jiang Jueguang. Researches into stability of railway rock slope[J]. Journal of Railway Engineering Society, 1996, 50(2): 20-25.

[8] 谢强，道路岩石边坡坡度确定方法的研究 [J]. 中国公路学报，2000，13（2）：24-26.

Xie Qiang. Research on calculating method of rock slope angle for highway and railway[J]. China Journal of Highway and Transport, 2000, 13(2): 24-26.

[9] Morgenstern N. R., Price V. E. The analysis of the stability of general slip surfaces[J]. Geotechnique, 1965, 15（1）：79-93.

[10]（英）霍克（E.Hoek），布雷（J.W.Bray）．岩石边坡工程 [M]. 卢世宗等译．北京：冶金工业出版社，1983.

Hoek E., Bray J.W. Rock Slope Engineering（in Chinese）[M]. translated by Lu Shizong, et al. Beijing: Metallurgical Industry Press, 1983.

[11] Goodman, R.E., Bray, J.W. Toppling of slopes. proceedings of the specialty conference on rock engineering for foundations and slopes ASCE/boulder. Colorado.1976: 201-234.

[12] 郑颖人，赵尚毅，张鲁渝．用有限元强度折减法进行边坡稳定分析 [J]. 中国工程科学，2002（10）.

Zheng Yingren, Zhao Shangyi, Zhang Luyu. Slope stability analysis by strength reduction FEM[J]. Engineering Science, 2002(10).

[13] 郑颖人，赵尚毅，宋雅坤．有限元强度折减法研究进展 [J]. 后勤工程学院学报，2005（03）.

Zheng Yingren, Zhao Shangyi, Song Yakun. Advance of study on the strength reduction finite element method[J]. Journal of Logistical Engineering University, 2005(03).

[14] 郑光，杜宇本，许强．大瑞铁路澜沧江大桥工程边坡岩体结构特征研究 [J]. 工程地质学报，2010，18（04）：521-528.

Zheng Guang, Du Yuben, Xu Qiang. Characteristics of rockmass structures at slope of lancangjiang bridge along Dali-Ruili railway[J]. Journal of Engineering Geology, 2010, 18(04): 521-528.

[15] 郑光，许强，杜宇本．高陡岩质桥隧工程边坡稳定性评价及工程支护措施 [J]. 成都理工大学学报（自然科学版），2011，38（04）：430-437.

多年冻土隧道浅埋段热棒群防护效果试验研究

刘 锟 赵相卿 李 奋 杨永鹏 程 佳
（中铁西北科学研究院有限公司，兰州 730000）

摘 要：高原多年冻土区隧道的修建，将不可避免地影响到隧道围岩的热稳定性，并在隧道结构层外侧形成一定厚度的季节活动层，即融化圈。在多年冻土隧道进出口段，由于埋深较浅，融化圈往往回冻时间过长或不能回冻，反复冻融对隧道衬砌结构影响较大或导致结构破坏，给隧道安全运营带来隐患。结合共玉公路姜路岭隧道浅埋段的冻土环境和工程特点，在隧道进出口设置了热棒群防护技术对多年冻土隧道浅埋段围岩的回冻过程及规律进行现场试验研究。现场试验结果表明：①经过 1 个冻融循环后，姜路岭隧道浅埋段热棒群作用范围内，土体基本处于冻结状态，洞周基本形成冻土防渗帷幕，避免了冻结层上水向隧道结构方向的渗入，达到了隧道支护结构免受法向冻胀力破坏的目的。②试验段埋深大于 3.0 m 且位于姜路岭阴坡，对于埋深小于 3.0 m 或阳坡地段的浅埋隧道，其防护效果有待进一步研究。

关键词：多年冻土；隧道浅埋段；热棒群；防护技术

Experimental Study on Protective Effect of Thermal Probe Group in Shallow Section of Tunnel in Permafrost Area

Liu Kun Zhao Xiangqing Li Fen Yang Yongpeng Cheng Jia
(Northwest Research Institute Co.Ltd of CREC, Lanzhou 730000,China)

Abstract: The construction of tunnel in permafrost regions will inevitably affect the thermal stability of surrounding rock, and form a certain thickness of seasonal active layer on the outside of the tunnel structure. Import and export section tunnel in permafrost, due to the shallow depth, melting laps tend to freeze time is too long or not to freeze, repeated freezing and thawing effect on tunnel lining structure is larger or lead to structural damage, to the safe operation of the tunnel brings hidden trouble. In combination with Gong-Yu Road Jiangluling tunnel shallow buried section of frozen soil environment and the project characteristic, in tunnel import and export set hot rod group protection technology of permafrost tunnel shallow buried section surrounding rock refreezing process and rules of field experiment, field test results show that ① after a freeze-thaw cycle, Jiangluling tunnel in the shallow buried section of the hot rod group action range, soil basic in a frozen state, hole week basically formed impervious curtain of frozen soil, avoid the suprapermafrost water to the direction of the tunnel structure of infiltration, reached the tunnel support structure from the method of normal frost heaving force breaking bad. ② The test section buried deeper than 3m and is located in the shady slope of the Jiangluling, for buried depth is less than 3.0m or sunny lots of shallow buried tunnel and its protective effect remains to be further study.

Keywords: thermal probe group; permafrost; the shallow section of tunnel; protective technology

---

作者简介：刘锟（1969—），男，高级工程师。

近年来，在国家西部大开发战略的支持下，青海省和西藏自治区的交通事业得到了快速发展。由于两省地处青藏高原，多年冻土广泛发育，因此越来越多的道路工程修建在多年冻土地区，这将改变地基多年冻土的热平衡状态，这种改变在多年冻土区隧道进出口浅埋段显得尤为突出，危及隧道结构安全[1-4]。

共玉公路姜路岭隧道地处青藏高原东北部，海拔高程4200m以上，属于典型的高原大陆性半干旱气候，其特点是：冬季气候寒冷漫长，多风雪，易成雪灾；夏季气候凉爽短促，雨水较充足，降水主要集中在5～9月份。全年冰冻期长达7个月，年平均气温为-4.2℃，年最高气温为3.5℃，年最低气温-10.3℃，极端最高气温26.6℃，极端最低气温-48.1℃，多年平均降水量369.2mm，多年平均蒸发量1372mm，最大积雪厚度16cm。隧道场地地层岩性为第四系全新统坡积物，表层粉质黏土厚约0.4～0.6m，下部为含亚黏土的碎石土，稍密，碎石土，呈冻结状，揭露厚度2.7～3.6m，下伏基岩为强风化泥粉质页岩夹少量板岩，该处冻土上限1.6～2.2m，下限35～42m，天然场地年平均地温-0.7～-1.0℃，属高温多年冻土区。

隧道洞口浅埋段处于多年冻土层中，围岩热稳定性差。现有的热棒制冷技术在多年冻土区土木工程中主要应用于路基、桥涵、输油管道、电力塔基、冷库等方面[5-10]，其冷却多年冻土、提高地基强度、抗冻胀融沉的作用得到了工程界的普遍认同。热棒群是采用合理的布设间距及埋置深度，在多根热棒的共同作用下对多年冻土区片状地基、地下构筑物等进行主动热防护的一种技术措施[1]。本试验首次利用热棒极高的灵敏度和热传输效率，通过在浅埋段洞顶地表设置热棒群对其进行“主动”热防护，以期达到快速消除施工给隧道冻土围岩带来的热干扰，维持洞周冻土围岩的稳定。

1 热棒群及测温孔的布设

1.1 热棒规格及埋设工艺

姜路岭隧道浅埋段热棒群所采用热棒的规格为：热棒基管直径89mm；采用4.5m、5.5m、7m、8m、9m、10m、11m共7种类型，其中4.5m和5.5m的热棒冷凝段长2m，其余热棒冷凝段长度2.5m。热棒采用钻孔埋设，其回填质量的好坏直接影响着热棒降低多年冻土地温的效果，也对采用测温的办法评价热棒的工作效果带来一定的影响。因此，为了确保热棒周围的空隙回填密实，采用水中沉砂法进行回填，即先将冷水灌满钻孔，而后将中粗砂徐徐灌入热棒与孔壁之间的间隙中，灌砂数量应与计算数量相符，多余的水则自钻孔中流出。

1.2 热棒群及测温断面的布设

热棒布设于姜路岭隧道左洞进口浅埋段，平面布置间距为3m，采用梅花形布置，横断面布置热棒6根。姜路岭隧道左洞进口热棒群起讫里程为K329+750~K329+813，长63m，宽21m，使用热棒165根。具体布置形式见图1。

为了研究热棒群的防护效果，在热棒群间的K329+750、K329+813处布设了两个地温监测断面，每个监测断面对隧道拱顶和隧道外侧两处进行监测，每处设三个测温孔（远离热棒0.5m、1.0m、1.5m），并于天然场地布设地温监测孔（图2）。

Ⅰ号断面位于K329+750处，隧道埋深约3.0m，测温孔编号分别为Ⅰ-0.0、Ⅰ-0.5、Ⅰ-1.0和Ⅰ-9.0、Ⅰ-9.5、Ⅰ-10，距离隧道中心线分别为0m、0.5m、1.0m和9.0m、9.5m、10.0m。其中Ⅰ-0.0、Ⅰ-0.5、Ⅰ-1.0孔深均为2.5m，Ⅰ-9.0、Ⅰ-9.5、Ⅰ-10孔深分别为8.5m、13.5m、14m。

Ⅱ号断面位于K329+813处，隧道埋深约8.0m，测温孔编号分别为Ⅱ-0.5、Ⅱ-1.0、Ⅱ-1.5和Ⅱ-7.5、Ⅱ-8.0、Ⅱ-8.5，距离隧道中心线分别为0.5m、1.0m、1.5m和7.5m、8.0m、8.5m。其中Ⅱ-0.5、Ⅱ-1.0、Ⅱ-1.5孔深分别为8.5m、13.5m、14m，Ⅱ-7.5、Ⅱ-8.0、Ⅱ-8.5孔深均为14m。

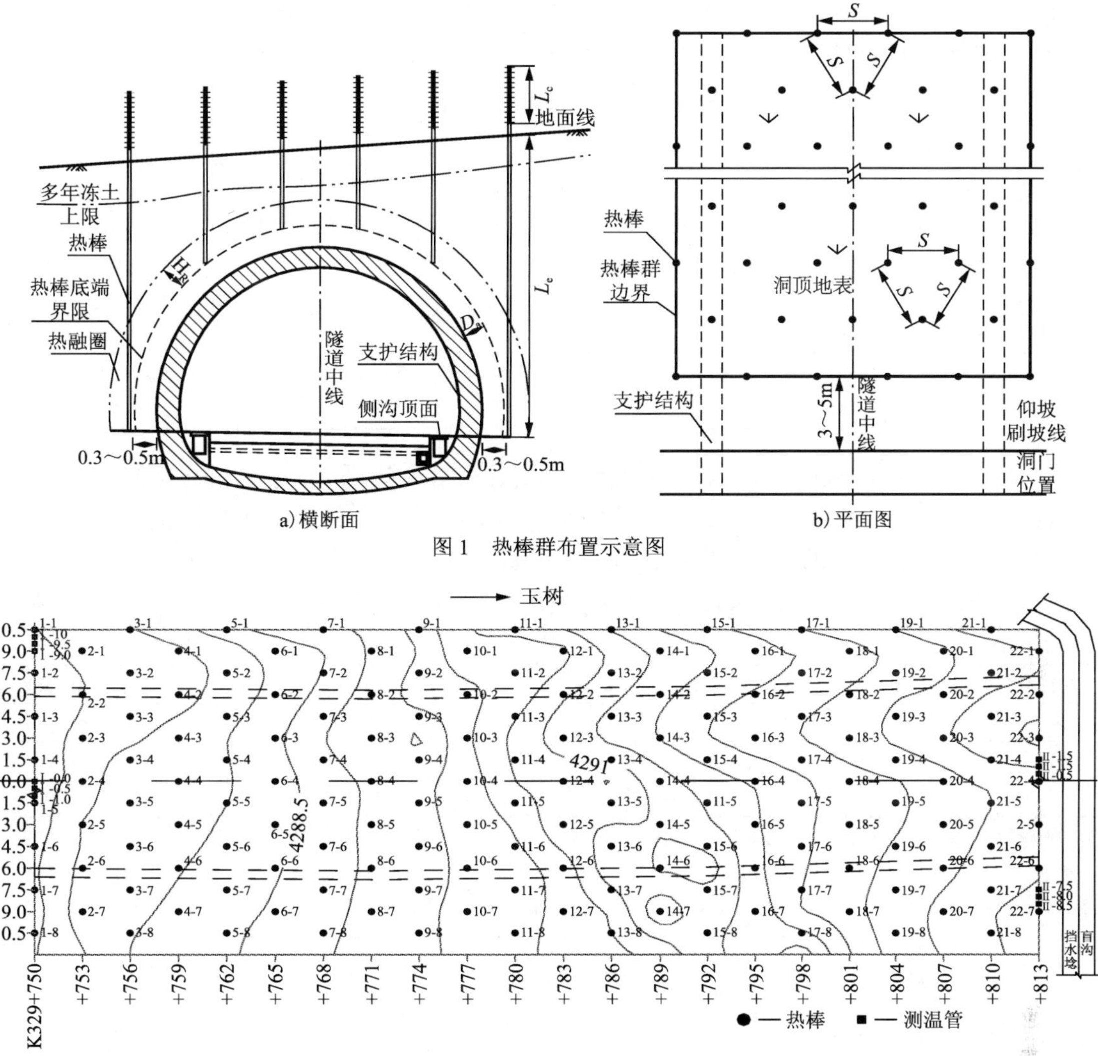

图1　热棒群布置示意图

图2　姜路岭隧道地温监测孔平面布置示意图

2 地温监测数据分析

2.1 天然场地多年冻土地温分析

在姜路岭隧道进口天然场地设置一个测温孔，用于对比分析隧道热棒工作效果，隧道进口天然测温孔孔深14.5m。分析2013—2015年天然测温孔月平均监测数据，选择历年3月（地温最低）、10月（地温最高）数据绘制地温曲线如下（图3）。从图3可以看出：姜路岭隧道进口多年冻土天然上限均为2.5m，年平均地温-0.66℃，属高温多年冻土区。

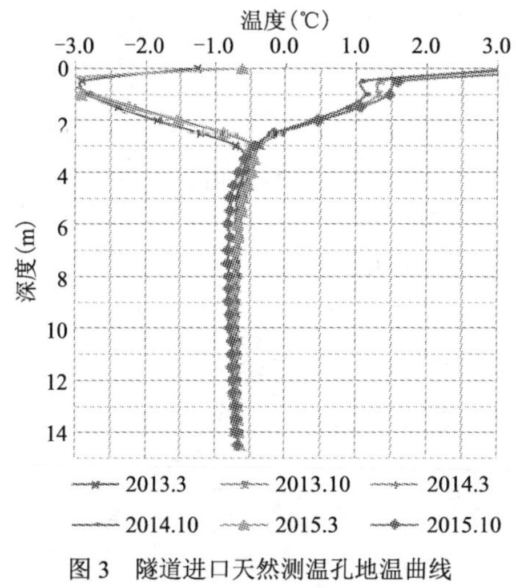

图3　隧道进口天然测温孔地温曲线

2.2 Ⅰ号断面地温场数据分析

Ⅰ-0.0、Ⅰ-0.5、Ⅰ-1.0测温孔的数据显示：在热棒群的作用下，月平均最低地温出现在3月份，其中2.5m处降低了

2.85 ～ 3.20℃，地温降至 -3.85 ～ -3.95℃（表 1）。月平均最高温出现在 10 月份，经过一个寒季，2.5m 处降低了 0.26 ～ 0.37℃，地温降至 -0.25 ～ -0.2℃，人为上限上升到 1.5m 以上。

寒季月平均最低(3 月份)、最高(10 月份)地温汇总表(℃) 表 1

深度(m)	Ⅰ-0.0				Ⅰ-0.5				Ⅰ-1.0			
	2013-3	2013-10	2014-3	2014-10	2013-3	2013-10	2014-3	2014-10	2013-3	2013-10	2014-3	2014-10
0	-0.63	2.33	-6.68	-0.42	0.28	4.57	-7.69	-0.98	-1.93	1.03	-6.28	0.01
0.5	-3.12	0.62	-5.26	0.35	-3.29	0.60	-5.42	0.34	-3.73	0.31	-6	0.20
1	-3.06	0.38	-5.05	0.22	-3.23	0.37	-5.3	0.20	-3.53	0.14	-5.74	0.05
1.5	-2.45	0.0	-4.75	-0.11	-2.67	0.04	-4.97	-0.08	-2.88	-0.12	-5.28	-0.29
2	-1.54	-0.16	-4.3	-0.30	-1.8	-0.17	-4.5	-0.30	-1.87	-0.22	-4.59	-0.37
2.5	-0.65	0.12	-3.85	-0.25	-0.92	0.02	-3.95	-0.24	-1.04	0.09	-3.89	-0.20

Ⅰ-9.0、Ⅰ-9.5、Ⅰ-10 监测孔内 2.5m 以下的年平均地温数据如表 2 所示，相邻两热棒之间土体均受到热棒的制冷作用，2013—2015 年 10 月份平均地温持续下降，3 年累计降温幅度为 0.29~0.38℃。对 2013~2015 年各监测孔 8m 深度处(热棒底部)年平均地温(表 3)累计降温幅度为 0.26~0.37℃。

Ⅰ-9.0、Ⅰ-9.5、Ⅰ-10 监测孔 2.5m 以下各测点均值 表 2

TCP（℃）	Ⅰ-9.0	Ⅰ-9.5	Ⅰ-10
2013 年 10 月	-0.71	-0.61	-0.63
2014 年 10 月	-0.96	-0.75	-0.78
2015 年 10 月	-1.1	-0.9	-0.92
差值	-0.38	-0.29	-0.29

注：1. 表中温度为 2.5m 以下各测点均值。

2. 差值为 2015 年与 2013 年差值。

Ⅰ-9.0、Ⅰ-9.5、Ⅰ-10 测点平均地温汇总表 表 3

TCP（℃）	Ⅰ-9.0	Ⅰ-9.5	Ⅰ-10
2013 年	-0.60	-0.59	-0.61
2014 年	-0.69	-0.68	-0.73
2015 年	-0.86	-0.93	-0.98
差值	-0.26	-0.35	-0.37

注：差值为 2015 年与 2013 年的差值。

选择Ⅰ-1.0、Ⅰ-10 测温孔每年的 3 月（地温最低）、10 月（地温最高）数据绘制地温曲线(图 4、图 5)。从图中可以看出：随着时间的推移，孔内各测点月平均地温均有不同程度的降低，且热棒埋深范围内（Ⅰ-1.0 热棒埋深 2.5m、Ⅰ-10 热棒埋深 8.0m）降温效果明显，并且还在继续。

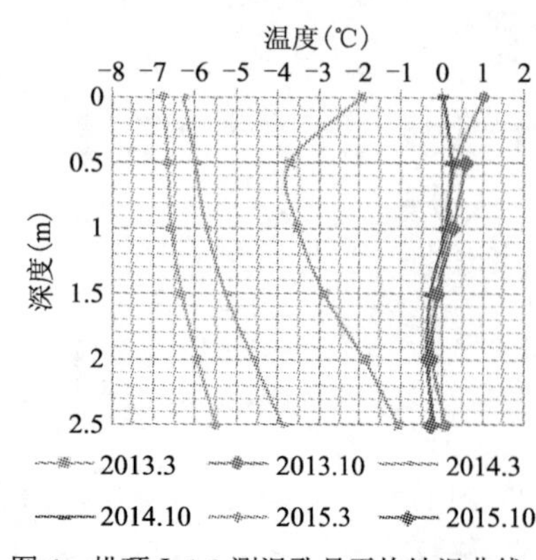

图 4 拱顶Ⅰ-1.0 测温孔月平均地温曲线

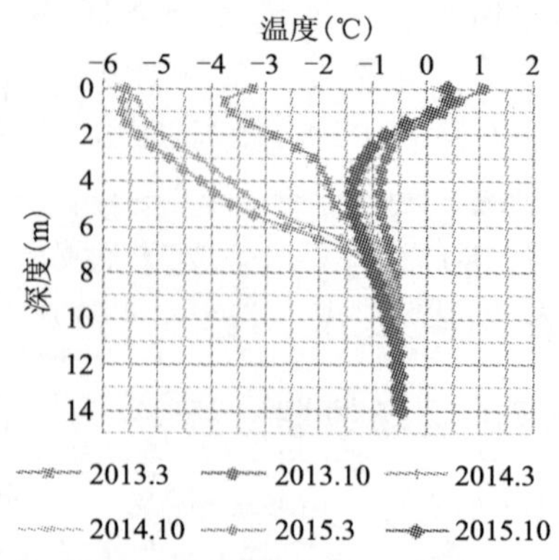

图 5 拱顶Ⅱ-0.5 测温孔月平均地温曲线

2.3 Ⅱ号断面地温场数据分析

Ⅱ-0.5、Ⅱ-1.0、Ⅱ-1.5 测温孔 2013 年和 2015 年 7.0m 深度处年平均地温如表 4 所示，可以看出，年累计降温幅度为 1.65~2.39℃。

Ⅱ-0.5、Ⅱ-1.0、Ⅱ-1.5 孔 7m 处年平均地温　　表 4

TCP（℃）	Ⅱ-0.5	Ⅱ-1.0	Ⅱ-1.5
2013 年	-2.03	-0.40	-0.75
2014 年	-3.16	-1.97	-2.32
2015 年	-3.68	-2.79	-3.04
差值	-1.65	-2.39	-2.29

注：差值为 2015 年与 2013 年的差值。

Ⅱ-7.5、Ⅱ-8.0、Ⅱ-8.5 测温孔内 2.5m 以下的年平均地温数据如表 5 所示。2013—2015 年 10 月份平均地温持续下降，3 年累计降温幅度达 0.39~0.46℃，稍大于 I 号断面。

Ⅱ-7.5、Ⅱ-8.0、Ⅱ-8.5 孔 2.5m 以下各测点均值　　表 5

TCP（℃）	Ⅱ-7.5	Ⅱ-8.0	Ⅱ-8.5
2013 年 10 月	-0.70	-0.70	-0.78
2014 年 10 月	-0.86	-0.92	-0.98
2015 年 10 月	-1.13	-1.16	-1.18
差值	-0.43	-0.46	-0.39

注：差值为 2015 年与 2013 年的差值。

对 2013—2015 年各监测孔 8m 深度处（热棒底部）年平均地温（表 6）累计降温幅度达 0.74~0.98℃，远大于 I 号断面。

Ⅱ-7.5、Ⅱ-8.0、Ⅱ-8.5 孔平均地温汇总表　　表 6

平均地温（℃）	监测点Ⅱ-7.5	监测点Ⅱ-8.0	监测点Ⅱ-8.5
2013 年	-1.36	-1.08	-1.18
2014 年	-2.22	-1.69	-1.74
2015 年	-2.11	-2.06	-2.08
差值	-0.74	-0.98	-0.90

注：差值为 2015 年与 2013 年的差值。

选择Ⅱ-0.5、Ⅱ-8.5 测温孔每年的 3 月（地温最低）、10 月（地温最高）数据绘制地温曲线（图 6、图 7）。从图中可以看出：和 I 号断面类似，无论是拱顶中心还是热棒群外缘测温孔热棒埋深范围内（Ⅱ-0.5 热棒埋深 7m、Ⅱ-8.5 热棒埋深 8m）均显示较强的降温效果。

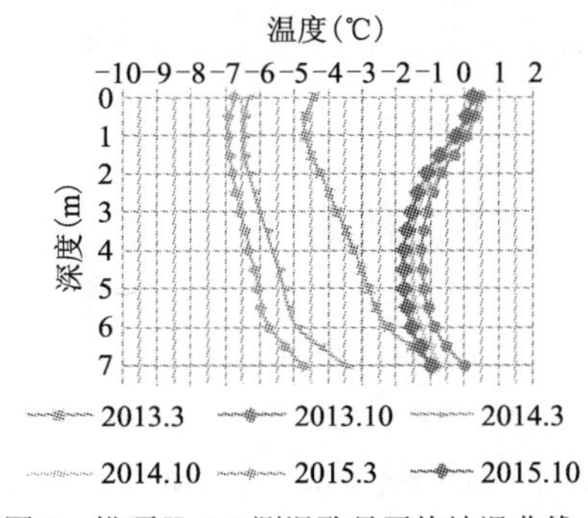

图 6　拱顶Ⅱ-0.5 测温孔月平均地温曲线

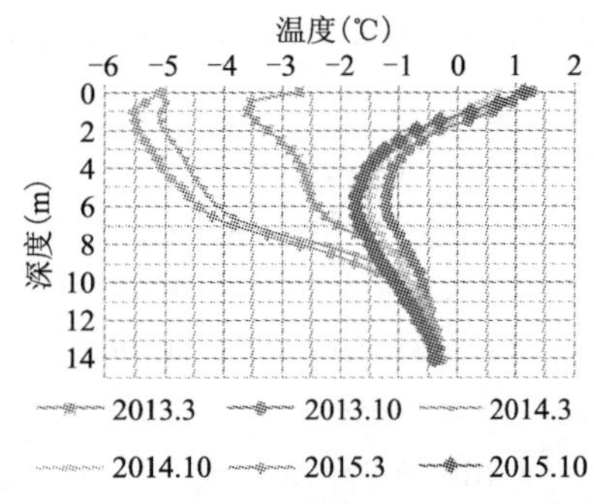

图 7　拱顶Ⅱ-8.5 测温孔月平均地温曲线

2.4 小结

（1）在3年的观测周期内，Ⅰ、Ⅱ号两个监测断面在热棒埋深范围内均显示了较强的降温效果，且Ⅱ号断面降温幅度大于Ⅰ号断面。

（2）经过一个寒季，Ⅰ号断面隧道埋深最浅处（热棒底部2.5m）地温从0.02~0.12℃降至-0.2~-0.25℃，降低了0.26~0.37℃，人为上限上升到1.5m以上。

3 结语

（1）经过1个冻融循环后，姜路岭隧道浅埋段热棒群作用范围内，土体基本处于冻结状态，洞周基本形成冻土防渗帷幕，避免了冻结层上水向隧道结构方向的渗入，达到了隧道支护结构免受法向冻胀力破坏的目的。

（2）在3年的观测周期内，隧道浅埋段热棒埋深范围内均显示了较强的降温效果，埋深大的断面降温幅度大于埋深浅的断面。

（3）试验段埋深大于3m且位于姜路岭阴坡，对于埋深小于3.0m或阳坡地段的浅埋隧道，热棒群的防护效果有待进一步研究。

参考文献

[1] 刘锟，蔡汉成，李奋．热棒群在多年冻土区隧道浅埋段防护中的应用[J]. 铁道工程学报，2013，9（9）：60-64.
Liu Kun, Cai Hancheng, Li Fen. Protection application of thermal probe group in the shallow-buried section of the permafrost tunnels [J]. Journal of Railway Engineering Society, 2013, 9(9): 60-64.

[2] 刘小刚．青藏铁路多年冻土隧道隔热保温研究[J]. 隧道建设，2010，30（3）：225-230.
Liu Xiaogang. The research of the Qinghai-Tibet railway permafrost tunnel insulation[J]. Tunnel Construction, 2010, 30(3): 225-230.

[3] 叶秀玺．寒区隧道冻害防治技术研究[D]. 西安：长安大学，2010.
Ye Xiuxi. Study on prevention of frost damage of tunnel in cold region [D]. Xi'an: Chang'an University, 2010.

[4] 黄双林．昆仑山隧道施工期间围岩冻融圈的初步研究[J]. 冰川冻土，2003，29（supp1）：100-103.
Huang Shuanglin. A preliminary study of Kunlun Mountains tunnel surrounding rock during the construction of freezing thawing circle[J]. Journal of Glaciology and Geocryology, 2003, 29(supp1): 100-103.

[5] 庄骏，等．热管技术及其工程应用[M]. 北京：化学工业出版社，2000，55-60.
Zhuang Jun,et al Heat pipe technology and its application in Engineering[M]. Chemical Industry Press, 2000,55-60.

[6] 丁靖康，等．多年冻土与铁路工程[M]. 北京：中国铁道出版社，2011，168-177.
Ding Jingkang,et al. Permafrost and railway engineering[M]. Beijing, China Railway Press, 2011, 168-177.

[7] 徐兵魁，熊治文．青藏高原多年冻土区热棒路基的设计计算[J]. 中国铁道科学，2006（5），89-92.
Xu Bingkui, Xiong Zhiwen. Permafrost Regions hot rod embankment design calculations[J]. China Railway Science, 2006(5), 89-92.

[8] 丁靖康．冻土地区热桩技术的应用[R]. 中铁西北科学研究院，1990.
Ding Jingkang. Application of permafrost thermal pile technology[R]. Northwest research institute co, .LTD of C.R.E.C.,1990.

[9] 陈肖柏，等．土的冻结作用与地基[M]. 北京：科学出版社，2006.
Chen Xiaobo. The role of soil freezing and Foundation[M]. Beijing: Science Press, 2006.

[10] 牛东兴，李勇，熊治文，等．青藏铁路多年冻土区热棒路基地温场分析[J]. 铁道工程学报，2012（9），30-33.
Niu Dongxing, LiYong, Xiong Zhiwen. Tibet railway permafrost ground temperature hot rod field analysis[J]. Journal of Railway Engineering, 2012(9), 30-33.

附件1

“川藏铁路建设的挑战与对策”专题咨询研讨会院士、专家意见

2016年10月14日，中国铁道学会、中国铁道学会工程分会、中国中铁股份有限公司、中铁二院工程集团有限责任公司在成都联合主办了“川藏铁路建设的挑战与对策”学术研讨会。会议期间，中铁二院工程集团有限责任公司特邀与会的院士及部分专家（名单附后）召开了“川藏铁路建设的挑战与对策”专题咨询研讨会，围绕川藏铁路建设面临的挑战、工程建设的难点、科技创新的重点等进行了专题研讨，形成如下院士、专家咨询意见。

一、川藏铁路起于成都，经雅安、康定、昌都、林芝、山南至拉萨，正线长度约1800km，是完善进出西藏通道，加快“一带一路”互联互通建设的重要工程，已列入我国《中长期铁路网规划（2016）》。其东段成都至雅安、西段拉萨至林芝已开工建设；中段雅安至林芝段正在开展勘察设计及研究工作。

二、川藏铁路建设廊道地处欧亚板块与印度板块碰撞抬升形成的青藏高原东南部，攀越世界唯一的30° N三级地形地势带，自东向西由第二阶梯度带向第一阶梯度带经川藏陡坡攀升至青藏高原，地势陡峻跌宕；线路自东向西正面穿越举世瞩目的三江并流横断山脉，而后沿着青藏高原南部边缘阶坎部位行进。所经区域新旧地层层序交替，多种岩石构造错杂多变，深大活动断裂广布，新构造运动强烈，强震频繁，冰川、冰湖与山地灾害发育呈群生性、链生性、长大性，河谷斜坡稳定性差；气候变化急剧。院士、专家们一致认为川藏铁路具有“显著的地形高差”、“强烈的板块活动”、“频发的山地灾害”和“敏感的生态环境”四大环境特征，建设难度前所未有。

三、川藏铁路位于高寒、强震、大高差、深切高海拔区，一路横跨大渡河、雅砻江、金沙江、澜沧江、怒江、帕隆藏布、雅鲁藏布江等江河，穿二郎山、折多山、沙鲁里山、芒康山、他念他翁山、伯舒拉岭、色季拉山及冈底斯山山脉，地形八起八伏，工程地质条件极为复杂，重大工程地质问题突出，铁路选线及重大工程选址与建设制约因素多，难度大；埋深大于1000m、长度大于20km的超深埋特长隧道，跨度大于500m的超大跨桥梁众多；线路累计爬升高度超过1.4万米，桥梁和隧道约占线路全长的81%，是世界上建设难度与风险最大的铁路工程。

四、建议：

（一）川藏铁路建设极为困难、复杂，牵动地区、部门多，社会影响大，应得到国家的高度重视和社会的广泛关注与支持，建议成立国家层面的川藏铁路建设领导机构和专家咨询机构，便于协调政府相关部门的职能作用，发挥研究机构、高等院校的研发优势和设计施工及建设运营等单位的建造技术与经验。国家与铁路科技主管部门应将川藏铁路的科技创新列为重大项目，尽早谋划并安排科研资金，通过“政、产、学、研、用”联合攻关、协同创新，提高川藏铁路的整体建设水平。

（二）川藏铁路建设与研究应围绕“建成世界一流高海拔大高差山区铁路”的目标，贯彻“创新、协调、绿色、开放、共享”五大发展理念，坚持以人为本、协调环境、系统优化，基于百年以上全寿命周期标准，创新和发展复杂艰险山区铁路的设计、施工、建设与运营管理技术，提高我国复杂艰险山区铁路的建设水平，把川藏铁路打造成遗产工程的典范。

（三）考虑到川藏铁路沿线环境复杂，工程建设难度极大，应积极研究以川藏铁路建设带动公路、管线等工程，共用走廊，联建、合建的可行性，以节约资源，充分发挥川藏铁路建设的综合社会、经济效益。

（四）重点应开展以下研究工作：

1. 加强川藏铁路灾害链的研究。需深入研究雪崩、冰湖溃决、冰川泥石流等冰川活动灾害链，以及板块构造缝合破碎带、高烈度地震区溜沙坡等区域特有新灾种的分布、活动规律，耦合作用和致灾机理；探明特殊、重大灾害对铁路选线和重大工程的影响；明确线路行经地区的环境地质灾害区划，并提出减灾、防灾对策。

2. 强化川藏铁路减灾选线的研究。减灾选线是川藏铁路建设的重中之重，应综合应用北斗卫星等现代铁路勘察技术，高墩大跨桥梁、深埋超长隧道等现代铁路基础设施建造技术，BIM 等信息交互与智能设计技术，深化复杂艰险山区铁路减灾选线的理论与方法。研究线路按重灾、群灾进行高位选线的线路、桥隧高程确定方法，建立复杂艰险山区铁路选线方案比选的理论、方法和程式，研究安全、性能、环境与全生命周期成本协同设计，提高川藏铁路基础设施服役能力的保持水平。

3. 深入开展基于“互联网 +”的防灾、减灾技术研究。促进“互联网 +”与现代监测、识别技术的融合，深入研究重大地质灾害和极端气候条件耦合作用下，基础设施与地质、气候环境的相互作用规律，灾（病）害致因机理及控制与治理技术，重点研究铁路重大基础设施建造安全，服役状态劣化的早期识别、监测预警和全信息覆盖技术。

4. 加强对重点大跨桥梁的环境适应性研究。深入研究复杂艰险山区地震、泥石流、滑坡及落石等山区地质灾害对铁路大跨桥梁类型、结构安全性的影响；研究强震频发区地震活动特征及桥梁减震、隔震技术与工程措施；研究峡谷风特性及桥梁抗风安全技术与工程措施；研究防腐蚀、节能环保、装配式建造等新技术在桥梁建造百年寿命要求下的开发与应用。

5. 加强超常隧道抗风险能力的研究。川藏铁路超深埋、超长隧道占比高，应深入研究大规模隧道群与超长隧道穿过高海拔冰川泥石流堆积区，高海拔冻融冻胀区、超高地应力区、高地温高水压区、地质构造主干断裂区、高烈度地震区、有害（毒）气体分布区的超前预报、风险预警、结构形式和工程措施；研究防腐蚀、节能环保、装配式建造等新技术在隧道建设中的开发、应用以及高原长隧道运营通风与防灾救援。

6. 加强机械化施工、养护维修设备的研究。根据川藏铁路的工程特点，需要深入研究桥梁、隧道等重大工程的机械化施工配套技术；研发川藏铁路建设和安全运营亟需的试验装备、施工装备、监测预警装备、应急抢修装备和养护、维修装备等。深入开展高海拔缺氧无人艰险山区铁路建设对人员健康和仪器、设备适应性的研究。

7. 重视生态保护与恢复技术的研究。川藏铁路位于国家“两屏三带”生态安全战略格局中的“青藏高原生态屏障”和“黄土高原—川滇生态屏障”范围内，生态安全面临严峻挑战，须深入研究复杂、恶劣自然环境区域的生态环境保护技术，尤其是川藏铁路建设及长期运营对世界珍稀濒危动、植物的影响及其保护措施。

8. 开展工程标准适应性研究。鉴于川藏铁路的复杂环境特征与工程挑战，设计、施工不能照搬常规铁路设计经验，应尽快研究编制专门针对川藏铁路建设的设计和施工指南、规程、标准及定额标准等技术文件。

9. 有针对性地开展工程试验研究。川藏铁路的研究与创新工作应充分总结和应用青藏铁路、兰渝铁路、成兰铁路、川藏铁路拉—林段等运营与在建铁路及试验段的建设经验。同时，应继续有重点、有针对性地开展试验段研究，理论与工程应用相结合，室内试验与室外试验相结合，有效解决出现的工程新难题。确保川藏铁路建设技术先进、方案可行、风险可控、安全可靠，保证施工、运营质量和安全。

附件 2

“川藏铁路建设的挑战与对策”专题咨询研讨会院士、专家名单

序号	姓名	单位	职务职称
1	孙永福	中国铁道学会	理事长/中国工程院院士
2	何华武	中国铁路总公司	总工程师/中国工程院院士
3	王梦恕	北京交通大学	教授/中国工程院院士
4	郑皆连	广西大学	教授/中国工程院院士
5	周福霖	广州大学	教授/中国工程院院士
6	杜彦良	石家庄铁道大学	副校长/中国工程院院士
7	赖远明	中国科学院寒区旱区环境与工程研究所	副所长/中国科学院院士
8	崔 鹏	中国科学院水利部成都山地灾害与环境研究所	副所长/中国科学院院士
9	刘 辉	中国中铁股份有限公司	副总裁、总工程师/教高
10	于兴义	中国中铁股份有限公司	科技设计部部长/教高
11	许再良	铁道第三勘察设计院集团有限公司	副总工程师/全国勘察设计大师
12	杨建兴	中国铁道学会	副理事长/教高
13	马福海	中国铁道学会	副理事长兼秘书长/高工
14	冯夏庭	中国科学院武汉岩土力学研究所	研究员/博导
15	游 勇	中国科学院水利部成都山地灾害与环境研究所	总工程师/研究员
16	伍晓军	中铁科学研究院	副总工程师/教高
17	赵 勇	中国铁路总公司工程设计鉴定中心	处长/教高
18	王 勇	中铁二局集团有限公司	总工程师/教高
19	王 睿	拉林铁路建设总指挥部	副总指挥长
20	周立新	成昆铁路公司	副总经理/教高
21	温留汉黑沙	广州大学	教授
22	何 川	西南交通大学	校长助理、科研院院长/教授
23	吴 光	西南交通大学	教授
24	易思蓉	西南交通大学	教授
25	姚令侃	西南交通大学	教授
26	李天斌	成都理工大学	教授
27	朱 颖	中铁二院工程集团有限责任公司	总经理/教授